제18판

경영정보시스템

MANAGEMENT INFORMATION SYSTEMS

Managing the Digital Firm

MANAGEMENT INFORMATION SYSTEMS
Managing the Digital Firm

경영정보시스템 제18판

Kenneth C. Laudon · Jane P. Laudon · Carol Guercio Traver 지음
김우주 · 백동현 · 서우종 · 서창교 옮김

Pearson
KM 경문사

Published by
Pearson Education South Asia Pte Ltd
63 Chulia Street, #15-01
Singapore 049514

Pearson Education offices in Asia: *Bangkok, Beijing, Ho Chi Minh City, Hong Kong, Jakarta, Kuala Lumpur, Manila, Seoul, Singapore, Taipei, Tokyo*

4 3 2 1
28 27 26 25

Authorized translation from the English language edition, entitled 'Management Information Systems: Managing the Digital Firm 18th edition' by Kenneth C. Laudon, Jane P. Laudon, and Carol Guercio Traver, ISBN 9780138344245, published by PEARSON Education, Copyright ©2026.

Cover image: Metamorworks/Shutterstock

발행일: 2025년 8월 25일
공급처: ㈜경문사(02-332-2004/kms2004@kyungmoon.com)
ISBN: 978-981-3353-13-8(93320)
가격: 39,000원

Pearson

www.pearson.com/asia

역자 서문

AI는 최근 10년간 지구촌의 다양한 측면에서 막대한 영향력을 미치고 있다. 혹자는 기업의 임원 역할을 AI가 대체할 것이라고 예측하기도 하는데, 실제로 실험적인 시도가 보고되고 있다. 결과적으로 현재 많은 기업은 AI를 경쟁우위의 수단으로 인지하고 있으며, 당연히 경영정보시스템(MIS) 분야 역시 이 거대한 파도에 적응하고 변화해야 할 것이다. 경영정보시스템은 조직이 생겨나 발전하고 원숙해지기까지의 과정에서 출발점이자 최종 목적지와 같은 역할을 하며, 어떤 측면에서는 조직의 모든 것이라고 할 수 있을 정도로 조직 및 조직의 전략과 깊이 연관되어 있다. AI가 선도하는 새로운 시대에 경영정보시스템 분야에서도 AI를 어떻게 활용하는지가 조직이 생존하고 발전하는 데 필요충분조건이 되었다.

이에 발맞추어 이 책은 기업에서 AI를 활용하는 방법에 대한 수많은 사례 연구를 포함하고 머신러닝, 신경망과 딥러닝, 생성형 AI, 지능형 에이전트, 자연어 처리, 컴퓨터 비전 시스템, 로보틱스, 유전자 알고리즘, 퍼지 논리 시스템 등 다양한 AI의 이론적 배경을 다루었다. 또한 AI 활용의 인프라라고 할 수 있는 클라우드 컴퓨팅 이슈를 자세히 소개하고 사물인터넷, 빅데이터, 데이터 분석 및 비즈니스 인텔리전스 등의 데이터 분석 이슈도 놓치지 않았다.

기업의 생존과 발전에서 역량과 환경은 핵심 요소이며, 이러한 역량과 환경을 연결하는 접점에 대한 관리는 매우 중요한 전략적 이슈이다. 21세기 들어 이러한 접점과 관련된 기술은 바로 AI의 혁명이며, 이로 인해 전통적인 경영정보시스템의 영역과 그 접근 방법을 체계적으로 재조명하여 보완해야 할 필요성이 커졌다.

경영정보시스템 교재의 바이블이라 할 수 있는 이 책은 세계적으로 저명한 석학인 케네스 C. 로던(Kenneth C. Laudon)과 제인 프라이스 로던(Jane Price Laudon)이 17판까지 저술하고, 18판부터 캐롤 구에르초 트래버(Carol Guercio Traver)가 합류했다. 1996년에 초판이 출간된 이래 18판에 이르기까지 지속적으로 경영정보 분야의 흐름을 정확히 분석하여 최고의 교재로 자리매김했다. 특히 18판은 변화의 가속도가 더욱 빨라진 AI와 로봇 등 최신 디지털 기술의 동향을 경영정보시스템의 관점에서 전략적·전술적·기술적으로 매우 심도 있게 해석했다. 이 책의 완벽성과 풍부한 내용은 이미 인정받은 터라 두말할 나위가 없고, 최신 사례 연구와 체계적인 학습 가이드, 보충 자료 역시 탄성을 자아낼 만한 최고의 교재이다. 역자진이 뜻을 모아 16판에 이어 또다시 18판의 번역에 참여하게 된 이유도 여기에 있다.

짧은 시간 동안 부끄럽지 않은 책을 펴내기 위해 인하대학교 서우종 교수님, 한양대학교 백동현 교수님, 경북대학교 서창교 교수님과 함께 온 정성을 쏟아 결실을 거두게 되었다. 원저의 의미를 그대로 전하면서도 최대한 자연스럽게 읽히도록 우리말로 옮기기 위해 많은 노력을 기울였다. 그렇다 해도 혹시나 오류가 있다면 독자의 너그러운 양해를 구하며, 앞으로 수정·보완해나갈 것을 약속드린다. 끝으로 이 책이 경영정보시스템의 최신 흐름과 이슈를 학교와 기업 현장에 전달하는 데 보탬이 되기를 바란다.

2025년 8월
역자 대표 김우주

저자 서문

이 책은 오늘날 기업에서 사용하는 정보시스템에 대한 최신의 포괄적 개요를 제공한다. 이를 통해 학생은 정보시스템의 관리 토론에 참여하고 주도할 수 있으며, 향후 직업에서 IT를 사용하여 비즈니스 결과를 달성하는 방법을 이해할 수 있다. 회계, 재무, 경영, 운영 관리, 마케팅, 정보시스템 전공 여부에 관계없이 이 책의 지식과 정보는 비즈니스 경력 전반에 걸쳐 유용할 것이다.

18판의 특징

최신 산업 및 기술 변경사항을 다루고 새로운 대화형 학습 기회를 제공하기 위해 전반적으로 업데이트했다. 이 책은 비즈니스가 IT를 사용하여 문제를 해결하고 목표를 달성하는 방법을 설명하는 실제 사례 연구로 정평이 나 있다. 독자에게 비즈니스 문제를 분석하고 대안적인 해결책을 제안하는 문제를 제시하고, 실제 기업 및 비즈니스 시나리오를 기반으로 하는 경영정보시스템 소프트웨어 및 관리 의사결정 문제를 제공한다. 또한 경력에 초점을 맞추고 있으며, 학생이 미래의 직업을 준비하는 데 도움이 되도록 구성되어 있다. 각 장의 경력 개발 자료 외에도 MyLab MIS를 통해 경영정보시스템 지식을 이력서, 자기소개서, 취업 면접에 통합하는 방법이 포함된 자료를 제공한다.

새로운 주제

각 장에는 실제 기업의 세 가지 사례 연구를 포함하고 본문과 복습문제, 토의문제, AI 활용 프로젝트, MIS 실습 과제에서는 IT 응용 프로그램을 사용하는 기업을 다수 제시했다. 본문, 그림과 표, 사례 연구는 업계 및 경영정보시스템 연구의 최신 출처를 기반으로 한다. 이 책 전체에 걸쳐 다음 주제를 새롭게 업데이트했다.

인공지능(AI) AI는 비즈니스를 혁신하는 최신 정보기술(IT)이다. AI는 기업의 비즈니스 운영 방식뿐만 아니라 일상생활의 다양한 측면을 개선할 수 있는 엄청난 잠재력을 가지고 있어 대중의 관심을 끌고 있다. 이러한 AI의 발전을 다루기 위해 다음과 같이 대대적으로 수정했다.

- 1장에서 경영정보시스템에 영향을 미치는 주요 기술 개발 중 하나로 AI를 소개한다.
- 본문 전체에 걸쳐 기업이 AI를 사용하는 방법을 특징으로 하는 수많은 사례 연구를 수록했다.
- 11장에서 AI의 범위를 확장하여 머신러닝, 신경망과 딥러닝, 생성형 AI, 지능형 에이전트, 자연어 처리, 컴퓨터 비전 시스템, 로보틱스, 유전자 알고리즘, 퍼지 논리 시스템을 다룬다.

클라우드 컴퓨팅 경영정보시스템에서의 중요성 때문에 클라우드 컴퓨팅의 적용 범위를 추가했다.

- 1장에서 학생이 숙지해야 하는 주요 기술 개발 중 하나로 클라우드 컴퓨팅을 소개한다.
- 5장에서 클라우드 서비스의 유형, 프라이빗 클라우드, 퍼블릭 클라우드, 하이브리드 클라우드, 클라우드 서비스 관리에 대한 내용을 업데이트했다.

- 6장에서 클라우드 데이터베이스를 다룬다.
- 8장에서 클라우드 보안과 관련된 문제를 검토한다.
- 9장에서 클라우드 기반 고객관계관리시스템 및 전사적 자원관리시스템을 다룬다.
- 전자상거래에서 클라우드를 사용하는 방법을 10장에서 설명한다.
- 11장에서 클라우드 기반 AI에 대해 설명한다.
- 정보시스템을 만드는 데 클라우드 소프트웨어 서비스를 사용하는 방법을 13장에서 설명한다.
- 5, 6, 7, 9, 14, 15장에 클라우드 컴퓨팅에 대한 사례 연구가 포함되어 있다.

사물인터넷, 빅데이터, 데이터 분석, 비즈니스 인텔리전스

- 1장에서 사물인터넷, 데이터, 데이터 분석의 중요성과 클라우드 컴퓨팅 및 AI와의 관계를 소개한다.
- 2, 3, 6, 12장에 데이터 분석을 다루는 태블로 프로젝트를 추가했다.
- 1, 6, 7, 9, 10, 12장에 데이터 분석 및 빅데이터에 대한 사례 연구가 포함되어 있다.
- 1, 7, 12장에 사물인터넷에 대한 사례 연구가 포함되어 있다.

지속가능성 정보시스템이 지속가능성 목표를 촉진하는 방법에 대한 새로운 적용 범위를 추가했다. 지속가능성에 대한 사례 연구는 2, 3, 5, 6, 9장에서 확인할 수 있다.

각 장에 새롭게 추가되거나 업데이트된 주요 내용은 다음과 같다.

1장
- 비즈니스와 경력을 변화시키는 정보시스템
- 경영정보시스템의 주요 과제
- 환경적 영향, 지속가능성, 거버넌스, 전략적 비즈니스 목표로서의 책임 있는 AI

2장
- AI와 협업, 인간과 AI의 협업
- 지식관리시스템
- 지식작업과 지식근로자

3장
- AI와 경쟁 전략
- AI와 가치사슬
- AI와 포터의 경쟁세력 모델

4장
- AI 의존의 윤리적 위험
- 거버넌스 규정, 책임 있는 AI
- 개인정보 보호를 위한 기술적 보안
- 일반 데이터 보호 규정(GDPR)과 AI
- 개인정보 보호 및 지적재산권에 대한 AI의 과제
- 책임 문제: 소프트웨어, AI, 유럽연합 AI법, 빅테크, 디지털 시장법
- 삶의 질, 인공지능 편향, AI가 일자리에 미치는 영향, 소셜 미디어로 인한 정신 건강 위험, 메타버스로 인한 정신 건강 위험

5장
- 양자 컴퓨팅
- 그린 컴퓨팅
- 가상화와 클라우드 컴퓨팅
- 클라우드 AI 서비스
- AI를 위한 IT 인프라
- 에지 AI

6장
- 블록체인
- 빅데이터와 AI
- 데이터레이크
- 클라우드 기반 데이터 분석 플랫폼: 마이크로소프트 Power BI, 구글 Looker
- AI를 활용한 감정 분석
- AI와 데이터 관리

7장
- 통합 커뮤니케이션 시스템을 위한 AI의 기능
- AI가 검색에 미치는 영향
- 생성형 AI가 웹의 미래에 미치는 영향
- 웹3
- 메타버스
- 5G 및 사설 5G 네트워크

8장
- 위협 행위자
- 5G 보안 문제
- 메타버스 보안 문제
- 새로운 유형의 공격: LOTL과 APT, 크리덴셜 스터핑, 소프트웨어 공급 사슬
- AI 보안 문제
- 보안 도구, 신원 및 접근 관리 소프트웨어, 제로 트러스트 프레임워크, 다중 인증과 이중 인증, 웹 애플리케이션과 차세대 방화벽, 침입 방지 시스템, 보안 운영 센터
- 보안 프로토콜: WPA3, TLS, HTTPS, HSTS
- 양자 컴퓨팅이 보안에 미치는 영향
- 사물인터넷, 클라우드 컴퓨팅, 모바일 플랫폼 보안 과제

9장
- AI와 전사적 자원관리시스템
- AI와 공급사슬관리
- AI와 고객관계관리시스템
- 컴포저블 전사적 자원관리
- AI와 엔터프라이즈 애플리케이션

10장
- AI가 전자상거래에 미치는 영향
- 새로운 전자상거래 수익 모델
- 소셜 커머스의 부상

11장
- AI와 인간의 지능
- AI의 진화와 주요 AI 분야
- 머신러닝
- 지도학습과 비지도학습
- 신경망과 딥러닝
- 생성형 AI
- 지능형 에이전트, 챗봇, 가상 비서, 봇
- 자연어 처리
- 컴퓨터 비전 시스템
- 로보틱스: 로봇 응용 분야, 산업용 로봇, 협동 로봇, 서비스 로봇, 휴머노이드 로봇, 의료용 로봇, 드론, 자율주행차
- 유전자 알고리즘
- 퍼지 논리 시스템
- AI 과제: 환각, 투명성 부족, 편향, 보안, 일자리 상실, 환경적 영향, 허위 정보, 개인정보 보호, 지적재산권
- 책임 있는 AI

12장
- 데이터 분석, 비즈니스 인텔리전스와 AI
- 의사결정에 AI를 사용함으로써 발생하는 위험
- 태블로
- 예측 및 처방 분석, 데이터 시각화 도구로서의 증강현실, 가상현실, 메타버스

13장
- 오픈소스 개발: 예시, 장단점, 보안 문제
- 소프트웨어 개발의 민주화: 로코드, 노코드, 시민 개발
- AI가 소프트웨어 개발에 미치는 영향
- 하이브리드 모바일 앱, 적응형 웹 디자인

14장
- 기술 관련 의사결정을 지원하는 소프트웨어: 기술 비즈니스 관리 프레임워크, IT 재무 관리 도구
- 프로젝트 관리 방법론: 폭포수형 방법론, 애자일 프로젝트 관리, 간반 보드
- 기술 부채
- AI 및 프로젝트 관리 소프트웨어 도구

15장
- 글로벌 공급사슬 문제 해결을 위한 AI의 활용
- 소프트웨어 현지화를 위한 AI의 활용

콘텐츠 기능

이 책은 경영정보시스템에서 가장 중요한 주제를 다루는 실습 프로젝트가 포함된 15개의 장으로 구성되어 있다. 본문에서는 정보시스템을 설명하고 분석하기 위한 통합 프레임워크를 사용하여 기본 경영정보시스템 개념에 대한 개요를 제공한다. 이 프레임워크는 관리적·조직적·기술적 요소로 구성된 정보시스템을 보여주며, 프로젝트 및 사례 연구에서 강화된다.

각 장의 구성

- 학습목표
- 각 장의 주제와 중요성을 확립하기 위해 실제 기업을 소개하는 도입 사례
- 책 전반에 걸쳐 사용된 경영, 조직, 기술 모델 측면에서 도입 사례를 분석한 도표

- 경영, 조직, 기술 주제에 초점을 맞춘 사례와 문제
- 진로 준비에 도움이 되는 경력 개발 자료
- 각 장 후반부의 사례 연구
- 학습목표와 연계된 요약
- 개념을 복습하는 데 유용한 주요 용어
- 내용을 이해했는지 확인할 수 있는 복습문제
- 광범위한 주제와 연관된 토의문제
- 무료 생성형 AI 도구를 사용하여 일반적 비즈니스 문제를 해결하는 AI 활용 프로젝트
- 경영 의사결정 문제, 실습 응용 소프트웨어 프로젝트, 인터넷 기술 개발 프로젝트로 구성된 MIS 실습 과제
- 협업 및 팀워크 프로젝트: 오픈소스 협업 도구를 사용하는 팀워크 및 프레젠테이션 기술 개발

학생 학습 중심

본문의 내용은 학생의 관심을 집중하는 학습목표를 기반으로 구성되어 있으며, 각 장은 이러한 학습목표와 연계된 요약과 복습문제로 마무리된다.

주요 기능

보다 상호작용적이고 주도적이며 학생과 강사의 흥미를 끌도록 개선했다.

실제 비즈니스 사례와 예시 활용 실제 기업을 활용하면 정보시스템과 비즈니스 성과 간의 직접적인 연결을 확인할 수 있다. 본문의 예시와 사례 연구에서는 전 세계 기업에서 정보시스템과 기술 사용을 주도하는 주요 비즈니스 목표, 즉 운영 우수성, 새로운 제품과 서비스, 고객 및 공급업체 친밀감, 향상된 의사결정, 경쟁우위, 생존 및 ESG 리더십 촉진을 설명한다. 또한 특정 기업이 이러한 목표를 달성하기 위해 정보시스템을 사용하는 방법을 보여준다.

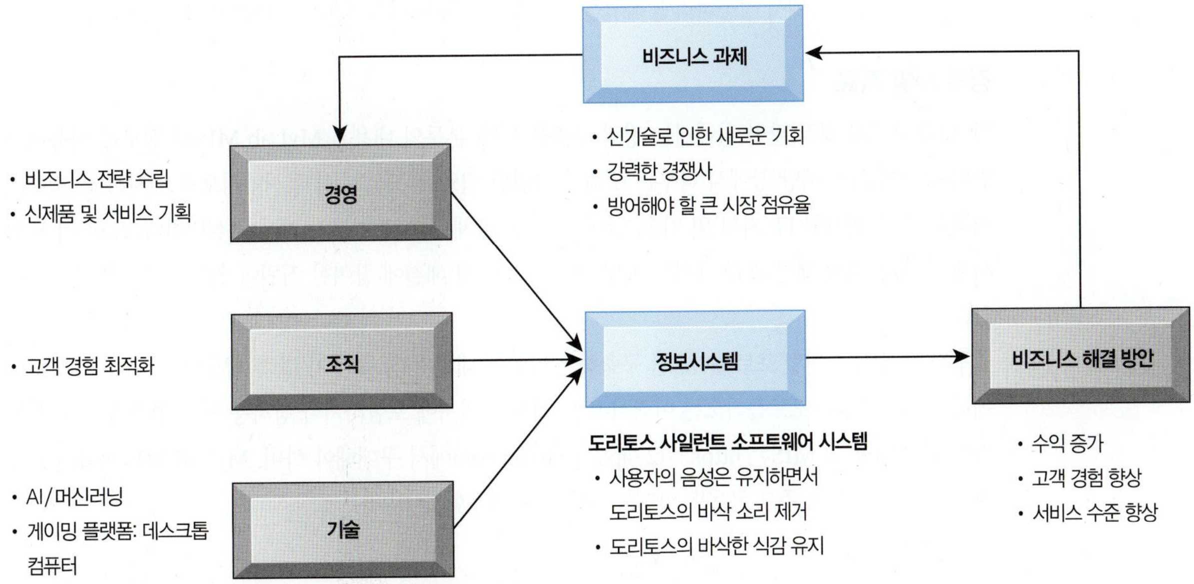

각 장의 도입 사례에 제시된 도표는 해당 사례에서 다루는 비즈니스 과제의 해결 방안을 찾도록 정보시스템의 경영, 조직, 기술 요소를 보여준다.

각 장에는 UPS, 캐피털원, 펩시코, 스포티파이, 메타, 내셔널 풋볼 리그, 추이, 레모네이드, 레딧, 애플, 랜드오레이크스, 시그넷주얼러스, 사우스웨스트항공, 호멜푸드, 윈덤 등의 실제 기업에 초점을 맞춘 세 가지 사례 연구가 포함되어 있다.

도입 사례는 각 장의 무대를 마련한다. 각 장의 주제 및 관련 비즈니스 문제에 직면한 실제 기업을 소개하고, 본문에서 다루는 경영, 조직, 기술 모델 측면에서 사례를 분석한 도표를 제시한다. 또한 관련 기업의 직원에게 어떤 혜택이 있는지도 알려준다.

경영 사례, 조직 사례, 기술 사례에서는 각 장의 내용과 관련된 경영, 조직, 기술 주제를 강조한다. 각 장 후반부의 사례 연구는 해당 장의 개념과 이슈를 아우르는 보다 광범위한 사례이다. 각각의 사례는 토론 수업, 프레젠테이션 또는 보고서 과제에서 해당 장의 개념을 실제 기업에 적용하는 문제로 마무리된다.

각 장 끝의 실습 활동 실제 비즈니스 시나리오와 데이터를 통해 경영정보시스템의 본질을 직접 체험할 수 있다. 이러한 프로젝트는 경영정보시스템에의 흥미진진한 참여를 증진한다.

- **AI 활용 프로젝트**: ChatGPT, 구글 Gemini, 마이크로소프트 Copilot과 같은 무료 생성형 AI 도구를 이용하여 일반적인 비즈니스 문제를 해결하는 경험을 제공한다.
- **MIS 실습 과제**: 경영 의사결정 문제, 마이크로소프트 엑셀, 액세스 또는 웹페이지와 블로그 작성 도구를 사용하는 응용 프로그램 소프트웨어 실습, 정보 액세스, 조사 수행, 온라인 계산 및 분석 수행을 위한 인터넷 비즈니스 기술을 개발하는 프로젝트 등이 포함된 MIS 프로젝트이다. 이를 통해 실제 문제 해결을 연습하여 운영 효율성을 높이고 의사결정 능력을 향상하는 방법을 배운다.
- **태블로 프로젝트**: 일부 장에 태블로 프로젝트가 포함되어 있다.
- **협업 및 팀워크 프로젝트**: 팀을 이루어 구글 드라이브, 구글 사이트, 구글 문서 또는 기타 오픈소스 협업 도구를 사용하는 협업 프로젝트이다.

직업 기술 개발

급변하는 취업 시장에서 성공하려면 직업을 선택하고 다양한 기술을 개발하는 방법을 알아야 한다.

경력 개발 자료

각 장 후반부의 경력 관련 절에서는 경력 구축을 위해 본문의 내용과 MyLab MIS의 정보를 사용하는 방법을 보여준다. 해당 장에서 다루는 주제와 관련된 직업이 포함된 실제 시나리오를 제시하고, 직무의 역할과 책임, 필요한 IT 지식 및 기술, 급여 정보 등 잠재적 경력 경로를 자세히 설명한다. 또한 각 도입 사례 다음의 '경력 개발 효과'에서는 해당 비즈니스 문제 해결에 참여한 직원이 얻는 경력 혜택을 알 수 있다.

구직 가이드, 디지털 포트폴리오를 구축하는 방법에 대한 지침 등 추가 경력 개발 자료는 MyLab MIS에서 구할 수 있다. 포트폴리오는 이력서 또는 입사 지원서에 포함하거나 강사용 학습 평가 도구로 사용 가능하다. MyLab MIS는 https://t2-apac.pearson.com에서 구매해야 하며, MyLab MIS에서는 교재 관련 연습문제 풀이, 주요 콘셉트 비디오 자료 등도 이용할 수 있다.

각 장의 경력 관련 절에 소개된 직무는 다음과 같다.

장	직무
1장	영업 담당자
2장	고객 성공 분석가
3장	사업 개발 담당자
4장	프라이버시 분석가
5장	AWS 강사
6장	데이터 품질 분석가
7장	네트워크 전문가
8장	사이버 보안/IT 보안 전문가
9장	고객관계 관리자
10장	전자상거래 분석가
11장	AI 프롬프트 엔지니어
12장	데이터 분석가
13장	프로세스 분석가
14장	IT 프로젝트 관리자
15장	글로벌 공급사슬 분석가

저자 소개

Kenneth C. Laudon

스탠퍼드대학교에서 경제학 학사 학위를 받고, 컬럼비아대학교에서 경제학 박사 학위를 받았다. 뉴욕대학교 스턴경영대학에서 정보시스템 교수로 재직하면서 30년 이상 디지털 기업 관리, IT 및 기업 전략, 직업적 책임(윤리), 전자상거래 및 디지털 시장에 대해 가르쳤다. 또한 전자상거래, IT, 정보시스템, 조직 및 사회를 다룬 책을 다수 집필하고 정보시스템, 개인정보 보호, 윤리 및 디지털 기술이 사회, 조직, 경영에 미치는 영향에 관한 논문을 40편 이상 발표했다. 그의 연구는 경영정보시스템 분야에 지속적인 영향을 미쳤으며, 그가 세상을 떠난 후에도 그의 사상은 이 책에 깊이 스며들어 있다.

Jane Price Laudon

바너드칼리지에서 학사 학위를 받고, 하버드대학교에서 석사 학위를, 컬럼비아대학교에서 박사 학위를 받았다. 정보시스템 분야의 경영 컨설턴트이며 컬럼비아대학교, 뉴욕대학교 스턴경영대학에서 교수를 지냈다. 7권의 책을 저술했으며, 특히 관심을 가진 분야는 시스템 분석, 데이터 관리, 경영정보시스템 감사, 소프트웨어 평가, 비즈니스 전문가에게 정보시스템 설계 및 사용 방법을 가르치는 것이다.

Carol Guercio Traver

바사칼리지에서 학사 학위를 받고 예일대학교 로스쿨을 졸업했다. 1990년대 중반부터 IT 관련 주제를 연구하면서 글을 쓰고 학생들을 가르쳐왔으며, 《전자상거래(E-commerce: business, technology, society)》 등 다수의 IT 관련 교재 저술에 참여했다. 또한 기술법, 인터넷법, 개인정보 보호법, 지적재산권법, 일반 기업법 분야의 전문성을 갖춘 변호사이며, 디지털 미디어 기업 아지무스인터랙티브(Azimuth Interactive)의 공동 창립자이기도 하다.

차례

Part 1 조직, 경영 및 네트워크화 기업

1 오늘날 글로벌 비즈니스의 정보시스템 3

도입 사례 디지털 기술로 시추 작업을 심화시킨 코노코필립스 4

1.1 비즈니스와 경력을 변화시키는 정보시스템 5
정보시스템은 어떻게 비즈니스를 변화시키는가 5
직업의 변화: 이 모든 것이 시사하는 바 6

1.2 새로운 경영정보시스템 기술로 인해 창출된 주요 과제와 기회 7
경영정보시스템의 주요 과제 7
글로벌화의 도전과 기회 7

1.3 디지털 기업의 주요 특징 9

1.4 정보시스템의 비즈니스 목표 10
운영 수월성 10
새로운 비즈니스 모델, 제품 및 서비스 11
고객 및 공급자 친밀성 11
의사결정 개선 11
경쟁우위 12
생존 12
환경적 영향, 지속가능성, 거버넌스, 책임 있는 AI 12

1.5 정보시스템은 무엇이며 어떻게 작동하는가 13
정보시스템이란 무엇인가 13
기술이 전부는 아니다: 경영진과 조직의 역할 15

1.6 정보시스템의 조직, 경영, 기술 차원 16
조직 16
경영 17
기술 18
기술 사례 IT와 함께 경쟁하는 UPS 19

1.7 사물인터넷, 빅데이터, 클라우드 컴퓨팅, AI의 중요성 20

1.8 보완적 자산의 중요성 22
보완적 자산: 조직의 자본과 적합한 비즈니스 모델 22

1.9 정보시스템 이해를 위한 다양한 접근 방식 24
기술적 접근 24
행위적 접근 24
이 책에서의 접근 방향: 사회기술적 시스템 25

1.10 이 책은 우리의 미래를 어떻게 준비시키는가 26
기술의 비즈니스 응용 프로그램 이해 26

1.11 이 장의 내용은 경력에 어떻게 도움이 되는가 27

실제 시나리오 영업팀을 재구축한 파실리테크 28

사례 연구 디지털 전환을 진행 중인 캐피털원 28

요약 30
주요 용어 31
복습문제 31
토의문제 32
AI 활용 프로젝트 32
MIS 실습 과제 32
참고문헌 33

2 글로벌 e-비즈니스와 협업 35

도입 사례 북미토요타자동차의 성과 향상을 돕는 마이크로소프트 팀즈와 AI 36

2.1 비즈니스 프로세스와 정보시스템의 관련성 38
비즈니스 프로세스 38
IT가 비즈니스 프로세스를 향상하는 방식 39

2.2 다양한 관리 계층을 지원하는 정보시스템 39
거래처리시스템 40
비즈니스 인텔리전스 시스템 41

2.3 기업 성과를 개선하는 전사적 애플리케이션 45
전사적 애플리케이션 45
전사적 시스템 45
공급사슬관리시스템 46
인트라넷과 엑스트라넷 47

2.4 협업과 소셜 비즈니스 시스템의 중요성 47
협업 47
소셜 비즈니스 48
협업과 소셜 비즈니스가 기업에 주는 혜택 49
협업 문화와 비즈니스 프로세스 구축 50

2.5 협업 도구 51
이메일 및 인스턴트 메시징 플랫폼 51
협업 플랫폼 51
AI와 협업 53
기술 사례 신약 발견과 개발을 가속화하는 AI 54

2.6 소셜 비즈니스 도구 54
전사적 소셜 네트워킹 도구 55
가상 세계와 메타버스 55

2.7 협업 및 소셜 비즈니스 도구를 평가하는 방법 55

2.8 지식관리시스템 57
지식의 유형 57

지식관리시스템의 유형 57
전사적 지식관리시스템 58
기업 내 전문가를 찾고 전문 지식을 공유하기 위한 시스템 59
주요 지식작업시스템의 유형 60
2.9 정보시스템 기능의 역할 61
정보시스템 부서 61
정보시스템 기능의 조직화 62
2.10 이 장의 내용은 경력에 어떻게 도움이 되는가 62
실제 시나리오 프린세스크루즈의 수익 극대화를 지원하는 고객 성공 분석가 63
추가 경력 개발 자료 63
사례 연구 가상 회의는 협업에 얼마나 도움이 되는가? 63
요약 65
주요 용어 66
복습문제 66
토의문제 67
AI 활용 프로젝트 67
MIS 실습 과제 67
참고문헌 68

3 정보시스템, 조직, 전략 71

도입 사례 도리토스의 바삭한 소리를 제어하는 펩시코 72
3.1 조직에 대한 기술적 관점과 행동적 관점 73
조직이란 무엇인가 74
3.2 정보시스템에 영향을 미치는 조직의 특징 76
루틴과 비즈니스 프로세스 76
조직 정치 76
조직 문화 76
조직 환경 77
조직 구조 79
기타 조직의 특성 79
3.3 정보시스템이 조직에 미치는 영향 80
경제적 영향 80
조직적·행동적 영향 81
정보시스템 설계 및 이해를 위한 시사점 83
3.4 포터의 경쟁세력 모델 83
포터의 경쟁세력 모델 84
경쟁세력에 대응하기 위한 정보시스템 전략 85
인터넷이 경쟁우위에 미치는 영향 88
3.5 가치사슬 모델 89
가치사슬 확장: 가치 웹 90
3.6 시너지, 핵심 역량, 네트워크 경제 92
시너지 92
핵심 역량 강화 92
네트워크 기반 전략 92
3.7 경쟁 전략에서 AI의 활용 95
AI와 가치사슬 95
AI와 포터의 경쟁세력 모델 95
3.8 전략정보시스템이 야기하는 도전 과제 96
지속적인 경쟁우위 확보 96
경영 사례 걸림돌에 부딪힌 스포티파이의 팟캐스트 전략 97
IT와 비즈니스 목표의 정렬 98
경영자 체크리스트: 전략정보시스템 분석 수행 98
3.9 이 장의 내용은 경력에 어떻게 도움이 되는가 99
실제 시나리오 디지털 기술로 비즈니스를 발전시킨 크레욜라 99
추가 경력 개발 자료 100
사례 연구 패션 산업을 재설계하는 AI 100
요약 101
주요 용어 102
복습문제 103
토의문제 103
AI 활용 프로젝트 103
MIS 실습 과제 104
참고문헌 105

4 정보시스템의 윤리적·사회적 이슈 107

도입 사례 추적하는 앱: 양날의 검 108
4.1 IT/정보시스템과 관련된 윤리적·사회적·정치적 이슈 110
비즈니스 수행에서의 윤리적 도전 110
윤리적·사회적·정치적 이슈를 고려하기 위한 모델 111
정보화 시대의 다섯 가지 도덕적 차원 112
윤리적 이슈를 발생시키는 핵심 IT 동향 112
4.2 윤리적 행동 원칙 115
기본 개념: 책임, 책임추적성, 법적 의무 및 적법 절차 115
윤리적 분석 116
윤리적 원칙 116
전문직 종사자의 윤리행동강령 117
거버넌스 코드 117
현실 세계의 윤리적 딜레마 117
4.3 정보 권리와 프라이버시 118
정보 권리: 인터넷 시대의 프라이버시와 자유 118
미국 내 프라이버시에 대한 법적 보호 118
유럽의 일반 데이터 보호 규정 120
인터넷이 제기하는 과제 121
AI가 제기하는 과제 124
기술적 해결책 125
4.4 지적재산 125
저작권 125
특허 126
상표 126
영업비밀 126
지적재산권에 대한 과제 126
AI가 제기하는 과제 127
4.5 시스템 품질 129
시스템 품질: 데이터 품질과 시스템 오류 129
4.6 책임추적성과 통제 130
소프트웨어와 인터넷의 법적 의무 130
조직 사례 비난을 받고 있는 통신품위법 제230조 131

AI의 법적 의무 132
컴퓨터 범죄와 오남용 132
4.7 삶의 질 133
빅테크: 경제적·정치적 권력의 집중 134
디지털 격차 134
고용: 자동화, 업무 재설계, AI로 인한 실직 135
변화의 속도: 경쟁에 대응하는 시간 단축 135
경계 유지: 가족, 직장, 여가 136
신체적·정신적·인지적 건강 위험 136
4.8 이 장의 내용은 경력에 어떻게 도움이 되는가 138
실제 시나리오 경쟁우위를 강화하기 위해 프라이버시 분석가를 활용하는 시멘토스아르고스 138
추가 경력 개발 자료 139
사례 연구 메타의 많은 윤리적 도전 139
요약 141
주요 용어 141
복습문제 142
토의문제 142
AI 활용 프로젝트 143
MIS 실습 과제 143
참고문헌 144

Part 2 IT 인프라

5 IT 인프라와 최신 기술 147

도입 사례 클라우드와 AI로 승승장구하는 큐라이드 148
5.1 IT 인프라와 발전 단계 149
IT 인프라의 정의 150
IT 인프라의 발전과정 151
5.2 IT 인프라의 구성요소 153
컴퓨터 하드웨어 플랫폼 153
운영체제 플랫폼 155
전사적 애플리케이션 소프트웨어 155
데이터 관리 및 저장 155
네트워킹/통신 플랫폼 156
인터넷 플랫폼 156
컨설팅 및 시스템 통합 서비스 156
5.3 모바일 플랫폼, 앱, BYOD 157
모바일 컴퓨팅 플랫폼 157
앱 157
IT 소비화와 BYOD 158
5.4 양자 컴퓨팅과 그린 컴퓨팅 159
양자 컴퓨팅 159
그린 컴퓨팅 160
5.5 가상화와 클라우드 컴퓨팅 161
가상화 161
클라우드 컴퓨팅과 가상화 162
클라우드 AI 서비스 166
에지 컴퓨팅 166
5.6 현대 소프트웨어 플랫폼 167
오픈소스 소프트웨어 167
웹 소프트웨어: 자바, HTML, HTML5 168
웹서비스 168
5.7 소프트웨어 획득 방법 170
소프트웨어 패키지 및 소프트웨어 서비스 170
소프트웨어 아웃소싱 171
5.8 인공지능을 위한 IT 인프라 171
기술 사례 AI 칩 172
AI와 에지 컴퓨팅 173
5.9 IT 인프라 관리의 도전 과제 173
플랫폼 및 인프라 변화에 대한 대응 173
관리와 거버넌스 174
인프라에 대한 현명한 투자 174
5.10 이 장의 내용은 경력에 어떻게 도움이 되는가 177
실제 시나리오 아마존웹서비스의 강사와 함께하는 클라우드콜 177
추가 경력 개발 자료 178
사례 연구 AI와 클라우드 컴퓨팅은 지속가능한가? 178
요약 179
주요 용어 180
복습문제 181
토의문제 181
AI 활용 프로젝트 182
MIS 실습 과제 182
참고문헌 183

6 비즈니스 인텔리전스의 기반: 데이터베이스와 정보 관리 185

도입 사례 오라클 자율 데이터베이스와 함께 비행하는 호주의 왕립항공의료서비스 186
6.1 전통적 파일 환경에서의 데이터 관리 문제 187
파일 구성의 용어 및 개념 188
전통적 파일 환경의 문제점 189
6.2 데이터베이스관리시스템과 관계형 데이터베이스관리시스템의 기능 191
데이터베이스관리시스템 191
관계형 데이터베이스와 관계형 데이터베이스관리시스템 192
데이터베이스관리시스템의 기능 195
6.3 관계형 데이터베이스의 설계 원리 197
정규화와 개체관계성도 197
6.4 비관계형, 클라우드, 블록체인 데이터베이스의 기능 199
비관계형 데이터베이스 199
클라우드 데이터베이스와 분산 데이터베이스 199
블록체인 200
6.5 데이터베이스의 데이터 분석에 사용되는 도구 201
빅데이터의 도전 과제 201
빅데이터와 AI 202
비즈니스 인텔리전스 인프라 203
분석 도구: 관계, 패턴, 추세 206

데이터베이스와 웹 209
6.6 **데이터 거버넌스, 데이터 품질 보증, 데이터 관리** 210
데이터 품질 보증 210
AI가 데이터 관리를 개선하는 방법 211
기술 사례 얼굴 데이터베이스: 누가 우리 얼굴을 사용하고 있는가? 212
6.7 **이 장의 내용은 경력에 어떻게 도움이 되는가** 213
실제 시나리오 데이터 거버넌스를 수용한 큐리그그린마운틴 213
추가 경력 개발 자료 214
사례 연구 블록체인을 통한 지속가능성 추구 214
요약 216 주요 용어 217
복습문제 218 토의문제 218
AI 활용 프로젝트 218 MIS 실습 과제 219
참고문헌 220

7 통신, 인터넷, 무선 기술 221

도입 사례 NFL과 AWS의 협업: 미식축구 경기장에서 클라우드로 그리고 다시 미식축구 경기장으로 222
7.1 **통신 네트워크의 주요 구성요소** 223
컴퓨터 네트워크 224
대기업의 네트워크 225
7.2 **핵심 디지털 네트워킹 기술** 226
클라이언트/서버 컴퓨팅 226
패킷 교환 227
TCP/IP와 연결성 227
신호: 디지털 대 아날로그 229
7.3 **다양한 유형의 네트워크** 229
근거리 통신망 229
광역 통신망, 캠퍼스 통신망, 도시권 통신망 230
전송매체와 대역폭 230
7.4 **인터넷의 정의와 작동 방식** 231
인터넷이란 무엇인가 231
7.5 **비즈니스를 지원하는 인터넷 서비스** 235
이메일 236
인스턴트 메시징 236
인터넷 음성 프로토콜 236
통합 커뮤니케이션 237
가상 사설망 237
7.6 **웹의 작동 방식과 비즈니스에서의 활용 방법** 238
하이퍼텍스트 238
웹 서버 239
웹에서의 정보 검색 239
웹에서의 정보 공유 242
미래의 인터넷/웹 생태계 243
7.7 **주요 무선 기술 및 표준 기준** 244
셀룰러 시스템 244
기술 사례 최신 병원에 사설 5G 네트워크를 도입한 클리블랜드클리닉 245
무선 네트워크와 인터넷 접속 246
무선인식과 무선 센서 네트워크 248
7.8 **이 장의 내용은 경력에 어떻게 도움이 되는가** 251
실제 시나리오 네트워크 전문가의 지원을 받는 던디프레셔스메탈스 251
추가 경력 개발 자료 252
사례 연구 AI와 검색의 미래 252
요약 253 주요 용어 254
복습문제 255 토의문제 255
AI 활용 프로젝트 255 MIS 실습 과제 255
참고문헌 256

8 정보시스템 보안 257

도입 사례 랜섬웨어 공격으로 마비된 미국 의료 결제 시스템 258
8.1 **정보시스템의 취약성** 259
시스템이 취약한 이유 260
8.2 **가장 널리 퍼져 있고 위험한 형태의 악성코드** 262
8.3 **위협 행위자가 초래하는 위험** 265
스푸핑, 피싱, 파밍 265
LOTL과 APT 265
서비스 거부 공격 266
데이터 유출과 신원도용 266
국제적 위협: 사이버 전쟁과 사이버 테러리즘 267
내부 위협: 직원 268
컴퓨터 범죄 268
8.4 **소프트웨어의 취약점으로 인해 발생하는 보안 문제** 269
8.5 **인공지능으로 인해 발생하는 보안 문제** 270
AI를 이용한 피싱 270
딥페이크 271
대규모 언어 모델의 악용 271
8.6 **보안과 통제의 비즈니스 가치** 271
전자 기록관리를 위한 법적·규제적 요건 272
전자적 증거와 디지털 포렌식 273
8.7 **보안과 통제를 위한 조직적 프레임워크** 273
정보시스템 통제 274
위험도 평가 274
보안정책 275
업무 연속성과 재난 복구 계획 276
감사의 역할 277
8.8 **정보 자원을 보호하기 위한 기술** 278
신원 및 접근 관리와 인증 278
방화벽, 침입 탐지·방지 시스템, 안티멀웨어 소프트웨어 279
무선 네트워크 보안 282
암호화와 공개 키 인프라 282
블록체인을 통한 트랜잭션 보호 284

시스템의 가용성 확보 284
디지털 회복탄력성 확보 285
사물인터넷, 클라우드 컴퓨팅, 모바일 플랫폼의 보안 과제를 해결하기 위한 방안 285
조직 사례 업타임인스티튜트의 시스템 장애 이해 및 예방 286
소프트웨어 품질 보장 288

8.9 이 장의 내용은 경력에 어떻게 도움이 되는가 289
실제 시나리오 랜섬웨어 조직에 반격을 가한 FBI 사이버 보안 전문가 289
추가 경력 개발 자료 289
사례 연구 MGM리조트에 혼란을 초래하는 소셜 엔지니어링 290
요약 291
주요 용어 292
복습문제 292
토의문제 293
AI 활용 프로젝트 293
MIS 실습 과제 293
참고문헌 294

Part 3 디지털 시대의 핵심적 시스템 애플리케이션

9 운영 수월성 및 고객 친밀성 달성: 전사적 애플리케이션 299

도입 사례 전사적 애플리케이션으로 앞서 나가는 트루블루 300

9.1 전사적 자원관리시스템 301
전사적 자원관리시스템이란 무엇인가 301
전사적 자원관리 소프트웨어 302
전사적 자원관리시스템의 비즈니스 가치 303
AI와 전사적 자원관리시스템 304

9.2 공급사슬관리시스템 305
공급사슬 305
정보시스템과 공급사슬관리 306
공급사슬관리 소프트웨어 308
수요 주도형 공급사슬 308
공급사슬관리시스템의 비즈니스 가치 310

9.3 글로벌 공급사슬관리의 도전 과제 310
글로벌 공급사슬 이슈 310
조직 사례 BYK의 공급사슬관리 혁신 311
AI와 공급사슬관리 312

9.4 고객관계관리시스템 312
고객관계관리 312
고객관계관리시스템 소프트웨어 패키지 314
운영적 CRM과 분석적 CRM 317
고객관계관리시스템의 비즈니스 가치 318
고객관계관리와 AI 318

9.5 전사적 애플리케이션의 도전 과제에 대한 논의 318
전사적 애플리케이션의 도전 과제 319
엔터프라이즈 애플리케이션 트렌드 320

9.6 전사적 애플리케이션이 AI를 활용하는 방법 321

9.7 이 장의 내용은 경력에 어떻게 도움이 되는가 321
실제 시나리오 스컬캔디의 고객관계 관리자를 지원하는 SAP Business ByDesign 322
추가 경력 개발 자료 322
사례 연구 세일즈포스와 AI를 활용하여 비즈니스 전략을 혁신하는 밀러놀 323
요약 324
주요 용어 325
복습문제 325
토의문제 326
AI 활용 프로젝트 326
MIS 실습 과제 326
참고문헌 327

10 전자상거래: 디지털 시장과 디지털 제품 329

도입 사례 B2C와 B2B 전자상거래를 결합한 추이 330

10.1 전자상거래의 진화와 새로운 지평 331
전자상거래의 진화 331
오늘날의 전자상거래 332
AI와 전자상거래: 새로운 지평 333

10.2 전자상거래의 고유한 특성 335
유비쿼티 335
세계적 도달성 335
세계적 표준 335
풍부성 336
상호작용성 336
정보 밀도 336
개인화/맞춤화 336
소셜 기술: 사용자 콘텐츠 생성, 크리에이터, 소셜 네트워크 337

10.3 디지털 시장과 디지털 제품 338
디지털 시장 338
디지털 제품 339

10.4 전자상거래의 유형과 비즈니스 모델 340
전자상거래의 유형 340
전자상거래 비즈니스 모델 341

10.5 전자상거래 수익 모델 344
광고 수익 모델 344
판매 수익 모델 344
구독 수익 모델 344
무료/프리미엄 수익 모델 345
거래 수수료 수익 모델 345
제휴 수익 모델 345

10.6 전자상거래로 인한 마케팅의 변화 345
행위 기반 타기팅 346

10.7 소셜 네트워크, 소셜 마케팅, 소셜 커머스 349
소셜 네트워크 349
소셜 마케팅 및 광고 350
조직 사례 스프라우트소셜을 활용한 소셜 리스닝 351
소셜 커머스 352

10.8 **전자상거래가 B2B 거래에 미치는 영향** 352
전자문서교환 353
새로운 B2B 구매 및 판매 방식 354
10.9 **모바일 전자상거래 및 모바일 전자상거래 애플리케이션** 356
위치 기반 서비스와 애플리케이션 357
모바일 앱 결제 시스템 357
10.10 **전자상거래 프레즌스 구축 방법** 358
전자상거래 프레즌스 맵 개발 358
타임라인 개발: 주요 이정표 359
10.11 **이 장의 내용은 경력에 어떻게 도움이 되는가** 360
실제 시나리오 이하모니의 전자상거래 분석가 360
추가 경력 개발 자료 361
사례 연구 AI로 보험업계의 파괴적 혁신을 주도하는 레모네이드 361
요약 362
주요 용어 363
복습문제 364
토의문제 364
AI 활용 프로젝트 365
MIS 실습 과제 365
참고문헌 366

11 인공지능 367

도입 사례 레딧의 접근성을 향상하는 컴퓨터 비전 AI 368
11.1 **인공지능** 369
AI와 인간의 지능 369
AI의 진화 370
주요 AI 기술의 유형 370
11.2 **머신러닝** 370
머신러닝이란 무엇인가 371
지도학습과 비지도학습 371
11.3 **신경망과 딥러닝** 373
신경망 373
신경망 및 딥러닝 애플리케이션의 예 375
11.4 **생성형 AI** 375
기반 모델, 대규모 언어 모델, 트랜스포머 375
생성형 AI 도구의 예 376
11.5 **지능형 에이전트** 377
챗봇 377
가상 비서 378
봇 379
11.6 **자연어 처리** 379
자연어 처리 애플리케이션의 예 379
11.7 **컴퓨터 비전 시스템** 380
컴퓨터 비전 시스템의 예 380
11.8 **로보틱스** 381
로보틱스 애플리케이션 381
로봇의 유형 382
11.9 **유전자 알고리즘** 383
유전자 알고리즘의 예 383
11.10 **전문가 시스템** 384
전문가 시스템의 작동 방식 385
11.11 **퍼지 논리 시스템** 386
11.12 **인공지능의 도전 과제** 387
환각 387
투명성 부족 388
인공지능 편향 388
사이버 보안 문제 388
일자리 상실과 불평등 389
환경적 영향 389
잘못된 정보와 허위 정보 390
프라이버시 침해 391
저작권 및 지식재산권 관련 과제 391
경영 사례 애플의 AI 전략, 모든 사람의 손에 AI를! 392
책임 있는 AI 393
11.13 **이 장의 내용은 경력에 어떻게 도움이 되는가** 393
실제 시나리오 ParentLab의 프롬프트 엔지니어 394
추가 경력 개발 자료 394
사례 연구 AI가 우리 일자리를 위협하는가? 394
요약 396
주요 용어 397
복습문제 397
토의문제 398
AI 활용 프로젝트 398
MIS 실습 과제 398
참고문헌 399

12 데이터 분석과 비즈니스 인텔리전스를 활용한 의사결정 강화 401

도입 사례 Power BI를 이용하여 데이터 기반 의사결정을 강화하는 풀턴카운티학교 402
12.1 **비즈니스 의사결정** 403
비즈니스 의사결정의 유형 403
12.2 **의사결정 과정** 405
12.3 **관리자의 역할** 406
관리적 역할 406
관리적 역할을 지원하는 정보시스템 407
12.4 **의사결정 개선의 가치** 407
12.5 **정보시스템이 항상 더 나은 의사결정을 이끌지 못하는 이유** 408
정보의 품질 408
관리자의 여과 409
조직의 타성과 정치 409
자동화된 고속 의사결정 409
의사결정에 AI를 사용하면 발생할 수 있는 위험 409
12.6 **데이터 분석, 비즈니스 인텔리전스, 인공지능의 의사결정 지원 방식** 410
데이터 분석, 비즈니스 인텔리전스, AI 410
비즈니스 인텔리전스와 비즈니스 분석 환경 411
12.7 **비즈니스 인텔리전스 시스템의 기능** 414

비즈니스 인텔리전스 시스템의 분석 기능 414
예측적 분석과 처방적 분석 414
빅데이터 분석 415
기술 사례 예측적 분석과 AI를 사용하여 농업을 재편하는 랜드오레이크스 416
운영적 인텔리전스와 분석 417
위치 분석과 지리정보시스템 417
12.8 비즈니스 인텔리전스 사용자의 유형 418
운영 관리층과 중간 관리층을 위한 의사결정 지원 418
준구조적 의사결정을 위한 지원 419
고위 관리층을 위한 의사결정 지원: 균형성과표와 비즈니스 성과 관리 방법론 421
12.9 이 장의 내용은 경력에 어떻게 도움이 되는가 423
실제 시나리오 KPMG의 새로운 서비스와 심층적인 통찰력을 제공하는 데이터 분석가 423
추가 경력 개발 자료 423
사례 연구 빅데이터 분석과 AI: 자연재해에 맞서는 새로운 방법 424
요약 425
주요 용어 426
복습문제 426
토의문제 427
AI 활용 프로젝트 427
MIS 실습 과제 427
참고문헌 428

Part 4 시스템 개발과 관리

13 정보시스템 개발 431
도입 사례 새로운 가상 판매 시스템으로 빛나는 시그넷주얼러스 432
13.1 조직 변화를 촉진하는 정보시스템 433
시스템 개발과 조직 변화 433
13.2 IT를 활용한 비즈니스 프로세스 관리 및 재설계 방법 435
비즈니스 프로세스 관리와 프로세스 마이닝 도구 437
13.3 시스템 개발 프로세스의 핵심 활동 438
시스템 분석 438
시스템 설계 439
시스템 개발 프로세스의 완료 440
13.4 정보시스템 구축 및 획득 방법 443
전통적인 시스템 개발 생명주기 443
프로토타이핑 444
응용 소프트웨어 패키지, 소프트웨어 서비스, 아웃소싱 446
13.5 신속한 시스템 개발을 가능하게 하는 방법 448
객체지향 설계 448
신속 애플리케이션 개발 449
공동 애플리케이션 개발 450
애자일 개발 450
데브옵스 450
13.6 점점 확대되는 소프트웨어 개발의 민주화 451
오픈소스 소프트웨어 451
로코드 및 노코드 개발 453
시민 개발 453
경영 사례 시민 개발자와 협력하는 셰브론 454
13.7 인공지능이 소프트웨어 개발에 미치는 영향 455
AI 소프트웨어 개발의 과제 455
13.8 모바일 애플리케이션 구축 접근 방식 456
멀티스크린 환경을 위한 설계 457
13.9 이 장의 내용은 경력에 어떻게 도움이 되는가 458
실제 시나리오 카터스의 비즈니스 프로세스를 재설계하는 데 도움을 주는 프로세스 분석가 458
추가 경력 개발 자료 458
사례 연구 셀로니스를 활용한 프로세스 마이닝 459
요약 460
주요 용어 461
복습문제 462
토의문제 462
AI 활용 프로젝트 463
MIS 실습 과제 463
참고문헌 464

14 정보시스템을 위한 비즈니스 사례 구축과 프로젝트 관리 467
도입 사례 더 나은 프로젝트 관리 도구를 위해 라이크를 도입한 빅커머스 468
14.1 비즈니스 사례 구축 방법 469
정보시스템 계획 470
14.2 정보기술 투자 평가 방법 472
포트폴리오 분석 472
평점 모델 472
해결책의 비용과 이익 결정 473
14.3 프로젝트 관리 방법론과 변수 476
프로젝트 관리 방법론 476
프로젝트 관리 변수 476
14.4 효과적인 프로젝트 관리의 중요성 477
통제되지 않는 프로젝트와 시스템 실패 477
14.5 프로젝트의 위험 요인 478
프로젝트 위험의 차원 478
변화 관리와 구현 개념 479
경영 사례 변화 관리와 구현 문제를 극복한 해피피트인터내셔널 481
14.6 프로젝트의 위험 요인 관리 482
기술적 복잡성 관리 482
공식적 계획과 통제 도구 482
사용자 참여 확대와 사용자 저항 극복 485
조직을 위한 설계 485
프로젝트 관리 소프트웨어 도구 486
14.7 이 장의 내용은 경력에 어떻게 도움이 되는가 487
실제 시나리오 인튜이트의 새로운 클라우드 플랫폼 출시를 지원하는 프로젝트 관리자 487
추가 경력 개발 자료 487

사례 연구 미래의 격변에 대응하기 위해 디지털 전환에 투자하는 사우스웨스트항공 488

요약 489
주요 용어 490
복습문제 490
토의문제 490
AI 활용 프로젝트 491
MIS 실습 과제 491
참고문헌 492

15 글로벌 정보시스템 관리 493

도입 사례 오라클 클라우드 애플리케이션 도입으로 전 세계 시스템을 통합한 호멜푸드 494

15.1 **글로벌 정보시스템 개발에 영향을 미치는 요인** 495
글로벌 비즈니스 동인 496
글로벌 비즈니스 과제 497

15.2 **글로벌 정보시스템 아키텍처의 개발** 498

15.3 **글로벌 비즈니스와 정보시스템을 위한 전략 및 조직 구조** 500
글로벌 전략 및 비즈니스 조직 500
전략에 맞는 글로벌 시스템 구성 501
비즈니스의 재조직화 502

15.4 **글로벌 정보시스템 개발의 관리 과제** 502
전형적인 시나리오: 글로벌 규모로 조직화되지 못한 조직 502

15.5 **글로벌 정보시스템 개발 과제의 관리 해결책** 503
글로벌 정보시스템 개발 과제의 관리적 해결책 고안 503
관리적 해결책 구현 505

15.6 **글로벌 정보시스템 개발의 기술적 문제와 대안** 506
컴퓨팅 플랫폼과 시스템 통합 507
연결성 507
소프트웨어 현지화 508
조직 사례 디지털 민족주의의 부상 509

15.7 **이 장의 내용은 경력에 어떻게 도움이 되는가** 510
실제 시나리오 글로벌 운영의 조정 방법을 배우는 피아트 510
추가 경력 개발 자료 511
사례 연구 전 세계 호텔의 서비스 향상을 위해 정보시스템을 중앙집중화한 윈덤 511

요약 512
주요 용어 513
복습문제 513
토의문제 513
AI 활용 프로젝트 514
MIS 실습 과제 514
참고문헌 515

용어 사전 516

찾아보기 534

PART 1

조직, 경영 및 네트워크화 기업

© Blackboard/Shutterstock

Chapter 1 오늘날 글로벌 비즈니스의 정보시스템

Chapter 2 글로벌 e-비즈니스와 협업

Chapter 3 정보시스템, 조직, 전략

Chapter 4 정보시스템의 윤리적·사회적 이슈

1부에서는 정보시스템, 경영, 조직, 기술 차원이 무엇인지에 대한 중요한 질문과 함께 이 책의 주된 주제를 소개한다. 오늘날 비즈니스에서 왜 정보시스템이 필수적인가? 협업과 사회적 비즈니스를 위한 시스템이 왜 중요한가? 정보시스템은 기업들에게 경쟁력을 갖추는 데 어떤 도움을 주는가? 정보시스템이 널리 사용됨에 따라 무엇이 광범위한 윤리적·사회적 이슈를 불러일으키는가?

CHAPTER 1

오늘날 글로벌 비즈니스의 정보시스템

© Sdecoret/Shutterstock

학습목표

1.1 정보시스템이 비즈니스와 경력을 어떻게 변화시키는지 이해할 수 있다.

1.2 새로운 경영정보시스템 기술로 인해 창출된 주요 과제와 기회를 설명할 수 있다.

1.3 디지털 기업의 주요 특징을 설명할 수 있다.

1.4 정보시스템의 비즈니스 목표를 설명할 수 있다.

1.5 정보시스템은 무엇이며 어떻게 작동하는지 설명할 수 있다.

1.6 정보시스템의 조직, 관리, 기술 차원을 설명할 수 있다.

1.7 사물인터넷, 빅데이터, 클라우드 컴퓨팅, AI의 중요성을 이해할 수 있다.

1.8 보완적 자산이 필수적인 이유를 이해할 수 있다.

1.9 정보시스템을 연구하는 데 사용되는 다양한 접근 방식을 설명할 수 있다.

1.10 이 책을 통해 자신이 미래를 어떻게 준비할 수 있는지 이해할 수 있다.

1.11 이 장의 내용이 경력에 어떻게 도움이 되는지 이해할 수 있다.

이 장의 사례

- **도입 사례:** 디지털 기술로 시추 작업을 심화시킨 코노코필립스
- **기술 사례:** IT와 함께 경쟁하는 UPS
- **사례 연구:** 디지털 전환을 진행 중인 캐피털원

도입 사례 디지털 기술로 시추 작업을 심화시킨 코노코필립스

코노코필립스(ConocoPhillips)는 세계에서 가장 큰 독립 석유 및 가스 탐사, 생산 회사 중 하나이다. 알래스카의 외진 노스슬로프에 위치한 Kuparuk River 유전은 1981년부터 가동되었으며, 현재까지 25억 배럴 이상의 석유를 생산했다. Kuparuk과 같은 기존 유전에서 기존 인프라를 사용하여 비용 효율적인 방식으로 석유를 계속 회수할 수 있는 능력은, 대체 에너지원이 개발되고 있는 가운데 에너지 수요를 계속 지원하면서 석유 산업의 환경 발자국을 최소화하는 데 중요한 요소이다. 코노코필립스는 이를 실현하기 위해 다양한 디지털 기술 혁신을 추진하고 있다.

예를 들어 극한의 추운 날씨에서 비롯되는 문제 외에도, Kuparuk 유전에서의 작업은 가스 터빈 같은 필수 부품의 대부분 공급처로부터 너무 멀리 떨어져 있어 높은 비용과 주요 공급사슬 문제를 야기한다. 가스 터빈은 유정에서 나오는 천연가스를 압축한다. 핵심 구성요소는 연료를 압축 공기와 혼합할 수 있게 하는 버너 플러그이다. Kuparuk에서 사용되는 가스 터빈의 버너 플러그는 더 이상 시중에서 판매되지 않는다. 플러그가 마모되면 전통적인 제조 공정을 사용하는 지역 기계공장에서 제작해야 하며, 이는 최소 30주(조절 밸브 같은 다른 중요한 부품은 더 오래 걸림)가 소요될 수 있다. 혹시 몰라서 여분의 부품을 재고로 보유하면 창고 비용이 상승한다.

코노코필립스는 때때로 적층 제조라고도 불리는 3D 프린팅을 사용하여 이 문제를 해결할 수 있다. 3D 프린팅은 디지털 설계를 기반으로 물리적 객체를 생성하며, 액체 또는 분말 형태의 플라스틱, 금속, 시멘트를 얇은 층으로 쌓고, 이 층들을 융합하여 물체를 만든다. 이를 통해 기업은 다양한 부품 설계를 시뮬레이션하고 제조 전에 최적 구성을 식별할 수 있다. 이러한 구성은 프린트 파일로 변환되며, 적층 제조 파트너와 공유한 후 3차원 객체로 '프린트'될 수 있다.

3D 프린팅 덕분에 코노코필립스는 버너 플러그를 30주가 아닌 2~3주 만에 교체할 수 있게 되었고, 조절 밸브 생산 시간을 45주에서 5주 이하로 단축할 수 있다. 3D 부품은 전통적 방식으로 제조된 부품 못지않게, 아니 오히려 더 잘 작동한다. 예를 들어 3D 프린팅 기술 덕분에 연료 소비와 그에 따른 탄소 배출을 줄여주는 복잡한 형상의 조절 밸브를 프린트할 수 있게 해준다. 그리고 3D 프린팅은 부품을 필요 시점에 맞춰 제작할 수 있으며 사용 장소 근처에서 생산되므로 재고 관리가 개선되고 운송 및 창고 비용도 절감된다. 3D 프린팅이 계속 발전함에 따라 코노코필립스는 전 세계의 다른 지역에서도 이를 사용할 계획이며, 이를 통해 물리적 재고를 디지털 재고로 대체하고 환경 및 지속가능성 지표를 개선하며 효율성을 향상할 수 있다.

© T. Schneider/Shutterstock

또한 코노코필립스는 운영 성능 향상을 위해 데이터 분석, 데이터 시각화, 자동화, AI/머신러닝과 같은 다양한 혁신적 디지털 기술을 사용하고 있다. 이 회사는 사물인터넷 장치(예: 센서)에서 생성되는 데이터를 포함해 자사 비즈니스에서 생성되는 방대한 양의 데이터(빅데이터)를 활용하기 위해 데이터 분석을 사용한다. 디지털 트윈 기술과 같은 데이터 시각화 도구는 코노코필립스가 물리적 객체의 가상 표현을 생성하여 다양한 시나리오를 가상으로 테스트할 수 있게 해준다. 이 회사는 소프트웨어 봇 기반 로보틱 프로세스 자동화(RPA)를 활용하여 특정 반복 작업을 자동화하고, 인간이 더 복잡한 업무에 집중할 수 있도록 한다. 또한 장비 성능 최적화 및 기계 수명 연장을 위해 AI/머신러닝 알고리즘을 점점 더 많이 사용하고 있다. 코노코필립스의 머신러닝 응용 프로그램에는 지진 이미지 최적화, 유층 시뮬레이션, 유정 운영 최적화 등이 포함된다.

향후 코노코필립스의 디지털 목표는 운영 효율성 향상, 공급 비용 절감, 탄소 배출 감소, 안전 성과 향상이다. 혁신은 핵심 가치이다. 이 회사는 자사 인력의 기술과 결합된 디지털 기술이 자산과 프로세스를 더 지능적이고 자동화되도록 만드는 데 핵심적이라고 믿고 있다.

출처: "Digitizing Our Business," Conocophillips.com, accessed June 6, 2024; Michael Bertha, "ConocoPhillips Enlists 3D Printing for Supply Efficiencies on Alaska's North Slope," Cio.com, December 14, 2023; "Kuparak 1981—2021," ConocoPhillips Alaska and Petroleum News, March 2022.

코노코필립스의 부품 부족, 노후화된 비즈니스 프로세스, 공급사슬 문제 해결 경험은 오늘날 정보시스템이 얼마나 필수적인지를 보여준다. 코노코필립스와 같은 미래 지향적인 다국적 기업은 비용 절감, 의사결정 개선, 환경 보호, 그리고 외딴 지역과 열악한 기후 조건 속에서도 더 나은 비즈니스 수행 방식을 찾기 위해 노력하고 있다. 코노코필립스는 이 문제를 해결하기 위해 3D 프린팅과 AI/머신러닝을 포함한 최첨단 IT를 도입했다.

다음 도표는 이 사례와 이 장에서 제기된 중요한 내용을 강조한다. 코노코필립스는 알래스카 노스슬로프와 같은 열악한 기후 조건의 외딴 지역을 포함한 세계 여러 지역에서 석유와 천연가스를 추출해야 한다. 회사의 공급사슬은 회복력이 충분하지 않았고, 중요한 부품을 단기간에 조달할 수 없다는 점에서 방해를 받았다. 3D 프린팅은 코노코필립스가 더 빠르게 부품을 확보하고, 운송 및 창고 비용을 줄이며, 설계 자체도 개선할 수 있게 해주었다. AI/머신러닝 및 기타 혁신적인 디지털 기술은 이 회사가 운영 효율성을 높이고,

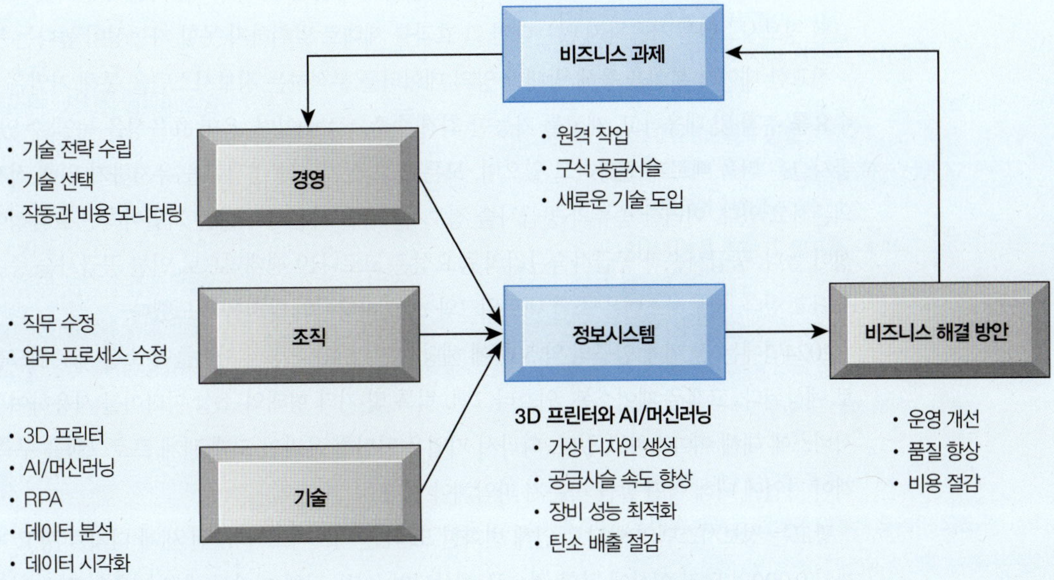

기계 성능을 최적화하며, 장비 수명을 연장하고, 탄소 배출을 줄이는 데 도움을 주었다.

새로운 IT를 도입하는 것이 코노코필립스의 비즈니스 운영 방식을 변화시켰다는 점은 주목할 만한다. 새로운 디지털 도구를 효과적으로 사용하기 위해 이 회사는 부품 제조 및 조달에 관한 직무와 비즈니스 프로세스를 재설계해야만 했다. 이러한 변화는 효율성, 서비스, 수익성을 향상할 수 있도록 신중히 계획되어야 했다.

문제

1. 이 사례에 설명된 문제를 식별한다. 어떤 비즈니스의 영역이 영향을 받았는가?
2. 코노코필립스는 3D 프린팅과 AI/머신러닝을 사용하여 어떤 이점을 얻었는가?
3. 이러한 신기술은 코노코필립스의 비즈니스 운영 방식을 어떻게 변화시켰는가?

경력 개발 효과

이 문제 해결에 참여한 직원, 관리자, IT 전문가는 3D 프린팅 및 AI/머신러닝 시스템을 선정, 테스트, 구현한 점과, 이러한 기술을 비즈니스 성과 향상에 혁신적으로 활용한 점에서 인정을 받았다. 코노코필립스의 직원과 관리자는 새로운 기술의 채택을 지원하고, 생산성과 품질 향상을 위해 자신의 업무에 이를 활용함으로써 경력상의 이점을 얻었다.

1.1 비즈니스와 경력을 변화시키는 정보시스템

기업의 운영 방식은 새로운 기술, 특히 인공지능(AI)으로 인해 점점 더 빠르게 변화하고 있다. 리서치 회사 가트너(Gartner)에 따르면 전 세계 기업은 2019년부터 2023년까지 정보기술(IT)과 IT 서비스에 20조 달러 이상을 지출했으며, 2024년에는 추가로 5조 달러를 지출할 것으로 예상된다(Gartner, 2024). 이러한 지출의 결과는 우리 주변에서 매일 확인할 수 있다.

정보시스템은 어떻게 비즈니스를 변화시키는가

오늘날 인터넷과 모바일 기기를 통합한 정보시스템은 비즈니스의 필수 도구가 되었다. 2024년에는 전 세계적으로 약 29억 명이 온라인에서 물건을 구매할 것으로 예상되며, 전체 소매 전자상거래 매출의 3분의 2 이상이 모바일 기기를 사용하는 사람들에 의해 창출될 것이다. 즉, 기업이 인터넷과 모바일 앱에 연결된 정보시스템을 사용하지 않는다면 그 효과를 제대로 발휘하지 못할 가능성이 높다는 뜻이다.

정교한 데이터 분석을 통해 방대한 양의 데이터를 분석하는 정보시스템을 통해 기업은 급변하는 고객 수요를 추적 및 대응하고, 재고를 가능한 최저 수준으로 줄이며, 운영 효율성을 높일 수 있다. 그 결과 공급사슬은 더욱 빠르게 변화하고 있으며, 모든 규모의 기업이 경쟁력을 유지하기 위해 적시 재고 공급에 의존하고 있다. 이러한 종류의 공급사슬 정보시스템을 사용하지 않는 기업이라면 효율성이 떨어질 가능성이 높다. 공급사슬과 공급사슬관리의 중요성은 코로나19 팬데믹으로 인한 공급사슬 중단으로 더욱 강조되고 있다. 정보시스템은 소셜 네트워크와 소셜 미디어의 발전을 주도했다.

2024년에는 전 세계 인구의 약 50%에 해당하는 약 40억 명의 사람들이 소셜 네트워크를 사용할 것으로 예상된다. 고객은 페이스북, 인스타그램, 틱톡 및 기타 형태의 소셜 미디어를 사용하여 기업의 제품과 서비스에 대해 이야기하고 있다. 따라서 기업은 탄탄한 온라인 고객 관계 프로그램을 구축해야 하며, 고객이 기업에 대해 어떤 말을 하는지 파악해야 한다.

광고는 정보시스템의 발달로 인해 변화한 또 다른 비즈니스이다. 전 세계 디지털 광고 지출은 2027년까지 9,000억 달러 이상에 달할 것으로 예상되며, 이는 전체 미디어 광고 지출의 75% 이상을 차지할 것이다. 이 지출의 4분의 3 이상이 모바일 광고에 사용될 것이다. 기업은 광고가 웹과 모바일 고객에게 도달하고 있는지 확인해야 한다.

수십억 개의 인터넷 연결 기기, 이커머스, 소셜 미디어에서 생성되는 데이터는 디지털 정보의 폭발적인 성장을 주도하고 있다. 일부 추정에 따르면 매일 약 3억 3,000만 테라바이트의 데이터가 생성된다고 한다. 기업과 소비자가 소셜 미디어와 인터넷에서 생성하는 모든 데이터의 보유로 인해 개인정보 보호 문제가 제기되었고, 이러한 데이터를 어떻게 보호해야 하는지에 대한 법률이 통과되었다. 미국의 다양한 법률에 따라 기업은 금융, 건강, 직업 정보를 저장할 때 특정 요건을 충족해야 한다. 그렇지 않을 경우 비즈니스 전체가 위험에 처할 수 있다.

AI는 비즈니스를 변화시키고 있는 최신 정보기술이다. AI는 일상 생활의 여러 측면뿐만 아니라 기업의 비즈니스 수행 방식을 개선할 수 있는 엄청난 잠재력 때문에 대중의 관심이 집중되고 있다. AI 기반 정보시스템을 적절히 활용하면 비용을 절감하고, 위험을 줄이고, 시장 출시 기간을 단축하고, 우수한 제품과 서비스를 만들어 경쟁우위를 확보할 수 있다(Emarketer, 2024, 2023; Duarte, 2023).

직업의 변화: 이 모든 것이 시사하는 바

이러한 기술 중심의 변화는 일하는 방식, 근무 장소, 보상 수준 등 직업과 커리어를 변화시키고 있다. IT 전문가뿐만 아니라 IT 도구를 사용하여 업무를 수행하는 비즈니스 전문가를 위한 수백만 개의 새로운 일자리가 창출되었다. 모든 산업 분야의 직원이 점점 더 많은 기술 도구를 워크플로에 통합하고 있다.

2023년 미국기술연합(National Skills Coalition)의 연구에서는 미국 노동 시장에서 디지털 기술에 대한 수요를 조사했다. 이 보고서는 2021년 구인 공고에서 4,300만 개의 일자리를 분석한 결과, 모든 산업과 거의 모든 직종에서 디지털 기술에 대한 수요가 높았으며, 심지어 제한된 교육만 필요하거나 초급 직종에서도 디지털 기술에 대한 수요가 높다는 사실을 발견했다. 또한 이 보고서는 디지털 기술을 한 가지라도 필요로 하는 직종에서 자격을 갖춘 근로자는 디지털 기술이 전혀 필요하지 않은 직종보다 평균 23% 더 많은 수입을 올릴 수 있다는 사실을 발견했다. 디지털 기술이 전혀 필요하지 않은 직무에서 최소 3개 이상의 디지털 기술이 필요한 직무로 이동하면 평균 45%까지 임금이 증가할 수 있다. 그림 1.1은 이러한 결과를 보여준다(National Skills Coalition, 2023). 결론은 분명한다. 기술을 이해하고 다룰 수 있는 사람이 큰 이점을 누릴 수 있다는 것이다. 빠르게 변화하는 디지털 우선의 비즈니스 세계에서 성공하

그림 1.1 디지털 기술에 대한 높은 수요

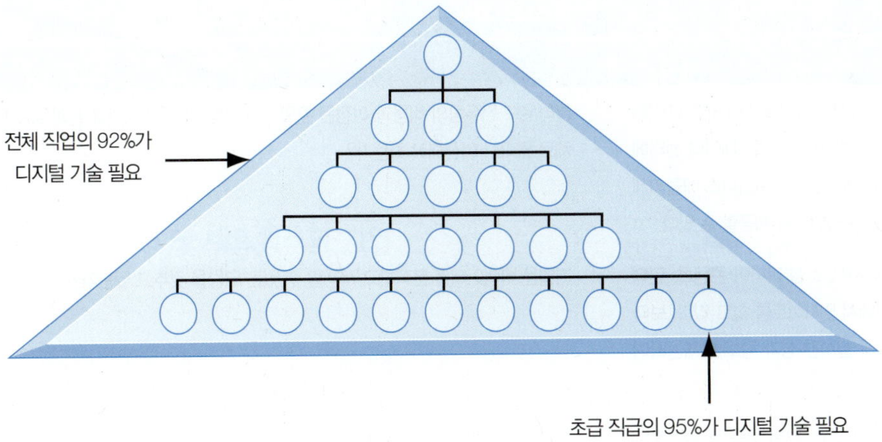

고 번창할 수 있는 경력 기술을 갖추고 있는가?

현재 직장에서 기술 도구를 사용하여 현재 업무를 수행하는 방법을 아는 것만으로도 충분할 수 있지만, 기술이 어떻게 작동하고 진화하는지에 대해 더 깊이 이해하는 것도 앞서 나가기 위한 필수 요소이다. 예를 들어 AI 도구의 사용 증가는 향후 5~10년 동안 많은 직업을 변화시킬 것이다. 이 책의 각 장 마지막 절에서는 해당 장에서 배운 내용이 어떻게 고임금 직업과 경력 발전으로 이어질 수 있는지 이해하는 데 도움이 될 것이다. 이러한 권장 사항은 IT 경력에만 국한된 것이 아니라 기술 중심의 세상에서 대부분의 경력 경로에도 적용된다. 추가 경력 개발 자료는 MyLab MIS에서 확인할 수 있다.

1.2 새로운 경영정보시스템 기술로 인해 창출된 주요 과제와 기회

이 책에서는 주로 기업의 성과를 최적화하는 데 사용되는 정보시스템으로 광범위하게 정의할 수 있는 경영정보시스템(MIS)에 초점을 맞춘다. MIS의 기반이 되는 기술은 매일 변화하고 발전하고 있다. 이는 MIS를 오늘날 비즈니스에서 가장 흥미로운 분야로 만드는 도전과 기회를 동시에 창출한다. 기술의 변화가 주도하는 글로벌화는 그 자체로 도전과 기회를 준다.

경영정보시스템의 주요 과제

표 1.1에는 기술 변화로 인해 MIS를 사용하는 데 발생한 주요 과제가 요약되어 있다. 비즈니스에서 어떤 역할을 맡고 있든, 경력의 어느 시점에서 이러한 과제 중 전부는 아니더라도 일부에 직면하게 될 가능성이 높다.

글로벌화의 도전과 기회

글로벌화(globalization)는 상품, 서비스, 자본, 사람, 아이디어가 국경을 넘어 이동하는 것으로 정의된다. 미국과 다른 국가의 경제에서 수입과 수출에 의존하는 비중이 점점 더 커지고 있다. 세계무역기구에 따르면 세계 상품 및 서비스 무역은 전체 세계 경제 활동의 거의 60%를 차지한다(세계무역기구, 2023). 미국 《포천(Fortune)》 선정 500대 기업의 매출 중 35% 이상이 미국 밖에서 창출된다.

글로벌화
국경을 넘어 상품, 서비스, 자본, 사람, 아이디어의 흐름

오늘날 전 세계의 글로벌화 수준은 IT의 발전으로 인해 가능하다. 인터넷이 본격적인 국제 통신 시스템으로 등장하면서 글로벌 규모의 운영 및 거래 비용이 획기적으로 절감되었다. 인도 뭄바이의 공장 현장과 미국 사우스다코타주 래피드시티의 물류 센터 간의 통신은 이제 거의 무료로 즉각적으로 이루어진

표 1.1 경영정보시스템의 주요 과제

변화	비즈니스 과제
기술	
클라우드 컴퓨팅: 인터넷으로 연결된 원격 컴퓨팅 센터 네트워크를 사용하여 데이터를 저장, 관리, 처리하는 시스템인 클라우드 컴퓨팅을 통해 기존에 기업 데이터 센터에서 수행하던 작업을 수행하는 기업이 점점 더 많아지고 있다. 주요 비즈니스 애플리케이션을 인터넷 서비스[서비스형 소프트웨어(SaaS)]로 온라인으로 제공할 수 있다.	클라우드 컴퓨팅의 비용과 이점은 무엇이며, 기업의 IT 인프라를 클라우드 제공업체로 얼마나 이전해야 하는가?
빅데이터와 사물인터넷: 기업은 웹 트래픽, 이메일 메시지, 소셜 미디어 콘텐츠, 인터넷 연결장치(센서)에서 발생하는 방대한 양의 데이터에서 인사이트를 찾고 있다. 보다 강력한 데이터 분석과 대화형 대시보드는 관리자에게 실시간 성과 정보를 제공하여 의사결정을 향상할 수 있다.	기업은 빅데이터를 분석하고 사용할 수 있는 역량을 갖추고 있는가?
AI: 컴퓨터 시스템은 음성 인식, 시각적 인식, 패턴 인식, 예측, 경험 학습 등 일반적으로 인간의 지능이 필요한 작업을 수행할 수 있으며, 운영과 의사결정을 획기적으로 개선할 수 있는 잠재력을 가지고 있다.	기업은 어디에서 AI를 사용할 수 있으며, 이를 구현할 수 있는 전문 인력을 어디서 찾을 수 있는가? 어떤 이점을 기대할 수 있는가? 비용은 얼마나 되는가?
모바일 플랫폼: 비즈니스 및 개인 컴퓨팅은 점점 더 스마트폰, 태블릿 컴퓨터, 차량용 인포테인먼트 시스템, 웨어러블 디바이스로 이동하고 있다. 이제 모바일 디바이스에서 협업, 업무 조정, 동료 및 고객과의 커뮤니케이션, 온라인 구매를 지원하는 수천 개의 애플리케이션을 사용할 수 있다. 인터넷 사용자의 거의 90%가 적어도 일부 시간 동안 모바일 장치를 사용하여 인터넷에 접속한다.	기업은 직원과 고객을 위해 모바일 기능을 최대한 활용하고 있는가? 기업은 어떻게 개선할 수 있는가? 비용과 이점은 무엇인가?
관리	
투자 수익률(ROI): 기업은 정보시스템과 서비스에 수백만 달러를 지출하지만, 일반적으로 얼마나 많은 혜택을 받고 있는지 거의 파악하지 못한다.	기업은 IT 지출을 통해 얻고 있는 혜택을 어떻게 측정하고 이해할 수 있는가? 더 적은 비용으로 이러한 서비스를 대체할 수 있는 소스가 있는가?
온라인 협업 및 소셜 네트워크: 비즈니스 전문가들은 온라인 회의, 프로젝트 관리, 블로그, 개인 프로필, 온라인 커뮤니티를 지원하기 위해 구글 앱스(Google Apps), 마이크로소프트 365(Microsoft 365), 슬랙(Slack), 줌(Zoom)을 사용하고 있다.	기업은 새로운 기술을 사용하여 조정, 협업 및 지식 공유를 개선하기 위해 조직적인 노력을 기울이고 있는가? 여러 대안 중 어떤 것을 사용해야 하는가?
조직	
보안 및 개인정보 보호: 보안 취약점과 고객 개인정보 보호는 모든 비즈니스에 영향을 미치는 주요 공공 문제이다.	기업의 데이터가 안전한지 어떻게 확신할 수 있는가? 현재 보안에 얼마나 많은 비용을 지출하고 있는가? 기업은 어떤 개인정보 보호 정책을 시행하고 있는가? 새로운 법률이 등장함에 따라 회사는 어떻게 개인정보 보호를 확대해야 하는가?
소셜 비즈니스: 기업에서는 직원, 고객 및 공급업체와의 상호 작용을 강화하기 위해 페이스북, X(구 트위터), 틱톡, 인스타그램 및 기업 내부 소셜 도구를 포함한 소셜 네트워크 플랫폼을 사용한다.	기업은 소셜 비즈니스 도구를 어떻게 활용하고 있는가? 기업은 이러한 플랫폼에서 실질적인 가치를 얻고 있는가?
원격 및 하이브리드 근무: 인터넷, 클라우드 컴퓨팅, 스마트폰, 태블릿 컴퓨터 덕분에 점점 더 많은 사람이 전통적인 사무실을 벗어나서 일할 수 있게 되었다. 이러한 기능은 근로자의 70% 이상이 재택근무를 하는 코로나19 팬데믹이 한창일 때 매우 중요하다는 것이 입증되었다.	앞으로 기업의 원격 근무에 대한 정책과 기술은 무엇이며, 도전 과제와 기회는 무엇인가?

다. 이제 고객은 전 세계 시장에서 24시간 안정적으로 가격 및 품질 정보를 얻으며 쇼핑할 수 있다. 글로벌 규모로 제품과 서비스를 생산하는 기업은 저비용 공급업체를 찾고 다른 국가의 생산 시설을 관리함으로써 놀라운 비용 절감을 달성할 수 있다.

글로벌화는 비즈니스에 새로운 시장으로 확장하고, 해외 바이어에게 다가가며, 수익을 높일 수 있는 기회를 제공한다. 그러나 글로벌화는 기업에게 도전 과제를 제시하기도 한다. 글로벌화가 제품과 서비스 시장에 미칠 수 있는 잠재적 영향을 이해하는 것이 기업의 과제이다. 예를 들어 기업은 세계 시장의 낮은 비용과 수십억 명의 고객을 보유한 시장에 서비스를 제공할 수 있는 기회를 통해 수익을 창출하는 방법을 배울 수 있다. 글로벌화는 더 수익성 높은 제품과 서비스를 개발할 수 있는 기회를 제공할 수 있다. 반면에 글로벌화는 글로벌화의 이점을 더 성공적으로 활용하는 다른 기업과의 경쟁을 심화시킬 수 있다.

글로벌화는 우리와 우리의 경력에 어떤 의미가 있는가? 국경을 넘어 이동하는 것은 상품뿐만 아니라 일자리도 마찬가지이다. 이러한 일자리 중 일부는 높은 보수를 받고 대학 학위가 필요한 고급 직책이다. 1998년부터 2021년까지 미국은 해외 생산업체에 500만 개의 제조업 일자리를 잃었다. 미국 다국적 기업은 미국 외 지역에서 1,400만 명 이상의 직원을 고용하고 있으며, 이들 중 상당수는 IT, 고객 콜센터, 인사, 금융 서비스, 컨설팅, 엔지니어링, 건축, 심지어 방사선과 같은 의료 서비스 분야의 서비스 직종에 종사하고 있다. 긍정적인 측면은 미국 경제가 계속해서 수백만 개의 새로운 일자리를 창출하고 있다는 것이며, 그중 일부는 글로벌화에 기인한다고 볼 수 있다. 학생으로서 그리고 앞으로의 경력에서 주어진 과제는 해외에서 더 저렴한 비용으로 복제할 수 없는 교육과 실무 경험을 통해 높은 수준의 기술을 개발하는 것이다(Scot et al., 2022).

1.3 디지털 기업의 주요 특징

방금 설명한 변화는 '디지털 기업'의 출현을 위한 여건을 조성했다. **디지털 기업**(digital firm)은 고객, 공급업체, 직원과의 중요한 비즈니스 관계가 디지털 방식으로 이루어지고 기업 자산이 디지털 방식으로 관리되는 기업이다. 핵심 비즈니스 프로세스는 기업 전반에 걸친 혹은 여러 조직 간을 연결하는 디지털 네트워크를 통해 수행된다.

디지털 기업
거의 모든 주요 비즈니스 프로세스와 고객, 공급자, 직원과의 관계가 디지털 방식으로 운영되고 기업의 주요 자산이 디지털 방식으로 관리되는 기업

비즈니스 프로세스(business processes)는 특정 업무 결과를 산출하기 위해 조직이 지속적으로 개발해 온 논리적으로 관련된 직무나 행위의 집합과 이러한 활동을 조직하고 조정하기 위한 독특한 방식을 의미한다. 신제품 개발, 주문 처리, 마케팅 계획 수립, 종업원 채용 등은 비즈니스 프로세스의 한 예이며, 조직이 비즈니스 프로세스를 처리하는 방식은 조직 경쟁력의 원천이 될 수 있다. 비즈니스 프로세스는 2장과 3장에서 자세히 논의한다.

비즈니스 프로세스
조직이 제품이나 서비스를 생산하기 위해 업무 활동, 정보, 지식을 구성하고 구조화하는 고유한 방식

지적재산, 핵심 역량, 금융 및 인적자원 등 핵심 기업 자산(key corporate asset)은 디지털 방식으로 관리한다. 디지털 기업에서는 핵심적인 의사결정에 필요한 정보를 언제 어디서나 이용할 수 있다.

디지털 기업은 전통적인 기업보다 환경 변화를 훨씬 신속하게 감지하고 이에 대응하며, 이를 통해 오늘날과 같은 격변의 시대에 생존을 위한 유연성을 제공한다. 디지털 기업은 더 유연한 글로벌 조직과 경영을 가능케 하는 특별한 기회를 제공한다. 디지털 기업에서 시간 변경과 공간 변경은 일상적인 것이다. **시간 변경**(time shifting)은 오전 9시부터 오후 5시까지 '하루 노동 시간'의 짧은 시간이 아닌 하루 24시간 매일 지속적으로 수행되는 비즈니스를 말한다. **공간 변경**(space shifting)은 작업이 한 국가 내에서는 물론이고 범세계적인 작업장에서 일어남을 의미한다. 업무는 전 세계 어디에서나 디지털 도구와 네트워크를 사용하여 정보와 사람을 연결함으로써 물리적으로 수행된다.

기업이 디지털 기업이 되기 위해 디지털 전환 계획을 추진하는 경우가 많다. **디지털 전환**(digital transformation)은 디지털 기술의 이점을 포착하여 비즈니스 운영 방식과 고객에게 가치를 제공하는 방식에 근본적인 변화를 주도하기 위한 대규모 변화 노력을 의미한다. 디지털 전환은 지속적인 프로세스이다. 디지털 전환에 참여하는 기업은 점차 디지털 기업에 가까워진다. 인터넷과 IT를 사용하여 비즈니스의 거의 모든 측면을 추진하는 공격적인 '디지털 우선' 접근 방식을 취하고 있는 기업으로는 시스코시스템즈(Cisco Systems), 캐터필러(Caterpillar), 3M이 있다. 대부분의 다른 기업은 아직 완벽하게 디지털

디지털 전환
디지털 기술의 이점을 포착하기 위한 대규모 변화 노력으로, 비즈니스 운영 방식과 고객에게 가치를 제공하는 방식에 근본적인 변화를 주도한다.

화되지는 않았지만 생산자, 고객 및 직원과의 디지털 연결을 달성하기 위해 노력하고 있다.

디지털 전환은 기업이 비즈니스 모델을 재고하고, 조직 구조와 관행을 바꾸며, 데이터의 중심이 되고, 지속적인 변화의 문화를 수용해야 하는 복잡한 노력이다.

1.4 정보시스템의 비즈니스 목표

기업의 IT 사용 능력과 기업 전략 구현 및 기업 목표 달성 능력 간의 상호 의존성이 점점 더 커지고 있다. 기업이 5년 후 무엇을 하고 싶은지는 시스템이 무엇을 할 수 있는지에 따라 달라지는 경우가 많다. 이 관계를 보여주는 그림 1.2를 살펴보자. 전략, 규칙, 비즈니스 프로세스의 변화는 하드웨어, 소프트웨어, 데이터 관리, 네트워킹 및 통신 기술의 변화를 점점 더 많이 요구한다. 시장 점유율을 높이고, 고품질 또는 저비용 생산자가 되고, 신제품을 개발하고, 직원 생산성을 높이는 것은 조직 내 정보시스템의 종류와 품질에 점점 더 많이 의존하고 있다. 이 관계에 대해 더 많이 이해할수록 비즈니스 세계에서 더 큰 가치를 발휘할 수 있다.

기업은 운영 우수성, 신제품, 서비스 및 비즈니스 모델, 고객 및 공급업체와의 친밀성, 의사결정 개선, 경쟁우위, 생존 등 여섯 가지 전략적 비즈니스 목표를 달성하기 위해 정보시스템에 막대한 투자를 하고 있다. 또한 오늘날 기업은 운영의 환경적 영향과 지속가능성, 조직의 적절한 거버넌스, 책임 있는 AI 사용에 대해 점점 더 많은 관심을 기울이고 있다. 이러한 우려는 전략적 비즈니스 과제가 되고 있으며, 정보시스템은 기업이 목표를 달성하는 데 핵심적인 역할을 한다.

운영 수월성

기업은 고도의 수익성을 창출하기 위해 자신의 운영 효율성을 계속적으로 개선하려고 한다. 정보시스템과 기술은 기업 운영 측면에서 고도의 효율성과 생산성을 달성하기 위해 관리자가 활용할 수 있는 가장 중요한 도구 중 하나이며, 그 효과는 기업 실무와 관리 행위의 변화와 동반할 때 더욱 크게 나타난다.

세계 최대의 유통회사인 월마트(Walmart)는 세계 최고 수준의 운영 효율성을 달성하기 위해 첨단 비즈니스 관행 및 지원관리와 결합된 정보시스템의 능력을 보여주는 예이다. 2024 회계연도에 월마트는 6,480억 달러의 매출을 올렸는데, 이는 주로 공급업체를 전 세계 월마트의 모든 매장에 디지털 방식으로

그림 1.2 조직과 정보시스템의 상호 의존성

오늘날 기업의 정보시스템과 비즈니스 역량은 상호 의존적인 관계가 되었다. 종종 조직이 하고자 하는 일은 시스템에서 허용하는 작업에 따라 달라진다.

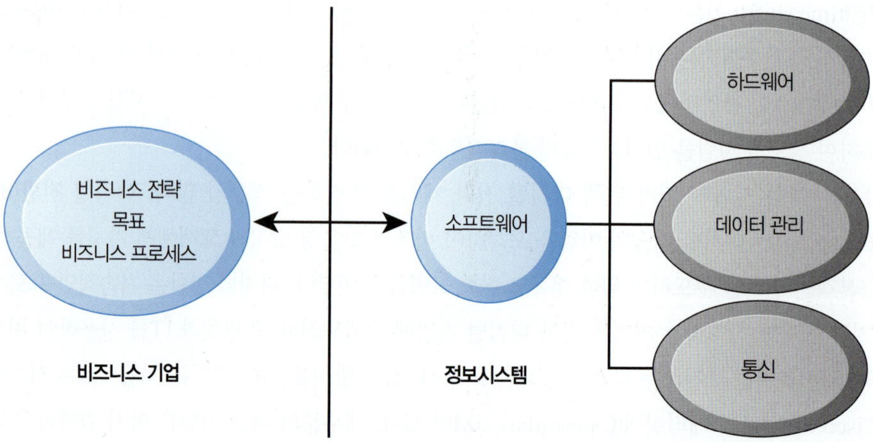

연결하는 리테일 링크(Retail Link)와 글로벌 보충 시스템(Global Replenishment System) 덕분이다. 고객이 특정 상품을 구매하는 즉시 상품을 모니터링하는 공급자는 월마트 선반에 그 상품의 부족분을 배송해야 한다는 것을 인식한다. 월마트는 업계에서 가장 효율적인 소매점이다.

새로운 비즈니스 모델, 제품 및 서비스

정보시스템과 기술은 기업이 새로운 제품과 서비스뿐만 아니라 완전히 새로운 비즈니스 모델을 창출할 수 있는 중요한 도구이다. **비즈니스 모델**(business model)은 기업이 부를 창조하기 위해 제품과 서비스를 어떻게 생산하고, 인도하며, 판매하는가를 설명한다. 예를 들어 애플(Apple)은 레코드판, 테이프, CD 등에 근거한 음악 유통의 과거 비즈니스 모델을 아이팟 기술 플랫폼에 기반한 온라인 및 법적 유통 모델로 변화시켰다.

비즈니스 모델
기업이 가치를 창출하기 위해 제품이나 서비스를 생산, 전달, 판매하는 방법을 설명한다.

고객 및 공급자 친밀성

일반적으로 기업이 고객을 잘 알고 원하는 방식으로 잘 대우할 때 고객은 재방문과 재구매로 반응한다. 이는 곧 수입과 이익 증가를 발생시킨다. 공급자와의 관계에서도 마찬가지이다. 공급자와의 관계가 밀접할수록 공급자는 기업에게 더 필수적인 것을 제공한다. 이 경우 비용을 더 낮출 수 있다. 어떻게 고객과 공급자를 정말로 알 수 있는지가 수백만 명의 오프라인 및 온라인 고객을 둔 기업의 핵심 문제이다.

리츠칼튼(Ritz-Carlton)과 같은 고급 호텔 체인은 고객과의 친밀감을 달성하기 위해 정보시스템과 기술을 사용하는 전형적인 예이다. 새로운 잠재고객이 정보를 공유하거나 고객이 리츠칼튼에 체크인할 때마다 해당 정보는 클라우드 기반 관계 관리 시스템에 저장된다. 해당 고객이 호텔로 돌아오거나 온라인 계정에 로그인하면 시스템 교차 데이터 프로필을 참조하고 해당 고객의 경험과 정확한 선호도(객실 온도, 체크인 및 체크아웃 시간, 객실 위치 등)에 맞게 조정한다. 고도로 개인화된 이러한 경험을 통해 고객은 자신이 가치 있고, 소속감을 느끼며, 리츠칼튼 브랜드의 일부라고 느끼게 된다. 또한 호텔은 우수 고객을 분류하거나 고객의 선호도를 바탕으로 개인화된 마케팅 캠페인 개발을 위해 고객 데이터를 분석한다.

홍콩에 본사를 둔 세계 최대의 위탁 의류 제조업체 중 하나인 TAL어패럴(TAL Apparel)은 공급업체와의 친밀감을 가능하게 하는 정보시스템의 예를 보여준다. TAL어패럴은 보노보스(Bonobos), 엘엘빈(L. L. Bean)을 비롯한 많은 주요 의류 브랜드의 셔츠, 블라우스, 니트, 바지, 아우터, 수트를 생산한다. TAL은 미국에서 판매되는 드레스 셔츠 6개 중 1개를 제조한다. 또한 이 회사는 고객이 공급사슬을 관리할 수 있도록 지원한다. 예를 들어 미국에 있는 매장에서 셔츠가 판매될 때마다 그 판매 기록이 홍콩에 있는 공급자인 의류회사 TAL의 컴퓨터에 즉각적으로 나타난다. TAL은 자체 개발한 컴퓨터 모델을 통해 수량을 계산하여 어떤 스타일, 어떤 색상, 어떤 사이즈로 몇 벌의 셔츠를 더 만들어야 할 것인지를 결정한다. 그런 다음 TAL은 셔츠를 소매점으로 보낸다. TAL의 시스템은 재고 비용을 절감하고 고객이 원하는 것을 실제로 소매업체의 진열대에 진열한다.

의사결정 개선

많은 기업 경영자는 의사결정을 위한 적절한 시점에 적절한 정보를 얻지 못한 채 정보의 안개 속에서 경영 활동을 하고 있다. 대신에 경영자는 예측, 추측 및 행운 등에 의지하고 있으며, 그 결과가 상품과 서비스의 과잉 또는 과소생산, 자원의 잘못된 배치, 늦은 반응 시간 등으로 나타났다. 이러한 좋지 않은 결과는 비용을 높이고 고객을 잃게 한다. 정보시스템과 기술은 경영자가 의사결정을 할 때 시장의 실시간 데이터를 활용하는 것을 가능하게 했다.

예를 들어 코카콜라(Coca-Cola Bottling Company Consolidated)는 배송 운영, 예산 및 수익성과 같은 메트릭을 표시하는 일련의 비즈니스 인텔리전스 대시보드를 사용하여 수백 가지 출처의 데이터를 통합한다. 리더십 대시보드는 전략, 비즈니스 성장 및 수익성에 중점을 둔다. 영업팀은 최근 현장에서 아이패드의 모바일 대시보드에 접근할 수 있으므로 더 많은 제품을 판매하기 위한 적시성을 높일 수 있다. 현장 영업 대시보드를 통해 영업팀은 고객 포트폴리오에 대한 전체 개요를 확인하고 판매 할당량을 추적할 수 있다.

경쟁우위

운영 수월성, 새로운 제품, 서비스 및 비즈니스 모델, 고객 및 공급자 친밀성, 의사결정 환경 개선 등과 같은 경영 목표 중에서 하나 이상을 달성한 기업은 이미 경쟁우위를 확보했을 가능성이 크다. 경쟁자보다 경영을 더 잘하고, 더 우수한 제품을 값싸게 공급하며, 고객과 공급자에게 실시간으로 반응하는 것은 경쟁자가 따라올 수 없는 더 높은 매출과 더 많은 이익을 가져온다. 애플, 월마트, UPS 등은 이러한 목적을 위해 정보시스템을 어떻게 사용해야 할지를 아는 산업계의 선두주자이다.

생존

비즈니스 기업은 또한 정보시스템과 기술이 업무 수행에 필수적이기 때문에 투자하고 있다. 때때로 이러한 '필요성'은 산업 전체의 변화에 의해 발생하기도 한다. 예컨대 씨티은행(Citibank)이 더 높은 차원의 서비스를 제공하여 고객을 유인하려고 뉴욕 지역에서 처음 현금자동인출기(ATM)를 도입한 이후 경쟁 은행들은 씨티은행에 뒤지지 않기 위해 서둘러서 고객에게 ATM 서비스를 제공했다. 오늘날 거의 모든 미국 은행은 지역 ATM을 운영하고 있으며, CIRRUS와 같은 국가 및 국제 ATM 네트워크와 연결하고 있다. 소매 은행 고객에게 ATM 서비스를 제공하는 것은 소매 은행 산업 내에서 기업 활동을 하고 생존하기 위한 필요조건에 불과하다.

미국 연방, 주 법령, 규정은 회사와 직원이 디지털 기록을 포함한 기록을 보존해야 하는 법적 의무를 규정하고 있다. 예를 들어 미국 근로자가 7만 5,000개 이상의 독성 화학 물질에 노출되는 것을 규제하는 독성 물질 관리법은 기업이 30년 동안 직원 노출에 대한 기록을 보관하도록 요구한다. 상장 기업과 감사인의 책임을 강화하기 위해 제정된 사베인스-옥슬리법(Sarbanes-Oxley Act)은 상장 기업이 모든 이메일 메시지를 포함한 감사 작업 보고서와 기록을 5년 동안 보관하도록 규정하고 있다. 도드-프랭크 법(Dodd-Frank Act)은 금융 서비스 회사가 파생 상품과 기타 금융 상품에 대한 공개 보고를 크게 확대하도록 규정하고 있다. 기업은 정보 보존 및 보고 요구사항에 대응할 수 있는 기능을 제공하기 위해 정보시스템과 기술로 전환한다.

환경적 영향, 지속가능성, 거버넌스, 책임 있는 AI

지난 10년 동안 비즈니스의 중요한 역할과 비즈니스가 사회에 미치는 영향에 대한 인식이 높아졌다. 이러한 인식이 높아짐에 따라 직원, 고객, 투자자, 정부 당국은 지속가능성(sustainability), 환경적(environmental) 영향, 기업 거버넌스, 책임 있는 AI 사용이라는 주요 영역에서 비즈니스 수행과 관련하여 압력을 받고 있다.

지속가능성과 환경 문제는 에너지 사용, 탄소 발자국, 재활용 관행, 오염, 천연 자원 보존과 같은 측면을 포함한다. 거버넌스 기준은 주로 회사 경영진의 행동, 임원 급여, 내부 통제, 주주의 권리와 관련이 있다. 책임 있는 AI 이니셔티브는 기업이 윤리적인 방식으로 AI 기술을 사용할 수 있도록 가이드라인을 제공하는 것을 목표로 한다. 이러한 우려의 많은 측면이 서로 얽혀 있다.

이러한 영역에서 리더십을 보여주면 성장을 촉진하고, 비용을 절감하고, 규제 및 법적 문제를 최소화하고, 직원 생산성을 높이고, 자산 및 투자를 최적화하여 비즈니스 가치를 더할 수 있다. 예를 들어 많은 소비자는 더 이상 지속가능성을 중요시하지 않는 회사를 지지하지 않는다.

정보시스템은 기업이 이러한 종류의 목표를 달성할 수 있도록 하는 데 필수적이다. 예를 들어 글로벌 물류, 해양, 에너지 솔루션 회사인 크라울리(Crowley)는 컨설팅 회사인 프라이스워터하우스쿠퍼스(PwC), 세일즈포스(Salesforce)와 협력하여 세일즈포스 넷제로 클라우드(Salesforce Net Zero Cloud)를 구현했다. 세일즈포스 넷제로 클라우드는 다양한 출처의 신뢰할 수 있는 환경적 데이터를 신속하게 분석하고 보고한다. 세일즈포스 넷제로 클라우드는 크라울리가 자사와 공급업체의 탄소 배출량을 측정하고 분석하는 데 도움이 된다. 크라울리는 연간 420만 미터톤의 온실 가스 배출량을 줄일 것으로 예상하며, 이는 매년 도로에서 90만 대 이상의 자동차를 제거하는 것과 같다(PWC, 2022). 우리는 이 책에서 이러한 목적으로 사용되는 정보시스템의 다른 예에 대해 논의한다.

1.5 정보시스템은 무엇이며 어떻게 작동하는가

지금까지는 용어에 대한 정의 없이 정보시스템과 정보기술이라는 용어를 사용했다. **정보기술**(information technology, IT)은 기업이 비즈니스 목표를 달성하기 위해 사용해야 하는 모든 하드웨어 및 소프트웨어로 구성된다. 여기에는 컴퓨터, 저장 기술, 모바일 휴대장치는 물론 윈도우, iOS 운영체제, 마이크로소프트 365, 전형적으로 대기업에서 발견할 수 있는 수천 개의 컴퓨터 프로그램 등과 같은 소프트웨어가 포함된다. '정보시스템'은 좀 더 복잡하며 기술과 비즈니스 관점 모두에서 살펴보아야 더 잘 이해할 수 있다.

정보기술(IT)
조직이 비즈니스 목표를 달성하기 위해 필요로 하는 모든 하드웨어 및 소프트웨어 기술

정보시스템이란 무엇인가

정보시스템(information system, IS)은 기술적으로는 조직에서 의사결정과 통제를 지원하기 위해 정보를 수집하고(또는 추출하고), 처리하고, 저장하고, 분배하는 상호 연관된 요소의 집합으로 정의할 수 있다. 의사결정, 조정, 통제 외에도 정보시스템은 경영자와 근로자가 문제를 분석하고, 복잡한 주제를 구체화하며, 새로운 제품을 개발하는 데 도움을 준다.

정보시스템(IS)
조직의 의사결정, 조정, 제어, 분석, 시각화를 지원하기 위해 정보를 수집, 처리, 저장, 배포하기 위해 함께 작동하는 상호 연관된 구성요소

정보시스템은 조직이나 조직을 둘러싼 환경 내의 주요한 사람, 장소, 사물에 대한 정보를 담고 있다. **정보**(information)는 사람들에게 의미 있고 유용한 형태로 가공된 데이터를 말한다. 반면에 **데이터**(data)는 사람이 이해하고 사용할 수 있는 형태로 구성되고 정렬되기 이전에 조직이나 물리적 환경에서 발생하는 사건을 나타내는, 가공되지 않은 일련의 사실이다.

정보
인간에게 의미 있고 유용한 형태로 가공된 데이터

데이터
조직이나 물리적 환경에서 발생하는 사건을 나타내는 일련의 가공되지 않은 사실로, 사람들이 이해하고 사용할 수 있는 형태로 구조화되고 정렬되기 전의 상태

예를 통해 정보와 데이터 차이를 알아보자. 그림 1.3은 슈퍼마켓에서 사용하는 정보시스템의 예를 보여준다. 슈퍼마켓 계산대는 제품의 바코드를 스캔한다. 바코드에는 숫자 식별자, 이름, 가격("331 Brite Dish Soap, 1.29")과 같은 제품에 대한 데이터가 포함되어 있으며, 그림 왼쪽 부분에 표시된다. 정보시스템을 사용하면 이러한 데이터를 합산하고 분석하여 특정 매장에서 판매된 총 주방 세제 병 수, 해당 매장 또는 판매 지역에서 가장 빠르게 판매된 주방 세제 브랜드, 해당 매장 또는 판매 지역에서 해당 주방 세제 브랜드에 지출된 총금액과 같은 의미 있는 정보를 도표의 오른쪽 부분에 표시할 수 있다.

정보시스템의 세 가지 활동은 조직이 의사결정을 하고, 운영 업무를 통제하며, 문제를 분석하고, 새로운 제품과 서비스를 개발하는 데 필요한 정보를 생산한다. 이 세 가지 활동은 각각 입력, 처리, 출력이다(그림 1.4 참조). **입력**(input)은 조직 내에서 또는 외부 환경으로부터 원시 데이터를 획득하거나 수집한다. **처리**(processing)는 원시 입력에 대해 분류, 정렬, 계산을 수행하여 의미 있는 형식으로 변환한다.

입력
정보시스템에서 처리하기 위한 원시 데이터로, 조직의 내부 또는 외부 환경에서 나온다.

처리
원시 입력물을 인간에게 더 의미 있는 형태가 되도록 변환, 조작, 분석하는 것

그림 1.3 데이터와 정보

슈퍼마켓 계산대에서 얻은 원시 데이터를 식기세제의 총 판매 개수, 특정 상점이나 판매 지역에서 특정 식기세제의 총 판매 이익 등과 같은 유용한 정보를 얻어내기 위하여 처리하고 정리할 수 있다.

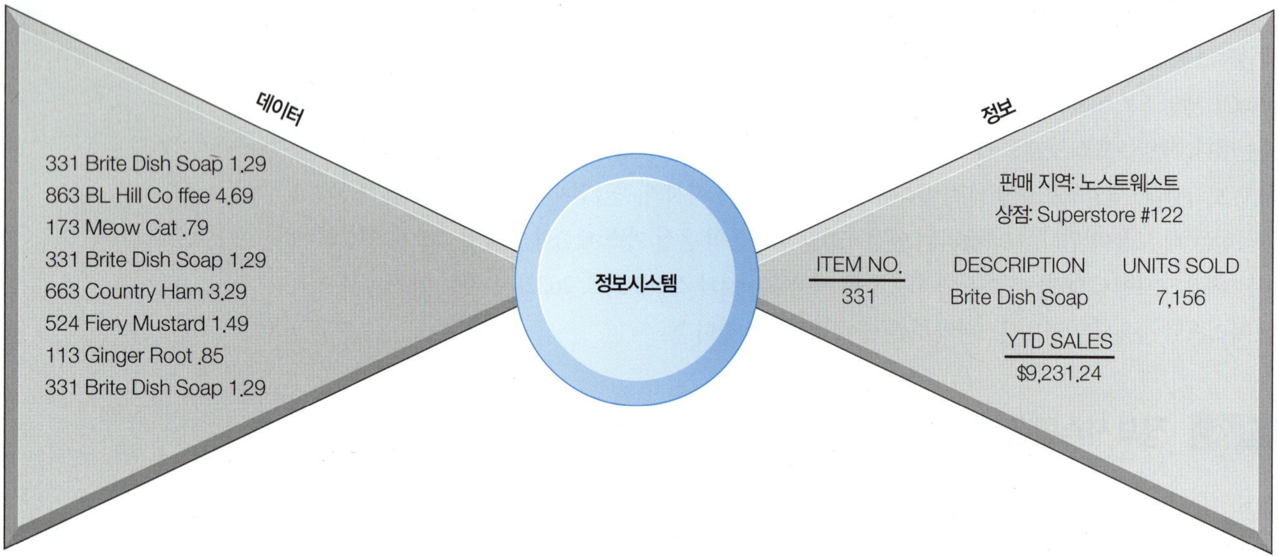

출력
처리된 정보를 사용하는 사람 또는 사용할 활동에 처리된 정보를 유통시키는 것

피드백
입력물의 평가나 수정을 돕기 위해 조직의 적절한 구성원에게 전달되는 산출물

출력(output)은 처리된 정보를 사용할 사람이나 이를 활용할 활동에 전달한다. 또한 정보시스템은 **피드백**(feedback)을 제공하는데, 이는 입력 단계를 평가하거나 교정하는 데 도움을 주기 위해 조직의 담당 구성원에게 반송하는 출력이다. 또한 그림 1.4는 조직의 정보시스템이 진공 상태에서 운영되는 것이 아니라 조직의 공급업체, 고객, 경쟁사, 주주, 조직을 규제하는 정부 기관 등 조직을 둘러싼 환경의 다양한 요소에 의해 영향을 받는다는 것을 보여준다.

그림 1.4 정보시스템의 기능

정보시스템은 조직과 조직의 주변 환경에 대한 정보를 담고 있다. 입력, 처리, 출력의 세 가지 기본 활동이 조직이 요구하는 정보를 생산한다. 피드백은 입력을 평가하고 정제하기 위하여 조직의 담당자나 관련 활동에 반송하는 출력을 말한다. 고객, 공급자, 경쟁자, 주주, 규제기관 등과 같은 외부 영향 요인은 조직 및 정보시스템과 상호작용을 한다.

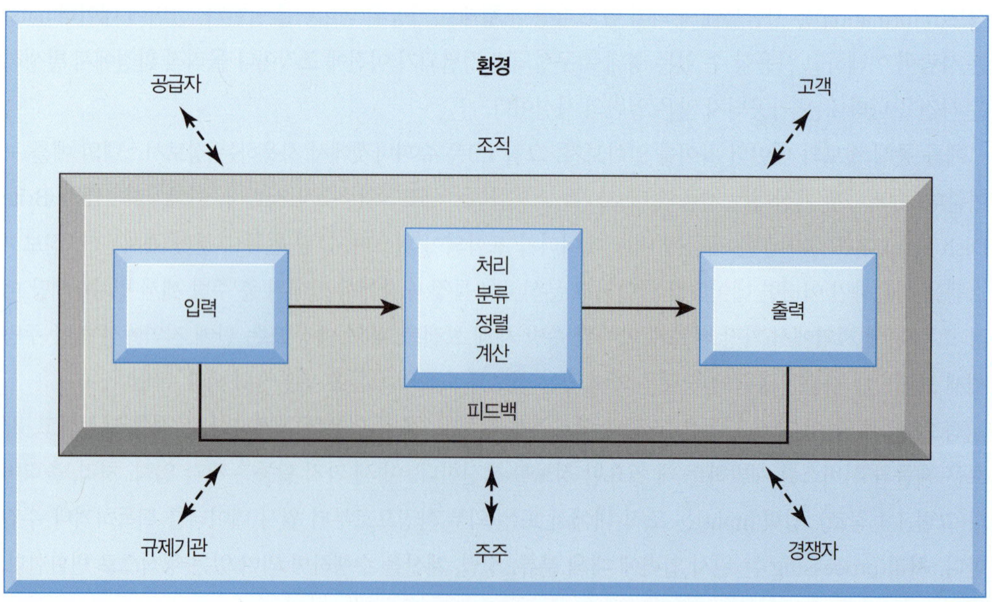

컴퓨터 기반 정보시스템이 원시 데이터를 의미 있는 정보로 처리하는 데 컴퓨터 기술을 사용하지만, 컴퓨터 및 컴퓨터 프로그램과 정보시스템은 분명한 차이가 있다. 전자적 컴퓨터와 관련 소프트웨어 프로그램은 현대 정보시스템의 기술적인 토대이고 수단이자 구성요소이다. 컴퓨터는 정보를 저장하고 처리하는 장비이다. 컴퓨터 프로그램 또는 소프트웨어는 컴퓨터 처리를 지휘하고 통제하는 실행 명령어의 집합이다. 컴퓨터와 컴퓨터 프로그램이 어떻게 작동하는지를 아는 것은 조직 문제의 해결책을 설계하는 데 중요하지만, 컴퓨터는 정보시스템의 일부에 불과하다.

쉽게 이해할 수 있도록 집에 비유해보겠다. 집은 망치, 못, 목재 등으로 지어진다. 하지만 이것만으로는 집을 지을 수 없다. 건축, 설계, 설치, 조경 등과 이러한 요소의 창출에 수반되는 모든 의사결정 역시 집의 일부분이며 주택 건축 문제 해결에 핵심적인 사항이다. 컴퓨터와 프로그램은 컴퓨터 기반 정보시스템의 망치, 못, 목재 등에 해당한다. 그러나 이들만으로는 특정 조직에서 요구하는 정보를 만들어낼 수 없다. 정보시스템을 이해하기 위해서는 이들이 해결하려고 설계한 문제, 정보시스템의 구조 및 설계요소, 이러한 해법으로 이끈 조직의 프로세스 등을 이해해야 한다.

기술이 전부는 아니다: 경영진과 조직의 역할

정보시스템을 완벽하게 이해하려면 광범위한 시스템의 조직, 경영, 정보기술적 영역과 비즈니스 환경에서의 과제와 문제에 대한 해결책을 제공하는 정보시스템의 기능을 이해해야 한다. 그림 1.5를 살펴보면 이러한 차원의 상호 연결된 특성을 강조하여 조직, 기술, 관리가 모두 정보시스템의 효과적인 사용의 근간이 되는 상호 연관된 구성요소임을 알 수 있다. 시스템의 기술적인 영역뿐만 아니라 경영 및 조직적 영역의 이해를 포괄하는 정보시스템에 대한 광범위한 이해를 **정보시스템 활용 능력**(information system literacy)이라고 한다. 정보시스템 활용 능력은 정보시스템을 연구하기 위한 기술적 접근 방식뿐만 아니라 행동 접근 방식도 포함한다. 이와 대조적으로 **컴퓨터 활용 능력**(computer literacy)은 주로 IT에 대한 지식과 컴퓨터 기반 기술의 작동 방식을 이해하는 데 중점을 둔다.

경영정보시스템(management information system, MIS) 분야는 이러한 폭넓은 정보시스템 활용 능력을 달성하기 위해 노력한다. MIS는 기업에서 경영자와 종업원이 사용하는 정보시스템의 개발, 활용, 영향에 관한 행위적인 이슈와 기술적인 이슈를 모두 다룬다. (1.2절에서 언급했듯이 경영정보시스템이라는 용어는 정보시스템의 특정 범주를 나타낸다.)

정보시스템 활용 능력
컴퓨터에 관한 기술적 지식뿐만 아니라 정보시스템을 사용하는 조직 및 개인에 대한 행위적 지식까지 아우르는 정보시스템에 대한 폭넓은 이해력

컴퓨터 활용 능력
IT에 대한 지식과 컴퓨터 기반 기술의 작동 방식을 이해하는 것

경영정보시스템(MIS)
비즈니스 및 경영에서의 활용에 초점을 맞춘 정보시스템을 연구하며, 중간 관리를 지원하는 정보시스템의 특정 범주를 나타낸다.

그림 1.5 컴퓨터 그 이상인 정보시스템

정보시스템을 효과적으로 사용하려면 시스템을 구성하는 조직, 관리, IT에 대한 이해가 필요하다. 정보시스템은 회사가 직면한 중요한 비즈니스 문제나 과제에 대한 해결책을 제공한다.

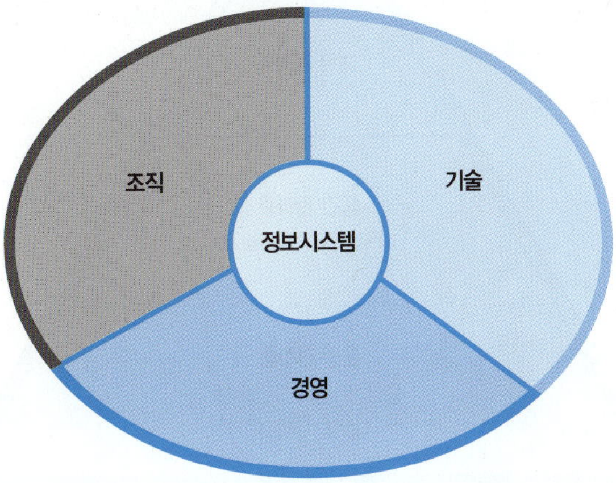

1.6 정보시스템의 조직, 경영, 기술 차원

이제 정보시스템의 각 영역인 조직, 경영, IT에 대해 살펴보자.

조직

고위 관리층
조직의 계층 구조에서 가장 높은 위치를 차지하고 장기적인 결정을 내리는 책임을 맡은 사람

중간 관리층
조직 계층의 중간에 위치하며 고위 경영진의 계획과 목표를 수행하는 책임을 맡은 사람

운영 관리층
조직의 일상적인 활동을 모니터링하는 책임을 맡은 사람

지식 근로자
제품이나 서비스를 설계하고 조직을 위한 지식을 창출하는 엔지니어, 과학자, 건축가 등

데이터 근로자
회사의 모든 수준에서 행정 업무를 지원하는 사무원이나 장부 담당자 등

생산 및 서비스 근로자
조직의 제품이나 서비스를 실제 생산하는 사람

비즈니스 기능
제조 및 생산, 판매 및 마케팅, 재무 및 회계, 인사 등 비즈니스 조직에서 수행되는 전문 업무

정보시스템은 조직의 필수적인 부분이다. 우리는 IT가 조직과 비즈니스 기업을 변화시킨다고 생각하는 경향이 있지만, 사실 이는 양방향의 관계이다. 비즈니스 기업의 역사와 문화는 기술을 어떻게 사용했고, 어떻게 사용해야 하는지에 영향을 미친다. 특정 비즈니스 회사가 정보시스템을 어떻게 사용하는지 이해하려면 회사의 구조, 역사, 문화에 대해 알아야 한다.

조직은 각기 다른 수준과 특성으로 구성된 구조를 갖는다. 조직의 구조는 명확한 업무 구분을 보여준다. 비즈니스 기업에서의 권력과 책임은 계층 또는 피라미드 구조로 조직된다. 계층의 상부 구성은 관리, 전문, 기술직 등으로 구성되는 반면에 하층 구조는 운영직으로 구성된다.

그림 1.6은 계층 구조를 피라미드 형태로 나타낸 것이다. **고위 관리층**(senior management)은 회사의 재무 성과를 확보할 뿐만 아니라 상품과 서비스에 대한 장기적인 전략적 결정을 내린다. **중간 관리층**(middle management)은 고위 관리층이 세운 프로그램과 계획을 수행한다. **운영 관리층**(operational management)은 기업의 일상 업무를 감시할 책임이 있다. 엔지니어, 과학자, 건축가 등의 **지식 근로자**(knowledge worker)는 제품이나 서비스를 설계하고 회사를 위한 새로운 지식을 창출하며, 중간 관리층과 함께 일하는 경우가 많다. 운영 관리층은 일반적으로 회사의 모든 수준에서 관리 업무를 지원하는 경리 담당자나 사무원 같은 **데이터 근로자**(data worker)와 실제로 제품을 생산하고 서비스를 제공하는 **생산 및 서비스 근로자**(production and service worker)를 감독한다.

채용된 전문가는 다양한 **비즈니스 기능**(business function)을 수행하도록 훈련된다. 기업 조직에서 수행하는 주요 비즈니스 기능 또는 특정 업무는 판매 및 마케팅, 제조 및 생산, 재무 및 회계, 인적자원관리로 구성된다(표 1.2 참조). 회사는 이러한 다양한 전문 분야와 회사 수준을 지원하기 위해 정보시스템을

그림 1.6 회사의 수준

비즈니스 조직은 고위 관리층, 중간 관리층, 운영 관리층이라는 세 가지 주요 계층으로 구성된 계층 구조이다. 정보시스템은 이러한 각 계층에 서비스를 제공한다. 과학자와 지식 근로자는 중간 관리층과 함께 일하는 경우가 많다.

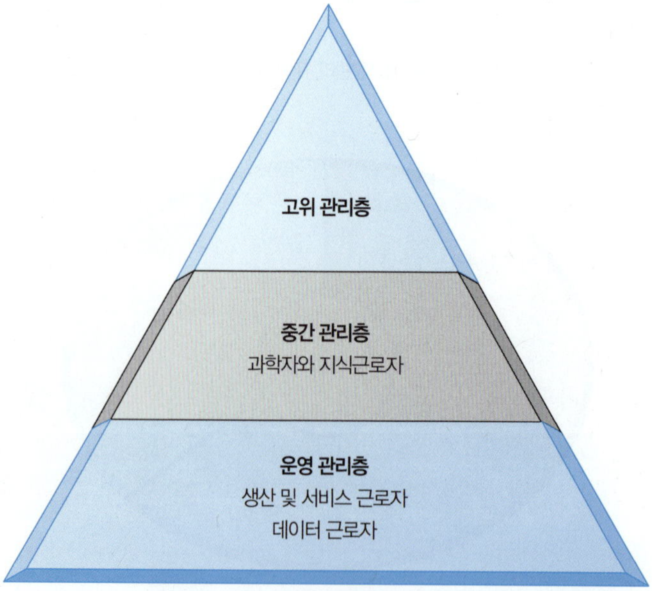

표 1.2 주요 비즈니스 기능

기능	목적
영업 및 마케팅	조직의 제품 및 서비스 판매
제조 및 생산	제품 및 서비스 생산 및 제공
재무 및 회계	조직의 재무 자산 관리 및 재무 기록 유지
인적자원	조직 인력의 유치·개발·유지 및 직원 기록 유지

구축한다. 2장과 3장에서는 이러한 비즈니스 기능 및 조직 수준과 정보시스템이 이를 지원하는 방식에 대해 자세히 설명한다.

조직은 이러한 구조화된 계층 구조와 논리적으로 관련된 업무 및 업무 수행을 위한 행동인 비즈니스 프로세스를 통해 업무를 수행하고 조율한다. 신제품 개발, 주문 처리, 신입 직원 채용 등이 비즈니스 프로세스의 예이다.

대부분의 조직 비즈니스 프로세스에는 오랜 기간 개발된 업무 수행용 공식적 규칙이 포함된다. 이러한 규칙은 종업원에게 송장을 작성하는 방법부터 고객의 불만에 대응하는 방법에 이르기까지 다양한 절차에 대한 지침을 제공한다. 이와 같은 비즈니스 프로세스 중 일부는 문서화되기도 하나, 나머지는 동료나 고객에 대한 전화 답신 요건 등과 같은 문서화되지 않은 비공식적 업무 관행이다. 정보시스템은 많은 비즈니스 프로세스를 자동화한다. 예를 들어 고객이 융자를 얻는 방법, 계산서 청구 방법 등은 보통 정형화된 비즈니스 프로세스의 집합이 구현된 정보시스템이 결정하고 있다.

각 조직에는 대부분의 구성원이 공감하는 독특한 **문화**(culture) 또는 기본 가정(assumption)의 핵심 집합, 가치, 업무 수행 방식 등이 있다. 조직 문화의 일부분은 그 조직의 정보시스템에서도 발견할 수 있다. 예를 들어 고객 서비스 우선에 대한 UPS의 관심은 뒤에서 설명할 기업의 화물추적시스템에서 발견할 수 있는 조직 문화의 한 측면이다. UPS의 정보시스템에 대한 자세한 내용은 이 장의 뒷부분에 있는 기술 사례 'IT와 함께 경쟁하는 UPS'에서 자세히 설명한다.

> **문화**
> 조직 대부분의 구성원이 받아들인 기본 가정으로, 가치 및 업무 수행 방식의 집합

조직 내의 여러 계층과 특수성은 서로 다른 관심과 견해를 발생시킨다. 서로 다른 관점은 종종 기업을 어떻게 운영하고 자원과 보상을 어떻게 배분해야 하는지와 관련하여 충돌을 일으키곤 한다. 정보시스템은 모든 조직에서 당연한 부분인 시각 차이, 대립, 타협, 합의의 와중에서 구축되고 있다.

경영

기업은 일반 직원뿐만 아니라 관리자를 포함하여 다양한 종류의 기술과 인력을 필요로 한다. 경영 업무는 조직이 직면한 많은 상황을 이해하고, 의사결정을 내리며, 조직의 문제를 해결하기 위한 실행 계획을 수립하는 것이다. 관리자는 환경에서의 비즈니스 과제를 인지하고, 이러한 과제에 대응하기 위한 조직 전략을 수립하며, 업무를 조율하고 성공하기 위해 인적·물적 자원을 할당한다. 이 과정에서 관리자는 책임 있는 리더십을 보여주어야 한다.

그러나 경영자는 기존의 것들을 관리하는 이상의 일을 해야만 한다. 이들은 새로운 제품과 서비스 개발과 때때로 조직을 재정비해야 하기도 한다. 경영 책임의 상당 부분은 새로운 지식과 정보에 기반한 창조적 작업이다. IT는 경영자가 새로운 상품과 서비스를 설계하고 출시하는 일을 지원하며 조직을 재설계하고 그 방향성을 재설정하는 데 상당히 중요한 역할을 담당할 수 있다. 12장에서 경영 의사결정을 자세히 다룰 것이다.

기술

정보기술(IT)은 경영자가 변화와 복잡성에 대처하기 위해 사용하는 여러 수단 중의 하나이다. IT에는 다양한 구성요소가 있다. **컴퓨터 하드웨어**(computer hardware)는 정보시스템에서 입력·처리·출력 활동에 사용되는 물리적 장치를 말하며, 여러 가지 크기와 형태의 컴퓨터(모바일 휴대장치 포함), 다양한 입력·출력·저장장치, 컴퓨터를 연결하는 네트워킹 장치 등으로 구성된다.

컴퓨터 하드웨어
정보시스템에서 데이터를 입력, 처리, 출력하는 데 사용되는 물리적 장비

컴퓨터 소프트웨어(computer software)는 정보시스템의 컴퓨터 하드웨어 구성요소를 통제하고 조정하기 위해 미리 프로그래밍되어 있는 상세 명령어로 구성된다. 5장에서 오늘날 기업에서 사용하고 있는 최신의 소프트웨어 및 하드웨어 플랫폼에 대해 자세하게 소개할 것이다.

컴퓨터 소프트웨어
정보시스템에서 컴퓨터 하드웨어 요소의 작업을 통제하고 조정하는, 구체적이고 미리 프로그래밍된 명령어

데이터 관리 기술(data management technology)은 물리적 저장매체상에서의 데이터 구성을 관리하는 소프트웨어로 이루어진다. 데이터 구성과 접근 방법에 대한 자세한 설명은 6장에서 확인할 수 있다.

데이터 관리 기술
물리적 저장매체상에서 조직의 데이터를 관리하는 소프트웨어

물리적 장치 및 소프트웨어로 구성되는 **네트워킹 및 통신 기술**(networking and telecommunication technology)은 여러 종류의 하드웨어를 연결하고 데이터를 한 물리적 위치에서 다른 곳으로 전송한다. 컴퓨터와 통신장치는 음성, 데이터, 이미지, 사운드, 동영상 등을 공유하기 위해 네트워크로 연결될 수 있다. **네트워크**(network)는 데이터 또는 프린터와 같은 자원을 공유하기 위해 둘 이상의 컴퓨터를 연결한다.

네트워킹 및 통신 기술
다양한 컴퓨터 하드웨어 요소를 연결하고 하나의 물리적 장소에서 다른 장소로 데이터를 이용하는 물리적 장비 및 소프트웨어

네트워크
2대 이상의 컴퓨터를 데이터나 프린터 등으로 자원을 공유할 수 있도록 연결시키는 것

세계에서 가장 크고 가장 널리 사용되는 네트워크는 **인터넷**(internet)이다. 인터넷은 전 세계 230여 개의 국가에 있는 수백만 개의 서로 다른 네트워크를 연결하기 위해 보편적인 표준을 사용하는 글로벌 '네트워크의 네트워크'이다(7장 참조). 2024년 기준 전 세계 인터넷 사용자 수는 48억 명으로, 전 세계 인구의 약 60%에 달한다(Emarketer, 2023c).

인터넷
수많은 서로 다른 네트워크를 연결하기 위해 범용 표준을 사용하는 글로벌 네트워크의 네트워크

인터넷은 새로운 제품, 서비스, 전략, 비즈니스 모델을 구축할 수 있는 범용 기술 플랫폼을 제공한다. 동일 기술 플랫폼은 기업 내의 여러 시스템과 네트워크를 연결하는 연결성을 제공함으로써 내부적으로도 활용되고 있다. 인터넷 기술 및 표준에 기반한 기업 내부 네트워크를 **인트라넷**(intranet)이라고 부른다. 사적 인트라넷을 조직 외부의 인가된 사용자에게까지 확장한 것을 **엑스트라넷**(extranet)이라고 하며, 기업은 이러한 네트워크를 구매, 설계 협업 및 그 밖의 조직 간 작업을 위한 외부 기업과의 협력 목적으로 사용한다. 오늘날 대부분의 기업은 업무 필요성과 경쟁우위 확보를 위하여 인터넷 기술을 사용하고 있다.

인트라넷
인터넷 기술과 표준을 기반으로 한 내부 네트워크

엑스트라넷
인증된 외부인이 접속할 수 있는 사설 인트라넷

월드와이드웹(World Wide Web, WWW)은 인터넷의 페이지 형식상 정보의 저장, 추출, 포맷, 출력에 대한 공용 표준을 사용하는, 인터넷에서 제공되는 서비스를 말한다. 웹페이지는 문자, 그래픽, 애니메이션, 사운드, 동영상 등을 포함하며 다른 웹페이지와 연결된다. 또한 웹페이지에서 링크된 단어나 버튼을 클릭함으로써 추가 정보를 찾기 위해 관련된 페이지나 웹의 다른 지점으로 이동할 수 있다. 웹은 현재 많은 정보시스템의 기반 역할을 하고 있다.

월드와이드웹
인터넷에서 정보를 페이지 형식으로 저장, 검색, 형식화, 표시하기 위해 보편적으로 인정되는 표준을 사용하는 인터넷 서비스로, 일반적으로 '웹'이라고 한다.

이러한 기술은 모두 기술을 운영하고 관리하는 사람들과 함께 조직 전체에 걸쳐 공유할 수 있는 자원이며, 기업의 **IT 인프라**(information technology infrastructure)를 구성하고 있다. IT 인프라는 기업이 특정 목적의 정보시스템을 구축할 수 있는 토대, 즉 플랫폼을 제공한다. 모든 조직은 정보시스템을 통해 달성하고자 하는 업무에 필요한 모든 기술 서비스를 제공할 수 있도록 자신의 정보시스템 인프라를 신중하게 설계하고 관리해야 한다. 이 책의 2부에서는 IT 인프라의 주요 기술 구성요소를 설명하고, 조직의 기술 플랫폼을 구축하기 위해 이러한 구성요소가 어떻게 서로 협력하는지를 다룰 것이다.

IT 인프라
조직에 공유 IT 자원 포트폴리오를 제공하는 컴퓨터 하드웨어, 소프트웨어, 데이터, 저장 기술, 네트워크

기술 사례 'IT와 함께 경쟁하는 UPS'에서는 오늘날 정보시스템에서 사용되는 몇 가지 전형적인 기술에 대해 설명한다. UPS는 자사의 비즈니스를 더 효율적이고 고객 지향적으로 만들기 위해 정보시스템

기술 사례 IT와 함께 경쟁하는 UPS

UPS(United Parcel Service)는 1907년 벽장 크기의 지하 사무실에서 시작되었다. 짐 케이시(Jim Casey)와 클로드 라이언(Claude Ryan)은 자전거 2대와 전화기 1대를 가진 시애틀의 10대 소년으로, '최고의 서비스와 가장 낮은 요금'을 약속했다. UPS는 100년 이상 이 공식을 성공적으로 사용하여 세계 최대의 지상 및 항공 포장 배송 회사가 되었다. 50만 명 이상의 직원, 12만 5,000대 이상의 배송 차량, 557대의 항공기를 보유한 글로벌 기업이다.

현재 UPS는 220개 이상의 국가 및 지역에서 매일 2,500만 개에 가까운 포장물을 배송하고 있다. 이 회사는 첨단 IT에 막대한 투자를 함으로써 페덱스(FedEx), 미국우정공사(US Postal Service), 아마존(Amazon)과의 치열한 경쟁에도 불구하고 소형 패키지 배송 서비스에서 선두 자리를 유지할 수 있었다. UPS는 높은 단계 고객 서비스를 유지하는 동시에 비용을 낮게 유지하고 전반적인 운영을 간소화하기 위해 IT에 연간 10억 달러를 지출하고 있다.

이 모든 것은 소포에 부착된 스캔 가능한 바코드 라벨로 시작되며, 해당 라벨에는 발송인, 목적지 및 소포가 언제 도착해야 하는지에 대한 자세한 정보가 포함되어 있다. 고객은 UPS에서 제공하는 특수 소프트웨어를 사용하거나 UPS 웹사이트 또는 모바일 앱에 접근하여 자신의 라벨을 다운로드하고 인쇄할 수 있다. 포장물이 픽업되기도 전에 '스마트' 라벨의 정보는 뉴저지주 마와 또는 조지아주 알파레타에 있는 UPS의 컴퓨터 센터 중 한 곳으로 전송되어 최종 목적지에서 가장 가까운 유통 센터로 전송된다.

UPS 배송기사가 매일 가장 먼저 챙기는 것은 휴대전화 네트워크에 액세스할 수 있는 배송 정보 수집 장치(DIAD)라는 휴대용 컴퓨터이다. 기사가 로그온하자마자 배송 경로가 DIAD에 다운로드된다. DIAD는 픽업 및 배송 정보와 함께 고객의 서명을 자동으로 캡처한다. 그런 다음 포장물 추적 정보는 저장 및 처리를 위해 UPS의 컴퓨터 네트워크로 전송된다. 거기서부터 전 세계에서 이 정보에 액세스하여 고객에게 배송 증명을 제공하거나 고객 문의에 응답할 수 있다. UPS는 매일 평균 7억 4,350만 건의 조회 요청을 처리한다.

UPS는 자동화된 포장물 추적 시스템을 통해 배송 프로세스 전반에 걸쳐 포장물을 모니터링하고 경로를 변경할 수도 있다. 발송인에서 수취인까지의 경로를 따라 여러 지점에서 바코드 장치가 포장물 라벨의 배송 정보를 스캔하여 포장물의 진행 상황에 대한 데이터를 중앙 컴퓨터로 전송한다. 고객 서비스 담당자는 데스크톱 컴퓨터에서 모든 포장물의 상태를 확인할 수 있다. UPS 고객은 자신의 컴퓨터 또는 모바일 장치를 사용하여 회사 웹사이트에서 이 정보에 액세스할 수도 있다.

UPS는 증가하는 배송물 분실 문제를 해결하기 위해 DeliveryDefense라는 AI 애플리케이션을 개발했다. 이 애플리케이션은 위치, 분실 빈도, 반송량, 배송 시도 등의 특성을 조사하여 유사성을 기준으로 그룹화한다. 이 애플리케이션은 성공적인 배송 가능성을 예측하여 발송인과 고객이 위험에 처한 화물을 UPS 스토어 또는 UPS 액세스 포인트로 경로를 변경할 수 있도록 한다. 또한 이 솔루션은 고객의 주문 플랫폼에 구축하여 배송 결과를 개선하고 UPS 고객이 포장물 도난을 방지하는 데 도움을 줄 수 있다. 예를 들어 DeliveryDefense는 금, 은 판매업체인 Texas Precious Metals가 '현관 해적'의 표적이 될 가능성이 있는 주소를 식별하는 데 도움을 준다.

© Ground Picture/Shutterstock

NPT(Network Planning Tools)라는 AI 기반 앱은 UPS가 전 세계 네트워크의 폭풍우 및 기타 문제 지점을 피해 포장물의 경로를 변경하는 데 도움을 준다. 또한 NPT는 비정상적으로 큰 화물을 효율적으로 이동하는 데도 도움이 된다. AI 머신러닝 알고리즘은 날씨에 관계없이 전 세계로 포장물을 제시간에 이동하는 데 필요한 방대한 양의 데이터를 처리한다.

UPS의 ORION(On-Road Integrated Optimization and Navigation)은 고급 알고리즘, AI 머신러닝, 딥러닝(대부분 스스로 학습하며 대규모 데이터세트에서 패턴을 인식하고 예측할 수 있음)을 기반으로 UPS 운전자의 경로를 계획하고 최적화하는 AI 플랫폼이다. UPS 차량에는 물류 데이터를 수집하는 시스템이 장착되어 있다. UPS 물류 센터의 배송 담당자는 ORION 라우팅 소프트웨어를 사용하여 교통, 기상 조건 및 각 정류장의 위치를 고려하여 각 운전자에게 가장 효율적인 배송 경로를 생성한다. 미국에만 6만 6,000개의 경로가 있는 네트워크에서 각 기사의 일일 경로를 1마일만 단축해도 시간, 연료 소비, 주행 거리, 탄소 배출량을 크게 절감할 수 있다. 오리온은 이 시스템을 처음 도입한 이래로 연간 약 1억 마일과 1,000만 갤런의 연료를 절약했다.

출처: UPS, "Company Facts," About.ups.com, accessed June 5, 2024; Anastasia Morozova, "Chatbots in Logistics and Supply Chain: How Do Companies Like UPS Benefit from Chatbots," Jasoren.com, accessed June 5, 2024; Zach Williamson, "UPS Saving Millions at the Pump, Emphasizes Importance of Planning Ahead," 3newsnow.com, July 18, 2022.

문제

1. UPS의 패키지 조회 시스템의 입력, 처리, 출력은 무엇인가?
2. UPS는 어떤 기술을 사용하는가? 이러한 기술은 UPS의 비즈니스 전략과 어떤 관련이 있는가? AI는 어떤 역할을 하는가?
3. UPS의 정보시스템은 어떤 전략적 비즈니스 목표를 다루고 있는가?
4. UPS의 정보시스템을 사용할 수 없다면 어떻게 되는가?

기술에 막대한 투자를 했다. UPS는 화물 추적, 요금 계산, 고객 계좌 관리, 물류 관리 등을 위해 바코드 스캐닝시스템, 무선 네트워크, 대형 메인프레임 컴퓨터, 휴대용 소형 컴퓨터, 인터넷 및 다양한 소프트웨어를 포함한 일련의 IT를 사용하고 있다. 이 사례를 읽으면서 UPS가 직면한 문제, 경영진이 사용할 수 있는 대안 솔루션, 선택한 솔루션이 얼마나 잘 작동했는지 확인한다.

방금 설명한 UPS 패키지 추적 시스템의 조직, 관리, 기술 요소를 확인해보자. 조직 요소는 UPS의 영업 및 생산 기능(UPS의 주요 제품은 서비스 패키지 배송)에 패키지 추적 시스템을 고정시킨다. 이 시스템은 발송인과 수취인 정보가 모두 포함된 포장물을 식별하고, 재고를 파악하고, 운송 중인 포장물을 추적하고, UPS 고객 및 고객 서비스 담당자에게 패키지 상태 보고서를 제공하는 데 필요한 절차를 지정한다.

또한 시스템은 관리자와 작업자의 요구를 충족하는 정보를 제공해야 한다. UPS 배송기사는 효율적·효과적으로 작업할 수 있도록 패키지 픽업 및 배송 절차는 물론 패키지 조회 시스템 사용 방법에 대한 교육을 받아야 한다. UPS 고객은 UPS 사내 패키지 조회 소프트웨어, UPS 웹사이트 또는 모바일 앱을 사용하기 위해 약간의 교육이 필요할 수 있다.

UPS의 경영진은 서비스 수준과 비용을 모니터링하고 저렴한 비용과 우수한 서비스를 결합하는 회사의 전략을 홍보할 책임이 있다. 경영진은 자동화를 통해 UPS를 통한 패키지 발송 및 배송 상태 확인의 편의성을 높여 배송 비용을 절감하고 판매 수익을 늘리기로 결정했다.

이 시스템을 지원하는 기술은 초소형 컴퓨터, 바코드 스캐너, 유무선 통신 네트워크, 데스크톱 컴퓨터, UPS의 중앙 컴퓨터, 패키지 배송 데이터 저장 기술, UPS 사내 패키지 추적 소프트웨어(ORION과 유사한 기타 운영 소프트웨어), 웹 접속 소프트웨어로 구성된다. 그 결과 경쟁이 심화되는 상황에서 낮은 가격으로 높은 수준의 서비스를 제공해야 하는 비즈니스 과제에 대한 정보시스템 솔루션이 만들어졌다.

1.7 사물인터넷, 빅데이터, 클라우드 컴퓨팅, AI의 중요성

이러한 모든 기술 중에서 오늘날 특히 중요한 네 가지 기술이 있다. 사물인터넷, 빅데이터, 클라우드 컴퓨팅, AI이다. 다음 장에서 이에 대해 더 자세히 살펴볼 것이다.

사물인터넷(IoT)
인터넷을 통해 다른 장치 및 시스템과 연결하고 데이터를 교환할 수 있도록 하는 센서, 소프트웨어 및 기타 기술이 내장된 물리적 개체(사물)의 네트워크

사물인터넷(Internet of Things, IoT)은 센서, 소프트웨어 및 기타 기술이 내장되어 인터넷을 통해 다른 기기 및 시스템과 연결하고 데이터를 교환할 수 있는 물리적 객체, 즉 '사물'의 네트워크를 말한다. 이러한 디바이스는 일반 가정용 물건부터 정교한 산업용 도구까지 다양하다. 연결된 사물인터넷 디바이스의 수는 2025년까지 약 220억 개에 달할 것으로 예상된다(Vailshery, 2023). 디바이스를 디지털 방식으로 연결하면 사람의 개입 없이도 간단한 결정을 내리고 특정 패턴과 루틴을 기억하여 수행할 수 있는 충분한 지능을 갖추게 된다. 또한 사물인터넷 데이터는 시계열 예측, 회귀/분류 예측, 최적화와 같은 정교한 기능을 갖춘 시스템의 주요 데이터 원천이다.

빅데이터
데이터세트는 일반적으로 3V(극단적인 데이터 볼륨, 다양한 데이터 및 데이터 처리 속도)를 특징으로 하며, 일반적인 DBMS의 캡처, 저장, 분석 능력을 뛰어넘는다.

이렇게 연결된 사물인터넷 장치와 웹사이트 및 기타 원천의 데이터는 유용한 정보를 제공할 수 있지만 기존의 방법으로는 캡처, 저장, 처리하기에 너무 방대하고 복잡한 대량의 데이터인 **빅데이터**(big data)를 생성한다.

클라우드 컴퓨팅
컴퓨터 처리, 저장, 소프트웨어, 여타의 서비스를 네트워크, 주로 인터넷을 통해 공유할 수 있는 가상 자원을 통해 제공하는 컴퓨팅 모델

클라우드 컴퓨팅(cloud computing)은 인터넷을 통해 액세스할 수 있는 공유 리소스 풀로 처리, 저장, 소프트웨어 및 기타 서비스를 제공하는 컴퓨팅 모델이다. 조직과 개인은 데스크톱, 노트북 또는 모바일 장치와 같이 인터넷에 연결된 장치를 사용하여 언제 어디서나 이러한 리소스에 액세스할 수 있다. 클라우드 컴퓨팅을 통해 조직은 훨씬 더 많은 분석 및 처리 능력을 확보하여 시스템의 범위를 확장할 수 있다. AI 애플리케이션과 빅데이터의 관리 및 분석을 위해 일반적으로 현장에서 사용할 수 있는 것보다 더 강

력한 IT 인프라를 제공한다.

인공지능(artificial intelligence, AI)은 음성 인식, 시각 인식, 패턴 인식, 예측, 에세이 작성, 과거 경험으로부터의 학습 등 일반적으로 인간의 지능이 필요한 작업을 수행할 수 있는 컴퓨터 시스템을 말한다.

머신러닝(machine learning, ML)은 스스로 학습하고 개선할 수 있는 컴퓨터 시스템을 구축하는 데 초점을 맞춘 AI의 한 유형이다. 머신러닝은 수학적 모델(알고리즘)을 사용하여 매우 방대한 양의 데이터에서 패턴과 관계를 식별한다.

오늘날 AI는 인간이 하는 모든 일을 대체할 수는 없지만, 여전히 혁신적인 영향을 미치고 있다. AI는 제조, 운송, 의료, 소매, 금융 서비스, 교육 등의 산업에서 일상적인 운영과 의사결정을 혁신하고 있다. 검색엔진, 자율 주행 자동차, 산업용 로봇, 상품 및 서비스 개인화 추천 시스템, 사기 탐지 시스템, 스마트홈과 도시 등은 AI가 인간의 능력을 대체하고 심지어 확장할 수 있는 애플리케이션 중 일부에 불과하다. 수동 처리와 데이터 입력으로 인해 수개월이 걸리던 의사결정이 이제는 측정, 패턴 식별, 예측, 자연어 이해 및 의사소통, 요구사항 분류, 위험도 표시 등을 놀라운 속도와 정확성, 정밀도로 수행하는 기계로 단 몇 초 만에 이루어진다.

ChatGPT, 구글(Google)의 Gemini(구 Bard), 마이크로소프트(Microsoft)의 Copilot과 같은 **생성형 AI**(generative AI, GenAI) 도구는 기존 데이터 내에서 패턴과 구조를 식별하여 질문, 기사, 에세이, 소설, 시에 대한 텍스트 응답, 새로운 소프트웨어 프로그램, 음악 작곡, 테스트 질문에 대한 성공적인 답변 등 새롭고 독창적인 콘텐츠를 생성할 수 있다. AI는 매우 중요한 주제가 되었기 때문에 AI 및 AI 애플리케이션에 대해 자세히 다룰 것이다. 또한 본문 곳곳에서 조직이 이러한 기술을 어떻게 활용하고 있는지에 대한 다양한 사례를 소개한다.

클라우드 컴퓨팅, 빅데이터, AI, 사물인터넷 간의 관계를 보여주는 그림 1.7을 살펴보자. 이 그림은 가전제품, 센서, 의료기기, 커넥티드 카 등 다양한 종류의 사물인터넷 장비가 수백만, 수조 개의 데이터 포인트인 빅데이터를 생성하는 것을 보여준다.

이러한 장비는 인터넷을 통해 원격 클라우드 컴퓨팅 센터로 데이터를 전송하여 저장, 처리, 분석한다.

인공지능(AI)
일반적으로 인간 지능이 필요한 작업을 수행할 수 있는 컴퓨터 시스템을 개발하려는 노력

머신러닝(ML)
컴퓨터가 대량의 데이터를 학습하고 명시적인 지시 없이도 통계적 추론을 할 수 있도록 도와주는 수학적 모델을 사용하여 컴퓨터 시스템이 경험을 바탕으로 다양한 정도에 따라 스스로 학습하고 개선할 수 있도록 한다.

생성형 AI
콘텐츠를 생성하도록 훈련된 머신러닝 모델

그림 1.7 클라우드 컴퓨팅, 빅데이터, AI와 사물인터넷

원격 클라우드 컴퓨팅 센터를 사용하면 인터넷을 통해 수많은 다양한 종류의 장치를 연결하여 데이터를 교환할 수 있다. 또한 클라우드 컴퓨팅을 통해 조직은 빅데이터와 AI 애플리케이션을 관리하고 분석하기 위한 보다 강력한 IT 인프라를 구축할 수 있게 되었다.

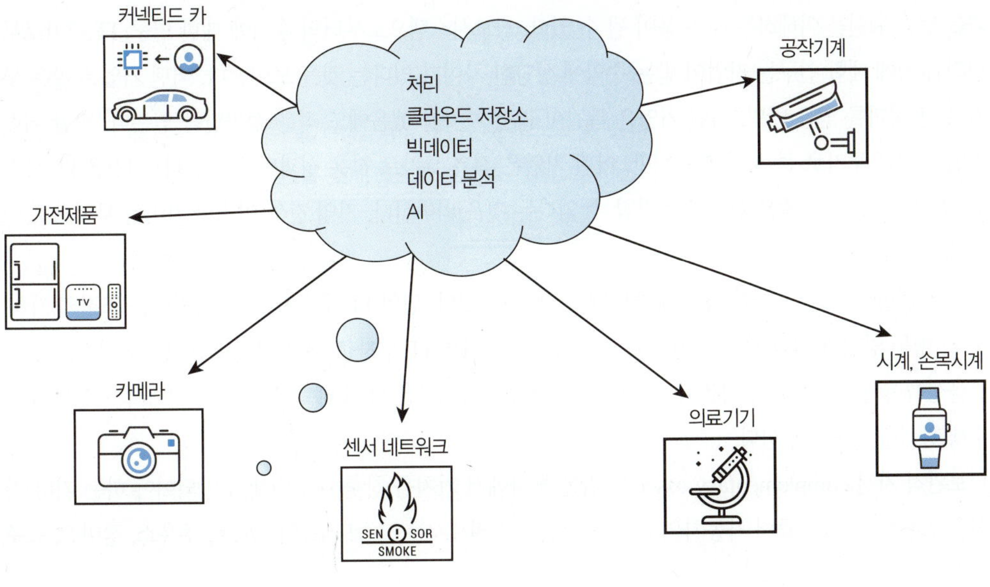

그 결과 암 징후에 대한 엑스레이 이미지 분석, 커넥티드 카의 우회전 방향, 컴퓨터로 제어되는 공작기계의 부품이 고장 날 수 있는 시점을 미리 예측하는 등의 결과가 나올 수 있다. 클라우드 컴퓨팅 센터는 빅데이터와 AI 애플리케이션을 효율적으로 처리하고 AI 시스템에 빅데이터를 제공할 수 있는 합리적인 가격의 고성능 컴퓨팅 성능을 갖추고 있다.

1.8 보완적 자산의 중요성

관리자와 비즈니스 기업은 실질적 경제 가치를 제공하는 IT와 정보시스템에 투자하고 있다. 정보시스템의 구축이나 유지·보수에 대한 결정은 이에 대한 투자의 결과가 빌딩, 기계 또는 기타 자산에 대한 투자보다 우월할 것임을 전제로 한다. 이와 같은 우월한 결과는 생산성의 증가, 수익의 증가(기업의 주식 가치 상승으로 이어짐) 또는 특정 시장에서 기업에 높은 미래 수익을 제공할 수 있는 장기적·전략적 우월한 위치 설정 등으로 나타날 것이다(이것은 미래에 더 나은 수익을 창출할 것이다).

비즈니스 관점에서 보면 정보시스템은 기업 가치 창출을 위한 중요한 도구이다. 정보시스템은 경영진이 양질의 의사결정을 할 수 있도록 돕거나 비즈니스 프로세스 개선에 필요한 정보를 제공함으로써 기업의 수익을 증대하거나 비용을 절감할 수 있게 한다. 예를 들어 그림 1.3에서 소개한 슈퍼마켓 계산대 데이터의 분석을 위한 정보시스템은 경영자가 매장에 진열하고 판매를 촉진해야 할 제품에 대한 더 나은 결정을 할 수 있도록 도와줌으로써 기업의 수익성을 높일 수 있다.

비즈니스 관점에서는 정보시스템의 조직적·관리적 특성에 주목한다. 정보시스템은 환경에서 주어진 과제나 문제를 해결하기 위한 IT 기반의 조직적·경영적 접근을 의미한다. 이 책은 이러한 개념을 설명하는 간단한 사례 연구로 각 장을 시작하고 있다. 도입 사례의 도표는 비즈니스 과제와 이를 해결하기 위한 해법으로서 IT를 사용하려는 경영적·조직적 의사결정 간의 관계를 설명한다. 어떠한 정보시스템이나 앞으로 접하게 될 정보시스템 문제에 대한 분석의 첫 단계로 이 도표를 이용할 수 있다.

도입 사례의 도표는 코노코필립스가 원격지에서의 운영과 노후화된 장비로 인해 발생한 비즈니스 과제를 어떻게 해결했는지 보여준다. 또한 이러한 문제를 해결하기 위해 3D 프린팅과 AI/머신러닝을 사용하여 정보시스템 솔루션을 구축하는 데 도움을 준 관리, 조직, 기술 요소를 보여준다.

보완적 자산: 조직의 자본과 적합한 비즈니스 모델

정보시스템의 조직 및 관리 차원에 대한 인식은 일부 회사가 다른 회사보다 정보시스템에서 더 나은 결과를 얻는 원인을 이해하는 데 도움이 될 수 있다. 정보시스템으로부터의 수익에 대한 연구, IT 투자로부터의 수익에 대한 연구는 기업이 받는 수익에 상당한 차이가 있다는 것을 보여준다. 어떤 기업은 많은 투자로 큰 성과를 얻은 반면, 어떤 기업은 똑같이 많은 투자를 했음에도 적은 성과만을 얻는다. 또한 어떤 기업은 적은 투자로 큰 성과를 얻지만, 어떤 기업은 적은 투자로 작은 성과만을 얻는다. 이것은 IT 투자가 그 자체만으로는 좋은 성과를 보장할 수 없다는 것을 의미한다. 기업 간의 이러한 차이를 무엇으로 설명할 수 있는가?

이에 대한 대답은 보완적 자산의 개념에서 찾을 수 있다. 만약 IT 투자가 이를 지원하는 조직의 가치, 구조, 행동 양식과 기타 보완적 자산을 동반하지 않는다면 IT 투자 그 자체만으로는 조직이나 경영진의 효율성을 향상할 수 없다. 비즈니스 기업이 실질적으로 새로운 IT의 혜택을 누리기 위해서는 먼저 업무 수행 방식을 바꾸어야 한다.

보완적 자산
주요 투자에서 가치를 도출하는 데 필요한 부수적인 자산

보완적 자산(complementary asset)은 기본 투자에서 가치를 창출하기 위해 수반되어야 하는 기타 자산을 일컫는다. 예를 들어 자동차의 가치를 실현하기 위해서는 고속도로, 일반도로, 주유소, 정비소, 표준

표 1.3 IT 투자 수익을 최적화하는 데 필요한 보완적 조직, 경영, 사회적 자산

조직 자산	효율성과 효과를 중시하는 지원적인 조직 문화 적절한 비즈니스 모델 효율적인 비즈니스 프로세스 분산된 권한 분산된 의사결정 권한 강력한 IS 개발팀
경영 자산	기술 투자와 변화를 위한 강력한 경영진 지원 경영 혁신을 위한 인센티브 팀워크와 협업적 업무 환경 경영 의사결정 능력 향상을 위한 교육 프로그램 유연성과 지식 기반 의사결정을 중시하는 경영 문화
사회적 자산	인터넷 및 통신 인프라 노동력의 컴퓨터 활용 능력을 높이는 IT 강화 교육 프로그램 표준(정부 및 민간 부문 모두) 공정하고 안정적인 시장 환경을 조성하는 법률 및 규제 구현을 지원하는 인접 시장의 기술 및 서비스 회사

설정 및 운전자 규제를 위한 법규 체계 등에 대한 상당한 보완적 투자가 필요하다.

연구에 따르면 새로운 비즈니스 모델, 새로운 비즈니스 프로세스, 경영 행위, 조직 문화 또는 훈련 등의 보완적 자산 투자를 통해 기술 투자를 지원하는 기업은 IT 투자에서 높은 성과를 거두는 반면, 이와 같은 보완적 투자에 실패한 기업은 IT 투자에서 적은 혹은 전무한 성과를 거두었다. 새로운 AI 기술의 혜택을 누리고자 하는 기업의 욕구로 인해 이 주제에 대한 관심이 다시 높아지고 있다(Berg et al., 2023; Brynjolfsson et al., 2020; Laudon, 1974).

표 1.3은 기업이 IT 투자를 통해 가치를 실현하는 데 필요한 주요 보완적 투자 자산을 보여준다. 이러한 투자 자산 중 일부는 빌딩, 기계, 장비 등의 유형 자산을 포함하기도 한다. 하지만 IT 투자가 창출하는 가치는 경영과 조직에 대한 보완적 투자에 상당 부분 의존한다.

조직 측면의 주요 보완적 투자 자산으로는 효율성과 효과를 중시하는 협조적인 기업 문화, 적합한 비즈니스 모델, 효율적인 비즈니스 프로세스, 권한의 분산화, 분산된 의사결정권, 강력한 정보시스템 개발팀 등이 있다.

경영 측면의 주요 보완적 자산으로는 변화에 대한 고위 관리층의 강력한 지원, 개인의 혁신을 관리하고 보상할 수 있는 인센티브 시스템, 팀워크와 협동심 강조, 훈련 프로그램, 유연성과 지식을 높이 평가하는 기업 문화 등이 있다.

중요한 사회적 투자 자산(해당 기업이 아니라 사회, 다른 기업, 정부, 시장의 핵심 관계자에 의해 투자가 이루어짐)으로는 인터넷과 협조적인 인터넷 문화, 교육시스템, 네트워크와 컴퓨팅 표준, 규정과 법률, 기술과 서비스 기업의 존재 등이 있다.

이 책의 전반에 걸쳐 기술, 경영, 조직 자산과 이들의 상호작용을 고려하는 분석 프레임워크를 강조하고 있다. 사례 연구와 복습문제에 반영된 가장 중요한 주제는 경영자가 IT 투자에서 평균 이상의 성과를 거두고 닥친 문제를 해결하기 위해서는 정보시스템의 조직적·경영적 영역을 더 폭넓게 살펴봐야 한다는 것이다. 이 책을 통해 곧 알게 되겠지만, IT 투자의 이러한 관련 영역을 다룰 수 있는 기업은 보통 큰 보상을 받게 된다.

1.9 정보시스템 이해를 위한 다양한 접근 방식

정보시스템에 대한 연구는 한 가지 주제나 관점에 국한되지 않는 다학제적(multidisciplinary) 영역이다. 그림 1.8은 정보시스템 연구에서 문제점, 논점, 해결책 등에 기여하는 주요 학문 분야를 보여준다. 이러한 영역은 일반적으로 기술적 접근과 행위적 접근으로 나눌 수 있다. 정보시스템은 사회기술적 시스템이다. 정보시스템은 기계, 장치 및 하드웨어 기술로 구성되어 있지만 정보시스템을 제대로 작동시키려면 많은 사회적·조직적·지식적 투자가 필요하다.

기술적 접근

정보시스템에 대한 기술적 접근(technical approach)은 시스템의 물리적 기술과 정형적 기능뿐만 아니라 정보시스템을 연구하기 위한 수학적 모델도 강조한다. 기술적 접근에 기여하는 학문 분야는 컴퓨터과학(computer science), 경영과학(management science), OR(operations research) 등이다.

컴퓨터과학은 계산 가능성 이론, 계산 방법, 효율적인 데이터 저장 및 접근 방법 등의 개발과 관련된다. 경영과학은 의사결정과 경영 업무를 위한 모형 개발에 중점을 두고 있다. OR은 수송, 재고관리, 거래 비용 등과 같은 조직의 매개변수를 최적화하기 위한 수리적 기법에 초점을 맞추고 있다.

행위적 접근

정보시스템 분야에서 중요한 한 부분은 정보시스템의 개발과 장기적 유지·보수에서 발생하는 행위적 문제와 관련된 것이다. 전략적 비즈니스 통합, 설계, 구현, 활용, 관리 등과 같은 문제는 기술적 접근에서 사용하는 모델만으로는 효과적으로 분석할 수 없다. 다른 행위적 학문 분야가 주요 개념과 방법에 기여하고 있다.

예를 들어 사회학자들은 집단이나 조직이 시스템 개발을 어떻게 구체화하는지와 시스템 역시 개인, 집단, 조직에게 어떤 영향을 미치는가와 같은 시각에서 정보시스템을 연구한다. 심리학자들은 의사결정자가 어떻게 정보를 인지하고 사용하는지에 관심을 가지고 정보시스템을 연구하고 있다. 경제학자들은 디지털 제품 생산의 이해, 디지털 시장의 변화, 새로운 정보시스템이 기업에서 통제와 비용 구조에 미치는 영향을 이해하고자 정보시스템을 연구한다.

그림 1.8 정보시스템에 대한 현대적 접근

정보시스템에 대한 연구는 기술적·행위적 학문 분야에서 도출된 주제와 관점을 다룬다.

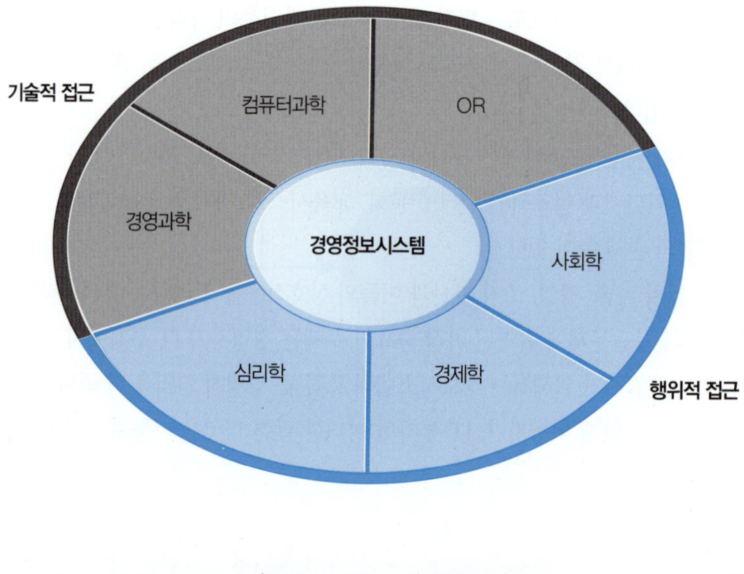

행위적 접근(behavioral approach)이 기술을 무시하는 것은 아니다. 사실 정보시스템 기술은 종종 행위적 문제나 이슈의 원인이 되기도 한다. 그러나 이와 같은 행위적 접근의 관심은 일반적으로 기술적 해법에 있는 것은 아니며 오히려 태도, 관리 및 조직정책, 행위의 변화에 많은 관심을 두고 있다.

이 책에서의 접근 방향: 사회기술적 시스템

독자는 이 책을 통해 하드웨어 및 소프트웨어 공급자(기술공학자), 기술을 통해 가치를 창출하기 위해 투자하는 비즈니스 기업, 비즈니스 가치와 기타 목표를 달성하고자 하는 경영자와 임직원, 최신의 법적·사회적·문화적 환경(기업 환경), 이 네 주역이 펼치는 풍부한 이야기를 발견하게 될 것이다. 이러한 각 주체는 경영정보시스템에서 중요한 역할을 수행한다.

경영정보시스템에 대한 연구는 기업과 정부 기관의 컴퓨터 기반 정보시스템 사용에 초점을 맞추면서 시작되었다. 경영정보시스템은 실제 문제에 대한 시스템적 해결책을 개발하고 IT 자원을 관리하고자 하는 구체적 방향을 가진 컴퓨터과학, 경영과학, OR 등의 연구 결과를 통합하고 있다. 경영정보시스템은 또한 사회학, 경제학, 심리학 분야에서 주로 논의되는 정보시스템의 개발, 활용, 영향 등을 둘러싼 행위적 문제에도 관심이 있다.

어느 하나의 접근 방법만으로는 정보시스템의 실체를 효과적으로 파악할 수 없다는 점을 학자와 실무 전문가의 경험을 통해 알 수 있다. 정보시스템의 성공과 실패 원인이 모두 기술적 문제이거나 행위적 문제인 경우는 거의 없다. 학생들에게 할 수 있는 가장 좋은 충고는 다양한 학문 분야의 관점을 이해하라는 것이다. 정보시스템 분야에 대한 도전이자 즐거움은 이 분야가 정말로 많은 다양한 접근 방식에 대한 인정과 포용력을 필요로 한다는 점이다.

이 책에서 채택한 관점을 한마디로 묘사하자면 시스템에 대한 **사회기술적 관점**(sociotechnical view)이라고 할 수 있다. 이러한 관점에서 최적의 조직 성과는 정보시스템 구현에서 사회적·기술적 시스템 모두를 최적화함으로써 달성할 수 있다.

사회기술적 관점
시스템이 기술적 요소와 사회적 요소로 구성되어 있다고 본다.

사회기술적 시스템 관점의 채택을 통해 단순히 기술적 관점으로만 정보시스템에 접근하는 것을 피할 수 있게 한다. 예를 들어 IT의 가격이 급격히 떨어지고 그 기능이 증가하고 있다는 사실이 반드시 혹은 쉽게 생산성 향상이나 직접적 수익으로 이어진다는 것은 아니다. 기업이 전사적 재무보고시스템을 도입했다고 반드시 그 시스템이 활용되는 것이 아니고, 활용되더라도 효율적으로 사용되는 것도 아니다. 이와 마찬가지로 기업이 새로운 비즈니스 절차와 프로세스를 도입했다고 해서 새로운 정보시스템에 대한

그림 1.9 정보시스템에 대한 사회기술적 관점

사회기술적 관점에서 시스템의 성과는 기술과 조직 모두가 만족스러운 결과를 얻을 때까지 상호 조정할 때 최적화된다.

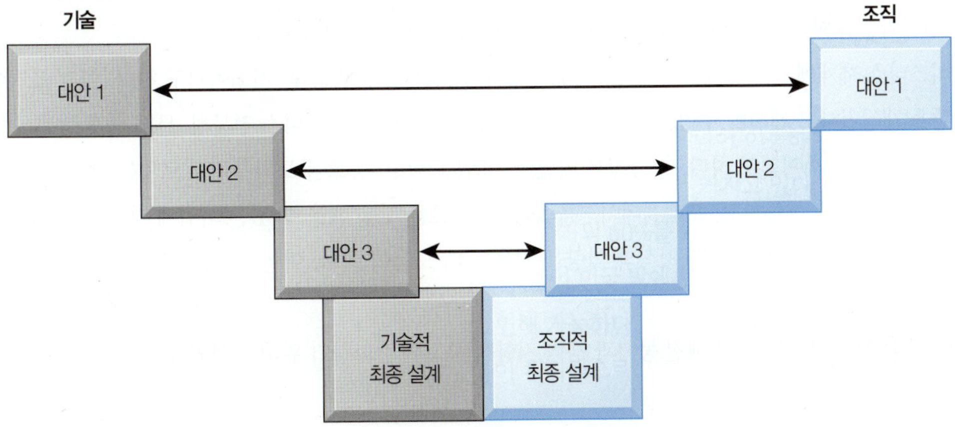

투자 없이도 직원의 생산성이 높아지는 것은 아니라는 것이다.

이 책은 기업 성과를 전체로서 최적화해야 할 필요성을 강조하고 있다. 기술적·행위적 요소 모두에 주의를 집중해야 한다. 이것은 곧 기술이 조직과 개인의 요구에 맞는 방식으로 변화되고 설계되어야 한다는 것을 의미한다. 때때로 기술은 이 '요구 적합성'을 달성하기 위해 최적의 선택 일부를 포기해야 할지도 모른다. 가령 휴대전화 이용자는 개인의 요구에 따라 이 기술을 활용하려 하며, 그 결과 제조업체는 기술을 사용자의 기대에 신속하게 부응하려고 노력할 것이다. 한편 조직과 개인 역시 그 기술을 운영하며 성공시키기 위해 훈련, 교육 및 계획된 조직 변화를 통해 변해야 한다. 그림 1.9는 사회기술적 시스템에서의 이러한 상호 조정과정을 보여준다.

1.10 이 책은 우리의 미래를 어떻게 준비시키는가

기업은 문제 해결 능력이 전반적으로 뛰어난 인재를 찾고 있다. 여기에는 읽고, 쓰고, 아이디어를 전달하는 능력은 물론, 특정 업무에 필요한 기술적·비즈니스적 전문성이 포함된다. 전공이나 향후 직업에 관계없이 정보시스템과 기술은 우리의 일상 업무와 경력 전반에 걸쳐 점점 더 중요한 역할을 하게 될 것이다. 당신의 경력 기회와 보상 수준은 기업이 IT를 활용하여 목표를 달성할 수 있도록 얼마나 효과적으로 지원할 수 있는지에 따라 일부 결정될 것이다.

이 책은 독자의 미래 경력을 준비할 수 있도록 특별히 설계되었다. 조직 내 정보시스템의 역할을 이해하는 데 필요한 지식과 기초 개념을 제공한다. 이 지식을 바탕으로 비즈니스의 효율성과 수익성을 높일 수 있는 기회를 식별할 수 있을 것이다. 또한 운영을 개선하고, 새로운 제품 및 서비스를 창출하고, 의사결정을 향상하고, 고객과의 친밀도를 높이고, 경쟁우위를 확보하는 데 정보시스템을 어떻게 활용할 수 있는지도 배우게 된다.

아울러 기술을 활용하여 비즈니스 가치를 창출하는 방법도 학습하게 된다. 이 책은 기술적 세부사항 그 자체보다는 IT 솔루션이 기업에 어떤 가치를 제공하는지를 이해하고 설명하는 능력을 키우는 데 도움을 준다. 솔루션이 비즈니스에 제공하는 가치를 분석하고 질문할 수 있는 역량은 매우 중요하다. 당신은 조직 내에서 "우리가 이 일을 왜 하며, 그것이 비즈니스에 어떤 가치를 주는가?"라는 질문에 답할 수 있어야 한다.

기술의 비즈니스 응용 프로그램 이해

이 책은 당신이 직무 수행 중 마주하게 될 문제를 정보시스템을 활용하여 해결하는 능력을 향상해준다. 비즈니스 문제를 분석하고 정의하는 방법, 그에 적합한 정보시스템 솔루션을 설계하는 방법을 배우게 될 것이다. 직장에서 기술을 효과적으로 활용할 수 있게 되면 전반적인 생산성이 높아진다. 이 책의 내용은 IT 전문가뿐만 아니라 IT 외 분야의 미래 전문가에게도 매우 유용하다.

비즈니스 세계에서는 문제가 단순한 문제로 끝나지 않는다. 문제는 곧 기회이기도 하다. 이는 조직이 방향을 재정립하고 개선할 수 있는 기회이며, 동시에 당신이 IT와 비즈니스 전문성, 문제 해결 능력을 발휘할 수 있는 기회이기도 하다. 직장에서 더 많은 책임을 맡고, 동료를 도와주고 가르치는 데 기꺼이 나서며, 주도적으로 행동하고, 프레젠테이션을 도우며, 새로운 것을 배울 수 있는 과업에 자원하자. 이러한 도전을 통해 얻는 경험은 전문 지식과 역량을 키우는 데 도움이 되며, 이는 곧 경력 성장으로 이어질 것이다.

이 책의 학습 자료는 문제 해결 능력과 경력 지향적 사고를 강화하기 위해 구성되었다.

정보시스템을 설명하고 분석하기 위한 프레임워크

이 책은 비즈니스에서 마주치게 될 IT 관련 문제를 설명하고 분석할 수 있는 프레임워크를 제공한다. 독자는 정보시스템의 경영, 조직, 기술적 차원을 조사하고 솔루션을 개발하는 방법을 배우게 된다. 이 프레임워크는 이 책의 전반에 걸쳐 반복적으로 사용되며, 이를 통해 정보시스템이 비즈니스에서 수행하는 역할을 이해하고 정보시스템 문제를 분석할 수 있게 된다.

문제 해결을 위한 모델

독자는 비즈니스 문제를 식별하고, 대체 솔루션을 설계하고, 올바른 솔루션을 선택하며, 그 솔루션을 실행하는 방법을 배우게 된다. 각 장의 사례 연구에서 제시되는 질문에 답하기 위해 이 문제 해결 방법을 사용하도록 요구받을 것이다. 13장과 14장에서는 이 접근법을 사용하여 새로운 정보시스템을 설계하고 구축하며, 그 비즈니스 가치를 결정하는 방법을 보여준다.

비판적 사고와 문제 해결을 자극하기 위한 AI 및 실습 MIS 프로젝트

각 장의 끝에는 새로운 AI 프로젝트와 함께 비판적 사고 및 문제 해결 능력을 향상하는 일련의 실습 MIS 프로젝트가 포함되어 있다. 실습 MIS 프로젝트에는 경영 의사결정 문제, 응용 소프트웨어 문제, 온라인 기술을 개발하기 위한 프로젝트, 팀워크 및 협업 프로젝트가 포함된다.

경력 개발 자료

이 책이 자신의 미래 비즈니스 경력에 어떻게 유용한지 확실히 알 수 있도록 경력 개발과 구직 활동을 돕는 완전한 경력 자료 세트를 추가했다.

- 각 장의 마지막 주요 부분인 '이 장의 내용은 경력에 어떻게 도움이 되는가'에서는 해당 장의 개념과 관련된 IT 관련 비즈니스 문제를 실제 회사가 어떻게 해결했는지를 보여주는 실제 시나리오, 그 과정에 참여한 직무 역할을 포함하고 있다.
- 또한 IT 사용이 요구되는 직무에 대한 설명, 각 직무의 전형적인 경력 경로 및 급여 범위를 제공한다. 여기에는 IT 직무뿐만 아니라 IT 외 직무도 포함된다.

추가 경력 개발 자료는 MyLab MIS에서 찾을 수 있다. 여기에는 다음이 포함된다.

- 디지털 포트폴리오: 이 과정으로 습득한 비즈니스 지식, AI 기술, 응용 소프트웨어 기술, 인터넷 기술, 분석 기술을 보여줄 수 있는 디지털 포트폴리오를 준비하는 템플릿이다. 이 포트폴리오는 이력서나 구직 신청서에 포함될 수 있고, 학생이 학습한 기술을 교수가 평가하는 데에도 사용될 수 있다.
- 구직 요령: IT에 대한 일정 수준의 지식이 요구되는 적절한 직무를 식별하고, 효과적인 이력서를 작성하며, 면접을 준비하는 데 도움이 되는 팁을 제공한다.

1.11 이 장의 내용은 경력에 어떻게 도움이 되는가

이 장에서 배운 정보는 경력 향상에 도움이 될 수 있다. 이는 정보시스템이 기술적 구성요소뿐만 아니라 경영적·조직적 구성요소를 가지고 있으며, 이 모든 구성요소가 함께 작동해야 기업에 가치를 제공할 수 있다는 점을 이해하는 데 도움이 된다. 또한 오늘날 비즈니스를 운영하는 데 정보시스템이 왜 그렇게 중요한지를 보여준다. 이 장은 출발점에 불과하다. 이와 관련된 주제에 대한 추가 정보는 이후의 장들과 MyLab MIS에서 확인할 수 있다.

실제 시나리오 영업팀을 재구축한 파실리테크

파실리테크(Faciliteq)는 모듈형 벽체, 상승형 바닥, 사무용 가구 등 상업용 오피스 인테리어를 제공하는 전문 시공 및 유통업체이다. 이 회사는 라스베이거스, 덴버, 피닉스에 사무소를 두고 있다. 최근까지 파실리테크는 여러 시장 영역과 다양한 목표를 아우르는 영업팀을 구축하는 데 어려움을 겪고 있었다. 수집된 방대한 양의 데이터는 여러 장소와 시스템에 흩어져 있었으며, 스프레드시트와 별도의 데이터베이스에 분산되어 있어 데이터 간 불일치와 충돌이 발생하고 있었다.

파실리테크의 영업팀은 중복된 연락처, 겹치는 의사결정, 잠재고객에 대한 후속 대응 시 적절한 커뮤니케이션 부족 등의 문제에 시달렸다. 신규 영업 사원들은 자신의 역할과 책임이 무엇인지 혼란스러워했다.

이 문제를 해결하기 위해 파실리테크는 Salesmate CRM을 도입했다. 이 솔루션은 영업 담당자들 사이의 중복된 커뮤니케이션을 없애고, 영업 파이프라인의 다양한 단계별 활동과 각 단계의 금액 규모를 추적할 수 있게 하여 더 정확한 거래 예측이 가능했다. 시스템은 이제 자동으로 기록을 업데이트하고, 거래를 할당 및 순환하며, 리드를 점수화하고, 동료 및 고객에게 이메일을 전송한다.

직무 설명 및 경력 경로: 영업 담당자

직무	직무 설명	IT 지식	경력 경로 및 평균 연봉
영업 담당자	기업과 고객 간의 주요 연락 창구로서 기업의 제품과 서비스에 대해 잘 이해해야 한다. 주요 업무는 다음과 같다. • 고객 계정 관리, 기존 고객이 적절한 제품과 서비스를 받도록 보장 • 잠재고객과 고객 리드 식별 및 영업 제안 • 프레젠테이션 및 데모 진행 • 주문 모니터링 • 팀 내에서 협업	• CRM 시스템: 연락처, 리드, 잠재고객 및 수익성 있는 고객 식별, 팀 조정, 견적 생성, 주문 추적, 영업 분석, 고객 계정 관리 • 마이크로소프트 오피스: 예산 및 커미션 계산용 스프레드시트, 제품 프레젠테이션용 파워포인트, 메시징 및 온라인 회의용 팀즈 • 소셜 미디어 활용 능력	• 영업 사원: 기본급 40,000~45,000달러, 커미션 2,000~27,000달러 • 회계 관리자: 기본급 55,000~58,000달러, 커미션 2,000~37,000달러 • 영업 관리자: 기본급 70,000~75,000달러, 커미션 5,000~50,000달러 • 영업 이사: 기본급 120,000~125,000달러, 커미션 8,000~75,000달러 (연봉은 지역, 산업군, 기업 규모에 따라 달라질 수 있음)

사례 연구 디지털 전환을 진행 중인 캐피털원

1994년에 설립된 버지니아 소재의 캐피털원(Capital One)은 다양한 소비자 금융, 소매 금융, 신용카드 서비스를 제공하는 종합 금융 지주회사로 성장했다. 이 회사는 은행 업무에 혁신을 도입하여 보다 개인화되고 즐거운 디지털 제품과 서비스를 창출했다. 캐피털원의 IT와 데이터 기반 통찰력에 대한 집중적인 활용은 성장의 핵심 동력이 되었으며, 물리적·디지털 플랫폼 전반에 걸쳐 지속적으로 솔루션과 경험을 혁신하고 있다.

캐피털원은 소비자의 소비 패턴을 이해하기 위해 빅데이터와 분석을 활용한 선도 기업 중 하나였다. 고객의 선호와 행동을 끊임없이 분석하여 각 고객에게 맞춤형 제품과 서비스를 창출하는 역량은 지금까지도 경쟁사와 차별화시키는 요소이다. 캐피털원의 신용카드는 단순한 신용카드가 아니다. 각각의 신용카드는 개별 고객으로부터 가능한 한 많은 수익을 끌어내기 위해 정밀하게 조정된 도구이다.

예를 들어 캐피털원은 내부 및 외부 정보를 사용하여 실시간으로 고객에게 대출을 제공할 수 있으며, 해당 고객의 FICO(신용) 점수를 함께 제공함으로써 경쟁사보다 우위를 점할 수 있다. 또는 고객의 소비 습관과 재정 목표를 분석한 결과, 연회비는 없지만 보상 혜택이 적은 카드로 전환할 것을 권장할 수도 있다. 현금 환급에 중점을 둔 카드, 수수료가 낮은 카드, 신용 점수를 쌓을 수 있는 카드, 고급 여행 혜택을 제공하는 카드 등이 있으며, 학생, 소기업 운영자, 식료품 및 외식 지출이 많은 고객을 위한 맞춤형 옵션도 있다. 지금까지 이 전략은 효과를 거두었고, 캐피털원은 젊은 신규 고객을 대거 유치하고 있다.

이 회사는 디지털 전환을 위한 적기를 맞이했다. 디지털 기술(온라인과 모바일)은 캐피털원의 전략에서 중심적인 역할을 하며, 전통적인 은행이 아닌 기술 기업처럼 운영 방식을 바꿔야 했다. 이 '디지털 우선(digital-first)' 전략은 분석의 집중적 활용, 디지털 인재에 대한 투자, 빠른 소프트웨어 개발을 위한 IT 인력 구조 조정, 혁신적인 개인 맞춤형 뱅킹 서비스를 기반으로 한다. 캐피털원의 디지털 전환을 위해서는 개인 맞춤형 앱을 구축할 수 있는 역량을 갖춘 새로운 직원을 채용하고, 클라우드 기반 IT 인프라를 도입하며, 애자일 소프트웨어 개발 방법론을 구현해야 했다. 또한 비즈니스 프로세스를 보다 디지털 중심적이고 고객 지향적으로 재설계하고, 변화를 주도할 새로운 임원을 채용했다.

씨티은행, 웰스파고(Wells Fargo), 뱅크오브아메리카(Bank of America)와 같은 대형 은행과의 경쟁에서 앞서 나가기 위해 캐피털원은 새로운 기술 제품을 더 빠르고 더 나은 방식으로 제공할 필요가 있었다. 이 회사는 제삼자 앱에 의존하지 않고 자체 소프트웨어를 개발하기 위해 모바일 앱 개발 및 소프트웨어 엔지니어링 역량을 가진 더 많은 직원을 필요로 했다. 또한 IT 팀이 자체 비즈니스 부서와 긴밀히 협력하여 정보시스템과 제품을 정교하게 조율할 수 있어야 했다. 캐피털원은 새로운 애플리케이션을 신속히 개발할 수 있도록 유연한 자체 IT 인프라 위에서 회사를 운영하고자 했다. 이 회사는 기술 플랫폼의 70%를 외주에 의존하던 방식에서 벗어나 현재는 70%에서 75%를 내부에서 운영하고 있으며, 총 1만 2,000명 이상의 IT 직원 및 계약직 인력을 보유하고 있다. 캐피털원은 현재 클라우드에서 실행 중인 약 2,000개의 애플리케이션 중 80%를 자체적으로 처음부터 개발하는 데 성공했다.

환경적 이점도 있었다. 클라우드 컴퓨팅으로 전환하면서 회사는 데이터 센터에서 총 41톤의 구리와 62톤의 강철을 재활용했고, 1,350만 피트의 케이블을 제거했다. 또한 클라우드 전환을 통해 연간 약 10메가와트의 전력을 절약할 것으로 예상하는데, 이는 LED 전구 65만 개에 해당하는 양이다.

캐피털원은 고객이 은행 및 신용카드 계정을 관리할 수 있는 자사 웹사이트 Capitalone.com과 같은 자체 고객용 소프트웨어를 제작하고 있다. Capitalone.com은 고도로 맞춤화된 기성 소프트웨어 제품을 기반으로 하지만, IT 부서는 이의 내부 버전을 구축하고 있다. 이 회사는 스마트폰 및 태블릿 앱, 기업 대출 고객을 위한 온라인 포털도 동일한 방식으로 개발할 계획이다.

2020년 11월, 캐피털원은 모든 온프레미스 데이터 센터를 폐쇄한다고 발표했으며, 미국 은행 중 최초로 이와 같은 조치를 취한 기업이 되었다. 회사는 애플리케이션과 시스템을 아마존웹서비스(AWS)로 이전했다. 이 클라우드 우선 정책은 캐피털원이 일상적인 기술 유지·관리에서 벗어나 고객 중심의 혁신을 가속화하는 데 집중할 수 있도록 해주었으며, AI와 머신러닝을 활용하여 방대한 양의 데이터를 인사이트로 전환하는 데 도움을 주었다.

캐피털원의 클라우드 및 생산성 엔지니어링 수석 부사장인 크리스 님스(Chris Nims)에 따르면 클라우드 IT 인프라로의 전환은 기술 자원의 즉각적인 제공과 더 빠른 혁신을 가능하게 했다. 이 회사는 훨씬 더 큰 규모로 빅데이터를 관리할 수 있게 되었으며, AI와 머신러닝을 활용하여 향상된 고객 경험을 제공할 수 있게 되었다.

클라우드로의 전환을 캐피털원처럼 빠르고 공격적으로 수행하는 것은 《포천》 100대 기업, 특히 엄격히 규제되는 금융 서비스 산업에 속한 기업들 사이에서는 드문 일이다. 그러나 설립 이래로 캐피털원은 스스로를 업계를 변화시키는 파괴자(disrupter)로 정의했다. 캐피털원은 미국 전역에 걸친 전국적인 은행 영업 기반을 유지하고 있으며, 약 5만 6,000명의 미국 직원과 1억 명 이상의 고객을 보유하고 있다. 이 회사는 기본적으로 '디지털 은행'으로 운영되며, 몇 개 주에만 약 300개의 지점을 두고 있다. 고객을 위해 미국 전역에 수수료 없는 ATM 7만 개 이상과 함께 캐피털원 카페(Capital One Café) 50개를 운영하고 있다. 이 카페는 미국 도시에 위치한 커피숍으로, 캐피털원의 은행 상품, 고객 지원, 금융 도구 및 워크숍에 접근할 수 있는 공간이다. 이 카페는 무료 와이파이를 이용하고, 일하거나 공부할 수 있는 공간으로 활용하거나 단순히 커피를 마시러 들를 수 있는 커뮤니티 허브 역할을 한다.

은행 고객이 점점 더 맞춤형 경험을 실시간으로 즉시 제공받기를 기대함에 따라 캐피털원의 경영진은 은행 서비스를 향상하기 위해 빅데이터와 머신러닝의 힘을 활용하여야 한다는 사실을 인식했다. 다른 은행처럼 캐피털원도 머신러닝을 신용 의사결정, 사기 탐지, 자금 세탁 감지 같은 고전적 애플리케이션에 활용하고 있다. 그러나 캐피털원은 고객용 개인 비서, 콜센터 운영, 보다 안정적이고 고객 친화적인 모바일 앱 개발 등 비즈니스 전반의 모든 측면에 걸쳐 AI 도구를 혁신적으로 활용함으로써 그 범위를 훨씬 넓혔다.

예를 들어 캐피털원은 Eno라는 자연어 챗봇을 출시하여 캐피털원 모바일 앱 내에서 고객 질문에 응답하도록 했다. 이후 Eno는 추가 기능을 갖추게 되었다. 고객은 Eno를 통해 은행 잔액을 확인하고, 구매 내역을 추적하고, 온라인으로 청구서를 납부하고, 지출 습관을 이해하고, 계정을 적극적으로 모니터링하여 보안을 유지할 수 있다. Eno는 이제 사기 탐지 도구도 갖추고 있어, 잠재적 사기 사건이 발생할 때 실시간으로 고객에게 자동 알림을 보내고, 필요시 카드 잠금을 수행할 수 있다. Eno는 이러한 결정을 선제적으로 고객에게 전달하며, 고객은 자신의 말과 방식으로 응답할 수 있다. Eno를 사용하는 고객이 많아질수록 추가적인 데이터가 Eno의 학습에 활용되어 알고리즘이 향상되고 사기 예방도 더욱 강화된다.

캐피털원의 모바일 앱은 고객에게 원활한 디지털 서비스를 제공하기 위한 전략의 핵심이므로 회사는 머신러닝을 활용하여 모바일 앱 성능 문제를 해결하는 시간을 단축했다. 회사는 모바일 앱 오류를 모니터링하는 여러 도구 위에 머신러닝 기반 지능 레이어를 구축했다. 이 머신러닝 레이어는 개별 모니터링 도구가 생성한 데이터를 통합하고, 각 데이터에 적절한 설명을 연결하여 엔지니어가 오류 구성요소와 그 원인을 신속하게 식별할 수 있도록 했다. 이를 통해 캐피털원은 모바일 앱 오류 사고에 대응하는 처리 시간을 최대 50%까지 단축할 수 있었다. 이는 캐피털원에게 있어 중요한 경쟁 우위였다.

캐피털원의 AI 도입은 조직 차원의 변화도 요구했다. 회사는 신용카드 사업 부문에 2개의 대형 머신러닝 팀을 신설했다. 회사 임원은 캐피털원의 머신러닝 초점이 단지 사기 탐지나 신용 의사결정에만 있는 것이 아니라, 고객과의 모든 상호작용 및 운영 전반을 향상하는 데 있다고 말한다. CEO인 롭 알렉산더(Rob Alexander)에 따르면, "의사결정이 이루어질 때마다 이를 통해 IT, 특히 머신러닝을 활용하여 고객에 대해 더 많이 배울 수 있는 기회가 생긴다. 예를 들어 어떤 고객을 집중적으로 관리할지, 어떤 상품과 보상을 제공할지, 어떤 지출 한도를 설정할지, 사기를 어떻게 식별할지 등을 파악할 수 있다. 이것은 지속적인 개선의 과정이다."

디지털 전환은 단순히 기술만 바꾸는 것이 아니다. 캐피털원처럼 기술 중심의 기업이 되려면 조직 프로세스, 문화, 리더십 스타일, 사고방식에서도 큰 변화가 필요하다. 조직 내 모든 사람이 회사의 비즈니스 목표, 새로운 업무 방식, 지속적 개선의 문화를 지원하는 행동과 태도를 기를 필요가 있다. 캐피털원은 자사의 비즈니스를 디지털 세계에 맞게 재설계했다.

출처: "Technology at 캐피털원," Capitalone.com, accessed August 9, 2024; Emily Sherman, "Best 캐피털원 Credit Cards," Wall Street Journal, May 28, 2024; John Moore, "캐피털원 Machine Learning Taps MLOps," Techtarget.com, February 1, 2023; Salim Syed, "How To Succeed in a Data-Driven Digital Transformation," Capitalone.com, June 21, 2022; Deloitte, "At 캐피털원, a New Era in Customer Experience," CMO Today, Deloitte.wsj.com, January 24, 2022; "캐피털원 Completes Migration from Data Centers to AWS, Becomes First US Bank to Announce Going All In on the Cloud," Aws.amazon.com, 2020; Tom Davenport and Randy Bean, "From Analytics First to AI First at 캐피털원," Forbes.com, July 10, 2019.

문제

1. 캐피털원은 왜 디지털 전환의 적합한 후보였는가?
2. 캐피털원은 어떻게 비즈니스 모델을 기술 중심으로 전환했는가? 이 과정에서 어떤 경영, 조직, 기술 문제를 다루었는가?
3. 캐피털원에서 AI는 어떤 역할을 수행했는가?
4. 캐피털원은 기존 은행과 어떤 점에서 다른가?
5. 캐피털원 웹사이트에 방문하여 캐피털원 신용카드에 제공되는 모든 개인화 옵션을 확인해보자.

요약

1.1 비즈니스와 경력을 변화시키는 정보시스템

정보시스템은 오늘날의 비즈니스를 수행하는 근본 토대이다. 인터넷과 모바일 장치를 포함하는 정보시스템은 비즈니스의 필수 도구가 되었다. 정교한 데이터 분석을 활용하여 방대한 양의 데이터를 분석하는 정보시스템은, 기업이 빠르게 변화하는 고객 수요를 추적하고 이에 대응하며, 재고를 가능한 한 가장 낮은 수준으로 줄이고, 더 높은 수준의 운영 효율성을 달성할 수 있도록 해주고 있다. 정보시스템은 소셜 네트워크와 소셜 미디어의 발전을 견인해왔다. 광고 역시 정보시스템의 발전으로 변화한 또 다른 비즈니스 분야이다. AI는 비즈니스를 변화시키고 있는 최신 정보기술이다. 이러한 기술 주도의 변화는 직업과 경력도 변화시키고 있다. 모든 산업 분야의 직원은 자신의 업무 흐름에 점점 더 많은 기술 도구가 통합되고 있는 것을 보고 있다.

1.2 새로운 경영정보시스템 기술로 인해 창출된 주요 과제와 기회

경영정보시스템이 오늘날 비즈니스 분야에서 가장 흥미로운 주제 중 하나인 이유는 기술의 지속적인 변화, 경영진의 기술 활용 방식, 그리고 이것이 비즈니스 성공에 미치는 영향으로 인해 만들어지는 도전과 기회 때문이다. 주요 기술적 도전 과제는 클라우드 컴퓨팅, 빅데이터, 사물인터넷, AI, 모바일 플랫폼이다. 주요 경영 도전 과제는 투자 수익률, 온라인 협업, 소셜 네트워크이다. 주요 조직적 도전 과제는 보안과 개인정보 보호, 소셜 비즈니스, 원격 및 하이브리드 근무이다. 오늘날의 글로벌화 수준은 IT의 발전으로 가능해졌으며, 이로 인해 해외 아웃소싱으로 인한 일자리 상실 가능성, 기업이 자사의 상품 및 서비스 시장에서 글로벌화가 미칠 수 있는 영향을 이해할 필요성, 비용 절감 및 수익 증가의 기회와 같은 자체적인 도전 과제가 발생한다.

1.3 디지털 기업의 주요 특징

디지털 기업이란 조직의 주요한 고객, 공급자, 직원과의 비즈니스 관계가 디지털 방식으로 가능해지고 매개되는 기업을 말한다. 핵심 비즈니스 프로세스는 전체 조직에 걸쳐 또는 여러 조직을 연결하는 디지털 네트워크를 통해 수행된다. 주요 기업 자산은 디지털 방식으로 관리된다. 디지털 기업은 기존 기업보다 자신의 환경을 훨씬 더 빠르게 감지하고 대응할 수 있기 때문에, 변화가 많은 시대에 생존할 수 있는 더 큰 유연성을 갖게 된다. 기업은 디지털 기업이 되기 위한 노력의 일환으로 디지털 전환 과제를 수행하곤 한다.

1.4 정보시스템의 비즈니스 목표

기업은 여섯 가지 주요 목적을 달성하기 위해 정보시스템을 사용하고 있다. 주요 목적은 운영 수월성, 새로운 제품·서비스 및 비즈니스 모델, 고객 및 공급자 친밀성, 의사결정 환경 개선, 경쟁우위, 생존이다. 또한 오늘날의 기업은 자사의 운영이 환경에 미치는 영향과 지속가능성, 조직의 적절한 거버넌스, AI의 책임 있는 사용에 대해 점점 더 많은 관심을 기울이고 있다. 이러한 관심은 전략적 비즈니스의 필수 요소이며, 정보시스템은 기업이 이러한 목표를 달성할 수 있도록 하는 중심적인 역할을 한다.

1.5 정보시스템은 무엇이며 어떻게 작동하는가

기술적 관점에서 정보시스템은 조직의 기능과 의사결정, 통신, 조정, 통제, 분석, 시각화를 지원하기 위해 조직의 환경과 내부 운영으로부터의 정보를 수집, 저장, 보급한다. 정보시스템은 입력, 처리, 출력을 통해 원시 데이터를 유용한 정보로 변환시킨다. 비즈니스 관점에서 정보시스템은 기업이 처한 문제와 도전에 대한 해결책을 제공한다.

1.6 정보시스템의 조직, 경영, 기술 차원

정보시스템은 조직, 경영, 기술 요소의 결합을 나타낸다. 정보시스템의 조직적 관점은 조직의 계층, 기능적 특수성, 비즈니스 프로세스, 문화, 정치적 이해 그룹 등과 같은 이슈를 포함한다. 정보시스템의 경영적 관점은 교육, 직무 태도, 경영 행위와 같은 이슈를 포함한다. 기술적 영역은 컴퓨터 하드웨어, 소프트웨어, 데이터 관리 기술, 네트워킹 및 통신 기술(인터넷 포함) 등으로 구성된다.

1.7 사물인터넷, 빅데이터, 클라우드 컴퓨팅, AI의 중요성

사물인터넷은 인터넷에 연결된 장치(센서)의 네트워크이며, 이는 웹 트래픽, 이메일 메시지, 소셜 미디어 콘텐츠에서 생성되는 데이터와 함께, 운영과 의사결정을 개선하기 위해 분석될 수 있는 매우 방대한 양의 데이터(빅데이터)를 생성한다. 클라우드 컴퓨팅은 인터넷을 통해 연결된 원격 컴퓨팅 센터를 사용하여 빅데이터 및 AI 애플리케이션을 처리할 수 있을 만큼 충분한 컴퓨팅 파워를 제공한다. AI 시스템은 음성 인식, 시각적 인지, 패턴 인식, 예측 수행, 콘텐츠 생성, 경험으로부터의 학습 등 일반적으로 인간의 지능을 필요로 하는 작업을 수행할 수 있다.

1.8 보완적 자산의 중요성

정보시스템으로부터 의미 있는 가치를 얻기 위해서는 조직이 기술 투자에 대해 조직과 경영 차원의 적절한 보완 투자를 수반해야 한다. 이러한 보완적 자산에는 새로운 비즈니스 모델과 비즈니스 프로세스, 지지적인 조직 문화 및 경영 행동, 적절한 기술 표준, 규제, 법률이 포함된다. 새로운 IT 투자는 기업이 해당 기술을 지원하기 위한 적절한 경영 및 조직적 변화를 수행하지 않는 한 높은 수익을 낼 가능성이 낮다.

1.9 정보시스템의 이해를 위한 다양한 접근 방식

정보시스템 연구는 기술적 및 행동과학적 학문 분야에서 제공되는 이슈와 통찰을 다룬다. 시스템의 형식적 모델과 기능에 초점을 맞춘 기술적 접근에 기여하는 학문 분야는 컴퓨터과학, 경영과학, OR이다. 시스템의 설계, 구현, 관리 및 비즈니스 영향에 초점을 맞춘 행동적 접근에 기여하는 학문 분야는 심리학, 사회학, 경제학이다. 시스템에 대한 사회기술적 관점은 시스템의 기술적·사회적 특성을 모두 고려하며, 이들 간의 최적 적합을 나타내는 솔루션을 포함한다.

주요 용어

경영정보시스템(MIS)	비즈니스 모델	정보
고위 관리층	비즈니스 프로세스	정보기술(IT)
글로벌 문화	빅데이터	정보시스템(IS)
글로벌화	사물인터넷(IoT)	정보시스템 활용 능력
네트워크	사회기술적 관점	중간 관리층
네트워킹 및 통신 기술	생산 또는 서비스 근로자	지식 근로자
데이터	생성형 AI	처리
데이터 관리 기술	엑스트라넷	출력
데이터 근로자	운영 관리층	컴퓨터 소프트웨어
디지털 기업	월드와이드웹	컴퓨터 하드웨어
디지털 전환	인공지능(AI)	컴퓨터 활용 능력
머신러닝(ML)	인터넷	클라우드 컴퓨팅
보완적 자산	인트라넷	피드백
비즈니스 기능	입력	IT 인프라

복습문제

1.1 비즈니스와 경력을 변화시키는 정보시스템

- 정보시스템이 비즈니스를 혁신하는 세 가지 방법을 식별하라.
- 미국 노동 시장에서 디지털 기술에 대한 수요를 설명하라.

1.2 새로운 경영정보시스템 기술로 인해 창출된 주요 과제와 기회

- 경영정보시스템에 사용되는 새로운 기술로 인해 만들어낸 주요 과제를 설명하라.
- 글로벌화를 정의하고, 글로벌화가 만들어내는 도전과 기회를 설명하라.

1.3 디지털 기업의 주요 특징

- 디지털 기업의 특성을 설명하라.
- 디지털 전환을 설명하라.

1.4 정보시스템의 비즈니스 목표

- 오늘날 정보시스템이 비즈니스에 중요한 여섯 가지 이유를 나열하고 설명하라.
- 거버넌스가 무엇과 관련이 있는지 설명하고, 기업이 거버넌스 문제뿐만 아니라 지속가능성과 환경적 영향에 있어 리더십을 보여야 하는 이유를 설명하라.

1.5 정보시스템은 무엇이며 어떻게 작동하는가

- 정보시스템을 정의하고 수행하는 활동을 설명하라.
- 데이터와 정보의 차이를 설명하라.
- 정보시스템 활용 능력을 정의하고 컴퓨터 활용 능력과 어떻게 다른지 설명하라.

1.6 정보시스템의 조직, 경영, 기술 차원

- 정보시스템의 조직, 관리, 기술 차원을 나열하고 설명하라.
- 인터넷과 월드와이드웹이 정보시스템의 다른 기술 구성요소와 어떻게 관련되어 있는지 설명하라.
- 기업에서 IT 인프라가 수행하는 역할을 설명하라.

1.7 사물인터넷, 빅데이터, 클라우드 컴퓨팅, AI의 중요성

- 사물인터넷을 정의하고 중요한 이유를 설명하라.
- 빅데이터를 정의하고 중요한 이유를 설명하라.
- 클라우드 컴퓨팅을 정의하고 중요한 이유를 설명하라.
- AI를 정의하고 중요한 이유를 설명하라.

1.8 보완적 자산의 중요성

- 보완적 자산을 정의하고 IT와의 관계를 설명하라.
- IT 투자의 수익을 최적화하는 데 필요한 보완적인 사회적·관리적·조직적 자산을 설명하라.

1.9 정보시스템의 이해를 위한 다양한 접근 방식

- 정보시스템에 대한 기술적 접근에 기여하는 각 학문 분야를 나열하고 설명하라.
- 정보시스템에 대한 행동적 접근에 기여하는 각 학문 분야를 나열하고 설명하라.
- 정보시스템에 대한 사회기술적 관점을 설명하라.

토의문제

1.10 정보시스템은 컴퓨터 전문가에게 맡기기에는 너무 중요하다. 동의하는가? 그 이유는 무엇인가?

1.11 새로운 마이너리그 야구 팀의 웹사이트를 설정하는 경우 어떤 관리, 조직, 기술 문제가 발생할 수 있는가?

1.12 UPS의 정보시스템을 성공적으로 만드는 데 도움이 되는 조직적·관리적·사회적 보완 자산에는 어떤 것이 있는가?

AI 활용 프로젝트

1.13 사업 이름 선정

반려동물 유기농 사료와 간식, 유기농 소재로 만든 반려동물 장난감과 의류를 판매하는 소매점을 열고자 하는 두 친구가 자문을 구했다. 이들은 사업에 어울리는 이름을 추천해달라고 요청했다. 마이크로소프트의 Copilot, 구글의 Gemini 또는 ChatGPT를 이용하여 이 사업에 적절한 이름을 제안하는 프롬프트를 작성하라. 가장 적합하다고 생각되는 이름을 선택하고 그 이유를 설명하라. 프롬프트, 대화 세션의 출력, 이름 선택과 관련된 결정 및 그 근거를 저장하고 강사에게 제출하라.

MIS 실습 과제

이 프로젝트는 복잡한 상업 및 산업 단지에서 방문자 관리 문제를 분석하고, 급여 보고 작업을 개선하기 위한 스프레드시트 소프트웨어 사용, 인터넷을 통한 직무 요건 조사, 팀 협업 도구 선택 등과 관련된 실습 경험을 제공한다.

학생은 www.pearsonhighered.com/laudon에서 Hands-On MIS Application data file을 내려받아 사용하면 된다. 추가로 교재 관련 연습문제 풀이, 주요 콘셉트 비디오 자료 등이 필요하다면 https://t2-apac.pearson.com에서 MyLab MIS를 구매할 수 있다.

1.14 경영 의사결정 문제

브루클린 네이비 야드(Brooklyn Navy Yard, BNY)는 뉴욕 브루클린에 위치한 조선소이자 산업 단지이다. 이 단지는 450개 이상의 기업이 입주해 있으며, 1만 1,000명 이상이 고용되어 있고, 뉴욕시에 연간 25억 달러 이상의 경제적 영향을 미치는 300에이커 규모의 해안 부지를 포함하고 있다. BNY는 하루 수천 명의 방문자와 거의 1만 명의 직원을 추적할 필요가 있지만, 이를 효율적이고 안전하게 수행할 수 없었다. 방문자 관리를 위한 내부 호스팅 웹 포털은 느리고 사용자 친화적이지 않았으며, 향후 예상되는 수천 명의 추가 방문자를 처리할 수 있을 만큼 확장되지 못했다. 대부분의 BNY 임차인들은 방문자나 배송 기사를 사전 등록하지 않았으며, 이는 보안 게이트에서 긴 줄과 교통 혼잡을 유발했다. 보안 검사는 인쇄된 감시 목록과 대조하여 신분증을 수동으로 확인하는 방식으로 수행되었다. BNY는 방문자와 직원에게 환영받는 경험을 제공할 수 없었다. BNY의 문제를 식별하고 그 비즈니스 영향을 분석하라. 어떤 비즈니스 기능이 영향을 받았는가? 이것은 경영 문제인가, 조직 문제인가, 기술 문제인가? 정보시스템 솔루션을 제안하고, 해당 솔루션이 해결해야 할 몇 가지 구현 과제를 식별하라.

1.15 스프레드시트를 활용한 급여 명세서 작성

스프레드시트 소프트웨어 기술: 수식, 절대 및 상대 참조, 워크시트 서식, SUM, AVERAGE
비즈니스 기술: 급여 회계

이 프로젝트에서는 8,500명의 직원을 보유한 기계 공구 회사의 고위 관리층 8명을 위한 급여 명세서를 작성한다. 모든 직원은 회사의 자동 급여 시스템을 통해 급여를 받지만, CEO를 포함한 회사의 경영 운영 위원회 구성원 8명은 제외된다. 이 위원회의 급여 시스템은 고위 관리층의 급여에 대한 매우 기밀한 정보를 포함하고 있기 때문에 스프레드시트에서 별도로 생성된다. 이 경영진 그룹은 매월 급여를 지급받는다.

MyLab MIS에서 MIS18Chap1 Question File을 찾을 수 있으며, 이 파일에는 경영 운영 위원회 구성원의 이름, 사회보장번호, 연봉이 표시되어 있다. 이 직원들의 연도 첫 달(2025년 1월) 급여 명세서 보고서를 생성하는 워크시트를 작성하라. 워크시트는 월별 총급여, 연간 누적 총급여, 순 급여, 모든 공제를 자동으로 계산해야 한다. 이러한 공제에는 연방 소득세 원천징수(총급여의 25%), 주 소득세 원천징수(총급여의 5%), FICA(사회보장세, 총급여의 6.2%), Medicare(총급여의 1.45%), 단체 건강 보험(월 600달러), 이익 분배 제도에 대한 월별 기여금(총급여의 5%)이 포함된다. 또한 현재 급여 기간 동안 이 범주 각각에 대한 총액도 제공해야 한다. 모든 공제 및 기타 변수에 대한 '가정(Assumption)' 섹션을 워크시트의 좌측 상단에 작성하여 스프레드시트 소프트웨어의 참조 기능을 통해 공제 및 수식을 쉽게 변경할 수 있도록 한다. 변수를 나열함으로써 모든 가정이 명확히 표시되고 보고될 수 있도록 한다. 월별 총급여, 연간 누적 총급여, 모든 공제 항목, 순 급여를 계산하기 위해 수식을 사용한다. 이러한 수식이 실제 값(예: 20%)이 아닌 워크시트의 '가정' 섹션의 적절한 셀(예: A56)을 참조하도록 한다. SUM 함수를 사용하여 총급여, 순 급여 및 각 공제 항목의 총액을 제공하라. AVERAGE 함수를 사용하여 8명의 최고 임원에게 지급된 평균 연봉을 계산하라.

1.16 인터넷을 이용한 직업 조사

소프트웨어 기술: 온라인 조사
비즈니스 기술: 구직 활동

Monster.com 또는 Indeed.com과 같은 구직 웹사이트/앱에 접속하여 회계, 재무, 영업, 마케팅, 인사 분야의 직업을 살펴보라. 정보시스템 지식을 요구하는 직무 설명 2~3개를 찾으라. 이러한 직무는 어떤 정보시스템 지식을 요구하는가? 이러한 직무를 준비하기 위해 무엇을 해야 하는가? 조사 결과를 요약하여 1~2쪽 분량의 보고서를 작성하라.

1.17 협업 및 팀워크 프로젝트: 팀 협업 도구 선택

2명 이상의 학생과 팀을 구성하고, 협업 작업을 위해 구글 드라이브와 구글 사이트의 기능을 검토하라. 팀 문서, 프로젝트 공지, 참고 자료, 업무 과제, 일러스트, 프레젠테이션, 관심 웹페이지 저장에 대해 두 도구의 기능을 비교하라. 각 도구가 구글 문서(Google Docs)와 어떻게 연동되는지 학습하라. 자신의 팀에 구글 드라이브 또는 구글 사이트 중 어느 것이 더 적절한지 설명하라. 가능하다면 구글 문서를 이용하여 아이디어를 브레인스토밍하고 조사 결과에 대한 프레젠테이션을 작성하라.

참고문헌

Berg, Justin M., Manav Raj and Robert Seamans. "Capturing Value from Artificial Intelligence." *Academy of Management Discoveries*, Vol. 9 No. 4 (December 2023).

Brynjolfsson, Erik, Daniel Rock and Chad Syverson. "The Productivity J-Curve: How Intangibles Complement General Purpose Technologies." Working Paper 25148, National Bureau of Economic Research, Nber.org (January 2020).

Duarte, Fabio. "Amount of Data Created Daily (2024)." Explodingtopics.com (December 13, 2023).

Emarketer. "Digital Buyers Worldwide, 2023-2027." (January 2024a); "Retail Mcommerce Sales Worldwide, 2023-2027." (January 2024a).

Emarketer. "Social Network Users Worldwide, 2023-2027." (May 2023a).

Emarketer. "Digital Advertising Spending Worldwide, 2023-2027." (October 2023b); "Mobile Advertising Spending Worldwide, 2023-2027." (October 2023b).

Emarketer. "Internet Users Worldwide, 2023-2027." (March 2023c). Gartner Inc. "Gartner Forecasts Worldwide IT Spending to Grow 6.8% in 2024." Gartner.com (January 17, 2024).

Georgetown University Center on Education and the Workforce. *Workplace Basics: The Competencies Employers Want.* (2020).

Gerber, Meygan "Personalize Your Customer Journey Like the Ritz Carlton." Hospitalityinsights.ehl.edu (accessed November 18, 2024).

Hughes, Alan and Micheal S. Scott Morton. "The Transforming Power of Complementary Assets." *MIT Sloan Management Review* Vol. 7 No. 4 (Summer 2006).

Laudon, Kenneth C. *Computers and Bureaucratic Reform.* New York: Wiley, 1974.

McKenna, Nick. "Explaining the Relationship Between IoT, Big Data, and the Cloud." Mckennaconsultants.com (May 5, 2021).

PWC. "Prioritizing Data-Driven Climate Action: Crowley Navigates Its Net Zero Goals." Pwc.com (May 12, 2022).

Rose, Stephen J. "Do Not Blame Trade for the Decline in Manufacturing Jobs." Center for Strategic & International Studies, Csis.org (October 2021).

Salesforce, Inc., "Coca Cola Bottling Company Empowers the Enterprise with Tableau Mobile Dashboards to Drive Bottom Line." Tableau.com (accessed November 18, 2024).

Scott, Robert E., Valerie Wilson, Jori Kandra, and Daniel Pere. "Botched Policy Responses to Globalization Have Decimated Manufacturing Employment with Often Overlooked Costs for Black, Brown, And Other Workers of Color." Economic Policy Institute, Epi.org (January 31, 2022).

Smolaks, Max. "The Majority of Enterprise IT is Now Off-Premises." Uptime Institute, Uptimeinstitute.com (February 21, 2024).

Vailshery, Lionel. "Number of Internet of Things (IoT) Connected Devices Worldwide from 2019 to 2023, with Forecasts from 2022 to 2030." Statista.com (August 24, 2023).

Walmart, Inc. "Walmart Reports Fourth Quarter Results." Walmart.com (February 20, 2024).

World Trade Organization. *World Trade Report* 2023. Wto.org (2023).

CHAPTER 2

글로벌 e-비즈니스와 협업

© Rymden/Shutterstock

학습목표

2.1 비즈니스 프로세스가 정보시스템과 어떻게 관련되어 있는지 이해할 수 있다.

2.2 정보시스템이 다양한 관리 계층을 어떻게 지원하는지 설명할 수 있다.

2.3 전사적 애플리케이션이 기업 성과를 어떻게 개선하는지 설명할 수 있다.

2.4 협업과 소셜 비즈니스 시스템의 중요성을 이해할 수 있다.

2.5 협업 도구를 설명할 수 있다.

2.6 소셜 비즈니스 도구를 설명할 수 있다.

2.7 협업 및 소셜 비즈니스 도구를 평가하는 방법을 이해할 수 있다.

2.8 지식관리시스템을 설명할 수 있다.

2.9 정보시스템 기능의 역할을 설명할 수 있다.

2.10 이 장의 내용이 경력에 어떻게 도움이 되는지 이해할 수 있다.

이 장의 사례

- **도입 사례:** 북미토요타자동차의 성과 향상을 돕는 마이크로소프트 팀즈와 AI
- **기술 사례:** 신약 발견과 개발을 가속화하는 AI
- **사례 연구:** 가상 회의는 협업에 얼마나 도움이 되는가?

도입 사례 북미토요타자동차의 성과 향상을 돕는 마이크로소프트 팀즈와 AI

북미토요타자동차(Toyota Motor North America, TMNA)는 미국, 캐나다, 멕시코에서 토요타 자동차의 모든 운영을 감독한다. 운영에는 연구 개발, 제조, 판매, 마케팅, 판매 후 서비스와 기업 기능이 포함된다. 원래 TMNA는 판매와 제조를 위한 별도의 본사를 운영했으나 2015년 텍사스주 플라노에 통합 본사를 설립했으며, 현재 14개의 판매 지역, 14개의 제조공장, 1,500개의 딜러십, 4만 9,000명 이상의 직원을 관리하고 있다.

토요타는 신뢰할 수 있는 차량과 지속적인 개선 및 사람에 대한 존중이라는 제조 원칙과 경영 철학으로 잘 알려져 있다. 토요타 웨이(Toyota Way)는 항상 운영을 개선하고, 혁신하며, 협업할 수 있는 방법을 모색한다. 새로운 디지털 도구는 팀워크를 촉진하고, 일상적인 비즈니스 프로세스를 점진적으로 개선하며, 직원의 참여도를 높임으로써 더욱 효율적인 업무 수행을 가능하게 하고 있다.

TMNA의 인프라 및 운영 서비스 총괄 매니저인 제이슨 발라드(Jason Ballard)에 따르면, 토요타는 팀원이 보다 효율적으로 일할 수 있도록 공통 기술 스택을 구축하는 데 매우 집중했다. [기술 스택(technology stack)은 애플리케이션 또는 웹사이트를 구축하고 실행하는 데 사용되는 모든 기술 서비스로 구성된다.] 예를 들어 코로나19 팬데믹 이전에 토요타는 파일럿 프로젝트를 통해 마이크로소프트 팀즈(Microsoft Teams)를 점진적으로 도입하는 과정을 시작했다. 마이크로소프트 팀즈는 마이크로소프트 365 제품군의 일부로, 마이크로소프트에서 개발한 비즈니스 커뮤니케이션 및 협업 플랫폼이다. 팀즈는 작업 공간 채팅, 오디오 및 화상 회의, 화면 공유, 온라인 회의, 파일 저장, 공중 교환 전화망(PSTN)을 통한 통신 기능을 제공한다. 또한 팀즈에는 '채널'이라는 기능이 있어 팀원이 사용할 수 있는 대화 게시판 역할을 한다. 모든 팀원은 권한이 부여된 다양한 대화를 보고 참여할 수 있으며, 채팅은 팀, 그룹, 개인 간에 이루어질 수 있다.

코로나19 팬데믹으로 인해 TMNA의 공장이 폐쇄되고 사무직 직원이 재택근무를 해야 했을 때, TMNA는 안전한 근무 환경을 유지하면서 회사 운영을 지속하기 위해 마이크로소프트 팀즈의 배포를 전사적으로 신속하게 확대했다. 팀즈 도입은 TMNA가 보다 통합되고 안전한 근무 환경을 조성하는 데 도움이 되었으며, 조직 내 다양한 그룹이 비공식적으로 사용하던 줌(Zoom)과 같은 임시 화상회의 도구를 단일 소프트웨어 플랫폼으로 대체할 수 있도록 했다. TMNA의 팀즈 도입에는 'Teams Phone'도 포함되어 있어 직원이 공중 교환 전화망을 통해 유선전화 및 모바일 기기로 전화를 걸고, 받고, 전환할 수 있었다. 이를 통해 IT 지원 직원은 이제 문제 발생 시 더 빠르게 적절한 담당자와 연락할 수 있으며, 이전에는 글로벌 주소록을 이용해 동료를 찾는 데 어려움을 겪었던 문제를 해결할 수 있게 되었다.

© Fizkes/Shutterstock

많은 사무직 직원이 원격 근무를 시작한 후, TMNA는 모든 회의와 협업 활동에 마이크로소프트 팀즈를 활용했다. 예를 들어 전사적 자원관리(ERP)와 관련된 글로벌 회의에서는 팀즈의 라이브 이벤트 기능을 사용하여 6개 대륙의 토요타 대표자들이 한자리에 모여 발표를 공유하고 모범 사례를 논의할 수 있었다. 팀즈를 도입하기 전에는 모든 대륙의 대표자들과 회의를 조율하는 데 몇 개월이 걸렸으며, 비용도 매우 높았을 것이다.

회사 전체의 직원은 마이크로소프트 팀즈를 활용하여 가상으로 협업하고 생산성을 높였다. 코로나19 팬데믹 이전에는 고위 경영진이 직접 제조 공장을 방문하여 점검을 진행했지만, 팬데믹 이후에는 이러한 점검이 가상 방식으로 전환되었다. 수석 부사장과 임원은 공장 현장 직원과 매일 팀즈 회의를 진행하며, 공장 내 실제 상황을 실시간으로 확인할 수 있었다. 각 공장에는 아이패드와 외부 헤드셋이 장착된 이동식 카트가 배치되어 현장을 이동하며 점검할 수 있도록 했다. 예를 들어 TMNA는 팀즈 회의를 활용하여 한 공장에서 새롭게 도입된 공정이 실제로 운영되는 모습을 전체 경영진에게 공유했으며, 경영진은 팀즈 발표 방식이 대면 회의보다 더 효율적이고 비용 효과적이라고 평가했다.

TMNA는 최근 생성형 AI 도구인 에이전트애스크(AgentAsk)를 마이크로소프트 팀즈에 통합했다. 에이전트애스크는 ChatGPT와 유사한 도구로, 직원이 일반적인 질문이나 문제에 대한 답변을 빠르게 찾을 수 있도록 도와준다. 이 도구는 AI 플랫폼 전문 기업 무브웍스(Moveworks)와 협력하여 개발한 것으로, 불과 며칠 만에 팀즈에 통합될 수 있었다. 초기에는 IT 서비스 데스크 요청을 중심으로 활용되었으며, 문제 해결까지 걸리는 평균 시간(mean time to repair, MTTR)이 11.4분으로, 업계 평균인 3일보다 훨씬 단축되었다. 현재 TMNA는 직원에게 에이전트애스크를 재무, 법무, 출장, 비용 처리 등 다양한 분야에서도 활용하도록 장려하고 있으며, 직원의 사용이 점점 증가하고 있다. 예를 들어 TMNA의 총괄 매니저 발라드는 과거에는 여러 기업 시스템에 개별적으로 접속해 자신이 처리해야 할 승인 건수를 확인해야 했지만, 이제는 마이크로소프트에서 에이전트애스크를 실행하면 몇 초 만에 답을 얻을 수 있다고 말한다. TMNA는 에이전트애스크와 팀즈의 결합을 통해 지난 1년 동안 직원과 서비스 데스크 담당자에게 7만 시간 이상의 생산성을 돌려줄 수 있었다고 평가하고 있다.

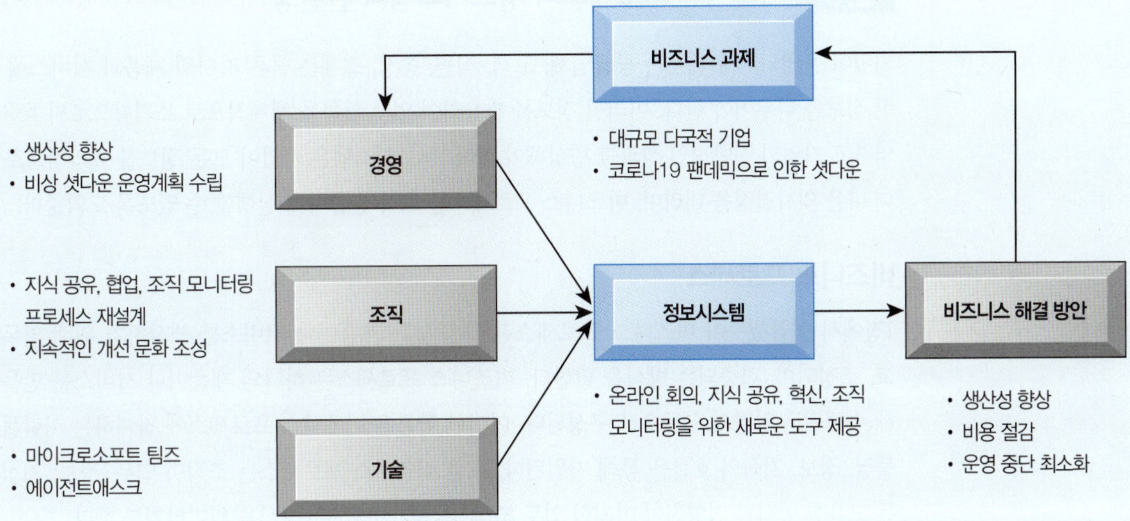

출처: Toyota Motor North America, "Toyota Motor North America Reports 2023 U.S. Sales Results," Prnewswire.com, January 3, 2024; Thor Olavsrud, "Toyota Transforms IT Service Desk with Gen AI," Cio. com, December 8, 2023; Grant McWhirter, "Toyota Motor North America Migrates 40,000 to Microsoft Teams in Three Weeks," Digital-first. com. au, September 15, 2022; "Driving Employee Engagement with Microsoft Teams Accelerates Business at Toyota Motor North America," Customers. microsoft.com, accessed July 7, 2022.

TMNA의 사례는 오늘날 조직이 성과를 향상하고 경쟁력을 유지하기 위해 정보시스템에 얼마나 크게 의존하고 있는지를 보여준다. 또한 협업과 팀워크를 지원하는 시스템이 조직의 혁신, 실행, 성장, 수익 창출, 생존 능력에 얼마나 중요한 역할을 하는지도 보여준다.

위의 도입 사례 도표는 이 사례와 이 장에서 강조하는 중요한 요점을 보여준다. TMNA는 품질, 효율성, 지속적인 개선, 직원의 복지를 중시하는 것으로 잘 알려져 있다. 기업 문화는 모든 임직원이 매일 최선을 다하고 더 나은 성과를 내도록 독려한다. 과제는 코로나19 팬데믹으로 전 세계 공장과 사무실이 셧다운되었을 때 이러한 원칙을 유지하면서 대규모 다국적 기업을 계속 운영하는 것이었다. 이로 인해 지리적으로 분산된 조직 내 직원과 관리자가 자유롭게 정보를 공유하거나 업무를 수행하는 것이 어려워졌고, 이는 생산, 판매, 수익에 영향을 미쳤다.

TMNA 경영진은 전사적 원격 근무를 지원하기 위해 새로운 기술을 도입하는 것이 최선의 해결책이라고 판단했다. 회사는 직원 간의 협업과 참여를 높이고, 원격으로 운영 상황을 모니터링하기 위해 마이크로소프트 팀즈의 커뮤니케이션 및 협업 도구를 도입했다. 가상 회의 및 메시지 도구는 직원의 적극적인 참여를 유도하고, 동료 및 관리자로부터 더 많은 지식을 얻을 수 있도록 도왔다. TMNA는 또한 마이크로소프트 팀즈 플랫폼에 생성형 AI 도구인 에이전트애스크를 통합했다. 그 결과 직원 지식의 공유가 더 효과적으로 이루어지고 있으며, 생산성도 향상되었다.

새로운 기술만으로는 TMNA의 문제를 해결할 수 없었다. 해결책을 효과적으로 만들기 위해 TMNA는 지식 확산과 협업 업무를 위한 비즈니스 프로세스를 변경해야 했고, 이러한 변화는 새로운 기술을 통해 가능해졌다.

문제

1. 마이크로소프트 팀즈는 어떻게 TMNA 직원이 원격으로 근무할 수 있도록 도왔는가?
2. 팀즈는 협업과 직원 참여를 촉진하는 데 얼마나 효과적이었는가?
3. 에이전트애스크는 TMNA의 생산성을 어떻게 향상했는가?

경력 개발 효과

이 프로젝트를 수행하면서 TMNA의 IT 직원은 팀 커뮤니케이션, 협업, AI 도구에 대한 전문성을 개발할 수 있는 기회를 얻었고, 이는 TMNA 또는 타 기업에서 더 높은 보수를 받는 직무에 지원할 수 있는 자격을 갖추는 데 도움이 되었다. IT 부서가 아닌 일반 직원 또한 솔루션 개발에 기여하고, 커뮤니케이션·협업·생성형 AI 도구 사용에 대한 전문성을 쌓으면서 많은 혜택을 얻었다.

2.1 비즈니스 프로세스와 정보시스템의 관련성

기업이 운영되기 위해서는 공급업체, 고객, 직원, 송장, 결제는 물론 자사의 제품과 서비스에 대한 다양한 정보를 다루어야 한다. 이러한 정보를 활용하여 업무 활동을 체계적으로 조직함으로써 효율적으로 운영하고 기업의 전반적인 성과를 향상해야 한다. 정보시스템은 기업이 모든 정보를 효과적으로 관리하고, 더 나은 의사결정을 내리며, 비즈니스 프로세스를 보다 원활하게 실행할 수 있도록 도와준다.

비즈니스 프로세스

1장에서 언급했듯이 비즈니스 프로세스란 가치 있는 제품이나 서비스를 생산하기 위해 업무가 조직되고, 조정되며, 집중되는 방식을 말한다. 비즈니스 프로세스는 하나의 제품이나 서비스를 만들어내기 위해 수행되는 일련의 활동으로 구성된다. 이러한 활동은 비즈니스 프로세스에 참여하는 사람들 사이에서 물질, 정보, 지식의 흐름을 통해 지원된다. 또한 비즈니스 프로세스는 조직이 업무, 정보, 지식을 관리하는 고유한 방식과 경영진이 이러한 업무 조정 방식을 선택하는 방식을 의미하기도 한다.

기업의 성과는 비즈니스 프로세스가 얼마나 잘 설계되고 관리되는지에 크게 좌우된다. 기업의 비즈니스 프로세스는 경쟁사보다 더 뛰어난 실행력이나 혁신을 가능하게 한다면 경쟁우위의 원천이 될 수 있다. 반면 비효율적인 업무 방식에 기반한 프로세스는 조직의 민첩성과 효율성을 저해하여 오히려 부담이 될 수 있다. TMNA의 지식 공유 프로세스 개선 사례를 다룬 도입 사례는 이러한 점을 잘 보여주며, 이 책에 소개된 다른 사례도 이를 뒷받침한다.

모든 기업은 다양한 비즈니스 프로세스의 집합으로 볼 수 있다. 이 중 일부 프로세스는 더 크고 포괄적인 프로세스의 일부로 포함되기도 한다. 많은 비즈니스 프로세스는 특정 기능 영역에 연결되어 있다. 예를 들어 판매 및 마케팅 기능은 고객을 식별하는 역할을 담당하고, 인사 기능은 직원을 채용하는 일을 담당한다. 표 2.1은 각 기능별로 일반적인 비즈니스 프로세스의 예시를 보여준다.

다른 비즈니스 프로세스는 여러 기능 영역을 아우르며 부서 간의 조정이 필요하다. 그림 2.1은 겉보기에는 단순한 물리적 상품의 고객 주문 처리 프로세스를 보여준다. 우선 영업 부서가 고객의 주문을 접수하면 판매 주문서를 생성하여 회계 부서에 전달한다. 회계 부서는 신용 조회 또는 선결제를 통해 고객이 해당 주문에 대한 결제 능력이 있는지를 확인한다. 고객의 신용이 확인되면 생산 부서는 재고에서 제품

표 2.1 기능 비즈니스 프로세스의 예시

기능 영역	비즈니스 프로세스
제조 및 생산	제품 조립 품질 검사 자재명세서(BOM) 생성
판매 및 마케팅	고객 파악 제품 인지도 강화 제품 판매
재무 및 회계	채권 관리 재무제표 생성 당좌계정 관리
인적자원관리	직원 채용 직원 직무성과 평가 직원 복지

그림 2.1 주문 처리 프로세스

고객의 주문 처리는 영업, 회계, 제조부서 간의 긴밀한 협조가 필요한 복잡한 단계로 구성되어 있다.

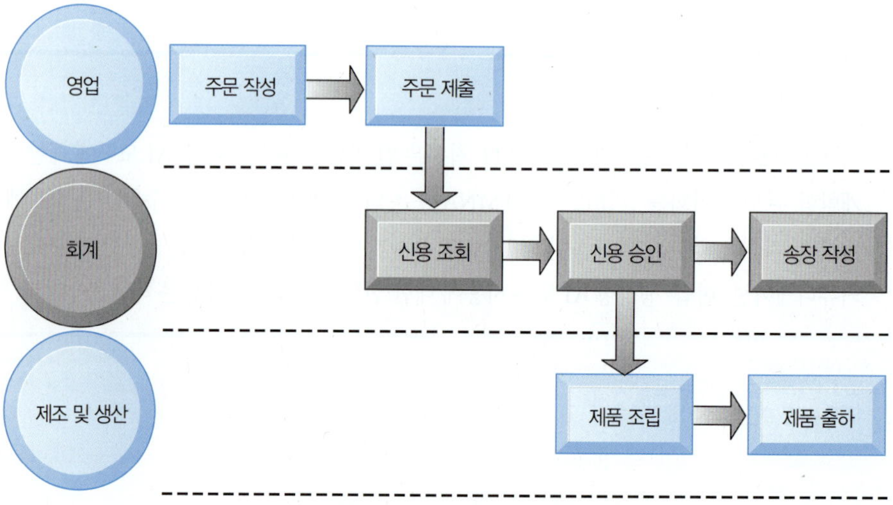

을 출고하거나 새로 생산해야 한다. 그런 다음 제품을 발송해야 하며, 이 과정에는 UPS나 페덱스와 같은 물류 회사와의 협력이 필요할 수도 있다. 제품이 발송되면 회계 부서는 송장(청구서)을 생성해 고객에게 제품이 배송되었음을 알리는 통지서를 발송한다. 영업 부서는 배송 완료 사실을 통보받고, 고객 문의에 응답하거나 보증 청구를 처리하는 등 고객 지원을 준비해야 한다.

처음에는 단순해 보이는 주문 처리 과정도 실제로는 기업 내 주요 기능 부서 간의 긴밀한 조정을 필요로 하는 매우 복잡한 일련의 비즈니스 프로세스라는 점이 드러난다. 또한 이러한 주문 처리 프로세스를 효율적으로 수행하려면 기업 내부는 물론 물류 회사와 같은 비즈니스 파트너, 고객과의 사이에서도 대량의 정보가 신속하게 흐를 수 있어야 한다. 앞서 설명한 주문 처리 프로세스는 부서 간을 넘나드는 **교차 기능적 프로세스**일 뿐만 아니라, 물류 회사나 고객과의 상호작용이 포함되므로 **조직 경계를 넘어서는** 프로세스이기도 하다. 원자재나 부품을 공급업체로부터 주문하는 과정 또한 대표적인 조직 간 비즈니스 프로세스의 예라 할 수 있다.

IT가 비즈니스 프로세스를 향상하는 방식

그렇다면 정보시스템은 비즈니스 프로세스를 어떻게 향상하는가? 정보시스템은 예전에는 수작업으로 처리되던 많은 비즈니스 프로세스 단계를 자동화한다. 예를 들어 고객의 신용을 확인하거나 송장 및 배송 지시서를 생성하는 작업 등이 이에 해당한다. 그러나 오늘날의 IT는 그 이상의 역할을 한다. 새로운 기술은 정보의 흐름 자체를 변화시킬 수 있어, 더 많은 사람이 정보에 접근하고 이를 공유할 수 있게 해준다. 또한 순차적으로 이루어지던 작업들을 동시에 수행할 수 있도록 바꾸고, 의사결정 과정에서의 지연도 제거할 수 있다. IT는 비즈니스 운영 방식을 근본적으로 바꾸고, 새로운 비즈니스 모델을 창출하기도 한다. 예를 들어 아마존닷컴(Amazon.com)에서 온라인으로 책을 주문하거나, 애플 뮤직(Apple Music)에서 노래를 스트리밍하는 것은 IT 없이는 상상할 수 없는 새로운 비즈니스 모델에 기반한 새로운 비즈니스 프로세스이다.

바로 그렇기 때문에 정보시스템 과목과 미래의 경력 비즈니스 프로세스에 주의를 기울이는 것이 매우 중요하다. 비즈니스 프로세스를 분석함으로써 실제로 기업이 어떻게 운영되는지를 명확하게 이해할 수 있다. 더 나아가 비즈니스 프로세스 분석을 수행하면 기업을 더 효율적·효과적으로 변화시키는 방법도 파악할 수 있게 된다. 이 책 전반에 걸쳐 비즈니스 프로세스를 살펴보며, 어떻게 하면 IT를 활용하여 이러한 프로세스를 변화시키거나 대체함으로써 더 높은 효율성, 혁신, 고객 서비스를 달성할 수 있을지를 함께 탐구할 것이다.

2.2 다양한 관리 계층을 지원하는 정보시스템

비즈니스 프로세스에 대해 이해했으니 이제 정보시스템이 기업의 비즈니스 프로세스를 어떻게 지원하는지를 좀 더 구체적으로 살펴볼 차례이다. 조직 내에는 다양한 관심사, 전문 분야, 계층이 존재하기 때문에 이를 지원하기 위한 여러 종류의 시스템이 필요하다. 하나의 단일 시스템만으로는 조직이 필요로 하는 모든 정보를 제공할 수 없다.

일반적인 기업 조직은 주요 비즈니스 기능별로 프로세스를 지원하는 시스템을 운영한다. 예를 들어 판매 및 마케팅, 생산 및 제조, 재무 및 회계, 인사 부문마다 각각의 시스템이 존재한다. 그러나 서로 독립적으로 작동하는 기능 시스템(functional system)은 점점 구식이 되어가고 있다. 이러한 시스템은 서로 정보를 쉽게 공유할 수 없어 기능을 효과적으로 지원하기 어렵기 때문이다. 이에 따라 관련된 비즈니스 프로세스와 조직 단위의 활동을 통합하는 시스템(cross-functional system)으로 점차 대체되고 있다. 이러한 통합형 기능 간 애플리케이션에 대해서는 이 절의 후반부에서 자세히 설명한다.

또한 일반적인 기업은 1장에서 설명한 주요 관리 계층별로 각기 다른 의사결정지원시스템을 운영한다. 운영 관리층, 중간 관리층, 고위 관리층은 각각 회사 운영을 위한 다양한 의사결정을 내리기 위해 고유한 유형의 시스템을 활용한다. 이러한 시스템에는 거래처리시스템과 비즈니스 인텔리전스 시스템이 포함된다. 이제 이러한 시스템과 각 시스템이 지원하는 의사결정 유형에 대해 살펴보자.

거래처리시스템

거래처리시스템(TPS)
기업 운영에 필요한 일상적인 거래를 수행하고 기록하는 정보시스템

운영 관리자는 조직의 기본적인 활동과 거래를 추적할 수 있는 시스템을 필요로 한다. 이러한 활동에는 판매, 수금, 현금 입금, 급여 지급, 신용 승인, 공장에서의 자재 흐름 등이 포함된다. **거래처리시스템**(transaction processing systems, TPS)은 이러한 정보를 제공하는 시스템이다. TPS는 기업 운영에 필요한 일상적인 거래를 수행하고 기록하는 정보시스템으로, 판매 주문 입력, 급여 처리, 직원 정보 관리, 배송 관리 등의 업무를 포함한다.

이 수준에서 시스템의 주요 목적은 일상적인 질문에 답하고, 조직 전반의 거래 흐름을 관리하는 것이다. 예를 들어 "재고에 부품이 몇 개 남아 있는가?", "가르시아 씨의 결제는 어떻게 처리되었는가?"와 같은 질문에 답하기 위해서는 관련 정보가 쉽게 접근 가능하고, 최신이며, 정확해야 한다.

운영 수준에서는 업무, 자원, 목적이 사전에 정의되어 있으며 구조화된 형태로 운영된다. 예를 들어 고객에게 신용을 부여할지에 대한 결정은 사전에 정해진 기준에 따라 하급 관리자가 내리게 된다. 여기서 필요한 것은 고객이 해당 기준을 충족하는지 판단하는 것뿐이다.

관리자는 조직 내부 운영 현황과 외부 환경과의 관계를 모니터링하기 위해 TPS가 필요하다. TPS는 또한 다른 시스템과 비즈니스 기능을 위한 주요 정보 생산원이기도 하다. 그림 2.2는 급여 처리를 위한

그림 2.2 급여 TPS

급여 TPS는 근무 시간 기록표와 같은 직원 지급 거래 데이터를 획득한다. 이 시스템은 경영진 및 직원 급여에 대한 온라인 보고서 및 하드카피 보고서를 출력한다.

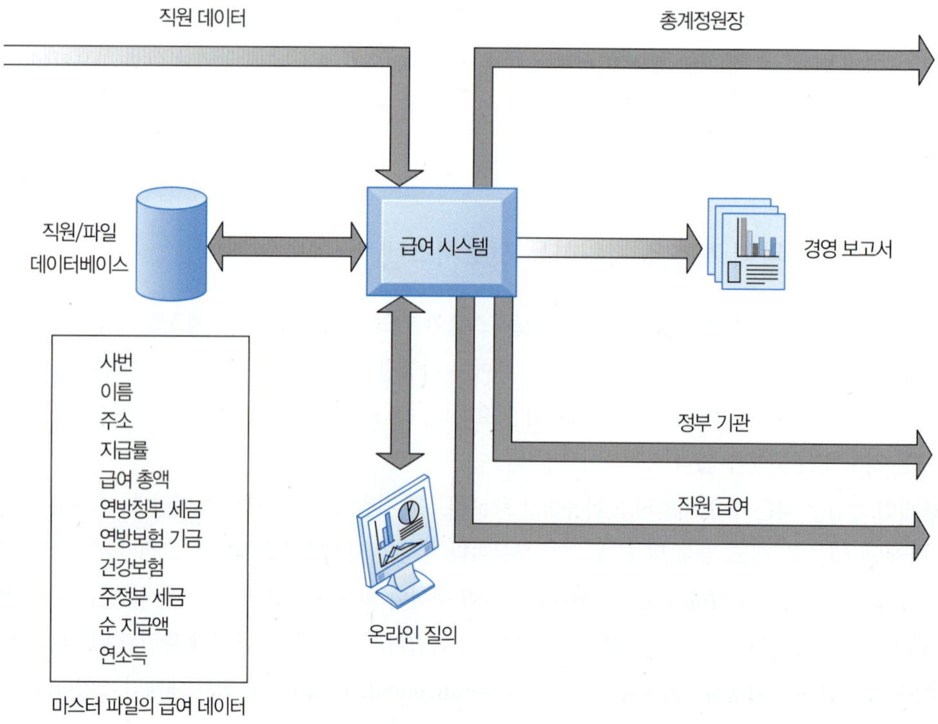

TPS의 예시를 보여준다. 급여 시스템은 직원에게 지급되는 금액을 추적하는 역할을 하며, 직원의 이름, 사번, 주간 근무 시간 등의 정보가 포함된 근무 시간기록표는 이 시스템에서 하나의 거래로 간주된다. 이 거래가 급여 시스템에 입력되면 조직의 직원 급여 데이터를 영구적으로 유지·관리하는 마스터 직원 파일(또는 데이터베이스, 6장 참조)이 업데이트된다. 시스템 내 데이터는 일반적으로 온라인으로 접근하거나 조회할 수 있으며, 직원 급여를 생성하는 데 사용되는 것 외에도 다양한 방식으로 결합되어 경영진이나 정부 기관이 필요로 하는 보고서를 작성하는 데 활용될 수 있다. 예를 들어 급여 데이터는 보험, 연금, 기타 복리후생 계산을 위한 직원 급여 내역으로 인사 부서에 제공되며, 미국 국세청(IRS)이나 사회보장국(SSA)과 같은 정부 기관에도 전달된다. 급여 시스템은 기타 회계 관련 TPS와 함께 회사의 총계정원장 시스템에도 데이터를 제공하며, 이 시스템은 기업의 수입과 지출 기록을 유지하고 손익계산서 및 재무상태표 등의 보고서를 생성하는 역할을 한다.

TPS가 잠깐이라도 중단되면 해당 기업뿐만 아니라 그 기업과 연결된 다른 기업에도 심각한 부정적 영향을 미칠 수 있다. 예를 들어 2023년 4월 18일 아침, 사우스웨스트항공(Southwest Airlines)의 컴퓨터 시스템 장애로 인해 모든 항공편이 운항 중지되면서 승객은 긴 대기 줄과 지연을 겪어야 했다. 이로 인해 미국 전역에서 약 1,700편의 항공편이 영향을 받았다.

비즈니스 인텔리전스 시스템

기업은 경영진의 의사결정을 지원하는 정보를 제공하기 위해 비즈니스 인텔리전스 시스템도 운영한다. **비즈니스 인텔리전스**(business intelligence, BI)는 데이터 분석 및 기타 소프트웨어 도구를 활용하여 데이터를 구성하고, 분석하며, 접근할 수 있도록 하여 경영자와 기업 사용자가 보다 정보에 기반한 효과적인 의사결정을 내릴 수 있도록 돕는 최근 개념이다. BI 시스템은 기업 내 모든 관리 계층의 의사결정 요구를 지원한다. 이 절에서는 BI에 대해 간략히 소개하고, 이에 대한 더 깊은 내용은 6장과 12장에서 다룰 예정이다.

비즈니스 인텔리전스(BI)
사용자가 보다 정보에 기반한, 그리고 더 나은 비즈니스 의사결정을 내릴 수 있도록 돕는 애플리케이션과 기술

경영정보시스템

중간 관리층을 위한 BI 시스템은 모니터링, 통제, 의사결정, 관리 업무를 지원하는 데 활용된다. 1장에서 설명했듯이 **경영정보시스템**(management information systems, MIS)은 비즈니스와 경영에서의 정보시스템에 대한 학문적 연구를 의미하기도 한다. 또한 MIS라는 용어는 중간 관리층을 지원하는 특정 유형의 정보시스템을 지칭하는 말이기도 하다. MIS는 조직의 현재 성과에 대한 보고서를 중간 관리자에게 제공하고, 관리자는 이 정보를 활용하여 기업의 운영을 모니터링하고 통제하며, 미래의 성과를 예측하는 데 사용한다.

경영정보시스템(MIS)
비즈니스와 경영에서의 정보시스템 활용을 다루는 학문 분야로, 중간 관리층을 지원하는 특정 유형의 정보시스템을 의미하기도 한다.

MIS는 TPS가 제공하는 데이터를 활용하여 기업의 기본적인 운영 내용을 요약하고 보고한다. TPS에서 수집된 거래 기본 데이터는 압축되어 정기적으로 생성되는 보고서 형태로 제공되며, 오늘날에는 이러한 보고서의 상당수가 온라인으로 제공되고 있다. 그림 2.3은 일반적인 MIS가 어떻게 주문처리시스템, 자재소요계획시스템, 총계정원장시스템 등에서 거래 수준의 주문, 생산, 회계 데이터를 수집하는지를 보여준다. MIS는 이러한 데이터를 변환하여 판매 데이터, 단위 제품 원가 데이터, 제품 변경 정보, 비용 데이터와 같은 MIS 파일로 구성하며, 관리자는 이를 온라인 디스플레이나 대시보드를 통해 열람하고, 다양한 보고서 작성에 활용할 수 있다.

다음으로, 그림 2.3에서 설명된 시스템으로부터 생성된 MIS 보고서 예시를 보여주는 그림 2.4를 살펴보자. MIS는 일반적으로 사전에 정의된 일상적인 질문에 답을 제공하며, 그 질문에 정해진 절차에 따라 응답한다. 이 예시에서는 MIS 보고서가 특정 제품(카펫 청소기와 공기 청정기)의 연간 총 판매 실적을

그림 2.3 MIS가 조직의 TPS로부터 데이터를 획득하는 방법

이 그림에서는 3개의 TPS가 해당 기간의 종료 시점에 MIS 보고 시스템에 요약된 거래 데이터를 제공한다. 관리자는 MIS를 통해 조직의 데이터에 접근할 수 있으며 MIS는 그들에게 적절한 보고서를 제공한다.

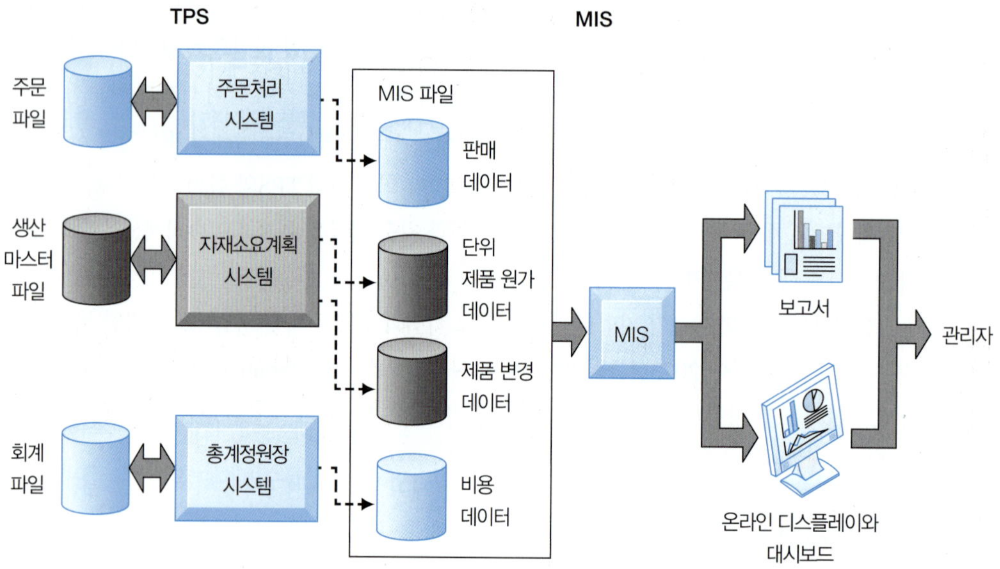

그림 2.4 MIS 샘플 보고서

연간 판매 데이터를 요약한 이 보고서는 그림 2.3의 MIS로 만들었다.

소비자 제품 회사의 제품 및 판매 지역별 판매량: 2024

제품 코드	제품 설명	판매 지역	실제 판매량	계획	계획 대비 실제
4469	카펫 청소기	북동부	4,066,700	4,800,000	0.85
		남부	3,778,112	3,750,000	1.01
		중서부	4,867,001	4,600,000	1.06
		서부	4,003,440	4,400,000	0.91
	총계		16,715,253	17,550,000	0.95
5674	공기 청정기	북동부	3,676,700	3,900,000	0.94
		남부	5,608,112	4,700,000	1.19
		중서부	4,711,001	4,200,000	1.12
		서부	4,563,440	4,900,000	0.93
	총계		18,559,253	17,700,000	1.05

계획 목표치와 비교하고 있다. 이러한 시스템은 일반적으로 유연성이 낮고 분석 기능도 제한적이다. 대부분의 MIS는 복잡한 수학적 모델이나 통계 기법보다는 요약이나 비교와 같은 단순한 방식을 사용한다.

의사결정지원시스템

의사결정지원시스템(DSS)
데이터와 정교한 분석 모델 또는 데이터 분석 도구를 결합하여 의사결정을 지원하는 정보시스템

BI 시스템 중에는 비정형적이고 복잡한 의사결정을 지원하는 유형도 있다. **의사결정지원시스템**(decision-support system, DSS)은 데이터와 정교한 분석 모델 또는 데이터 분석 도구를 결합하여 의사결정을 지원하는 정보시스템이다. DSS는 일반적으로 고유하고 빠르게 변화하는 문제를 다루며, 이에 대한 해결 절차가 사전에 완전히 정의되어 있지 않을 수 있다. 예를 들어 다음과 같은 질문에 답하는 데 DSS

그림 2.5 항해 추정 DSS

이 DSS는 강력한 PC에 운영되고, 운송계약 입찰을 담당하는 관리자가 매일 사용한다.

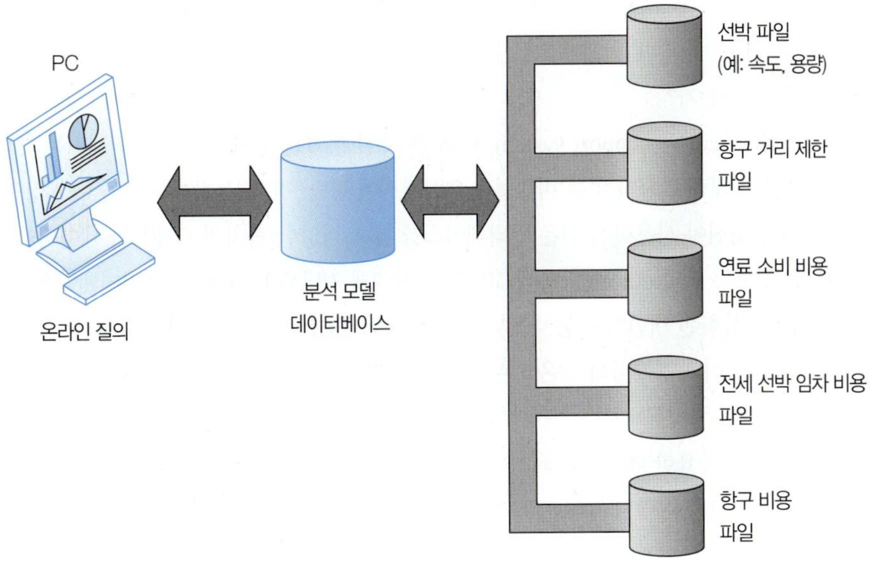

가 사용된다. "12월에 판매량을 2배로 늘리면 생산 일정에 어떤 영향이 있을까?" "공장 일정이 6개월 연기된다면 투자 수익률에 어떤 변화가 생길까?"

DSS는 TPS와 MIS의 내부 정보를 활용하지만, 종종 현재 주가나 경쟁사의 제품 가격과 같은 외부 정보도 활용한다. 정교한 분석 기법과 모델을 사용하여 데이터를 분석하고자 하는 상위 관리자(super-user manager)나 비즈니스 분석가가 이러한 시스템을 사용한다.

그림 2.5는 대형 글로벌 해운 회사가 사용하는 흥미롭고 매우 구체적이며 강력한 DSS를 보여준다. 이 회사는 주로 석탄, 석유, 광석, 완제품과 같은 벌크 화물을 모회사에 운송한다. 일부 선박은 소유하고 있으며, 나머지는 임대해서 일반 화물을 운송하기 위한 해운 계약에 공개 시장에서 입찰한다. 이 DSS는 항해에 대한 재무적·기술적 세부 정보를 계산한다. 재무적 세부사항에는 선박/시간 비용(연료, 인건비, 자본), 다양한 화물 유형에 대한 운임, 항만 비용이 포함된다. 기술적 세부사항에는 선박의 화물 적재 용량, 속도, 항구 간 거리, 연료 및 담수 소비량, 하역 패턴(각 항구를 위한 화물의 위치) 등 수많은 요소가 포함된다.

이 시스템은 다음과 같은 질문에 답할 수 있다. 고객의 납기 일정과 제시된 운임이 주어졌을 때 어떤 선박을 어떤 운임으로 배정해야 이익을 극대화할 수 있는가? 특정 선박이 이익을 최적화하면서도 납기 일정을 지킬 수 있는 최적의 속도는 얼마인가? 말레이시아에서 미국 캘리포니아주 샌디에이고로 향하는 선박의 최적 하역 패턴은 무엇인가? 이 시스템은 강력한 데스크톱 컴퓨터에서 작동하며, 사용자가 데이터를 입력하거나 정보를 얻기 쉽도록 메뉴 기반 시스템을 제공한다.

앞에서 설명한 DSS는 주로 모델에 크게 의존한다. 반면 다른 BI 시스템은 데이터 중심적이며, 사물인터넷을 포함한 빅데이터에서 유용한 정보를 추출하는 데 초점을 맞춘다. 예를 들어 스타벅스(Starbucks)는 모바일 앱과 멤버십 카드 프로그램을 통해 수백만 고객의 개별 구매 데이터를 수집한다. 회사는 이 데이터를 분석하여 고객의 음료 선호도, 제품 선호도, 이용 패턴 등을 파악한다. 이러한 정보는 스타벅스 관리자가 고객이 선호할 만한 마케팅 캠페인이나 앱 및 이메일 개별 제안을 어떻게 타기팅할지에 대해 더 나은 결정을 내리는 데 도움을 준다.

중역지원시스템

BI 시스템은 고위 경영진의 의사결정 요구도 다룬다. 고위 경영진은 기업 내부와 외부 환경 모두에서 전략적 이슈와 장기적 추세에 초점을 맞춘 시스템이 필요하다. 이들은 다음과 같은 질문에 관심을 가진다. 향후 5년간 고용 수준은 어떻게 될 것인가? 산업의 장기적인 비용 추세는 어떠한가? 우리는 5년 후에 어떤 제품을 만들어야 하는가?

중역지원시스템(ESS)
판단, 평가, 통찰이 요구되는 비정형적 의사결정을 내릴 수 있도록 고위 경영진을 지원하기 위해 설계된 정보시스템

포털
다양한 출처에서 통합된 개인 맞춤형 비즈니스 콘텐츠를 제공하는 웹 인터페이스로, 콘텐츠와 서비스를 통합하여 제공하는 웹의 초기 진입점 역할을 하는 웹사이트를 의미하기도 한다.

중역지원시스템(executive support system, ESS)은 고위 경영진이 이러한 결정을 내리는 데 도움을 준다. ESS는 정해진 해결 절차가 없는 비정형적 의사결정에 판단, 평가, 통찰이 요구될 때 사용될 수 있다. ESS는 고위 경영진이 사용하기 쉬운 인터페이스를 통해 다양한 출처의 그래프와 데이터를 제공한다. 종종 이러한 정보는 **포털**(portal)을 통해 고위 경영진에게 전달되며, 포털은 웹 인터페이스를 활용하여 다양한 출처에서 통합된 개인 맞춤형 비즈니스 콘텐츠를 제공한다.

ESS는 새로운 세법이나 경쟁사와 같은 외부 사건에 대한 데이터를 통합하도록 설계되었지만, 동시에 내부 MIS와 DSS에서 요약된 정보도 활용한다. ESS는 핵심 데이터를 필터링하고 압축하며 추적하여 고위 경영진에게 가장 중요한 데이터를 표시한다. 최근에는 이러한 시스템에 분석기능이 포함되어 추세 분석, 예측, 더 세부적인 수준의 데이터 분석까지 가능하다.

예를 들어 항공사, 호텔, 여행사를 위한 예약 도구, 수익 관리, 기타 기술을 제공하는 세이버에어라인솔루션스(Sabre Airline Solutions)는 고객행동에 대한 실시간 데이터와 경영의사결정을 더 잘 지원하기 위해 기술을 도입했다. 세이버의 디지털 대시보드는 세이버의 운영과 관련된 핵심 정보를 단일 접점에서 제공하며, 비즈니스 상태, 예약, 운영 성과, 발권 현황에 대한 360도 개요를 사용자 친화적인 화면으로 보여준다. 이 대시보드는 재무 성과, 고객 만족도, 운영 효율성, 시장 점유율 등 주요 성과지표를 표시한다. 대시보드는 경영진이 비즈니스 목표 달성에 대한 진행 상황을 추적할 수 있도록 지원한다. 경영진은 자신의 정보 요구에 따라 데이터 보기 방식을 맞춤 설정할 수 있으며, 이러한 보기 기준에 따라 데이터를 다양한 방식으로 분할하고 분석할 수 있다. 예를 들어 영업 담당자, 영업 관리자, 최고경영진을 위한 영

© Andrey_Popov/Shutterstock

BI 대시보드는 의사결정을 위한 종합적이고 정확한 정보를 하나의 화면에 제공한다. 주요 성과지표에 대한 그래픽 개요는 관리자가 주의가 필요한 영역을 빠르게 파악하는 데 도움이 된다.

업 대시보드는 버블 맵을 통해 주(state)나 국가별 매출, 날짜별 매출, 고객별 매출, 영업 사원별 매출, 품목별 매출 등을 보여줄 수 있다(Sabre, 2024).

세이버의 중역 대시보드는 회사 관리를 위한 주요 성과지표를 그래프와 차트로 하나의 화면에 표시하는 **BI 대시보드**(BI dashboard)의 예이다. BI 대시보드는 경영진의 의사결정을 위한 도구로 널리 사용되고 있다. 태블로(tableau)는 세일즈포스(Salesforce)에서 제공하는 대표적인 BI 및 분석 소프트웨어 도구로, 사용자는 BI 대시보드와 다양한 데이터 시각화를 만들 수 있다. 태블로에 대해서는 12장에서 더 자세히 다루며, 이 장의 마지막과 3장, 6장, 12장에서는 태블로 학습을 위한 프로젝트를 제공한다.

BI 대시보드
회사를 관리하기 위한 주요 성과지표를 그래프와 차트 형태로 하나의 화면에 표시하는 도구

2.3 기업 성과를 개선하는 전사적 애플리케이션

지금까지 다양한 유형의 시스템을 살펴보았는데, 기업이 이러한 시스템의 정보를 어떻게 관리할 수 있을지 궁금할 것이다. 또 이렇게 많은 시스템을 유지하는 데 얼마나 많은 비용이 드는지도 의문이다. 이 모든 시스템이 어떻게 정보를 공유하고, 관리자와 직원이 어떻게 업무를 조정하는지도 궁금할 수 있다. 사실 이 모든 질문은 오늘날 기업에 매우 중요한 문제이다.

전사적 애플리케이션

기업 내 다양한 종류의 시스템을 서로 연동되도록 만드는 것은 큰 과제로 여겨졌다. 일반적으로 기업은 자연스러운 성장과 소규모 기업 인수를 통해 확장되기 때문에, 시간이 지나면서 대부분 노후화된 다양한 시스템을 갖추게 되며, 이 시스템들이 서로 정보를 주고받고 하나의 통합된 기업 시스템처럼 작동하도록 만드는 데 어려움을 겪는다. 이러한 문제를 해결하기 위한 몇 가지 방법이 있다.

그중 하나는 **전사적 애플리케이션**(enterprise application)을 도입하는 것이다. 전사적 애플리케이션은 기업 내 다양한 기능, 계층, 사업 부서 전반에 걸쳐 활동, 의사결정, 지식 등을 조정할 수 있도록 하는 시스템이다. 전사적 애플리케이션은 비즈니스 프로세스를 보다 밀접하게 조정하고, 여러 프로세스를 통합하여 자원관리와 고객 서비스를 효율적으로 수행하도록 하여, 기업이 보다 유연하고 생산적으로 운영될 수 있도록 돕는다.

전사적 애플리케이션
기업 내 다양한 기능, 계층, 사업 부서 전반에 걸쳐 활동, 의사결정, 지식을 조정할 수 있는 시스템. 전사적 시스템, 공급사슬관리시스템, 고객관계관리시스템, 지식관리시스템이 여기에 포함된다.

그림 2.6은 네 가지 주요 전사적 애플리케이션인 전사적 시스템, 공급사슬관리시스템, 고객관계관리시스템, 지식관리시스템이 기업의 기능과 프로세스와 어떤 상호작용을 하는지를 보여준다. 이들 각각의 전사적 애플리케이션은 서로 연관된 기능과 비즈니스 프로세스를 통합하여 조직 전체의 성과를 향상한다. 그림 2.6은 이러한 전사적 애플리케이션의 아키텍처가 조직 전체에 걸친 프로세스를 포괄하며, 경우에 따라 고객, 공급업체, 기타 주요 비즈니스 파트너 등 조직 외부까지 확장됨을 보여준다.

전사적 시스템

기업은 전사적 자원관리(enterprise resource planning, ERP)시스템이라고도 불리는 **전사적 시스템**(enterprise system)을 활용하여 제조 및 생산, 재무 및 회계, 판매 및 마케팅, 인적자원관리 부문의 비즈니스 프로세스를 하나의 소프트웨어 시스템으로 통합한다. 기존에는 여러 시스템에 분산되어 있던 정보가 이제는 하나의 종합적인 데이터 저장소에 통합되어 기업 내 여러 부문에서 공유하고 활용할 수 있다.

전사적 시스템
제조 및 생산, 재무 및 회계, 판매 및 마케팅, 인적자원관리 등 핵심 비즈니스 프로세스를 조정할 수 있도록 해주는 통합된 전사적 정보시스템이라고도 불린다.

예를 들어 고객이 주문을 하면 해당 주문 정보는 자동으로 회사의 관련 부서에 전달된다. 주문 처리는 창고에 제품을 출고하고 배송 일정을 잡도록 지시하고, 창고는 공장에 부족한 재고를 보충하라고 알린다. 회계 부서는 고객에게 송장을 발송하도록 알림을 받고, 고객 서비스 담당자는 주문 처리 전 과정을 추적하여 고객에게 주문 진행 상황을 안내한다. 경영진은 전사적 정보를 바탕으로 일상적인 운영부터 장

그림 2.6 전사적 애플리케이션의 아키텍처

전사적 애플리케이션은 여러 경영 기능과 조직 수준을 아우르는 프로세스를 자동화하며 조직 외부로 확장할 수 있다.

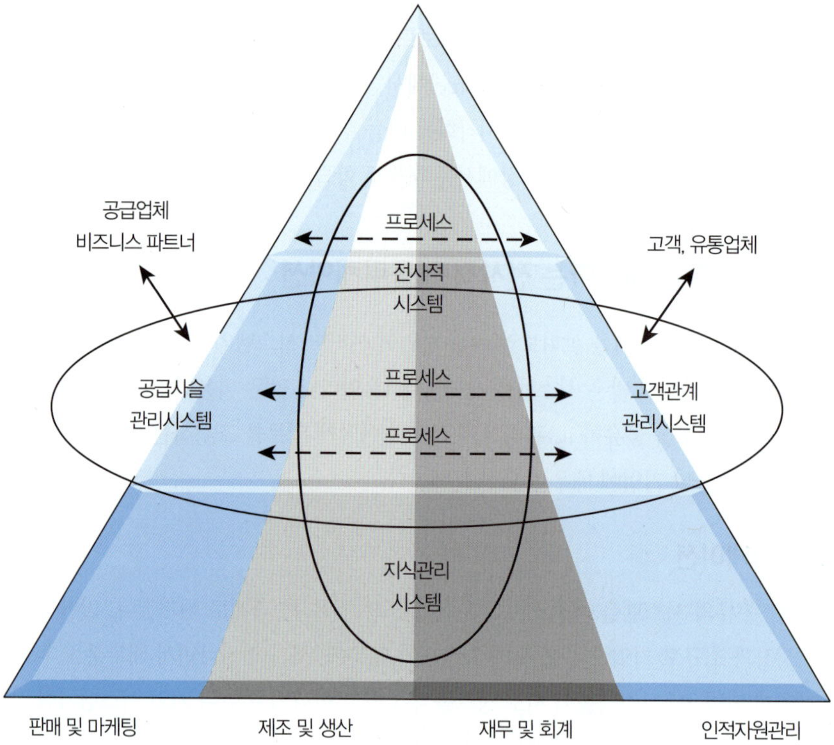

기적인 계획에 이르기까지 보다 정확하고 시의적절한 의사결정을 내릴 수 있다.

공급사슬관리시스템

공급사슬관리(SCM)시스템
제품과 서비스의 기획, 조달, 생산, 배송을 최적화하기 위해 기업과 공급업체 간의 정보 흐름을 자동화하는 정보시스템

기업은 **공급사슬관리시스템**[supply chain management(SCM) system]을 활용하여 공급업체와의 관계를 관리한다. 이러한 시스템은 공급업체, 구매 기업, 유통업체, 물류 회사 간에 주문, 생산, 재고 수준, 제품 및 서비스 배송과 관련된 정보를 공유하도록 도와주며, 이를 통해 재화와 서비스를 효율적으로 조달하고 생산하며 전달할 수 있다. 궁극적인 목표는 적절한 수량의 제품을 최단 시간 안에 최저 비용으로 생산지에서 소비지까지 전달하는 것이다. 이 시스템은 제품을 이동하고 생산하는 데 드는 비용을 절감하고, 관리자가 조달, 생산, 유통을 어떻게 구성하고 일정화할지를 더 잘 결정할 수 있게 하여 기업의 수익성을 높인다.

조직 간 시스템
조직 경계를 넘어 정보 흐름을 자동화하고, 기업을 고객, 유통업체, 공급업체와 연결하는 정보시스템

SCM시스템은 조직 간 경계를 넘어 정보 흐름을 자동화하기 때문에 **조직 간 시스템**(interorganizational system)의 한 유형이다. 이 책 전반에 걸쳐 이러한 조직 간 정보시스템의 다양한 예시를 확인할 수 있는데, 이 시스템을 통해 기업은 고객, 유통업체, 공급업체와 연결될 수 있다.

고객관계관리시스템

고객관계관리(CRM)시스템
기업이 영업, 마케팅, 서비스 등 고객과 관련된 모든 비즈니스 프로세스를 조정할 수 있도록 하여 수익, 고객 만족도, 고객 유지율을 최적화하도록 지원하는 정보시스템

기업은 **고객관계관리시스템**[customer relationship management(CRM) system]을 활용하여 고객과의 관계를 관리한다. CRM시스템은 기업이 영업, 마케팅, 서비스 등 고객과 관련된 모든 비즈니스 프로세스를 조정할 수 있도록 하여 수익, 고객 만족도, 고객 유지율을 최적화할 수 있게 해준다. 이러한 정보는 기업이 가장 수익성 높은 고객을 식별하고 유치하며 유지하는 데 도움을 주고, 기존 고객에게 더 나은 서비스를 제공하며, 매출을 증가시키는 데 기여한다.

지식관리시스템

어떤 기업은 제품과 서비스를 기획, 생산, 전달하는 방식에 대한 더 나은 지식을 가지고 있기 때문에 다른 기업보다 더 좋은 성과를 내기도 한다. **지식관리시스템**(knowledge management system, KMS)은 기업의 전문성과 지식을 생성, 수집, 저장, 전파하는 과정을 지원하는 시스템이다. KMS는 기업 내부의 관련 지식과 경험을 수집하고, 외부의 지식 출처와도 연결하여, 필요한 시점과 장소에서 이 지식을 활용할 수 있도록 하여 비즈니스 프로세스와 경영 의사결정을 개선하는 데 기여한다. 전사적 시스템, SCM시스템, CRM시스템은 9장에서 더 자세히 다룰 것이며, 지식관리에 대해서는 2.8절에서 더 깊이 살펴본다.

지식관리시스템(KMS)
기업의 전문성과 지식을 생성, 수집, 저장, 전파하는 것을 지원하는 정보시스템

인트라넷과 엑스트라넷

전사적 애플리케이션은 기업이 비즈니스를 수행하는 방식에 근본적인 변화를 가져오며, 중요한 비즈니스 데이터를 하나의 시스템에 통합할 수 있는 많은 기회를 제공한다. 그러나 이러한 시스템은 종종 비용이 많이 들고 구현이 어렵다. 인트라넷과 엑스트라넷은 기업 내부 및 고객, 공급업체와의 정보 흐름을 통합하고 가속화하기 위한 대안적 도구로 언급할 가치가 있다.

1장에서 언급했듯이 인트라넷(intranet)은 직원만 접근할 수 있는 내부 기업 웹사이트를 의미한다. 인트라넷이라는 용어는 외부 조직 및 네트워크를 연결하는 공용 네트워크인 인터넷과 달리 내부 네트워크를 뜻한다. 인트라넷은 인터넷과 동일한 기술과 방식을 사용하며, 종종 회사 웹사이트의 사설 접근 영역으로 운영된다. 엑스트라넷(extranet)은 인증된 공급업체와 벤더가 접근할 수 있는 회사 웹사이트로, 기업의 생산 설비에 필요한 자재 이동을 조정하는 데 자주 사용된다.

예를 들어 마리골드(Marigold)는 마케팅 기술 플랫폼을 제공하는 회사로, 전 세계 4개 대륙에 걸친 900명의 직원을 연결하기 위해 기업 전체 인트라넷을 사용한다. 이 인트라넷은 여러 개의 커뮤니케이션 시스템을 대체하고, 원활한 정보 공유와 실시간 협업을 위한 단일 시스템을 제공한다. 덕분에 직원은 업무 수행에 필요한 정보에 더 쉽게 접근할 수 있게 되었다(Marigold, 2024).

2.4 협업과 소셜 비즈니스 시스템의 중요성

이처럼 다양한 시스템과 정보가 존재하는 상황에서 이를 어떻게 이해하고 활용할 수 있을지 의문이 생길 수 있다. 기업 내에서 일하는 사람들은 어떻게 이러한 요소를 통합하고, 공동의 목표를 향해 협력하며, 계획과 행동을 조정하는 것일까? 지금까지 설명한 시스템 유형 외에도 기업은 협업(collaboration)과 팀워크를 지원하기 위한 특별한 시스템이 필요하다.

협업

협업(collaboration)은 공유된 명확한 목표를 달성하기 위해 다른 사람들과 함께 일하는 것이다. 협업은 특정 과업이나 임무의 완수에 초점을 맞추며, 일반적으로 기업이나 다른 조직 내 또는 기업 간에 이루어진다. 예를 들어 어떤 주제에 대해 전혀 모르는 상황에서 해당 분야의 전문 지식을 가진 도쿄의 동료와 협업할 수 있다. 또한 기업 블로그를 발행하기 위해 여러 동료와 협업할 수도 있다. 법률회사에 근무 중이라면 세금 문제를 가진 고객을 지원하기 위해 회계법인의 구성원과 협업할 수도 있다.

협업
공유된 명확한 목표를 달성하기 위해 다른 사람들과 함께 일하는 것

협업은 과업의 성격이나 참여자 간의 관계에 따라 몇 분 정도의 짧은 시간일 수도 있고, 장기적인 협력일 수도 있다. 협업은 일대일일 수도 있고, 다대다일 수도 있다.

직원은 기업 조직 구조의 공식적인 일부가 아닌 비공식적인 그룹 내에서 협업할 수도 있고, 정식으로 구성된 팀에 소속되어 협업할 수도 있다. **팀**(team)은 기업 내에서 누군가에 의해 특정 임무가 부여된 집

팀
특정한 목표를 달성하기 위해 구성원이 협업하는 공식적인 집단

단이다. 팀 구성원은 특정 과업을 수행하고 팀의 임무를 달성하기 위해 함께 협업해야 한다. 팀의 임무는 '특정 계약을 성사시키는 것'일 수도 있고, '온라인 매출을 10% 증가시키는 것'일 수도 있다. 팀은 일반적으로 해결하려는 문제와 임무 달성에 필요한 시간에 따라 단기간 운영되는 경우가 많다.

오늘날 협업과 팀워크가 그 어느 때보다 중요한 이유는 다음과 같다.

- **일의 성격 변화**: 전통적인 공장 제조업이나 사무직처럼 생산 공정의 각 단계가 서로 독립적으로 이루어지고 상급자에 의해 조정되던 시대와 달리, 오늘날의 업무는 훨씬 더 긴밀한 조정과 상호작용을 요구한다. 예전에는 업무가 부서별로 분리된 구조(silo)로 조직되어 한 기계 공정에서 다음 공정으로, 한 데스크에서 다음 데스크로 이동하며 제품이 완성되었다. 그러나 오늘날에는 거의 모든 종류의 업무가 서비스나 제품 생산에 참여하는 당사자들 간의 긴밀한 협력을 필요로 한다. 공장에서도 작업자들이 생산 그룹 또는 작업 셀(pod) 단위로 함께 일하는 경우가 많다.
- **전문직 업무의 증가**: '상호작용'이 요구되는 업무는 주로 서비스 부문의 전문직으로, 긴밀한 조정과 협업이 필수적이다. 전문직 업무는 상당한 수준의 교육을 필요로 하며, 정보를 공유하고 의견을 나누는 과정을 통해 일이 수행된다. 각 구성원은 문제 해결을 위한 전문성을 갖추고 있으며, 모든 구성원은 서로를 고려하면서 협력해야 업무를 완수할 수 있다.
- **조직 구조의 변화**: 산업화 시대 대부분 동안 기업은 위계적인 방식으로 업무를 조직했다. 명령은 위에서 아래로 전달되고, 그에 대한 응답은 아래에서 위로 보고되는 구조였다. 그러나 오늘날의 업무는 그룹과 팀 단위로 조직되며, 팀원은 스스로 과업을 완수하기 위한 방식을 개발할 것으로 기대된다. 고위 경영진은 결과를 관찰하고 측정할 뿐, 세부적인 명령이나 운영 절차를 직접 지시하는 일은 훨씬 줄어들었다. 이는 전문성과 의사결정 권한이 조직 내 하위 계층으로 이전되었기 때문이다.
- **기업 범위의 변화**: 기업의 업무는 한 지역의 단일 사업장에서 수행되던 방식에서 벗어나 여러 지역, 여러 국가, 심지어 전 세계의 사무소와 공장에서 이루어지고 있다. 예를 들어 헨리 포드(Henry Ford)는 디어번(미시간)의 한 공장에서 최초의 대량 생산 자동차 공장을 개발했지만, 2024년 포드(Ford)는 전 세계 65개 이상의 생산 시설에서 17만 7,000명의 직원을 고용하고 있다. 이처럼 글로벌한 규모에서 제품 설계, 생산, 마케팅, 유통, 서비스의 긴밀한 조정은 매우 중요한 과제가 되었다. 대규모 글로벌 기업은 세계 곳곳에서 협업할 수 있는 팀을 필요로 한다.
- **혁신의 중요성 증가**: 우리는 흔히 기업이나 과학 분야의 혁신을 위대한 개인의 성과로 보지만, 실제로 이들은 훌륭한 동료와의 협업 속에서 일한다. 마이크로소프트의 빌 게이츠(Bill Gates)와 애플의 스티브 잡스(Steve Jobs)는 모두 뛰어난 혁신가로 알려져 있지만, 모두 자사의 혁신을 이끌기 위해 강력한 협업 팀을 구성했다. 그들의 초기 혁신은 동료 및 파트너와의 긴밀한 협력을 통해 탄생했다. 다시 말해 혁신은 집단적이고 사회적인 과정이며, 대부분의 혁신은 연구소, 기업, 공공기관 등에서 개인 간 협업을 통해 이루어진다. 강력한 협업 문화와 기술은 혁신의 속도와 질을 높이는 데 기여한다고 여겨진다.
- **업무 및 비즈니스 문화의 변화**: 다양한 구성원으로 이뤄진 팀이 개인이 단독으로 일하는 것보다 더 빠르고 더 나은 결과를 낸다는 인식이 널리 퍼져 있다. '크라우드소싱(crowdsourcing)'과 '집단 지성(wisdom of crowds)' 같은 개념 또한 협업과 팀워크를 문화적으로 뒷받침하고 있다.

소셜 비즈니스
페이스북, X(구 트위터)와 같은 소셜 네트워크 플랫폼뿐만 아니라 내부 기업용 소셜 도구를 활용하여 직원, 고객, 공급업체와 소통하는 것

소셜 비즈니스

오늘날 많은 기업은 **소셜 비즈니스**(social business)를 도입하여 협업을 강화하고 있다. 이는 페이스북, X(구 트위터) 같은 소셜 네트워크 플랫폼과 내부 기업용 소셜 도구를 활용하여 직원, 고객, 공급업체와

표 2.2 소셜 비즈니스 애플리케이션

소셜 비즈니스 애플리케이션	설명
소셜 네트워크	개인 및 비즈니스 프로필을 통해 연결
크라우드소싱	집단 지식을 활용하여 새로운 아이디어와 해결책 창출
공유 작업공간	프로젝트 및 작업 조정, 콘텐츠 공동 생성
블로그와 위키	지식의 출판과 신속한 접근, 의견과 경험 토론
소셜 커머스	소셜 플랫폼에서 구매에 대한 의견 공유
파일 공유	사진, 동영상, 오디오, 문서 등의 업로드, 공유, 의견 제시
소셜 마케팅	소셜 미디어를 활용한 고객과의 상호작용, 고객에 대한 통찰력 획득
커뮤니티	공개 포럼에서 주제 토의, 경험 공유

소통하는 방식이다. 이러한 도구를 통해 직원은 프로필을 만들고, 그룹을 구성하며, 서로의 상태 업데이트를 '팔로우'할 수 있다. 소셜 비즈니스의 목적은 기업 내부와 외부의 다양한 집단과의 상호작용을 심화시켜 정보 공유, 혁신, 의사결정을 보다 빠르고 효과적으로 만드는 데 있다.

소셜 비즈니스에서 핵심 단어는 대화(conversation)이다. 고객, 공급업체, 직원, 관리자, 감독기관까지도 기업에 대해 지속적으로 대화를 나누고 있으며, 이러한 대화는 종종 기업이나 그 주요 구성원(직원과 관리자)이 인지하지 못한 채 이루어진다.

소셜 비즈니스 지지자들은 기업이 이러한 대화에 귀를 기울일 수 있다면 고객, 공급업체, 직원과의 관계가 강화되고, 이들이 기업에 대해 더 깊은 정서적 연대감을 갖게 될 것이라고 주장한다.

이러한 환경을 구축하기 위해서는 높은 수준의 정보 투명성이 필요하다. 사람들은 임원이나 관리자 등의 개입 없이 자신의 의견과 사실을 직접적으로 공유해야 한다. 직원은 고객과 다른 직원이 무엇을 생각하는지 직접 알 수 있고, 공급업체는 공급사슬 파트너의 의견을 더 직접적으로 알 수 있으며, 관리자 또한 직원으로부터 본인의 성과에 대해 더 정확하게 알게 될 것이다. 가치 창출에 관여하는 거의 모든 사람은 서로에 대해 더 많은 정보를 갖게 된다.

이러한 환경이 조성된다면 운영 효율성이 높아지고, 혁신이 촉진되며, 의사결정도 빨라질 가능성이 크다. 예를 들어 제품 디자이너가 소비자 피드백을 기반으로 시장에서 자사 제품이 어떻게 평가받는지를 실시간으로 알 수 있다면 제품 개선 주기를 크게 단축시킬 수 있다. 직원이 기업 안팎의 소셜 네트워크를 통해 새로운 지식과 통찰을 얻을 수 있다면 업무 효율이 높아지고 더 많은 비즈니스 문제를 해결할 수 있을 것이다.

표 2.2는 기업 내부와 외부에서 소셜 비즈니스가 어떻게 활용되는지를 보여준다. 이 장에서는 기업 내부에서의 소셜 비즈니스, 즉 전사적 소셜 비즈니스에 초점을 맞추고 있으며, 7장과 10장에서는 고객 및 공급업체 등 외부와의 소셜 비즈니스 적용 사례를 다룬다.

협업과 소셜 비즈니스가 기업에 주는 혜택

기업이나 학계에서 일반적으로 받아들여지는 견해는 한 기업이 협업적일수록 더 성공할 가능성이 높으며, 오늘날에는 과거보다도 기업 내부 및 기업 간 협업이 더욱 필수적이라는 것이다. MIT 슬론 매니지먼트 리뷰(MIT Sloan Management Review)의 연구에 따르면, 협업에 대한 집중은 디지털 전환이 앞선 기업이 비즈니스 가치를 창출하고 경쟁우위를 확보하는 데 핵심적인 요소이다(Kiron, 2017).

표 2.3 협업과 소셜 비즈니스가 기업에 주는 혜택

이점	근거
생산성	협력과 상호작용을 하는 사람들은 동일한 수의 각자 일하는 사람들보다 더 빠르게 문제를 해결할 수 있다. 오류도 적다.
품질	협력하여 일하면 오류에 대해 서로 대화하고 각자 일하는 것보다 빠르게 시정조치를 취할 수 있다. 협업 및 소셜 기술은 설계와 생산 지연을 줄일 수 있다.
혁신	협력하여 일하면 각자 일하는 것보다 제품, 서비스, 관리에 대해 보다 혁신적인 아이디어를 찾아낼 수 있다. 집단의 다양성과 '군중의 지혜'를 활용할 수 있다.
고객 서비스	협업과 소셜 도구를 활용하여 팀으로 함께 일하면 각자 일하는 것보다 고객 불만과 이슈 사항을 보다 효과적으로 해결할 수 있다.
재무적 성과(수익성, 매출, 매출 증대)	위와 같은 이유로 협력적인 기업은 매출, 매출 증대, 재무적 성과가 우수하다.

표 2.3은 협업과 소셜 비즈니스가 제공하는 주요 이점을 요약한 것이다.

협업 문화와 비즈니스 프로세스 구축

하지만 모든 협업 시도가 성공하는 것은 아니다. 기업생산성연구소(Institute for Corporate Productivity)와 배브슨칼리지(Babson College) 글로벌 비즈니스의 롭 크로스(Rob Cross) 교수가 공동으로 수행한 1,100개 기업 대상 연구에 따르면, 협업 기반의 업무 문화를 조성한 기업은 고성과 기업이 될 가능성이 5배 이상 높은 것으로 나타났다. 그러나 조사 대상 기업의 3분의 2가 협업을 조직의 명시적 가치라고 주장했음에도 불구하고, 실제로 좋은 성과를 낸 기업은 소수에 불과했다. 협업은 기업 내에서 저절로 이루어지지 않으며, 특히 이를 뒷받침하는 문화나 비즈니스 프로세스가 없다면 더욱 그렇다. 여기에는 조직 내 정보 흐름 방식, 의사결정 방식, 사무공간의 물리적 설계, 직원 보상 체계 등이 포함된다(Samdahl, 2017). 협업 도구와 기술은 수행하려는 과업에 적합해야 한다.

표 2.3을 검토한 후 그림 2.7을 살펴보자. 이 그림은 조직 내 협업의 질과 협업을 통해 기업 성과를 높일 수 있는 능력에 영향을 주는 요소를 보여준다. 이 요소에는 기업의 문화와 비즈니스 프로세스, 협업이 조직 전반에 얼마나 널리 적용되는지에 대한 것과 기업이 사용하는 협업 및 소셜 비즈니스 기술이 포함

그림 2.7 협업을 위한 요건

성공적인 협업을 위해서는 적합한 협업 기술과 조직 구조, 문화가 필요하다.

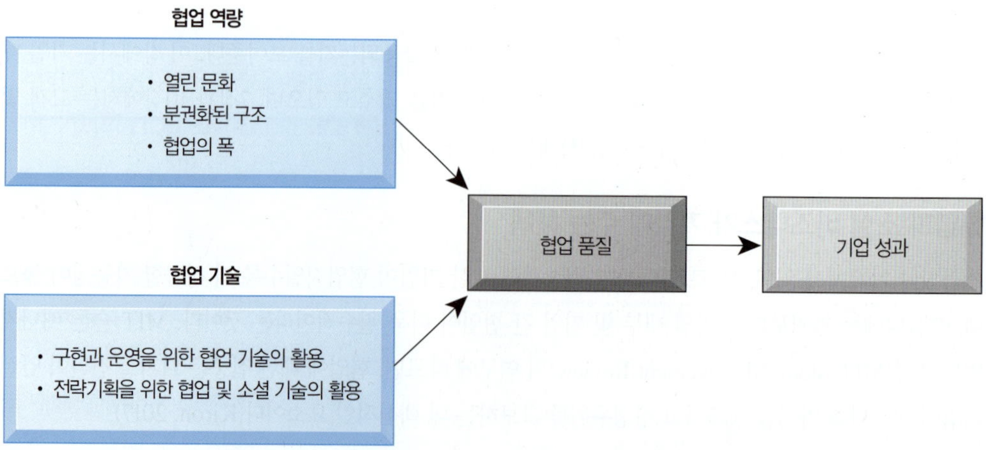

된다. 이러한 요소는 다음 절들에서 더 자세히 다룰 것이다.

협업 중심의 조직 문화와 비즈니스 프로세스를 갖춘 조직에서는 고위 경영진이 결과 달성에 책임을 지지만, 그 결과를 달성하고 실행하는 역할은 팀에 맡긴다. 정책, 제품, 설계, 프로세스, 시스템은 조직 내 모든 계층의 팀이 구상하고 창조하며 구축하는 데 더 많이 의존한다. 팀은 팀 단위의 성과에 따라 보상을 받고, 개인은 팀 내에서의 성과에 따라 보상을 받는다. 중간 관리자의 역할은 팀을 구성하고, 팀 간 협업을 조정하며, 성과를 모니터링하는 것이다. 조직 문화와 비즈니스 프로세스는 보다 사회적 성격을 띤다. 협업 문화에서는 고위 경영진이 협업과 팀워크를 조직의 핵심 요소로 자리매김하게 만든다.

2.5 협업 도구

협업적이고 팀 중심적인 문화가 있더라도 이를 지원하는 정보시스템이 없다면 협업, 집단 의사결정, 소셜 비즈니스의 효과를 얻을 수 없다. 이러한 도구 중 일부는 비용이 많이 들지만, 다른 도구는 온라인에서 무료로 제공되거나 저렴한 요금의 프리미엄 버전으로 이용할 수 있다. 이제 이러한 도구 중 일부를 좀 더 자세히 살펴보자.

이메일 및 인스턴트 메시징 플랫폼

이메일, 문자 메시지, 인스턴트 메시징(IM) 플랫폼과 앱은 상호작용 중심 업무를 위한 주요 커뮤니케이션 및 협업 도구이다. 이러한 소프트웨어는 컴퓨터와 모바일 기기에서 작동하며, 메시지 전송뿐만 아니라 파일 공유 기능도 포함하고 있다. 많은 인스턴트 메시징 시스템은 여러 사용자가 동시에 실시간 대화를 할 수 있도록 지원한다. 최근 몇 년간 이메일 사용이 감소하고 있으며, 메시징과 소셜 미디어가 더 선호되는 커뮤니케이션 수단으로 자리 잡고 있다.

슬랙(Slack)은 기업용 메시징 플랫폼으로, 메시지, 도구, 파일을 한 곳에서 관리할 수 있다. 이 플랫폼은 파일 공유, 영상 및 음성 통화, 화면 공유 기능을 통합적으로 제공하며, 외부 인원을 초대하여 협업할 수 있는 기능도 갖추고 있다. 팀은 채널(channel)이라는 전용 공간에서 협업하며, 필요한 사람과 정보를 한데 모아 효율적으로 업무를 수행할 수 있다.

협업 플랫폼

오늘날에는 여러 지역에서 함께 일하는 직원들 간의 협업을 지원하는 다기능 소프트웨어 제품군이 출시되어 있다. 가장 널리 사용되는 플랫폼은 인터넷 기반의 오디오 회의 및 화상회의 시스템, 구글의 온라인 서비스 및 도구와 같은 클라우드 협업 서비스, 마이크로소프트 팀즈 및 셰어포인트와 같은 기업용 협업 시스템이다.

가상 회의 시스템

출장 비용을 줄이고 서로 다른 지역에 있는 사람들이 만나 협업할 수 있도록 많은 대기업과 중소기업이 화상회의 및 웹 회의 기술을 도입하고 있다. 점점 더 많은 기업이 이러한 시스템을 활용하여 직원이 사무실뿐만 아니라 원격으로도 일할 수 있도록 지원하고 있다.

두 곳 이상의 장소에 있는 사람들은 화상회의의 양방향 영상 및 음성 전송을 통해 동시에 소통할 수 있다. 고급 화상회의 시스템은 **텔레프레전스**(telepresence) 기술을 갖추고 있으며, 이는 사람들에게 실제 물리적 위치와는 다른 장소에 있는 것처럼 느끼게 해주는 통합 오디오 및 시각 환경을 제공한다. 마이크로소프트 팀즈, 아마존 차임(Chime)과 같은 무료 또는 저비용의 인터넷 기반 시스템은 품질은 다소 낮지

텔레프레전스
사람이 실제로 있는 장소와는 다른 장소에 있는 것처럼 보이게 해주는 기술

만 점점 개선되고 있으며, 중소기업에 매우 유용하다. 애플의 페이스타임(FaceTime)은 일대일 또는 소규모 그룹 화상회의에 적합하다. 줌은 고급 시스템의 많은 기능을 갖추면서도 훨씬 저렴하고 사용이 쉬운 강력한 화상회의 도구로 자리 잡았다. 이러한 도구 중 일부는 모바일 기기에서도 사용할 수 있다.

클라우드 협업 서비스

클라우드 협업은 직원이 기업 외부에 저장된 문서나 기타 파일 유형을 함께 작업하고 협업할 수 있도록 해준다. 사용자가 온라인에서 파일을 생성하거나 업로드한 후 다른 사람들과 접근 권한을 공유하면 클라우드 협업이 이루어진다. 모든 수정 사항은 클라우드에 저장되고 동기화되므로 모든 사용자가 항상 동일하고 최신 상태인 문서에 접근할 수 있다.

구글과 마이크로소프트의 클라우드 서비스

구글은 다양한 온라인 도구와 서비스를 제공하며, 이 중 일부는 협업에 적합하다. 대표적인 예로 구글 드라이브(Google Drive), 구글 문서(Google Docs), 구글 워크스페이스(Google Workspace), 구글 사이트(Google Sites) 등이 있으며, 대부분은 무료로 제공된다.

구글 드라이브는 클라우드 저장소, 파일 공유, 협업 편집을 위한 파일 저장 및 동기화 서비스이다. 이러한 웹 기반 파일 공유 서비스는 사용자가 파일을 안전한 온라인 저장소에 업로드한 후 해당 파일을 다른 사람들과 공유할 수 있다. 마이크로소프트 원드라이브(Microsoft OneDrive)와 드롭박스(Dropbox)도 대표적인 클라우드 저장소 서비스이며, 저장 공간 용량과 관리 기능에 따라 무료 또는 유료로 제공된다. 사용자는 온라인에 저장된 파일을 로컬 PC나 다른 기기와 동기화할 수 있고, 파일을 개인용 또는 공개용으로 설정하거나 지정된 사용자와 공유할 수 있다.

구글 드라이브와 마이크로소프트 원드라이브는 문서 작성 및 공유를 위한 도구와 통합되어 있다. 마이크로소프트 원드라이브는 마이크로소프트 365 문서 및 기타 파일을 위한 온라인 저장소를 제공하며, 설치형 및 웹 기반 마이크로소프트 365 앱과 연동된다. 구글 드라이브는 구글 문서, 구글 스프레드시트, 구글 프레젠테이션(묶어서 구글 문서로 통칭)과 통합되어 있으며, 이는 문서, 스프레드시트, 프레젠테이션에 대한 공동 편집 기능을 제공하는 생산성 도구 모음이다. 구글의 클라우드 기반 기업용 생산성 도구인 구글 워크스페이스 역시 구글 드라이브와 연동된다. 구글 사이트는 여러 사용자가 공동으로 작업하고 파일을 공유할 수 있는 팀 중심의 온라인 웹사이트를 빠르게 생성할 수 있도록 지원한다.

마이크로소프트 팀즈와 마이크로소프트 셰어포인트

마이크로소프트 팀즈는 도입 사례에서 소개된 바와 같이 사람들이 대화를 나누고, 파일을 공유하며, 팀원과 실시간으로 협업할 수 있는 커뮤니케이션 및 협업 플랫폼이다. 마이크로소프트 팀즈는 종종 마이크로소프트 셰어포인트와 통합되어 사용된다. 셰어포인트는 조직이 콘텐츠, 지식, 애플리케이션을 공유하고 관리할 수 있도록 지원하는 협업 및 문서 관리 서비스이다. 설치형과 클라우드 기반 버전 모두 제공된다. 셰어포인트는 웹 기반 인터페이스를 가지고 있으며, 마이크로소프트 365 같은 생산성 도구와 긴밀하게 연동된다. 셰어포인트 소프트웨어를 통해 직원은 문서를 공유하고, 마이크로소프트 문서를 기반으로 프로젝트에 협업할 수 있다.

셰어포인트는 내부 웹사이트를 호스팅하는 데 사용될 수 있으며, 하나의 중앙 작업 공간에서 정보를 체계적으로 구성하고 저장할 수 있다. 이를 통해 팀은 작업 활동을 조정하고, 문서를 공동으로 작성하고 게시하며, 업무 목록을 관리하고, 워크플로를 구현하며, 위키(wiki)와 블로그를 통해 정보를 공유할 수 있다. 사용자는 문서의 버전 관리와 보안 설정을 제어할 수 있다. 셰어포인트는 정보를 한곳에 저장하고 정리하기 때문에 사용자는 과업, 프로젝트, 문서에 협력하면서 필요한 정보를 빠르고 효율적으로 찾을 수 있다. 또한 엔터프라이즈 검색 도구를 통해 사람, 전문성, 콘텐츠를 쉽게 찾을 수 있으며, 소셜 기능도 포함되어 있다.

AI와 협업

인간-AI 협업(human-AI collaboration)은 사람과 AI 시스템이 각자의 상호보완적인 강점을 결합하여 공동의 목표를 달성하기 위한 상호작용을 의미한다. 인간과 AI가 각자 독립적으로 작업하는 것이 아니라 서로의 역량을 결합하여 시너지를 창출함으로써, 사람이나 AI 단독으로 작업할 때보다 더 나은 결과를 도출하는 방식이다.

인간-AI 협업
사람과 AI 시스템이 각자의 상호보완적인 강점을 결합하여 공동의 목표를 달성하기 위한 상호작용을 의미한다.

AI 기술은 회의 일정 잡기, 회의록 자동 작성, 이메일 음성 입력 등 팀 협업을 지원하는 다양한 업무에서 사람을 보조할 수 있다. 또한 AI는 정보 수집과 데이터 처리, 워크플로 간소화 등의 작업을 수행하여 사람의 부담을 줄이고, 창의적 사고와 판단이 필요한 고차원적 업무에 집중할 수 있도록 해준다. 최근 AI 기술이 더욱 정교하고 강력해지면서 인간과 AI가 함께 아이디어를 도출하거나 문제 해결 방안을 공동으로 만들어내는 형태의 협업도 가능해지고 있다. 표 2.4는 이러한 인간-AI 협업의 다양한 활용 사례를 보여준다.

기술 사례 '신약 발견과 개발을 가속화하는 AI'에서는 신약 개발 분야에서의 최근 인간-AI 협업 사례를 다루었다. 제약 산업은 더 빠르고 저렴하게 신약을 발견하고 개발하라는 압력을 점점 더 받고 있으며, AI는 높은 실패율과 긴 개발 기간 등 오랜 과제를 극복하기 위한 유망한 도구로 주목받고 있다.

표 2.4 인간-AI 협업 애플리케이션의 예

업무	사례
의료 진단	AI 알고리즘은 엑스레이, MRI, 초음파, CT, 심전도, 심장초음파 등 의료 영상을 분석하여 이상 징후를 탐지하고, 의료진이 질병을 더 정확하고 신속하게 식별하고 진단할 수 있도록 지원한다. 방사선 전문의는 AI 알고리즘과 협업하여 분석 결과를 검증하고 복잡한 사례를 해석하며 최종 진단을 내린다. 존슨앤드존슨(Johnson & Johnson)은 아누마나(Anumana), 메이요클리닉(Mayo Clinic)과 함께 폐 고혈압 조기 진단용 AI 알고리즘을 개발 중이며, 울트로믹스(Ultromics Ltd.), 앳만 헬스(Atman Health)와 함께 심장 아밀로이드증 진단을 위한 유사한 프로젝트도 진행하고 있다.
제품 매력도 향상을 위한 리뷰 통합 및 요약	CarMax의 검색 최적화 팀은 GPT-3.5 언어 모델을 활용하여 요청된 자동차 브랜드와 모델에 대한 온라인 고객 리뷰 5,000개를 통합·요약했다. GPT-3.5는 설문 데이터를 요약해 설명문을 생성했고, 사람의 검토를 거쳐 해당 설명이 회사 웹사이트에 게시되었다.
금융 상품 매매 선택	JP모건체이스(JP Morgan Chase)의 트레이더들은 ChatGPT와 유사한 모델과 협업하여 지난 25년간 미국 연방준비제도의 연설 내용을 분석하고, 이를 통해 거래 신호를 파악하여 투자 전략에 활용하고 있다.
맞춤형 제조를 위한 인간-AI 협업	바이오닉워크플레이스(BionicWorkplace)의 지능형 협업 워크스테이션은 사람과 함께 맞춤형 단기 생산 작업을 수행한다. 이 시스템은 작업자의 효율성과 안전성을 높여준다. 워크스테이션은 바이오닉 팔, 다양한 보조 시스템과 도구를 갖추고 있으며, 센서와 카메라 시스템을 통해 작업자, 부품, 도구의 위치를 인식한다. 이 데이터를 활용하여 사람과 로봇 간의 최적 작업 순서를 계산하고 목표 제품을 제조한다. 이 시스템은 각 작업으로부터 지속적으로 학습하며, 사용자는 제스처, 터치, 음성을 통해 직관적으로 제어할 수 있다.

기술 사례 신약 발견과 개발을 가속화하는 AI

AI 기반 협업의 가장 유망한 활용 사례 중 하나는 신약 발견 및 개발 분야이다. 신약 발견은 새로운 의약품을 찾아내는 과정이며, 신약 개발은 발견된 신약을 시장에 출시하기까지의 전체 절차를 말한다. 과거에는 전통적인 약제에서 유효 성분을 추출하거나 우연히 약효를 발견하는 방식으로 신약이 개발되었다. 최근에는 인공 합성 저분자, 천연물, 추출물 등으로 구성된 화합물 라이브러리를 활용하여 살아 있는 세포나 생물체를 대상으로 약효가 있는 물질을 탐색하는 방식으로 발전하고 있다.

연구자는 효과적인 화합물이 될 가능성이 있는 분자를 선별하기 위해 수많은 반복 실험을 수행해야 한다. 그러나 어떤 화학 구조가 원하는 생물학적 효과를 낼지는 예측하기 어려워, 유망한 화합물을 실제 약물 후보로 정제하는 과정은 비용이 많이 들고 시간이 오래 걸리는 일이다. 새로운 신약이 허가를 받아 사용되기까지는 보통 10~15년 이상이 걸리기도 한다.

자연에서든 인공적으로든 질병 관련 단백질 표적에 효과가 있는 분자를 발견하는 일은 매우 드물다. 유망한 화합물 중에서도 임상시험에 들어가는 것은 극히 일부이며, 실제로 승인되는 의약품은 그보다 더 적다. 특정 유전자나 단백질에 작용할 가능성이 있는 화합물을 찾기 위해 수천 개의 화합물이 실험실에서 테스트된다. 유망한 화합물이 발견되면 해당 화학 구조를 기반으로 효과는 극대화하고 부작용은 최소화하는 신약 후보를 개발하게 된다.

AI 기술은 신약 발견을 여러 측면에서 크게 도와주고 있다. 예를 들어 화합물의 특성을 예측하여 효과가 없을 가능성이 높은 물질에 시간과 자원을 낭비하지 않도록 해준다. 수천 장의 세포 이미지를 사람이 일일이 분석하는 반복 작업을 줄이는 데도 유용하다. 또한 AI는 완전히 새로운 화합물 아이디어를 창출하는 협업 도구로도 활용되고 있으며, 신약 발견 속도를 획기적으로 높이고 있다.

AI는 정밀의료를 향한 진보를 이끌며, 보다 정밀한 치료법 개발을 가능하게 한다. 예를 들어 종양학 분야에서는 AI 알고리즘을 생검 영상에 적용하여 종양 간의 미세한 차이를 식별하고, 특정 유전자 돌연변이가 존재하는 환자군을 구분할 수 있다. 연구자는 이러한 분석 결과를 활용하여 해당 환자 집단에 최적화된 맞춤형 약물을 개발할 수 있다. AI 알고리즘은 화합물의 독성 가능성도 예측할 수 있어, 실험적으로 테스트해야 하는 화합물 수를 줄여준다. 또한 부작용이 적은 선택성 높은 약물을 설계하는 데도 활용된다.

임상시험에서 가장 큰 도전 과제 중 하나는 시험 조건에 부합하는 환자를 효율적으로 모집하고 등록하는 것이다. 고급 분석 기술은 미국 전체 인구를 대표할 수 있는 다양한 환자군이 치료를 받을 가능성이 높은 의료기관과 지역을 파악하는 데 도움을 준다. 연구자는 이런 기관에서 대상 환자를 모집하여 임상시험에 참여시킬 수 있으며, 이는 질병 영향을 받는 환자군을 대표하는 시험 설계에 매우 중요하다.

예를 들어 존슨앤드존슨은 AI와 머신러닝(ML) 알고리즘을 대규모 익명화된 데이터세트에 적용하여 다양한 의료 및 사회경제적 배경을 지닌 환자들이 치료받는 임상 연구 기관을 찾아내고 있다. 이 환자들은 실험 중인 신약의 잠재적 수혜자가 될 수 있으며, 임상시험 결과를 보다 대표성과 균형이 있는 방향으로 설계하는 데 기여한다. 임상시험 운영팀은 이러한 신규 기관이 실제 임상시험에 등록될 가능성을 평가하게 된다.

또 다른 주요 제약사인 머크(Merck & Co.)는 조직 내 다양한 팀이 AI를 어떻게 활용할지 모색 중이다. 머크는 베리에이셔널 AI(Variational AI)의 엔키(Enki) 플랫폼과 협업하여 자사 목표 제품 프로파일(Target Product Profile, TPP)에 맞는 신규 저분자 화합물을 생성하고 있다. TPP는 제품이 가져야 할 이상적인 특성을 정의한 문서로, 엔키는 TPP의 입력값에 따라 화합물을 생성한다(이는 텍스트 프롬프트에 따라 이미지를 생성하는 DALL-E나 Midjourney와 유사하다). 사용자가 원하는 타깃과 피하고 싶은 타깃을 설정하고 다른 속성을 선택하면 엔키는 이에 부합하는 분자 구조를 생성한다. 머크는 벤치사이(BenchSci), 아톰와이즈(Atomwise), C4테라퓨틱스(C4 Therapeutics), ACMED 등과도 AI 기반 신약 발견 및 개발 프로젝트를 진행 중이다.

많은 기업의 AI 활용은 자체 개발한 독자적 AI 플랫폼을 기반으로 이루어지고 있으며, 이를 통해 자사의 연구 자산을 발견하고 발전시킨다. 예를 들어 엔키 플랫폼을 활용하면 화학자는 직접 생성형 AI 모델을 개발하지 않아도 TPP를 입력해 수일 내로 다양하고 선택성 높으며 합성이 가능한 신규 화합물 구조를 도출해 신속하게 후보 물질 최적화 단계로 진입할 수 있다.

출처: AI in Drug Discovery," Emdgroup.com, accessed August 26, 2024; Nick Paul Taylor, "Merck Finds Drug Discovery DALL-E, Becoming Early User of Generative AI Tool," Fiercebiotech.com, January 25, 2024; Variational AI, "Variational AI Announces Generative AI Project with Merck," Variational.ai, January 25, 2024; Ashley Welch, "Artificial Intelligence is Helping Revolutionize Healthcare as We Know It," Jnj.com, September 13, 2023.

문제

1. 왜 신약 발견은 AI 응용에 적합한가?
2. AI 응용 기술이 신약 발견 과정을 어떻게 개선했는지 설명하라.

2.6 소셜 비즈니스 도구

앞서 살펴본 협업 도구와 기술 중 상당수는 소셜 비즈니스를 지원하는 기능을 포함하고 있다. 그러나 이 목적을 위해 더 특화된 도구도 존재하며, 여기에는 전사적 소셜 네트워킹 도구, 가상 세계 및 메타버스 플랫폼 등이 포함된다.

표 2.5 전사적 소셜 네트워킹 소프트웨어 기능

기능	설명
프로필	학력, 관심사 등 구성원의 프로필을 설정하는 기능. 업무와 관련된 사항과 전문 지식(기술, 프로젝트, 팀) 포함
콘텐츠 공유	문서, 발표 자료, 이미지, 동영상 등 콘텐츠 공유, 저장, 관리
피드 및 알림	실시간 정보 스트림, 상태 업데이트, 지정된 개인 및 그룹의 공지
그룹 및 팀 작업 공간	정보 공유를 위한 그룹 설정, 문서 공동 작업, 프로젝트 공동 진행. 개인과 공공 그룹 설정 기능과 팀 지식을 보존을 위한 대화 내용 아카이브 기능 보유
태그 및 소셜 북마크	페이스북의 '좋아요' 버튼과 비슷하게 특정 콘텐츠에 선호도를 지정. 사람들이 좋아하는 콘텐츠를 식별하기 위해 태그를 통해 키워드 추가
사용 권한 및 개인정보	주어진 범주 내에 있도록 개인정보를 확실하게 보호하는 기능. 전사적 소셜 네트워크에서 누가 어떤 정보를 볼 수 있는지 사용 권한을 설정할 필요성이 있음

전사적 소셜 네트워킹 도구

전사적 소셜 네트워킹 도구는 프로필, 업데이트, 알림 등을 통해 조직 구성원들을 연결함으로써 비즈니스 가치를 창출한다. 이는 페이스북의 기능과 유사하지만 기업 내부 활용에 맞게 조정된 형태이다. 대표적인 예로 세일즈포스 채터(Salesforce Chatter)와 마이크로소프트 비바 인게이지(Microsoft Viva Engage)가 있다. 표 2.5에서 이러한 내부 소셜 기능에 대해 더 자세히 설명했다.

가상 세계와 메타버스

가상 세계(virtual world)는 사용자가 아바타라고 불리는 그래픽 형태의 자아를 만들어 활동하는 온라인 3차원 환경이다. 현실 세계의 사람들은 이러한 아바타를 통해 가상 공간에서 만나고, 상호작용하며, 제스처, 챗봇 대화, 음성 통신 등을 활용하여 아이디어를 교환한다. 이로 인해 가상 세계는 온라인 커뮤니케이션 및 협업 도구로서의 가능성을 지닌다. 초기 사례로는 세컨드라이프(Second Life)가 있다. 오늘날 가상 세계에 대한 관심은 메타버스로 집중되고 있으며, 이에 대해서는 4장과 7장에서 더 자세히 설명하겠다. 메타버스는 사회적 연결에 초점을 둔 3차원 가상 세계의 초기 형태로, 사람들이 가상 아바타를 통해 상호작용하고, 비즈니스를 수행하며, 사회적 관계를 형성할 수 있는 공간이다.

가상 세계
사용자가 아바타라고 불리는 그래픽 형태의 자아를 만들어 활동하는 온라인 3차원 환경

다국적 전문 서비스 네트워크인 KPMG의 미국 및 캐나다 지사는 메타버스 내에 '협업 허브'를 구축했다. 이 허브는 직원, 파트너, 고객이 가상 팀 회의를 진행하고, 가상 화이트보드 등 다양한 도구를 활용하여 아이디어를 공유할 수 있는 비공개 공간이다. 이들은 메타버스 공간에서 교육 세션, 채용 면접, 직원 평가뿐만 아니라 KPMG의 서비스와 역량을 소개하는 회의도 진행할 수 있다(Strack, 2022).

2.7 협업 및 소셜 비즈니스 도구를 평가하는 방법

수많은 협업 및 소셜 비즈니스 도구와 서비스가 존재하는 가운데, 어떤 기술이 자사에 적합한지 어떻게 선택할 수 있을까? 이를 위해서는 각 도구가 해결하고자 하는 문제가 무엇인지 이해할 수 있는 프레임워크가 필요하다. 그림 2.8은 여러 협업 연구자가 개발한 시간/공간 기반 협업 및 소셜 비즈니스 도구 매트릭스로, 이 문제를 이해하는 데 도움이 된다.

이 시간/공간 매트릭스는 협업의 두 가지 차원, 즉 시간과 공간(장소 또는 위치)에 초점을 둔다. 예를

그림 2.8 시간/공간 기반 협업 및 소셜 비즈니스 도구 매트릭스

협업 및 소셜 비즈니스 기술은 상호작용이 동일한 시간과 장소에서 발생하는지, 또는 다른 시간이나 장소에서 발생하는지, 이러한 상호작용이 원격인지 또는 같은 장소(co-located)에서 이루어지는지에 따라 분류할 수 있다.

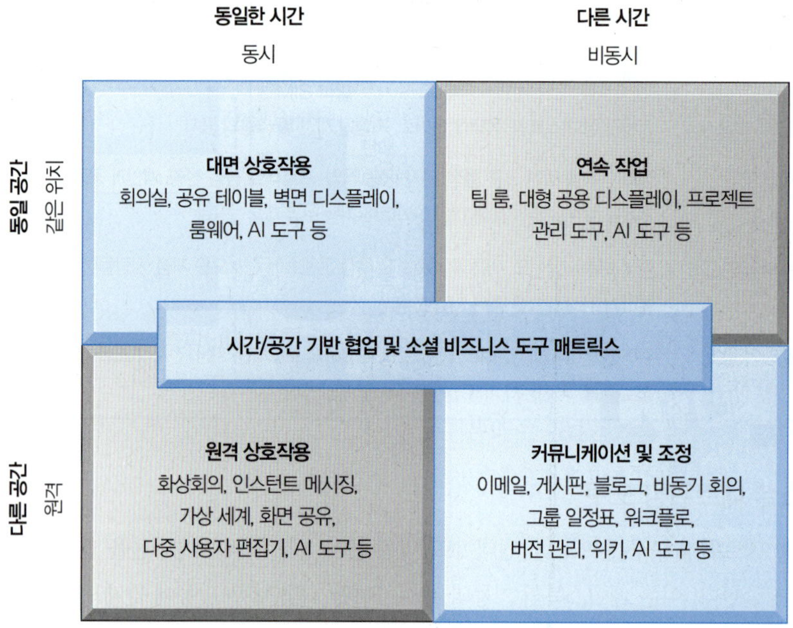

들어 다른 시간대의 사람들과 협업해야 할 때 같은 시간에 모두 회의에 참석하기는 어려울 수 있다. 예를 들어 뉴욕에서 자정일 때 뭄바이에서는 오전 10시 30분이므로 화상회의를 잡기가 쉽지 않다. 이처럼 시간은 글로벌 규모의 협업에서 명백한 장애물이다.

장소(위치) 역시 대규모 글로벌 기업이나 국내·지역 기반의 대기업에서 협업을 어렵게 만든다. 기업의 물리적 분산 구조(지점이 여러 곳에 있음), 출장 비용, 관리자의 시간 제약 때문에 대면 회의를 소집하는 것이 어려워진다.

앞서 설명한 협업 및 소셜 비즈니스 기술은 이러한 시간과 공간의 제약을 극복하기 위한 수단이다. 이 시간/공간 프레임워크를 활용하면 기업에 가장 적합한 협업 및 팀워크 도구를 선택하는 데 도움이 된다. 일부 도구는 둘 이상의 시간/공간 상황에 적용될 수 있다는 점도 주목해야 한다. 예를 들어 마이크로소프트 팀즈와 같은 협업 제품군은 동기적(IM, 회의 도구) 상호작용과 비동기적(이메일, 위키, 문서 편집) 상호작용을 모두 지원한다.

아래는 도구 선택을 위한 기본 단계이다. 이 6단계를 따르면 기업이 감당할 수 있는 예산과 위험 수준 내에서 적절한 협업 및 소셜 비즈니스 도구에 투자할 수 있을 것이다.

1. 기업이 시간과 공간 측면에서 직면한 협업 문제는 무엇인가? 기업의 상황을 시간/공간 매트릭스에 위치시킨다. 하나의 셀 이상에 해당될 수 있으며, 각 상황에 따라 서로 다른 협업 도구가 필요할 수 있다.
2. 기업이 문제를 겪고 있는 각 매트릭스 셀에서 사용할 수 있는 솔루션에는 어떤 것들이 있는가? 벤더 제품 목록을 작성하라.
3. 각 제품에 대해 기업에 대한 비용과 편익을 분석하라. 이때 사용자 교육 비용이나 정보시스템 부서가 관여할 경우 그 비용도 포함해야 한다.
4. 각 제품에 따른 보안 및 취약성 측면의 위험을 파악하라. 기업의 기밀 정보를 외부 서비스 제공업체의 인터넷 시스템에 맡길 의향이 있는가? 기업의 핵심 운영을 외부 업체가 운영하는 시스템에 노출할 수

있는가? 해당 벤더가 3~5년 뒤에도 존재할 가능성이 있는가? 벤더가 실패할 경우 다른 업체로 전환하는 데 드는 비용은 얼마나 되는가?

5. 잠재적 사용자의 의견을 들어 도입 및 교육과 관련된 문제를 파악하라. 어떤 도구는 다른 것보다 사용이 쉬울 수 있다.
6. 후보 도구를 선정하고, 해당 벤더에게 제품 시연을 요청하라.

단순히 적절한 디지털 커뮤니케이션 및 협업 도구를 선택하는 것만으로는 충분하지 않다. 조직은 이러한 도구가 실제로 생산적인 업무 방식으로 이어지는지 확인해야 한다. 기술에 대한 접근만으로는 잘못 설계된 비즈니스 프로세스나 뿌리 깊은 조직 문화를 바로잡을 수 없다.

2.8 지식관리시스템

협업, 의사결정, 일상적인 운영에 필요한 지식이 확보되지 않으면 협업과 지식 공유는 비효율적이고 효과적이지 않게 된다. 지식관리시스템은 이러한 필요를 해결하기 위한 구체적인 기능이다. **지식관리**(knowledge management)는 조직 내에서 지식을 생성, 저장, 이전, 활용하기 위해 개발된 일련의 비즈니스 프로세스를 의미한다.

> **지식관리**
> 조직 내에서 지식을 생성, 수집, 저장, 유지, 전파하기 위해 개발된 일련의 프로세스

기업의 지식 기반 핵심 역량(즉, 조직이 가장 잘할 수 있는 두세 가지 일)은 핵심적인 조직 자산이다. 다른 조직이 쉽게 모방할 수 없는 방식으로 업무를 효과적·효율적으로 수행하는 방법을 알고 있다는 것은, 경쟁사가 쉽게 구매할 수 없는 수익과 경쟁우위의 주요 원천이 된다.

예를 들어 독자적인 주문형 생산 시스템을 보유하고 있다면 그것은 일종의 지식이며, 다른 기업이 쉽게 복제할 수 없는 고유 자산이 될 수 있다. 지식을 갖춘 기업은 제한된 자원을 보다 효율적·효과적으로 활용할 수 있다. 반대로 지식이 부족한 기업은 자원을 덜 효율적·효과적으로 사용하게 되며, 결국 실패로 이어질 수 있다.

지식의 유형

오늘날 기업은 구조화된 지식 자산뿐만 아니라 준구조화된 지식 자산도 체계적으로 조직하고 관리할 필요가 있다. **구조화된 지식**(structured knowledge)은 보고서와 같은 공식 문서에 존재하는 **형식지**(explicit knowledge)이며, 전문가의 의사결정 행동을 관찰하여 조직이 도출한 공식적인 규칙 등도 여기에 포함된다.

> **구조화된 지식**
> 구조화된 문서와 보고서 형태로 표현된 지식

> **형식지**
> 문서화된 지식

그러나 전문가들에 따르면 조직의 비즈니스 콘텐츠 중 적어도 80% 이상은 비구조화되거나 준구조화된 지식에 해당한다. 이는 폴더, 메시지, 메모, 제안서, 이메일, 그래픽, 채팅 기록, 프레젠테이션 슬라이드, 다양한 형식으로 제작된 동영상 등에 포함된 정보로, 여러 위치에 분산 저장되어 있다.

또 어떤 경우에는 아예 공식 문서나 디지털 형태로 존재하지 않는 지식도 있는데, 이러한 지식은 직원의 머릿속에만 존재하며 이를 **암묵지**(tacit knowledge)라고 한다. 반면에 문서화된 지식은 형식지라고 부른다. 지식관리시스템은 이처럼 다양한 유형의 지식을 저장하고 검색할 수 있는 기능을 제공하며, 기업 내 직원의 전문성을 찾아내는 데도 활용된다.

> **암묵지**
> 조직 구성원의 전문성과 경험 중 공식적으로 문서화되지 않은 지식

지식관리시스템의 유형

지식관리시스템은 크게 세 가지 유형으로 나눌 수 있다. 전사적 지식관리시스템, 지식작업시스템, 지능형 기법이 그것이다. 그림 2.9에 이 세 가지 주요 유형을 정리했다.

전사적 지식관리시스템(enterprise-wide knowledge management system)은 디지털 콘텐츠와 지식을

> **전사적 지식관리시스템**
> 디지털 콘텐츠와 지식을 수집, 저장, 배포, 활용할 수 있도록 설계된 범용 전사적 시스템

그림 2.9 지식관리시스템의 주요 유형

지식관리시스템은 크게 세 가지 주요 유형으로 나뉘며, 각각은 보다 특화된 형태로 세분화될 수 있다.

지식작업시스템(KWS)
지식근로자가 새로운 지식을 발견하고 창출하며 이를 조직 내에 통합하는 데 도움을 주는 정보시스템

지능형 기법
데이터마이닝, AI 도구 등과 같은 기술로, 개인 및 집단의 지식을 포착하고, 방대한 데이터 속에서 패턴과 행동을 발견하며, 인간이 단독으로 해결하기 어려운 크고 복잡한 문제에 대한 해결책을 제시함으로써 의사결정을 지원한다.

수집, 저장, 배포, 활용할 수 있도록 해주는 범용의 전사적 시스템을 말한다. **지식작업시스템**(knowledge work system, KWS)은 엔지니어, 과학자, 기타 지식근로자가 새로운 지식을 발견하고 창출하며 조직에 통합할 수 있도록 지원하는 전문 정보시스템이다. 지식관리는 또한 다양한 **지능형 기법**(intelligent technique)을 포함한다. 여기에는 데이터마이닝, 머신러닝, 신경망과 딥러닝, 지능형 에이전트, 자연어 처리, 컴퓨터 비전 시스템, 로보틱스, 유전자 알고리즘, 퍼지 논리, 전문가 시스템 등의 AI 도구가 포함된다. 이러한 기술은 그 목적에 따라 다양하다. 예를 들어 데이터마이닝, 머신러닝, 신경망과 딥러닝, 컴퓨터 비전 시스템은 지식을 발견하는 데 초점을 두고 있으며, 유전자 알고리즘은 문제에 대한 최적의 해법을 찾는 데 활용된다. 소프트웨어 에이전트나 로봇은 학습된 지식이나 내장된 지식을 바탕으로 특정 작업을 수행할 수 있고, 전문가 시스템은 컴퓨터 프로그램이 활용할 수 있는 규칙 형태로 지식을 정제해 활용한다. 전사적 지식관리시스템과 지식작업시스템은 다음 절에서 더 자세히 다루고, 지능형 기법은 11장과 12장에서 자세히 설명할 것이다.

전사적 지식관리시스템

전사적 지식관리를 위한 시스템에는 전사적 콘텐츠 관리 시스템뿐만 아니라 협업 및 소셜 비즈니스 도구와 같은 지원 기술, 다양한 형태의 직원 학습과 교육을 관리하는 시스템이 포함된다.

전사적 콘텐츠 관리(ECM) 시스템
조직이 구조화된 정보, 준구조화된 정보, 비구조화된 정보를 수집하고 관리할 수 있도록 도와주는 정보시스템으로, 문서, 보고서, 프레젠테이션, 모범 사례 등을 위한 통합 저장소를 제공한다.

분류법
사전에 정의된 체계에 따라 사물이나 개념을 분류하는 방법

전사적 콘텐츠 관리 시스템

조직은 **전사적 콘텐츠 관리 시스템**[enterprise content management(ECM) system]을 활용하여 구조화된 정보, 반구조화된 정보, 비구조화된 정보 등을 수집하고 관리할 수 있다. 지식 관리를 위한 핵심 과제 중 하나는 정보를 의미 있는 범주로 구성하여 쉽게 접근할 수 있도록 하는 적절한 분류 체계 또는 **분류법**(taxonomy)을 만드는 것이다. 일단 지식을 분류할 범주가 정해지면 각각의 지식 객체에 '태그'를 달아 분류함으로써 쉽게 검색할 수 있도록 해야 한다. ECM 시스템은 지식의 수집, 태깅, 저장, 검색, 배포, 보존 기능을 제공한다. 이 시스템은 기업의 데이터베이스 및 콘텐츠 저장소와 연동되며, 정보 자원에 대한 단

그림 2.10 전사적 콘텐츠 관리 시스템

전사적 콘텐츠 관리 시스템은 구조화된 지식, 반구조화된 지식, 비구조화된 지식을 분류하고 조직하며 관리할 수 있는 기능을 갖추고 있으며, 이를 조직 전체에서 활용할 수 있도록 한다.

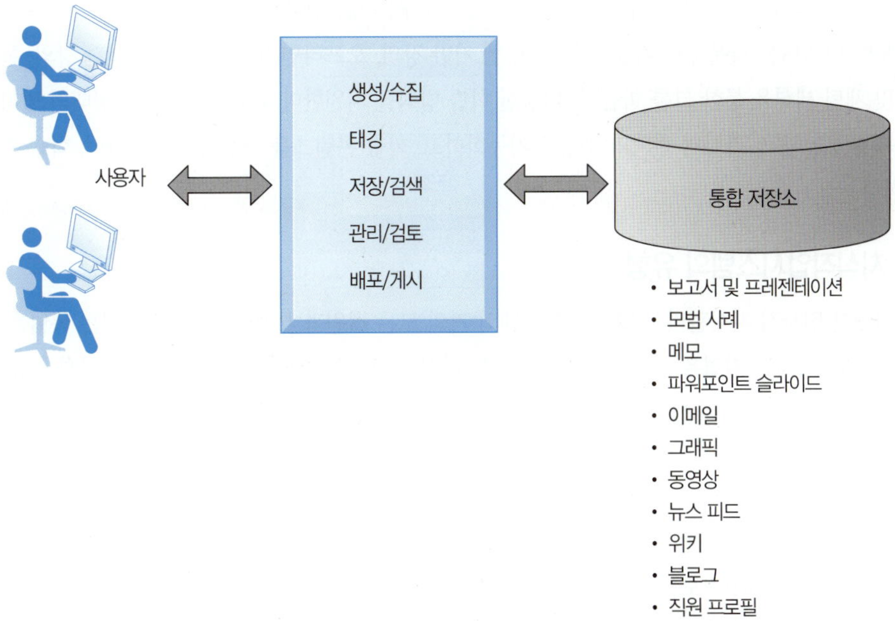

일 접점을 제공하는 전사적 지식 포털을 구축하는 데 사용될 수 있다. 대표적인 ECM 시스템 소프트웨어 공급업체로는 오픈텍스트(OpenText), IBM, 오라클(Oracle)이 있다.

그림 2.10은 ECM 시스템이 어떻게 작동하는지를 보여준다. 이러한 시스템은 문서, 보고서, 프레젠테이션, 모범 사례 등을 포함하는 통합 저장소를 갖추고 있으며, 이메일과 같은 준구조화된 지식과 이미지, 오디오 파일, 영상 등과 같은 비구조화된 지식을 수집하고 조직화할 수 있는 기능도 제공한다.

대형 ECM 시스템은 또한 뉴스 피드나 연구 자료와 같은 외부 정보에 접근할 수 있게 하며, 이메일, 채팅/인스턴트 메시지, 토론 그룹, 화상회의를 통한 커뮤니케이션도 지원한다. 최근에는 블로그, 위키, 기타 전사적 소셜 네트워킹 도구도 통합되고 있다. **위키**(wiki)는 사용자가 웹페이지 개발이나 프로그래밍 기술에 대한 지식 없이도 텍스트 콘텐츠와 그래픽을 쉽게 작성하고 편집할 수 있도록 해주는 협업형 웹사이트의 일종이다. 가장 잘 알려진 공개 위키는 위키피디아(Wikipedia)로, 전 세계에서 가장 큰 협업 편집 백과사전 프로젝트이다. 위키는 기업의 지식과 인사이트를 저장하고 공유하는 데 매우 유용한 도구이다.

위키
웹페이지 개발이나 프로그래밍 기술에 대한 지식 없이도 사용자가 콘텐츠를 쉽게 추가, 삭제, 수정할 수 있는 협업형 웹사이트

기업 내 전문가를 찾고 전문 지식을 공유하기 위한 시스템

기업이 필요로 하는 지식 중 일부는 디지털 문서 형태가 아니라 기업 내 개별 전문가의 기억 속에 존재하는 암묵지이다. 최신 ECM 시스템과 2.5절과 2.6절에서 설명한 협업 및 소셜 비즈니스용 시스템에는 전문가를 찾고 해당 지식을 활용할 수 있는 기능이 포함되어 있다. 이러한 기능에는 기업 전문가의 온라인 디렉터리와 프로필이 포함되며, 해당 프로필에는 직무 경험, 프로젝트, 출판물, 학위 등의 세부 정보와 전문가가 생성한 콘텐츠 저장소가 포함된다. 특화된 검색 및 협업 도구는 직원들이 조직 내에서 적절한 전문가를 더 쉽게 찾을 수 있도록 지원한다. 기업 외부의 지식 자원을 위해서는 소셜 네트워킹 및 소셜 비즈니스 도구를 활용하여 사용자가 관심 있는 웹페이지를 북마크하고, 해당 북마크에 키워드를 태그하고, 이 태그와 웹페이지 링크를 다른 사람들과 공유할 수 있도록 한다.

학습관리시스템

학습관리시스템(LMS)
직원 학습의 다양한 유형을 관리, 제공, 추적, 평가할 수 있는 도구

기업은 직원 교육 과정을 체계적으로 관리하고 이를 지식관리 및 기타 전사 시스템과 보다 긴밀하게 통합할 수 있는 방법이 필요하다. **학습관리시스템**(learning management system, LMS)은 다양한 형태의 직원 학습과 교육을 관리, 제공, 추적, 평가할 수 있는 도구를 제공한다.

현대적인 LMS는 다운로드 가능한 동영상, 웹 기반 강의, 오프라인 또는 온라인 실시간 강의, 온라인 포럼 및 채팅 세션을 통한 그룹 학습 등 다양한 학습 방식을 지원한다. LMS는 다양한 형태의 멀티미디어 교육을 통합하고, 과정의 선택과 운영을 자동화하고, 학습 콘텐츠를 구성하고 제공하며, 학습 효과를 측정한다.

주요 지식작업시스템의 유형

앞서 설명한 전사적 지식관리시스템은 조직 내의 거의 모든 직원과 부서가 사용할 수 있는 폭넓은 기능을 제공한다. 하지만 기업은 지식근로자가 새로운 지식을 창출하고, 이를 비즈니스에 적절히 통합할 수 있도록 지원하는 전문화된 시스템도 보유하고 있다.

지식근로자와 지식작업

1장에서 소개한 지식근로자에는 연구자, 디자이너, 건축가, 과학자, 엔지니어 등이 포함되며, 이들은 주로 조직을 위한 지식과 정보를 창출하는 역할을 한다. 지식근로자는 일반적으로 높은 수준의 교육을 받았으며, 전문 직능 단체에 소속되어 있는 경우가 많고, 업무 과정에서 독립적인 판단을 내리는 것이 일상적인 업무의 일부로 요구된다. 예를 들어 지식근로자는 새로운 제품을 개발하거나 기존 제품을 개선하는 방법을 찾아낸다. 이들은 조직 전체와 조직 내 관리자의 업무에 매우 중요한 핵심 역할을 수행한다.

지식작업시스템의 요건

그림 2.11은 지식작업시스템에 요구되는 사항을 요약한 것이다. 대부분의 지식근로자는 사무실 내 생산성을 높이기 위해 워드프로세서, 메시징, 이메일, 화상회의, 협업 도구, 일정 관리 시스템과 같은 기본적인 도구를 사용한다. 그러나 지식근로자는 이와 더불어 강력한 그래픽 처리 기능, 분석 도구, 커뮤

그림 2.11 지식작업시스템의 요구사항

지식작업시스템은 특화된 하드웨어 및 소프트웨어 외에도 외부 지식베이스와의 강력한 연계가 필요하다.

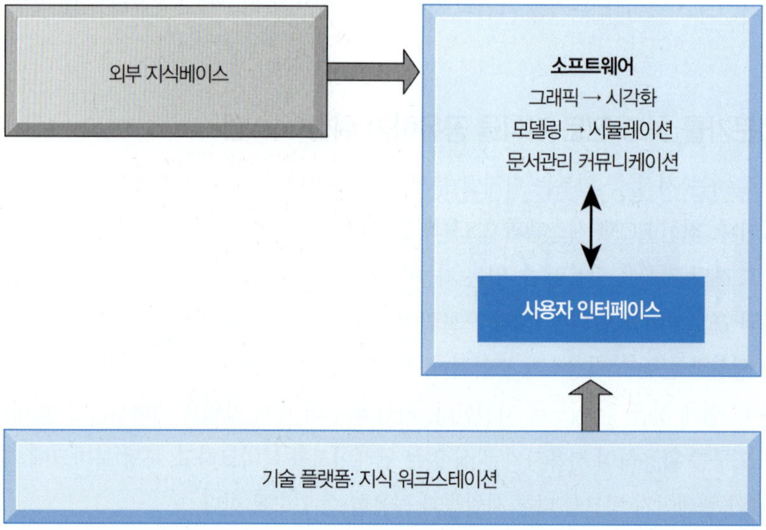

니케이션 및 문서 관리 기능이 탑재된 고도로 전문화된 지식작업시스템도 필요로 한다. 예를 들어 그래픽 디자이너의 지식 워크스테이션은 일반 데스크톱 컴퓨터보다 더 강력한 중앙처리장치(CPU), 더 많은 RAM(메모리), 대용량 파일을 위한 추가 저장 공간, 복잡한 디자인과 대형 파일 작업의 성능을 크게 향상하는 전용 그래픽 카드 또는 GPU(그래픽 처리 장치)를 포함하고 있다.

이러한 시스템은 과학 연구자, 엔지니어, 제품 디자이너 등과 같은 지식근로자가 필요로 하는 정교한 그래픽 작업이나 복잡한 계산을 원활히 처리할 수 있을 만큼 충분한 컴퓨팅 성능을 갖춰야 한다. 또한 지식근로자는 외부 세계로부터 지식을 받아야 하므로 이 시스템은 외부 데이터베이스에 빠르고 쉽게 접근할 수 있는 기능도 제공해야 한다. 일반적으로 사용하기 쉬운 인터페이스를 갖추고 있어야 하며, 사용자가 시스템을 배우는 데 많은 시간을 들이지 않고도 필요한 작업을 수행할 수 있어야 한다. 지식근로자는 고임금 인력이기 때문에 이들의 시간을 낭비하는 것은 곧 기업의 큰 손실로 이어진다.

2.9 정보시스템 기능의 역할

오늘날 기업이 운영되기 위해 정보시스템이 필요하며, 다양한 종류의 시스템을 사용하고 있다는 점을 살펴보았다. 그렇다면 이러한 시스템은 누가 운영하는가? 최종사용자는 비즈니스 관점에서 시스템을 관리하지만, 기술적인 관리는 별도의 정보시스템 기능이 필요하다. 소규모 기업을 제외한 대부분의 기업에서는 **정보시스템 부서**(information system department)가 조직 내 IT 서비스를 담당하는 공식적인 조직 단위이다. 정보시스템 부서는 기업의 IT 인프라를 구성하는 하드웨어, 소프트웨어, 데이터 저장소, 네트워크를 유지·관리하는 역할을 맡고 있다. IT 인프라에 대해서는 5장에서 자세히 설명할 것이다.

정보시스템 부서
조직 내 IT 서비스를 담당하는 공식적인 조직 단위

정보시스템 부서

정보시스템 부서는 프로그래머, 시스템 분석가, 정보시스템 관리자 등으로 구성된 전문 인력으로 이루어진다. **프로그래머**(programmer)는 컴퓨터가 실행할 소프트웨어 명령어를 작성하는 고도로 훈련된 기술 전문가이다. **시스템 분석가**(system analyst)는 정보시스템 부서와 조직 내 다른 부서 간의 주요 연결자로서, 비즈니스 문제와 요구사항을 정보 요구사항과 시스템으로 전환하는 역할을 맡는다. **정보시스템 관리자**(information system manager)는 프로그래머와 분석가, 프로젝트 관리자, 물리적 시설 관리자, 통신 관리자, 데이터베이스 전문가 등으로 구성된 팀을 이끄는 리더이며, 컴퓨터 운영 및 데이터 입력 인력의 관리자 역할도 수행한다. 하드웨어 공급업체와 제조업체, 소프트웨어 회사, 컨설턴트 등 외부 전문가도 정보시스템의 일상 운영과 장기적인 계획에 자주 참여한다.

프로그래머
컴퓨터 소프트웨어 명령어를 작성하는 고도의 기술 전문 인력

시스템 분석가
비즈니스 문제와 요구사항을 정보 요구사항과 시스템으로 전환하며, 정보시스템 부서와 조직 내 다른 부서 간의 연결자 역할을 수행하는 전문가

정보시스템 관리자
정보시스템 부서 내 다양한 전문 인력 팀을 이끄는 관리자

많은 기업에서 정보시스템 부서는 **최고정보관리자**(chief information officer, CIO)가 총괄한다. CIO는 기업 내 IT와 정보시스템의 활용을 감독하는 고위 관리자이며, 오늘날의 CIO는 정보시스템 전문성과 더불어 강력한 비즈니스 감각도 갖추고 있어야 하며, 기술을 기업의 비즈니스 전략과 통합하는 데 리더십 역할을 수행해야 한다. 대규모 기업에서는 CIO 외에도 최고보안관리자(CSO), 최고지식관리자(CKO), 최고데이터관리자(CDO), 최고인공지능관리자(CAO), 최고프라이버시관리자(CPO) 등 다양한 고위직이 있으며, 이들은 모두 CIO와 긴밀히 협력한다.

최고정보관리자(CIO)
기업 내 IT 및 정보시스템 전반을 총괄하는 최고 관리자

최고보안관리자(chief security officer, CSO)는 기업의 정보시스템 보안을 총괄하며, 기업의 정보보안 정책을 실행할 책임이 있다(8장 참조). 정보시스템 보안과 물리적 보안이 분리되어 있는 경우, 이 직위는 최고정보보안관리자(CISO)라고도 불린다. CSO는 사용자와 정보시스템 전문가들에게 보안 교육을 실시하고, 경영진에게 보안 위협 및 사고에 대해 지속적으로 알리며, 보안 구현을 위한 도구와 정책을 유지·관리한다.

최고보안관리자(CSO)
정보시스템 보안을 총괄하며, 기업의 정보보안 정책을 실행하는 책임자

최고프라이버시관리자(CPO)
기업이 개인정보 보호 관련 법규를 준수하도록 관리·감독하는 책임자

정보시스템 보안과 개인정보 보호의 중요성이 점점 커짐에 따라, 많은 개인정보를 수집하는 기업은 **최고프라이버시관리자**(chief privacy officer, CPO)라는 직책을 따로 두고 있다. CPO는 기업이 개인정보 보호 관련 법규를 준수하도록 관리·감독하는 역할을 한다.

최고지식관리자(CKO)
기업의 지식관리 프로그램을 총괄하는 책임자

최고지식관리자(chief knowledge officer, CKO)는 기업의 지식관리 프로그램을 총괄하며, 새로운 지식의 원천을 발견하거나 기존 지식을 조직과 경영 프로세스에서 더 잘 활용할 수 있도록 프로그램과 시스템을 설계하는 일을 담당한다.

최고데이터관리자(CDO)
기업이 보유한 데이터를 통해 얻을 수 있는 가치를 극대화하기 위해 정보의 전사적 거버넌스와 활용을 총괄하는 책임자

최고데이터관리자(chief data officer, CDO)는 기업이 보유한 데이터를 통해 얻을 수 있는 가치를 극대화하기 위해 정보의 전사적 거버넌스와 활용을 총괄하는 역할을 한다. CDO는 기업이 필요에 맞는 적절한 데이터를 수집하고, 데이터를 분석하기 위한 적절한 기술을 도입하며, 그 분석 결과를 비즈니스 의사결정에 활용하도록 관리한다. 이 직책은 조직이 생성하고 수집하는 방대한 양의 데이터를 효과적으로 다루기 위해 등장하게 되었다(6장 참조).

최고인공지능관리자(CAIO)
기업의 AI 기술 전략 수립, 도입, 실행, 모니터링 전반을 총괄하는 책임자

최근 C레벨 직책에 새롭게 추가되고 있는 역할 중 하나는 **최고인공지능관리자**(chief AI officer, CAIO)이다. CAIO는 기업의 AI 전략 수립, 기술 도입, 실행 및 모니터링 전반을 총괄하는 고위 임원이다. 이 직책은 비즈니스에 대한 깊은 이해, AI 및 관련 기술에 대한 전문성, 규제에 대한 인식이 요구된다.

최종사용자
정보시스템 부서 외부의 각 부서를 대표하며, 이들을 위해 애플리케이션이 개발되는 사용자

최종사용자(end user)는 정보시스템 부서 외부의 각 부서를 대표하는 사람들로, 이들을 위한 애플리케이션이 개발된다. 최근 이 사용자들은 정보시스템 설계 및 개발 과정에서 점점 더 중요한 역할을 수행하고 있다.

컴퓨터가 도입된 초기에는 정보시스템 부서가 대부분 전문 기술을 가진 프로그래머들로 구성되어 있었고, 이들은 한정된 기술적 기능만을 수행했다. 그러나 오늘날에는 시스템 분석가와 네트워크 전문가의 비중이 커지고 있으며, 정보시스템 부서는 조직 내에서 강력한 변화 주도자의 역할을 하고 있다. 이 부서는 새로운 비즈니스 전략과 정보 기반 제품 및 서비스를 제안하고, 기술 개발과 조직 내 변화 계획을 함께 조율한다.

정보시스템 기능의 조직화

IT 거버넌스
조직 내 IT의 사용에 대한 전략과 정책으로, IT가 조직의 전략과 목표를 효과적으로 지원할 수 있도록 하기 위한 의사결정 권한과 책임 구조를 명시하는 체계

정보시스템 부서를 어떻게 조직할 것인가는 IT 거버넌스라는 더 큰 문제의 일부이다. **IT 거버넌스**(IT governance)는 조직 내에서 IT를 어떻게 활용할 것인지에 대한 전략과 정책을 포함한다. 이는 IT의 활용이 조직의 전략과 목표를 효과적으로 지원할 수 있도록 의사결정 권한과 책임 구조를 명확히 규정하는 체계이다. 정보시스템 기능은 어느 정도까지 중앙집중화되어야 하는가? IT의 효과적인 관리와 활용, IT 투자에 대한 수익을 보장하기 위해 어떤 의사결정이 이루어져야 하는가? 이러한 결정을 누가 내려야 하며, 어떻게 의사결정이 이루어지고 모니터링되어야 하는가? IT 거버넌스 수준이 우수한 기업은 이러한 질문에 대해 명확한 해답을 가지고 있다.

2.10 이 장의 내용은 경력에 어떻게 도움이 되는가

이 장에서 다룬 정보는 당신이 실제 업무 현장에서 접하게 될 다양한 시스템의 유형과 그 시스템들이 비즈니스에서 어떤 역할을 수행하는지를 이해하는 데 도움을 줌으로써, 향후 진로를 발전시키는 데 기여할 수 있다. 이 장에서는 또한 협업, 팀워크, 지식작업의 중요성이 점점 커지고 있다는 점과, 이를 보다 효과적으로 수행할 수 있도록 도와주는 도구에 대해서도 설명한다. 협업 업무에 참여할 때 흔히 직면하게 되는 문제와 과제를 파악하고, 이를 해결하는 방법도 함께 익힐 수 있다.

실제 시나리오 프린세스크루즈의 수익 극대화를 지원하는 고객 성공 분석가

세계적으로 잘 알려진 크루즈선 브랜드인 프린세스크루즈(Princess Cruises)는 다양한 소매 프로모션을 활용하여 고객을 유치하고 시장 경쟁력을 유지하고 있다. 하지만 프린세스크루즈는 신규 및 기존 고객에게 어떤 프로모션이 가장 매력적인지를 측정 가능한 방식으로 확인할 필요가 있었다. 이에 프린세스는 고객 경험 분석에 전문성을 가진 마케팅 및 데이터 분석 회사인 해노버리서치(Hanover Research)의 서비스를 도입했다. 해노버의 데이터 분석팀은 프린세스크루즈의 고객 성공 분석가, 마케팅 부서 직원과 협업하여 탑승 크레딧이나 팁 무료 혜택 같은 특별 제안과 다양한 프로모션 캠페인 중 어떤 항목이 고객에게 가장 큰 호응을 얻는지를 분석했다. 분석 결과는 프린세스가 수익을 극대화할 수 있는 최적의 제안 조합을 파악하는 데 도움을 주었다.

직무 설명 및 경력 진로: 고객 성공 분석가

직무	직무 설명	IT 지식	진로 및 평균 연봉
고객 성공 분석가	고객이 회사의 제품이나 서비스를 통해 긍정적인 경험을 하도록 지원하는 역할을 한다. 고객 데이터와 피드백을 분석하여 고객 경험을 향상할 수 있는 개선점을 찾아내는 업무를 포함한다. 주요 업무는 다음과 같다. • 고객 만족도, 이탈률, 유지율 등의 고객 데이터 분석 • 설문조사 및 고객 인터뷰를 통해 고객 경험 및 참여도 개선 가능 영역 도출 • 고객의 니즈를 해결하기 위해 다양한 팀과 협업 • 제품 업데이트 및 기능에 대해 고객에게 지속적으로 커뮤니케이션	• 마이크로소프트 365 도구 활용 능력(엑셀, 워드, 파워포인트, 팀즈) • 세일즈포스 CRM 소프트웨어 사용 경험 • 태블로 등 데이터 분석 및 비즈니스 인텔리전스 플랫폼 활용 경험	• 고객 성공 분석가I(경력 0~2년): 45,000~60,000달러 • 고객 성공 분석가II (경력 2~4년): 60,000~75,000달러 • 고객 성공 매니저: 80,000~100,000달러 • 시니어 고객 성공 매니저: 125,000~140,000달러 (연봉은 지역, 산업군, 기업 규모에 따라 달라질 수 있음)

추가 경력 개발 자료

MyLab MIS에서는 IT 관련 지식을 요구하는 적절한 직무를 찾고, 효과적인 이력서를 작성하며, 면접을 준비하고, 비즈니스 지식, 응용 소프트웨어 활용 능력, 인터넷 활용 능력, 분석 역량 등을 보여주는 디지털 포트폴리오를 만드는 데 도움이 되는 다양한 경력 개발 자료를 확인할 수 있다.

사례 연구 가상 회의는 협업에 얼마나 도움이 되는가?

코로나19 팬데믹 동안 많은 조직이 줌과 마이크로소프트 팀즈와 같은 가상 회의 시스템을 도입하여 직원이 재택근무를 할 수 있도록 했다. 가상 회의 소프트웨어는 직원이 원격으로 업무를 수행하고 협업하는 데 도움을 주었으며, 관리자에게는 원거리에서도 직원을 관리할 수 있는 도구를 제공했다.

많은 직원이 다시 사무실로 복귀했지만 미국의 정규직 직원 중 약 13%는 여전히 재택근무를 하고 있으며, 약 28%는 며칠은 사무실에서, 며칠은 재택으로 일하는 하이브리드 근무 방식에 적응하고 있다. 그러나 가상 업무 방식이 일터에 자리 잡아가면서 조직은 협업 기술이 주는 장점과 위험에 더욱 주의를 기울여야 한다. 가상 회의 기술은 직원과 관리자에게 이로운가, 해로운가? 협업 과정에 얼마나 도움이 되거나 방해가 되는가?

2020년 많은 기업이 전면 원격근무로 전환한 이후 하루 회의 수가 증가했다. 가상 회의, 특히 잦은 회의는 이제 당연한 일이 되었으며, 이에 불만을 느끼는 사람도 많다. 팬데믹 이전에도 전체 관리자 중 70% 이상은 회의(대면이든 비대면이든)가 비용이 많이 들고 생산성이 낮다고 생각했다. 연구에 따르면, 회의에 너무 많은 시간을 할애하면 사람들의 심리적·신체적·정신적 건강에 부정적인 영향을 미친다. 과도한 회의는 업무 몰입 시간을 방해하고, 생각의 흐름을 끊으며, 협업의 질을 저하시킨다. 기업 규모와 관계없이 협업 요청의 양과 그 다양성이 직원을 압도하고 있으며, 이는 심각한 문제이다.

가상 회의의 빈도와 회의 자체의 특성뿐 아니라 기술 그 자체가 협업을 방해할 수도 있다. 카네기멜론대학교 테퍼경영대학원의 애니타 윌리엄스 울리(Anita Williams Wooley) 교수는 화상회의와 음성 기반 회의의 효과를 비교하는 연구를 진행했다. 서로 알지 못하는 두 사람이 팀을 이루어 협업 과제를 수행하도록 한 결과, 음성만 사용하는 팀이 더 높은 성과를 보였다. 이들은 말하는 순서와 음성 신호를 더 잘 맞추며 효과적인 협업을 수행했다. 울리 교수는 영상 통신이 오히려 음성 신호에 대한 집중을 방해하여 실제 업무 수행 능력을 떨어뜨릴 수 있다고 분석했다.

가상 회의는 회의 진행자와 참석자 모두에게 더 많은 복잡성을 유발한다. 사람들은 비언어적 신호가 없거나, 화면에 많은 얼굴이 보이고, 카메라를 통해 지속적으로 눈을 마주치거나 자기 얼굴을 보는 것에 익숙하지 않다. 자신의 모습을 실시간으로 확인하면서 말하거나 듣는 상황은 스트레스를 유발하며, 이러한 다양한 자극을 처리하면서 동시에 생각하고 말하는 것은 상당한 피로감을 준다. 이를 설명하기 위해 '줌 피로(Zoom fatigue)'라는 용어가 생겨났다. 가상 커뮤니케이션 플랫폼의 과도한 사용, 특히 화상회의의 과용은 피로, 불안, 번아웃을 유발할 수 있다.

2020년 미국 UNC 샬럿캠퍼스의 박사과정 학생들과 교수진은 미국과 유럽의 다양한 산업군에서 일하는 150명의 직원을 대상으로 가상 회의 경험을 조사했다. 조사에 응한 대부분의 사람들은 대면 회의보다 가상 회의에서 더 많은 피로와 탈진을 경험했다고 응답했다. 피로감은 회의 수나 일정 외에도 개인의 선호와 상황에 따라 달랐다. 일부 직원은 사회적 신호가 부족해 더 피곤하다고 느낀 반면, 어떤 사람은 이러한 비대면 형식이 더 편하다고 느꼈다. 이러한 다양한 요인을 관리자는 충분히 고려해야 한다.

가상 협업은 고립, 배제, 감시, 자기검열이라는 새로운 위험도 동반한다. 관리자가 가상 회의 기술에 과도하게 의존하면 직원과의 관계가 단절될 수 있다. 특히 기술이 덜 형식적인 사회적 상호작용을 대체하지 못하거나, 줌 피로가 심화될 경우 이런 고립감은 더욱 심해진다. 대면 상호작용의 기회가 줄어들수록 관리자-직원 간의 심리적 거리는 더욱 벌어진다.

또한 일부 직원은 가상 회의 기술로 인해 조직 활동에 충분히 참여하지 못할 수도 있다. 기술 숙련도나 업무 방식에 세대 간 또는 성격상의 차이가 있을 수 있으며, 이는 가상 회의에 대한 태도와 참여도에 영향을 줄 수 있다. 플랫폼은 활발하게 참여하는 사람을 드러나게 하고, 그렇지 못한 사람은 배제될 수 있다. 기술은 직장 내 '내부 집단'과 '외부 집단'을 새롭게 정의할 수도 있다.

많은 협업 기술은 사용자의 활동을 추적하고 사용 시간을 기록하는 기능을 갖추고 있다. 이 데이터는 사용자의 참여도를 보여주고, 직원의 생산성을 간접적으로 판단하는 데 활용될 수 있다. 예를 들어 마이크로소프트 팀즈는 사용자의 활동 데이터를 자동으로 분석하는 기능을 제공하며, 이 데이터를 바탕으로 협업 상황을 파악할 수 있다. 따라서 기업은 어떤 데이터가, 어떻게, 어떤 목적으로 수집되는지를 직원에게 명확히 알리는 것이 중요하다. 연구에 따르면 감시받고 있다는 인식은 관리자에 대한 신뢰를 떨어뜨리고, 성과와 만족도에도 부정적인 영향을 미친다.

협업 기술은 관리자와 직원 간의 자유로운 소통, 정보 공유를 가능하게 한다. 그러나 이 '열림'은 때때로 사람들이 '틀린 말을 하면 평가받을 것'이라는 두려움을 갖게 만들기도 한다. 어떤 직원은 온라인 회의가 녹화된다는 사실 때문에 자신의 생각을 솔직히 말하지 않을 수 있다. 협업 기술이 사용자 친화적일지라도 자기검열이 발생할 수 있으며, 이는 관리자 및 동료와의 관계를 깊게 만들 기회를 제한할 수 있다.

조직마다 상황은 다르지만, 가상 회의를 더 효과적이고 덜 피로하게 만드는 방법으로 다음과 같은 실천 방안이 있다.

- 불필요한 회의를 줄이고, 꼭 필요한 회의는 더 짧게 진행하기
- 문제 해결, 토론, 사회적 교류를 위한 소그룹 브레이크아웃 룸 사용하기
- 구글 문서처럼 구성원이 하루 종일 비동기적으로 기여할 수 있는 방식 도입하기
- 긴 회의 도중 및 연속 회의 사이에 휴식 시간 마련하기
- 회의를 적극적으로 진행 및 중재하고, 모두가 참여할 수 있도록 유도하기
- 가능하다면 '자기 얼굴 보기' 기능 끄기. 일부 회의에서 카메라 사용을 선택사항으로 전환하기
- 회의 없는 시간대 또는 요일을 설정하기

특히 마지막 항목은 매우 중요하다. 팀워크와 신뢰는 자주 이루어지는 질 높은 상호작용에서 생기지만, 더 많은 가상 회의가 이제는 그 해답이 아니다. 이에 따라 메타, 크로락스(Clorox), 슬랙, 아사나(Asana), 트윌리오(Twilio) 등 많은 기업이 '회의 없는 날'을 도입하여, 직원이 자신의 리듬에 따라 협업하고, 자율적인 속도로 일할 수 있도록 하고 있다.

영국 레딩대학교 헨리경영대학원의 벤 레이커 교수와 HR 전문가들은 50개국 이상에서 활동 중인 1,000명 이상의 직원을 둔 76개 기업을 조사했다. 이러한 기업은 2021년부터 주 1~5일 회의 없는 날(일대일 회의 포함)을 도입했다. 회의 축소 전후의 데이터를 비교한 결과, 회의 없는 날 도입 후 자율성, 커뮤니케이션, 참여도, 만족도가 모두 향상되었으며, 스트레스는 줄고 생산성은 상승했다.

회의 없는 날을 주 3회 도입한 기업에서 가장 좋은 결과가 나타났으며, 전체 회의의 약 60%를 제거한 결과 협업이 55% 향상되고 스트레스 위험은 57% 감소했다. 직원은 회의를 대체할 수 있는 더 적절한 방식으로 일대일 소통을 이어나갔으며, 자신에게 맞는 속도로 협업했다.

출처: Cloey Callahan, "How Asana and Slack's Meeting Purges Have Paid Off," Digiday.com, February 14, 2024; Burcu Bulgurcu et al., "Are Enterprise Social Platforms All Talk?" *MIT Sloan Management Review*, February 14, 2024; Benjamin Laker, "New Year, New Approach: Resolving the Meeting Load Paradox in 2024," Forbes.com, January 2, 2024; Katherine Haan, "Remote Work Statistics and Trends," Forbes.com, June 12, 2023; Tracy Patch, "8 Common Virtual Meeting Challenges and How to Overcome Them," Switchboard.app, June 9, 2023; Ben Laker et al., "The Surprising Impact of Meeting-Free Days," *MIT Sloan Management Review*, January 18, 2022; Lebene Soga et al., "Design Your Work Environment to Manage Unintended Tech Consequences," *MIT Sloan Management Review*, September 20, 2021; Rob Cross, "Easing the Invisible Burdens of Collaboration," *MIT Sloan Management Review*, September 14, 2021; Heidi Mitchell, "How Videoconferences Make It Harder for Employees to Collaborate," *Wall Street Journal*, June 10, 2021; Katie Kavanagh et al., "How to Combat Virtual Meeting Fatigue," *MIT Sloan Management Review*, March 30, 2021.

문제

1. 가상 회의 기술은 협업을 어떻게 향상하는가?
2. 가상 회의 기술은 협업을 어떻게 방해하는가? 이에 영향을 미치는 경영, 조직, 기술 요인을 구분하여 설명하라.
3. 조직은 협업 기술의 효과를 높이기 위해 무엇을 할 수 있는가?
4. 직원 수 500명의 회사가 원격근무와 협업을 지원하기 위해 가상 회의 기술을 도입하려고 할 때 어떤 사항을 고려해야 하는가?

요약

2.1 비즈니스 프로세스와 정보시스템의 관련성

비즈니스 프로세스는 특정한 비즈니스 과제가 어떻게 수행되는지를 정의하는 논리적으로 연결된 활동의 집합으로, 조직이 업무, 정보, 지식을 조정하는 고유한 방식을 나타낸다. 관리자는 비즈니스 프로세스가 조직의 실행력을 결정하기 때문에 이에 주의를 기울여야 하며, 이러한 프로세스는 전략적 우위의 원천이 될 수도 있다. 비즈니스 기능별로 고유한 프로세스가 존재하지만, 많은 프로세스는 여러 기능을 아우르는 교차 기능적 성격을 가진다. 정보시스템은 비즈니스 프로세스의 일부를 자동화하며, 조직이 이러한 프로세스를 재설계하고 효율화하는 데 기여할 수 있다.

2.2 다양한 관리 계층을 지원하는 정보시스템

운영 관리는 급여 처리나 주문 처리처럼 일상적인 거래를 추적하는 거래처리시스템(TPS)의 지원을 받는다. 경영정보시스템(MIS)은 TPS로부터 정보를 요약한 보고서를 중간 관리자에게 제공한다. 의사결정지원시스템(DSS)은 독특하고 급변하는 경영 의사결정을 고급 분석 모델을 통해 지원한다. MIS와 DSS는 관리자와 조직 구성원이 더 나은 결정을 내릴 수 있도록 비즈니스 인텔리전스(BI)를 제공한다. BI 시스템은 여러 계층의 관리를 지원하며, 고위 경영진을 위한 중역지원시스템(ESS)도 포함하는데, 이는 다양한 내부 및 외부 정보원을 활용하여 포털을 통해 그래프, 차트, 대시보드 형태의 데이터를 제공한다.

2.3 기업 성과를 개선하는 전사적 애플리케이션

전사적 애플리케이션은 조직 내 다양한 기능, 계층, 사업부 전반의 활동, 의사결정, 지식을 조정할 수 있는 시스템이다. 전사적(ERP) 시스템은 제조 및 생산, 재무 및 회계, 판매 및 마케팅, 인적자원관리 등 비즈니스 프로세스를 하나의 통합된 소프트웨어 시스템으로 연결한다. 공급사슬관리(SCM)시스템은 기업이 공급업체와의 관계를 관리하고, 계획, 소싱, 제조, 제품 및 서비스 배송을 최적화할 수 있도록 지원한다. 고객관계관리(CRM)시스템은 고객과 관련된 비즈니스 프로세스를 통합한다. 지식관리시스템(KMS)은 지식의 생성, 공유, 유통을 최적화한다. 인트라넷과 엑스트라넷은 인터넷 기술을 기반으로 한 기업의 사설 네트워크이며, 인트라넷은 내부용, 엑스트라넷은 외부 파트너에게 일부 접근을 허용하는 형태이다.

2.4 협업과 소셜 비즈니스 시스템의 중요성

협업은 명확한 공동 목표를 달성하기 위해 다른 사람들과 함께 일하는 것을 의미한다. 소셜 비즈니스는 내부 및 외부 소셜 네트워크 플랫폼을 활용하여 직원, 고객, 공급업체와의 관계를 강화하는 것으로, 협업을 더욱 촉진한다. 세계화, 의사결정의 분산, 상호작용 중심 업무의 증가로 인해 협업과 소셜 비즈니스는 점점 더 중요해지고 있다. 이는 혁신, 생산성, 품질, 고객 서비스를 향상하는 데 기여한다.

2.5 협업 도구

협업을 위한 도구와 기술에는 이메일, 인스턴트 메시징, 줌 및 마이크로소프트 팀즈와 같은 가상 회의 시스템, 클라우드 기반 파일 공유 서비스, 마이크로소프트 셰어포인트와 같은 기업용 협업 플랫폼, AI 기술이 포함된다.

2.6 소셜 비즈니스 도구

소셜 비즈니스를 위한 도구에는 세일즈포스 채터, 마이크로소프트 비바 인게이지와 같은 전사적 소셜 네트워크 도구, 가상 세계 및 메타버스 플랫폼이 포함된다.

2.7 협업 및 소셜 비즈니스 도구를 평가하는 방법

협업 및 소셜 비즈니스 도구를 평가할 때는 시간/공간 협업 도구 매트릭스를 활용한 6단계 실천 목록이 도움이 된다.

2.8 지식관리시스템

지식관리는 조직이 지식을 생성, 저장, 이전, 활용하기 위해 개발한 일련의 비즈니스 프로세스를 의미한다. 오늘날 기업은 구조화된 지식뿐만 아니라 준구조화된 지식과 비구조화된 지식까지 체계적으로 관리할 필요가 있다. 지식관리시스템은 전사적 지식관리시스템, 지식작업시스템(KWS), 지능형 기법의 세 가지 주요 유형으로 나뉜다. 전사적 지식관리시스템에는 전사적 콘텐츠 관리 시스템, 협업 및 소셜 비즈니스 도구, 학습관리시스템 등이 포함된다. KWS는 엔지니어, 과학자, 지식근로자가 새로운 지식을 발견하고 창출할 수 있도록 지원하는 전문 시스템이다. 지능형 기법에는 데이터마이닝과 다양한 AI 기술이 포함된다.

2.9 정보시스템 기능의 역할

정보시스템 부서는 조직 내 IT 서비스를 담당하는 공식 조직 단위이며, 하드웨어, 소프트웨어, 데이터 저장소, 네트워크 등 IT 인프라 전반을 유지·관리한다. 이 부서는 프로그래머, 시스템 분석가, 정보시스템 관리자 등으로 구성되며, 보통 최고정보관리자(CIO)가 총괄한다. 그 외에도 최고보안관리자(CSO), 최고프라이버시관리자(CPO), 최고지식관리자(CKO), 최고데이터관리자(CDO), 최고인공지능관리자(CAIO) 등의 고위 IT 관리 직책이 존재한다. IT 거버넌스는 조직 내 IT 활용을 위한 전략과 정책을 포함하며, 효과적인 IT 활용을 위한 의사결정 권한과 책임 구조를 명확히 규정한다.

주요 용어

가상 세계
거래처리시스템(TPS)
경영정보시스템(MIS)
고객관계관리(CRM)시스템
공급사슬관리(SCM)시스템
구조화된 지식
분류법
소셜 비즈니스
시스템 분석가
암묵지
위키
의사결정지원시스템(DSS)
인간-AI 협업
전사적 시스템
전사적 애플리케이션
전사적 지식관리 시스템
전사적 콘텐츠 관리 시스템(ECM system)
정보시스템 관리자
정보시스템 부서
조직 간 시스템
중역지원시스템(ESS)
지능형 기법
지식관리시스템(KMS)
지식작업시스템(KWS)
최고데이터관리자(CDO)
최고보안관리자(CSO)
최고인공지능관리자(CAIO)
최고정보관리자(CIO)
최고지식관리자(CKO)
최고프라이버시관리자(CPO)
최종사용자
텔레프레전스
팀
포털
프로그래머
형식지
협업
BI 대시보드
IT 거버넌스

복습문제

2.1 비즈니스 프로세스와 정보시스템의 관련성

- 비즈니스 프로세스를 정의하고, 그것이 조직에서 어떤 역할을 수행하는지 설명하라.
- 정보시스템과 비즈니스 프로세스 간의 관계를 설명하라.

2.2 다양한 관리 계층을 지원하는 정보시스템

- 비즈니스 인텔리전스 시스템을 정의하라.
- 거래처리시스템(TPS)의 특징과 그것이 기업 내에서 수행하는 역할을 설명하라.
- 경영정보시스템(MIS), 의사결정지원시스템(DSS), 중역지원시스템(ESS)의 특징을 설명하고, 각 시스템이 관리자의 의사결정에 어떻게 도움을 주는지 설명하라.

2.3 기업 성과를 개선하는 전사적 애플리케이션

- 전사적 애플리케이션이 기업 성과를 어떻게 향상하는지 설명하라.
- 전사적 시스템, 공급사슬관리(SCM)시스템, 고객관계관리(CRM)시스템, 지식관리시스템(KMS)을 정의하고, 이들이 제공하는 비즈니스상의 이점을 설명하라.

2.4 협업과 소셜 비즈니스 시스템의 중요성

- 협업과 소셜 비즈니스를 정의하고, 이들이 오늘날 비즈니스에서 왜 중요한지 설명하라.
- 협업과 소셜 비즈니스가 제공하는 비즈니스상의 이점을 나열하고 설명하라.
- 협업을 지원하는 조직 문화를 설명하라.

2.5 협업 도구

- 다양한 유형의 협업 도구와 기술을 나열하고 설명하라.
- AI 기술이 협업을 어떻게 지원하는지 설명하라.

2.6 소셜 비즈니스 도구

- 다양한 유형의 소셜 비즈니스 도구와 기술을 나열하고 설명하라.

2.7 협업 및 소셜 비즈니스 도구를 평가하는 방법

- 시간/공간 협업 및 소셜 비즈니스 도구 매트릭스를 설명하라.
- 어떤 협업 또는 소셜 비즈니스 도구를 평가할지 결정하기 위해 따라야 할 절차를 식별하라.

2.8 지식관리시스템

- 지식관리시스템이 조직이 구조화된 지식, 준구조화된 지식, 비구조화된 지식, 암묵지 자산을 더 잘 활용하도록 어떻게 지원하는지 설명하라.
- 지식관리를 위한 세 가지 유형의 시스템을 나열하고 설명하라.

2.9 정보시스템 기능의 역할

- 정보시스템 기능이 기업을 어떻게 지원하는지 설명하라.
- 프로그래머, 시스템 분석가, 정보시스템 관리자, 최고정보관리자(CIO), 최고보안관리자(CSO), 최고데이터관리자(CDO), 최고프라이버시관리자(CPO), 최고인공지능관리자(CAIO), 최고지식관리자(CKO)가 수행하는 역할을 설명하라.

토의문제

2.10 그림 2.1에 제시된 주문 처리 프로세스를 지원하기 위해 정보시스템을 어떻게 활용할 수 있는가? 이러한 시스템이 반드시 수집해야 하는 가장 중요한 정보는 무엇인지 설명하라.

2.11 대학 도서관에서 책을 선택하고 대출하는 과정을 단계별로 식별하고, 이 활동들 사이에서 흐르는 정보를 정리하라. 그 과정을 도식화하라. 이 과정을 개선하여 도서관의 성과를 높일 수 있는 방법이 있다면 무엇인지 제안하고, 개선된 과정을 도식화하라.

2.12 북미토요타자동차가 사용하는 협업 및 소셜 기술을 시간/공간 협업 및 소셜 비즈니스 도구 매트릭스를 활용하여 분류하라.

AI 활용 프로젝트

2.13 브랜드 이미지 선정

1장에서 언급된 반려동물 소매점 사례를 떠올려보자. 이 소매점은 브랜드 이미지를 갖추면 고객에게 더 매력적이고 기억에 남는 매장이 될 수 있을 것이다. 마이크로소프트의 Copilot, 구글의 Gemini 또는 ChatGPT를 이용하여, 1장에서 선정한 사업 이름을 바탕으로 브랜드 이미지를 생성하기 위한 프롬프트 또는 프롬프트 시리즈를 작성하라. 프롬프트와 AI의 응답 내용을 저장하고 강사에게 제출하라.

MIS 실습 과제

이 프로젝트는 새로운 정보시스템 애플리케이션을 활용하여 비즈니스 프로세스를 개선할 기회를 분석하고, 스프레드시트 소프트웨어로 마을 예산을 작성하며, 태블로 비즈니스 인텔리전스 및 분석 소프트웨어를 활용하고, 구글 지도(Google Maps)를 사용하여 효율적인 운송 경로를 계획하는 실습 경험을 제공한다.

학생 파일은 www.pearsonhighered.com/laudon 또는 MyLab MIS에서 내려받을 수 있다.

2.14 경영 의사결정 문제

미국 인구조사는 10년마다 실시되며, 미국 내 모든 거주자를 대상으로 한다. 인구조사 결과는 각 주의 연방 하원의원 수, 선거인단 수, 그리고 매년 약 1.5조 달러에 달하는 연방 예산의 배분(보건, 교육, 인프라 개선 등)에 활용된다.

과거에는 모든 인구조사 데이터를 종이 설문지를 통해 수집하고, 이를 미국 인구조사국으로 보내어 수작업으로 정보시스템에 입력했다. 하지만 2020년 인구조사는 주로 온라인으로 실시되었으며, 전체 인구 3억 3,000만 명 중 약 60%가 스마트폰, 태블릿, 개인용 컴퓨터 등 인터넷 연결기기를 통해 응답했다. 또한 전화 및 종이 양식을 통한 응답도 병행되었다. 이처럼 전례 없이 방대한 데이터를 수집, 저장, 보호, 해석하기 위해 인구조사국이 전통적인 종이 기반 시스템을 현대화하면서 직면한 경영, 조직, 기술 과제에는 어떤 것이 있었는가?

2.15 스프레드시트를 활용한 마을 예산 작성

소프트웨어 기술: 스프레드시트 차트, 수식, 가정 설정
비즈니스 기술: 마을 예산 수립

이 프로젝트에서는 스프레드시트 소프트웨어를 활용하여 예산 및 예산 추정에 대한 의사결정을 개선하는 방법을 학습한다. 오클라호마주의 ClearSkies 마을(인구 9,042명)은 매년 11월에 마을 관리자, 시장, 이사회가 함께 다음 해 예산을 수립한다. 마을의 주요 수입원은 재산세이며, 주정부 보조금과 기타 면허 및 수수료 수입도 일부 있다.

세금 인상은 연 3% 이내로 제한하고 있으며, 주정부가 보조금을 줄일

가능성이 있어 수입 감소가 우려된다. 마을 관리자는 향후 2년간의 예산을 미리 추정해보며, 예상 수입으로 예산을 유지할 수 있을지를 검토하려 한다. 만약 지출이 수입을 초과할 경우, 균형 예산을 위한 대안이 필요하다.

MIS18_Project2.15_StudentFile에는 2025년 수입 및 지출 항목이 제공된다. 2025년 예산은 향후 2년의 예산 추정 기초로 활용된다.
예산 추정 시 다음 가정을 사용한다.

- 주정부 보조금은 매년 6% 감소
- 직원 급여 및 복지 지출은 매년 5% 증가
- 기타 지출은 연 6% 증가
- 기타 수입은 연 4% 증가
- 재산세는 연 3% 인상
- 채무 상환 관련 지출은 일정하게 유지됨

마을 예산을 수립하는 과정에서 가정 부분을 워크시트에 만들어 수입과 지출 계산 시 사용하는 요소를 명시하라. 가능한 한 수식이 가정 부분의 셀을 참조하도록 작성하라. 수입과 지출 항목별로 2025~2027년 값을 계산하고, 총수입 및 총지출을 계산하라.

총수입과 총지출을 계산하라. 이 문제는 모든 수입이 해당 연도에 징수된다고 단순화되어 있음에 유의하라. 2025년과 2027년에 총수입에서 총지출을 차감하여 워크시트를 완성하라.

그런 다음 예산 전망에 대한 간단한 분석을 작성하라. 균형이 맞지 않을 경우 대안을 제시하고 시트를 수정하여 새로운 이름으로 저장하라. 세금 인상 없이 예산 균형을 맞출 수 있는 방법이 있는지도 검토하라. 세금을 인상하지 않고도 균형 예산을 달성할 수 있는 방법이 있을지 검토하라.

마을 관리자는 마을 법원 인건비 지출 비중을 강조하고자 하며, 이를 가장 효과적으로 나타내는 방법은 원형 차트를 사용하는 것이다. 또한 2025년 마을 법원이 차지하는 급여 비중을 시각적으로 표현하기 위해 파이 차트를 작성하라.

2.16 태블로 익히기

이 장에서는 세일즈포스에서 제공하는 인기 있는 비즈니스 인텔리전스 및 분석 소프트웨어인 태블로를 소개했다. 이 프로젝트에서는 태블로를 익히는 첫걸음으로, 세 가지 버전(Tableau Public, Tableau Desktop, Tableau Cloud)을 조사하라. 각 버전의 주요 기능, 고유한 특징, 공통점과 차이점, 대상 사용자, 가격 모델, 장단점을 비교하고, 언제 어떤 버전을 사용하는 것이 적절한지도 분석하라. 조사 내용을 요약한 보고서나 프레젠테이션을 작성하라. 태블로를 사용해 최소 3개의 데이터 시각화를 제작하여 보고서 또는 발표 자료에 통합하라. Tableau Desktop이 없다면 강사에게 문의하거나 Tableau Public 무료 계정을 개설하면 된다.

2.17 구글 지도를 활용한 효율적인 운송 경로 계획

이 프로젝트에서는 구글 지도를 활용하여 운송 경로를 계획하고 가장 효율적인 경로를 선택하는 과정을 수행한다. 오하이오주 클리브랜드에 본사를 둔 신규 운송 서비스 회사인 크로스컨트리트랜스포트(Cross-Country Transport)의 배차 담당자로서, 인디애나주 엘카트(E. Indiana Ave.와 Prairie St. 교차점)에서 메릴랜드주 하거 스타운(Eastern Blvd. N.와 Potomac Ave. 교차점)까지 사무용 가구와 장비를 배송하는 첫 임무를 맡았다. 구글 지도를 사용하여 두 도시 간의 최단 거리 경로와 가장 빠른 경로를 각각 찾아 비교하라. 두 결과 중 어떤 경로가 더 적절한지 판단하라.

2.18 협업 및 팀워크 프로젝트: 경영 의사결정과 정보시스템 식별

2명 이상의 학생과 팀을 구성하고, 웹상의 비즈니스 매체에서 1명의 기업 관리자에 대한 설명을 조사하라. 그 관리자가 수행하는 업무와 기업 내에서의 역할을 정리하고, 소속 조직 계층 및 비즈니스 기능(부서)을 식별하라. 그 관리자가 내리는 주요 의사결정 유형과 그에 필요한 정보의 종류를 정리하고, 정보시스템이 그 정보를 어떻게 제공할 수 있는지 제안하라. 구글 문서, 구글 드라이브, 구글 사이트를 이용하여 아이디어를 정리하고 발표 자료를 만들라.

참고문헌

Bendig, David, Robin Wagner, Erik P. Piening, and Johann Nils Foege. "Attention to Digital Innovation: Exploring the Impact of a Chief Information Officer in the Top Management Team." *MIS Quarterly* 47, No. 4 (December 2023).

Bernstein, Ethan, Jesse Shore, and David Lazer. "Improving the Rhythm of Your Collaboration." *MIT Sloan Management Review* (Fall 2019).

Bulgurcu, Burcu, Wietske Van Osch, and Gerald C. Kane. "Are Enterprise Social Platforms All Talk?" *MIT Sloan Management Review* (February 14, 2024).

Bureau of Labor Statistics. "Occupational Outlook Handbook." Bls.gov (September 6, 2023). Cross, Rob. "Easing the Invisible Burdens of Collaboration." *MIT Sloan Management Review* (September 14, 2021).

Cross, Rob, Thomas H. Davenport, and Peter Gray. "Collaborate Smarter, Not Harder." *MIT Sloan Management Review* (Fall 2019).

De Vreede, Gert-Jan, and Robert O. Briggs. "A Program of Collaboration Engineering Research and Practice: Contributions, Insights, and Future Directions." *Journal of Management Information Systems* 36, No. 1 (2019).

Dennis, Alan R., Akshat Lakhiwal, and Agrim Sachdeva. "AI Agents as Team Members: Effects on Satisfaction, Conflict, Trustworthiness, and Willingness to Work With." *Journal of Management Information Systems* 40, No. 2 (2023).

Eryilmaz, Evren, Brian Thoms, Zafor Ahmed, and Howard Lee. "Formation and Action of a Learning Community with Collaborative Learning Software." *Journal of Management Information Systems* 40, No. 1 (2023).

Feng, Cong, Pankaj C. Patel, and Scott Fay. "The Value of the Structural Power of the Chief Information Officer in Enhancing Forward-Looking Firm Performance." *Journal of Management Information Systems* 38, No. 3 (2021).

Gino, Francesca. "Cracking the Code of Sustained Collaboration." *Harvard Business Review* (November–December 2019).

Hitachi Systems Security. "Messaging Apps in the Workplace: Where Are We Now?" Hitachi-systems-security.com (accessed August 26, 2024).

Kane, Gerald C., Rich Nanda, Anh Phillips, and Jonathan Copulsky. "Redesigning the Post-Pandemic Workplace." *MIT Sloan Management Review* 62, No. 3 (Spring 2021).

Kiron, David. "Why Your Company Needs More Collaboration." *MIT Sloan Management Review* (Fall 2017).

Leonardi, Paul. "Picking the Right Approach to Digital Collaboration." *MIT Sloan Management Review* 62, No. 3 (Spring 2021).

Magni, Massimo, and Likoebe Maruping. "Unleashing Innovation with Collaboration Platforms." *MIT Sloan Management Review* (April 30, 2019).

Reck, Fabian, and Alexander Fliaster. "Four Profiles of Successful Digital Executives," *MIT Sloan Management Review Frontiers* (April 10, 2019).

Sabre. "Airline Analytics in Near Real-Time with Sabre Intelligence Exchange." Sabre.com (accessed August 26, 2024).

Samdahl, Erik. "Top Employers Are 5.5X More Likely to Reward Collaboration." I4cps.com (June 22, 2017).

Soga, Lebene, Yemisi Bolade-Ogunfodun, and Ben Laker. "Design Your Work Environment to Manage Unintended Tech Consequences," *MIT Sloan Management Review* (September 20, 2021).

Strack, Ben. "KPMG Kicks Off Metaverse Collaboration Hub." Blockworks.co (June 22, 2022).

Subramani, Mari, Mihir Wagle, Gautam Ray, and Alok Gupta. "Capability Development through Just-in-Time Access to Knowledge in Document Repositories: A Longitudinal Examination of Technical Problem Solving." *MIS Quarterly* 45, No. 3 (September 2021).

Thoughtfarmer Inc "Marigold." Thoughtfarmer.com (accessed August 26, 2024).

Zheng, Lei (Nico), Feng Mai, Bei Yan, and Jeffrey V. Nickerson. "Stigmergy in Open Collaboration: An Empirical Investigation Based on Wikipedia." *Journal of Management Information Systems* 40, No. 3 (2023).

CHAPTER 3

정보시스템, 조직, 전략

© Metamorworks/Shutterstock

학습목표

3.1 조직에 대한 기술적 관점과 행동적 관점을 설명할 수 있다.

3.2 정보시스템에 영향을 미치는 조직의 특징을 설명할 수 있다.

3.3 정보시스템이 조직에 미치는 영향을 설명할 수 있다.

3.4 포터의 경쟁세력 모델을 설명할 수 있다.

3.5 가치사슬 모델을 설명할 수 있다.

3.6 시너지, 핵심 역량, 네트워크 경제를 설명할 수 있다.

3.7 경쟁 전략에서 AI가 어떻게 활용될 수 있는지 이해할 수 있다.

3.8 전략정보시스템이 야기하는 도전 과제를 설명할 수 있다.

3.9 이 장의 내용이 경력에 어떻게 도움이 되는지 이해할 수 있다.

이 장의 사례

- **도입 사례:** 도리토스의 바삭한 소리를 제어하는 펩시코
- **경영 사례:** 걸림돌에 부딪힌 스포티파이의 팟캐스트 전략
- **사례 연구:** 패션 산업을 재설계하는 AI

도입 사례 도리토스의 바삭한 소리를 제어하는 펩시코

펩시코(PepsiCo)는 펩시콜라, 게토레이, 프리토스, 러플 포테이토칩, 도리토스 등으로 잘 알려진 세계적인 식음료 기업이다. 펩시코의 사업 전략은 변화하는 소비자 취향과 라이프스타일에 맞춘 스낵과 음료를 만드는 데 중점을 두는 동시에, 자사 제품을 소비하는 전반적인 경험을 더욱 즐겁게 만드는 방법을 함께 추구한다. 인기 있는 도리토스 맛 토르티야칩을 통해 고객 경험을 향상한 사례가 대표적이다.

도리토스는 펩시코의 최상위 판매 브랜드 중 하나이며, 경영진은 이 브랜드가 전 세계적으로 큰 성장 잠재력을 가지고 있다고 본다. 2023년 기준으로 도리토스는 미국 내 토르티야칩 브랜드 중 판매 1위를 차지했으며, 연간 11억 개 이상이 판매되었다. 또한 도리토스는 PC 게이머 사이에서 가장 인기 있는 간식 중 하나이다. 펩시코의 시장 조사에 따르면 조사 대상 기간 동안 미국 게이머의 85%가 도리토스를 소비했으며, 도리토스는 게이머의 선호 간식으로 나타났다. 그러나 게이머 중 약 3분의 1은 다른 사람이 도리토스를 먹는 바삭거리는 소리가 주의를 산만하게 하고 게임 성과에 영향을 준다고 답했다. 게이밍은 전 세계적으로 3억 2,500만 명의 인구가 즐기는 대중적 여가 활동으로, 미국 인구의 약 65%가 참여하고 있다. 이는 결코 간과할 수 없는 시장이다.

펩시코가 도리토스 특유의 바삭한 소리를 줄이기 위해 레시피를 바꾸려고 했을 때 소비자의 강한 반발이 있었다. 도리토스 팬들은 맛뿐만 아니라 그 특유의 '바삭거리는 소리' 또한 좋아했기 때문이다. 그렇다면 바삭한 식감을 유지하면서도 주변 사람들을 방해하지 않는 방법은 없을까? 그 해답은 AI 기술에 있었다.

© ZikG/Shutterstock

2023년 11월, 펩시코는 도리토스 사일런트(Doritos Silent)라는 혁신적인 AI 기반 '크런치 소음 제거 소프트웨어'를 출시했다. 이 도구는 PC 게이머가 도리토스를 먹으면서도 다른 참가자에게 소음 피해를 주지 않도록 돕는다. 사용자의 말소리는 유지하면서 도리토스를 씹는 소리만 제거해주는 기능을 갖췄다.

이 소프트웨어를 개발하기 위해 개발자들은 AI/머신러닝을 활용하여 5,000가지 이상의 크런치 소리를 분석했다. 약 500명의 참가자가 마이크 앞에서 도리토스를 씹으며 AI 모델에게 도리토스 특유의 바삭한 소리를 학습시켰다. 여기에 사람의 말소리도 함께 섞어 AI가 씹는 소리와 말소리를 구별하도록 훈련시켰다. 도리토스 사일런트는 도리토스 전용으로 훈련되었지만 감자칩, 크래커, 생채소 등 다른 스낵류의 씹는 소리에도 적용할 수 있으며, 데스크톱 컴퓨터 전반과 호환된다. 펩시코는 "어떤 바삭한 소리도 놓치지 않는다"고 자신 있게 말한다.

출처: Pepsico.com, accessed August 17, 2024; Doritos.co.uk, accessed August 17, 2024; Sydney Page, "The Sound of Crunching Chips Is Annoying: Doritos Has Made a Silencer," Washington Post, November 23, 2023; Christopher Doering, "PepsiCo's Doritos Brand Creates Technology to 'Silence' Its Crunch," Fooddive.com, November 2, 2023; PepsiCo, "Doritos Silent Brings Crunch-canceling Tech to PC Gamers Around the World," Pepsico.com, November 1, 2023.

도리토스 브랜드에 AI 전략을 도입한 펩시코의 사례는 정보시스템이 기업의 경쟁력을 어떻게 강화할 수 있는지를 보여주는 대표적인 사례이다. 식음료 산업은 경쟁이 매우 치열한 분야이며, 펩시코는 미국 내 1위 토르티야칩이라는 위치에 만족하지 않고 고객 경험 개선을 위한 새로운 시도를 지속하고 있다. 특히 도리토스를 좋아하지만 다른 사람의 씹는 소리를 싫어하는 게이머라는 중요한 시장을 겨냥한 전략은 매우 효과적이었다.

이 사례가 강조하는 바와 이 장에서 다루는 주요 주제는 다음 페이지의 도표와 같다. 펩시코는 단순히 제품의 맛뿐만 아니라, 제품을 소비하는 전 과정의 고객 경험을 중시하는 전략을 펼치고 있다. 펩시코는 AI/머신러닝 기술을 활용하여 게이머가 불편해하는 '크런치 소리'를 제거하면서도 도리토스의 맛과 식감을 그대로 유지하는 도리토스 사일런트를 개발했다. 이를 통해 게이머라는 핵심 고객층의 충성도를 유지하고 매출을 늘릴 수 있었다.

문제

1. 펩시코는 도리토스 브랜드에 어떤 경쟁 전략을 활용하고 있는가?
2. 이러한 전략에서 고객 경험을 관리하는 것이 왜 중요한가?
3. 도리토스를 더 경쟁력 있게 만드는 데 AI는 어떤 역할을 했는가?

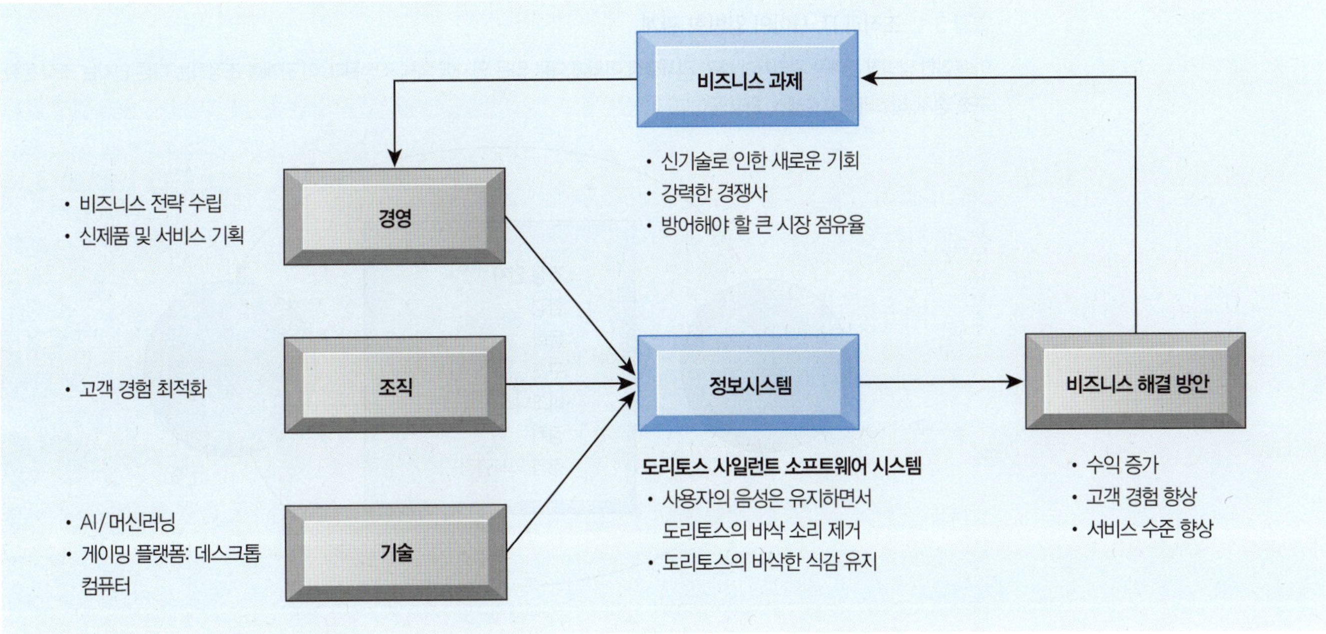

경력개발 효과

도리토스 사일런트 개발은 AI에 대한 높은 기대와 관심 덕분에 주목도가 매우 높은 프로젝트였다. 복잡하고 중요한 문제에 대해 성공적인 AI 솔루션을 개발했다는 사실은 IT 인력뿐만 아니라 IT 외 인력의 경력에도 분명히 긍정적인 영향을 주며, 조직 내에서 높은 인지도를 얻게 만든다. 도리토스 사일런트 프로젝트에 참여한 모든 사람은 AI 관련 전문성과 실무 경험을 통해 조직 내에서 더 많이 주목받게 되며, 다른 기업에서도 더 높은 수요를 얻게 될 것이다.

3.1 조직에 대한 기술적 관점과 행동적 관점

정보시스템과 조직은 서로에게 영향을 미친다. 정보시스템은 경영자가 비즈니스의 이익을 위해 구축하지만, 동시에 조직은 새로운 기술로부터 이익을 얻기 위해 정보시스템의 영향력을 인식하고 수용할 준비가 되어 있어야 한다.

그림 3.1은 IT와 조직 간 관계가 얼마나 복잡한지를 보여준다. 이 관계는 조직의 구조, 비즈니스 프로세스, 정치적 요소, 조직 문화, 외부 환경, 경영자의 의사결정 등 다양한 중개 요인의 영향을 받는다. 기업 내에서 정보시스템이 어떻게 사회적 삶과 업무 방식을 변화시키는지를 이해하는 것이 중요하다. 자신의 비즈니스 조직을 이해하지 않고는 기존 시스템을 올바르게 이해하거나 새로운 시스템을 성공적으로 설계할 수 없다.

경영자는 어떤 시스템을 구축할지, 그것이 어떤 역할을 할지, 어떻게 구현할지를 결정할 것이다. 하지만 이러한 결정이 초래할 모든 결과를 예측할 수는 없다. 새로운 IT 투자가 기업에 가져오는 변화 중 일부는 사전에 예측하기 어렵고, 그 결과가 기대에 부합할 수도 있고 그렇지 않을 수도 있다. 예를 들어 25년 전만 해도 이메일과 인스턴트 메시지가 비즈니스 커뮤니케이션의 주된 수단이 될 것이라거나, 어떤 경영자가 하루에 200건이 넘는 이메일을 받을 것이라고 상상한 사람은 거의 없었을 것이다.

그림 3.1 조직과 IT 사이의 양방향 관계

이 복잡한 양방향 관계는 관리자가 내린 의사결정 이외에 다른 많은 인자에 의해 조정된다. 이 관계를 조정하는 다른 인자는 조직 문화, 구조, 정치, 비즈니스 프로세스, 환경 등이다.

조직이란 무엇인가

조직
환경으로부터 자원을 가져와 이를 처리하여 산출물을 만들어내는 안정적이고 공식적인 사회 구조

조직(organization)은 자원을 환경으로부터 가져와 이를 처리하여 산출물을 만들어내는 안정적이고 공식적인 사회적 구조이다. 그림 3.2는 조직을 기술적 관점에서 어떻게 정의하는지를 보여준다. 이 기술적 정의는 조직의 세 가지 요소에 초점을 맞춘다. 자본과 노동은 환경에서 제공되는 주요 생산 요소이다. 조직(기업)은 이러한 투입물을 생산 기능을 통해 제품과 서비스로 변환한다. 제품과 서비스는 환경에 의해 소비되며, 그 대가로 환경은 다시 투입물을 공급한다.

조직은 매주 금요일에 함께 점심을 먹는 친구 모임과 같은 비공식 집단보다 지속성과 일상성 측면에서 더 안정적이다. 조직은 내부 규칙과 절차를 갖추고 법을 준수해야 하는 공식적인 법적 실체이며, 동시에 사회적 요소의 집합체이기 때문에 사회적 구조이기도 하다. 이는 기계가 밸브, 캠, 축 등 여러 부품이 특정한 방식으로 배열되어 있는 구조를 가진 것과 유사하다.

이와 같은 조직의 정의는 간단하면서도 강력하지만, 현실의 조직을 구체적으로 설명하거나 예측하는 데에는 한계가 있다. 보다 현실적인 행동적 관점에서 본 조직은 오랜 시간에 걸쳐 갈등과 그 해소를 통해

그림 3.2 조직에 대한 기술적 미시경제학적 정의

미시경제학적 관점에서 본 조직은, 자본과 노동(환경이 제공하는 주요 생산 요소)을 기업이 생산 과정을 통해 제품과 서비스(환경에 제공되는 산출물)로 전환하는 구조로 정의된다. 이 제품과 서비스는 환경에 의해 소비되며, 환경은 다시 피드백 루프를 통해 자본과 노동을 입력 자원으로 공급한다.

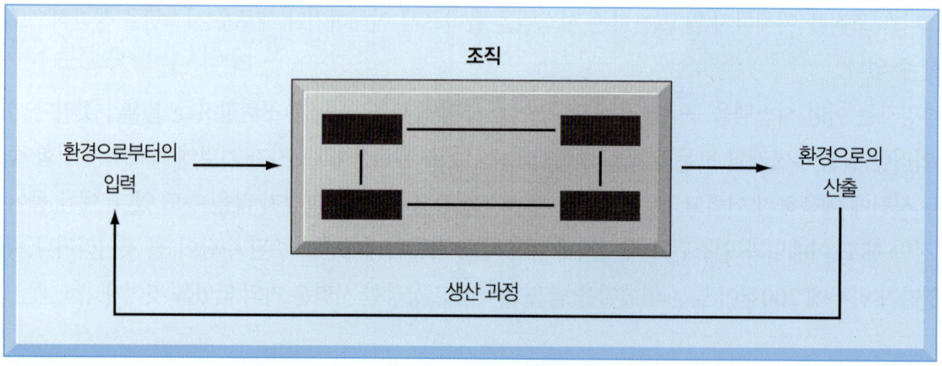

그림 3.3 조직에 대한 행동적 관점

행동적 관점에서 본 조직은 집단 간 관계, 가치, 구조를 중시한다.

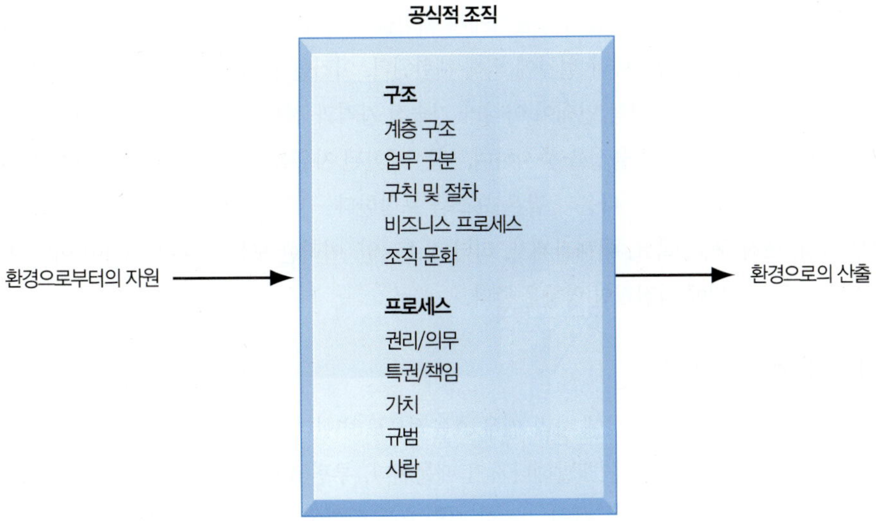

섬세하게 균형을 이룬 권리, 특권, 의무, 책임의 집합체라고 할 수 있다. 그림 3.3은 이러한 행동적 관점에서 조직의 정의를 보여준다.

이러한 관점에서 보면 조직 내 구성원은 자신만의 익숙한 업무 방식을 형성하고, 기존의 관계에 애착을 가지며, 상사나 부하와 함께 어떤 방식으로 업무를 수행할지, 어느 정도의 업무량을 처리할지, 어떤 조건하에서 일할지를 정하는 일종의 약속을 만든다. 이러한 약속이나 감정은 대부분 공식적인 규정이나 문서에 기록되어 있지 않다.

조직에 대한 이러한 정의는 정보시스템 기술과 어떤 관련이 있을까? 기술적 관점에서 본 조직은, 새로운 기술이 도입될 때 기업 내에서 어떻게 입력 요소가 결합되어 산출물로 전환되는지에 초점을 맞추도록 한다. 이 관점에서는 자본과 노동이 서로 쉽게 대체될 수 있는 요소로 간주되며, 기업은 무한히 유연한 존재로 여겨진다. 하지만 보다 현실적인 행동적 관점에서 본 조직은, 새로운 정보시스템을 구축하거나 기존 시스템을 재구축하는 일이 단순히 기계나 사람을 재배치하는 기술적 작업 그 이상이라는 점을 보여준다. 일부 정보시스템은 오랜 시간에 걸쳐 형성된 조직 내의 권리, 특권, 의무, 책임, 감정의 균형 자체를 바꿔놓기도 한다.

이러한 요소의 변화는 시간이 오래 걸릴 수 있으며, 조직에 큰 혼란을 주거나 교육과 학습을 위한 추가 자원이 필요하게 만들기도 한다. 예를 들어 새로운 정보시스템을 효과적으로 도입하는 데 걸리는 시간은 일반적으로 예상보다 훨씬 더 길다. 이는 기술적인 시스템을 도입하는 것과 직원 및 관리자에게 시스템 사용 방법을 교육하는 것 사이에 시간 차이가 있기 때문이다.

기술 변화는 정보를 누가 소유하고 통제할 것인지, 누가 해당 정보에 접근하고 이를 갱신할 권한을 가질 것인지, 그리고 누가 누구에 대해, 언제, 어떻게 의사결정을 내릴 것인지 등에 변화를 요구한다. 이러한 보다 복잡한 관점은 업무 설계 방식과 산출물을 도출하는 절차 자체를 다시 살펴보게 만든다.

기술적 정의와 행동적 정의는 서로 모순되는 것이 아니다. 오히려 이 둘은 서로를 보완한다. 기술적 정의는 경쟁 시장 속에서 기업이 자본, 노동, IT를 어떻게 조합하는지를 설명해주며, 행동적 모델은 개별 기업 내부에서 그 기술이 조직 운영에 어떤 영향을 미치는지를 보여준다. 3.2절에서는 이러한 조직 정의 각각이 정보시스템과 조직 간의 관계를 설명하는 데 어떤 도움을 주는지 살펴본다.

3.2 정보시스템에 영향을 미치는 조직의 특징

모든 현대 조직은 공통된 몇 가지 특징을 가지고 있다. 이들은 명확한 업무 분담과 전문화를 기반으로 한 관료제로 구성된다. 조직은 모든 사람이 누군가에게 책임을 지는 권한의 계층에 따라 전문가를 배치하며, 각자의 권한은 추상적인 규칙이나 절차에 의해 제한된다. 이러한 규칙은 공정하고 보편적인 의사결정 체계를 형성한다. 조직은 개인적 인맥이 아니라 기술적 자격과 전문성을 기준으로 직원을 채용하고 승진시키려 한다. 또한 조직은 효율성을 중시하며, 이는 제한된 자원을 활용하여 최대의 산출물을 얻는 것을 의미한다. 그 외에도 조직은 다음과 같은 요소를 포함한다—비즈니스 프로세스, 조직 문화, 조직 정치, 외부 환경, 조직 구조, 목표, 이해관계자, 리더십 스타일. 이러한 모든 요소는 조직이 어떤 종류의 정보시스템을 사용하는지에 직접적인 영향을 준다.

루틴과 비즈니스 프로세스

루틴
예상 가능한 상황에 대응하기 위해 개발된 명확한 규칙, 절차, 관행. 표준 운영 절차라고도 불린다.

모든 조직, 특히 기업은 시간이 지남에 따라 매우 효율적으로 변한다. 이는 조직 내 구성원이 상품과 서비스를 생산하는 데 필요한 루틴을 개발해나가기 때문이다. **루틴**(routine)은 **표준 운영 절차**(standard operating procedure)라고도 불리며, 예상 가능한 거의 모든 상황에 대응하기 위해 개발된 명확한 규칙, 절차, 관행을 말한다. 직원이 이러한 루틴을 익히면 생산성과 효율성이 높아지고, 시간이 지날수록 기업은 비용을 절감할 수 있게 된다. 병원을 방문했을 때를 예로 생각해보면, 접수 직원은 환자의 기본 정보를 수집하기 위한 루틴이 잘 정립되어 있고, 간호사는 의사 면담 전 준비를 위한 다른 루틴을 가지고 있으며, 의사는 진단을 위한 루틴을 보유하고 있다. 1장과 2장에서 소개했던 비즈니스 프로세스는 이러한 루틴의 집합이라고 할 수 있다. 그림 3.4는 기업이 이러한 비즈니스 프로세스의 집합체임을 보여준다.

조직 정치

조직 내 사람들은 서로 다른 전문 분야, 관심사, 관점을 가지고 다양한 위치에 있다. 이로 인해 자원, 보상, 처벌을 어떻게 분배할 것인가에 대해 서로 다른 관점을 갖게 되는 것은 자연스러운 일이다. 이러한 차이는 관리자와 직원 모두에게 중요하며, 조직 내에서는 자원을 둘러싼 정치적 갈등, 경쟁, 충돌로 이어진다. 정치적 저항은 조직 변화, 특히 새로운 정보시스템 개발을 추진할 때 가장 큰 어려움 중 하나이다. 기업이 전략, 비즈니스 목표, 비즈니스 프로세스 및 절차에 중대한 변화를 가져오는 대규모 정보시스템에 투자할 경우, 거의 항상 정치적인 논란이 발생하게 된다. 조직 내 정치적 상황을 잘 파악하고 대처할 줄 아는 관리자는 그렇지 못한 관리자보다 새로운 정보시스템을 성공적으로 도입할 가능성이 높다.

조직 문화

모든 조직에는 구성원이 의심 없이 당연하게 받아들이는 핵심적인 가정이 있으며, 이러한 가정이 조직의 목표와 생산물을 정의한다. 조직 문화란 조직이 어떤 제품을 생산해야 하며, 그것을 어떻게, 어디에서, 누구를 위해 생산해야 하는지에 대한 일련의 가정을 의미한다. 일반적으로 이러한 문화적 가정은 완전히 당연한 것으로 여겨지며, 공개적으로 선언되거나 논의되는 경우가 거의 없다. 기업의 비즈니스 프로세스, 즉 가치를 창출하는 실제 방식은 대개 조직의 문화에 깊이 뿌리내리고 있다.

조직 문화를 이해하기 위해 자신이 다니는 대학을 떠올려보라. 예를 들어 교수는 학생보다 더 많은 지식을 갖고 있다거나, 학생이 대학에 오는 이유는 배움 때문이라는 점, 수업은 정해진 시간표에 따라 진행된다는 것 등이 대학 생활에서의 기본적인 가정이다. 조직 문화는 정치적 갈등을 억제하고, 공통된 이해와 절차에 대한 합의, 공통의 관행을 촉진하는 강력한 통합의 힘이다. 모두가 동일한 기본 가정을 공유한다면 그 밖의 다른 사안에 대해서도 더 쉽게 합의할 수 있다.

그림 3.4 루틴, 비즈니스 프로세스, 기업

모든 조직은 개별 루틴과 행동으로 구성되어 있다. 루틴이 모여 비즈니스 프로세스를 구성하고, 마찬가지로 비즈니스 프로세스가 모여 기업을 구성한다. 새로운 정보시스템 응용 프로그램을 통해 높은 수준의 조직성과를 달성하기 위해서는 개별 루틴과 비즈니스 프로세스의 변화가 필요하다.

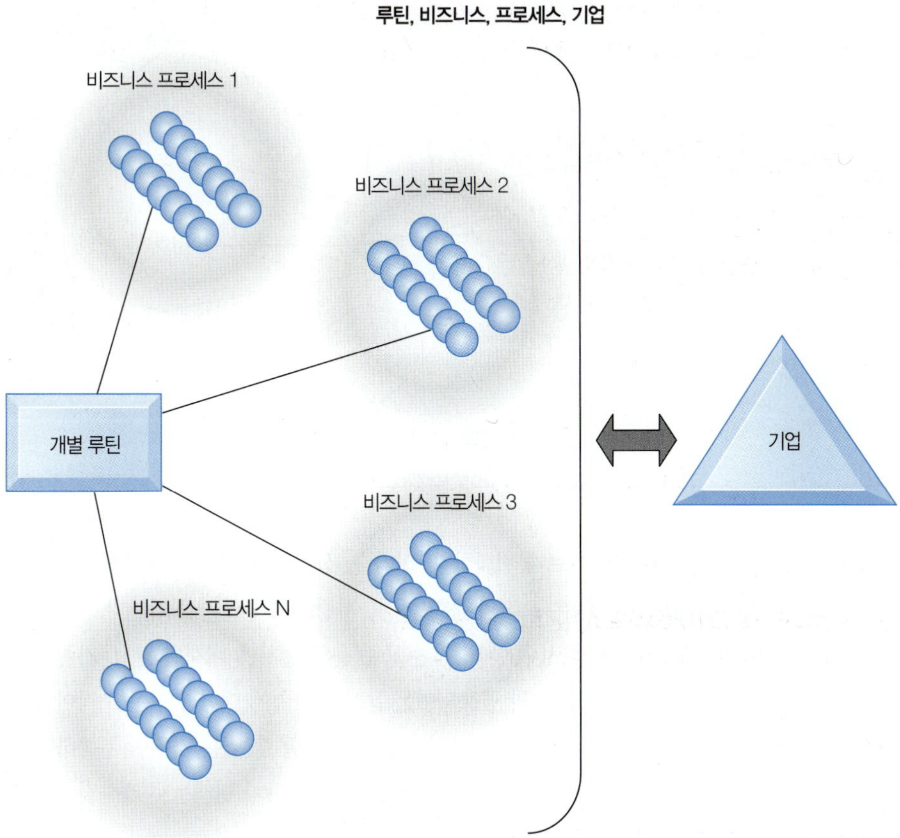

하지만 동시에 조직 문화는 변화, 특히 기술적 변화에 대한 강력한 저항 요소이기도 하다. 대부분의 조직은 기본적인 가정을 바꾸는 일을 극도로 꺼리며, 이러한 가정을 위협하는 기술 변화는 큰 저항에 직면한다. 그럼에도 불구하고 기존의 조직 문화를 정면으로 거스르는 기술을 도입하는 것이 조직의 유일한 발전 방안인 경우도 있다. 이런 상황에서는 기술 도입이 지연되며, 조직 문화가 점차 그 변화에 적응해 나가는 과정을 겪게 된다.

조직 환경

조직은 자원을 얻고 상품과 서비스를 공급하는 환경 속에 존재한다. 조직과 환경은 서로 영향을 주고받는 관계에 있다. 한편으로 조직은 자신을 둘러싼 사회적·물리적 환경에 열려 있으며, 그 환경에 의존한다. 재정 자원이나 인적자원, 즉 일정한 임금에 따라 안정적으로 일해줄 사람들과 고객으로부터의 수입이 없다면 조직은 존재할 수 없다. 조직은 정부가 부과하는 법적 요구사항뿐만 아니라 고객과 경쟁자의 행동에도 대응해야 한다. 반대로 조직이 환경에 영향을 미치기도 한다. 예를 들어 기업은 다른 기업과 동맹을 맺어 정치적 과정을 움직이기도 한다.

그림 3.5는 정보시스템이 조직이 환경의 변화를 인식하고 이에 대응하는 데 어떤 역할을 하는지를 보여준다. 정보시스템은 **환경 탐색**(environmental scanning)을 위한 핵심 도구로, 관리자가 외부 변화 중 대응이 필요한 사항을 식별하는 데 도움을 준다.

그림 3.5 환경과 조직의 상호 관계

환경은 조직이 할 수 있는 일을 결정짓지만, 조직은 자신의 환경에 영향을 미치고 환경 변화를 결정할 수 있다. IT는 조직이 환경의 변화를 감지하고 환경에 대응할 수 있도록 지원하는 핵심적인 역할을 담당한다.

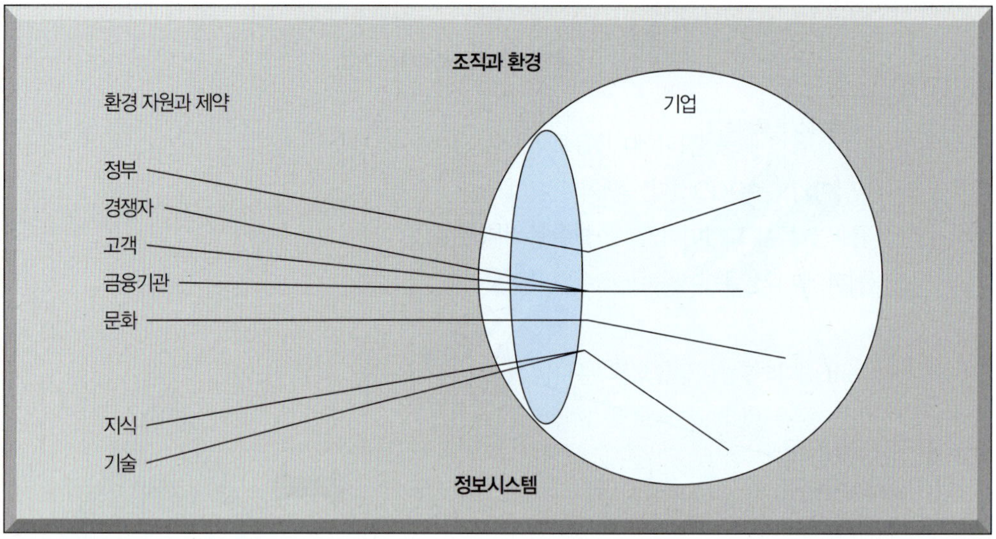

일반적으로 환경은 조직보다 훨씬 빠르게 변화한다. 신기술, 신제품, 변화하는 대중의 취향과 가치관(이는 종종 새로운 정부 규제로 이어짐)은 조직의 문화, 정치, 사람들에게 압력을 가한다. 대부분의 조직은 이러한 급격한 변화에 빠르게 적응하지 못한다. 기존 표준 운영 절차에 내재된 관성, 기존 질서의 변화로 인한 정치적 갈등, 조직 내에서 오랫동안 공유되어온 문화적 가치에 대한 위협은 조직이 큰 변화를 시도하는 데 장애가 된다. 또한 신생 기업은 단기간의 위기조차 견딜 수 있는 자원이 부족하다. 이러한 이유로, 2000년에 《포천》 500대 기업에 포함되었던 회사 중 절반 이상이 현재는 존재하지 않는다는 사실은 놀랍지 않다.

파괴적 기술: 변화의 흐름에 올라타기

때때로 기술과 그에 따른 비즈니스 혁신이 등장하면서 비즈니스 환경과 산업 전반을 근본적으로 변화시키는 경우가 있다. 이러한 혁신은 일반적으로 '파괴적(disruptive)'이라고 불린다(Christensen, 2003; Christensen, Raynor, and McDonald, 2015). 그렇다면 어떤 기술이 파괴적인 것일까? **파괴적 기술**(disruptive technology)이란 기존 제품, 서비스, 비즈니스 모델을 대체하고, 그 시장 점유율을 크게 줄이는 기술을 말한다. 예를 들어 자동차는 마차를 대체했고, 워드프로세서는 타자기를 대체했고, 스트리밍 음악 서비스는 휴대용 CD 플레이어를 대체했고, 디지털 사진은 필름 사진을 대체했다. 표 3.1은 과거의 몇 가지 파괴적 기술 사례를 보여준다.

파괴적 기술
기존 제품, 서비스, 비즈니스 모델을 대체하거나 그 시장 점유율을 크게 감소시키는 기술

경우에 따라 파괴적 기술로 인해 전체 산업이 사라지기도 한다. 기능이 다소 떨어지지만 기존 제품보다 훨씬 저렴한 가격으로 시장을 확장시키는 경우도 있다. 결국 이러한 기술은 기존 제품을 대체하는 저가 경쟁자가 된다. 예를 들어 소형 하드디스크는 개인용 컴퓨터에 활용되며 저렴한 디지털 저장 공간을 제공했고, 이를 통해 디스크 드라이브 시장이 확장되었다.

어떤 기업은 이러한 기술을 스스로 만들어내고, 그 흐름을 타면서 수익을 올린다. 어떤 기업은 빠르게 배워 비즈니스를 적응시키며 살아남는다. 그러나 제품, 서비스, 비즈니스 모델이 쓸모없어져 시장에서 사라지는 기업도 있다. 이들은 더 이상 필요 없는 것에 매우 효율적인 역량을 유지하고 있을 수도 있다. 또한 경우에 따라서는 어떤 기업도 혜택을 보지 못하고, 그 모든 이익이 소비자에게만 돌아가는 경우

표 3.1 파괴적 기술의 승자와 패자

기술	설명	승자와 패자
마이크로프로세서 칩(1971)	실리콘 칩에 수천 개, 나중에는 수백만 개의 트랜지스터 집적	승자: 마이크로프로세서 기업(인텔, 텍사스인스트루먼츠) 패자: 트랜지스터 제조사(GE 등)
개인용 컴퓨터(1975)	작고 저렴하면서도 완전한 기능을 갖춘 데스크톱 컴퓨터	승자: PC 제조사(HP, 애플, IBM)와 칩 제조사(인텔) 패자: 메인프레임(IBM) 및 미니컴퓨터(DEC) 업체
월드와이드웹(1989)	디지털 파일과 '페이지'로 구성된 전 세계적 데이터베이스	승자: 온라인 콘텐츠 및 뉴스 보유자 패자: 전통 출판업계(신문, 잡지, 방송)
인터넷 음악, 영상, TV 서비스(1998)	웹에서 음악, 영상, TV 방송을 다운로드하거나 스트리밍하는 저장소	승자: 인터넷 플랫폼 제공자, 인터넷 백본을 보유한 통신사(AT&T, Verizon), 지역 인터넷 서비스 제공자 패자: 콘텐츠 보유자 및 오프라인 소매업체(타워레코드, 블록버스터 등)
웹 기반 소프트웨어 서비스	인터넷을 통해 온라인 소프트웨어에 원격 접속 제공	승자: 온라인 소프트웨어 서비스 기업(세일즈포스 등) 패자: 기존 패키지 소프트웨어 기업(마이크로소프트, SAP, 오라클 등)
인공지능(AI)	머신러닝과 생성형 AI를 활용하여 의사결정을 빠르고 정확하게 수행하고 새로운 지식과 콘텐츠를 창출	승자: AI 기술과 서비스를 제공하는 기업(엔비디아 등), AI 전문성을 보유한 조직 패자: 덜 발전된 기술의 사용자 및 콘텐츠(책, 영화, 음악 등) 창작자와 제공자

도 있다. 모든 변화나 기술이 반드시 파괴적인 것은 아니다. 기존 기업의 경영진이 올바른 결정을 내려 경쟁을 계속 이어가는 경우도 많다. 파괴적 기술은 다루기가 매우 까다롭다. 이 기술을 처음 개발한 기업(선도자)이 항상 성공하는 것도 아니다. 기술을 활용할 자원이 부족하거나 그 기회를 알아차리지 못한다면 이점이 없다. MITS Altair 8800은 최초의 개인용 컴퓨터로 널리 인정받지만 그 발명자들은 선도자 지위를 활용하지 못했다. 반면 IBM과 마이크로소프트처럼 뒤늦게 따라간 이른바 '빠른 추격자(fast follower)'가 보상을 얻었다. 씨티은행의 ATM은 소매 금융을 혁신했지만 다른 은행들이 이를 빠르게 모방했고, 현재는 거의 모든 은행이 ATM을 운영하며 그 혜택이 대부분 소비자에게 돌아가고 있다.

조직 구조

모든 조직에는 구조 또는 형태가 존재한다. 민츠버그(Mintzberg, 1971)의 분류에 따르면 조직 구조는 기본적으로 다섯 가지 유형으로 나눌 수 있다. 이는 표 3.2에 설명되어 있다.

기업 내에서는 어떤 종류의 정보시스템이 사용되고 있으며, 그 시스템이 지닌 문제의 성격은 종종 조직 구조의 유형과 밀접한 관련이 있다. 예를 들어 병원과 같은 전문 관료제 조직에서는 원무과, 의사, 간호사, 사회복지사 등 다양한 전문 인력이 각각 병행해서 환자 기록 시스템을 운영하는 경우가 드물지 않다. 작은 창업형 기업에서는 급하게 개발되어 빠르게 쓸모를 잃는, 설계가 미흡한 시스템이 발견되는 일이 자주 있다. 반면 수백 개의 지점을 가진 대규모 다각화 기업에서는 통합된 단일 정보시스템이 존재하지 않고, 각 지역이나 부서마다 자체적인 정보시스템을 보유하고 있는 경우가 많다.

기타 조직의 특성

조직은 각자의 목표를 가지고 있으며, 그 목표를 달성하기 위해 다양한 수단을 사용한다. 어떤 조직은 강제적인 목표를 가지고 있다(예: 교도소). 어떤 조직은 실리적 목표를 지닌다(예: 기업). 또 다른 조직은 규범적 목표를 추구한다(예: 대학교, 종교 단체 등). 또한 조직은 서로 다른 집단을 위해 봉사하거나, 다양한 이해관계자를 가진다. 어떤 조직은 구성원 자체에 혜택을 주는 반면, 다른 조직은 고객, 주주, 혹은 대중에게 혜택을 제공한다. 조직의 리더십 형태 또한 다양하여 어떤 조직은 민주적인 반면, 어떤 조직은 보

표 3.2 조직 구조

조직의 유형	설명	예
기업가형 구조	급변하는 환경의 소규모 신생 기업. 이러한 기업은 구조가 단순하며, 최고경영자 역할을 하는 1명의 기업가가 관리한다.	소규모 신생 기업
기계적 관료제도	변화가 느린 환경에서 표준제품을 생산하는 거대 관료제도. 이러한 기업은 중앙집권적 관리팀과 의사결정에 의해 통제된다.	중규모 제조업체
사업부적 관료제도	여러 기계적 관료제도의 조합. 각각 다른 제품 또는 서비스를 생산하고 하나의 중앙 본사를 둔다.	GM과 같은 《포천》 500대 기업
전문적 관료제도	제품 또는 서비스가 전문가의 숙련도나 전문 지식에 의존하는 지식 기반 조직. 중앙 집중도가 약한 형태로 부서의 장이 통제한다.	법무법인, 교육 시스템, 병원
애드호크라시	빠르게 변화하는 환경에 대응해야 하는 태스크포스 조직. 여러 부서에서 온 많은 전문가로 구성되며 단기간 운영된다. 중앙관리의 정도가 약하다.	랜드연구소와 같은 컨설팅 기업

다 권위적인 특성을 보이기도 한다. 조직은 수행하는 과업과 사용하는 기술에 따라서도 구분된다. 어떤 조직은 형식적인 규칙에 따라 판단 없이 반복되는 루틴 업무(예: 자동차 부품 제조)를 주로 수행하는 반면, 어떤 조직은 비정형적이고 복잡한 업무(예: 컨설팅 회사)를 수행한다.

3.3 정보시스템이 조직에 미치는 영향

정보시스템은 이제 대규모 조직의 실시간 운영과 의사결정에 깊숙이 관여하는 통합적이고 온라인 기반의 상호작용 도구가 되었다. 지난 10여 년 동안 정보시스템은 조직의 경제 구조를 근본적으로 변화시켰으며, 업무를 조직하는 방식에 훨씬 더 많은 가능성을 열어주었다. 경제학과 사회학에서 나온 이론과 개념은 IT가 가져온 이러한 변화를 이해하는 데 도움을 준다.

경제적 영향

경제학 관점에서 보면 IT는 자본의 상대적 비용과 정보의 비용 모두에 변화를 일으킨다. 정보시스템 기술은 전통적인 자본과 노동을 대체할 수 있는 생산요소로 간주될 수 있다. IT의 비용이 감소함에 따라 그것은 역사적으로 비용이 증가해온 노동력을 대체하게 된다. 따라서 IT는 중간 관리자와 사무직 노동자의 수를 줄이는 결과를 가져올 수 있다.

IT의 비용이 낮아짐에 따라 건물이나 기계와 같은 다른 형태의 자본을 대체하는 현상도 나타난다. 건물과 기계는 여전히 상대적으로 고비용이기 때문에, 시간이 지남에 따라 경영자는 다른 자본 투자보다 더 저렴해진 IT에 더 많은 투자를 하게 될 것이다.

거래 비용
시장에서 거래에 참여하는 데 드는 비용. 예를 들어 기업이 스스로 생산할 수 없는 것을 시장에서 구입할 때 발생하는 비용. 소비자가 시간과 자원을 소비하는 경우 등이 있다.

거래 비용 이론
기업과 개인이 거래 비용을 절감하려고 한다는 경제학 이론. 전통적으로는 수직적 통합을 통해 거래 비용을 절감하며 기업이 더 커졌지만, 오늘날에는 IT를 활용하여 직원을 줄이면서도 거래 비용을 절감할 수 있게 되었다.

또한 IT는 정보의 비용과 품질에도 영향을 주며, 정보의 경제학을 변화시킨다. IT는 **거래 비용**(transaction cost, 기업이 스스로 만들 수 없는 것을 시장에서 구매할 때 발생하는 비용)을 줄여 기업 규모를 축소하는 데 기여한다. **거래 비용 이론**(transaction cost theory)에 따르면 기업과 개인은 생산 비용과 마찬가지로 거래 비용도 절감하려 한다. 시장을 이용하는 것은 멀리 떨어진 공급업체를 찾고 연락하며, 계약 이행을 모니터링하고, 보험을 구매하고, 제품 정보를 수집하는 등의 다양한 비용이 수반되므로 비싸다(Coase, 1937; Williamson, 1985). 전통적으로 기업은 수직적 통합을 통해 거래 비용을 줄이려고 했다. 더 많은 직원을 고용하고, 자체적으로 공급업체와 유통업체를 확보함으로써 규모를 확장했던 것이다(과거의 GM과 포드가 대표적인 예이다).

하지만 네트워크 활용을 포함한 IT는 시장 참여 비용(즉, 거래 비용)을 낮출 수 있어, 기업이 내부 인력 대신 외부 공급업체와 계약하는 것이 더 경제적인 상황을 만들어준다. 결과적으로 기업은 외부 시장에서 작업을 아웃소싱함으로써 인건비를 줄일 수 있고, 직원 수를 줄여 기업의 규모를 축소할 수 있게 된다.

예를 들어 포드, 토요타, 혼다 같은 자동차 제조업체는 외부 공급업체와 컴퓨터로 연결함으로써 부품의 70% 이상을 외부에서 조달하면서 규모의 경제를 실현하고 있다. 애플 또한 자사 제품을 직접 제조하는 대신, 아이폰 조립을 폭스콘(Foxconn) 같은 계약 제조업체에 아웃소싱함으로써 같은 방식의 효과를 얻고 있다.

거래 비용이 줄어들면 기업은 제품이나 서비스를 직접 제공하는 대신 시장에서 구매하는 것이 더 쉽고 저렴해지기 때문에 기업 규모(직원 수)가 줄어들 수 있다. 이 경우 기업의 수익이 증가하면서도 규모는 그대로이거나 오히려 줄어들 수 있다. 예를 들어 1994년 코닥(Kodak)에서 분사한 이스트만케미컬(Eastman Chemical)은 당시 연간 매출 33억 달러에 직원 수가 2만 4,000명이었으나, 2023년에는 연간 매출 92억 달러를 올리면서 직원 수가 1만 4,000명에 불과했다.

IT는 내부 관리 비용도 줄일 수 있다. **대리인 이론**(agency theory)에 따르면 기업은 하나의 통합된 수익 최대화 조직이라기보다는 자기 이익을 추구하는 개인 간의 '계약의 집합(nexus of contracts)'으로 본다(Jensen & Meckling, 1992). 여기서 주체(소유자)는 대리인(직원)을 고용하여 자신의 업무를 대신 수행하게 하지만, 이들은 감독과 관리가 없으면 자신의 이익을 우선하게 된다. 기업이 커질수록 대리인 비용 또는 조정 비용이 증가하는데, 이는 소유자가 직원을 감시하고 관리하는 데 더 많은 노력을 들여야 하기 때문이다.

> **대리인 이론**
> 회사를 자기 이익을 추구하는 개인 간의 계약 관계 집합으로 보는 경제학 이론. 이러한 개인은 감독과 관리가 필요하다.

IT가 정보의 수집과 분석 비용을 줄여줌으로써 관리자는 더 많은 직원을 더 쉽게 감독할 수 있다. 따라서 전체적인 관리 비용이 줄어들고, 기업은 중간 관리자나 사무직 인력을 줄이면서도 더 많은 수익을 낼 수 있다. 앞서 살펴본 사례에서도 IT는 소규모 조직이 주문 처리, 재고 관리 등의 업무를 소수의 인원만으로도 수행하고 그 영향력을 확대하는 데 기여했다.

이처럼 IT는 기업의 대리인 비용과 거래 비용을 모두 절감하기 때문에 시간이 지남에 따라 기업의 규모는 작아지고, IT에 대한 자본 투자는 늘어나게 될 것이다. 관리자는 줄어들고 직원 일인당 수익은 점차 증가하는 것이 일반적인 경향이다.

조직적·행동적 영향

복잡한 조직의 사회학에 기반한 이론은 새로운 IT 애플리케이션이 도입될 때 기업이 어떻게, 왜 변화하는지를 이해하는 데 도움을 준다.

조직을 평평하게 만드는 IT

컴퓨터 시대 이전에 주로 발전한 대규모 관료제 조직은 종종 비효율적이고 변화에 느리며, 새롭게 설립된 조직보다 경쟁력이 떨어진다. 이러한 대기업 중 일부는 조직 축소를 단행하여 직원 수와 조직 계층 수준의 수를 줄였다.

행동 연구자들은 IT가 정보를 더 넓게 분산시켜 하위 수준의 직원에게 권한을 부여하고, 관리 효율성을 높여 조직의 계층을 평평하게(flattening) 만든다고 이론화했다. 그림 3.6은 이러한 조직 평탄화 현상을 보여준다. IT는 하위 수준 직원이 감독 없이도 의사결정을 내릴 수 있도록 필요한 정보를 제공하기 때문에 의사결정 권한이 조직 하위로 이전된다. (이러한 권한 위임은 직원의 교육 수준 향상으로도 가능해졌으며, 이로 인해 직원이 보다 지능적인 결정을 내릴 수 있게 되었다.) 또한 관리자는 더 정확한 정보를 제때 받게 되어 훨씬 더 신속하게 결정을 내릴 수 있고, 그에 따라 필요한 관리자 수가 줄어든다. 매출 대

그림 3.6 조직 축소

정보시스템은 관리자가 더 많은 작업자를 관리하는 데 필요한 정보를 제공하고, 일선 종업원에게 더 많은 의사결정 권한을 위임함으로써 조직의 계층 단계가 줄어든다.

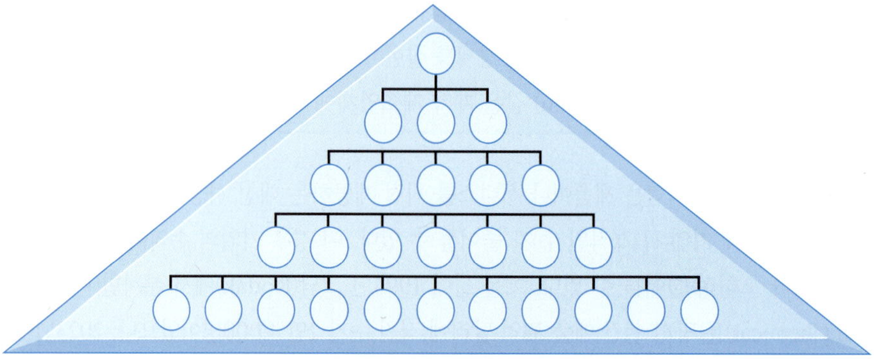

많은 관리 수준으로 구성된 전통적 계층 구조 조직

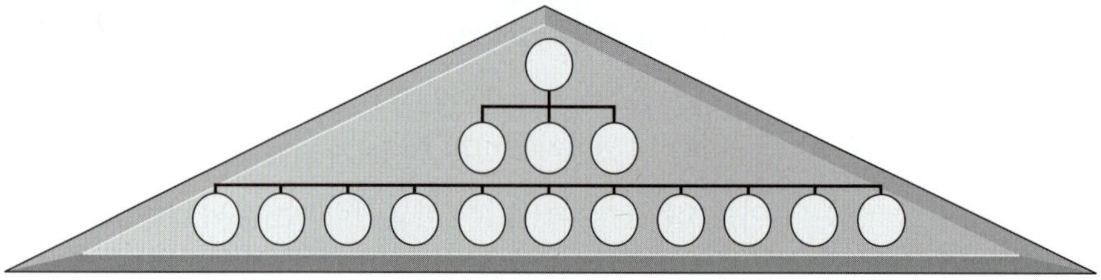

관리 계층을 제거하여 축소된 조직

비 관리 비용이 감소하며, 조직의 계층 구조가 훨씬 더 효율적으로 변한다.

이러한 변화는 관리자의 통제 범위를 확장시켰으며, 고위 관리자가 더 많은 직원을 더 넓은 지역에 걸쳐 관리하고 통제할 수 있게 했다. 따라서 많은 기업은 수천 명의 중간 관리자를 감축하게 되었다.

조직이 변화에 저항하는 이유

정보시스템은 조직 내 핵심 자원인 정보에 대한 접근에 영향을 미치기 때문에 필연적으로 조직의 정치적 상황과 얽히게 된다. 정보시스템은 조직 내에서 누가, 언제, 어디서, 어떻게 무엇을 할지를 변화시킬 수 있다. 많은 새로운 정보시스템은 구성원의 개인적인 루틴 변화를 요구하며, 이는 당사자에게 고통스러울 수 있고, 재교육이나 추가적인 노력이 필요할 수 있는데, 그에 대한 보상이 항상 주어지는 것은 아니다. 정보시스템은 조직의 구조, 문화, 비즈니스 프로세스, 전략을 잠재적으로 변화시킬 수 있기 때문에 새로운 시스템이 도입될 때 상당한 저항이 발생하곤 한다.

조직의 저항을 시각화하는 방법은 여러 가지이다. 혁신에 대한 조직의 저항에 관한 연구들은 다음 IT 혁신의 본질, 조직의 구조, 조직의 문화, 혁신에 의해 영향을 받는 직무(그림 3.7 참조)가 다른 무엇보다 중요하다고 말한다. 여기에서 기술의 변화는 조직의 직무 배치, 구조, 사람에 의해 흡수, 편향, 무산된다. 이 모델에서 변화를 일으킬 수 있는 유일한 방법은 기술, 직무, 구조, 사람을 동시에 변화시키는 것이다. 또 다른 학자들은 혁신을 도입하기 전에 조직을 '해동(unfreeze)'하고, 빠르게 변화를 실행(implement)한 후, 그 변화를 '재동결(refreeze)'하여 제도화해야 한다고 강조한다(Kolb and Frohman, 1970).

조직의 변화 저항이 워낙 강력하기 때문에 많은 IT 투자가 실패하거나 생산성 향상에 기여하지 못하는 경우가 많다. 실제로 대규모 프로젝트가 목표를 달성하지 못하는 가장 흔한 이유는 기술 자체의 실패가 아니라 조직적·정치적인 변화 저항이라는 연구 결과도 있다. 이 문제는 14장에서 자세히 다룰 것이

그림 3.7 정보시스템 혁신에 대한 조직의 저항

정보시스템은 직무 배치, 구조, 사람에 영향을 미친다. 이 모델에 따르면 변화를 이루기 위해서는 네 가지 요소 모두가 동시에 변화되어야 한다.

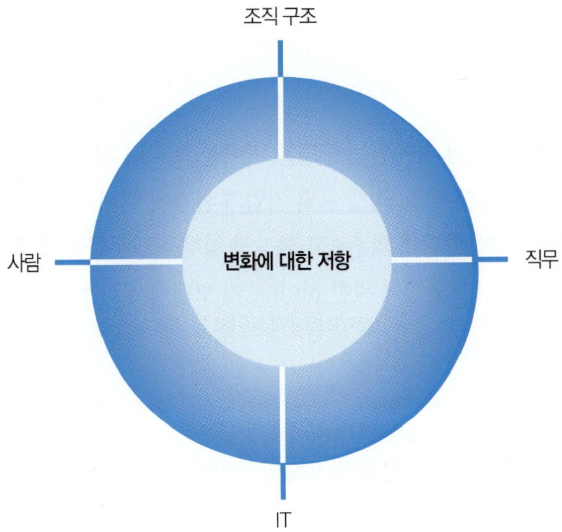

다. 따라서 앞으로 IT 투자에 관여하게 될 관리자라면 기술적인 지식뿐 아니라 사람들과 조직을 다룰 수 있는 능력 또한 매우 중요하다.

정보시스템 설계 및 이해를 위한 시사점

실질적인 혜택을 제공하는 정보시스템을 구축하려면 해당 시스템이 사용될 조직에 대해 명확히 이해해야 한다. 우리의 경험에 따르면 새로운 시스템을 기획할 때 고려해야 할 핵심 조직적 요인은 다음과 같다.

- 조직이 기능해야 하는 외부 환경
- 조직의 구조: 계층 구조, 전문화, 루틴, 비즈니스 프로세스
- 조직의 문화와 정치적 상황
- 조직의 유형과 리더십 스타일
- 시스템의 영향을 받는 주요 이해관계자와 시스템을 사용할 구성원의 태도
- 정보시스템이 지원하려는 과업, 의사결정, 비즈니스 프로세스의 종류

3.4 포터의 경쟁세력 모델

거의 모든 산업을 살펴보면 다른 기업보다 성과가 뛰어난 몇몇 기업이 있다는 것을 발견할 수 있다. 항상 눈에 띄는 선도 기업이 존재한다. 예를 들어 자동차 산업에서는 토요타가 우수한 성과를 내는 기업으로 여겨지며, 순수 온라인 소매에서는 아마존이, 오프라인 소매에서는 세계 최대 소매업체인 월마트가 선두를 달리고 있다. 웹 검색 분야에서는 구글이 리더로 간주된다.

이처럼 '더 잘하는' 기업은 다른 기업에 비해 경쟁우위를 갖고 있다고 언급되곤 한다. 이들은 다른 기업이 접근할 수 없는 특수한 자원을 보유하거나, 일반적인 자원을 보다 효율적으로 사용하는 경우가 많다. 이는 대개 우수한 지식과 정보 자산 덕분이다. 이러한 경쟁우위는 매출 성장, 수익성, 생산성 향상(효율성) 등에서 우수한 성과로 나타나며, 결국 장기적으로는 경쟁사보다 더 높은 주식 시장 가치로 이어진다.

그렇다면 왜 어떤 기업은 더 잘하고, 경쟁우위를 어떻게 달성하는 것일까? 기업을 어떻게 분석하고 전략적 강점을 식별할 수 있을까? 어떻게 하면 자신이 속한 조직의 전략적 우위를 개발할 수 있을까? 그리고 정보시스템은 이러한 전략적 우위에 어떻게 기여할 수 있을까? 이에 대한 하나의 해답이 바로 마이클 포터(Michael Porter)의 경쟁세력 모델이다.

포터의 경쟁세력 모델

경쟁세력 모델
가장 널리 사용되는 경쟁우위 이해 모델로, 기업의 전략적 위치는 기존의 전통적인 경쟁자와의 경쟁뿐만 아니라 네 가지 외부 요인(새로운 시장 진입자, 대체 제품 및 서비스, 고객, 공급자)에 의해서도 결정된다고 본다.

경쟁우위를 이해하는 데 가장 널리 사용되는 모델은 마이클 포터의 **경쟁세력 모델**(competitive force model)이다. 그림 3.8은 이 모델이 기업, 경쟁자 및 기업의 환경에 대해 어떻게 일반적인 관점을 제공하는지를 보여준다. 앞에서 기업이 환경에 의존하고 환경의 영향을 받는다는 점을 설명했다. 포터의 모델은 바로 기업의 일반적인 비즈니스 환경에 관한 것이다. 이 모델에서 다섯 가지 경쟁세력이 기업의 운명을 결정짓는다.

전통적 경쟁자

모든 기업은 시장 공간을 경쟁사들과 공유하며, 이들은 지속적으로 더 효율적인 생산 방식과 새로운 제품 및 서비스를 개발하고, 브랜드를 강화하고 전환 비용을 부과함으로써 고객을 유치하려고 한다.

새로운 시장 진입자

노동력과 자본이 자유롭게 이동하는 경제에서는 항상 새로운 기업이 시장에 진입한다. 어떤 산업에서는 진입 장벽이 매우 낮지만, 다른 산업에서는 진입이 어렵다. 예를 들어 피자 가게나 소규모 소매업은 비교적 쉽게 창업할 수 있지만, 컴퓨터 칩 산업은 초기 자본 비용이 매우 크고, 습득하기 어려운 전문 지식이 필요하므로 진입이 훨씬 어렵다. 신규 기업은 다음과 같은 몇 가지 장점을 가질 수 있다. 즉 기존의 노후된 설비나 장비에 묶여 있지 않으며, 더 저렴하고 혁신적인 젊은 인력을 고용하는 경우가 많고, 낡은 브랜드 이미지에 구애받지 않으며, 기존 기업보다 더 의욕적이다. 하지만 이러한 장점은 동시에 단점이 될 수 있다. 신규 기업은 설비나 장비를 위한 외부 자금 조달에 의존하게 되는데, 이는 비용이 많이 들고, 인력이 상대적으로 경험이 부족하며, 브랜드 인지도가 낮다.

대체 제품 및 서비스

거의 모든 산업에는 가격이 너무 비싸질 경우 고객이 사용할 수 있는 대체재가 존재한다. 새로운 기술은 항상 새로운 대체재를 만들어낸다. 전기 배터리는 자동차의 휘발유나 디젤을 대체할 수 있고, 풍력·태양광·수력은 산업용 전기 생산의 대안이 될 수 있다. 마찬가지로 인터넷과 무선 전화 서비스는 기존 유선

그림 3.8 포터의 경쟁세력 모델

포터의 경쟁세력 모델에서 기업 전략과 기업의 전략적 위치는 기존의 전통적인 직접 경쟁자와의 경쟁뿐 아니라 기업 환경에 존재하는 네 가지 다른 세력(새로운 시장 진입자, 대체 제품 및 서비스, 고객, 공급자)에 의해서도 결정된다.

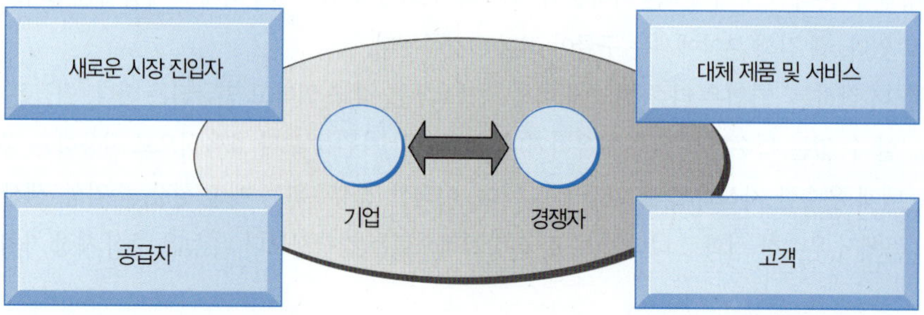

전화 서비스를 대체할 수 있다. 그리고 TV와 영화를 스트리밍할 수 있는 서비스는 전통적인 지상파 방송이나 유료 케이블 TV 서비스를 대체하고 있다. 산업 내 대체 제품과 서비스가 많을수록 가격 통제가 어려워지고 이윤율이 낮아진다.

고객

수익성 높은 기업은 고객을 유치하고 유지하면서 경쟁사로부터 고객을 빼앗고, 높은 가격을 책정할 수 있는 능력에 크게 의존한다. 고객이 쉽게 경쟁사의 제품이나 서비스로 전환할 수 있거나, 시장에 **제품 차별화**(product differentiation, 경쟁사가 쉽게 모방할 수 없는 새롭고 독창적인 제품과 서비스를 개발하여 브랜드 충성도를 창출하는 경쟁 전략)가 거의 없는 투명한 환경에서 가격만으로 경쟁하도록 강요할 수 있다면 고객의 힘은 더욱 커진다. 예를 들어 인터넷의 중고 대학 교재 시장에서는 학생이 거의 모든 최신 교재를 다수의 판매업체로부터 구입할 수 있다. 이 경우 온라인 고객은 중고 서적 업체에 대해 매우 강력한 협상력을 가진다.

제품 차별화
경쟁사가 쉽게 모방할 수 없는 새롭고 독창적인 제품과 서비스를 개발하여 브랜드 충성도를 창출하는 경쟁 전략

공급자

공급자의 시장 지배력은 기업의 수익성에 큰 영향을 줄 수 있다. 특히 공급자가 가격을 올리는 속도만큼 제품 가격을 인상하지 못할 경우 더욱 그렇다. 기업이 확보한 대체 공급자가 많을수록 가격, 품질, 납기 일정 측면에서 공급자를 통제할 수 있는 능력이 커진다. 예를 들어 노트북 제조업체는 일반적으로 키보드, SSD(solid-state drive), 디스플레이 패널과 같은 주요 부품에 대해 경쟁 관계에 있는 여러 공급자를 두고 있다.

경쟁세력에 대응하기 위한 정보시스템 전략

이와 같은 다양한 경쟁세력에 직면했을 때 기업은 무엇을 할 수 있을까? 그리고 기업은 어떻게 정보시스템을 활용하여 이러한 세력 중 일부를 상쇄할 수 있을까? 대체재를 방지하고 새로운 시장 진입자를 억제하려면 어떻게 해야 할까? 이에 대한 해법으로 네 가지 일반적인 전략(저비용 리더십, 제품 차별화, 틈새시장 집중, 고객 및 공급자와의 유대 강화)이 있으며, 이는 IT와 시스템을 통해 자주 실행된다.

저비용 리더십

정보시스템을 활용하여 가장 낮은 운영 비용과 가장 낮은 가격을 실현하는 전략이다. 대표적인 사례는 월마트이다. 월마트는 전설적인 재고보충시스템을 통해 가격은 낮게 유지하면서 매장을 항상 잘 채워 놓아 미국 최대 소매업체로 성장했다. 월마트의 연속보충시스템은 소비자가 계산대에서 결제를 완료하는 즉시 새로운 상품 주문을 공급업체로 직접 전송한다. 계산대의 판매 시점 정보 단말기(point-of-sale terminal)는 통과하는 각 상품의 바코드를 기록하고, 이를 본사의 중앙 정보시스템으로 전송한다. 이 시스템은 모든 월마트 매장에서 수집된 주문을 모아 공급업체에 전달한다. 공급업체는 웹 기술을 이용하여 월마트의 판매 및 재고 데이터를 직접 조회할 수도 있다.

이 시스템은 매우 빠른 속도로 재고를 보충하기 때문에 월마트는 자체 창고에 많은 양의 상품 재고를 보유하는 데 많은 비용을 들이지 않아도 된다. 또한 고객 수요에 맞게 매장 상품 주문을 조정할 수 있다. 월마트는 이러한 시스템을 활용하여 운영 비용을 낮춤으로써 소매 업계 대부분의 기업보다 매출 대비 간접비 지출 비율이 낮다.

월마트의 연속 재고보충시스템은 효율적 고객대응시스템의 대표적인 사례이기도 하다. **효율적 고객대응시스템**(efficient customer response system)은 소비자 행동을 유통, 생산, 공급사슬과 직접 연결해 준다. 월마트의 시스템은 이러한 역할을 수행한다.

효율적 고객대응시스템
소비자 행동을 유통 및 생산, 공급사슬로 직접 연결하는 정보시스템

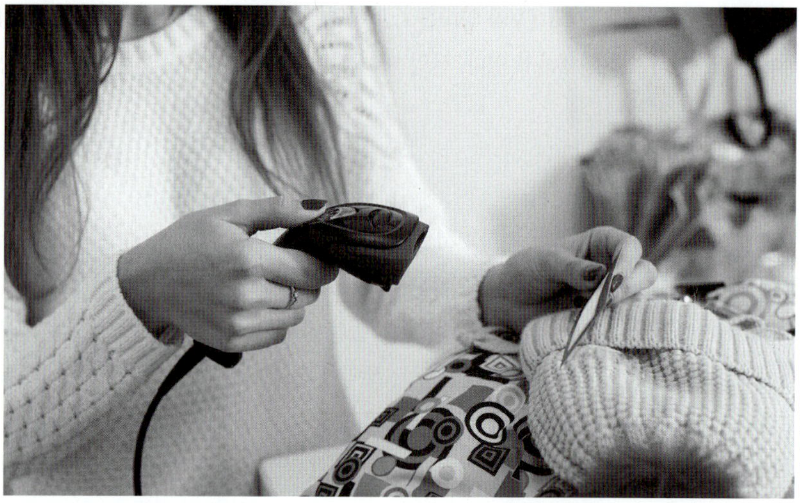

© Oksix/123RF

월마트와 같은 슈퍼마켓 및 대형 소매점은 계산대에서 수집된 판매 데이터를 활용하여 어떤 상품이 판매되었고 재주문이 필요한지를 파악한다. 월마트의 연속보충시스템은 재고 주문을 공급업체에 직접 전송한다. 이 시스템을 통해 월마트는 비용을 낮게 유지하면서도 고객 수요에 맞게 상품 구성을 미세 조정할 수 있다.

제품 차별화

정보시스템을 활용하여 새로운 제품과 서비스를 가능하게 하거나 기존 제품과 서비스의 사용 편의성을 높이는 전략이다. 구글, 메타(페이스북), 아마존, 애플 등 빅테크 기업은 자사 제품과 서비스를 잠재적 경쟁자와 차별화하기 위해 수십억 달러를 연구 및 서비스 개선에 투자하고 있다. 예를 들어 애플은 거의 매년 새로운 아이폰과 아이패드 모델을 출시하며 자사 모바일 기기의 차별화를 이어오고 있다. 크레욜라(Crayola)는 디지털 도구를 활용하여 아이들이 그림을 그리고 디자인하며 창의적인 활동을 할 수 있도록 지원하는 새로운 디지털 제품과 서비스를 개발하고 있다(3.9절 참조). 이러한 기술 중심 기업에서 끊임없이 쏟아져 나오는 혁신은 자사 제품을 독특하고 모방하기 어렵게 만든다.

제조업체와 유통업체는 정보시스템을 활용하여 개별 고객의 세부 요구에 맞춘 맞춤형 제품과 서비스를 제공하고 있다. 예를 들어 고급 브랜드 보메에메르시에(Baume et Mercier)의 하위 브랜드인 보메(Baume)는 재활용 및 업사이클링 자재, 지속가능한 소재를 이용하여 독특한 시계를 제작한다. 세일즈포스 커머스 클라우드(Salesforce Commerce Cloud)를 기반으로 한 보메의 모바일 최적화 웹사이트에서는 고객이 다이얼 스타일, 케이스 마감, 스트랩 재질, 각인 문구 등을 직접 선택하여 조합할 수 있으며, 총 2,160가지 조합이 가능하다. 이렇게 고객 개개인의 요구에 맞춘 제품이나 서비스를 대량으로 제공하는 능력을 **대량 맞춤화**(mass customization)라고 한다.

대량 맞춤화
대규모로 개별 고객 맞춤형 제품이나 서비스를 제공할 수 있는 능력

점점 더 많은 기업이 제품 자체의 기능뿐 아니라 제품을 구매하고 사용하는 전체 경험을 통해 제품을

표 3.3 경쟁우위를 제공하는 IT 기반 새로운 제품과 서비스

기술	설명
원클릭 쇼핑: 아마존	아마존은 전자상거래 초기에 원클릭 쇼핑에 대한 특허를 보유함으로써 다른 온라인 소매업체에 비해 상당한 경쟁우위를 확보했다.
온라인 음악 서비스: 애플 아이튠즈 스토어	애플은 주요 5개 음반사와 모두 계약을 맺고 디지털 음악을 합법적으로 구매할 수 있는 최초의 온라인 마켓플레이스를 구축했으며, 곧 미국 최대의 음악 유통업체가 되었다.
골프 클럽 맞춤화: 핑(Ping)	고객이 자신의 신체 조건에 맞게 골프 클럽을 맞춤 제작할 수 있도록 했다.
온라인 개인 간 송금 서비스: 페이팔	페이팔은 개인 간 은행 계좌 또는 은행 계좌와 신용카드 간에 돈을 송금할 수 있는 기능을 제공한다.

차별화하고 있다. 이를 고객 경험(customer experience)이라고 하며, 고객과 기업 간의 전반적인 관계 속 모든 상호작용을 관리하는 **고객 경험 관리**(customer experience management)는 경쟁 전략의 중요한 요소로 자리 잡고 있다. 이 장의 도입 사례에서 펩시코가 AI를 활용하여 도리토스 섭취 경험을 개선한 것은 이를 보여주는 좋은 예이다.

고객 경험 관리
고객과 기업 간의 전체 비즈니스 관계에 걸쳐 발생하는 모든 상호작용을 관리하는 것

표 3.3에는 IT를 기반으로 한 제품과 서비스를 개발하여 다른 기업이 쉽게 모방하기 어려웠던 사례가 정리되어 있다.

틈새시장 공략

정보시스템을 활용하여 특정 시장에 집중하고, 이 좁은 타깃 시장을 경쟁자보다 더 잘 서비스하는 전략이다. 정보시스템은 정밀한 판매 및 마케팅 기법을 가능하게 하며, 이를 위한 데이터 생성과 분석을 지원한다. 기업은 정보시스템을 통해 고객의 구매 패턴, 취향, 선호도를 세밀하게 분석함으로써 점점 더 세분화된 타깃 시장을 대상으로 광고와 마케팅 캠페인을 효율적으로 전개할 수 있다.

이러한 데이터는 신용카드 거래, 인구통계 정보, 슈퍼마켓과 소매점의 계산대 스캐너 구매 정보, 웹사이트 방문 및 상호작용 시 수집되는 데이터 등 다양한 출처에서 수집된다. 정교한 소프트웨어 도구는 이러한 방대한 데이터 풀에서 패턴을 찾아내고, 의사결정을 위한 규칙을 도출한다. 이는 현재 AI/머신러닝의 가장 인기 있는 활용 분야 중 하나이다. 이러한 데이터 분석을 통해 개별 선호에 기반한 맞춤형 메시지를 생성하는 일대일 마케팅을 할 수 있다. 예를 들어 NBA의 샬럿 호네츠(Charlotte Hornets)는 수백만 명의 팬에 대한 상세한 기록을 유지하고 있으며, 여기에는 경기 및 온라인에서 티켓을 구매한 정보, 팀 상품을 매장에서나 온라인에서 구매한 내역, 경기장에서 음식과 음료를 구입한 내역 등 실시간 데이터가 포함되어 있다. 팀은 이 팬 정보를 통합하여 팬 개개인의 단일 프로필을 생성하고, 이를 활용하여 팬들과 더 개인적인 관계를 형성한다. 이를 통해 팬 경험을 개선하고, 마케팅을 더욱 정교하게 타기팅하며, 궁극적으로 매출을 증대시킨다. 오늘날의 고객관계관리(CRM) 시스템은 AI 도구가 탑재되어 이러한 심층 데이터 분석 기능을 제공한다.

신용카드 회사도 이 전략을 활용하여 가장 수익성이 높은 카드 사용자를 예측한다. 이들은 소비자의 구매 및 행동에 대한 방대한 데이터를 수집하고, 이를 AI/머신러닝으로 분석하여 신용 위험도가 높은지 낮은지를 판단할 수 있는 상세한 고객 프로필을 구축한다. 데이터 분석에 사용되는 도구와 기술은 6장, 11장, 12장에서 자세히 설명할 것이며, 이 책 전반에 걸쳐 다양한 실제 사례를 소개한다.

고객 및 공급자와의 유대 강화

정보시스템을 활용하여 공급자와의 연계를 강화하고 고객과의 친밀한 관계를 형성한다. 토요타, 포드 등 주요 자동차 제조업체는 정보시스템을 통해 공급자가 자사의 생산 일정을 직접 확인할 수 있게 하며, 때로는 공급자가 공장에 언제 어떤 방식으로 부품을 공급할지 스스로 결정할 수 있도록 한다. 이를 통해 공급자는 생산을 위한 리드타임을 충분히 확보할 수 있다. 고객 측면에서 아마존은 고객의 선호를 기록하고, 다른 고객이 구매한 상품을 추천하는 기능을 통해 고객의 관심과 충성도를 높이고 있다. 이처럼 고객 및 공급자와의 강한 연결은 **전환 비용**(switching cost, 기존 공급자 또는 시스템에서 경쟁 공급자 또는 시스템으로 전환할 때 발생하는 시간 및 자원 손실)을 증가시키고, 자사에 대한 충성도를 높인다.

전환 비용
기존 공급자나 시스템에서 경쟁 공급자나 시스템으로 전환할 때 발생하는 시간 손실과 자원 소모 등의 비용

표 3.4는 지금까지 설명한 경쟁 전략을 요약한 것이다. 일부 기업은 이 중 하나의 전략에 집중하지만, 많은 기업은 여러 전략을 동시에 활용하기도 한다. 예를 들어 월마트는 전통적으로 저비용 리더십 전략을 추구해왔지만, 최근에는 드론을 이용한 상품 배송이나 정밀 타깃 마케팅과 같은 차별화된 서비스를 함께 제공하고 있다.

표 3.4 기본적인 네 가지 경쟁 전략

전략	설명	사례
저비용 리더십	품질과 서비스 수준을 높이면서 경쟁자에 비해 낮은 가격으로 제품과 서비스를 생산하기 위해 정보시스템 이용	월마트
제품 차별화	제품 차별화와 새로운 서비스 및 제품 개발을 위해 정보시스템 이용	우버, 나이키, 애플
틈새시장 공략	하나의 틈새시장에 전략을 집중하기 위해 정보시스템 이용, 전문화	힐튼호텔, 하라스
고객 및 공급자와의 유대 강화	고객과 공급업자 간의 긴밀한 유대관계 유지와 충성도 제고를 위해 정보시스템 이용	토요타, 아마존

인터넷이 경쟁우위에 미치는 영향

인터넷으로 인해 전통적인 경쟁 세력이 여전히 존재하더라도 경쟁의 강도는 훨씬 더 치열해졌다(Porter, 2001). 인터넷 기술은 어떤 기업이든 활용할 수 있는 보편적 표준에 기반하고 있기 때문에 경쟁자는 오직 가격만으로도 쉽게 경쟁할 수 있으며, 신규 진입자의 시장 진입도 용이해졌다. 정보가 모두에게 공개되어 있으므로 고객의 협상력이 더욱 강화되었고, 고객은 웹에서 가장 저렴한 공급자를 빠르게 찾을 수 있다. 이로 인해 기업의 수익성이 낮아졌다. 표 3.5는 포터가 지적한, 인터넷이 기업에 미치는 잠재적인 부정적 영향을 요약한 것이다.

인터넷은 일부 산업을 거의 붕괴시켰고, 더 많은 산업에 심각한 위협을 가하고 있다. 예를 들어 인쇄 백과사전 산업과 여행사 산업은 인터넷을 통한 대체재의 등장으로 거의 사라지다시피했다. 마찬가지로 인터넷은 소매, 음악, 도서, 소매 중개, 소프트웨어, 통신, 신문 산업 등에 상당한 영향을 미쳤다.

하지만 인터넷은 전혀 새로운 시장을 창출하고, 수많은 새로운 제품, 서비스, 비즈니스 모델의 기반이 되었으며, 규모가 크고 충성도 높은 고객 기반을 통해 브랜드를 구축할 수 있는 새로운 기회를 제공하기도 했다. 아마존, 이베이, 유튜브, 페이스북, 익스피디아, 구글 등이 그 예이다. 이러한 측면에서 인터넷은 산업 전체를 '변형'시켰고, 기업은 비즈니스 수행 방식을 바꾸게 되었다.

스마트 제품과 사물인터넷

산업 및 소비자 제품에서 센서의 사용이 증가하면서, 사물인터넷(IoT)은 인터넷이 산업 내 경쟁을 어떻게 변화시키고 새로운 제품과 서비스를 만들어내고 있는지를 보여주는 대표적인 사례이다. 언더아머(Under Armour)와 같은 스포츠 및 피트니스 기업은 웨어러블 건강 추적기와 센서를 장착한 피트니스

표 3.5 인터넷이 경쟁세력과 산업 구조에 미치는 영향

경쟁세력	인터넷의 영향
대체 제품과 서비스	욕구 충족과 기능 수행을 위한 새로운 접근 방법을 가진 대체재 출현이 가능하다.
고객의 교섭력	전 세계 가격과 제품 정보를 이용할 수 있어 교섭력이 고객으로 이동한다.
공급자의 교섭력	인터넷을 통한 조달은 공급자의 교섭력을 강화시키는 경향이 있다. 또한 공급자는 낮아진 진입 장벽과 공급자와 사용자 사이의 도매상과 중개상을 제거함으로써 이익을 얻을 수 있다.
신규 진입자의 위협	인터넷은 영업 사원의 필요성, 채널의 접근성, 물리적 자산 등과 같은 진입 장벽을 제거한다. 인터넷은 다른 일의 처리를 쉽게 하는 비즈니스 프로세스 추진 기술을 제공한다.
기존 경쟁사 간의 포지셔닝 및 경쟁 관계	지리적 시장이 확대되고, 경쟁자 수가 증가하며, 경쟁자 간 차이가 감소한다. 운영상의 우위를 유지하는 것이 더욱 어려워진다. 가격 경쟁을 부추긴다.

장비에 막대한 투자를 하고 있으며, 이러한 장비를 통해 사용자의 활동 정보를 원격 기업 컴퓨팅 센터로 전송하여 데이터를 분석할 수 있다. 존디어(John Deere)의 트랙터에는 필드 레이더, GPS 송수신기, 수백 개의 센서가 탑재되어 있어 장비 상태를 실시간으로 추적한다. 이러한 제품은 '스마트 제품'이라 불리며, 기업이 판매하는 정보 집약형 서비스 집합의 일부이다.

인터넷에 연결된 스마트 제품은 새로운 기능, 더 높은 신뢰성, 더 효율적인 제품 활용을 제공하며, 제품 자체와 고객 경험을 개선할 수 있는 상세한 정보도 제공한다. 이로 인해 제품과 서비스 차별화의 기회가 확장된다. 예를 들어 웨어러블 디지털 건강 제품을 구매하면 제품 자체뿐만 아니라 제조사의 클라우드 서버에서 제공하는 다양한 서비스를 함께 이용할 수 있다. 스마트 제품은 기업 간 경쟁을 심화시키며, 혁신하지 않는 기업은 고객을 잃게 된다. 또한 스마트 제품은 전환 비용을 높이고, 기존 고객을 지배적인 기업의 소프트웨어 환경에 묶어두기 때문에 새로운 기업이 시장에 진입하는 것을 어렵게 만든다. 그리고 물리적 제품보다 그 제품을 작동하는 소프트웨어와 하드웨어가 더 중요해지면서 산업용 부품 공급자의 힘이 약화될 수 있다.

3.5 가치사슬 모델

포터의 모델은 경쟁 세력을 식별하고 일반적인 전략을 제시하는 데 매우 유용하지만, 구체적으로 무엇을 해야 하는지에 대해서는 명확하지 않으며 경쟁우위를 달성하기 위한 방법론도 제공하지 않는다. 만약 운영의 우수성을 달성하는 것이 목표라면 어디서부터 시작해야 할까? 이럴 때 비즈니스 가치사슬 모델이 도움이 된다.

가치사슬 모델(value chain model)은 경쟁 전략이 가장 효과적으로 적용될 수 있는 비즈니스 내의 특정 활동과 정보시스템이 전략적 영향을 미칠 가능성이 가장 높은 지점을 강조한다(Porter, 1985). 이 모델은 기업을 일련의 기본 활동의 사슬로 보고, 이 활동이 기업의 제품이나 서비스에 부가가치를 더한다고 여긴다. 그림 3.9는 이러한 활동이 어떻게 본원적 활동과 지원 활동으로 구분될 수 있는지를 보여준다.

본원적 활동(primary activity)은 제품과 서비스의 생산 및 유통에 가장 직접적으로 관련된 활동으로, 고객에게 가치를 창출한다. 본원적 활동에는 유입 물류, 운영, 산출 물류, 판매 및 마케팅, 서비스가 포함된다. 유입 물류는 생산을 위한 자재 수령과 저장을 포함하고, 운영은 투입물을 완제품으로 전환한다. 산출 물류는 완제품을 저장하고 유통하는 것을 포함한다. 판매와 마케팅은 기업의 제품을 홍보하고 판매하는 활동이다. 서비스 활동은 제품 및 서비스의 유지·보수와 수리를 포함한다.

지원 활동(support activity)은 본원적 활동의 수행을 가능하게 하며, 기업의 조직 인프라(행정 및 관리), 인적자원(직원 채용, 고용, 훈련), 기술(제품 및 생산 공정 개선), 조달(원자재 구매)과 관련된 활동으로 구성된다.

가치사슬 모델
기업을 일련의 기본 활동으로 구성된 사슬로 보고, 이러한 활동이 기업의 제품이나 서비스에 부가가치를 더하는 방식으로 작동한다는 모델로, 정보시스템을 어디에 적용하면 경쟁우위를 가장 잘 달성할 수 있는지를 파악하는 데 도움을 준다.

본원적 활동
기업의 제품이나 서비스를 생산하고 유통하는 데 가장 직접적으로 관련된 활동

지원 활동
기업의 본원적 활동이 원활히 수행되도록 지원하는 활동으로 조직의 인프라, 인적자원관리, 기술 개발, 조달 활동과 관련된다.

이제 가치사슬의 각 단계에서 "정보시스템을 어떻게 활용하여 운영 효율성을 높이고 고객 및 공급자와의 유대를 강화할 수 있을까?"라는 질문을 던질 수 있다. 이러한 질문은 각 단계에서 수행하는 부가가치 활동을 비판적으로 검토하고, 비즈니스 프로세스를 어떻게 개선할 수 있을지 생각하게 만든다. 예를 들어 앞서 제시된 펩시코 사례를 가치사슬 분석하면 영업, 마케팅, 고객 서비스, 제품 차별화 측면에서 기술을 활용하여 프로세스를 개선할 수 있는 방법을 발견할 수 있다.

또한 정보시스템을 활용하여 자사 가치사슬 밖에 있으나 성공에 매우 중요한 고객 및 공급자와의 관계를 어떻게 개선할 수 있을지도 질문할 수 있다. 이와 관련해, 자원 흐름을 조율하는 공급사슬관리(SCM) 시스템과 영업 및 고객 지원 직원을 고객과 연결하는 고객관계관리(CRM)시스템은 비즈니스 가치사슬 분석에서 흔히 도출되는 시스템 응용 사례이다. 이러한 기업 응용 시스템은 9장에서 자세히 다루며, 이

그림 3.9 가치사슬 모델

이 그림은 기업의 본원적 활동과 지원 활동을 위한 시스템과 기업의 제품과 서비스에 가치를 부가하는 가치 파트너를 보여준다.

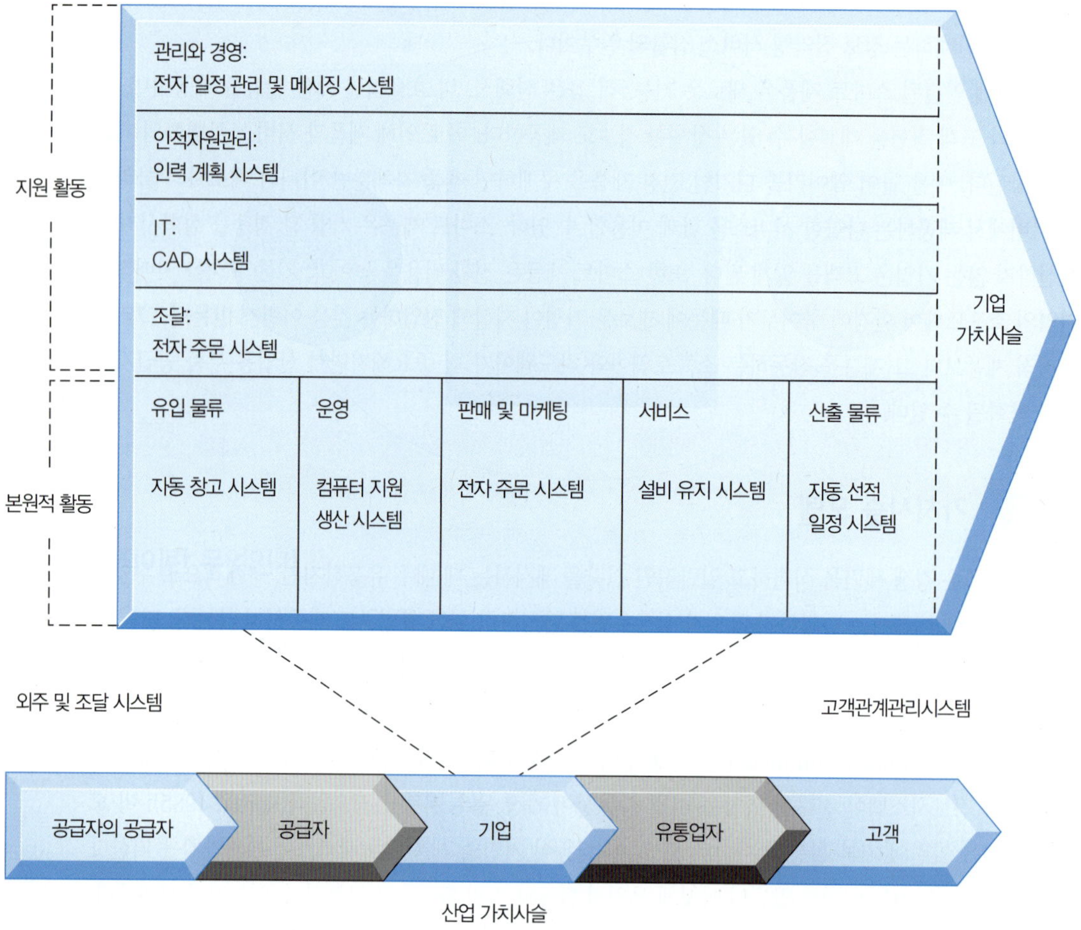

장의 3.7절에서는 AI 기술이 가치사슬 전반에 어떻게 활용될 수 있는지도 설명한다.

비즈니스 가치사슬 모델을 활용하면 자사 비즈니스 프로세스를 경쟁사 또는 관련 산업과 비교하여 벤치마킹하고 업계의 베스트프랙티스를 식별하게 된다. **벤치마킹**(benchmarking)이란 자사 비즈니스 프로세스의 효율성과 효과성을 엄격한 기준과 비교한 후, 그 기준에 따라 성과를 측정하는 것을 의미한다. 업계 **베스트프랙티스**(best practice)는 일반적으로 컨설팅 회사, 연구기관, 정부 기관, 산업 협회 등에 의해 특정 비즈니스 목표를 지속적이고 효과적으로 달성하기 위한 가장 성공적인 해결책이나 문제 해결 방식으로 제시된다.

벤치마킹
비즈니스 프로세스의 효율성과 효과성을 엄격한 기준과 비교한 뒤, 조직의 성과를 그 기준에 따라 측정하는 것

베스트프랙티스
특정 조직이나 산업에서 일관되고 효과적으로 비즈니스 목표를 달성하기 위해 개발된 가장 성공적인 해결책 또는 문제 해결 방식

비즈니스의 가치사슬 각 단계를 분석한 후에는 정보시스템의 적용 가능성을 도출할 수 있다. 그런 다음 도출된 후보 시스템 중 무엇을 우선 개발할 것인지를 결정할 수 있다. 경쟁사가 간과할 수 있는 비즈니스 가치사슬 내 개선점을 파악하고 개선함으로써 운영 수월성 달성, 비용 절감, 이익률 개선, 고객 및 공급자와의 관계 강화 등을 통해 경쟁우위를 확보할 수 있다. 만약 경쟁사도 유사한 개선을 진행하고 있다면 최소한 경쟁에서 불리한 위치에 놓이는 상황은 피할 수 있다.

가치사슬 확장: 가치 웹

그림 3.9는 한 기업의 가치사슬이 공급자, 유통업자, 고객의 가치사슬과 연결되어 있음을 보여준다. 결국 대부분의 기업 성과는 기업 내부에서 일어나는 일뿐 아니라 직접적 또는 간접적 공급자, 물류 파트너(예:

페덱스, UPS), 고객과의 협업 수준에 따라 좌우된다.

산업 수준에서 전략적 이점을 얻기 위해 정보시스템을 어떻게 활용할 수 있을까? 업계 참여자들은 IT를 통해 전자적으로 정보를 교환하거나 비즈니스 거래를 수행하기 위한 업계 표준을 공동으로 개발할 수 있다. 이러한 표준은 모든 시장 참여자가 동일한 방식으로 운영하도록 강제하며, 이는 효율성을 높이고 제품 대체 가능성을 줄이며 신규 진입 장벽을 높여 진입을 억제할 수 있다. 또한 업계 구성원은 정부 기관, 외국 경쟁업체, 타 산업과 관련된 활동을 조율하기 위해 IT 기반의 업계 협의체, 심포지엄, 커뮤니케이션 네트워크 등을 구축할 수 있다.

산업가치사슬 관점은 정보시스템을 어떻게 활용하여 공급자, 전략적 파트너, 고객과 보다 효율적으로 연결될 수 있는지를 고민하게 만든다. 전략적 이점은 자신의 가치사슬을 다른 파트너의 가치사슬과 어떻게 연계할 수 있는가에 달려 있다. 예를 들어 아마존의 경우 다음과 같은 시스템을 구축하고자 할 것이다.

- 공급자가 아마존 사이트에 쉽게 상품을 등록하고 온라인 상점을 개설할 수 있는 시스템
- 고객이 상품을 간편하게 결제할 수 있는 시스템
- 고객에게 상품을 배송하는 것을 조율하는 시스템
- 고객이 배송 상태를 추적할 수 있는 시스템

인터넷 기술은 **가치 웹**(value web)이라 불리는 고도로 동기화된 산업가치사슬을 가능하게 만들었다. 가치 웹은 시장을 위한 제품이나 서비스를 공동으로 생산하기 위해 IT를 활용하여 각자의 가치사슬을 조정하는 독립적인 기업의 집합이다. 가치 웹은 기존의 전통적인 가치사슬보다 고객 중심적이고 덜 선형적인 방식으로 운영된다.

가치 웹
시장을 위한 제품이나 서비스를 공동으로 생산하기 위해 IT를 사용하여 각자의 가치사슬을 조정하는 독립적인 기업의 집합

그림 3.10 가치 웹

가치 웹은 급변하는 공급과 수요에 신속하게 대응하기 위해 산업 내에서 비즈니스 파트너의 가치사슬을 동기화할 수 있는 네트워크 시스템이다.

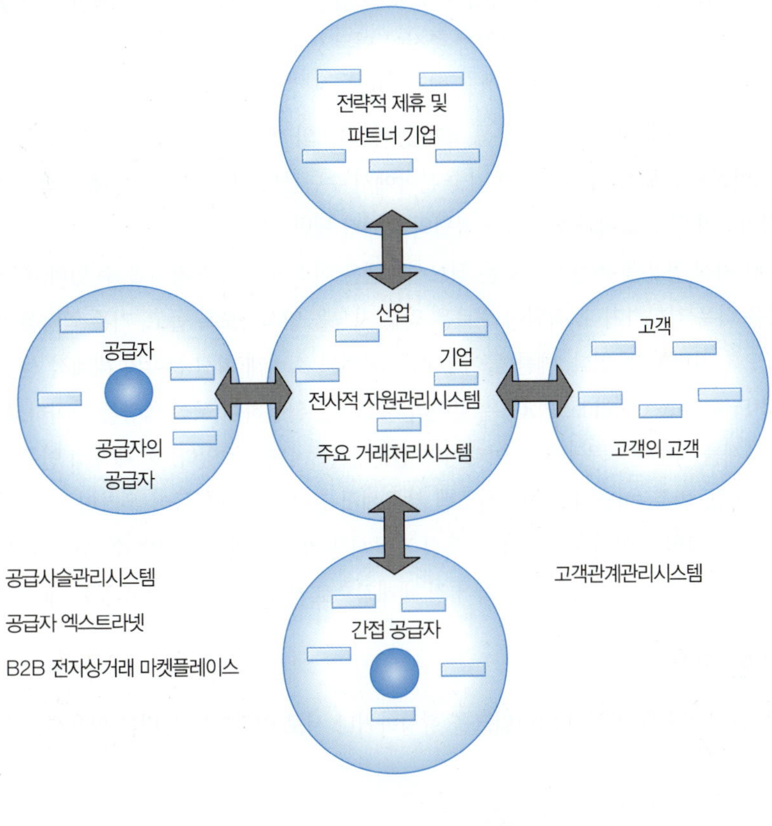

그림 3.10은 그림 3.9에 나타낸 기존 가치사슬보다 덜 선형적인 방식으로 운영되는 가치 웹이 네트워크 방식으로 작동함을 보여준다. 또한 이 그림은 고객, 공급자, 거래 파트너의 비즈니스 프로세스를 다양한 기업 간에 동기화하는 것을 보여준다. 이러한 가치 웹은 고객 중심적이며 공급과 수요의 변화에 더욱 유연하고 적응력이 높다. 시장 상황의 변화에 따라 관계를 묶거나 풀 수 있으며, 기업은 가치 웹 관계를 최적화함으로써 제품이나 서비스를 가장 적절한 가격과 장소에서 제공할 수 있는 파트너를 빠르게 선정하고 의사결정을 가속화하여 시장과 고객에게 도달하는 시간을 줄일 수 있다.

3.6 시너지, 핵심 역량, 네트워크 경제

대기업은 일반적으로 여러 사업으로 구성된다. 흔히 기업은 재무적으로 전략적 사업 단위의 집합으로 조직되며, 전체 기업의 수익은 이러한 각 사업 단위의 성과에 직접적으로 연결된다. 정보시스템은 시너지와 핵심 역량을 촉진함으로써 이러한 사업 단위 전체의 성과를 향상할 수 있다.

시너지

시너지는 한 부서의 산출물을 다른 부서의 투입물로 활용하거나, 두 조직이 시장과 전문 지식을 공유할 때 발생한다. 이러한 관계는 비용을 절감하고 수익을 창출한다. JP모건체이스와 뉴욕은행, 뱅크오브아메리카와 컨트리와이드파이낸셜의 합병은 이러한 목적에서 이루어졌다.

이러한 시너지 상황에서 IT는 다양한 사업 단위의 운영을 연결하여 하나의 통합된 조직처럼 작동하는 데 활용된다. 예를 들어 아마존은 2022년 MGM을 인수함으로써 스트리밍 엔터테인먼트 산업에서의 입지를 강화할 수 있었다. 정보시스템은 아마존과 MGM이 콘텐츠를 공동으로 활용하고, 운영을 통합하며, 비용을 절감하고, 엔터테인먼트 제품의 교차 마케팅을 확대하는 데 도움을 주었다.

핵심 역량 강화

경쟁우위 확보를 위해 정보시스템을 활용하는 또 다른 방법은 시스템이 어떻게 핵심 역량을 강화할 수 있는지를 고려하는 것이다. 핵심 사업 단위가 중심이 되는 역량, 즉 핵심 역량을 개발하거나 창출할수록 전체적인 사업 성과가 향상된다는 주장이다. **핵심 역량**(core competency)은 업계 최고 수준의 활동을 의미하며, 예를 들어 세계 최고의 정밀 부품 설계 능력, 최고의 택배 서비스, 최고의 박막 생산 기술 등이 될 수 있다. 일반적으로 핵심 역량은 특정 기술 분야에서 수년간의 실무 경험을 통해 축적된 지식을 기반으로 하며, 장기적인 연구 노력과 헌신적인 직원의 참여가 뒷받침된다.

핵심 역량
한 기업이 업계에서 선도적인 수준으로 뛰어난 성과를 내는 활동

사업 단위 간 지식 공유를 촉진하는 모든 정보시스템은 이러한 역량을 강화할 수 있다. 이러한 시스템은 기존 역량을 더욱 강화하거나, 직원이 새로운 외부 지식을 인식하도록 돕고, 기존 역량을 관련 시장에 활용할 수 있도록 지원할 수 있다. 예를 들어 브랜드 관리와 소비재 혁신 분야의 세계적 선두 기업인 프록터앤드갬블(Procter & Gamble, P&G)은 일련의 시스템을 활용하여 핵심 역량을 강화하고 있다. 이를 통해 유사한 문제를 다루는 직원들이 아이디어와 전문성을 공유할 수 있다. 전 세계의 연구개발, 엔지니어링, 구매, 마케팅, 법무, 비즈니스 정보시스템 부문에서 근무하는 직원들이 온라인으로 문서, 보고서, 차트, 영상, 기타 다양한 데이터를 공유하고, 특정 전문성을 가진 직원을 찾아낼 수 있다. 또한 P&G의 시스템은 사외의 연구자나 창업가와도 연결되어 전 세계적으로 새로운 혁신 제품을 찾는 데 활용된다.

네트워크 기반 전략

인터넷과 네트워크 기술은 기업이 네트워크를 형성하거나 서로 연결되는 능력을 활용하는 전략을 가능

하게 했다. 이러한 네트워크 기반 전략에는 네트워크 경제의 활용, 가상기업 모델, 비즈니스 생태계가 포함된다.

네트워크 경제

네트워크 경제(network economic)는 어떤 제품의 경제적 가치가 그것을 사용하는 사람의 수에 크게 의존하는 시장 상황을 의미한다. 특정 제품과 시장에서는 실제 경제적 가치가 다른 사람들이 그 제품을 사용하고 있다는 사실에서 비롯된다. 이러한 상황에서는 '네트워크 효과'가 작용한다. 예를 들어 수백만 명과 연결되지 않는 전화기는 가치가 있을까? 이메일도 수백만 명과 소통할 수 있기 때문에 가치가 있다. 네트워크 효과에 기반한 비즈니스 모델은 인터넷에서 매우 성공적이었다. 예컨대 소셜 네트워크, 소프트웨어, 메신저 앱 그리고 우버(Uber)나 에어비앤비(Airbnb) 같은 온디맨드(on-demand) 기업이 있다.

네트워크 경제
특정 시장 상황을 가리키며, 이 시장에서는 경제적 가치가 사용자 수에 크게 의존한다. 즉, 제품이나 서비스를 사용하는 사람이 많아질수록 그 가치가 증가한다. 이 경우, 새로운 참여자를 하나 추가하는 데 드는 한계비용은 거의 0에 가깝지만, 그로 인해 창출되는 한계이익은 훨씬 더 클 수 있다.

전통적인 경제학, 즉 공장이나 농업 중심의 경제학에서는 생산에 따른 수익이 점점 줄어드는 현상을 겪는다. 특정 자원을 생산에 투입할수록 산출물의 한계이익이 줄어들고, 결국에는 추가 자원을 투입해도 산출물이 더 이상 증가하지 않게 된다. 이것이 바로 '수익 체감의 법칙'이며, 현대 경제학의 기본이 되는 개념이다.

하지만 어떤 상황에서는 이 법칙이 적용되지 않는다. 예를 들어 네트워크에서는 참가자를 하나 더 추가하는 데 드는 한계비용이 거의 0에 가깝지만, 그로 인해 얻는 한계이익은 매우 크다. 전화 시스템이나 인터넷의 가입자가 많아질수록 모든 참여자에게 더 큰 가치가 생긴다. 각 사용자가 더 많은 사람과 상호작용할 수 있기 때문이다. 구독자가 1,000명인 TV 방송국과 구독자가 1,000만 명인 방송국을 운영하는 데 드는 비용 차이는 크지 않다. 커뮤니티의 가치는 규모가 커질수록 커지고, 새로운 구성원을 추가하는 데 드는 비용이 거의 없다. 이것을 '네트워크 효과'라고 한다. 페이스북의 가치는 사용자 수가 많아질수록 더 커진다.

이러한 네트워크 경제 관점에서 볼 때 IT는 전략적으로 매우 유용할 수 있다. 웹사이트는 기업이 사용자 커뮤니티를 구축하는 데 활용될 수 있다. 예를 들어 같은 관심사를 가진 고객들이 자신의 경험을 공유하고자 할 때 웹사이트가 그 중심이 될 수 있다. 이것은 고객 충성도와 만족도를 높이며, 고객과의 독특한 관계를 형성한다. 대표적인 예가 온라인 경매 사이트인 이베이(eBay)이다. 이베이의 비즈니스는 수백만 명의 사용자 네트워크에 기반을 두고 있으며, 인터넷을 활용하여 온라인 커뮤니티를 형성했다. 이베이에 상품을 등록하는 사람이 많을수록 더 많은 상품이 올라오고 공급자 간의 경쟁이 심화되어 전체 사용자에게 더 많은 가치를 제공한다. 네트워크 경제는 상용 소프트웨어 기업에도 전략적 이점을 제공한다. 소프트웨어를 사용하는 사람이 많을수록 해당 소프트웨어와 연계된 다른 소프트웨어의 가치도 증가한다. 설치된 사용자 기반이 커질수록 해당 제품과 공급업체에 대한 지속적인 사용과 지원이 정당화된다.

가상기업 모델

또 하나의 네트워크 기반 전략은 가상기업모델을 활용하여 경쟁력 있는 비즈니스를 창출하는 것이다. **가상기업**(virtual company)은 네트워크를 통해 사람, 자산, 아이디어를 연결함으로써 전통적인 조직 경계나 물리적 위치에 제한받지 않고 다른 기업과 제휴하여 제품과 서비스를 창출하고 유통할 수 있게 해준다. 하나의 기업이 다른 기업의 역량을 조직적으로 연결되지 않고도 활용할 수 있는 것이다. 가상기업 모델은 기업이 제품, 서비스 또는 특정 역량을 외부 공급업체로부터 확보하는 것이 비용 면에서 더 유리할 때 또는 새로운 시장 기회를 빠르게 활용해야 하지만 자체적으로 대응할 시간과 자원이 부족할 때 유용하다.

가상기업
네트워크를 활용하여 사람, 자산, 아이디어를 연결하는 조직으로, 이러한 구조는 전통적인 조직의 경계나 물리적 위치에 얽매이지 않고, 다른 기업과 유연하게 제휴하여 제품과 서비스를 공동으로 개발하고 유통할 수 있게 해준다.

패션 브랜드인 게스, 앤테일러, 리바이스트라우스, 리복 같은 회사는 홍콩에 본사를 둔 리앤펑(Li & Fung)을 통해 의류 생산과 배송을 관리한다. 리앤펑은 제품 개발, 원자재 조달, 생산 계획, 품질 관리, 배송까지 담당하지만 천이나 공장, 기계를 소유하지 않는다. 대신 40개국에 걸쳐 1만 5,000개 이상의 공급업체 네트워크에 모든 업무를 아웃소싱한다. 고객은 리앤펑의 전용 엑스트라넷을 통해 주문을 제출하고, 리앤펑은 해당 주문에 대해 적절한 원자재 공급업체와 공장에 지침을 전송한다. 이 엑스트라넷은 주문별로 생산 전 과정을 추적한다. 리앤펑은 가상기업 방식으로 운영되기 때문에 유연하고 적응력이 뛰어나며, 급변하는 패션 트렌드에 맞춰 고객이 주문한 제품을 신속하게 설계하고 생산할 수 있다.

비즈니스 생태계와 플랫폼

인터넷의 발전과 디지털 기업의 등장은 전통적인 산업 경쟁세력 모델에 대한 일부 수정이 필요함을 보여준다. 전통적인 포터의 모델은 비교적 정적인 산업 환경, 명확한 산업 경계, 안정적인 공급업체, 대체재, 고객 집합을 전제로 한다. 하지만 오늘날의 기업은 단일 산업에만 참여하지 않고, 고객에게 가치를 제공하는 연관된 서비스와 제품을 제공하는 산업 집합에 참여한다. 그림 3.11은 느슨하게 연결되어 있지만 상호 의존적인 공급업체, 유통업체, 아웃소싱 기업, 운송 서비스 업체, 기술 제조업체의 네트워크를 보여준다. 이를 **비즈니스 생태계**(business ecosystem)라고 한다.

비즈니스 생태계
공급업체, 유통업체, 아웃소싱 기업, 운송 서비스 업체, 기술 제조업체 등으로 구성된 네트워크로, 느슨하게 연결되어 있으나 상호 의존적이다.

비즈니스 생태계의 예로 모바일 인터넷 플랫폼을 들 수 있다. 이 생태계에는 4개의 산업, 즉 디바이스 제조업체(애플 아이폰, 삼성, LG 등), 무선 통신업체(AT&T, 버라이즌, T-모바일 등), 독립 소프트웨어 앱 제공업체(게임, 애플리케이션, 벨소리 등을 판매하는 소규모 기업), 인터넷 서비스 제공업체(모바일 플랫폼에 인터넷 서비스를 제공하는 기업)가 존재한다. 각 산업은 독자적인 역사, 이해관계, 원동력을 갖고 있지만, 이들 요소는 때로는 협력적이고 때로는 경쟁적인 방식으로 하나의 모바일 디지털 플랫폼 생태계를 형성하며, 개별적으로는 불가능한 가치를 소비자에게 제공한다.

비즈니스 생태계는 일반적으로 하나 또는 소수의 핵심 기업이 생태계를 주도하며, 수천 개의 다양한 산업에 속한 기업이 자사 역량을 강화하기 위해 활용할 수 있는 정보시스템, 기술, 서비스를 포함한 **플랫폼**(platform)을 구축한다. 예를 들어 페이스북은 수십억 명의 사람과 수백만 개의 기업이 소통하고 정보를 공유하며, 다양한 제품과 서비스를 사고파는 데 사용하는 플랫폼이다. 마이크로소프트도 또 다른 사례이다. 많은 기업이 정보시스템을 활용하여 이러한 핵심 기업으로 성장하고자 노력하고 있으며, IT 기

플랫폼
비즈니스 생태계에서 핵심 기업이 제공하는 정보시스템, 기술, 서비스로, 다양한 산업에 속한 수천 개의 기업이 이를 활용하여 자사의 역량을 강화한다.

그림 3.11 생태계 전략 모델

디지털 기업 시대에는 산업, 기업, 고객, 공급자 간의 경계에 대해 보다 동적인 관점을 필요로 하며, 비즈니스 생태계의 산업 사이에서 경쟁이 일어나고 있다. 생태계 모델에서 고객에게 가치를 제공하기 위해 복수의 산업이 공동 작업한다. IT는 참여 기업 간의 긴밀한 상호작용 네트워크를 가능하게 하는 중요한 역할을 한다.

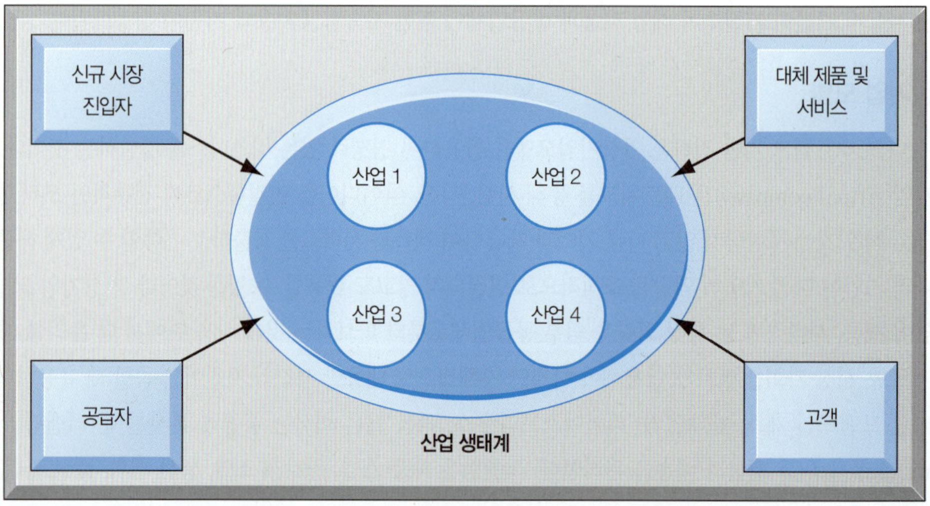

반 플랫폼을 구축함으로써 다른 기업이 이를 활용하도록 한다. 반대로 기업은 자사의 정보시스템이 이러한 핵심 기업이 주도하는 더 큰 생태계에서 수익성 있는 틈새시장으로 자리 잡을 수 있는지를 고민해야 한다(Zhou, 2024; Cutolo, 2021).

3.7 경쟁 전략에서 AI의 활용

AI는 정보시스템이 조직에 가치를 제공하고 운영되는 방식을 변화시키고 있다. AI 기술을 사용하는 시스템은 방대한 양의 정보를 분석하여 패턴과 추세를 파악함으로써 의사결정을 자동화하고 향상할 수 있으며, 사용자 경험을 개선하고, 새로운 수익원을 창출하고, 자원 배분 및 비즈니스 프로세스를 최적화하며, 새로운 제품, 서비스, 비즈니스 모델을 만들어낼 수 있다. 이 책의 각 장에는 AI를 통합한 정보시스템의 다양한 사례가 포함되어 있다.

AI와 가치사슬

AI는 기업이 기존의 비즈니스 모델을 기반으로 성과를 개선하는 것을 더 쉽게 만들어줄 뿐만 아니라, 새로운 비즈니스 모델을 탄생시키고 경쟁 구도를 재편하고 있다. AI는 새로운 제품, 서비스, 가치의 원천을 만들어내고 있다. 운영 수준의 의사결정뿐만 아니라 상위 수준의 의사결정에서도 AI를 통해 의사결정이 훨씬 더 데이터 기반으로 정확하고 정밀하게 이루어지고 있다. AI는 스스로 전략적 결정을 내릴 수는 없지만, 고위 경영진이 기업을 보다 전략적으로 이끌 수 있도록 조언하는 데 사용될 수 있다. AI는 인간의 창의성과 지혜를 완전히 대체할 수는 없지만, 아이디어 발상과 문제 해결에 유용한 도구가 될 수 있다. 표 3.6은 AI가 가치사슬의 각 단계에서 어떻게 가치를 더하고 경쟁우위를 강화할 기회를 제공할 수 있는지를 보여준다.

AI와 포터의 경쟁세력 모델

AI 기술은 포터의 모델에서 제시된 다양한 경쟁세력에 영향을 미치지만, 인터넷과는 다른 방식으로 작용하고 있다. 기업은 압도적인 경쟁우위를 제공할 수 있는 제품을 개발하라는 강한 압력을 받고 있다. 일부 기업은 성공하겠지만, 많은 기업은 AI 도구를 다룰 재정적 자원과 기술적 노하우가 부족하기 때문에

표 3.6 가치사슬에서의 AI 활용 사례

가치사슬 활동	AI 활용 사례
유입 물류	AI 기반 자동화 창고 시스템은 실시간 재고를 정확하게 기록하고, 결함을 식별하며, 공급업체로부터 입고되는 제품을 최적의 창고 위치에 배정할 수 있다.
운영	AI는 대규모 제조 공정에서 제품 결함을 식별하여 품질을 높이고 비용을 절감한다.
판매 및 마케팅	AI는 고객 행동을 분석하여 맞춤형 마케팅 캠페인을 설계할 수 있다.
서비스	AI 챗봇은 고객, 영업 사원, 서비스 기술자의 일반적인 문의에 신속하게 대응할 수 있다.
산출 물류	AI는 출하 일정, 배송 경로, 운송 계획을 최적화하여 물류 비용을 줄인다.
관리 및 경영	예측 분석을 통해 수요 변동을 예측하고, 재고 수준을 최적화하며, 자원을 효율적으로 배분할 수 있다.
인적자원관리	AI 알고리즘은 특정 직무에 적합한 인재를 유치할 가능성이 높은 인재 확보 채널을 예측하여 신규 채용 비용을 줄인다.
기술	AI 기술은 소음 제거 기술, 보청기, 이어폰 등 소비자 제품 개발에 활용될 수 있다.
구매	AI는 과거 데이터, 공급업체 성과, 시장 동향을 분석하여 공급업체 선정의 효율성을 높일 수 있다.

표 3.7 AI와 포터의 경쟁세력 모델

경쟁세력	AI의 영향
대체 제품과 서비스	AI는 대체하기 어려운 독특한 제품이나 서비스를 개발할 수 있게 해준다. 예를 들어 고객별로 맞춤형 패션 추천 서비스를 제공하는 기업은 범용적인 서비스를 제공하는 기업보다 대체재로 인한 위협이 적을 수 있다.
고객의 교섭력	AI는 구매 경험을 향상하여 고객 충성도를 높이고, 고객의 교섭력을 줄일 수 있다. 예를 들어 AI 기반 배송 및 고객 서비스 시스템은 제품 구매와 사용 과정을 보다 효율적이고 매끄럽게 만들어 고객이 경쟁사로 이동할 가능성을 낮춘다.
공급자의 교섭력	AI는 공급사슬관리 시스템을 통해 기업이 대체 공급자를 더 쉽게 찾을 수 있도록 하여 기존 공급자의 교섭력을 줄일 수 있다. 반면 AI는 공급자가 고객의 특정 요구를 충족하는 맞춤형 제품이나 서비스를 더 저렴하게 제공할 수 있게 하여 공급자의 교섭력을 높일 수도 있다.
신규 진입자의 위협	구축 및 운영에 많은 비용이 들거나 고도의 전문 지식을 요구하는 AI 응용 프로그램은 신규 진입자의 시장 진입을 억제할 수 있다. 또한 AI 기반의 독창적인 사용자 경험이나 충성 고객층도 진입 장벽이 될 수 있다. 그러나 상업적으로 이용 가능한 AI 플랫폼과 오픈소스 소프트웨어의 확산은 일부 AI 기술의 구현을 더 쉽게 만들어 일부 신규 진입자가 기존 기업과 경쟁할 수 있게 된다. 기존 기업은 자체 AI 기술과 데이터세트 개발에 더 많은 자원을 투입해야 할 것이다.
기존 경쟁자 간의 경쟁	AI는 기존 기업의 경쟁을 심화시킬 수 있다. AI를 성공적으로 활용한 기업은 경쟁우위를 확보할 수 있으며, 다른 기업은 경쟁력을 유지하기 위해 AI 도입을 강요받게 된다.

실패할 수 있다. AI 애플리케이션을 개발하고 학습시키기 위해서는 방대한 데이터세트가 필수적이며, 이 데이터는 반드시 정확하고 완전하며 오류가 없고 잘 정리되어야 하며, AI가 해결하려는 문제에 적합해야 한다. 성공적인 AI 애플리케이션을 구축하려면 기술 구현에 대한 전문성과 숙련된 변화 관리 역량도 필요하다(14장 참조). AI 전문성을 갖추고, 막대한 컴퓨팅 파워와 에너지 소비를 감당할 수 있는 자원을 가진 기업은 유리한 위치를 차지할 수 있다. 그러나 오픈소스 소프트웨어와 AI 플랫폼을 활용하는 신생 기업이 등장하는 것을 완전히 막을 수는 없다. AI는 고객과 공급자의 협상력을 강화하거나 약화시킬 수 있으며, 새로운 제품과 서비스를 창출하는 기반이 되기도 한다. 표 3.7은 AI가 포터의 경쟁세력 모델 전반에 어떤 영향을 미치는지를 보여주며, 산업 구조와 경쟁의 규칙을 어떻게 재편하고 있는지를 설명한다.

3.8 전략정보시스템이 야기하는 도전 과제

전략정보시스템은 종종 조직뿐 아니라 제품, 서비스, 운영 절차까지 변화시켜 조직이 새로운 행동 패턴으로 나아가게 만든다. 정보시스템을 성공적으로 활용하여 경쟁우위를 확보하는 일은 쉽지 않으며 기술, 조직, 경영의 정밀한 조정이 필요하다. 그러나 좋은 전략이 항상 옳은 전략이거나, 제대로 실행되고 있음을 의미하는 것은 아니다. 이는 경영 사례 '걸림돌에 부딪힌 스포티파이의 팟캐스트 전략'이 보여주는 바와 같다.

지속적인 경쟁우위 확보

전략정보시스템이 제공하는 경쟁우위가 반드시 장기적인 수익성을 보장하는 것은 아니다. 경쟁기업이 전략정보시스템을 모방하거나 반격할 수 있기 때문에 경쟁우위가 항상 지속가능한 것은 아니다. 시장, 고객의 기대, 기술은 끊임없이 변화하며, 세계화는 이러한 변화를 더욱 빠르고 예측 불가능하게 만든다. 인터넷은 거의 모든 기업이 활용할 수 있기 때문에 경쟁우위가 매우 빠르게 사라질 수 있다. 아메리칸항공의 SABRE 전산 예약 시스템, 씨티은행의 ATM 시스템, 페덱스의 화물 추적 시스템 같은 고전적인 전략정보시스템은 업계 최초 도입 효과를 누렸으나 이후 경쟁 시스템이 등장했다. 아마존은 전자상거래 선두주자였지만 이제는 월마트, 이베이, 구글과 치열한 경쟁을 하고 있다. 정보시스템만으로는 지속가능한

경영 사례 걸림돌에 부딪힌 스포티파이의 팟캐스트 전략

스포티파이(Spotify)는 180개국 이상에서 5억 7,400만 명 이상의 활성 사용자(active user)를 보유한 세계 최대 온디맨드 음악 서비스이다. 이 회사는 사용자에게 초개인화된 노래 및 기타 오디오 콘텐츠 추천을 제공하는 기술 활용 능력으로 잘 알려져 있다.

스포티파이는 음악 스트리밍 시장에서 독점 기업이 아니다. 사용자는 다른 많은 플랫폼에서도 좋아하는 음악, 오디오북, 팟캐스트를 찾을 수 있다. 스포티파이를 돋보이게 만드는 요소는 정확한 타이밍에 개별 사용자에게 정확한 오디오(또는 기타 콘텐츠)를 제공하는 뛰어난 능력이다. 스포티파이 사용자를 위한 추천을 극도로 개인화할 수 있는 이 능력은 AI 없이는 불가능하며, 이는 스포티파이의 경쟁우위의 주요 원천이다.

스포티파이는 이러한 개인화 전략을 추진하기 위해 다양한 방식으로 AI를 활용한다. 예를 들어 스포티파이에서 가장 인기가 있는 기능 중 하나는 AI DJ로, 이는 사용자의 음악 취향과 청취 행동을 기반으로 무엇을 재생할지 선택해주는 AI 기반 디스크자키이다. AI DJ는 사용자에 대한 데이터를 기반으로 트랙을 선별하고, 생성형 AI를 활용하여 매우 현실적인 음성으로 선곡 이유를 설명한다. AI DJ는 사용자의 실시간 피드백에 따라 곡을 변경할 수 있으며, 최근에 듣지 않았던 음악을 찾아내거나 사용자가 좋아할 만한 새로운 음악을 추천한다.

스포티파이의 디스커버 위클리(Discover Weekly)는 스포티파이 AI 알고리즘을 활용하여 매주 월요일마다 사용자 개개인에게 맞춤형 재생목록 30곡을 제공한다. 선곡 기준은 사용자 스트리밍 기록, 선호도, 재생목록에 추가된 곡이다. 이 재생목록에는 사용자가 이전에 들어보지 않았던 곡도 포함되며, 이러한 추천은 검색 기록과 선호도를 기반으로 한다. 이 기능은 사용자가 새로운 음악을 접하는 데 도움이 된다.

스포티파이는 AI 오디오 모델을 사용하여 원시 오디오 트랙의 데이터를 분석하고 노래를 분류한다. 이를 통해 온라인에 정보가 없거나 SNS에서 다뤄지지 않은 곡도 분석할 수 있어 추천 시스템에 포함될 수 있다. 예를 들어 신인 아티스트가 스포티파이 플랫폼에 신곡을 업로드했지만 온라인이나 소셜 미디어에 관련 정보가 부족한 경우, 자연어 처리(NLP) 모델은 이 곡을 인식하지 못할 수 있다. 그러나 오디오 기반 AI 모델을 통해 트랙을 분석하고, 인기 있는 곡과 함께 유사한 사용자에게 추천할 수 있다.

스포티파이의 비즈니스 전략은 복합적이다. 무료/프리미엄 모델 최적화를 비롯해 아티스트, 음악 레이블, 콘텐츠 제공자와의 파트너십을 형성하고, 플랫폼을 팟캐스트, 오디오북 등 다양한 오디오 콘텐츠로 확장하는 전략을 포함한다. 이 접근 방식은 수익원 다변화, 사용자 참여도 증가, 시장 입지 강화를 이끌었다. 스포티파이의 수익성은 변동성이 있지만, 전문가들은 향후 수익 증가 가능성이 높다고 보고 있다.

이와 같은 다각적인 전략은 스포티파이에 유리하게 작용해왔지만, 콘텐츠 제작자로서의 전환을 시도하면서 실수를 범했다. 스포티파이의 팟캐스트 전략은 자회사 파캐스트(Parcast)와 김렛(Gimlet)에서 제작한 독점 콘텐츠에 중점을 두었다. 이러한 스튜디오는 훌륭한 인력과 충성도 높은 청취자를 보유하고 있었지만, 스포티파이 산하에서 대규모 청취자를 확보하거나 히트작을 만드는 데 실패했다. 스포티파이는 이러한 프로그램에 적절한 마케팅이나 지원을 제공하지 못했다. 특정 팟캐스트를 스포티파이 독점으로 유지한 결과 청취자 수가 감소했다.

스포티파이는 유명 인사 및 셀럽 스튜디오와의 고가 계약을 통해 신규 청취자를 유치하려 했는데, 일부는 성공했지만 다수는 그렇지 못했다. 예를 들어 데이빗 S. 고이어(David S. Goyer)의 배트맨 팟캐스트와 줄리안 무어(Julianne Moore), 오스카 아이삭(Oscar Isaac)이 출연한 Case 63 같은 프로그램은 긍정적인 반응을 얻었지만, 해리 왕자와 메건 마클의 아치웰 오디오(Archewell Audio)와의 계약은 이들이 약속된 에피소드를 제공하지 않아 무산됐다. 오바마 부부의 하이어 그라운드(Higher Ground)와의 계약도 유사한 결과를 낳았다.

스포티파이는 팟캐스트 사업 확장을 위해 10억 달러 이상을 투자했는데, 이는 경쟁사보다 훨씬 많은 금액이다. 팟캐스트 스튜디오 인수에 2억 8,600만 달러를 지출했고, 신규 청취자를 끌어들이기 위해 한 에피소드당 25만 달러 이상을 지불하기도 했다. 그러나 이러한 투자는 성과로 이어지지 않았다. 팟캐스트 업계 전반에서 수익을 내는 곳은 거의 없다. 스포티파이의 투자 규모는 팟캐스트 시장의 크기에 비해 지나치게 컸다.

스포티파이 경영진은 팟캐스트가 영화, 비디오 게임, 도서, 음악과는 성공 공식을 달리한다는 점을 이해하지 못했다. 대부분의 매체에서는 유명 IP(지식재산권)와 이름값만으로도 성공할 수 있지만, 팟캐스트에서는 유명 인사나 전직 대통령의 콘텐츠도 청취자 수가 낮을 수 있다.

스포티파이는 현재 팟캐스트 전략을 수정하여 광고 수익 기반 모델로 전환하고 있다. 팟캐스트 관련 인력과 프로그램을 줄였으며, 팟캐스터를 위한 광고 도구를 강화하고 있다. 스포티파이는 음악 취향과 청취 습관에 기반한 사용자 선호도를 활용하여 타깃 광고를 실행하고 있다. 또한 광고주가 특정 쇼가 아닌 특정 유형의 청취자를 타기팅할 수 있도록 하는 스포티파이 오디언스 네트워크(Audience Network)라는 마켓플레이스를 도입했다. 하지만 지금까지 스포티파이는 애플, 스티처(Stitcher), 시리우스XM(SiriusXM) 같은 경쟁자와 차별화될 만한 팟캐스트 기능이나 서비스를 내놓지 못했다. 현재 가장 인기 있는 팟캐스트 플랫폼은 유튜브(YouTube)이다.

출처: Ipshita Sen, "How AI Helps Spotify Win in the Music Streaming World," Outsideinsight.com, accessed August 17, 2024; Mike Kaput, "How Spotify Uses AI (And What You Can Learn from It)," Marketingaiinstitute, com, January 26, 2024; Anne Steele and Sarah Krouse, "Spotify's $1 Billion Podcast Bet Turns into a Serial Drama," *Wall Street Journal*, September 5, 2023; Amrita Khalid, "How Spotify's Podcast Plan Is Going Off the Rails," Theverge.com, June 21, 2023.

문제

1. 가치사슬 모델과 경쟁세력 모델을 사용하여 스포티파이의 비즈니스 전략을 분석하라.

2. 스포티파이의 비즈니스 전략에서 IT와 AI의 역할은 무엇인가?
3. 스포티파이의 팟캐스트 중심 전략이 처음에 실패한 이유는 무엇인가? 이 과정에 어떤 경영, 조직, 기술 요인이 관련되어 있었는가?
4. 스포티파이의 CEO 다니엘 에크(Daniel Ek)는 스포티파이를 음악 스트리밍 기업에서 오디오북, 교육, 스포츠, 뉴스 등을 포함한 세계 최대 오디오 기업으로 발전시키려 한다고 밝혔다. 에크에 따르면, 비록 초기에 어려움을 겪었지만 팟캐스트는 회사를 주요 팟캐스트 플랫폼으로 만드는 데 도움이 되었다. 스포티파이가 이 목표를 달성할 수 있다고 생각하는가? 그 이유는 무엇인가?

경쟁우위를 확보할 수 없다. 처음에는 전략적 목적으로 구축된 시스템이 시간이 지나면서 생존을 위한 필수 시스템으로 전락하거나, 오히려 향후 성공에 필요한 전략적 변화를 방해하는 요소가 되기도 한다.

IT와 비즈니스 목표의 정렬

IT와 비즈니스 성과에 대한 연구에 따르면, IT를 비즈니스 목표와 성공적으로 정렬시킬 수 있는 기업일수록 수익성이 높을 가능성이 크다. 정렬이 이루어지지 않으면 기술이 작동할 수는 있어도 기업이 필요로 하는 결과를 제공하지 못할 수 있다(Hind et al., 2023; Luftman et al., 2017).

대부분의 기업은 이를 제대로 해내지 못한다. IT가 독자적으로 작동하게 되고, 경영진과 주주의 이익에 부합하지 않게 되는 경우가 많다. 기업 내 비즈니스 담당자가 IT의 역할을 적극적으로 형성하는 대신, IT를 무시하거나, IT가 할 수 있는 일과 할 수 없는 일에 대해 비현실적인 기대를 갖게 되는 경우가 많다. 특히 AI로부터 이점을 추구하는 기업일수록 이러한 경향이 두드러진다. 이러한 기업은 성과 부진과 낮은 비즈니스 결과라는 대가를 치르게 된다. 성공적인 기업과 경영자는 IT가 무엇을 할 수 있는지, 그리고 그것이 어떻게 작동하는지를 이해하며, IT 활용에 적극적인 역할을 하고, IT가 매출과 이익에 어떤 영향을 미치는지 측정한다.

경영자 체크리스트: 전략정보시스템 분석 수행

IT를 비즈니스에 정렬시키고, 경쟁우위를 위해 정보시스템을 효과적으로 사용하기 위해 경영자는 전략정보시스템 분석을 수행해야 한다. 자사에 전략적 이점을 제공할 수 있는 시스템 유형을 식별하기 위해 경영자는 다음 질문을 해야 한다.

1. 우리가 위치한 산업의 구조는 무엇인가?
   - 산업 내에서 작용하는 일부 경쟁세력은 무엇인가? 산업에 새롭게 진입한 기업이 있는가? 공급자, 고객, 대체 제품 및 서비스는 가격에 대해 어느 정도의 힘을 가지고 있는가?
   - 경쟁의 기반은 품질, 가격, 브랜드 중 어느 것인가?
   - 산업 내 변화의 방향성과 성격은 무엇인가? 변화의 추진력은 어디에서 오는가? 이러한 변화 중 얼마나 많은 부분이 AI 기술에 의해 추진되고 있는가?
   - 산업은 현재 IT를 어떻게 사용하고 있는가? 조직은 정보시스템 적용 측면에서 산업 내에서 뒤처져 있는가, 앞서 있는가?

2. 우리의 비즈니스 및 산업 가치사슬은 무엇인가?
   - 우리는 고객에게 어떻게 가치를 창출하고 있는가? 더 낮은 가격과 거래 비용을 통해서인가, 아니면 더 높은 품질을 통해서인가? 비즈니스가 고객에게 더 많은 가치를 제공하고 회사에 더 많은 이익을 창출할 수 있는 가치사슬 내 지점은 어디인가?
   - 우리는 비즈니스 프로세스를 업계의 베스트프랙티스를 사용하여 이해하고 관리하고 있는가? 공급

사슬관리(SCM), 고객관계관리(CRM), 전사적 자원관리(ERP) 시스템의 이점을 최대한 활용하고 있는가?

- 우리는 핵심 역량을 잘 활용하고 있는가?
- 업계의 공급사슬과 고객 기반은 회사에 유리하거나 불리하게 변화하고 있는가?
- 우리는 전략적 파트너십, 가치 웹, 생태계 또는 플랫폼으로부터 이익을 얻을 수 있는가?
- 정보시스템이 회사에 가장 큰 가치를 제공할 수 있는 가치사슬 내 지점은 어디인가?

3. 우리는 IT를 비즈니스 전략과 목표에 정렬시켰는가? 우리는 비즈니스 전략과 목표를 올바르게 명확히 했는가?
   - IT는 이 전략을 촉진하기 위해 올바른 비즈니스 프로세스와 활동을 개선하고 있는가?
   - 우리는 해당 목표를 향한 진전을 측정하기 위해 올바른 지표를 사용하고 있는가?
   - 우리는 AI를 실제로 회사를 더욱 경쟁력 있게 만드는 방식으로 사용하고 있는가?

3.9 이 장의 내용은 경력에 어떻게 도움이 되는가

이 장에서 배운 정보는 IT가 조직에 어떤 영향을 미치는지, 그리고 자신과 자사가 이를 어떻게 고려해야 하는지를 이해함으로써 경력 발전에 도움이 될 수 있다. 또한 이 장은 자신이 맡은 업무에서 사용되는 다양한 경쟁 전략을 IT가 어떻게 지원할 수 있는지에 대한 많은 사례를 제공한다. IT를 활용하여 회사의 경쟁 위치를 향상하는 방법을 찾는 것은 자신의 경력 전반에 걸쳐 도움이 될 것이다.

실제 시나리오 디지털 기술로 비즈니스를 발전시킨 크레욜라

펜실베이니아주 이스턴에 본사를 둔 크레욜라는 고품질의 무독성 크레용, 마커, 색연필, 점토, 창의적인 장난감, 혁신적인 미술 도구 등을 생산하며 오랜 세월 사랑받아온 브랜드이다. 그러나 컴퓨터와 온라인 학습이 등장하면서 디지털 도구가 미술용품을 대체하기 시작하자 크레욜라의 인기는 다소 하락했다. 크레욜라는 단순한 크레용 및 미술 도구 제조업체에서 창의적인 놀이를 위한 도구와 경험을 제공하는 신뢰받는 브랜드로 비즈니스 모델을 전환함으로써 이 위기를 극복할 수 있었다. 회사는 여전히 크레용과 전통적인 미술 도구를 생산하지만, 동시에 아이마커(iMarker) 같은 디지털 제품군도 개발했다. 아이마커는 크레용, 색연필, 펜 기능이 통합된 디지털 도구로, 컬러 스튜디어 HD iPad 앱과 함께 사용하도록 설계되었다. 또한 크레욜라는 온라인 광고, 판촉, 소셜 미디어, 비즈니스 개발 담당자 활용을 포함한 디지털 마케팅에 더 많은 투자를 진행했다. 이로써 학부모와 교육자의 연결을 강화하고 있다. 크레욜라는 구글 애널리틱스를 활용하여 자사 온라인 채널의 활동을 면밀히 추적하며 마케팅 및 광고 캠페인의 효과를 극대화하고 있다.

직무 설명 및 경력 경로: 사업 개발 담당자

직무	직무 설명	IT 지식	경력 경로 및 평균 연봉
사업 개발 담당자	사업 개발 담당자는 잠재 고객과의 접촉 및 관계 형성을 통해 신규 비즈니스 기회를 발굴하는 데 특화된 영업 전문가이다. 주요 업무는 다음과 같다. • 리드 생성: 콜드 이메일, 콜드 콜, 소셜 세일링, 네트워킹 등의 방법을 통해 양질의 영업 리드 발굴 • 리드 자격 심사 및 잠재 고객과의 접촉, 기존 비즈니스 계정을 기반으로 새로운 기회 탐색 • 영업 기회로 전환 가능한 잠재 고객과의 미팅 예약 • 미개척 시장을 겨냥한 영업 및 마케팅 전략 수립	• 마이크로소프트 365 도구에 대한 지식: 엑셀, 워드, 파워포인트, 팀즈 • 세일즈포스 CRM 소프트웨어 사용 경험 • 태블로와 같은 데이터 분석 및 비즈니스 인텔리전스 플랫폼 사용 경험	• 사업 개발 담당자: 50,000~60,000달러 • 사업 개발 관리자: 75,000~100,000달러 • 사업 개발 이사: 125,000~160,000달러 • 사업 개발 부사장(VP): 175,000~250,000달러 (연봉은 지역, 산업군, 기업 규모에 따라 달라질 수 있음)

추가 경력 개발 자료

MyLab MIS에서는 IT 관련 지식을 요구하는 적절한 직무를 찾고, 효과적인 이력서를 작성하며, 면접을 준비하고, 비즈니스 지식, 응용 소프트웨어 활용 능력, 인터넷 활용 능력, 분석 역량 등을 보여주는 디지털 포트폴리오를 만드는 데 도움이 되는 다양한 경력 개발 자료를 확인할 수 있다.

사례 연구 패션 산업을 재설계하는 AI

AI는 다양한 산업에서 광범위하게 활용되고 있으며, 패션 산업에서는 판도를 바꾸는 기술로 떠오르고 있다. 의류와 패션 액세서리가 디자인되고, 생산되고, 마케팅되고, 판매되는 방식이 근본적으로 변화하고 있으며, AI는 고객 경험 또한 재편하고 있다.

우선 AI는 브랜드가 패션 트렌드를 예측하고 이를 활용하는 방식을 혁신하고 있다. 패션은 트렌드를 따라가는 것이 핵심이다. 무엇이 유행인지, 의류 디자인이 현재의 트렌드를 잘 반영하고 있는지, 가장 핫한 패션 트렌드가 어디에 있는지를 파악하는 것이다. 전통적으로 패션 예측가는 거리 패션, 디자이너 런웨이 쇼, 대중문화를 관찰하여 트렌드를 예측해왔지만, 이 예측은 항상 정확하지도 않고 상당히 주관적이었다.

오늘날 구매 및 상품 기획 담당자는 AI 기반의 예측 분석과 트렌드 예측으로 더 스마트한 구매 결정을 내릴 수 있으며, 이를 통해 패션 소매업체는 판매를 늘리고 재고 과잉을 줄일 수 있다. AI 도구는 소셜 미디어 게시물, 패션 블로그, 온라인 소매 사이트, 매장 판매 거래, 글로벌 패션 이벤트 등 다양한 출처의 방대한 데이터를 분석하여 통찰을 도출한다. 이 데이터에는 스타일, 색상 조합, 원단 선택, 지역별 패션 선호도 등이 포함된다. AI는 패턴을 포착하고 높은 정확도로 트렌드를 예측할 수 있다.

예를 들어 파리에 본사를 둔 AI 플랫폼인 휴리테크(Heuritech)는 머신러닝을 사용하여 매일 300만 개 이상의 소셜 미디어 및 웹 이미지를 분석하여 편향 없는 트렌드 분석을 수행한다. 휴리테크 AI는 대형 프린트, 색상과 원단, 미세한 형태 등 2,000가지 이상의 패션 속성을 감지하여 시장 변화를 예측한다. 이 시스템은 중국에서 특정 색상의 현재 가시성과 10개월 후 미국에서의 가시성을 비교하고, 해당 색상을 채택할 소비자 세그먼트를 식별하며, 해당 색상 아이템 출시의 이상적인 시기를 제안할 수 있다. 이 시스템은 루이비통, 디올과 같은 브랜드가 실제 고객 선호와 요구에 따라 컬렉션을 조정할 수 있도록 돕는다.

AI는 패션 공급사슬 최적화에도 활용되고 있다. 패션 산업의 공급사슬은 가장 복잡하고 관리하기 어려운 구조 중 하나이다. 원자재 조달, 재고 관리, 적시 배송 등 모든 단계에는 비효율성과 낭비가 존재한다. AI는 이러한 프로세스를 간소화하고 최적화하는 데 도움을 줄 수 있다. AI 알고리즘은 과거 데이터를 분석하여 수요를 보다 정확히 예측하고, 이를 통해 더 나은 재고 관리를 가능하게 한다. 예를 들어 패스트패션 체인인 H&M은 매장 영수증과 반품 데이터를 분석하여 매장별로 적정 수량의 의류를 조정한다. 이러한 데이터 분석은 미판매 재고를 줄이고, 기업의 비용 절감 및 지속 가능성을 촉진한다. 또한 AI는 공급사슬 물류 관리에도 도움을 준다. AI 시스템은 배송 데이터를 추적하고 분석하여 가장 효율적인 방법으로 상품이 배송되도록 보장한다. 이는 시간 절약과 탄소 배출 감소에도 기여한다.

패스트패션 공급사슬 운영으로 잘 알려진 자라(Zara)도 AI를 활용하여 자사의 비즈니스 프로세스를 더욱 빠르고 '지능적'으로 만들고 있다. 자라는 디자인부터 진열, 배송까지 모든 과정을 자체적으로 통제하는 수직적 공급사슬을 갖추고 있으며, 모든 단계에서 방대한 데이터를 수집한다. 이 데이터는 비효율성을 식별하고 성공 요인을 파악하며, 수요 예측과 예측 정확도를 높이기 위해 분석된다. 이러한 정보 기반으로 자라는 단1주일 만에 신제품을 매장에 공급할 수 있으며, 이는 업계 평균인 3~6개월보다 훨씬 빠른 속도이다.

지속가능성은 AI가 패션 산업에 영향을 미치는 또 다른 영역이다. 패션 산업은 세계에서 두 번째로 큰 오염 산업으로 알려져 있으며, 매년 1,860억 파운드의 섬유 폐기물을 발생시킨다. 기업은 판매량보다 훨씬 많은 제품을 생산하며, 이 산업은 프랑스, 독일, 영국 경제가 연간 배출하는 온실가스와 맞먹는 양을 배출한다. 대부분의 의류는 생분해되지 않으며, 재활용되는 경우도 거의 없어 전체 재료의 87%가 매립지나 소각장으로 간다. 패션 기업은 지속가능한 원단에 대한 소비자 수요에 대응하기 시작했지만, 미판매 의류 처리 문제는 여전히 크다.

AI를 포함한 IT는 이러한 낭비를 줄이는 데 매우 효과적이다. H&M과 자라 같은 기업은 AI를 RFID 기술 및 마이크로칩이 삽입된 의류 태그와 통합하여 재고 가시성을 높이고, 더 정확한 수요 예측 결정을 내리며, 미판매 의류로 인한 낭비를 최소화하고 있다. 자라는 또한 젯로어(Jetlore)와 함께 고객 행동 예측 플랫폼을 운영하며, AI를 이용하여 사이즈, 색상, 핏, 스타일 선호도 같은 구조화된 예측 속성으로 소비자 행동을 매핑하고, 고객이 실제로 원하는 제품만 생산하고 판매할 수 있도록 한다.

텍스타일 및 부직포 산업의 특수 섬유 선도 기업인 렌징그룹(Lenzing Group)은 AI를 활용하여 고객 및 비즈니스 파트너와 협력하여 탄소 배출을 줄이고 있다. 이 기업은 머신러닝과 예측 분석, 실시간 해상 운송 추적기를 사용하여 고객이 화물 및 컨테이너 수준에서 탄소 배출 데이터를 확인할 수 있도록 한다. 렌징과 고객은 이 실시간 데이터를 바탕으로 목표를 설정하고 배송 계획을 조정하여 탄소 배출을 줄인다.

리파이어드(Refiberd)는 섬유 간 재정렬을 위한 AI 기반 분류 기술을 개발했다. 이 시스템은 섬유 폐기물의 최대 70%를 고부가가치 재활용업체로 재지정한다. AI 기반 초분광 이미징 기술은 섬유 폐기물의 섬유 조성 및 오염물질을 식별한다. (초분광 이미징은 전자기 스펙트럼 전반에 걸쳐 정보를 수집하고 처리하여 이미지 내 각 픽셀의 스펙트럼을 얻는 기술이다. 이 기술은 객체와 물질을 고유한 스펙트럼 서명을 분석하여 식별할 수 있게 해준다.)

AI의 가장 중요한 활용 사례 중 하나는 패션 고객 경험을 개인화할 수 있다는 점이다. 예를 들어 영국 스타트업인 스레드닷컴(Thread.com)은 AI와 인간 스타일리스트를 결합하여 고객에게 개인화된 스타일 조언과 코디 추천을 제공한다. 고객이 자신의 사이즈, 스타일 선호도, 가격 범위를 입력하면 AI 알고리즘이 스타일리스트와 협업하여 개인 맞춤형 쇼핑 경험을 제공한다. 미국의 스티치픽스(StitchFix)도 유사한 서비스를 제공한다.

중소 규모 패션 소매업체도 AI를 이용하여 개인화 서비스를 제공하고 있다. 이지사이즈(EasySize) 같은 앱은 온라인 패션 쇼핑몰이 고객에게 개인화된 사이즈 추천을 제공하도록 돕는다. 머신러닝 알고리즘은 고객 피드백을 분석하고, 전 세계 쇼핑객의 기대와 경험을 기반으로 사이즈 및 핏을 조정한다. 이지사이즈 앱은 쇼피파이(Shopify) 전자상거래 플랫폼과 연동되어 모든 규모의 전자상거래 매장에서 사용 가능하다. 이지사이즈는 빠르게 성장하는 소규모 직접판매 패션 브랜드와 협업하는 경우가 많으며, 이러한 브랜드는 단순하고 신뢰할 수 있으며 빠르게 작동하는 솔루션을 선호한다.

더 나아가 3DLOOK은 브랜드가 고객의 고유한 체형과 사이즈를 이해하고 대응하는 방식을 혁신하고 있다. 이 기술은 모바일 신체 스캐닝과 AI를 이용하여 매우 정확한 신체 측정값을 제공한다. 3DLOOK은 브랜드 고유의 신체 측정, 피팅 폼, 아바타, 실물 모델, 그레이딩 규칙 등의 데이터를 수집하여 브랜드 고유의 사이징 및 핏 기준을 파악한다. 이후 사이즈 추천 알고리즘은 브랜드별 의류 데이터를 고객의 신체 데이터 및 핏 선호도와 매핑하여 각 의류에 가장 적합한 맞춤형 사이즈를 제안한다. 3DLOOK의 YourFit 솔루션을 활용하면 브랜드는 전환율을 13~16% 높이고, 평균 주문 금액을 20~25% 증가시킬 수 있다.

또한 AI는 패션 산업의 창작 과정을 변화시키며, 새로운 디자인 아이디어를 제공하고 디자이너의 창의성을 향상하는 데 기여하고 있다. 디자이너는 DALL-E 같은 생성형 AI 도구를 사용하여 텍스트 프롬프트에 따라 의류 및 액세서리 디자인 아이디어를 얻을 수 있으며, 보다 고급 전문 디자인 도구를 통해 자신만의 스타일에 기반한 디자인을 제작할 수 있다.

홍콩의 패션 기술 혁신가 캘빈 웡(Calvin Wong)은 아이다(AiDA)라는 디자이너 주도형 AI 시스템을 도입했다. 이 시스템은 초기 스케치와 색상 아이디어로부터 도면을 생성하며, 디자이너의 창의성을 보존하면서 개선 제안을 제공한다. 아이다는 AI 이미지 인식, 감지, 생성 기술을 이용하여 디지털 무드보드를 생성하며, 이를 바탕으로 알고리즘이 도면을 생성하고 디자이너에게 수정과 개인화 작업이 가능한 캔버스를 제공한다. 아이다는 디자이너의 창의성을 대체하는 것이 아니라 보완하는 도구이다. 나이키도 제품 디자인에 AI를 활용하고 있다. 나이키는 ISPA Universal 신발을 디자인할 때 기존 세 가지 신발 모델의 데이터를 알고리즘에 입력하여 사탕수수에서 추출한 바이오-EVA 폼 등 친환경 소재로 만든 신발을 제작했다.

AI는 패션 산업에 혁신을 가져올 수 있는 잠재력이 있지만, 기업이 해결해야 할 새로운 과제도 동반하고 있다. AI 알고리즘이 디자이너, 마케터 등 패션 전문가의 업무를 수행할 수 있게 되면 일부 직업이 사라져 산업 전체에 큰 영향을 미칠 수 있다. 또한 AI가 디자인과 마케팅 결정을 주도하게 되면 패션이 덜 개성 있고 덜 창의적으로 변할 위험도 존재하며, 이는 패션 제품의 품질과 인기도 저하로 이어질 수 있다.

출처: 3dlook.com, accessed August 26, 2024; Refiberd.com, accessed August 26, 2024; Easysize.com, accessed August 26, 2024; Euritech.com, accessed August 26, 2024; Stephanie Nikolopoulos and Melissa Epifano "H&M, Zara, Fast Fashion Turn to Artificial Intelligence to Transform the Supply Chain," Thomasnet.com, October 25, 2023; "Calvin Wong Launches AI Guiding Designers from Sketch to Runway," Apparelresources.com, September 18, 2023; Lenzing AG, "Lenzing Takes Supply Chain Transparency to Next Level by Combining Real-Time Shipment Tracking and Carbon Visibility," Lenzing.com, September 18, 2023.

문제

1. 패션 산업 가치사슬의 어떤 지점이 AI의 혜택을 받을 수 있는가?
2. 이 사례에 등장한 기업에서 AI는 운영과 의사결정 방식을 어떻게 변화시켰는가?
3. 이 사례에 등장한 기업은 AI를 통해 어떤 전략적 비즈니스 목표를 추구하고 있는가? 그 이유를 설명하라.

요약

3.1 조직에 대한 기술적 관점과 행동적 관점

정보시스템과 조직은 상호 영향을 미친다. 조직에 대한 기술적 관점은 조직을 환경으로부터 자원을 받아 이를 처리하여 산출물(제품과 서비스)을 생산하는 안정된 공식적 사회 구조로 본다. 행동적 관점은 조직 내 집단 관계, 가치, 구조를 강조한다. IT가 조직에 미치는 영향을 완전히 이해하려면 이 두 관점이 모두 필요하다.

3.2 정보시스템에 영향을 미치는 조직의 특징

현대 조직은 계층적이며, 전문화되어 있고, 효율성을 극대화하기 위해 명시적인 루틴을 사용하고, 공정성을 지향한다. 조직은 각각 고유한 문화와 정치적 특성을 가지며, 이는 이해관계 집단 간의 차이에서 비롯된다. 조직은 목표, 봉사 대상, 사회적 역할, 리더십 스타일, 보상 구조, 수행하는 업무 유형, 조직 구조 측면에서 서로 다르다. 이러한 특성은 조직이 정보시스템을 어떻게 활용하는지에 대한 차이를 설명해준다. 정보시스템과 그것이 사용되는 조직은 상호작용하며 서로 영향을 미친다.

3.3 정보시스템이 조직에 미치는 영향

새로운 정보시스템의 도입은 조직의 구조, 목표, 업무 설계, 가치, 이해관계 집단 간의 경쟁, 의사결정, 일상적 행동에 영향을 미친다. 동시에 정보시스템은 조직 내 중요한 집단의 필요를 충족하기 위해 설계되어야 하며, 조직의 구조, 업무 프로세스, 목표, 문화, 정치, 경영 방식에 의해 형성된다. IT는 거래 비용과 대리인 비용을 줄일 수 있으며, 인터넷을 활용하는 조직에서 이러한 변화는 더욱 두드러진다. 새로운 시스템은 기존의 업무 방식과 권력 관계를 방해하므로 도입 시 상당한 저항에 직면할 수 있다.

3.4 포터의 경쟁세력 모델

포터의 경쟁세력 모델에서 기업의 전략적 위치와 전략은 전통적인 직접 경쟁자와의 경쟁에 의해 결정되지만, 새로운 시장 진입자, 대체 제품과 서비스, 공급자, 고객 등의 영향도 크게 받는다. 정보시스템은 기업이 저비용 유지, 제품/서비스 차별화, 틈새시장 집중, 고객 및 공급자와의 유대 강화, 높은 수준의 운영 효율성을 통해 시장 진입 장벽을 높이는 데 도움을 줌으로써 경쟁력을 확보하게 한다.

3.5 가치사슬 모델

가치사슬 모델은 경쟁 전략과 정보시스템이 가장 큰 영향을 미칠 수 있는 비즈니스의 특정 활동을 강조한다. 이 모델은 기업을 제품과 서비스에 가치를 더하는 일련의 본원적 활동과 지원 활동으로 구성된 연쇄로 본다. 본원적 활동은 생산과 유통에 직접적으로 관련되며, 지원 활동은 본원적 활동의 수행을 가능하게 한다. 기업의 가치사슬은 공급자, 유통업체, 고객의 가치사슬과 연결될 수 있다. 가치 웹은 산업 수준에서 경쟁력을 높이기 위해 정보시스템을 활용하여 표준과 산업 전반의 협업을 촉진하고 기업이 가치 파트너와 더 효율적으로 협력할 수 있도록 한다.

3.6 시너지, 핵심 역량, 네트워크 경제

정보시스템은 다양한 사업 부문의 운영을 연결함으로써 추가적인 효율성을 달성하거나 서비스를 향상한다. 또한 사업 부문 간 지식 공유를 촉진함으로써 기업이 핵심 역량을 활용하도록 돕는다. 정보시스템은 대규모 사용자 또는 가입자 네트워크에 기반한 비즈니스 모델을 가능하게 하며, 네트워크 경제를 활용할 수 있게 한다. 가상기업 전략은 네트워크를 통해 다른 기업과 연결되어 기업이 자체 조직 경계를 넘어서 타사의 역량을 활용하여 제품과 서비스를 개발, 마케팅, 유통할 수 있도록 한다. 비즈니스 생태계에서는 여러 산업이 협력하여 고객에게 가치를 제공하며, 정보시스템은 이 생태계에 참여하는 기업 간의 밀집된 상호작용을 지원한다. 비즈니스 생태계에는 일반적으로 하나 이상의 핵심 기업이 존재하며, 이들은 다른 기업이 활용할 수 있는 플랫폼을 만든다.

3.7 경쟁 전략에서 AI의 활용

AI는 기업이 기존 비즈니스 모델을 기반으로 성과를 개선하는 것을 쉽게 만들고 있을 뿐 아니라, 새로운 비즈니스 모델을 탄생시키고 경쟁 환경을 재편하고 있다. AI는 새로운 제품, 서비스, 가치의 원천을 만들어내고 있다. 의사결정은 운영적 결정뿐 아니라 고차원의 전략적 결정에 있어서도 훨씬 더 데이터 기반이고 정확하며 정밀해졌다. AI는 자체적으로 전략적 결정을 내릴 수는 없지만, 고위 경영진이 보다 전략적으로 기업을 이끌 수 있도록 조언할 수 있다. AI는 인간의 창의성과 지혜를 완전히 대체할 수는 없지만 아이디어 창출과 문제 해결에 유용한 도구가 될 수 있다.

3.8 전략정보시스템이 야기하는 도전 과제

전략적 시스템을 도입하려면 광범위한 조직 변화와 사회기술적 수준 간의 전환이 요구되며, 이러한 변화는 달성하기 어렵고 고통스러울 수 있다. 또한 모든 전략 시스템이 수익을 보장하는 것은 아니며, 구축 비용이 많이 들 수 있다. 많은 전략정보시스템은 다른 기업이 쉽게 모방할 수 있기 때문에 전략적 이점이 항상 지속가능한 것은 아니다.

주요 용어

가상기업	대량 맞춤화	제품 차별화
가치사슬 모델	대리인이론	조직
가치 웹	루틴	지원 활동
거래 비용	베스트프랙티스	파괴적 기술
거래 비용 이론	벤치마킹	플랫폼
경쟁세력 모델	본원적 활동	핵심 역량
고객 경험 관리	비즈니스 생태계	효율적 고객대응시스템
네트워크 경제	전환 비용	

복습문제

3.1 조직에 대한 기술적 관점과 행동적 관점

- 조직을 정의하고 조직에 대한 기술적 관점과 행동적 관점을 비교하라.

3.2 정보시스템에 영향을 미치는 조직의 특징

- 조직이 정보시스템을 사용하는 방식의 차이를 설명하는 데 도움이 되는 조직의 특징을 식별하고 설명하라.
- 파괴적 기술을 정의하고, 그것이 조직에 어떤 영향을 미치는지 설명하라.

3.3 정보시스템이 조직에 미치는 영향

- 정보시스템이 조직에 어떤 영향을 미치는지를 설명하는 주요 경제학 이론을 설명하라.
- 정보시스템이 조직에 어떤 영향을 미치는지를 설명하는 주요 행동 이론을 설명하라.
- 정보시스템 도입 시 조직에서 상당한 저항이 발생하는 이유를 설명하라.

3.4 포터의 경쟁세력 모델

- 포터의 경쟁세력 모델을 정의하고 그것이 어떻게 작동하는지 설명하라.
- 경쟁세력 모델이 경쟁우위에 대해 나타내는 내용을 설명하라.
- 정보시스템을 통해 기업이 추구할 수 있는 네 가지 경쟁 전략을 설명하라.
- 정보시스템이 각각의 경쟁 전략을 어떻게 지원하는지 설명하고, 그에 대한 사례를 제시하라.
- 인터넷이 경쟁세력과 경쟁우위를 어떻게 변화시켰는지 설명하라.

3.5 가치사슬 모델

- 가치사슬 모델을 정의하고 설명하라.
- 정보시스템 기회를 식별하는 데 가치사슬 모델이 어떻게 활용될 수 있는지 설명하라.
- 가치 웹을 정의하고, 그것이 가치사슬과 어떻게 관련되는지 설명하라.
- 가치 웹이 전략정보시스템 기회를 식별하는 데 어떻게 도움이 되는지 설명하라.

3.6 시너지, 핵심 역량, 네트워크 경제

- 시너지와 핵심 역량을 촉진하는 것이 어떻게 경쟁우위를 높이는지 설명하라.
- 기업이 네트워크 경제와 비즈니스 생태계를 통해 어떤 이점을 얻는지 설명하라.
- 가상기업을 정의하고, 가상기업 전략을 추구하는 데 따르는 이점을 설명하라.

3.7 경쟁 전략에서 AI의 활용

- AI가 조직의 성과와 의사결정에 어떤 영향을 미쳤는지 설명하라.
- AI가 가치사슬의 다양한 단계에서 어떻게 가치를 추가할 수 있는지 설명하라.
- AI가 포터의 경쟁세력 모델에서 식별된 경쟁세력에 어떤 영향을 미쳤는지 설명하라.

3.8 전략정보시스템이 야기하는 도전 과제

- 전략정보시스템이 제기하는 경영 측면의 도전 과제를 나열하고 설명하라.
- 전략 시스템 분석을 어떻게 수행하는지 설명하라.

토의문제

3.9 지속가능한 전략적 우위라는 것이 존재하지 않는다고들 한다. 이에 동의하는가? 그 이유는 무엇인가?

3.10 아마존이나 월마트 같은 첨단 소매업체가 경쟁업체보다 우위를 점하는 이유는 기술이 아니라 경영이라고들 한다. 이에 동의하는가? 그 이유는 무엇인가?

3.11 인터넷이 자신의 비즈니스에 경쟁우위를 제공할 수 있는지 판단할 때 고려해야 할 이슈에는 어떤 것들이 있는가?

AI 활용 프로젝트

3.12 지리적·인구통계적 요인의 영향 평가

반려동물 유기농 사료와 간식, 유기농 소재로 만든 반려동물 장난감과 의류를 판매하는 소매점을 열고자 하는 두 친구가 자문을 구했다. 이들은 사업의 성공에 영향을 미칠 수 있는 가장 중요한 지리적·인구통계적 요인을 이해하는 데 도움을 요청했다. 예를 들어 주요 도로 및 주차장의 접근성, 상점 위치 인근 인구의 평균 연령과 소득 수준 등이 이에 해당한다. 마이크로소프트의 Copilot, 구글의 Gemini 또는 ChatGPT를 이용하여 유기농 제품을 특징으로 하는 소규모 반려동물 소매업에 중요한 지리적·인구통계적 요인에 대해 자문하는 프롬프트를 작성하라. 작성한 프롬프트와 채팅 세션의 결과물을 저장하고 강사에게 제출하라.

MIS 실습 과제

이 프로젝트는 비즈니스 프로세스가 비즈니스 성과에 미치는 영향을 분석하고, 데이터베이스를 활용하여 판매 실적을 개선하며, 웹 도구를 이용하여 제품을 구성하고 가격을 산정하고, 전략정보시스템을 식별하기 위해 팀으로 협업하는 실습 경험을 제공한다.

학생은 www.pearsonhighered.com/laudon에서 Hands-On MIS Application data file을 내려받아 사용하면 된다. 추가로 교재 관련 연습문제 풀이, 주요 콘셉트 비디오 자료 등이 필요하다면 https://t2-apac.pearson.com에서 MyLab MIS를 구매할 수 있다.

3.13 경영 의사결정 문제

엔트러스트코퍼레이션(Entrust Corporation, 구 Datacard Group)은 금융 카드, 여권, 운전면허증, 신분증, 모바일 기기 등의 신뢰할 수 있는 신원 증명과 개인 맞춤형 발급을 위한 하드웨어와 소프트웨어를 생산한다. 엔트러스트는 세계 주요 결제 카드 공급업체 중 하나이다. 엔트러스트와 거래하는 고객(금융기관, 신용카드 발급사, 정부기관, 대기업 포함)은 미네소타주 샤코피에 위치한 회사에 대량의 비즈니스 데이터를 제공한다. 엔트러스트는 보안 신분증과 카드 발급 제품에 대해 분기별로 약 250개 파트너에게 다수의 스프레드시트로 구성된 가격 책자를 이메일로 보내는 수작업 중심의 가격 배포 프로세스를 갖고 있었다. 이 책자를 만드는 데 마케팅 및 영업 인력의 수작업 입력으로 몇 시간이 소요되었고, 가격을 변경하는 것도 복잡하고 시간 소모가 크며 사람 의존적인 과정이었다. 가격 책자를 받은 사람은 내용을 자체 시스템에 수동으로 입력하고 데이터를 검토해야 했으며, 이 과정은 최대 이틀이 걸렸다. 이러한 프로세스가 엔트러스트의 비즈니스 성과에 미치는 영향을 평가하고, 해결책을 도입하기 위해 다뤄야 할 경영, 조직, 기술 문제를 제안하라.

3.14 데이터 분석을 통한 판매 성과 분석

소프트웨어 기술: 데이터베이스 질의 및 보고, 데이터베이스 설계
비즈니스 기술: 판매 추세 분석

이 프로젝트에서는 원시 거래 판매 데이터로 시작하여 마이크로소프트 액세스 데이터베이스 소프트웨어를 사용해 제품 가격 책정, 판매 프로모션, 재고 보충에 대한 관리자의 의사결정을 지원하는 질의를 개발할 것이다. MIS18_Project3.14_Student 파일에는 마이크로소프트 액세스로 개발된 매장 및 지역 판매 데이터베이스가 포함되어 있다. 이 데이터베이스는 다양한 판매 지역에서 컴퓨터 장비의 주간 매장 판매에 대한 원시 데이터를 제공한다. 데이터베이스에는 매장 식별 번호, 판매 지역, 품목 번호, 품목 설명, 단가, 판매 수량, 판매가 이루어진 주간 판매 기간 필드가 포함되어 있다. 액세스를 사용하여 다음과 같은 정보를 비즈니스 운영에 더 유용하게 만들 수 있는 질의를 개발하라. 액세스를 사용해 다음과 같은 정보를 생성하라.

- 2024년 12월 29일 종료 주간의 지역별 24인치 모니터 판매, 판매 수량 기준 내림차순 정렬
- 동부 판매 지역의 매장별 24인치 모니터 판매, 매장 번호 및 종료 주 기준 오름차순 정렬
- 동부 판매 지역의 모든 제품 판매, 품목 번호 기준 총 판매 수량 내림차순 정렬

이 쿼리 정보를 경영 의사결정에 어떻게 활용할 수 있을지 설명하라.

3.15 태블로 익히기

이 프로젝트에서는 태블로를 활용하여 틈새시장을 식별하고 이에 기반한 경쟁 전략을 개발하는 방법을 학습한다. 태블로 Public 웹사이트나 태블로 Desktop에서 제공되는 샘플 데이터인 uperstore 데이터세트를 사용하라. 이 데이터세트에는 온라인 소매업체의 판매, 수익 등 다양한 지표가 포함되어 있다. 태블로를 활용하여 다음 기준을 분석하는 최소 4개 이상의 데이터 시각화를 포함한 대시보드를 생성하라. 대시보드를 활용하여 해당 소매업체가 집중해야 할 특정 틈새시장을 식별하라. 결과를 요약한 보고서나 발표 자료를 작성하고, 시각화 도구가 결론 도출에 어떻게 도움이 되었는지 설명하라. 태블로 Desktop을 사용할 수 없다면 강사에게 문의하거나 태블로 Public 무료 계정을 만들 수 있다.

3.16 온라인 도구를 활용한 제품 구성 및 가격 산정

소프트웨어 기술: 온라인 조사 도구
비즈니스 기술: 제품 정보 및 가격 조사

이 프로젝트에서는 관심 있는 자동차(예: 중고 저주행 혼다 CR-V)에 대한 제품 정보를 온라인 도구로 조사하고, 해당 정보를 바탕으로 구매 결정을 내려야 한다. 또한 두 도구를 비교 평가해야 한다.

당신은 주행 거리가 짧은 중고 혼다 CR-V(또는 원하는 다른 차량)를 구매하는 데 관심이 있다. CarsDirect.com 웹사이트를 방문하여 다양한 중고 CR-V 모델을 조사하고 가격, 기능, 안전 등급 면에서 선호하는 모델을 선택하라. 리뷰 2개 이상을 찾아 읽는다. 이후 Carvana.com 웹사이트나 앱으로 이동하여 해당 자동차에 대한 가격 및 재고 정보를 비교하라. 원하는 차량의 최저 가격, 금융 옵션, 차량 인수 및 배송 방식을 조사하라. CarsDirect.com의 고객 경험과 Carvana의 경험을 비교하고, 이 유형의 구매에 어떤 플랫폼을 선호하는지 설명하라.

3.17 협업 및 팀워크 프로젝트: 전략정보시스템 기회 식별

2명 이상의 학생과 팀을 구성하고《월스트리트저널》,《포천》,《포브스》또는 기타 웹 기반 비즈니스 매체에 소개된 기업을 선택하라. 해당 기업의 웹사이트를 방문하여 추가 정보를 조사하고, 해당 기업이 웹을 어떻게 활용하고 있는지 파악하라. 이 정보를 바탕으로 해당 기업을 분석하라. 기

업의 주요 비즈니스 프로세스, 문화, 구조, 환경, 비즈니스 전략 등 조직의 특성을 포함하라. 해당 기업에 적합한 전략정보시스템(인터넷 기술 기반 포함)을 제안하라. 구글 문서, 구글 드라이브, 구글 사이트를 이용하여 아이디어를 브레인스토밍하고 정리하여 발표 자료를 작성하라.

참고문헌

Bannan, Jake. "Leveraging AI for Competitive Advantage." Clearpointstrategy.com (January 9, 2024).

Birkinshaw, Julian. "How Incumbents Survive and Thrive." *Harvard Business Review* (January–February 2022).

Christensen, Clayton M. *The Innovator's Dilemma: The Revolutionary Book That Will Change the Way You Do Business.* New York: HarperCollins (2003).

Christensen, Clayton M. "The Past and Future of Competitive Advantage." *Sloan Management Review* 42, No. 2 (Winter 2001).

Christensen, Clayton M., Michael E. Raynor, and Rory McDonald. "What Is Disruptive Innovation?" *Harvard Business Review* (December 2015).

Coase, Ronald H. "The Nature of the Firm." (1937) in Putterman, Louis and Randall Kroszner, *The Economic Nature of the Firm: A Reader.* Cambridge University Press, (1995).

Cutolo, Donato, Andrew Hargadon, and Martin Kenney. "Competing on Platforms." *MIT Sloan Management Review* (Spring 2021).

Gurbaxani, Vijay, and Seungjin Whang, "The Impact of Information Systems on Organizations and Markets." *Communications of the ACM* 34, No. 1 (January 1991).

Hagiu, Andrei, and Julian Wright. "When Data Creates Competitive Advantage." *Harvard Business Review* (January–February 2020).

Hind, Benbya, Dorothy E. Leidner, and David Preston. "Information Systems Alignment." *MIS Quarterly Research Curation* (September 2023).

Hitt, Lorin M., and Erik Brynjolfsson. "Information Technology and Internal Firm Organization: An Exploratory Analysis." *Journal of Management Information Systems* 14, No. 2 (Fall 1997).

Iansiti, Marco, and Karim R. Lakhani. "From Disruption to Collision: The New Competitive Dynamics." *MIT Sloan Management Review* 61, No. 3 (Spring 2020).

Iansiti, Marco, and Roy Levien. "Strategy as Ecology." *Harvard Business Review* (March 2004).

Jacobides, Michael G. "In the Ecosystem Economy, What's Your Strategy?" *Harvard Business Review* (September–October 2019).

Jensen, M. C., and W. H. Meckling. "Specific and General Knowledge and Organizational Science." In *Contract Economics*, edited by L. Wetin and J. Wijkander. Oxford: Basil Blackwell (1992).

Jensen, M. C., and W. H. Meckling. "Theory of the Firm: Managerial Behavior, Agency Costs, and Ownership Structure." *Journal of Financial Economics* 3 (1976).

Kauffman, Robert J., and Yu-Ming Wang. "The Network Externalities Hypothesis and Competitive Network Growth." *Journal of Organizational Computing and Electronic Commerce* 12, No. 1 (2002).

King, John Leslie, Vijay Gurbaxani, Kenneth L. Kraemer, F. Warren McFarlan, K. S. Raman, and Chee-Sing Yap. "Institutional Factors in Information Technology Innovation." *Information Systems Research* 5, No. 2 (June 1994).

Kolb, David A., and Alan L. Frohman. "An Organization Development Approach to Consulting." *Sloan Management Review* 12, No. 1 (Fall 1970).

Lamarre, Eric, Kate Smaje, and Rodney Zemmel. *Rewired: The McKinsey Guide to Outcompeting in the Age of Digital and AI.* Wiley (June 2023).

Laudon, Kenneth C. "A General Model of the Relationship between Information Technology and Organizations." Center for Research on Information Systems, New York University. Working paper, National Science Foundation (1989).

Laudon, Kenneth C. "Environmental and Institutional Models of Systems Development." *Communications of the ACM* 28, No. 7 (July 1985).

Laudon, Kennneth C. *Dossier Society: Value Choices in the Design of National Information Systems.* New York: Columbia University Press (1986).

Laudon, Kenneth C., and Kenneth L. Marr. "Information Technology and Occupational Structure." AMCIS 1995 Proceedings, 102 (April 1995).

Leavitt, Harold J., and Thomas L. Whisler. "Management in the 1980s." *Harvard Business Review* (November–December 1958).

Luftman, Jerry, Kalle Lyytinen, and Tal Ben Zvi. "Enhancing the Measurement of Information Technology (IT) Business Alignment and Its Influence on Company Performance." *Journal of Information Technology* 32, No. 1 (March 1, 2017).

Maplesden, Paul. "6 Advantages and Disadvantages of Value Chain Analysis." Techtarget.com (October 16, 2023).

McDonald, Rory, and Kathleen M. Eisenhardt. "The New-Market

Conundrum." *Harvard Business Review* (May–June 2020).

McKinsey & Company. "Artificial Intelligence in Strategy." McKinsey.com (January 2023).

Mintzberg, Henry. "Managerial Work: Analysis from Observation." *Management Science* 18 (October 1971).

Parker, Geoffrey, Marshall Van Alstyne, and Xiaoyue Jiang. "Platform Ecosystems: How Developers Invert the Firm," *MIS Quarterly* 41, No. 1 (March 2017).

Piccoli, Gabriele, Joaquin Rodriguez, and Varun Grover. "Digital Strategic Initiatives and Digital Resources: Construct Definition and Future Research Directions." *MIS Quarterly* 46, No. 4 (December 2022).

Pidun, Ulrich, Martin Reeves, and Edzard Wesselink. "How Healthy Is Your Business Ecosystem?" *MIT Sloan Management Review* 62, No. 3 (Spring 2021).

Porter, Michael E. *Competitive Advantage*. New York: Free Press, 1985.

Porter, Michael E. *Competitive Strategy*. New York: Free Press, 1980.

Porter, Michael E. "Strategy and the Internet." *Harvard Business Review* (March 2001).

Porter, Michael E. "The Five Competitive Forces That Shape Strategy." *Harvard Business Review* (January 2008).

Porter, Michael E., and James E. Heppelmann. "How Smart, Connected Products Are Transforming Competition." *Harvard Business Review* (November 2014).

Porter, Michael E., and Scott Stern. "Location Matters." *Sloan Management Review* 42, No. 4 (Summer 2001).

Rahmati, Poya, Ali Tafti, J. Christopher Westland, and Cesar Hidalgo. "When All Products Are Digital: Complexity and Intangible Value in the Ecosystem of Digitizing Firms." *MIS Quarterly* 31, No. 4, 445 (September 2021).

Ross, Jeanne W., Cynthia M. Beath, and Martin Mocker. "Creating Digital Offerings Customers Will Buy." *MIT Sloan Management Review* 61, No. 1 (Fall 2019).

Sabherwal, Rajiv, Sanjiv Sabherwal, Taha Havakhor, and Zach Steelman. "How Does Strategic Alignment Affect Firm Performance? The Roles of Information Technology Investment and Environmental Uncertainty." *MIS Quarterly* 43, No. 2 (June 2019).

Salesforce.com. "Baume Brings Customizable and Sustainable Watches to More People with Salesforce." Salesforce.com (accessed August 17, 2024).

Shapiro, Carl, and Hal R. Varian. *Information Rules*. Boston, MA: Harvard Business School Press (1999).

Shi, Runyu, Aleksi Aaltonen, Ola Henfridsson, and Ram D. Gopa. "Comparing Platform Owners' Early and Late Entry into Complementary Markets." *MIS Quarterly* 47, No. 4 (December 2023).

Suarez, Fernando F., James Utterback, Paul Von Gruben, and Hye Young Kang. "The Hybrid Trap: Why Most Efforts to Bridge Old and New Technology Miss the Mark." *MIT Sloan Management Review* 59, No. 3 (Spring 2018).

Subramaniam, Mohan. "How Smart Products Create Connected Customers." *MIT Sloan Management Review* 64, No. 1 (Fall 2022).

Van Alstyne, Marshall W., Geoffrey G. Parker, and Sangeet Paul Choudary. "Pipelines, Platforms, and the New Rules of Strategy." *Harvard Business Review* (April 2016).

Williamson, Oliver E. *The Economic Institutions of Capitalism*. New York: Free Press (1985).

Zhou Zhou, Lingling Zhang, and Marshall Van Alstyne. "How Users Drive Value in Two-Sided Markets: Platform Designs That Matter." *MIS Quarterly* 48, No. 1 (March 2024).

Zhu, Feng, and Marco Iansiti. "Why Some Platforms Thrive and Others Don't." *Harvard Business Review* (January–February 2019).

CHAPTER 4

정보시스템의 윤리적·사회적 이슈

© Suri_Studio/Shutterstock

학습목표

4.1 IT/정보시스템과 관련된 윤리적·사회적·정치적 이슈를 설명할 수 있다.

4.2 윤리적 행동에 대한 원칙을 설명할 수 있다.

4.3 정보 권리와 프라이버시에 대해 논의할 수 있다.

4.4 지적재산에 대해 논의할 수 있다.

4.5 시스템 품질에 대해 논의할 수 있다.

4.6 책임추적성과 통제에 대해 논의할 수 있다.

4.7 삶의 질에 대해 논의할 수 있다.

4.8 이 장의 내용이 경력에 어떻게 도움이 되는지 이해할 수 있다.

이 장의 사례

- **도입 사례:** 추적하는 앱: 양날의 검
- **조직 사례:** 비난을 받고 있는 통신품위법 230조
- **사례 연구:** 메타의 많은 윤리적 도전

도입 사례 추적하는 앱: 양날의 검

지역 일기예보를 얼마나 자주 확인하는가? 보통은 하루에 여러 번 모바일 기기에서 날씨 앱을 열어 날씨를 확인할 것이다. 이 간단한 행동이 사용자의 정확한 실제 위치에 대한 데이터를 제삼자에게 광범위하게 판매되는 문을 열 수 있으며, 제삼자는 원래 데이터를 수집한 앱의 기능과는 전혀 다른 목적으로 이 데이터를 사용할 수 있다는 사실을 인식하는 사람은 거의 없다. 그리고 이러한 종류의 데이터를 수집하고 판매하는 것은 일기예보 앱뿐만이 아니다. 위치 데이터는 보이지 않는 곳에서 대부분 규제를 받지 않는 회사로 이루어진 수십억 달러 규모 산업의 기반을 형성한다.

사용자의 위치를 파악하기 위해 모바일 기기는 GPS 센서, 블루투스, 로컬 와이파이 및 이동통신망 연결과 같은 장치에 내장된 다양한 기술의 데이터를 사용한다. 모바일 앱은 종종 앱이 데이터를 수집할 수 있도록 하는 무료 소프트웨어 도구인 Foursquare의 Pilgrim SDK와 같은 제삼자 SDK(소프트웨어 개발 키트)를 사용하거나, 앱 내에 코드를 포함하기 위해 SDK 개발자가 모바일 앱에 비용을 지불하기도 한다.

애플은 앱과 관련된 프라이버시 문제를 분명히 하기 위해 몇 가지 조치를 취했다. 앱에서 SDK를 사용하는 경우 개발자는 SDK가 어떤 데이터를 수집하는지, 수집된 데이터가 어떻게 사용될 수 있는지를 설명해야 한다. 아이폰 플랫폼의 앱은 사용자의 활동(사용자의 실제 위치 포함)을 추적하기 전에 사용자의 승인을 구해야 한다. 구글도 2022년에 유사한 정책을 도입했다. 그러나 많은 사용자는 '예'를 클릭하는 데 너무 익숙해져서 클릭을 멈추고 그 결과를 생각해보지 않았다. 또한 일부 앱 개발자는 '다크 패턴'을 사용하는 디자인 전술을 사용하는데, 예를 들어 위치 추적을 활성화하라는 메시지를 표시하는 동시에 위치 추적이 활성화되어 있지 않으면 앱이 의도한 대로 작동하지 않을 수 있음을 암시하는 등 사용자에게 자신의 이익에 해로운 선택을 하도록 권유한다. 예를 들어 많은 사람이 가정하는 것과는 달리 날씨 앱은 실제로 지역 일기예보를 제공하기 위해 위치 데이터를 지속적으로 판독할 필요가 없지만 날씨 앱이 반드시 이러한 사실을 분명하게 알려주는 것은 아니다.

© Olesky Mark/Shutterstock

일단 사용자가 추적에 동의하면 일반적으로 앱은 해당 데이터가 어떻게 사용될 수 있는지 자세히 설명하는 프라이버시 정책을 사용자가 참조하도록 한다. 연구에 따르면 실제로 이러한 정책을 읽거나 그 결과를 이해하는 사용자는 거의 없다. 사용자 데이터를 판매하는 회사는 종종 사용자에게 프라이버시 정책을 알렸으므로 필요한 수익원을 얻을 수 있다고 정당화한다. 예를 들어 아큐웨더(AccuWeather)의 프라이버시 정책은 사용자 정보를 제삼자에게 판매하기 때문에 앱을 무료로 제공할 수 있다고 되어 있다. 사용자 데이터를 판매하는 회사도 수집된 정보가 일반적으로 익명으로 (연구에 따르면 이러한 데이터를 특정 개인과 연결하는 것은 비교적 쉽지만) 처리된다고 한다. 데이터를 구매하는 회사도 분석, 사기 탐지, 광고 및 마케팅 목적과 같은 다양한 합법적인 이유로 그렇게 할 수 있다.

자신의 데이터가 자신과 관련된 광고를 제공하는 데 사용되는 것에 대해 당신은 반대하지 않을 수 있다. 그러나 문제가 되는 것은 데이터가 일단 데이터 중개상의 손에 들어가면 해당 데이터에 무슨 일이 발생할 수 있다는 것이다. 현재 미국에는 데이터 중개상이 해당 데이터로 수행할 수 있는 작업을 제한하는 법률이나 규정이 거의 없다. 일단 데이터가 수집되면 여러 번 되팔 수도 있다. 예를 들어 정부가 휴대전화 통신사와 같은 회사로 하여금 위치 데이터를 생산하도록 강제하기 위해서는 영장이 필요하다고 대법원이 판시하고 있지만, 정부가 데이터 중개상으로부터 데이터를 구매하는 경우에는 이러한 제한이 적용되지 않는다.

그러나 이러한 상황이 바뀌기 시작했다. 연방정부 기관은 위치 데이터 중개상과 통신사에 대해 조치를 취하기 시작했다. 예를 들어 2023년 11월 연방거래위원회(FTC)는 데이터 중개상 코차바(Kochava)를 상대로 코차바가 사용자 통지나 동의 없이 방대한 양의 정확한 지리적 위치 데이터를 수집·사용·공개했다고 지방법원에 수정된 고소장을 제출했다. 2024년 2월, 법원은 민감한 지리적 위치 데이터의 제한 없는 데이터 수집이 상거래에 영향을 미치는 불공정하거나 기만적인 행위 또는 관행을 금지하는 FTC 법 제5항의 위반으로 간주될 수 있다는 FTC의 입장을 지지하면서 소송을 진행할 수 있다고 판결했다. 2024년 4월, 아웃로직[Outlogic, 구 엑스모드(X-Mode)]이 수백 개의 모바일 앱에서 수집하여 의료 클리닉 및 예배 장소와 같은 민감한 위치에 대한 개인의 방문을 추적하는 데 사용할 수 있는 원시 위치 데이터를 미국 정부 기관을 포함한 제삼자에게 공유하거나 판매하는 것을 금지하는 명령을 FTC가 확정했다. 2024년 5월, FTC는 디지털 마케팅 및 데이터 중개상인 인마켓미디어(InMarket Media)와도 유사한 합의를 마무리했다.

연방통신위원회(FCC)도 조치를 취하고 있다. 비록 이러한 관행이 처음 알려진 후 5년이 넘었지만, 2024년 4월 AT&T, 버라이즌, T-모바일, 스프린트(최근 T-모바일 소유)에게 고객의 동의 없이 실시간 위치 정보를 데이터 수집 기업에 판매한 혐의로 약 2억 달러의 벌금을 부과받았다.

그러나 비평가들은 이러한 조치가 충분하지 않으며 통지, 사용자 동의와

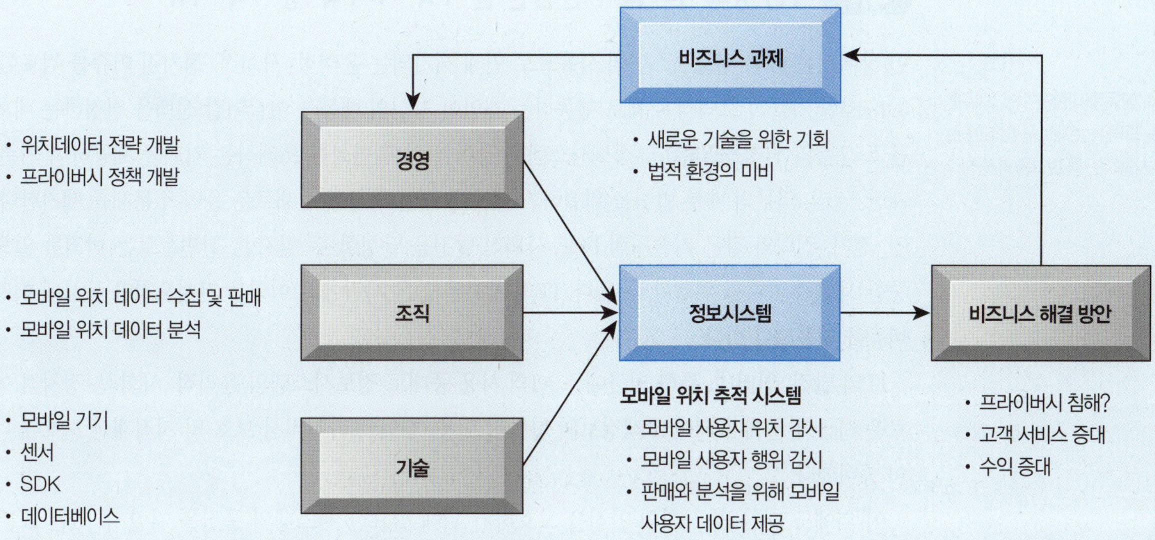

같은 개념에 의존하여 프라이버시를 보호하는 것은 전적으로 부적절한 방법이라고 비난한다. 미국 프라이버시 권리법(American Privacy Rights Act)의 도입과 함께 포괄적인 연방 데이터 프라이버시 법률의 제정에 대한 새로운 추진이 있었지만, 이러한 법의 통과 전망은 과거보다는 나아졌다고 해도 여전히 불확실하다.

출처: "Collecting, Using, and Sharing Location Data," Reuters.com, June 2024; Forrester, "Proposed Federal Privacy Law Gains Momentum," Forbes.com, May 15, 2024; Joseph Jerome, "The FCC's Big Fines Over Location Data Aren't a Privacy Success Story," Techpolicy.com, May 3, 2024; Wendy Davis, "Kochava Must Face FTC Location Privacy Charges," Mediapost.com, February 5, 2024; Dell Cameron, "The Sad Truth of the FTC's 'Historic' Privacy Win," Wired.com, January 16, 2024; Alfred Ng and Jon Keegan, "Who Is Policing the Location Data Industry," Themarkup.org, February 24, 2022; Jon Keegan and Alfred Ng, "There's a Multibillion-Dollar Market for Your Phone's Location Data," Themarkup. com, September 30, 2021.

이 사례에서 설명한 위치 추적이 프라이버시에 제기하는 문제는 기술이 양날의 검이 될 수 있음을 보여준다. 기술은 지도 및 운전 경로 또는 지역 날씨 및 비즈니스 뉴스에 접속할 수 있는 기능을 포함하여 모바일 기기를 사용하는 이점을 제공할 수 있다. 동시에 디지털 기술은 프라이버시 침해와 해를 끼칠 수 있는 정보 사용의 새로운 기회를 만든다.

위의 도표는 이 사례와 4장이 제기하는 중요한 요점에 주의를 환기시킨다. 모바일 기기 기술, 모바일 통신, 데이터 관리 및 분석의 발전으로 조직은 지정된 시간에 모바일 기기를 사용하는 개인의 위치를 추적할 수 있는 기회를 얻었다. 이 사례에서 설명한 조직은 위치 기반 데이터를 수집 및 사용하여 사용자의 행위를 감시함으로써 이 정보를 마케팅 및 기타 목적으로 판매할 수 있는 이점을 얻고 있다. 사용자의 프라이버시를 침해할 수 있기 때문에 위치 데이터의 사용은 개인의 이익을 빼앗고 있다. 개인은 위치 추적에 의해 드러난 행위 유형 때문에 직업에서의 차별이나 특별 조사의 대상이 될 수도 있다. 위치 추적에 적용되는 프라이버시 보호 기능은 거의 없다.

또한 이 사례는 윤리적 딜레마를 보여주는데, 그 이유는 두 가지 이해관계, 즉 이익을 증대하기 위해 데이터를 사용하고자 하는 조직의 이해관계와 프라이버시를 침해하거나 개인에게 해를 끼칠 수 있기 때문에 기업과 공공기관은 개인 데이터를 사용해서는 안 된다고 굳게 믿는 사람들의 이해관계를 보여주기 때문이다. 이 사례는 정보시스템의 긍정적 영향과 부정적 영향에 민감해야 하는 것의 중요성, 정보시스템과 관련된 윤리적 딜레마를 해결하는 방법을 배우는 것의 중요성을 보여준다.

문제

1. 위치 데이터를 분석하면 윤리적 딜레마가 발생하는가? 그 이유는 무엇인가?
2. 모바일 기기 사용자로부터 수집된 개인 데이터를 보호하기 위해 새로운 프라이버시 보호법이 제정되어야 하는가? 그 이유는 무엇인가?

경력 개발 효과

IT와 정보시스템의 사용을 둘러싼 윤리적·사회적·법적 문제에 대한 인식은 조직에서 이를 사용하는 모든 사람에게 중요한 기술이다. 윤리적 딜레마를 인식하고 이를 가장 잘 해결하는 방법을 이해하는 것도 중요한 기술이다.

4.1 IT/정보시스템과 관련된 윤리적·사회적·정치적 이슈

윤리
개인이 자신의 행동에 대한 선택을 자유롭게 할 수 있는 도덕적 존재로서 이러한 선택을 하는 데 사용하는 옳고 그름의 원칙

이 장에서는 IT와 정보시스템의 사용으로 인해 제기되는 윤리적·사회적·정치적 이슈를 검토한다. **윤리**(ethics)란 자율적 도덕적 주체로 행동하는 개인이 자신의 행동을 이끌어갈 선택을 결정하는 데 사용하는 옳고 그름의 원칙을 말한다. 정보시스템은 강력한 사회 변화를 초래하는 기회를 제공하여 기존의 권력, 재산, 권리, 의무의 배분 법칙을 위협하기 때문에 개인과 사회에 새로운 윤리적 문제를 제기한다. 증기엔진, 전기, 전화와 같은 기술처럼 IT도 사회적 발전을 달성할 수 있지만, 한편으로는 범죄를 일으키고 소중한 사회적 가치를 위협할 수 있다. IT의 발전은 많은 사람에게 이익을 가져오지만 동시에 어떤 사람은 비용을 지불해야 한다.

IT의 발전, 인터넷, 특히 최근에는 AI의 사용 증대로 정보시스템의 윤리적·사회적·정치적 이슈는 새로운 시급한 문제가 되어 고객정보의 합법적 이용, 개인 프라이버시 보호 및 지적재산 보호에 대한 관심이 증대했다.

이 외에도 개인 및 사회의 안전을 보호하기 위해 필요한 시스템의 품질을 지킬 수 있는 표준의 설정, 정보시스템의 결과에 대한 책임 문제, 정보화 시대의 삶의 질에 필수적인 것으로 인식되는 가치와 제도의 유지 등과 관련된 주제는 정보시스템에 의해 제기되는 긴급한 윤리적 이슈이다. 정보시스템을 사용할 때는 "무엇이 윤리적이고 사회적 책임을 다하는 행동인가?"라는 질문을 되새겨보아야 한다.

비즈니스 수행에서의 윤리적 도전

정보시스템의 사용을 둘러싼 윤리적·사회적·정치적 문제를 탐구하기 전에 비즈니스 윤리의 일반적인 주제를 고려하는 것이 중요하다. 조직과 직원은 비즈니스 수행과 관련하여 수많은 윤리적 문제에 직면해 있다. 표 4.1은 윤리적 판단의 실패와 관련된 최근의 몇 개 사례를 정리한 것이다. 이러한 판단 착오는 광범위한 산업 분야에서 발생했다.

오늘날의 환경에서 법을 위반한 혐의로 유죄 판결을 받은 직원은 징역형의 위험에 직면해 있다. 미국 법무부는 '화이트칼라 범죄'에 대한 기업 임원의 기소를 법무부의 최우선 과제 중 하나라고 밝혔다. 미국 연방 판결 가이드라인은 범죄에 관련된 금액의 규모, 범죄의 발견을 막기 위한 모의 여부, 범죄를 숨기기 위한 부정 금융거래의 유무, 검찰의 조사에 협조한 정도에 따라 판사가 기업 경영진에게 무거운 형벌을 부과할 것을 명시하고 있다.

표 4.1 윤리적 판단의 실패에 대한 최근 사례

기업	윤리적 판단의 실패
FX	암호화폐 거래 회사 FX의 대표인 샘 뱅크먼-프리드먼은 미국 역사상 가장 큰 금융 사기 중 하나로 기록된 사건에 연루되어 FX의 붕괴로 이어진 혐의로 25년 징역형을 선고받았다. 뱅크먼-프리드먼의 범죄는 내부 통제, 규정 준수, 인적자원 및 시스템 무결성의 결함으로 인해 가능했다.
로빈후드	핀테크 중개 회사인 로빈후드는 금융산업규제기관(FINRA)으로부터, 고객에게 거짓되고 오해의 소지가 있는 정보를 배포한 것과 고객이 적시에 거래를 하지 못하게 한 시스템 중단이 포함된, 여러 핵심 사업 부문에서의 체계적인 감독 실패로 기록적인 7,000만 달러의 벌금을 부과받았다.
폭스바겐	실제 주행 시 불법적인 수준의 오염 물질을 공기 중으로 배출하면서도 규제 테스트 시 미국 배출 기준을 충족할 수 있도록, 미국에서 50만 대가 넘는 디젤 차량과 전 세계적으로 약 1,050만 대의 디젤 차량에 배출가스 조작 소프트웨어를 설치했다. 국제적으로 지불된 벌금은 총 350억 달러에 달했으며, 그중 95억 달러가 미국 자동차 소유자에게 지급되었다. 폭스바겐은 사기에 연루된 혐의로 최고경영진을 고소하여 총 3억 6,500만 달러의 합의금을 받았다. 또한 미국에 있는 올리버 슈미트를 포함하여 여러 임원에 대한 형사 고발도 제기되었으며, 슈미트는 7년 징역형과 40만 달러의 벌금을 선고받았다.
웰스파고	웰스파고 직원들은 수백만 개의 허위 계좌를 개설하고, 부동산 담보 대출의 계약조건을 조작하고, 자동차 대출 고객에게 불필요한 보험을 구매하도록 강요한 사실을 인정했다. 웰스파고는 미국 정부로부터 25억 달러의 벌금을 선고받았다.

비록 과거에는 기업이 민사 고발과 범죄 수사에 연루된 직원을 법적으로 보호하기 위한 비용을 지불하기도 했지만, 오늘날의 기업은 기업 자체에 부과되는 벌금을 줄이기 위해 검찰에 적극 협조하도록 조언을 받고 있다. 이러한 변화는 곧 관리자와 종업원이 무엇이 합법적이고 도덕적인 행위인지를 직접 결정해야 한다는 것을 의미한다.

윤리적 비즈니스 판단의 실패가 정보시스템 부서의 직원에 의해 일반적으로 주도된 것은 아니지만, IT와 정보시스템은 수많은 범죄의 수단으로 이용된다. 이러한 범죄자는 대부분 대중의 감시로부터 자신의 행위를 감추기 위해 정보시스템을 교묘하게 사용했다. 정보시스템의 통제는 8장에서 자세히 다룰 것이다.

윤리적·사회적·정치적 이슈를 고려하기 위한 모델

윤리적·사회적·정치적 문제는 밀접하게 연결되어 있다. 조직의 정보시스템 사용에 관여하는 사람으로서 직면할 수 있는 윤리적 딜레마는 일반적으로 사회적·정치적 논쟁이 반영된 것이다. 이러한 관계는 그림 4.1에서 볼 수 있다. 사회를 여름날의 고요한 연못이라고 가정해보자. 즉 사회는 개인, 사회, 정치 조직 간의 이해관계가 부분적으로 평형을 유지하는 하나의 민감한 생태계와도 같다. 개인들은 이 연못에서 어떻게 행동해야 하는지 알고 있다. 사회적 제도(가정, 교육, 조직)는 규율적인 행동 규칙을 발전시켜 왔으며, 이러한 규칙은 행위를 규정하고, 위반에 대한 제재 규정을 약속하는 정치 부문에서 만들어진 법률에 의해 뒷받침되었기 때문이다. 이제 연못의 중앙에 돌을 하나 던진다. 어떻게 될까? 물론 파장이 발생한다.

작은 돌 대신에 사회의 안정을 방해하는 새로운 IT 및 정보시스템의 강력한 충격에 의한 교란을 상상해보자. 갑자기 사람들은 오래된 규칙으로 해결할 수 없는 새로운 상황에 직면하게 된다. 사회제도는 이

그림 4.1 정보사회의 윤리적·사회적·정치적 이슈 간 관계

새로운 IT의 탄생은 개인적·사회적·정치적 차원에서 다루어야 하는 새로운 윤리적·사회적·정치적 이슈를 발생시키는 파장 효과를 일으킨다. 이러한 이슈에는 정보 권리와 의무, 재산권과 의무, 시스템 품질, 삶의 질, 책임추적성과 통제 등 다섯 가지 도덕적 차원이 있다.

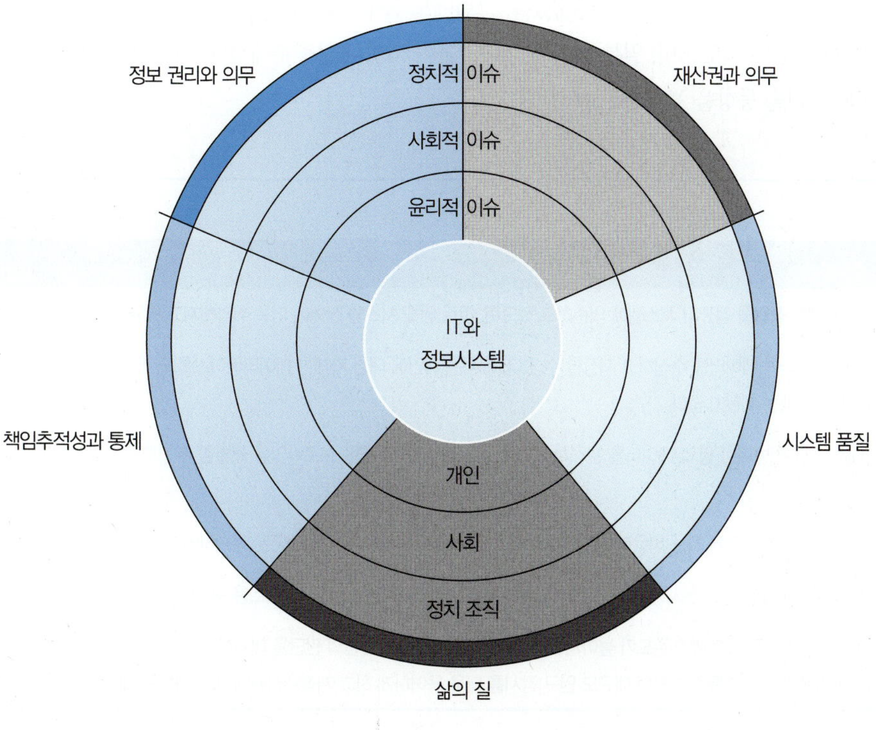

러한 파장에 하룻밤에 갑자기 반응할 수 없다. 에티켓, 기대, 사회적 책임, 정치적으로 올바른 태도 또는 인가된 규칙을 개발하려면 시간이 필요하다. 정치적 기관도 새로운 법안을 만들기 위해 시간이 필요하고, 종종 피해가 실제로 입증되어야만 법안을 만들기 시작한다. 그 사이에 우리는 마냥 기다릴 수 없다. 법적인 기반이 뿌리내리지 못한 상태에서 부득이하게 행동을 취해야 할 때가 있다.

우리는 윤리적·사회적·정치적 이슈와 관련된 상호작용을 설명하기 위해 이 모델을 사용할 수 있다. 또한 이 모델은 개인적·사회적·정치적으로 다양한 영향을 미치는 정보사회의 도덕적 차원을 확인하는 데에도 유용하다.

정보화 시대의 다섯 가지 도덕적 차원

정보시스템에 의해 발생하는 중요한 윤리적·사회적·정치적 이슈는 다음과 같은 도덕적 차원을 포함한다.

- 정보 권리와 의무: 개인과 조직은 자신과 관련하여 어떤 정보 권리를 가지고 있는가? 이러한 권리는 무엇을 보호할 수 있는가?
- 재산권과 의무: 소유권을 추적하고 설명하는 것이 어려운 디지털 사회에서 전통적인 지적재산권을 어떻게 보호할 수 있는가?
- 시스템 품질: 개인의 권리와 사회의 안전을 보호하기 위해 데이터 품질과 시스템 품질에 대해 어떤 기준을 요구해야 하는가?
- 책임추적성과 통제: 개인과 집단의 권리에 대한 피해는 누가 책임을 질 수 있고, 또 책임을 져야 하는가?
- 삶의 질: 정보 및 지식 기반 사회에서 보존해야 할 가치는 무엇인가? 위반으로부터 보호해야 하는 제도는 무엇인가? IT가 지원하는 문화적 가치와 관행은 무엇인가?

이러한 도덕적 차원을 4.3~4.7절에서 자세히 살펴볼 것이다.

윤리적 이슈를 발생시키는 핵심 IT 동향

윤리적 문제는 IT보다 훨씬 이전부터 존재했다. 그럼에도 불구하고 IT로 인해 윤리적 우려가 커지고, 기존 사회제도에 부담이 되었으며, 일부 법률이 무용지물이 되거나 불충분해졌다. 이러한 윤리적 스트레스의 원인이 되는 기술 동향을 표 4.2에 요약했다.

표 4.2 윤리적 이슈를 발생시키는 IT 동향

동향	영향
끊임없이 증가하는 컴퓨터 성능	점점 더 많은 조직이 핵심 작업을 컴퓨터 시스템에 의존하고 있으며, 이로 인해 시스템 장애에 더욱 취약해지고 있다.
빠르게 감소하는 데이터 저장 비용	비용이 크게 감소함에 따라 빅데이터를 수집하고 저장할 수 있다. 조직은 개인에 대한 자세한 데이터베이스를 쉽게 유지할 수 있다. 개인에 대해 수집되는 데이터에는 제한이 없다.
데이터 분석의 발전	기업은 개인에 대해 수집된 방대한 양의 데이터를 분석하여 개인 행동에 대한 자세한 프로파일을 개발할 수 있다. 대규모 인구 감시가 가능해진다.
네트워킹의 발전	어디에서나 데이터에 접근할 수 있게 하는 비용이 기하급수적으로 떨어졌다. 데이터에 대한 접근은 통제하기 더 어려워진다.
모바일 기기 성장의 영향	모바일 기기는 사용자의 동의 없이 또는 사용자 모르게 추적될 수 있다. 항상 켜져 있는 기기는 새로운 구속이 된다.
AI	의사결정에서 다양한 형태의 AI에 대한 의존도가 높아지면서 데이터 기반 계산이 인간의 판단을 대체한다. 또한 AI는 프라이버시에 대한 과제를 제기하여 대규모 인구 감시를 더욱 용이하게 하고 지적재산권에 대한 과제를 제기한다.

지난 수십 년 동안 컴퓨터 성능이 계속 향상됨에 따라 대부분의 조직에서 핵심적인 생산활동에 정보시스템을 사용할 수 있게 되었다. 그 결과 정보시스템에 대한 의존도가 높아지고 정보시스템 오류와 낮은 데이터 품질에 대한 취약성이 증가했다. 사회적 규칙과 법률은 아직 이러한 의존성에 완전히 적응하지 못했다. 또한 정보시스템의 정확성과 신뢰성을 보증하기 위한 기준(8장 참조)은 아직 전반적으로 수용되거나 강제되지 않고 있다.

데이터 기술의 발전과 급격한 저장 비용의 감소로 인해 빅데이터 수집이 가능해졌으며, 민간 및 공공 조직에서 유지·관리하는 개인(직원, 고객 및 잠재고객)에 대한 데이터베이스가 확산되는 원인이 되었다. 이러한 데이터 저장 기술의 발전으로 인해 일상적으로 프라이버시를 침해하는 것이 저렴하고 효과적이게 되었다. 테라바이트 및 페타바이트 규모의 데이터 저장시스템을 통해 모든 규모의 기업이 직접 또는 온라인 서비스로 고객을 식별할 수 있게 되었다.

대규모 데이터에 대한 데이터 분석 기술의 발전은 조직이 개인에 대한 매우 상세한 개인정보를 찾을 수 있기 때문에 윤리적 문제를 고조시키는 또 다른 기술이 되었다. 현대의 데이터 관리 도구(6장 참조)를 통해 기업은 정보시스템에 저장된 많은 데이터를 과거보다 훨씬 더 쉽게 조합하고 결합할 수 있다.

자신에 대한 디지털 정보를 생성하는 모든 행위, 즉 온라인 검색, 모바일 앱 사용, 온라인·대면 소매 및 서비스 구매, 금융 서비스 산업과의 상호작용, 소셜 네트워크 참여, 휴대전화 걸기, 스마트 TV와 스마트 스피커 및 기타 스마트 홈 장치 사용, 인터넷 사용이 가능한 자동차 운전, 주정부 및 연방정부 기관(법원, 경찰 포함)과의 상호작용 등에 대해 생각해보자. 이러한 행위는 디지털 데이터를 생성한다. 이 정보를 적절히 조합하고 채굴하면 개인의 신용정보뿐만 아니라 취향, 교제, 구독하는 것과 시청하는 내용, 정치적 관심사, 운전 습관 등을 알아낼 수 있다.

기업은 마케팅 캠페인을 보다 세밀하게 타기팅하는 데 도움이 되는 개인정보를 다양한 곳으로부터 구매한다. 6장과 12장에서는 기업이 여러 곳에서 수집한 대규모 데이터를 분석하여 고객의 구매 패턴을 신속하게 식별하고 개별화된 추천을 제공하는 방법을 설명한다. 컴퓨터를 사용하여 여러 원천의 데이터를 결합하고 개인에 대한 자세한 정보가 담긴 디지털 문서를 생성하는 것을 **프로파일링**(profiling)이라고 한다. 예를 들어 구글 마케팅 플랫폼은 참여 웹사이트 방문자의 활동을 추적하고, 이 정보를 사용하여 각 온라인 방문자의 프로파일을 만들고 방문자가 구글 마케팅 플랫폼 관련 사이트에 접속할 때마다 프로

프로파일링
컴퓨터를 사용하여 여러 원천의 데이터를 결합하고, 개인의 구체적인 정보가 담긴 디지털 문서를 생성하는 것

© Cast Of Thousands/Shutterstock

신용카드 구매로 인해 다양한 조직에서 개인정보를 사용할 수 있게 된다. IT의 발전으로 프라이버시 침해가 용이해진다.

파일에 더 많은 세부 정보를 추가한다. 시간이 지남에 따라 구글 마케팅 플랫폼은 개인의 지출 및 온라인 행위 습관에 대한 자세한 문서를 만든 후 판매하여 기업이 온라인 광고를 보다 정확하게 타기팅할 수 있도록 지원한다. 광고주는 온라인 소비자 정보를 매장에서의 신용카드 구매와 같은 오프라인 소비자 정보와 결합할 수 있다.

렉시스넥시스리스크솔루션스(LexisNexis Risk Solutions)는 거의 모든 미국의 성인에 대한 전자문서를 수집하고 유지하기 위해 경찰 기록, 범죄 및 자동차 기록, 신용 및 고용 기록, 현재 및 이전 주소, 전문 자격증, 보험 청구 등에서 데이터를 수집한다. 이 회사는 수집된 개인정보를 다른 기업이나 정부 기관에 판매한다. 개인 데이터에 대한 수요가 너무 커서 액시엄(Acxiom), 엡실론데이터매니지먼트(Epsilon Data Management), 코어로직(CoreLogic), 렉시스넥시스리스크솔루션스와 같은 데이터 중개 회사가 번창하고 있다. 3대 신용 모니터링 서비스인 트랜스유니온(TransUnion), 에퀴팩스(Equifax), 익스피리언(Experian)도 개인 데이터에 대한 방대한 데이터베이스를 운영하고 있다.

NORA
다양한 원천의 정보를 분석하여 관계를 연관시켜 사람과 개체 사이의 모호한 숨겨진 연관성을 찾아낼 수 있는 데이터 분석 기술

NORA(Nonobvious Relationship Awareness)라고 하는 데이터 분석 기술은 정부와 민간 부문에 훨씬 더 강력한 프로파일링 기능을 제공했다. NORA의 작동 방식을 나타낸 그림 4.2를 살펴보자. NORA는 수배 목록, 사건과 체포시스템, 고객거래시스템, 전화 기록, 인적자원시스템 등 다양한 데이터 원천에서 사람들에 대한 정보를 수집하여, 범죄자나 테러리스트를 식별하는 데 도움이 되는 숨겨진 연결을 찾기 위해 관련성을 상호 연관시킬 수 있다. NORA 기술은 데이터가 생성될 때 바로 데이터를 검색하여 정보를 추출할 수 있다. 예를 들어 승객이 비행기를 타기 위해 탑승 카운터에서 수속을 밟을 때, 테러

그림 4.2 NORA

NORA 기술은 이질적인 데이터 원천에서 개인정보를 수집하여 불분명하고 알기 어려운 연결 관계를 찾아준다. 예를 들어 NORA는 카지노 구직자가 범죄자와 같은 전화번호를 공유하는 것을 알게 되면 고용주에게 경고를 줄 수 있다.

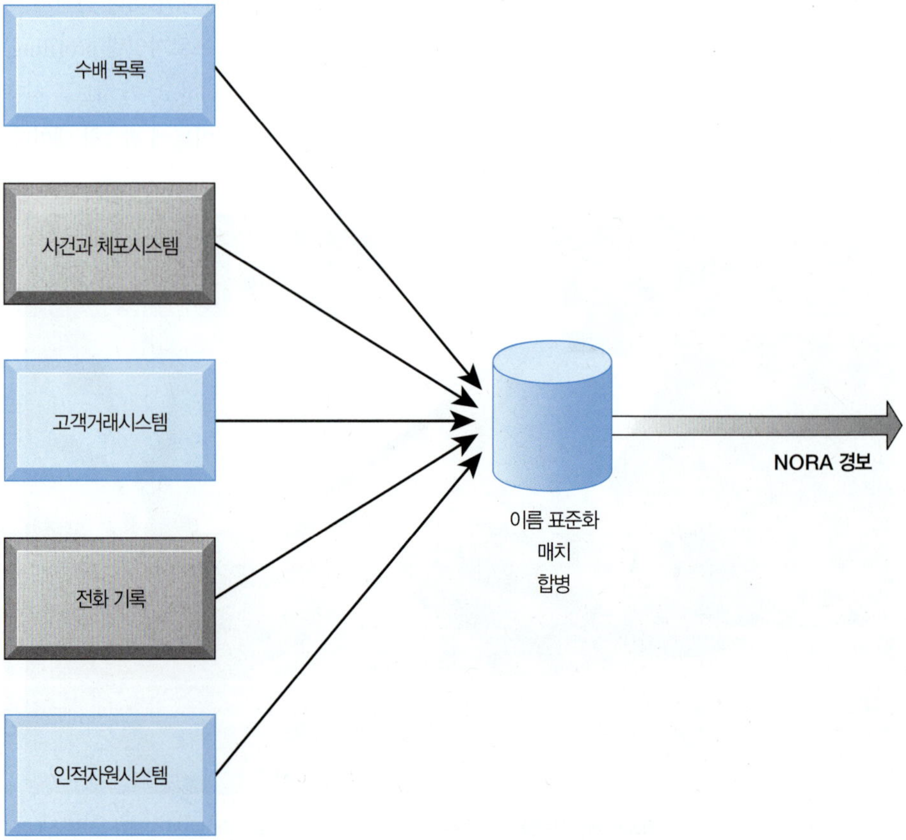

리스트와 동일한 전화번호를 공유하고 있는 승객이 있다면 탑승 전에 즉시 알려준다. 또한 NORA는 카지노 업계에서 사기 방지 기술로도 자주 사용된다. NORA 기술은 유용한 보안 도구로 간주되지만, 특정 개인의 활동 및 연관성에 대한 자세한 정보를 제공할 수 있기 때문에 프라이버시를 침해하는 측면도 있다. IBM은 2005년에 NORA 기술을 처음 개발한 회사를 인수하여 현재 IBM Infosphere Identity Insight라는 이름으로 서비스를 제공하고 있다.

인터넷을 포함한 네트워킹의 발전으로 대용량 데이터에 접속하는 비용이 크게 줄어들었고, 데스크톱/랩톱 컴퓨터, 모바일 기기 및 클라우드 서버를 사용하여 대규모 데이터를 마이닝할 수 있게 되어 이전에는 상상할 수 없었던 규모와 정확도로 프라이버시 침해가 가능해졌다. 스마트폰과 같이 어디에나 가지고 다니는 모바일 기기가 확산됨에 따라 자신도 모르게 또는 동의 없이 사용자가 추적될 수 있다.

또한 기업과 개인은 의사결정에서 인간의 판단을 대체하기 위해 AI 기술에 점점 더 의존하고 있다. 그러나 이러한 의존은 심각한 윤리적 이슈를 야기한다. 인간의 판단은 추론뿐만 아니라 공감과 같은 다른 능력에도 의존하며, 일반적으로 도덕적·윤리적 행동에 영향을 미치는 요인도 함께 고려한다. 반면에 AI는 윤리적·도덕적 기준을 위반할 수 있는 결과를 고려하지 않고 결정할 수 있다. AI의 또 다른 문제는 다차원적 현실을, 표면적으로는 정확하고 부인할 수 없을 정도로 옳은 것처럼 보이는, 보다 단순한 표현의 세계로 축소하여 AI의 결정에 의문을 제기하지 않고 AI의 결정을 수용하도록 장려한다는 것이다. 게다가 AI는 프라이버시와 지적재산권에 대한 이슈도 제기한다. 이 장의 뒷부분과 11장에서 이러한 이슈에 대해 자세히 설명할 것이다(Moser, den Hond, and Lindebaum, 2022).

4.2 윤리적 행동 원칙

윤리는 선택의 자유를 가진 개인의 관심사이다. 윤리는 개인의 선택에 관한 것이다. 여러 가지 대안적인 행동이 있을 때 올바른 도덕적 선택은 무엇인가? 윤리적 선택의 주요 특징은 무엇인가?

기본 개념: 책임, 책임추적성, 법적 의무 및 적법 절차

윤리적 선택은 자기 행동의 결과에 대해 책임지는 개인이 내리는 결정이다. **책임**(responsibility)은 윤리적 행동의 핵심 요소이다. 책임은 우리가 내리는 결정에 대한 잠재적 비용과 의무를 수락하는 것을 의미한다. **책임추적성**(accountability)은 시스템과 사회제도의 한 특징이며, 누가 책임질 행동을 했고 누구에게 책임이 있는지를 결정하기 위한 절차가 마련되어 있음을 의미한다. 누가 어떤 행동을 취했는지 알아내는 것이 불가능한 시스템과 제도 속에서는 본질적으로 윤리적 분석이나 윤리적 행동을 할 수 없다. **법적 의무**(liability)는 책임의 개념을 법률 영역까지 확장한 것이다. 법적 의무는 개인이 다른 행위자, 시스템 또는 조직에 의해 가해진 손해를 회복할 수 있도록 허용하는 법률 체계가 존재하는 정치 시스템의 특징이다. **적법 절차**(due process)는 법치 사회와 관련된 기능이며, 이 절차는 법률이 알려지고 이해되며, 법률이 올바르게 작용되었다고 확신할 수 있도록 상급 법원에 상소할 수 있는 능력을 포함한다.

이러한 기본 개념은 정보시스템과 시스템 관리자에 대한 윤리적 분석의 토대를 형성한다. 첫째, IT는 사회제도, 조직 및 개인을 통해 걸러진다. 정보시스템이 스스로 영향을 미치지는 않는다. 모든 정보시스템의 효과는 제도적·조직적·개인적 활동과 행위의 산물이다. 둘째, IT의 결과에 대한 책임은 명백히 IT를 사용하기로 선택한 제도, 조직 및 개인에게 있다. 사회적으로 책임 있는 방식으로 IT를 사용한다는 것은 자기 행동의 결과에 대해 책임을 질 수 있고, 책임을 지게 된다는 것을 의미한다. 셋째, 윤리적인 정치 사회에서 개인은 적법 절차에 따른 일련의 법률을 통해 자신에게 가해진 피해에 대해 보상을 받을 수 있다.

책임
의사결정에 대한 잠재적 비용, 책무, 의무의 수락

책임추적성
시스템 및 사회제도의 특징으로, 내려진 결정과 취해진 조치에 대한 책임을 평가하는 메커니즘

법적 의무
개인이 다른 행위자, 시스템 또는 조직에 의해 가해진 손해를 복구할 수 있도록 허용하는 법률

적법 절차
법률이 알려지고 이해되며, 법률이 올바르게 적용되도록 하기 위해 상급 기관에 상소할 수 있는 능력이 있는 프로세스

윤리적 분석

윤리적 이슈가 있는 것처럼 보이는 상황에 직면했을 때 어떻게 그 상황을 분석해야 할까? 다음과 같은 5단계 분석과정이 도움이 될 것이다.

1. **사실을 명확하게 식별하고 설명한다.** 누가, 어디서, 언제, 어떻게 무엇을 했는지 조사한다. 많은 경우, 처음에 보고된 사실의 오류에 놀랄 것이며, 단순히 사실을 바로 잡는 것만으로도 해결책을 찾는 데 도움이 될 것이다. 또한 윤리적 딜레마에 연루된 상대방에게 사실에 동의하도록 만드는 데에도 도움이 된다.
2. **갈등이나 딜레마를 정의하고 관련된 상위 가치관을 확인한다.** 윤리적·사회적·정치적 문제는 항상 상위 가치관과 관련이 있다. 분쟁 당사자들은 자신이 상위 가치관(예: 자유, 프라이버시, 재산권 보호, 자유기업 체제 등)을 추구하고 있다고 주장한다. 일반적으로 윤리적 이슈는 딜레마, 즉 가치 있는 가치관을 지지하는 두 가지 정반대의 행동 방침을 포함한다. 예를 들어 도입 사례 '추적하는 앱: 양날의 검'은 조직의 효율성 및 이익과 개인 프라이버시에 대한 존중이라는 두 가지 상충된 가치관을 보여준다.
3. **이해관계자를 확인한다.** 모든 윤리적·사회적·정치적 이슈에는 이해관계자가 있다. 이해관계자란 게임의 선수로서 결과와 상황에 관심이 있고, 보통 자신의 의견을 공개적으로 표명한다. 이러한 집단의 정체성과 그들이 원하는 것이 무엇인지를 찾아보자. 이렇게 하면 나중에 해결책을 만들 때 유용할 것이다.
4. **합리적으로 선택할 수 있는 대안을 확인한다.** 어떤 대안도 관련된 모든 이해관계를 충족하지 못하지만 일부 대안이 다른 대안보다는 더 좋다는 것을 알 수 있다. 때로는 훌륭하거나 윤리적인 해결책이라도 이해관계자에게 균형 잡힌 결과를 가져오지 못할 수도 있다.
5. **선택안의 잠재적 결과를 확인한다.** 일부 대안은 윤리적으로 옳을 수 있지만 다른 관점에서는 재앙일 수 있다. 다른 대안이 어떨 때는 통할 수 있겠지만 다른 유사 상황에는 통하지 않을 수도 있다. 항상 스스로에게 "내가 이런 선택안을 지속적으로 선택하면 어떻게 될까?"라고 자문해보자.

윤리적 원칙

일단 윤리적 분석을 마치면 의사결정을 하기 위해 어떠한 윤리적 원칙과 법칙을 사용해야 할까? 자신의 판단은 어떤 상위 가치관과 연관된 것인가? 많은 윤리적 원칙 중 어떤 것을 따를 것인지, 그 원칙의 우선순위를 어떻게 정할 것인지를 결정할 수 있는 사람은 자신뿐이지만, 오랜 역사를 통해 여러 문화에 깊게 뿌리내린 몇 가지 윤리적 원칙을 고려하는 것이 도움이 된다.

황금률
다른 사람의 입장에서 자신을 결정의 대상으로 생각하는 것과 관련된 윤리적 원칙

칸트의 정언 명령
어떤 행동이 모든 사람에게 옳지 않다면 그 것은 누구에게도 옳지 않다는 윤리적 원칙

미끄러운 경사길 법칙
어떤 행동을 반복적으로 취할 수 없다면 아예 취하지 않는 것이 옳다는 윤리적 원칙

공리주의 원칙
가치를 유용성의 순위에 두고 다양한 행동과정의 결과를 이해할 수 있다고 가정하는 윤리적 원리

위험 기피 원칙
손해를 최소화하거나 최소의 비용을 발생시키는 행위를 취해야 한다는 원칙

1. **황금률**(Golden Rule): 남에게 대접받고자 하는 대로 남을 대접하라. 다른 사람의 입장에서 생각하고 자신을 판단의 대상으로 여긴다면 더 공정한 의사결정을 하는 데 도움이 될 수 있다.
2. **칸트의 정언 명령**(Kant's categorical imperative): 어떤 행동이 모든 사람에게 옳지 않다면 그 행동은 누구에게도 옳지 않다. "모든 사람이 이렇게 한다면 조직이나 사회가 살아남을 수 있을까?"라고 자문해보자.
3. **미끄러운 경사길 법칙**(slippery slope rule): 어떤 행동을 반복적으로 취할 수 없다면 그 행동을 취하는 것은 전혀 옳지 않다. 어떤 행동이 지금은 수용할 수 있는 작은 변화를 가져오지만, 그것이 반복된다면 장기적으로 볼 때 받아들일 수 없는 변화를 가져올 수 있다. 다른 말로 "일단 미끄러운 길을 내려가기 시작하면 멈추지 못할 수도 있다"고 말할 수 있다.
4. **공리주의 원칙**(utilitarian principle): 더 높거나 더 큰 가치를 달성하는 행동을 취하라. 이 규칙은 우리가 가치의 우선순위를 결정할 수 있고, 다양한 행동의 결과를 이해할 수 있다고 가정한다.
5. **위험 기피 원칙**(risk aversion principle): 손실 또는 잠재적 비용을 최소화하는 행동을 취하라. 어떤 행동은 가능성이 낮지만 실패 비용이 매우 높거나(예: 도심 지역에 원자력 발전소를 건설하는 것), 가

능성이 중간 정도이지만 실패 비용이 매우 높은(예: 속도 위반 및 자동차 사고) 경우가 있다. 실패 비용이 특히 높은 행위는 피해야 한다. 사고가 발생할 확률을 낮추는 데 집중한다.

6. **윤리적 '공짜는 없다' 법칙**(ethical no-free-lunch rule): 특별히 명시되어 있지 않은 한 모든 유형과 무형의 물체는 실질적으로 다른 사람의 소유라고 가정한다. 만약 누군가가 우리에게 유용한 것을 만들었다면 그것은 가치가 있고, 그것을 만든 사람은 그 일에 대한 보상을 원한다고 가정해야 한다.

윤리적 '공짜는 없다' 법칙
달리 명시하지 않는 한 거의 모든 유형 및 무형 개체가 다른 사람의 소유이고, 제작자가 이 작업에 대한 보상을 원한다는 가정

이러한 원칙에 어긋나는 행동은 매우 세밀한 주의와 경계가 필요하다. 비윤리적인 행동으로 비칠 수 있는 것은 실제 비윤리적 행동만큼 자신과 자사에 많은 손해를 입힐 수 있다.

전문직 종사자의 윤리행동강령

지식, 지혜, 존경에 대한 특별한 자격 때문에 전문가는 특별한 권리와 의무를 가진다. 전문가 행동강령은 미국의학협회(American Medical Association, AMA), 미국변호사협회(American Bar Association, ABA), 정보기술전문가협회(Association of Information Technology Professionals, AITP), 컴퓨터기계협회(Association of Computing Machinery, ACM) 등의 전문가 협회에 의해 공포되었다. 이러한 전문가 집단은 가입 자격과 능력을 결정함으로써 전문직의 부분적 규제에 대한 책임을 진다. 윤리강령은 전문직 종사자가 사회의 이익을 위해 스스로를 규제하는 약속이다. 예를 들어 타인에 대한 손해를 피하고, 재산권을 인정하고(지적재산 포함), 프라이버시를 존중하는 것은 컴퓨터기계협회 윤리 및 직업강령의 일반 도덕규범 중 하나이다.

거버넌스 코드

조직이 윤리적 의사결정을 보장하기 위해 사용하는 한 가지 도구는 거버넌스 코드를 만들고 구현하는 것이다. 이러한 규칙은 지침과 정책을 수립하고 행동과 관련하여 기술적 보호책을 구현한다. 예를 들어 글로벌 컨설팅 회사인 액센추어(Accenture)는 '인간을 위한 디자인'(AI가 인간에게 미치는 영향에 중점을 둠), 공정성, 투명성, 안전, 책임추적성, 규정 준수, 지속가능성과 같은 일련의 핵심 원칙에 기반한 책임 있는 AI 규정 준수 프로그램을 채택했다. 이러한 원칙을 구현하기 위해 AI 거버넌스 구조를 수립하고, AI 위험 평가를 수행하고, AI 규정 준수 프로그램을 만들고, AI에 대한 지속적인 모니터링을 수립했다(Accenture, 2024).

아마존웹서비스(Amazon Web Services, AWS), 보스턴컨설팅그룹(Boston Consulting Group), ATB파이낸셜(ATB Financial), 셸(Shell) 등이 회원으로 있는 AI책임연구소(Responsible AI Institute)는 기업이 자체 정책을 개발할 수 있도록 최근 AI 정책 템플릿을 도입했다. 이 템플릿은 조직이 비즈니스 요구사항과 위험에 부합하는 정책을 개발할 수 있도록 하는 '산업에 독립적인 플러그 앤드 플레이 정책 문서'로 설명된다(Barker, 2024). 11장에서 책임 있는 AI에 대해 자세히 다룰 것이다.

현실 세계의 윤리적 딜레마

정보시스템은 한 집단의 이익이 다른 이익 집단과 대립하는 새로운 윤리적 딜레마를 만들어냈다. 예를 들어 많은 회사에서는 음성 인식 소프트웨어를 사용하여 일련의 자동화된 질문에 대한 고객의 응답을 컴퓨터가 인식할 수 있도록 함으로써 고객 지원 직원의 규모를 줄인다. 많은 기업에서는 직원이 업무와 무관한 활동에 회사 자원을 낭비하지 않도록 직원의 인터넷 활동을 감시한다.

각각의 예에서는 서로 대립되는 직장 내 가치관을 살펴볼 수 있다. 예를 들어 기업의 존속을 위해 생산성을 높이고 인력 규모를 줄여 비용을 절감하도록 정보시스템을 사용할 권리가 있다고 기업은 주장할 수 있다. 정보시스템에 의해 대체되는 직원은 고용주가 자신의 복지에 대해 어느 정도 책임이 있다고 주장

할 수 있다. 고용주는 생산성 저하를 최소화하기 위해 직원의 이메일 및 인터넷 사용을 감시해야 한다고 여길 수 있다. 직원은 짧은 사적 업무를 위해 인터넷을 사용할 수 있다고 생각할 수 있다. 이러한 사실을 면밀히 분석한다면 완벽하지는 않지만 양측이 절충할 수 있는 해결책을 제시할 수 있다. 앞에서 설명한 윤리적 분석의 원칙을 이러한 각 사례에 적용해보자. 어떻게 하는 것이 올바른 행동인가?

4.3 정보 권리와 프라이버시

이 절에서는 그림 4.1에서 설명한 정보시스템의 다섯 가지 도덕적 차원 중 하나인 정보 권리에 대해 더 자세히 살펴보자. 윤리적·사회적·정치적 이슈를 규정하고, 현실 세계의 사례를 통해 관련된 가치관, 이해관계자, 선택안에 대해 알아보고자 한다.

정보 권리: 인터넷 시대의 프라이버시와 자유

정보 권리
개인 및 조직이 자신과 관련된 정보와 관련하여 갖는 권리

프라이버시
국가를 포함한 다른 개인이나 조직의 감시나 간섭 없이 개인이 홀로 남겨져야 한다는 주장 정보권의 구성요소

정보 권리(information right)는 개인과 조직이 자신과 관련된 정보와 관련하여 갖는 권리이다. **프라이버시**(privacy)란 개인이 혼자 남겨져 다른 개인이나 기관 또는 국가의 어떠한 감시와 방해에서 자유롭기를 원하는 요구이다. 프라이버시를 위한 요구는 직장에서도 발생한다. 수많은 직원이 디지털 및 하이테크 감시의 대상자이다. 프라이버시 침해가 더 저렴해지고, 수익이 나며, 효과적으로 가능해지면서 IT와 정보시스템은 개인의 프라이버시를 위협하고 있다.

미국 내 프라이버시에 대한 법적 보호

프라이버시에 대한 주장은 미국 헌법에서 다양한 방법과 법령을 통해 보호된다. 다른 많은 나라에서도 마찬가지이다. 미국은 언론과 결사의 자유를 보장하는 수정헌법 제1조, 불법적인 수색 및 압수를 금지하고 정당한 법의 절차를 요구하는 수정헌법 제4조, 적법 절차를 보장하는 수정헌법 제5조 및 제15조에 의해 프라이버시가 보호된다.

표 4.3은 신용정보, 교육, 금융 기록, 신문 기록, 전자 및 디지털 커뮤니케이션 같은 분야에서 개인에 대한 정보를 취급하기 위한 조건을 제시하는 미국 연방법규이다. 1974년 프라이버시법은 연방정부의 정보 수집, 사용, 공개를 제한하는 법률로, 최초이자 가장 중요한 법률 중 하나이다.

표 4.3 미국 연방 프라이버시 법률

연방정부에 적용되는 프라이버시 법률	민간 기관에 적용되는 프라이버시 법률
프라이버시법	공정신용보고법
프라이버시 보호법	가족교육권 및 프라이버시법
전자 커뮤니케이션 프라이버시법	재무 프라이버시법
컴퓨터 매칭 및 프라이버시 보호법	케이블 통신 정책법
컴퓨터 보안법	비디오 프라이버시 보호법
연방관리자 재무건전성법	전화 소비자 보호법(TCPA)
운전자 프라이버시 보호법	건강보험의 양도 및 책임에 관한 법(HIPPA)
전자정부법	아동 온라인 프라이버시 보호법(COPPA)
미국 자유법	금융현대화법(그램-리치-브릴리법)

표 4.4 미국 연방거래위원회의 공정정보관행 원칙

원칙	설명
공지/인식(핵심 원칙)	웹사이트는 데이터 수집 전에 정보 관행을 밝혀야 한다. 수집자의 신분, 수집된 데이터의 활용, 데이터의 다른 수취인, 데이터 수집 방법(수동/능동), 자발적이거나 강요된 신분 확인, 거절의 결과, 데이터 기밀성과 데이터 무결성 및 데이터 품질을 보호하는 방법이 여기에 포함된다.
선택/동의(핵심 원칙)	소비자는 자신의 개인 데이터가 거래를 지원하는 목적 이외에 내부 사용 또는 제삼자 제공과 같이 이차적으로 사용되는 것을 허용하는 것을 직접 선택할 수 있어야 한다.
접근/참가	소비자는 적기에 저렴한 방식으로 자신에 대해 수집된 데이터의 정확성과 완벽성을 검토하고 이의를 제기할 수 있어야 한다.
보안	소비자 정보가 정확하며 인가받지 않은 목적으로 사용되지 않도록 데이터 수집자는 책임 있는 조치를 취해야 한다.
시행	FIP 원칙을 시행하기 위한 메커니즘이 있어야 한다. 여기에는 자율규제, 위반에 대해 소비자에게 법적 구제책을 부여하는 입법 또는 미국 연방법률과 규정이 포함된다.

미국과 유럽의 프라이버시 법률은 대부분 연방정부 자문위원회에 의해 1973년 보고서에서 제시된 **공정정보관행**(Fair Information Practices, FIP)에 기초하고 있다(U.S. Department of Health, Education, and Welfare, 1973). FIP는 개인에 대한 정보의 수집과 사용을 규정하는 원칙이다. FIP 원칙은 기록 소유자와 개인 간의 상호 이해관계라는 관념에 기초한다. 개인은 거래에 참여하는 데 관심이 있으며, 기록 소유자(일반적으로 기업이나 정부 기관)는 거래를 지원하기 위해 개인에 대한 정보가 필요하다. 일단 정보가 수집되면 개인은 기록된 정보에 관심을 가지고, 기록된 정보는 개인의 동의 없이 다른 목적으로 사용될 수 없다. 1998년 미국 연방거래위원회(FTC)는 온라인 프라이버시를 보호하기 위한 가이드라인을 포함하도록 FIP를 다시 작성하고 확대했다. 표 4.4는 FTC의 FIP 원칙을 설명한다.

공정정보관행(FIP)
개인에 관한 정보 수집 및 사용을 통제하는 원칙으로 1973년에 발표되었으며 미국 및 유럽 프라이버시 법률 대부분의 기본이 된다.

FTC의 FIP는 프라이버시 법률의 입법화에 대한 가이드라인으로 사용되고 있다. 예를 들어 아동 온라인 프라이버시 보호법(COPPA)은 웹사이트와 모바일 앱이 13세 미만 아동의 정보를 수집하기 위해서는 부모의 동의를 얻는 것을 요구한다. FTC는 프라이버시 보호를 위해 세 가지 관행도 추가했다. 기업은 '프라이버시 중심 설계(privacy by design)' 원칙을 채택하여 프라이버시를 보호하는 제품이나 서비스를 만들어야 한다. 기업은 데이터 사용의 투명성도 증대해야 한다. 아울러 기업은 데이터 수집 체계에서의 수신거부를 고객에게 분명히 알리고 동의를 구해야 한다. FTC는 행위 타기팅, 지리적 위치 추적, 소셜 미디어, 사물인터넷, 모바일 앱 생태계, AI 등 여러 산업 전반에 걸친 광범위한 프라이버시 이슈로 프라이버시 정책 및 집행 조치를 확대했다(Federal Trade Commission, 2024).

여론조사에 따르면 온라인 판매자에 대한 불신이 여전히 있다. 프라이버시에 대한 여러 주요 연구가 있었지만, 최근까지 연방정부 차원에서 주요 법제화가 아직 이루어지지 않았다. 퓨리서치센터(Pew Research Center)의 최근 조사에 따르면 미국인의 80% 이상이 온라인 프라이버시에 대해 우려하고 있으며, 대부분은 기업이 자신의 데이터를 어떻게 처리하는지에 대한 통제권이 없다고 느끼고, 기업이 자신의 데이터로 무엇을 하는지도 거의 또는 전혀 이해하지 못한다고 답했다(Pew Research, 2023).

금융 서비스에 대한 규제 완화와 개인에 대한 의료정보 관리 및 전송을 보호하기 위한 최근의 법안에도 프라이버시 보호 규정이 추가되고 있다. 은행, 증권 회사, 보험 회사 사이의 합병에 대한 제한을 폐지한 그램-리치-블라일리(Gramm-Leach-Bliley)법에는 금융 서비스 고객에 대한 프라이버시 보호 조항이 포함되어 있다. 모든 금융기관은 비공개 개인정보의 프라이버시를 보호하는 자사의 제도와 정책을 밝혀야 하며, 나아가 고객이 제휴하지 않은 제삼자와의 정보 공유 협정을 거부할 수 있게 해야 한다.

건강보험의 양도 및 책임에 관한 법(HIPAA)은 의료 기록에 대한 프라이버시 보호 조항을 포함하고 있다. 이 법은 요양원, 병원, 의료보험 회사에 의해 유지되는 환자의 의료 기록에 환자가 접근할 수 있게 하며, 자신에 대한 기록의 사용과 공개 여부에 대해서도 환자에게 결정권을 주고 있다. 의사, 병원, 건강관리사는 주어진 목표를 달성하는 범위 내에서 환자의 프라이버시 노출이 최소가 되도록 제한해야 한다.

유럽의 일반 데이터 보호 규정

일반 데이터 보호 규정(GDPR)
개인식별정보 보호를 위한 프레임워크 업데이트, 유럽연합 전역의 데이터 개인정보 보호법을 통합하여 비즈니스의 투명성을 높이고 데이터 주체의 개인정보 보호 권리를 확대하는 데 중점을 둔다.

2018년 유럽연합집행위원회는 유럽연합의 **일반 데이터 보호 규정**(general data protection regulation, GDPR)을 시행했는데, 이는 FTC의 FIP 원칙 이후 가장 중요한 프라이버시 입법이라고 할 수 있다. 이는 유럽연합 시민의 개인정보를 수집·저장·처리하는 모든 기업과 조직에 적용되며, 이러한 보호는 처리 장소에 관계없이 전 세계적으로 적용된다(European Commission, 2018).

GDPR은 개인식별정보(personally identifiable information, PII)를 보호하기 위해 개선된 체계이며 이전의 데이터 보호 지침을 대체한다. 유럽에서는 역사적으로 미국보다 프라이버시 보호가 훨씬 강력하다. 미국에는 프라이버시법을 집행할 책임 있는 연방 기관도 없으며, 민간 조직의 개인식별정보 사용을 규제하는 단일 프라이버시 법령도 없다. 대신에 프라이버시법은 부문별로 단편적이다(예: 의료 프라이버시법, 교육 프라이버시법, 금융 프라이버시법). 이는 기업의 자율규제를 통해 또는 손해 배상을 위해 기업을 상대로 하는 개인 소송을 통해 FTC가 집행한다.

유럽연합에서는 데이터 보호법이 포괄적이고, 모든 조직에 적용되며, 각 국가의 데이터 보호 기관에서 시민이 제기한 불만사항을 추적하고 프라이버시법을 적극적으로 집행한다. GDPR은 이름·주소·ID 번호와 같은 기본 신원 정보, 위치·IP 주소·쿠키 데이터·RFID 태그와 같은 웹 데이터, 건강 및 유전 데이터, 휴대전화 번호, 운전면허증 및 여권 번호, 생체 인식 및 얼굴 데이터, 인종 및 민족 데이터, 정치적 견해, 성적 취향과 같은 광범위한 개인식별정보를 보호한다.

GDPR의 첫 번째 목적은 개인정보에 대한 시민의 권리를 강화하고 기업이 이러한 개인 권리를 이행하도록 기업에 대한 감독을 강화하는 것이다. 두 번째 목적은 유럽연합 회원국 간에 상충되는 데이터 보호 표준을 조화시키고 규정을 정하며 시행하기 위한 단일 유럽연합 기관을 만드는 것이다. 세 번째 목적은 유럽연합에서 운영되거나 유럽연합 시민과 관련된 데이터를 처리하는 모든 조직에 대해 조직의 위치에 관계없이 전 세계적으로 이러한 조건을 시행하는 것이다.

GDPR은 개인에 대해 소비자가 한 달 이내에 모든 개인정보에 무료로 접속할 수 있도록 허용하고, 개인 데이터를 삭제하고(잊힐 권리), 특정 서비스에 종속되지 않도록 소비자의 데이터 이동성을 보장하고, 개인식별정보의 피해 또는 남용에 대해 제공업체를 고소할 권리를 모든 조직이 보장하도록 요구하고 있다. 여기에는 집단 소송도 포함된다.

조직적 요구사항도 강화되었다. 조직에는 고위 경영진에게 보고하는 데이터 보호 책임자가 있어야 한다. 수신승인을 기본값으로 하는 대신에 조직에서 데이터를 수집하기 전에 사용자의 명시적 동의(긍정적 수신승인)를 얻어야 한다. 조직은 데이터 수집의 근거와 데이터 보관 기간을 공개하고, 침해나 해킹이 발생하면 72시간 이내에 보고해야 한다. 또한 조직은 모든 신규 시스템에 프라이버시 보호 기능(프라이버시 중심 설계)을 구축해야 하고, 개인에 대한 타기팅 및 리타기팅을(친밀한 개인 프로파일을 기반으로 타기팅하는 대신) 익명화된 대상 고객 수준의 데이터로 제한해야 하며, 개인 데이터 수집을 작업이나 거래를 지원하는 데 필요한 것으로만 제한하고, 그 직후에 즉시 삭제해야 한다. 개인식별정보의 남용은 최대 2,000만 달러 또는 해당 기업의 전 세계 수익의 4% 중 더 큰 금액으로 벌금을 부과받을 수 있다. 또한 유럽연합은 유럽연합이 아닌 국가에서 처리되는 유럽연합 데이터가 GDPR 표준을 충족하도록 보장하는 정부 간 프라이버시 보호 협정을 사용하여, 미국과 같은 유럽연합이 아닌 국가에서도 GDPR 요구사항을 시행한다. 프라이버시 보호 협정은 이전의 면책조항 협정보다 더 강화된 것이다. **면책조항**(safe harbor)은 정부 규제 기관 및 법률의 목표를 충족하기 위한, 정부 규제 또는 강제를 대신하는 민간의 자율규제

면책조항
정부 규제의 목표를 충족하지만 정부 규제나 집행이 적용되지 않는 사적인 자율정책 및 집행 메커니즘

정책 및 강제 메커니즘이다.

GDPR은 주로 메타[페이스북, 인스타그램, 왓츠앱(WhatsApp) 소유주]와 구글 그리고 사용자의 개인 데이터를 추적하고 수집하여 포괄적인 디지털 프로파일을 만들고 사용자를 대상으로 광고를 게재하는 기타 온라인 광고 기반 기업을 대상으로 한다. 구글과 메타는 유럽 시장을 장악하고 있지만, 동시에 프라이버시를 침해하고 개인식별정보를 보호하지 않는다는 이유로 널리 비판을 받고 있다(사례 연구 '메타의 많은 윤리적 도전' 참조).

GDPR과 AI

GDPR에서 AI가 명시적으로 언급되지는 않았지만, GDPR에 따른 '처리'의 광범위한 정의는 개발 또는 운영 생명주기의 특정 시점에서 개인 데이터를 사용하는 AI 시스템에도 GDPR이 어느 정도 적용된다는 것은 분명하다. AI 시스템은 개인에게 영향을 미치는 자동화된 의사결정을 내리는 데 자주 사용되므로, GDPR에 포함된 자동화된 의사결정과 관련된 조항도 AI에 적용될 가능성이 높다. 그리고 이 장의 후반부에서 배우게 되겠지만, 유럽 의회는 최근 AI를 규제하는 포괄적인 법률(유럽연합 AI법)을 채택했다. AI와 데이터 보호 간의 관계는 GDPR의 적용을 침해하지 않는다고 적고 있는 유럽연합 AI법의 문구에서 명시적으로 인정된다(즉, GDPR이 제공할 수 있는 어떤 보호보다 우선하지 않는다는 것을 의미한다).

인터넷이 제기하는 과제

인터넷은 개인 프라이버시를 보호하는 데 수많은 과제를 안겨준다. 기업은 사용자의 온라인 검색 기록, 방문한 웹사이트와 웹페이지, 접속한 온라인 콘텐츠, 온라인에서 조사하거나 구매한 품목을 추적할 수 있다. 모바일 앱도 사용자를 추적할 수 있다(도입 사례 '추적하는 앱: 양날의 검' 참조). 이러한 감시와 추적은 사용자 몰래 은밀하게 이루어진다. 이는 개별 웹사이트(자사 추적이라고 함)뿐만 아니라 마이크로소프트 Advertising, 구글의 마케팅 플랫폼, 메타의 Audience Network와 같은 광고 네트워크에서도 수행되며, 이러한 네트워크는 수천 개의 웹사이트에서 진행되는 검색 활동을 추적할 수 있다(제삼자 추적이라고 한다). 과거에는 추적을 통해 사용자에게 더욱 관련성 있는 광고를 타기팅할 수 있고, 이를 통해 온라인 콘텐츠 제공 비용을 지불할 수 있기 때문에 웹사이트 게시자와 온라인 광고 산업은 웹에서 개인을 추적하는 것을 옹호했다. 개인정보에 대한 상업적 수요는 사실상 끝이 없는 듯하다. 그러나 이러한 관행 역시 개인의 프라이버시를 침해한다.

쿠키(cookie)는 온라인 사용자를 모니터링하고 추적하는 데 사용되는 한 가지 방법이다. 그림 4.3은 쿠키의 작동 방식을 보여준다. 사용자가 웹사이트를 방문하면 웹사이트의 웹서버는 사용자의 컴퓨터나 모바일 기기에 작은 텍스트 파일(쿠키)을 저장한다. 쿠키는 방문자의 웹브라우저 소프트웨어와 기타 정보를 식별하고 웹사이트 방문을 추적한다. 방문자가 쿠키를 저장한 사이트를 재방문하면 웹사이트 소프트웨어는 방문자의 컴퓨터나 모바일 기기를 검색하여 쿠키를 찾고 과거 어떠한 활동을 했는지 알게 된다. 또한 새로 방문하는 동안의 활동이 쿠키에 추가로 저장될 수 있다. 이러한 식으로 사이트는 각 방문자의 관심사에 맞게 콘텐츠를 맞춤화할 수 있다. 예를 들어 아마존에서 책을 구매한 후 나중에 같은 브라우저에서 다시 접속하면 사용자의 이름으로 환영 인사를 보내고 이전 도서 구매 이력을 기반으로 사용자가 관심 있어 할 다른 책을 추천한다. 또한 쿠키는 사용자가 장바구니에 항목을 추가할 때 웹사이트가 사용자를 추적할 수 있도록 하여 '빠른 결제' 기능을 가능하게 한다. 이 유형의 쿠키는 자사 쿠키로 알려져 있다. 일반적으로 사용자 경험을 향상하는 데 도움이 되기 때문에 자사 쿠키는 '좋은' 쿠키로 간주된다.

쿠키
사용자가 웹사이트를 방문할 때 사용자의 컴퓨터나 모바일 장치에 배치되는 작은 텍스트 파일로, 사용자를 식별하고 웹사이트 방문을 추적하는 데 사용된다.

쿠키 기술을 사용하는 웹사이트가 방문자의 이름과 주소를 직접 얻을 수는 없다. 그러나 어떤 사람이

그림 4.3 웹 방문자를 확인하는 쿠키

웹사이트가 방문자의 컴퓨터에 쿠키를 기록한다. 방문자가 해당 웹사이트를 재방문하면 웹서버는 쿠키의 ID 번호를 요청하고, 서버에 저장된 방문자의 데이터에 접근하기 위해 이것을 사용한다. 개인화된 정보를 보여주기 위해 웹사이트는 방문자의 데이터를 사용할 수 있다.

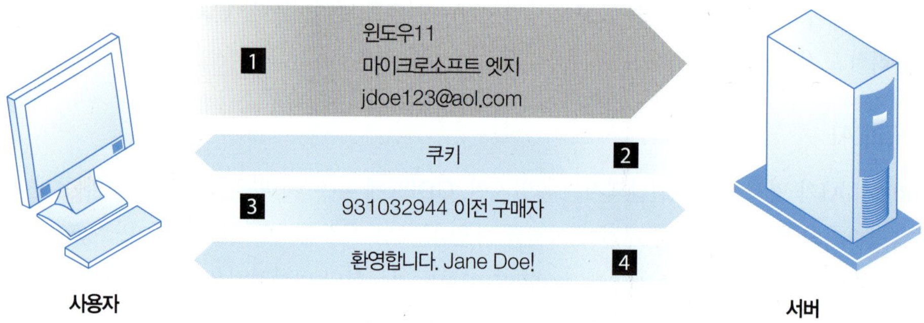

1. 웹서버는 사용자의 웹브라우저를 읽고 운영체제, 브라우저 이름, 버전 넘버, 인터넷 주소, 다른 정보를 파악한다.
2. 서버는 쿠키라 불리는 사용자 신분확인 정보가 담긴 작은 텍스트 파일을 전송하고, 사용자 브라우저가 쿠키를 받아서 사용자의 컴퓨터에 저장한다.
3. 사용자가 웹사이트를 재방문하면 서버는 사용자의 컴퓨터에 이전에 저장해놓은 쿠키의 내용을 요구한다.
4. 웹서버는 쿠키를 읽어 방문자를 확인하고 사용자의 데이터를 불러온다.

사이트에 등록되어 있다면 해당 등록 정보를 쿠키 데이터와 결합하여 방문자를 식별할 수 있다. 웹사이트 소유자는 쿠키 및 기타 웹사이트 감시 도구에서 수집한 데이터를 설문 조사 또는 종이 카탈로그 구매 등 오프라인에서 수집한 데이터와 같은 다른 출처의 개인 데이터와 결합하여 방문자에 대한 매우 자세한 프로파일도 개발할 수 있다. 대부분의 사용자는 그렇게 하지 않지만, 자사 쿠키는 사용자가 차단 또는 삭제할 수 있다.

타사 쿠키는 자사 쿠키와 유사하게 작동하지만, 광고 플랫폼이 웹사이트와 기기에서 사용자 행동을 추적할 수 있도록 한다. 과거에는 모든 주요 웹브라우저에서 타사 쿠키를 지원했지만 이제는 상황이 바뀌기 시작했다. 애플의 Safari와 모질라(Mozilla)의 Firefox 브라우저는 이제 기본적으로 타사 쿠키를 차단한다. 이전에도 이를 따르겠다고 발표했던 구글은 여러 차례 시행을 연기했고, 최근에는 해당 계획을 철회하고 타사 쿠키를 유지하겠다고 발표했다. 대신 구글은 사용자가 구글 검색 제품 사용 시 추적 방식을 선택할 수 있는 새로운 방법을 도입할 것이라고 밝혔다. 다음 기술적 해결책에서는 프라이버시 강화를 위한 다른 기술 기반 노력에 대해 논의한다.

웹 비콘
웹사이트를 방문하거나 이메일을 보내는 사용자의 행동을 모니터링하기 위해 이메일 메시지와 웹페이지에 보이지 않게 삽입된 작은 이미지로, 웹 버그 또는 추적 파일이라고도 한다.

쿠키 외에도 인터넷 사용자를 감시하는 도구가 있다. **웹 버그**(web bug, 추적 파일이라고도 함)라고도 하는 **웹 비콘**(web beacon)은 사용자의 온라인 클릭을 기록하는 작은 이미지이다. 추적 파일 소유자에게 데이터를 보고하며, 이메일 메시지나 웹페이지에 보이지 않게 삽입하여 사용자의 웹사이트 방문 또는 이메일 수신 행동을 감시할 수 있다. 잠재고객 접근에 대한 대가로 수수료를 지불하는 제삼자 회사는 웹 비콘을 인기 웹사이트에 설치한다. 그렇다면 웹 추적은 얼마나 흔할까? 《와이어드(Wired)》가 최근 가장 인기 있는 1만 개 웹사이트를 분석한 결과, 수천 개의 웹사이트가 수백 개의 광고 회사와 데이터를 공유하고 있으며, 수십 개의 웹사이트는 1,000개 이상의 회사와 데이터를 공유하고 있는 것으로 나타났다. 예를 들어 Investopedia.com, Allrecipes.com, People.com과 같은 인기 웹사이트를 운영하는 출판사 닷대시메레디스(Dotdash Meredith)는 1,600개 이상의 회사와 데이터를 공유한다. 가장 큰 추적자는 구글, 마이크로소프트, 메타였으며, 이들은 모두 광고 회사와 마케팅 담당자에게 광고를 판매하는 사업을 하고 있다(Burgess, 2024).

애드웨어는 더 큰 응용프로그램에 편승하여 인터넷 사용자의 컴퓨터에 은밀히 설치될 수 있다. 일단 설치되면 애드웨어는 웹사이트에 접속하여 사용자에게 광고 및 기타 원치 않는 자료를 전송한다. 스파이웨어라고 하는 더 악의적인 애드웨어는 사용자의 인터넷 사용 습관을 추적할 수도 있다. 침입형 소프트웨어에 대한 자세한 내용은 8장에서 확인할 수 있다.

전 세계 인터넷 사용자의 90% 이상이 구글 검색 및 기타 구글 서비스를 사용하며, 이는 구글이 세계 최대 규모의 온라인 사용자 데이터 수집 기관임을 의미한다. 구글이 데이터를 어떻게 활용하든 온라인 프라이버시에 막대한 영향을 미친다. 대부분의 전문가는 구글이 세계 최대 규모의 개인정보를 보유하고 있으며, 어떤 정부 기관보다 더 많은 사람에 대한 데이터를 보유하고 있다고 생각한다. 구글은 행위 타기팅(관심 기반 광고라고도 함)을 사용하여, 사용자가 한 사이트에서 다른 사이트로 이동할 때 해당 개인을 타기팅하여 검색 활동 및 구글이 수집한 기타 데이터를 기반으로 관련성 높은 광고를 표시한다. 예를 들어 구글 프로그램 중 하나는 광고주가 구글 사용자의 검색 기록과 사용자가 구글에 제출하는 연령, 인구 통계, 지역, 웹 활동(예: 블로그)과 같은 기타 정보를 기반으로 광고를 타기팅할 수 있도록 지원한다. 구글의 애드센스 프로그램은 광고주가 검색 기록을 기반으로 다양한 시장에 맞는 키워드를 선택하고 광고를 설계하도록 지원한다. 예를 들어 의류 웹사이트가 10대를 대상으로 광고를 제작하고 테스트할 수 있도록 지원한다. 구글은 유튜브와 구글 모바일 애플리케이션에 타기팅 광고를 게재하며, 구글 Marketing Platform 광고 네트워크는 타기팅 광고를 게재한다. 10장에서 행위 타기팅에 대해 더 자세히 다룰 것이다.

미국에서는 기업이 시장에서 생성된 거래 정보를 수집하여 개인의 **사전동의**(informed consent, 합리적인 결정을 내리는 데 필요한 모든 사실을 인지한 동의) 없이 해당 정보를 다른 마케팅 목적으로 사용할 수 있도록 허용되고 있다. 이러한 정보를 사용하는 기업은 사용자가 웹사이트의 서비스 약관에 동의할 때 웹사이트가 사용자의 온라인 활동에 대한 정보를 수집하는 것에도 동의한 것이라고 주장한다. 사전동의의 **수신거부**(opt-out) 모델은 소비자가 데이터 수집을 거부할 것을 명시적으로 요청할 때까지 개인정보의 수집을 허용한다. 프라이버시 옹호자들은 소비자가 정보 수집 및 사용을 승인하는 명시적인 조치를 취하지 않는 한 기업이 개인정보를 수집하는 것을 금지하는 사전동의의 **수신승인**(opt-in) 모델이 더 널리 사용되기를 바란다. 이 경우 기본 옵션은 사용자 정보를 수집하지 않는 것이다. 현재 많은 웹사이트는 사용자가 사이트의 쿠키를 수락하거나 거부할 수 있는 팝업 창인 '쿠키 배너'를 사용한다. 쿠키 배너가 수신승인 모델의 사전동의로 의도되었지만, 실제로 수락 버튼을 클릭하기 전에 어떤 데이터가 수집되는지에 대한 공지사항을 읽는 사람이 거의 없기 때문에 프라이버시 옹호자 대부분은 쿠키 배너가 효과적이지 않다고 생각한다.

사전동의
합리적인 결정을 내리는 데 필요한 모든 사실을 알고 제공된 동의

수신거부
고객이 자신의 정보가 수집되지 않도록 특별히 요청할 때까지 그 고객이 자신의 정보 수집을 허락한 것으로 인정하는 모델

수신승인
개인이 특별히 정보 수집 및 사용을 허락하는 행위를 취하지 않으면 조직이 그 개인의 정보를 수집하는 것을 방지하는 모델

온라인 업계는 프라이버시법보다 소비자 보호를 위한 자율규제를 선호해왔다. 온라인 광고 업계 관계자들은 NAI(Network Advertising Initiative)라는 산업협회를 설립하여 광고 네트워크 프로그램에 대한 소비자의 수신거부와 개인정보의 부당 이용에 대해 구제 조치의 도움을 받을 수 있는 프라이버시 정책을 개발했다. 애플, 구글, 마이크로소프트와 같은 개별 기업들도 온라인에서 개인정보를 추적하는 것에 대한 대중의 우려를 해소하기 위해 자체적인 프라이버시 정책을 시작했다.

일반적으로 대부분의 기업은 고객의 프라이버시 보호를 위해 별다른 노력을 기울이지 않으며, 소비자도 스스로를 보호하기 위해 최소한의 노력을 하지 않는다. 광고에 의존하는 웹사이트와 앱의 경우, 대부분의 수익이 고객 정보에 대한 접근을 판매하는 것에서 발생한다. 대다수 사람들은 온라인 프라이버시에 대해 우려한다고 주장하지만, 대부분은 웹사이트의 프라이버시 정책을 읽지 않는다. 또한 웹사이트 프라이버시 정책은 핵심 용어가 모호하고 일반인이 이해하기에는 너무 복잡하다(Laudon and Traver, 2024). 기업이 프라이버시 정책이라고 부르는 것도 사실은 데이터 사용 정책에 불과하다. 프라이버시라는 개념

은 소비자 권리와 연관되어 있는데, 많은 기업이 이를 인지하고 싶어 하지 않는다. 데이터 사용 정책은 고객의 권리에 대한 언급 없이 어떻게 정보가 사용될 것인지만 고객에게 설명한다.

AI가 제기하는 과제

AI는 프라이버시를 위협하는 가장 최신의 정보기술이다. 위에서 언급한 많은 문제가 AI 사용으로 인해 더욱 심각해진다. 구글, 오픈AI(OpenAI), 마이크로소프트는 사용자 모르게 또는 사전동의 없이 인터넷에서 수집된 수백만 명의 개인정보를 기반으로 생성형 AI 도구를 학습시켰다는 비난을 받고 있다.

특정 기업에 특화된 AI 도구가 개발되는 것 또한 우려를 불러일으킨다. 예를 들어 의료 및 금융 서비스 산업의 기업에서 개발하는 AI 애플리케이션을 학습시키기 위해서는 민감한 데이터를 필요로 할 수 있다. 온라인 광고용으로 개발된 AI 애플리케이션도 개인의 온라인 행동을 기반으로 매우 상세한 프로파일을 생성할 수 있으며, 이 역시 프라이버시 문제를 야기한다.

안면 인식 시스템(11장 참조)에서 사용하기 위한 데이터 수집 또한 많은 우려의 대상이 되고 있다. 소셜 네트워크, 사진 웹사이트, 데이팅 서비스, 공공장소에 설치된 카메라 등에서 수집된 사람들의 얼굴에 대한 방대한 데이터베이스가 학계 연구자들뿐만 아니라 많은 기업에 의해 구축되어왔다. 조지타운대학교는 미국 성인의 거의 절반에 달하는 사진이 적어도 하나의 안면 인식 데이터베이스에는 입력되었다고 추정했다. 메타와 구글은 얼굴 데이터베이스를 축적하는 행위가 일리노이 생체 정보 프라이버시법을 위반했다는 소송에 직면했다. 이 법은 이 문제를 다루는 점점 더 많은 주법 중 하나이며, 기업이 생체 및 얼굴 정보를 수집하기 전에 사용자의 동의를 받도록 규정하고 있다. 또 다른 최근 사례로, 이미지 생성 앱 Lensa 개발사인 프리즈마랩스(Prisma Labs) 역시 일리노이주 법을 위반하여 사용자의 사전동의 없이 얼굴 정보를 수집하고 저장했다는 혐의를 받았다.

표 4.5 온라인 프라이버시를 보호하는 기술

기술	보호
애플 앱 추적 투명성(ATT)	사용자 활동을 추적하고 이를 다른 앱이나 웹사이트와 공유하려는 모든 앱은 사용자에게 허가를 요청해야 한다.
Safari 브라우저용 애플 지능형 추적 방지	사이트 간 추적 쿠키를 감시하고 비활성화하여 추적기가 IP 주소로 사용자를 식별하는 기능을 차단한다.
구글 프라이버시 샌드박스	원래는 구글에서 타사 쿠키를 대체하기 위해 개발했지만 현재는 사용자가 구글 검색 제품을 사용하는 동안 추적 방법을 선택할 수 있도록 하는 기술에 중점을 두고 있다.
차등 프라이버시 소프트웨어	여러 파일을 병합하고 소비자 데이터의 익명성을 해제하는 기능을 저하시킨다. AI에서는 개인의 프라이버시를 보호하기 위해 원시 데이터에 '통계적 잡음'을 추가하는 것을 의미한다.
프라이버시 기본 브라우저	추적 쿠키를 제거하고 IP 추적을 방지한다.
메시지 암호화 앱	스마트폰을 사용하여 전송되는 텍스트 및 기타 데이터를 암호화한다.
스파이웨어 차단기	스파이웨어, 애드웨어, 키로거 및 기타 멀웨어를 탐지하고 제거한다.
팝업 및 광고 차단기	광고 서버의 호출을 방지하고 사용자 요청에 따른 이미지 다운로드를 제한한다.
보안 이메일	이메일과 문서를 암호화한다.
익명 메일 재전송	이메일의 프라이버시 보호를 강화한다.
익명 웹서핑	웹브라우징의 프라이버시 보호를 강화한다.
쿠키 관리자	제삼자 쿠키를 차단한다.
공개키 암호화	이메일과 문서의 암호화를 가능하게 한다.

기술적 해결책

법률 외에도 사용자의 프라이버시 보호를 위한 여러 기술 해결책[프라이버시 강화 기술(PET)이라고도 함]이 개발되었다. 사용 가능한 가장 일반적인 도구 몇 가지를 표 4.5에 정리했다. 그러나 대부분의 기술 해결책은 사용자가 적극적으로 구현에 참여해야 하기 때문에 지금까지 온라인 프라이버시를 효과적으로 보호하는 데 실패했다.

4.4 지적재산

오늘날의 IT와 정보시스템은 **지적재산**(intellectual property)을 보호하는 기존 법률 및 사회적 관행에 심각한 도전을 제기해왔다. 지적재산은 개인이나 기업이 창작한 정신적 산물을 의미한다. 디지털 정보는 매우 쉽게 복제하거나 배포할 수 있기 때문에 IT는 지적재산을 보호하기 어렵게 만들었다. 지적재산은 저작권, 특허, 상표, 영업비밀이라는 네 가지 법률제도를 통해 다양한 보호를 받는다.

지적재산
개인 또는 기업이 창작한 정신의 제품으로 저작권, 특허, 상표, 영업비밀 관련 법률에 의해 보호될 수 있다.

저작권

저작권(copyright)은 지적재산권의 창작자를 보호하기 위해 여러 요인에 따라 일정 기간 동안 타인이 저작물을 복제할 수 없도록 한다. 일반적으로 저작권 보호 기간은 창작자의 생존 기간과 사망 후 70년을 더한 기간이다. 기업이 소유한 저작물의 저작권 보호 기간은 일반적으로 최초 창작 후 95년이다. 저작권은 소설, 시, 노래, 연극, 지도, 그림, 미술 작품 등과 같은 문학, 연극, 음악 및 예술 작품을 보호한다. 저작권법의 목적은 창작자가 자신의 작품에 대한 금전적 및 기타 이익을 받을 수 있도록 보장함으로써 창의성과 저작 활동을 장려하는 것이다. 대부분의 국가에는 저작권법이 있으며, 국가 간에 저작권법을 조율하고 시행하는 여러 국제 협약과 양자 협정이 있다.

저작권
여러 요인에 따라 특정 기간 동안 다른 사람이 복사하지 못하도록 특정 유형의 지적재산 작성자를 보호한다.

1960년대 중반에 미국 저작권사무국은 소프트웨어 프로그램의 등록을 시작했고, 1980년에는 미국 의회가 컴퓨터 소프트웨어 저작권 보호법을 통과시켜 프로그램 코드와 상업적으로 판매되는 소프트웨어 프로그램의 원본을 보호하고 개발자에게 법적인 소유권을 부여하는 동시에 구매자에게 해당 소프트웨어를 사용할 수 있는 권한을 부여했다.

저작권 보호는 프로그램 전체나 일부분이 복제되는 것을 방지한다. 저작권 침해에 대한 피해의 보상을 쉽게 해준다. 저작권 보호의 단점은 저작물에 표현된 아이디어만 보호받을 뿐, 그 이면에 있는 기본적인 아이디어는 보호받지 못한다는 것이다. 경쟁자는 당신의 소프트웨어를 사용하여 작업 방법을 이해한 후, 저작권을 침해하지 않고도 같은 개념을 이용하는 소프트웨어를 만들 수 있다.

'룩 앤드 필(look-and-feel)' 저작권 침해 소송은 아이디어와 표현 사이의 차이에 관한 것이었다. 예를 들어 1990년대 초반에 애플 컴퓨터는 마이크로소프트와 휴렛팩커드가 애플 매킨토시 인터페이스의 중첩 윈도우 표현을 사용했다는 이유로 표현을 모방했다고 주장하면서 고소했다. 피고는 중첩 윈도우의 아이디어는 오직 한 가지 방법으로밖에 표현될 수 없으므로 저작권으로 보호받을 수 없다고 주장했다. 아이디어가 표현과 합체된 경우에는 그 표현에 대한 저작권을 보호받을 수 없다. 결국 법원은 피고의 손을 들어주었다.

일반적으로 법원은 저작권 침해의 가능성이 있는 소프트웨어 요소들을 분석한 1989년의 '브라운백소프트웨어 대 시만텍의 판례'를 따른다. 법원은 비슷한 개념, 기능, 일반 기능(예: 드롭다운 메뉴) 및 색상은 저작권법에 의해 보호되지 않는다고 판결했다(Brown Bag Software vs. Symantec Corp., 1992).

특허

특허
발명품의 소유자에게 일정 기간(일반적으로 20년) 동안 발명품의 아이디어를 독점할 수 있는 권리를 부여하는 제도로, 새로운 기계나 방법을 개발한 발명가가 자신의 노동에 대한 보상을 받는 동시에 발명품을 널리 사용할 수 있도록 하기 위해 고안되었다.

특허(patent)는 어떠한 발명의 기초가 된 아이디어의 독점권을 소유자에게 일정기간(일반적으로 20년) 동안 부여한다. 특허법 제정 당시 미국 의회의 의도는 새로운 기계, 장치 또는 방법을 고안한 발명가에게 노력의 대가로 금전적·비금전적 이익을 보장하는 동시에, 특허 소유자와의 라이선스 계약을 통해 아이디어를 사용하고자 하는 사람들에게 상세한 도면을 제공함으로써 발명품을 대중화하는 것이었다. 특허 교부는 미국 특허상표청(USPTO)에서 결정하며 법원의 판결에 따른다.

특허법의 핵심 개념은 독창성, 참신성, 발명이다. 컴퓨터 프로그램도 특허법의 적용을 받을 수 있다는 1981년 대법원의 판결 전까지 특허상표청은 관례적으로 소프트웨어 특허 신청을 받아들이지 않았다.

특허 보호의 강점은 소프트웨어의 기본적인 개념과 아이디어에 독점권을 부여하는 것이다. 비자명성(예: 작업은 특별한 이해와 공헌을 반영해야 함 등), 독창성, 참신성이라는 엄격한 판정 기준을 통과해야 하며, 특허 보호를 받기 위해서는 수년간 기다려야 하는 어려움이 있다.

상표

상표
시장에서 제품을 구별하는 데 사용되는 표시, 기호, 이미지

상표(trademark)은 시장에서 제품을 구별하기 위해 사용되는 표식, 기호, 이미지이다. 상표법은 소비자가 지불한 대상을 받을 수 있도록 보장하여 소비자를 보호한다. 이러한 법은 기업이 제품을 시장에 출시하기 위해 지출한 투자도 보호한다. 일반적인 상표 침해는 어떤 기업이 경쟁사의 상표를 도용하거나 불법 복제한 경우에 발생한다. 상표와 제품 간의 관련성을 약하게 하여 경쟁사의 상표 가치를 희석시킬 때에도 침해가 발생한다. 예를 들어 검색엔진 기업이 구글의 상표 아이콘, 색상, 이미지를 모방하면 구글의 상표에 대한 침해가 된다. 이것은 구글 검색 서비스와 상표 사이의 관계를 희석시켜 시장에서 혼란을 초래할 가능성이 있다.

영업비밀

영업비밀
공개 도메인의 정보를 기반으로 하지 않는 경우 비즈니스 목적으로 사용되는 지적 저작물

제조법, 장치, 형식, 데이터의 편집 등 상업적 목적으로 사용되는 모든 지적 생산품은 누구나 사용할 수 있는 정보를 기반으로 만들어진 것이 아니라면 **영업비밀**(trade secret)로 분류될 수 있다. 영업비밀에 대한 보호는 국가마다 다르다. 일반적으로 영업비밀법은 지적 생산품의 기초가 되는 아이디어에 대한 독점권을 해당 기업에 부여하지만, 매우 약한 독점권일 수도 있다.

참신하거나 독특한 요소, 절차, 편집을 포함하는 소프트웨어는 영업비밀에 포함될 수 있다. 영업비밀법은 표면적인 결과물뿐만 아니라 아이디어 그 자체도 보호한다. 영업비밀로 인정받기 위해 착안자 또는 소유주는 직원과 고객이 비밀준수 조항에 동의하게 만들어야 하며, 영업비밀이 누구나 사용할 수 있는 정보가 되지 않도록 주의해야 한다.

난이도가 있는 어떤 소프트웨어가 독특한 요소를 사실상 일부 가지고 있다 해도, 해당 소프트웨어가 일단 대중에게 널리 배포되면 지적 생산품의 아이디어가 누구나 사용할 수 있는 정보가 되어버리는 것을 현실적으로 막기 어렵다는 것이 영업비밀법의 한계점이다.

지적재산권에 대한 과제

오늘날의 IT와 정보시스템은 기존의 지적재산권 보호 방식에 심각한 문제를 제기했으며, 결과적으로 윤리적·사회적·정치적 논쟁을 발생시켰다. 디지털 매체는 복제·전송·변형이 쉽고, 소형이라 훔치기에 용이하며, 독특함을 추구하기 어렵다는 점 등에서 서적, 정기간행물, 기타 다른 매체와 구분된다.

인터넷이 제기하는 과제

인터넷을 포함한 디지털 네트워크의 확산은 지적재산권 보호를 더욱 어렵게 만들었다. 디지털 네트워크가 광범위하게 확산되기 전에는 소프트웨어, 서적, 잡지 기사, 영화 등의 복사본이 종이, 컴퓨터 디스크, 비디오테이프와 같은 물리적 매체에 저장되었기 때문에 배포에 다소 어려움이 있었다. 디지털 네트워크를 사용하면 더욱 광범위한 정보의 복제와 배포가 가능해진다. 소프트웨어 및 미디어 불법 복제는 여전히 계속되는 문제이며, 영화·텔레비전·음악·출판·소프트웨어 등 모든 산업 분야에서 불법 복제 웹사이트의 방문 건수가 2023년 전 세계적으로 2,300억 건으로, 2022년 대비 6.7% 증가했다(MUSO, 2024).

인터넷은 저작권이 있는 정보를 포함한 모든 종류의 정보를 전 세계로 자유롭게 전송하기 위해 만들어졌다. 다른 유형의 컴퓨터 시스템을 사용하고 있다고 해도 사실상 전 세계 수백만 명에게 거의 모든 것을 쉽게 복사하여 배포할 수 있다. 당사자가 원하지 않는다 해도 정보를 불법적으로 복제하여 다른 시스템이나 네트워크를 통해 다른 곳으로 배포할 수 있다.

사람들은 오랫동안 인터넷을 통해 디지털화된 음악 파일을 불법으로 복사하고 배포했다. 냅스터(Napster), 그 이후의 그록스터(Grokster), 카자아(Kazaa), 모피어스(Morpheus), 메가업로드(Megaupload), 파일럿베이(The Pirate Bay)와 같은 파일 공유 서비스를 통해 저작권에 의해 보호받는 파일을 포함한 디지털 음악과 영상 파일을 검색하고 교환했다. 불법적인 파일 공유 현상이 너무나 대중화되어 음반 산업의 존립을 위협했으며, 인터넷 대역폭의 20%까지 소모하기도 했다. 음반 산업은 이러한 서비스를 폐쇄하기 위해 여러 번 법적 싸움에서 승리했지만 불법적인 파일 공유를 완전히 금지시키지는 못했다. 영화와 케이블TV 업계도 비슷한 싸움을 계속하고 있다. 많은 유럽 국가는 미국 당국과 함께 불법적인 파일 공유사이트를 폐쇄시키기 위해 노력하고 있지만 그 결과가 엇갈렸다.

하지만 아이튠즈와 같은 합법적인 온라인 음악 판매점과 스포티파이, 애플 뮤직, 아마존 프라임 뮤직(Amazon Prime Music), 판도라(Pandora)와 같은 스트리밍 서비스가 확산되면서 불법적인 파일 공유가 줄어들었다. 애플의 아이튠즈 스토어는 음악과 오락물에 대한 유료화를 합법화했고, 음악이나 동영상이 쉽게 복제되어 널리 배포되는 것을 막을 수 있는 폐쇄적 환경을 생성했다. 아마존의 킨들(Kindle) 역시 출판사와 저자의 권리를 보호한다. 음악 및 동영상 스트리밍 서비스의 경우 스트리밍이 별도의 기기에 쉽게 녹화될 수 없기 때문에 불법 복제를 억제한다. 1999~2014년에 50% 이상 급감했던 음악 산업 매출은 2015년 이후 2배 이상 증가했다.

디지털 밀레니엄 저작권법(Digital Millennium Copyright Act, DMCA)도 저작권을 어느 정도 보호하고 있다. DMCA는 세계지적재산기구협정을 체결하고 저작권으로 보호되는 저작물에 설치된 불법복제 방지기술을 해제하는 행위를 금지시켰다. 인터넷 서비스 제공자(ISP)도 저작권을 침해하는 사이트에 대해 통보를 받으면 해당 사이트를 폐쇄할 의무를 부여받는다. 마이크로소프트와 기타 주요 소프트웨어 및 정보 콘텐츠 기업은 소프트웨어 및 정보산업협회(SIIA)를 결성하고, 전 세계의 지적재산을 보호하기 위한 새로운 법률의 제정과 기존 법률의 강화를 위해 로비 활동을 펼치고 있다. SIIA는 개인이 소프트웨어 불법복제를 신고할 수 있는 핫라인을 개설하고, 조직이 소프트웨어 불법복제와 맞서 싸울 수 있는 교육 프로그램을 제공하며, 직원의 소프트웨어 사용에 대한 지침을 출간했다.

디지털 밀레니엄 저작권법(DMCA)
저작권이 있는 자료의 기술 기반 보호를 우회하는 장치를 제작, 배포 또는 사용하는 것을 불법으로 규정한다.

AI가 제기하는 과제

AI는 다양한 형태의 지적재산권 보호와 관련하여 수많은 문제를 제기한다. 이 장에서는 이를 간략히 살펴보고, 11장에서 이러한 문제에 대해 자세히 설명하겠다.

저작권

지금까지 제기된 주요 문제 중 하나는 오픈AI, 구글, 마이크로소프트, 메타와 같은 기업이 저작권이 있는 저작물을 허가 없이 사용하여 AI 모델을 학습시키는 것과 관련이 있다. 예를 들어 17만 개 이상의 저작권이 있는 저작물이 메타 LLAMA 대규모 언어 모델을 학습하는 데 사용되었다는 주장이 제기되었다. 이 문제와 관련된 첫 번째 주요 소송에서 《뉴욕타임스》는 ChatGPT 개발사인 오픈AI와 파트너사인 마이크로소프트를 상대로 중요한 소송을 제기했다. 오픈AI가 허가 없이 웹에서 수백만 개의 《뉴욕타임스》 기사와 다른 저작권 소유자의 기사를 스크랩했다고 주장했다. 오픈AI와 마이크로소프트는 이러한 행위가 '공정 사용'에 해당한다고 주장한다. 공정 사용이란 특정 상황에서 사전 허가 없이 저작권이 있는 자료를 사용할 수 있도록 허용하는 원칙이다. 이와 유사한 소송이 여러 건 제기되었다. 예를 들어 스톡 사진 회사인 게티이미지(Getty Images)는 스태빌리티AI(Stability AI)가 자사의 이미지를 사용하여 AI 모델을 학습시킴으로써 저작권을 침해했다며 스태빌리티AI를 상대로 소송을 제기했다.

AI가 생성한 결과물에 대해서도 저작권 문제가 발생한다. AI가 작가, 예술가, 가수 등 창작자의 '모습'이나 스타일을 따르는 콘텐츠를 제작할 경우, 해당 창작자의 저작권을 침해하는 것일까? AI가 원본 그대로의 콘텐츠를 생성하는 경우도 있다. 예를 들어 《뉴욕타임스》는 오픈AI와 마이크로소프트를 상대로 소송을 제기하며 ChatGPT가 사용자 질의에 응답하여 《뉴욕타임스》 기사의 원본을 생성하는 경우가 있다고 주장했다. 현재 오픈AI, 마이크로소프트, 그 자회사인 깃허브(GitHub)는 코드 생성 AI 애플리케이션인 GitHub Copilot이 출처를 명시하지 않고 라이선스가 부여된 오픈소스 코드의 긴 부분을 복제했다는 이유로 소송을 당하고 있다.

AI가 생성한 저작물이 미국 법률에 따라 저작권 보호를 받을 수 있는지 여부에 대한 문제도 있다. 2023년 3월, 미국 저작권청은 AI 엔진에 의해 단독으로 제작된 저작물이 저작권 보호를 받을 수 없다는 정책 성명을 발표했다. 인간이 창작한 요소가 포함된 저작물만 저작권 보호를 받을 수 있다. 2023년 8월, 이 문제에 대한 첫 번째 판결에서 법원은 인간의 창작 여부가 저작권의 기본 요건이라고 명시하며 이 정책을 확정했다.

특허

발명품 창작에 AI를 사용하는 것과 관련하여 의문이 제기되었다. 2024년 2월, USPTO는 AI 시스템을 특허 출원 시 발명자로 기재할 수는 없지만, AI 시스템의 도움을 받아 창작된 발명품에 대해서는 인간 발명자가 해당 발명에 상당한 기여를 한 경우 특허를 부여할 수 있음을 명확히 하는 지침을 발표했다. 이 지침에는 인간의 기여가 특허 자격을 충족하는지 여부를 판단하는 방법에 대한 지침이 포함되어 있다(USPTO, 2024).

상표

특히 생성되는 결과물 측면에서 생성형 AI의 사용은 저작권과 마찬가지로 상표 문제를 야기한다. AI 알고리즘은 기존 자료를 사용하여 학습하기 때문에 기존 상표와 매우 유사한 로고나 디자인을 생성할 가능성이 높다. 이러한 로고나 디자인이 실제로 상거래에 사용될 경우, 소비자 혼란이나 기존 브랜드 가치의 약화로 이어질 수 있다. AI 챗봇이나 가상 비서 또한 고객 문의에 응답하거나 제품 추천을 제공할 때 자신도 모르게 상표를 침해할 수 있다. AI가 생성한 이미지가 상표로 보호될 수 있는지 여부는 여전히 미지수이다. 현재까지 미국 특허상표청(USPTO)은 AI가 생성한 상표가 기존 상표와 다른 규칙의 적용을 받는다는 지침을 발표하지 않았다.

영업비밀

AI는 영업비밀 보호에 잠재적 위협이 될 수 있다. 리서치 회사 사이버헤이븐랩스(Cyberhaven Labs)에 따르면, 많은 기업이 ChatGPT, 구글 Gemini, 마이크로소프트 Copilot과 같은 라이선스 없는 비기업용 AI 챗봇을 업무에 사용하는 것을 금지했지만 직원이 이러한 챗봇을 사용하고 있으며, 그 과정에서 회사 법률 문서, 소스 코드, 직원 정보를 공유하고 있어 영업비밀 보호가 무력화될 가능성이 있다. 대부분의 사용자는 회사 데이터를 라이선스 없는 AI와 공유하면 어떻게 되는지 이해하지 못한다. 대규모 공개 AI가 주요 기업의 영업비밀을 공개한 사례가 지금까지는 보고되지 않았지만, 앞으로는 이러한 일이 발생할 가능성이 매우 높다.

AI 엔진의 작동 방식을 공개하지 않기 위해 기업과 공공 기관이 영업비밀법을 사용하고 있지만, 이는 '블랙박스' 문제를 야기한다. AI가 점점 더 중추적인 역할을 하는 세상에서 AI가 실제로 이러한 결정을 내리는 방법은 명확하지 않은데, 부분적으로는 이러한 세부사항이 독점적인 영업비밀을 구성하기 때문이다. 이 문제는 4.6절에서 더 자세히 설명하겠다.

4.5 시스템 품질

이 절과 다음 두 절에서는 정보 권리와 의무, 재산권과 의무와 함께 그림 4.1에 나타낸 정보시스템의 도덕적 차원에 해당하는 IT와 정보시스템이 시스템 품질, 책임추적성과 통제, 삶의 질과 관련하여 제기하는 문제를 자세히 살펴본다. 정보시스템이 기업과 사회 기능에 얼마나 중요한지 고려할 때 허용 가능한 시스템 품질 수준은 어느 정도인가? 소프트웨어가 부분적으로 제어하는 기계에 의해 사람이 부상을 입었을 때 누가 책임을 져야 하며, 따라서 그에 따른 법적 의무도 져야 하는가? 소셜 네트워크는 불쾌감을 주는 게시물 게시에 대해 책임을 져야 하는가? 어떤 종류의 행위를 컴퓨터 범죄로 간주해야 하는가? 개인, 사회, 정부는 새로운 IT가 일상생활의 질에 미칠 수 있는 잠재적인 부정적 영향에 어떻게 대처해야 하는가?

시스템 품질: 데이터 품질과 시스템 오류

2023년에는 여러 대형 클라우드 제공업체가 심각한 서비스 중단을 경험했으며, 이로 인해 미국과 유럽 전역의 사이트와 서비스가 마비되었다. 예를 들어 2023년 6월에는 아마존웹서비스(AWS)의 서비스 중단으로 뉴욕메트로폴리탄교통국(NYMTA), 《보스턴글로브(The Boston Globe)》, AP 통신, 미국 증권거래위원회(SEC)의 EDGAR 시스템, 사우스웨스트항공 등의 웹사이트가 영향을 받았다. 이 문제의 근본 원인은 AWS Lambda 서비스 용량을 관리하는 하위 시스템에 있는 것으로 보인다. 2023년 4월에는 마이크로소프트 사용자가 팀즈, 셰어포인트, 아웃룩을 포함한 마이크로소프트 365 온라인 애플리케이션에서 거의 6시간 동안 장애를 겪었다. 2023년 2월에는 오라클의 글로벌 클라우드 인프라스트럭처(OCI)가 OCI 퍼블릭 DNS API를 지원하는 백엔드 인프라의 성능 문제로 인해 며칠 동안 서비스 중단을 겪어 전 세계 여러 지역의 고객에게 영향을 미쳤다.

주목할 만한 이러한 사고에도 불구하고 클라우드 컴퓨팅 서비스의 중단은 드물게 발생한다. 하지만 점점 더 많은 기업이 클라우드 제공업체에 의존하고 소수의 클라우드 제공업체에 데이터와 운영을 집중화함에 따라, 이러한 서비스 중단은 클라우드 서비스의 안정성과 품질에 대해 의문을 제기하게 했다. 이러한 서비스 중단은 과연 용납될 수 있을까?

이 논쟁은 관련은 있지만 또 다른 차원의 도덕적 차원을 제기한다. 우리가 수용할 수 있고, 기술적으로 가능한 수준의 시스템 품질은 어느 정도인가? 어느 정도의 품질에 도달하면 시스템 관리자는 "할 수 있는 만큼은 다 했으니 이제 테스트를 중단하고 시스템을 출시합시다!"라고 말할 수 있을까? 제거할 수 있고 사전에 예측 가능한 시스템 오류에 대해서는 개인이나 조직에게 책임이 있으며, 이를 인지하고 수정해야 할 의무가 있다. 그러나 때때로 어떤 오류는 예측하거나 해결하는 데 엄청난 비용이 필요하고, 실제로 완벽한 시스템을 만들기 위해서는 너무나 많은 비용이 소요되기 때문에 결국 어느 누구도 그 시스템을 구입할 수 없을 것이다.

예를 들어 소프트웨어 기업은 제품을 출시하기 전에 오류를 수정하기 위해 노력하지만, 사소한 오류까지 모두 수정하다 보면 제품을 출시하지 못하게 될 수도 있기 때문에 알면서도 오류가 있는 제품을 출시하기도 한다. 만약 이러한 제품이 시장에 출시되지 않았다면 어떻게 되었을까? 사회복지 전체가 흔들리거나 악화될까? 더 나아가서 컴퓨터 서비스 생산자에게는 어떤 책임이 있을까? 완벽하지 않은 제품은 출시를 포기해야 할까? 아니면 사용자에게 경고해야 할까? 아니면 (구매자에게 주의를 주고) 위험을 무시해도 될까?

시스템 성능이 떨어지는 데에는 (1) 소프트웨어의 버그와 오류, (2) 자연 발생적인 또는 기타 이유로 발생한 하드웨어나 설비 고장, (3) 입력 데이터의 품질 저하 등의 이유가 있다. 소프트웨어 코드에서 복잡성에 관계없이 결함을 완전히 제거하는 것은 불가능하며, 남아 있는 버그의 심각성도 예측할 수 없다(Choi, 2020). 완벽한 소프트웨어를 만든다는 것은 실질적으로 불가능하며, 따라서 사용자는 치명적인 오류 가능성에 대해 알고 있어야 한다. 소프트웨어 업계는 완벽하지는 않지만 그나마 수용 가능한 수준의 소프트웨어를 생산하기 위한 테스트 기준도 아직 마련하지 못했다.

소프트웨어 버그와 설비의 실패 사례는 언론에 널리 보도될 가능성이 높지만, 사실 비즈니스 시스템의 가장 일반적인 오류는 낮은 데이터 품질에 있다(6장 참조). 정기적인 데이터 품질 검사를 실시하는 기업은 소수에 불과하지만, 개별 조직의 데이터 오류율은 약 0.5~30% 범위로 알려져 있다.

4.6 책임추적성과 통제

IT와 정보시스템의 사용은 때때로 피해를 초래할 수 있으며, 이러한 피해에 대해 누가 책임을 져야 하는지에 대한 의문이 제기된다. IT와 정보시스템의 오용을 통제하기 위한 법률에는 어떤 것이 있는가?

소프트웨어와 인터넷의 법적 의무

설계가 잘못된 소프트웨어는 때때로 상해나 경제적 손실을 초래할 수 있다. 예를 들어 데이터 유출의 최대 60%가 패치 없는 소프트웨어의 취약점으로 발생한다고 보고되었다. 결함이 있는 소프트웨어로 인해 기업이나 개인이 피해를 입었다면 누가 법적 의무를 져야 하는가? 소프트웨어 사용으로 인해 발생하는 모든 피해에 대한 법적 의무가 소프트웨어 개발사에 있는가? 개별 소프트웨어 개발자는 어떻게 해야 하는가? 어떤 수준의 결함을 일반적이고 관례적인 것으로 간주하여 허용해야 하는지는 가장 중요한 주제이다.

소프트웨어 관련 문제에 대한 법적 의무는 법적 관점에서 복잡한 문제이다. 제품의 결함으로 인해 누군가 신체적 상해나 재산적 피해를 입은 경우, 해당 제품의 판매자, 유통업체, 제조업체는 당사자의 과실 여부와 관계없이 일반적으로 엄격한 제조물 책임법이라는 개념에 따라 법적 의무가 적용된다. 소프트웨어가 엄격한 제조물 책임법의 대상이 되는 '제품'인지 여부는 아직 명확하지 않다. 이 문제를 다루어온 법원은 일반적으로 소프트웨어가 제품이 아니라고 판결했다. 과실은 소송의 근거가 될 수 있는 대안적인 법적 기준으로 여겨지며, 과실을 입증하는 것이 일반적으로 매우 어렵기 때문에 이러한 판결은 중요하다. 그러나 소프트웨어가 자동차, 비행기 또는 로봇과 같은 기계의 필수적인 부분일 경우는 제품으로 간주될 가능성이 더 높으며, 제조물 책임법 또는 다른 유형의 법적 의무가 적용될 가능성이 높다. 예를 들어 보잉(Boeing)은 2019년 에티오피아에서 발생한 737 맥스 추락 사고에 대해 소프트웨어 시스템 결함으로 인한 모든 책임을 인정했다.

결함 있는 소프트웨어에 대한 잠재적 법적 의무를 제한하기 위해 소프트웨어 공급업체와 소프트웨어 서비스 제공업체는 일반적으로 계약 및 최종 사용자 라이선스 동의를 사용한다. 소프트웨어를 사용하기 전에 이러한 계약서를 실제로 읽는 사용자는 매우 적으며, 설령 읽었더라도 해당 계약이 소프트웨어 공급업체의 거의 모든 법적 의무를 면제해준다는 사실을 대부분의 사용자는 이해하지 못한다. 일반적으로 법원은 이러한 계약을 지지하고 있으므로 소프트웨어 사용자가 입은 손해에 대한 배상을 청구하는 능력에 심각한 영향을 미친다.

인터넷은 법적 의무와 관련된 추가적인 의문을 제기했다. 페이스북, X(구 트위터)와 같은 웹사이트나 소셜 네트워크는 사용자가 게시한 콘텐츠에 허위, 불쾌감 또는 잠재적으로 유해한 내용이 포함되어 있을 경우 해당 콘텐츠에 대해 법적 의무를 져야 할까? 아니면 해당 콘텐츠와 관련된 모든 법적 의무에서 면책되어야 할까? 조직 사례 '비난을 받고 있는 통신품위법 제230조'에서 이 문제를 자세히 다루었다.

조직 사례 비난을 받고 있는 통신품위법 제230조

1996년에는 오늘날 우리가 알고 있는 인터넷과 웹이 아직 존재하지 않았다. 페이스북, 트위터, 구글, 유튜브, 위키피디아도 없었다. 미국 성인 약 2,000만 명만이 인터넷을 이용할 수 있었고, 그들의 온라인 이용 시간은 한 달에 채 30분도 되지 않았다. AOL은 Prodigy, CompuServe와 함께 세계 최대 인터넷 서비스 제공업체였다. 하지만 게시판(포럼)과 블로그(당시에는 이렇게 불리지 않았지만) 등 오늘날에도 눈에 띄는 몇 가지 기능이 있었다. 당시 미국 의회는 온라인 포르노에 대해 매우 우려했고, 그해 인터넷상의 음란물과 외설물을 규제할 목적으로 제정된 통신품위법(Communications Decency Act)을 통과시켰다. 이 법안의 대부분은 대법원에서 위헌 판결을 받았지만 한 조항만은 유지되었다. 바로 제230조이다. 당시 의회는 제230조가 훗날 오늘날의 인터넷을 가능하게 하리라고는 전혀 예상하지 못했다.

제230조에는 두 가지 주요 조항이 있다. 제230조(c)(1)항은 사용자에게 콘텐츠의 게시를 허용하는 온라인 회사는 해당 콘텐츠의 게시자 또는 발표자로 간주되어서는 안 되며, 따라서 해당 콘텐츠에 대해 법적으로 책임을 져서는 안 된다고 규정한다. 이 조항은 이러한 서비스를 전화 시스템이나 서점에 비유하는데, 이들은 배포에 관여할 수도 있는 불법 콘텐츠에 대해 책임을 지지 않는다. 의회는 이러한 조항이 당시 신생 산업이었던 인터넷 산업에 필요한 지원을 제공할 것이라고 생각했다. 이 조항이 없었다면 초기 인터넷 회사는 잠재적인 법적 의무를 피하기 위해 콘텐츠를 관리하는 데 너무 많은 시간과 자원을 투자해야 했을 것이다.

제230조(c)(2)항은 불쾌하다고 판단되는 사용자 콘텐츠를 선의로 삭제한 경우 온라인 회사는 책임을 지지 않는다고 규정한다. 이 조항은 회사가 해당 게시물이 명예훼손이라고 주장한 프로디지(Prodigy) 게시판의 사용자 콘텐츠와 관련된 소송에서 비롯되었다. 뉴욕주 법원은 프로디지가 게시판 콘텐츠에 대한 편집권을 행사하여 때로는 불쾌하다고 판단되는 콘텐츠를 삭제했기 때문에 프로디지에 책임이 있다고 판결했다. 이 소송은 콘텐츠를 조정하거나 (하지만 잠재적인 법적 의무의 위험에 노출될 수 있음) 콘텐츠를 조정하지 않는(하지만 사업 이익을 해칠 수 있는 불쾌감을 주는 콘텐츠가 게시될 위험이 있음) 어려운 선택지를 인터넷 회사에 제시했다. 제230조(c)(2)항은 이러한 우려를 해소하기 위한 것이었다.

제230조가 통과된 이후 몇 년 동안은 플랫폼이 해당 콘텐츠가 불법임을 알고 있었더라도 사용자 콘텐츠를 기반으로 한 모든 청구에 대해 법원은 광범위한 면책권을 부여하는 것으로 해석했다. 이를 통해 소셜 미디어와 같은 사용자 콘텐츠에 기반하는 비즈니스 모델이 번창할 수 있었다. 이 법은 오늘날 우리가 알고 있는 인터넷의 토대를 마련했다는 평가를 널리 받고 있다.

많은 사람이 유해한 허위 정보라고 생각하는 것을 포함하여 분열을 조장하는 콘텐츠를 대량으로 게시하는 소셜 미디어 플랫폼, 특히 페이스북과 X(구 트위터)는 제230조와 관련하여 최근 몇 년 동안 논란의 대상이 되었다. 현재 고조된 정치 상황 속에서 제230조는 양측 모두의 공격을 받고 있다. 많은 공화당원은 빅테크 기업이 보수적인 관점에 반대하는 편향성을 가지고 제230조(c)(2)항을 적용하여 특정 목소리를 검열하고 있다고 믿기 때문에 제230조의 폐지 또는 개혁을 요구해왔다. 이러한 비판론자들은 제230조가 어떤 콘텐츠를 삭제, 분류, 제한할지 일방적으로 결정하는 것을 막고 싶어 한다. 많은 민주당원 또한 다른 이유로 개혁을 원한다. 그들은 제230(c)(1)항이 인터넷 플랫폼에 사용자 콘텐츠에 대한 법적 면책권을 부여함으로써, 특히 해당 콘텐츠가 플랫폼에 경제적으로 가치 있는 경우, 사회적 피해를 유발하는 콘텐츠를 적극적으로 삭제할 유인을 감소시킨다고 주장한다. 원래 이 조항이 보호하고자 했던 기술 기업을 제외하고는 제230조에 만족하는 사람이 없는 듯하다. 이러한 기업 대부분은 제230조가 항상 그랬던 것처럼 유지되기를 원하며, 일부 기업은 어떠한 개혁 노력도 인터넷에 대한 실존적 위협으로 간주한다.

제230조 일부 비판론자들은 알고리즘으로 인한 증폭 현상에 주목하며, 소셜 미디어 알고리즘이 유해한 콘텐츠를 홍보할 경우 법적 의무의 보호를

폐지해야 한다고 주장한다. 그러나 '좋은' 콘텐츠만 증폭하는 알고리즘을 설계하는 것이 가능한지, '좋은' 콘텐츠와 '나쁜' 콘텐츠를 어떻게 구분해야 하는지는 분명하지 않다. 다른 이들은 플랫폼의 면책조항 보호를 합리적인 콘텐츠 조정 정책의 적용과 연계해야 한다고 제안하지만, 이는 수정헌법 제1조와 문제가 된다. 일부 의원들은 '시장 지배적' 인터넷 플랫폼에 대해서는 제230조 보호조항을 폐지할 것을 제안하거나, 제230조 면책조항의 적용 자격을 정치적 중립성을 기반으로 제한해야 한다고 했다. 또 다른 이들은 제230조 개정 자체가 의도치 않은 해로운 부작용을 초래할 수 있다고 경고하며, 온라인 성매매 근절을 목표로 한 이전 개정안이 실제로 성매매 범죄의 기소를 더욱 어렵게 만들었다고 지적한다. 인터넷협회는 제230조가 페이스북이나 구글과 같은 플랫폼뿐만 아니라 콘텐츠와 데이터를 한곳에서 다른 곳으로 옮기는 클라우드 제공업체와 같은 인프라 제공업체에도 영향을 미친다고 경고한다.

지금까지 미국 대법원은 이 문제를 입법자의 몫으로 남겨두면서 제230조의 범위에 대한 판결을 회피해왔다. 2024년 5월, 미국 하원 의원들은 제230조를 '폐지'하기 위한 새로운 초당적 노력을 시작했다. 에너지상무위원회(Energy and Commerce Committee) 위원장인 공화당 소속 캐시 로저스(Cathy Rodgers)와 간부 의원인 민주당 소속 프랭크 팔론(Frank Pallone)은 제230조를 대체할 새로운 규제 체계를 마련할 18개월의 시간을 의회에 주자고 제안했다. 의원들은 제230조와 관련된 모든 기존 문제 외에도 생성형 AI가 제작한 콘텐츠에 제230조를 어떻게 적용해야 할지에 대해 특히 관심을 보이고 있다. 그러나 이러한 노력은 여전히 논란의 여지가 크며, 제230조에 대한 양극화된 견해를 고려할 때 수정안에 대한 전반적인 지지가 조만간 충분히 확보될지는 불확실하다. 만약 그때가 온다면 제230조의 최초 통과가 오늘날의 인터넷을 만드는 데 도움이 되었듯이 제230조의 폐지 또는 개정은 미래의 인터넷을 형성할 것이다.

출처: Melissa Quinn, "Supreme Court Declines to Review Scope of Section 230 Liability Shield for Internet Companies," Cbsnews.com, July 2, 2024; Lauren Feiner, "Lawmakers Debate Ending Section 230 in Order to Save It," Theverge.com, May 22, 2024; Marty Swant, "WTF Is Section 230," Digiday.com, March 14, 2024; Congressional Research Service, "Section 230: A Brief Overview," Crsreports.congress.gov, February 2, 2024; Julie Pattison-Gordon, "Can Section 230 Reform Advocates Learn from Past Mistakes," Govtech.com, March 15, 2022; Marguerite Reardon, "Section 230: How It Shields Facebook and Why Congress Wants Changes," Cnet.com, October 6, 2021; Michael D. Smith and Marshall Van Alstyne, "It's Time to Update Section 230," *Harvard Business Review*, August 12, 2021; Adi Robertson, "What Will Changing Section 230 Mean for the Internet," Theverge.com, February 26, 2021; Stephen Engleberg, "Twenty-Six Words Created the Internet. What Will It Take to Save It," Propublica.com, February 9, 2021; Farhad Manjoo, "Jurassic Web," Slate. com, February 24, 2009.

문제

1. 인터넷 플랫폼이 사용자 콘텐츠와 관련하여 직면하는 윤리적·사회적·정치적 문제는 무엇인가?
2. 통신품위법 제230조는 폐지되거나 개정되어야 한다고 생각하는가? 그 이유는 무엇인가?
3. 통신품위법 제230조에 대한 논란은 새로운 디지털 기술의 사용을 규제하는 법률 제정의 어려움을 어떻게 보여주는가?

AI의 법적 의무

피해의 법적 의무와 관련하여 AI는 여러 가지 문제를 제기한다. 대부분의 AI 알고리즘은 '블랙박스'처럼 작동하며, 실제로 어떻게 작동하여 의사결정에 도달하는지에 대한 투명성이 부족하다. 이로 인해 잘못된 결과나 의사결정에 대해 누구에게 책임추적성을 묻기 어렵다. 이는 AI 도구가 점점 더 광범위한 건강 관련 작업을 수행하고 있는 의료와 같은 분야에서 특히 우려되는 문제이다(Duffourc and Gerke, 2024).

유럽연합 AI법
AI 사용을 규제하는 세계 최초의 광범위한 법률

유럽에서는 유럽 의회가 2024년 3월 **유럽연합 AI법**(EU AI Act)을 공식 채택했다. 유럽연합 AI법은 AI 사용을 규제하는 세계 최초의 광범위한 법률이다. 동시에 유럽 의회는 개정된 제조물 책임법 지침도 공식 채택했다. 유럽연합 제조물 책임법 지침의 개정안은 AI 시스템 제공자가 제조업체로 간주될 수 있으므로 AI 시스템으로 인한 피해에 대해 우선적으로 책임을 질 수 있음을 명확히 했다. 또한 이 지침은 복잡하거나 소비자가 제품의 '복잡성'으로 인해 제품의 결함을 입증하기 어려운 '블랙박스' AI와 관련하여 소비자의 입증 책임을 간소화했다.

컴퓨터 범죄와 오남용

컴퓨터를 포함한 신기술은 훔칠 수 있는 새롭고 가치 있는 물건, 이를 훔칠 수 있는 새로운 방법, 다른 사람에게 해를 끼칠 수 있는 새로운 방법을 만들어냄으로써 범죄를 저지를 수 있는 새로운 기회가 생겨난다. **컴퓨터 범죄**(computer crime)란 일반적으로 컴퓨터를 사용하거나 컴퓨터 시스템을 대상으로 불법 행위를 저지르는 것으로 정의할 수 있다. 승인 없이 또는 해를 끼칠 목적으로 컴퓨터에 접속하는 행위는 설령 그것이 우연이라 하더라도 모두 연방법에 범죄로 규정되어 있다. 발생 빈도가 가장 높은 사이버 범

컴퓨터 범죄
컴퓨터나 컴퓨터 시스템을 상대로 한 불법적 행위

죄 유형은 악성코드, 피싱, 네트워크 중단, 스파이웨어, 서비스 거부 공격 등이다. 모든 컴퓨터 범죄 때문에 발생하는 실제 비용은 알려지지 않았지만 수십억 달러에 달할 것으로 추산된다. 컴퓨터 범죄에 대한 자세한 내용은 8장에서 확인할 수 있다.

컴퓨터 오남용(computer abuse)은 불법은 아니지만 비윤리적인 목적으로 컴퓨터를 사용하는 행위를 말한다. 인터넷, 이메일, 모바일 기기의 보급으로 인해 컴퓨터 오남용의 한 형태인 스팸 발송이 개인과 기업 모두에게 심각한 문제가 되었다. 원래 **스팸**(spam)은 마케팅 중인 제품이나 서비스에 관심이 없는 일반 대중에게 조직이나 개인이 보내는 정크 메일이었다. 오늘날 스팸은 일반적으로 사용자가 악성 링크를 선택하도록 유도하거나 사기성 거래와 서비스, 노골적인 사기, 음란물, 불법 또는 위조 약물, 기타 불쾌한 제품을 마케팅할 수 있다. 대부분의 스팸은 봇 네트워크에서 발생하는데, 봇 네트워크는 스팸 메시지를 시작하고 전달할 수 있는 수천 개의 봇에 감염된 장치로 구성된다.

컴퓨터 오남용
컴퓨터와 관련하여 불법적이지는 않지만 비윤리적인 것으로 간주되는 행위

스팸
원치 않는 상업성 이메일

원치 않는 대량의 이메일 메시지와 악성 링크가 포함될 가능성을 처리하는 데 필요한 컴퓨팅 및 네트워크 자원, 시간 때문에 기업이 스팸을 처리하는 비용이 크다. 전 세계의 이메일 중에서 스팸 비율은 2023년에 약 45%로 추산되었다(Petrosyan, 2024).

신원 및 금융정보 도용을 노리는 사이버 범죄자는 모바일 기기를 대상으로 스팸을 유포하고 있다. 휴대전화 스팸은 일반적으로 SMS 문자 메시지 형태로 제공되지만, 점점 더 많은 사용자가 페이스북, 인스타그램, 메신저, 왓츠앱에서도 스팸을 수신하고 있다.

인터넷 서비스 제공업체(ISP)와 개인은 의심스러운 이메일이 수신자의 받은 편지함에 들어오기 전에 스팸 필터링 소프트웨어를 사용하여 차단함으로써 스팸을 방지할 수 있다. 그러나 스팸 필터가 정상적인 메시지를 차단할 우려도 있다. 스팸 발송자는 이메일 계정을 계속 변경하거나, 스팸 메시지를 이미지에 삽입하거나, 스팸을 이메일 첨부 파일과 디지털 인사말 카드에 포함하거나, 봇넷이 해킹한 다른 사람의 컴퓨터를 사용하는 등 필터를 우회하는 방법을 알고 있다(8장 참조). 많은 스팸 메시지는 한 국가에서 발송되지만 다른 국가에서 호스팅된다.

일부 국가에서는 스팸 발송을 금지하거나 사용을 제한하는 법률을 통과시켰다. 예를 들어 스팸 발송은 미국보다 유럽에서 더욱 엄격하게 규제된다. 유럽연합에서는 원치 않는 상업적 메시지의 전송이 금지되어 있다. 디지털 마케팅은 사전동의를 한 사람만 타기팅할 수 있다.

미국의 스팸법은 스팸 발송을 법으로 금지하지는 않지만, 상업용 이메일 메시지에 제목을 정확히 표시하고, 발신자의 실명을 밝히며, 수신자가 자신의 이름을 이메일 목록에서 쉽게 삭제할 수 있는 방법을 제공하도록 요구함으로써 수신자를 기만하는 이메일 발송을 금지시켰다. 스팸법은 회신 주소를 거짓으로 다르게 사용하는 것도 금지하고 있다. 스팸법에 따라 몇몇 사람이 기소되었지만, 인터넷은 특히 보안에 취약하고, 서버의 해외 위탁, 봇넷 등의 이유 때문에 스팸 발송에 대한 영향은 미미했다.

4.7 삶의 질

IT의 힘이 커짐에 따라 IT와 정보시스템의 잠재적인 사회적·개인적 부정적 비용 또한 증가하기 시작했다. 이러한 부정적인 사회적 결과가 모두 개인의 권리나 재산권을 침해한 것은 아니다. 그럼에도 불구하고 부정적인 사회적 결과는 개인, 사회, 정치 제도에 매우 해로울 수 있다. IT는 이점이 크지만 우리 문화와 사회의 귀중한 요소를 파괴할 수도 있다. 또한 심각한 개인적 건강 위험을 초래할 수도 있다. 정보시스템 사용에 따른 긍정적 결과와 부정적 결과가 균형을 이룬다면 우리는 누구에게 그 부정적 결과에 대한 책임을 물어야 할까? 이 절에서는 개인, 사회, 정치적 반응을 고려하여 정보시스템의 부정적인 사회적·개인적 결과를 간략하게 살펴보자.

빅테크: 경제적·정치적 권력의 집중

아마존은 미국 전자상거래 소매 판매의 40% 이상을 차지하며 도서, 음악, 영상 판매의 거의 95%가 아마존 플랫폼을 통해 이루어진다. 구글은 온라인 검색의 약 90%를 차지한다. 소셜 네트워크 사용자의 거의 90%가 페이스북을 사용한다. 전체 디지털 광고 수익의 60% 이상이 구글, 메타, 아마존에 귀속된다. 온라인 동영상 시청자의 90% 이상이 유튜브(구글 소유)를 이용하고, 60% 이상이 아마존 프라임 비디오를 이용한다. 사무실에서는 마이크로소프트가 시장을 장악하고 있으며, 전 세계 데스크톱 컴퓨터의 약 75%가 윈도우 운영체제와 마이크로소프트 제품을 사용한다. 애플은 미국 스마트폰 시장의 약 60%를 차지하고 있으며, 구글에서 개발한 안드로이드 운영체제를 탑재한 휴대전화가 나머지 40%를 차지한다. 미국 규제 당국의 관심은 AI 산업으로 옮겨갔으며, 오픈AI, 마이크로소프트, 엔비디아(Nvidia)는 자사의 소프트웨어와 AI 칩으로 AI 시장을 점점 더 장악하고 있다.

위 내용을 검토해보면 오늘날의 '빅테크' 기업 세상에서는 과점 기업과 독점 기업이 지배적이라는 것이 분명해진다. 이러한 기업이 창출하는 부는 필연적으로 정치적 영향력으로 이어진다. 빅테크 기업은 워싱턴 D.C.와 주 의사당에 로비스트 부대를 조직하여 시장 및 세무 문제에 영향을 미칠 수 있는 법률이나 입법 조사가 자신의 이익을 반영하도록 노력해왔다.

시장 지배력의 집중 현상은 미국이나 유럽에서 새로운 것이 아니다. 1890년 미국의 셔먼 반독점법(Sherman Antitrust Act) 제정으로 시작하여 1960년대까지 독점은 경쟁과 소규모 신생 기업에 대한 위협으로 여겨졌으며, 일반적으로 자유 무역을 제한했다. 독점 기업은 일반적으로 더 작은 경쟁사를 인수하거나, 유사 제품을 개발하여 경쟁사를 압도하거나, 더 작은 기업을 파산시키기 위해 단기간 동안 가격을 급격히 인하하는 약탈적 가격 책정을 통해 규모를 확장한다. 빅테크 기업은 이러한 행태에 대한 많은 전례를 가지고 있다. 그러나 반독점 사고방식은 1970년대에 들어서면서 소비자 복지라는 독점에 대한 폐해의 새로운 기준으로 변화했다. 이러한 관점에서는 규모 그 자체가 위험도 아니고 반경쟁적 행위도 아니었다. 오히려 가격과 소비자 복지가 가장 중요해졌다. 소비자에게 더 높은 가격을 지불하도록 강요하지 않는 한, 시장 지배력은 중요하지 않았고 사회적 또는 경제적 해악으로도 간주되지 않았다. 이러한 관점에서는 메타, 구글, 아마존의 서비스가 무료이거나 매우 저렴하기 때문에 해악이 있을 수 없다.

비평가들은 가격 이외의 다른 방식, 즉 새롭고 혁신적인 기업이 시장에 진입하는 것을 막거나 독립적인 기업으로 번영할 만큼 충분히 오래 살아남는 것을 막음으로써 결국 소비자 복지가 침해된다고 지적한다. 반경쟁적이고 불공정한 관행을 주장하는 소규모 스타트업 기업이 제기한 불만과 소송, 빅테크 기업의 프라이버시 침해에 대한 우려는 수많은 대중의 비판, 정부 조사, 규제 조치, 소송으로 이어졌다. 2024년 8월, 연방 지방법원은 구글이 인터넷 검색 분야에서 불법적으로 독점을 유지함으로써 반독점법을 위반했다는 획기적인 판결을 내렸다. 뿐만 아니라 구글은 광고 기술과 관련된 또 다른 반독점 소송에 직면해 있다. 애플, 아마존, 메타를 상대로도 반독점 소송이 진행 중이다.

유럽에서는 [시장 가치를 기준으로 정의되며 알파벳(구글과 유튜브 소유주), 메타, 아마존, 애플, 마이크로소프트, 바이트댄스(틱톡 소유주)를 포함하는] '게이트키퍼(gatekeeper)' 플랫폼이 사용자를 가두어두고, 잠재적 경쟁자를 억압하기 위해 연동되는 제품과 서비스를 악용하는 것을 방지하도록 유럽연합의 디지털 시장법(DMA)이 2024년 3월에 발효되었다. 이 법은 앱 스토어, 온라인 광고, 전자상거래, 메시징 서비스의 운영에 광범위한 영향을 미칠 것으로 예상된다. 미국의 빅테크 비평가들은 DMA의 통과가 미국에서 유사한 법안 통과를 위한 로드맵을 제공하기를 기대한다(Peters, 2024; Satariano, 2022).

디지털 격차

디지털 시대에 동참할 수 있는 기회는 모든 사람에게 평등할까? 미국과 다른 사회에 존재하는 사회적·

경제적·문화적 격차는 정보시스템 기술에 의해 감소될까? 아니면 그 격차가 더 심해질까?

디지털 기술이 사회의 다양한 집단에 미치는 영향을 철저히 연구하지 못했기 때문에 이 질문에 대한 완벽한 해답을 아직은 알 수 없다. 지금까지 알려진 바로는 **디지털 격차**(digital divide), 즉 인종 간, 민족 간, 소득 수준 집단 간, 농촌 지역에서 컴퓨터와 인터넷, 기타 여러 정보 자원에 대한 접근성에 상당한 격차가 존재한다는 것이다. 예를 들어 여러 연구에 따르면 지난 10년 동안 컴퓨터 소유율과 인터넷 접속률이 급증했음에도 불구하고 미국의 저소득층은 컴퓨터나 온라인 인터넷 접속을 누릴 가능성이 여전히 낮다. 격차가 줄어들고는 있지만 각 인종 또는 민족 집단의 고소득층은 같은 집단 내의 저소득층보다 가정용 컴퓨터와 광대역 인터넷 접속을 누릴 가능성이 현저히 높다. 더욱이 고소득층의 자녀는 인터넷을 교육적 목적으로 사용할 가능성이 큰 반면에 저소득층의 자녀는 오락이나 게임에 시간을 할애할 가능성이 훨씬 높은데, 이를 '시간 낭비(time-wasting)' 격차라고 한다.

디지털 격차
다양한 인종, 민족, 소득 수준 집단과 농촌 지역에서 컴퓨터와 인터넷, 기타 많은 정보 자원에 대한 접근이 크게 다르다.

이러한 상황이 방치된다면 디지털 격차는 정보를 가지고, 컴퓨터에 대해 알고, 컴퓨터 사용이 능숙한 사람들로 이루어진 집단과 정보를 가지지 못하고, 컴퓨터 문맹에, 컴퓨터 사용이 미숙한 사람들로 이루어진 집단으로 우리 사회를 양분화할 것이다. 오늘날의 기본 전화 서비스와 같이 (광대역 인터넷 서비스를 포함하는) 디지털 정보 서비스를 가능한 한 많은 사람이 쉽게 접근할 수 있도록 만들어 이러한 디지털 격차를 줄이는 것이 미국 연방, 주, 지방 정부의 중요한 우선순위가 되었다.

AI의 사용은 편견의 정도를 증가시킬 수도 있다. 예를 들어 AI 시스템이 기존의 사회적 편견을 반영하는 데이터로 훈련될 경우, 이러한 편견을 영속화하거나 증폭시켜 불공정한 대우나 차별을 초래할 수 있다. 방대한 데이터 집합에서 패턴을 분석하고 도출하는 AI의 능력은 특정 집단에 대한 고정관념으로 이어져 잠재적인 알고리즘 차별과 편견을 초래할 수 있다. 예를 들어 미국 법 집행 기관에서 사용하는 예측 치안 알고리즘은 만연한 편견을 강화하는 것으로 나타났다. 편향된 알고리즘은 대출 신청 및 구직 신청에서 차별적인 결과를 초래할 수도 있다. 이 문제는 11장에서 더 자세히 다룰 것이다.

고용: 자동화, 업무 재설계, AI로 인한 실직

정보시스템 분야에서는 업무 재설계 작업을 새로운 IT의 주요 혜택이라 부르며 일반적으로 환영했다. 하지만 업무 재설계와 자동화로 인해 수백만 명이 일자리를 잃었다는 사실은 훨씬 덜 알려져 있다. 반면에 일부 경제학자들은 새로운 기술이 파괴하는 일자리보다 더 많은 일자리를 창출한다고 믿는다. 예를 들어 전자상거래의 성장은 소매 판매 일자리 감소로 이어졌지만 창고 직원, 감독관, 배송 직원의 일자리는 증가했다. 이러한 경제학자들은 기술 때문에 실직한 근로자 중에서 영리하고 교육받은 근로자는 빠르게 성장하는 다른 산업의 더 좋은 일자리로 옮겨 갈 것으로 믿는다.

AI의 사용 증가는 대규모 일자리 감소의 가능성에 대한 엄청난 우려를 불러일으켰다. 궁극적인 영향에 대해서는 전문가들도 의견이 분분하지만, AI가 사업 운영 방식, 업무 수행 방식, 미래에 나타날 직업 유형에 상당한 영향을 미칠 것이라는 점은 분명하다. 기업은 단기적으로는 일부 또는 완전히 AI가 대체할 가능성이 있는 고객 서비스와 같은 직무의 채용을 줄일 것으로 보인다. 11장에서 AI와 직업에 대한 문제를 더 자세히 살펴보겠다.

변화의 속도: 경쟁에 대응하는 시간 단축

정보시스템은 훨씬 더 효율적인 국내 및 글로벌 시장을 탄생시키는 데 기여했다. 오늘날 급변하는 글로벌 시장은 수년 전 기업들에게 경쟁에 적응할 수 있는 시간을 허용하던 정상적인 사회적 완충을 약화시켰다. 시간 기반 경쟁은 어두운 면을 가지고 있다. 당신이 몸담은 기업이 글로벌 경쟁에 대응할 충분한 시간을 갖지 못한다면 당신의 일자리와 함께 사라질 수도 있다. 적시 일자리와 적시 직장, 적시 가족, 적시

© Drazen Zigic/Shutterstock

어떤 사람들은 재택근무의 편리함을 즐기지만, 어디서나 무엇이든 할 수 있는 컴퓨팅 환경은 직장과 가정 시간의 전통적인 경계를 모호하게 만들 수 있다.

휴가를 보내는 적시(just-in-time) 생산 방식의 사회가 될 위험이 있다. 우버와 같은 온디맨드 서비스 기업의 영향 중 하나는 직원에게 복리후생이나 보험도 없이 적시 생산 방식의 일자리를 창출하는 것이다.

경계 유지: 가족, 직장, 여가

유비쿼터스 컴퓨팅, 원격근무 및 재택근무, 노마드 컴퓨팅(nomad computing), 모바일 컴퓨팅, 어디서나 무엇이든 할 수 있는(do-anything-anywhere) 컴퓨팅 환경은 많은 사람에게 매력적이지만, 동시에 여러 가지 문제점을 야기한다. 이러한 환경의 한 가지 영향은 직장과 가족, 여가를 구분하는 전통적 경계가 약화된다는 것이다.

정보시스템의 탄생과 지식 기반 직업의 증가로 인해 점점 더 많은 사람들이 예전 같았으면 가족이나 친구들과 즐길 시간에 업무를 보게 되었다. 업무 시간은 하루 8시간을 넘어 이제는 출퇴근 시간, 휴가 시간, 여가 시간까지 확대되었다. 모바일 기기의 폭발적인 성장과 사용은 많은 근로자들이 퇴근하지 못하고 있다는 생각을 더욱 심화시켰다.

컴퓨터 앞에서 보내는 여가 시간조차도 이러한 친밀한 사회적 관계를 위협한다. 오락이나 여가 활동을 위한 목적일지라도 과도한 인터넷과 모바일 기기 사용은 사람들을 가족과 친구와 멀어지게 한다. 중학생과 청소년의 경우, 사이버 학교폭력과 같은 해로운 반사회적 행동으로 이어질 수 있다.

이들 제도적 경계가 약화되면 새로운 부작용들이 생기게 된다. 가족과 친구들은 전통적으로 개인들에게 강력한 지원 체계를 제공했으며, 사생활을 보호하고 사람들이 자신의 생각을 정리하고, 고용주와 다른 방식으로 생각하며, 꿈을 꿀 수 있는 공간을 제공하여, 사회의 균형점 역할을 했다.

신체적·정신적·인지적 건강 위험

반복성 긴장장애(RSI)
충격이 큰 하중을 가하는 반복적인 동작이나 충격이 적은 하중을 가하는 수천 번의 반복을 통해 근육에 힘이 가해졌을 때 발생하는 부상

IT는 신체적·정신적·인지적 건강에 여러 가지 위험을 초래할 수 있다. 예를 들어 오늘날 흔한 직업병으로는 **반복성 긴장장애**(repetitive stress injury, RSI)가 있다. 반복성 긴장장애는 근육이 테니스와 같이 힘든 움직임을 반복적으로 수행하거나, 컴퓨터 키보드 작업처럼 별로 힘들지 않은 작업을 수만 번씩 반복적으로 수행할 때 생기는 질환이다. 반복성 긴장장애는 3분의 1에 달하는 근로자가 경험하고, 모든 장애 사례의 3분의 1의 원인이 된다.

반복성 긴장장애를 발생시키는 가장 큰 요인으로는 컴퓨터 키보드 작업을 들 수 있다. 컴퓨터 관련 반

© Orathai Mayoeh/Shutterstock

반복성 긴장장애(RSI)는 오늘날 주요 직업병이다. 반복성 긴장장애의 가장 큰 원인은 컴퓨터 키보드 작업이다.

복성 긴장장애 중에서 가장 흔한 것은 **손목터널증후군**(carpal tunnel syndrome, CTS)으로, 이는 손목터널이라 불리는 손목의 뼈가 중추신경을 눌러서 생기는 질환이다. 즉, 반복적인 컴퓨터 키보드 작업이 신경에 압박을 가하는 것이다. 손목터널증후군의 증상은 무감각, 심한 통증, 물체를 잡을 수 없는 상태, 손 저림 등이다. 미국을 비롯한 대부분의 선진국에서 손목터널증후군은 매년 전체 인구의 약 1~3%에 영향을 미치는 것으로 추산된다(Sevy and Varacallo, 2022).

손목터널증후군(CTS)
일종의 반복성 긴장장애로, 손목 관절 구조에서 중추신경에 압력이 가해질 때 고통이 발생하는 증상

하지만 반복성 긴장장애는 예방할 수 있다. 손목의 위치가 편안하도록 작업 환경을 설계하고(예: 손목 받침대를 사용하여 손목을 지지), 모니터 위치를 알맞게 하고, 발 받침대를 적절하게 사용한다면 컴퓨터 사용자의 자세를 교정하여 반복성 긴장장애의 증상을 완화시킬 수 있다. 인간공학적으로 설계된 키보드를 사용하는 것도 좋은 방법이다. 이러한 조치는 적절한 휴식과 다른 부서로의 순환 근무를 통해 그 효과를 극대화할 수 있다.

반복성 긴장장애 외에도 컴퓨터가 원인인 직업병은 여러 가지이며, 허리와 목 통증, 다리의 스트레스, 발 통증 또한 워크스테이션을 인간공학적 관점에서 부적절하게 설계했기 때문에 발생한다. **컴퓨터화면증후군**(computer vision syndrome, CVS)은 데스크톱 컴퓨터, 노트북, 전자책 리더, 스마트폰, 휴대용 비디오 게임기 등의 디스플레이 화면 사용과 관련된 모든 눈의 피로를 말한다. 컴퓨터화면증후군은 하루 3시간 이상 컴퓨터 작업을 하는 사용자의 약 90%에게 영향을 미친다. 일반적으로 증상은 일시적이며 두통, 침침한 시야, 안구 건조증과 따끔거림을 들 수 있다.

컴퓨터화면증후군(CVS)
디스플레이 화면 사용과 관련된 눈의 피로 상태로, 증상은 두통, 침침한 시야, 안구 건조증과 따끔거림 등이다.

인터넷, 모바일 앱, 소셜 미디어가 정신건강, 특히 아동과 청소년의 정신 건강에 미치는 해로움에 대한 글을 여기저기서 볼 수 있다. 코로나19 팬데믹 기간 동안 화면 사용 시간과 디지털 기기 사용 시간의 증가로 인한 영향이 이러한 문제를 더욱 부각시켰다. 잠재적인 부정적 영향은 (사이버 학교폭력, 소외감, 사회적 비교와 같은) 부정적인 온라인 사회적 상호작용에 대한 노출 증가, 신체 활동의 감소, 수면 장애, 대면 접촉으로부터의 고립, 인터넷과 소셜 미디어에 대한 중독 가능성 등이다. 그러나 이 주제는 여전히 논란의 여지가 있다. 최근 미국과 영국 청소년 43만 명을 대상으로 진행된 한 연구에서는 지난 30년 동안 청소년의 기술 사용과 정신 건강 문제 간의 연관성 증가에 대한 증거가 거의 발견되지 않았다. 그러나 미국 공중보건국장은 소셜 미디어가 아동과 청소년의 정신 건강과 웰빙에 해를 끼칠 위험이 충분히 있다는 권고안을 발표했으며, 2024년 6월에는 담배와 주류 제품에 표시되는 것과 유사한 경고를 소셜 미디어 플랫폼에 부착하도록 추진하겠다고 발표했다(Barry and Kang, 2024; APS, 2021).

IT는 우리의 인지 기능에 해를 끼치거나 적어도 우리가 생각하고 문제를 해결하는 방식을 변화시킬 수 있다. 인터넷 덕분에 사람들이 정보에 접근하고, 정보를 만들고, 활용하는 것이 훨씬 쉬워졌지만, 일부

전문가들은 우리가 혼자서 집중하고 명확하게 생각하는 것을 인터넷이 방해한다고 생각한다. 그들은 컴퓨터와 스마트폰의 과도한 사용이 지능을 저하시킨다고 주장한다. 일부 학자들은 컴퓨터에 대한 노출이 진정한 문제 해결에 참여하기보다는 해답 검색을 장려한다고 생각한다. 이러한 관점에서는 사람들이 듣고, 그림을 그리고, 논쟁하고, 보고, 탐구하는 것과 비교하면 웹을 검색하거나 이메일에 답을 하면서 많은 것을 배우지는 못한다. 또한 다양한 형태의 AI(11장 참조)에 대한 의존도의 증가는 자신의 판단에 기반한 의사결정 능력에 영향을 미칠 수 있다(Moser, den Hond, and Linde baum, 2022; Carr, 2015).

메타버스는 더욱 발전하면서 새로운 신체적·정신적 건강 문제를 야기할 수 있다. 메타버스는 시각적 3D 가상현실로 일부에서는 미래 웹의 중심이 될 것이라고 예측한다. 메타버스는 인터넷을 2D 화면을 넘어 몰입형 3D 경험으로 전환하는 것을 목표로 한다.

IT는 사회적·문화적·정치적으로뿐만 아니라 개인적으로도 우리 삶의 일부가 되었다. IT가 세상을 끊임없이 변화시키는 가운데, 우리의 문제와 선택이 더 쉬워질 것 같지 않다. 인터넷, 정보 경제, AI의 성장은 완전한 디지털 시대로 접어들면서 모든 윤리적·사회적·정치적 문제가 더욱 심화될 것임을 시사한다.

4.8 이 장의 내용은 경력에 어떻게 도움이 되는가

이 장의 내용은 IT와 정보시스템을 다룰 때 알아야 할 윤리적·사회적·정치적 문제에 대한 개요를 제공하여 경력에 도움이 될 수 있다. 이러한 문제는 회사의 최종 이익에 상당한 영향을 미칠 수 있으며, 회사는 이러한 문제에 대한 인식이 모든 구성원에게 필요하다는 사실을 알게 되었다.

실제 시나리오 경쟁우위를 강화하기 위해 프라이버시 분석가를 활용하는 시멘토스아르고스

시멘토스아르고스(Cermentos Argos)는 시멘트, 콘크리트, 골재를 생산하는 선도적인 다국적 생산 및 유통 기업이다. 시멘토스아르고스는 미국, 중남미 등 16개국 및 지역에서 사업을 운영하고 있다. 시멘토스아르고스는 경쟁우위를 확보하기 위해 의사결정 방식을 개선해야 한다고 판단했다. 전담 비즈니스 분석 센터를 설립하고 숙련된 비즈니스 분석가, 데이터 과학자, 프라이버시 분석가에 투자했다. 프라이버시 분석가는 개인정보 보호법 및 윤리적인 데이터 관행을 준수하는 데 중요한 역할을 했다.

직무 설명 및 경력 경로: 프라이버시 분석가

직무	직무 설명	IT 지식	경력 경로 및 평균 연봉
프라이버시 분석가	조직의 데이터 프라이버시 보호 관행을 전문적으로 다루며, 소비자의 신뢰를 유지하고 조직의 평판을 유지하는 데 핵심적인 역할을 한다. 주요 업무는 다음과 같다. • 프라이버시 관련 내부 및 외부 문의에 대한 첫 번째 연락 창구 역할 • 내부 이해관계자(고객 서비스, 법무, 기술, 재무 등)에게 정보 제공 및 참여 유도 • 프로세스 및 통제가 프라이버시 사업 전략에 부합하도록 다양한 부서 지원, 데이터 주체 및 관련 기관의 요청 지원 • 프라이버시 모범 사례 문서화, 장려 및 촉진 • 프라이버시 프로세스 개발 및 구현을 지원하는 등 프라이버시 관련 프로젝트 개선 및 혁신 지원	• 데이터 암호화, 데이터 관리, 액세스 제어, 사이버 보안 위협 및 사고 대응 전략에 대한 지식을 포함하여 IT 및 보안 시스템에 대한 우수한 이해 • OneTrust, Trust Arc와 같은 데이터 매핑 및 인벤토리 도구의 사용 경험 • Privacy Designer와 같은 프라이버시 영향 평가 도구의 사용 경험 • OneTrust Preference Choice, Cookiebot과 같은 사용자 동의 관리 도구의 사용 경험	• 초급/신입: 60,000~80,000달러 • 중급: 80,000~100,000달러 • 고급: 110,000~125,000달러 • 임원/최고프라이버시관리자(CPO): 250,000~350,000달러 (연봉은 지역, 산업군, 기업 규모에 따라 달라질 수 있음)

추가 경력 개발 자료

MyLab MIS에서는 IT 관련 지식을 요구하는 적절한 직무를 찾고, 효과적인 이력서를 작성하며, 면접을 준비하고, 비즈니스 지식, 응용 소프트웨어 활용 능력, 인터넷 활용 능력, 분석 역량 등을 보여주는 디지털 포트폴리오를 만드는 데 도움이 되는 다양한 경력 개발 자료를 확인할 수 있다.

사례 연구 메타의 많은 윤리적 도전

2021년에 이름을 바꾼 메타는 페이스북과 인스타그램을 포함하여 세계에서 가장 인기 있는 소셜 네트워크의 모회사이다. 동시에 메타는 세계에서 가장 비난받는 기업 중 하나이기도 하다. 이처럼 모순적으로 보이는 상황은 상당 부분 메타의 사업 관행과 수년간 다양한 윤리적 문제에 대응해온 방식에서 비롯된다.

메타의 공식 사명은 사람들에게 커뮤니티를 구축하고 세상을 더욱 가깝게 만들 수 있는 힘을 제공하는 것이다. 메타는 사람들이 친구와 가족은 물론 일반 대중에 이르기까지 다양한 사람들과 의견, 사진, 동영상을 연결하고 공유하며, 커뮤니티를 찾고, 사업을 성장시킬 수 있는 다양한 플랫폼을 제공한다. 메타가 성장함에 따라 메타의 플랫폼은 사용자에게 세상에서 일어나는 일에 대한 정보를 제공하는 원천이 되었다.

설립 초기부터 메타는 사업 관행에 대한 논란에 휩싸였다. 2004년 페이스북을 처음 출시했을 당시, 자신의 개인 프로필과 정보를 누가 볼 수 있는지에 대한 거의 완전한 통제권을 사용자에게 보장하겠다고 약속했다. 하지만 그 약속은 오래가지 못했다. 출시 직후 메타는 비용 충당을 위해 플랫폼 수익화를 위한 첫 걸음을 내디뎠다. 메타는 수익 창출을 위해 온라인 광고에 빠르게 눈을 돌렸다. 온라인 광고 업계가 소중하게 여기는 것은 데이터, 특히 사람들에 대한 개인정보와 기업이 사람들의 생각과 행동을 예측할 수 있도록 가능하게 하는 데이터이다. 페이스북이 이러한 데이터를 대량으로 생성하고 있다는 사실이 곧 드러났고, 메타의 가장 지속적인 윤리적 과제, 즉 사용자의 프라이버시와 이러한 데이터를 기반으로 수익을 창출하려는 메타의 욕구 간 충돌이 시작되었다. 이러한 싸움에서는 수익을 극대화하려는 욕구가 대개 승리했다.

비콘 프로그램은 이러한 도전의 초기 징후였다. 2007년에 도입된 비콘 프로그램은 페이스북 사용자의 구매와 같은 활동을 사용자의 동의 없이 친구의 뉴스피드에 실시간으로 전송했다. 그러면 광고주는 해당 게시물 옆에 광고를 게재할 수 있었다. 프라이버시 옹호론자들은 이에 대해 맹렬히 비난했고, 5만 명이 넘는 사용자가 이 프로그램에 반대하는 청원에 서명했다. 사용자가 비콘에 익숙해질 시간이 지나면 비콘을 받아들일 것이라고 메타는 생각했다. 그러나 이러한 믿음은 잘못된 것이었고, 결국 메타는 비콘 프로그램을 철회해야 했다.

지난 15년을 돌이켜보면 메타는 사용자 프라이버시와 관련된 분쟁에 반복적으로 휘말렸다. 연방거래위원회(FTC)로부터 여러 번 질책을 받았다. 처음에는 2012년에 사용자의 개인정보 통제 권한에 대한 기만 행위를 중단하고, 사용자에게 알리지 않고 제삼자와 데이터를 공유하는 행위를 중단하기로 합의했다. 2019년에는 2012년 합의안을 명백하고 고의적으로 위반한 혐의로 50억 달러라는 기록적인 벌금을 부과받았다. 2019년 합의안은 일명 케임브리지애널리티카(Cambridge Analytica) 스캔들로 알려진 사건 직후에 이루어졌다. 영국의 한 연구원이 성격 테스트 앱으로 페이스북을 사용할 수 있도록 승인을 받았다. 이 앱은 앱을 다운로드한 사용자뿐만 아니라 친구의 데이터와 친구의 친구의 데이터까지 사용자 모르게 수집했다. 결국 페이스북 사용자 8,700만 명 이상에 대한 데이터베이스가 구축되었고, 이 데이터베이스는 정치 컨설팅 및 데이터 분석 회사인 케임브리지애널리티카에 매각되었는데, 케임브리지애널리티카는 2016년 미국 대선에 영향을 미치기 위해 이 데이터를 활용했다. 그 후 얼마 지나지 않아 《뉴욕타임스》는 메타가 최소 60개 기기 제조업체 및 선정된 앱 개발사와 데이터 공유 파트너십을 맺고 있는데, 이 기업들은 파트너십을 통해 페이스북 사용자 데이터뿐만 아니라 페이스북 친구의 개인 데이터에도 동의 없이 접근할 수 있다고 폭로했다.

메타는 프라이버시 관련 위반으로 반복적으로 소송을 당했으며, 소송을 해결하기 위해 수백만 달러를 지불했다. 2021년에는 사용자의 동의 없이 얼굴 인식 데이터를 저장하여 일리노이 프라이버시법을 위반했다는 주장을 해결하기 위해 6억 5,000만 달러를 지불했다. 2023년에는 케임브리지애널리티카 스캔들에서 시작되어, 사용자의 동의 없이 수많은 제삼자가 사용자의 페이스북 콘텐츠 및 정보에 접근할 수 있도록 허용하는 것을 포함하는, 메타의 광범위한 데이터 공유 관행까지 대상을 확대한 연방 집단 소송을 해결하기 위해 7억 2,500만 달러를 지불했다.

또한 메타는 미국보다 더 엄격한 프라이버시 보호를 의무화하는 유럽연합의 일반 데이터 보호 규정(GDPR)을 지속적으로 위반했다. 2023년에는 유럽연합 사용자 데이터를 미국 서버로 전송한 것과 관련하여 GDPR에 따라 부과된 재정적 처벌 중 신기록인 12억 유로의 벌금을 부과받았다. 그 전에는 인스타그램에서 아동 데이터를 보호하지 않아 GDPR 위반으로 4억 500만 유로의 벌금을, 사용자에게 개인 맞춤 광고에 대한 동의를 강요하여 3억 9,000만 유로의 벌금을, 해커가 5억 3,000만 명 이상의 페이스북 사용자의 개인정보를 훔치는 것을 막지 못해 2억 6,500만 유로의 벌금을 부과받은 적도 있다.

메타의 파란만장한 프라이버시 위반을 고려했을 때, 왜 이렇게 많은 사람이 소셜 네트워크 플랫폼을 계속 사용하고 사생활의 민감한 세부 정보를 공유하는 것일까? 대부분의 경우, 사용자가 자신에 대해 어떤 데이터가 수집되는지 그리고 수집된 데이터가 어떤 용도로 사용될 수 있는지 인지하지 못하기 때문이다. 페이스북의 많은 기능과 서비스는 기본값으로 설정되어 있으며, 시겔앤드게일(Siegel+Gale)의 연구에 따르면 엄청나게 복잡하기로 악명 높은 정부 고지나 일반적인 은행 신용카드 계약보다도 페이스북의 프라이버시 정책은 이해하기가 더 어렵다.

하지만 사용자 프라이버시를 둘러싼 문제가 메타의 유일한 윤리적 과제는 아니다. 지난 몇 년 동안 잘못된 정보와 기타 유해한 콘텐츠를 위한 플랫폼을 제공하는 메타의 역할에 대한 관심이 점점 더 높아졌다. 예를 들어 2021년 《월스트리트저널》은 연구 보고서, 온라인 직원 토론, 내부 발표 자료를 포함한 메타 문서를 검토하여 폭로 기사를 발표했다. 《월스트리트저널》에 따르면 메타는 자사 플랫폼이 해를 끼친다는 사실을 알고 있었지만, 이에 대해 거의 아무런 조치도 취하지 않았다. 예를 들어 메타 연구원들은 인스타그램이 특히 10대 소녀의 정신 건강에 해로울 수 있다는 사실을 알고 있었지만, 공개 성명을 통해 메타는 10대에게 미치는 부정적인 영향을 지속적으로 축소했다. 메타 직원들은 자사 플랫폼이 특정 국가에서 인종 간 폭력을 조장하고 인신매매와 같은 범죄 활동을 조장하는 데 사용되고 있다고 경고했지만, 메타는 이러한 우려에 대해 체계적으로 대응하기 위한 조치를 거의 취하지 않았다. 또한 메타는 사용자 참여를 높이기 위해 페이스북 뉴스피드 알고리즘을 변경했지만, 분노와 선정주의를 지향하는 게시물에도 보상이 주어지면서 페이스북 환경을 점점 더 유해하게 만든다는 사실을 알고 있었다. 페이스북 내부 고발자로 알려진 전직 직원은 스스로 만들어낸 '괴물'을 통제할 수 없는 회사를 그림으로 그렸다. 예를 들어 메타의 내부 문서는 불쾌하거나 위험한 콘텐츠로부터 플랫폼을 안전하게 보호하기 위해 AI를 활용하려는 노력이 기대에 크게 미치지 못했다는 사실을 밝혔다.

메타의 경쟁사 관련 사업 관행 또한 비난을 받고 있다. FTC는 메타가 미국 반독점법을 위반하는 일련의 반경쟁 행위를 통해 지배적 지위를 유지하려 했다는 이유로 소송을 제기했다. 예를 들어 FTC는 2014년 경쟁사인 인스타그램과 왓츠앱을 인수한 행위를 경쟁사를 무너뜨리기 위한 약탈적 행위로 지적했다. 또한 FTC는 메타가 경쟁사 앱 개발자들이 자사 플랫폼의 데이터와 도구에 접근하지 못하도록 차단하여 피해를 입혔다고 주장했다. 2024년 9월 현재 소송이 진행 중이다. 메타는 유럽연합에서도 유사한 혐의를 받고 있으며, 유럽연합의 새로운 디지털 시장법 위반 여부를 판단하기 위한 새로운 조사에 직면해 있다.

최근 메타의 윤리적 과제는 AI와 관련이 있다. 메타는 LLaMA(Large Language Model Meta AI)라는 자체 생성형 AI 대규모 언어 모델을 개발해왔으며, 2024년 4월부터 페이스북, 인스타그램, 왓츠앱을 포함한 모든 플랫폼에 AI 지원 도구를 출시하기 시작했다. 이 도구는 피드, 채팅, 검색에 표시되며, 사용을 비활성화할 수 있는 옵션이 없다. 메타의 AI 에브리웨어(AI-everywhere) 캠페인은 사용자의 반발을 불러일으켰다. 다른 AI 챗봇과 마찬가지로 메타의 AI도 허위 정보를 조작하거나 유포할 수 있다. 예를 들어 육아에 초점을 맞춘 한 비공개 페이스북 그룹에서 권위 있는 영재 프로그램에 자녀를 등록했다고 주장하는 댓글을 챗봇이 게시했다. (메타는 비공개 게시물과 메시지를 사용하지 않는다고 주장하지만) 또 다른 문제는 사용자의 공개 정보를 사용하여 AI 서비스를 훈련시키는 것과 관련이 있다. 메타가 언제부터 미국 사용자의 데이터를 수집하기 시작했는지는 확실하지 않으며, 데이터의 수집 거부를 선택할 수 있는 쉬운 방법도 없다. 메타가 AI 시스템 훈련 과정에서 저작권법을 위반했는지 여부는 또 다른 문제이다. 더 큰 작품에 접근하기 위해 출판사 사이먼앤드슈스터(Simon & Schuster)를 인수하고 출판사, 예술가, 음악가, 언론사와 라이선스 협상을 고려했지만, 시간이 너무 오래 걸린다는 이유로 두 가지 모두 거부한 것으로 전해졌다. 대신에 공개된 보고서에 따르면 메타는 윤리적 우려에 대한 변호사의 경고에도 불구하고 인터넷에서 찾은 요약본, 에세이, 기타 저작물 등을 허가 없이 이용했다.

당연히 메타는 비판자들이 제기하는 대부분의 주장을 대체로 부인하지만 때로는 일부 실수에 대해 사과하기도 했다. 메타의 미래는 윤리적 과제에 어떻게 대응하느냐에 달려 있을 것이다. 지난 몇 년 동안 윤리적 사업 관행에 대한 관심이 점점 더 높아지고 있으며, 좋은 윤리가 곧 좋은 비즈니스라는 인식도 커지고 있다. 손익을 넘어 기업의 성과에 초점을 맞추는 ESG(환경, 사회, 지배 구조) 운동이 점점 더 주목을 받고 있으며, 전략적 사업의 필수요소가 되고 있다. 메타는 이러한 과제에 대응하기 위해 여러 가지 조치를 취하고 있다고 밝히며, 그 대응 방식을 설명하는 환경, 사회, 지배 구조 관련 자료를 다수 공개했다. 그러나 거의 전적으로 사용자 개인정보의 제한 없는 사용에 의존하고 있는 사업 모델, 과거 역사와 사업 관행을 고려할 때 메타를 신뢰할 수 있는지는 아직 불분명하다.

출처: Jesus Jimenez, "Can I Opt Out of Meta's A.I. Scraping on Instagram and Facebook? Sort Of," New York Times, June 7, 2024; "Meta Investor Relations: Environmental Social Governance Resources," Investor. fb.com, accessed June 7, 2024; Brian X. Chen, "Meta's A.I. Assistant Is Fun to Use, but It Can't Be Trusted," *New York Times*, April 24, 2024; "Meta's New AI Assistant Wanted to Answer Users' Questions and Now It's Getting on Their Nerves," Qz.com, April 23, 2024; Michael Cader, "Meta Stole Everyone's Books Because It Was Cheap and Convenient; Considered Buying S&S, But That Was Unnecessary," Lunch.publishersmarketplace.com, April 8, 2024; Foo Yun Chee and Bart H. Meijer, "Apple, Google, Meta Targeted in EU's First Digital Markets Act Probes," Reuters.com, March 25, 2024; "Meta Platforms Inc. Form 10-K for the fiscal year ended December 31, 2023," Sec.gov, February 2, 2024; Dev Kundaliya, "Meta Fined More than €1 billion for GDPR Breach," Computing.co.uk, May 22, 2023; "The Facebook Files," *Wall Street Journal*, January 12, 2022; "FTC Alleges Facebook Resorted to Illegal Buy-or-Bury Scheme to Crush Competition after String of Failed Attempts to Innovate," Ftc.gov, August 19, 2021; "A Timeline of Trouble: Facebook's Privacy Record and Regulatory Fines," Guild.com, August 4, 2021.

문제

1. 이 사례에서 논의된 윤리적 딜레마를 하나 선택하고 윤리적 분석을 수행하라.
2. 메타는 사용자의 프라이버시를 침해하지 않고 성공적인 비즈니스 모델을 구축할 수 있는가? 그 이유를 설명하라.
3. AI의 개발 및 사용과 관련하여 메타는 어떤 윤리적 문제가 있는가?
4. ESG 운동을 조사하라. 이것은 메타의 미래에 어떤 영향을 미칠 수 있는가?

요약

4.1 IT/정보시스템과 관련된 윤리적·사회적·정치적 이슈

IT와 정보시스템은 아직 허용 가능한 행동에 대한 규칙과 법률이 개발되지 않은 변화를 가져온다. 컴퓨팅 성능, 저장 용량, 데이터 분석, 인터넷을 포함한 네트워킹 기능의 증가는 개인 및 조직 활동의 범위를 확장하고 그 영향을 증폭시킨다. 모바일 기기와 AI의 사용 증가도 윤리적 문제를 야기한다. 온라인 환경에서의 정보의 전달과 복제 및 조작의 용이성과 익명성은 프라이버시와 지적재산의 보호에 새로운 과제를 제기한다. 정보시스템이 제기하는 주요 윤리적·사회적·정치적 문제는 정보 권리와 의무, 재산권과 의무, 시스템 품질, 책임추적성과 통제, 삶의 질에 중점을 둔다.

4.2 윤리적 행동 원칙

윤리적 결정의 기본 개념에는 책임, 책임추적성, 법적 의무, 적법 절차가 포함된다. 윤리적 문제에 직면했을 때 사실을 명확하게 식별하고 설명하며, 갈등이나 딜레마를 정의하고 관련된 상위 가치관을 파악하며, 이해관계자를 확인하고, 합리적으로 선택할 수 있는 대안을 확인하고, 선택안의 잠재적 결과를 확인하는 5단계 윤리적 분석과정을 사용해야 한다. 윤리적 분석과 함께 따라야 할 윤리 원칙에는 황금률, 칸트의 정언 명령, 미끄러운 경사길 법칙, 공리주의 원칙, 위험 기피 원칙, 윤리적 '공짜는 없다' 법칙이 포함된다. 이러한 원칙은 윤리적 분석과 함께 사용되어야 한다.

4.3 정보 권리와 프라이버시

오늘날의 IT와 정보시스템은 기업이 다양한 출처에서 개인에 대한 인적 데이터를 쉽게 수집하고 이러한 데이터를 분석하여 개인과 그 행동에 대한 상세한 디지털 프로파일을 생성할 수 있게 했다. 인터넷 내에서의 데이터 흐름은 여러 지점에서 감시될 수 있다. 쿠키 및 기타 웹 감시 도구는 웹사이트 방문자와 모바일 앱 사용자의 행동을 자세하게 추적한다. 모든 웹사이트와 모바일 앱에 강력한 프라이버시 보호 정책이 있는 것은 아니며, 개인정보 사용에 대한 사전동의를 항상 요청하는 것도 아니다. AI는 프라이버시 문제를 제기하는 가장 최신의 정보기술이다.

4.4 지적재산

지적재산은 저작권, 특허, 상표, 영업비밀이라는 네 가지 법률제도를 통해 다양한 보호를 받는다. 그러나 오늘날의 IT와 정보시스템은 지적재산을 보호하는 기존 법률과 사회적 관행에 심각한 도전을 제기했다.

기존의 저작권법은 디지털 자료가 매우 쉽게 복제되고 인터넷을 통해 여러 곳으로 동시에 전송될 수 있기 때문에 불법 복제로부터 보호하기에 충분하지 않다. AI는 지적재산 보호에 대한 우려를 불러일으키는 최신 정보기술이다.

4.5 시스템 품질

새로운 IT는 기업과 사회 기능에 정보시스템이 핵심적인 역할을 한다는 점을 고려할 때, 허용 가능한 시스템 품질 수준이 무엇인지에 대한 의문이 제기되고 있다.

4.6 책임추적성과 통제

IT의 사용은 때때로 피해를 초래할 수 있으며, 누가 그 피해에 대해 책임을 져야 하는지에 대한 의문이 제기된다. IT의 오용을 통제하기 위한 법률은 무엇인가? 결함이 있는 소프트웨어로 인해 기업이나 개인이 피해를 입는 경우 누가 책임을 져야 하는가? 웹사이트나 소셜 네트워크는 사용자가 게시하는 콘텐츠에 대해 책임을 져야 하는가? 컴퓨터의 광범위한 사용은 컴퓨터 범죄와 컴퓨터 오남용의 기회를 증가시킨다. 법률 시스템에서는 이러한 사건을 어떻게 처리해야 하는가?

4.7 삶의 질

오늘날 IT와 정보시스템은 효율성과 부의 원천이지만, 경제적·정치적 권력 집중을 조장하는 등 삶의 질에 부정적인 사회적 결과를 초래하기도 한다. 모든 사람이 디지털 경제에 참여할 수 있는 동등한 기회를 갖는 것은 아니며, 이러한 디지털 격차는 다양한 인종과 계층 간의 사회경제적 격차를 심화시킬 수 있다. AI의 사용 또한 편견을 유발할 수 있다. 컴퓨터와 AI가 근로자를 대체하거나 업무 재설계로 업무가 불필요해지면 일자리가 사라질 수 있다. 정보시스템과 IT는 가족, 여가, 직장을 구분하는 적절한 경계를 유지하는 데 문제를 일으킬 수 있으며, 신체적·정신적·인지적 건강 위험을 초래할 수도 있다.

주요 용어

공리원칙	반복성 긴장장애(RSI)	수신거부
공정정보관행(FIP)	법적 의무	수신승인
디지털 밀레니엄 저작권법(DMCA)	사전동의	스팸
면책조항	상표	영업비밀
미끄러운 경사길 법칙	손목터널증후군(CTS)	웹 비콘

위험 기피 원칙
유럽연합 AI법
윤리
윤리적 '공짜는 없다' 법칙
일반 데이터 보호 규정(GDPR)
저작권
적법 절차
정보 격차
정보 권리
지적재산
책임
책임추적성
칸트의 정언 명령
컴퓨터 범죄
컴퓨터 오남용
컴퓨터화면증후군(CVS)
쿠키
특허
프라이버시
프로파일링
황금률
NORA

복습문제

4.1 IT/정보시스템과 관련된 윤리적 · 사회적 · 정치적 이슈

- 윤리를 정의하라.
- 윤리적 · 사회적 · 정치적 문제가 어떻게 연결되는지 설명하고 몇 가지 예를 제시하라.
- 윤리적 우려를 심화시키는 주요 기술 동향을 설명하라.

4.2 윤리적 행동 원칙

- 책임, 책임추적성, 법적 의무와 적법 절차를 정의하라.
- 윤리적 분석의 5단계를 설명하라.
- 여섯 가지 윤리 원칙을 설명하라.

4.3 정보 권리와 프라이버시

- 정보 권리, 프라이버시, 공정정보관행을 정의하라.
- 유럽의 프라이버시 규제가 미국과 어떻게 다른지 설명하라.
- 인터넷이 개인 프라이버시 보호에 제기하는 과제에 대해 설명하라.
- AI가 개인 프라이버시 보호에 제기하는 과제에 대해 설명하라.
- 사전동의, 법률, 산업계의 자율규제, 기술 도구가 인터넷 사용자의 개인 프라이버시 보호에 어떻게 도움이 되는지 설명하라.

4.4 지적재산

- 지적재산을 정의하라.
- 지적재산을 보호하는 네 가지 법률제도를 설명하라.
- 인터넷이 지적재산에 제기하는 과제에 대해 설명하라.
- AI가 지적재산에 제기하는 과제에 대해 설명하라.

4.5 시스템 품질

- 시스템 품질의 허용 가능한 수준 결정에 대해 설명하라.
- 시스템 품질 문제의 주요 원인을 나열하고 설명하라.

4.6 책임추적성과 통제

- 고장이나 상해에 대해 소프트웨어 공급업체와 서비스 제공업체에게 법적 의무를 묻는 것이 왜 그렇게 어려운지 설명하라.
- 손해 배상의 법적 의무와 관련하여 AI가 제기하는 과제에 대해 설명하라.
- 컴퓨터 범죄와 컴퓨터 오남용의 차이점을 설명하라.

4.7 삶의 질

- IT와 정보시스템이 삶의 질에 미치는 네 가지 영향을 설명하라.
- AI가 잠재적으로 어떻게 편향을 심화시키는지에 대해 설명하라.
- RSI, CTS, CVS를 설명하고 IT와의 관계를 설명하라.

토의문제

4.8 클라우드 서비스 제공업체는 시스템 장애로 인해 발생하는 경제적 손실에 대해 법적 의무를 져야 하는가?

4.9 기업은 정보시스템으로 인해 발생하는 실업에 대해 책임을 져야 하는가? 그 이유는 무엇인가?

4.10 행위 타기팅을 위해 기업이 개인 데이터를 수집하는 것을 허용하는 것의 장단점을 토의하라.

AI 활용 프로젝트

4.11 소셜 미디어의 비즈니스 활용

반려동물 유기농 사료와 간식, 유기농 소재로 만든 반려동물 장난감과 의류를 판매하는 소매점을 열고자 하는 두 친구가 자문을 구했다. 이들은 페이스북과 인스타그램에 온라인 사업을 시작할 때 고려해야 할 윤리적·사회적·법적 문제에 대해 조언을 요청했다.

마이크로소프트의 Copilot, 구글의 Gemini 또는 ChatGPT를 이용하여 이러한 문제에 대해 조언할 수 있는 프롬프트를 개발하라. 프롬프트 사본과 채팅 세션 결과를 저장하고 강사에게 제출하라.

MIS 실습 과제

이 프로젝트는 온라인 데이터 중개인을 사용할 경우의 프라이버시에 대한 시사점을 분석하고, 간단한 블로그를 만들기 위한 블로그 제작 도구를 실습하며, 직원의 웹 사용에 대한 회사의 정책을 개발하고, 웹브라우저의 프라이버시를 분석해볼 수 있는 실무 경험을 제공한다.

4.12 경영 의사결정 문제

인포프리(InfoFree) 웹사이트는 수백만 명의 개인 데이터를 통합하는 대규모 데이터베이스에 연결되어 있다. 사용자는 지역, 연령, 성별, 소득 수준, 주택 가격, 주택 소유 여부, 거주 기간별로 분류된 소비자에 대한 마케팅 목록을 구매할 수 있다. 인포프리와 같은 데이터 중개상은 프라이버시 문제를 제기하는가? 그 이유는 무엇인가? 만약 자신의 이름과 기타 개인정보가 이 데이터베이스에 포함되어 있다면 자신의 프라이버시를 보호하기 위해 어떤 접근 제한을 원하는가? 정부 기관, 고용주, 민간 기업 및 기타 개인이 자신의 개인정보를 사용하는 경우를 고려하라.

4.13 간단한 블로그 제작

소프트웨어 기술: 블로그 제작
비즈니스 기술: 블로그 및 웹페이지 설계

이 프로젝트에서는 Blogger.com 또는 스퀘어스페이스(Squarespace)에서 제공하는 온라인 블로그 제작 소프트웨어를 사용하여, 자신이 직접 설계한 간단한 블로그를 만드는 방법을 배운다. 스포츠나 취미 또는 관심 분야를 블로그의 주제로 선택하라. 블로그의 이름을 정하고, 제목을 입력하고, 블로그의 템플릿을 선택하라. 블로그에 최소 4개의 글을 게시하고 각 게시물에 레이블을 붙이자. 필요한 경우 게시물을 편집하라. 컴퓨터나 웹에 있는 사진과 같은 이미지를 블로그에 올려보자. 팀원과 같은 다른 등록 사용자가 블로그에 댓글을 남길 수 있는 기능을 추가하라. 블로그의 주제와 관련된 제품이나 서비스를 판매하는 회사에서 자신이 만든 블로그가 어떻게 사용될 수 있는지 간략하게 설명하라. 블로그를 비즈니스에 보다 유용하게 만들 수 있도록 Blogger.com에서 사용할 수 있는 도구를 나열하고, 각각의 비즈니스 활용법을 설명하라. 블로그를 저장하고 강사에게 제출하라.

4.14 웹브라우저 프라이버시 분석

소프트웨어 기술: 웹브라우저 소프트웨어
비즈니스 기술: 웹브라우저 프라이버시 보호 기능 분석

이 프로젝트는 주요 웹브라우저 소프트웨어의 프라이버시 보호 기능을 사용하는 기술을 개발하는 데 도움이 될 것이다. 마이크로소프트 Edge, 모질라 Firefox, 구글 Chrome과 같은 주요 웹브라우저 중에서 2개를 선정하여 프라이버시 보호 기능과 설정을 살펴보자. 제공되는 기능과 사용 편의성 측면에서 두 브라우저의 기능을 비교하는 표를 만들라.

- 프라이버시 보호 기능은 개인을 어떻게 보호하는가?
- 프라이버시 보호 기능은 인터넷에서의 기업 활동에 어떤 영향을 미치는가?
- 어떤 브라우저가 프라이버시 보호에 더 효과적인가? 그 이유는 무엇인가?

4.15 협업 및 팀워크 프로젝트: 기업 윤리 강령 개발

2명 이상의 학생과 팀을 구성하고, 직원 프라이버시와 기업 웹사이트를 방문하는 고객, 사용자의 프라이버시를 모두 다루는 기업 윤리 강령을 개발하라. 이메일 프라이버시와 고용주의 직장 내 감시 활동은 물론 업무와 관련이 없는 직원의 활동(예: 라이프스타일, 결혼 여부)에 대한 정보의 기업 활용도 고려해야 한다. 구글 문서, 구글 드라이브, 구글 사이트를 이용하여 발표 자료를 만들라.

참고문헌

Accenture. "Accenture's Blueprint for Responsible AI." Accenture.com (2024).

Adjerid, Idris, Eyal Peer, and Alessandro Acquisti. "Beyond the Privacy Paradox: Objective Versus Relative Risk in Privacy Decision Making." *MIS Quarterly* 42, No. 2 (June 2018).

APS (Association for Psychological Science). "Little to No Link Between Adolescents' Mental Health Problems and Digital Technology." Psychologicalscience.org (June 28, 2021).

Barker, Paul. "Responsible AI Institute Launches New AI Policy Template." Cio.com (June 6, 2024).

Barry, Ellen, and Cecilia Kang. "Surgeon General Calls for Warning Labels on Social Media Platforms." *New York Times* (June 17, 2024).

Bilski v. Kappos, 561 US 593 (2010).

Brown Bag Software vs. Symantec Corp, 960 F2D 1465 (Ninth Circuit, 1992).

Burgess, Matt. "Some of the Most Popular Websites Share Your Data with Over 1,500 Companies." Wired.com (March 28, 2024).

Carr, Nicholas. *The Glass Cage: How Our Computers Are Changing Us* (W.W. Norton & Company, 2015).

Choi, Bryan. "Software as a Profession." *Harvard Journal of Law & Technology* 33, No. 2 (Spring 2020).

Duffourc, Mindy, and Sara Gerke. "Decoding U.S. Tort Liability in Healthcare's Black-Box AI Era: Lessons from the European Union." *Stanford Technology Law Review* 27, No.1 (February 6, 2024).

European Commission. "2018 Reform of EU Data Protection Rules." Ec.europa.eu (2018).

European Parliament. "Directive 2009/136/EC of the European Parliament and of the Council of November 25, 2009." *European Parliament* (2009).

Federal Trade Commission. "The Federal Trade Commission 2023 Privacy and Data Security Update." (March 21, 2024).

Gopal, Ram D., Hooman Hidaji, Raymond A. Patterson, Erik Rolland, and Dmitry Zhdanov. "How Much to Share with Third Parties? User Privacy Concerns and Website Dilemmas." *MIS Quarterly* 42, No. 1 (March 2018).

Kim, Antino, Atanu Lahiri, Debabrata Dey, and Gerald C. Kane. "'Just Enough' Piracy Can Be a Good Thing." *MIT Sloan Management Review* 61, No. 1 (Fall 2019).

Laudon, Kenneth C. *Dossier Society: Value Choices in the Design of National Information Systems* (New York: Columbia University Press, 1986).

Laudon, Kenneth C., and Carol Guercio Traver. *E-commerce 2023: Business. Technology. Society.* 17th ed. Pearson Education (2024).

McNulty, Madison, and Corinne Zucker. "Fair Use, Copyright, and Trademark Implications of Generative AI." Jdsupra. com (February 27, 2024).

Moser, Christine, Frank den Hond, and Dirk Lindebaum. "What Humans Lose When We Let AI Decide." *MIT Sloan Management Review* (February 7, 2022).

MUSO. "The Importance of Understanding the Global Piracy Landscape." Muso.com (April 24, 2024).

Nocera, Joe. "How Cookie Banners Backfired." *New York Times* (January 29, 2022).

Nunes, Ashley. "Automation Doesn't Just Create or Destroy Jobs—It Transforms Them." *Harvard Business Review* (November 2, 2021).

Peters, Jay. "How the EU's DMA Is Changing Big Tech: All of the News and Updates." Theverge.com (August 9, 2024).

Petrosyan, Ani. "Spam: Share of Global Email Traffic 2011-2023." Statista.com (March 7, 2024).

Pew Research Center (Colleen McClain, Michelle Faverio, Monica Anderson, and Eugenie Park). "How AmericansView Data Privacy." Pewresearch.org (October 18, 2023).

Rajmohan, Smita. "The Legal Issues to Consider When Adopting AI." Spectrum.ieee.org (May 21, 2024).

Satariano, Adam. "E.U. Takes Aim at Big Tech's Power with Landmark Digital Act." *New York Times* (March 24, 2022).

Sevy, Justin, and Matthew Varacallo. "Carpal Tunnel Syndrome." *StatPearls* (StatPearls Publishing LLC, 2022).

Sivan, Liron, Michael D. Smith, and Rahul Telang. "Do Search Engines Influence Media Piracy? Evidence from a Randomized Study." *MIS Quarterly* 43, No. 4 (December 2019).

U.S. Department of Health, Education, and Welfare. *Records, Computers, and the Rights of Citizens.* Cambridge: MIT Press (1973).

U.S. Sentencing Commission. "Sentencing Commission Toughens Requirements for Corporate Compliance Programs." (April 13, 2004).

Venkatesh, Viswath, Tracy Ann Sykes, Frank K. Y. Chan, James Y. L. Thong, and Paul Jen-Hwa Hu. "Children's Internet Addiction, Family-to-Work Conflict, and Job Outcomes: A Study of Parent-Child Dyads." *MIS Quarterly* 43, No. 3 (September 2019).

Wessel, Max, and Nicole Holmer. "A Crisis of Ethics in Technology Innovation." *MIT Sloan Management Review* 61, No. 3 (Spring 2020).

World Economic Forum. "The Future of Jobs Report 2023." Weforum.org (May 1, 2023).

PART 2

IT 인프라

© Funtap/Shutterstock

Chapter 5 IT 인프라와 최신 기술

Chapter 6 비즈니스 인텔리전스의 기반: 데이터베이스와 정보 관리

Chapter 7 통신, 인터넷, 무선 기술

Chapter 8 정보시스템 보안

2부에서는 하드웨어, 소프트웨어, 데이터베이스, 네트워킹 기술과 더불어 보안 및 통제 도구와 기법을 살펴봄으로써 정보시스템 이해를 위한 기술적 토대를 제공한다. 2부는 다음과 같은 질문에 대한 답을 제공한다. 오늘날 기업은 업무를 위해 어떤 기술을 필요로 하는가? 기업의 성과를 향상할 수 있는 이러한 기술에 대해 무엇을 알아야 하는가? 이러한 기술에 AI를 어떻게 결합할 수 있는가? 시스템을 신뢰할 수 있고 안전하게 유지하려면 어떤 기술과 절차가 필요한가?

CHAPTER 5

IT 인프라와 최신 기술

© Greenbutterfly/Shutterstock

학습목표

5.1 IT 인프라와 그 발전 단계에 대해 논의할 수 있다.
5.2 IT 인프라의 구성요소를 설명할 수 있다.
5.3 모바일 플랫폼, 앱, BYOD에 대해 논의할 수 있다.
5.4 양자 컴퓨팅과 그린 컴퓨팅에 대해 논의할 수 있다.
5.5 가상화 및 클라우드 컴퓨팅에 대해 논의할 수 있다.
5.6 최신 소프트웨어 플랫폼을 설명할 수 있다.
5.7 소프트웨어를 확보할 수 있는 방법에 대해 논의할 수 있다.
5.8 AI를 위한 IT 인프라에 대해 설명할 수 있다.
5.9 IT 인프라 관리와 관련된 과제에 대해 논의할 수 있다.
5.10 이 장의 내용이 경력에 어떻게 도움이 되는지 이해할 수 있다.

이 장의 사례

- **도입 사례:** 클라우드와 AI로 승승장구하는 큐라이드
- **기술 사례:** AI 칩
- **사례 연구:** AI와 클라우드 컴퓨팅은 지속가능한가?

도입 사례 클라우드와 AI로 승승장구하는 큐라이드

큐라이드(Qryde)의 창립자이자 CEO인 히만슈 바트나가르(Himanshu Bhatnagar)는 신체적 또는 정신적 어려움을 겪는 사람들이 안전하고 저렴하며 신뢰할 수 있는 교통수단을 이용할 수 있도록 돕는 데 종사해왔다. 그는 예전부터 소외되었던 지역사회의 사람들이 필요한 의료 서비스를 받고, 학교에 다니며, 중요한 약속장소로 이동할 수 있도록 다양한 교통수단을 가질 수 있기를 바란다. 큐라이드는 이러한 그의 꿈을 실현하는 데 도움을 주었다.

큐라이드는 최고 수준의 혁신적인 클라우드 기반 운송관리 시스템이다. 운송 회사와 정부 기관은 큐라이드의 모바일 스케줄링, 자동 배차, AI 기반의 경로 최적화와 같은 기술을 사용함으로써 자신의 운영 상태를 최적화하고, 이를 통해 자신의 서비스를 보다 효율적·경제적으로 제공할 수 있다. 교육 기관, 의료 회사, 대중교통 기관과 같은 조직은 큐라이드 공유 승차 스케줄링 플랫폼의 승차 예약, 승차 비용 분담, 호출관리 서비스와 같은 기능을 통해 도움이 필요한 사람들에게 이동 수단을 제공한다.

예를 들어 펜실베이니아 북서부/중부 및 남서부 주민에게 서비스를 제공하는 펜하이랜즈헬스케어(Penn Highlands Healthcare)는 큐라이드를 통한 지역 운송 제공업체와의 협업을 통해 39개 마을을 대상으로 차량 서비스를 제공하고 있다. 거주민, 기관, 간병인은 큐라이드의 기술을 사용하여 각 운송 제공업체의 사용 가능한 좌석을 찾고, 일정과 비용을 정하며, 자신의 필요에 가장 적합한 교통 서비스를 결정할 수 있다. 큐라이드 모바일 앱과 웹 포털은 지역 운송 제공업체와 승차 공유 서비스업체를 통해 모든 거주민에게 매우 다양한 차량 서비스 요청 방법을 제공한다.

큐라이드는 매우 데이터 및 컴퓨팅 집약적이며 상당한 물류 및 데이터 통합 요구사항을 다룬다. 이 시스템은 원래 온프레미스(on-premise) 데이터 센터와 코로케이션(colocation) 시설에서 운영되었다. (코로케이션은 자신이 소유한 서버와 네트워킹 장비를 제삼자 데이터 센터에 두고 운영하는 방식이다. 장비를 소유한 조직이 장비 관리 및 유지에 대한 책임을 진다.) 그러나 큐라이드 서비스는 700개 이상의 조직을 대상으로 하루에 10만 건의 운행을 다루는 수준까지 계속 성장했다. 큐라이드는 이러한 수준의 작업을 수행하기 위해 더 강력하고 유연한 IT 인프라가 필요했다.

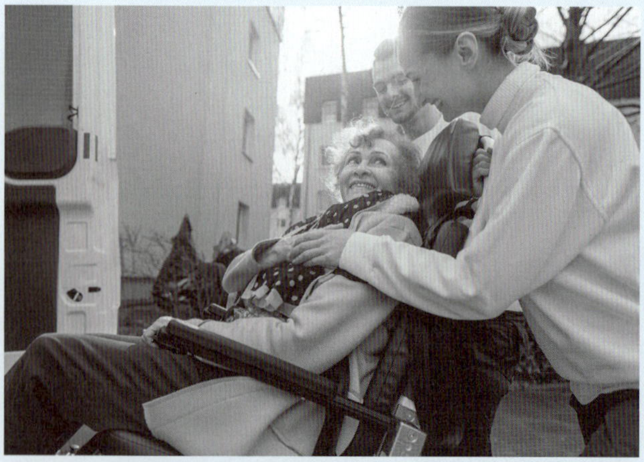

© Kzenon/Shutterstock

오라클 클라우드 인프라스트럭처(Oracle Cloud Infrastructure, OCI)는 최고의 솔루션을 제공했다. OCI는 조직이 고가용성, 원격 고성능 환경에서 광범위한 애플리케이션을 구축하고 실행할 수 있도록 지원하는 클라우드 서비스 플랫폼이다. 이러한 서비스에는 컴퓨팅 서비스, 데이터 저장 및 관리 서비스, 네트워킹 서비스, 개발자 서비스, 애플리케이션 서비스, 보안 및 거버넌스 서비스가 포함된다. OCI를 채택한 조직은 성장함에 따라 이러한 서비스의 사용을 늘릴 수 있고 필요한 서비스 수준에 대해서만 비용을 지불할 수 있다. 바트나가르가 오라클을 선택한 이유는 자신이 가지고 있는 데이터 관리 서비스에 대한 전문 지식과 데이터 최적화 방법에 대한 이해 때문이었다. 큐라이드는 활성 상태와 유휴 상태 모두에서 데이터를 저장하고 보호한다.

운송 시스템과 관련된 모든 이해관계자는 큐라이드 클라우드(QRyde Cloud)를 통해 하나의 포털에서 모든 비즈니스 기능을 수행할 수 있다. 이러한 기능에는 고객 프로필 관리, 승차 예약, 스케줄링, 배차, 승차 공유, 청구, 전자 요금 카드, 계약 관리가 포함되며, 동일한 플랫폼에서 텍스트, 음성, 브라우저 기반의 사용자 인터페이스 및 경험을 통해 제공된다. 큐라이드 클라우드는 커뮤니티와 공급자에 대한 높은 기술 장벽을 제거해주며, 승차당 비용 가격 책정 모델을 통해 조직은 운송 시스템 최적화에 수십만 달러를 절약할 수 있다.

출처: QRyde.com, accessed August 20, 2024; Phhealthcare. org, accessed August 20, 2024; "Oracle Cloud Infrastructure Platform Overview," Go.oracle.com, accessed August 20, 2024; Samiron Goswami, "QRyde's AI-Powered Approach to Public Transportation Planning," Medium.com, October 12, 2023; Justine Kavanaugh-Brown, "To Get Rides for People in Need, QRyde Taps OCI for Better Disaster Recovery, Security, and Scale," Blogs.oracle.com, November 5, 2021.

큐라이드의 경험은 오늘날 비즈니스 수행에서 IT 인프라의 중요성을 잘 보여준다. 적절한 기술을 적절한 가격에 사용하는 것은 조직의 성과 향상으로 이어진다. 큐라이드는 비즈니스가 성장함에 따라 더 이상 컴퓨팅 요구사항을 충족할 수 없는 오래된 하드웨어 및 소프트웨어 플랫폼으로 인해 어려움을 겪고 있었다. 그래서 효율적·효과적으로 운영되지 못했고 고객에게 필요한 서비스를 제대로 제공할 수 없었다.

다음 도표는 이 사례와 이 장에서 제기된 주요 주제에 대해 주의를 환기시킨다. 큐라이드는 IT 인프라에 클라우드 컴퓨팅을 활용하고 있으며, 이로 인해 업무 처리량을 늘리고, 경로 최적화를 위한 AI와 같은 새로운 기능을 추가하고, 이를 필요로 하는 사람과 조직에 새로운 서비스를 제공할 수 있다. 또한 큐라이드는 IT 인프라의 운영 및 관리를 클라우드 서비스 제공업체에 위임했기 때문에 비즈니스 성장과 고객 서비스에 더 집중할 수 있다. 이 회사는 최신 IT 도구를 사용하여 업무를 수행하고 있으며, 필요에 따라 사용한 컴퓨팅 용량만큼만 비용을 지불하고, 광범위하고 비용이 많이 드는 IT 초기 투자를 할 필요가 없다.

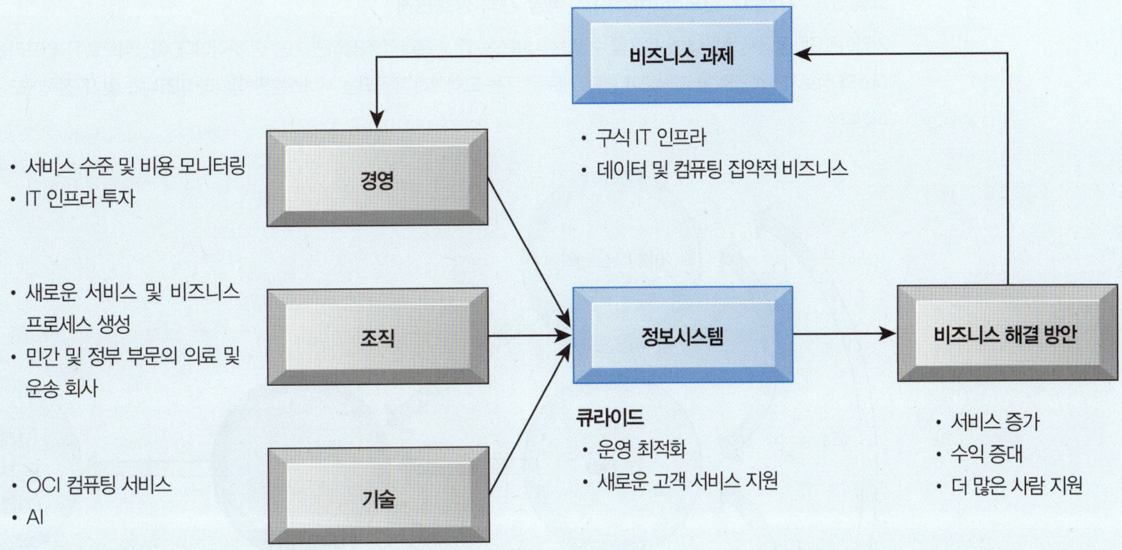

문제

1. 클라우드 컴퓨팅의 사용은 큐라이드가 고객에게 더 나은 서비스를 제공하는 데 어떻게 도움이 되었는가?
2. 큐라이드가 클라우드 컴퓨팅 인프라를 사용함으로써 얻을 수 있는 비즈니스 이점은 무엇인가?

경력 개발 효과

큐라이드의 IT 직원은 중요한 클라우드 컴퓨팅 도구와 AI 경로 최적화 솔루션에 대한 전문 지식을 개발하는 기회를 가질 수 있었다. 이러한 기회는 큐라이드에서 경력을 발전시키는 데 도움이 되었을 뿐만 아니라 다른 조직에서 더 높은 급여를 받을 수 있는 자격을 갖추는 데에도 도움이 되었다. 큐라이드에서는 IT 외 분야의 직원도 여러 이점을 얻을 수 있었다. 이들은 새로운 시스템을 통해 운송일정 및 의료 서비스의 효율성과 정확성을 획기적으로 개선할 수 있었고, 결국 도움이 필요한 더 많은 사람을 도울 수 있었다. 큐라이드 시스템은 소외된 집단에 더 우수하고 접근하기 쉬운 의료 서비스를 제공함으로써 폭넓은 사회적 혜택을 제공한다.

5.1 IT 인프라와 발전 단계

1장에서는 IT 인프라를 기업의 특정 정보시스템에 대한 플랫폼을 제공하는 공유된 기술자원으로 정의했다. 기업의 IT 인프라에는 기업 전체 또는 기업의 전 사업단위에 걸쳐 공유되는 하드웨어, 소프트웨어, 서비스(컨설팅, 교육, 훈련 등)에 대한 투자가 포함된다. 그림 5.1은 기업의 IT 인프라가 고객에게 서비스를 제공하고, 공급업체와 협력하며, 기업 내부의 비즈니스 프로세스를 관리하고, 비즈니스 전략을 실행하기 위한 기반을 어떻게 제공하는지 보여준다.

2024년에 미국 기업이 IT 인프라(하드웨어, 소프트웨어, 네트워킹, IT 서비스)에 투자한 금액은 5조 600억 달러로 추정된다(Gartner, 2024). 인프라에 대한 대기업의 투자는 IT 지출의 25~50%를 차지하는데, 이러한 투자는 주로 IT 투자가 전체 자본투자의 반 이상을 차지하는 금융 서비스 회사가 주도하고 있다.

그림 5.1 기업, IT 인프라, 비즈니스 역량 간의 상호관계

기업이 고객, 공급자, 직원에게 제공할 수 있는 서비스는 IT 인프라의 직접적인 기능 중 하나이다. 이상적으로 IT 인프라는 기업의 비즈니스와 정보시스템 전략을 지원해야 한다. 새로운 IT는 고객에게 제공되는 서비스뿐만 아니라 비즈니스 및 IT 전략에도 강력한 영향을 미친다.

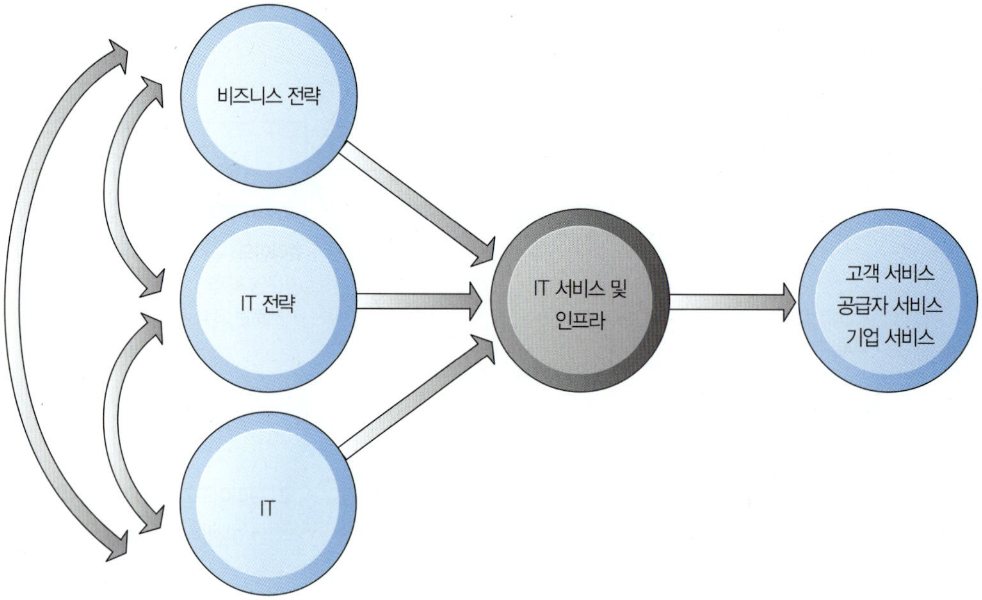

IT 인프라의 정의

기업의 IT 인프라는 기업 전체를 운영하는 데 필요한 물리적 장비와 소프트웨어 애플리케이션으로 구성된다. 그러나 IT 인프라는 경영진에 의해 예산이 책정되고 인간 및 기술역량으로 구성된 일련의 서비스도 포함한다. 이와 같은 전사적 서비스는 다음과 같다.

- **컴퓨팅 플랫폼**: 직원, 고객, 공급자를 일관된 디지털 환경으로 연결시키는 컴퓨팅 서비스를 제공하는 데 사용된다. 이러한 환경에는 대형 메인프레임, 중형 컴퓨터, 데스크톱 및 노트북 컴퓨터, 모바일 휴대용 기기, 원격 클라우드 컴퓨팅 서비스 등이 포함된다.
- **정보통신 서비스**: 직원, 고객, 공급자가 데이터, 음성, 동영상에 접속할 수 있게 해준다.
- **데이터 관리 서비스**: 기업 데이터를 저장하며, 이러한 데이터를 분석하기 위한 기능을 제공한다.
- **애플리케이션 소프트웨어 서비스**: 온라인 소프트웨어 서비스를 포함하며, 전사적 자원관리(ERP), 고객관계관리(CRM), 공급사슬관리(SCM), 지식경영(KM)과 같이 모든 사업단위에 공유되는 전사적 기능을 제공한다.
- **물리적 설비 관리 서비스**: 컴퓨팅, 정보통신, 데이터 관리 서비스에 대해 요구되는 물리적 시설을 구축하고 관리한다.
- **IT 관리 서비스**: 인프라를 계획 및 개발하고, 사업단위와 IT 서비스에 대해 협의하며, IT 지출 관련 회계를 관리하고, 프로젝트 관리 서비스를 제공한다.
- **IT 표준 서비스**: 기업과 사업단위에 어떤 IT를 언제, 어떻게 사용할지 결정할 수 있는 정책을 제공한다.
- **IT 교육 서비스**: 직원에게는 시스템 사용 교육을 제공하고, 관리자에게는 IT 투자 계획 및 관리 교육을 제공한다.

- **IT R&D 서비스**: 시장에서 기업 차별화에 도움이 되는 미래의 잠재적인 IT 프로젝트와 투자 관련 연구를 수행한다.

IT 인프라의 발전과정

오늘날 조직의 IT 인프라는 70년간 컴퓨팅 플랫폼 진화의 산물이다. 컴퓨터 처리, 메모리 칩, 저장장치, 네트워킹 하드웨어 및 소프트웨어, 소프트웨어 설계의 발전으로 컴퓨팅 파워가 기하급수적으로 증가하면서 비용이 기하급수적으로 절감되었다.

그림 5.2는 IT 인프라의 다섯 가지 발전 단계를 보여주는데, 각 단계는 컴퓨팅 파워와 인프라 요소의 구성이 각기 다르다. 이 다섯 단계의 시대는 범용 메인프레임 및 미니컴퓨터 컴퓨팅, 개인용 컴퓨터, 클라이언트/서버 네트워크, 전사적 컴퓨팅, 클라우드 및 모바일 컴퓨팅이다.

이러한 각 시대를 특징짓는 기술을 표 5.1에 정리했다. 한 시대를 특징짓는 기술은 다른 시대에서 다른 목적으로 사용될 수도 있다. 예를 들어 일부 회사에서는 여전히 기존 **메인프레임**(mainframe) 컴퓨터 기반의 정보시스템을 실행하고 있거나, 메인프레임 컴퓨터를 대규모 웹사이트 및 기업 엔터프라이즈 애플리케이션을 지원하는 서버로 사용하기도 한다. (메인프레임은 많은 데이터를 매우 빠르게 처리할 수 있는 고성능 대용량 컴퓨터이다.)

메인프레임
대용량의 데이터를 매우 빠르게 처리할 수 있는 고성능 대용량 컴퓨터

클라이언트/서버 컴퓨팅

클라이언트/서버 컴퓨팅 모델은 오늘날 가장 널리 사용되는 컴퓨팅 아키텍처이기 때문에 특별한 주의를 기울일 가치가 있다. **클라이언트/서버 컴퓨팅**(clienct/server computing)은 **클라이언트**(client, 서비스 또는 리소스에 대한 액세스를 요청할 수 있는 다양한 유형의 장치)가 네트워크에서 하나 이상의 서버와 연결되는 컴퓨팅 모델로서, **서버**(server)는 파일 저장, 소프트웨어 응용 프로그램, 인쇄 및 인터넷 액세스와 같이 클라이언트가 필요로 하는 기능을 담당한다. 인터넷과 클라우드 컴퓨팅은 많은 소규모 기업 네트워크와 마찬가지로 클라이언트/서버 모델을 사용한다. 기업은 클라이언트/서버 컴퓨팅을 통해 중앙 집중식 메인프레임 시스템보다 훨씬 저렴한 일련의 더 작고 저렴한 컴퓨터에 컴퓨팅 작업을 분산시킬 수

클라이언트/서버 컴퓨팅
클라이언트가 네트워크상의 클라이언트가 필요로 하는 공통 기능을 수행하는 하나 이상의 서버와 네트워크에 연결되어 있는 컴퓨팅 모델

클라이언트
클라이언트/서버 네트워크의 서비스나 리소스에 대한 액세스를 요청할 수 있는 다양한 유형의 장치

서버
파일 저장, 소프트웨어 응용 프로그램, 인쇄 및 인터넷 액세스와 같이 클라이언트/서버 네트워크의 클라이언트에 필요한 일반적인 기능을 수행하는 전용 컴퓨터

표 5.1 IT 인프라의 발전 단계

컴퓨팅 시대	시기	인프라 설명
메인프레임 및 미니컴퓨터 시대	1959년~현재	전문적인 프로그래머와 시스템 운영자의 통제하에 운영되는 고도로 중앙집중화된 컴퓨팅으로, 대부분의 인프라 요소를 하드웨어와 소프트웨어 제조업체인 IBM이 공급했다. 작지만 강력한 미니컴퓨터는 개별 부서나 사업부의 특정 요구사항에 맞게 맞춤화된 분산 컴퓨팅을 지원했다. 최근 몇 년 동안 미니컴퓨터는 중형 컴퓨터 또는 중급 서버로 발전했으며 네트워크의 일부이다.
개인용 컴퓨터 시대	1981년~현재	초기에는 데스크톱 생산성 소프트웨어 도구를 갖춘 소형 독립형 데스크톱 컴퓨터로서 기업과 소비자에게 널리 채택되었다. 주로 윈도우 운영체제와 결합된 인텔 프로세서를 사용했다.
클라이언트/서버 시대	1983년~현재	클라이언트라고 불리는 PC는 강력한 서버 컴퓨터에 네트워크로 연결되어 있으며, 컴퓨터 처리는 이 두 가지 유형의 컴퓨터에서 분산되어 수행되었다. 조직 전체의 컴퓨팅 작업을 일련의 작고 저렴한 컴퓨터를 통해 분산하여 처리할 수 있다.
전사적 컴퓨팅 시대	1992년~현재	인터넷용 TCP/IP를 포함한 네트워크 표준과 프로토콜을 통해 다양한 컴퓨터 하드웨어와 소규모 네트워크가 전사적 네트워크로 연결됨으로써 정보가 조직 전반에 걸쳐 또는 회사와 다른 조직 간에 자유롭게 흐를 수 있다.
클라우드 및 모바일 컴퓨팅 시대	2000년~현재	서버는 원격 클라우드 컴퓨팅 센터에서 데이터와 소프트웨어를 저장하고, 사용자는 컴퓨터, 스마트폰과 같은 클라이언트 기기를 통해 그 서버에 접근할 수 있다. 클라우드 컴퓨팅 센터의 서비스를 통해 데이터 처리, 데이터 저장, 애플리케이션 개발을 수행할 수 있으며, 이러한 서비스를 구독하는 회사는 자신의 IT 인프라를 원격으로 유지·관리할 수 있다.

그림 5.2 IT 인프라의 발전 단계에 따른 컴퓨팅 구성

IT 인프라의 다섯 가지 발전 시대에 대한 각각의 특징을 보여주는 전형적인 컴퓨팅 구성이다.

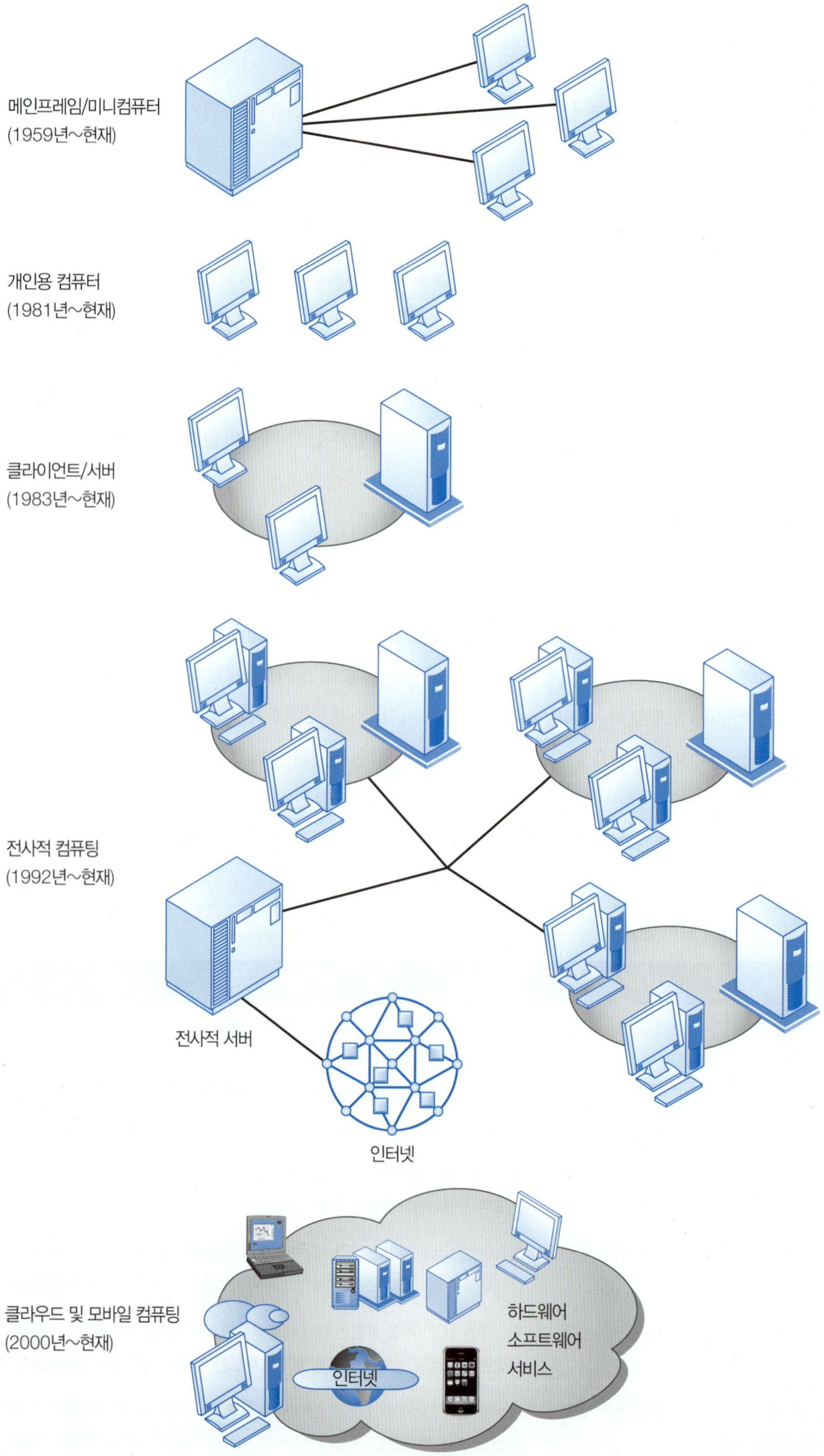

그림 5.3 다계층(N-계층) 클라이언트/서버 네트워크

다계층 클라이언트/서버 네트워크에서 클라이언트의 서비스 요청은 다양한 서버에서 처리된다.

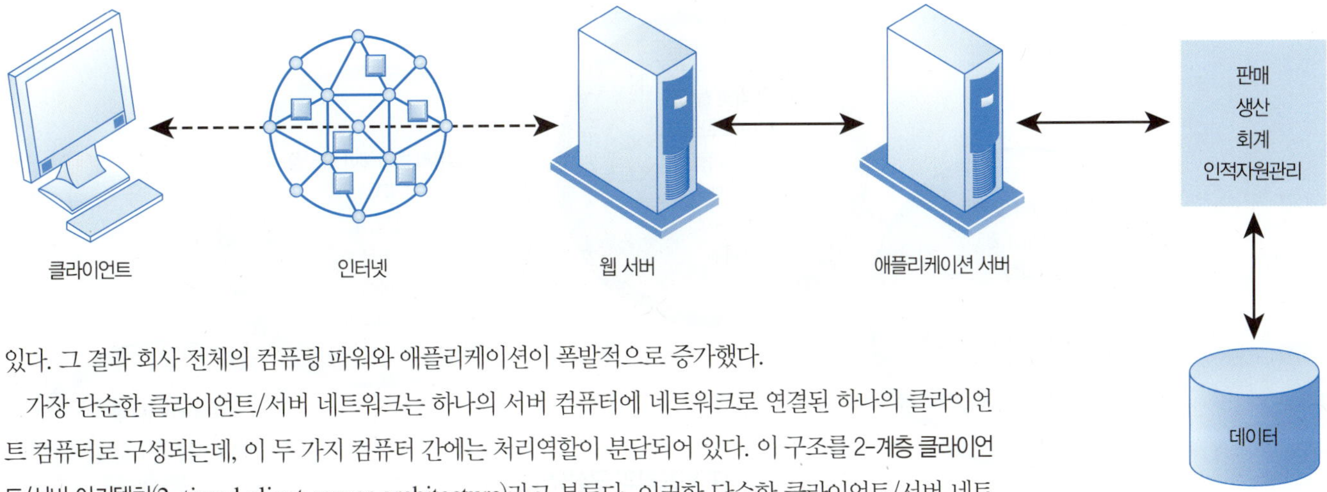

있다. 그 결과 회사 전체의 컴퓨팅 파워와 애플리케이션이 폭발적으로 증가했다.

가장 단순한 클라이언트/서버 네트워크는 하나의 서버 컴퓨터에 네트워크로 연결된 하나의 클라이언트 컴퓨터로 구성되는데, 이 두 가지 컴퓨터 간에는 처리역할이 분담되어 있다. 이 구조를 **2-계층 클라이언트/서버 아키텍처**(2-tiered client server architecture)라고 부른다. 이러한 단순한 클라이언트/서버 네트워크는 소기업에서 찾아볼 수 있는 반면, 대부분의 기업에서는 요청된 서비스 종류에 따라 네트워크 작업을 여러 레벨의 서버에 분산시키는 보다 복잡한 **다계층 클라이언트/서버 아키텍처**(multitiered client/server architecture)[**N-계층 클라이언트/서버 아키텍처**(N-tier client/server architecture)라고도 함]가 사용된다.

그림 5.3은 웹 서버와 애플리케이션 서버라는 두 가지 유형의 서버가 있는 n-계층 네트워크의 예이다('서버'라는 용어는 컴퓨터 자체와 그 컴퓨터에 상주하는 소프트웨어를 의미한다는 점에 유의하라). **웹 서버**(web server)는 저장된 웹페이지를 찾아 관리하고 서비스 요청에 대한 반응을 클라이언트에 전달할 책임이 있다. **애플리케이션 서버**(application server)는 브라우저 기반의 클라이언트와 조직의 백엔드 비즈니스 애플리케이션이나 데이터베이스 간의 모든 애플리케이션 작업을 처리한다. 예를 들어 클라이언트가 백엔드 시스템에 저장된 데이터에 대한 액세스를 요청하면(예: 제품 목록 또는 가격정보) 이 요청이 애플리케이션 서버로 전달된다. (그림에서는 애플리케이션 서버와 웹 서버를 2개의 별도 컴퓨터로 표시했지만 애플리케이션 서버 소프트웨어는 웹 서버와 동일한 컴퓨터에 있을 수 있다는 점을 유의하라.) 6장과 7장에서는 전자상거래 및 e-비즈니스를 위한 다계층 클라이언트/서버 아키텍처에 사용되는 다른 유형의 소프트웨어에 대해 자세히 설명한다.

다계층 클라이언트/서버 아키텍처
요청되는 서비스 종류에 따라 전체 네트워크 작업이 여러 수준의 서버에 걸쳐 균형을 이루는 클라이언트/서버 네트워크로, N-계층 클라이언트/서버 아키텍처라고도 한다.

웹 서버
저장된 웹페이지를 찾아서 관리하고 서비스 요청에 대한 응답으로 클라이언트에 전달하는 역할을 담당하는 소프트웨어로, 웹 서버라는 용어는 웹 서버 소프트웨어가 상주하는 컴퓨터를 지칭하는 데에도 사용되는 경우가 있다.

애플리케이션 서버
브라우저 기반 클라이언트와 회사의 백엔드 비즈니스 애플리케이션 또는 데이터베이스 간의 모든 애플리케이션 작업을 처리하는 소프트웨어, 애플리케이션 서버라는 용어는 애플리케이션 서버 소프트웨어가 상주하는 컴퓨터를 지칭하는 용어로도 사용된다.

5.2 IT 인프라의 구성요소

오늘날 IT 인프라는 일곱 가지 주요 요소로 구성된다. 그림 5.4는 이와 같은 인프라의 요소와 각 요소 범주의 주요 벤더를 보여준다. 이러한 요소는 기업에 일관된 인프라를 제공하기 위해 또 다른 요소와 연계되어야 할 투자대상이다.

컴퓨터 하드웨어 플랫폼

컴퓨터 하드웨어는 컴퓨터 처리를 위한 기술을 제공하며 메인프레임, 서버, 데스크톱 컴퓨터, 태블릿, 스마트폰은 물론 센서 및 스마트워치와 같은 웨어러블 장치도 포함한다. 과거에는 대부분의 컴퓨터가 인텔(Intel Corporation)과 AMD(AMD Corporation)에서 제조 또는 설계한 마이크로프로세서 칩을 사용했다. 이러한 추세는 최근에 AI를 처리할 수 있는 칩과 기타 하드웨어 구성요소에 대한 수요가 급증함에 따

그림 5.4 IT 인프라의 구성요소

일관된 IT 인프라를 기업에 제공하려면 일곱 가지 주요 구성요소가 조화되어야 한다. 각 구성요소에 대한 기술과 공급자를 그림에 나열했다.

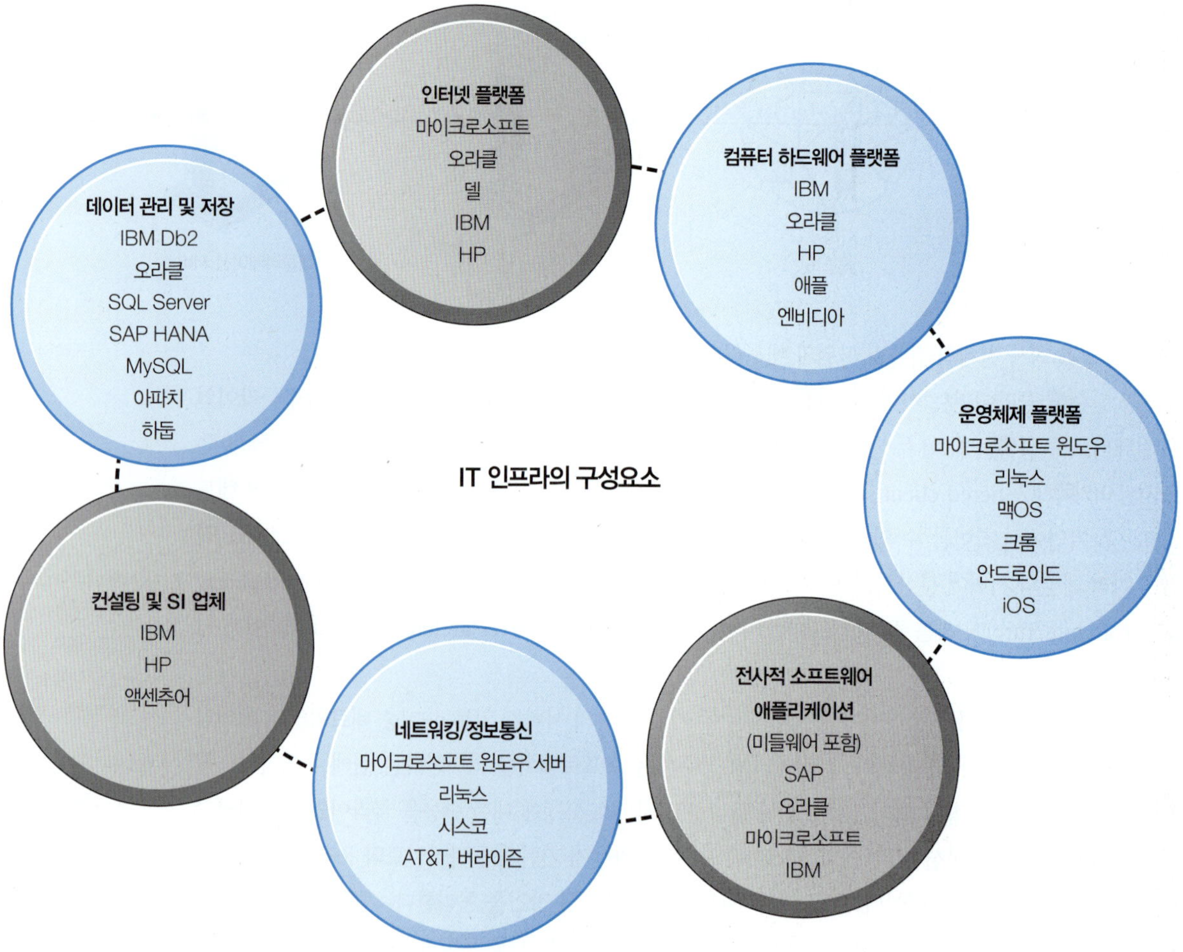

라 바뀌고 있다(5.8절 참조). 엔비디아는 AI 모델을 훈련시키고 AI 애플리케이션을 실행하는 데 필요한 매우 큰 데이터세트를 처리할 수 있는 그래픽 처리장치(graphic processing unit, GPU) 및 기타 칩을 거의 독점했기 때문에 주요 컴퓨터 하드웨어 공급업체로 부상했다.

컴퓨터 플랫폼은 2001년 아이팟(iPod)에서 2007년 아이폰(iPhone), 2010년 아이패드(iPad)에 이르는 모바일 컴퓨팅 기기의 출시와 함께 극적으로 변화했다. 현재 전 세계적으로 70억 명이 넘는 사람들이 스마트폰을 사용하고 있다. 이러한 기기는 주로 소비자 기기로 구동되는 두 번째 컴퓨터 하드웨어 플랫폼이라고 할 수 있다. 모바일 기기는 기존 컴퓨터만큼 많은 작업을 수행할 필요가 없으므로 에너지를 덜 소비하고 열이 덜 발생한다. 모바일 기기용 프로세서는 애플(Apple), 삼성(Samsung), 퀄컴(Qualcomm)을 비롯한 다양한 회사가 ARM홀딩스(ARM Holdings)에서 설계한 아키텍처를 사용하여 제조하고 있다.

메인프레임은 사라지지 않았다. 메인프레임은 방대한 양의 트랜잭션을 안정적이고 안전하게 처리하고, 대용량의 데이터를 분석하며, 클라우드 컴퓨팅 센터에서 대규모의 작업량을 처리하는 데 계속 사용되고 있다. 메인프레임은 여전히 금융 서비스, 의료, 제조 및 통신 네트워크의 디지털 주력 장비로서, 종종 특정 하드웨어 플랫폼을 필요로 하는 구식 소프트웨어 프로그램을 실행한다. 그러나 메인프레임을 제공업체는 IBM 하나로 줄어들었다. IBM은 메인프레임의 용도를 기업 네트워크 및 웹사이트를 위한 거대한 서버로 변경했다. IBM 메인프레임 하나는 많은 양의 리눅스 또는 윈도우 서버 소프트웨어의 작업을 실행할 수 있고, 다수의 소규모 서버를 대체할 수 있다(5.6절의 가상화에 대한 토의 참조).

운영체제 플랫폼

운영체제(operating system, OS)는 컴퓨터의 활동을 관리하고 제어하는 시스템 소프트웨어이다. 데스크톱 컴퓨터 및 태블릿의 68% 이상이 **마이크로소프트 윈도우 운영체제**(Microsoft Windows operating system)를 사용한다. 그러나 이제는 모바일 장치 또는 클라우드에 연결된 컴퓨터에서의 컴퓨팅을 위한 새로운 운영체제를 포함하여 과거보다 훨씬 더 다양한 클라이언트 운영체제가 있다.

구글의 **크롬 OS**(Chrome OS)는 구글의 크롬북(Chromebook) 노트북이나 태블릿 컴퓨터와 같은 웹 연결 컴퓨터를 사용한 클라우드 컴퓨팅을 위해 경량의 운영체제를 제공한다. 프로그램 및 사용자 데이터가 사용자의 컴퓨터가 아닌 온라인에 저장되며 크롬 웹브라우저를 통해 액세스된다. **안드로이드**(Android)는 구글이 주도하는 오픈 핸드셋 얼라이언스(Open Handset Alliance)에서 개발한 스마트폰 및 태블릿 컴퓨터와 같은 모바일 장치용 오픈소스 운영체제이다. 안드로이드는 애플의 아이폰, 아이팟, 애플워치용 운영체제인 iOS와 경쟁하면서 전 세계적으로 가장 인기 있는 스마트폰 플랫폼이 되었다. 기존의 클라이언트 운영체체 소프트웨어는 터치 기술을 사용함으로써 더욱 자연스럽고 직관적이다. 예를 들어 iOS는 마우스나 키보드를 사용하지 않고도 하나 이상의 손가락 제스처를 사용하여 화면의 목록이나 개체를 조작할 수 있는 **멀티터치**(multitouch) 인터페이스를 지원하고 있다.

기업 서버를 위한 주요 운영체제는 마이크로소프트 윈도우 서버와 리눅스이다. **마이크로소프트 윈도우 서버**(Microsoft Windows Server)는 전사적 운영체제 및 네트워크 서비스를 제공할 수 있어 윈도우 기반 IT 인프라를 찾는 조직에 인기가 있다. **리눅스**(Linux)는 서버, 모바일 기기 및 임베디드 시스템을 위한 이전 운영체제인 **유닉스**(UNIX)에서 파생된 오픈소스 운영체제이다. 리눅스는 확장 가능하고, 안정적이며, 다양한 하드웨어 플랫폼에서 실행될 수 있고, 무료 또는 매우 저렴한 비용으로 사용할 수 있다. 리눅스는 네트워크, 서버, 전사적 수준의 작업에 널리 사용되며, 상당 부분 유닉스를 대체하고 있다. 오늘날 전 세계 클라우드 컴퓨팅 인프라의 90%가 리눅스에서 실행되고 있다. 반면에 유닉스의 요소는 안드로이드 및 맥OS X를 포함한 다른 최신 운영체제에 통합되었다.

운영체제
컴퓨터의 활동을 관리하고 제어하는 시스템 소프트웨어

마이크로소프트 윈도우 운영체제
윈도우 데스크톱 컴퓨터 및 태블릿을 위한 마이크로소프트 운영체제

크롬 OS
구글의 크롬북 노트북 및 태블릿 컴퓨터와 같은 연결된 컴퓨터를 사용하는 클라우드 컴퓨팅을 위한 구글의 경량 운영체제

안드로이드
구글이 주도하는 오픈 핸드셋 얼라이언스에서 개발한 스마트폰으로, 현재 전 세계적으로 가장 인기 있는 스마트폰 운영체제

iOS
아이폰, 아이패드, 애플워치용 애플 운영체제

멀티터치
마우스나 키보드를 사용하지 않고 하나 이상의 손가락 제스처를 사용하여 화면의 목록이나 개체를 조작할 수 있는 인터페이스

마이크로소프트 윈도우 서버
윈도우 기반 IT 인프라에서 기업 서버를 위한 선도적인 운영체제

리눅스
리눅스의 파생물인 오픈 소스 운영체제로, 확장 가능하고 안정적이며 다양한 하드웨어 플랫폼에서 실행될 수 있고, 무료 또는 매우 저렴한 비용으로 사용할 수 있다.

유닉스
리눅스로 대체된 서버, 모바일 장치 및 임베디드 시스템을 위한 이전 운영체제

전사적 애플리케이션 소프트웨어

전사적 애플리케이션 소프트웨어는 IT 인프라의 중요한 구성요소이다. 2장에서 다양한 유형의 전사적 애플리케이션을 소개했으며, 9장에서는 각각에 대해 자세히 설명할 것이다. 전사적 애플리케이션 소프트웨어의 최대 제공자는 SAP와 오라클이다. 또한 IBM과 오라클 같은 벤더에 의해 공급되는 미들웨어(middleware) 소프트웨어도 이 범주에 포함되는데, 미들웨어는 기존의 애플리케이션을 연결함으로써 전사적인 통합을 달성하기 위한 목적으로 사용된다. 마이크로소프트는 중소기업을 겨냥하여 시장의 하단으로 이동하려고 시도하고 있다.

데이터 관리 및 저장

기업 데이터베이스 관리 소프트웨어는 운영 및 의사결정 시 기업의 데이터에 효율적으로 접근하고 사용할 수 있도록 데이터를 구성하고 관리하는 역할을 한다. 6장에서는 이 소프트웨어에 대해 자세히 설명한다. 주요 데이터베이스 소프트웨어 제공업체로는 IBM(Db2), 오라클, 마이크로소프트(SQL Server), SAP(HANA) 등이 있다. 이러한 도구는 클라우드 버전도 있다. MySQL은 현재 오라클이 소유하고 있는 관계형 데이터베이스 제품으로 오픈소스 소프트웨어인 리눅스에서 가동되며, 아파치 하둡(Apache Hadoop)은 대용량 데이터를 관리하는 오픈소스 소프트웨어 프레임워크이다(6장 참조).

네트워킹/통신 플랫폼

네트워크 운영 시스템(NOS) 소프트웨어
여러 장치와 컴퓨터를 네트워크로 연결하고 네트워크의 리소스를 공유할 수 있게 해주는 소프트웨어

네트워크 운영 시스템 소프트웨어[network operating system(NOS) software]는 네트워크의 여러 장치와 컴퓨터를 연결하고 네트워크의 리소스를 공유할 수 있도록 해주는 네트워크이다. 주요 네트워크 운영체제로는 윈도우 서버와 리눅스가 있다. 주요 통신 장비 공급업체는 화웨이(Huawei), 노키아(Nokia), 에릭슨(Ericsson), 시스코시스템즈(Cisco Systems) 등이다. 통신 플랫폼은 일반적으로 음성 및 데이터 연결, 광역 네트워킹, 무선 서비스, 인터넷 액세스를 제공하는 통신/전화 서비스 회사에서 제공한다. 주요 통신 서비스 제공업체로는 AT&T와 버라이즌(Verizon)을 들 수 있다. 이 시장은 셀룰러 무선, 고속 인터넷, 인터넷 전화 서비스의 새로운 공급자로 인해 급속히 성장하고 있다.

인터넷 플랫폼

웹 호스팅 서비스
유료 고객을 위한 웹사이트를 유지·관리하는 서비스 제공업체

인터넷 플랫폼에는 회사의 웹사이트를 지원하는 하드웨어, 소프트웨어, 서비스가 포함된다. 기업은 자신만의 인터넷 플랫폼을 자체적으로 만들거나 유료 고객을 대상으로 웹사이트를 유지·관리하는 **웹 호스팅 서비스**(web hosting service)와 같은 서비스 제공업체에 기능의 일부 또는 전부를 아웃소싱할 수 있다.

인터넷의 등장으로 기업이 수많은 소형 서버를 모아 사용하게 됨으로써 서버 컴퓨터가 폭발적으로 증가했다. 각 서버의 크기와 성능을 늘리고 단일 서버에서 더 많은 애플리케이션을 실행할 수 있는 소프트웨어 도구를 사용하여 서버 컴퓨터 수를 줄이려는 노력을 꾸준히 기울였다. 독립 실행형 서버 컴퓨터의 사용은 조직이 클라우드 컴퓨팅 서비스로 전환함에 따라 감소하고 있다. 하드웨어 서버 시장은 델(Dell), 시스코, HPE, IBM, 오라클에 대한 의존도가 점점 더 커지고 있다.

마이크로소프트(예: Microsoft Visual Studio 및 Microsoft .NET 개발 플랫폼), 오라클, 독립 소프트웨어 개발자는 주요 웹사이트와 앱 소프트웨어 애플리케이션 개발 도구 및 제품군을 제공하고 있다. 7장에서 기업의 인터넷 플랫폼 구성요소에 대해 더 자세히 설명할 것이다.

컨설팅 및 시스템 통합 서비스

오늘날에는 심지어 대기업이라 할지라도 IT 인프라 전체를 구현하고 관리하는 데 필요한 인력, 기술, 예산 또는 경험을 갖추고 있지 못하다. 새로운 인프라를 구현하기 위해서는 비즈니스 프로세스 및 절차, 훈련 및 교육, 소프트웨어 통합에 상당한 변화가 필요하다(13장, 14장 참조). 이에 관한 전문 지식을 제공하는 선도적인 컨설팅 업체로는 액센추어, IBM Services, HPE, 인포시스(Infosys). 위프로(Wipro) 등이 있다.

레거시 시스템
일반적으로 교체 또는 재설계에 드는 높은 비용을 피하기 위해 계속 사용되는 오래된 시스템

소프트웨어 통합은 새로운 인프라가 기업의 소위 레거시 시스템이라는 오래된 시스템과 연동하고 인프라의 새로운 요소가 서로 연동하도록 하는 것을 의미한다. **레거시 시스템**(legacy system)은 일반적으로 교체 또는 재설계의 높은 비용을 피하기 위해 계속 사용되는 오래된 시스템을 말한다. 레거시 시스템을 교체하는 데에는 비용이 많이 들며, 최신 인프라에 통합이 가능하더라도 일반적으로는 그럴 필요가 없다.

과거에는 인프라 구성요소를 공급하는 기술 벤더가 다른 벤더의 제품에서는 작동되지 않는, 호환되지 않고 독점적이며 부분적인 솔루션을 고객사에 제공했다. 점점 더 많은 벤더가 고객을 유지하기 위해 서로 전략적 파트너십을 맺고 협력해야 하는 상황에 처해 있다. 예를 들어 IBM과 같은 하드웨어 및 서비스 제공업체는 모든 주요 전사적 소프트웨어 제공업체와 협력하고, 시스템 통합 업체와 전략적 관계를 맺고 있으며, (Db2라는 데이터베이스 관리 소프트웨어를 판매하고 있더라도) 고객사가 사용하고 싶어 하는 데이터 관리 제품이 무엇이 되었건 그 제품을 가지고 작업하기로 약속한다.

또 다른 큰 변화는 기업이 더 많은 IT 인프라를 클라우드 또는 외부 서비스로 이전하고 있으며, 사내에

서 소유 및 관리하는 업무를 훨씬 줄이고 있다는 것이다. 기업의 IT 인프라는 일부분은 소유하고, 일부분은 임대하거나 라이선스를 사용하며, 일부분은 현장에 배치하고, 일부분은 외부 공급업체나 클라우드 서비스를 통해 공급하는 방식으로, 점점 더 구성요소와 서비스가 결합된 형태로 변화될 것이다.

5.3 모바일 플랫폼, 앱, BYOD

컴퓨터 하드웨어와 네트워킹 기술의 폭발적인 성장은 기업이 컴퓨팅 파워를 구성하는 방식을 극적으로 변화시켰으며, 네트워크 및 모바일 장치에 더 많은 능력을 부여하고 더 많은 컴퓨팅 기능을 서비스 형태로 확보할 수 있게 만들었다.

모바일 컴퓨팅 플랫폼

모바일 컴퓨팅 플랫폼은 데스크톱 컴퓨터 및 대형 컴퓨터의 대안으로 부상했다. 아이폰과 안드로인 스마트폰은 데이터 전송, 웹 서핑, 이메일 및 인스턴트 메시지 전송, 디지털 콘텐츠 표시, 내부 기업 시스템과의 데이터 교환을 포함하여 데스크톱 컴퓨터의 많은 기능을 대신했다. 모바일 플랫폼에는 구글 크롬북과 같은 작고 가벼운 서브노트북, 아이패드와 같은 태블릿 컴퓨터, 자동차 인포테인먼트 시스템, 웨어러블 장치, 일부 웹 액세스 기능을 갖춘 킨들과 같은 디지털 전자책 리더기도 포함된다.

스마트폰과 태블릿은 인터넷에 접속하는 주요 수단으로서 소비자 애플리케이션뿐만 비즈니스 컴퓨팅에 점점 더 많이 사용되고 있다. 예를 들어 펩시코의 관리자들은 맞춤형 아이패드를 사용하여 팀의 성과를 모니터링하고, 가격·플래노그램·계약서를 가져오며, 머천다이징과 배송을 조율한다.

최근에는 웨어러블 컴퓨팅 기기가 모바일 플랫폼에 추가되었다. 웨어러블 컴퓨팅 기기에는 스마트워치, 스마트안경, 스마트배지, 활동 추적기가 포함된다. 웨어러블 컴퓨팅 기기는 소비자 용도와 비즈니스 용도를 모두 지원하며, 창고나 현장에서 작업자의 작업 흐름을 방해하지 않고 정보를 전달해줌으로써 생산성을 향상한다.

앱

앱(app)은 인터넷을 통해 액세스할 수 있는 소프트웨어 프로그램이다. 구글은 온라인 서비스를 앱이라고 부른다. 그러나 오늘날 앱에 대해 이야기할 때 사람들의 관심은 모바일 플랫폼용으로 개발된 앱에 집중된다. 이러한 앱은 스마트폰과 다른 모바일 기기를 범용 컴퓨팅 도구로 바꿔준다. 현재 iOS 및 안드로이드 운영체제용 앱은 수백만 개에 달한다.

> **앱**
> 인터넷을 통해 액세스할 수 있는 소프트웨어 프로그램

일부 앱은 한 번 다운로드되면 웹에 액세스하지 않지만 많은 앱은 웹에 액세스하여 기존 웹브라우저보다 온라인 콘텐츠 및 서비스에 더 빠르게 액세스할 수 있는 간소화된 브라우저가 아닌 경로를 제공한다. 오늘날 미국 성인은 휴대전화를 보는 데 하루 평균 4.5시간을 보낸다(Volz, 2024). 이러한 점 때문에 많은 회사는 웹사이트를 앱의 모양, 느낌, 기능을 모방해서 다시 디자인했다.

많은 앱은 무료이거나 기존 소프트웨어보다 훨씬 적은 비용으로 구입할 수 있어 매력을 더한다. 모바일 플랫폼의 성공은 주로 제공하는 앱의 양과 질에 달려 있다. 앱은 고객을 특정 플랫폼에 묶어둔다. 예를 들어 애플 기기의 iOS 운영체제를 사용하는 앱은 안드로이드 기기와 호환되지 않으며, 안드로이드 운영체제를 사용하는 앱은 애플 기기에서 실행할 수 없다. 사용자가 모바일 기기에 점점 더 많은 앱을 추가할수록 경쟁 모바일 플랫폼으로의 전환 비용이 더 증가한다.

가장 자주 다운로드되는 소비자용 앱으로는 게임, 뉴스 및 날씨, 지도/내비게이션, 소셜 미디어, 음악, 동영상/영화, 온라인으로 상품 및 서비스를 검색하고 구매하기 위한 앱을 들 수 있다. 또한 문서를 작성

및 편집하고, 회사 시스템에 연결하고, 회의를 예약 및 참여하고, 배송을 추적하고, 음성메시지를 받아쓸 수 있는 비즈니스 사용자용 앱도 있다.

IT 소비화와 BYOD

BYOD
'bring your own device'의 약자로, 직원이 직장에서 자신의 개인 컴퓨팅 기기를 사용하는 것을 말한다.

IT 소비화
소비자 시장에서 시작되어 비즈니스 조직으로 확산되는 새로운 IT

스마트폰 및 태블릿 컴퓨터를 위한 인기, 사용 편의성, 유용한 애플리케이션의 풍부함으로 인해 직원이 직장에서 자신의 개인 컴퓨팅 장치를 사용할 수 있도록 하는 것에 대한 관심이 높아졌으며, 이는 일반적으로 **BYOD**(bring your own device)라는 현상을 만들어내고 있다. BYOD는 소비자 시장에 처음 등장한 새로운 IT가 비즈니스 조직으로 확산되는 **IT 소비화**(consumerization of IT)의 한 측면이다. IT 소비화에는 개인 모바일 기기뿐만 아니라 구글 검색, 지메일, 구글맵, 드롭박스, 페이스북, 틱톡과 같이 소비자 시장에서 시작된 소프트웨어에 대한 사용도 포함된다.

IT 소비화는 기업이 IT 장비와 서비스를 획득하고 관리하는 방식을 재고하도록 강요하고 있다. 그동안 적어도 대기업에서는 IT 부서가 회사의 하드웨어 및 소프트웨어의 선택과 관리를 통제했다. 이를 통해 정보시스템이 보호되고 회사의 목적에 부합하도록 보장되었다. 오늘날 직원과 비즈니스 부서는 기술 선택에서 훨씬 더 큰 역할을 하고 있으며, 많은 경우 직원이 자신의 개인 모바일 기기를 사용하여 회사 네트워크에 액세스할 수 있도록 요구하고 있다. 소비자 기술은 창의성, 협업, 생산성을 촉진하는 새로운 도구를 제공하지만 기업이 관리하고 제어하기는 더 어렵다.

직원이 직장에서 사용하거나 원격으로 작업하기 위해 자신의 기기를 가져오면 IT 부서는 하드웨어에 대한 통제력을 잃을 위험이 있다. 모바일 기기를 관리하기 위한 정책이나 도구가 없으면 조직은 설치되는 앱이나 프로그램, 장치 보안 방법, 또는 다운로드되는 파일을 제어할 수 없다. 누가 어떤 기술에 접속 가능한지를 제어하는 것은 개인정보 침해, 해킹, 기업정보에 대한 무단 접근을 방지하는 중요한 방법이다. 하드웨어를 제어할 수 없다는 것은 취약점이 더 많아진다는 것을 의미한다. 이것이 BYOD의 가장 큰 상충 포인트이다. 즉, BYOD는 직원에게 더 큰 유연성을 제공하는 동시에 회사를 더 많은 위험에 노출시킬 수 있다.

직장에 자신의 기기를 가져온 직원은 오락이나 친구들과의 소통을 위해 그 기기를 사용하고 싶을 수 있다. 문자 메시지, 유튜브 동영상, 페이스북 업데이트 확인의 끝없는 블랙홀에 빨려 들어가기가 매우 쉽다. 즉, 생산성이 저하될 수 있다.

BYOD는 조직 내의 많은 기기를 유지·관리하는 데 사용되는 IT 리소스의 상당부분을 필요로 한다. 모바일 환경은 복잡하며 시장에는 다양한 장치와 운영체제가 있다. 애플의 iOS는 폐쇄형 시스템으로 간주되며 제한된 수의 애플 기기에서만 실행된다. 안드로이드는 세계 스마트폰 시장을 지배하고 있으며, 전 세계적으로 수많은 안드로이드 기반 모델의 기기가 판매되고 있다.

직원이 여러 유형의 모바일 기기와 운영체계로 작업할 수 있도록 허용하는 경우, 회사는 직원이 사용하는 모든 기기를 추적할 수 있는 효과적인 방법이 필요하다. 직원이 회사 정보에 액세스하려면 회사 네트워크가 해당 기기에 연결될 수 있도록 설정되어야 한다. 직원이 이동통신사를 변경하거나, 전화번호를 변경하거나, 새 모바일 기기를 구입하는 등 개인 휴대전화를 변경할 때 기업은 이러한 변경에 대해 직원이 계속해서 생산성을 유지할 수 있도록 빠르고 유연하게 대응해야 한다. 기업은 직원이 어떤 기기를 사용하는지, 그 기기가 어디에 있는지, 그 기기가 사용 중인지, 어떤 소프트웨어가 장착되어 있는지 등을 추적할 수 있는 시스템이 필요하다. 이러한 준비가 되어 있지 않은 기업의 경우 누가 어떤 데이터에 액세스하는지를 추적하는 것은 악몽이 될 수 있다.

모바일 기기로 액세스되는 회사정보를 보호하는 것은 점점 더 어려워지고 있다. 기기가 도난당하거나 침해당하는 경우, 기업은 민감한 정보나 기밀정보가 그 누구에게라도 자유롭게 제공되지 않도록 할 수 있는 방법이 필요하다. 회사의 자산과 데이터가 회사의 물리적 공간과 기계에만 국한되어 있는 경우보다 모빌리티 환경에 존재할 때 더 큰 위험에 처할 수 있다. 회사는 원격으로 그 기기의 데이터를 삭제하거나 암호화함으로써, 그 기기가 도난당하더라도 사용될 수 없도록 하는 기술을 종종 사용한다.

5.4 양자 컴퓨팅과 그린 컴퓨팅

양자 컴퓨팅과 그린 컴퓨팅은 현대의 또 다른 인프라 트렌드이다. 양자 컴퓨팅은 아원자(subatomic) 수준에서 데이터를 처리하여 컴퓨팅 파워를 기하급수적으로 증가시킬 수 있다. 그린 컴퓨팅은 컴퓨터 칩, 시스템, 소프트웨어를 설계하고 사용하는 방식에서 에너지 효율성을 극대화하고 환경에 대한 영향을 최소화하기 위한 방식과 기술로 구성된다.

양자 컴퓨팅

양자 컴퓨팅(quantum computing)은 양자역학의 원리(물질과 빛이 원자 및 아원자 수준에서 어떻게 행동하는지에 대한 과학)를 사용하여 데이터를 표현하고 데이터에 대한 작업을 수행한다. 기존 컴퓨터는 데이터의 비트를 0 또는 1로 처리하지만 둘 다 처리하지는 않는 반면, 양자 컴퓨팅은 아원자 큐비트를 정보의 기본단위로 사용한다. 큐비트는 0, 1 또는 둘 다의 양자상태로 정보를 동시에 전달할 수 있다. 단일 큐비트는 두 가지 계산을 동시에 수행할 수 있고, 2개의 큐비트는 네 가지 계산을, 3개의 큐비트는 여덟 가지 계산을 수행할 수 있으며, 이러한 방식으로 큐비트가 추가될 때마다 처리 능력이 기하급수적으로 증가한다. 상대적으로 적은 수의 큐비트로도 양자 컴퓨터는 오늘날 가장 강력한 슈퍼컴퓨터를 능가할 수 있다. 양자 컴퓨터는 한 번에 여러 상태에 있을 수 있는 이러한 기능을 통해 엄청난 처리 능력을 발휘할 수 있으며, 오늘날의 고성능 컴퓨터보다 수백만 배 더 빠르게 일부 과학 및 비즈니스 문제를 해결할 수 있다.

양자 컴퓨팅
데이터를 표현하고 데이터에 대한 작업을 수행하기 위해 양자 역학의 원리를 사용한다.

현재 양자 컴퓨팅의 선두주자는 IBM이다. IBM은 최근 양자 시스템에서 양자상태의 손실로 이어지는 현상인 비응집(decoherence)을 줄여 오류 수정을 개선하는 모듈형 양자 컴퓨터인 Quantum System Two를 출시했다. IBM은 2033년까지 10만 큐비트 양자 시스템을 생산하고자 한다. 마이크로소프트 애저(Microsoft Azure)는 양자 하드웨어, 시뮬레이터, 개발 도구에 대한 액세스를 통해 양자 컴퓨팅을 위한 포괄적인 도구 및 리소스 집합을 제공하여 사용자가 양자 컴퓨팅 도구 및 알고리즘을 실험할 수 있도록 해준다. 구글은 10년 이내에 100만 큐비트의 양자 시스템 구축을 목표로 하고 있다. 구글 Quantum AI의 오픈소스 라이브러리 서크(Cirq)는 단기적인 양자 컴퓨터를 위한 양자 알고리즘을 개발하도록 설계되었다. 양자 컴퓨팅 프로젝트를 진행하고 있는 다른 선도기업은 롤스로이스(Rolls-Royce), 딜로이트(Deloitte), 로슈(Roche), 후지쯔(Fujitsu), JP모건체이스(JPMorgan Chase), BMW 등이다.

양자 컴퓨터가 제대로 실행되려면 상당한 양의 에너지와 냉각이 필요하다. 양자 컴퓨팅 하드웨어는 대부분 초전도 프로세서를 특정과 냉각온도로 유지하는 냉각 시스템으로 구성된다. 예를 들어 IBM은 냉각유체를 사용하여 양자 준비 시스템을 섭씨 −273°C로 유지했다. 이 초저온에서 전자는 초전도체를 통해 흐를 수 있다.

양자 컴퓨팅의 이점과 한계

양자 컴퓨팅의 이점과 한계는 양자 컴퓨터를 다루기 어려운 이유를 이해하는 데 도움을 준다(표 5.2 참조). 오늘날 대부분의 양자 컴퓨팅 프로젝트는 여전히 실험적 단계에 있다. 그러나 한 가지 예외가 있는데, 그것은 바로 2011년에 세계 최초의 상용 양자 컴퓨터로 출시된 D-Wave이다. D-Wave는 실제 작업

표 5.2 양자 컴퓨팅의 이점과 한계

양자 컴퓨팅의 이점	설명
속도	양자 컴퓨터는 기존 컴퓨터보다 최대 158배 빠르다.
더 복잡한 문제 해결 능력	양자 컴퓨터는 여러 복잡한 계산을 동시에 수행하도록 설계되었다. 암호해독 기술 개발에 유용하다.
시뮬레이션	양자 컴퓨터는 기존 컴퓨터보다 더 복잡한 시뮬레이션을 실행할 수 있고 더욱 정교한 시스템을 시뮬레이션할 수 있다.
최적화	양자 컴퓨팅은 방대한 양의 복잡한 데이터를 처리할 수 있어 AI와 머신러닝을 훨씬 더 강력하게 만들 수 있다.
양자 컴퓨팅의 한계	**설명**
매우 높은 에너지 및 자원 요구량	양자 컴퓨터는 제대로 작동하려면 상당한 양의 에너지와 냉각이 필요하다. 양자 컴퓨팅 냉각 시스템은 전자가 자유롭게 흐를 수 있도록 초전도 프로세서를 과냉각 상태로 유지해야 한다. (IBM은 양자 시스템을 −273°C까지 냉각한다.)
오류 수정	큐비트는 양자 컴퓨팅에서 중요한 기존의 오류 수정 기능을 사용할 수 없다. 계산 과정에서 단 하나의 오류도 전체 계산의 유효성에 영향을 미칠 수 있다. 연구원들은 양자 오류 수정 알고리즘을 개발하고 있다.
간섭	양자 시스템에 아주 작은 교란이라도 발생하면 양자 계산이 중단될 수 있다. 양자 컴퓨터는 계산 과정 동안 모든 외부 간섭으로부터 완전히 격리되어야 한다.
출력 준수	양자 계산이 완료된 후 출력 데이터를 조회하면 데이터가 손상될 위험이 있다. 이 문제를 해결하기 위해 데이터베이스 검색 알고리즘이 개발되고 있다.
보안	양자 컴퓨팅은 거의 모든 디지털 거래를 가능하게 하는 현재의 고전적인 암호화 프로토콜에 심각한 위협을 가할 수 있다. 향후 수년 내에 공개키 암호화와 같이 널리 사용되는 데이터 암호화 메커니즘이 취약해질 수 있다.

환경에서 사용할 수 있는 양자 애플리케이션뿐만 아니라 이러한 양자 애플리케이션을 구축하기 위한 도구 및 서비스 개발에도 앞장서왔다. D-Wave 고객은 물류, 포트폴리오 최적화, 신약 개발, 스케줄링, 오류 감지, 교통관리, 공급사슬관리를 위한 양자 컴퓨팅 솔루션을 개발하고 있다.

그린 컴퓨팅

그린 컴퓨팅
환경에 대한 영향을 최소화하기 위해 컴퓨터 및 기타 IT 장비를 설계, 제조, 사용, 폐기하는 방법과 기술로, 그린 IT라고도 한다.

데이터 센터
컴퓨터 시스템과 통신, 스토리지, 보안 시스템, 백업 전원 공급장치 등 관련 구성 요소를 수용하는 시설

그린 컴퓨팅(green computing, 그린 IT라고도 함)은 환경에 미치는 영향을 최소화하기 위해 컴퓨터 및 기타 IT 장비를 설계, 제조, 사용, 폐기하는 작업과 기술을 의미한다. 컴퓨터 전력 소비를 줄이는 것은 매우 중요한 친환경 우선순위로 여겨져왔다. **데이터 센터**(data center)는 컴퓨터 시스템 및 통신, 저장장치, 보안시스템, 백업 전원 공급장치와 같은 관련 구성요소를 수용하는 시설로서 일반 사무실 건물보다 100배 이상의 전력을 소비할 수 있다. 이러한 모든 전력 소비는 온실가스 배출량을 증가시키고 기업의 운영 비용도 증가시킨다.

최근에 데이터 센터는 에너지 효율성을 염두에 두고 설계되고 있으며, 최첨단의 공랭식 기술, 에너지 효율적인 장비 및 기타 에너지 절약 방법을 사용하고 있다. 기업은 데이터 센터를 온프레미스 환경에서 클라우드 컴퓨팅으로 이동하여 추가적인 효율성을 달성하고 있다. 마이크로소프트, 구글, 메타, 애플과 같은 대기업은 풍력 및 수력 발전을 광범위하게 사용하는 등 청정에너지를 통해 데이터 센터를 가동함으로써 탄소 배출을 줄이기 시작했다. 이 장의 사례 연구는 이러한 주제에 대한 자세한 내용을 설명하고, 자원을 많이 소모하는 AI 애플리케이션으로 인해 제기되는 지속가능성 과제를 제시한다.

전자폐기물
모든 종류의 최종 폐기된 전자장비

표 5.3은 에너지 사용량, 탄소 배출, 전자폐기물을 줄이기 위한 친환경 컴퓨팅 활용에 대한 자세한 내용을 제공한다. **전자폐기물**(e-waste, electronic waste)은 컴퓨터 및 통신장비, 가전제품, 엔터테인먼트 및 소비자 전자장비, 전기로 구동되는 기타 장비와 같이 최종적으로 폐기되는 모든 유형의 전자장비를 말한다.

표 5.3 그린 컴퓨팅 시행의 예

그린 컴퓨팅 시행	설명
에너지 효율적인 하드웨어	전력 소비와 탄소 배출량을 줄이는 에너지 효율적인 컴퓨터와 데이터 센터. 스마트폰을 포함한 모든 크기의 에너지 효율적인 컴퓨팅 기기. 전력 소비를 최소화하는 AMD Ryzen 프로세서와 같은 에너지 효율적인 마이크로프로세서가 포함된다.
전자폐기물 제거	연방, 주, 지방 규정에 따라 전자폐기물을 재활용하고 폐기한다.
냉난방 및 전기 시스템 최적화	사물인터넷 센서와 AI를 사용하여 데이터 센터 또는 사업장의 전력 사용 정보를 수집 및 분석하며 냉난방 및 전기 시스템을 자율적으로 관리하고 최적화한다.
대체 에너지원 및 냉각 방식 사용	풍력 및 수력 발전과 같은 대체 에너지원과 지열 냉각 및 기타 새로운 데이터 센터 냉각 방식을 사용한다.
지속가능한 소프트웨어 사용 및 개발	탄소 회계 및 탄소 관리 소프트웨어와 같은 지속가능성 및 ESG 보고 소프트웨어와 환경관리 소프트웨어가 포함된다. 또한 알고리즘 최적화, 코드 복잡성 감소, 컴퓨팅 자원 사용 최소화와 같은 친환경 코딩 방식을 활용하여 에너지 소모가 적은 지속가능한 소프트웨어 애플리케이션을 정의, 구축, 실행하는 지속가능한 소프트웨어 엔지니어링 방식을 포함한다.
원격 근무 지원	원격 근무는 출퇴근하는 사람의 수와 이동으로 인한 탄소 배출량을 줄인다. 또한 원격 근무는 현장 업무를 위해 건물을 유지·관리하는 데 따른 탄소 배출량도 줄인다.
서버 가상화	하나의 물리적 서버에서 여러 가상머신을 작동하여 여러 대의 서버에 대한 필요성을 줄인다. 서버 용량을 보다 효율적으로 사용하면 에너지 사용량과 탄소 배출량이 감소한다.

5.5 가상화와 클라우드 컴퓨팅

가상화는 특수한 소프트웨어를 사용하여 단일의 물리적 컴퓨터에서 서버, 스토리지, 네트워크, 기타 물리적 장치의 가상 표현을 생성하여 클라우드 컴퓨팅의 기반을 제공한다.

가상화

가상화(virtualization)란 컴퓨팅 자원(컴퓨팅 전력이나 데이터 저장장치)이 물리적 구성이나 지리적 위치에 제한되지 않는 방식으로 접근될 수 있도록 하는 방식을 의미한다. 가상화는 사용자에게 하나의 물리적 자원(서버, 저장장치 등)을 여러 개의 논리적 자원으로 보여준다. 예를 들어 서버나 메인프레임은 하나의 운영체제가 여러 기계에서 따로 돌아가는 것처럼 작동할 수 있다. 각 가상서버는 소프트웨어 프로그램에서 실제 물리적 서버처럼 보이며, 여러 가상서버가 단일 머신에서 병렬로 실행될 수 있다. VMware는 윈도우 및 리눅스 서버용 가상화 소프트웨어 분야의 선두적인 공급업체이다.

가상화
물리적 구성이나 지리적 위치에 의해 제한되지 않는 방식으로 액세스할 수 있도록 일련의 컴퓨팅 자원을 제공하는 방법

서버 가상화는 여러 개의 시스템을 하나의 물리적 기계에서 가동함으로써 비용을 절감할 수 있는 방법으로서, 최근 일반적으로 사용되는 방법이다. 대부분의 서버는 용량의 15~20%만 사용하지만, 가상화를 통해 서버의 가동률을 70% 이상으로 높일 수 있다. 가동률이 높을수록 동일한 양의 작업을 처리하는 데 필요한 컴퓨터 수가 줄어들고, 이에 따라 컴퓨터를 수용할 데이터 센터 공간이 줄어들며, 결국 에너지 사용량도 줄어든다. 또한 가상화는 하드웨어 관리의 중앙집중화 및 통합을 용이하게 해준다.

또한 가상화는 **소프트웨어 정의 스토리지**(software-defined storage, SDS)처럼 여러 물리적 리소스(예: 스토리지 장치 또는 서버)를 하나의 논리적 리소스로 나타낼 수 있도록 해준다. 소프트웨어 정의 스토리지는 데이터 스토리지를 관리하는 소프트웨어와 물리적 스토리지 하드웨어를 분리하는 스토리지 아키텍처이다. 기업은 소프트웨어를 사용하여 여러 스토리지 인프라리 소스를 풀링하고 정리하여 특정 애플리케이션 요구사항에 맞게 효율적으로 할당할 수 있다. 기업은 SDS를 통해 값비싼 스토리지 하드웨어를 저렴한 상용 하드웨어 및 클라우드 스토리지 하드웨어로 교체할 수 있으며, 따라서 스토리지 리소스의 과소 또는 과다 활용이 감소될 것이다.

소프트웨어 정의 스토리지(SDS)
데이터 스토리지 관리용 소프트웨어를 물리적 스토리지 하드웨어에서 분리하는 스토리지 아키텍처

클라우드 컴퓨팅과 가상화

앞에서 서버 가상화에 대해 설명했듯이 가상화는 사용자가 동일한 물리적 리소스 내에서 별도의 컴퓨팅 환경을 만들 수 있도록 해줌으로써 클라우드 컴퓨팅에서 중요한 역할을 한다. 이와 같이 물리적 리소스를 논리적 리소스로 재구성할 수 있는 역량은 스토리지, 컴퓨팅, IT 인프라의 네트워크 계층 전반에 걸쳐 리소스 할당, 배포 및 유연성을 개선해준다. 또한 가상화는 가상머신 간에 하드웨어 및 소프트웨어 리소스를 공유할 수 있도록 해줌으로써 효율성, 비용 절감, 확장성을 향상한다.

최근 기업과 개인은 가상화된 IT 인프라를 이용하여 원거리에서 모든 컴퓨팅 작업을 수행할 수 있는데, 클라우드 컴퓨팅이 바로 그러한 경우이다. **클라우드 컴퓨팅**(cloud computing)은 기업과 개인이 컴퓨터 프로세싱, 스토리지, 소프트웨어, 여타 서비스를 네트워크(주로 인터넷)를 통해 하나의 가상화된 자원의 풀(pool)로 제공하는 컴퓨팅 모델이다. 이러한 컴퓨팅 자원의 '클라우드'는 이와 연결된 어떠한 기기와 장소에서라도 필요할 때 바로 접속할 수 있다. 그림 5.5는 클라우드 컴퓨팅의 개념을 보여준다.

클라우드 컴퓨팅
컴퓨터 처리, 저장, 소프트웨어, 여타 서비스를 네트워크(주로 인터넷)를 통해 하나의 가상화된 자원의 풀로 제공하는 컴퓨팅 모델

그림 5.5 클라우드 컴퓨팅 플랫폼

클라우드 컴퓨팅 환경에서는 하드웨어와 소프트웨어 기능이 가상화된 자원의 집합으로서 네트워크(주로 인터넷)를 통해 제공된다. 기업과 직원은 언제 어디서든 그리고 어떤 기기를 통해서든 애플리케이션과 IT 인프라에 접근할 수 있다.

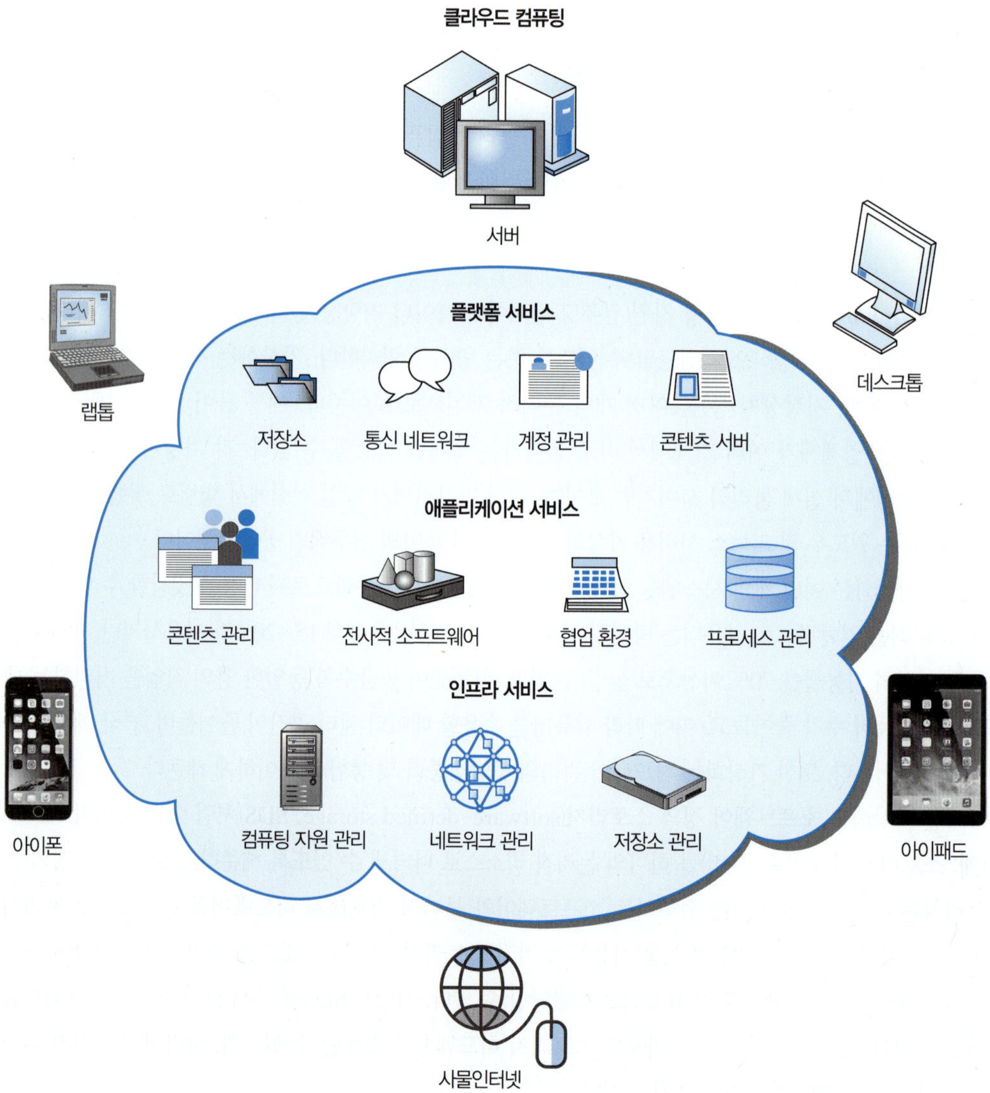

미국국립표준기술원(National Institute of Standards and Technology, NIST)은 클라우드 컴퓨팅을 다음과 같은 특성을 지닌 컴퓨팅으로 정의했다(Mell and Grance, 2009).

- **온디맨드 셀프서비스**(on-demand self-service): 사람들은 자신만의 서버타임이나 네트워크 저장소와 같은 컴퓨팅 역량을 얻을 수 있다.
- **유비쿼터스 네트워크 서비스**(ubiquitous network access): 클라우드 자원은 사람들이 모바일 플랫폼을 포함한 표준 네트워크 및 인터넷 기기를 이용하여 접근할 수 있다.
- **위치독립적 리소스 풀링**(location-independent resource pooling): 사용자 요구에 따라 다이내믹하게 할당된 상이한 가상 리소스를 여러 사용자에게 제공할 수 있도록 한곳에 결합시키는 것이다. 일반적으로 사용자는 컴퓨팅 자원이 있는 곳을 모른다.
- **신속한 탄력성**(rapid elasticity): 컴퓨팅 자원은 사용자 요구의 변화를 만족시키기 위해 신속하게 공급되거나 증가 또는 감소될 수 있다.
- **측정되는 서비스**(measured service): 클라우드 리소스는 실제 사용되는 리소스의 양을 기반으로 청구된다.

클라우드 컴퓨팅은 다음과 같은 세 가지 서비스 유형으로 구성된다.

- **서비스형 인프라스트럭처**(infrastructure as a service, IaaS): 고객은 프로세싱, 저장, 네트워킹, 클라우드 서비스 제공자로부터 제공되는 여타의 컴퓨팅 자원을 활용하여 자신의 정보시스템을 가동한다. 예를 들어 아마존은 IT 인프라의 여유 능력을 활용하여 IT 인프라 서비스를 판매하는 폭넓은 기반의 클라우드 환경을 제공한다. 이러한 환경으로는 고객 데이터를 저장하기 위한 S3(Simple Storage Service)와 EC2(Elastic Compute Cloud) 애플리케이션을 가동하기 위한 서비스를 들 수 있다. 사용자는 실제 사용한 컴퓨팅 및 스토리지 리소스의 양에 대해서만 비용을 지불한다. 그림 5.6은 아마존 웹서비스(AWS)가 제공하는 다양한 서비스를 보여준다.

서비스형 인프라스트럭처(IaaS)
클라우드 서비스 제공업체로부터 프로비저닝된 컴퓨팅 인프라를 유지·관리하고 운영하며, 사용자는 실제로 사용한 컴퓨팅 및 스토리지 리소스의 양에 대해서만 비용을 지불한다.

그림 5.6 아마존웹서비스(AWS)
세계 최대 규모의 클라우드 컴퓨팅 서비스 제공업체인 AWS는 아마존의 클라우드 플랫폼 사용자에게 다양한 웹서비스를 제공한다.

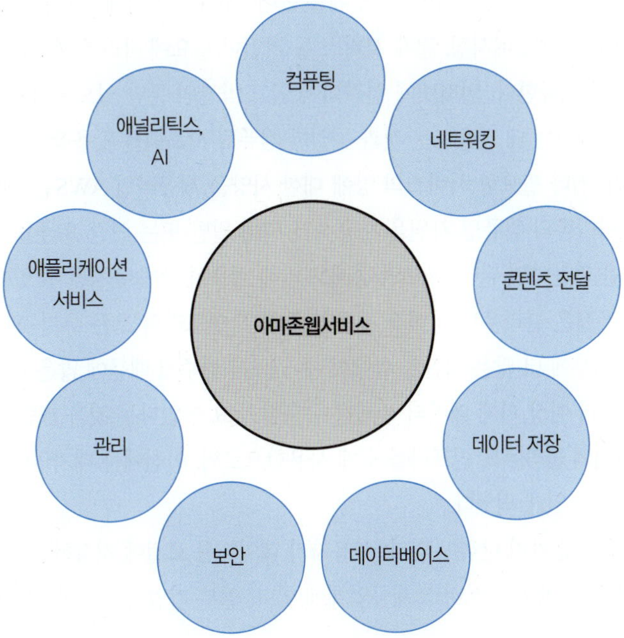

서비스형 소프트웨어(SaaS)
공급업체가 공급업체의 클라우드 인프라에서 호스팅하고 웹브라우저를 통해 소프트웨어에 액세스하는 사용자에게 구독료 기반으로 서비스 형태로 제공되는 소프트웨어로, 데이터와 소프트웨어는 공급업체의 원격 서버에서 유지·관리된다.

- **서비스형 소프트웨어**(software as a service, SaaS): 고객은 공급업체의 클라우드 인프라에서 공급업체가 호스팅하고 네트워크를 통해 서비스로 제공되는 소프트웨어를 사용한다. 공급업체는 일반적으로 사용자에게 구독료를 부과하지만, 간소화된 무료 버전을 제공할 수도 있다. 사용자는 웹브라우저에서 이러한 애플리케이션에 액세스하며 데이터와 소프트웨어는 공급업체의 원격 서버에서 유지·관리된다. SaaS의 대표적인 예로는 구글 워크스페이스, 마이크로소프트 365, 데스크톱 생산성 및 협업을 위한 관련 소프트웨어 서비스가 있다. 이들은 소비자에게 가장 인기 있는 소프트웨어 서비스 중 하나이지만 기업에서도 점점 더 많이 사용되고 있다. 세일즈포스는 기업용 SaaS 분야의 선도적인 공급업체이다. 세일즈포스는 고객관계관리(CRM) 및 기타 애플리케이션 소프트웨어 솔루션을 라이선스가 부여되고 인터넷을 통해 제공되는 소프트웨어 서비스 형태로 사용자에게 제공한다. 세일즈포스의 판매 및 서비스 클라우드는 판매 및 고객 서비스 개선을 위한 애플리케이션을 제공한다.

서비스형 플랫폼(PaaS)
고객이 일반적으로 애플리케이션 개발과 관련된 인프라를 구축 및 유지·관리할 필요 없이 애플리케이션을 개발, 실행, 관리할 수 있도록 하는 인프라 및 프로그래밍 도구를 제공하는 플랫폼

- **서비스형 플랫폼**(platform as a service, PaaS): 고객은 클라우드 서비스 공급자가 지원하는 인프라 및 프로그래밍 도구를 사용하여 자체 애플리케이션을 개발한다. 예를 들어 마이크로소프트는 자사의 애저 클라우드 서비스를 통해 소프트웨어 개발 및 테스트를 위한 PaaS 도구와 서비스를 제공하고 있다. 또 다른 예로는 세일즈포스의 세일즈포스 플랫폼(Salesforce Platform)을 들 수 있다. 세일즈포스 플랫폼은 사용자에게 새로운 소프트웨어를 만드는 데 필요한 별도의 인프라를 이용하지 않고도 애플리케이션을 개발, 실행, 관리할 수 있는 기능을 제공한다. 이는 사용자가 세일즈포스의 데이터 센터 인프라에서 새로운 애플리케이션을 구축하고 클라우드에서 실행하는 데 필요한 일련의 개발 도구와 IT 서비스를 제공한다. 또한 세일즈포스는 세일즈포스 플랫폼에서 가동되는 타사 애플리케이션을 위한 온라인 마켓플레이스 앱익스체인지(AppExchange)를 통해 다른 독립개발자의 소프트웨어를 제공한다.

클라우드 컴퓨팅은 소규모 인터넷 신생기업부터 월마트, 페덱스와 같은 기존 회사에 이르기까지 모든 규모의 기업에 저렴하고 합리적인 선택지가 되었다. 에지델타(Edge Delta) 보고서에 따르면 전 세계 기업의 90% 이상이 마이크로소프트 365나 세일즈포스와 같은 클라우드 소프트웨어 서비스와 온프레미스 데이터 센터를 대체하는 완전한 클라우드 컴퓨팅 인프라 등 어떤 형태로든 클라우드 서비스를 이용하고 있다(Edge Delta, 2024).

클라우드 컴퓨팅에는 여러 가지 장점이 있다. 예를 들어 AWS는 기업에 유연한 컴퓨팅 파워 및 데이터 스토리지는 물론 데이터 관리, 메시징, 결제 서비스 등 기업이 필요에 따라 함께 또는 개별적으로 사용할 수 있는 여러 서비스를 제공한다. 인터넷에 연결되어 있고 약간의 돈만 있으면 누구나 아마존이 자신의 리테일 비즈니스를 운영하는 데 사용하는 것과 동일한 컴퓨팅 시스템을 활용할 수 있다. 고객이 서버 공간, 대역폭, 스토리지, 기타 필요한 서비스의 양에 대한 사양을 제공하면 AWS는 해당 리소스를 자동으로 할당할 수 있다. 아마존의 컴퓨팅 자원을 사용하기 위해 월별 또는 연간 요금을 지불할 필요가 없고, 사용한 만큼만 비용을 지불하면 된다. 규모의 경제로 인해 비용이 낮게 유지될 수 있다.

또한 클라우드 컴퓨팅은 클라우드 서비스 제공업체가 IT 인프라의 모든 유지·관리 업무를 처리하여 고객사가 더 중요한 업무에 더 많은 시간을 할애할 수 있도록 해주기 때문에 많은 기업에 매력적이다. 스타트업과 중소기업은 더 이상 자체 데이터 센터를 구축할 필요가 없다는 것을 깨닫고 있다. 이러한 기업은 아마존과 같은 기업의 클라우드 인프라를 쉽게 사용함으로써, 이전에는 대기업에서만 이용할 수 있었던 기술역량을 활용할 수 있게 되었다.

클라우드 컴퓨팅에는 몇 가지 단점이 있다. 사용자가 데이터를 로컬에 저장하도록 설정하지 않으면 데이터 저장 및 제어에 대한 책임이 서비스 제공업체에 있다. 일부 기업은 중요한 데이터와 시스템을 외부

의 협력 공급업체에 맡기는 것에 대해 보안 위험을 우려한다. 기업은 자사 시스템을 연중무휴 24시간 사용할 수 있기를 기대하며, 클라우드 인프라에 장애가 발생하더라도 비즈니스 역량에 차질이 생기지 않기를 바란다. 그럼에도 불구하고 기업은 더 많은 컴퓨터 처리 및 스토리지 기능을 클라우드 인프라로 이전하는 추세이다. IT 리소스와 예산이 부족한 스타트업과 중소기업에게는 퍼블릭 클라우드 서비스가 특히 유용할 것이다.

클라우드 컴퓨팅 모델은 다양하다. **퍼블릭 클라우드**(public cloud)는 AWS와 같은 클라우드 서비스 제공업체가 소유하고 관리하며, 조직과 일반 대중에게 제공된다. 퍼블릭 클라우드 서비스는 공개정보와 제품 설명이 있는 웹사이트, 일회성 대규모 컴퓨팅 프로젝트, 새로운 애플리케이션 개발 및 테스트, 데이터·음악·사진 온라인 저장과 같은 소비자 서비스에 주로 사용된다. 이러한 소비자 퍼블릭 클라우드 서비스의 대표적인 예로는 구글 드라이브, 드롭박스, 애플 아이클라우드(Apple iCloud)를 들 수 있다.

퍼블릭 클라우드
클라우드 서비스 공급자가 클라우드 인프라를 소유 및 유지·관리하고 조직과 일반 대중이 사용할 수 있도록 하는 클라우드 컴퓨팅 모델

프라이빗 클라우드(private cloud)는 하나의 조직만을 위해 운영된다. 사용조직 또는 제삼자에 의해 관리되고 내부 또는 외부에서 호스팅될 수 있다. 퍼블릭 클라우드와 마찬가지로 프라이빗 클라우드는 스토리지, 컴퓨팅 에너지 또는 기타 리소스를 연속적으로 할당하여 컴퓨팅 자원을 니즈 기반으로 제공할 수 있다. 자체적인 IT 인프라에 대한 통제를 유지하면서도 유연한 IT 자원과 클라우드 서비스 모델을 원하는 기업의 입장에서는 이러한 프라이빗 클라우드에 대한 관심이 점점 고조되고 있다.

프라이빗 클라우드
단일 조직의 이익을 위해서만 클라우드 인프라를 운영하는 클라우드 컴퓨팅 모델

산업용 클라우드 플랫폼(industry cloud platform, 수직 클라우드 플랫폼이라고도 함)은 의료, 금융, 제조와 같은 특정 산업의 요구사항을 충족하는 특화된 클라우드 서비스를 제공한다. 다양한 유형의 비즈니스에서 사용할 수 있는 다양한 애플리케이션을 위한 광범위한 도구와 서비스를 제공하는 일반 퍼블릭 클라우드와 달리, 산업 클라우드는 특정 분야에 맞춰져 있다. 예를 들어 세일즈포스는 정부, 교육, 의료, 에너지 및 공공 서비스, 금융 서비스를 위한 산업 클라우드를 포함하여 다양한 산업별 클라우드를 제공한다.

산업용 클라우드 플랫폼
의료, 금융, 제조 등 특정 산업의 특정 요구사항을 충족하기 위해 전문적인 클라우드 서비스를 제공하는 클라우드 컴퓨팅 모델로, 수직형 클라우드 플랫폼이라고도 한다.

퍼블릭 클라우드를 사용하는 조직은 인프라를 소유하지 않기 때문에 자체 하드웨어 및 소프트웨어에 많은 투자를 할 필요가 없다. 대신 원격공급자로부터 컴퓨팅 서비스를 구매하고 실제로 사용하는 컴퓨팅 자원에 대해서만 비용을 지불하면 된다. 이러한 방식의 서비스는 **온디맨드 컴퓨팅**(on-demand computing)이라고도 불린다.

온디맨드 컴퓨팅
원격 공급자로부터 컴퓨팅 서비스를 구매하고 실제로 사용한 컴퓨팅 자원에 대해서만 비용을 지불하는 서비스

클라우드 컴퓨팅은 IT를 구매하고 소유하는 것보다 저렴하면서도 유연한 대안으로 여겨지지만 항상 그런 것은 아니다. 대기업의 경우, 1만 명 이상의 직원에 대해 퍼블릭 클라우드 제공업체에 월별 서비스 요금을 지불하는 것이 회사가 자체 IT 인프라와 직원을 유지하는 것보다 실제로 더 비쌀 수 있다. 또한 기업은 사용량 기반(pay-per-use) 모델을 사용함으로써 발생할 수 있는 예상치 못한 '비용 폭주'에 대해 걱정해야 할 수도 있다. 클라우드 서비스를 기존 IT 인프라와 통합하는 과정에서 오류, 잘못된 관리 또는 비정상적으로 많은 양의 웹트래픽 등이 클라우드 서비스 사용자에게 더 많은 비용을 발생시킬 수 있다. 조직이 자체 IT 인프라를 클라우드 기반으로 전환하기로 결정하는 경우, 애플리케이션은 대대적인 업그레이드나 폐기 및 교체가 필요하게 될 수도 있다.

많은 대기업이 컴퓨팅을 점점 더 많이 클라우드로 이전하고는 있지만, 완전히 이전하지는 못하고 있다. 레거시 시스템은 전환하기가 매우 어렵다. 대부분의 중견기업 및 대기업은 하이브리드 접근 방식을 선호한다. 최고의 클라우드 제공업체(아마존, 구글, 마이크로소프트, IBM)조차도 일부 용도로는 자신의 퍼블릭 클라우드 서비스를 사용하지만 특정 기능에 대해서는 여전히 프라이빗 서버를 사용하고 있다. 신뢰성, 보안 그리고 변화에 따르는 리스크에 대한 우려로 중요한 컴퓨팅 작업을 퍼블릭 클라우드로 완전히 이전하는 것은 이들에게도 어려운 일이다.

표 5.4 클라우드 컴퓨팅 모델 비교

클라우드 유형	설명	관리 주체	사용자
퍼블릭 클라우드	대중이 사용할 수 있는 컴퓨팅, 저장공간, 소프트웨어와 같은 서비스를 다수의 고객에게 제공하는 제삼자 서비스	외부 서비스 공급자	정보보호 걱정이 크지 않은 기업, IT 서비스에 대해 사용량만큼만 지불하고자 하는 기업, IT 자원 및 전문 지식이 부족한 기업
프라이빗 클라우드	하나의 조직만을 위해 운용되고 내부 또는 외부에서 호스팅되는 클라우드 인프라	내부 IT 그룹 또는 외부 사설 호스팅 업체	정보보호가 중요하고 보안 요구사항이 필요한 기업, 데이터에 대한 통제 권한이 있어야 하는 기업
하이브리드 클라우드	별도로 유지되는 프라이빗 클라우드 서비스와 퍼블릭 클라우드 서비스의 조합	내부 IT 그룹, 외부 사설 호스팅 업체, 외부 서비스 공급자	IT에 대한 내부 통제력을 필요로 하면서도 IT 인프라의 일부는 퍼블릭 클라우드로 사용하고자 하는 기업

하이브리드 클라우드
기업이 가장 중요한 핵심 활동을 위해 자체 IT 인프라를 사용하고 덜 중요한 시스템이나 추가 처리 용량을 위해 공용 클라우드 컴퓨팅을 사용하는 컴퓨팅 모델

대기업은 가장 중요한 핵심 활동에 대해서는 자체 인프라를 사용하고 상대적으로 덜 중요한 시스템이나 성수기 동안의 추가적인 처리 능력 확보를 위해서는 퍼블릭 클라우드 컴퓨팅을 사용하는 **하이브리드 클라우드**(hybrid cloud) 컴퓨팅 모델을 채택할 가능성이 가장 높다. 표 5.4는 클라우드 컴퓨팅 모델의 세 가지 주요 유형을 비교하여 보여준다. 클라우드 컴퓨팅은 기업이 고정된 인프라 역량을 보유하는 방식에서 점차 더 유연한 인프라로 전환하도록 만들 것이며, 이러한 인프라 중 일부는 기업이 소유하고 일부는 클라우드 서비스 제공업체가 제공하게 될 것이다.

클라우드 AI 서비스

아마존, 마이크로소프트 애저, 구글 클라우드 플랫폼, 세일즈포스와 주요 클라우드 컴퓨팅 공급업체는 모두 다양한 AI 서비스를 제공한다. 표 5.5는 이들의 강점과 기능을 비교한 것이다.

에지 컴퓨팅

에지 컴퓨팅
데이터 소스에서 가까운 네트워크 말단의 서버들에서 일부 데이터 처리를 수행하여 클라우드 컴퓨팅 시스템을 최적화하는 방법

모든 랩톱, 스마트폰, 태블릿, 무선센서 네트워크, 로컬 온프레미스 서버를 클라우드 컴퓨팅 시스템(이러한 기기의 모든 데이터를 처리하기 위해 단일의 중앙 공공 클라우드 데이터 센터와 상호작용함)에서 사용하는 것은 비효율적이며 비용이 많이 들 수 있다. **에지 컴퓨팅**(edge computing)은 데이터 소스에서 가까운 네트워크 말단의 서버에서 일부 데이터 처리를 수행하여 클라우드 컴퓨팅 시스템을 최적화하는 방법이다. 이를 통해 로컬 컴퓨터를 비롯한 여타 기기와 중앙 클라우드 데이터 센터 간의 데이터 흐름을 줄일 수 있다.

표 5.5 주요 클라우드 AI 서비스

클라우드 컴퓨팅 벤더	기능
아마존웹서비스	Amazon SageMaker는 완전 관리형 머신러닝 서비스를 제공한다. 머신러닝 모델을 구축, 학습, 배치하는 도구는 물론 컴퓨터 비전, 자연어 처리 등의 기능도 포함되어 있다.
마이크로소프트 애저	마이크로소프트 애저의 AI 플랫폼은 전사적 솔루션에 중점을 두고 있다. 사전학습된 모델, 인지 서비스, 개발자 도구 등이 제공되며, 기존 마이크로소프트 제품과의 통합에 뛰어나다.
구글 클라우드 플랫폼	머신러닝 연구에서 구글의 전문성을 활용한다. 모델 구축을 간소화하는 AutoML과 인기 있는 오픈소스 머신러닝 라이브러리인 텐서플로(TensorFlow)와 같은 강력한 AI 도구로 유명하다.
세일즈포스	세일즈포스 CRM 플랫폼용으로 특별히 설계된 AI 서비스를 전문적으로 제공한다. 이러한 서비스는 리드 스코어링, 감정 분석과 같은 영업 및 고객 서비스 자동화에 중점을 두고 있다.

에지 컴퓨팅은 센서 또는 기타 사물인터넷 장치가 지속적으로 중앙 클라우드에 연결될 필요가 없을 때 유용하다. 예를 들어 해양의 석유굴착장치에는 시스템이 제대로 작동하는지 확인하기 위해 대량의 데이터를 생성하는 수천 개의 센서가 있을 수 있다. 이 경우 데이터가 생성되자마자 네트워크를 통해 반드시 데이터를 전송할 필요가 없으므로, 로컬 에지 컴퓨팅 시스템은 자신의 공간 안에 그 데이터를 모아놓고 장기저장용 중앙 데이터 센터나 클라우드에 일일보고서를 보낼 수 있을 것이다. 에지 컴퓨팅 시스템은 네트워크를 통해 중요한 데이터만 전송함으로써 네트워크를 통해 전달되는 데이터의 양을 줄인다.

또한 에지 컴퓨팅은 데이터 처리를 위해 네트워크를 통해 원격 데이터 센터나 클라우드로 데이터를 이동할 필요가 없기 때문에 AI 애플리케이션에 필요한 대량의 데이터 전송 및 처리지연을 줄여준다. 이는 금융 서비스나 제조업과 같이 100만분의 몇 초라도 지연되어서는 안 되는 상황에 이상적이다.

5.6 현대 소프트웨어 플랫폼

현대적인 소프트웨어 플랫폼 진화와 관련해서는 다음과 같은 세 가지 주요 주제가 있다.

- 오픈소스 소프트웨어
- Java, HTML, HTML5
- 웹서비스

오픈소스 소프트웨어

오픈소스 소프트웨어(open-source software)는 전 세계 수십만 명의 프로그래머가 참여하는 커뮤니티에 의해 생산된다. 선도적인 오픈소스 전문가 연합단체인 OpenSource.org에 따르면 오픈소스 소프트웨어는 무료이며, 사용자에 의해 수정될 수 있다. 원래의 코드로부터 파생되는 결과물 또한 무료여야 하며, 이러한 소프트웨어는 추가적인 라이선스 없이 사용자에 의해 다시 유포될 수 있다. 정의에 의하면 오픈소스 소프트웨어는 어떠한 특정 운영체제 또는 하드웨어 기술에도 국한되지 않는다.

오픈소스 소프트웨어
무료로 프로그램 코드에 접근할 수 있는 소프트웨어로, 사용자가 프로그램을 향상하거나 오류를 수정하기 위해 프로그램 코드를 수정할 수 있다.

널리 사용되는 오픈소스 소프트웨어 도구는 리눅스 운영체제, 아파치 HTTP 웹 서버, 모질라 파이어폭스 웹브라우저, 아파치 오픈오피스(OpenOffice) 데스크톱 생산성 스위트 등이다. 구글의 안드로이드 모바일 운영체제와 크롬 웹브라우저도 오픈소스 도구를 기반으로 하고 있다. 오픈소스 소프트웨어는 유연성, 안정성, 저렴한 비용, 지속적인 개선 능력 덕분에 주류 소프트웨어 개발 도구로 자리 잡았다. 오픈소스 소프트웨어 개발의 이점에 대한 자세한 내용은 13장에서 확인할 수 있다.

리눅스

가장 잘 알려진 오픈소스 소프트웨어는 리눅스일 것이다. 리눅스는 유닉스와 관련된 운영체제로, 5.2절에서 다루었다. 리눅스는 핀란드 프로그래머인 리누스 토르발즈(Linus Torvalds)가 개발하여 1991년 8월에 처음 공개했다. 리눅스 애플리케이션은 휴대전화, 스마트폰, 넷북, 가전제품 등에 삽입되어 있다. 리눅스는 인터넷에서 다운로드할 수 있는 무료 버전 또는 레드햇(Red Hat)과 같은 공급업체의 도구 및 지원이 포함된 저렴한 상용 버전으로 제공된다. 리눅스는 매우 안정적이고 복원력이 뛰어나다.

리눅스는 모든 주요 하드웨어 플랫폼에서 작동하며 사용자 정의가 매우 용이하다. 리눅스는 다양한 요구에 맞춰 조정할 수 있다. 사용자는 다양한 리눅스 버전 중에서 자신의 특정 목적에 맞는 버전을 선택할 수 있으며, 자신이 원하는 바에 따라 더욱 맞춤화할 수도 있다.

웹 소프트웨어: 자바, HTML, HTML5

자바
운영체제와 프로세서에 독립적인 객체 지향 프로그래밍 언어로, 웹을 위한 대표적인 대화형 프로그래밍 환경으로 자리 잡았다.

자바(Java)는 운영체제 및 프로세서와 독립적인 객체지향 프로그램으로서 웹을 위한 주도적인 쌍방향 프로그래밍 환경이 되고 있다. 자바 플랫폼은 휴대전화, 스마트폰, 자동차, 음악 플레이어, 게임 기계로 결합되다가 결국 쌍방향 콘텐츠와 프로그램별 시청료 납부 방식을 제공할 수 있는 셋톱 케이블 TV 시스템까지 결합되었다. 자바 소프트웨어는 컴퓨터 및 컴퓨팅 장비가 이용하는 특정 마이크로프로세서 또는 운영체제와 무관하게 어떠한 장비에서도 실행될 수 있도록 설계된다. 자바가 사용되는 각각의 컴퓨팅 환경에서 자바 가상머신(Java Virtual Machine)은 자바 프로그래밍 코드를 해석한다. 일단 한 번 작성된 자바 코드는 자바 가상머신이 존재하는 그 어떤 시스템에서도 사용될 수 있다. 자바는 기업 수준에서 조직의 백엔드 거래처리시스템과의 통신이 필요한 보다 복잡한 전자상거래 및 e-비즈니스 애플리케이션에 사용되고 있다.

웹브라우저, HTML, HTML5

웹브라우저
웹페이지를 표시하고 웹 및 기타 인터넷 리소스에 액세스하기 위한 그래픽 사용자 인터페이스를 갖춘 소프트웨어 도구

HTML
텍스트, 그래픽, 동영상, 오디오가 웹페이지에 배치되는 방식을 지정하고 다른 웹페이지 및 개체에 대한 동적 링크를 생성하기 위한 페이지 설명 언어

웹브라우저(web browser)는 웹페이지를 보여주고 여타 인터넷 자원에 접근할 수 있도록 하기 위한 소프트웨어 도구로서 그래픽 사용자 인터페이스(GUI)이므로 사용하기 쉽다. 마이크로소프트의 인터넷익스플로러, 모질라 파이어폭스, 구글 크롬 브라우저가 그 예이다. **HTML**(hypertext markup language)은 텍스트, 그래픽, 동영상, 사운드를 웹페이지에 삽입하고 다른 웹페이지와 객체에 대한 동적 링크를 생성하는 페이지 기술(description) 언어이다. 사용자가 표시된 키워드나 그래픽에 포인터를 갖다대고 클릭하면 동적 링크에 연결된 다른 문서가 즉시 전송된다.

HTML은 원래 많은 글자로 이루어진 정적(static) 문서를 생성하고 링크시키도록 고안되었다. 그러나 오늘날 웹은 정적 문서보다 훨씬 더 교류적이고 상호작용적인 특성이 있으며, 많은 웹페이지는 멀티미디어 요소(이미지, 오디오, 동영상)를 가지고 있다. 제삼자 플러그인 애플리케이션은 표현성이 높은 매체를 웹페이지에 통합하는 역할을 요구받았다. 그러나 이러한 역할은 추가적인 프로그래밍 작업을 필요로 하고 컴퓨터 처리에 부담이 되었다. 이것은 애플이 모바일 단말기에서의 플래시 가동을 중단한 이유 중 하나이다. **HTML5**는 HTML 진화의 산물로서 이미지, 오디오, 동영상, 여타 요소를 프로세서 사용량을 늘리는 추가적인 프로그램 없이도 바로 문서에 삽입할 수 있도록 해줌으로써 이러한 문제를 해결했다. 또한 HTML5는 웹페이지가 데스크톱뿐만 아니라 모바일 단말기 등의 상이한 디스플레이 기기에서 작동되는 것을 더욱 용이하게 해줄 것이고, 웹에서 돌아가는 앱의 데이터 저장소를 지원할 것이다.

HTML5
추가 소프트웨어 없이 이미지, 오디오, 동영상 및 기타 요소를 문서에 직접 포함할 수 있게 해주는 HTML의 최신 버전

자바스크립트
웹페이지를 더욱 동적이고 대화형으로 만들기 위한 핵심 기술

자바스크립트(JavaScript)는 웹페이지를 더욱 동적이고 인터랙티브하게 만드는 또 다른 핵심 기술이다. 자바스크립트는 사용자로부터 입력을 받을 때 컴퓨터가 사용자와 상호작용하는 방법을 컴퓨터에 지시하는 데 사용될 수 있다. 대부분의 웹사이트는 클라이언트 측 페이지 동작을 위해 자바스크립트를 사용하며, 모든 주요 웹브라우저에는 자바스크립트를 매우 빠르게 실행하는 자바스크립트 엔진이 내장되어 있다.

인기 있는 다른 웹 애플리케이션 프로그래밍 도구로는 루비(Ruby)와 파이썬(Python)을 들 수 있다. 루비는 웹 애플리케이션 구축 속도와 용이성이 장점인 객체지향 프로그래밍 언어이며, 명확성이 장점인 파이썬은 클라우드 컴퓨팅 애플리케이션을 구축하는 데 사용되고 있다.

웹서비스

웹서비스
범용 웹 통신 표준 및 언어를 사용하여 서로 정보를 교환하는, 느슨하게 결합된 소프트웨어 구성요소 집합으로, 다양한 조직의 시스템을 연결하거나 같은 조직 내에서 서로 다른 시스템을 연결하는 데 사용된다.

웹서비스(web service)는 범용적인 웹 커뮤니케이션 표준과 언어를 사용하여 서로 정보를 교환하는 소프트웨어 구성요소가 느슨하게 결합된 집합을 의미한다. 웹서비스는 시스템이 기반을 두고 있는 운영체제 또는 프로그래밍 언어와 무관하게 2개의 상이한 시스템 간에 정보를 교환할 수 있으며, 하나의 단일

표 5.6 XML의 예

일반 영어	XML
Subcompact	<AUTOMOBILETYPE=″Subcompact ″>
4 passenger	<PASSENGERUNIT=″PASS ″>4</PASSENGER>
$16,800	<PRICE CURRENCY=″USD ″>$16,800</PRICE>

기업 내에 존재하는 다양한 종류의 시스템을 연결시키는 애플리케이션을 생성하는 데 사용될 수도 있다. 상이한 애플리케이션은 웹서비스를 이용하여 시간 소모적인 기존의 코딩 작업 없이도 표준화된 방식으로 서로 커뮤니케이션할 수 있다.

웹서비스를 위한 기반 기술은 **XML**(extensible markup language)이다. 이 언어는 1996년 월드와이드웹컨소시엄(World Wide Web Consortium, W3C)(웹의 발전을 감독하는 국제기구)이 개발한 웹페이지를 위한 마크업(markup) 언어로서 HTML보다 더욱 강력하고 유연하다. HTML은 데이터가 웹페이지 폼에 표현되어야 하는 방식을 기술하는 데 한계가 있는 반면, XML은 데이터에 대한 표현, 처리, 저장을 수행할 수 있다. XML에서 하나의 숫자는 단순히 숫자가 아니다. XML 태그(tag)는 이 숫자가 가격인지, 날짜인지, 우편번호인지 구체적으로 지정한다. 표 5.6은 XML 문장의 예이다.

XML
HTML보다 더 강력하고 유연한 마크업 언어로, 웹서비스의 기반 기술을 제공한다.

XML은 문서의 콘텐츠 요소의 의미를 나타내기 위해 태그를 부착함으로써 컴퓨터가 자동으로 데이터를 조작하고 해석할 수 있도록 하며, 인간의 간섭 없이 데이터를 운영할 수 있도록 한다. 웹브라우저와 주문 처리 또는 전사적 자원관리(ERP) 소프트웨어와 같은 컴퓨터 프로그램은 데이터를 적용하고 보여주는 데 필요한 프로그램 규칙을 따를 수 있다. XML은 데이터 교환을 위한 표준 포맷을 제공하며, 웹서비스로 하여금 데이터를 하나의 프로세스에서 다른 프로세스로 전달할 수 있도록 한다.

웹서비스는 표준 웹 프로토콜상의 XML 메시지를 통해 커뮤니케이션한다. 기업은 전화번호부에서 필요한 번호를 찾아내듯이 어떤 디렉터리를 통해 웹서비스를 찾아낼 수 있다. 웹 프로토콜을 이용하여 하나의 소프트웨어 애플리케이션은 커뮤니케이션하려는 상이한 애플리케이션 각각에 대해 기존 방식의 프로그래밍 없이도 자유롭게 연결될 수 있다. 모든 사람은 이와 똑같은 표준을 공유한다.

거의 모든 주요 소프트웨어 공급업체는 웹서비스를 사용하여 소프트웨어 애플리케이션을 구축하고 통합하기 위한 도구와 전체 플랫폼을 제공한다. 마이크로소프트는 자사의 .NET 플랫폼에 웹서비스 도구를 통합했다.

달러렌터카(Dollar Rent A Car)의 시스템은 온라인 예약 시스템을 사우스웨스트항공의 웹사이트와 연동하기 위해 웹서비스를 이용하고 있다. 이 두 회사의 시스템은 서로 다른 기술 플랫폼에 기반을 두고 있지만, Southwest.com에서 항공편을 예약하는 사람은 항공사의 웹사이트를 떠나지 않고도 달러렌터카 자동차를 예약할 수 있다. 달러렌터카의 예약 시스템이 사우스웨스트의 정보시스템과 데이터를 공유하도록 애쓰는 대신, 달러렌터카는 마이크로소프트의 .NET 웹서비스를 중개자 역할을 하는 기술로 사용했다. 사우스웨스트의 예약은 웹서비스 프로토콜로 변환되고 난 다음, 달러렌터카의 컴퓨터가 이해할 수 있는 포맷으로 변환된다.

예전에 다른 렌터카 회사는 자신의 정보시스템을 항공사의 웹사이트와 연결했다. 그러나 웹서비스 없이 이러한 연결은 한 번에 하나씩 구축되어야 했다. 그림 5.7은 웹서비스가 달러렌터카의 컴퓨터가 다른 회사의 정보시스템에 별도의 링크를 구축하지 않고도 '통신'할 수 있는 표준 방식을 어떻게 제공하는지를 보여준다. 달러렌터카는 이제 모바일 웹사이트는 물론 소규모 여행사 및 대형 여행 예약 시스템과 직접 연결하는 등 웹서비스의 활용을 확대하고 있다. 새로운 파트너사의 정보시스템이나 모바일 기기마다

그림 5.7 달러렌터카가 웹서비스를 활용하는 방식

달러렌터카는 웹서비스를 이용하여 다른 기업의 정보시스템에 '말하는' 표준 중개 계층을 제공한다. 달러렌터카는 이러한 웹서비스를 이용하여 다른 기업의 정보시스템을 연결할 수 있다.

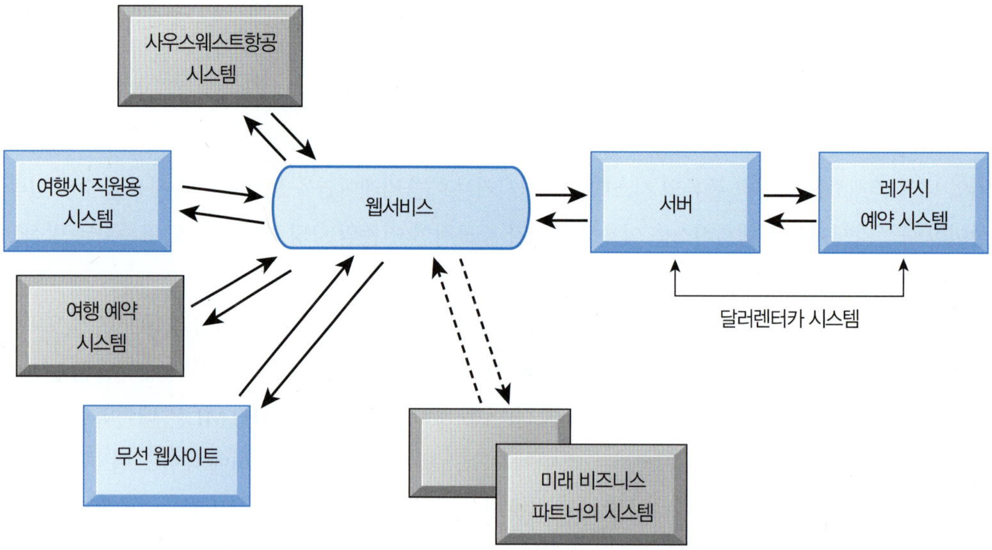

새로운 소프트웨어 코드를 작성할 필요가 없다.

5.7 소프트웨어 획득 방법

오늘날 많은 기업은 비즈니스 요구사항을 충족하지만 교체하는 데 많은 비용이 드는 레거시 시스템을 여전히 운영하고 있다. 그러나 대부분의 기업은 새로운 소프트웨어 애플리케이션이 필요할 때 외부 소스에서 구입하거나 임대할 것이다.

소프트웨어의 외부 소스에는 세 가지가 있다. 상용 소프트웨어 공급업체의 소프트웨어 패키지, 클라우드 기반 소프트웨어 서비스 및 도구(SaaS/PaaS), 외부 공급업체(해외일 수도 있고 아닐 수도 있음)를 통한 맞춤형 애플리케이션 개발 아웃소싱이 그것이다.

소프트웨어 패키지 및 소프트웨어 서비스

소프트웨어 패키지
특정 기능을 위해 소프트웨어 프로그램을 작성할 필요가 없도록 미리 작성되고 코딩되어 상업적으로 이용 가능한 프로그램 세트

소프트웨어 패키지(software package)는 미리 작성된 상용 소프트웨어 프로그램 세트로, 이를 사용하면 급여처리나 주문 처리와 같은 특정 기능을 위해 자체 소프트웨어 프로그램을 개발하지 않아도 된다. 과거에는 소프트웨어 패키지가 일반적으로 상자에 담겨 사용자의 컴퓨터나 사내 네트워크에 직접 설치해야 했다. 그러나 오늘날에는 공급업체 웹사이트에서 소프트웨어를 다운로드하거나 인터넷을 통해 제공되는 클라우드 서비스로 소프트웨어를 이용하고 구독료를 지불하는 경우가 더 많아졌다.

클라우드 기반 소프트웨어 서비스

클라우드 기반 소프트웨어와 그것이 사용하는 데이터는 대형 데이터 센터의 강력한 서버에 의해 호스팅되며, 인터넷과 웹브라우저를 통해 접속할 수 있다. 구글이나 야후가 제공하는 개인, 소기업을 위한 무료 또는 저렴한 비용의 도구 외에도 전사적 소프트웨어와 여타의 복잡한 비즈니스 기능은 판매용 소프트웨어 벤더로부터 제공되는 서비스를 통해 사용 가능하다. 기업은 소프트웨어 프로그램을 구매하여 설치하는 대신 이러한 소프트웨어를 대여하는 기업에 가입비나 거래 처리당 비용을 지불하고 빌려쓸 수 있다.

세일즈포스가 제공하는 온디맨드 고객관계관리 소프트웨어는 SaaS의 대표적인 예이다.

기업이 아웃소싱 업체 또는 기술 서비스 제공업체와의 관계를 관리하기 위해서는 **서비스 수준 계약**(service level agreement, SLA)이 포함된 계약을 체결해야 한다. SLA는 고객과 서비스 제공업체 간의 공식적인 계약으로, 서비스 제공업체의 구체적인 책임과 고객이 기대하는 서비스 수준을 정의한다. SLA에는 일반적으로 제공되는 서비스의 특성과 수준, 성능 측정 기준, 지원 옵션, 보안 및 재해 복구 조항, 하드웨어와 소프트웨어 소유권 및 업그레이드, 고객 지원, 요금 청구, 계약 종료 조건 등을 명시한다.

서비스 수준 계약(SLA)
서비스 제공자의 구체적인 책임과 고객이 기대하는 서비스 수준에 대해 구체적으로 정의한 고객과 서비스 제공자 간의 공식 계약

소프트웨어 아웃소싱

기업은 **소프트웨어 아웃소싱**(software outsourcing)을 통해 맞춤형 소프트웨어 개발이나 기존 레거시 프로그램의 유지·보수를 외부업체에 위탁할 수 있다. 이러한 위탁업체는 숙련된 IT 전문가가 풍부한 해외의 저임금 지역에서 사업을 하는 경우가 많다. 머신러닝 기술을 통한 B2B 판매 촉진에 특화된 소프트웨어 제품을 개발하는 People.ai가 대표적인 예이다. People.ai는 찾아보기 힘든 AI 알고리즘 개발을 위한 엔지니어링 인재가 필요했으며, 이러한 개발팀을 동유럽에서 구성할 수 있었다. People.ai는 백오피스 운영 전반을 알코어-BPO(Alcor-BPO)에 위임했는데, 알코어는 미국 테크 제품 회사를 위해 일하는 업체로서 동유럽과 라틴아메리카에 소프트웨어 R&D 사무실을 가지고 있다. 알코어는 최고의 IT 전문가를 찾기 위해 IT 채용 담당자를 파견했다. 그 결과 People.ai는 한 달 만에 25명 이상의 IT 전문가를 신속하게 채용하고 완전한 개발팀을 구축할 수 있었다. 이러한 아웃소싱의 결과는 모두의 기대를 뛰어넘는 것이었다(Alcor, 2024).

소프트웨어 아웃소싱
맞춤형 소프트웨어 개발 또는 유지·관리를 외부 회사에 위탁하는 것

해외 소프트웨어 아웃소싱 업체는 주로 하위 수준의 유지·보수, 데이터 입력, 콜센터 운영 등을 제공했다. 그러나 People.ai의 사례처럼 동유럽과 인도를 중심으로 한 보다 정교하고 숙련된 해외 업체가 신규 프로그램 개발을 위해 고용되기도 한다. 그러나 해외 임금이 상승하고 해외 프로젝트 관리 비용까지 고려되면서(13장 참조), 과거에 해외로 보냈을 작업이 일부 국내 기업으로 돌아오고 있다.

5.8 인공지능을 위한 IT 인프라

AI 애플리케이션을 개발하고 실행하려면 데이터세트의 규모와 애플리케이션의 용도에 따라 특화된 하드웨어와 소프트웨어가 필요하다. 최적의 성능과 효율성을 위해서는 조직의 요구에 맞게 하드웨어와 소프트웨어를 맞춤화하는 것이 필수적이다.

표 5.7은 AI의 주요 하드웨어 구성요소를, 표 5.8은 AI 시스템의 주요 소프트웨어 구성요소를 설명한다. 그리고 기술 사례 'AI 칩'에서는 AI 칩에 대해 자세히 설명한다.

표 5.7 AI 하드웨어의 구성요소

구성요소	설명
중앙처리장치(CPU)	AI 워크로드에는 일반적인 컴퓨팅 작업을 처리할 수 있는 강력한 CPU가 필요하다.
그래픽처리장치(GPU)	병렬 처리에 탁월하여 대규모 AI 모델을 학습하는 데 이상적이다.
텐서처리장치(TPU)	구글에서 개발한 TPU는 머신러닝 작업에 최적화된 특수 칩이다. 특정 워크로드에 대해 탁월한 성능을 제공한다.
시스템 메모리(RAM)	AI와 같은 대규모 데이터세트에는 매우 많은 양의 시스템 메모리가 필요하다.
데이터 저장 및 관리	AI 학습에 사용되는 대규모 데이터세트를 관리하려면 효율적인 데이터 저장(데이터베이스, 데이터레이크) 및 처리가 필수적이다. Amazon S3, Google Cloud Storage, Azure Blob Storage와 같은 클라우드 스토리지 솔루션이 주로 사용된다.

표 5.8 AI 소프트웨어의 구성요소

구성요소	설명
운영체제	리눅스 운영체제는 유연성과 AI 라이브러리와의 호환성 때문에 자주 사용된다. 오픈소스 기반의 리눅스 환경은 많은 머신러닝 애플리케이션에서 요구되는 복잡한 설치 및 구성과정에 잘 부합된다.
AI 프레임워크 및 라이브러리	텐서플로, 파이토치(PyTorch), 케라스(Keras)(세 가지 모두 오픈소스)와 같은 프레임워크는 AI 모델을 구축하고 학습시키는 도구를 제공한다.
버전 컨트롤	소프트웨어 개발자는 깃허브 플랫폼에서 버전 제어 기능을 통해 소스 코드를 생성, 저장, 관리, 공유할 수 있다.
클라우드 서비스	아마존웹서비스, 애저, 구글 클라우드와 같은 클라우드 플랫폼은 확장성이 뛰어나고 자체 개발한 시스템보다 AI 배치가 더 용이한 경우가 많다.

기술 사례 AI 칩

1999년, 반도체 제조업체인 엔비디아는 비디오 게임 및 기타 소프트웨어의 그래픽 관련 작업을 위해 복잡한 이미지와 대용량의 데이터를 처리하는 데 사용되는 그래픽처리장치(GPU)를 출시하여 새로운 역사를 썼다. 이 GPU는 머신러닝과 생성형 AI 애플리케이션에도 잘 작동하는데, 복잡한 패턴, 소리, 그림, 텍스트를 인식하고, 챗봇을 만들고 이미지를 생성하기 위해 방대한 양의 데이터를 사용하여 훈련해야 한다. 그 결과 엔비디아는 AI 애플리케이션을 구동하는 세계 최고의 칩 생산자로서 다시 한번 역사를 만들고 있다. 엔비디아에 특화된 AI 칩은 오늘날 대부분의 AI 애플리케이션을 뒷받침한다. 엔비디아는 전 세계 특수 AI 칩 시장의 80%를 장악하고 있다. 마이크로소프트, 오픈AI, 아마존, 메타의 최근 생성형 AI 애플리케이션은 엔비디아의 하드웨어 없이는 구축할 수 없다. 예를 들어 ChatGPT는 마이크로소프트의 슈퍼컴퓨터에 함께 클러스터링된 1만 개의 엔비디아 GPU를 사용하여 훈련되었다.

GPU는 데이터 처리 방식과 사용하는 물리적 처리장치(코어) 수에서 컴퓨터의 중앙처리장치(CPU)와 다르다. CPU는 소수의 코어만 있으며 직렬 컴퓨팅을 수행하여 데이터 작업을 한 번에 하나씩 처리한다. CPU는 컴퓨터의 주요 기능을 모두 담당하고, 다양한 작업을 빠르게 처리할 수 있도록 설계되었다. 반면 GPU는 수백 개의 코어를 가지고 있으며 병렬 컴퓨팅을 수행하여 많은 계산을 동시에 처리한다. GPU는 고해상도 이미지와 동영상을 동시에 처리하는 데 특화되어 있다. GPU는 높은 처리량과 대량의 데이터를 동시에 계산하는 능력 덕분에 대규모 AI 모델을 학습시키기에 이상적이다.

빅테크 기업 중 아무도 엔비디아에 그렇게 많이 의존하는 것을 좋아하지 않는데, 이는 미국 정부도 마찬가지이다. 미국은 현재 전 세계 칩의 10% 미만을 생산하고 있으며, AI를 구동하는 일부 최첨단 로직칩은 전혀 생산하지 못한다. 미국은 첨단 로직칩을 설계는 하지만 미국 내에서 생산할 수 없다는 점이 국가안보 및 경제적 위험으로 떠올랐다. 2022년에 제정된 미국 반도체 및 과학법(CHIPS and Science Act, 간단히 칩스법)은 미국 기반 반도체 제조업의 창출 또는 확장에 390억 달러의 보조금을 지원하고 연구 개발에 추가로 110억 달러를 지원하는 내용을 포함하고 있다. 이 기금의 주요 수혜 기업은 인텔, 삼성, 마이크론테크놀로지, 글로벌파운드리 등이다. 바이든 행정부는 인텔과 기타 반도체 제조업체에 대한 칩스법 투자를 통해 미국이 현재 0%인 전 세계 최첨단 로직칩의 약 20%를 2030년까지 생산할 수 있을 것으로 예상하고 있다. 미국 내에서 반도체를 더 많이 생산할 수 있게 되면, 주요 공급사슬 중단과 현재 글로벌 칩 생산을 주도하고 있는 대만 및 기타 아시아 국가에 대한 의존도로부터 칩 공급이 보호될 수 있을 것이다.

빅테크 기업은 모두 더 큰 AI 모델을 지원하고 AI 비즈니스에 대한 통제력을 강화하기 위해 자체 맞춤형 칩 설계에 막대한 투자를 시작하고 있다. 앞으로는 더 나은 컴퓨터 코드를 보유하는 것보다 더 나은 컴퓨터 칩을 보유하는 것이 더 큰 경쟁우위가 될 수 있다. 자체 제작한 AI 칩은 자신의 특정 AI 모델에 맞게 더 쉽게 최적화할 수 있어 제품의 효율성과 에너지 절감 효과를 높일 수 있다. 만약 아이폰, 구글 픽셀(Pixel), 또는 마이크로소프트 서피스(Surface) 태블릿이 맞춤형 마이크로칩으로 인해 더 강력한 생성형 AI 모델을 실행하고 결과를 더 빠르게 로딩할 수 있다면 더 많은 소비자가 해당 기기를 구매할 가능성이 있다. 이러한 칩은 게임 체인저가 될 수 있다.

구글은 엔비디아에 의존하는 대신 자체 맞춤형 컴퓨터 프로세서를 사용함으로써 Gemini 모델을 더 적은 에너지와 저렴한 비용으로 학습시키고 실행할 수 있었다. 그러나 많은 구글 클라우드 서버는 여전히 엔비디아 칩으로 구동되고 있으며, 구글은 Gemma 언어 모델을 엔비디아 GPU에서 최적화되게 했다. 아마존은 자사의 맞춤형 AI 칩이 훨씬 낮은 비용으로 탁월한 머신러닝 학습 성능을 제공한다고 홍보하고 있다. 그러나 이와 동시에 아마존은 엔비디아와의 협력관계도 계속 강화하고 있다. 마이크로소프트는 자체 칩이 엔비디아 기반의 기존 하드웨어를 대체하는 것이 아니라 자사 시스템을 보완한다고 본다.

모든 기업은 경쟁업체의 가격이나 외부 공급사슬 차질에 더이상 좌우되지 않는 독자적인 IT 플랫폼을 원한다. 그러나 이러한 클라우드 컴퓨팅 기술 기업 중 어느 하나라도 엔비디아에 맞서거나 대체할 수 있을지는 미지수이며,

이들 중 어느 곳도 엔비디아와의 관계를 완전히 끊을 가능성이 매우 낮다. 향후 지배적인 패턴은 자체적인 맞춤형 칩과 엔비디아 칩의 하이브리드 조합이 될 가능성이 높다.

엔비디아는 현재 ChatGPT, 추천 시스템, 데이터 분석과 같은 생성형 AI 애플리케이션을 위한 차세대 AI 모델을 학습시킬 수 있는 더욱 강력한 칩을 개발하고 있다. 2024년 3월, CEO 젠슨 황(Jensen Huang)은 블랙웰(Blackwell)이라는 새로운 고성능 AI 칩을 발표했는데, 이는 전세대 GPU에 비해 대규모 AI 모델 학습 시 에너지 소비를 3~4배까지 줄일 수 있다. 블랙웰은 2,080억 개의 트랜지스터를 탑재하고 있으며, 현재 생산 중인 칩 중 최첨단 GPU인 H100 칩의 업그레이드 버전이다. 블랙웰은 일부 작업에서 전세대 칩보다 30배 빠른 성능을 자랑한다. 또한 다수의 GPU를 연결하여 대규모 AI 모델을 보다 적은 탄소 배출량으로 학습시킬 수 있도록 지원한다. 블랙웰을 도입할 것으로 예상되는 주요 조직은 아마존웹서비스, 델테크놀로지스, 구글, 메타, 마이크로소프트, 오픈AI, 오라클, 테슬라, xAI 등이다.

출처: Timothy Rooks, "How Nvidia's Blackwell Superchip Could Fuel an AI Revolution," Dw.com, accessed August 20, 2024; "Nvidia Blackwell Platform Arrives to Power New Era of Computing," Nvidianews.nvidia.com, March 18, 2024; Lucas Mearian, "AI Chip Shortages Continue, But There May Be an End in Sight," Computerworld.com, May 7, 2024.

문제

1. 엔비디아 칩이 AI 애플리케이션에 유용한 이유는 무엇인가?
2. 엔비디아는 특수 AI 칩 분야에서 거의 독점적 지위를 차지하고 있다. 이러한 상황이 미치는 영향에 대해 논의하라.
3. 기업은 자체적으로 맞춤형 AI 칩을 개발하는 것이 좋은가? 아니면 엔비디아에서 생산한 칩을 사용하는 것이 좋은가? 자신의 생각을 설명하라.

AI와 에지 컴퓨팅

에지 인공지능 또는 **에지 AI**(edge artificial intelligence)는 AI 알고리즘 및 AI 모델을 스마트폰, 센서 또는 사물인터넷(IoT) 장치와 같은 로컬 에지 장치에 직접 배포하는 것을 의미한다. 이를 통해 데이터를 실제로 수집하는 지점 근처에서 연산을 수행할 수 있어 중앙 클라우드 인프라에 지속적으로 의존할 필요가 없다. 이렇게 하면 클라우드 컴퓨터 및 네트워크의 작업부하가 줄어든다. AI용 중앙처리장치(CPU), 그래픽처리장치(GPU), 메모리의 작업부하가 에지 장치로 분산됨에 따라 그 사용량이 크게 줄어든다.

에지 인공지능(에지 AI)
스마트폰, 센서 또는 사물인터넷 장치와 같은 로컬 에지 장치에 직접 AI 알고리즘과 AI 모델을 배포하여 중앙 클라우드 인프라에 지속적으로 의존하지 않고 데이터가 실제로 수집되는 곳과 가까운 곳에서 연산을 수행할 수 있도록 하는 것

현재 에지 AI의 적용 분야는 스마트폰, 보안 카메라, 웨어러블 건강 모니터링 기기(예: 스마트워치), 자율주행차의 실시간 교통 업데이트, 연결된 디바이스, 스마트 가전제품 등이다. 또한 다양한 산업 분야에서도 비용 절감, 프로세스 자동화, 의사결정 개선, 운영 최적화를 위해 에지 AI 애플리케이션을 점점 더 많이 도입하고 있다.

오늘날의 대화형 AI 비서와 이미지 생성기를 구동하는 대규모 언어 모델(LLM)과 같은 생성형 AI 기술은 막대한 컴퓨팅 자원을 필요로 한다. 그러나 모바일 하드웨어 및 기술의 발전으로 인해 AI 기반 작업을 처리하기 위해 중앙 클라우드에 의존해야 할 필요성이 줄어들고 있으며, 점점 더 많은 스마트폰이 이러한 복잡한 AI 작업을 자체적으로 처리할 수 있게 되었다.

5.9 IT 인프라 관리의 도전 과제

일관성 있는 IT 인프라를 구축하고 관리하기 위해서는 플랫폼과 기술 변화(클라우드 및 모바일 컴퓨팅 등), 관리와 거버넌스, 인프라에 대한 현명한 투자 등과 같은 여러 가지 도전 과제를 해결해야 한다.

플랫폼 및 인프라 변화에 대한 대응

기업이 성장할 때 인프라가 따라오지 못할 수도 있다. 반면 기업이 위축될 때는 좋은 시절에 구매한 과도한 인프라 때문에 곤경에 처할 수도 있다. 기업의 IT 인프라에 대한 투자의 대부분이 구입비 및 라이선스 비용으로 고정되어 있을 때 기업은 어떻게 유연성을 유지할 수 있는가? 인프라는 어떻게 잘 확장될 수 있는가? **확장성**(scalability)은 많은 사용자에게 시스템 중단 없이 서비스를 제공할 수 있는 컴퓨터, 제품 또는 시스템 등의 확장 능력을 의미한다. 새로운 애플리케이션, 인수합병, 기업규모의 변화, 이 모든 것은 컴퓨터의 작업량에 영향을 미치므로 하드웨어 용량을 계획할 때 반드시 고려해야 한다.

확장성
더 많은 사용자에게 서비스를 제공하기 위해 중단되는 일 없이 확장할 수 있는 컴퓨터, 제품, 시스템의 역량

모바일 컴퓨팅 플랫폼과 클라우드 컴퓨팅 플랫폼을 이용하는 기업은 이러한 플랫폼을 관리하는 데 필요한 새로운 정책과 절차가 필요할 것이다. 기업은 자사의 모든 모바일 단말기에 대한 목록을 작성할 필요가 있으며, 그 기기의 상태를 파악하고 업데이트하고 안전을 관리하며, 거기서 돌아가는 데이터와 애플리케이션을 통제할 수 있는 정책과 도구를 개발할 필요가 있다. 기업은 종종 **모바일 기기 관리**(mobile device management, MDM) 소프트웨어를 사용하는데, 이 소프트웨어는 여러 모바일 서비스 제공업체에 배치된 그리고 조직에서 사용되는 여러 모바일 운영체제에 배치된 모바일 기기를 모니터링, 관리, 보호한다. IT 부서는 모바일 기기 관리 도구를 사용하여 모바일 사용을 모니터링하고, 모바일 소프트웨어를 설치 또는 업데이트하며, 모바일 기기를 백업 및 복원하고, 도난 또는 분실된 기기의 소프트웨어나 데이터를 제거할 수 있다.

모바일 기기 관리
여러 모바일 서비스 제공업체 및 조직에서 사용되는 여러 모바일 운영체제에 장착되어 모바일 장치를 모니터링, 관리, 보호하는 소프트웨어

클라우드 컴퓨팅과 서비스형 소프트웨어를 활용하는 기업은 중요한 애플리케이션과 관련된 하드웨어와 소프트웨어를 필요할 때 언제나 사용할 수 있도록 해주고 정보보안에 대한 기업 표준을 충족하는 외부 벤더와 새로운 계약조건을 만들 필요가 있다. 기업이 기대했던 성과 수준을 유지하기 위해서는 컴퓨터의 응답 시간 및 기업의 중요한 시스템에 대한 가용성 수준을 결정해야 하는데, 이는 기업의 경영진에 달려 있다.

관리와 거버넌스

정보시스템 관리자와 CEO 간에 장기적으로 유지되고 있는 이슈는 "기업의 IT 인프라를 누가 통제하고 관리할 것인가?"라는 질문이다. 2장에서는 IT 거버넌스의 개념을 소개하고 그것이 해결해야 할 이슈를 설명했다. IT 거버넌스에 관한 또 다른 중요한 질문은 다음과 같다. 부서 및 부문이 직접 자신의 IT를 결정해야 하는가? 또는 IT 인프라가 중앙집중적으로 통제되고 관리되어야 하는가? 중앙집중적인 정보시스템 관리와 사업단위의 정보시스템 관리 간 관계는 무엇인가? 사업단위의 인프라 비용을 어떻게 할당할 것인가? 각 조직은 자신의 니즈를 기반으로 이러한 질문에 대한 답을 구해야 한다.

인프라에 대한 현명한 투자

IT 인프라는 기업의 주요한 자본 투자 대상이다. 인프라에 자본이 너무 많이 지출된다면 자금이 제대로 활용되지 못하는 것이며, 기업의 재무적 성과에 장애가 될 수도 있다. 너무 적게 지출된다면 중요한 비즈니스 서비스가 수행될 수 없으며, 이러한 기업의 경쟁자(적절한 액수만큼만 소비)는 앞서나가게 될 것이다. 기업은 인프라에 대해 얼마를 투자해야 하는가? 조직은 나름대로의 니즈를 기반으로 이러한 질문에 대한 답을 찾아야 하지만 이는 쉽지 않다.

이와 관련된 질문 중 하나는 기업 자신이 IT 인프라 구성요소(클라우드 서비스 포함)를 구매하고 유지·관리해야 하는지, 또는 클라우드 서비스 제공자를 포함한 외부 공급자로부터 빌려야 하는지에 관한 것이다. 당신이 소유할 IT 자산을 구매할 것인지 또는 외부 공급자로부터 대여할 것인지에 대한 결정은 일반적으로 **대여 대 구매**(rent-versus-buy) 결정이라고 일컫는다.

클라우드 컴퓨팅은 저렴한 비용으로 확장성과 유연성을 증대하는 방법이 될 수 있지만, 기업은 보안 측면에서 신중하게 대안을 평가해야 하며 비즈니스 프로세스와 업무 흐름에 대한 영향도 신중하게 평가해야 한다. 어떤 경우에는 소프트웨어를 빌리는 비용이 애플리케이션을 자체적으로 구매하고 유지·관리하는 비용보다 많이 들 수도 있고, 기업이 클라우드 서비스에 필요 이상의 비용을 소비할 수도 있다(Loten, 2018). 그러나 클라우드 서비스를 사용하면 하드웨어, 소프트웨어, 인적자원, 유지·관리 관련 비용의 상당한 감소 등 많은 이점을 얻을 수 있다. 또한 기업은 클라우드 컴퓨팅으로의 전환을 통해 기술 문제가 아닌 핵심 비즈니스에 집중할 수 있다.

표 5.9 총소유비용의 구성요소

인프라 요소	비용 요소
하드웨어 획득	컴퓨터, 저장장치, 프린터, 모바일 기기를 포함한 컴퓨터 하드웨어 장비 구매가격
소프트웨어 획득	사용자별 또는 조직 전체의 소프트웨어 구매 또는 라이선스 비용
설치	컴퓨터 및 소프트웨어 설치 비용
교육	정보시스템 전문가 및 최종사용자 교육 비용
지원	지속적인 기술 지원, 헬프데스크 등의 비용
유지·보수	하드웨어 및 소프트웨어 업그레이드 비용
인프라	(저장 백업 장비를 포함한) 네트워크 및 전문적인 장비와 같은 인프라 요소에 대한 획득, 유지·보수, 지원 비용
가동 중지	하드웨어 또는 소프트웨어 고장으로 인해 시스템이 처리 또는 사용자 업무를 수행할 수 없는 경우 발생하는 생산성 손실 비용
공간 및 에너지	기술에 대한 보유 공간 및 전력 공급에 대한 부동산 및 에너지 비용

기술 자산에 대한 총소유비용

기업이 기술자원을 소유하는 데 드는 **총소유비용**(total cost of ownership, TCO)에는 하드웨어 및 소프트웨어의 획득 및 설치에 관한 초기 비용뿐만 아니라 업그레이드, 유지·보수, 기술적 지원, 교육, 심지어 유용성에 대한 지속적인 관리 비용과 기술을 가동시키고 보관하는 데 드는 부동산 비용까지도 포함된다. TCO 모델은 기업이 특정 기술에 대한 구현 비용을 결정하기 위해 이러한 직간접 비용을 분석하는 데 사용될 수 있다. TCO 분석에서 고려해야 할 가장 중요한 TCO 구성요소는 표 5.9와 같다.

총소유비용(TCO)
하드웨어 및 소프트웨어를 구입하고 설치하는 초기 비용은 물론 하드웨어 및 소프트웨어 업그레이드, 유지·관리, 기술 지원, 교육을 위한 지속적인 관리 비용, 기술 실행 및 수용을 위한 유틸리티 및 부동산 비용 등 기술 자원을 소유하는 데 드는 실제 총비용을 지정한다.

이와 같은 비용 요소를 고려할 때 PC에 대한 TCO는 초기 구입비의 3배에 달할 수도 있다. 직원에게 모바일 컴퓨팅 기기를 제공함으로써 얻을 수 있는 생산성 및 효율성의 이점은 이러한 기기를 기업의 IT 인프라에 통합하고 기술지원을 제공하는 데 따르는 비용 증가와 균형을 이루어야 한다. 또 다른 비용 구성요소에는 무료 무선 휴대전화 사용, 최종 사용자 교육훈련, 헬프데스크 지원, 특별한 애플리케이션을 위한 소프트웨어 등이 포함된다. 모바일 기기가 다수의 상이한 애플리케이션에서 돌아가거나 전사적 애플리케이션과 같은 후방 시스템으로 통합되어야 한다면 비용이 더 높아질 것이다.

하드웨어 및 소프트웨어 획득 비용은 TCO 중 겨우 20% 정도만 차지하므로 관리자가 기업의 하드웨어 및 소프트웨어에 대한 전체 비용을 이해하기 위해서는 관리 비용에 주의를 기울여야 한다. 이러한 관리 비용 중 일부는 더 나은 관리를 통해 감소될 수 있다. 다수의 대기업에는 중복되고, 양립될 수 없는 하드웨어 및 소프트웨어가 존재하는데, 이는 부서나 부문이 직접 기술을 구매할 수 있었기 때문이다.

클라우드 서비스로 전환하는 것 외에도 하드웨어 및 소프트웨어 자원에 대한 더 강력한 중앙집중화와 표준을 통해 TCO를 줄일 수도 있을 것이다. 직원이 사용할 수 있는 상이한 컴퓨터 모델과 소프트웨어 수를 최소화한다면 인프라를 지원하는 데 필요한 정보시스템 인력규모를 줄일 수도 있을 것이다. 중앙집중화된 인프라 환경에서는 시스템이 중앙거점으로부터 관리될 수 있고 고장 수리도 수행될 수 있다.

IT 인프라 투자를 위한 경쟁세력 모델

경쟁세력 모델을 사용하여 회사가 IT 인프라에 얼마나 투자해야 하고 어떻게 투자해야 하는지에 대한 질문을 다룰 수 있다. 고려해야 할 여섯 가지 요소는 다음과 같다.

- **기업 서비스에 대한 시장 수요**: 현재 고객, 공급자, 직원에게 제공하고 있는 서비스 목록을 만들라. 현재 제공하고 있는 이러한 서비스가 각 그룹의 니즈를 만족시키고 있는지 파악하기 위해 각 그룹을

조사하거나 목표그룹을 선정하라. 예를 들어 고객이 가격 및 구매 가능성에 대한 질문에 대해 응답이 늦다고 불평하는가? 직원이 업무에 적합한 정보를 찾는 것이 어렵다고 불평하는가? 공급자가 제품에 대한 요구사항을 파악하는 것이 어렵다고 불평하는가?

- **비즈니스 전략**: 회사의 5개년 비즈니스 전략을 분석하고, 전략적 목표를 달성하는 데 필요한 새로운 서비스와 역량을 논의하라.
- **IT 전략, 인프라, 비용**: 회사가 가지고 있는 향후 5년간의 IT 계획을 검토하고, 회사의 비즈니스 계획과의 연계성을 평가하라. IT 인프라에 대한 총비용을 결정하라. 당신은 TCO 분석 수행을 원할 것이다. 회사가 IT 전략을 가지고 있지 않다면 5개년 전략 계획으로 고려되는 계획을 고안할 필요가 있을 것이다.
- **IT 평가**: 회사는 기술 발전에 뒤처져 있는가, 아니면 IT의 최첨단에 있는가? 이 두 가지 상황은 피해야 할 것이다. 실험적이고 종종 비싸며, 때로는 신뢰하기 어려운 최신 기술에 대해 자원을 소모하는 것은 일반적으로 바람직하지 않다. 표준이 확립되어 있고, IT의 공급자가 디자인이 아니라 가격에 대한 경쟁을 하며, 다수의 공급자가 존재하는 기술에 투자하는 것이 좋다. 신기술 투자를 미루거나 경쟁업체가 신기술을 기반으로 새로운 비즈니스 모델과 역량을 개발하도록 방치해서는 안 된다.
- **경쟁 기업의 서비스**: 고객, 공급자, 직원에게 제공하는 IT 서비스를 평가하라. 그 결과를 자사와 비교하기 위해 양적·질적 척도를 설정하라. 자사의 서비스 수준이 저조하다면 경쟁에서 불리한 위치에 있는 것이다. 회사의 서비스 수준을 향상할 수 있는 방안을 찾아보라.

그림 5.8 IT 인프라 투자를 위한 경쟁세력 모델

"우리 회사는 IT 인프라에 얼마를 지출해야 하고, 그 투자를 어떻게 사용해야 하는가?"에 답하는 데 사용할 수 있는 여섯 가지 요소가 있다.

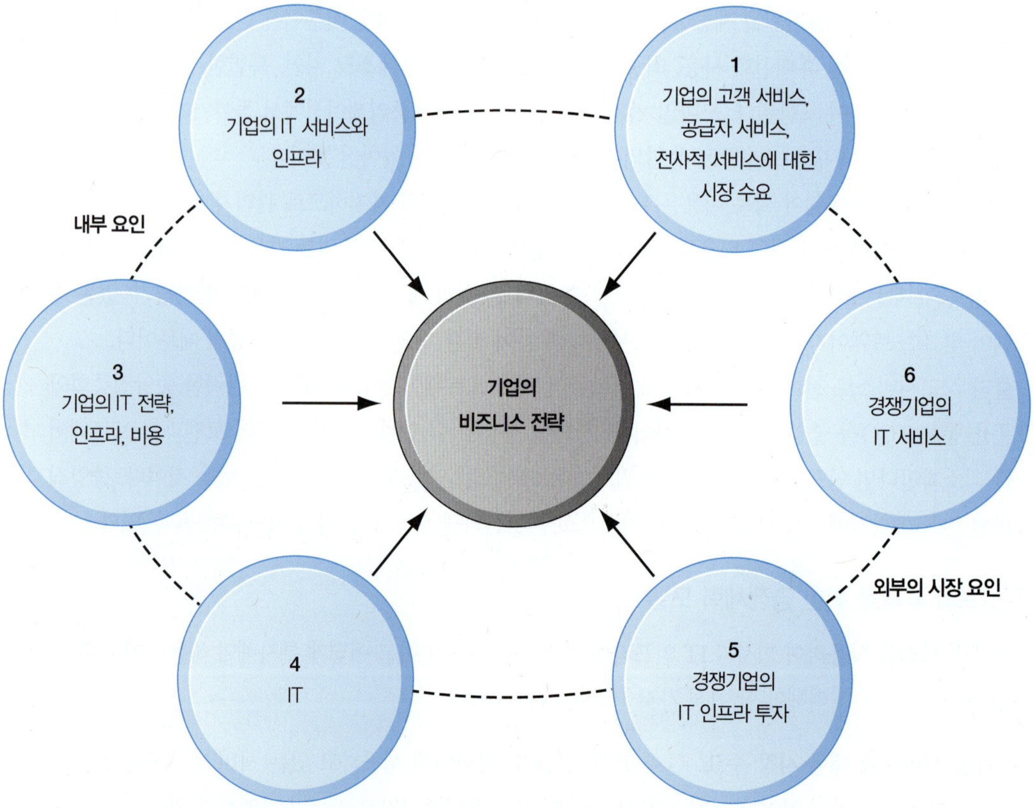

- **경쟁 기업의 IT 인프라 투자**: IT 인프라에 대한 지출을 경쟁사와 비교하라. 많은 기업은 IT에 대한 혁신적인 지출을 상당히 공개적으로 밝히고 있다. 만약 경쟁사의 지출이 그 회사의 재무실적에 영향을 미치는 것으로 보이는데 IT 지출을 비밀로 유지하려고 한다면, 미국 연방정부에 제출하는 상장기업의 SEC Form 10-K 연례보고서에서 그 회사의 IT 투자정보를 찾아볼 수 있을 것이다. 자사가 반드시 경쟁업체의 수준만큼 또는 그 이상으로 지출할 필요는 없다. 어쩌면 당신의 회사는 훨씬 저렴한 비용으로 서비스를 제공할 수 있는 방법을 발견했을 수도 있으며, 이는 비용우위로 이어질 수 있을 것이다. 반대로 자사가 경쟁사보다 훨씬 적은 비용을 지출하고 있다면 그에 상응하는 낮은 성과와 시장 점유율 감소를 겪고 있을 가능성도 있다.

IT 인프라 투자를 위한 경쟁세력 모델을 설명하는 그림 5.8을 살펴보라.

5.10 이 장의 내용은 경력에 어떻게 도움이 되는가

이 장에서 학습한 정보는 오늘날 기업이 사용하는 하드웨어 및 소프트웨어 기술과 최신 IT 트렌드에 대한 필수개념과 용어를 익히는 데 도움을 줌으로써 경력발전에 기여할 수 있다. 이러한 지식은 면접과정뿐만 아니라 입사 후 회사의 실적 향상을 위한 실무에도 도움이 될 수 있다.

실제 시나리오 아마존웹서비스의 강사와 함께하는 클라우드콜

클라우드콜(CloudCall)은 기업이 고객관계관리(CRM) 시스템의 기능과 효율성을 개선하는 데 도움이 되는 클라우드 기반 통신 소프트웨어를 제공한다. 이 회사는 미국과 영국에 지사를 두고 있다. 기존의 전통적인 통신 회사에서 아마존웹서비스(AWS)를 기반으로 하는 서비스형 소프트웨어(SaaS) 모델로 전환하기 위해 제품 및 엔지니어링 부서는 AWS 서비스에 대한 더 많은 지식이 필요했다. 직원의 기술과 전문성을 향상하기 위해 클라우드콜은 온라인 프로그램과 강사 주도의 교육을 제공하는 AWS Training and Certification을 도입했다. 강사와 함께하는 라이브 수업에서는 프레젠테이션, 토론, 실습을 결합하여 수요가 높은 클라우드 기술과 모범사례를 가르친다. 이제 클라우드콜은 고객이 고객관계관리 데이터를 최대한 활용할 수 있도록 더 나은 기술지원과 고급 솔루션을 제공할 수 있게 되었다.

직무 설명 및 경력 경로: AWS 강사

직무	직무 설명	IT 지식	경력 경로 및 평균 연봉
AWS 강사	AWS에 대한 깊이 있는 이해를 바탕으로 개인 또는 기업을 대상으로 교육 프로그램을 설계하고 제공하는 IT 전문가. 학생들이 AWS 클라우드 컴퓨팅 서비스를 효과적으로 활용할 수 있도록 지원한다. 주요 업무는 다음과 같다. • 다양한 대상과 경험 수준에 맞춘 AWS 교육 프로그램 개발 및 제공 • 프레젠테이션, 실습, 과제 등의 교육 자료 제작 • AWS 개념, 서비스, 베스트플랙티스 교육 • 학습 및 실무 적용을 강화하기 위한 실습 진행 • 평가 및 시험을 통해 학습 진척도 평가 • 최신 AWS 개발 현황을 파악하여 교육 프로그램에 반영	• 교육 분야 관련 AWS 자격증(AWS 인증 솔루션 아키텍트 또는 AWS 인증 개발자 등) • IT 업계, 특히 클라우드 기술 경험 • AWS 클라우드 컴퓨팅 서비스 및 아키텍처에 대한 심층적인 지식 • 기술 교육 프로그램 설계 및 제공 경험 • 탁월한 의사소통, 프레젠테이션 및 진행 능력 • 학습 요구사항을 평가하고 이에 따라 맞춤형 교육을 제공할 수 있는 능력	• AWS 강사 • AWS 솔루션 아키텍트 • 기술 강사 리더 • 클라우드 컨설턴트 • 독립 AWS 강사 AWS 강사의 급여는 경력, 지역, 자격증, 제공되는 교육 유형(사내 교육 vs. 외부 교육)에 따라 다르다. 대략적인 급여 범위는 다음과 같다. • 초급: 60,000~80,000달러 • 중급: 80,000~100,000달러 이상 • 고급/리더 강사: 100,000달러 이상 (연봉은 지역, 산업군, 기업 규모에 따라 달라질 수 있음)

추가 경력 개발 자료

MyLab MIS에서는 IT 관련 지식을 요구하는 적절한 직무를 찾고, 효과적인 이력서를 작성하며, 면접을 준비하고, 비즈니스 지식, 응용 소프트웨어 활용 능력, 인터넷 활용 능력, 분석 역량 등을 보여주는 디지털 포트폴리오를 만드는 데 도움이 되는 다양한 경력 개발 자료를 확인할 수 있다.

사례 연구 AI와 클라우드 컴퓨팅은 지속가능한가?

클라우드 컴퓨팅과 AI는 수많은 IT 성공사례의 원천이 되었다. 클라우드 컴퓨팅은 온프레미스 인프라의 유지·관리 필요성을 없애고, 컴퓨팅 자원의 효율성을 높이며, 언제 어디서나 다양한 크기의 디바이스에서 사용 가능한 유연한 컴퓨팅 기술을 제공함으로써, IT 비용을 절감할 수 있는 해결책으로 주목받았다. 또한 클라우드 플랫폼은 AI를 포함한 새로운 기술을 실험하고 혁신을 추진하는 데 필요한 컴퓨팅 성능과 리소스를 제공한다.

클라우드 컴퓨팅의 성공사례는 수없이 많다. 예를 들어 행동 건강 분야에서 전화 기반 위기 대응 서비스 및 디지털 도구를 제공하는 전국적 서비스 제공업체인 프로토콜서비스(Protocall Services)는 마이크로소프트 애저 클라우드로 마이그레이션하여 비용을 45% 절감할 수 있었다. 클라우드 인프라 덕분에 프로토콜은 민첩성과 보안성을 높이고, 거의 100%에 달하는 애플리케이션 인프라 가동률을 확보했다. 아마존웹서비스(AWS)에 따르면 AWS로 클라우드 마이그레이션을 완료한 기업은 운영 비용이 51% 감소하고, IT 인프라 직원의 효율성이 62% 향상되었으며, 계획되지 않은 다운타임이 94% 감소하고, 개발자 생산성이 25% 증가했다.

클라우드 컴퓨팅으로 전환하면 인프라, 물리적 공간, 에너지 사용량을 줄일 수 있다. 컴퓨터는 많은 열을 발생시키기 때문에 데이터 센터는 항상 시원한 상태를 유지해야 한다. 일반적으로 냉각은 데이터 센터 전체 에너지 소비의 40%를 차지하며, 데이터 센터가 위치한 지역의 기후가 더운 경우 최대 80%까지 증가할 수 있다. 데이터 센터는 서버와 과열 방지를 위한 냉각 시스템을 운영하기 위해 24시간 전력 공급이 필요하다. 또한 데이터 센터 운영자는 노후화되거나 고장난 장비를 폐기해야 하는데, 이는 전자폐기물 문제를 가중시킨다. 퍼블릭 클라우드는 온프레미스 데이터 센터보다 리소스를 더 효율적으로 사용한다. 온프레미스 데이터 센터의 경우, 기업은 장비를 가동하는 데 서버 컴퓨팅 용량의 10%만 활용하기도 한다. 클라우드 데이터 센터의 리소스를 여러 기업이 공동으로 사용하는 경우, 온프레미스 데이터 센터에 비해 서버 수를 77% 줄이고, 전력 사용량을 84% 절감하며, 탄소 배출량을 88%까지 감소시킬 수 있다.

IT 컨설팅 기업인 캡제미니(Capgemini)의 연구에 따르면 클라우드 컴퓨팅은 2021년부터 2024년 사이에 최대 10억 톤의 이산화탄소 배출을 감축할 수 있을 것으로 예상된다. 클라우드 컴퓨팅은 고탄소 물리적 제품을 가상 제품으로 대체하는 '탈물질화(dematerialization)'를 통해 지속가능성에도 기여한다. 클라우드 서비스는 사람들이 리소스를 많이 소모하는 물리적 제품 대신 동영상 스트리밍이나 서버 가상화와 같은 가상 서비스를 이용하도록 장려한다. 클라우드 컴퓨팅은 물리적 제품(하드웨어 및 기타 컴퓨팅 장비)의 사용을 줄임으로써 이러한 제품폐기 시 발생하는 폐기물의 양도 감소시킨다. 전 세계적으로 매년 약 5,000만 톤의 전자폐기물이 발생하고 있다.

그러나 클라우드 컴퓨팅이 완전히 친환경적인 것은 아니다. 데이터 센터 사용이 증가함에 따라 클라우드를 위한 데이터 센터 수도 늘어나고 있다. 전체적으로 IT 부문은 전 세계 온실가스 배출량의 약 2~4%를 차지하는데, 이는 항공산업과 비슷한 수준이다. 데이터 센터의 전 세계 전력 사용량은 2030년까지 글로벌 전력 소비량의 3%에서 13% 사이로 증가할 것으로 예상된다. 청정에너지로의 전환이 제대로 이루어지지 않는다면 데이터 센터로 인한 온실가스 배출량도 같은 비율로 증가할 것이다.

데이터 센터는 에어컨(또는 다른 형태의 냉각 시스템) 없이는 운영될 수 없다. 최신 데이터 센터조차 전력 소모가 많은 컴퓨터실 에어컨이나 컴퓨터실 공기처리장치가 필수적이다. 북미에서는 대부분의 데이터 센터가 '더러운' 전력망, 특히 세계 인터넷 트래픽의 70%가 통과하는 버지니아주의 '데이터 센터 골목'에서 전력을 공급받고 있다. 냉각을 위해 클라우드는 탄소를 태우고 있는 셈이다. 현재 대부분의 데이터 센터에서는 냉각이 전체 전력 사용량의 40% 이상을 차지하고 있다.

고객의 데이터와 클라우드 서비스가 언제 어디서나 이용 가능하도록 보장하기 위해 데이터 센터는 초과 설계되어 있다. 하나의 시스템에 장애가 발생하면 즉시 다른 시스템이 대체할 수 있도록 준비되어 있어야 한다. 이를 위해 디젤발전기와 같은 이중전력 시스템이나 다른 서버가 항상 대기상태에 있다가, 메인 서버에 문제가 생기면 즉시 작업을 이어받는다. 일부 경우에는 데이터 센터에서 소비되는 에너지의 단 6~12%만이 실제 컴퓨팅 작업에 사용되며, 나머지는 여분 시스템을 냉각 및 유지하고 다운타임 방지를 위한 도구를 유지하는 데 할당되고 있다.

오늘날 많은 데이터 센터에서는 서버랙의 격자 구조를 통해 냉각수를 순환시켜 보다 효율적으로 냉각하고 있다. 공기를 냉각하는 방식에서 물을 냉각하는 방식으로 전환하는 것은 탄소발자국을 줄이기 위한 시도이지만, 비용이 들지 않는 것이 아니다. 기록적인 가뭄과 폭염을 겪고 있는 미국 서부지역에서는 물자원이 점점 부족해지고 있는데, 인근에 위치한 수냉식 데이터 센터는 이러한 상황을 더욱 악화시키고 있다. 유타주 블러프데일 주민은 인근의 유타 데이터 센터[미국국가안보국(NSA)이 운영하는 시설]가 하루에 700만 갤런의 물을 소비하는 탓에 물 부족과 정전사태에 시달리고 있다. 또한 데이터 센터는 매일 수백만 갤런의 소중한 애리조나주 물도 소비하고 있다.

구글, 메타, 아마존이 운영하는 최첨단 거대 '하이퍼스케일' 데이터 센터 중 일부는 탄소상쇄, 풍력, 태양광 같은 재생에너지 투자 등을 통해 탄소중립으로 전환하겠다고 약속했다. 아마존은 2025년까지 회사 전체를 100% 재생에너지로 운영하고, 2040년까지 탄소중립을 달성하겠다는 목표를 내걸고, 세계 최대 재생에너지 구매자임을 주장하고 있다. AWS는 현재와 미래의 데이터 센터 전력공급을 위해 미국 전역에 풍력발전소를 구축하고 있으며, 이를 위해 아마존 윈드 팜(Amazon Wind Farm, 아마존 풍력 발전 단지) 사업을 시작했다. 마이크로소프트는 2030년까지 탄소 네거티브(carbon negative)를 달성하고, 1975년 창립 이래 배출한 모든 탄소를 제거하겠다고 약속했다. 또한 마이크로소프트는 2025년까지 모든 데이터 센터를 100% 재생에너지로 운영하고, 2030년까지는 모든 에너지를 탄소 없는 에너지원에서 조달할 계획이다.

그러나 AI는 이러한 목표 달성을 훨씬 더 어렵게 만들고 있다. 오늘날 대부분의 AI 애플리케이션은 개발, 학습, 사용에 필요한 막대한 처리 능력과 저장용량을 제공하기 위해 클라우드 인프라를 사용하고 있다. 딜로이트(Deloitte)의 조사에 따르면 기업의 70%가 클라우드 기반 소프트웨어를 통해 AI 역량을 획득하고 있으며, 65%는 클라우드 서비스를 이용하여 AI 애플리케이션을 개발하고 있다. AI의 엄청난 에너지 수요와 하드웨어 제조로 인한 탄소발자국은 매우 크고 빠르게 증가하고 있다. 2012년 이후 대규모로 진행되어온 AI 학습작업은 모델 크기가 3개월마다 2배씩 커지는 상황에서 기하급수적으로 더 많은 컴퓨팅 파워를 사용하고 있다. AI를 활용한 단일 검색 작업은 기존 검색작업보다 5~10배 더 많은 컴퓨팅 파워를 필요로 할 수 있다. AI 모델의 막대한 컴퓨팅 및 데이터 요구량은 데이터 센터의 물 소비량 또한 더욱 증가시킬 것이다.

데이터세트와 모델이 점점 더 크고 복잡해짐에 따라 에너지와 물 사용량이 급증하고 있는데, 이는 기존 데이터 센터의 탄소 저감 노력이 가져온 모든 이점을 무력화할 수도 있다. 매사추세츠대학교 연구진이 인기 있는 대규모 AI 모델을 학습시키는 데 소모되는 에너지를 조사한 결과, 하나의 대규모 언어 모델을 학습시키는 과정에서 약 62만 6,000파운드(약 28만 4,000킬로그램)의 이산화탄소가 배출되는데, 이는 뉴욕과 샌프란시스코 간 왕복 항공편 약 300회에 해당하는 탄소 배출량이다. 또한 캘리포니아대학교 리버사이드 캠퍼스 연구진은 전 세계 AI 수요로 인해 데이터 센터가 2027년까지 1.1조~1.7조 갤런(약, 4,000조~6,000조 리터)의 담수를 소비하게 될 수 있다고 경고했다. 매킨지(McKinsey)는 데이터 센터의 전력 사용량이 2030년까지 2배 이상 증가할 것으로 예측했다.

그럼에도 불구하고 AI는 지속가능성을 촉진하는 강력한 도구가 될 수 있다. AI는 풍력 및 태양광 같은 재생에너지의 활용을 극대화하고, 이를 통해 더 친환경적인 농업 방식을 구축하고 일상생활에서 탄소배출량을 줄이는 데 활용되고 있다. 또한 AI는 공급사슬에서 물류를 최적화하고 폐기물을 줄이며, 환경 규제 모니터링 및 집행을 지원하고, 머신러닝 알고리즘을 통해 온도 설정, 작업부하 분산, 서버 활용도를 동적으로 조정함으로써 데이터 센터 운영을 최적화하는 데에도 활용되고 있다.

머신러닝 탄소 배출량 계산기(Machine Learning Emissions Calculator)와 같은 도구를 통해 AI 엔지니어는 하드웨어, 사용 시간, 서비스 제공업체, 위치 등의 변수를 기반으로 AI 모델이 배출할 탄소량을 시뮬레이션할 수 있다. 구글의 연구원들은 에너지 소비와 탄소배출을 줄이기 위한 네 가지 기술적 모범사례 영역, 즉 모델(model), 기계(machine), 기계화(mechanization), 지도 최적화(map optimization)를 제안했다. 이들은 이러한 모범사례를 따르면 머신러닝 학습에 필요한 에너지를 최대 100%, 이산화탄소 배출량은 최대 1,000배까지 줄일 수 있다고 한다.

출처: Aws.amazon.com, accessed August 26, 2024; Niklas Sundberg, "Tackling AI's Climate Change Problem," *MIT Sloan Management Review*, Winter 2024; Martin Wong, "The Internet's Next Great Power Suck," *The Atlantic*, August 23, 2023; Alokya Kanungo, "The Green Dilemma: Can AI Fulfill Its Potential Without Harming the Environment?," Earth.org, July 18, 2023; Michael Brenner, "The Role of AI in Cloud Computing," Nutanix.com, July 13, 2023; Steven Gonzalez Montserrate, "The Staggering Ecological Impacts of Computation and the Cloud," Thereader.mitpress.mit.edu, February 14, 2022; David Kuchta, "Does Cloud Computing Help or Harm the Environment?" Treehugger.com, January 13, 2022; Kalyan Kumar, "Toward a Sustainable Transition to the Green Cloud," Cmswire.com, October 19, 2021.

문제

1. 클라우드 컴퓨팅은 얼마나 친환경적인가? 환경에 얼마나 도움이 되는가, 아니면 얼마나 해로운가? 그 이유를 설명하라.
2. 데이터 센터를 더욱 친환경적으로 만들기 위해 어떤 해결책이 제안되었는가? 그 해결책은 얼마나 효과적인가?
3. AI는 환경에 해로운가? 자신의 생각을 설명하라.

요약

5.1 IT 인프라와 발전 단계

IT 인프라는 기업의 특정 정보시스템 애플리케이션을 위한 플랫폼을 제공하는 공유 기술 리소스이다. IT 인프라에는 기업 전체에서 공유되는 하드웨어, 소프트웨어, 서비스가 포함된다. IT 인프라 발전의 다섯 단계는 메인프레임 시대, 개인용 컴퓨터 시대, 클라이언트/서버 시대, 전사적 컴퓨팅 시대, 클라우드 및 모바일 컴퓨팅 시대로 구분된다.

5.2 IT 인프라의 구성요소

IT 인프라의 주요 구성요소는 컴퓨터 하드웨어 플랫폼, 운영체제 플랫폼, 전사적 소프트웨어 플랫폼, 네트워킹 및 정보통신 플랫폼, 데이터베이스 관리 소프트웨어, 인터넷 플랫폼, 컨설팅서비스 및 시스템 통합업체(SI 업체) 등이다.

5.3 모바일 플랫폼, 앱, BYOD

점점 더 많은 컴퓨팅이 모바일 플랫폼에서 이루어지고 있다. 앱은 모바일 기기에서 실행되고 인터넷을 통해 제공되는 소프트웨어 애플리케이션이다. IT 소비화는 소비자 시장에서 시작된 IT가 비즈니스에 활용되는 것으로 의미한다.

5.4 양자 컴퓨팅과 그린 컴퓨팅

양자 컴퓨팅은 여러 상태의 데이터를 동시에 표현할 수 있는 기능을 통해 처리 능력을 획기적으로 향상할 수 있는 새로운 기술이다. 그린 컴퓨팅에는 환경에 미치는 부정적인 영향을 최소화하기 위해 IT 하드웨어를 생산, 사용, 폐기하는 활동과 기술이 포함된다.

5.5 가상화와 클라우드 컴퓨팅

가상화는 컴퓨팅 자원의 사용이 물리적 구성이나 지리적 위치에 의해 제한되지 않도록 구성한다. 클라우드 컴퓨팅을 통해 기업과 개인은 하드웨어와 소프트웨어를 직접 구매하여 컴퓨터에 설치하는 대신, 인터넷을 포함한 네트워크를 통해 원격으로 컴퓨팅 성능과 소프트웨어를 서비스 형태로 얻을 수 있다. 클라우드 서비스 유형으로는 서비스형 인프라(IaaS), 서비스형 소프트웨어(SaaS), 서비스형 플랫폼(PaaS) 등 세 가지 유형이 있으며, 클라우드 컴퓨팅 모델로는 퍼블릭 클라우드, 프라이빗 클라우드, 하이브리드 클라우드가 있다. 에지 컴퓨팅은 데이터소스 근처의 네트워크 끝부분에 연결된 서버 집합에서 데이터의 일부를 처리함으로써 클라우드 컴퓨팅을 최적화하는 데 도움이 된다.

5.6 현대 소프트웨어 플랫폼

오픈소스 소프트웨어는 전 세계 프로그래머 커뮤니티에 의해 개발되고 유지·관리되며, 무료로 다운로드할 수 있다. 리눅스는 강력하고 장애 허용성이 좋은 오픈소스 운영체제로서 다수의 하드웨어 플랫폼에서 가동될 수 있으며, 웹 서버에서도 널리 사용되고 있다. 자바는 운영체제와 하드웨어에 독립적인 프로그래밍 언어로서 웹을 대상으로 한 선도적인 대화형 프로그래밍 환경이다. HTML5는 추가적인 프로그램 노력 없이 이미지, 오디오, 동영상 요소를 웹문서에 바로 삽입할 수 있게 해준다. 웹서비스는 웹표준에 기반을 둔 소프트웨어 요소와 느슨하게 결합되어 있으며, 어떠한 애플리케이션이나 운영체제와도 연동될 수 있다. 웹서비스는 상이한 두 조직의 시스템을 연결시키거나 하나의 기업에 존재하는 별개의 시스템을 연결시킬 수 있는 웹 기반 애플리케이션 구성요소로 사용될 수 있다.

5.7 소프트웨어 획득 방법

오늘날 사용되는 대부분의 신규 소프트웨어는 내부에서 개발된 것이 아니라 소프트웨어 패키지, 맞춤형 애플리케이션 개발 아웃소싱, 또는 온라인 서비스형 소프트웨어(SaaS) 대여와 같은 외부소스로부터 획득한 구성요소, 프레임워크, 서비스로 구성되어 있다.

5.8 인공지능을 위한 IT 인프라

AI 애플리케이션을 개발하고 실행하기 위해서는 데이터세트의 크기와 활용목적에 따라 특수한 하드웨어 및 소프트웨어가 필요하며, 대용량의 컴퓨터 메모리와 데이터 저장공간도 요구된다. 주요 AI 전용 하드웨어 구성요소에는 그래픽처리장치(GPU)와 텐서처리장치(TPU)가 포함된다. AI에 중요한 소프트웨어로는 리눅스와 같은 강력한 운영체제, 다양한 AI 프레임워크 및 라이브러리가 있다. 다양한 산업 분야에서는 비용 절감, 프로세스 자동화, 의사결정 개선, 운영 최적화를 위해 에지 AI 애플리케이션의 도입이 점점 증가되고 있다.

5.9 IT 인프라 관리의 도전 과제

주요 과제로는 플랫폼 및 인프라 변화에의 대응, 인프라 관리 및 거버넌스 수행, 인프라에의 현명한 투자를 들 수 있다. 해결 방안으로는 경쟁세력 모델을 활용하여 IT 인프라에 얼마를 투자하고 어디에 전략적으로 투자할지를 결정하는 것, IT 자산의 총소유비용(TCO)을 산정하는 것을 고려할 수 있다. 기술자원의 총소유비용에는 컴퓨터 하드웨어와 소프트웨어의 초기 비용뿐만 아니라 하드웨어 및 소프트웨어 업그레이드, 유지·보수, 기술 지원, 교육에 드는 비용도 포함된다. 많은 기업이 IT 플랫폼 비용을 절감하기 위해 클라우드 컴퓨팅으로 전환하고 있다. 기업은 전사적으로 배포된 모바일 기기를 모니터링, 관리, 보호하기 위해 모바일 기기 관리(MDM) 도구를 사용하고 있다.

주요 용어

가상화
그린 컴퓨팅(그린 IT)
네트워크 운영체제 소프트웨어
다계층(N-계층) 클라이언트/서버 아키텍처
데이터 센터
레거시 시스템
로봇
리눅스
마이크로소프트 윈도우 서버
마이크로소프트 윈도우 운영체제
멀티터치
메인프레임
모바일 기기 관리(MDM)
산업용 클라우드 플랫폼
서버
서비스 수준 계약(SLA)
서비스형 소프트웨어(SaaS)
서비스형 인프라(IaaS)
서비스형 플랫폼(PaaS)
소프트웨어 아웃소싱
소프트웨어 정의 스토리지(SDS)
소프트웨어 패키지
아이폰 OS
애플리케이션 서버

앱	웹 호스팅 서비스	퍼블릭 클라우드
양자 컴퓨팅	유닉스	프라이빗 클라우드
에지 인공지능(에지 AI)	자바	하이브리드 클라우드
에지 컴퓨팅	자바스크립트	하이퍼텍스트 마크업 언어(HTML)
오픈소스 소프트웨어	전자폐기물	확장성
온디맨드 컴퓨팅	총소유비용(TCO)	BYOD
운영체제	크롬 OS	HTML5
웹브라우저	클라우드 컴퓨팅	IT 소비화
웹 서버	클라이언트	XML
웹서비스	클라이언트/서버 컴퓨팅	

복습문제

5.1 IT 인프라와 발전 단계

- 기술 및 서비스 관점에서 IT 인프라를 정의하라.
- IT 인프라 발전의 각 시대를 열거하고 그 특징을 설명하라.
- 웹 서버, 다계층 클라이언트/서버 아키텍처를 정의하고 설명하라.

5.2 IT 인프라의 구성요소

- 기업이 관리해야 하는 IT 인프라의 구성요소를 열거하고 설명하라.

5.3 모바일 플랫폼, 앱, BYOD

- 모바일 플랫폼을 설명하라.
- 앱을 정의하고 예를 제시하라.
- BYOD를 정의하고 그것이 관리 과제로 여겨지는 이유를 설명하라.

5.4 양자 컴퓨팅과 그린 컴퓨팅

- 양자 컴퓨팅을 정의하고 그것이 왜 그렇게 강력한지 설명하라.
- 그린 컴퓨팅을 정의하고 예를 제시하라.

5.5 가상화와 클라우드 컴퓨팅

- 가상화를 정의하고 클라우드 컴퓨팅과의 관계를 설명하라.
- 클라우드 컴퓨팅을 정의하고 클라우드 컴퓨팅의 기능을 설명하라.
- 클라우드 서비스의 세 가지 주요 유형을 설명하라.
- 퍼블릭 클라우드, 프라이빗 클라우드, 하이브리드 클라우드를 설명하라.
- 에지 컴퓨팅이 클라우드 컴퓨팅을 어떻게 향상할 수 있는지 설명하라.

5.6 현대 소프트웨어 플랫폼

- 오픈소스 소프트웨어와 리눅스를 정의하고 비즈니스 이점을 설명하라.
- 자바와 HTML5를 정의하고 그 중요성을 설명하라.

5.7 소프트웨어 획득 방법

- 소프트웨어의 세 가지 외부 소스를 나열하고 설명하라.

5.8 인공지능을 위한 IT 인프라

- AI 애플리케이션에 사용되는 중요한 하드웨어 기술을 설명하라.
- AI 애플리케이션에 사용되는 중요한 소프트웨어 기술을 설명하라.

5.9 IT 인프라 관리의 도전 과제

- IT 인프라로 인해 발생하는 관리 과제를 열거하고 설명하라.
- 경쟁세력 모델의 활용과 기술자산에 대한 총소유비용 계산이 기업의 효율적인 인프라 투자에 어떻게 도움이 되는지 설명하라.

토의문제

5.10 조직에 대한 컴퓨터 하드웨어 및 소프트웨어를 선정하는 것이 경영상의 중요한 의사결정인 이유는 무엇인가? 컴퓨터 하드웨어 및 소프트웨어를 선정할 때 고려해야 하는 경영, 조직, 기술 관련 이슈는 무엇인가?

5.11 조직은 모든 소프트웨어 니즈에 대해 소프트웨어 서비스 제공자를 이용해야 하는가? 그 이유는 무엇인가?

5.12 클라우드 컴퓨팅의 장점과 단점은 무엇인가?

AI 활용 프로젝트

5.13 정보시스템 선정

반려동물 유기농 사료와 간식, 유기농 소재로 만든 반려동물 장난감과 의류를 판매하는 소매점을 열고자 하는 두 친구가 자문을 구했다. 이들은 정규직 직원 1명과 시간제 직원 3명이 일하는 소매점에서는 어떤 종류의 정보시스템이 가장 중요한지 알고 싶어 한다. 또한 정보시스템 하드웨어, 소프트웨어, 구축에 지출할 수 있는 총 7,000달러의 예산을 가지고 있다. 이들은 어떤 정보시스템을 가장 먼저 도입해야 하는지도 알고 싶어 한다.

마이크로소프트의 Copilot, 구글의 Gemini 또는 ChatGPT를 이용하여 이들에게 필요한 정보를 제공하는 데 도움이 될 수 있는 일련의 프롬프트를 작성하라. 프롬프트와 채팅 세션의 결과를 저장하고 강사에게 제출하라.

MIS 실습 과제

이 프로젝트는 IT 인프라 솔루션을 개발해보는 실습경험을 제공한다. 여기에는 PC 데스크톱 시스템의 총소유비용(TCO)을 계산하기 위한 스프레드시트 소프트웨어 사용, 영업회의 예산작성을 위한 웹조사 수행, 서버 및 모바일 운영체제평가 등이 포함된다.

학생은 www.pearsonhighered.com/laudon에서 Hands-On MIS Application data file을 내려받아 사용하면 된다. 추가로 교재 관련 연습문제 풀이, 주요 콘셉트 비디오 자료 등이 필요하다면 https://t2-apac.pearson.com에서 MyLab MIS를 구매할 수 있다.

5.14 경영 의사결정 문제

이지젯(EasyJet)은 영국에서 두 번째로 큰 항공사로, 35개 이상의 국가에서 1,100개 이상의 노선을 운영하고 있다. 비용을 절감하면서도 예약을 관리하고 처리할 수 있는 견고한 시스템은 이들의 핵심 비즈니스 요건이다. 이지젯의 기존 예약 시스템에는 고객이 온라인 예약 시 특정 항공편의 좌석을 선택할 수 있는 기능이 없었다. 이 새로운 서비스를 추가하려면 추가 데이터 센터 및 소프트웨어에 대한 투자와 함께 IT 인프라의 수정이 필요하다. 클라우드 컴퓨팅 서비스는 어떻게 해결책을 제공할 수 있는가? 이러한 해결책을 설계할 때 고려해야 할 경영, 조직, 기술 요인과 의사결정 사항은 무엇인가?

5.15 스프레드시트를 사용하여 총소유비용 평가

소프트웨어 기술: 스프레드시트 수식, SUM 함수

비즈니스 기술: 기술 가격 책정

이 프로젝트는 새로운 PC 데스크톱 시스템에 대한 3년간의 총소유비용(TCO)을 산정할 수 있는 기회를 제공한다. 스프레드시트 소프트웨어를 사용하여 40명의 직원을 대상으로 윈도우 11 프로와 마이크로소프트 365 Business가 설치된 PC를 구매하고 유지·관리하는 데 드는 3년간의 총비용을 비교한다. 사양 정보는 MIS18_Project 5.15 Student File과 MIS18_Project 5.15 Specification File에서 확인할 수 있다.

스프레드시트 소프트웨어를 사용하여 40대의 데스크톱 생산성 시스템에 대해 3년간의 총소유비용을 계산하라. 윈도우 프로의 비용은 데스크톱 가격에 포함되어 있다. 경영진은 HP와 델 데스크톱 시스템의 총소유비용을 비교하고 싶어 한다. 워크시트를 완성하여 일회성 비용과 반복 비용에 대한 값을 입력하고 계산하라. 3년 동안의 총소유비용과 사용자당 총소유비용을 산출하라. PC 시스템 옵션을 결정할 때 비용 외에 기업이 고려해야 할 다른 요소는 무엇인가? 그 이유를 설명하라.

5.16 온라인 조사 도구를 활용한 예산 수립

소프트웨어 기술: 온라인 조사 도구

경영 기술: 교통 및 숙박 비용 조사

포모스트(Foremost Composite Materials Company)는 10월 18일 저녁 리셉션을 시작으로 10월 19일부터 20일까지 이틀 동안 영업 컨퍼런스를 계획하고 있다. 이 행사는 총 120명의 영업사원과 관리자 16명, 전원이 참석하며, 하루 종일 진행될 예정이다. 회사는 영업사원별로 호텔객실 1개씩, 공용 회의실 2개가 필요하다. 공용 회의실 중 하나는 전체 영업인력과 소수의 방문객(총 200명)을 수용할 수 있을 만큼 커야 하고, 다른 하나는 영업인력의 절반을 수용할 수 있는 정도면 된다. 경영진은 영업사원의 객실 임대를 위해 33만 달러의 예산을 책정했다. 회사는 이 행사를 플로리다주의 마이애미 또는 마르코아일랜드에 위치한 힐튼(Hilton) 또는 메리어트(Marriott) 계열 호텔 중 한 곳에서 개최하고자 한다.

힐튼 및 메리어트 웹사이트를 활용하여 이 두 도시 중 예산 내에서 회의를 개최할 수 있고 회의요건을 충족할 수 있는 호텔을 선택하라. 그런 다음 컨퍼런스 전날 오후에 도착하는 항공편을 찾아보라. 참석자는 로스앤젤레스(51명), 샌프란시스코(30명), 시애틀(22명), 시카고(19명), 피츠버그(14명)에서 올 예정이다. 각 도시에서 출발하는 왕복항공권의 가격을 확인하라. 이러한 정보를 모두 수집한 후 컨퍼런스 예산안을 작성하라. 예산에는 각 항공권 비용과 객실 비용이 포함되어야 한다.

5.17 협업 및 팀워크 프로젝트: 서버 및 모바일 운영체제 평가

2명 이상의 학생과 팀을 구성하고, 서버 또는 모바일 운영체제를 선택하여 평가하라. 예를 들어 서버용으로는 리눅스와 최신 윈도우서버 운영체제의 기능과 비용을 조사하고 비교할 수 있을 것이다. 또는 모바일 운영체제인 안드로이드와 아이폰의 iOS 기능을 비교해볼 수도 있을 것이다. 구글 문서, 구글 드라이브, 구글 사이트를 이용하여 브레인스토밍하고 내용을 정리한 후 발표 자료를 만들라.

참고문헌

Alcor. "9 Successful Offshoring Examples." Alcor-bpo.com (accessed August 26, 2024).

Amazon Web Services. "Overview of Amazon Web Services." Docs.aws.amazon.com (accessed August 26, 2024).

Benitez, Jose, Gautam Ray, and Jörg Henseler. "Impact of Information Technology Infrastructure Flexibility on Mergers and Acquisitions." *MIS Quarterly* 42, No. 1 (March 2018).

Bova, Francesco, Avi Goldfarb, and Roger Melko. "The Business Case for Quantum Computing." *MIT Sloan Management Review* (Spring 2023).

David, Julie Smith, David Schuff, and Robert St. Louis. "Managing Your IT Total Cost of Ownership." *Communications of the ACM* 45, No. 1 (January 2002).

Edge Delta. "How Many Companies Use Cloud Computing in 2024? (10 Statistics and Insights)." Edgedelta.com (May 17, 2024).

Gartner, Inc. "Gartner Forecasts Worldwide IT Spending to Grow 8% in 2024." Gartner.com (April 17, 2024).

Gong, Jing, Yi Liang, and Ramasubbu, Narayan. "Software Vendor Diversification: A Source of Organizational Rigidity in Adversity?" *Journal of Management Information Systems* 40, No. 2 (2023).

Guerin, Roch, Kartik Hosanagar, Xinxin Li, and Soumya Sen. "Shared or Dedicated Infrastructures: On the Impact of Reprovisioning Ability." *MIS Quarterly* 43, No. 4 (December 2019).

Guo, Zhiling, and Dan Ma. "A Model of Competition Between Perpetual Software and Software as a Service." *MIS Quarterly* 42, No. 1 (March 2018).

Linthicum, David. "Mainframes Are Dead, Long Live Cloud Computing!" Infoworld.com (February 16, 2024).

Mell, Peter, and Tim Grance. "The NIST Definition of Cloud Computing." Version 15. *NIST* (October 17, 2009).

Mucci, Tim. "Five Open-Source AI Tools to Know." IBM.com (December 15, 2023).

Park, Jiyong, Yoonseock Son, and Corey M. Angst. "The Value of Centralized IT in Building Resilience During Crises: Evidence from U.S. Higher Education's Transition to Emergency Remote Teaching." *MIS Quarterly* 47, No. 1 (March 2023).

Priego, Laia Pujol, and Jonathan Wareham. "From Bits to Atoms: Open-Source Hardware at CERN." *MIS Quarterly* 47, No. 2 (June 2023).

Retana, German F., Chris Forman, Sridhar Narasimhan, Marius Florin Niculescu, and D. J. Wu. "Technology Support and Post-Adoption IT Service Use: Evidence from the Cloud." *MIS Quarterly* 42, No. 3 (September 2018).

Schuff, David, and Robert St. Louis. "Centralization vs. Decentralization of Application Software." *Communications of the ACM* 44, No. 6 (June 2001).

Shipilov, Andrew, and Nathan Furr. "Making Quantum Computing a Reality." *Harvard Business Review* (April 18, 2022).

Song, Peijian, Ling Xue, Arun Rai, and Cheng Zha. "The Ecosystem of Software Platform: A Study of Asymmetric Cross-Side Network Effects and Platform Governance." *MIS Quarterly* 42, No. 1 (March 2018).

Sundberg, Niklas. "Tackling AI's Climate Change Problem." *MIT Sloan Management Review* (Winter 2024).

Tsai, Jacob Chia-An, James J, Jiang, Gary Klein, and Shin-Yuan Hung. "Task Conflict Resolution in Designing Legacy Replacement Systems." *Journal of Management Information Systems* 40, No. 3 (2023).

Tyson, Mark. "Nvidia Outlines Jensen 'Huang's Law' of Computing." Tomshardware.com (September 30, 2023).

Volz, Emily. "Screen Time Addiction? The Average American Spends 4.5 Hours Per Day on Phone." Turnto10.com (January 22, 2024).

Weinberg, Neal. "How to Calculate TCO for Enterprise Software." CIO.com (February 1, 2024).

CHAPTER 6

비즈니스 인텔리전스의 기반: 데이터베이스와 정보 관리

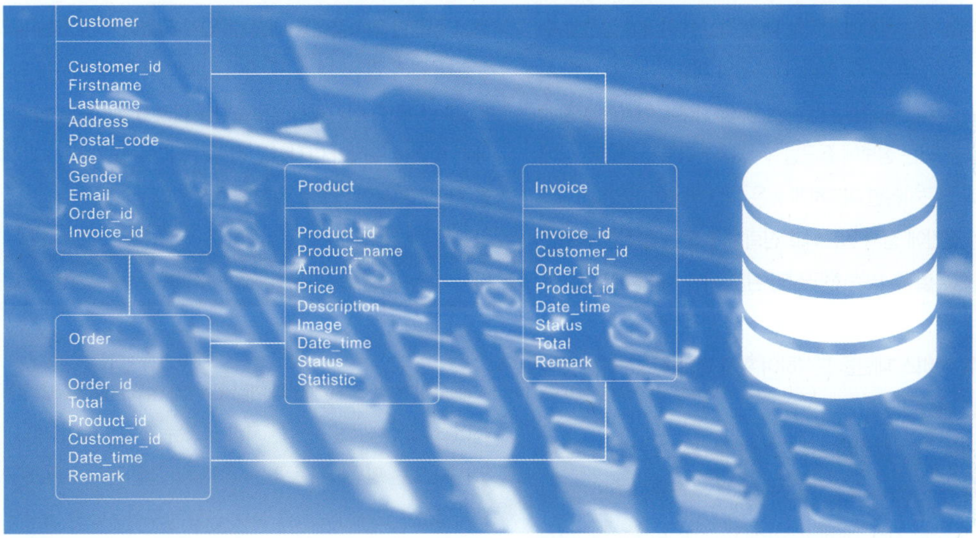

© Joe Techapanupreeda/Shutterstock

학습목표

6.1 전통적 파일 환경에서의 데이터 관리 문제점을 설명할 수 있다.

6.2 DBMS와 관계형 DBMS의 기능을 설명할 수 있다.

6.3 관계형 데이터베이스의 설계 원리에 대해 설명할 수 있다.

6.4 비관계형, 클라우드, 블록체인 데이터베이스의 기능을 설명할 수 있다.

6.5 데이터베이스의 데이터 분석에 사용되는 도구를 설명할 수 있다.

6.6 데이터 거버넌스, 데이터 품질 보증, 데이터 관리에 대해 설명할 수 있다.

6.7 이 장의 내용이 경력에 어떻게 도움이 되는지 이해할 수 있다.

이 장의 사례

- **도입 사례:** 오라클 자율 데이터베이스와 함께 비행하는 호주의 왕립항공의료서비스
- **기술 사례:** 얼굴 데이터베이스: 누가 우리 얼굴을 사용하고 있는가?
- **사례 연구:** 블록체인을 통한 지속가능성 추구

도입 사례 오라클 자율 데이터베이스와 함께 비행하는 호주의 왕립항공의료서비스

호주의 왕립항공의료서비스(Royal Flying Doctor Service, RFDS)는 안정적인 인터넷 서비스와 현장 의료 서비스가 종종 제공되지 않는 호주의 오지 지역에 거주하는 사람들을 위해 1차 의료 서비스 및 24시간 응급 서비스를 제공하는 전국적인 자선 의료 기관이다. RFDS는 하루에 1,000건 이상의 환자 진료를 수행하고, 80대의 항공기와 300대 이상의 지상 구급차를 운영하고 있다.

과거에는 RFDS 직원들이 최대 600개의 항목이 포함된 종이 양식에 환자 정보를 수기로 기록했다. 그런 다음 그 정보는 각기 다른 독립형 애플리케이션에 수동으로 입력되거나 종이로 보관되었다. 이로 인해 데이터를 정리하고 추출하는 데 큰 어려움이 따랐으며, 환자 기록을 최신 상태로 정확하게 유지하는 데 많은 시간과 노력이 필요했다. 인터넷 연결이 원활하지 않거나 전혀 되지 않는 외딴 지역에서는 적시에 환자에 대한 최신 데이터에 접근할 수 없어 의료 서비스에 차질이 생기기도 했다. 대부분의 의료인은 실시간으로 의료 데이터를 사용할 수 있는 환경을 당연하게 여기고 있다. 이러한 상황에서 환자의 생명을 구할 수 있는 정보에 접근할 수 없다면 어떨지 한번 상상해 보라. 이때 최신 정보에 접근하려면 과도하게 높은 지원 비용이 들었다.

이에 RFDS는 운영 전반에 걸쳐 일관되고 신뢰할 수 있는 정확한 정보를 실시간으로 통합하고 공유할 수 있는 전국적인 환자 기록 시스템 구축을 목적으로, 이를 지원할 수 있는 클라우드 기반 해결책을 모색했다. 또한 직원들은 그 해결책이 건강 및 서비스 패턴을 분석하여 환자 결과를 개선하는 데에도 도움을 줄 수 있기를 바랐다.

RFDS는 전사적 의료 기술 플랫폼으로 오라클 클라우드 인프라스트럭처(Oracle Cloud Infrastructure, OCI)를 선택했고, 트랜잭션 처리 및 분석 작업을 위해서는 오라클 자율 데이터베이스(Oracle Autonomous Database)를 그리고 데이터베이스 간 복제, 필터링, 변환 작업을 위해서는 OCI 골든게이트(OCI GoldenGate)를 선택했다. 오라클 자율 데이터베이스는 시스템이 작동 중일 때도 사람의 개입 없이 정기적으로 데이터베이스 유지·관리 작업을 자동으로 수행한다. 즉, 오라클 자율 데이터베이스는 AI 머신러닝을 활용하여 과거에는 사람이 수행했던 데이터베이스 튜닝, 보안, 백업, 업데이트, 기타 관리 작업을 자동으로 수행하며, 스스로 문제를 감지하고 복구하기도 한다.

© Michael Leslie/Shutterstock

RFDS는 오라클 골든게이트를 활용하여 오프라인 모드를 위한 디지털 데이터 트윈을 생성하고, 이를 통해 데이터베이스의 실시간 복제를 가능하게 한다. 골든게이트는 인터넷 연결이 불가능한 오지 지역에서도 RFDS의 의사와 의료 종사자가 태블릿을 사용하여 최신 환자 정보를 입력하고 조회할 수 있도록 지원한다. 또한 골든게이트는 오프라인 상태에서 연결이 복원되었을 때 수집된 데이터가 다른 의료 시스템과 안정적으로 동기화되도록 해준다. 현재 RFDS는 전사적 클라우드 인프라스트럭처 상에서 일일 최대 컴퓨팅 작업량을 과거보다 3배 빠르게 처리하고 있으며, 이로 인해 의료진이 더 빠르고 정확한 의사결정을 내릴 수 있게 되었다. RFDS는 클라우드로 전환함으로써 관리 업무의 부담을 줄이고, 데이터 관리 비용을 약 20% 절감할 수 있었다. 이러한 아키텍처가 구축됨에 따라 IT 인력은 단순한 유지·보수 작업에서 벗어나 조직이 디지털 건강관리 리더로 도약하는 데 기여할 수 있는 기술 혁신가로서의 역할로 전환될 수 있었다.

출처: Flyingdoctor.org.au, accessed August 26, 2024; "Royal Flying Doctor Service Launches New Digital Health Record Powered by Oracle Autonomous Database," Oracle.com, August 28, 2023; "RFDS Builds a Life-saving IT Architecture with Oracle Autonomous Database," Oracle. com, August 20, 2023.

호주의 RFDS 사례는 데이터 관리의 중요성을 잘 보여준다. 우수한 의료 서비스 제공 능력을 포함한 사업 성과는 조직이 데이터를 어떻게 활용할 수 있는지 또는 활용하지 못하는지에 따라 달라진다. RFDS의 운영 효율성과 의사결정은 오래된 수작업 절차, 단절된 구식 시스템, 불안정하고 고르지 못한 무선 인터넷 연결로 인해 심각하게 저해되었다. 이러한 조건은 RFDS의 의사와 직원이 환자 치료에 필요한 정확한 최신 정보에 접근하지 못하게 했으며, 환자 서비스를 비효율적으로 만들었다. 조직이 데이터를 저장하고 구성하며 관리하는 방식은 조직의 효과성에 막대한 영향을 미친다.

다음 도표는 이 사례에서 제기된 주요 사항을 강조하고 있다. RFDS는 호주 외곽 지역의 의료 소외 계층에게 의료 서비스를 제공하는 자선단체이다. 이 단체는 현장에서 환자를 치료하거나 온라인으로 환자 데이터를 조회할 때 항상 최신 정보를 활용할 수 있는 상황이 아니었는데, 이는 의료 서비스의 질을 저하시키고 심지어 일부 환자들을 위험에 빠뜨리기도 했다.

이 문제의 해결책은, RFDS의 수작업 및 레거시 시스템으로 이루어진 복잡한 구조를 전사적 클라우드 인프라스트럭처로 대체하고, 오라클 자율 데이터베이스를 활용하여 모든 출처의 의료 데이터를 통합하는 것이었다. 또한 RFDS는 오라클 골든게이트를 사용하여 현장 치료 중 오프라인 상태에서 생성된 데이터를 새로운 데이터베이스와 동기화했다. 이제 RFDS 직원은 가장 정확한 최신 정보를 바탕으로 환자를 치료하고, 더 빠르게 의사결정을 내리며, 보다 효율적으로 업무를 수행할 수 있게 되었다.

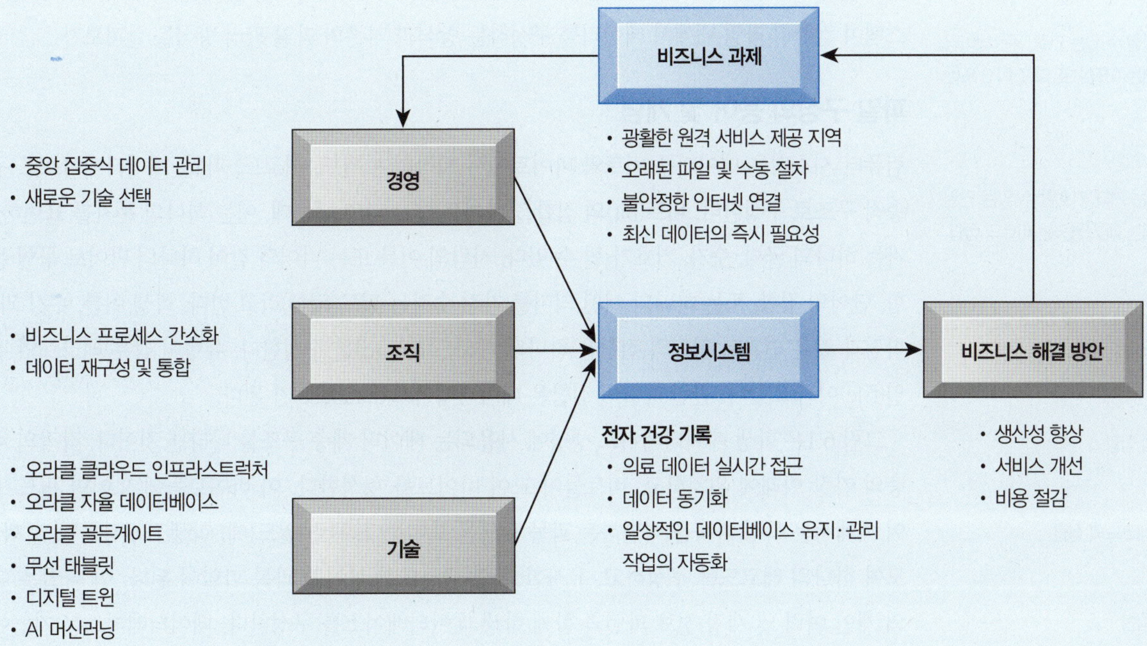

이러한 해결책을 실현하기 위해 RFDS는 데이터를 전사적으로 표준화된 형식으로 재구성하고, 데이터 접근 및 사용에 대한 규칙, 책임, 절차를 수립하며, 사용자가 온라인 및 오프라인에서 데이터에 접근할 수 있도록 도구를 제공해야 했다.

문제

1. 수동 환자 기록 시스템을 사용할 때 RFDS에는 어떤 문제가 발생했는가?
2. RFDS가 오라클 자율 데이터베이스로 전환함으로써 의료 서비스 제공 방식이 어떻게 개선되었는가?

경력 개발 효과

RFDS의 IT 직원들은 주요 클라우드 컴퓨팅 도구에 대한 전문성을 개발할 수 있는 기회를 얻게 되었다. 이는 그들이 RFDS 내에서 경력을 발전시키는 데 도움을 줄 뿐만 아니라, 더 높은 보수를 받을 수 있는 타 기관의 직무로 이직할 수 있는 자격을 갖추는 효과도 있다. 클라우드로의 전환으로 IT 부서는 관리 업무 부담이 줄어들어 일상적인 유지·관리에서 고부가가치 활동으로 전환하는 데 집중할 수 있었다. 또한 IT 부서 외의 직원들도 조직을 위한 중요한 시스템 개발에 기여함으로써 이익을 얻을 수 있었다. 새로운 시스템을 통해 직원들은 업무의 효율성과 정확성을 획기적으로 향상할 수 있었다. RFDS의 이러한 솔루션은 호주의 외딴 지역에 거주하는 의료 소외 계층에게 더 나은 의료 서비스를 제공하는 데 기여함으로써 사회적으로도 큰 효과를 가져왔다.

6.1 전통적 파일 환경에서의 데이터 관리 문제

효과적인 정보시스템은 사용자에게 정확하고, 시의적절하며, 적합한 정보를 제공한다. 정확한 정보란 오류가 없는 정보를 의미한다. 또한 시의적절한 정보는 의사결정자가 필요할 때 사용할 수 있는 정보이고, 적합한 정보는 특정 업무나 의사결정에 유용하고 적합한 정보를 뜻한다. 그러나 많은 기업은 정보시스템 내의 데이터가 제대로 정리 및 관리되지 않아 시의적절하고 정확하며 적합한 정보를 확보하지 못하는 경

비트
컴퓨터가 처리할 수 있는 가장 작은 데이터 단위를 나타내는 이진수로, 그 값이 0 또는 1이다.

바이트
문자, 숫자 또는 기타 기호일 수 있는 단일 문자를 나타내는 데 사용되는 비트의 집합

필드
사람의 이름이나 나이 등 하나의 단어, 단어의 집합, 숫자 등으로 구성된 집합

레코드
관련된 필드의 집합

파일
같은 유형의 레코드의 집합

데이터베이스
관련 파일의 집합

우가 많다. 이것이 바로 데이터 관리가 매우 중요한 이유이다. 이러한 문제를 이해하기 위해 먼저 정보시스템이 컴퓨터 파일 내에서 데이터를 구성하는 방식과 기존의 파일 관리 방식을 살펴보자.

파일 구성의 용어 및 개념

컴퓨터 시스템은 데이터를 비트와 바이트에서 시작하여 필드, 레코드, 파일, 데이터베이스로 구성된 계층적 구조로 구성한다. **비트**(bit)의 집합을 **바이트**(byte)라고 하는데, 이는 하나의 문자를 표현하며, 이 문자는 하나의 글씨, 숫자, 기호가 될 수 있다. 사람의 이름 또는 나이와 같이 하나의 단어로 묶인 문자의 집합, 단어의 집합, 또는 하나의 어떤 의미를 가진 숫자는 **필드**(field)라고 한다. 학생 이름, 수강 과목, 날짜, 학점과 같은 연관된 필드의 집합은 하나의 **레코드**(record)를 구성한다. 유형이 같은 레코드의 집합은 **파일**(file)이라고 한다. 관련 파일의 집합은 **데이터베이스**(database)가 된다.

그림 6.1은 학생 데이터베이스 생성에 사용되는 데이터 계층 구조를 나타낸 것이다. 각각의 비트는 계층의 가장 아래에 위치하고, 비트들이 모여 바이트를 형성한다. 이 바이트들이 모이면 필드가 되는데, 이 예에서는 특정 과목을 식별하는 과목 필드를 보여준다. 관련 필드(예: 학생 ID, 과목명, 날짜, 성적)이 모여 하나의 레코드를 구성하고, 유사한 학생 레코드가 모이면 과목 파일이 된다. 이 파일은 다시 학생의 개인 이력 및 재정 정보 파일과 함께 학생 데이터베이스를 구성한다. 데이터베이스는 기업이 지속적

그림 6.1 데이터의 계층 구조

컴퓨터 시스템에서는 0 또는 1을 표현하는 비트로 시작하는 계층 구조로 데이터가 구성된다. 비트가 모여서 하나의 글자, 숫자, 기호를 표현할 수 있는 하나의 바이트가 형성된다. 이러한 바이트가 모여서 하나의 필드를 형성하고, 관련된 필드가 모여서 하나의 레코드를 형성한다. 또한 관련된 레코드가 모여서 하나의 파일을 형성하고, 관련된 파일이 모여서 하나의 데이터베이스를 형성한다.

으로, 종종 즉시 처리해야 하는 사람, 장소, 사물을 추적하기 때문에 모든 정보시스템의 핵심이라 할 수 있다.

하나의 레코드는 하나의 개체를 설명하는데, **개체**(entity)란 우리가 저장하고 유지·관리하는 정보와 관련된 사람, 장소, 사물 또는 사건을 의미한다. 특정 개체를 기술하는 각 특성 또는 특질을 **속성**(attribute)이라고 한다. 그림 6.1의 파일 부분을 다시 한번 보라. 예를 들어 학번, 과목, 날짜, 학점은 과목 개체의 속성이다. 이러한 속성이 가질 수 있는 구체적인 값은 과목 개체를 기술하는 레코드의 필드에서 찾아 볼 수 있다.

개체
정보가 보관되는 사람, 장소, 사물 또는 사건

속성
특정 개체를 기술하는 정보

전통적 파일 환경의 문제점

대부분의 조직에서 시스템은 전사적인 계획 없이 독자적으로 성장하는 경향이 있다. 회계, 재무, 제조, 인적자원관리, 판매 및 마케팅과 같은 모든 기능은 자체적인 시스템과 데이터 파일을 개발했다. 그림 6.2는 정보처리에 대한 전통적인 접근 방법을 보여준다. 각 기능 영역은 고유한 소프트웨어 애플리케이션과 데이터 파일을 보유하고 있어, 중복되고 일관성 없는 데이터가 확산되는 문제를 초래한다. 각 애플리케이션은 작동을 위해 자체적인 데이터 파일과 컴퓨터 프로그램을 필요로 한다. 예를 들어 인사 기능 영역에는 인사 마스터 파일, 급여 파일, 의료보험 파일, 연금 파일, 메일링 리스트 파일 등 파일과 프로그램이 수십 또는 수백 개에 이를 수도 있다.

이러한 과정이 5~10년간 진행되면서 조직은 유지·관리하기가 매우 어려운 수많은 프로그램과 애플리케이션에 대한 책임을 떠안게 되었다. 이로 인해 초래되는 문제점은 데이터 중복과 불일치, 프로그램-데이터 의존성, 유연성 부족, 부실한 데이터 보안, 애플리케이션 간의 데이터 공유 불가능 등이다.

그림 6.2 전통적 파일 처리

전통적 파일 처리 방식은 기업의 각 기능 영역에 특화된 애플리케이션과 파일을 개발하도록 요구한다. 각각의 애플리케이션 은 마스터 파일의 일부분이 될 가능성이 큰 나름대로의 고유한 데이터 파일을 필요로 한다. 이러한 파일은 데이터 중복 및 불일치, 처리 유연성의 저하, 저장 자원의 낭비를 초래한다.

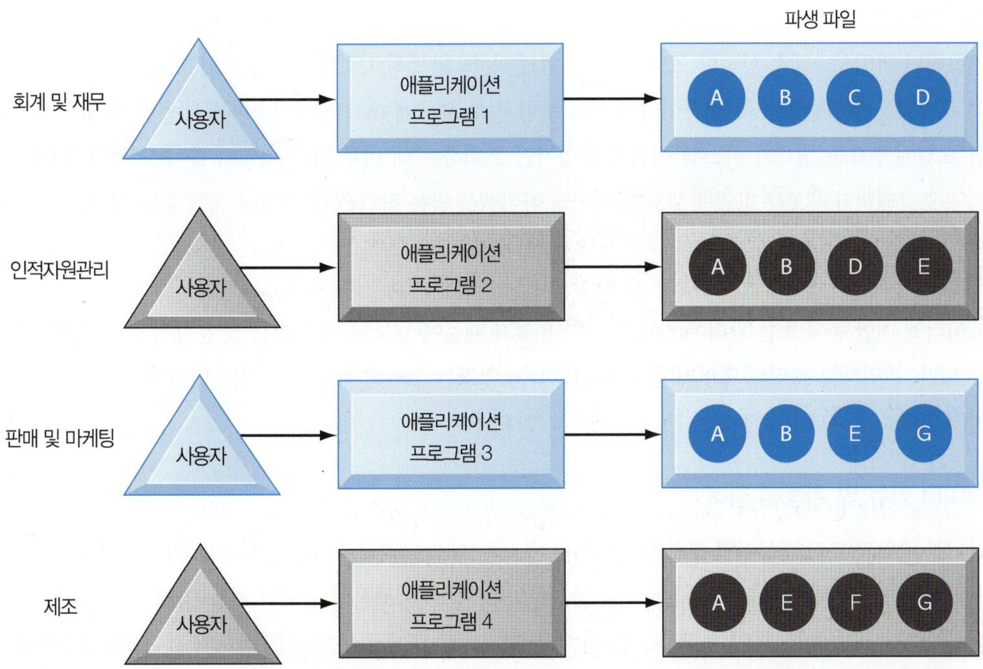

데이터 중복성 및 불일치

데이터 중복
조직이나 물리적 환경에서 발생하는 일을 나타내는 일련의 가공되지 않은 사실로, 사람들이 이해하고 사용할 수 있는 형태로 구조화되고 정렬되기 전의 상태에 해당한다.

데이터 불일치
속성이 여러 시스템에 저장되어 있는 경우로, 동일한 속성에 대해 서로 다른 값이 존재한다.

데이터 중복(data redundancy)은 데이터가 하나 이상의 장소나 위치에 저장되어 여러 데이터 파일에 중복적으로 나타나는 것을 의미한다. 데이터 중복은 조직의 여러 집단이 독자적으로 같은 데이터를 수집하고 서로 독립적으로 저장할 때 발생한다. 데이터 중복은 저장 자원의 낭비뿐만 아니라 데이터 불일치를 **데이터 불일치**(data inconsistency)를 초래하는데, 이는 같은 속성이 서로 다른 값을 가지는 것을 말한다. 예컨대 그림 6.1에 나타낸 과목 개체의 인스턴스에서 날짜는 일부 다른 시스템에서 갱신될 수도 있다. 학번 속성은 조직 전반에 걸쳐 상이한 시스템에서 서로 다른 이름으로 표현될 수 있다. 어떤 시스템에서는 학번이라고 하고, 또 어떤 시스템에서는 ID라고 할 수도 있다.

어떤 속성에 대한 값으로 표현되는 제품 코드들이 서로 다른 체계를 이용할 때 추가적인 혼란이 발생할 수도 있다. 예를 들어 의류소매에 관한 판매·재고·제조시스템은 옷 사이즈에 대해 각기 다른 코드를 사용할 수도 있다. 어떤 시스템에서는 'extra large'라는 표현을 사용하고, 다른 시스템에서는 같은 의미를 'XL'이라고 사용할 수도 있다. 이러한 혼란은 기업이 상이한 자원의 데이터를 통합해야 하는 고객관계관리시스템, 공급사슬관리시스템 또는 전사적 시스템의 구축을 어렵게 만들 것이다.

프로그램-데이터 의존성

프로그램-데이터 의존성
파일에 저장된 데이터와 해당 파일을 업데이트하고 유지·관리하는 데 필요한 특정 프로그램을 결합하여 프로그램을 변경하면 데이터를 변경해야 하는 것을 의미한다.

프로그램-데이터 의존성(program-data dependence)은 프로그램의 변화가 데이터에 대한 변화를 요구하는 경우와 같이 파일에 저장된 데이터와 이러한 파일을 갱신하고 유지하는 데 필요한 특정 프로그램 간의 결합 관계를 의미한다. 전통적인 모든 컴퓨터 프로그램은 관련된 데이터의 위치와 특성을 기술해야 한다. 전통적인 파일 환경에서는 소프트웨어 프로그램의 어떤 부분이 변경되면 그 프로그램을 통해 접근하는 데이터도 변경해야 하는 경우가 생길 수 있다. 어떤 프로그램은 5자리의 우편번호를 9자리로 수정할 수도 있다. 이에 따라 원래 데이터 파일이 5자리에서 9자리 코드로 변경된다면, 5자리 우편번호를 사용하는 다른 프로그램은 더 이상 적절히 작업을 수행할 수 없을 것이다. 이러한 변화에 적절히 대처하려면 엄청난 비용이 들 수 있다.

유연성 부족

전통적인 파일시스템은 상당한 프로그래밍 노력을 통해 반복적으로 정기적 보고서를 제공할 수 있지만, 이 시스템은 특별한 보고서 제공이나 예기치 못한 정보 요구에 대해 시의적절하게 대응할 수 없다. 특별한 요청에 필요한 정보가 시스템 어딘가에 있지만 조회하는 데 너무 많은 비용이 들 수도 있다. 여러 명의 프로그래머가 새로운 파일에 필요한 데이터 아이템을 담는 작업은 몇 주가 소요될 수도 있다.

부실한 보안성

데이터에 대한 통제 또는 관리 메커니즘이 거의 없기 때문에 정보에 대한 접근 및 분배가 통제 밖에 있을 수 있다. 관리자는 조직의 데이터에 누가 접근하는지 또는 심지어 누가 데이터를 변경하는지 파악할 방법이 없다.

데이터 공유 및 가용성 결여

상이한 파일과 조직의 상이한 부분에 존재하는 정보는 서로 연관될 수 없기 때문에 정보가 가상공간에서 시의적절하게 공유되거나 접근되는 것이 불가능하다. 정보는 조직의 상이한 기능 영역 또는 부분을 관통하여 자유롭게 흐를 수 없다. 만약 사용자가 두 가지 시스템에 있는 똑같은 정보의 값이 서로 다르다는 것을 발견하게 된다면 데이터의 정확성을 신뢰할 수 없기 때문에 그 시스템의 사용을 원치 않을 수 있다.

6.2 데이터베이스관리시스템과 관계형 데이터베이스관리시스템의 기능

데이터베이스 기술은 전통적 파일 조직에서 발생하는 다수의 문제점을 줄일 수 있다. 데이터베이스에 대한 더 엄밀한 정의는 데이터의 중앙집중화와 중복 데이터에 대한 통제를 통해 다수의 애플리케이션을 효율적으로 지원할 수 있도록 구성된 데이터의 집합이다. 각 애플리케이션에 대한 별개의 파일에 데이터를 저장하기보다는 사용자에게는 오직 한곳에만 저장된 것처럼 보일 수 있도록 데이터를 저장한다. 하나의 데이터베이스는 여러 개의 애플리케이션을 지원한다. 예를 들어 기업은 직원 데이터를 직원, 급여, 복리후생에 관한 별개의 정보시스템과 별개의 파일에 저장하는 대신 하나의 공통된 인적자원 데이터베이스에 저장할 수 있을 것이다.

데이터베이스관리시스템

데이터베이스관리시스템(database management system, DBMS)은 조직이 데이터를 중앙집중화하고, 효율적으로 관리하며, 애플리케이션을 통해 저장된 데이터에 접근할 수 있게 해주는 소프트웨어라고 할 수 있다. DBMS는 애플리케이션과 물리적 데이터 파일 간에 인터페이스 역할을 한다. 애플리케이션이 총급여와 같은 데이터 아이템을 호출하면 DBMS는 데이터베이스에서 이 아이템을 찾아 애플리케이션에 제공한다. 전통적인 데이터 파일을 이용하는 경우에는 프로그래머가 애플리케이션에서 사용되는 각 데이터 요소의 크기와 형식을 규정하고, 그다음에는 이러한 요소가 저장되는 컴퓨터를 지정해야 할 것이다.

데이터베이스관리시스템(DBMS)
데이터베이스를 생성 및 유지하고, 개별 비즈니스 애플리케이션이 애플리케이션에서 별도의 파일이나 데이터 정의를 생성하지 않고도 필요한 데이터를 추출하는 데 사용되는 소프트웨어

DBMS는 데이터에 대한 논리적 뷰(logical view)와 물리적 뷰(physical view)를 구분함으로써 프로그래머 또는 최종사용자가 데이터가 실제 어디에 어떻게 저장되는지 이해하는 부담을 덜어준다. **논리적 뷰**는 최종사용자 또는 비즈니스 전문가가 인지하는 방식으로 데이터를 표현하는 반면, **물리적 뷰**는 데이터가 실제 물리적 저장매체에 어떻게 구조화되는지를 보여준다.

데이터베이스 관리 소프트웨어는 사용자가 요구하는 상이한 논리적 뷰를 통해 물리적 데이터베이스가 사용될 수 있게 해준다. 그림 6.3에 묘사된 인적자원 데이터베이스와 관련하여 복리후생 전문가는 직

그림 6.3 여러 뷰를 제공하는 인적자원 데이터베이스

하나의 인적자원 데이터베이스는 사용자의 정보 요구에 따라 여러 가지 상이한 데이터 뷰를 제공한다. 이 그림은 두 가지 뷰의 예를 보여주는데, 하나는 복리후생 전문가가 관심을 갖는 뷰이고 또 하나는 급여 담당 직원이 관심을 갖는 뷰이다.

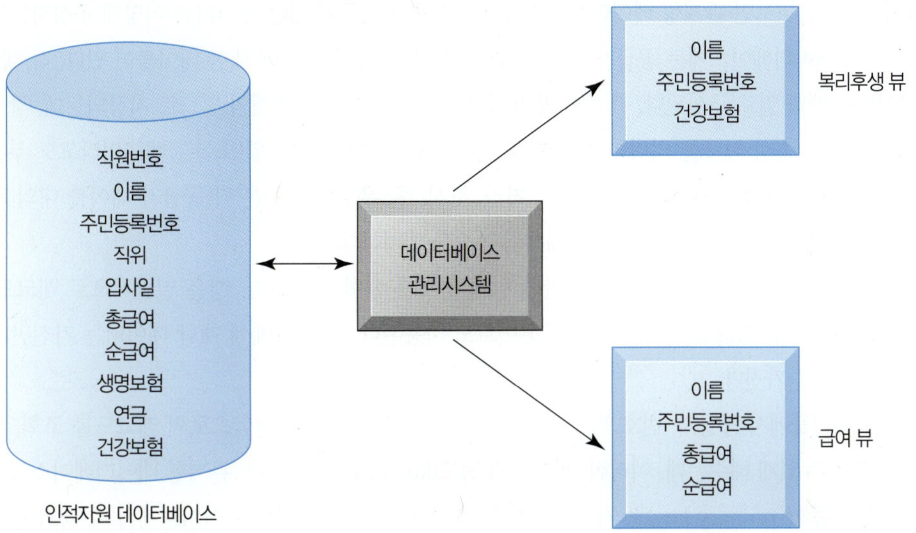

원의 이름, 주민등록번호, 건강보험으로 구성된 뷰가 필요할지도 모른다. 급여 담당 직원은 직원의 이름, 주민등록번호, 총급여, 순급여와 같은 데이터가 필요할지도 모른다. 이러한 모든 견해에 대한 데이터는 단일 데이터베이스에 저장되므로 조직에서 이를 더 쉽게 관리할 수 있다.

DBMS가 전통적인 파일 환경의 문제점을 해결하는 방식

DBMS는 같은 데이터가 반복되는 별개의 파일을 최소화함으로써 데이터 중복과 불일치를 감소시킨다. DBMS는 조직이 데이터 중복을 완전히 제거하도록 만들 수는 없지만 중복에 대한 통제를 도와줄 수는 있다. 비록 조직이 어떤 중복 데이터를 유지하더라도, DBMS는 조직이 모든 중복 데이터 발생이 같은 값을 확실히 가지도록 도울 수 있기 때문에 DBMS 사용을 통해 데이터 불일치를 제거할 수 있다. DBMS는 데이터가 제자리를 유지하면서도 프로그램과 분리될 수 있도록 만들 수 있다. 관련 프로그램이 사용하는 데이터에 대한 내역은 다른 프로그램이 작성될 때마다 다시 작성할 필요가 없다. 정보에 대한 접근 및 가용성이 증가할 수 있고 프로그램 개발 및 유지·보수 비용은 감소할 수 있다. 사용자 및 프로그래머는 수많은 애플리케이션과 관련하여 어떤 새로운 쿼리를 수행할 필요가 있을 때 별도의 완전한 쿼리 프로그램을 작성할 필요 없이 해당 데이터베이스를 상대로 쿼리를 수행할 수 있기 때문이다. DBMS로 인해 조직은 중앙에서 데이터, 데이터 사용, 보안을 관리할 수 있다. 조직 전반에 걸쳐 데이터 공유가 용이한데, 그 이유는 데이터가 다수의 상이한 시스템과 파일에 흩어져 있는 것이 아니라 하나의 장소에 있는 것처럼 사용자에게 제시될 수 있기 때문이다.

관계형 데이터베이스와 관계형 데이터베이스관리시스템

최신 DBMS는 개체(entity), 속성(attribute), 관계성(relationship)을 지속적으로 파악하기 위해 상이한 데이터 모델을 사용하고 있다. 오늘날 대형 컴퓨터 및 메인프레임뿐만 아니라 PC에 대해서도 가장 보편적인 DBMS는 **관계형 데이터베이스**(relational database)이다. 관계형 데이터베이스는 데이터를 2차원의 테이블[관계라고 부름]로 표현한다. 테이블은 파일로 언급되기도 한다. 각각의 테이블은 하나의 개체와 속성의 데이터로 구성된다. 마이크로소프트 액세스는 데스크톱 시스템용 관계형 DBMS인 반면 DB2, 오라클 데이터베이스, 마이크로소프트 SQL 서버 등은 대용량 메인프레임 및 중간급 컴퓨터를 대상으로 하는 **관계형 데이터베이스관리시스템**(RDBMS)이다. MySQL은 인기 있는 오픈소스 DBMS 중 하나이며, 오라클 데이터베이스 라이트(Oracle Database Lite)는 모바일 컴퓨팅 기기에 사용되는 DBMS이다.

관계형 데이터베이스
데이터를 열과 행이 있는 2차원 테이블로 구성하는 논리적 데이터베이스 모델의 한 유형으로, 두 테이블이 공통 데이터 요소를 공유하는 한 한 테이블에 저장된 데이터를 다른 테이블의 데이터와 연결할 수 있다.

관계형 데이터베이스관리시스템(RDBMS)
관계형 데이터베이스와 함께 작동하도록 설계된 DBMS 시스템

그림 6.4를 살펴보면 관계형 데이터베이스가 공급업체와 부품에 대한 데이터를 어떻게 구성하는지 알 수 있다. 이 데이터베이스에는 공급자 개체에 대한 테이블과 부품 개체에 대한 테이블이 있다. 각 테이블은 데이터의 행과 열로 구성된다. 각 개체의 개별적인 데이터 요소는 별개의 필드로 저장되는데, 각 필드는 해당 개체의 속성 하나를 의미한다. 관계형 데이터베이스의 필드는 열(또는 '칼럼')이라고도 부른다. 공급자 개체에 대해 공급자 식별번호, 이름, 거리, 도시, 주, 우편번호 등은 각 공급자 테이블 내의 각 필드에 저장되는데, 이러한 필드는 공급자 개체의 속성을 의미한다.

하나의 테이블에서 하나의 공급자에 관한 실제 정보를 행이라고 한다. 행은 일반적으로 레코드(record)라고 하며, 튜플(tuple)이라는 기술적 용어로도 사용된다. 부품 개체에 대한 데이터는 자신만의 개별적인 테이블을 가진다.

공급자 테이블에서 공급자_번호 필드는 레코드 각각을 고유하게 식별함으로써 레코드를 조회, 갱신, 또는 정렬할 수 있게 해주는데, 이러한 필드를 **키 필드**(key field)라고 한다. 관계형 데이터베이스에 포함된 테이블은 **주키**(primary key)로 지정된 필드를 하나씩 가진다. 키 필드는 테이블에서 각 행의 모든 정

키 필드
인스턴스를 조회, 갱신, 정렬하기 위해 인스턴스를 고유하게 식별하는 레코드상의 필드

주키
데이터베이스 테이블의 행에 있는 모든 정보에 대한 고유 식별자

그림 6.4 관계형 데이터베이스 테이블

하나의 관계형 데이터베이스는 데이터를 2차원 테이블 형태로 구성한다. 공급자와 부품 개체에 대한 테이블은 각각의 개체와 속성이 어떻게 표현되는지를 보여준다. 공급자_번호는 공급자 테이블에 대해서는 주키이고 부품 테이블에 대해서는 외래키이다.

열(속성, 필드)

공급자

공급자_번호	공급자_이름	공급자_거리	공급자_도시	공급자_주	공급자_우편번호
8259	CBM Inc.	74 5th Avenue	Dayton	OH	45220
8261	B. R. Molds	1277 Gandolly Street	Cleveland	OH	49345
8263	Jackson Composites	8233 Micklin Street	Lexington	KY	56723
8444	Bryant Corporation	4315 Mill Drive	Rochester	NY	11344

행 (레코드, 튜플)

필드(주키)

부품

부품_번호	부품_이름	단위_가격	공급자_번호
137	Door latch	22.00	8259
145	Side mirror	12.00	8444
150	Door molding	6.00	8263
152	Door lock	31.00	8259
155	Compressor	54.00	8261
178	Door handle	10.00	8259

주키 외래키

보에 대한 고유한 식별자(identifier)이며, 주키는 중복될 수 없다. 공급자_번호는 공급자 테이블의 주키이고, 부품_번호는 부품 테이블의 주키이다. 공급자_번호는 공급자 테이블과 부품 테이블 모두에 나타난다. 공급자 테이블에서 공급자_번호는 주키이다. 부품 테이블의 공급자_번호는 **외래키**(foreign key)로, 이는 특정 부품의 공급자에 관한 데이터를 찾는 데 반드시 필요한 색인 필드이다.

외래키
사용자가 다른 데이터베이스 테이블에서 관련된 정보를 찾는 데 사용하는 필드

관계형 DBMS 연산

관계형 데이터베이스 테이블은 2개의 테이블이 공통된 데이터 요소가 있을 때 사용자가 요구하는 데이터를 제공하기 위해 쉽게 결합될 수 있다. 이러한 데이터베이스에서 부품 번호가 137이거나 150인 공급자의 이름과 주소를 찾는다고 해보자. 공급자 테이블과 부품 테이블, 이 2개를 바탕으로 생성되는 정보가 필요할 것이다. 이 2개의 파일에 공급자_번호라는 공통된 데이터 요소가 있음에 주목하라.

관계형 데이터베이스에서는 유용한 데이터를 도출하기 위해 그림 6.5와 같이 세 가지 기본적인 연산(select, project, join)을 사용할 수 있다. select 연산은 기술된 조건을 만족시키는 파일의 모든 레코드(행)로 구성된 부분집합을 생성한다. 즉, select 연산은 특정 기준을 충족하는 행의 하위 집합을 생성한다. join 연산은 사용자에게 개별 테이블에서 제공 가능한 정보 이상의 정보를 제공하기 위해 관계형 테이블을 결합시킨다. project 연산은 join 연산을 통해 만들어진 새로운 테이블로부터 필요한 속성만 골라서

그림 6.5 관계형 DBMS의 세 가지 기본 연산

select, join, project 연산은 상이한 두 테이블의 데이터를 결합하고 선택된 속성만 볼 수 있게 해준다.

부품

부품_번호	부품_이름	단위_가격	공급자_번호
137	Door latch	22.00	8259
145	Side mirror	12.00	8444
150	Door molding	6.00	8263
152	Door lock	31.00	8259
155	Compressor	54.00	8261
178	Door handle	10.00	8259

부품 번호가 137 또는 150인 행 고르기(select)

공급자

공급자_번호	공급자_이름	공급자_거리	공급자_도시	공급자_주	공급자_우편번호
8259	CBM Inc.	74 5th Avenue	Dayton	OH	45220
8261	B. R. Molds	1277 Gandolly Street	Cleveland	OH	49345
8263	Jackson Components	8233 Micklin Street	Lexington	KY	56723
8444	Bryant Corporation	4315 Mill Drive	Rochester	NY	11344

같은 공급자_번호를 찾아 2개의 테이블 합치기(join)

부품_번호	부품_이름	공급자_번호	공급자_이름
137	Door latch	8259	CBM Inc.
150	Door molding	8263	Jackson Components

선택된 4개의 열 보여주기(project)

보여준다. 그림 6.5를 살펴보면 이 세 가지 기본 연산을 사용하여 부품 번호 137 또는 부품 번호 150을 제공하는 공급업체의 이름을 찾는 방법을 알 수 있다. 그렇게 하려면 PART 테이블에서 Part_Number가 137 또는 150인 레코드(행)를 선택해야 한다. 그런 다음 방금 축소된 PART 테이블(부품 137 또는 150만 표시된)과 SUPPLIER 테이블을 하나의 새 테이블로 결합해야 한다. 그리고 새 테이블에서 Part_Number, Part_Name, Supplier_Number, Supplier_Name 열만 추출하여 보여주면 된다.

데이터베이스관리시스템의 기능

DBMS에는 데이터베이스의 데이터를 구성하고, 관리하고, 접근하기 위한 기능과 도구가 있다. 가장 중요한 것은 데이터 정의어, 데이터 사전, 데이터 조작어이다.

데이터베이스의 콘텐츠 구조를 규정하는 **데이터 정의**(data definition) 기능은 데이터베이스 테이블을 생성하고 각 테이블의 필드 특성을 정의하는 데 사용된다. 데이터베이스에 대한 이와 같은 정보는 데이터 사전에 등록된다. **데이터 사전**(data dictionary)은 데이터 요소의 정의와 특성을 자동 또는 수동으로 저장한 파일이다.

데이터 정의
데이터베이스의 콘텐츠 구조를 규정하는 것

데이터 사전
데이터 요소의 정의와 그 특성을 저장하는 데이터베이스 도구

마이크로소프트 액세스(Access)에는 초보적인 데이터 사전 기능이 있는데, 이 기능은 테이블 각 필드의 이름, 설명, 크기, 유형, 포맷, 기타 특성에 관한 정보를 보여준다(그림 6.6 참조). 기업은 대용량 기업 데이터베이스용 데이터 사전을 통해 소유권(조직에서 데이터를 유지·관리하는 책임이 누구에게 있는지), 인증, 보안, 직원, 비즈니스 기능, 프로그램, 데이터 요소를 사용하는 보고서와 같은 추가적인 정보를 포착할 수도 있다.

쿼리 및 리포팅

DBMS는 데이터베이스의 정보에 접근하고 이것을 처리하는 도구를 포함하고 있다. 대부분의 DBMS에는 **데이터 조작어**(data manipulation language)라는 특별한 언어가 있는데, 이는 데이터베이스의 데이터를 추가, 변경, 삭제, 조회하는 데 사용된다. 이 언어는 최종사용자와 프로그래밍 전문가가 원하는 정보를 얻고 애플리케이션을 개발할 수 있도록 데이터베이스로부터 데이터를 추출하는 명령어를 오늘날

데이터 조작어
데이터베이스의 데이터를 추가, 변경, 삭제, 검색하는 데 사용되는 특수 프로그래밍 언어

그림 6.6 마이크로소프트 액세스 데이터 사전 기능

마이크로소프트 액세스는 데이터베이스의 각 필드에 대한 사이즈, 포맷 및 기타 특성에 관한 정보를 보여주는 기본적인 데이터 사전 기능을 가지고 있다. 이 그림은 공급자 테이블에서 유지·관리되는 정보를 보여준다. Supplier_Number(공급자_번호) 왼쪽의 작은 키 모양 아이콘은 키 필드를 나타낸다.

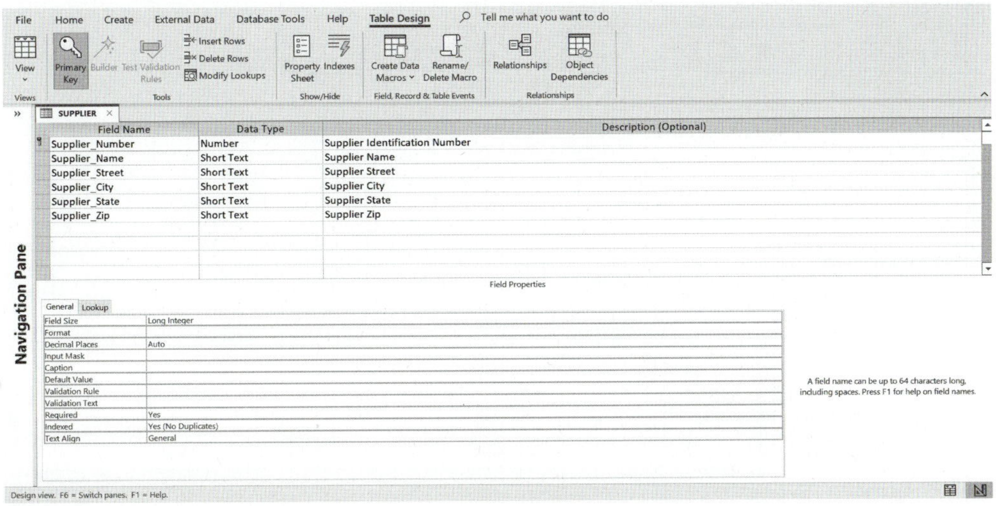

그림 6.7 SQL 쿼리의 예

부품 137이나 150에 대해 공급자를 찾아내는 쿼리 SQL문이다. 이 SQL문은 그림 6.5와 동일한 결과를 제공한다.

```
SELECT 부품.부품_번호, 부품.부품_이름, 공급자.공급자_번호,
공급자.공급자_이름
FROM 부품, 공급자
WHERE 부품.공급자_번호 = 공급자.공급자_번호 AND
부품_번호 = 137 OR 부품_번호 = 150;
```

SQL
관계형 DBMS를 위한 표준 데이터 조작 언어

쿼리
데이터베이스에 데이터를 요청하는 명령

가장 대표적인 데이터 조작어는 **SQL**(structured query language, 보통은 S-Q-L로 발음하지만 Sequel이라고 발음하기도 함)이다. **쿼리**(query)는 데이터베이스에 데이터를 요청하는 명령이다. 그림 6.7은 그림 6.5에서 테이블을 생성하는 SQL이다.

DB2, 오라클, SQL 서버와 같은 대형 및 중형 컴퓨터용 DBMS 사용자는 데이터베이스에서 필요한 정보를 조회하기 위해 SQL을 사용한다. 마이크로소프트 액세스도 SQL을 사용하지만, 데이터베이스를 쿼리하고 데이터베이스의 데이터를 이용하여 더 세련된 보고서를 생성하기 위해 사용자가 사용하기 편한 도구를 제공한다.

마이크로소프트 액세스에서는 사용자가 자신이 원하는 테이블과 필드, 결과물에 대한 조건을 지정하고 나서 지정한 조건을 만족하는 행을 고를 수 있는 기능을 제공한다. 사용자가 이러한 행위를 수행하고 나면 그 행위가 SQL 명령어로 변환된다. 그림 6.8은 부품과 공급자를 골라내는 SQL 쿼리와 동일한 쿼리가 마이크로소프트 쿼리 생성 도구를 통해 어떻게 수행되는지를 보여준다.

마이크로소프트 액세스와 여타의 DBMS에는 관심 있는 데이터를 단지 쿼리를 통해 볼 수 있는 형태보다 더욱 구조적이고 세련된 형태로 보여줄 수 있는 보고서를 생성하는 기능이 있다. 크리스털리포츠(Crystal Reports)는 액세스에서도 사용할 수 있지만, 일반적으로 대기업용 DBMS 리포트 생성기로 잘 알려져 있다. 액세스도 데스크톱 시스템 애플리케이션을 개발하는 데 사용되는 기능이 있다. 이러한 기능에는 데이터 입력 화면, 리포트 생성 도구와 더불어 트랜잭션 처리를 위한 로직 개발 도구가 포함된다.

그림 6.8 마이크로소프트 액세스 쿼리

그림 6.7의 쿼리를 마이크로소프트 액세스의 쿼리 생성 도구로 어떻게 만들 수 있는지를 보여준다. 쿼리에 필요한 테이블, 필드, 선정기준을 볼 수 있다.

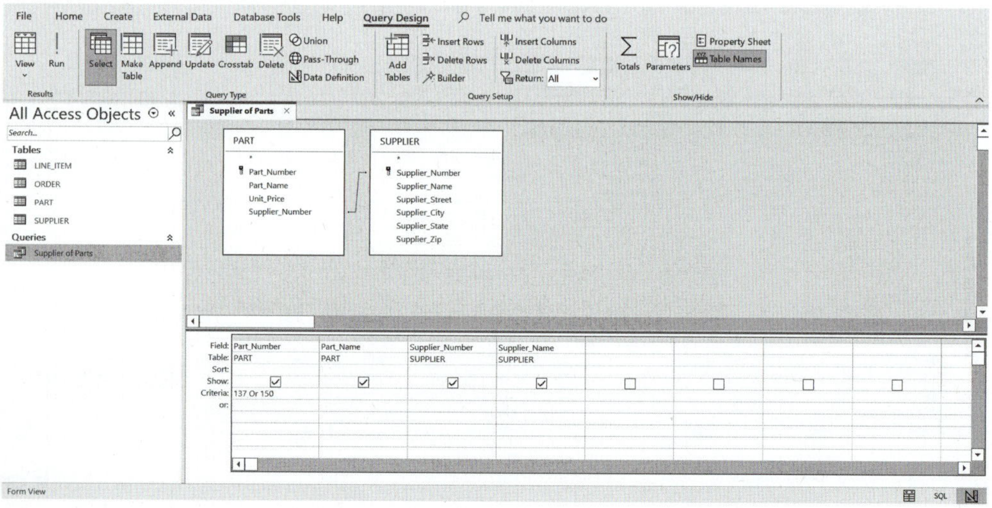

6.3 관계형 데이터베이스의 설계 원리

데이터베이스를 구축하려면 데이터 간의 관계성, 데이터베이스에 보관되어야 할 데이터 유형, 데이터가 사용되는 방식, 전사적 관점에서 조직이 데이터 관리 방식을 어떻게 변화시켜야 할지를 이해해야 한다. 데이터베이스에는 개념적(conceptual) 설계와 물리적(physical) 설계가 모두 필요하다. 데이터베이스에 대한 개념적 설계, 즉 논리적(logical) 설계는 비즈니스 관점에서 데이터베이스에 대한 추상적 모델을 만드는 것인 반면, 물리적 설계는 직접 접근되는 저장장치상에서 실제 데이터베이스가 어떻게 배열되는지를 보여준다.

정규화와 개체관계성도

개념적 데이터 설계는 데이터베이스의 데이터 요소를 그루핑하는 작업을 의미한다. 설계 프로세스는 데이터 요소 간의 관계성과 비즈니스 정보에 대한 요구사항을 만족시키는 데이터 요소를 가장 효율적으로 그루핑하는 방식을 규정한다. 또한 이 프로세스는 중복 데이터 요소와 특정 애플리케이션에서 요구되는 데이터 요소의 그룹을 규정한다. 데이터베이스의 모든 데이터 간 관계성에 대한 전체적인 논리적 뷰가 나타날 때까지 데이터 그룹은 조직화되고, 수정되며, 최적화된다.

관계형 데이터베이스 모델을 효과적으로 사용하기 위해, 복잡한 데이터로 구성된 데이터 그룹은 데이터 요소와 다루기 불편한 다대다(many-to-many) 관계성을 최소화하는 방향으로 합리화되어야 한다. 복잡한 데이터 그룹으로부터 작고 안정적이며 유연하고 적응력 있는 데이터 구조를 생성하는 프로세스를 **정규화**(normalization)라고 한다. 그림 6.9와 그림 6.10은 이러한 프로세스를 보여준다.

정규화
관계형 데이터베이스를 설계할 때 복잡한 데이터 그룹을 간소화하여 중복된 데이터 요소와 다루기 불편한 다대다 관계를 최소화하는 프로세스

모델링된 비즈니스에서 하나의 주문은 하나 이상의 부품을 가질 수 있지만 각 부품은 오직 하나의 공

그림 6.9 정규화되지 않은 주문 관계

정규화되지 않은 관계는 반복적인 그룹을 포함한다. 예를 들어 각 주문에는 다수의 부품과 공급자가 있을 수 있다. 주문_번호와 주문_날짜 간에는 일대일 대응관계만이 존재한다.

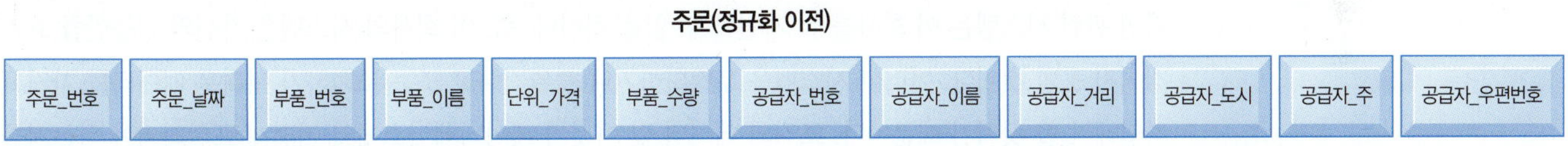

그림 6.10 주문 관계로부터 생성된 정규화된 테이블

정규화를 통해 원래의 주문 관계가 4개의 더 작은 관계로 분할되었다. 주문 관계에는 단 2개의 속성만이 남게 되고, 라인_아이템 관계는 주문_번호와 부품_번호로 구성된 복합 키를 갖는다.

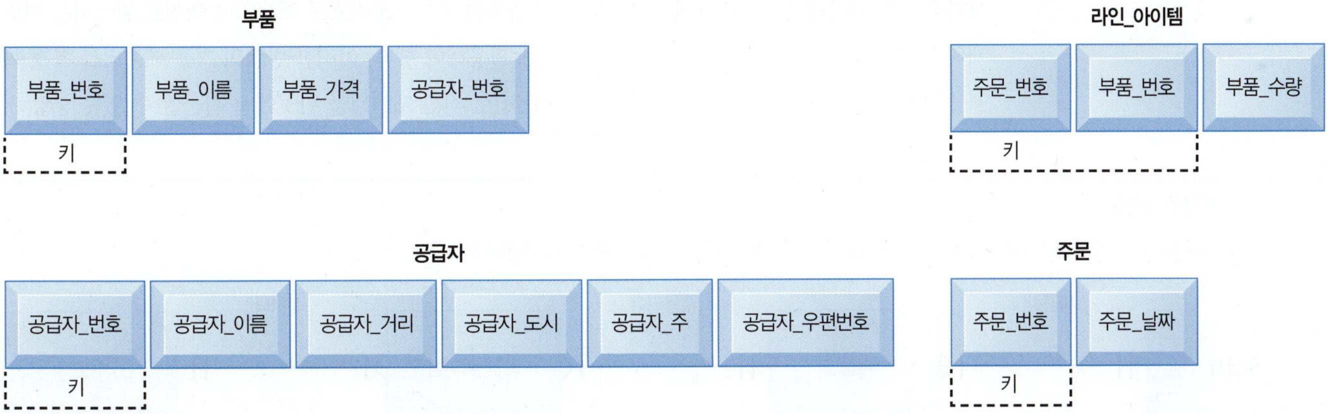

급자가 제공한다. 만약 여기서 포함된 모든 필드를 가진 주문이라는 관계를 만든다면, 주문이 단일 공급자로부터 제공되는 부품에 관한 것일지라도, 주문에 포함된 모든 부품에 대해 공급자의 이름과 주소를 반복해야 할 것이다. 이러한 관계는 소위 반복 데이터 그룹(repeating data group)을 포함하는데, 주어진 하나의 공급자에 대한 단일 주문에는 여러 가지 부품이 포함될 수 있기 때문이다.

그림 6.10은 주문 관계를 더 작은 관계로 분할하여 데이터를 정렬하는 더 효율적인 방법을 보여준다. 각 관계는 단일 개체를 나타낸다. 주문 관계를 단계별로 정규화하면 그림 6.10과 같은 관계를 얻을 수 있다.

참조무결성
데이터베이스의 연관된 테이블 간의 데이터가 일치되도록 관계성을 유지시키는 규칙

관계형 데이터베이스시스템에서는 **참조무결성**(referential integrity) 규칙을 통해 연관된 테이블 간의 관계성이 일관성 있게 유지될 수 있다. 어떤 테이블이 다른 테이블을 가리키는 외래키를 가진 경우, 이 연결된 테이블 안에 처리 대상인 레코드가 없다면 외래키를 가진 테이블에서 그 대상에 관한 레코드를 추가할 수 없을 것이다. 이 장의 앞부분에서 살펴본 데이터베이스에서 외래키인 공급자_번호는 부품 테이블과 공급자 테이블을 연결시킨다. 공급자 테이블의 공급자_번호 8266이 없다면 부품 테이블에서 공급자_번호 8266에 대한 레코드를 새로 추가할 수 없다. 또한 공급자 테이블에서 공급자_번호 8266에 대한 레코드를 삭제한다면 부품 테이블에서 이 공급자에 대한 레코드도 삭제되어야 한다. 즉, 존재하지 않는 공급자로부터 제공되는 부품을 가질 수 없다.

개체관계성도
데이터베이스의 다양한 개체 간 관계를 설명하는 데이터베이스 문서화 방법론

데이터베이스 설계자는 그림 6.11과 같은 **개체관계성도**(entity relationship diagram)로 데이터 모델을 작성한다. 이 그림은 주문, 라인_아이템, 부품, 공급자 개체 간의 관계성을 보여준다. 박스는 개체를 나타낸다. 박스를 연결하는 선은 관계성을 나타낸다. 양쪽 끝이 2개의 짧은 선으로 끝나는 선은 일대일 관계성을 나타낸다. 한쪽 끝에는 2개의 짧은 선이 있고 다른 쪽 끝에는 하나의 짧은 선과 까마귀 발이 있는 선은 일대다 관계성을 나타낸다. 그림 6.11은 하나의 주문이 여러 개의 라인_아이템을 포함할 수 있음을 보여준다(하나의 부품은 여러 번 주문될 수 있으며, 하나의 주문에 포함된 하나의 라인_아이템 형태로 여러 번, 즉 여러 주문서에서 나타날 수 있다). 각 부품은 하나의 공급자에 의해서만 공급될 수 있지만, 해당 공급자는 여러 가지 부품을 공급할 수 있다.

다음과 같은 사항은 아무리 강조해도 지나치지 않다. 이 회사가 올바른 데이터 모델을 확보하지 못한다면 관련 시스템은 이 회사를 잘 지원할 수 없을 것이다. 즉, 이 회사의 시스템은 자신의 성능만큼 효과적이지 못할 것이다. 이러한 시스템은 부정확하거나 불완전하고 또는 조회하기 어려운 데이터를 가지고 작업해야 할 것이기 때문이다. 조직의 데이터 및 이것이 데이터베이스에서 어떻게 표현되어야 하는지를 이해하는 것은 아마도 이 책에서 배울 수 있는 가장 중요한 내용일 것이다.

예를 들어 캐나다 최대 신문인 《글로브앤드메일(The Globe and Mail)》은 최근까지 영업 잠재고객 데이터를 보관하고 관리하는 데 어려움을 겪어 기대했던 마케팅 프로그램을 실행할 수 없었다. 필요한 데이터의 상당 부분이 메인프레임 시스템에 저장되어 있어 접근 및 분석이 쉽지 않았다. 사용자가 어떤 정보가 필요할 때마다 메인프레임에서 데이터를 추출하여 마이크로소프트 액세스나 엑셀로 관리되는 여러 개의 로컬 데이터베이스 중 하나로 가져와 분석에 활용해야 했다. 이러한 방식의 경우 데이터를 특정 목적을 위해 만들어진 별도의 데이터베이스에 보관하며, 최신 데이터를 한곳에서 접근할 수 있는 중앙 저

그림 6.11 개체관계성도

그림 6.10의 데이터베이스를 모델링하는 데 사용될 수도 있는 공급자, 부품, 라인_아이템, 주문 개체 간의 관계성을 보여준다.

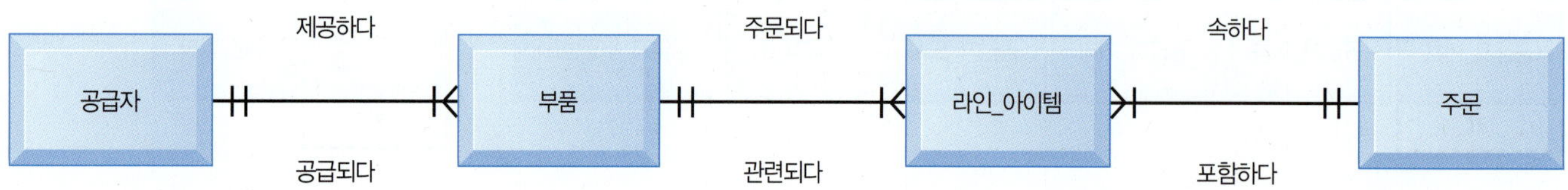

장소를 활용하지는 않는다. 이처럼 회사의 데이터가 여러 시스템에 흩어져 있는 상황에서는 마케팅 캠페인을 위한 우편 발송 목록을 개발할 때 기존 구독자와 잠재고객을 상호 참조하는 작업이 매우 어려웠다.

6.4 비관계형, 클라우드, 블록체인 데이터베이스의 기능

클라우드 컴퓨팅, 전례 없는 데이터양, 웹서비스의 엄청난 작업 부하, 새로운 유형의 데이터를 저장해야 하는 필요성으로 인해 기존과 같이 데이터를 테이블, 열, 행의 형태로 구성하는 관계형 모델 대신 다른 방식의 데이터베이스가 필요하다.

비관계형 데이터베이스

이를 위해 기업은 'NoSQL' 비관계형 데이터베이스 기술로 전환하고 있다. **비관계형 데이터베이스관리시스템**(non-relational database management system)은 보다 유연한 데이터 모델을 활용할 수 있으며, 다수의 하드웨어에 분산되어 있는 대규모 데이터를 관리하고 데이터의 규모를 더 수월하게 확장하거나 줄일 수 있도록 설계되어 있다. 이러한 DBMS는 기존의 SQL 기반 도구로는 분석이 어려운 웹, 소셜 미디어, 그래픽, 기타 다양한 형태의 데이터를 포함한 대용량의 구조적·준구조적 데이터에 대해 단순하게 쿼리할 수 있도록 해준다는 점에서 유용하다. NoSQL 데이터베이스의 종류는 다양하며, 각기 나름대로의 데이터 모델과 기술적 특성을 가지고 있다. NoSQL 데이터베이스의 예로는 Oracle NoSQL Database와 아마존 클라우드 서비스 중 하나인 SimpleDB를 들 수 있다. SimpleDB는 다수의 데이터세트를 생성하고 저장하며, 데이터를 쉽게 조회할 수 있고, 그 결과를 보여줄 수 있는 단순한 형태의 웹서비스 인터페이스를 제공한다. 이 데이터베이스는 미리 정형화된 형태의 데이터베이스 구조를 정의할 필요가 없으며, 나중에 새로운 데이터를 추가할 때 그 데이터의 정의를 변경할 필요가 없다.

비관계형 데이터베이스관리시스템
보다 유연한 데이터 모델을 사용하고 여러 분산 컴퓨터에서 대규모 데이터세트를 관리하도록 설계된 데이터베이스로, NoSQL이라고도 한다.

대만의 선도적인 모바일 게임 개발사인 이러테크놀로지(Yile Technology Co.)는 고객 경험을 개선하고 게임 속도를 높이기 위해 NoSQL 데이터베이스 MongoDB Atlas로 전환했다. 이러는 첫 번째 프로토타입 게임인 〈Online808〉을 RDBMS를 기반으로 만들려고 했을 때 성능 문제가 있음을 발견했다. 이 게임은 복잡한 데이터를 처리하고 빨리 응답해야 하는데, RDBMS로는 불가능했다. 동시 접속자가 50명 정도밖에 안 되었음에도 응답 시간이 3초에 달해, 게임 디자이너가 설정한 0.5초 이내라는 기준을 크게 초과했다. 그러나 MongoDB의 NoSQL 데이터베이스를 게임의 고객 프로필 데이터에 적용한 이후 응답 시간을 0.5초 미만으로 줄일 수 있었고, 이로 인해 〈Online808〉은 대만에서 두 번째로 성공한 소셜 카지노 게임이 되었다(Mongodb.com, 2024).

클라우드 데이터베이스와 분산 데이터베이스

클라우드 데이터베이스(cloud database)는 호스팅 클라우드 서비스 제공업체에 데이터를 저장한다. 아마존의 RDS(Relational Database Service)는 MySQL, Microsoft SQL Server, Oracle Database, PostgreSQL, MariaDB를 데이터베이스 엔진으로 제공하는 관리형 클라우드 관계형 데이터베이스 서비스이다. 가격은 사용량을 기준으로 책정된다. 오라클은 자체 Oracle Cloud Database를 보유하고 있으며, Microsoft Azure SQL Database는 Microsoft SQL Server DBMS를 기반으로 하는 클라우드 기반 관계형 데이터베이스 서비스이다.

클라우드 데이터베이스
호스팅된 클라우드 서비스 제공업체가 제공하는 데이터베이스

클라우드 기반 데이터 관리 서비스는 사내 데이터베이스 제품보다 저렴한 비용으로 데이터베이스 기능을 원하는 온라인 스타트업이나 중소기업에게 특히 매력적이다. 또한 AI 애플리케이션에 사용되는 방대한 양의 데이터를 저장하고 전송하는 데에도 유용하다. 이제 퍼블릭 클라우드 공급업체가 AI 아웃소

싱 서비스를 제공함으로써 기업은 주요 인프라에 미칠 위험 가능성을 감수하지 않고도 소프트웨어 및 머신러닝 알고리즘을 테스트할 수 있다. 구글은 현재 스패너(Spanner)라는 분산 데이터베이스 기술을 클라우드 서비스로 제공하고 있다. **분산 데이터베이스**(distributed database)는 여러 물리적 위치에 저장된 데이터베이스이다. 데이터베이스의 일부분 또는 복사본이 한 위치에 물리적으로 저장되고, 다른 부분이나 다른 복사본은 다른 위치에서 유지·관리된다. 스패너는 전 세계 수백 개의 데이터 센터에 있는 수백만 대의 컴퓨터에 정보를 저장할 수 있게 해주며, 특별한 시간관리 도구를 사용하여 모든 장소에 있는 데이터가 정확하게 동기화되고 항상 일치성을 유지되게 한다. 구글은 스패너를 이용하여 다양한 클라우드 서비스를 지원하고 있으며, 글로벌 비즈니스 운영을 위해 이와 같은 서비스 기능을 필요로 하는 기업이 스패너 기술을 이용할 수 있게 해준다.

분산 데이터베이스
여러 물리적 위치에 저장된 데이터베이스

블록체인

블록체인
컴퓨터 네트워크 간에 공유되는 분산 원장으로, 거래에 대한 영구적이고 변조 방지 기록을 저장하는 분산 데이터베이스 시스템

블록체인(blockchain)은 기업과 조직이 중앙집중적인 권한 없이 거의 즉시 네트워크에서 거래를 생성하고 확인할 수 있는 분산 데이터베이스 기술이다. 블록체인은 거래를 컴퓨터 네트워크의 여러 컴퓨터에 분산 원장으로 저장한다. 데이터베이스에 저장된 정보는 네트워크의 컴퓨터가 지속적으로 조정한다.

블록체인은 지속적으로 늘어나는 기록 목록을 보유하는데, 각각의 기록은 블록으로 불린다. 각 블록은 타임스탬프를 포함하며, 이전 블록과 연결되어 있다. 데이터 블록은 블록체인 원장에 한 번 기록되고 나면 소급해서 변경할 수 없다. 누군가가 거래를 추가하려고 할 때 네트워크의 참가자들(모두 기존 블록체인의 사본을 가지고 있음)은 제시된 거래를 평가하고 확인하기 위해 알고리즘을 실행한다. 원장에 대한 정당한 변경사항은 몇 초 또는 몇 분 안에 블록체인에 기록되며 암호화를 통해 보호된다. 블록체인 시스템의 암호화와 행위자 및 참여 기업에 대한 인증은 기업이 이를 활용하고 매력적으로 여기는 요인이다. 이를 통해 타당한 행위자만 정보를 입력할 수 있고, 검증된 거래만 허용된다. 일단 거래가 기록되고 나면 변경할 수 없다.

그림 6.12는 주문을 이행하기 위해 블록체인이 어떻게 작동하는지를 보여준다. 체인의 첫 번째 블록은 주문 거래 기록이다. 이 블록은 사용자에 의해 검증된 후, 알고리즘을 실행하여 블록을 평가하고 검증하

그림 6.12 블록체인의 작동 방식

블록체인 시스템은 P2P 컴퓨터 네트워크에서 거래를 기록하는 분산 데이터베이스이다.

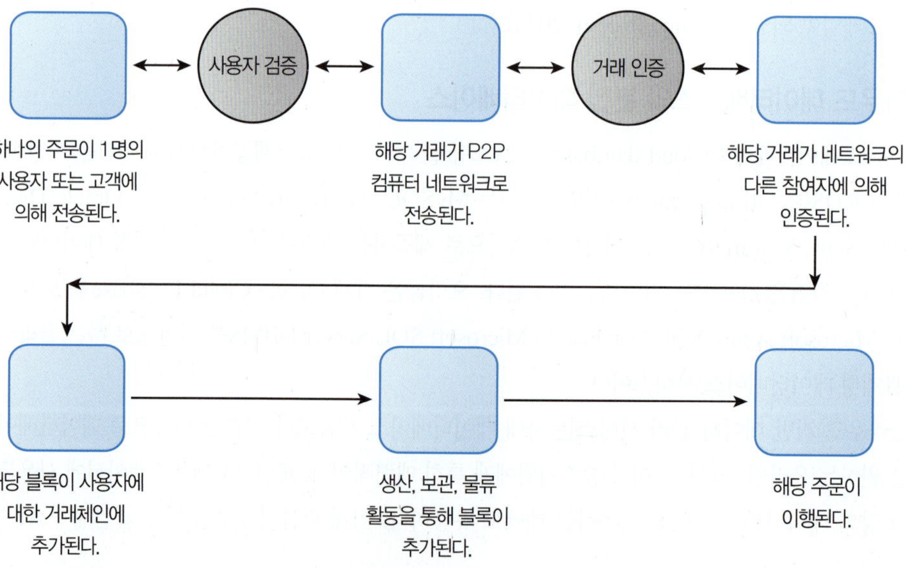

표 6.1 블록체인 애플리케이션의 예

분야	조직	블록체인 애플리케이션
공급사슬 관리	IBM 푸드 트러스트 (IBM Food Trust)	재배자, 유통업체, 제조업체, 소매업체의 협력 네트워크인 IBM 푸드 트러스트는 블록체인을 사용하여 원자재부터 완제품까지 공급사슬 전체에서 상품을 추적한다. 이 솔루션은 식품 출처, 거래 데이터, 처리 세부 정보 등에 대한 허가되고 변경 불가능하며 공유되는 기록을 통해 참여자를 연결한다. 이를 통해 투명성과 추적성을 보장하고 사기를 줄일 수 있다.
의료	에스토니아 정부	에스토니아 정부는 블록체인을 사용하여 안전하고 변조 방지된 전자건강기록(EHR)을 구축하고 있다. 이는 의료 서비스의 질을 향상하고 사기를 줄이는 데 도움이 될 수 있다.
은행	리플(Ripple)	블록체인은 은행과 같은 중개 기관의 필요성을 없애므로 국가 간 결제를 더 빠르고 저렴하게 만드는 데 사용될 수 있다. 예를 들어 리플 블록체인 기반 결제 네트워크를 통해 사용자는 다양한 통화로 빠르고 쉽게 송금하고 수금할 수 있다.
암호화폐	서클(Circle)	서클은 사용자 간의 기존 결제 및 암호화폐 결제를 관리하는 핀테크 플랫폼이다. 서클의 가맹점 결제 서비스는 디지털 화폐 간 안전하고 빠른 자금 이동을 지원한다. 서클은 비트코인, 이더리움, USD 코인, 유로 코인 등의 암호화폐 결제를 지원한다.
배송 및 물류	DHL	DHL은 블록체인을 사용하여 배송 내역을 디지털 원장으로 보관하고 거래의 무결성을 유지한다.

는 컴퓨터로 구성된 P2P(peer-to-peer) 네트워크로 전파된다. 네트워크의 컴퓨터에 의해 검증된 블록은 해당 사용자의 거래 체인에 추가된다. 그런 다음 생산, 창고, 물류 부서는 주문이 완료될 때까지 주문과 관련된 추가 블록을 체인에 추가한다.

블록체인 데이터베이스를 사용하면 많은 이점이 있다. 블록체인 네트워크는 사용자를 검증하고 거래 유효성을 인증하는 비용과 더불어 수많은 기업에 걸친 거래 정보 저장 및 처리와 관련된 위험을 대폭 줄여준다. 수많은 기업은 자체 거래시스템을 구축하고, 그것을 공급업체, 배송업체, 금융기관의 시스템과 통합해왔지만, 블록체인은 참여 기업을 위한 하나의 간단한 저비용 거래시스템을 제공할 수 있다. 기록 거래의 표준화는 **스마트 계약**(smart contract) 사용을 통해 지원된다. 스마트 계약은 회사 간 거래를 관리하는 규칙(예: 제품 가격, 배송 방법, 거래 완료 시점, 거래 자금 제공자, 자금 조달 조건 등)을 구현하는 컴퓨터 프로그램이다. 표 6.1은 공급사슬 관리, 의료, 금융, 물류 분야에서 사용되는 블록체인 애플리케이션의 예이다.

블록체인이 제공하는 단순성과 보안성은 금융 거래, 공급사슬 거래, 의료 기록과 여타 유형의 데이터를 저장하고 보호하는 데 매력적이다. 블록체인은 비트코인, 이더리움 등 암호화폐의 토대가 되는 기술이다. 8장에서는 블록체인을 이용한 거래 보안에 대해 자세히 설명하겠다.

6.5 데이터베이스의 데이터 분석에 사용되는 도구

기업은 공급자에 대한 지불, 주문 처리, 고객에 대한 지속적인 모니터링, 직원 급여 지급 등과 같은 기본적인 트랜잭션을 지속적으로 파악하기 위해 데이터베이스를 사용한다. 그러나 이러한 기업은 업무를 더 효율적으로 수행하고 관리자와 직원이 더 나은 의사결정을 내리는 데 도움이 되는 정보를 제공하기 위해 데이터베이스가 필요하다. 어떤 제품이 가장 인기 있는지 또는 어떤 고객이 수익성에 가장 도움이 되는지 등에 대한 답은 데이터에서 찾을 수 있다.

빅데이터의 도전 과제

조직이 수집한 대부분의 데이터는 관계형 DBMS의 행과 열에 쉽게 들어맞는 거래 처리 데이터인 경우가 많았다. 그러나 이제는 웹 트래픽, 이메일 메시지, 소셜 미디어 콘텐츠[트윗(트위터에 올린 글), 상태 메시지(메신저에서 사용자의 상태를 알려주는 메시지)]뿐만 아니라 센서(스마트 측정기, 제조 장비, 전자 측정기 등에 사용됨)로부터 자동으로 생성된 데이터나 전자적 거래시스템에서 나온 데이터가 폭발적으로 증가하고 있다. 이 데이터는 비구조적이거나 준구조적일 수 있는데, 이러한 경우 행과 열로 구성되는 관계형 데이터베이스에는 적합하지 않다. 기존의 일반적인 DBMS로 수집, 저장, 분석하기에는 너무 방대한 규모의 데이터 집합을 빅데이터라고 한다(1장 참조).

빅데이터의 특성은 종종 '3V'로 언급되는데, 이는 데이터의 엄청난 양(volume), 광범위한(variety) 데이터 유형 및 원천, 데이터 처리에 요구되는 속도(velocity)를 말한다. 빅데이터가 어떤 특정 수량을 의미하는 것은 아니지만, 보통은 페타바이트(petabyte)나 엑사바이트(exabyte) 수준(다양한 원천으로부터 수집된 수십억에서 수조 개의 레코드)이다. 빅데이터는 전통적인 데이터에 비해 훨씬 많은 양과 훨씬 빠른 속도로 생성된다. 이러한 특성을 설명할 때 두 가지 'V'를 추가하곤 하는데, 그것은 바로, 가치(value, 데이터가 제공하는 이점)와 진실성(veracity, 데이터의 품질과 정확성)이다(Robinson and Gillis, 2023).

기업은 빅데이터에 많은 관심을 가지고 있다. 고객 행위, 기후 패턴, 금융시장에서의 행위 또는 여타 현상에 대한 통찰을 제공하는 잠재력을 가지고 있으며, 작은 데이터세트에 비해 더 많은 패턴과 더 흥미로운 이상 현상을 보여줄 수 있기 때문이다. 예를 들어 글로벌 온라인 이미지 마켓플레이스인 셔터스톡(Shutterstock)은 3억 개의 이미지가 저장되어 있으며 매일 20만 개씩 추가해나가고 있다. 셔터스톡은 구매 경험을 최적화할 수 있는 방법을 찾기 위해 빅데이터를 분석하여 웹사이트 방문자가 커서를 놓는 위치와 구매하기 전에 이미지 위에 마우스를 올려놓는 시간을 파악한다. 또한 공공부문에서도 빅데이터를 활용할 수 있는 다양한 방안을 찾고 있다. 예를 들어 시 정부는 교통 흐름을 관리하고 범죄와 싸우기 위해 빅데이터를 사용하고 있다.

빅데이터와 AI

빅데이터와 AI는 시너지 효과를 발휘한다. AI의 주요 이점 중 하나는 시간이 지남에 따라 학습하고 성능을 향상할 수 있다는 것이다. 이는 대량의 데이터를 알고리즘에 입력하여 관찰과 데이터를 통해 학습하고 예측하게 하는 머신러닝을 통해 이루어진다. AI는 학습을 위해 방대한 양의 데이터를 필요로 하며, 머신러닝은 빅데이터가 제공하는 정보를 활용하여 더 가치 있는 비즈니스 인사이트를 생성할 수 있다. AI는 빅데이터를 분석하는 데 강력한 도구를 제공한다. 표 6.2는 AI와 빅데이터의 애플리케이션을 보여준다.

표 6.2 빅데이터 및 AI 애플리케이션

조직	빅데이터 및 AI 애플리케이션
맥도날드(McDonalds)	빅데이터와 AI를 활용하여 드라이브 스루 교통 패턴을 분석하고, 최적의 주문 레인 수와 최적의 직원 배치 방식 결정 등 효율성을 개선하는 방안을 모색한다. 또한 대기 시간 단축에 도움이 되는 음성 인식 시스템에 AI를 활용한다.
JP모건체이스(JP Morgan Chase)	빅데이터를 활용하여 신용도 평가, 사기 탐지, 위험 관리를 수행한다. 또한 AI를 활용하여 거래 및 투자 알고리즘을 개발한다.
구글 헬스(Google Health)	빅데이터와 AI를 활용하여 망막 검사를 정확하게 해석하여 당뇨망막병증을 진단한다. 대규모 안과 전문의 팀은 구글이 10만 건 이상의 망막 검사를 검토하여 자동 망막 질환 평가(Automated Retinal Disease Assessment)라는 AI 기반 애플리케이션을 개발하도록 지원했다.
지멘스(Siemens)	Advanced Artificial Intelligence Services는 빅데이터와 AI를 활용하여 공장 장비를 모니터링하고, 가동 중단 시간을 예측하며, 생산 공정을 최적화한다. 또한 AI를 활용하여 로봇을 개발한다.
트립어드바이저(TripAdvisor)	AI 기반 감정 분석을 활용하여 수백만 명의 여행객으로부터 받은 피드백을 처리한다. 이 방법을 통해 트립어드바이저는 고객 리뷰에서 중요한 인사이트를 파악하고, 맞춤형 추천을 제공하며, 서비스를 개선할 수 있다.

빅데이터에서 비즈니스 가치를 도출하려면 조직은 기존의 전통적인 기업 데이터와 함께 비정형 데이터를 관리하고 분석할 수 있는 새로운 기술과 도구가 필요하다. 또한 데이터에 어떤 질문을 던져야 하는지와 빅데이터의 한계를 이해하고 있어야 한다. 빅데이터를 수집하고 저장하며 분석하는 데에는 많은 비용이 들 수 있으며, 빅데이터로부터 얻은 정보가 반드시 의사결정에 도움이 되는 것도 아니다. 따라서 비즈니스에서 빅데이터로 해결하려는 문제가 무엇인지 명확히 이해하는 것이 중요하다.

비즈니스 인텔리전스 인프라

기업 전반에 걸친 운영 상태, 동향, 변화 등에 관해 간결하고 신뢰할 수 있는 정보가 필요하다고 가정해 보자. 당신이 어떤 대기업에서 근무하고 있다면 판매, 제조, 또는 회계와 관련된 별개의 시스템에서 나온 데이터와 심지어 외부 원천에서 얻을 수 있는 인구통계학적 데이터나 경쟁사에 대한 데이터가 종합된 것이 필요할 수도 있다. 갈수록 빅데이터를 사용할 필요성이 점점 더 커질지도 모른다. 오늘날 비즈니스 인텔리전스를 위한 기업의 최신 인프라는 엄청난 양의 준구조적·비구조적 빅데이터 등 다양한 모든 유형의 데이터로부터 유용한 정보를 생성해낼 수 있는 다수의 도구를 가지고 있다. 이러한 도구로는 데이터웨어하우스와 데이터마트, 하둡, 인메모리 컴퓨팅, 분석 플랫폼 등을 들 수 있는데, 그중 일부는 클라우드 서비스를 통해서도 사용이 가능하다.

데이터웨어하우스, 데이터마트, 데이터레이크

지난 20년간 기업 데이터를 분석하는 전통적인 도구로 데이터웨어하우스가 활용되어왔다. **데이터웨어하우스**(data warehouse)는 기업 전반의 의사결정자에게 관심이 될 만한 현재 및 과거 데이터가 저장되어 있는 데이터베이스이다. 이 데이터는 판매, 고객, 회계, 제조 등과 같은 핵심적인 거래처리시스템과 웹사이트 거래 처리를 포함한 외부 원천에서 얻은 것이다. 데이터웨어하우스에 저장할 데이터를 생성하기 위해서는 우선 조직 내 다수의 운영 시스템으로부터 현재 및 과거 데이터를 추출한다. 그리고 이 데이터를 외부 원천에서 나온 데이터와 결합하고 난 다음, 부정확하거나 불완전한 데이터를 정정하는 과정을 거치고, 보고서와 분석을 위한 형태로 재구성하여 최종적으로 생성된 데이터를 데이터웨어하우스로 이전한다.

데이터웨어하우스
리포팅 및 질의 도구와 연계된 데이터베이스로, 리포트 생성 및 데이터 분석을 위해 다양한 운영 시스템에서 추출된 현재 및 과거 데이터를 저장하고 통합한 데이터베이스

데이터웨어하우스의 데이터는 필요한 누구라도 사용할 수 있지만 변경할 수는 없다. 또한 데이터웨어하우스 시스템은 특별하고 표준화된 쿼리 도구, 분석 도구, 그래피컬한 리포팅 기능을 제공한다.

기업은 종종 조직 전체를 대상으로 중앙의 데이터웨어하우스 역할을 하는 전사적 데이터웨어하우스를 구축하기도 하고, 데이터마트라고 불리는 더 작고 분산된 데이터웨어하우스를 구축하기도 한다. **데이터마트**(data mart)는 데이터웨어하우스의 일부분으로서, 요약되거나 매우 집중화된 조직 데이터의 일정 부분을 포함하며, 특정 사용자 집단을 위한 개별 데이터베이스에 위치한다. 가령 어떤 회사는 고객정보를 다루기 위해 마케팅 및 판매 데이터마트를 개발할 수도 있다. 도서 판매업체인 반스앤드노블(Barnes & Noble)은 전사적 데이터웨어하우스를 구현하기 이전에 몇 가지 데이터마트를 관리했는데, 이는 매장의 판매 시점 데이터에 관한 것, 대학 서점의 판매에 관한 것, 온라인 판매에 관한 것이었다.

데이터마트
지정된 기능이나 사용자 모집단에 대한 조직 데이터의 일부만 포함된, 데이터웨어하우스의 하위 집합

데이터레이크(data lake)는 대부분 아직 분석되지 않은 비구조적 또는 구조적 원시 데이터를 저장하는 저장소이며, 다양한 방식으로 데이터에 접근할 수 있다. 데이터레이크에서 데이터는 요구되는 시점까지 원래의 형식으로 저장된다.

데이터레이크
아직 분석되지 않은 비구조적 또는 구조적 원시 데이터를 저장하는 저장소

하둡

관계형 DBMS와 데이터웨어하우스 제품은 빅데이터나 열과 행에 쉽게 들어맞지 않는 데이터를 구성하

고 분석하는 데에는 적합하지 않다. 조직은 대량의 비구조적·준구조적 데이터뿐만 아니라 구조적 데이터도 다루기 위해 하둡을 사용하고 있다. **하둡**(Hadoop)은 아파치소프트웨어재단이 관리하는 오픈소스 소프트웨어 프레임워크로, 저렴한 컴퓨터에 걸쳐 있는 방대한 양의 데이터를 분산병렬처리 방식으로 다룰 수 있게 해준다. 하둡은 빅데이터의 분석 문제를 작은 문제로 분할하고, 그것들을 수많은 값싼 컴퓨터 처리 노드에 분산시키며, 그 결과를 분석하기 쉬운 작은 데이터세트로 만들어낸다. 당신은 이미 하둡을 기반으로 한 인터넷 서비스를 통해 가장 유리한 항공료를 찾거나, 어떤 식당까지의 길을 찾거나, 구글에서 검색을 하거나, 페이스북에서 친구를 찾아본 일이 있을 것이다.

하둡
다수의 저렴한 컴퓨터에서 매우 많은 양의 데이터를 분산병렬처리할 수 있는 오픈 소스 소프트웨어 프레임워크

하둡의 핵심 서비스로는 데이터 저장을 위한 하둡 분산파일시스템(Hadoop Distributed File System, HDFS)과 고성능 병렬 데이터 처리를 위한 맵리듀스(MapReduce)를 들 수 있다. HDFS는 하나의 하둡 클러스터 내에 있는 수많은 파일시스템을 서로 연결하여 하나의 거대한 파일시스템으로 변환시킨다. HDFS는 데이터레이크의 클러스터된 컴퓨터 노드 집합에 콘텐츠를 저장하는 데 자주 사용된다. 하둡의 비관계형 데이터베이스인 HBase는 HDFS에 저장된 데이터에 대한 빠른 액세스와 대규모 실시간 애플리케이션을 실행할 수 있는 플랫폼을 제공한다. 하둡은 구조적인 거래 처리 데이터, 페이스북이나 트위터(현재 X)의 글과 같이 덜 구조적인 데이터, 웹 서버의 로그 파일에 들어 있는 복잡한 데이터, 비구조적인 오디오 및 동영상 데이터 등 방대한 모든 유형의 데이터를 처리할 수 있다.

하둡은 저렴한 서버 그룹에서 가동되며, 필요에 따라 프로세서를 추가하거나 제거할 수 있다. 기업은 하둡을 대용량 데이터 분석뿐만 아니라 데이터웨어하우스에 로드하기 전에 비구조적·준구조적 데이터를 위한 스테이징 영역으로 사용한다. 예를 들어 링크드인은 하둡에서 빅데이터 분석을 실행한다. 현재 링크드인은 모든 하둡 클러스터에 걸쳐 1엑사바이트 이상의 데이터를 저장하고 있으며, 가장 큰 클러스터는 500페타바이트의 데이터를 저장하고 10억 개의 객체를 관리하고 있다. 하둡 솔루션을 제공하는 회사는 AWS, 클라우데라(Cloudera), 마이크로소프트, IBM, 오라클, HPE 등이다. 다른 공급업체는 데이터를 하둡으로 이동하거나 하둡 내에서 데이터를 분석하기 위한 도구를 제공한다.

아파치 스파크(Apache Spark)는 빅데이터 처리를 위한 보다 최신의 오픈소스 프레임워크이다. 스파크는 분산 파일 시스템을 갖고 있지 않으며, 데이터를 저장하기 위해 내부 메모리(RAM)를 사용한다. 따라서 스파크는 서버와의 상호작용에 필요한 시간을 줄이고, 더 작은 데이터세트나 실시간 스트리밍 데이터에 대해서는 하둡보다 훨씬 빠르게 작업할 수 있다.

인메모리 컴퓨팅

인메모리 컴퓨팅
대용량 데이터를 2차 저장장치가 아닌 컴퓨터 내부 메모리(RAM)에 저장하여 매우 빠르게 분석, 처리할 수 있는 기술

아파치 스파크는 데이터 저장을 주로 컴퓨터의 내부 메모리에 의존하는 **인메모리 컴퓨팅**(in-memory computing)의 예이다. (전통적인 DBMS는 디스크 저장 시스템을 사용한다.) 사용자는 시스템의 주기억장치에 저장된 데이터에 접근하므로, 기존의 디스크 기반 데이터베이스에서 데이터를 검색하고 읽어들이는 데 발생하던 병목 현상이 제거되어 쿼리 응답 시간이 획기적으로 단축된다. 인메모리 처리 기술 덕분에 데이터마트나 소규모 데이터웨어하우스 수준의 대용량 데이터세트를 메모리 전체에 상주시킬 수 있다. 과거에는 몇 시간에서 며칠이 걸리던 복잡한 비즈니스 계산이 몇 초 만에 완료될 수 있으며, 이는 휴대용 기기를 통해서도 수행될 수 있다.

5장에서는 인메모리 처리를 가능하게 만든 현대 컴퓨터 하드웨어 기술의 발전(예: 고성능 고속 프로세서, 멀티코어 처리 기술, 하락하는 메모리 가격)에 대해 설명했다. 이러한 기술은 기업이 메모리 활용을 최적화하고 처리 성능을 가속화하면서 비용을 절감할 수 있도록 도와준다. 대표적인 인메모리 데이터베이스 제품으로는 SAP HANA, 오라클 데이터베이스 인메모리, 마이크로소프트 SQL 서버, 아마존 MemoryDB, 테라데이터 인텔리전트 메모리(Teradata Intelligent Memory) 등이 있다.

데이터 분석 플랫폼

상용 데이터베이스 공급업체는 대규모 데이터세트 분석에 최적화된 전문 데이터 분석 플랫폼을 개발해 왔다. **데이터 분석 플랫폼**(data analytics platform)은 쿼리 처리 및 분석에 맞게 설계된 하드웨어-소프트웨어 시스템을 특징으로 한다. 예를 들어 마이크로소프트 Power BI는 데이터 시각화, 데이터 모델링, AI 머신러닝을 위한 다양한 소프트웨어 서비스, 앱, 커넥터를 제공하는 클라우드 기반 데이터 분석 및 비즈니스 인텔리전스 플랫폼이다. Power BI는 사용의 용이성과 엑셀, 셰어포인트와 같은 마이크로소프트 제품과의 통합성으로 잘 알려져 있다. 구글 Looker는 데이터 탐색에 중점을 둔 클라우드 기반 데이터 분석 플랫폼으로, 사용이 간편하고 대시보드, 드릴다운 기능, 자연어 검색 등 데이터를 탐색하는 데 유용하고 다양한 기능을 제공한다.

데이터 분석 플랫폼
대용량 데이터세트 분석에 최적화된 전문 플랫폼

그림 6.13은 앞서 설명한 기술을 사용한 현대적인 비즈니스 인텔리전스 기술 인프라를 보여준다. 이 인프라는 현재의 운영 데이터와 과거 데이터를 여러 운영 시스템으로부터 추출하고, 사물인터넷 기계 생성 데이터, 웹 및 소셜 미디어 데이터, 비구조적 오디오/동영상 데이터, 외부 출처의 기타 데이터를 함께 수집한다. 이러한 다양한 유형의 데이터는 하둡 데이터레이크에 쏟아지고 클러스터된 컴퓨터 노드에 저장되었다가 데이터웨어하우스, 데이터마트 또는 분석 플랫폼에서 필요로 할 때 처리된다. 일반 사용자는 대시보드에 표시하거나 보고서를 만들기 위해 데이터를 쿼리할 수 있고, 고급 사용자는 추가적인 도구를 사용하거나 직접 쿼리를 수행할 수 있다. 출력에는 보고서와 대시보드는 물론 쿼리 결과도 포함된다. 12장에서는 다양한 유형의 비즈니스 인텔리전스 사용자와 비즈니스 인텔리전스 보고에 대해 더 자세히 다룰 것이다.

그림 6.13 최신 비즈니스 인텔리전스 기술 인프라

최신 비즈니스 인텔리전스 인프라의 특징은 다양한 원천으로부터 제공되는 다양한 유형의 대용량 데이터를 관리하고 분석할 수 있는 기능과 도구를 가지고 있다는 점이다. 이러한 인프라는 일반 사용자가 쉽게 사용할 수 있는 쿼리 및 보고서 생성 도구와 고급 사용자를 위한 더 복잡하고 분석적인 분석 도구를 포함하고 있다.

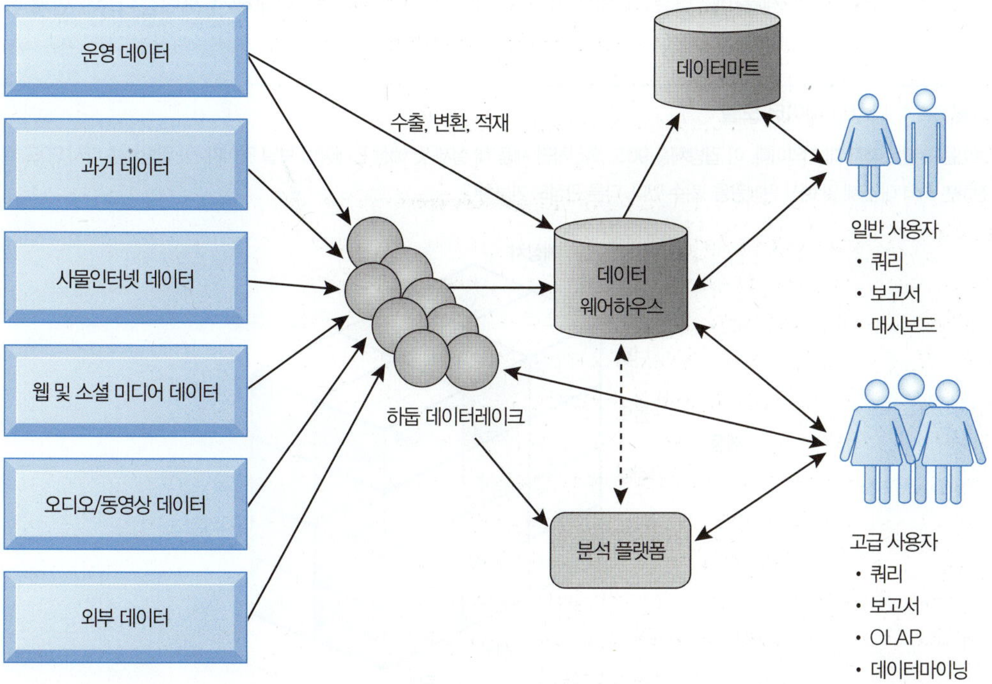

분석 도구: 관계, 패턴, 추세

방금 설명한 비즈니스 인텔리전스 기술을 이용하여 일단 데이터를 수집하고 구조화하고 나면 데이터베이스 쿼리 및 보고서 생성, 다차원 데이터 분석(OLAP), 데이터마이닝을 위한 소프트웨어를 통해 보다 심층적인 분석에 활용할 수 있다. 이 절에서는 이러한 도구를 소개하고, 비즈니스 인텔리전스 분석 및 응용에 대해서는 12장에서 자세히 설명하겠다.

온라인분석처리

회사가 너트, 볼트, 고리쇠, 나사 등 네 가지 제품을 동부·서부·중부 지역에서 판매한다고 가정해보자. 당신은 지난 분기에 고리쇠가 얼마나 많이 팔렸는지와 같은 매우 간단한 질문에 대한 답은 판매 데이터베이스 쿼리를 통해 쉽게 찾아낼 수 있을 것이다. 그러나 고리쇠가 각 판매 지역에서 얼마나 많이 팔렸는지 알고 싶고, 또한 실제 결과를 예상 매출액과 비교하고 싶다면 어떻게 해야 할까?

온라인분석처리(OLAP)
대용량 데이터를 다각적으로 조작하고 분석하는 기능을 제공하여 다차원 데이터 분석을 지원한다.

이 질문에 대한 답을 얻으려면 **온라인분석처리**(online analytical processing, OLAP)가 필요할 것이다. OLAP는 사용자가 동일한 데이터를 여러 기준을 이용하는 다양한 방식으로 바라보면서 다차원 데이터 분석을 할 수 있도록 도와준다. 제품, 가격, 비용, 지역, 기간과 같은 정보의 각 측면은 서로 차원을 나타낸다. 제품 관리자가 6월에 동부 지역에서 얼마나 많은 고리쇠가 팔렸는지, 이 판매량은 전월 및 작년 6월과 어떻게 비교되는지 그리고 판매 예상치와 어떻게 비교되는지 파악하기 위해 다차원 데이터 분석 도구를 이용할 수도 있다. 다년간에 걸쳐 발생한 판매 수치와 같이 엄청난 양의 데이터가 대용량 데이터베이스에 저장되어 있을지라도 사용자는 OLAP를 통해 특별한 질문에 대한 답을 매우 신속하게 얻을 수 있다.

그림 6.14는 제품, 지역, 실제 매출, 예상 매출을 나타내기 위해 생성될 수 있는 다차원 데이터 모델을 보여준다. 이 모델은 데이터를 다양한 관점에서 볼 수 있게 해준다. 그림에 나타난 뷰는 각 제품(너트, 볼트, 고리쇠, 나사)의 실제 매출을 동부·서부·중부 지역별로 보여준다. 반면 대안적인 뷰(현재 보이지 않는 입방체의 '뒷면')는 각 지역별 각 제품의 예상 매출을 보여줄 것이다. 그리고 입방체의 윗면에 해당하는 또 다른 뷰는 특정 제품(예: 너트)의 지역별 실제 매출과 예상 매출을 비교해서 보여준다. 네 번째 뷰

그림 6.14 다차원 데이터 모델

보이는 관점은 제품 대 지역이다. 이 입방체를 90도 회전하면 제품 대 실제 및 예상 판매량이 보일 것이다. 이 입방체를 다시 90도 회전하면 지역 대 실제 및 예산 판매량을 볼 수 있다. 다른 관점도 가능하다.

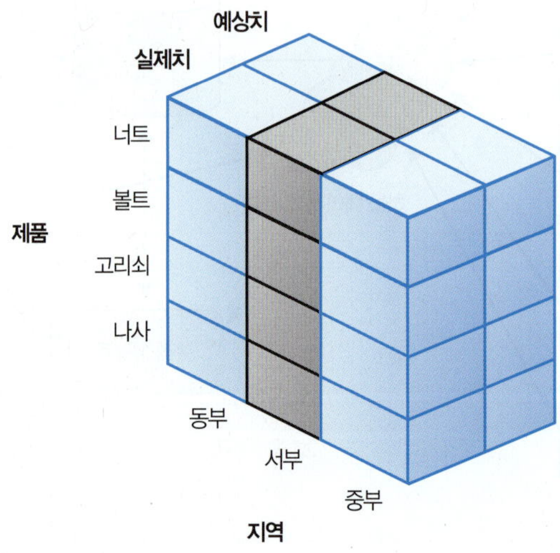

는 특정 지역 내의 각 제품에 대한 실제 및 예상 매출을 보여준다. 입방체 안에 또 다른 입방체를 중첩함으로써 훨씬 더 복잡한 데이터 뷰를 구축할 수도 있다.

데이터마이닝

전통적인 데이터베이스 쿼리는 "제품 번호 403이 2018년 2월에 얼마나 배송되었는가?"와 같은 질문에 대한 답을 제공한다. OLAP, 즉 다차원 분석은 "제품 403의 지난 2년간 분기별, 지역별 매출액을 계획과 비교하라"와 같이 훨씬 더 복잡한 정보 요구를 지원한다. 사용자는 OLAP와 쿼리 지향 데이터 분석을 활용하여 유용한 정보를 얻기 위한 아이디어를 생각해내야 한다.

데이터마이닝(data mining)은 발견에 더욱 중점을 둔다. 데이터마이닝은 대용량 데이터베이스에 숨겨져 있는 패턴과 관계성을 찾아내고, 이러한 패턴과 관계성을 통해 미래의 행위를 예측함으로써 OLAP를 통해서는 얻을 수 없는 통찰을 제공한다. 이러한 패턴과 규칙은 의사결정을 도와주고 의사결정 효과를 예측하는 데 사용된다. 데이터마이닝을 통해 얻을 수 있는 정보의 유형으로는 연관, 순차, 분류, 군집화, 예측이 있다.

데이터마이닝
대규모 데이터 풀을 분석하여 의사결정을 도와주고 향후 행동을 예측하는 데 사용할 수 있는 패턴과 관계를 찾는 것

- **연관**(association): 정보는 하나의 이벤트와 연결된 발생 건을 의미한다. 예를 들어 슈퍼마켓 구매 패턴에 관한 조사에서는 옥수수칩이 구매될 때마다 콜라 구매가 65% 발생하지만, 판촉 활동이 있는 경우 콜라 구매가 85%에 달한다는 것이 드러날 수도 있다. 이러한 정보는 판촉의 수익 효과를 아는 관리자가 더 나은 의사결정을 하는 데 도움이 된다.
- **순차**(sequence): 정보는 이벤트의 시간 흐름과 관련된다. 예를 들어 집을 구매한 사람이 2주 내에 새로운 냉장고를 구매하는 경우는 65%이고, 1개월 내에 오븐을 구매하는 경우는 45%에 이른다는 것을 발견할지도 모른다.
- **분류**(classification): 정보는 기존의 분류 체계에 속한 아이템을 조사하고 일련의 규칙을 추론함으로써 어떤 아이템이 속한 그룹을 설명해줄 수 있는 패턴을 의미한다. 예를 들어 신용카드나 전화업체와 같은 기업은 안정적인 고객의 유출에 관해 걱정한다. 분류 정보는 이탈할 것 같은 고객의 특성을 발견하고 관리자가 고객을 유지할 수 있는 특별한 캠페인을 고안하기 위해 그러한 고객을 예측할 수 있는 모델을 제공하는 데 도움을 준다.
- **군집화**(clustering): 아직 한 번도 정의되지 않은 그룹을 분류하는 것과 유사한 방식으로 작업이 수행된다. 데이터마이닝 도구는 은행카드에 관한 유사 그룹을 찾아내거나 인구통계 및 개인 투자 유형을 기반으로 한 고객 그룹으로 데이터베이스를 분할하는 것과 같이 데이터를 통해 상이한 그룹을 발견할 수 있다.
- 이러한 응용 예는 예측적인 측면을 포함하지만, 여기서 설명하려는 **예측**(forecasting)은 위의 경우와는 다른 방식으로 수행된다. 여기서 말하는 예측은 일련의 기존 값을 이용하여 다른 특정 값이 어떻게 될지 예측한다. 예를 들어 예측 기법은 데이터에서 패턴을 찾아 관리자가 매출액과 같은 연속형 변수의 미래 값을 추정하는 데 도움을 줄 수 있다.

데이터마이닝 시스템은 패턴이나 트렌드에 대한 고차원적인 분석을 수행할 수 있을 뿐 아니라, 필요할 경우 더 구체적인 세부 정보를 파고들 수도 있다. 데이터마이닝은 비즈니스의 모든 기능 영역뿐만 아니라 정부 및 과학 분야에서도 활용된다. 데이터마이닝의 대표적인 활용 사례 중 하나는 고객 데이터를 분석하여 일대일 마케팅 캠페인을 수행하거나 수익성 높은 고객을 식별하는 것이다. AI와 머신러닝은 데이터마이닝의 성능을 높이고 관련 없는 데이터를 걸러냄으로써 가장 중요한 정보에 집중할 수 있도록 도와주는 강력한 도구임이 입증되었다.

글로벌 미디어 기업 《포브스(Forbes)》는 광고와 구독 수익에 의존하고 있다. 《포브스》는 개별 독자에 대해 수집한 방대한 데이터를 마이닝한다. 《포브스》는 자사 브랜드와 상호작용한 모든 개인에 대해 이해하고 있다고 주장한다. 그 개인이 구독자이든 등록된 웹사이트 방문자이든 《포브스》는 해당 인물의 인구통계, 가치관, 라이프스타일뿐만 아니라 수년에 걸쳐 《포브스》와 어떻게 상호작용해왔는지에 대한 정보를 보유하고 있다. 이러한 세부 정보는 《포브스》의 광고주가 보다 정밀하게 캠페인을 타기팅하는 데 도움이 되며, 《포브스》 발행물의 발행 부수를 늘리는 데에도 도움이 된다.

텍스트마이닝과 웹마이닝

주로 텍스트 파일 형태로 된 비구조적 데이터가 조직의 유용한 정보 중 80% 이상을 차지하는 것으로 보이는데, 이러한 데이터는 회사가 분석하고 싶어 하는 빅데이터의 주요 원천 중 하나이다. 이메일, 메모, 콜센터 상담 녹취록, 설문 응답, 고소장, 특허 기술, 서비스 보고서 등은 모두 직원이 비즈니스 의사결정을 더욱 잘할 수 있도록 도움을 주는 패턴과 추세를 찾아내는 데 유용하다. 이제 기업은 이러한 데이터를 분석하는 데 **텍스트마이닝**(text mining) 도구를 사용할 수 있다. 이러한 도구는 대량의 비구조적 데이터로부터 핵심적인 요소를 추출하고, 패턴과 관계성을 발견하고, 정보를 요약해줄 수 있다.

텍스트마이닝
대용량의 비구조적인 데이터로부터 패턴과 관계를 찾는 것

기업은 주요 고객 서비스를 식별하고 이슈를 바로잡거나 회사에 대한 고객의 감정을 측정하기 위해 고객 서비스 센터에 걸려온 전화 녹취록을 분석하는 데 텍스트마이닝을 활용할 수도 있다. **감정 분석**(sentiment analysis) 소프트웨어는 이메일 메시지, 블로그, 소셜 미디어 대화, 설문지 등의 문자를 분석하여 어떤 특정 주제에 대해 우호적인 의견과 비우호적인 의견을 탐지해낼 수 있다. 예를 들어 감정 분석은 피자헛(Pizza Hut)에 대해 전달된 태도를 이해하고, 우려되는 문제를 감지하며, 사용자가 논의하는 제품의 주요 주제나 특정 측면을 식별하고, 사용자가 페이스북이나 인스타그램에서 피자헛에 참여하는 방식과 그 목적을 파악하는 데 도움이 된다. 이를 통해 피자헛은 고객 경험을 개선하고 매출을 늘릴 수 있다. 감정 분석은 AI 머신러닝의 인기 있는 애플리케이션이다. 감정 분석은 자연어 처리(NLP) 및 머신러닝 알고리즘을 사용하여 대화 뒤에 숨은 감정적 톤을 판별한다. NLP는 컴퓨터가 인간 언어를 이해하고 분석하고 생성할 수 있도록 하는 머신러닝의 부분집합으로, 11장에서 자세히 설명할 것이다.

감정 분석
이메일이나 문자 메시지, 블로그, 소셜 미디어 대화, 설문조사 양식에서 댓글을 마이닝하여 특정 주제에 대한 호의적 의견과 비호의적 의견을 탐지한다.

웹은 고객 행동에 대한 패턴, 트렌드, 인사이트를 밝혀주는 비구조적 빅데이터의 또 다른 풍부한 원천이다. **웹마이닝**(Web mining)은 웹에서 유용한 패턴과 정보를 발견하고 분석하는 과정이다. 기업은 고객 행동을 이해하거나, 특정 웹사이트의 효과를 평가하거나, 마케팅 캠페인의 성공 여부를 수치화하기 위해 웹마이닝을 활용할 수 있다. 예를 들어 마케터는 구글 검색 쿼리에서 사용되는 다양한 단어나 문구의 인기도를 추적하는 Google Trends 서비스를 활용하여 사람들이 무엇에 관심을 가지고 있고, 무엇을 구매하려고 하는지를 파악한다.

웹마이닝
웹으로부터 유용한 패턴과 정보를 발견하고 분석하는 것

웹마이닝은 콘텐츠마이닝(content mining), 구조마이닝(structure mining), 사용마이닝(usage mining)을 통해 데이터에서 패턴을 찾는다. 웹콘텐츠마이닝은 웹페이지의 콘텐츠에서 지식을 추출하는 과정으로, 여기에는 텍스트, 이미지, 오디오, 동영상 데이터가 포함될 수 있다. 웹구조마이닝은 특정 웹사이트의 구조와 관련된 데이터를 분석한다. 예를 들어 특정 문서를 가리키는 링크는 해당 문서의 인기도를 나타내고, 문서에서 나가는 링크는 문서가 다루는 주제의 다양성이나 풍부함을 나타낼 수 있다. 웹사용마이닝은 웹 서버가 웹사이트의 리소스 요청을 받을 때마다 기록하는 사용자 상호작용 데이터를 분석한다. 이 사용 데이터는 사용자가 웹사이트를 탐색하거나 거래할 때의 행동을 기록하며, 서버 로그에 저장된다.

이러한 데이터를 분석하면 기업은 특정 고객의 가치, 제품 간 교차 마케팅 전략, 판촉 캠페인의 효과 등을 파악할 수 있다. 예를 들어 SaaS 제공업체인 테크스미스(TechSmith)는 Google Analytics를 사용

해 자사 웹사이트에서 가장 중요한 페이지를 식별했다. 그런 다음 Hotjar Heatmaps를 활용하여 방문자가 가장 많이 클릭한 요소, 가장 덜 클릭한 요소, 페이지를 얼마나 아래까지 스크롤했는지를 파악했다. 이러한 정보는 테크스미스가 제품과 웹사이트를 개선하는 데 도움이 되었다(HotJar, 2023).

데이터베이스와 웹

웹을 통해 주문을 하거나 제품 카탈로그를 볼 때마다 우리는 내부 기업 데이터베이스와 연결된 웹사이트를 사용하게 된다. 많은 기업은 이제 웹을 통해 내부 데이터베이스의 일부 정보를 고객과 비즈니스 파트너에게 제공하고 있다.

웹을 사용하는 어떤 고객이 가격정보를 알아보기 위해 온라인 소매점 데이터베이스를 검색하고 싶어 한다고 가정해보자. 그림 6.15는 고객이 웹을 통해 이 소매점의 내부 데이터베이스에 어떻게 접근할 수 있는지를 보여준다. 사용자는 자신의 클라이언트 PC에 있는 웹브라우저를 이용하여 소매점의 웹사이트에 접근할 것이다. 사용자의 웹브라우저 소프트웨어는 웹 서버와 커뮤니케이션할 수 있는 HTML 명령어를 이용하여 조직의 데이터베이스로부터 데이터를 요청할 것이다.

다수의 백엔드 데이터베이스는 HTML로 작성된 명령어를 해석할 수 없기 때문에, 웹서버는 데이터에 대한 요청을 소프트웨어로 넘길 것이다. 이러한 소프트웨어는 HTML 명령어가 데이터베이스와 연동되는 DBMS가 처리할 수 있도록 SQL로 변환하는 역할을 한다. 클라이언트/서버 환경에서 DBMS는 **데이터베이스 서버**(database server)라는 특별한 전용 컴퓨터에 위치한다. DBMS는 SQL 요청을 받고 요청된 데이터를 제공한다. 미들웨어는 조직의 내부 데이터베이스에 있는 정보를 고객에게 페이지 형식으로 전달하는 웹 서버로 전송한다.

데이터베이스 서버
클라이언트/서버 환경에서 DBMS를 실행하여 SQL 문을 처리하고 데이터베이스 관리 작업을 수행하는 컴퓨터

그림 6.15는 웹 서버와 데이터베이스 서버 사이에 있는 애플리케이션 서버라는 전용 컴퓨터를 보여준다(5장 참조). 애플리케이션 서버 소프트웨어는 브라우저 기반의 컴퓨터와 기업의 후방 비즈니스 애플리케이션 또는 데이터베이스 사이에서 일어나는 거래 및 데이터 접근을 포함한 모든 애플리케이션의 작업을 처리한다. 애플리케이션 서버는 웹 서버로부터 요청을 받고, 이러한 요청을 기반으로 거래 처리를 수행하는 비즈니스 논리를 실행하며, 웹 서버를 조직의 후방 시스템이나 데이터베이스와 연결하는 역할을 한다. 다른 방식으로는 이러한 동작을 다루기 위한 소프트웨어로서 맞춤 프로그램 또는 스크립트를 사용하는 방법이 있다.

웹을 사용하여 조직의 내부 데이터베이스에 액세스하는 데에는 여러 가지 이점이 있다. 첫째, 웹브라우저 소프트웨어는 전용 쿼리 도구에 비해 사용하기가 훨씬 쉽다. 둘째, 웹 인터페이스는 내부 데이터베이스에 대한 변경을 거의 또는 전혀 요구하지 않는다. 레거시 시스템의 앞에 웹 인터페이스를 추가하는 것은 사용자 접근성을 향상하기 위해 시스템을 재설계하고 재구축하는 것보다 비용이 훨씬 덜 든다.

그림 6.15 웹에 대한 내부 데이터베이스의 연결

사용자는 데스크톱 PC와 웹브라우저 소프트웨어를 사용함으로써 웹을 통해 조직의 내부 데이터베이스에 접근할 수 있다.

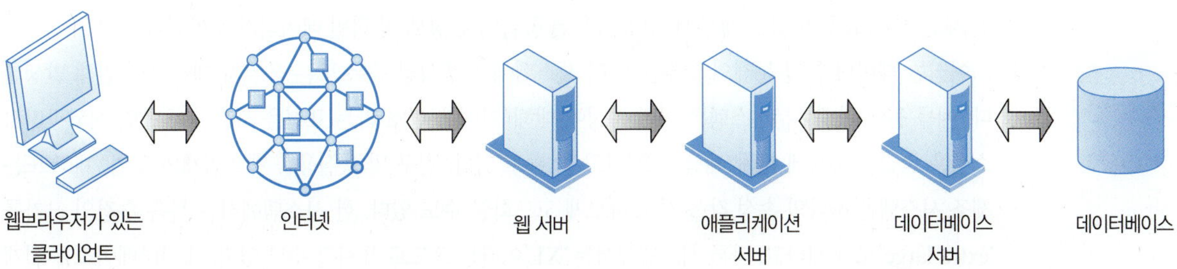

웹을 통해 기업 데이터베이스에 접근하는 것은 새로운 효율성, 기회, 비즈니스 모델을 만들어낸다. 예를 들어 토머스넷닷컴(ThomasNet.com)은 화학, 철강, 플라스틱, 고무, 자동차 장비 등의 공산품을 취급하는 50만 개 이상의 공급자에 대한 최신 온라인 디렉터리를 제공한다. 원래 이름이 토머스레지스터(Thomas Register)였던 이 회사는 이러한 정보가 담긴 방대한 양의 종이 카탈로그를 발송했었지만, 이제는 웹사이트를 통해 온라인으로 사용자에게 제공하고 있다.

웹을 통해 대규모 데이터베이스에 접속하여 완전히 새로운 사업을 시작한 기업도 있다. 사용자들이 서로 연결되고 새로운 사람들을 만날 수 있도록 돕는 페이스북은 월간 활성 사용자 30억 명 이상의 관심사, 친구, 사진, 소속 그룹 정보가 담긴 '프로필'을 제공한다. 페이스북은 이 모든 콘텐츠를 저장하고 관리할 수 있는 거대한 데이터베이스를 유지·관리하고 있다. 공공부문에는 소비자와 시민이 유용한 정보에 접속하는 데 도움이 되는 많은 웹 데이터베이스도 있다.

6.6 데이터 거버넌스, 데이터 품질 보증, 데이터 관리

데이터베이스를 구축하는 것은 시작에 불과하다. 비즈니스 데이터를 정확하고 신뢰할 수 있으며 데이터를 필요로 하는 사람이 쉽게 이용할 수 있게 하려면 데이터 거버넌스를 위한 특별한 정책과 절차가 필요하다. **데이터 거버넌스**(data governance)는 데이터를 조직의 자원으로 관리하기 위한 정책과 절차를 포괄하는 개념이다. 이는 정보의 공유, 배포, 획득, 표준화, 분류, 목록화에 대한 조직의 규칙을 설정한다. 여기에는 어떤 사용자와 조직 단위가 정보를 공유할 수 있는지, 정보가 어디에 배포될 수 있는지, 누가 정보를 업데이트하고 유지할 책임이 있는지, 데이터 자원이 어떻게 보호되어야 하는지가 포함된다(8장 참조). 예를 들어 급여 및 인사 부서의 특정 구성원만이 직원의 급여나 주민등록번호와 같은 민감한 직원 데이터를 변경하거나 열람할 수 있는 권한을 가지며, 해당 부서가 그러한 직원 데이터를 정확하게 유지할 책임이 있다고 기업의 정보 정책에 명시할 수 있다.

데이터 거버넌스
데이터를 조직의 자원으로 관리할 수 있는 정책과 절차

데이터 품질 보증

오늘날의 조직이 운영과 의사결정을 주도할 때 데이터에 크게 의존하는 만큼 데이터 품질 보증이 특히 중요하다. 고객의 전화번호나 계좌 잔액이 틀리게 기재되어 있다면 어떻게 될까? 판매한 상품의 가격이 데이터베이스에 잘못 기록되어 있다면 어떤 영향을 미칠까? 데이터가 부정확하거나, 시의적절하지 않거나, 다른 정보 출처와 일치하지 않는 경우, 잘 설계된 데이터베이스와 정보 정책이 있더라도 기업에 심각한 운영 및 재무적 문제가 발생할 것이다. 잘못된 데이터를 발견하지 못하고 넘어가면 잘못된 의사결정, 제품 리콜, 심지어 재정적 손실로 이어질 수 있다. 데이터 품질 솔루션을 전문으로 하는 몬테카를로(Monte Carlo)의 '연례 데이터 품질 상태 보고서(2023)'에 따르면 데이터 품질 문제 해결에 소요되는 시간이 166% 증가하고, 데이터 중단 시간은 해마다 거의 2배로 증가했다. 또한 응답자의 절반 이상이 데이터 품질 문제로 인해 매출의 25% 이상이 영향을 받았다고 보고했다. 《포천》 1,000대 기업의 데이터베이스에 있는 데이터 중 일부는 부정확하거나 불완전하며, 여기에는 잘못된 제품 코드와 제품 설명, 부정확한 재고 정보, 오류가 있는 재무 데이터, 잘못된 공급업체 정보 및 직원 데이터가 포함된다.

이러한 데이터 품질 문제의 일부는 여러 시스템에서 생성된 중복 또는 불일치 데이터로 인해 발생한다. 예를 들어 판매주문시스템은 어떤 속성에 대해 '아이템 번호'라는 표현을 사용하는 반면 재고관리시스템은 똑같은 속성에 대해 '제품 번호'라고 할 수도 있다. 침구 및 욕실용품 제조업체의 영업, 재고 또는 제조 시스템은 하나의 속성 값을 서로 다르게 코드화할 수도 있다. 한 시스템에서는 목욕 수건의 크기를 'extra large'로 표시하고, 다른 시스템에서는 'XL'이라는 코드로 표시할 수도 있다. 데이터베이스를 설계할 때는 고객, 제품 또는 주문과 같은 개체를 기술하는 데이터를 데이터베이스를 사용하는 모든 비즈니스 영역에서 동일하게 명명하고 정의해야 한다.

당신은 같은 날 같은 다이렉트 광고 메일을 여러 개 받은 경험이 있을 것이다. 이는 당신의 이름이 데이터베이스에 여러 번 입력된 결과일 가능성이 크다. 당신의 이름 철자가 잘못되어 있을 수도 있고, 당신이 어떤 경우에는 중간 이름을 사용했지만 다른 경우에는 그렇지 않았을 수도 있다. 또는 이러한 정보가 처음에는 종이 양식에 기록되었지만 시스템에 입력될 때 제대로 스캔되지 않았을 수도 있다. 이러한 불일치 때문에 데이터베이스는 당신을 서로 다른 사람으로 취급하기도 한다.

데이터베이스가 적절히 설계되고 전사적인 데이터 표준이 수립된다면 중복 또는 불일치 데이터 요소가 최소화될 것이다. 그러나 잘못 기입된 이름, 순서가 바뀐 숫자, 부정확하거나 누락된 코드와 같은 대부분의 데이터 품질 문제는 데이터 입력 오류에서 발생한다. 이러한 오류의 발생률이 증가하는데, 기업이 비즈니스를 웹으로 옮겨가면서 고객과 공급자가 내부 시스템을 직접 갱신하는 웹사이트에 데이터를 입력할 수 있도록 하기 때문이다.

새로운 데이터베이스가 적소에 구축되기 전이라면 조직은 잘못된 데이터를 식별하여 수정할 필요가 있고, 일단 새로운 데이터베이스가 운영되면 더 나은 수정 절차를 구축할 필요가 있다. 데이터 품질에 대한 분석은 종종 **데이터 품질 감사**(data quality audit)로 시작되는데, 이 감사는 정보시스템의 데이터에 대한 정확성과 더불어 완전성 수준에 대한 구조화된 조사이다. 데이터 품질 감사는 데이터 파일 전체에 대한 조사, 데이터 파일의 샘플 조사 또는 데이터 품질에 대한 최종사용자의 인식 조사 등을 통해 수행될 수 있다.

데이터 품질 감사
정보시스템에서 데이터의 정확성과 완전성을 결정하기 위한 구조화된 조사 및 파일 샘플

데이터 정제(data cleansing)는 데이터 세정(data scrubbing)으로도 알려져 있는데, 데이터베이스 또는 파일 데이터 중 부정확하거나 불완전하거나 부적절한 포맷 또는 중복된 데이터를 찾아내고 수정하는 활동으로 구성된다. 데이터 정제는 데이터를 수정할 뿐만 아니라 개별 정보시스템에서 생성된 상이한 데이터 간의 일치성을 강화한다. 특화된 데이터 정제 소프트웨어는 데이터 파일을 조사하고 데이터의 오류를 수정하며 일관된 전사적 포맷으로 데이터를 통합하는 작업을 자동으로 수행할 수 있다.

데이터 정제
데이터베이스나 파일에서 부정확하거나 불완전하거나 형식이 잘못되었거나 중복된 데이터를 감지하고 수정하는 프로세스로, 데이터 세정이라고도 한다.

데이터 품질 문제는 단순히 비즈니스 문제에 그치지 않고 개인의 재정 상태나 직업에도 심각한 영향을 미칠 수 있다. 예를 들어 신용평가 기관이 보유한 소비자의 신용 이력에 대한 부정확하거나 오래된 데이터는 신용도가 충분한 개인이 대출을 받지 못하게 하거나, 취업 또는 직장 유지의 가능성을 낮출 수 있다. 얼굴 데이터베이스 및 인식 시스템은 100% 정확하지 않기 때문에 사람을 범죄자나 테러리스트로 잘못 식별할 수도 있다. 비즈니스와 일상생활 전반에 걸쳐 데이터베이스가 급속도로 확산되면서 개인의 프라이버시가 위협받고 있다. 기술 사례 '얼굴 데이터베이스: 누가 우리 얼굴을 사용하고 있는가?'는 이러한 문제들을 다루고 있다.

AI가 데이터 관리를 개선하는 방법

데이터 관리는 조직 전체에서 데이터를 공유하고 활용할 수 있는 환경을 조성하는 데 매우 중요하다. 그러나 조직의 모든 데이터를 관리하는 것은 상당한 노동력을 요구한다. 표 6.3에서 설명한 바와 같이 현재 AI는 데이터 분류, 데이터 카탈로그 작성, 데이터 품질 향상, 보안, 데이터 통합, 데이터 분석 등 여러 영역에서 데이터 관리를 개선하는 데 활용되고 있다.

데이터 거버넌스 정책과 구조를 수립하고, 회사 데이터를 사용하는 데 직원의 역할과 책임을 정의하며, 핵심 용어에 대한 공통된 정의를 설정하는 데이터 프로세스를 기술만으로는 완전히 대체할 수 없다. 이러한 부분에는 인간의 개입과 감독이 필수적이다. 그럼에도 AI는 기업이 데이터 자원을 통해 얻을 수 있는 생산성과 가치를 크게 향상할 수 있으며, 데이터 관리 문제를 해결하는 AI의 역량은 앞으로 계속해서 증대될 것이다.

기술 사례 얼굴 데이터베이스: 누가 우리 얼굴을 사용하고 있는가?

얼굴 데이터베이스(facial database)는 사람 얼굴의 디지털 이미지 모음이다. AI 얼굴 인식 시스템은 개인의 얼굴 특징을 기반으로 개인 식별을 위한 알고리즘을 훈련하고 테스트하기 위해 얼굴 데이터베이스를 사용한다. 얼굴 데이터 속성에는 성별, 나이, 표정, 눈 색깔, 피부 색깔, 웃음 강도, 머리 각도, 얼굴 이미지의 품질 및 흐릿함 수준 등이 포함될 수 있다.

얼굴 데이터베이스는 보안, 법 집행, 마케팅 등 다양한 분야에서 활용된다. 사람의 감정을 자동으로 인식하고 분석할 수 있는 얼굴 표정 분석(보통은 고객 서비스나 건강관리 분야에 유용)에도 사용된다. 또한 애니메이션, 비디오 게임, 안면 재건 수술 등에서 사용할 3차원 얼굴 모델을 생성하는 데에도 활용될 수 있다.

얼굴 인식 도구는 일상적인 경찰 업무에도 자주 사용된다. 경찰은 체포된 사람의 머그샷을 지역, 주, 연방 차원의 얼굴 데이터베이스와 비교한다. 법 집행 기관은 소셜 미디어, 교통 카메라, 상점·공원 등 다양한 장소에 설치된 CCTV를 바탕으로 이러한 데이터베이스를 조회하여 사람을 식별할 수 있다. 한 번 체포되어 사진이 촬영되면, 그 머그샷은 하나 이상의 데이터베이스에 저장되어 이후의 범죄 수사 때마다 검색 대상이 된다. 또한 실시간으로 특정 용의자 명단(핫 리스트)과 얼굴을 비교하는 시스템도 존재한다. 얼굴 인식 기술은 공항, 국경 검문소, 올림픽 같은 이벤트에서도 사용된 바 있다.

현재 수많은 얼굴 데이터베이스가 존재하며, 새로운 데이터베이스도 계속해서 생성되고 있다. 일부는 공개되어 있고 일부는 사적으로 소유 및 관리되고 있다. 일부 데이터베이에스는 수백 장의 이미지만 포함하는 반면, DigiFace 1M이나 MS-Celeb 1M과 같은 대규모 데이터베이스에는 수백만 장의 이미지가 있다. 특정 인구통계학적 집단이나 표정에 초점을 맞추는 데이터베이스도 있는 반면, 보다 일반적인 데이터베이스도 있다. 잘 알려진 얼굴 데이터베이스는 인터폴 얼굴 인식 시스템(INTERPOL Face Recognition System, IFRS)에 포함된 179개국 이상의 이미지를 가진 데이터베이스, MORPH라는 4만 395명의 피험자에 대해 20만 장이 넘는 얼굴 이미지가 담긴 연령 추정용 종단적 얼굴 데이터베이스이다.

얼굴 인식 시스템과 데이터베이스는 제품의 안전성과 보안성을 보다 강화할 수 있다. 예를 들어 얼굴 인증은 특정 민감 정보에 해당 사용자만 접근할 수 있도록 보장한다. 또한 사회적 공익을 위해서도 활용될 수 있는데, 아동 인신매매를 방지하기 위해 비영리 단체가 얼굴 인식 기술을 활용하는 경우도 있다. 그러나 이러한 시스템은 피해를 유발할 수 있는 한계점도 있다.

얼굴 인식 시스템은 과거보다 훨씬 더 정확해졌지만, 여전히 사람을 잘못 식별할 위험이 존재한다. 이러한 시스템은 조명이 어둡거나, 이미지 해상도가 낮거나, 위에서 아래로 내려다보는 각도에서 촬영된 사진 등 까다로운 조건에서 사람을 식별하는 능력에 차이를 보인다. 또한 얼굴 인식 소프트웨어는 소수 인종, 여성, 청소년을 식별할 때 정확도가 떨어지는 경향이 있다.

기업과 연구자들은 수백 개의 사람 얼굴 데이터베이스를 구축하고 있으며, 이 중 상당수는 소유자의 인지나 동의 없이 전 세계에 공유되고 있다. 이러한 데이터베이스는 소셜 네트워크, 사진 공유 사이트, OkCupid 같은 데이팅 서비스, 식당이나 대학 캠퍼스에 설치된 감시 카메라 등에서 수집된 이미지로 구성되어 있다. 이러한 데이터베이스에 저장되어 있는 데이터 수에 대한 정확한 집계는 없으며, 개인정보보호 활동가들은 이러한 데이터베이스의 확산과 가용성에 대해 심각한 우려를 표하고 있다.

스스로를 '세계 최대의 얼굴 네트워크'라고 소개하는 클리어뷰 (Clearview) AI는 페이스북, 유튜브, 벤모(Venmo), 수백만 개의 웹사이트에서 수집한 '공개된 얼굴 이미지' 400억 장 이상을 보유한 데이터베이스를 구축한 것으로 알려져 있다. 클리어뷰는 법 집행 기관과 같은 고객과 협력하여 기관이 얼굴 데이터를 자사의 데이터베이스와 비교할 수 있도록 하지만, 민간 기업이나 개인도 이 회사의 데이터베이스를 이용할 수 있다. 미국의 연방 및 주 경찰은 이 앱을 사용하여 소매 절도, 신원 도용, 신용카드 사기, 살인, 아동 성착취 범죄 등을 해결하기도 했다.

그러나 클리어뷰의 기술은 개인정보 보호법을 위반한 혐의로 캐나다, 호주, 유럽 일부 국가에서는 불법으로 판정되기도 했다. 클리어뷰는 영국에서 2,260만 달러(약 315억 원)의 과징금을 부과받았고(항소심에서 뒤집힘), 이탈리아에서는 2,000만 유로의 벌금을 부과받았다. 최근 미국에서 클리어뷰는 미국시민자유연맹(ACLU)이 제기한 소송에 합의하여, 자사의 얼굴 데이터베이스를 주로 정부 기관에만 제한적으로 제공하고 대부분의 미국 내 민간 기업이나 개인에게는 제공하지 않기로 동의했다.

얼굴 데이터베이스와 관련된 또 다른 문제는 생체 정보가 일반적인 텍스트나 그림 기반 비밀번호보다 보안성이 높음에도 불구하고 보호하기 어렵다는 점이다. 예를 들어 사진, 이름, 주소가 포함된 데이터베이스가 해킹당할 경우, 악의적인 공격자는 이를 이용하여 신원 도용, 절도, 괴롭힘 등을 저지를 수 있다. 비밀번호나 신용카드 정보와 달리 얼굴 특징과 같은 생체 정보는 유출되었을 때 쉽게 변경할 수 없기 때문에 그 위험성이 크다.

출처: Electronic Frontier Foundation, "Face Recognition," Eff.org, accessed August 23, 2024; Mike Swift, "Clearview AI Has Reached 'Turning Point' with US Legal Challenges, CEO Says, But Won't Return to EU, UK," Data Privacy & Security News, Mlexmarketinsight.com, January 24, 2024; Vera Lucia Raposo, "When Facial Recognition Does Not 'Recognise': Erroneous Identifications and Resulting Liabilities," *AI and Society*, January 2023; Hafiz Sheikh Adnan Ahmed, "Facial Recognition Technology and Privacy Concerns," Isaca.org, December 21, 2022.

문제

1. 얼굴 데이터베이스의 이점은 무엇인가? 조직의 운영 및 의사결정 개선에 어떻게 도움이 되는가? 어떤 문제를 해결하는 데 도움이 되는가?
2. 얼굴 데이터베이스의 단점은 무엇인가?
3. 기업과 개인이 얼굴 데이터베이스를 사용할 수 있도록 허용해야 하는가? 그 이유는 무엇인가?

표 6.3 AI가 데이터 관리를 개선하는 방법

문제점/과제	설명	AI 해결책
분류	문서, 사진, 필기, 동영상, 기타 미디어에서 데이터를 수집, 추출, 분류한다.	AI는 봇이 생성한 게시물을 포함하여 대규모의 부적절한 소셜 미디어 게시물(예: 증오 발언)을 식별하는 데 도움을 준다. 계약서와 같은 문서에서 가장 중요한 데이터를 식별하는 작업에도 사용된다.
카탈로그 작성	데이터를 찾고 최신 상태로 유지한다. 매우 노동 집약적이다.	AI는 다양한 데이터 저장소에서 검색을 자동화하고 카탈로그를 자동으로 생성할 수 있다. 또한 데이터의 출처, 수정 방법, 저장 위치를 식별할 수도 있다.
데이터 품질 향상	데이터의 오류를 줄인다.	AI 머신러닝 도구는 데이터를 스캔하여 허용되지 않는 값을 식별하고 일부 오류값을 자동으로 수정할 수 있다. AI 알고리즘은 데이터에서 누락된 값을 감지하여 더욱 정확한 추정값을 제공할 수 있다.
보안	무단 침입자에 의한 데이터 도용, 변경 또는 파기를 방지하고 데이터 사용 시 조직 정책 준수를 보장한다.	AI 머신러닝 솔루션은 여러 내부 및 외부 시스템에서 보안 데이터 수집을 자동화하고 어떤 위협이 가장 신뢰할 만한지 평가한다. AI 시스템은 이전 공격 패턴을 기반으로 가능한 공격 경로를 예측하고 새로운 위협이 이전에 알려진 공격자로부터 발생하는지, 아니면 새로운 공격자로부터 발생하는지 판단할 수 있다. 또한 AI는 내부 사기 위협을 식별하는 데에도 사용될 수 있다.
데이터 통합	다양한 출처의 데이터를 비즈니스 인텔리전스 분석을 위해 분석 가능한 통합된 뷰(단일 통합 데이터세트)로 통합한다.	머신러닝 기반 마스터링 시스템은 확률적 매칭 기법을 사용하여 레코드를 결합할지 여부를 결정한다. 동일 개체일 확률이 높은 레코드는 자동으로 병합된다. 이러한 방식으로 해결할 수 없는 레코드는 해당 분야 전문가가 검토할 수 있다.
데이터 분석	특정 데이터에서 결론을 도출하거나 평가하는 기능으로, 목적 있는 발견을 하고 결론을 제시하며 의사결정을 지원하는 데 사용된다.	AI와 머신러닝은 방대한 양의 데이터를 빠르고, 때로는 사람보다 더 정확하게 처리할 수 있다. AI는 복잡한 패턴을 식별하고, 수동 분석으로는 쉽게 파악할 수 없는 예측 통찰력을 제공할 수 있다. ChatGPT를 포함한 자연어 처리 도구는 텍스트 데이터를 분석할 수 있으며, 컴퓨터 비전 시스템은 이미지를 분석할 수 있다.

6.7 이 장의 내용은 경력에 어떻게 도움이 되는가

이 장에서 배운 정보는 정확하고, 시의적절하며, 적절하게 구성된 데이터가 조직 성과에 얼마나 중요한지 이해하는 데 유용하여 경력 발전에 도움이 될 수 있다. 또한 회사의 데이터를 사용할 때 발생할 수 있는 일반적인 문제와 그 해결 방법을 파악할 수 있다. 이 장은 시작점이며, 이러한 주제에 대한 추가 정보는 온라인에서 찾을 수 있다.

실제 시나리오 데이터 거버넌스를 수용한 큐리그그린마운틴

싱글서브(single-serve) K컵으로 잘 알려진 큐리그그린마운틴(Keurig Green Mountain)은 매출 급증과 던킨, 스타벅스 등 여러 업체와의 파트너십 체결로 폭발적인 성장을 경험했다. 이 회사는 80개 브랜드와 거의 600개에 달하는 따뜻한 커피, 차가운 커피, 차, 코코아, 유제품, 사이다, 과일 음료 등의 제품 데이터를 처리해야 했지만, 데이터 거버넌스를 위한 적절한 도구와 프로세스가 부족하여 효과적으로 처리할 수 없었다. 조직 내 데이터 품질 분석가들은 고객 또는 공급업체의 핵심 데이터를 제공하고 부정확한 데이터를 수정하는 업무를 맡고 있었으나, 데이터가 사용되는 후속 업무에서 이루어진 데이터 수정사항이 원래 그 데이터를 제공했던 직원이나 부서에 항상 전달되는 것은 아니었다. 큐리그그린마운틴은 전사 차원의 데이터 유지·관리를 위한 명확한 프로세스와 표준을 갖춘 마스터 데이터 관리 프로그램을 도입함으로써 이 문제를 해결했다. 큐리그그린마운틴은 데이터 표준, 거버넌스 규칙, 비즈니스 지표, 비즈니스 프로세스의 프레임워크를 제공하는 데이터 거버넌스 SaaS 소프트웨어를 선택했다. 또한 SAP Information Steward 소프트웨어도 추가로 도입하여 데이터 특성과 관계를 탐색하고, 데이터 검증 규칙을 생성 및 실행하며, 불량 데이터를 식별 및 정제하고, 데이터를 카탈로그화하며, 비즈니스 용어를 정의하는 데 활용했다. 이 두 가지 도구를 함께 사용함으로써 큐리그의 데이터 품질 분석가들은 전사적인 보고와 데이터 관리를 보다 일관되게 수행할 수 있었고, 데이터 품질 수준 또한 높일 수 있었다.

직무 설명 및 경력 경로: 데이터 품질 분석가

직무	직무 설명	IT 지식	경력 경로 및 평균 연봉
데이터 품질 분석가	조직 데이터 품질을 모니터링하고, IT 도구와 개선된 표준 및 프로세스를 활용하여 데이터 품질과 가용성을 최적화하며, 데이터베이스 개발자와 협력하여 시스템 및 데이터베이스 설계를 개선한다. 주요 업무는 다음과 같다. • 데이터 품질 문제 파악 및 평가 • 데이터 품질 표준과 프로세스 개발 및 구현 • 데이터 정제 방안 개발 및 실행 • 정확성, 완전성, 적시성 등 데이터 품질 지표 모니터링 및 보고 • 이해관계자와 협력하여 데이터 품질 문제 해결 • IT 및 기타 부서와 협력하여 데이터 품질 시스템 및 프로세스 개선	• SQL, JavaScript 사용 경험 • SAS, SPSS, Excel 등 통계 소프트웨어 사용 경험 • 뛰어난 분석, 대인 관계 및 커뮤니케이션 능력 • Talend, Informatica 등 데이터 프로파일링 도구 사용 • IBM InfoSphere, SAP Information Steward 등 데이터 품질 모니터링 도구 사용 • Collibra, Informatica 등 데이터 거버넌스 도구 사용 • Oracle Data Quality, Talend Data Quality 등 SQL 기반 데이터 품질 도구 사용	• 초급 데이터 품질 분석가: 61,500~75,449달러 • 중급 데이터 품질 분석가: 75,449~94,306달러 • 고급 데이터 품질 분석가: 94,306~112,500달러 • 데이터 품질 관리자: 110,000~170,000달러 • 데이터 품질 담당 임원: 175,000~210,000달러 (연봉은 지역, 산업군, 기업 규모에 따라 달라질 수 있음)

경력 개발 효과

IT 전문가와 함께 이 솔루션을 개발한 직원과 관리자는 기여에 대해 인정을 받았다. 데이터 거버넌스는 전사적인 이슈이기 때문에 큐리그의 데이터 거버넌스 프로젝트는 데이터 품질 분석가와 기타 참여자가 조직 내 다른 부서나 경영진에게 자신의 문제 해결 능력을 보여줄 수 있는 기회를 제공했다. 데이터 거버넌스를 통해 직원은 잘 정의된 절차와 표준에 따라 관리되는 정확하고 신뢰할 수 있는 데이터를 사용함으로써 업무 성과를 향상할 수 있었다.

추가 경력 개발 자료

MyLab MIS에서는 IT 관련 지식을 요구하는 적절한 직무를 찾고, 효과적인 이력서를 작성하며, 면접을 준비하고, 비즈니스 지식, 응용 소프트웨어 활용 능력, 인터넷 활용 능력, 분석 역량 등을 보여주는 디지털 포트폴리오를 만드는 데 도움이 되는 다양한 경력 개발 자료를 확인할 수 있다.

사례 연구 블록체인을 통한 지속가능성 추구

유니레버(Unilever)는 도브(Dove), 헬만스마요네즈(Hellmann's Mayonnaise), 세븐스제너레이션(Seventh Generation) 등 400개 이상의 브랜드를 190개국 이상에서 운영하는 세계 최대 소비재 기업 중 하나이다. 유니레버는 대기업 중에서도 지속가능성의 선두주자로, 이를 비즈니스 전략의 중요한 목표로 삼고 있다. 2020년 12월, 유니레버 이사회는 탄소 배출을 자사 운영 내에서는 2030년까지 제로(0)로, 전체 가치사슬 전반에서는 2039년까지 넷 제로(net zero)로 줄이기 위한 구체적인 조치를 담은 기후 전환 행동 계획(Climate Transition Action Plan, CTAP)을 발표했다. 유니레버는 자사 운영에서의 재생 에너지 사용을 확대하고, 새로운 저탄소 원료를 개발하며, 식물성 제품군을 확장하고, 화석연료를 사용하지 않는 세제 및 세탁 제품을 개발하고 있다.

유니레버의 지속가능성 이니셔티브 중 하나는 팜유 생산과 관련이 있다. 팜유는 기름야자나무의 열매에서 추출되며 세제, 화장품, 초콜릿, 바이오연료 등 수천 개의 소비재에 사용된다. 팜유 생산을 확대하기 위해 열대우림의 산림 파괴가 심화되고 있다. 팜유는 수많은 가정용 제품의 주요 원료이기 때문에 지난 20년간 생산량이 3배 이상 증가했다. 이로 인해 이산화탄소 배출 증가, 열대우림 파괴, 인권 문제가 촉발되고 있다. 게다가 팜유가 지속가능한 방식으로 생산되었더라도, 그렇지 않은 팜유와 혼합될 가능성이 있어 공급사슬의 지속가능성 확보가 어려운 상황이다.

유니레버의 팜유 농장 대부분은 인도네시아 아체 지방의 러서(Leuser) 열대우림에 위치해 있다. 팜유 산업은 생산 기준이 열악하여 삼림 벌채가 가속화되고 있다. 유니레버는 2021년 가을, 팜유 산업이 직면한 환경 문제에 대한 보고서를 통해 2016년부터 2020년 사이에 팜유 확장으로 인해 약 12만 8,700헥타르(1헥타르는 약 2.471에이커)의 숲이 파괴되었다고 밝혔다.

유니레버는 2020년, 2023년까지 탈산림 공급사슬(deforestation-free supply chain)을 실현하겠다고 약속했으며, 2023년 말 기준으로 팜유, 종이 및 판지, 코코아 주문량의 97.5%가 산림 파괴가 없는 것으로 검증됨으로써 대부분의 목표를 달성했다. 회사는 위성 영상 및 AI를 활용하여 산림 파괴와 토지 전환을 모니터링했으며, 블록체인 기술을 활용하여 팜유 공급사슬의 투명성과 추적 가능성도 높였다.

팜유 공급사슬은 매우 길고 복잡하다. 수확된 이후 비누나 샴푸와 같은 소비재가 되기까지 여러 회사로 이동하면서 수십 차례의 가공 단계를 거친다. 기업은 자신이 구매하는 팜유가 산림 파괴에 기여하지 않는 책임 있는 농장에서 공급된 것인지 확인하고 싶어 한다.

유니레버는 그린토큰(Green Token)의 블록체인 기술을 활용하여 팜유가 길고 복잡한 공급사슬을 거쳐 원산지와 이동 경로를 거의 실시간으로 추적, 검증, 보고하기 시작했다. 그린토큰은 블록체인 기반의 공급사슬 추적 및 소유권 이전 애플리케이션으로, 기업이 제품에 사용하는 원자재에 대한 사실을 기록하고 추적할 수 있게 해준다. 여기에는 원자재의 출처, 특정 생산 속성, 인증 정보 등이 포함될 수 있다. 그린토큰은 특히 팜유, 대두, 커피, 설탕, 코코아 등 산림 파괴와 연관된 원자재 및 상품을 추적하는 데 유용하다.

다른 공급사슬 추적 솔루션도 시장에 존재하지만 대부분 배치(batch)를 기준으로 추적하는 방식에 의존한다. 하지만 원자재는 일반적으로 대량으로 운송 및 저장되고, 다양한 출처의 원료와 섞이는 경우가 많기 때문에 이러한 방식은 적합하지 않다. 특정 수량에 대한 배치 식별자가 있다고 하더라도 끊임없는 혼합으로 인해 기하급수적으로 많은 기록이 필요하다. 어떤 배치 시스템도 이 복잡성을 제대로 추적할 수 없다. 그린토큰을 사용하는 기업은, 설령 원자재가 혼합되어 있더라도 지속가능하고 윤리적인 조달 활동을 정확히 보고할 수 있다. 또한 그린토큰은 완제품에 포함된 특정 원자재의 비율을 측정하는 데에도 활용될 수 있다. 예를 들어 소비재 제조업체는 자사 제품 또는 포장재에 재활용 소재가 많이 사용되었다는 사실을 입증할 수 있다.

기업은 그린토큰에 SaaS 대시보드를 통해 접속할 수 있으며, 생산자는 실물 원자재에 대해 디지털 토큰을 생성할 수 있다. 이 토큰에는 최초 농장 정보나 인증 내역 등 여러 속성을 포함할 수 있다. 블록체인은 이 토큰의 소유권 이동 기록(chain of custody)을 생성하며, 공급사슬 전반에 걸쳐 이동하더라도 이 기록은 변경될 수 없다. 원자재에 대한 상세 정보에는 산림 파괴가 없는 농장에서 생산된 것인지 여부도 포함될 수 있다.

정부와 열대우림행동네트워크(Rainforest Action Network)와 같은 시민 단체의 요구에 대응하는 것은 지속가능성을 수용해야 하는 강력한 이유 중 하나이다. 독일의 공급사슬 실사법(Supply Chain Due Diligence Act)은 2023년 1월부터 시행되었으며, 대기업이 공급사슬 정보를 디지털 및 감사 가능한 형식으로 제공할 것을 요구하고 있는데, 이와 비슷한 법안이 다른 국가에서도 시행될 것으로 예상된다.

지속가능성을 추구하는 또 다른 이유는 수익 창출이다. 지속가능성에 대한 실질적 노력을 입증할 수 있는 기업은 더 많은 매출과 브랜드 충성도를 얻을 수 있다. 해양 쓰레기 정화 단체인 세븐클린시스(Seven Clean Seas)의 보고서에 따르면 소비자의 약 57%가 환경 보호를 위해 소비 습관을 바꿀 의향이 있으며, 약 66%는 지속가능한 브랜드에 더 많은 비용을 지불할 의사가 있다고 한다. 단순히 친환경 제품을 만드는 것만으로는 부족하며, 소비자에게 이를 입증할 수 있어야 한다. 블록체인을 사용하면 환경을 중시하는 소비자에게 제품이 주장하는 내용을 사실로 증명할 수 있다.

뉴라이트테크놀로지(Newlight Technologies Inc.)는 온실가스로 만든 바이오 소재 에어카본(AirCarbon)를 개발한 회사이다. 이 소재는 섬유, 가죽, 합성 플라스틱을 대체할 수 있으며, 다양한 고체 형태로 가공이 가능하다. 에어카본은 탄소 네거티브(carbon-negative) 소재로, 제조 과정에서 배출되는 이산화탄소보다 더 많은 탄소를 포집하거나 제거한다. 현재 뉴라이트는 이 소재를 직물 및 퇴비화가 가능한 빨대, 식기 등 식품용품에 사용하고 있다.

뉴라이트는 에어카본을 마케팅할 때 자사의 지속가능성 메시지를 소비자에게 효과적으로 전달할 방법이 필요했다. 소비자가 자사 제품의 환경적 효과를 검증할 방법이 없었기 때문이다. 이에 따라 뉴라이트는 자사의 환경 영향력을 검증할 수단으로 블록체인을 활용하게 되었다. 블록체인은 여러 컴퓨터에 분산된 거래 원장을 생성하여, 정보를 쉽게 확인 가능하면서도 변조 불가능하게 만든다. 이는 모든 종류의 비즈니스 데이터를 기록하는 데 활용 가능하며, 이를 통한 추적성은 특히 환경적 책임을 강조하고자 하는 기업에 매력적이다.

뉴라이트는 다양한 산업을 위한 블록체인을 개발 중이던 IBM과 협력했다. 이 블록체인은 각 뉴라이트 제품에 블록체인 기반의 고유 번호를 부여할 수 있었고, 이를 통해 생산 과정의 모든 단계와 해당 제품의 탄소 영향에 대한 제삼자 검증 정보를 표시할 수 있었다. 각 제품에는 생산 중에 에어카본이 사용된 정확한 시간을 나타내는 고유한 12자리 번호가 인쇄된다. 이 번호는 뉴라이트의 웹사이트에 입력되어, 제품이 처음 제조 단계부터 매장 선반에 오르기까지의 공급사슬 이동 경로에 대한 세부 정보를 고객에게 제공할 수 있다. IBM 블록체인은 각 제품의 제조 단계뿐만 아니라 해당 제품이 환경에 미치는 탄소 영향까지 가시적으로 보여준다. 뉴라이트는 최근 1억 2,500만 달러(약 1,700억 원)의 자금을 유치했으며, 이를 통해 에어카본 제조 플랫폼을 글로벌 규모로 확대하고 탈탄소화된 소재를 생산하려 한다.

공급사슬의 지속가능성을 높이기 위해 블록체인을 사용하는 데에는 몇 가지 과제가 따른다. 얻은 통찰력을 어떻게 활용할 것인지, 공급사슬 참여자 간에 정보를 어떻게 공유할 것인지 등을 예로 들 수 있다. 유니레버 같은 기업은 공급업체와 협력하여 산림 파괴를 최소화하면서도 자사의 경제적 이익을 유지 또는 향상하는 방법을 배워야 했다. 이 외에도 수집된 데이터의 사용, 관리, 보안과 관련한 과제도 있다.

블록체인의 복사본은 일반적으로 여러 대의 컴퓨터에 분산 저장되기 때문에 블록체인의 크기가 커질수록 확장성 문제가 발생할 수 있다. 네트워크에 있는 각 컴퓨터는 거래를 확인하고 블록체인의 정확한 기록을 유지하며, 최초 블록부터 최신 블록까지의 데이터를 모두 저장해야 한다. 이러한 중복 저장은 보안성을 높이지만, 네트워크와 블록체인이 커질수록 비효율성도 증가한다.

블록체인에 새로운 블록을 생성할 때, 거래를 확인한 컴퓨터는 그 블록을 네트워크의 다른 모든 컴퓨터에 전송해야 하며, 다른 컴퓨터들도 이 블록을 검증하고 블록체인에 추가해야 한다. 네트워크가 커질수록 이 과정은 많은 네트워크 리소스를 소모하게 된다.

또한 블록체인 기술의 상호운용을 보장하고, 신뢰를 구축하며, 기술의 사용 편의성을 높일 수 있는 보편적인 표준이 존재하지 않는다. 대부분의 블록체인 구현 방식은 서로 달라서, 다양한 회사의 블록체인 간 데이터를 공유하려면 추가적인 데이터 연동 도구를 개발해야 할 가능성이 높다. 그럼에도 불구하고, 블록체인 애플리케이션을 올바르게 사용하는 기업은 공급업체와 더 강력한 관계를 구축할 수 있을 것이다.

출처: Greentoken.org, accessed August 23, 2024; Unilever, "Climate Transition Action Plan," Assets.unilever.com, accessed August 23, 2024; IBM.com, "Newlight Technologies, Inc: Turning Greenhouse Gas into a Resource Verified with Blockchain Technology," accessed August 23, 2024; Newlight.com, accessed August 23, 2024; Mark Segal, "Sustainable Materials Provider Newlight Raises $125 Million," Esgtoday. com, August 7, 2023; Alejandra Duenas, "How Sustainability Is Impacting Consumer Trends," Sevencleanseas.com, May 5, 2023; Joe O'Donnell, "Unilever Pursues Supply Chain Sustainability with Blockchain," Techtarget. com, March 30, 2022; "Unilever and SAP Partner for Blockchain Token Traceability Pilot," Ledgerinsights.com, March 25, 2022.

문제

1. 공급사슬 추적성이 지속가능성에 중요한 이유는 무엇인가?
2. 블록체인이 추적성에 유용한 기술인 이유는 무엇인가?
3. 유니레버가 공급사슬 관리에 블록체인을 도입하면서 예상해야 할 경영적·조직적·기술적 과제는 무엇인가?
4. 모든 기업이 블록체인을 사용해야 하는가? 자신의 생각을 설명하라.

요약

6.1 전통적 파일 환경에서의 데이터 관리 문제

컴퓨터 시스템은 데이터를 비트와 바이트에서부터 필드, 레코드, 파일, 데이터베이스로 이어지는 계층 구조로 구성한다. 전통적인 파일 관리 기법은 기업이 사용하는 모든 데이터를 체계적으로 추적하고 쉽게 접근할 수 있도록 조직하는 데 어려움을 준다. 각 부서나 기능별 그룹은 자체적으로 파일을 독립적으로 개발하는 것이 허용되었고, 시간이 지나면서 이러한 전통적인 파일 관리 환경은 데이터 중복 및 불일치, 프로그램-데이터 간 종속성, 유연성 부족, 부실한 보안성, 데이터 공유 및 가용성 부족 등의 문제를 야기하게 되었다. 이러한 문제를 해결하기 위해 등장한 DBMS는 데이터와 데이터 관리를 중앙집중화할 수 있도록 해주는 소프트웨어이다. 이를 통해 기업은 모든 데이터 요구에 대해 일관된 단일 데이터 원천을 확보할 수 있다. DBMS를 사용하면 중복되거나 불일치하는 파일을 최소화할 수 있다.

6.2 데이터베이스관리시스템과 관계형 데이터베이스관리시스템의 기능

DBMS는 조직이 데이터를 중앙집중화하고, 효율적으로 관리하며, 애플리케이션이 저장된 데이터에 접근할 수 있도록 해주는 소프트웨어이다. 관계형 데이터베이스는 유연성과 접근성이 뛰어나기 때문에 정보시스템에서 데이터를 구성하고 유지하는 주요 방식으로 자리 잡았으며, 관계형 DBMS는 오늘날 가장 널리 사용되는 DBMS 유형이다. 관계형 데이터베이스는 데이터를 행과 열로 구성된 2차원 테이블(즉, 관계)로 구성한다. 각 테이블은 하나의 개체와 속성에 대한 데이터를 포함한다. 각 행은 하나의 레코드를 나타내고, 각 열은 하나의 속성, 즉 필드를 나타낸다. 또한 각 테이블에는 각 레코드를 고유하게 식별할 수 있도록 키 필드(주키)가 존재하여 데이터를 검색하거나 조작할 때 사용된다. 관계형 데이터베이스의 테이블은 공통된 데이터 요소를 공유하고 있는 경우, 관계형 데이터베이스 테이블을 쉽게 결합하여 사용자가 필요로 하는 데이터를 제공할 수 있다.

DBMS의 주요 기능에는 데이터 정의 기능, 데이터 사전 기능, 데이터 조작어가 있다. 데이터 정의 기능은 데이터베이스의 구조와 내용을 지정한다. 데이터 사전은 이름, 정의, 형식, 데이터 요소에 대한 설명을 포함하여 데이터베이스의 데이터에 대한 정보를 저장하는 자동 또는 수동 파일이다. SQL과 같은 데이터 조작 언어는 데이터베이스의 데이터에 액세스하고 조작하는 데 특화된 언어이다.

6.3 관계형 데이터베이스의 설계 원리

데이터베이스 설계에는 논리적 설계와 물리적 설계가 모두 필요하다. 논리적 설계는 데이터베이스를 비즈니스 관점에서 모델링하는 것으로, 조직의 데이터 모델은 주요 비즈니스 프로세스와 의사결정 요구사항을 반영해야 한다. 관계형 데이터베이스를 설계할 때 복잡한 데이터 그룹으로부터 작고, 안정적이며, 유연하고, 적응력 있는 데이터 구조를 생성하는 과정을 정규화라고 한다. 잘 설계된 관계형 데이터베이스는 다대다 관계를 갖지 않으며, 특정 개체에 대한 모든 속성은 해당 개체에만 적용되어야 한다. 또한 연결된 테이블 간의 관계가 일관되도록 참조무결성 규칙을 적용한다. 개체관계성도(ERD)는 관계형 데이터베이스에서 개체(테이블) 간의 관계를 시각적으로 표현한 것이다.

6.4 비관계형, 클라우드, 블록체인 데이터베이스의 기능

비관계형 데이터베이스는 관계형 데이터 모델로는 쉽게 처리할 수 없는 빅데이터와 다양한 데이터 유형을 관리하는 데 유용하여 점점 인기를 끌고 있다. 비관계형 데이터베이스는 대용량의 구조적·준구조적 데이터에 대해 간단한 쿼리를 빠르게 수행하는 데 적합하다. 관계형 및 비관계형 데이터베이스 제품 모두 클라우드 컴퓨팅 서비스 형태로 제공된다. 클라우드 데이터베이스는 클라우드 환경에서 대량의 데이터를 저장하고 관리하는 데 적합하다. 분산 데이터베이스는 원격 클라우드 컴퓨팅 센터를 포함한 여러 물리적 위치에 저장되는 데이터베이스이다. 데이터베이스의 일부 또는 복사본은 한 위치에, 나머지는 다른 위치에 저장될 수 있다. 블록체인은 중앙 권한 없이 네트워크상에서 거의 실시간으로 거래를 생성하고 검증할 수 있게 하는 분산 데이터베이스 기술이다. 블록체인 데이터베이스에 저장된 정보는 네트워크 내의 컴퓨터들이 지속적으로 상호 검증하면서 유지된다.

6.5 데이터베이스의 데이터 분석에 사용되는 도구

현대적인 데이터 관리 기술은 방대한 양의 준구조적·비구조적 빅데이터를 포함하여 오늘날 기업에서 사용하는 모든 다양한 유형의 데이터에서 유용한 정보를 얻을 수 있는 다양한 도구를 보유하고 있다. 이러한 도구에는 데이터웨어하우스, 데이터마트, 데이터레이크, 하둡, 인메모리 컴퓨팅, 데이터 분석 플랫폼 등이 포함된다. 온라인분석처리(OLAP)는 데이터를 데이터 큐브 및 중첩된 큐브와 같은 다차원 구조로 표현함으로써 더 정교한 데이터 분석을 가능하게 한다. 데이터마이닝은 데이터웨어하우스를 포함한 대규모 데이터 풀을 분석하여 패턴과 규칙을 발견하고 미래 행동을 예측하거나 의사결정을 지원하는 데 사용된다. 이러한 작업은 AI 머신러닝을 활용하여 수행되는 경우가 점점 더 늘어나고 있다. 텍스트마이닝 도구는 비구조적 텍스트 데이터 집합을 분석할 수 있도록 도와주며, 웹마이닝 도구는 웹 구조, 웹페이지의 콘텐츠, 사용자 활동 등을 분석하여 유용한 패턴과 정보를 추출한다. 기존 데이터베이스는 미들웨어를 통해 웹이나 웹 인터페이스에 연결하여 사용자가 조직의 내부 데이터에 쉽게 접근하게 할 수 있다.

6.6 데이터 거버넌스, 데이터 품질 보증, 데이터 관리

데이터베이스 환경을 개발하려면 조직의 데이터를 관리하기 위한 정책과 절차뿐만 아니라 우수한 데이터 모델과 적절한 데이터베이스 기술이 필요하다. 데이터 거버넌스는 조직 내에서 정보의 유지, 배포, 사용을 위한 정책과 절차를 포괄하는 개념이다. 정확하지 않거나, 불완전하거나, 일관성이 없는 데이터는 기업에 심각한 운영 및 재무적 문제를 초래할 수 있다. 예를 들어 이러한 데이터는 제품 가격, 고객 계정, 재고 데이터에 오류를 발생시켜 기업이 어떤 조치를 취해야 할지에 대해 잘못된 결정을 내리게 만들 수 있다. 따라서 기업은 높은 수준의 데이터 품질을 확보하기 위해 특별한 조치를 취할 필요가 있다. 여기에는 전사적인 데이터 표준의 사용, 불일치하거나 중복된 데이터를 최소화할 수 있도록 설계된 데이터베이스의 활용, 데이터 품질에 대한 감사 실시, 데이터 정제를 위한 소프트웨어 도입이 포함된다. 최근에는 데이터 관리를 향상하기 위해 다양한 영역에서 AI가 활용되고 있다. 이러한 활용 영역으로는 데이터 분류, 데이터 분류 체계 구축, 데이터 품질 향상, 보안 강화, 데이터 통합, 데이터 분석 등이 있다.

주요 용어

감정 분석
개체
개체관계성도
관계형 데이터베이스
관계형 데이터베이스관리시스템
데이터 거버넌스
데이터레이크
데이터마이닝
데이터마트
데이터베이스
데이터베이스관리시스템(DBMS)
데이터베이스 서버
데이터 분석 플랫폼
데이터 불일치
데이터 사전
데이터웨어하우스
데이터 정리
데이터 정의
데이터 조작어
데이터 중복성
데이터 품질 감사
레코드
바이트
분산 데이터베이스
블록체인
비관계형 데이터베이스
비트
속성
온라인분석처리(OLAP)
외래키
웹마이닝
인메모리 컴퓨팅
주키
참조무결성
쿼리
클라우드 데이터베이스
키 필드
텍스트마이닝
파일
표준화
프로그램-데이터 의존성
필드
하둡
SQL

복습문제

6.1 전통적 파일 환경에서의 데이터 관리 문제

- 데이터 계층의 구성요소 각각을 열거하고 설명하라.
- 개체, 속성, 키 필드를 정의하고 그 의미를 설명하라.
- 전통적 파일 환경에서의 문제를 열거하고 설명하라.

6.2 데이터베이스관리시스템과 관계형 데이터베이스관리시스템의 기능

- 데이터베이스와 데이터베이스관리시스템을 정의하라.
- DBMS의 기능에 이름을 붙이고 간단히 설명하라.
- 관계형 DBMS를 정의하고, 어떤 방식으로 데이터를 구조화하는지 설명하라.
- 관계형 DBMS의 세 가지 연산을 열거하고 설명하라.

6.3 관계형 데이터베이스의 설계 원리

- 정규화와 참조무결성을 정의하고, 잘 설계된 관계형 데이터베이스에 어떻게 기여하는지 설명하라.
- 개체관계성도를 정의하고, 데이터베이스 설계에서의 역할을 설명하라.

6.4 비관계형, 클라우드, 블록체인 데이터베이스의 기능

- 비관계형 데이터베이스와 클라우드 데이터베이스의 기능을 정의하고 설명하라.
- 블록체인을 정의하고, 작동 방식과 데이터 관리에 유용한 이유를 설명하라.

6.5 데이터베이스의 데이터 분석에 사용되는 도구

- 빅데이터를 정의하고, 그것을 관리하고 분석하기 위한 기술을 설명하라.
- AI와 빅데이터의 관계를 설명하라.
- 최신 비즈니스 인텔리전스 인프라의 요소를 열거하고 설명하라.
- OLAP의 기능을 설명하라.
- 데이터마이닝을 정의하고, OLAP과는 어떻게 다른지, 데이터마이닝을 통해 어떤 정보를 얻을 수 있는지 설명하라.
- 텍스트마이닝과 웹마이닝이 기존의 데이터마이닝과는 어떻게 다른지 설명하라.
- 사용자가 웹을 통해 기업의 내부 데이터베이스 정보에 어떻게 접근할 수 있는지 설명하라.

6.6 데이터 거버넌스, 데이터 품질 보증, 데이터 관리

- 데이터 거버넌스를 정의하고, 조직의 데이터 관리에 데이터 거버넌스가 어떻게 도움이 되는지 설명하라.
- 가장 중요한 데이터 품질 문제를 열거하고 설명하라.
- 데이터 품질을 보장하는 데 가장 중요한 도구와 기술을 열거하고 설명하라.
- AI가 데이터 관리를 어떻게 개선할 수 있는지 설명하라.

토의문제

6.7 '나쁜 데이터는 없고 나쁜 관리만 있다'는 말이 있다. 이 말의 의미에 대해 토의하라.

6.8 최종사용자는 DBMS의 선정과 데이터베이스 설계에 어느 정도 깊이 참여해야 하는가?

6.9 조직에 정보정책이 없으면 어떠한 결과가 초래될 수 있는가?

AI 활용 프로젝트

6.10 감정 분석 수행

근처 이탈리안 레스토랑에 대한 온라인 리뷰를 분석하여 고객 경험을 개선하고 더 많은 고객을 유치할 수 있는 방법이 있는지 확인해달라는 요청을 받았다. 마이크로소프트의 Copilot, 구글의 Gemini 또는 ChatGPT를 이용하여 다음 레스토랑 리뷰에 대한 감정 분석을 수행하라.

"우리가 주문한 음식은 한 번에 나왔고, 모든 사람이 주문한 음식을 모두 맛볼 수 있도록 테이블 끝으로 음식을 돌렸습니다. 가장 기억에 남는 요리는 시금치와 치즈가 들어간 라비올리, 해산물이 들어간 링귀니, 송아지 고기 마르살라였습니다. 레스토랑은 주말에 매우 붐비기 때문에 그 시간대에는 서비스가 느릴 수 있습니다. 레스토랑이 만석일 경우 소음이 클 수 있습니다. 따뜻한 계절에는 야외 식사가 가능하지만 겨울에는 너무 추워서 즐기기 어렵습니다. 개인적으로는 특별한 날이나 휴일에만 이곳을 찾는데, 가격이 꽤 비싸기 때문입니다. 일요일과 공휴일에는 무료 주차가 가능합니다. 기다리지 않으려면 예약을 하거나 식당 문을 열기 전에 도착할 것을 추천합니다."

다음 질문에 답하라.

- 감성 분석 결과에 따르면 이 리뷰는 어떻게 평가되었는가? 전반적인 인상이 긍정적인가, 부정적인가, 아니면 중간 정도인가?
- 고객 경험을 개선하기 위해 레스토랑이 할 수 있는 일이 있는가?
- 레스토랑에 고객의 부정적인 감정을 유발하는 요소가 있는가?
- 레스토랑을 위해 어떤 변화를 추천하겠는가?

프롬프트와 채팅 세션 결과를 저장하여 강사의 요청에 따라 제출하라.

MIS 실습 과제

이 프로젝트는 전사적 데이터 표준 수립, 재고관리 데이터베이스 구축, 웹을 활용한 온라인 데이터베이스 검색, 협업 및 팀워크에 대한 실무 경험을 제공한다.

학생은 www.pearsonhighered.com/laudon에서 Hands-On MIS Application data file을 내려받아 사용하면 된다. 추가로 교재 관련 연습 문제 풀이, 주요 콘셉트 비디오 자료 등이 필요하다면 https://t2-apac.pearson.com에서 MyLab MIS를 구매할 수 있다.

6.11 경영 의사결정 문제

당신의 회사는 지역별로 가장 잘 팔리는 제품과 주요 고객, 매출 동향을 파악하기 위해 중요한 판매 정보를 하나의 전사적 관점에서 볼 수 있는 데이터웨어하우스를 구축하고 싶어 한다. 판매 및 제품 정보는 유닉스 서버에서 돌아가는 부문 차원의 판매시스템과 IBM 메인프레임에서 돌아가는 회사 차원의 판매시스템에 저장되어 있다. 당신은 이 두 시스템에서 나오는 데이터를 통합하는 단일 표준의 포맷을 만들고 싶다. MIS18_Project 6.11_Student File에서 데이터웨어하우스에 데이터를 제공하는 두 시스템의 샘플 파일과 함께 제안된 형식을 검토하라. 그리고 다음 질문에 답하라.

- 이러한 데이터가 하나의 표준 포맷을 가지고 있지 않음으로써 발생할 수 있는 비즈니스 문제는 무엇인가?
- 이 두 가지 시스템의 데이터를 저장할 수 있는 단일 표준 포맷의 데이터베이스를 생성하는 것은 얼마나 용이한 일인가? 이 생성 과정에서 해결해야 할 문제를 파악하라.
- 이러한 문제를 데이터베이스 전문가나 일반 비즈니스 관리자가 해결하는 것이 바람직한가?
- 이 데이터웨어하우스의 정보에 대한 단일의 전사적 포맷을 최종 결정하는 권한은 누구에게 있는 것이 바람직한가?

6.12 재고관리를 위한 관계형 데이터베이스 구축

소프트웨어 기술: 데이터베이스 설계, 쿼리, 리포팅
비즈니스 기술: 재고관리

이 프로젝트에서는 데이터베이스 소프트웨어를 사용하여 소규모 기업의 재고 관리를 위한 데이터베이스를 설계한다. 캘리포니아주 산타크루즈에 위치한 모건스스케이트보드숍(Morgan's Skateboard Shop)은 프리스타일 스케이트보딩, 스트리트 스케이트보딩, 파크 스케이트보딩, 다운힐 스케이트보딩, 크루징 등 다양한 스케이트보딩 스타일을 위한 스케이트보드를 판매한다. 현재 모건스는 세 공급업체로부터 스케이트보드를 구매하고 있지만 가까운 시일 내에 새로운 공급업체를 추가할 계획이다. MIS18_Project 6.12_Student Fiel에 있는 정보를 사용하여 이 회사의 공급업체 및 제품 정보를 관리하는 간단한 관계형 데이터베이스를 구축하라. 데이터베이스를 구축한 후 다음 활동을 수행하라.

- 가장 비싼 스케이트보드 5개를 식별하는 보고서를 작성하라. 보고서에는 스케이트보드를 가장 비싼 것부터 가장 싼 것 순으로 내림차순으로 나열하고, 각 스케이트보드의 재고 수량과 마진율을 기재하라.
- 각 공급업체, 공급업체의 제품, 재고 수량, 관련 재주문 수준을 나열하는 보고서를 작성하라. 보고서는 공급업체별로 알파벳순으로 정렬해야 한다. 각 공급업체 내에서 제품은 알파벳순으로 정렬해야 한다.
- 재고가 부족하여 재주문이 필요한 스케이트보드만 나열하는 보고서를 작성하라. 보고서는 확인된 품목에 대한 공급업체 정보를 제공해야 한다.
- 비즈니스 관리를 더욱 개선하기 위해서는 데이터베이스를 어떻게 개선할 수 있는지 간단히 설명하라. 어떤 테이블이나 필드를 추가해야 하는가? 어떤 추가 보고서가 유용한가?

6.13 온라인 데이터베이스에서의 비즈니스 정보 검색

소프트웨어 기술: 온라인 데이터베이스
비즈니스 기술: 해외 사업 운영을 위한 서비스 조사

이 프로젝트는 멀리 떨어진 지역에 있는 제품 및 서비스에 대한 정보를 온라인 및 웹 기반 데이터베이스에서 검색하는 능력을 개발하는 데 목적이 있다.

당신의 회사는 노스캐롤라이나주 그린즈버러에 위치해 있으며, 다양한 종류의 사무용 가구를 제조하고 있다. 현재 호주에서 제품을 제조하고 판매할 시설을 개설하는 것을 고려 중이다. 당신의 회사는 호주 사무소 및 제조 시설 설립에 필요한 다양한 서비스를 제공하는 조직과 연락을 취하고자 한다. 이러한 조직에는 변호사, 회계사, 수출입 전문가, 통신 장비 및 지원 업체 등이 포함된다. 다음의 온라인 데이터베이스에 접속하여, 곧 있을 출장 중에 만나고 싶은 업체를 찾아보라. ShowMeLocal Australia, Austrade.gov.au, Nationwide Business Directory of Australia. 필요하다면 빙, 구글과 같은 검색엔진을 사용해도 좋다.

- 출장 중 연락할 업체를 나열하고, 이들이 사무소 설립과 관련된 위와 같은 기능 또는 당신이 중요하다고 생각하는 다른 기능에 도움을 줄 수 있는지 여부를 파악하라.
- 사용한 데이터베이스를 이름의 정확도, 정보의 완전성, 사용 용이성, 전반적인 유용성을 기준으로 평가하라.

6.14 태블로 익히기

이 프로젝트에서는 태블로를 사용할 때 활용할 수 있는 다양한 유형의 데이터 원천(구조적, 준구조적, 비구조적)에 대한 보고서 또는 발표 자료를 작성한다. 우선 각 데이터 원천 범주에 속하는 다양한 유형의 데이터를 식별하라(예: 엑셀 스프레드시트에 들어 있는 데이터는 구조적 데이터의 예이다). 그리고 온라인에서 이용 가능한 각 유형의 데이터 원천에 대한 공공 데이터세트 예시를 하나씩 찾아보라. 어떤 데이터 원천을 어떤 버전의 태블로에서 사용할 수 있는지, 각 유형의 데이터를 다룰 때 어떤 어려움이 있는지를 설명하라. 태블로를 사용하여 최소 2개의 시각화 자료를 만들어 자신의 결과를 보여주고, 이를 보고서 또는 발표 자료에 포함하라. (태블로 Desktop을 사용할 수 없다면 강사에게 문의하거나, 대안으로 무료 태블로 Public 계정을 생성할 수 있다.)

6.15 협업 및 팀워크 프로젝트: 온라인 데이터베이스의 개체와 속성 식별

2명 이상의 학생과 팀을 구성하고, Planespotters.net, Thomasnet 또는 Internet Movie Database와 같은 온라인 데이터베이스를 하나 선택하여 탐색하라. 이러한 웹사이트가 제공하는 정보를 살펴보라. 그런 다음 해당 웹사이트를 운영하는 회사가 데이터베이스에서 관리해야 할 개체와 속성을 목록으로 정리하라. 식별한 개체 간의 관계를 도식화하라. 구글 문서, 구글 드라이브, 구글 사이트 기능을 이용하여 브레인스토밍하고 내용을 정리한 후 발표 자료를 만들라.

참고문헌

Amazon Web Services. "What Is a Data Lake?" Aws.amazon. com (accessed August 26, 2024).

Buff, Anne. "The Conundrum of Data Governance." *Big Data Quarterly* Dbta.com (September 26, 2019).

Davenport, Thomas H., and Thomas C. Redman. "How AI Is Improving Data Management." *MIT Sloan Management Review* (December 20, 2022).

Felin, Teppo, and Karim Lakhani. "What Problems Will You Solve with Blockchain?" *MIT Sloan Management Review* 60, No. 1 (Fall 2018).

HotJar. "How TechSmith Used HotJar to Build Better Prod ucts." Hotjar.com (March 24, 2023).

Hoffer, Jeffrey A., Ramesh Venkataraman, and Heikki Toppi. *Modern Database Management.* 13th ed. Hoboken, NJ: Pear son (2019).

IBM. "Explainers/Featured Topics: What Are NoSQL Data bases?" Ibm.com (accessed August 26, 2024).

Kroenke, David M., David J. Auer, Scott L. Vandenberg, and Robert C. Yoder. *Database Processing: Fundamentals, Design, and Implementation.* 16th ed. Hoboken, NJ: Pearson (2022).

Lacity, Mary, and Remko Van Hoek. "What We've Learned So Far About Blockchain for Business." *MIT Sloan Management Review* 62, No. 3 (Spring 2021). Lawton, George. "Data Quality for Big Data: Why It's a Must and How to Improve It." Techtarget.com (April 27, 2021).

Linthicum, David. "On-premises Data Warehouses Are Dead." Infoworld.com (November 24, 2020).

Madnick, Stuart. "Blockchain Isn't as Unbreakable as You Think." *MIT Sloan Management Review* (Winter 2020).

McKendrick, Joe. "Data Governance in the Era of Heightened Regulation." *Big Data Quarterly* Dbta.com (July 17, 2019).

McKendrick, Joe. "Seven Trends Shaping Big Data Into 'All Data'." *Big Data Quarterly* Dbta.com (September 26, 2019).

MongoDB. "Yile Technology Relies on MongoDB Atlas to Win Mobile Online Gaming Market Share." Mongodb.com (accessed August 26, 2024).

Monte Carlo. "Annual State of Data Quality Survey 2023." Montecarlo.com (May 2, 2023).

Qu, Xinxue (Shawn), and Zhengrui Jiang. "A Time-Based Dynamic Synchronization Policy for Consolidated Database Systems." *MIS Quarterly* 43, No. 4 (December 2019).

Richardson, John. "This Is the Decade of Clean Data Manage ment." Supplychainbrain.com (February 7, 2020).

Robinson, Scott, and Alexander S. Gillis. "5V's of Big Data." Techtarget.com (November 2023).

TripAdvisor. "TripAdvisor Launches AI Powered Travel Plan ning Product." TripAdvisor.com (July 19, 2023).

Violino, Bob. "Breaking Down Data Silos for Digital Success." CIO. com (November 7, 2023).

Weyner, Peter. "9 Reasons Why SQL Has Got to Go." Info world. com (December 11, 2023).

CHAPTER 7

통신, 인터넷, 무선 기술

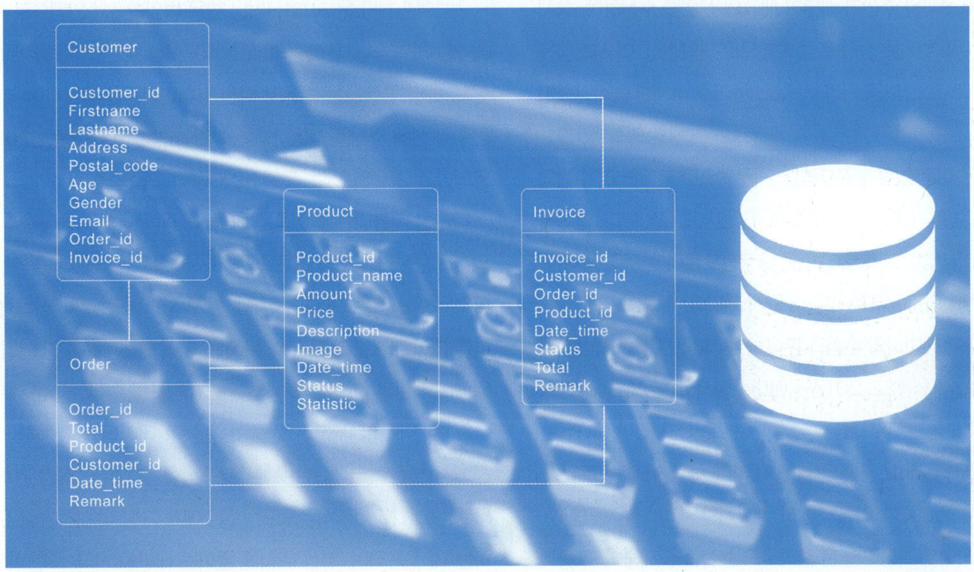

© Metamorworks/Shutterstock

학습목표

7.1 통신 네트워크의 주요 구성요소를 설명할 수 있다.

7.2 핵심 디지털 네트워킹 기술을 설명할 수 있다.

7.3 네트워크의 다양한 유형을 설명할 수 있다.

7.4 인터넷이 무엇이며 어떻게 작동하는지 이해할 수 있다.

7.5 인터넷 서비스가 비즈니스를 어떻게 지원하는지 설명할 수 있다.

7.6 웹이 어떻게 작동하며 비즈니스에 어떻게 활용될 수 있는지 논의할 수 있다.

7.7 주요 무선 기술과 표준을 설명할 수 있다.

7.8 이 장의 내용이 경력에 어떻게 도움이 되는지 이해할 수 있다.

이 장의 사례

- **도입 사례:** NFL과 AWS의 협업: 미식축구 경기장에서 클라우드로 그리고 다시 미식축구 경기장으로
- **기술 사례:** 최신 병원에 사설 5G 네트워크를 도입한 클리블랜드클리닉
- **사례 연구:** AI와 검색의 미래

도입 사례 NFL과 AWS의 협업: 미식축구 경기장에서 클라우드로 그리고 다시 미식축구 경기장으로

내셔널 풋볼 리그(NFL, 미국 프로 미식축구 리그)는 세계에서 가장 잘 알려진 프로 스포츠 리그 중 하나이다. NFL에는 총 32개 팀이 있으며, 18주간의 정규 시즌과 그에 이은 플레이오프, 슈퍼볼로 이어지는 일정으로 운영된다.

과거에 NFL은 선수 통계를 수작업으로 추적했지만, 약 10년 전부터 디지털 기술을 활용한 보다 포괄적인 접근을 시작했다. 바로 '차세대 통계(Next Gen Stats)' 프로그램이다. 이 프로그램은 선수 유니폼의 어깨 패드에 삽입된 RFID 태그를 통해 정밀한 실시간 위치 데이터를 추적하는 파일럿 프로젝트로 출발했다. RFID 태그는 무선기술을 활용하여 데이터를 송신하는 센서이며, 경기장 곳곳에 설치된 수신기 배열이 태그의 신호를 수신하여, 실시간으로 필드 위 각 선수의 위치를 삼각 측정 방식으로 파악한다. 이 시스템은 선수의 위치뿐만 아니라 속도, 이동 거리, 가속도 등 아주 미세한 움직임까지 포착할 수 있다.

2017년까지 NFL은 이 파일럿 프로그램을 모든 팀으로 확대했고, 수집되는 데이터의 세밀도를 높이기 위해 추가적인 RFID 센서도 도입했다. 업그레이드된 시스템은 선수의 방향, 가속 및 감속을 측정함으로써 선수의 생체 역학과 경기 퍼포먼스를 더 정밀하게 분석할 수 있게 되었다.

NFL은 이러한 방대한 데이터의 수집과 분석을 처리하기 위해 고성능 컴퓨팅 인프라의 필요성을 인식했고, 2017년 아마존웹서비스(AWS)와 파트너십을 체결하여 차세대 통계 프로그램을 다음 단계로 발전시켰다. AWS는 세계적인 클라우드 컴퓨팅 서비스 제공업체로, 데이터 처리, 저장, 네트워킹, 데이터베이스, 분석, AI 등 200개 이상의 클라우드 기반 서비스를 제공한다. AWS는 NFL에 안정적이고 확장 가능한 클라우드 플랫폼을 제공하여, 차세대 통계 프로그램에서 발생하는 데이터를 실시간으로 처리 및 저장할 수 있도록 지원한다. 선수들이 필드에서 움직이는 동안 그 움직임이 반영된 데이터는 AWS 서버로 전송되며, 서버에서 신속하게 수집·처리되어 분석이 가능해진다. 이로 인해 각 팀은 거의 즉각적으로 다양한 메트릭에 접근할 수 있게 되었고, 과거에는 몇 시간이 걸리던 팀 대시보드 생성도 이제는 몇 분 만에 완료된다.

© Ringo Chiu/Shutterstock

NFL과 아마존은 차세대 통계를 목요일 밤 미식축구 스트리밍 방송에서 사용하여 시청자에게 실시간으로 심층적인 분석을 제공하는 프라임 비전(Prime Vision)이라는 대체 방송을 선택할 수 있는 옵션을 제공하고 있다.

다음 단계는 AI와 머신러닝의 활용이다. AWS는 클라우드 컴퓨팅뿐 아니라 NFL의 공식 AI/머신러닝 제공업체이기도 하다. NFL은 차세대 통계 시스템에서 생성된 방대한 데이터를 AI/머신러닝 알고리즘을 활용하여 분석하고 있다. 이 알고리즘은 사람이 놓칠 수 있는 패턴을 식별하여 선수 성과와 경기 흐름에 대해 보다 정교하게 이해할 수 있다.

2019년, NFL은 AI/머신러닝 활용 범위를 선수안전으로 확장했다. AWS와 협력하여 '디지털 애슬리트(Digital Athlete)' 플랫폼을 개발하겠다고 발표했고, 해당 플랫폼은 컴퓨터 비전과 머신러닝을 활용하여 부상 위험이 높은 선수와 신체 자세를 식별하도록 설계되었다. 이 플랫폼은 2022년에 시범 운영되었고, 2023년에는 모든 32개 팀에 도입되었다.

디지털 애슬리트 플랫폼은 38대의 광학 추적 카메라를 동기화하여 선수의 3D 움직임을 초당 60프레임, 5K 화질로 포착한다. 촬영된 영상은 AWS 클라우드에 업로드되고, 차세대 통계 시스템과 날씨, 장비, 플레이 유형 등 다른 데이터와 함께 저장 및 분석된다. 이 플랫폼은 주간 단위로 680만 개의 영상 프레임과 약 1억 개의 선수 위치 정보를 수집하고 문서화한다.

그 후 디지털 애슬리트 플랫폼은 이 데이터를 사용하여 언제 어떤 조건에서 부상이 발생했는지를 재구성할 수 있다. 위험 완화 모델링(Risk Mitigation Modeling) 도구는 선수에게 가장 적합한 훈련 프로그램을 설계하는 데 활용되며, 부상 위험을 줄이는 데 기여한다. 또한 개발 중인 '3D 자세 추정(3D Pose Estimation)'은 선수의 시공간 움직임이 특정 부상으로 이어질 가능성을 평가하고, 선수 안전에 대한 이해를 높이는 데 도움이 될 것이다.

디지털 애슬리트 데이터는 선수별 맞춤형 훈련 프로그램 설계에 도움을 줄 뿐 아니라 NFL 차원에서의 의사결정에도 활용되고 있다. 예를 들어 킥오프 리턴 수를 줄이면 뇌진탕이 감소한다는 디지털 애슬리트의 데이터 분석 결과는 NFL이 2023년에 킥오프 페어캐치(fair catch) 룰을 도입하게 된 핵심 요인이었다.

출처: Scott Thompson, "How Amazon Web Services' AI, Machine Learning Technology Is Shaping NFL's Future," Foxbusiness.com, February 17, 2024; Thor Olavsrud, "How AI Is Helping the NFL Improve Player Safety," Cio.com, February 9, 2024; Jennifer Langton, "Building a Digital Athlete: Using AI to Rewrite the Playbook on NFL Player Safety, Nfl.com, February 1, 2024; Bon Adamson, "Here's How the NFL's Next Gen Stats Technology Actually Works (And How It's Changed the Game," Slashgear. com, January 3, 2024.

이 사례는 RFID 태그와 클라우드 컴퓨팅, AI/머신러닝 같은 현대 네트워킹 기술이 어떤 역량과 기회를 제공하는지를 잘 보여준다. NFL은 이러한 기술을 통해 선수 데이터를 실시간으로 추적하고, 이를 바탕으로 선수의 성과와 경기 역학에 대한 정교한 분석은 물론, 선수의 안전성 향상에도 기여하고 있다.

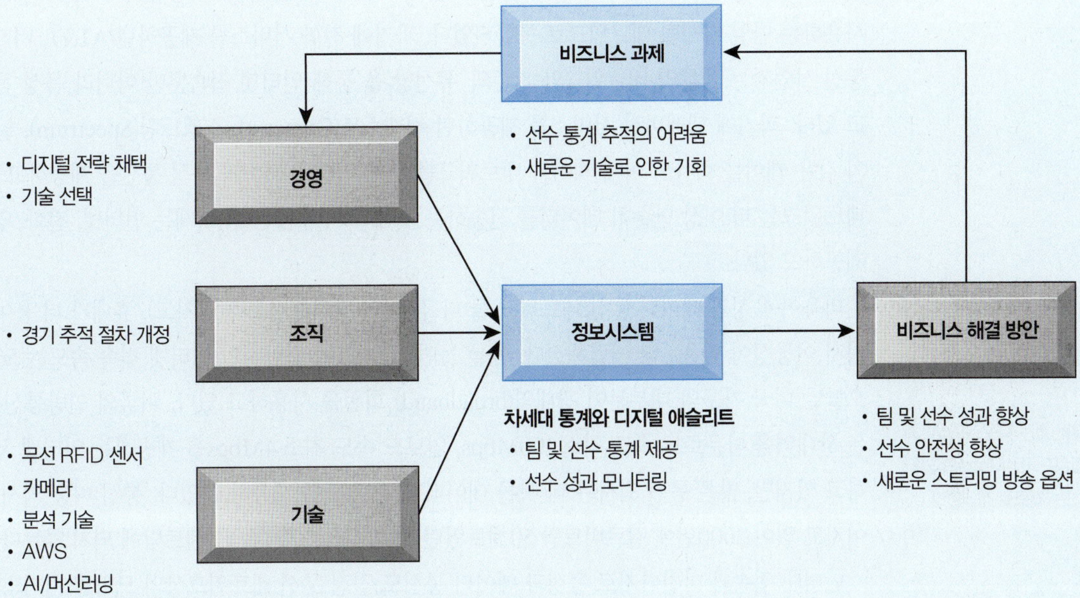

이 사례와 이 장의 핵심 개념을 연결지어 보여주는 도표는 NFL이 어떻게 RFID, 클라우드 컴퓨팅, AI/머신러닝이라는 기회를 활용하여 데이터 수집과 분석을 강화했는지를 강조한다. NFL은 선수 안전이 점점 더 중요한 이슈로 부상하고 있으며, 이러한 기술이 새로운 AI/머신러닝 도구와 결합되었을 때 그 문제를 해결할 수 있는 실질적 수단이 될 수 있음을 인식했다.

문제

1. 이 사례에 설명된 기술이 NFL이 경기에서 데이터를 수집하고 활용하는 방식에 어떤 변화를 가져왔는지 설명하라.
2. NFL은 선수의 안전을 강화하기 위해 AI와 머신러닝을 어떻게 활용하고 있는가?

경력 개발 효과

NFL의 차세대 통계와 AI/머신러닝은 비즈니스 운영을 이끄는 핵심 IT 응용 시스템으로서 의사결정, 선수 및 팀 성과, 선수 안전을 향상하는 데 필요한 지표와 시각적 자료를 제공한다. 이러한 시스템을 개발한 IT 및 기타 인력은 NFL 전반에 걸쳐 주목을 받으며, 이들의 전문성은 매우 높은 수요로 이어질 것이다. 또한 이 시스템을 활용하는 NFL 소속 선수들은 경기력이 향상되어 순위와 인기도가 상승하는 보상을 얻게 된다.

7.1 통신 네트워크의 주요 구성요소

만약 기업을 경영한다면 네트워크 없이는 아무것도 할 수 없다. 네트워크는 고객, 공급업체, 직원과의 의사소통을 가능하게 해준다. 오늘날 네트워크는 기업 업무의 필수적인 부분이 되었다.

과거에 기업은 근본적으로 다른 두 가지 형식의 네트워크인 전화망과 컴퓨터 네트워크를 사용했다. 전화망은 전통적으로 음성 통신을, 컴퓨터 네트워크는 데이터 통신을 다루었다. 전화망은 1900년대에 전화회사가 음성전송기술(하드웨어와 소프트웨어)을 사용하여 구축했으며, 전 세계적으로 이러한 기업은 거의 대부분 정부 규제하에 독점적으로 운영되었다. 컴퓨터 회사는 원래 여기저기에 있는 컴퓨터 간 데이터를 전송하기 위해 컴퓨터 네트워크를 구축했다. 1장에서 언급했듯이 인터넷은 세계에서 가장 크고 널리 사용되는 컴퓨터 네트워크이다.

지속적인 통신 규제 완화와 IT의 발달로 전화와 컴퓨터 네트워크는 공유 인터넷 기반 표준과 기술을 사용하는 단일 디지털 네트워크로 통합되었다. 과거에 전화 서비스를 제공하던 AT&T, 버라이즌과 같은 통신 사업자는 셀룰러 네트워크와 기존의 '유선망'을 통해 인터넷 접속뿐만 아니라 음성 통신도 제공하고 있다. 과거에 텔레비전 서비스를 제공하던 컴캐스트(Comcast), 스펙트럼(Spectrum), 알티스(Altice)와 같은 케이블 회사도 이제 케이블 네트워크를 통해 인터넷 접속과 음성 통신을 제공하고 있다. 컴퓨터 네트워크는 더 이상 단순히 데이터를 전송하는 것에 그치지 않는다. 이제는 인터넷, 전화, 영상 서비스도 제공하고 있다.

더욱이 음성과 데이터 통신 네트워크 둘 다 점점 더 강력해지고(빨라지고), 휴대가 더 용이해지고(작아져서 이동성이 있음), 더 저렴해졌다. 예를 들면 2000년에 일반적인 인터넷 접속 속도는 56Kbps였지만 오늘날 미국 가구의 대부분이 **광대역**(broadband) 회선을 사용하고 있다. 미국의 연방통신위원회(FCC)는 광대역을 다운로드 속도 최소 100Mbps, 업로드 속도 최소 4Mbps를 제공하는 인터넷 서비스로 정의하고 있지만, 많은 통신 회사는 더 빠른 데이터 전송 속도를 제공하고 있다. 통신 비용 역시 급격하게 떨어지고 있어 2000년에 킬로비트당 50센트였던 것이 지금은 몇 분의 1센트밖에 되지 않는다.

광대역
미국의 연방통신위원회는 다운로드 시 최소 100Mbps, 업로드 시 4Mbps의 인터넷 서비스를 제공하는 것으로 정의한다.

인터넷 접속과 마찬가지로 음성과 데이터 통신도 점점 무선 네트워크상의 모바일 기기와 데스크톱 컴퓨터 같은 광대역 무선 플랫폼을 통해 이루어지고 있다. 미국의 인터넷 사용자 중 93% 이상이 스마트폰과 태블릿을 사용하여 적어도 일정 시간 동안 인터넷에 접속한다(Emarketer, 2024a).

컴퓨터 네트워크

만약 같은 사무실에 근무하는 2명 이상의 직원을 위해 컴퓨터를 연결하려면 컴퓨터 네트워크가 필요하다. 가장 단순한 형태의 네트워크는 2대 이상이 연결된 컴퓨터로 구성할 수 있다. 그림 7.1은 인터넷이나 다른 네트워크에 연결된 단순한 네트워크에서 사용하는 주요 하드웨어, 소프트웨어 및 전송장치[클라이언트 컴퓨터와 서버 전용 컴퓨터, 네트워크 인터페이스 컨트롤러(NIC, 네트워크 인터페이스 카드라고도 함), 전송매체, 네트워크 운영 시스템 소프트웨어, 스위치, 라우터]를 보여준다.

네트워크상의 각 컴퓨터는 네트워크 인터페이스 컨트롤러로 컴퓨터를 네트워크에 연결한다. 네트워크 구성요소 간의 연결을 위한 매체로 전화선과 동축 케이블(coaxial cable) 등을 사용하며, 휴대전화와 무선 근거리 통신망(와이파이 네트워크)의 경우 무선 신호를 사용한다.

네트워크 운영 시스템(NOS)
네트워크에서 통신을 라우팅 및 관리하고 네트워크 리소스를 조정하는 소프트웨어

네트워크 운영 시스템(network operating system, NOS)은 네트워크상의 통신에 대한 경로를 설정하고 관리하며 네트워크 자원을 조정하는 역할을 수행한다. NOS를 네트워크 안의 모든 컴퓨터에 설치할 수도 있고, 네트워크상의 모든 애플리케이션을 위해 전용 서버 컴퓨터에만 우선적으로 설치할 수도 있다. 서버 컴퓨터는 웹페이지 제공, 데이터 저장, 네트워크를 제어하는 네트워크 운영 시스템의 저장 등과 같이 클라이언트 컴퓨터 지원을 위해 네트워크 기능을 수행하는 네트워크상의 컴퓨터를 말한다. 마이크로소프트 윈도우 서버, 리눅스는 가장 널리 보급된 네트워크 운영 시스템이다.

허브
네트워크 구성요소를 연결하고 연결된 다른 모든 장치에 데이터 패킷을 보내는 간단한 장치

스위치
허브보다 지능이 높고 데이터를 필터링하여 지정된 대상으로 전달할 수 있는 네트워크 구성요소를 연결하는 데 사용되는 장치

또한 대부분의 네트워크는 컴퓨터 간의 접속점(connection point)으로 스위치나 허브를 포함하고 있다. **허브**(hub)는 네트워크 구성요소를 연결하는 가장 단순한 장치로, 네트워크에 연결된 다른 장치로 데이터 패킷을 보낼 수 있다. 한편 **스위치**(switch)는 허브보다 조금 더 지능화된 장치로, 네트워크상의 특정 목적지로 데이터를 재전송하거나 필터링 기능을 수행할 수 있다.

라우터
한 네트워크에서 다른 네트워크로 데이터 패킷을 보내는 통신장비

만약 인터넷과 같은 외부 네트워크에 접근하고자 한다면 무엇이 더 필요할까? 바로 **라우터**(router)이다. 라우터는 패킷 데이터를 다른 네트워크를 통해 정확한 주소로 전달하기 위해 사용하는 통신 프로세서이다.

네트워크 스위치와 라우터는 네트워크에서 데이터의 이동을 관제할 목적으로 각 장치에 고유한 소프

그림 7.1 단순한 컴퓨터 네트워크의 구성요소

이는 매우 단순한 네트워크이며 컴퓨터, 전용 서버에 설치된 네트워크 운영 시스템(NOS), 장치 간을 연결하는 케이블, 스위치, 라우터 등을 포함하고 있다.

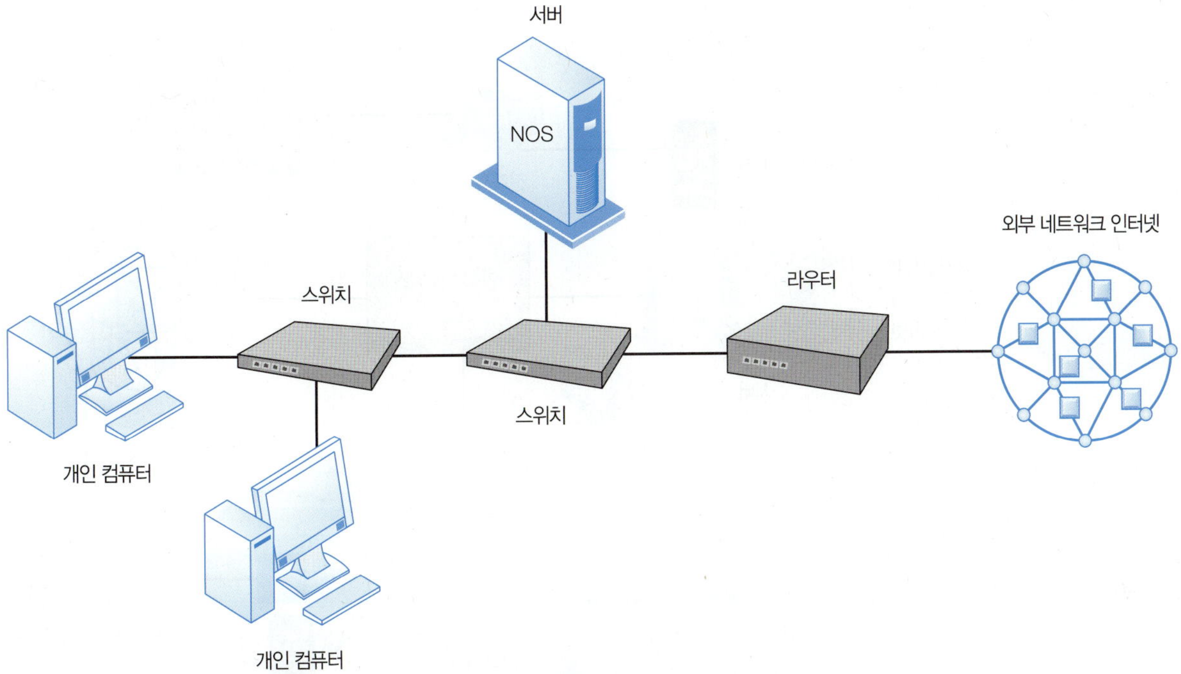

트웨어를 내장하고 있다. 이러한 상황은 네트워크에 병목 현상을 초래하며, 네트워크 설정 과정을 더 복잡하게 만들고, 더 많은 시간을 소모시킨다. **소프트웨어 정의 네트워킹**(software-defined networking, SDN)은 이와 같은 네트워크 장비와는 독립적이고 저렴한 일반 서버에서 운영할 수 있는 하나의 중앙 프로그램을 통해 네트워크 제어 기능의 대부분을 관리하고자 하는 최신 네트워킹 방법이다. 이러한 소프트웨어 정의 네트워킹은 다양한 하드웨어 장비로 구성된 클라우드 컴퓨팅 환경에서 더욱 유용한데, 이는 네트워크 관리자가 통신 부하를 더 유연하고 효율적으로 관리할 수 있기 때문이다.

소프트웨어 정의 네트워킹(SDN) 네트워크 장치와 별도의 중앙 제어 프로그램을 사용하여 네트워크의 데이터 흐름을 관리하는 네트워킹 접근 방식

대기업의 네트워크

지금까지 설명한 네트워크는 소규모 기업에는 적합할지도 모른다. 그러나 수천 명의 직원과 많은 지역 거점을 두고 있는 대기업에도 적합할까? 기업이 성장하면서 수백 개의 소규모 근거리 통신망(LAN)을 갖게 되고, 이 네트워크를 함께 묶어서 기업 네트워킹 인프라(corporate-wide networking infrastructure)를 구축할 수 있다. 기업 네트워크 및 다른 근거리 통신망과 연결된 수많은 작은 규모의 근거리 통신망은 대기업을 위한 네트워크 인프라를 구성하게 된다. 고성능 서버는 기업 웹사이트, 기업 인트라넷, 나아가 엑스트라넷을 지원하며, 네트워크상의 서버는 백엔드 시스템을 지원하는 다른 대형 컴퓨터와도 연결할 수 있다.

그림 7.2는 이와 같은 대규모의 복잡한 기업 네트워크를 보여준다. 이 기업 네트워크 인프라는 모바일 기기를 사용하는 외부 판매직, 이동 중에 기업 웹사이트에 접속하는 직원, 내부 기업 와이파이 네트워크를 지원한다. 이러한 컴퓨터 네트워크 외에도 기업 인프라는 보통 대부분의 음성 데이터를 취급하는 별개의 전화 네트워크를 포함한다. 하지만 많은 기업은 전통적인 전화 네트워크의 사용을 줄이거나 배제하고 기존의 데이터 네트워크를 통한 인터넷 전화를 사용하고 있다(뒤에서 설명하겠다).

그림 7.2와 같이 대기업 네트워크 인프라는 보통의 전화 서비스와 기업 데이터 네트워크에서부터 인터넷 서비스, 무선 인터넷, 휴대기기까지 다양하고 광범위한 기술을 사용한다. 오늘날 기업이 직면한 한

그림 7.2 기업 네트워크 인프라

오늘날의 기업 네트워크 인프라는 공공 교환 전화망에서 인터넷, 또한 작업 그룹, 부서 및 사무실을 연결하는 기업 근거리 통신망에 이르기까지 수많은 네트워크의 집합이다.

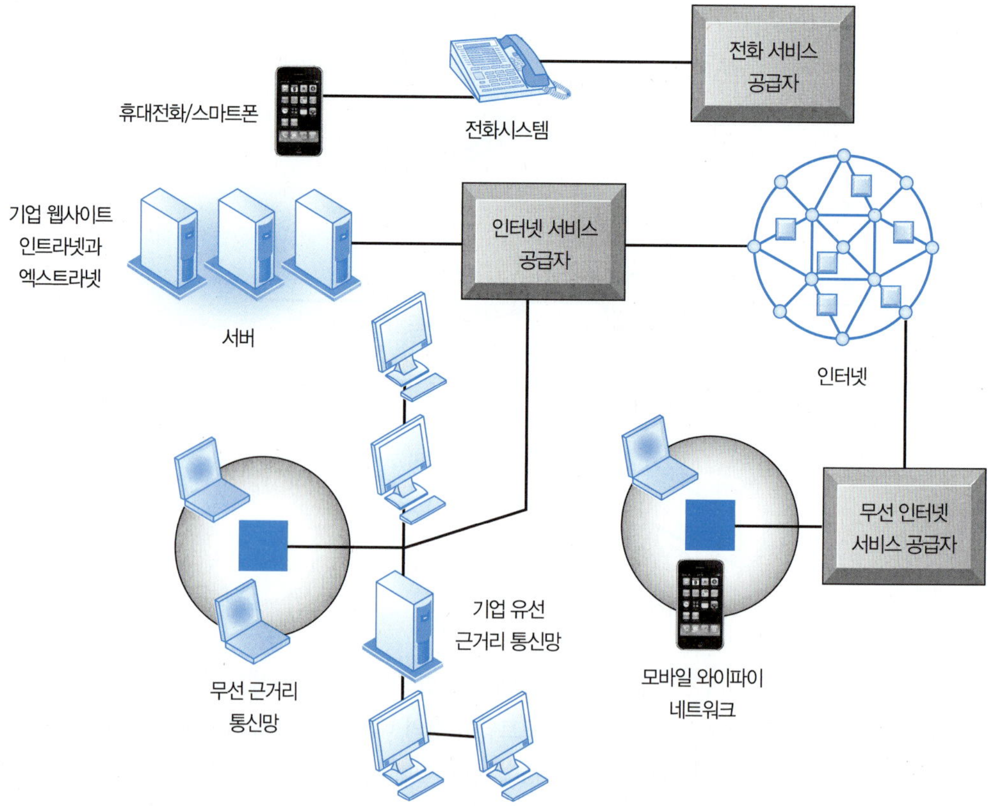

가지 중요한 문제점은, 서로 다른 통신 네트워크와 채널을 정보가 기업의 한 부분에서 다른 부분으로, 한 시스템에서 다른 시스템으로 흐를 수 있는 일관된 시스템으로 어떻게 통합할 수 있는가이다.

7.2 핵심 디지털 네트워킹 기술

현대의 디지털 네트워크와 인터넷은 세 가지 핵심 기술에 기초를 두고 있는데, 클라이언트/서버 컴퓨팅, 패킷 교환, 서로 이질적인 네트워크와 컴퓨터를 연결하기 위한 범용 통신 표준(가장 중요한 표준은 TCP/IP 프로토콜)이 그것이다.

클라이언트/서버 컴퓨팅

5장에서 소개한 클라이언트/서버 컴퓨팅은 분산된 컴퓨팅 모델로서 정보처리 역량의 일부를 데스크톱 컴퓨터, 노트북 컴퓨터 또는 모바일 기기 등과 같은 작고 저렴한 클라이언트 컴퓨터에 부여한다. 이러한 클라이언트는 네트워크 서버 컴퓨터가 통제하는 네트워크를 통해 다른 클라이언트와 연결된다. 서버는 네트워크 통신을 위한 통신 규칙을 설정하고, 네트워크상에서 서로를 인식할 수 있도록 모든 클라이언트에 주소를 할당한다.

클라이언트/서버 컴퓨팅은 대부분의 정보처리 작업을 대형 중앙 메인프레임 컴퓨터가 수행하는 중앙 집중형 메인프레임 컴퓨팅 방식을 많은 곳에서 대체하고 있다. 클라이언트/서버 컴퓨팅은 컴퓨팅을 부서, 작업 그룹, 공장의 작업장 및 중앙 집중형 구조가 적합하지 않은 비즈니스 분야에까지 확산시키고 있

그림 7.3 패킷 교환식 네트워크와 패킷 통신

데이터를 다양한 통신 채널을 통해 독립적으로 전송하고 최종 목적지에서 재조합할 수 있는 작은 패킷 단위로 분리한다.

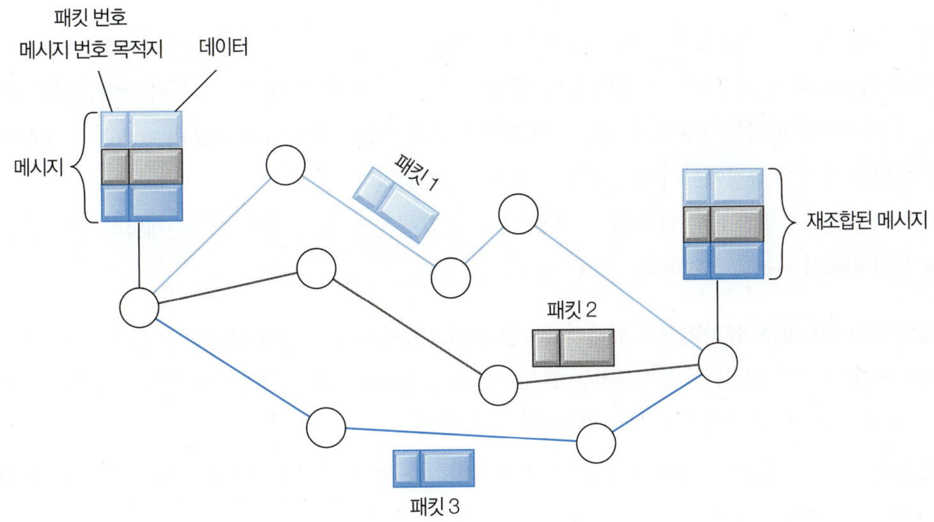

다. 그리고 이는 개인 컴퓨팅 장비인 PC, 노트북, 모바일 기기가 인터넷 같은 네트워크에 접속할 수 있도록 도와준다. 인터넷은 가장 큰 규모의 클라이언트/서버 컴퓨팅이다.

패킷 교환

패킷 교환(packet switching)은 디지털 메시지를 패킷이라는 작은 묶음으로 나누고, 준비된 패킷을 서로 다른 통신 경로를 따라 전송하며, 목적지에 도착한 패킷을 다시 조합하는 방법을 말한다. 패킷 교환이 개발되기 전 컴퓨터 네트워크는 다른 원격의 컴퓨터와 통신하기 위해 전용 임대 전화 회선을 사용했다. 전화시스템과 같은 회선 교환식(circuit-switched) 네트워크는 점대점(point-to-point) 회선을 확보하여 통신을 할 수 있었다. 이러한 전용 회선 교환식 기술은 비싸면서도 통신 용량을 낭비하게 되는데, 데이터가 전송 중인지에 관계없이 특정 시점에 특정 회선을 확보해야 하기 때문이다.

패킷 교환
디지털 메시지를 패킷이라는 작고 고정된 데이터 묶음으로 나누고, 경로가 사용 가능해지면 이를 다른 통신 경로를 따라 전송한 다음, 패킷이 목적지에 도착하면 패킷을 다시 조합하는 방법

패킷 교환은 네트워크 통신 용량의 효율적 사용을 가능하게 한다. 그림 7.3은 패킷 교환 방식이 어떻게 작동하는지를 보여준다. 메시지를 패킷이라는 작은 일정 단위의 데이터 묶음으로 쪼갠다. 이 패킷은 전송할 데이터와 함께 정확한 주소로 패킷을 인도하고 전송 오류를 검사할 수 있는 정보를 담고 있다. 이러한 패킷은 라우터를 통해 다양한 통신 경로를 따라 독립적으로 전송된다. 따라서 하나의 메시지에서 발생한 여러 데이터 패킷은 최종 목적지에 도착하여 원래 메시지로 재조합되기 전까지 서로 다른 경로와 네트워크를 따라 전달되는 것이다.

TCP/IP와 연결성

전형적인 통신 네트워크에서는 다양한 하드웨어와 소프트웨어 구성요소가 정보를 전송하기 위해 함께 협력해야 한다. 네트워크 구성요소는 프로토콜이라고 부르는 공통 통신 규칙 집합에 따라 서로 다른 구성요소와 통신할 수 있다. 이러한 **프로토콜**(protocol)은 네트워크에서 두 지점 간 정보 전송을 관리하는 일단의 절차와 규칙 집합을 말한다.

프로토콜
네트워크 구성요소 간의 전송을 관리하는 규칙 및 절차의 집합

과거에는 서로 배타적이며 호환되지 않는 다양한 프로토콜 때문에 대부분의 기업이 특정 공급자로부터만 컴퓨팅 및 통신장비를 구매할 수밖에 없었다. 그러나 오늘날의 기업 네트워크는 주로 **TCP/IP**(Transmission Control Protocol/Internet Protocol)라는 범세계적 단일 공통 표준을 사용하고 있다.

TCP/IP
서로 다른 네트워크 간 연결을 달성하기 위한 지배적인 모델. 디지털 메시지를 패킷으로 분할하고 적절한 주소로 라우팅한 후 다시 일관된 메시지로 재조립하는, 전 세계적으로 합의된 표준 방식을 제공한다.

TCP/IP는 1970년대 초에 과학자들이 원격으로 서로 다른 유형의 컴퓨터 간에 데이터를 전송할 수 있게 하려는 미국 DARPA(Defense Advanced Research Projects Agency)의 시도를 지원하기 위해 개발되었다.

TCP/IP는 일단의 프로토콜 집합으로, TCP와 IP가 주요한 구성요소이다. TCP는 'Transmission Control Protocol'의 약자이며, 컴퓨터 간의 데이터 이동을 관리한다. TCP는 컴퓨터 간에 접속을 확보하고, 순서에 따라 패킷을 전송하며, 전송된 패킷의 수신을 알린다. IP는 'Internet Protocol'의 약자이며, 패킷의 전송 및 전송 과정에서의 패킷 분해와 재조합을 책임진다.

미국 국방부의 참조 모델은 TCP/IP를 구성하는 프로토콜 집합을 네 가지 층으로 개념화하며, 이를 다음과 같이 위에서 아래로 설명한다.

1. **애플리케이션 계층**: 클라이언트 애플리케이션 프로그램이 다른 계층에 접근할 수 있게 하고, 애플리케이션이 데이터 교환을 위해 사용하는 프로토콜을 정의한다. 애플리케이션 프로토콜 중 하나로 웹페이지 파일을 전송하는 데 사용하는 HTTP를 들 수 있다.
2. **전송 계층**: 애플리케이션 계층에 통신 및 패킷 서비스를 제공하는 역할을 한다. 이 계층은 TCP와 함께 몇몇 프로토콜을 포함하고 있다.
3. **인터넷 계층**: 주소 지정, 경로 지정 및 IP 데이터그램이라는 데이터 패킷의 구성을 담당한다. IP는 이 계층에서 사용하는 프로토콜 중 하나이다.
4. **네트워크 인터페이스 계층**: 참조 모델의 가장 바닥에 위치하며, 특정 네트워킹 기술에 관계없이 네트워크 매체를 통한 패킷의 송신 및 수신을 담당한다.

그림 7.4는 2개의 컴퓨터가 서로 다른 하드웨어와 소프트웨어 플랫폼을 기반으로 하고 있어도 TCP/IP를 사용하여 통신할 수 있는 방법을 보여준다. 하나의 컴퓨터에서 다른 컴퓨터로 전송되는 데이터는 송신 컴퓨터의 애플리케이션 계층에서 시작하여 네트워크 인터페이스 계층을 통과하며 아래쪽으로 4개의 계층 모두를 지나가게 된다. 데이터가 수신 호스트 컴퓨터에 도달한 후에는 이 4개의 계층을 아래에서 위로 통과하고 컴퓨터가 사용할 수 있는 형태로 재조합된다. 수신 컴퓨터가 손상된 패킷을 발견할 경우 송신 컴퓨터에 재전송을 요청한다. 수신 컴퓨터가 응답할 때는 이와 동일한 과정이 반대 방향으로 발생하게 된다.

그림 7.4 TCP/IP 참조 모델

통신을 위한 TCP/IP 참조 모델의 네 가지 층은 다음과 같다.

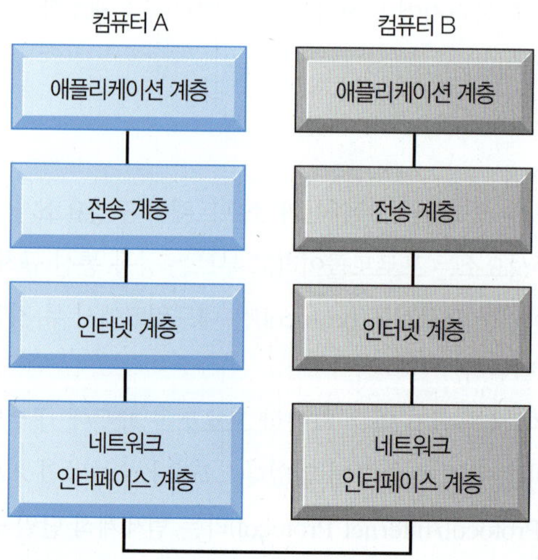

그림 7.5 모뎀의 기능

모뎀은 디지털 신호를 아날로그 형식으로(혹은 반대로) 변환하여 전화나 케이블 네트워크와 같은 아날로그 네트워크에서 데이터를 전송할 수 있게 해주는 장치이다.

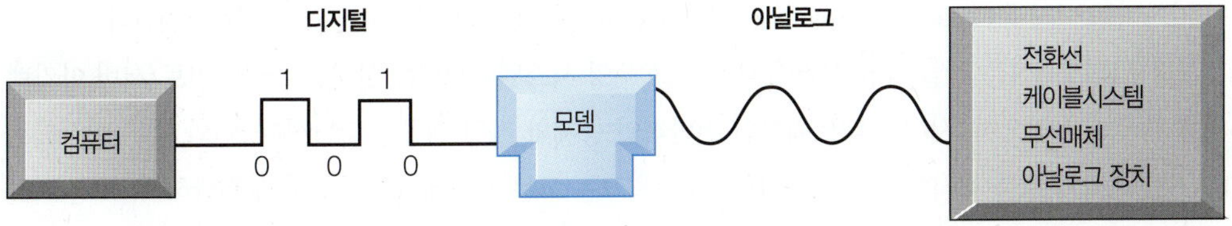

신호: 디지털 대 아날로그

네트워크에서 메시지를 통신하는 두 가지 방법이 있는데, 하나는 아날로그 신호의 사용이고 다른 하나는 디지털 신호의 사용이다. 아날로그 신호는 통신매체를 통과하는 연속적 파장을 이용하여 표현하며, 주로 음성 통신을 위해 사용했다. 가장 일반적인 아날로그 장치로는 전통적인 전화 수화기, 컴퓨터 스피커, 아이폰 이어폰 등을 들 수 있으며, 이는 모두 사람의 귀로 들을 수 있는 아날로그 파장을 발생시킨다.

반면 디지털 신호는 연속적 파장이 아닌 이산적 이진(binary) 파장을 말한다. 디지털 신호는 2개의 불연속적 상태(온·오프의 전기 신호로 표현되는 1비트나 0비트)의 일렬 집합으로 정보를 통신한다. 컴퓨터는 이와 같은 디지털 신호를 사용하며 전화 회선, 케이블 회선, 아날로그 신호를 사용하는 무선매체를 통해 전송하거나 수신할 수 있는 아날로그 신호로 디지털 신호를 변환하기 위해서는 모뎀이 필요하다. **모뎀**(modem)은 'modulation/demodulation'의 합성어이다. 그림 7.5는 모뎀의 기능을 보여준다. 케이블 모뎀은 케이블 네트워크를 이용하여 컴퓨터가 인터넷에 접속할 수 있게 한다. 디지털 가입자 회선 모뎀은 전화 회사의 지상 통신선을 이용하여 컴퓨터를 인터넷에 접속시킨다. 무선 모뎀 역시 전통적인 모뎀과 동일한 기능을 수행하지만, 휴대전화 네트워크나 와이파이 네트워크 등의 무선 네트워크에 컴퓨터를 연결시킨다.

모뎀
컴퓨터의 디지털 신호를 기존의 전화선으로 전송하기 위해 아날로그 형태로 변환하거나 아날로그 신호를 컴퓨터로 받아들이기 위해 디지털 신호로 변환하는 장비

7.3 다양한 유형의 네트워크

많은 종류의 네트워크가 있고, 구분하는 방법도 매우 다양하다. 네트워크를 구별하는 한 방법은 지리적 관점에서 구분하는 것이다.

근거리 통신망

네트워킹을 활용하는 기업에 취업한다면 동료 직원이나 그룹과 근거리 통신망을 통해 통신하게 될 것이다. **근거리 통신망**(local area network, LAN)은 800m 혹은 500m 반경 내에서 개인용 컴퓨터나 기타 디지털 장비를 연결시키도록 고안되었다. LAN은 보통 작은 사무실에 있는 몇 대의 컴퓨터, 한 건물 내의 모든 컴퓨터 혹은 인접한 건물 내의 모든 컴퓨터를 연결하게 된다. LAN은 또한 장거리 광역 통신망(WAN)과 인터넷을 사용하는 세계 곳곳의 다른 네트워크에 연결하는 데에도 사용한다.

근거리 통신망(LAN)
제한된 지역(LAN, 반 마일 또는 500m 반경) 내에서 컴퓨터와 디지털 장치를 연결하고 인터넷과 같은 장거리 광역 네트워크에 연결하도록 설계된다.

사무실에서 사용할 수 있는 소규모 LAN의 모델로 그림 7.1을 살펴보자. 이 모델에서 한 컴퓨터는 네트워크상의 데이터 파일과 소프트웨어 프로그램 등을 포함한 공유된 컴퓨팅 자원에 사용자가 접근할 수 있는 전용 네트워크 서버이다.

서버는 누가 무엇을 어떤 순서로 접근할지를 결정한다. 한편 라우터는 인터넷이나 외부 기업의 네트워크와 같은 외부 네트워크에 LAN을 연결시키며, 이를 통해 LAN은 외부 네트워크와 정보를 교환할 수 있다. 가장 많이 쓰이는 LAN 운영 시스템으로는 윈도우와 리눅스가 있다.

이더넷(Ethernet)은 물리적인 네트워크 수준에서 가장 많이 사용되는 LAN 표준으로, 컴퓨터 간의 신호를 전송하기 위한 물리적 매체, 접근 통제 규칙 및 시스템 간에 데이터를 전송하는 데 사용하는 표준 비트 집합 등을 명시하는 역할을 수행한다. 원래 이더넷은 10Mbp의 데이터 전송 속도를 지원했다. 그러나 기가비트 이더넷(Gigabit Ethernet)과 같은 신규 버전은 1Gbps 이상의 전송 속도를 지원한다.

그림 7.1의 LAN은 단일 파일 서버에 네트워크 운영 시스템(NOS)을 설치한 클라이언트/서버 아키텍처를 사용하고 있으며, 서버는 네트워크의 전반적인 통제와 자원 제공을 담당한다. 이와 다른 방식으로 LAN은 P2P 구조를 채택할 수도 있다. P2P 네트워크는 모든 프로세서를 동등하게 취급하며, 10명 미만의 사용자가 있는 소규모 네트워크에서 주로 사용한다. 네트워크의 다양한 컴퓨터는 별도의 서버를 통하지 않고서도 주변 장치를 공유하거나 직접 엑세스를 통해 데이터를 교환할 수도 있다. 윈도우 서버군의 운영체제를 사용하는 LAN에서는 **P2P**(peer-to-peer) 구조를 작업 그룹 네트워크 모델이라고 부르며, 소규모 그룹의 컴퓨터가 전용 서버 없이 네트워크를 통해 프린터나 폴더, 파일 같은 자원을 공유할 수 있다. 이와 반대로 윈도우 도메인 네트워크 모델은 네트워크의 컴퓨터를 관리하기 위해 전용 서버를 사용한다.

P2P
네트워크의 모든 프로세서를 동일하게 처리하는 네트워크 아키텍처로, 네트워크의 다양한 컴퓨터는 직접 액세스를 통해 데이터를 교환하고 주변 장치를 공유할 수 있으며, 소규모 네트워크에서 주로 사용된다.

규모가 큰 LAN은 많은 클라이언트와 복수의 서버로 연결되며, 데이터베이스와 파일 저장 및 관리(파일 서버 또는 데이터베이스 서버), 프린터 관리(프린트 서버), 이메일 저장 및 관리(메일 서버), 웹페이지 저장 및 관리(웹 서버) 등의 특정 서비스를 위한 별도의 서버도 포함한다.

광역 통신망, 캠퍼스 통신망, 도시권 통신망

광역 통신망(wide area network, WAN)은 지역 전체, 주, 대륙 또는 지구 전체와 같은 광범위한 지역을 연결한다. 가장 보편적이고 강력한 WAN으로 인터넷이다. 컴퓨터는 전화망이나 사설 케이블 시스템과 같은 공중망 또는 임대 회선 또는 인공위성을 통해 WAN에 연결한다. **캠퍼스 통신망**(campus area network, CAN)은 기업 시설이나 대학 캠퍼스와 같은 제한된 지리적 영역(약 1,000m 또는 약 1마일 정도)에 걸쳐 있는 컴퓨터 네트워크를 말한다. **도시권 통신망**(metropolitan area network, MAN)은 도시와 주요 교외지역 정도의 도시권 지역을 연결하는 네트워크이다. 지리적 범위는 WAN과 LAN의 중간쯤에 해당한다. 이러한 다양한 유형의 네트워크를 표 7.1에 요약했다.

광역 통신망(WAN)
지역, 주, 대륙 또는 지구 전체 등 지리적으로 먼 거리에 걸쳐 있는 통신 네트워크로, 인터넷은 가장 보편적이고 강력한 WAN이다.

캠퍼스 통신망(CAN)
회사 시설이나 대학 캠퍼스에서 사용할 수 있는, 최대 약 1,000m의 제한된 지리적 영역에 걸쳐 있는 컴퓨터 네트워크

도시권 통신망(MAN)
대도시 지역, 즉 보통 하나의 도시와 주요 교외지역에 이르는 네트워크로, 지리적 범위는 WAN과 LAN 사이에 해당한다.

전송매체와 대역폭

네트워크를 분류하는 또 다른 방법은 전송매체와 대역폭 측면에서 분류하는 것이다.

전송매체

네트워크에는 꼬임선, 동축 케이블, 광케이블, 무선 전송매체를 포함한 다양한 종류의 물리적 전송매체

표 7.1 네트워크의 유형

네트워크	범위
근거리 통신망(LAN)	최고 500m 반경 이내: 건물의 한 층이나 사무실
캠퍼스 통신망(CAN)	최고 1,000m 반경 이내: 대학 캠퍼스 또는 기업 시설
도시권 통신망(MAN)	도시 또는 복합도시권
광역 통신망(WAN)	대륙 간 또는 세계 전역

표 7.2 물리적 전송매체

전송매체	설명	속도
꼬임선	2개 이상의 구리선을 꼬아서 구성한 케이블로 음성 및 데이터 통신에 사용된다. CAT5, CAT6, CAT7, CAT8 케이블이 있으며, CAT6-8은 기가비트 속도의 데이터 전송이 가능하다.	CAT5: 10~100Mbps CAT8: 최대 40Gbps
동축 케이블	두꺼운 절연 구리선으로, 꼬임선보다 간섭에 덜 민감하며 고속 데이터 전송이 가능하다. 현재는 케이블 TV 및 100m 이상의 장거리 네트워크 연결에 사용된다.	최대 1Gbps
광케이블	레이저로 생성된 빛의 펄스를 통해 데이터를 전송하는 투명 유리 섬유로 구성된다. 대용량 데이터를 고속으로 전송하는 데 유용하며, 다른 물리적 전송매체보다 비용이 높지만 고객 단말까지의 마지막 구간 전송과 인터넷 백본망에 널리 사용된다.	최대 170Tbps 이상
무선 전송매체	다양한 주파수의 무선 신호를 기반으로 하며, 지상 마이크로파 시스템, 위성 마이크로파 시스템, 셀룰러 네트워크를 포함한다. 장거리 통신 및 인터넷 접속에 사용된다.	최대 600Mbps 이상

가 사용된다. 이러한 매체는 각각의 특성, 장점 및 단점이 있다. 하나의 매체도 소프트웨어와 하드웨어의 구성에 따라 다양한 데이터 전송 속도를 낼 수 있다.

대역폭

대역폭(bandwidth)은 고정된 시간 내에 통신매체를 통해 전송될 수 있는 데이터의 양을 측정한 것이다. 일반적으로 초당 비트(Bps), 초당 킬로비트(Kbps), 초당 메가비트(Mbps), 초당 기가비트(Gbps), 그리고 고급 통신매체의 경우 초당 테라비트(Tbps)로 나타낸다. 대역폭은 종종 전송 속도와 혼동되곤 하는데(특히 인터넷 서비스 제공자가 대역폭을 속도로 표현하는 경우가 많기 때문에) 두 개념은 동일하지 않다. 대역폭은 통신 링크가 데이터를 전송할 수 있는 용량을 의미한다(예: 넓은 호스가 좁은 호스보다 더 많은 물을 흘려보낼 수 있다). 반면에 속도는 데이터를 전송하는 속도를 나타낸다(예: 호스의 느린 물줄기와 빠른 물줄기). 혼란스러운 점은 데이터 전송 속도 역시 Bps/Kbps/Mbps/Gbps/Tbps로 측정된다는 점이다.

대역폭
고정된 시간 내에 통신매체를 통해 전송될 수 있는 데이터의 양을 측정한 것. 일반적으로 초당 비트(Bps), 초당 킬로비트(Kbps), 초당 메가비트(Mbps), 초당 기가비트(Gbps)로 나타낸다. 고급 통신매체의 경우 초당 테라비트(Tbps)로 나타낸다.

표 7.2는 다양한 전송매체를 여러 특성 측면에서 비교한 것이다.

7.4 인터넷의 정의와 작동 방식

인터넷은 개인과 비즈니스 모두에게 없어서는 안 될 필수 도구가 되었지만, 인터넷이 정확히 무엇이며 어떻게 작동하는지 알고 있는 사람은 많지 않다. 이제 인터넷의 가장 중요한 특징을 살펴보자.

인터넷이란 무엇인가

인터넷은 이제 도달률과 범위 면에서 전화시스템과 경쟁하는, 세계에서 가장 규모가 큰 공공 통신 시스템이 되었다. 또한 인터넷은 전 세계에 퍼져 있는 수백만 개의 개별 네트워크를 연결하는 클라이언트/서버 컴퓨팅과 인터네트워킹의 세계에서 가장 큰 실례이기도 하다. 이 거대한 네트워크의 네트워크는 1970년대 초 세계 각지의 대학교수와 과학자들을 연결하기 위한 미국 국방부 프로젝트에서 출발했다.

인터넷 주소와 구조

IP 주소
인터넷상의 고유한 컴퓨터 위치를 나타내는 숫자 주소

IPv6
128비트 IP 주소를 사용하는 IP 주소 지정 시스템으로, 인터넷 프로토콜 버전 6을 말한다.

인터넷은 앞에서 설명한 TCP/IP 네트워킹 프로토콜 집합에 기반을 두고 있다. 인터넷(또는 다른 TCP/IP 네트워크)에 연결된 모든 장치는 고유한 **IP 주소**(Internet Protocol address)를 부여받는데, 이 주소는 숫자로 이루어진 문자열이다. 현재 사용되는 IP 주소 체계에는 IPv4와 IPv6, 두 가지 버전이 있다. IPv4 주소는 32비트 숫자로, 예를 들어 64.49.254.91처럼 점으로 구분된 4개의 숫자 형태로 표현된다. 하지만 인터넷에 연결되는 장치 수가 폭발적으로 증가하면서 IPv4로 할당할 수 있는 주소가 부족하다. 이를 해결하기 위해 **IPv6**(Internet Protocol version 6)라는 새로운 IP 주소 체계가 도입되었는데, 이는 128비트 주소(2의 128제곱)를 제공하여 1경 개가 넘는 고유 주소 생성이 가능하다. IPv6는 오늘날 판매되는 대부분의 모뎀 및 라우터와 호환되며, 로컬 네트워크에서 IPv6를 지원하지 않는 경우에는 기존의 IPv4 체계로 자동 전환된다. 하지만 IPv6의 도입은 아직 고르지 않으며, 완전한 전환까지는 몇 년이 걸릴 것으로 예상된다.

도메인 네임 시스템

도메인 네임
숫자 IP 주소를 자연어 이름으로 표현한 것

도메인 네임 시스템(DNS)
도메인 네임을 숫자 IP 주소로 변환할 수 있는 데이터베이스를 유지·관리하는 서버의 계층적 시스템

인터넷 사용자가 긴 숫자열로 이루어진 IP 주소를 기억하기가 매우 어렵기 때문에 IP 주소는 **도메인 네임**(domain name)이라는 자연어 방식으로 표현할 수 있다. **도메인 네임 시스템**(Domain Name System, DNS)은 이러한 도메인 네임을 IP 주소로 변환해준다. DNS 서버는 도메인 네임과 해당 IP 주소가 매핑된 데이터베이스를 유지·관리한다. 사용자는 Expedia.com과 같은 도메인 네임만 지정하면 인터넷상의 특정 컴퓨터에 접근할 수 있다.

DNS는 계층 구조로 이루어져 있다. 그림 7.6은 이러한 계층 구조를 잘 보여준다. DNS 계층 구조의 최상위에는 '점(.)'으로 표시되는 루트 도메인이 있다. 그 바로 아래 단계가 1차 도메인(top-level domain)이다. 1차 도메인은 웹 서핑 시 자주 보게 되는 두세 글자의 도메인으로, 예컨대 .com, .edu, .gov

그림 7.6 도메인 네임 시스템

도메인 네임 시스템은 루트 도메인, 1차 도메인, 2차 도메인, 3차 도메인인 호스트로 이루어지는 계층적인 시스템이다.

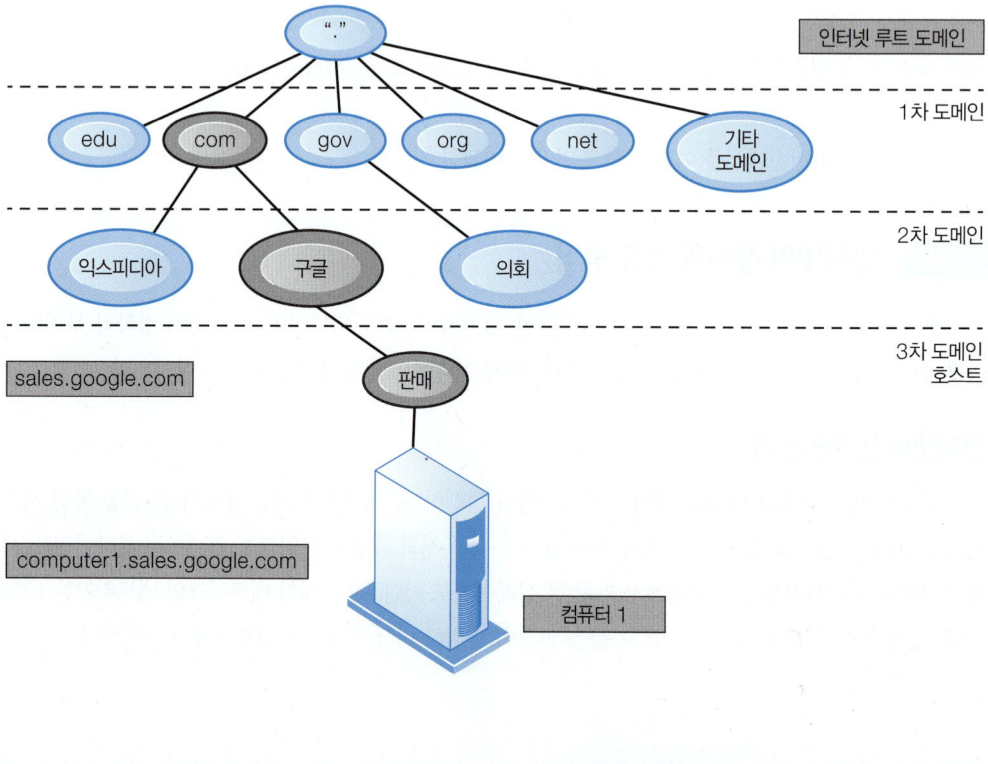

또는 국가별 코드인 .ca(캐나다), .it(이탈리아), .br(브라질) 등이 있다. 최근에는 앵귈라(Anguilla)의 국가 코드인 .ai가 AI 관련 도메인 수요 증가로 인해 주목을 받고 있다. 2011년에 국제 도메인 관리 기구인 ICANN(Internet Corporation for Assigned Names and Numbers)은 도메인 네임에 대한 대부분의 제한을 제거했으며, 그 이후 .xyz, .online, .shop, .kids처럼 1,200개 이상의 새로운 일반 최상위 도메인(gTLDs)이 승인되었고, 비영어 문자로 된 도메인도 포함된다.

1차 도메인의 하위 도메인은 2차 도메인(second-level domain)이라 부르며, 이는 buy.com, nyu.edu, amazon.ca처럼 1차 도메인과 2차 도메인 네임의 두 부분으로 구성된다. 계층 구조의 가장 아래에 있는 3차 도메인(third-level domain)은 인터넷이나 사설 네트워크상에서 특정 컴퓨터의 호스트 이름을 지정하는 데 사용된다.

인터넷 아키텍처

그림 7.7은 오늘날 인터넷의 주요 물리적 요소를 보여준다. 인터넷의 데이터 트래픽은 일반적으로 기가비트급 속도로 운영되는 대륙 간 고속 백본 네트워크를 통해 전달된다. 이러한 중계선(트렁크 라인)은 주로 장거리 통신회사(Tier 1 인터넷 서비스 제공자라고 함)나 각국 정부가 소유한다. Tier 1 인터넷 서비스 제공자는 서로 간의 인터넷 트래픽이 상대방의 케이블 및 장비를 무상으로 통과할 수 있도록 허용하는 '피어링(peering)' 협정을 맺는다. Tier 1 인터넷 서비스 제공자는 물리적으로 서로 연결되어 있으며, 지역 허브인 인터넷 교환 지점(Internet exchange point, IXP)에서 지역 인터넷 서비스 제공자(Tier 2 인터넷 서비스 제공자)와도 연결된다. Tier 2 인터넷 서비스 제공자는 Tier 1 인터넷 서비스 제공자와 Tier 3 인터넷 서비스 제공자를 연결하며, Tier 3 인터넷 서비스 제공자는 '최종 사용자까지의 마지

그림 7.7 인터넷 네트워크 아키텍처

인터넷 백본은 지역 네트워크를 연결하고 지역 네트워크는 다시 ISP, 대기업, 정부 기관 등을 네트워크에 연결시킨다. IXP는 백본이 지역 및 지방 네트워크와 교차하고 백본 소유자들끼리 서로 연결되는 허브 역할을 한다.

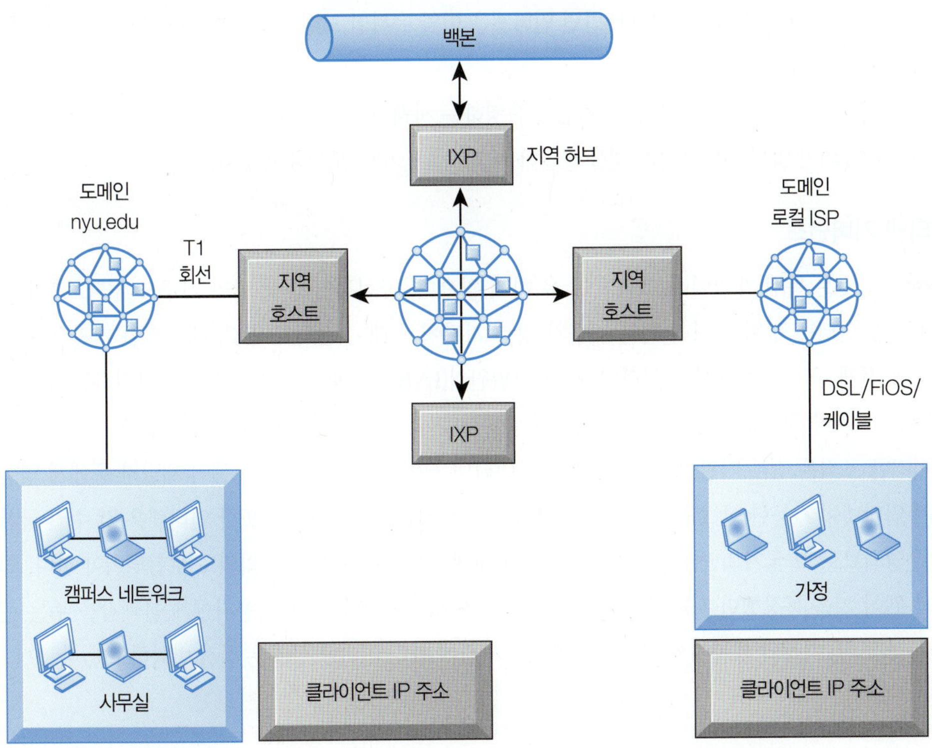

막 구간(last mile)'을 담당하여 가정과 기업에 인터넷 접속을 제공한다. Tier 3 인터넷 서비스 제공자는 일반적으로 우리가 흔히 말하는 **인터넷 서비스 제공자**(Internet service providers, ISP)를 의미한다. 미국의 주요 Tier 3 인터넷 서비스 제공자는 컴캐스트, 스펙트럼, AT&T, 버라이즌, 알티스, 센추리링크(CenturyLink), 콕스(Cox) 등이다. (참고로, 많은 Tier 3 인터넷 서비스 제공자는 Tier 1 인터넷 서비스 제공자이기도 하며, 두 역할은 상호 배타적이지 않다.) 이 외에도 수천 개의 소규모 지역 접근 인터넷 서비스 제공자가 존재한다.

인터넷 서비스 제공자(ISP)
가입자에게 임시 연결을 판매하는, 영구적인 인터넷 연결을 갖춘 상업 조직

각 조직은 자사의 네트워크 및 지역 인터넷 접속 서비스에 대한 비용을 지불하며, 이 중 일부는 장거리 백본 회선 소유자에게 지불된다. 개인 인터넷 사용자는 인터넷 서비스 제공자에게 정액 요금을 지불하고, 인터넷 사용량에 관계없이 동일한 요금을 내는 것이 일반적이다. 인터넷 서비스 제공자를 통한 인터넷 접속에는 다양한 방식이 있다. 과거에는 기존 전화 회선과 모뎀을 통한 56.6Kbps의 접속 방식이 가장 일반적이었으나, 현재는 고속 광대역 접속 방식이 대체하고 있다. 오늘날에는 디지털 가입자 회선(DSL), 광케이블 서비스(FiOS), 케이블 인터넷, 위성 인터넷, T 회선 등이 이와 같은 광대역 서비스를 제공한다.

디지털 가입자 회선(DSL)
기존 전화선을 통해 대용량 음성, 데이터, 동영상 전송을 제공하는 기술 그룹

디지털 가입자 회선(digital subscriber line, DSL) 기술은 기존 전화선을 통해 음성, 데이터, 동영상을 전송하며, 전송 속도는 사용 패턴과 거리 등에 따라 385Kbps에서 100Mbps를 초과할 수 있다. 버라이즌의 광케이블 서비스인 FiOS는 900Mbps 이상의 속도를 제공할 수 있지만, 일반 가정용 인터넷은 보통 100Mbps 수준이다. 케이블 제공업체가 제공하는 **케이블 인터넷 연결**(cable internet connection)은 디지털 동축 케이블을 사용하여 가정과 기업에 고속 인터넷을 제공하며, 20~600Mbps 속도를 지원하고, 다운로드 속도는 최대 1Gbps에 근접한다.

케이블 인터넷 연결
디지털 동축 케이블 회선을 사용하여 가정과 기업에 고속 인터넷 액세스를 제공하는 것

디지털 가입자 회선이나 케이블 서비스를 이용할 수 없는 지역에서는 위성을 통해 인터넷에 접속할 수 있지만, 대부분의 위성 인터넷은 다른 광대역보다 업로드 속도가 느린 편이다.

T1과 T3는 디지털 통신을 위한 국제 전화 표준으로, 고속성과 안정성을 요구하는 기업 및 정부 기관에 적합한 임대 전용 회선이다. **T1 회선**(T1 line)은 1.54Mbps의 보장된 속도를, **T3 회선**(T3 line)은 45Mbps의 보장된 속도를 제공한다. 반면 인터넷은 이와 유사한 보장된 서비스 수준을 제공하지는 않지만 최선의 방식으로 작동한다.

T1 회선
1.54Mbps의 전송 속도를 보장하는 디지털 통신을 위한 국제 전화 표준

T3 회선
45Mbps의 전송 속도를 보장하는 디지털 통신을 위한 국제 전화 표준

이 외에도 스타링크(Starlink) 같은 기업이 운영하는 저궤도 위성을 통해 유선이나 셀룰러 네트워크가 제대로 제공되지 않는 지역에 인터넷을 공급하는 새로운 방식이 모색되고 있다.

인터넷 거버넌스

현재 인터넷은 특정 개인이나 조직이 '소유'하지 않으며, 공식적인 중앙 관리 기구도 없다. 그러나 전 세계적인 인터넷 정책은 여러 전문 기구와 정부 기관에 의해 수립되고 있다. 대표적인 기관으로는 인터넷의 전체 구조를 정의하는 인터넷아키텍처위원회(IAB), 도메인 네임 시스템을 관리하는 ICANN, HTML과 기타 웹 프로그래밍 표준을 제정하는 월드와이드웹컨소시엄(W3C)이 있다.

이러한 조직은 정부 기관, 네트워크 사업자, 인터넷 서비스 제공자, 소프트웨어 개발자 등에게 영향을 미쳐 인터넷이 가능한 한 효율적으로 운영되도록 하는 것을 목표로 한다. 또한 인터넷은 각 주권 국가에서 운영되므로 그 국가의 법률은 물론 해당 국가 내에 존재하는 기술 인프라와도 부합되어야 한다. 인터넷과 웹이 처음 등장했던 시기에는 정부의 간섭이 거의 없었지만, 특정 사용자에게 불쾌감을 주는 콘텐츠 등 정보 및 지식의 유통에서 인터넷의 역할이 커짐에 따라 이러한 상황은 점점 변화하고 있다.

7.5 비즈니스를 지원하는 인터넷 서비스

인터넷은 클라이언트/서버 기술을 기반으로 한다. 인터넷을 사용하는 개인은 웹 브라우저 소프트웨어와 같은 클라이언트 응용 프로그램을 자신의 컴퓨터에서 사용하여 작업을 제어한다. 이메일 메시지와 웹페이지를 포함한 데이터는 서버에 저장된다. 클라이언트는 인터넷을 통해 원격 컴퓨터의 특정 웹 서버에 정보를 요청하고, 서버는 요청된 정보를 인터넷을 통해 클라이언트로 다시 전송한다. 오늘날의 클라이언트 플랫폼에는 PC나 기타 컴퓨터뿐만 아니라 스마트폰과 태블릿도 포함된다.

인터넷에 연결된 클라이언트 컴퓨터는 다양한 서비스에 접근할 수 있다. 이러한 서비스에는 이메일, 인스턴트 메시징, 파일 전송, 음성 전송, 웹 등이 포함된다. 표 7.3은 이러한 서비스에 대한 간략한 설명을 제공한다.

각각의 인터넷 서비스는 하나 이상의 소프트웨어 프로그램으로 구현된다. 그림 7.8은 이러한 서비스가 다중 계층 클라이언트/서버 아키텍처 내에서 어떻게 운영될 수 있는지를 보여준다. 모든 서비스는 하나의 서버 컴퓨터에서 실행될 수도 있고, 다양한 서비스가 각각 다른 서버에 할당될 수도 있다.

표 7.3 주요 인터넷 서비스

종류	지원기능
이메일	사람 간 메시지 주고받기, 문서 공유
인스턴트 메시징	상호작용하는 대화
파일 전송	이 서비스를 가능하게 했던 원래 프로토콜인 파일 전송 프로토콜(FTP)은 대부분 최신 프로토콜[예: FTP over SSL(FTPS), SSH 파일 전송 프로토콜(SFTP)]로 대체됨
음성 전송	인터넷을 통한 음성 전송을 가능하게 하는 VoIP 기술
월드와이드웹(웹)	하이퍼텍스트 링크를 통해 정보(텍스트, 오디오, 그래픽, 동영상) 검색, 서식 지정, 출력

그림 7.8 인터넷에서의 클라이언트/서버 컴퓨팅

웹브라우저와 기타 소프트웨어를 실행시키는 클라이언트 컴퓨터는 인터넷을 통해 서버에 설치된 일단의 서비스에 접근할 수 있다. 이러한 서비스 모두 하나의 물리적 서버에서 실행될 수도 있고 복수의 특화된 물리적 서버에 분산되어 실행될 수도 있다.

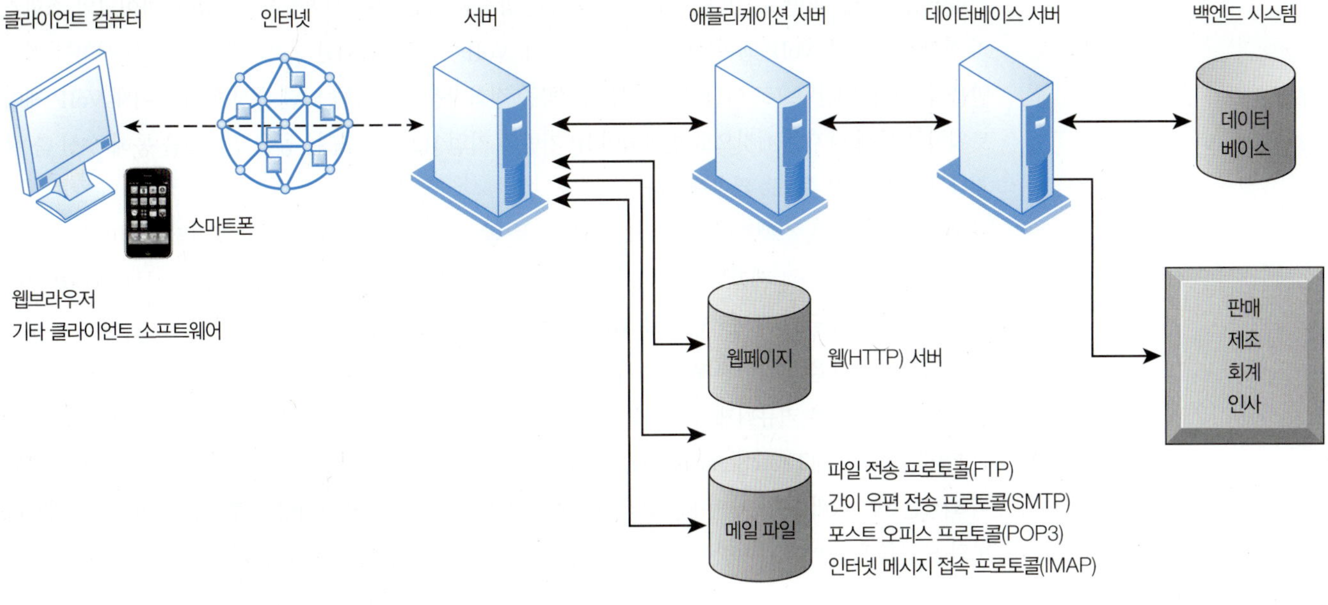

다음 절에서는 이러한 각각의 서비스를 더 자세히 살펴본다.

이메일

이메일
컴퓨터 간의 메시지 교환

이메일(email)은 여러 사람에게 동시에 메시지를 보내고, 메시지를 재전송하며, 텍스트 문서나 멀티미디어 파일을 메시지에 첨부할 수 있는 기능을 가지고 컴퓨터에서 컴퓨터로 메시지를 교환할 수 있게 한다. 오늘날 대부분의 이메일은 인터넷을 통해 전송된다. 이메일의 비용은 동일한 음성 통화, 우편, 야간 배송 비용보다 훨씬 저렴하며, 이메일 메시지는 몇 초 만에 전 세계 어디든 도달할 수 있다. 이메일에 사용되는 인터넷 프로토콜에는 간이 우편 전송 프로토콜(SMTP), 포스트 오피스 프로토콜(POP3), 인터넷 메시지 접속 프로토콜(IMAP)이 있다.

인스턴트 메시징

인스턴트 메시징
참여자가 자신만의 사적인 채팅 채널을 생성할 수 있는 채팅 서비스로, 사용자의 개인 채팅 목록에 있는 누군가가 온라인 상태가 될 때마다 그와 채팅을 할 수 있도록 알려준다.

인스턴트 메시징(instant messaging)은 참여자가 자신만의 사적 채팅 채널을 만들 수 있는 채팅 서비스의 한 형태이다. 인스턴트 메시징 시스템은 사용자의 사적 목록에 있는 누군가가 온라인 상태가 될 때 이를 사용자에게 알려주며, 사용자는 다른 사람들과 채팅 세션을 시작할 수 있다. 소비자용 인스턴트 메시징 시스템으로는 구글 챗(Google Chat), 페이스북 메신저(Facebook Messenger), 스카이프(Skype) 등이 있다. 보안을 중시하는 기업은 HCL 세임타임(Sametime), 마이크로소프트 팀즈, 슬랙과 같은 독점 커뮤니케이션 및 메시징 시스템을 사용한다.

일반적으로 이메일, 인스턴트 메시징, 인터넷 사용은 직원의 생산성을 높일 것으로 기대되지만 항상 그런 것은 아니다. 많은 기업은 직원의 온라인 활동을 감시하고, 심지어 이를 규제할 필요가 있다고 믿는다. 그러나 이것이 윤리적으로 타당한가? 기업이 직원의 이메일 및 웹 활동을 감시해야만 하는 타당한 비즈니스적 이유가 있다 하더라도, 이러한 감시가 직원의 사생활에 어떤 영향을 미치는지는 중요한 문제이다. 특히 재택근무 인구가 증가하고 있는 지금, 직원이나 계약직이 실제로 업무를 제대로 수행하고 있는지를 확인하려는 기업의 요구가 커지면서 이 문제는 더욱 중요해지고 있다.

인터넷 음성 프로토콜

인터넷 음성 프로토콜(VoIP)
IP를 사용하여 음성 정보 전달을 관리하는 기술

인터넷은 음성 통신과 기업 네트워킹의 주요 플랫폼으로 자리 잡았다. **인터넷 음성 프로토콜**(Voice over IP, VoIP) 기술은 패킷 교환 방식을 사용하여 음성 정보를 디지털 형식으로 전달함으로써 지역 및 장거리 전화망의 요금을 피할 수 있다. VoIP가 작동하는 방식은 그림 7.9에서 확인할 수 있다. 마이크와 스피커가 장착된 컴퓨터, VoIP 앱이 설치된 모바일 기기, VoIP 기능이 탑재된 전화기를 통해 음성 전화를 걸고 받을 수 있다. 일반적으로 아날로그 방식으로 공중 전화망을 통해 전송되던 음성 통화는 이제 VoIP 게이트웨이를 통해 디지털 패킷으로 변환되어 IP 기반의 기업 네트워크 또는 공용 인터넷을 통해 수신 측 장치나 전화기의 IP 주소로 라우팅된다.

AT&T, 버라이즌, 스펙트럼, 컴캐스트, 알티스 등 많은 통신 회사는 자사의 고속 인터넷 서비스와 함께 VoIP 서비스를 번들로 제공하고 있다. 스카이프는 P2P 네트워크를 통해 전 세계적으로 무료 VoIP 서비스를 제공하며, 구글도 자체적인 무료 VoIP 서비스를 운영하고 있다.

IP 전화 시스템을 도입하기 위해 초기 투자가 필요하긴 하지만, VoIP는 통신 및 네트워크 관리 비용을 절감하면서 더 많은 커뮤니케이션 기능을 제공할 수 있다. 예를 들어 VoIP 제공업체 넥스티바(Nextiva)는 타이탄솔라파워(Titan Solar Power)의 빠르게 증가하는 고객 기반을 지원한다. 애리조나에 본사를 둔 이 회사는 넥스티바 도입 이전에는 고객의 전화 이유나 수신 및 발신 통화량을 추적할 수 없었다. 넥스티바의 도구를 활용하여 타이탄은 수신·발신 전화 건수와 대기 중인 전화 건수를 확인하고, 이를 통해 고

그림 7.9 VoIP의 작동 원리

VoIP 전화는 음성 메시지를 디지털화하고 최종 목적지에서 재조합되기 전까지 서로 다른 경로를 통해 전달할 수 있는 데이터 패킷으로 쪼갠다. 일명 게이트웨이라고 하는 최종 목적지에 가장 가까운 프로세서는 이 패킷들을 순서에 맞게 정리하고 수신자의 전화번호나 수신 컴퓨터의 IP 주소로 보낸다.

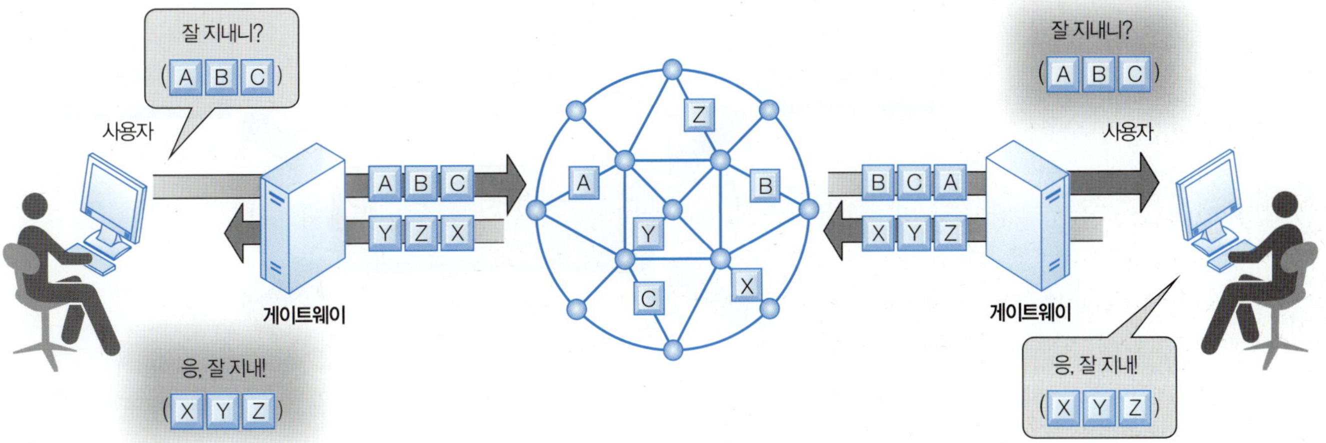

객 대기 시간을 줄이는 조치를 취할 수 있다. 또한 넥스티바는 고객 통화 녹음 기능과 고객을 적절한 부서로 직접 연결하는 기능도 제공한다.

통합 커뮤니케이션

과거에는 유선 및 무선 데이터, 음성 통신, 화상회의를 위한 기업의 각 네트워크가 서로 독립적으로 운영되었으며, 정보시스템 부서가 이를 개별적으로 관리해야 했다. 그러나 이제 기업은 **통합 커뮤니케이션**(unified communication, UC) 기술을 활용하여 서로 다른 통신 방식을 단일하고 범용적으로 접근 가능한 서비스로 통합할 수 있다. 통합 커뮤니케이션 시스템은 음성 통신, 데이터 통신, 인스턴트 메시징, 이메일, 원격 회의를 위한 다양한 채널을 하나의 통합된 환경으로 결합하여, 사용자가 서로 다른 통신 방식 간을 끊김 없이 전환할 수 있게 한다. 프레즌스 기술(presence technology)은 상대방이 통화를 받을 수 있는지 여부를 표시해준다. 서비스형 통합 커뮤니케이션(unified communication as a service, UCaaS)은 클라우드를 통해 제공되는 통합 애플리케이션을 의미한다.

통합 커뮤니케이션(UC)
음성 통신, 데이터 통신, 인스턴트 메시징, 이메일, 원격 회의를 위한 다양한 채널을 사용자가 서로 다른 통신 모드 간에 원활하게 전환할 수 있는 단일 환경으로 통합한다.

현재는 회의 워크플로를 개선하기 위해 AI 기능이 통합 커뮤니케이션에 도입되기 시작했다. 첫 번째 혁신 물결에는 자동 전사, 실시간 번역, 회의 요약 등을 위한 고도화된 애플리케이션이 포함된다. 예를 들어 가상 비서는 후속 활동을 관리할 수 있는데, 회의 일정 잡기, 맞춤형 회의 요약 제공, 커뮤니케이션 내용을 기반으로 이메일·편지·보고서 작성 등의 작업이 가능하다(Arnold, 2024).

가상 사설망

미국 전역에 흩어져 있는 구성원들과 함께 신규 상품과 서비스를 개발해야 하는 마케팅 그룹을 운영하려면 어떻게 해야 할까? 외부인이 통신 내용을 가로챌 염려 없이 구성원 간에 이메일을 주고받으며 본사와 통신할 수 있기를 바랄 것이다. 대형 사설 네트워킹 업체는 고객에게 안전한 사설 전용 네트워크를 제공하지만 이는 비용이 많이 든다. 훨씬 더 저렴한 방법은 공공 인터넷 내에서 가상 사설망을 구축하는 것이다.

가상 사설망(virtual private network, VPN)은 인터넷과 같은 대규모 네트워크의 규모의 경제와 관리 설비의 이점을 활용하기 위해 공공 네트워크 내에 구성된, 안전하고 암호화된 사설 네트워크이다. 그림

가상 사설망(VPN)
인터넷과 같은 공용 네트워크 내에 구성된 안전하고 암호화된 개인 네트워크

그림 7.10 인터넷 기반의 가상 사설망

VPN은 인터넷상에서 안전한 터널 접속을 통해 연결한 컴퓨터들의 사설망을 말한다. VPN은 데이터를 암호화하고 IP 내에 래핑함으로써 공공 인터넷을 통해 전송하는 데이터를 보호한다. 콘텐츠를 숨기기 위해 네트워크 메시지에 래퍼를 추가함으로써 기업은 공공 인터넷을 이용하는 사설망을 구축할 수 있다.

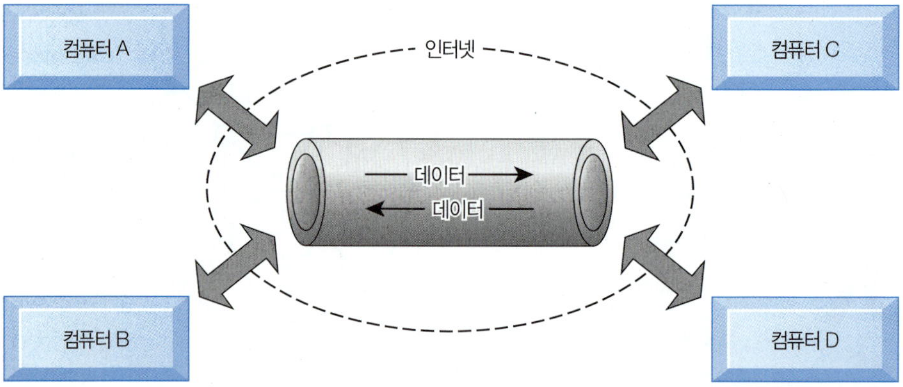

7.10은 VPN이 어떻게 작동하는지를 보여준다. 사설 네트워크 내의 컴퓨터는 VPN 프로토콜을 사용하여 전송 데이터를 암호화하고, 인터넷을 통해 데이터를 전송할 때 이를 보호하는 '터널'을 설정할 수 있다. 가상 사설망은 기업에 전통적인 사설 네트워크 기반 통신망 업체가 제공하는 것과 동일한 수준의 보안 및 암호화된 통신 기능을 훨씬 저렴한 비용으로 제공한다. 또한 VPN은 음성과 데이터 네트워크를 통합하는 네트워크 인프라를 제공한다.

공공 인터넷을 통해 전송되는 데이터를 보호하기 위해 여러 가지 프로토콜이 사용되는데, 그중 하나가 점대점 터널링 프로토콜(Point-to-Point Tunneling Protocol, PPTP)이다. 터널링이라는 과정에서는 데이터 패킷이 암호화되고 IP 패킷으로 포장된다. 이렇게 네트워크 메시지에 래퍼(wrapper)를 추가하여 콘텐츠를 숨김으로써 기업은 공공 인터넷을 경유하는 사설 연결을 구축할 수 있다.

7.6 웹의 작동 방식과 비즈니스에서의 활용 방법

웹은 가장 대중적인 인터넷 서비스이다. 웹은 클라이언트/서버 아키텍처를 기반으로 정보를 저장, 검색, 포맷, 표시하기 위한 범세계적으로 인정된 표준을 갖춘 시스템이다. **웹페이지**(web page)는 HTML(하이퍼텍스트 마크업 언어)을 이용하여 형식화된 온라인 '페이지'이며, 문서들을 서로 연결하거나 소리, 동영상, 애니메이션 파일 등과 같은 다른 객체로 연결하는 내장 링크(하이퍼링크)를 포함할 수 있다(5장 참조). 사용자가 그래픽을 클릭했을 때 동영상 클립이 재생된다면 하이퍼링크를 클릭한 것이다. 전형적인 **웹사이트**(website)는 하나의 홈페이지로 연결된 여러 웹페이지의 집합이다.

웹페이지
HTML을 사용하여 포맷된 온라인 '페이지'로, 문서를 서로 연결하고 사운드, 동영상 또는 애니메이션 파일과 같은 다른 객체에 페이지를 연결하는 임베디드 링크(하이퍼링크)를 포함할 수 있다.

웹사이트
홈페이지에 연결된 웹페이지 모음

하이퍼텍스트

웹페이지는 인터넷을 통해 접근 가능하다. 이는 사용자의 컴퓨터에서 실행 중인 웹브라우저 소프트웨어가 **하이퍼텍스트 전송 프로토콜**(Hypertext Transfer Protocol, HTTP)를 이용하여 인터넷 호스트 서버에 저장된 웹페이지를 요청할 수 있기 때문이다. HTTP는 웹에서 페이지를 전송하기 위한 통신 표준이다. 예를 들어 사용자가 브라우저에 웹 주소인 http://www.sec.gov를 입력하면 브라우저는 sec.gov 서버에 해당 홈페이지를 요청하는 HTTP 요청을 전송한다.

하이퍼텍스트 전송 프로토콜(HTTP)
웹상에서 페이지를 전송하는 데 사용되는 통신 표준으로, 메시지가 어떻게 형식화되고 전송되는지 정의한다.

HTTP(또는 보안 강화 버전인 HTTPS, 8장 참조)는 모든 웹 주소 시작 부분의 문자열이며, 그다음에 오는 도메인 네임은 해당 웹페이지가 저장되어 있는 조직의 서버 컴퓨터를 지정한다. 대부분의 기업은 공식 기업명과 동일하거나 유사한 도메인 네임을 사용한다. 웹 주소에는 요청된 페이지를 추적하는 데 도움이 되는 디렉터리 경로와 웹페이지 이름이라는 두 가지 추가 정보가 포함된다. 이 모든 정보를 통합한 주소를 **URL**(uniform resource locator)이라고 부른다. 사용자가 URL을 브라우저에 입력하면 브라우저 소프트웨어는 그 정보를 어디에서 찾아야 할지 정확하게 알 수 있다. 예를 들어 가상의 URL인 http://www.megacorp.com/content/features/082610.html에서 http는 웹페이지를 표시하는 데 사용되는 프로토콜을 나타내며, www.megacorp.com은 도메인 네임이다. content/features는 해당 도메인 웹 서버상에서 그 페이지가 저장된 위치를 나타내는 디렉터리 경로이며, 082610.html은 웹페이지의 이름이자 해당 페이지의 형식(HTML 형식)을 나타낸다.

URL
인터넷상의 특정 자원의 주소

웹 서버

5장에서 배웠듯이 웹 서버는 저장된 웹페이지를 찾고 관리하는 소프트웨어이다. 웹 서버는 웹페이지가 저장되어 있는 컴퓨터에서 사용자가 요청한 웹페이지의 위치를 찾아내고, 이를 사용자의 컴퓨터로 전달한다. 서버 응용 프로그램은 보통 개별 전용 컴퓨터에서 실행되지만, 작은 조직에서는 전체를 하나의 컴퓨터에 배치하기도 한다.

오늘날 선도적인 웹 서버는 마이크로소프트의 인터넷 정보 서비스(Internet Information Services, IIS)와 아파치 HTTP 서버이다. 아파치는 무료로 사용할 수 있는 오픈소스 제품으로 해당 웹사이트에서 다운로드할 수 있다.

웹에서의 정보 검색

사실 얼마나 많은 웹페이지가 인터넷에 있는지 아무도 확실히 알 수는 없다. 소위 표면 웹(surface web)은 검색엔진이 방문할 수 있고 관련 정보를 수집할 수 있는 웹의 일부분을 말한다. 구글에 따르면 자사의 검색 인덱스에는 수천억 개의 웹페이지가 포함되어 있으며, 이는 공개적으로 접근 가능한 전체 웹페이지의 큰 부분을 반영하고 있다(Google, 2024). 반면 웹에는 소위 '딥웹(deep web)'이라는 부분이 있으며, 여기에는 수조 개에 달하는 추가적인 페이지가 포함되어 있다. 이는 대부분 접속 코드 없이는 방문이 불가능한 《월스트리트저널》 온라인과 같은 비공개 페이지이거나 보호된 기업 데이터베이스에 저장된 페이지이다. 페이스북 사용자는 자신이 게시한 콘텐츠에 대해 구글이나 다른 검색엔진의 접근을 차단할 수 있다. **다크웹**(dark web)이라 불리는 딥웹의 일부분은 의도적으로 검색엔진으로부터 숨겨져 있으며, 마스크로 가려진 IP 주소를 사용하고, 익명성을 보장하기 위해 특별한 웹브라우저를 통해서만 접근할 수 있다. 다크웹은 신용카드 번호나 사회보장번호와 같은 불법 상품을 완전한 익명 속에 사고팔 수 있기 때문에 범죄자의 은신처가 되었다.

다크웹
익명성을 유지하기 위해 검색엔진에서 의도적으로 숨겨진 딥웹의 일부

검색엔진

수많은 웹페이지 중에서 개인과 기업에 도움이 되는 특정 웹페이지를 거의 즉시 찾을 수 있는지는 매우 중요한 문제이다. 문제는 바로 '수십억 개의 색인된 웹페이지 중에서 정말 원하고 필요한 1~2개의 웹페이지를 어떻게 찾을 수 있는가?'이다. **검색엔진**(search engine)은 웹상에서 거의 순식간에 유용한 정보를 찾아야 하는 문제를 해결하고자 한다. 정보 검색은 웹에서 가장 인기 있는 활동 중 하나이다. 오늘날의 검색엔진은 HTML 파일, 마이크로소프트 오피스 파일, PDF 파일은 물론 오디오, 동영상, 이미지 파일까지 검색할 수 있다. 전 세계적으로 수백 개의 검색엔진이 존재하지만 시장 점유율이 90% 이상인 구글이 압도적으로 우세하며, 그 뒤를 마이크로소프트 빙(3%), 얀덱스(2%), 야후(1%), 중국의 바이두

검색엔진
인터넷상의 특정 웹사이트 또는 정보를 찾기 위한 도구

(0.75%)가 따른다(Statcounter, 2024). 보통은 아마존을 온라인 상점으로 생각하지만 아마존은 강력한 제품 검색엔진이기도 하다.

웹 검색엔진은 1990년대 초에 초기 웹을 돌아다니며 각 페이지의 내용을 수집하는 비교적 단순한 소프트웨어 프로그램으로 시작되었다. 최초의 검색엔진은 방문한 모든 페이지에 대해 단순한 키워드 색인을 생성했고, 사용자에게는 검색과 무관할 수도 있는 페이지 목록이 제공되었다.

1994년, 스탠퍼드대학교 컴퓨터과학과 학생인 데이빗 필로(David Filo)와 제리 양(Jerry Yang)은 자신들이 선별한 인기 웹페이지 목록을 만들고 이를 'Yet Another Hierarchical Officious Oracle', 즉 야후(Yahoo)라고 명명했다. 야후는 처음에는 검색엔진이 아니라 편집자가 유용하다고 판단한 범주별 웹사이트 모음이었다. 현재 야후는 검색 결과를 마이크로소프트 빙에 의존하고 있다.

1998년, 스탠퍼드대학교 컴퓨터과학과 학생인 래리 페이지(Larry Page)와 세르게이 브린(Sergey Brin)은 구글의 첫 번째 버전을 발표했다. 이 검색엔진은 기존과 달랐다. 구글은 각 웹페이지의 단어를 색인화할 뿐 아니라 각 페이지의 관련성에 따라 검색 결과의 순위를 매겼다. 페이지는 페이지랭크 시스템(page-rank system)에 대한 아이디어를 특허로 등록했는데, 이 시스템은 특정 페이지가 링크하고 있는 다른 페이지의 수와 해당 페이지에 링크된 외부 사이트의 수를 계산하여 페이지의 인기도를 측정하는 방식이다. 이는 유명한 웹페이지가 사용자에게 더 관련성이 높다는 전제를 기반으로 한다. 브린은 페이지 내 키워드뿐 아니라 저자명과 제목처럼 단어의 조합도 색인할 수 있는 독특한 웹 크롤러 프로그램을 개발했다. 이 두 가지 아이디어는 구글 검색엔진의 기초가 되었다. 그림 7.11은 구글을 통해 검색 질의를 입력했을 때 어떤 일이 벌어지는지를 보여준다.

그림 7.11 구글 검색엔진의 작동 원리

구글 검색엔진은 지속적으로 웹을 돌아다니며 각 페이지의 콘텐츠를 색인하고, 각 페이지의 대중성을 계산하며, 페이지를 저장한다. 이를 통해 사용자가 특정 페이지를 요청할 경우 빠르게 응답할 수 있으며, 이 전체 과정은 약 0.5초밖에 걸리지 않는다.

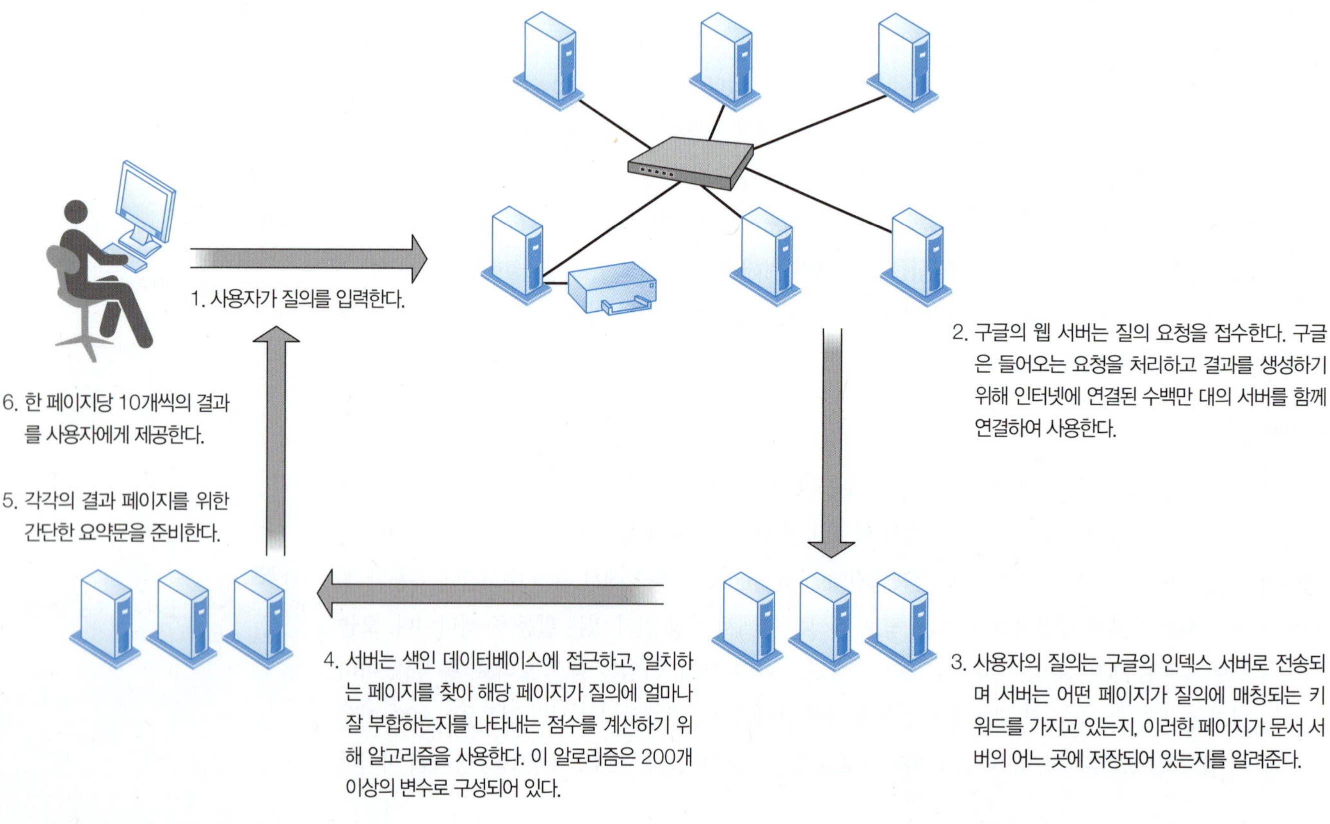

모바일 검색

스마트폰과 태블릿을 통한 모바일 검색은 전체 검색의 60% 이상을 차지하며, 향후 몇 년 내에 급속도로 확대될 것으로 예상된다. 구글, 아마존, 야후는 스마트폰에서 검색과 쇼핑을 더 편리하게 하기 위해 새로운 검색 인터페이스를 개발했다. 구글은 스마트폰 화면에 잘 어울리는 사이트를 선호하도록 검색 알고리즘을 개정했다. 모바일 전자상거래(m-commerce)는 전자상거래에서 차지하는 비중이 계속 증가하고 있으며, 2024년에는 소매 전자상거래 수익의 약 45%를 차지할 것으로 예상된다. 그리고 이 중 거의 90%는 스마트폰을 통한 구매에서 발생할 것으로 전망된다(Emarketer, 2024b).

검색엔진 마케팅

검색엔진은 현재 **검색엔진 마케팅**(search engine marketing)이라는 서비스를 제공함으로써 주요 광고 플랫폼이자 쇼핑 도구가 되었다. 검색엔진 마케팅은 전체 디지털 광고 지출의 40% 이상을 차지하고 있다. 사용자가 구글, 빙, 야후 또는 이러한 검색엔진이 서비스하는 다른 사이트에서 검색어를 입력하면 두 가지 유형의 검색 결과를 받는다. 하나는 광고주가 비용을 지불하여 상단에 노출되는 후원 링크(sponsored link)이고, 또 하나는 비용을 지불하지 않은 유기적 검색 결과(organic search result)이다. 광고주는 검색 결과 페이지 옆의 작은 텍스트 박스를 구매할 수도 있다. 유료 후원 광고는 인터넷 광고 중 가장 빠르게 성장하는 형태이며, 소비자의 관심과 광고 메시지를 적절한 시점에 정확히 일치시키는 강력한 마케팅 도구이다. 검색엔진 마케팅은 검색 과정의 가치를 수익화한다(Emarketer, 2023).

검색엔진 마케팅
광고주가 검색엔진 결과에 비용을 지불한 스폰서 링크를 제공하기 위해 검색엔진을 사용한다.

검색엔진 마케팅은 매우 효과적이기 때문에(클릭률이 가장 높고 광고 투자 수익률도 가장 높기 때문에), 기업은 검색엔진에 잘 인식되도록 자사 웹사이트를 최적화하려고 한다. 페이지가 잘 최적화될수록 검색엔진 결과 목록에서 더 높은 순위를 얻게 된다. **검색엔진 최적화**(search engine optimization, SEO)는 주요 검색엔진에서 특정 키워드로 검색되었을 때 웹사이트가 상위에 노출되도록 돕는 다양한 기법을 사용하여 웹사이트 방문 트래픽의 질과 양을 향상하는 과정이다.

검색엔진 최적화(SEO)
웹사이트가 주요 검색엔진에서 더 높은 순위에 오르도록 돕는 일련의 기법을 사용하여 웹사이트에 대한 웹 트래픽의 품질과 양을 향상하는 프로세스

일반적으로 검색엔진은 대규모 마케팅 캠페인을 감당할 수 없는 중소기업에 매우 도움이 되었다. 검색엔진을 사용하는 사람들은 종종 특정 상품이나 서비스를 찾고 있기 때문에 마케터는 이들을 구매 의사가 있는 좋은 잠재 고객으로 본다. 또한 검색엔진은 사이트에 실제로 접속한 클릭에 대해서만 비용을 부과한다. 즉, 효과가 없는 광고의 경우 비용을 지불하지 않아도 되며, 오직 클릭된 광고에만 비용이 발생한다. 소비자 입장에서도 검색 중 특정 상품을 찾을 때만 상인의 광고가 표시되기 때문에 검색엔진 마케팅의 혜택을 받는다. 따라서 검색엔진 마케팅은 소비자의 인지적 에너지를 절약하고, 물리적으로 상품을 찾아다니는 데 드는 비용을 포함한 검색 비용을 줄여준다.

AI와 검색

수년 동안 구글 등의 검색엔진은 수학적 모델링과 AI/머신러닝 기법을 활용하여 검색 질의에 대한 응답을 더욱 정확하고 지능적으로 만들기 위해 검색 알고리즘을 지속적으로 정교화했다. 예를 들어 과거에는 검색어의 각 단어를 개별적으로 평가했지만, 현재 구글의 검색 알고리즘은 자연어 처리(NLP)를 활용하여 검색 질의에 사용된 단어, 구절, 문장의 문맥과 의미를 이해하려고 한다. 이러한 방식을 **시멘틱 검색**(semantic search)이라고 한다. 예를 들어 'Google annual report selected financial data'라는 문구를 검색하면 구글은 사용자가 실제로 원하는 것이 구글의 모회사인 알파벳(Alphabet Inc.)이 미국 증권거래위원회(SEC)에 제출한 Form 10-K 보고서라는 것을 파악할 수 있어야 한다.

시멘틱 검색
자연어 처리를 사용하여 검색어에 사용된 단어, 구절, 문장의 문맥과 의미를 이해한다.

또한 구글 검색은 사용자가 특정 주제를 검색할 때 더 알고 싶어 할 내용을 미리 예측하려는 알고리즘 기반의 시도인 지식 그래프(Knowledge Graph)를 활용한다. 지식 그래프의 결과는 많은 검색 결과

페이지의 오른쪽에 나타나며, 사용자가 검색 중인 주제나 인물에 대한 추가 정보를 포함한다. 예를 들어 'Lake Tahoe'를 검색하면 검색엔진은 타호 호수의 고도, 평균 기온, 지역 어종과 같은 기본 정보, 지도, 숙박 시설에 관한 정보를 반환한다. 구글은 **예측 검색**(predictive search)을 대부분의 검색 결과에 통합했는데, 이는 사용자가 검색어를 입력하는 도중에 사용자가 찾고자 하는 내용을 추측하고 적절한 검색어를 제안하는 알고리즘의 일부이다.

예측 검색
사용자 쿼리가 입력될 때 무엇을 찾고 있는지 예측하는 검색 알고리즘의 일부

이미지 기반 검색
텍스트 기반 쿼리 대신 이미지를 사용하여 정보를 검색한다.

음성 기반 검색
자연어 처리 및 음성 인식 기술을 사용하여 음성 쿼리를 처리하고 검색 결과를 제공한다.

이미지 기반 검색(visual search)은 텍스트 기반 질의 대신 이미지를 사용하여 정보를 검색하는 방식이다. 이는 AI 기반 객체 인식 알고리즘을 이용하여 이미지 내 요소를 식별하고, 비교 및 유사도 매칭 알고리즘을 통해 업로드된 이미지와 유사한 다른 이미지를 찾아낸다. 대표적인 이미지 기반 검색 도구로는 Google Lens, Bing Visual Search, Pinterest Lens, Amazon StyleSnap 등이 있다. **음성 기반 검색**(voice search)은 음성 질의를 처리하고 검색 결과를 제공하기 위해 자연어 처리와 음성 인식 기술을 활용한다. 검색 분야에서 AI의 가장 최신 응용은 생성형 AI 형태이며, 이는 검색 방식을 근본적으로 혁신할 수 있는 잠재력을 가지고 있다. 생성형 AI가 검색엔진의 미래에 어떤 영향을 미칠 수 있는지는 사례 연구 'AI와 검색의 미래'를 참조하라. AI/머신러닝 기술은 11장에서 더욱 자세히 다룰 예정이다.

웹에서의 정보 공유

오늘날의 웹사이트는 단순히 고정된 콘텐츠만을 담고 있는 것이 아니라, 사람들은 온라인에서 협업하고 정보를 공유하며 새로운 서비스와 콘텐츠를 창조할 수 있다. 현재의 웹은 상호작용성, 실시간 사용자 제어, 사회적 참여(공유), 사용자 생성 콘텐츠를 지원한다. 이러한 기능을 뒷받침하는 기술과 서비스에는 클라우드 컴퓨팅, 매시업, 앱, 블로그, RSS, 위키, 소셜 네트워크가 포함된다. 클라우드 컴퓨팅, 매시업, 앱은 5장에서, 소셜 네트워크는 2장에서 소개했다.

블로그
개인과 기업이 콘텐츠를 온라인에 게시하기 위해 사용하는, 비공식적이지만 구조화된 웹사이트를 가리키는 용어

블로그(blog)는 웹로그를 가리키는 대중적인 용어로, 개인과 기업이 온라인에서 콘텐츠를 게시하기 위해 사용하는, 비공식적이지만 구조화된 웹사이트이다. 블로그에는 이야기, 의견, 블로그롤(다른 블로그로 연결되는 링크 모음), 트랙백(첫 번째 블로그 글을 참조하는 다른 블로그 글의 목록) 등이 포함될 수 있다. 대부분의 블로그는 독자가 댓글을 달 수 있도록 허용하며, 블로그를 만드는 행위는 흔히 블로깅이라고 한다. 대부분의 블로그는 WordPress, Tumblr, Blogger, TypePad와 같은 제삼자 서비스에 의해 호스팅되며, 블로깅 기능은 링크드인과 같은 소셜 네트워크나 슬랙과 같은 협업 플랫폼에도 통합되어 있다.

블로그 페이지는 일반적으로 블로그 서비스나 소프트웨어에서 제공하는 템플릿을 기반으로 구성된다. 따라서 HTML 기술이 전혀 없는 수백만 명의 사용자도 자신의 웹페이지를 게시하고 다른 사람들과 콘텐츠를 공유할 수 있다. 블로그는 인기 있는 개인 출판 도구로 자리 잡았지만 비즈니스 용도로도 널리 활용되고 있다(2장, 10장 참조).

RSS
애그리게이터 소프트웨어를 사용하여 웹사이트에서 콘텐츠를 가져와서 가입자 컴퓨터에 자동으로 공급하는 기술

열성적인 블로그 독자라면 원하는 블로그를 지속적으로 방문하지 않고도 최신 글을 받아보기 위해 RSS를 이용할 수 있다. **RSS**는 'Really Simple Syndication' 또는 'Rich Site Summary'의 약자로, 웹사이트에서 지정된 콘텐츠를 가져와 사용자 컴퓨터로 자동 전송한다. RSS 리더 소프트웨어는 사용자가 선택한 웹사이트나 블로그에서 자료를 수집하고 새로운 정보를 제공한다. RSS 리더는 주요 웹브라우저와 이메일 프로그램에 통합되어 있다.

블로그의 경우 방문자가 원문에 댓글을 추가할 수는 있지만 기존 게시물을 수정할 수는 없다. 반면에 위키는 방문자가 웹 개발이나 프로그래밍 기술 없이도 이전 작성자의 글을 포함한 콘텐츠를 자유롭게 추가, 삭제, 수정할 수 있게 해주는 협업 웹사이트이다(2장 참조). 'wiki'는 하와이어로 '빠르다'라는 뜻의 단어에서 유래했다.

위키 소프트웨어는 일반적으로 모든 페이지에 공통되는 레이아웃과 요소를 정의하는 템플릿을 제공

하며, 사용자가 편집 가능한 프로그램 코드가 표시되고, 그 내용을 HTML 기반 페이지로 변환하여 웹브라우저에 표시한다. 일부 위키 소프트웨어는 기본적인 텍스트 서식만 허용하는 반면, 다른 도구는 표, 이미지, 투표, 게임과 같은 상호작용 요소도 지원한다. 대부분의 위키는 다른 사용자의 작업을 모니터링하고 오류를 수정할 수 있는 기능을 제공한다.

위키는 정보 공유를 매우 쉽게 만들어주기 때문에 다양한 비즈니스 목적으로 활용된다. 많은 기업은 위키를 소프트웨어 개발 관리, 기술 문서화, 지식 베이스, 인트라넷, 엑스트라넷, 개발자 네트워크 용도로 사용한다. 예를 들어 픽사 위키(Pixar Wiki)는 픽사 애니메이션 스튜디오의 작품을 알리기 위한 공동 커뮤니티 위키이다. 위키 형식은 누구나 픽사 영화에 관한 글을 작성하거나 편집할 수 있게 해준다.

소셜 네트워크(social network)는 사용자가 친구나 전문적 동료의 온라인 커뮤니티를 형성할 수 있게 해준다. 회원은 일반적으로 사진, 동영상, 오디오 파일, 텍스트를 게시하는 프로필 페이지를 생성하고, 이를 해당 서비스를 사용하는 친구나 연락처와 공유한다. 소셜 네트워크는 상호작용성이 높고, 실시간 사용자 제어를 제공하며, 사용자 생성 콘텐츠에 의존하고, 콘텐츠 및 의견 공유와 같은 사회적 참여를 기반으로 한다. 대표적인 소셜 네트워크로는 페이스북, 인스타그램, 틱톡, 핀터레스트, X(구 트위터), 링크드인(전문적 인맥용) 등이 있다.

> **소셜 네트워크**
> 사용자가 소셜 또는 비즈니스 연락처에 연결하고 확장할 수 있는 온라인 커뮤니티

소셜 네트워킹은 사람들이 온라인에서 시간을 보내는 방식, 사람들과 소통하는 방식과 대상, 기업이 고객·공급자·직원과 소통하는 방식, 상품 및 서비스 제공자가 고객에 대해 배우는 방식, 광고주가 잠재 고객에게 접근하는 방식에 근본적인 변화를 가져왔다. 대형 소셜 네트워크는 애플리케이션 개발 플랫폼의 역할도 하며, 회원은 커뮤니티 내의 다른 사용자를 위해 소프트웨어 애플리케이션을 개발하고 판매할 수 있다. 페이스북만 해도 게임, 영상 공유, 가족 및 친구와의 커뮤니케이션을 위한 수백만 개의 앱과 웹사이트가 통합되어 있다. 소셜 네트워킹의 비즈니스 활용은 2장과 10장에서 더 자세히 다루며, 이 책의 여러 장에서도 소셜 네트워크에 관한 설명을 찾아볼 수 있다.

미래의 인터넷/웹 생태계

인터넷과 웹은 정적인 것이 아니다. 새로운 기술이 개발됨에 따라 지속적으로 진화하고 있다. 예를 들어 **인터넷2**(Internet2)는 차세대 인터넷 기술 개발에 중점을 둔 고급 네트워킹 컨소시엄이다. 미국 내 330개 이상의 대학, 50개 정부 기관, 45개 지역 및 주 교육 네트워크, 50개 주요 기업 그리고 100개국 이상에서 온 100여 개의 국가 연구 및 교육 네트워크 파트너가 인터넷2에 참여하고 있다. 이러한 커뮤니티를 연결하기 위해 인터넷2는 100Gbps의 고성능 네트워크를 개발했으며, 이 네트워크는 장기적으로 공용 인터넷으로 이전될 수 있는 최첨단 기술을 실험하기 위한 테스트베드 역할을 한다. 여기에는 대규모 네트워크 성능 측정 및 관리 도구, 보안 ID 및 접근 관리 도구, 고대역폭·고성능 회로의 스케줄링 기능 등이 포함된다. 현재 인터넷2는 미국 전역에 400Gbps 네트워크를 구축하고 있으며, 차세대 인프라 프로그램의 일환으로 800Gbps 네트워크의 시험 운영도 진행 중이다.

> **인터넷2**
> 차세대 인터넷 기술 개발에 중점을 둔 고급 네트워킹 컨소시엄

미래의 웹은 점차 가시화되고 있다. 그 핵심 특징은 수십억에서 수조에 이르는 웹페이지와 수백만 개의 스마트폰, 태블릿 앱을 개인이 이해할 수 있도록 돕는 다양한 도구, 시각적 3차원의 가상현실 환경, 즉 **메타버스**(metaverse)라 불리는 공간이다. 페이스북은 메타버스가 미래 웹의 중심이 될 것이라고 확신하여 자사 브랜드명을 '메타(Meta)'로 변경하기도 했다. 또한 블록체인(6장 참조) 기술에서 비롯된 아이디어는 **웹3**(Web3)라는 새로운 흐름을 이끌고 있다. 웹3는 기존 인터넷보다 훨씬 탈중앙화되어 있으며, 대기업이 아니라 사용자가 주도권을 가지는 구조로 설계된다(White, 2021; Allyn, 2021).

> **메타버스**
> 사용자에게 가상현실 및 증강현실 경험에 대한 액세스를 제공하는 온라인 3D 또는 가상 통합 환경을 특징으로 하는 웹의 향후 반복이 예상된다.

> **웹3**
> 대기업이 지배하기보다는 사용자가 통제하는 블록체인의 아이디어를 기반으로 한, 보다 분산화된 인터넷

가까운 미래에는 도시의 교통 신호등과 수도 사용량부터 가정의 조명, 자동차의 후방 거울까지 모든 것을 제어하는 인터넷/웹이 널리 퍼져 있을 것이다. 이는 1장에서 소개한 사물인터넷(IoT)이라 하며, 물

리적 세계 전역에 인터넷으로 연결된 수십억 개의 센서를 기반으로 한다. 사물, 동물 또는 사람에게 고유한 식별자가 부여되고, 사람과 사람 간 또는 사람과 컴퓨터 간의 상호작용 없이 네트워크를 통해 데이터를 전송할 수 있는 기능이 제공된다.

GE, IBM, HP, 오라클과 수백 개의 중소기업은 원격 센서와 고속 클라우드 컴퓨팅을 활용하여 스마트 머신, 스마트 공장, 스마트 도시를 구축하고 있다. 사물인터넷 기기의 수에 대한 추정은 다양하지만, 일부 전문가들은 2030년까지 300억 개 이상의 사물인터넷 기기가 웹에 연결될 것으로 보고 있다. 시간이 지남에 따라 일상생활의 더 많은 물리적 객체가 인터넷에 연결되어 스스로를 다른 장치에 인식시키고, 데이터 변화에 따라 반응하는 센서 네트워크를 형성하게 될 것이다(Vailshery, 2023).

앱은 미래 인터넷/웹 생태계의 또 다른 요소이다. 모바일 플랫폼 내에서 앱의 성장은 매우 놀라운 수준이다. 미국에서는 모바일 기기 사용 시간의 90% 이상이 모바일 브라우저가 아닌 앱을 통해 이루어진다. 앱은 사용자가 콘텐츠에 직접 접근할 수 있도록 하며, 브라우저를 열고 콘텐츠를 검색하는 것보다 훨씬 빠르다(Emarketer, 2024c).

미래 인터넷/웹으로 향하는 또 다른 보완적 흐름은 클라우드 컴퓨팅과 서비스형 소프트웨어(SaaS) 비즈니스 모델의 광범위한 사용, 모바일 플랫폼 및 인터넷 접속 장치 간의 유비쿼터스 연결, 분리된 개별 애플리케이션과 콘텐츠 네트워크에서 더 매끄럽고 상호 운용 가능한 전체로의 전환 등이다. 생성형 AI는 콘텐츠 생성, 웹사이트 설계 및 개발 자동화, 사용자와의 상호작용을 향상하는 챗봇 및 가상 비서 구현 등에 사용할 수 있는 새로운 도구를 제공함으로써 향후 웹의 형태를 결정짓는 데 중요한 역할을 할 것으로 보인다. 그러나 일부 분석가들은 이러한 생성형 AI가 우리가 알고 있는 웹의 종말을 초래할 수 있다고 우려하여, 품질이 의심되는 AI 생성 콘텐츠로 웹을 가득 채우고 검색 결과를 오염시킬 수 있다고 지적한다(Mims, 2024).

7.7 주요 무선 기술 및 표준 기준

무선 혁명이 일어나고 있다. 스마트폰, 태블릿, 무선 기능이 탑재된 노트북 컴퓨터로 책상 위에서 수행하던 다양한 컴퓨팅 작업은 물론이고 훨씬 더 많은 일을 수행할 수 있다. 1장과 5장에서는 모바일 플랫폼에 대한 논의의 일환으로 스마트폰에 대해 소개했다. 아이폰이나 안드로이드폰과 같은 **스마트폰**(smartphone)은 기존 휴대전화의 기능에 와이파이 기능이 탑재된 노트북 컴퓨터의 기능을 결합한 것이다. 이러한 결합으로 음악, 영상, 인터넷 접속, 전화 서비스를 하나의 기기에서 이용할 수 있다. 인터넷은 이제 영상, 오디오, 웹 검색을 위해 어디에서나 접근 가능한 모바일 브로드밴드 서비스로 진화하고 있다.

스마트폰
휴대전화의 기능과 와이파이 지원 노트북 컴퓨터의 기능을 결합하여 음성, 메시징, 일정 관리, 이메일 및 인터넷 기능을 제공하는 모바일 장치

셀룰러 시스템

현재 미국 인구의 85% 이상이 휴대전화를, 약 80%가 스마트폰을 보유하고 있다. 모바일은 이제 선도적인 디지털 플랫폼으로 자리 잡았으며, 스마트폰과 태블릿에서의 총활동은 하루 디지털 미디어 이용 시간의 거의 절반을 차지하고 있다(Emarketer, 2024d).

초기 휴대전화 시스템은 주로 음성과 짧은 문자 메시지 형식의 제한된 데이터 전송을 위해 설계되었다. **3G 네트워크**(3G network)는 이동 중인 사용자에게는 144Kbps, 정지된 사용자에게는 2Mbps 이상의 전송 속도를 제공하며, 이메일이나 웹 브라우징에는 적절한 속도이지만 영상 시청에는 느린 편이다. 현재 미국의 주요 통신사는 3G 네트워크를 모두 중단한 상태이다. **4G 네트워크**(4G network)는 훨씬 더 빠른 속도를 제공하며, 다운로드는 최대 100Mbps, 업로드는 최대 50Mbps에 달해 스마트폰에서 고화질 동영상을 시청하기에 충분한 대역폭을 제공한다.

3G 네트워크
144Kbps~2Mbps의 전송 속도를 제공하는 셀룰러 네트워크

4G 네트워크
다운로드 시 최대 100Mbps, 업로드 시 최대 50Mbps의 전송 속도를 제공하는 셀룰러 네트워크

기술 사례 최신 병원에 사설 5G 네트워크를 도입한 클리블랜드클리닉

2019년부터 통신사들은 5G 네트워크와 관련 기기를 본격적으로 출시하기 시작했다. 2024년 현재, 소비자 관점에서 보면 5G는 처음 기대만큼 획기적인 변화를 가져오지는 못했지만 기업 차원에서는 점점 더 큰 영향을 미치고 있다. 점점 더 많은 기관이 향후 무선 연결 요구를 충족하기 위해 사설 5G 네트워크를 어떻게 활용할 수 있을지 고민하고 있다.

오하이오주에 본사를 둔 유명 의료기관 클리블랜드클리닉(Cleveland Clinic)도 그러한 기관 중 하나이다. 2023년 7월, 클리블랜드클리닉은 비교적 중증도가 낮고 입원 기간이 짧으며 퇴원 후 가정에서 후속 치료를 받을 것으로 예상되는 환자를 위한 지역 밀착형 병원인 멘토 병원(Cleveland Clinic Mentor Hospital)을 개원했다. 멘토 병원은 소규모 병원으로, 입원 및 관찰 병상 34개, 외래 진료실 23개, 응급실 병상 19개, 마취 전후 회복 병상 12개, 수술실 4개로 구성되어 있다. 이 병원의 또 다른 주요 특징은 미국 최초로 사설 5G 네트워크를 기반으로 처음부터 설계·건설된 병원이라는 점이다. 이 네트워크는 버라이즌과 에릭슨이 제공했다. 클리블랜드클리닉의 최고정보책임자(CIO)인 매슈 쿨(Matthew Kull)에 따르면 이 새로운 사설 5G 네트워크는 완전 디지털 병원 인프라에 대한 장기 비전을 지원할 것이다. 이 네트워크를 통해 병원의 운영 효율성을 높이고, 치료의 연속성을 확보하며, 의료진과 환자 모두에게 향상된 경험을 제공할 것으로 기대하고 있다. 더불어 클리블랜드클리닉은 이 사설 5G 네트워크를 새로운 의료 기술 아이디어와 혁신을 실험하고 실현하기 위한 테스트베드 및 플랫폼으로 활용할 계획이다.

대부분의 사람들은 5G라고 하면 공용 5G 네트워크를 떠올린다. 공용 5G 네트워크는 일반적으로 네트워크 서비스와 관리를 담당하는 이동통신 사업자가 소유한다. 공용 5G는 전국 단위 수백만 명의 가입자가 사용하는 것을 전제로 설계된다. 반면에 사설 5G 네트워크는 기본적인 네트워크 인프라와 무선 주파수는 공용 5G와 동일하지만 몇 가지 중요한 차이가 있다. 사설 5G 네트워크는 특정 기업이나 조직만을 위한 전용 네트워크로, 보통은 단일 위치에서 사용된다. 이로 인해 사설 5G 네트워크는 공용 5G에 비해 네트워크 구성, 성능, 보안 측면에서 훨씬 더 높은 수준의 제어권을 가질 수 있다.

클리블랜드클리닉이 기존 와이파이 네트워크 대신 사설 5G 네트워크를 선택한 데에는 여러 가지 이유가 있다. 사설 5G 네트워크는 와이파이에 비해 지연 시간이 더 짧고, 데이터 전송 속도가 더 빠르며, 전반적인 품질과 서비스 수준이 더 우수하다. 와이파이 네트워크 역시 고속 인터넷 접속을 제공할 수는 있지만 다수의 기기를 동시에 처리하는 데에는 한계가 있다. 일반적으로 병원의 와이파이 네트워크는 환자와 의료진 모두가 접근할 수 있기 때문에 환자 진료와 병문안객의 기기가 네트워크 속도를 두고 경쟁하는 문제가 발생할 수 있다. 이에 반해 사설 5G는 수천 개의 기기를 동시에 지원할 수 있어 네트워크 확장성 측면에서 훨씬 유리하다.

또한 사설 5G 네트워크는 5G 신호가 더 먼 거리까지 도달할 수 있기 때문에 와이파이보다 더 넓은 범위에 더 나은 커버리지를 제공할 수 있다. 반면에 와이파이 네트워크는 일반적으로 범위가 짧으며, 넓거나 밀집된 공간을 커버하려면 수많은 액세스 포인트가 필요하고, 이는 시스템의 복잡성과 간섭 가능성, 비용을 증가시킨다. 사용자가 액세스 포인트 간을 이동할 때 속도 저하가 발생할 수도 있다.

보안 측면에서 사설 5G와 와이파이는 모두 강력한 보안 기능을 제공하지만, 통신업체들은 5G가 셀룰러 아키텍처, SIM 기반 인증, 고급 보안 프로토콜 덕분에 보다 우위에 있다고 주장한다. 최신 와이파이 네트워크 또한 고도화된 보안 기술을 적용하고 있지만 상대적으로 보안 위협에 더 취약할 수 있다는 우려도 존재한다.

확장성 역시 중요한 고려사항 중 하나였다. 병원이 자체적으로 물리적인 와이파이 인프라를 유지·관리하는 대신 사설 5G 네트워크를 통해 주요 통신사에 연결성을 아웃소싱하면 수요에 따라 네트워크 규모를 빠르게 확대하거나 축소할 수 있다. 매슈 쿨은 앞으로 등장할 새로운 기술에 대응하기 위해서는 네트워크의 속도와 확장성이 점점 더 중요해질 것이라고 한다.

병원에서 구현할 계획인 5G 기반 기능에는 5G로 증강된 환자 체크인 키오스크, 디지털 모니터링 그리고 환자에게 진료 정보, 병원 편의시설, 엔터테인먼트 정보를 실시간으로 제공하는 디지털 디스플레이 등이 포함된다. 초기에는 이 네트워크가 의료기기 용도로 사용되지는 않겠지만, 향후 1~2년 이내에 증강현실과 가상현실을 활용한 임상 교육 등 보다 고도화된 5G 기반 기술을 병원 운영에 도입하는 것이 목표이다. 또한 이 네트워크를 의료 영상과 검사 결과를 전송하는 데에도 활용할 수 있을 것으로 기대하고 있다.

클리블랜드클리닉은 이 새로운 5G 네트워크를 테스트베드로도 적극 활용할 계획이다. 이미 여러 제조업체가 자사 장비를 이 네트워크상에서 시험해보기 위한 협력에 관심을 표명하고 있다. 클리닉의 최고기술책임자(CTO)인 시부 토머스(Shibu Thomas)는 "그동안 의료 서비스 제공자는 장비 제조업체가 5G를 도입하기를 기다리고, 장비 제조업체는 이를 실험해볼 수 있는 기회를 기다려왔다. 멘토 병원은 이제 현실적인 환경에서 그 기회를 제공할 수 있는 위치에 있다"고 말했다.

출처: Isabelle Bouquette, "Hospitals CIOs Weigh 5G as Digitized Medicine Pushes Wi-Fi to Its Limits," Wall Street Journal, February 7, 2024; Sarah Sloat, "The Famed Cleveland Clinic Just Opened a 'Smart Hospital' Where 5G May Eventually Power Everything from Check-ins to Surgery," Businessinsider.com, August 3, 2023; Giles Bruce, "Why Cleveland Clinic Went with Private 5G over Wi-Fi for Its Newest Hospital," Beckershospitalreview.com, July 31, 2023; Andrea Fox, "Cleveland Clinic's New Mentor Hospital Is a 5G mmWave Test Bed," Healthcareitnew.com, July 24, 2023; Tina Reed, "Coming to a Hospital Near You: 5G," Axios.com, May 30, 2023.

문제

1. 사설 5G 네트워크는 공용 5G 네트워크와 어떻게 다른가?
2. 클리블랜드클리닉은 왜 기존 와이파이 네트워크 대신 멘토 병원에 사설 5G 네트워크를 구축했는가?
3. 사설 5G 네트워크의 도입은 클리블랜드클리닉의 완전한 디지털 병원 인프라 구축이라는 장기적 비전을 어떤 방식으로 발전시킬 수 있는가?

5G
더 많은 장치(예: 센서, 스마트 기기)를 한 번에 연결할 수 있는 기능을 통해 기가비트 범위의 대량 데이터 전송을 지원하는 무선 통신 기술

차세대 무선통신 기술인 **5G**는 기존 셀룰러 시스템보다 훨씬 큰 용량의 데이터를 기가비트 단위로 전송할 수 있도록 설계되었으며, 전송 지연이 적고, 센서나 스마트 기기와 같은 수많은 장치를 동시에 연결할 수 있는 기능을 지원한다. 5G 기술은 자율주행차, 스마트시티, 사물인터넷의 지속적인 발전을 돕고, 스마트폰의 데이터 처리 능력과 속도 또한 향상할 것이다. 현재 T-모바일, AT&T, 버라이즌 등은 다양한 수준의 5G 기능을 갖춘 네트워크를 출시한 상태이다. 기술 사례 '최신 병원에 사설 5G 네트워크를 도입한 클리블랜드클리닉'에서는 새 병원을 위해 독자적인 5G 네트워크를 구축하기로 한 클리블랜드클리닉의 결정을 살펴본다.

가장 최근 세대의 셀룰러 네트워크 표준은 6G이다. 6G 네트워크는 전송 용량이 획기적으로 향상될 것으로 예상된다. 아직 6G의 구체적인 데이터 속도를 추정하기에는 이르지만, 연구자들은 초당 1테라바이트에 달하는 이론적 최대 전송 속도도 가능할 수 있다고 본다. 또한 6G는 전송 지연 시간을 극단적으로 낮추어 궁극적으로 1마이크로초 수준의 지연 시간을 지원하는 통신을 목표로 한다. 6G에 대한 연구와 개발은 2020년에 시작되었지만 산업계의 구체적인 표준은 수년이 더 걸릴 것으로 보이며, 6G 지원 제품이 시장에 등장하는 시점은 2030년 이후가 될 것으로 예상된다.

무선 네트워크와 인터넷 접속

일련의 기술 덕분에 데스크톱 컴퓨터와 모바일 기기의 초고속 무선 인터넷 접속이 가능해졌다. 이러한 초고속 서비스는 기존의 유선 인터넷 서비스가 도달하지 못했던 수많은 지역으로 인터넷 접근 범위를 확장했으며, 언제 어디서나 컴퓨팅이 가능한 환경을 현실로 만들고 있다.

블루투스

블루투스
10m 지역 이내에서 722Kbps의 속도로 전송할 수 있는 단거리 무선망의 표준

개인 영역 네트워크(PAN)
서로 가까이 위치한 디지털 장치 간의 통신에 사용되는 컴퓨터 네트워크

블루투스(Bluetooth)는 근거리의 디지털 장치 간 통신을 위한 컴퓨터 네트워크인 소규모 **개인 영역 네트워크**(personal area network, PAN)를 구성하는 데 유용한 802.15 무선 네트워킹 표준의 일반 명칭이다. 블루투스 기능이 탑재된 장치는 반경 10m 이내에서 최대 7개의 블루투스 장치와 저전력 무선통신을 통해 연결될 수 있으며, 2.4GHz 대역에서 최대 722Kbps의 전송 속도를 낼 수 있다. BLE(Bluetooth Low Energy) 사양은 블루투스 주변 장치의 전력 소비를 줄여주며, 블루투스 5는 BLE 기능을 무선 헤드폰과

그림 7.12 블루투스 네트워크(PAN)

블루투스를 통해 스마트폰, 무선 키보드와 마우스, PC, 프린터 등 다양한 장치가 반경 10m 이내에서 무선으로 서로 통신할 수 있다. 그림에 나타낸 연결 외에도 블루투스는 예를 들어 하나의 PC에서 다른 PC로 데이터를 전송하기 위해 유사한 장치를 네트워킹하는 데 사용할 수 있다.

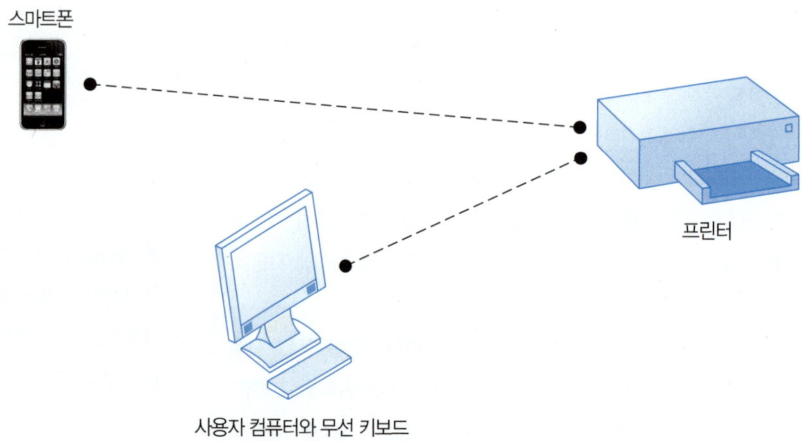

같은 다양한 장치로 확장할 수 있고, 통신 범위가 최대 240m이며, 전송 속도 또한 최대 2Mbps까지 향상되었다.

블루투스를 사용하는 무선 전화기, 페이저, 컴퓨터, 프린터 및 기타 컴퓨팅 장치는 직접적인 사용자 개입 없이 서로 통신하고 작동할 수 있다. 그림 7.12는 사용자가 스마트폰 또는 컴퓨터의 무선 키보드와 마우스를 이용하여 문서 파일을 프린터로 무선 전송하는 방식을 보여준다.

원래 블루투스는 개인용 네트워크에 적합하지만 대규모 기업 환경에서도 활용된다. 예를 들어 페덱스 운전자는 휴대형 컴퓨터로 수집한 배송 데이터를 블루투스를 통해 셀룰러 송신기로 전송하고, 이 송신기가 다시 본사 컴퓨터로 데이터를 전달한다. 운전자는 휴대장치를 송신기에 물리적으로 도킹할 필요가 없으며, 이 시스템 덕분에 페덱스는 연간 2,000만 달러의 비용을 절감하고 있다.

와이파이와 무선 인터넷 접속

무선 LAN과 무선 인터넷 접속을 위한 802.11 표준 세트는 **와이파이**(Wi-Fi)로 알려져 있다. 이러한 표준 중 처음으로 널리 채택된 것은 802.1 1b로, 2.4GHz 대역에서 최대 11Mbps의 속도로 데이터를 전송할 수 있으며, 유효 전송 거리는 약 30~50m이다. 현재 가장 보편적인 802.11 표준은 802.11ac(와이파이 5)와 802.11ax(와이파이 6)이다. Wi-Fi 5는 500Mbps에서 1Gbps의 처리량을 제공하며, 와이파이 6는 더 넓은 주파수 대역에서 작동하고 이론적으로 최대 10Gbps까지의 처리량을 달성할 수 있다. 오늘날의 PC와 태블릿은 아이폰 및 기타 스마트폰과 마찬가지로 와이파이 기능을 내장하고 있다.

와이파이
무선 LAN 및 무선 인터넷 접속 표준에 대한 802.11 표준 세트

대부분의 와이파이 통신에서 무선 장치는 접근점을 이용하여 유선 LAN과 통신한다. 접근점(access point)은 무선 송수신기와 안테나로 구성된 박스로, 유선 네트워크, 라우터 또는 허브에 연결된다.

그림 7.13은 네트워크 인터페이스 어댑터가 장착된 노트북 컴퓨터들이 802.11(와이파이) 무선 LAN을 통해 유선 LAN과 인터넷에 연결되는 모습을 보여준다. 와이파이 LAN 내 대부분의 무선 장치는 클라

그림 7.13 802.11 무선 LAN

와이파이 네트워크에서 노트북 컴퓨터와 같은 모바일 무선 장치는 접근점을 통해 유선 LAN 및 인터넷과 통신한다. 접근점은 무선 전파를 이용하여 모바일 장치와 유선 네트워크와 통신한다.

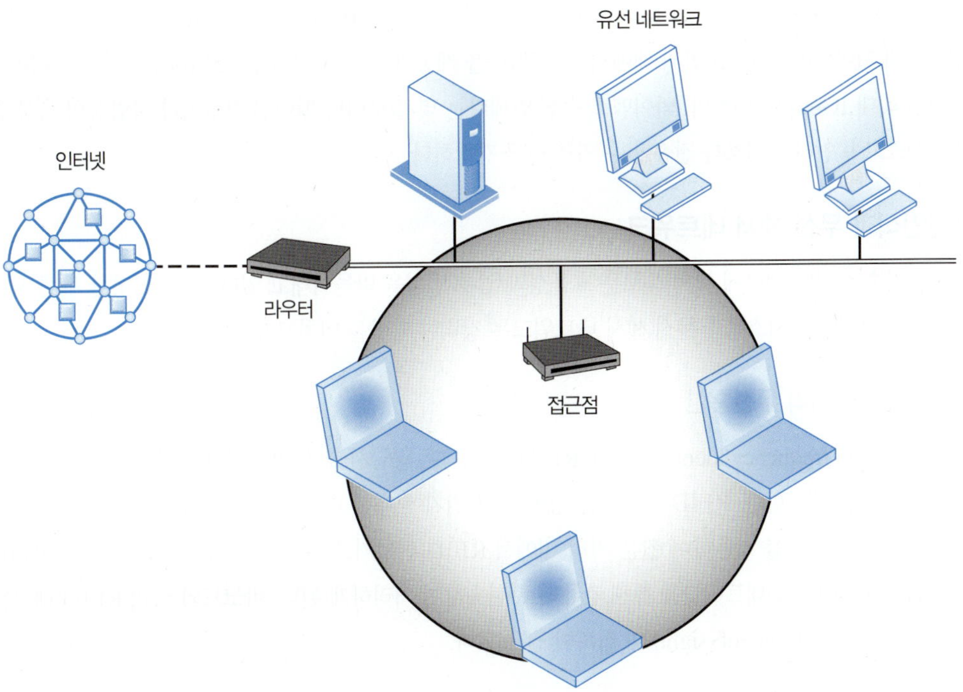

이언트이며, 모바일 클라이언트 장치가 사용하는 서버는 유선 LAN상에 위치한다. 접근점은 유선 네트워크로부터의 네트워크 신호를 무선 전파로 클라이언트 어댑터에 전송하고, 어댑터는 이를 모바일 장치가 이해할 수 있는 데이터로 변환한다. 이후 클라이언트 어댑터는 모바일 장치의 데이터를 다시 접근점으로 전송하고, 접근점은 이를 유선 네트워크로 전달한다.

오늘날 와이파이의 가장 대중적인 활용은 고속 무선 인터넷 서비스이다. 이 경우 접근점은 케이블 서비스, DSL 또는 FiOS, 위성 인터넷 서비스 등을 통해 인터넷망에 연결되며, 접근점의 신호 범위 내에 있는 컴퓨터는 무선으로 인터넷에 접속할 수 있다.

핫스폿
공용 와이파이 인터넷 액세스를 제공하는 하나 이상의 액세스 포인트가 있는 위치

핫스폿(hotspot)은 하나 이상의 접근점을 통해 와이파이 인터넷 접속을 제공하는 장소이며, 일반적으로 공공장소에 설치된다. 일부 핫스폿은 무료로 이용 가능하거나 추가 소프트웨어 없이도 사용할 수 있으나, 일부는 웹을 통해 신용카드 정보를 입력하고 사용자 계정을 활성화해야 사용할 수 있다.

기업의 규모와 관계없이 많은 조직이 저비용 무선 LAN과 인터넷 접속을 제공하기 위해 와이파이 네트워크를 활용하고 있다. 와이파이 핫스폿은 호텔, 공항 라운지, 도서관, 카페, 대학교 캠퍼스 등 다양한 장소에서 발견되며, 다트머스대학교는 학생들이 연구, 수업, 여가 활동을 위해 와이파이를 활용하는 많은 대학 캠퍼스 중 하나이다.

하지만 와이파이 기술은 몇 가지 도전 과제에 직면해 있다. 하나는 보안 기능이 상대적으로 약하여 무선 네트워크가 외부 침입자에게 취약하다는 점이다. 와이파이 보안에 대한 자세한 내용은 8장에서 다룰 것이다.

또 다른 단점은 전자레인지나 다른 무선 LAN처럼 동일한 주파수 대역에서 작동하는 인접 시스템으로부터의 간섭에 취약하다는 것이다. 그러나 802.11n 표준 기반의 무선 네트워크는 다수의 무선 안테나를 병렬로 사용하여 데이터를 송수신하고, 다중 입출력(multiple-input multiple-output, MIMO) 기술을 활용하여 여러 개의 동시 무선 신호를 조정함으로써 이러한 문제를 해결할 수 있다.

와이맥스

와이맥스
데이터 전송 속도가 75Mbps에 이르고, 31마일 범위의 지역에서 무선 네트워킹을 가능하게 하는 IEEE Standard 802.16을 일컫는 일반 용어

와이파이 시스템의 범위는 기지국으로부터 최대 300피트(약 100m)에 불과하다. 이러한 제약을 해결하기 위해 국제전기전자공학회(IEEE)는 **와이맥스**(WiMax)라는 일련의 표준군을 개발했다. 와이맥스는 'Worldwide Interoperability for Microwave Access'의 약자로, IEEE 표준 802.16의 통칭이다. 와이맥스는 최대 31마일(약 50km) 범위 내에서 무선 접속을 제공하며, 전송 속도는 75Mbps(고정된 스테이션의 경우 최대 1Gbps)에 이른다. 와이맥스 송신 안테나는 몇 킬로미터 떨어진 가정이나 사업장의 옥상 안테나로도 고속 인터넷 신호를 전송할 수 있을 만큼 강력하다.

무선인식과 무선 센서 네트워크

모바일 기술은 기업 전반에 걸쳐 새로운 효율성과 업무 방식을 만들어내고 있다. 방금 설명한 무선 시스템 외에도 무선인식 시스템과 무선 센서 네트워크는 강력한 영향을 미치고 있다.

무선인식과 근거리 무선통신

무선인식(RFID)
품목 및 해당 위치에 대한 데이터가 포함된 마이크로칩이 내장된 작은 태그를 사용하는 기술로, 태그는 단거리 무선 신호를 특수 RFID 판독기로 전송한 다음 처리를 위해 데이터를 컴퓨터로 전달한다.

무선인식(radio frequency identification, RFID) 시스템은 공급사슬 전반에 걸쳐 재화의 이동을 추적하기 위한 기술을 제공한다. RFID 시스템은 항목과 그 위치에 대한 데이터를 담고 있는 마이크로칩이 내장된 매우 작은 태그를 사용하여 짧은 거리 내에서 RFID 판독기로 무선 신호를 전송한다. 이후 RFID 판독기는 이 데이터를 네트워크를 통해 컴퓨터로 전송하여 처리하게 된다. 바코드와 달리 RFID 태그는 판독을 위해 가시선(line-of-sight) 내 접촉이 필요 없다.

그림 7.14 RFID의 작동 원리

RFID는 2.5cm~30m의 범위에서 태그에 저장된 데이터를 판독하기 위해 저전력 무선 전송기를 사용한다. 판독기는 태그로부터의 데이터를 포착하고 네트워크를 통해 정보처리를 위한 호스트 컴퓨터로 전송한다.

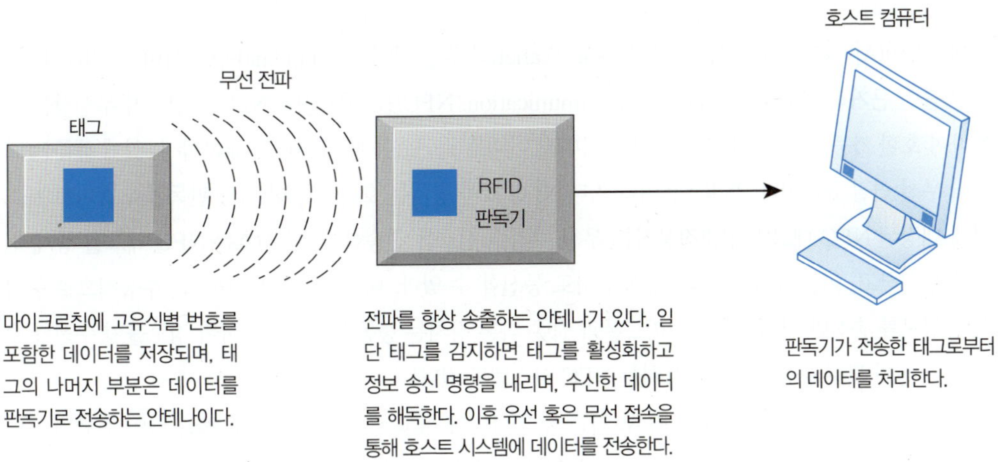

그림 7.14는 RFID가 어떻게 작동하는지를 보여준다. RFID 태그에는 제품을 고유하게 식별할 수 있는 정보와 함께 해당 제품의 위치, 제조 장소와 시점, 생산 과정 중 상태 등의 정보가 저장되어 있다. RFID 판독기에는 일정 범위(약 2.5cm~30m)에 무선 전파를 지속적으로 방출하는 안테나가 내장되어 있다. RFID 태그가 이 판독 범위 내에 들어오면 판독기는 태그를 활성화하고 태그는 데이터를 송신하기 시작한다. 판독기에는 이 데이터를 수신·해독한 후 유선 또는 무선 네트워크를 통해 호스트 컴퓨터로 전송하여 추가 처리를 수행한다. RFID 태그와 안테나는 다양한 형태와 크기로 제공된다.

재고 관리 및 공급사슬 관리 분야에서 RFID 시스템은 바코드 시스템보다 창고나 생산 현장에서 더 정밀하고 상세한 항목 정보를 수집·관리할 수 있다. 대량의 제품이 선적되는 경우에도 RFID 시스템은 각각의 팔레트, 로트, 나아가 개별 단위 제품까지 추적이 가능하다. 이 기술은 기업이 창고와 소매점 매대에 어떤 재고가 보관되어 있는지를 보다 정확히 파악함으로써 입고 및 저장 작업의 효율성을 높이는 데 도움이 된다.

예를 들어 월마트는 RFID 태그가 부착된 상품의 팰릿과 박스가 도착할 때 이를 기록하기 위해 매장 입고 도크에 RFID 판독기를 설치했다. 이 RFID 판독기는 점포 내부의 저장 공간에서 판매 매대로 제품 박스를 옮길 때 태그를 한 번 더 판독한다. 이후 소프트웨어는 월마트의 POS(point-of-sale, 판매 시점 정보관리) 시스템에서 수집된 판매 데이터와 매대로 옮겨진 박스 수에 대한 RFID 데이터를 결합한다. 해당 소프트웨어는 곧 품절될 가능성이 있는 품목을 판단하여, 매장 선반에서 품절되기 전에 창고에서 가져와야 할 품목 목록을 자동으로 생성한다. 이 정보는 월마트가 품절 상품을 줄이고, 매출을 증가시키며, 비용을 더욱 절감할 수 있도록 도와준다.

과거에는 RFID 태그의 가격이 너무 비싸서 널리 사용하기 어려웠지만 현재는 미국 기준으로 태그당 약 7센트에서 시작한다. 가격이 하락함에 따라 RFID는 다양한 응용 분야에서 점점 비용 효율적인 기술로 자리 잡고 있다.

기업은 RFID 판독기와 태그 부착 시스템을 설치하는 것 외에도, RFID 시스템으로부터 생성되는 수십 또는 수백 테라바이트에 달하는 대규모 데이터를 처리하기 위해 하드웨어와 소프트웨어를 업그레이드해야 할 수도 있다.

RFID 데이터가 비즈니스 네트워크나 시스템 애플리케이션에 과부하를 일으키는 것을 방지하기 위해 데이터를 필터링하고 통합하는 데 특수한 소프트웨어가 사용된다. 애플리케이션은 빈번하게 생성되는 대량의 RFID 데이터를 수용하고, 이 데이터를 다른 애플리케이션과 공유할 수 있도록 재설계되어야 할 수도 있다. 주요 전사적 소프트웨어 공급업체는 현재 RFID를 지원하는 공급사슬 관리(SCM) 소프트웨어 버전을 제공하고 있다.

근거리 무선통신(NFC)
전자기 무선장을 사용하여 2개의 호환 장치가 서로 몇 센티미터 이내에 있을 때 데이터를 교환할 수 있도록 하는 단거리 무선 연결 표준

애플페이(Apple Pay)나 구글월렛(Google Wallet)과 같은 탭앤드고(tap-and-go) 서비스는 RFID 관련 기술인 **근거리 무선통신**(near field communication, NFC)을 사용한다. NFC는 전자기 무선장을 이용하여 호환 가능한 두 장치가 서로 몇 센티미터 이내로 접근했을 때 데이터를 교환할 수 있게 해주는 단거리 무선 연결 표준이다. 스마트폰이나 기타 NFC 호환 장치는 호환 가능한 카드 판독기나 스마트 포스터에 내장된 NFC 태그와 상호작용하는 무선 주파수 신호를 전송한다. 이 신호는 NFC 태그를 통해 전류를 생성하고, 이를 통해 장치와 태그가 서로 통신할 수 있다. 대부분의 경우, 태그는 수동적으로 동작하며 정보를 송신만 할 수 있고, 스마트폰과 같은 다른 장치는 능동적으로 작동하여 정보를 송수신할 수 있다(두 장치 모두 능동적으로 작동하는 NFC 시스템도 있다).

NFC는 무선 결제 서비스, 정보 검색, 이동 중 영상이나 정보 교환에 사용된다. 예를 들어 친구의 휴대전화 위에 자신의 휴대전화를 갖다 대면 웹사이트 링크를 공유할 수 있고, NFC 태그가 포함된 포스터나 디스플레이 앞에서 휴대전화를 스치듯 움직이면 박물관이나 전시회에서 보고 있는 대상에 대한 정보를 받아볼 수 있다.

무선 센서 네트워크

무선 센서 네트워크(WSN)
넓은 공간에 걸쳐 많은 지점을 측정할 수 있도록 물리적 환경에 내장된 처리, 저장, 무선 주파수 센서 및 안테나가 내장된 상호 연결된 무선 장치의 네트워크

건물 보안을 감시하거나 공기 중 유해 물질을 탐지하는 최첨단 기술을 원하는 기업은 무선 센서 네트워크를 구축해야 할 수도 있다. **무선 센서 네트워크**(wireless sensor network, WSN)는 넓은 공간의 여러 지점에서 측정을 수행하기 위해 물리적 환경에 내장된 상호 연결된 무선 장치의 네트워크이다. 이러한 장치는 처리 장치, 저장 장치, 무선 주파수 센서 및 안테나가 내장되어 있으며, 이들이 수집한 데이터를 분석용 컴퓨터로 전달하기 위해 상호 연결된 네트워크에 연결되어 있다. 이러한 네트워크는 수백 개에서

그림 7.15 무선 센서 네트워크

무선 센서 네트워크는 수백 개에서 수천 개에 이르는 상호 연결된 무선 센서(노드)로 구성될 수 있으며, 이러한 노드는 수집한 데이터를 분석을 위해 컴퓨터로 전달한다.

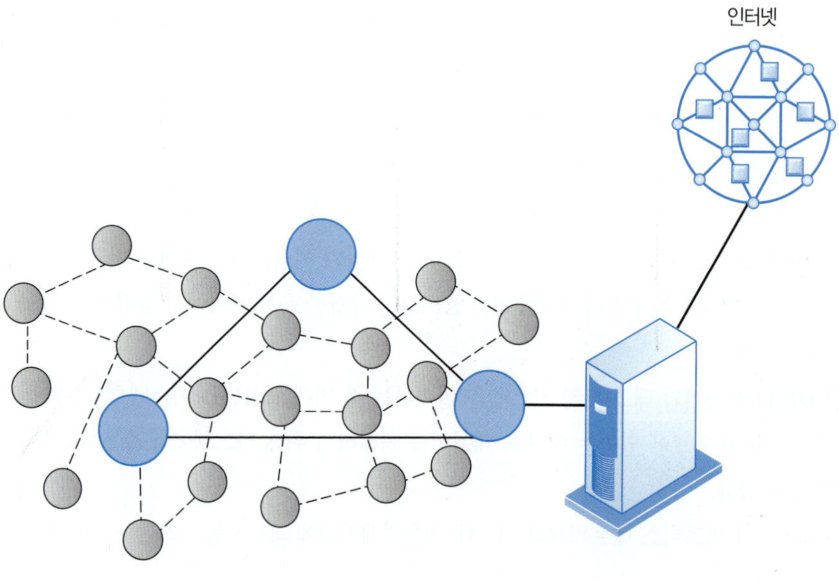

수천 개의 노드로 구성될 수 있다. 그림 7.15는 무선 센서 네트워크의 한 유형을 보여준다. 이 그림에서 작은 원은 하위 노드를, 큰 원은 상위 노드를 나타낸다. 하위 노드는 데이터를 서로 또는 상위 노드로 전달하며, 상위 노드는 더 강력한 처리 능력을 가진 서버로 이를 전송한다. 이 서버는 인터넷 기술 기반의 네트워크로 연결되는 게이트웨이 역할도 수행할 수 있다. 상위 노드를 통해 데이터를 서버로 전송하면 전송 속도를 높이고 네트워크 성능을 향상할 수 있다.

무선 센서 네트워크는 환경 변화 감시, 교통 또는 군사 활동 모니터링, 재산 보호, 기계 및 차량의 효율적 운영·관리, 보안 경계 구축, 공급사슬 관리 감시, 화학·생물학·방사성 물질 탐지 등 다양한 용도로 활용할 수 있다.

RFID 시스템과 무선 네트워크에서 생성된 출력 데이터는 사물인터넷을 가능하게 하는 기반이 된다. 사물인터넷은 제트엔진, 발전소 터빈, 농업 센서와 같은 기계가 데이터를 지속적으로 수집하고 인터넷을 통해 전송하여 분석하는 방식이다(1장 참조). 이 장의 도입 사례에서 설명한 NFL의 차세대 통계는 사물인터넷 응용의 한 예이다. 사물인터넷에 대한 더 많은 예는 2장과 11장에서 확인할 수 있다.

7.8 이 장의 내용은 경력에 어떻게 도움이 되는가

이 장에서 학습한 내용은 통신 기술, 인터넷, 무선 기술 등 현대 네트워크의 기본을 이해하는 데 도움을 줌으로써 경력 발전에 기여될 수 있다.

실제 시나리오 네트워크 전문가의 지원을 받는 던디프레셔스메탈스

던디프레셔스메탈스(Dundee Precious Metals)는 불가리아, 세르비아, 나미비아, 에콰도르에서 운영 및 프로젝트를 진행 중인 캐나다 기반의 국제 금광 회사이다. 지하 광산에서의 작업은 인력, 자재, 장비가 필요한 시간과 장소에 적절히 배치되고, 작업이 원활히 진행되도록 철저한 감독과 조정이 필요하다. 인력과 작업을 수동으로 추적하거나 구식 무선인식 기술을 사용하는 것은 매우 느리고 번거로우며 오류 발생 가능성도 높았다. 네트워크 전문가들은 이 문제를 해결하기 위해 던디에 지하 와이파이 무선 네트워크, RFID 태깅, 에어로스카우트 모바일뷰(AeroScout MobileView) 소프트웨어를 도입하여 지하 광산을 이동하는 작업자, 장비, 광석을 자동으로 추적할 수 있도록 도왔다. 무선 네트워크를 통해 지상 통제실에서 광산 작업을 더 쉽게 모니터링하고 감독할 수 있게 되었으며, 더 깊은 지하에서도 작업이 가능해졌다. 그 결과 던디는 작업자의 안전을 향상하는 동시에 비용을 절감하고 생산성을 높일 수 있었다. 통신 비용이 20% 감소했고, 경영진은 실시간 데이터 접근 기능을 통해 광부 일인당 수익이 10~15% 증가할 것으로 기대하고 있다.

직무 설명 및 경력 경로: 네트워크 전문가

직무	직무 설명	IT 지식	경력 경로 및 평균 연봉
네트워크 전문가	주요 업무는 다음과 같다. • 기업의 요구사항 파악, IT 팀과 협력하여 네트워크 인프라의 구축 및 유지·보수 조정 • 안전하고 안정적인 서버 연결 보장, 네트워크 프로토콜 테스트 • 인터넷 도메인 생성, 인트라넷 성능 최적화 • 컴퓨터, 라우터, 모뎀, 서버 간의 데이터 교환 및 통신 테스트 • 최종 사용자용 네트워크 장비 설치, 업데이트, 설정 • 온라인 트래픽 수요에 대응하기 위해 서버 용량 및 성능 모니터링 • 진단 테스트 수행, 백업, 보관 및 데이터 복구 절차 개발 • 네트워크 기술 및 인프라의 발전 동향 파악	• 컴퓨터 과학, 정보 과학 또는 유사 전공의 학사 학위 • 네트워크 연결성, 관련 기술 및 보안에 대한 심층적 지식 • CompTIA, 마이크로소프트, 또는 시스코의 네트워크 전문가 자격증	초급: 49,560~80,600달러 중급: 62,970~102,720달러 고급: 80,600~130,830달러 (연봉은 지역, 산업군, 기업 규모에 따라 달라질 수 있음)

추가 경력 개발 자료

MyLab MIS에서는 IT 관련 지식을 요구하는 적절한 직무를 찾고, 효과적인 이력서를 작성하며, 면접을 준비하고, 비즈니스 지식, 응용 소프트웨어 활용 능력, 인터넷 활용 능력, 분석 역량 등을 보여주는 디지털 포트폴리오를 만드는 데 도움이 되는 다양한 경력 개발 자료를 확인할 수 있다.

사례 연구 AI와 검색의 미래

온라인 검색은 웹의 가장 핵심적이고 중요한 요소 중 하나이다. 검색은 사람들이 원하는 정보를 찾을 수 있도록 도와주며, 온라인과 오프라인에서 상품 및 서비스 구매를 유도한다. 검색은 디지털 광고 생태계를 견인하는 핵심이며, 현재 무료로 제공되는 다양한 온라인 콘텐츠와 서비스의 재원 역할을 하고 있다. 구글은 웹 초창기부터 검색 분야를 지배해왔지만, ChatGPT를 비롯한 생성형 AI의 등장으로 그 지형이 바뀌고 있다. 가까운 미래에 검색 경험은 지금과는 매우 다른 모습이 될 수 있다.

이 장에서 살펴본 바와 같이 구글은 수년 전부터 AI 도구와 기술을 활용하여 검색의 효율성을 높이기 위한 노력을 지속해왔다. 검색은 점진적으로 진화했으며, 구글은 보다 빠르고 적절한 검색 결과를 제공하기 위해 해마다 수차례에 걸쳐 새로운 알고리즘을 도입하고 개선했다. 그러나 2022년 11월, 오픈AI가 생성형 AI 챗봇인 ChatGPT를 출시하면서 상황이 급변했다. 이후로 이른바 생성형 AI의 물꼬가 트였고, 검색은 물론 웹 자체가 근본적으로 바뀔 가능성이 커졌다.

생성형 AI 검색을 지지하는 이들은 기존의 검색엔진이 단순히 링크 목록을 반환하고 사용자가 그 속에서 원하는 정보를 직접 찾아야 했던 방식에서 벗어난 새로운 세상을 구상한다. 이들이 상상하는 미래에는 사용자가 자연어로 질문을 입력하면 생성형 AI 검색엔진이 직접적인 답변을 제공한다. 사용자는 후속 질문을 자유롭게 하고 검색엔진과의 '대화'를 이어갈 수 있다. 현재 ChatGPT와 마이크로소프트의 Copilot이 이러한 검색 모델을 구현하고 있으나 아직 완전한 기능의 검색엔진이라고 보기는 어렵다.

이러한 흐름에 여러 기업이 속속 뛰어들고 있다. 오픈AI는 마이크로소프트 Copilot에 AI 기술을 제공하는 것 외에도 자체 검색 서비스를 개발 중인 것으로 알려져 있다. 제프 베이조스(Jeff Bezos)가 투자한 Perplexity AI는 질문 기반 검색엔진으로, 대화형으로 구성된 직접적인 답변을 제공한다. Perplexity의 검색 도구는 사용자의 질문에 대해 자세한 요약과 정보 출처 링크를 제공하며, 사용자는 이어서 추가 질문이 가능하다. 이 회사는 무료 버전과 GPT-4를 기반으로 한 유료 구독 서비스를 제공하고 있으며, 2024년 3월 기준 기업 가치가 약 10억 달러에 이른다. 이는 구글의 1조 7,000억 달러 규모에 비하면 아직은 미미하지만, 업계 분석가들은 향후 구글에 실질적인 위협이 될 수 있다고 평가한다.

혁신적인 AI 기반 검색 제품을 출시한 스타트업으로는 Arc Search, Consensus, You.com 등이 있다. Arc Search는 AI 검색엔진과 웹 브라우저를 결합한 무료 도구로, 특정 주제에 대해 가장 적합한 6개 웹사이트를 선별하고 이를 AI가 '읽어' 요약해준다. Consensus는 대규모 언어 모델을 활용하여 학술 논문의 요약과 다양한 주제에 대한 과학적 합의 내용을 제공하는 검색 스타트업이다. 이들의 목표는 구글의 검색 시장 점유율을 한 조각씩 차지해나가는 것이다. You.com은 스스로를 개인 맞춤형 AI 검색 비서(YouChat)라고 소개하며 또 다른 검색엔진 스타트업으로 자리 잡고 있다.

생성형 AI 검색을 둘러싼 기대감에도 불구하고, 이를 기반으로 한 검색 혁신이 현실화될 경우의 중대한 쟁점이 제기되고 있다. 이러한 쟁점 중 상당수는 '전통적' 검색 방식과 생성형 AI 검색 간의 근본적인 차이에서 비롯된다. 우선 전통적 검색엔진의 작동 방식은 정보를 창출하는 것이 아니라 기존에 존재하는 정보를 검색하여 사용자에게 연결해주는 것이다. 즉, 전통적 검색의 주요 목적은 관련성 높은 웹페이지를 사용자에게 안내함으로써 원하는 정보를 찾을 수 있도록 돕는 것이다. 반면에 생성형 AI 검색은 본질적으로 이와 매우 다르다. 이 방식은 보고형이 아니라 창조형이다. 정보를 종합하기는 하지만 그 과정과 방식은 사용자에게 명확히 드러나지 않는다. 전통적 검색의 경우 사용자가 검색 결과로 제시된 링크의 신뢰성을 직접 검토할 수 있지만, 생성형 AI는 특정 정보를 선택하여 종합하는 과정에서 다른 정보를 배제하며, 이 과정을 사용자가 검증할 수 없다. 이러한 정보 선택 편향은 잘못된 정보나 허위 정보의 확산으로 이어질 수 있다.

또 다른 문제는 AI 환각(hallucination) 현상이다. 전통적 검색엔진은 관련 정보가 없을 경우 단순히 '검색 결과 없음'이라는 메시지를 반환하지만, 생성형 AI 검색엔진은 입력에 대해 다음에 올 가장 적절한 단어를 예측하는 방식으로 학습되어 있어 답을 추측하는 경향이 있다. 그 결과 실제로는 존재하지 않는 정보로 구성된 허구의 응답이 생성될 수 있다. 현재로서는 생성형 AI의 응답이 신뢰성 있어 보일 수 있지만, 사용자가 별도로 검증하지 않으면 신뢰하기 어렵기 때문에 효율성과 속도 향상이라는 장점이 사실상 무의미해질 수 있다. 더 나아가 사회적 차원에서는 사용자가 생성형 AI 검색에 과도하게 의존함으로써 스스로 정보를 비판적으로 검토하는 능력을 상실할 수 있다는 우려도 있다.

또한 알고리즘 편향 문제도 있다. 현재의 언어 모델은 웹에서 수집된 대규모 데이터를 기반으로 훈련하는데, 이 데이터에는 각종 편향과 고정관념이 포함되어 있으며 이러한 요소가 모델에 무의식적으로 내재될 수 있다.

생성형 AI 검색은 웹 생태계 전반에도 중대한 영향을 미칠 잠재력을 지니고 있다. 연구에 따르면 생성형 AI 검색은 사용자가 질문에 대한 답을 제공한 웹사이트를 직접 클릭하여 방문할 필요를 없앨 수 있다. 웹사이트 방문이 줄어들면 많은 출판사의 비즈니스 모델이 붕괴될 수 있다. 예를 들어 디애틀랜틱(The Atlantic) 매거진 웹사이트의 트래픽 중 약 40%는 구글 검색을 통해 유입된다. 디애틀랜틱의 태스크포스팀은 구글이 생성형 AI를 검색에 통합할 경우 발생할 수 있는 시나리오를 분석했고, 그 결과 75%의 경우 AI 검색이 사용자의 질문에 대한 완전한 답을 제공할 가능성이 높으며, 이로 인해 디애틀랜틱 웹사이트는 원래 얻을 수 있었던 트래픽을 놓칠 수 있다고 밝혔다. 출판사들은 생성형 AI 도입으로 인해 구글을 통한 트래픽의 20~40%를 잃을 수 있다고 추산하고 있다. 상황을 더욱 악화시키는 것은, 많은 출판사가 자신의 콘텐츠가 보상 없이 대규모 언어 모델 학습에 사용되었으며, 이는 저작권을 침해한 것이라고 주장하고 있다는 점이다. 현재 이와 관련한 여러 건의 소송이 진행 중이다.

2024년 5월, 구글은 미국에서 새로운 AI 검색 도구 'AI Overviews'를 출시했으며, 연말까지 더 많은 국가로 출시를 확대할 계획이다. AI Overviews는 Gemini LLM을 기반으로 한 생성형 AI 기능으로, 주요 정보를 요약한 짧은 AI 생성 응답을 제공한다. 하지만 구글의 초기 생성형 AI 서비스 구글 Bard와 마찬가지로 AI Overviews의 출범도 순탄치 않았다. 사용자들은 AI Overviews가 부정확하거나 오해를 불러일으킬 수 있는 응답을 제공한다고 지적했다. 구글에 따르면 이는 응답을 생성할 고품질 정보가 부족한 경우 또는 농담이나 풍자성 게시물에서 비롯된 응답을 인용하는 경우 발생할 수 있다고 한다. 또한 정보 출처를 잘못 해석하여 응답이 부정확해지는 경우도 있다고 한다. 구글은 응답 품질을 개선하기 위해 알고리즘을 계속 조정하고 있지만, 연구자들은 생성형 AI의 환각을 언제나 존재하는 위험 요소로 보고 있다.

출처: Nico Grant, "Google Rolls Back A.I. Search Feature after Flubs and Flaws," *New York Times*, June 1, 2024; Rhiannon Williams, "Why Google's AI Overviews Gets Things Wrong," Technologyreview.com, May 31, 2024; Alex Heath, "Perplexity is Ready to Take on Google," Theverge. com, March 15, 2024; Berber Jin and Miles Kruppa, "AI Search Startup Perplexity Set to Double Valuation to $1 Billion," *Wall Street Journal*, March 5, 2024; Shahan Ali Memon and Jevin D. West, "Search Engines Post-ChatGPT: How Generative Artificial Intelligence Could Make Search Less Reliable," Arvix.org, February 18, 2024; Christopher Mims, "It's the End of the Web as We Know It," *Wall Street Journal*, February 16, 2024; Forrester, "Podcast: The Future of Search in a GenAI World," Forrester. com, January 11, 2024; Julia McCoy, "How AI Will Affect the Future of Search," Searchengineland.com, January 8, 2024; Danny Goodwin, "SEO Year in Review 2023: The Year of Generative AI," Searchengineland.com, December 27, 2023; Keach Hagey, Miles Kruppa, and Alexandra Bruell, "News Publishers See Google's AI Search Tool as a Traffic Destroying Nightmare," *Wall Street Journal*, December 14, 2023.

문제

1. 생성형 AI 검색은 전통적 검색과 어떻게 다른가?
2. 생성형 AI 검색은 검색의 미래에 어떤 문제를 제기하는가?
3. 생성형 AI 검색은 현재의 웹 생태계에 어떤 영향을 미칠 수 있는가?

요약

7.1 통신 네트워크의 주요 구성요소

단순한 네트워크는 둘 이상의 컴퓨터가 연결되어 있는 구조이다. 기본적인 네트워크 구성요소에는 컴퓨터, 네트워크 인터페이스 컨트롤러(NIC), 연결 매체, 네트워크 운영체제 소프트웨어, 허브 또는 스위치, 라우터가 포함된다. 대기업의 네트워크 인프라는 일반적으로 인터넷, 이동통신, 무선 근거리 통신망을 포함한 여러 개의 근거리 및 광역 네트워크로 구성된다. 이러한 네트워크 인프라는 기업 웹사이트, 인트라넷, 때로는 엑스트라넷과 같은 애플리케이션을 지원한다. 또한 기업의 인프라는 음성 데이터를 처리하는 별도의 전화 네트워크를 포함할 수도 있다.

7.2 핵심 디지털 네트워킹 기술

현대 디지털 네트워크와 인터넷은 클라이언트/서버 컴퓨팅의 확산, 패킷 교환의 사용, 다양한 컴퓨터와 네트워크를 연결하기 위한 보편적인 통신 표준으로서 TCP/IP의 채택에 의해 형성되었다. 프로토콜은 통신 네트워크 내의 다양한 구성요소가 상호 통신할 수 있게 해주는 공통의 규칙 집합을 제공한다.

7.3 다양한 유형의 네트워크

네트워크에는 다양한 종류가 있으며 이를 분류하는 방법도 여러 가지이다. 그중 하나는 지리적 범위를 기준으로 분류하는 것이다. 근거리 통신망(LAN)은 반경 500m 이내에서 데스크톱 컴퓨터 및 기타 디지털 장치를 연결하며, 오늘날 많은 기업의 컴퓨팅 작업에 사용된다. 광역 통신망(WAN)은 몇 마일에서 대륙 규모에 이르는 광범위한 지역을 아우르며, 일반적으로 독립적으로 관리되는 사설 네트워크인 경우가 많다. 캠퍼스 통신망(CAN)은 제한된 지리적 범위를 아우르는 컴퓨터 네트워크이며, 도시권 통신망(MAN)은 대도시 지역을 연결하는 네트워크이다.

또 다른 분류 방식은 전송매체와 대역폭에 따른 것이다. 주요 물리적 전송매체에는 꼬임선, 동축 케이블, 광케이블, 무선 전송매체가 있다. 각각의 전송매체는 고유한 특성, 장점 및 한계가 있다. 대역폭은 일정 시간 동안 통신매체를 통해 전송될 수 있는 데이터의 양을 측정한 것으로, 보통 초당 비트(Bps), 킬로비트(Kbps), 메가비트(Mbps), 기가비트(Gbps), 고급 통신매체의 경우 테라비트(Tbps) 단위로 나타낸다.

7.4 인터넷의 정의와 작동 방식

인터넷은 클라이언트/서버 컴퓨팅 모델과 TCP/IP 네트워크 참조 모델을 사용하는 전 세계 네트워크의 네트워크이다. 인터넷에 연결된 모든 컴퓨터는 고유한 숫자 IP 주소를 할당받는다. 도메인 네임 시스템(DNS)은 이러한 IP 주소를 보다 사용자 친화적인 도메인 네임으로 변환해준다. 인터넷 데이터 트래픽은 대륙 간 고속 백본 네트워크를 통해 전달된다. 인터넷 백본은 지역 네트워크와 연결되며, 이는 다시 인터넷 서비스 제공자(ISP), 대기업, 정부 기관 등에 접근을 제공한다. 디지털 가입자 회선(DSL) 및 FiOS 기술, 케이블 인터넷, 위성 인터넷(저궤도 위성 포함), T1 및 T3 회선은 고용량 인터넷 연결에 자주 사용된다. 전 세계 인터넷 정책은 인터넷아키텍처위원회(IAB), ICANN, 월드와이드웹컨소시엄(W3C) 등의 기관이 수립한다.

7.5 비즈니스를 지원하는 인터넷 서비스

주요 인터넷 서비스에는 이메일, 인스턴트 메시징, 파일 전송, 음성 전송(VoIP), 웹이 포함된다. 또한 기업은 사설 WAN에 대한 저비용 대안으로 통합 커뮤니케이션 시스템과 가상 사설망(VPN)을 사용하고 있다.

7.6 웹의 작동 방식과 비즈니스에서의 활용 방법

웹은 가장 대중적인 인터넷 서비스이다. 웹페이지는 하이퍼텍스트 마크업 언어(HTML)를 기반으로 하며, 텍스트, 그래픽, 동영상, 오디오를 표시할 수 있다. 웹사이트는 웹페이지의 집합이다. 검색엔진은 사용자가 웹에서 필요한 정보를 찾도록 도와준다. 검색엔진은 주요 광고 및 쇼핑 도구로도 활용되고 있다. 블로그, RSS, 위키, 소셜 네트워크는 웹의 정보 공유 기능의 예이다. 미래 인터넷/웹 생태계의 특징은 더 고속의 네트워크, 시각적 3차원 가상현실(메타버스), 앱의 보편화, 다양한 장치 간의 상호 연결성(사물인터넷)일 것이다. 웹3 운동은 사용자가 직접 통제하는 보다 탈중앙화된 웹을 지향한다.

7.7 주요 무선 기술 및 표준 기준

셀룰러 네트워크는 고속, 고대역폭의 디지털 패킷 교환 전송 방식으로 발전하고 있다. 4G 네트워크는 최대 100Mbps의 전송 속도를 지원하며, 5G 네트워크는 여러 장치 간에 기가비트 수준의 데이터 전송이 가능하다.

무선 컴퓨터 네트워크를 위한 표준에는 PAN을 위한 블루투스(802.15), LAN을 위한 와이파이(802.11), MAN을 위한 와이맥스(802.16)가 있다.

무선인식(RFID) 시스템은 항목의 위치와 관련된 정보를 내장한 작은 태그를 통해 물품의 이동을 추적할 수 있는 기술을 제공한다. RFID 판독기는 이러한 태그가 송신한 무선 신호를 읽고 네트워크를 통해 데이터를 컴퓨터로 전달하여 처리한다. 근거리 무선통신(NFC)은 2개의 호환 장치가 몇 센티미터 이내로 접근했을 때 데이터를 교환할 수 있도록 전자기 무선장을 사용하는 단거리 무선 연결 표준이다. 무선 센서 네트워크(WSN)는 물리적 환경에 내장된 무선 감지 및 송신 장치가 상호 연결된 네트워크로, 넓은 지역의 다양한 지점에서 측정을 수행할 수 있게 한다.

주요 용어

가상 사설망(VPN)
개인 영역 네트워크(PAN)
검색엔진
검색엔진 마케팅
검색엔진 최적화(SEO)
광대역
광역 통신망(WAN)
근거리 무선통신(NFC)
근거리 통신망(LAN)
네트워크 운영 시스템(NOS)
다크웹
대역폭
도메인 네임
도메인 네임 시스템(DNS)
도시권 통신망(MAN)
디지털 가입자 회선(DSL)
라우터
메타버스
모뎀
무선 센서 네트워크(WSN)
무선인식(RFID)
블로그
블루투스
소셜 네트워크
소프트웨어 정의 네트워킹(SDN)
스마트폰
스위치
시멘틱 검색
예측 검색
와이맥스
와이파이
웹3
웹사이트
웹페이지
음성 기반 검색
이메일
이미지 기반 검색
인스턴트 메시징
인터넷2
인터넷 서비스 제공자(ISP)
인터넷 음성 프로토콜(VIoP)
캠퍼스 통신망(CAN)
케이블 인터넷 연결
통합 커뮤니케이션(UC)
패킷 교환
프로토콜
하이퍼텍스트 전송 프로토콜(HTTP)
핫스팟
허브
3G 네트워크
4G 네트워크
5G
IP 주소
IPv6
P2P
RSS
T1 회선
T3 회선
TCP/IP
URL

복습문제

7.1 통신 네트워크의 주요 구성요소

- 단순한 네트워크의 특징과 대기업의 네트워크 인프라를 설명하라.

7.2 핵심 디지털 네트워킹 기술

- 아날로그 신호와 디지털 신호를 정의하라.
- 현대 통신 시스템을 형성한 주요 기술 및 트렌드의 이름과 특징을 설명하라.

7.3 다양한 유형의 네트워크

- LAN, CAN, MAN, WAN을 구분하라.
- 주요 물리적 전송매체를 식별하고 기본 특성을 설명하라.

7.4 인터넷의 정의와 작동 방식

- 인터넷을 정의하고 작동 방식을 설명하라.
- DNS와 IP 주소 체계가 어떻게 작동하는지 설명하라.

7.5 비즈니스를 지원하는 인터넷 서비스

- 주요 인터넷 서비스를 나열하고 설명하라.
- VoIP를 정의하고, 기업에 어떻게 가치를 제공하는지 설명하라.
- VPN을 정의하고, 기업에 어떻게 가치를 제공하는지 설명하라.

7.6 웹의 작동 방식과 비즈니스에서의 활용 방법

- 웹에서 정보를 찾는 다양한 방법을 나열하고 설명하라.
- 온라인 검색 기술이 마케팅에 어떻게 활용되는지 설명하라.
- 웹에서 정보가 공유되는 주요 방식을 식별하라.
- 미래 인터넷/웹 생태계의 특징을 설명하라.

7.7 주요 무선 기술 및 표준 기준

- 3G, 4G, 5G 네트워크를 정의하라.
- 무선 컴퓨터 네트워크 및 인터넷 접속에 사용할 수 있는 다양한 기술을 설명하라.
- RFID를 정의하고, 작동 방식과 그것이 기업에 제공하는 가치를 설명하라.
- NFC를 정의하고 작동 방식을 설명하라.
- WSN을 정의하고, 작동 방식과 그것을 사용하는 애플리케이션을 설명하라.

토의문제

7.8 '스마트폰은 우리가 소유한 가장 중요한 디지털 장치 중 하나'라는 말이 시사하는 바에 대해 토의하라.

7.9 주요 소매 및 제조 기업은 모두 RFID로 전환해야 하는가? 그 이유를 설명하라.

7.10 인터넷이 자사에 경쟁우위를 제공할 수 있을지 판단할 때 고려해야 할 주요 이슈는 무엇인가?

AI 활용 프로젝트

7.11 인터넷 서비스 제공업체 조사

반려동물 유기농 사료와 간식, 유기농 소재로 만든 반려동물 장난감과 의류를 판매하는 소매점을 열고자 하는 두 친구가 자문을 구했다. 이들은 해당 지역(우편번호 53716)의 인터넷 서비스에 대해 어떤 인터넷 서비스 제공업체 대안이 있는지 조언해달라고 했다. 또한 조사된 인터넷 서비스 제공업체 중 두 곳을 비교한 파워포인트 프레젠테이션도 보고 싶어 한다.

마이크로소프트의 Copilot, 구글의 Gemini 또는 ChatGPT를 이용하여 이 요청에 응답하는 데 도움이 되는 일련의 프롬프트를 개발하라. 작성한 프롬프트와 채팅 세션의 출력 결과를 저장하고 강사에게 제출하라.

MIS 실습 과제

이 프로젝트는 통신 기술을 평가하고 선택하는 경험, 스프레드시트 소프트웨어를 사용한 통신 서비스 선택의 개선, 웹 검색엔진을 활용한 비즈니스 조사 수행에 관한 실습 기회를 제공한다.

7.12 경영 의사결정 문제

푸에르토리코의 수도 산후안에는 500년 역사를 지닌 구시가지인 올드 산후안(Old San Juan) 역사 지구가 포함되어 있다. 산후안은 이 특별 지구 내 관광객과 주민에게 초고속 인터넷 연결을 제공하지 못하고 있었다. 굴착 제한으로 인해 광케이블을 충분히 매설할 수 없었고, 올드 산후안의 네트워크 인프라도 매우 낡은 상태였다. 하지만 도시는 페이스북 Terragraph가 공급한 기술을 포함한 초고속 와이파이 네트워크를 도입함으로써 이 문제를 해결할 수 있었다.

7.13 스프레드시트 소프트웨어를 사용한 무선 서비스 평가

소프트웨어 기술: 스프레드시트 수식, 서식 지정
비즈니스 기술: 무선 서비스와 비용 분석

이 프로젝트에서는 웹을 활용하여 다양한 무선 서비스를 조사하고, 스프레드시트 소프트웨어를 사용하여 무선 서비스 요금제와 스마트폰 비용을 계산한다.

미네소타주 세인트폴에 기반을 둔 20명의 영업팀에게 음성 통화, 문자, 데이터를 무제한으로 제공하는 무선 서비스 요금제가 포함된 스마트폰을 제공하고자 한다. 각 영업팀원에게 128GB 용량의 새로운 아이폰 15를 지급할 예정이다. 웹을 활용하여 버라이즌, AT&T, T-모바일이 제공하는 스마트폰 및 서비스 요금제를 조사하라. 스프레드시트 소프트웨어를 사용하여 일시불 구매 혹은 월 할부 구매 방식을 고려했을 때, 2년 동안 사용자 일인당 최적의 가격을 제공하는 무선 서비스 요금제와 스마트폰 플랜을 산정하라. 기업 할인은 고려하지 않아도 된다.

7.14 온라인 검색 도구를 활용한 비즈니스 조사

소프트웨어 기술: 온라인 검색 도구
비즈니스 기술: 신기술 조사

이 프로젝트는 비즈니스 조사를 위한 온라인 검색 기술을 개발하는 데 도움이 된다.

구글과 빙을 사용하여 자동차용 대체 연료로서의 바이오연료에 대한 정보를 수집하라. 다른 검색엔진이나 생성형 AI 챗봇을 사용해도 된다. 각 검색 도구를 사용하여 얻은 정보의 양과 질을 비교하라. 어떤 도구가 가장 사용하기 쉬웠는가? 어떤 도구가 조사 결과에 가장 적합한 결과를 제공했는가? 그 이유는 무엇인가?

7.15 협업 및 팀워크 프로젝트: 스마트폰 평가

2명 이상의 학생과 팀을 구성하고, 현재 판매 중인 애플 아이폰 모델 중 하나를 선택한 후 다른 제조업체의 유사한 모델 스마트폰과 성능을 비교하라. 분석에는 각 기기의 구매 비용, 작동 가능한 무선 네트워크, 요금제 비용, 각 기기에서 제공되는 서비스가 포함되어야 한다. 또한 각 기기의 사용 가능 소프트웨어, 보안 기능, 기존 기업 시스템이나 PC 애플리케이션과의 통합 능력 등도 고려하라. 어떤 기기를 선택하겠는가? 선택 기준은 무엇인가? 구글 문서, 구글 드라이브, 구글 사이트를 이용하여 아이디어를 구상하고 조사 결과를 정리하여 발표하라.

참고문헌

Allyn, Bobby. "People Are Talking About Web3. Is It the Internet of the Future or Just a Buzzword?" Npr.org (November 21, 2021).

Arnold, Jon. "How AI Is Transforming Unified Communications." Techtarget.com (February 7, 2024).

Emarketer. "Search Ad Spending, US, 2023–2027" (October 2023).

Emarketer. "Mobile Device Internet Users, US, 2024–2028." (February 2024) (2024a).

Emarketer. "Retail Mcommerce Sales, US, 2024–2028." (February 2024); "Retail Mcommerce Sales, by Device, US, 2024." (February 2024) (2024b).

Emarketer. "Average Time Spent per Day with Mobile Device Apps, US, 2021–2025." (February 2024c).

Emarketer. "Mobile Phone Users, US, 2024–2028" (March 2024); "Smartphone Users, US, 2024-2028" (March 2024); "Share of Average Time Spent per Day with Digital Media, US, 2024, % of Total." (February 2024) (2024d).

Frick, Walter. "Fixing the Internet." *Harvard Business Review* (July–August 2019).

Google. "How Google Search Works." Google.com (accessed August 26, 2024).

Huang, Keman, Michael Siegel, Keri Pearlson, and Stuart Madnick. "Casting the Dark Web in a New Light." *MIT Sloan Management Review* 61, No. 1 (Fall 2019).

Kan, Michael. "FCC Officially Raises Minimum Broadband Metric from 25 Mbps to 100 Mbps." Pcmag.com (March 14, 2024).

Mims, Christoper. "It's the End of the Web as We Know It." *Wall Street Journal* (February 16, 2024).

Moz. "Google Algorithm Update History." Moz.com (accessed August 26, 2024).

Nextiva. "How Titan Solar Power Used Nextiva to Grow Headcount by 450% Over 2 Years." Nextiva.com (accessed August 26, 2024).

Panko, Raymond R., and Julia L. Panko. *Business Data Networks and Security*. 11th ed. Pearson (2019).

Pearl, Robert, and Brian Wayling. "The Telehealth Era Is Just Beginning." *Harvard Business Review* (May–June 2022).

Stackpole, Thomas. "Exploring the Metaverse." *Harvard Business Review* (July–August 2022).

Statcounter. "Search Engine Market Share Worldwide May 2023–May 2024." Gs.statcounter.com (accessed August 26, 2024).

Tyson, Matthew. "3 Visions for the Future of the Internet." Infoworld.com (January 17, 2024).

Vailshery, Lionel Sujay. "Number of IoT Connected Devices Worldwide 2019–2023, with Forecasts to 2030." Statista.com (July 27, 2023).

White, Monica. "What Is the Metaverse? A Deep Dive into the 'Future of the Internet.'" Digitaltrends.com (November 23, 2021).

CHAPTER 8

정보시스템 보안

© Fit Ztudio/Shutterstock

학습목표

8.1 정보시스템이 왜 취약한지 이해할 수 있다.

8.2 가장 널리 퍼져 있고 위험한 형태의 악성코드를 설명할 수 있다.

8.3 위협 행위자가 초래하는 위험을 이해할 수 있다.

8.4 소프트웨어의 취약점으로 인해 발생하는 보안 문제를 설명할 수 있다.

8.5 AI로 인해 발생하는 보안 문제를 설명할 수 있다.

8.6 보안과 통제의 비즈니스 가치를 설명할 수 있다.

8.7 보안과 통제를 위한 조직적 프레임워크를 설명할 수 있다.

8.8 정보 자원을 보호하기 위한 기술을 설명할 수 있다.

8.9 이 장의 내용이 경력에 어떻게 도움이 되는지 이해할 수 있다.

이 장의 사례

- **도입 사례:** 랜섬웨어 공격으로 마비된 미국 의료 결제 시스템
- **조직 사례:** 업타임인스티튜트의 시스템 장애 이해 및 예방
- **사례 연구:** MGM리조트에 혼란을 초래하는 소셜 엔지니어링

도입 사례 랜섬웨어 공격으로 마비된 미국 의료 결제 시스템

2013년, 새로운 형태의 악성코드가 대중의 관심을 끌기 시작했다. 랜섬웨어는 컴퓨터나 네트워크에 대한 접근을 차단하거나 제한한 뒤 파일을 암호화하고, 복호화 키를 대가로 일반적으로 비트코인과 같은 암호화폐로 몸값을 요구하는 형태이다. 랜섬웨어는 심각한 위협으로 떠올랐으며, 2024년에는 미국 의료 결제 시스템을 마비시킨 대규모 랜섬웨어 공격이 발생했다.

체인지헬스케어(Change Healthcare)는 2007년에 설립되어 테네시주에 본사를 둔 건강관리 기술 기업이다. 2022년 10월, 체인지헬스케어는 미국 최대 보험사 중 하나인 유나이티드헬스그룹(UnitedHealth Group)에 80억 달러에 인수되었다.

체인지헬스케어는 미국뿐 아니라 캐나다, 호주, 영국, 유럽연합, 사우디아라비아 등지에서도 의료 기관을 대상으로 다양한 서비스를 제공한다. 청구 처리, 결제, 수익 주기 관리 서비스를 제공하며, 유나이티드헬스의 옵텀(Optum) 부문을 통해 6만 7,000여 개 약국에 처방 처리 서비스를 제공한다. 또한 미군 병원, 클리닉, 약국을 대상으로 하는 의료 제공 기관인 트라이케어(Tricare)에서도 사용되고 있다. 체인지헬스케어는 치료 결정 지원 기술과 환자 포털, 보안 메시징, 예약 일정 관리 같은 환자 참여 도구도 제공한다. 전반적으로 체인지헬스케어는 연간 150억 건 이상의 청구를 처리하며, 1조 5,000억 달러 이상의 결제를 관리하고, 미국 내 전체 환자 기록의 3분의 1을 다루는 최대 규모의 건강관리 정보 교환 플랫폼 중 하나이다.

2024년 2월, 체인지헬스케어는 사이버 공격을 받았음을 공식 발표했다. 공격자는 랜섬웨어 조직인 블랙캣(BlackCat)/ALPHV의 계열 조직으로 알려졌다. 블랙캣은 랜섬웨어-서비스형(RaaS) 모델을 운영하며, 계열 조직에 랜섬웨어 코드를 제공하고 대가로 몸값의 일부를 받는다. 실제 공격 방식은 공개되지 않았지만, 수사에 정통한 소식통에 따르면 공격자는 체인지헬스케어의 디지털 인프라 취약점(특히 다중 인증이 설정되지 않은 원격 접속 애플리케이션)을 파악하여 이를 통해 네트워크에 무단 침입한 것으로 보인다. 침입 후 랜섬웨어를 배포했고, 이 과정에서 메디케어(Medicare), CVS 케어마크(Caremark), 헬스넷(Health Net), 트라이케어 등의 고객사 데이터와 수백만 환자의 의료 기록, 보험 기록, 치과 기록, 결제 정보, 청구 정보, 건강 데이터, 연락처, 사회보장번호 등이 포함된 6TB 이상의 데이터를 탈취했다고 주장했다.

© Andrey_Popov/Shutterstock

체인지헬스케어는 공격을 발견하자 추가 피해를 막기 위해 110개 이상의 서비스를 차단하는 조치를 취했다. 이로 인해 주요 운영이 중단되었고, 미국 의료 시스템 전반에 미치는 여파가 컸다. 예를 들어 환자 진료에 직접 영향을 주는 자격 확인과 의료 절차 승인 서비스가 중단되었다. 병원과 의사의 청구 및 청구 관리 능력이 마비되면서 상당수 청구가 처리되지 못했다. 이는 병원과 의사의 재정에 즉각적인 타격을 주었고, 궁극적으로 의료 서비스 제공에도 영향을 미쳤다. 약국은 처방전을 정상적으로 처리하지 못했고, 환자는 보험 청구 및 약 조제에 큰 불편을 겪었다.

보안 전문가에 따르면 체인지헬스케어는 몸값 2,200만 달러 상당의 비트코인을 지불하여 복호화 키를 얻고 탈취 데이터가 유출되는 것을 막으려 했다. 그러나 공격을 주도한 계열 조직은 대금을 받지 못했다고 주장하며 여전히 데이터 사본을 보유하고 있다고 밝혔다. 블랙캣/ALPHV는 몸값을 수사 당국이 압수했다고 발표했다.

이에 유나이티드헬스는 병원 및 의료 제공자의 현금 흐름 문제를 완화하기 위해 30억 달러 이상의 긴급 재정 지원 프로그램을 마련했지만, 미국병원협회(AHA)와 미국의사회(AMA)는 그것이 충분하지 않다고 비판했다. 유나이티드헬스는 대체 경로를 마련하기 위해 노력했지만 복구 작업이 지연되었고, 한 달 이상 시스템 장애와 문제가 지속되었다.

사이버 보안 전문가들과 정부 관계자들은 건강관리 분야가 미국 경제에서 가장 공격에 취약한 분야 중 하나이며, 에너지·수자원과 같은 국가 주요 인프라의 일부라고 지속적으로 경고해왔다. 데이터 보안 회사인 엠시소프트(Emsisoft)에 따르면 2023년에는 46개 병원 시스템이 랜섬웨어 공격을 받았으며, 이는 2022년(25건) 대비 큰 폭으로 증가한 수치이다. 최근 몇 년간 의료 기록 작성 및 청구 서비스를 제공하는 기업들도 사이버 공격으로 폐쇄되었다. 과거에 악명 높은 워너크라이(WannaCry) 랜섬웨어 공격은 영국 국민건강서비스(NHS)의 의료 기록을 잠가 환자들에게 막대한 혼란을 초래한 바 있다.

이 공격으로부터 얻을 수 있는 교훈은 많다. 사이버 보안 전문가들은 체인지헬스케어처럼 의료 시스템의 핵심을 담당하는 기관이라면 장애를 최소화하기 위한 충분한 대비책이 마련되어 있어야 했다고 지적한다. 또한 적절한 백업과 실질적으로 검증된 사고 대응 계획이 있었는지 의문을 제기한다. 현재 체인지헬스케어는 20건 이상의 집단 소송에 직면해 있으며, 미국 보건복지부(HHS)는 체인지헬스케어와 유나이티드헬스가 의료 부문 개인정보 보호법 및 규정을 준수했는지에 대한 조사를 진행 중이다.

이번 사건을 계기로 HHS는 의료 분야의 사이버 보안 자원과 프로그램을 보다 체계적으로 정비하고, 사이버 보안 모범 사례를 장려하며, 의료 부문에 대한 자발적 목표를 설정하고자 한다. 또한 CMS(메디케어·메디케이드서비스센터)를 통해 병원에 대한 새로운 사이버 보안 요건을 제안할 계획이다. 그

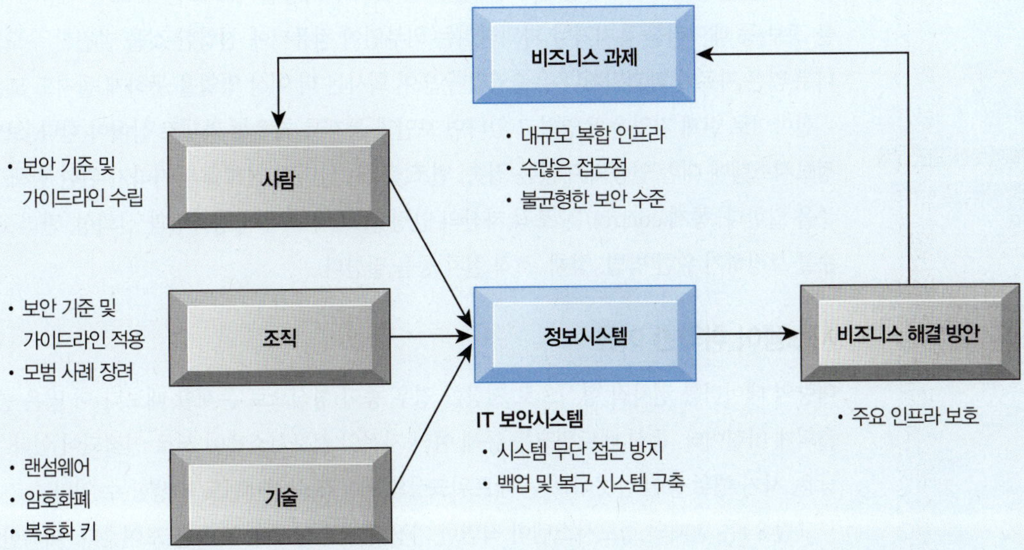

러나 이는 재발 방지에 필요한 수많은 조치 중 일부분에 불과할 것이다. 실제로 2024년 4월에 또 다른 랜섬웨어 조직인 랜섬허브(RansomHub)가 체인지헬스케어의 민감한 데이터 4TB 이상을 보유하고 있다며 추가 랜섬을 요구하고 일부를 유출하기 시작했다.

출처: James Rundle, "Hackers Broke into Change Healthcare's Systems Days Before Cyberattack," *WallStreet Journal*, April 22, 2024; "UnitedHealth Says Change Healthcare Hackers Stole Health Data on'Substantial Proportion of People in America'," Techcrunch.com, April 22, 2024; Todd Doss, "ChangeHealthcare Ransomware Attack: 10 Lessons Learned," Jdsupra.com, April 2, 2024; Reed Abelson and MargotSangerKatz, "4 Things You Need to Know about Health Care Cyberattacks," *New York Times*, March 29, 2024;Joao Correia, "A(nother) Ransomware Saga with a Twist," Securityboulevard.com, March 29, 2024; SteveAlder, "UnitedHealth Group Confirms Data Stolen in Change Healthcare Ransomware Attack,"Hipaajournal. com, March 29, 2024; Sean Michael Kerner, "The Change Healthcare Attack: How It Happened,"Techtarget. com, March 8, 2024.

체인지헬스케어에 대한 공격은 조직이 정보 시스템 보안에 특히 주의를 기울여야 하는 몇 가지 이유를 보여준다. 블랙캣/ALPHV가 체인지헬스케어의 정보시스템에 침입할 수 있었던 IT 보안 취약점은 그것이 전국의 중요 인프라를 교란시켜 기업, 정부 및 일상생활을 마비시킬 수 있는 잠재력을 드러낸다. 취약한 IT 보안은 기업과 소비자의 상당한 재정적 손실을 입혔다.

위의 도표는 이 사례와 이 장에서 제기되는 내용을 나타낸 것이다. 보안 인식, 리소스, 도구를 효과적으로 구현하지 못하는 조직은 조직 자체뿐만 아니라 고객과 사회 전체에 심각한 위험을 초래한다.

문제

1. 체인지헬스케어가 받은 랜섬웨어 공격의 영향은 체인지헬스케어의 직접적인 고객을 넘어 어떻게 확산되었는가?
2. 체인지헬스케어에 대한 랜섬웨어 공격을 어떻게 예방할 수 있는가?
3. 랜섬웨어 공격자에게 몸값을 지불하는 것이 효과적인 해결책인가? 그 이유는 무엇인가?

경력 개발 효과

랜섬웨어 공격으로부터 체인지헬스케어의 복구를 지원하기 위해 투입된 IT 전문가들은 중대한 사이버 보안 사건에 대응하는 과정에서 전문성을 쌓았다. 이러한 사건이 의료 산업 전반에서 점점 더 빈번해지고 있는 현실을 고려할 때, 이들이 개발한 기술은 현재 직장에서뿐만 아니라 향후 취업 기회에서도 매우 유용하게 활용될 가능성이 높다.

8.1 정보시스템의 취약성

만약 방화벽이나 안티멀웨어 소프트웨어 없이 인터넷에 접속한다면 어떤 일이 일어날지 상상해보았는가? 컴퓨터는 몇 초 내에 사용 불능 상태에 빠질지도 모르며, 컴퓨터 시스템과 파일을 복구하는 데 몇 날 며칠을 보내야 할지도 모른다. 만약 그 컴퓨터로 사업을 운영하고 있었다면, 시스템이 다운된 동안 고객에게 물건을 판매하거나 공급업체에 주문하는 것이 불가능할지도 모른다. 또한 컴퓨터에서 기밀 고객 지불 정보 등 데이터를 훔치거나 파괴하려는 외부인이 컴퓨터에 침입한 것을 발견할 수도 있다. 만약 이미 너무 많은 자료가 파괴되거나 유출되었다면 이 회사는 더 이상 영업을 못하게 될지도 모른다.

보안
정보시스템에서 인증되지 못한 접근, 교체, 절도, 물리적 침해를 방지하는 데 사용되는 정책, 절차, 기술적 기준

통제
조직의 자산 보호, 자산 기록의 정확성과 신뢰성, 관리 표준의 운영상 준수를 보장하기 위한 모든 방법, 정책, 절차

한마디로 현재 기업을 운영하고 있다면 보안과 통제를 최우선 과제로 삼아야 한다. **보안**(security)이란 정보시스템에 대한 인증되지 않은 접속, 변조, 절도, 물리적 침해를 방지하기 위한 정책, 절차, 기술적 기준을 말한다. **통제**(control)는 조직 자산의 안정성, 회계 기록의 정확성과 신뢰성, 관리 표준의 운영상 준수를 보장하기 위한 방법, 정책, 조직 절차 등을 말한다.

시스템이 취약한 이유

대량의 데이터를 전자적 형식으로 저장할 경우 종이 형식으로 존재할 때보다 더 많은 종류의 위험에 노출되게 마련이다. 통신 네트워크를 통해 여러 지점의 정보시스템이 서로 연결되어 있다. 비인가 접속, 오남용, 사기 행위 등이 한곳이 아닌 네트워크상의 어느 접근점에서도 발생할 수 있다.

위협 행위자
시스템의 취약점을 악의적으로 이용하여 의도적으로 피해를 주려는 개인 또는 집단

그림 8.1은 현대의 정보시스템이 직면한 가장 일반적인 위협 요소를 보여준다. 이러한 위협 요소는 기술·조직적·환경적 요인에 기인할 수 있으며, 잘못된 경영 의사결정으로 악화될 수 있다. 또한 **위협 행위자**(threat actor, 시스템 취약점을 악의적으로 이용하여 의도적으로 피해를 입히려는 개인 또는 집단)로부터 발생할 수도 있다. 그림에서 볼 수 있는 다중 계층 클라이언트/서버 컴퓨팅 환경에서 취약점은 각 계층과 계층 간의 통신 구간에 존재한다. 클라이언트층의 사용자는 실수를 하거나 허가 없는 시스템 접속을 통해 시스템에 손상을 입힐 수 있다. 또한 위협 행위자가 네트워크를 통해 흐르는 데이터에 접근하거나 전송 중인 가치 있는 데이터를 훔치고, 허가 없이 데이터를 변경하는 것도 가능하다. 전자기 복사 역시 다양한 지점에서 네트워크를 중단시킬 수 있다. 위협 행위자는 기업 서버에 악성 소프트웨어를 주입하거나, 인터넷에 연결된 서버를 대상으로 서비스 거부(DoS) 공격을 수행하거나, 데이터를 훔치거나, 웹사이트를 훼손할 수 있다. 또한 기업 서버를 이용하여 백엔드 시스템과 데이터베이스에 접근하여 기업 데이터를 외부로 유출하거나, 파괴하거나, 변조할 수 있다. 컴퓨터 하드웨어와 소프트웨어 고장 역시 기업 시스템에 위협이 된다.

컴퓨터 하드웨어가 고장 나거나 적절히 설정되지 않았거나 혹은 부적절한 사용 또는 범죄 행위로 인해

그림 8.1 현대의 보안 문제와 취약점

웹 기반 응용시스템의 구조에는 일반적으로 웹 클라이언트, 서버, 데이터베이스에 연결된 기업 정보시스템 등이 포함된다. 각각의 구성 요소는 보안 문제와 취약성을 가지고 있으며 홍수, 화재, 전력 고장 및 기타 전기적 문제 역시 네트워크의 어느 지점에서든 장애를 초래할 수 있다.

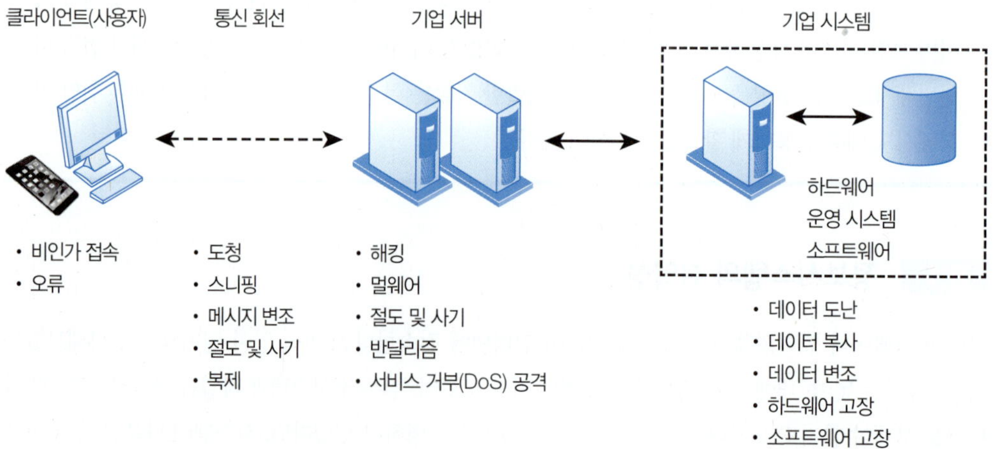

손상되었다면 시스템이 오작동할 것이다. 프로그래밍 오류, 부적절한 설치, 허가 없는 변경 등은 컴퓨터 소프트웨어가 제대로 작동하지 못하게 한다. 전력 고장, 홍수, 화재 및 기타 자연재해 역시 컴퓨터 시스템 작동을 정지시킬 수 있다.

또한 국내외 타 기업과 제휴하는 경우, 가치 있는 정보가 기업의 통제권 외 네트워크와 컴퓨터에 존재한다면 시스템의 취약성을 높일 수 있다. 따라서 강력한 안전장치가 없다면 가치 있는 데이터가 분실되거나 파괴될 수 있으며, 더 나아가 중요한 영업비밀 또는 개인 사생활을 침해할 수 있는 정보가 노출되거나 부적절하게 이용될 가능성이 매우 크다.

휴대성으로 인해 모바일 기기가 분실되거나 도난당하기 쉽다. 스마트폰은 다른 인터넷 연결기기와 많은 보안 취약점을 공유하며, 악성 소프트웨어와 외부인의 침투에 취약하다. 기업의 직원들이 사용하는 스마트폰에는 판매 수치, 고객 이름, 전화번호, 이메일 주소 등 민감한 데이터가 들어 있는 경우가 많다. 침입자는 이러한 장치를 통해 기업 내부 시스템에 접속할 수도 있다.

인터넷의 취약성

인터넷과 같은 대규모 공공 네트워크는 사실상 누구에게나 개방되어 있기 때문에 내부 네트워크보다 훨씬 더 취약하다. 인터넷은 그 규모가 너무 방대해서 오남용이 발생했을 때 엄청나게 광범위한 영향력을 미칠 수 있다. 특히 인터넷이 기업 네트워크의 일부를 구성하고 있다면 조직의 정보시스템은 외부로부터의 침입에 더욱더 취약해진다.

취약성은 이메일과 인스턴트 메시징(IM), P2P 파일 공유 프로그램의 광범위한 사용에 의해서도 증가하고 있다. 이메일은 악성 소프트웨어나 기업 내부 시스템으로의 허가받지 않은 접근을 위한 발판이 될 첨부 파일이나 링크를 담고 있을 수 있다. 또한 내부 직원이 허가받지 않은 수신자에게 영업비밀, 재무자료, 비밀 고객정보 등을 전송하기 위해 이메일을 사용할 수 있다. 어떤 경우든 인터넷을 통한 인스턴트 메시징은 보안되어야 할 네트워크에 대한 침입 통로로 사용될 수 있다. 불법 음악 공유뿐만 아니라 영화나 TV 프로그램과 같은 저작권 보호 콘텐츠를 P2P 네트워크를 통해 불법 다운로드하는 것은 악성 소프트웨어를 유포하거나 개인 또는 기업 컴퓨터의 정보를 외부인에게 노출시킬 수 있다.

스니퍼(sniffer)는 네트워크를 통해 이동하는 정보를 모니터링하는 일종의 도청 프로그램이다. 정당하게 사용되는 경우 스니퍼는 네트워크상의 문제 지점이나 범죄 활동을 식별하는 데 도움이 되지만, 범죄 목적으로 사용되는 경우에는 심각한 피해를 입히고 탐지하기 매우 어렵다. 위협 행위자는 스니퍼를 통해 이메일 메시지, 회사 파일, 기밀 보고서 등 독점적 정보를 네트워크 어디서든 훔칠 수 있다.

스니퍼
네트워크를 통해 이동하는 정보를 모니터링하는 도청 프로그램

무선 보안 과제

블루투스와 와이파이 네트워크는 도청자의 해킹에 취약하다. 802.11 표준을 사용하는 근거리 통신망(LAN)은 외부인이 노트북, 무선카드, 외장형 안테나와 해킹 소프트웨어를 사용하여 쉽게 침투할 수 있다. 위협 행위자는 이러한 장비를 이용하여 보안이 약한 네트워크를 찾아내고, 네트워크 통신을 감시하며, 경우에 따라 기업 네트워크나 인터넷으로 접속한다.

와이파이 전송 기술은 장치들이 서로 쉽게 찾고 수신하도록 설계되었기 때문에 여러 가지 보안 과제를 안고 있다. 그림 8.2에서 이러한 과제 중 하나를 확인할 수 있다. 와이파이 네트워크상에서 접근점을 식별하는 SSID(service set identifier)는 반복적으로 송출되며, 침입자의 스니퍼 프로그램에 의해 쉽게 포착될 수 있다. 대다수의 무선 네트워크는 워 드라이빙에 대한 기본적인 보안장치조차 갖추지 못하고 있다. **워 드라이빙**(war driving)은 도청자가 차량을 이용하여 건물 주변을 지나거나 근처에 주차한 뒤 무선 네트워크 트래픽을 가로채려는 행위이다.

워 드라이빙
도청자가 차량을 이용하여 건물 주변을 지나거나 근처에 주차한 뒤 무선 네트워크 트래픽을 가로채려는 행위

그림 8.2 와이파이 보안 문제

많은 와이파이 네트워크는 인가 없이 네트워크 자원에 접근하기 위한 주소를 훔칠 수 있는 스니퍼 프로그램을 사용하는 침입자가 침투할 수 있다.

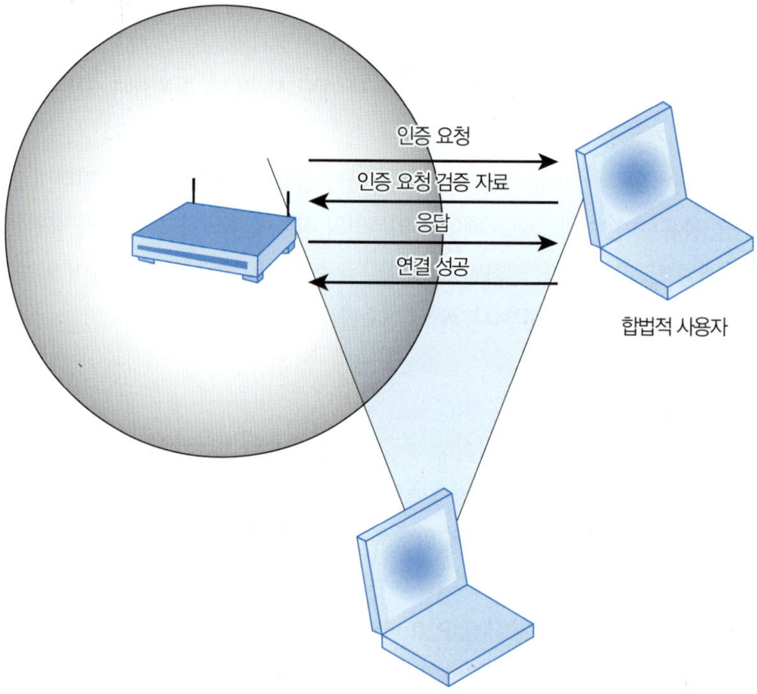

셀룰러 전송 기술은 비교적 더 안전한 것으로 여겨지지만, 5G 기술에는 새로운 잠재적 취약성이 도사리고 있다. 5G는 연결 가능한 장치의 수와 종류를 증가시키며, 다수의 공급업체와 더 복잡한 기술 인프라를 포함함으로써 공격 가능 지면을 넓히게 된다(Bowman, 2024).

정확한 SSID를 사용하여 접근점에 연결한 침입자는 네트워크에 연결되어 있는 다른 사용자들을 시스템의 네트워크 운영체제를 통해 식별하고, 해당 컴퓨터에 접속하여 파일을 열거나 복사할 수 있다.

또한 침입자는 수집된 정보를 이용하여 사용자와 가까운 위치에 다른 주파수 채널을 가진 가짜 접근점을 설치함으로써 사용자의 무선 네트워크 인터페이스 카드(NIC)가 가짜 접근점에 연결되도록 유도할 수 있다. 이러한 접속이 한 번 발생하면 위협 행위자는 가짜 접근점을 이용하여 사용자의 로그인 이름과 패스워드를 탈취할 수 있다.

이후 절에서는 정보시스템에 대한 다양한 위협 유형을 살펴본 후, 보안과 통제의 비즈니스 가치를 검토하고, 보안과 통제를 위한 조직적 프레임워크의 구성요소를 논의하며, 정보 자원을 보호하기 위한 주요 도구와 기술을 살펴볼 것이다.

8.2 가장 널리 퍼져 있고 위험한 형태의 악성코드

멀웨어
바이러스, 웜, 트로이 목마, 랜섬웨어, 봇 및 잠재적 유해 프로그램과 같은 악성 소프트웨어 프로그램

드라이브 바이 다운로드
사용자가 알게 모르게 다운로드하는 악성 코드

악성 소프트웨어 프로그램은 **멀웨어**(malware)라고도 하며, 컴퓨터 바이러스, 웜, 트로이 목마, 랜섬웨어, 봇, 잠재적 유해 프로그램 등 다양한 위협 요소를 포함한다. 멀웨어 발생률은 매년 증가하고 있다. 멀웨어는 다운로드한 소프트웨어 파일, 이메일 전송에 첨부된 파일 혹은 감염된 이메일 메시지, 온라인 광고, 인스턴트 메시지를 통해 인터넷상에서 자주 전파된다. 또한 감염된 외부 저장장치나 기기를 통해 정보시스템에 침입하기도 한다. 특히 최근에는 사용자가 알게 모르게 다운로드한 파일을 통해 감염되는 **드라

이브 바이 다운로드(drive-by download), 구글 등 광고 네트워크를 통한 온라인 광고 체인[**멀버타이징**(malvertising)]이 만연하고 있다.

바이러스(virus)는 다른 소프트웨어 프로그램이나 데이터 파일에 스스로를 첨부하여 실행되도록 하는 악성 프로그램으로, 대개 사용자 모르게 퍼진다. 대부분의 바이러스는 '페이로드(payload)'를 포함하고 있으며, 이는 단순한 메시지 표시부터 프로그램·데이터 파괴, 메모리 과부하, 하드디스크 재포맷, 프로그램 오작동 유발 등 다양한 영향을 줄 수 있다. 바이러스는 사용자가 이메일 첨부 파일을 보내거나 감염된 파일을 복사할 때 주로 확산된다.

웜(worm)은 네트워크를 통해 독립적으로 한 컴퓨터에서 다른 컴퓨터로 복사될 수 있는 프로그램으로, 데이터 또는 프로그램을 파괴하거나 네트워크 운영을 중단시킬 수 있다. 웜은 다른 파일에 첨부될 필요 없이 스스로 작동하며 인간 행동에 덜 의존해 빠르게 확산된다.

일부 멀웨어는 **트로이 목마**(Trojan horse) 형태로 설계된다. 트로이 목마는 정상적인 소프트웨어처럼 보이지만 숨겨진 악성 기능을 포함하고 있다. 스스로 복제하지는 않지만, 바이러스나 다른 악성코드가 시스템에 침투하는 경로가 된다.

현대 트로이 목마의 예로는 ZeuS(Zbot) 트로이가 있다. 이는 수년에 걸쳐 전 세계 수백만 대의 컴퓨터를 감염시켰으며 여전히 위협이 되고 있다. 이는 사용자가 컴퓨터를 사용하는 동안 키 입력을 몰래 기록하여 은행 로그인 자격 증명을 훔치는 데 사용되었다. ZeuS는 주로 드라이브 바이 다운로드와 피싱을 통해 퍼지며, 최근 변종은 제거하기가 더욱 어렵다.

도입 사례에서 설명된 바와 같이, **랜섬웨어**(ransomware)로 알려진 악성코드는 데스크톱과 모바일 장치에서 빠르게 확산되고 있다. 랜섬웨어는 사용자의 컴퓨터를 장악하고 파일에 대한 접근을 차단함으로써 금전을 갈취하려는 악성코드이다. 랜섬웨어는 현재 기업이 직면한 가장 중대한 사이버 위협 중 하나로 간주되며, 2023년에는 알려진 공격 수가 거의 70% 증가했고, 평균 몸값 요구 금액도 지속적으로 상승하고 있다. 랜섬웨어는 점점 더 '서비스형 랜섬웨어(ransomware-as-a-service)' 형태로 배포되고 있다. 이는 랜섬웨어 개발자가 다른 그룹, 일명 제휴업체에 코드를 판매하거나 임대하고, 그 대가로 선불금이나 공격 수익의 일부를 받는 사이버 범죄 비즈니스 모델이다(Malwarebytes, 2024).

봇(bot)은 인터넷에 연결된 컴퓨터에 은밀히 설치되어 외부 명령에 응답하는 악성코드이다. 감염된 컴퓨터는 **봇넷**(botnet)의 일부로 악용되어 분산 서비스 거부(DDoS) 공격, 피싱 캠페인, 스팸 전송 등에 사용될 수 있다. 봇과 봇넷은 여전히 심각한 위협이다.

잠재적 유해 프로그램(potentially unwanted program, PUP)은 잠재적 유해 애플리케이션(potentially unwanted application, PUA)이라고도 불리며, 악성 소프트웨어의 한 형태로 간주될 수 있다. PUP에는 애드웨어(adware), 브라우저 기생 프로그램(browser parasite), 스파이웨어(spyware), 허위 보안 소프트웨어, 툴바, PC 진단 도구와 같이 사용자의 컴퓨터에 스스로 설치되는 기타 애플리케이션이 포함된다. 일부 유형의 PUP는 특히 악의적이다. **키 로거**(keylogger)는 컴퓨터에서 이루어지는 모든 키 입력을 기록하여, 소프트웨어의 시리얼 번호를 훔치거나, 인터넷 공격을 실행하거나, 이메일 계정에 접근하거나, 보호된 컴퓨터 시스템의 비밀번호를 얻거나, 신용카드나 은행 계좌번호와 같은 개인정보를 수집하는 스파이웨어의 한 형태이다. 앞서 설명한 Zeus 트로이 목마는 키로깅을 사용한다. 기타 PUP는 웹 브라우저의 시작 페이지를 재설정하거나, 검색 요청을 다른 페이지로 리디렉션하거나, 과도한 컴퓨터 자원을 점유하여 성능을 저하시킨다.

스마트폰은 인터넷에 연결된 다른 장치들과 마찬가지로 취약하다. 사용자의 개입 없이도 악성코드에 감염될 수 있으며, 비밀번호와 기타 데이터가 탈취될 수 있고, 사용자 행동을 감시하고 스마트폰을 봇넷의 로봇으로 전환하여 이메일과 문자 메시지를 아무에게나 전송하게 만드는 프로그램이 은밀히 설치될

멀버타이징
온라인 광고 체인에 악성코드를 내장시켜 유포하는 방법

바이러스
일반적으로 사용자 지식이나 허가 없이 실행될 다른 소프트웨어 프로그램이나 데이터 파일에 자신을 연결하는 악성 소프트웨어 프로그램

웜
네트워크를 통해 독립적으로 한 컴퓨터에서 다른 컴퓨터로 복사되며, 데이터와 프로그램을 파괴할 수 있을 뿐만 아니라 컴퓨터 네트워크의 작동을 방해하거나 중단할 수도 있는 소프트웨어 프로그램

트로이 목마
합법적인 것처럼 보이지만 손상을 일으킬 수 있는 숨겨진 기능이 포함된 소프트웨어 프로그램

랜섬웨어
사용자의 컴퓨터를 제어하고 파일에 대한 접근을 차단하여 사용자로부터 돈을 갈취하려는 악성코드

봇
네트워크를 통해 미리 정의된 반복적인 작업을 수행하는 소프트웨어 애플리케이션으로, 쇼핑 봇·웹 크롤러·스크레이퍼·모니터링 봇·악성코드가 포함된다.

봇넷
봇 멀웨어에 감염된 컴퓨터의 모음으로, 소유자 모르게 분산 서비스 거부 공격, 피싱 캠페인 또는 스팸을 실행하는 등 악의적인 목적으로 사용될 수 있다.

잠재적 유해 프로그램(PUP)
애드웨어, 브라우저 기생 프로그램, 스파이웨어와 같은 소프트웨어, 사용자의 컴퓨터에 스스로 설치되는 허위 보안 소프트웨어, 도구 모음, PC 진단 도구와 같은 기타 애플리케이션은 악성 소프트웨어의 한 형태로 간주될 수 있다.

키 로거
개인정보 또는 비밀번호를 훔치거나 인터넷 공격을 시작하기 위해 컴퓨터의 모든 키 입력을 기록하는 스파이웨어의 한 형태

수 있다. IT 보안 전문가들에 따르면 모바일 장치는 현재 컴퓨터보다 더 큰 보안 위험을 초래하며, 가장 심각한 보안 위협 요인으로 부상하고 있다. 버라이즌에 따르면 2023년 설문에 응답한 조직의 80% 이상이 사용자 모바일 장치를 주된 대상으로 한 일종의 공격을 경험했으며, 카스퍼스키(Kaspersky)는 모바일 장치를 겨냥한 공격이 50% 이상 증가하여 3,300만 건을 넘었다고 보고했다. 전 세계에서 가장 널리 사용되는 모바일 운영체제인 안드로이드는 대부분의 위협 행위자가 노리는 주요 플랫폼이다. 예를 들어 멀웨어바이츠(Malwarebytes)는 2023년 한 해 동안 QR 코드 스캐너, 피트니스 추적기, 심지어 인스타그램과 같은 인기 앱을 복제하여 정상적인 앱으로 위장한 안드로이드용 뱅킹 트로이 목마를 8만 8,000건 이상 탐지했다. 그러나 애플 기기도 안전하지 않다. 2024년 2월에는 iOS 사용자를 표적으로 한 새로운 정교한 모바일 트로이 목마가 얼굴 인식 데이터와 신분증을 수집하고 SMS를 가로채는 것이 발견되었다. 모바일 장치용 악성코드는 무선 장치가 기업 정보시스템과 연결되어 있는 경우가 많기 때문에 기업 컴퓨팅 환경에 심각한 위협을 초래한다(Verizon, 2023; Kaspersky, 2024; Malwarebytes, 2024).

페이스북, X(구 트위터), 링크드인과 같은 소셜 네트워크는 악성코드의 전달 경로이기도 하다. 사용자는 메시지가 합법적인 것이 아닐지라도 친구로부터 받은 메시지를 더 신뢰하는 경향이 있다. 예를 들어 페이스북 메신저 바이러스는 해킹된 페이스북 계정으로부터 피해자의 페이스북 연락처 목록에 있는 사람들에게 전송되는 피싱 메시지를 통해 전파된다. 이 바이러스는 복제 기능을 통해 널리 퍼지며 지속적으로 위협을 가하는 특성이 있다(Danes, 2023).

악성코드는 이제 메타버스(3D 가상현실 환경, 7장 참조)를 대상으로 공격하기 시작했다. 가상현실(VR) 및 증강현실(AR) 플랫폼에 필요한 하드웨어는 공격자가 악용할 수 있는 새로운 엔드포인트를 만들어냈다. 공격자는 이러한 플랫폼을 조작하여 물리적 위험을 초래할 가능성도 있다. 메타버스 참여자는 악의적 행위자에 의해 다양한 형태의 괴롭힘을 당할 수 있으며, 참여자의 프라이버시와 개인정보 보안 또한 주요 우려 사항이다(Rosenblatt, 2023).

인공지능(AI) 역시 악성코드 측면에서 새로운 보안 위협을 만들어내고 있으며, 이에 대한 상세한 논의는 8.5절에서 다룬다.

표 8.1에 악성 소프트웨어의 몇 가지 주요 예를 제시했다.

표 8.1 주요 악성코드의 예

악성코드	유형	설명
Emotet	트로이 웜/봇넷	유로폴(Europol)에 따르면 세계에서 가장 위험한 악성코드이다. 처음에는 사람들의 키 입력을 은밀하게 기록하여 은행 로그인 자격 증명을 훔치는 데 사용되었다. 이후 다른 트로이 목마 및 랜섬웨어를 포함한 악성코드 배포 기능이 추가되었으며, 봇넷을 통해 확산되었다. 2021년 1월, 국제적으로 조율된 노력에 의해 다수의 Emotet 봇넷이 제거되었지만, 2021년 11월에는 다시 등장하여 완전히 근절하는 것이 얼마나 어려운지를 보여주었다. 2024년 현재까지도 여전히 활동 중이다.
Cryptolocker	랜섬웨어/트로이 웜	사용자의 사진, 영상 및 문서를 가로채어 사실상 깨지지 않는 비대칭 암호화를 하여 대가 지불을 요구한다.
Conficker	웜	2008년 11월 처음 감지되었다. 윈도우 소프트웨어의 결함을 이용하여 시스템을 인계하고 원격으로 명령할 수 있는 가상 컴퓨터에 연결한다. 전 세계적으로 500만 대 이상의 컴퓨터를 제어했으며, 뿌리 뽑기 어렵다.
Sasser.ftp	웜	2004년 5월 처음 나타났다. 임의의 IP 주소를 공격하여 인터넷을 통해 확산된다. 컴퓨터가 계속 충돌하고 재부팅하며, 감염된 컴퓨터가 더 많은 피해자를 검색하도록 한다. 전 세계 수백만 대의 컴퓨터에 영향을 미쳤으며, 약 148억~186억 달러 정도의 피해를 입혔을 것이라고 추정한다.
ILOVEYOU	바이러스	2000년 3월 처음 나타났다. 비주얼 베이직 스크립트로 작성되며, 제목에 ILOVEYOU가 포함된 이메일의 첨부 파일로 전송되는 스크립트 바이러스이다. 음악, 이미지 및 기타 파일을 자체 사본으로 덮어쓰며 100억~150억 달러 정도의 피해를 입혔을 것이라고 추정한다.

8.3 위협 행위자가 초래하는 위험

8.1절에서 언급했듯이 위협 행위자는 시스템 취약점을 악용하여 의도적으로 피해를 입히려는 개인 또는 집단이다. 다양한 유형의 위협 행위자에는 사이버 범죄자, 국가, 테러 단체, 해커, 핵티비스트, 내부자가 포함된다.

사이버 범죄자는 주로 금전적 이익을 추구한다. 국가와 테러 조직은 위협 행위자를 지정학적 목적이나 이념적 폭력을 위해 활용하며, 이에 대해서는 사이버 전쟁 및 사이버 테러리즘 관련 절에서 더 자세히 설명한다. **해커**(hacker)는 컴퓨터 시스템이 사용하는 보안 보호 장치의 취약점을 식별하여 무단 접근을 시도하는 기술을 가진 사람이다. 조직은 때때로 자사의 보안 조치를 테스트하기 위해 윤리적 해커(ethical hacker)를 고용하기도 한다. 이러한 유형의 해커는 침투 시도에 대해 법적 처벌을 받지 않는다는 계약하에 대상 기업과 협력한다. 애플, 마이크로소프트, 인텔, HP 등 많은 기업은 소프트웨어와 하드웨어에서 버그를 발견한 해커에게 금전적 보상(버그 바운티)을 제공할 의향이 있다. **핵티비스트**(hacktivist)는 일반적으로 이념에 따라 특정 대상을 공격하는 동기를 가지고 있다. 이들은 종종 웹사이트나 기업 정보시스템을 고의로 방해, 훼손 또는 심지어 파괴하는 **사이버 파괴 행위**(cybervandalism)를 수행한다.

해커
무단 액세스를 얻기 위해 컴퓨터 시스템이 사용하는 보안 보호의 약점을 식별하는 기술을 사용한다.

핵티비스트
일반적으로 이념에 따라 특정 대상을 공격하려는 동기를 가진 해커

사이버 파괴 행위
웹사이트나 기업의 정보시스템에 대한 의도적인 혼란, 손상, 파괴

스푸핑, 피싱, 파밍

위협 행위자는 종종 **스푸핑**(spoofing)을 활용한다. 스푸핑은 자신의 진짜 신분을 숨기기 위해 가짜 이메일 주소를 사용하거나, 웹 링크를 다른 주소로 리디렉션하여 사용자를 속이는 것이다. 예를 들어 고객을 가짜 사이트로 유도하여 주문을 수집하고, 진짜 사이트의 민감한 고객 정보를 탈취할 수 있다.

피싱(phishing)은 대표적인 스푸핑 방식이다. 피싱은 합법적인 기업처럼 보이는 가짜 웹사이트나 이메일을 통해 주민등록번호, 은행 및 신용카드 정보 등 기밀 데이터를 입력하도록 유도한다. 마이크로소프트, 이베이, 페이팔, 아마존, 월마트 등은 주요 표적이 되곤 한다. 보다 정밀한 형태의 스피어 피싱(spear phishing)은 수신자의 회사 동료나 친구처럼 보이게 꾸민다. BEC(business email compromise) 공격은 고위 임원을 표적으로 삼아 자금 이체를 유도하는 것으로, 급속하게 증가하는 위협이다. 최근에는 생성형 AI를 이용하여 더욱 정교한 피싱 이메일을 작성하는 시도가 늘어나고 있다(Proofpoint, 2024).

피싱 공격은 흔히 **사회공학**(social engineering)을 동반한다. 인간의 호기심, 탐욕, 두려움, 방심을 이용하여 사용자가 시스템 접근 권한이나 기밀정보를 넘기도록 유도한다.

이블 트윈(evil twin)은 합법적인 와이파이 네트워크처럼 위장한 가짜 무선 네트워크이다. 공항 라운지, 호텔, 커피숍 등에서 사용자가 믿고 접속하게 만들며, 패스워드나 신용카드 정보를 탈취한다.

파밍(pharming)은 사용자가 올바른 웹사이트 주소를 입력해도 가짜 웹사이트로 연결되도록 한다. 이는 인터넷 서비스 제공업체(ISP)가 저장한 IP 주소 정보를 해킹하여 주소를 변경함으로써 가능하다.

스푸핑
자신의 정체를 숨겨서 남을 속이거나 속이는 행위

피싱
가짜 웹사이트를 설정하거나 합법적인 기업의 메시지처럼 보이는 이메일 메시지를 보내 사용자에게 기밀 개인 데이터를 요청하는 스푸핑 형태

사회공학
인간의 호기심, 탐욕, 속임수, 두려움 또는 안일함을 악용하여 위협 행위자가 컴퓨터 시스템에 액세스하거나 멀웨어를 다운로드할 수 있도록 사용자를 유도한다.

이블 트윈
참가자가 로그인하여 비밀번호나 신용카드 번호를 공개하도록 유도하기 위해 합법적인 것처럼 가장하는 무선 네트워크

파밍
사용자가 올바른 웹페이지 주소를 입력하더라도 사용자를 가짜 웹페이지로 리디렉션하는 피싱 기술

LOTL과 APT

전통적인 악성코드 공격이 악성코드를 주입하는 방식에 의존하는 것과 달리, **LOTL 공격**(living off the land attack)은 Powershell, Windows Management Interface, Mimikat 등의 네트워크 관리 도구처럼 조직의 디지털 인프라에 이미 존재하는 합법적인 소프트웨어 도구를 탈취하여 공격을 수행한다. 이러한 이유로 LOTL 공격은 종종 '파일리스(fileless) 공격'이라고 불리는데, 이는 일반적으로 시스템에 처음부터 악성코드를 주입하지 않고 공격이 시작되기 때문이다. 다만 공격자가 시스템에 자리를 잡은 이후에는 악성코드를 투입하는 단계가 뒤따를 수도 있다. LOTL 공격은 기존 보안 도구로 탐지하기 어려워 성공 가능성이 높고, 공격자가 권한을 상승시키거나 데이터를 탈취하며, 이후 재접속을 위한 백도어를 설치하는 시간을 더 벌 수 있기 때문에 점점 더 흔해지고 있다.

LOTL 공격
조직의 디지털 인프라에 이미 포함되어 있는 네트워크 관리 도구와 같은 합법적인 소프트웨어 도구를 탈취하여 공격을 수행한다.

APT 공격
침입자가 시스템에 침투하여 장기간 탐지되지 않은 채 데이터를 유출하거나 더 심각한 공격을 가할 적절한 시점을 기다리는 것으로, 전략적 표적 설정과 지속성, 고급 전술, 기술, 절차로 정의된다.

LOTL 공격은 종종 **APT 공격**(advanced persistent threat attack)과 함께 사용된다. APT 공격은 침입자가 오랜 시간 시스템에 잠입하여 탐지되지 않은 채로 데이터를 유출하거나, 더 치명적인 공격을 가하기 위한 적절한 시점을 기다리는 장기적이고 은밀한 공격이다. 이러한 공격은 전략적 표적 설정과 지속성, 고급 전술, 기술, 절차(TTPs)를 활용하는 점이 특징적이다.

서비스 거부 공격

서비스 거부(DoS) 공격
네트워크를 붕괴시키기 위해 수천 건의 허위 통신 또는 서비스 요청을 네트워크 서버 또는 웹 서버에 쏟아붓는 것

분산 서비스 거부(DDoS) 공격
여러 공격 지점으로부터 네트워크를 침수시키고 압도하기 위해 수많은 컴퓨터를 사용하는 공격

서비스 거부 공격(DoS attack)이란 해커가 네트워크를 붕괴시키기 위해 수천 건의 잘못된 통신이나 서비스 요청을 네트워크 서버나 웹 서버에 쏟아붓는 것을 말한다. 이때 네트워크는 동시에 감당할 수 없는 많은 질의를 받게 되며, 결과적으로 실제 처리해야 할 요청에 대한 서비스를 할 수 없게 된다. **분산 서비스 거부 공격**(DDoS attack)은 여러 공격 지점으로부터 네트워크를 범람시키고 전복시키기 위해 수많은 컴퓨터를 사용하는 것을 말한다. 미라이 봇넷은 수많은 사물인터넷 기기(예: 인터넷에 연결된 감시 카메라 등)를 감염시킨 뒤, 이러한 기기를 이용하여 인터넷 트래픽을 모니터링하고 재라우팅하는 딘(Dyn) 서버를 대상으로 분산 서비스 거부 공격을 감행한 대표적인 사례이다. 미라이 봇넷은 딘 서버를 압도하여 엣시, 깃허브, 넷플릭스, 쇼피파이, 사운드클라우드, 스포티파이, 트위터 등 많은 주요 웹사이트를 장악하면서 딘 서버를 압도했다. 또한 원래 미라이 봇넷 소스코드를 기반으로 한 수많은 변종이 2024년에도 여전히 활동 중이다(Kupchik, 2024).

서비스 거부 공격은 정보를 파괴하거나 기업 정보시스템의 제한된 영역에 접근하는 것은 아니지만 웹사이트를 정지시킴으로써, 실제 방문해야 할 사용자가 웹사이트에 접근하지 못하게 된다. 이러한 공격은 바쁜 전자상거래 사이트에 많은 손실을 초래할 수 있으며, 웹사이트가 정지될 경우 고객이 구매할 수 없다. 대기업에 비해 보안관리가 허술한 네트워크로 운영되는 중소기업이 이러한 공격에 더 취약하다.

데이터 유출과 신원도용

데이터 유출
조직의 데이터에 대한 통제권이 외부인에게 상실되는 것

인터넷 및 전자상거래의 발달과 함께 신원도용이 특히 문제가 되고 있다. **데이터 유출**(data breach)은 조직의 데이터에 대한 통제 상실을 수반한다. IBM Security의 2023년 데이터 유출 비용 보고서(Cost of a Data Breach Report)에 따르면, 전 세계적으로 조사 대상이 된 537개 기업의 데이터 유출 평균 총비용은 445만 달러였으며, 이는 지난 3년간 15% 증가한 수치이다(IBM Security, 2023). 또한 브랜드 이미지

표 8.2 주요 데이터 유출

데이터 유출	설명
AT&T	2024년, AT&T는 현재 고객 760만 명과 이전 고객 6,540만 명을 포함하여 총 7,300만 명의 개인정보가 도난당해 온라인에 게시된 사실을 발견했다고 밝혔다. 유출된 개인정보에는 사회보장번호, 패스워드, 전체 이름, 이메일 주소, 전화번호, 생년월일, AT&T 계정 번호가 포함되었다.
링크드인	2021년, 데이터 스크래핑 기법을 사용하여 사이트의 애플리케이션 프로그래밍 인터페이스(API) 취약점을 악용한 해커가 7억 명 이상의 링크드인 사용자(사용자 계정의 90% 이상)의 이메일 주소, 전화번호, 위치 정보, 소셜 미디어 세부 정보 등 개인정보를 다크웹 포럼에 게시한 사실이 발견되었다.
메리어트	2018년, 세계 최대 호텔 체인인 메리어트(Marriott)는 스타우드(Starwood) 브랜드 예약 데이터베이스가 해킹되어 최대 5억 명에 달하는 투숙객의 개인정보가 노출되었을 수 있다고 밝혔다. 노출된 데이터에는 이름, 전화번호, 이메일 주소, 여권 번호, 생년월일, 신용카드 번호 등이 포함되었다. 이 데이터는 중국 국가 지원 위협 그룹에 의해 복사되고 암호화되었으며, 이들은 데이터를 외부로 반출하려는 조치를 취한 것으로 알려졌다. 2020년, 메리어트는 두 직원의 로그인 자격 증명이 악용되어 다시 한번 해킹을 당했다.
에퀴팩스	2017년, 주요 신용정보 조회 및 점수 평가 회사 중 하나인 에퀴팩스(Equifax)는 일부 시스템에 위협 행위자들이 접근하여 1억 4,000만 명 이상 미국 소비자(미국 인구의 약 45%)의 사회보장 번호, 운전면허증 번호를 포함한 개인정보가 유출되었을 가능성이 있다고 보고했다. 또한 20만 명 이상의 소비자 신용카드 번호와 18만 명 이상의 분쟁 처리 과정에서 사용된 개인정보도 유출되었다.

훼손 역시 상당하지만 정량화하기는 어렵다.

데이터 유출은 **크리덴셜 스터핑**(credential stuffing attack)을 가능하게 하기도 한다. 자격 증명 스터핑 공격은 데이터 유출을 통해 입수된 사용자 이름과 비밀번호 조합을 이용하여 봇넷과 자동화 도구를 통해 수행되는 무차별 대입 공격(brute force attack)이다. 이러한 공격은 특히 금융 서비스 산업에서 점점 더 흔해지고 있다.

크리덴셜 스터핑
공격자가 데이터 유출로 얻은 사용자 이름과 비밀번호 조합을 이용하여 봇넷과 자동화된 도구를 통해 실행하는 무차별 대입 공격

주요 데이터 유출의 몇 가지 예는 표 8.2와 같다. 데이터 유출은 일반적으로 **신원도용**(identity theft)과 연결된다. 신원도용은 사기꾼이 다른 누군가로 가장하기 위해 주민등록증, 운전면허증, 신용카드 번호 등과 같은 개인의 핵심 정보를 빼내는 범죄이다. 이러한 정보는 피해자의 이름으로 신용대출, 신용구매, 신용 서비스 등에 사용할 수 있으며, 절도자의 위조 신분 증명서를 만드는 데 사용할 수도 있다. 웹사이트 해커의 주요 표적은 신용카드 파일을 얻는 것이다. 2023년에는 100만 명 이상이 미국 연방거래위원회(Federal Trade Commission)에 신원도용 신고를 접수했다(Federal Trade Commission, 2024).

신원도용
타인을 사칭하여 피해자의 이름으로 상품 및 서비스를 얻거나 허위 자격 증명을 얻기 위해 주민등록증, 운전면허증, 신용카드 번호 등 개인정보의 주요 정보를 도용하는 행위

국제적 위협: 사이버 전쟁과 사이버 테러리즘

멀웨어, DoS/DDoS 공격, 피싱용 탐침을 이용한 사이버 범죄 행위는 국경이 없다. 멀웨어 공격의 주요 근원지는 중국, 러시아, 브라질, 폴란드, 이란, 인도, 나이지리아, 베트남, 미국, 독일이 포함된다. 인터넷의 글로벌 특성으로 인해 사이버 범죄를 전 세계 어디에서도 일으킬 수 있고 피해를 입을 수도 있다.

인터넷의 취약성 때문에 개인은 물론 국가 전체가 정치적 목적으로 사보타주(sabotage)나 간첩 행위를 수행하는 위협 행위자의 해킹 대상이 되고 있다. **사이버 전쟁**(cyberwarfare)은 피해나 혼란 야기를 목적으로 다른 국가의 컴퓨터, 정보시스템, 네트워크에 침투하여 해를 가하기 위해 수행되는, 국가 주도의 정치적 목적이 있는 활동이다. **사이버 테러리즘**(cyberterrorism)은 이와 유사하지만 국가가 아닌 테러 단체에 의해 실행된다는 점에 차이가 있다. 예를 들어 2024년 2월 미국 사이버 보안 및 인프라 보안국(CISA)은 통신, 에너지, 교통, 수도, 폐수 시스템 등 미국 내 중요 인프라 조직에 중국의 지원을 받는 볼트타이폰(Volt Typhon) 그룹이 IT 시스템을 침해하고, 미국과의 주요 충돌 발생 시 파괴적 또는 교란적 사이버 공격을 수행하기 위해 IT 네트워크 내에 사전 배치하려 한다는 내용의 경고문을 보냈다(Cybersecurity & Infrastructure Security Agency, 2024).

사이버 전쟁
컴퓨터, 정보시스템 또는 네트워크를 손상시키거나 중단시켜 다른 국가를 무력화하고 패배시키기 위한 국가 주도의 정치적 목적이 있는 활동

사이버 테러리즘
사이버 전쟁과 성격이 비슷하지만 국가가 아닌 테러 단체에 의해 실행된다.

사이버 전쟁은 전통적인 전쟁보다 더 복잡하다. 많은 잠재적 목표는 군사적 목적이지만 한 나라의 전력망, 댐, 금융시스템, 통신망, 심지어 투표시스템도 마비될 수 있다. 테러범이나 범죄 단체 등 국가 소속이 아닌 단체가 공격을 할 수 있고, 누구의 소행인지 알 수 없는 경우가 많다. 국가는 자국에 불리하게 사용될 수 있는 새로운 악성코드와 기술을 끊임없이 경계해야 하며, 특히 일부 사이버 범죄자는 이러한 기술을 관심 있는 정부에 공개적으로 판매하고 있다.

사이버 전쟁에서의 공격은 점점 더 광범위하고 더 정교해지고 있으며, 잠재적인 파괴력이 엄청나다. 외국의 위협 행위자들은 미국의 송유관, 송수관, 전력망에 대한 소스 코드와 청사진을 훔치고, 에너지부 네트워크에 수백 차례 침투했다. 수년에 걸쳐 해커들은 미사일 추적 시스템, 위성 항법장치, 첩보용 드론, 최첨단 제트 전투기 등에 대한 계획을 훔친 바 있다.

미국 정보 당국에 따르면 러시아, 중국, 이란, 북한 등 30여 개국이 이미 사이버 공격 능력을 보유하거나 개발 중이다. 이들의 사이버 공격에는 산업, 군사 및 중요 민간 인프라 컨트롤러를 침투하기 위한 악성 프로그램 모음, 중요한 대상에 대한 피싱 공격을 위한 이메일 목록과 텍스트, DoS/DDoS 공격용 알고리즘 등이 포함된다. 사이버 전쟁을 위한 미국의 노력은 국방부 정보망의 운용과 방어를 조정, 지휘하고 군사 사이버 공간 작전을 준비하는 미국사이버사령부(United States Cyber Command)에 집중되어 있다. 금융, 보건, 정부, 산업 주요 기관은 일상적인 작업을 인터넷에 의존하기 때문에 사이버 전쟁은 현대 사

회 인프라에 심각한 위협이 된다. 사이버 전쟁에는 이러한 종류의 공격을 방어하는 행위도 포함된다.

내부 위협: 직원

보통 기업에 대한 보안 위협은 조직 외부에서 발생한다고 생각하는 경향이 있지만, 실은 기업 내부자가 더 심각한 보안 문제를 일으킨다. 많은 조사에서 사용자의 지식 부족이 네트워크 보안의 허점을 유발하는 가장 큰 단일 요인으로 드러났다. 대부분의 직원은 컴퓨터 시스템에 접근하기 위한 암호를 잊어버리거나 동료가 자신의 암호를 사용하도록 허용하는데, 이는 시스템을 더욱 위태롭게 만든다. 이 장의 사례 연구 'MGM리조트에 혼란을 초래하는 소셜 엔지니어링'에서도 볼 수 있듯이 악의적 침입자는 종종 사회공학 기법을 활용하여 시스템에 접근한다. 예를 들어 기업의 정규 직원인 것처럼 가장하여 정보를 요구함으로써 암호를 알아내는 식이다. 포네몬연구소(Ponemon Institute)에 따르면 2023년에 발생한 내부자 사고의 75%는 악의적 의도가 없는 내부자가 저지른 것이었다.

또한 해를 끼치려는 내부자는 기업에 대한 지식을 이용하여 클라우드 환경을 포함한 기업 시스템에 침입하기도 한다. 악의적 내부자 사고는 빈도가 훨씬 적지만 2023년 기준 전체 내부자 사고의 25%를 차지하며 매우 큰 피해를 초래했다(Ponemon Institute/DTEX Systems, 2023). 예를 들어 아마존웹서비스(AWS)의 전직 직원이 아마존 클라우드 보안에 대한 지식을 악용하여 아마존웹서비스에 저장되어 있던 캐피털원의 고객 기록 수백만 건을 탈취한 사건이 있었다.

컴퓨터 범죄

미국 의회는 1986년 컴퓨터 사기 및 남용법(Computer Fraud and Abuse Act)을 제정하여 처음으로 컴퓨터 범죄 위협에 본격적으로 대응했다. 이 법은 인가 없이 컴퓨터 시스템에 접근하는 행위를 불법으로 규정하고 있다. 오늘날 대부분의 주에서도 유사한 법률을 시행하고 있으며, 전 세계 156개국 이상이 사이버 범죄 관련 입법을 도입했다(UNCTAD, 2024). 또한 컴퓨터는 범죄 수단으로도 이용될 수 있다. 미국 법무부는 컴퓨터 범죄를 '범행, 수사, 기소 과정에서 컴퓨터 기술 관련 지식을 필요로 하는 모든 형사법 위반 행위'로 정의하고 있다. 표 8.3에 컴퓨터가 범죄의 대상이 될 때와 수단이 될 때의 사례를 제시했다.

표 8.3 컴퓨터 범죄의 예

컴퓨터가 범죄의 대상이 되는 경우
보안 대상인 전산 데이터의 기밀성 침해
허가 없는 컴퓨터 시스템 접속
사기 목적으로 보안 대상 컴퓨터에 대한 의도적 접속
부주의 또는 계획적으로 보안 대상 컴퓨터에 대한 의도적 접속과 손상 유발
보안 대상 컴퓨터에 의도적으로 손상을 입히는 프로그램, 프로그램 코드, 명령 등 고의 전송
보안 대상 컴퓨터에 손상을 입힐 수 있는 위협
컴퓨터가 범죄의 수단이 되는 경우
기업 비밀 절도
소프트웨어나 논문, 책, 음악, 영상 등 저작권이 있는 지적 소유물 불법 복제
사기 모의
위협 또는 희롱을 위한 이메일 사용
전자적 통신을 가로채기 위한 의도적 시도
이메일과 음성메일을 포함하는 저장된 전자 통신에 대한 불법적 접근
컴퓨터를 사용한 아동 포르노 전송 및 처리

미국에는 도청법(Wiretap Act), 전자 통신 사기 방지법(Wire Fraud Act), 경제적 간첩 행위 방지법(Economic Espionage Act), 전자 통신 개인정보 보호법(Electronic Communications Privacy Act), CAN-SPAM 법(CAN-SPAM Act), PROTECT 법(Protect Act) 등 다양한 법률이 존재하며, 이는 전자 통신 가로채기, 전자 통신을 통한 사기, 영업 비밀 절취, 저장된 전자 통신 불법 접근, 이메일을 이용한 위협 및 괴롭힘, 아동 포르노 전송 및 소지와 같은 컴퓨터 범죄를 규율하고 있다. 또한 국가 정보 인프라 보호법(National Information Infrastructure Protection Act)은 악성코드를 유포하고 웹사이트를 무력화하는 공격을 연방법상 범죄로 규정하고 있다. 미국의 모든 주, 워싱턴 D.C., 괌, 푸에르토리코, 미국령 버진아일랜드는 개인정보 침해 사고 발생 시 민간 및 정부 기관이 피해 당사자에게 이를 통지하도록 요구하는 법률을 제정했다. 그리고 2023년 12월부터 미국 증권거래위원회(SEC)의 새로운 규정이 시행되어 모든 상장기업은 중요 사이버 보안 사고가 발생할 경우 이를 4영업일 이내에 공시해야 한다.

컴퓨터 범죄의 규모(얼마나 많은 시스템이 침해되고, 얼마나 많은 인원이 범죄에 가담하며, 전체 경제적 피해액이 얼마인지)는 정확히 파악되지 않았다. 그러나 사이버시큐리티벤처스(Cybersecurity Ventures)에 따르면 2024년 전 세계 사이버 범죄로 인한 피해액이 9.5조 달러에 이를 것으로 예상되며, 2029년에는 15조 달러를 초과할 것으로 전망된다(CyberSecurity Ventures, 2023).

많은 기업이 컴퓨터 범죄 사실을 신고하는 것을 꺼린다. 범죄에 자사 직원이 관여했을 가능성이나 보안 취약점이 알려질 경우 평판이 손상될 우려가 있기 때문이다. 경제적으로 가장 큰 피해를 초래하는 컴퓨터 범죄 유형은 분산 서비스 거부 공격, 악의적 내부자에 의한 활동, 웹 기반 공격이다.

8.4 소프트웨어의 취약점으로 인해 발생하는 보안 문제

소프트웨어 결함은 정보시스템에 지속적인 위협을 가하고 생산성에 막대한 손실을 초래하며, 때때로 해당 시스템을 사용하는 사람들의 안전까지 위협한다. 소프트웨어 프로그램의 복잡성과 규모가 커지고 시장에 신속히 출시해야 하는 요구가 결합되면서 소프트웨어 결함이나 취약성이 증가하고 있다.

소프트웨어의 주요 문제는 숨겨진 **버그**(bug), 즉 프로그램 코드의 결함이다. 여러 연구에 따르면 대규모 프로그램에서 모든 버그를 제거하는 것은 사실상 불가능하다. 버그의 주요 원인은 의사결정 코드의 복잡성이다. 수백 줄 규모의 비교적 작은 프로그램조차 수십 개의 의사결정과 수백, 수천 개의 경로가 포함될 수 있다. 대부분의 기업에서 사용하는 핵심 프로그램은 수만, 수백만 줄의 코드로 구성되며, 작은 프로그램보다 훨씬 많은 조건과 경로가 포함되어 있다.

버그
소프트웨어 프로그램 코드의 결함

대형 프로그램에서 결함이 없는 상태를 달성하는 것은 불가능하며, 완전한 테스트도 실질적으로 불가능하다. 수천 개의 선택지와 수백만 개의 경로가 있는 프로그램을 완전히 테스트하려면 수천 년이 걸릴지도 모른다. 엄격한 테스트를 거친다 해도 실제 운영을 통해 충분히 사용되기 전까지 해당 소프트웨어를 신뢰할 수 있는지 확신하기는 어렵다.

소프트웨어의 결함은 성능을 저하시킬 뿐 아니라 침입자에게 네트워크를 노출시키는 보안 취약점이 되기도 한다. 매년 보안 기업들은 수천 건의 소프트웨어 취약점을 식별하고 있다. 그중에서도 특히 문제가 되는 것은 **제로데이 취약점**(zero-day vulnerability)으로, 소프트웨어 개발자가 존재 자체를 알지 못하는 취약점이다. 이 유형은 개발자가 해당 결함을 인지한 직후부터 공격에 이용되기 전까지 코드에 패치를 적용할 시간이 0일이라는 의미에서 제로데이라고 불린다. 때때로 보안 연구자가 이러한 취약점을 사전에 발견하기도 하지만, 대부분은 공격이 발생한 후에야 감지된다.

제로데이 취약점
제작자가 알지 못하는 소프트웨어의 취약점으로, 공급업체가 문제를 인지하기 전에 해커가 악용할 수 있다.

최근의 중요한 제로데이 취약점 사례로는 오픈소스 자바 로깅 도구인 Apache Log4j의 Log4Shell이 있다. 이 취약점은 공격자가 서버를 장악할 수 있도록 허용했다. Log4Shell은 세계 디지털 인프라의 핵심이 된 오픈소스 소프트웨어 사용과 관련된 보안 문제를 부각시켰다(애플리케이션은 평균 528개의 오픈소스 컴포넌트를 사용한다). 오픈소스 소프트웨어는 일반적으로 자원과 인력이 부족한 일반인이 개발하기 때문에 사고 대응이나 사전 유지·보수가 어려운 경우가 많다.

SQL 주입 공격
기업의 시스템과 네트워크에 악성 프로그램 코드를 주입하기 위해 잘못 코딩된 SQL 웹 애플리케이션의 취약점을 이용하는 공격

SQL 주입 공격(SQL injection attack)은 부실하게 작성된 웹 애플리케이션 소프트웨어의 취약점을 이용하여 악성코드를 기업 시스템과 네트워크에 주입하는 방식이다. 이러한 취약점은 사용자가 웹페이지에 데이터를 입력할 때 적절한 검증이나 필터링을 수행하지 않을 경우 발생하는데, 예를 들어 온라인 주문 시 발생할 수 있다. 공격자는 이 입력 검증 오류를 이용하여 악의적인 SQL 질의를 데이터베이스에 전송함으로써 데이터베이스에 접근하거나, 악성코드를 심거나, 네트워크 내의 다른 시스템에 접근할 수 있다. 예를 들어 수천 개의 조직에서 사용하는 보안 파일 전송 서비스 MOVEit은 2023년 랜섬웨어 조직인 클롭(Clop)이 제로데이 SQL 인젝션 취약점을 이용하여 고객 환경에 비인가 접근을 하면서 가장 큰 해킹 사건 중 하나를 겪었다. 이 취약점은 온프레미스 및 클라우드 기반 서비스 버전 전체에 영향을 미쳤으며, 2,560개 이상의 조직과 4,000만 명 이상이 피해를 입은 것으로 알려졌다.

패치
소프트웨어의 올바른 작동을 방해하지 않고 소프트웨어 결함을 복구하는 소프트웨어

소프트웨어 결함이 식별되면 소프트웨어 공급업체는 해당 결함을 수정하기 위한 **패치**(patch)라는 형태의 소프트웨어를 제작하여 배포한다. 사용자는 이러한 취약점을 지속적으로 추적하고 시스템을 테스트하며 모든 패치를 적용해야 하는데, 이 과정을 패치 관리(patch management)라고 한다.

대부분 기업의 IT 인프라는 여러 비즈니스 애플리케이션, 운영체제, 기타 시스템 서비스로 구성되어 있기 때문에 모든 장치와 서비스에 대해 패치를 유지하는 것은 시간과 비용이 많이 드는 작업이다. 멀웨어는 매우 빠른 속도로 생성되기 때문에, 취약점이 알려지고 패치가 발표된 시점과 멀웨어가 이를 악용하기 시작하는 시점 사이의 대응 시간이 매우 짧다.

소프트웨어 공급사슬 공격
위협 행위자가 개발 및 생산 단계에서 소프트웨어 공급사슬에 침투하여 고객이 소프트웨어를 획득하고 배포하기 전에 소프트웨어를 손상시키는 것이다.

소프트웨어 공급사슬 공격(software supply chain attack)은 비교적 새로운 것이지만 매우 위협적이다. 이는 공격자가 소프트웨어 개발 및 생산 단계에서 공급사슬에 침투하여 소프트웨어가 고객에게 배포되기 전에 이를 손상시키는 방식으로, 신규 소프트웨어일 수도 있고 업데이트나 패치 과정일 수도 있다. 이 공격이 특히 위협적인 이유는 악성코드가 신뢰받는 메커니즘(예: 업데이트, 패치 등)을 통해 신뢰받는 소프트웨어에 삽입되기 때문이다. 단 하나의 소프트웨어 공급업체 해킹만으로도 수백, 수천 개 고객사의 네트워크로 침투할 수 있다. 공급사슬 공격에는 업데이트 서버 손상 외에도 다양한 기술이 사용된다. 일부 공격은 소프트웨어를 개발할 때 사용하는 툴 자체를 오염시키는 방식으로 시작된다. 또한 위협 행위자는 오픈소스 코드를 노리고, 개발자가 이를 자신의 프로젝트에 무심코 포함하기를 기대하기도 한다. 또 다른 기술로는 코드 서명 절차를 무력화하는 방식이 있다. 코드 서명이란 소프트웨어 컴포넌트에 암호 서명을 적용하는 절차로, 개발자의 신원과 코드의 무결성을 검증하는 데 사용된다. 사용자나 보안 툴은 일반적으로 서명된 코드를 신뢰한다. 하지만 위협 행위자는 서명 키와 인증서를 탈취하거나 서명 시스템을 해킹하여, 신뢰받는 공급업체를 가장한 서명 인증서를 생성함으로써 이 절차를 무력화하곤 했다.

8.5 인공지능으로 인해 발생하는 보안 문제

인공지능(AI)의 이점에 많은 관심이 집중되고 있지만, AI는 사이버 보안 측면에서 심각한 도전과 위험도 함께 초래한다. 사이버 범죄자는 이미 AI 기술을 활용하여 정교한 공격을 수행하고 있으며, AI 알고리즘 자체도 악의적인 목적으로 악용될 수 있다.

AI를 이용한 피싱

기존의 피싱 이메일은 철자 오류, 문법 오류, 어색한 문장 등으로 인해 비교적 쉽게 식별할 수 있었다. 사

이버 범죄자는 주로 템플릿을 활용하기 때문에 다양한 출처의 피싱 이메일이라도 공통된 문구 등이 있어 보안 소프트웨어가 탐지할 수 있었다. 그러나 최근에는 WormGPT 등 생성형 AI 도구가 독창적이면서도 매우 현실적인 피싱 이메일을 만들어내는 데 사용되고 있다. 또한 이러한 도구는 대상에 대한 정보를 수집하여 스피어 피싱이나 기업 이메일 침해(BEC) 공격에 악용되기도 한다.

딥페이크

마이크로소프트는 최근 AI 기반 딥페이크가 얼굴 및 음성 인식 기술에 의존하는 신원 확인 시스템을 무력화할 수 있다고 경고했다. **딥페이크**(deepfake)란 AI를 사용하여 매우 사실적인 가짜 이미지나 음성을 생성하는 기술로, 실제 인물의 음성과 모습을 모방하여 허위 정보를 전달하거나 조작된 현실을 만들 수 있다. 이 기술은 사람들이 실제로 하지 않은 행동이나 발언을 하는 것처럼 보이게 만들 수 있으며, 사기, 협박, 허위정보 및 선전의 수단으로 사용될 수 있다. 과거에는 딥페이크 제작에 많은 데이터와 시간, 자원이 필요했지만, 현재는 기술적 지식이나 비용이 거의 없이도 정교한 딥페이크를 생성할 수 있게 되었다.

딥페이크
AI를 사용하여 매우 사실적이지만 디지털로 조작되거나 가짜인 이미지 또는 오디오를 만드는 기술

대규모 언어 모델의 악용

사이버 범죄자는 대규모 언어 모델(LLM)을 악용하려는 다양한 시도를 하고 있다. LLM은 방대한 언어 데이터를 분석하여 인간의 언어를 이해하고 생성할 수 있는 머신러닝 기반 모델이다. 한 가지 방법은, LLM 제작자가 설정한 윤리적 안전장치(guardrail)를 우회하여 부적절한 결과를 생성하게 만드는 것이다. 이러한 공격 방식은 프롬프트 인젝션(prompt injection) 또는 탈옥(jailbreaking)이라 불리며, LLM에 민감한 정보를 노출시키거나 유해한 코드를 생성하도록 유도하는 특수한 프롬프트를 사용하는 것이다. 보안 연구자들은 대부분의 LLM이 이러한 공격에 취약하다고 보고 있다. 예를 들어 연구자들은 ChatGPT가 랜섬웨어나 특정 문서를 찾고 유출하는 악성코드를 생성하도록 속일 수 있었으며, 구글의 Gemini가 시스템 프롬프트(모델의 동작과 제약을 정의하는 지시문)를 노출하게 하는 데 성공한 사례도 있다.

또한 사이버 범죄자는 LLM의 기능을 이용하여 자체적으로 악성 생성형 AI를 제작하고, 이를 온라인상에서 유료로 배포하고 있다. WormGPT는 그러한 사례 중 하나로, 악의적인 활동을 위해 특별히 설계된 LLM이다. WormGPT는 윤리적 제한이 전혀 없고, 악성코드 관련 데이터를 중심으로 훈련되어 있다. 이 도구는 피싱 이메일과 악성코드를 생성하는 데 활용될 수 있다. FraudGPT는 이와 유사하지만 더 다양한 기능을 갖추고 있다. WormGPT, FraudGPT 제작자가 만든 DarkBART는 원래 사이버 범죄 대응을 위해 한국 데이터 인텔리전스 기업이 개발한 DarkBERT를 기반으로 한 것으로 알려져 있다. DarkGemini라는 도구는 구독형 AI 기반 악성 프런트엔드 서비스로 판매되고 있다. 또한 사이버 범죄자는 허깅페이스(HuggingFace)와 같은 오픈소스 AI 모델 저장소에서 제한 없는 AI 모델에 접근하여 자신만의 악성 플랫폼을 제작할 수 있다. 실제로 연구자들은 허깅페이스에서 잠재적으로 악성인 머신러닝 모델 약 100개를 발견했다.

8.6 보안과 통제의 비즈니스 가치

기업은 보호해야 할 매우 가치 있는 정보 자산을 보유하고 있다. 기업 시스템에는 개인의 세금, 금융자산, 의료 기록, 업무 성과 평가 기록 등의 기밀정보가 저장되어 있다. 이 시스템에는 영업 비밀, 신제품 개발 계획, 마케팅 전략 등 기업 운영에 관한 정보도 포함될 수 있다. 한편 정부 시스템에는 무기 체계, 첩보 작전, 군사 목표 등에 대한 정보도 저장되어 있을 것이다. 이와 같은 정보 자산은 막대한 가치를 지니고 있

으며, 만약 이러한 정보가 분실 혹은 파괴되거나 나쁜 목적으로 사용된다면 그 파급 효과는 매우 충격적일 수 있다. 보안 침해, 재해 또는 오작동 때문에 운영이 불가능한 시스템은 기업의 재정 건전성에 영구적 손실을 입힐 수 있다. 일부 전문가들은 3일 이내에 복구할 수 없는 응용 프로그램이나 데이터 손실에 대해 약 40%의 기업이 결국 회복할 수 없을 것이라고 생각한다.

부적절한 보안과 통제는 심각한 법적 책임을 불러올 수도 있다. 기업은 자신의 정보 자산뿐만 아니라 고객, 직원, 비즈니스 파트너의 정보 자산도 보호할 책임이 있다. 이에 대한 보안의 실패는 데이터 유출이나 절도에 따른 고비용의 소송을 의미한다. 만약 기업이 기밀정보 분실, 데이터 오염 혹은 사생활 침해 예방을 위해 적절한 보호 행위를 실행하지 못했다면 그로 인해 야기된 불필요한 위험과 손해를 책임져야 할 입장에 처할 수 있다. 예를 들어 2013년 4,000만 명에게 영향을 미친 결제 시스템 해킹으로 수백만 달러의 손실을 입었을 때 타깃은 고객에게 보상해야 했던 몇몇 미국 은행에 3,900만 달러를 지불했다. 또한 타깃은 비자에 6,700만 달러를 지불했고, 고객이 제기한 집단소송을 해결하기 위해 1,000만 달러를 지불했다. 비즈니스 정보 자산을 보호하는 견고한 보안 및 제어 프레임워크의 개발은 고위 경영진을 포함한 기업 전체에 매우 중요하다. 이 일은 더 이상 IT 부서에 국한될 수 없다(Rothrock et al., 2018).

전자 기록관리를 위한 법적·규제적 요건

정부 규제는 데이터 오용, 노출, 무단 접근으로부터의 보호를 의무화함으로써 기업이 보안과 통제를 보다 진지하게 다루도록 강제하고 있다. 다양한 산업 분야의 기업은 전자 기록관리(electronic records management, ERM)라고 알려진 전자 기록 보존 및 저장에 대한 법적 의무에 처해 있다.

예를 들어 의료 산업에서는 기업이 건강보험 이동성과 책임에 관한 법률(HIPAA)을 준수해야 한다. 이 법은 의료 청구의 행정 절차를 간소화하고 의료 제공자, 지불자, 보험 간의 의료 데이터 전송을 자동화하기 위한 의료 보안 및 개인정보 보호 규칙과 절차를 정의하고 있다. 의료 산업 종사자에게 환자 정보를 6년 동안 보존하고, 해당 정보의 기밀성을 보장할 것을 요구한다. 또한 환자 정보를 다루는 의료 제공자를 대상으로 개인정보 보호, 보안, 전자 거래 기준을 규정하며, 의료 정보 유출, 이메일을 통한 환자 기록 공개, 무단 네트워크 접근과 같은 의료 개인정보 침해에 대해 처벌을 부과한다.

금융 서비스 산업에서는 금융 서비스 현대화법(Financial Services Modernization Act), 더 잘 알려진 명칭으로는 그램-리치-블라일리법(Gramm-Leach-Bliley Act)을 준수해야 한다. 이 법은 금융기관이 고객 데이터의 보안성과 기밀성을 보장할 것을 요구한다. 데이터가 안전한 매체에 저장되어야 하며, 저장 매체상에서나 전송 중일 때 해당 데이터를 보호하기 위한 특별한 보안 조치가 시행되어야 한다.

상장기업은 상장기업 회계개혁 및 투자자 보호법(Public Company Accounting Reform and Investor Protection Act), 더 잘 알려진 명칭으로는 사베인스-옥슬리법(Sarbanes-Oxley Act)을 준수해야 한다. 이 법은 엔론, 월드컴, 기타 상장기업의 재무 스캔들 이후 투자자를 보호하기 위해 제정되었다. 해당 법은 기업과 그 경영진이 내부적으로 사용되거나 외부에 공개되는 재무 정보의 정확성과 무결성을 보호할 책임을 지도록 규정한다. 사베인스-옥슬리법은 본질적으로 재무제표에 포함되는 정보의 생성과 문서화를 관리할 수 있는 내부 통제가 마련되어야 함을 요구하는 것이다. 이러한 데이터를 생성, 저장, 전송하는 데 정보시스템이 사용되기 때문에, 해당 법은 기업이 정보시스템 보안 및 데이터의 무결성, 기밀성, 정확성을 보장하는 데 필요한 기타 통제를 고려할 것을 요구한다. 주요 재무 보고 데이터를 다루는 각 시스템 애플리케이션에는 데이터의 정확성을 보장하기 위한 통제가 필요하다. 또한 기업 네트워크를 보호하고, 시스템 및 데이터에 대한 무단 접근을 방지하며, 재해 또는 기타 서비스 중단 상황에서도 데이터의 무결성과 가용성을 보장하기 위한 통제도 필수적이다.

모든 산업 분야의 기업은 유럽연합 일반 개인정보 보호법(GDPR)과 같이 다양한 개인정보 보호법 및 규제가 부과하는 데이터 저장 및 보존 요건을 인지하고 이를 준수해야 한다. GDPR은 유럽연합 내에서 운영되는 모든 조직에 적용된다. 미국에서도 다양한 연방 및 주 법률이 제정되어 있다(4장 참조). 예를 들어 2023년 1월 전면 시행된 캘리포니아 개인정보 권리법(California's Privacy Rights Act)은 캘리포니아에서 운영되는 기업이 구체적이고 투명한 데이터 보존 일정과 데이터 폐기 프로그램을 마련할 것을 요구한다. 법원은 명시된 보존 기간을 초과하여 데이터를 단순히 보유하고 있는 행위만으로도, 다른 유출이나 사용이 발생하지 않았더라도 개인의 프라이버시를 침해하는 것으로 판단했다.

전자적 증거와 디지털 포렌식

보안, 감독, 전자 기록관리는 법적 대응을 위한 필수 요건이다. 오늘날 증권 사기, 도용, 영업비밀 도난, 컴퓨터 범죄 및 많은 민사 사건에서 대부분의 증거는 디지털 형식이다. 재판에서는 이메일, 문자 메시지, 인스턴트 메시지, 소셜 미디어를 비롯한 디지털 데이터가 모바일 기기, 휴대용 저장장치, 컴퓨터 또는 클라우드에 저장된 형태[전자적으로 저장된 정보(electronically stored information, ESI)]로 제시되는 증거에 점점 더 의존하고 있다.

재판 과정에서 기업은 증거로 사용될 가능성이 있는 ESI에 대한 자료제출 요구(discovery request)에 응해야 하며, 법에 따라 그 데이터를 제출해야 한다. 만일 기업이 요구한 데이터의 가공에 문제가 있거나 데이터가 오염되거나 이미 파괴되었다면 조사 요청에 대한 대응 비용은 어마어마하게 커질 수 있다. 법원은 현재 ESI를 부적절하게 파기할 경우 막대한 금전적 제재뿐 아니라 형사 처벌까지 부과하고 있다.

너무 오래 보관하지도 너무 빨리 폐기되지도 않도록 해야 한다. 또한 이 정책은 디지털 포렌식을 위한 잠재적 증거 보존 방법에 대한 주의도 반영해야 한다. **디지털 포렌식**(digital forensic)이란 정보가 법정에서 증거로 사용될 수 있도록 컴퓨터 저장매체에 남아 있거나 추출 가능한 데이터를 과학적 수집, 조사, 인증, 보존, 분석하는 것을 말한다. 디지털 포렌식은 다음과 같은 문제를 다룬다.

디지털 포렌식
전자적으로 저장된 정보(ESI)의 과학적 수집, 조사, 인증, 보존, 분석

- 증거의 무결성을 보존하면서 컴퓨터의 데이터 복구
- 복구한 전자 데이터의 안전한 저장 및 취급
- 대용량 전자 데이터에서의 결정적 정보 발견
- 법정에 정보 제공

전자적 증거는 컴퓨터 파일 형태이지만 일반 사용자에게는 보이지 않는 앰비언트 데이터(ambient data)로서 컴퓨터 저장매체 안에 존재할 수 있다. 한 예로 PC 하드 드라이브에서 삭제된 파일을 들 수 있다. 사용자가 컴퓨터 저장매체에서 삭제한 데이터는 다양한 기법을 이용하여 복구할 수 있다. 디지털 포렌식 전문가는 증거로 제출하기 위해 숨겨진 데이터를 복구하려고 노력한다.

디지털 포렌식에 대한 주의는 기업의 상황 계획(contingency planning) 프로세스에 반영되어야 한다. 최고정보관리자(CIO), 보안 전문가, 정보시스템 참모, 기업 법률 자문위원 등이 모두 만약의 법률상 요구가 발생할 때 실행할 수 있는 대응 계획을 함께 수립해야 한다.

8.7 보안과 통제를 위한 조직적 프레임워크

최상의 보안 도구를 가지고 있다고 해도 이를 어떻게 어디에 배치했는지 알기 전까지는 정보시스템이 신뢰할 만하고 안전하다고 할 수 없다. 기업의 어느 부분이 위험에 노출되어 있고, 정보시스템을 보호하기 위해 어떤 통제를 해야 하는지 파악해야 한다. 또한 정보시스템을 가동할 수 없는 상황에서도 기업을 운영할 수 있는 보안정책과 계획을 세워야만 한다.

정보시스템 통제

일반 통제
조직의 IT 인프라 전반에 걸쳐 컴퓨터 프로그램의 설계, 보안, 사용 및 데이터 파일의 보안을 관리하는 포괄적인 통제 환경

정보시스템 통제는 수작업 통제와 자동 통제로 나누어지며, 일반 통제와 응용 통제로 구성된다. **일반 통제**(general control)는 컴퓨터 프로그램의 설계, 보안, 사용과 기업의 IT 인프라 전반에 걸친 데이터 파일의 보안을 관리한다. 대체로 일반 통제는 모든 전산응용시스템에 적용하며 전체 통제 환경을 이루는 하드웨어, 소프트웨어 및 수작업 절차의 조합으로 구성된다.

일반 통제에는 소프트웨어 통제, 물리적 하드웨어 통제, 컴퓨터 운영 통제, 데이터 보안 통제, 시스템 개발 프로세스 설치 통제, 관리적 통제 등이 포함된다. 이러한 통제의 각 기능은 표 8.4와 같다.

응용 통제
인증된 데이터만 해당 애플리케이션에서 완전하고 정확하게 처리되도록 보장하는 각 애플리케이션 고유의 특정 제어

응용 통제(application control)는 급료 지급 처리나 주문 처리와 같은 전산응용시스템 각각에 따른 특정 통제를 말한다. 응용 통제에는 각 응용시스템이 오로지 허가된 데이터를 완전하고 정확히 처리하도록 보장하는 자동 및 수동 절차가 포함된다. 응용 통제는 입력 통제, 프로세스 통제, 출력 통제로 나뉜다.

입력 통제(input control)는 시스템에 데이터가 입력될 때 그 정확성과 완전성을 검사한다. 입력 승인, 데이터 변환, 데이터 편집, 오류처리 등 특수한 입력 통제도 있다. **프로세스 통제**(processing control)는 데이터가 갱신되는 동안 데이터의 완벽성과 정확성이 보장된다는 것을 입증해야 한다. **출력 통제**(output control)는 컴퓨터 처리 결과가 정확하고 완전하며 적절히 전달되는지 확인해야 한다.

정보시스템 통제는 나중에 생각해서는 안 된다. 통제 요소는 시스템의 설계에 통합될 필요가 있으며, 시스템이 가능한 모든 조건에서 어떻게 수행될 것인지뿐만 아니라 시스템을 사용하는 조직과 사람들의 행동도 고려한다.

위험도 평가

기업은 보안에 자원을 투자하기 전에 먼저 어떠한 자산이 보호가 필요한지 또한 이러한 자산이 현재 어느 정도로 위험에 노출되어 있는지 파악해야 한다. 위험도 평가는 이러한 질문에 대한 답을 얻고 기업이 자산 보호를 위해 가장 비용 효율적인 통제요소를 판단하는 데 도움을 준다.

위험도 평가
특정 활동이나 프로세스가 제대로 통제되지 않을 경우 회사에 미치는 위험 수준을 결정하며, 문제 발생 확률과 문제 발생 시 발생할 수 있는 잠재적 피해를 평가하고, 통제의 비용/편익을 결정하는 데 사용된다.

만약 특정 활동이나 프로세스가 적절하게 통제되고 있지 않다면 **위험도 평가**(risk assessment)를 통해 위험 수준을 파악할 수 있다. 모든 위험을 예측하거나 측정할 수 없지만 대부분의 기업은 자신이 직면한 위험의 일부분이라도 이해할 수 있을 것이다. 기업 경영진은 정보시스템 전문가의 협조를 받아 정보 자산의 가치, 취약 지점, 문제 발생의 대략적 주기, 손실 발생 가능성 등을 파악해야 한다. 가령 1년에 한 번 이상은 발생하지 않고 최대 1,000달러의 손실을 입는 사건을 예방하기 위한 통제 방법을 설계하고 유지하는 데 2만 달러를 사용하는 것은 현명하지 못한 선택이다. 그러나 같은 사건이 하루에 최소 한 번은 발

표 8.4 일반 통제

일반 통제의 유형	설명
소프트웨어 통제	시스템 소프트웨어의 사용을 감시하고 소프트웨어 프로그램, 시스템 소프트웨어, 컴퓨터 프로그램에 대한 허가 없는 접근을 방지한다.
하드웨어 통제	컴퓨터 하드웨어의 물리적 안전성을 확인하고 장비의 오작동을 검사한다. 컴퓨터에 매우 의존적인 조직은 백업을 준비하고 지속적인 서비스 유지 작업을 해야 한다.
컴퓨터 운영 통제	준비한 절차를 데이터의 저장과 처리에 지속적으로 정확히 적용하도록 보장하기 위해 컴퓨터 부서의 작업을 감독한다. 컴퓨터 처리 작업의 설정과 비정상적으로 종료한 처리의 백업 및 복구 절차에 대한 통제도 포함한다.
데이터 보안 통제	내부, 외부에 호스팅 중인 가치 있는 기업 데이터 파일이 사용 또는 저장 중에 무단 액세스 또는 변경되거나 파괴당하지 않도록 보장한다.
구현 통제	다양한 지점에서 시스템 개발 프로세스를 감사하여 프로세스가 적절히 제어되고 관리되는지 확인한다.
관리적 통제	표준, 규칙, 절차 및 통제 분야를 공식화하여 조직의 일반 및 응용 프로그램 통제가 적절하게 실행 및 시행되도록 보장한다.

표 8.5 온라인 주문 처리의 위험도 평가

위험 요인	발생 확률	손실 규모/평균	연간 예상 손실 규모
전력 공급 중단	30%	5,000~200,000달러/102,500달러	30,750달러
횡령	5%	1,000~50,000달러/25,500달러	1,275달러
사용자 오류	98%	200~40,000달러/20,100달러	19,698달러

생할 가능성이 있고, 이로 인한 연간 잠재적 손실 규모가 30만 달러 이상이라면 통제를 위해 10만 달러를 투자하는 것은 아주 적절한 선택이다.

표 8.5는 매일 3만 개의 주문을 처리하는 온라인 주문처리시스템에 대한 위험도 평가 결과의 예시이다. 각 위험에 대한 연간 발생 가능성이 백분율로 표시되어 있고, 위험이 발생했을 때 예상되는 최고, 최저의 가능한 손실 규모를 보여준다. 평균 손실 규모는 최고 손실과 최저 손실을 더한 후 2로 나누어 산출하며, 각 위험에 대한 노출로 인한 연간 예상 손실 규모는 평균 손실 규모와 발생 확률을 곱하여 결정할 수 있다.

표 8.5의 위험도 평가는 1년 동안 전력 공급 중단이 일어날 가능성이 30%임을 보여준다. 전력이 끊긴 동안 주문 거래 중지로 인한 손실 규모는 사건 발생당 5,000~200,000달러 범위(평균 102,500달러)이며, 주문 처리가 얼마나 오래 중단되는지에 따라 결정된다. 횡령 사건의 연간 발생 가능성은 약 5%이며, 그 잠재적 손실 규모는 건당 작게는 1,000달러에서 많게는 50,000달러(평균 25,500달러)에 이를 것으로 추정된다. 한편 사용자 오류의 연간 발생 가능성은 98%에 달하며, 그 손실 규모는 건당 200~40,000달러(평균 20,100달러)에 이를 것으로 추정된다.

위험도가 평가되면 시스템 개발자는 가장 높은 취약성과 손실 잠재성이 있는 통제 지점에 집중할 수 있을 것이다. 이 사례에서는 해당 영역에서 연간 예상 손실 규모가 가장 큰 전력 공급 중단과 사용자 오류로 인한 위험을 최소화하는 방법에 초점을 맞추어야 한다.

보안정책

시스템에 대한 주요 위험 요인을 파악했다면 기업은 자산 보호를 위한 보안정책 개발이 필요할 것이다. **보안정책**(security policy)은 정보 위험도의 순위화, 수용 가능한 보안 목표 식별, 그리고 이러한 목표를 달성하기 위한 방법의 식별을 위한 명세서로 이루어진다. 기업의 가장 중요한 정보 자산은 무엇인가? 누가 기업 내에서 이러한 정보를 생성하고 통제하는가? 어떤 보안정책이 정보를 보호하기 위해 적절히 배치되었는가? 경영진은 자산별로 어느 정도의 위험도까지 감수할 수 있는가? 예를 들어 10년마다 한 번씩 고객 신용 데이터가 분실되어도 괜찮은가? 아니면 100년에 한 번 발생할 정도의 큰 재해에도 견딜 수 있는 신용카드 데이터 보안시스템을 구축해야 하는가? 또한 경영진은 수용 가능한 위험 수준을 충족하기 위해 얼마의 비용을 부담해야 하는지 추정해야 한다. 기업은 새로운 기술과 위협이 초래하는 위험을 반영하기 위해 보안정책을 정기적으로 검토하고 필요에 따라 수정해야 한다.

보안정책
정보 위험 순위, 수용 가능한 보안 목표 식별, 이러한 목표 달성을 위한 메커니즘 식별 등의 설명으로 구성된다.

누가 이 정보 자산에 대한 접근 권한을 갖는지를 규정하는 정책을 실행해야 한다. **이용목적 제한방침**(acceptable use policy, AUP)은 데스크톱과 노트북 컴퓨터, 무선 장치, 전화, 인터넷 등을 포함한 기업의 정보 자원과 컴퓨팅 장비의 이용목적을 정의한다. 잘 작성된 AUP는 모든 사용자에 대해 무엇이 허용되고 무엇이 허용되지 않는 행위인지 정의하고 위반에 따른 처벌도 명시해야 한다.

이용목적 제한방침(AUP)
회사의 정보 자원 및 컴퓨팅 장비의 사용이 허용되는 것과 허용되지 않는 것을 정의하고 규정을 준수하지 않을 경우의 결과를 명시한다.

그림 8.3은 인적자원관리 업무에서 다양한 사용자 수준에 대한 접근 규칙을 보여주는 조직의 한 예이다. 여기서는 사용자의 직무에 필요한 정보에 기초하여 각 사용자가 접근할 수 있는 인적자원관리 데이

그림 8.3 인사관리시스템을 위한 접근 규정

인사관리시스템에서 흔히 발견할 수 있는 2개의 보안 프로파일이나 데이터 보안 유형을 보여준다. 보안 파일에 따라 사용자는 조직 내의 다양한 시스템, 구역, 데이터에 대한 접근에 특정 제한을 받게 된다.

보안 프로파일 1

사용자: 인사부서 사무원
위치: 제1사업부
해당 프로파일에 대한 직원 식별 코드: 00753, 27834, 37665, 44116

데이터 필드 제한	접근 유형
제1사업부 직원 데이터에 한함	조회 및 수정
• 의료 기록 데이터	해당 없음
• 급여	해당 없음
• 연금 소득	해당 없음

보안 프로파일 2

사용자: 인사부서 관리자
위치: 제1사업부
해당 프로파일에 대한 직원 식별 코드: 27321

데이터 필드 제한	접근 유형
제1사업부 직원 데이터에 한함	읽기 전용

터베이스의 영역이 어디인지가 나타나 있다. 데이터베이스는 직원의 급여, 혜택, 의료 기록 등 민감한 개인정보를 포함하고 있다.

이 예의 접근 규칙은 2개의 사용자 그룹을 위한 것이다. 한 사용자 그룹은 시스템에 직원 데이터를 입력하는 것과 같은 사무 기능을 수행하는 모든 직원으로 구성된다. 이 프로파일 유형에 해당하는 모든 직원은 전반적인 시스템 수정 권한을 갖지만 급여, 의료 기록, 수입 데이터 등과 같은 기밀이 필요한 항목에 대한 조회와 수정 작업은 할 수 없다. 또 하나의 프로파일은 부서 관리자에게 적용되는데, 시스템 수정 권한은 없지만 의료 기록과 급여를 포함하여 부서 내 직원의 모든 자료를 조회할 수 있는 권한을 갖는다. 사용자 인증을 위한 기술에 대한 자세한 내용은 뒤에서 다룰 것이다.

업무 연속성과 재난 복구 계획

기업을 운영하고 있다면 정보시스템과 업무의 운영을 막는 정전, 홍수, 지진, 테러리스트의 공격 등과 같은 사건에 대한 대응 계획을 수립할 필요가 있다. **재난 복구 계획**(disaster recovery planning)은 중단된 컴퓨팅과 통신 서비스의 복구 계획을 수립하는 것이다. 재난 복구 계획은 주로 백업 파일 선정, 백업 컴퓨터 시스템 유지·보수와 같이 시스템을 재가동하고 운전하는 것과 관련된 기술적 이슈나 재난 복구 서비스에 초점을 맞춘다.

재난 복구 계획
중단된 컴퓨팅 및 통신 서비스를 복구하기 위한 계획을 수립하는 일이 포함된다.

예를 들어 마스터카드(MasterCard)는 세인트루이스의 컴퓨터 센터에 대한 비상 백업으로 미주리주 캔자스시티에 복제 컴퓨터 센터를 유지하고 있다. 많은 기업은 자체적인 백업 시설을 구축하기보다는 선가드 AS(SunGard Availability Services)와 같은 클라우드 기반 재난 복구업체를 이용하고 있다. 이러한 재난 복구업체는 전국에 걸쳐 여러 곳에 여유 컴퓨터 시설을 갖춘 사이트(site)를 제공하며, 가입 기업은 재난 발생 시 주요 응용시스템을 운영할 수 있다.

비즈니스 연속성 계획 수립(business continuity planning)은 재난이 발생한 후 기업이 비즈니스 업무를 재가동할 수 있는지에 초점을 맞추고 있다. 비즈니스 연속성 계획수립은 핵심 비즈니스 프로세스를 파악하고, 시스템이 정지할 경우 핵심 업무 기능을 처리할 행동 계획을 수립하는 것을 말한다. 예를 들어 알래스카미국연방신용연합(Alaska USA Federal Credit Union)은 110억 달러가 넘는 자산을 보유하고 있으며 알래스카, 애리조나, 캘리포니아, 아이다호, 워싱턴주에 지점을 두고 있다. 이 조직의 비즈니스 연속성 프로그램은 주로 수동 업데이트가 필요한 문서와 스프레드시트로 구성되어 있었으며, 그 과정은 시간이 많이 소요되어 조직이 신속하게 정보에 기반한 위험 관리 결정을 내리는 데 필요한 실시간 데이터를 제공하지 못했다. 알래스카미국연방신용연합은 이 문제를 해결하기 위해 융합위험관리(Fusion Risk Management)의 소프트웨어 도구를 도입하기로 결정했다. 그 결과 실시간 보고 기능, 전 지점에 잠재적 위험을 알리는 대량 통보 시스템, 조직 전반의 사일로를 해소하여 전반적 효율성을 높이는 방법론을 포함한 비즈니스 연속성 계획을 구축할 수 있었다(Fusion Risk Management, 2023).

비즈니스 연속성 계획 수립
재해 발생 후 회사가 비즈니스 운영을 복원할 수 있는 방법에 중점을 둔다.

기업 경영진과 IT 전문가는 어떤 시스템과 비즈니스 프로세스가 기업에 가장 핵심적인지를 결정하기 위해 두 가지 계획 수립에 협력해야 한다. 먼저 기업의 최고 핵심 시스템과 그 시스템의 정지가 기업에 미칠 영향을 파악하기 위한 비즈니스 영향 분석을 수행해야 한다. 또한 시스템이 정지된 상태에서 기업이 최대 얼마나 생존할 수 있는지, 기업의 어느 부분을 가장 먼저 복구해야 하는지를 결정해야만 한다.

감사의 역할

경영진은 어떻게 정보시스템 보안과 통제가 효과적인지 확인할 수 있는가? 이를 위해 조직은 포괄적이고 시스템적인 감사를 수행해야 한다. **정보시스템 감사**(information system audit)는 개별 정보시스템을 관리하는 통제요소는 물론 기업의 전반적인 보안 환경도 검토한다. 감사자는 시스템에서 표본 업무처리

정보시스템 감사
회사의 전반적인 보안 환경과 개별 정보시스템을 관리하는 통제를 검사한다.

그림 8.4 통제 취약성에 대한 감사 검토 항목의 예

감사자가 지역 시중 은행의 대출시스템에서 발견할 수도 있는 통제 취약점 목록의 예시이다. 이러한 양식은 감사자가 통제 취약점을 기록하고 평가하는 것을 도와주며, 경영진이 대응한 정정 지시는 물론 경영진과 취약점에 대해 논의한 결과도 보여준다.

업무: 대출
작성자: 일리노이주 피오리아

작성자: J. 칼레하스
작성일: 2024. 5. 15

수진자: T. 마토시
검토일: 2024. 6. 1

취약점과 파급 효과	오류/남용의 기회		경영진 보고사항	
	예/아니요	사유	보고일	경영진의 대응사항
패스워드를 잊어버린 사용자 계정	예	인가받지 않은 외부인 또는 공격자에게 시스템이 개방된 채로 방치됨	2024. 5. 10	패스워드 없는 계정 삭제
시스템 파일의 공유를 허용하게 설정된 네트워크	예	핵심 시스템 파일을 네트워크에 연결된 적대적 집단에게 노출시킬 가능성이 있음	2024. 5. 10	필요한 디렉터리만 공유되도록 하고 이를 강력한 패스워드로 보호해야 함
소프트웨어 패치는 표준 및 통제 그룹의 최종 승인 없이 업무 프로그램을 업데이트할 수 있음	아니요	모든 업무 프로그램은 관리자의 허가를 요구함. 표준 및 통제 그룹이 이 사례를 한시적 업무 진행 상태로 분류함		

의 흐름을 추적하고, 필요하다면 자동화된 감사 소프트웨어를 사용하여 테스트를 수행해야 한다. 정보시스템 감사에는 데이터의 품질검사도 포함될 수 있다.

보안감사는 기술, 절차, 문서화, 훈련, 인력을 점검한다. 철저한 감사에서는 외부 공격이나 재해에 대한 기술, 정보시스템 요원, 직원 등의 대응을 점검하기 위해 모의 시험을 할 수도 있다.

감사 업무는 모든 통제 취약점을 목록화하고 순위를 매기며 그 발생 가능성을 추정한다. 그리고 각 위협 요소의 재정적·조직적 영향을 평가한다. 지역 상업은행의 대출 시스템에서 발견된 통제 취약점을 감사자가 목록화한 예시인 그림 8.4를 살펴보라. 그림에는 식별된 각 취약점의 성격과 영향, 해당 취약점과 관련된 오류·남용 가능성, 경영진에 이를 통보하고 대응을 기록하도록 하는 부분이 포함되어 있다. 경영진은 주요 통제 취약점에 대응하기 위한 구체적인 개선 계획을 수립해야 한다.

8.8 정보 자원을 보호하기 위한 기술

기업은 정보 자원 보안을 위한 일단의 도구와 기술을 이용할 수 있다. 이러한 기술에는 사용자 신원을 관리하고, 시스템 및 데이터에 대한 무단 접근을 방지하고, 시스템 가용성을 보장하고, 사물인터넷 기기·클라우드 컴퓨팅·모바일 플랫폼이 제기하는 과제를 해결하고, 소프트웨어 품질을 확보하기 위한 도구가 포함된다. 최근에는 이러한 여러 기술과 도구에 AI가 점점 더 도입되어 사이버 보안을 강화하고 있다.

신원 및 접근 관리와 인증

대기업 및 중규모 기업은 복잡한 IT 인프라와 각각에 대한 고유한 사용자 집단을 가진 다양한 시스템을 보유하고 있다. **신원 및 접근 관리 소프트웨어**[identity and access management(IAM) software]는 이 모든 사용자와 그들의 시스템 권한을 자동으로 추적하여 각 사용자에게 각 시스템에 접근할 수 있는 고유한 디지털 ID를 부여한다. 이 소프트웨어는 사용자 인증, 사용자 신원 보호, 시스템 자원 접근 제어를 위한 도구도 포함하고 있다. **제로 트러스트**(zero trust)는 기본적으로 기업 방화벽 내부의 대상까지도 신뢰하지 않고 엄격한 접근 제어를 유지한다는 원칙에 기반한 인기 있는 사이버 보안 프레임워크이다. **최소 권한 접근**(least-privilege access)은 제로 트러스트의 핵심 개념으로, 어떤 사용자도 자신에게 부여된 업무를 수행하는 데 절대적으로 필요한 범위를 넘어 시스템 자원에 접근해서는 안 된다는 원칙을 의미한다.

사용자는 시스템에 접근하기 위해 인가와 인증을 받아야 한다. **인증**(authentication)은 특정인이 본인임을 식별할 수 있는 능력을 말한다. 대개 인가된 사용자만 알고 있는 비밀 단어나 문자열인 **패스워드**(password)를 사용하여 인증하며, 이 패스워드는 컴퓨터 시스템이나 특정 파일 같은 자원에 접근할 때 사용된다. 그러나 사용자는 패스워드를 잊어버리거나 공유하거나 추측하기 쉬운 패스워드를 선택하여 보안을 위태롭게 하곤 한다. 너무 엄격한 패스워드 정책은 직원의 생산성을 떨어뜨린다. 직원이 복잡한 패스워드를 자주 변경해야 하는 경우, 기억하기 쉬운 패스워드를 사용하거나 패스워드를 적어두는 등 편법을 찾기 쉽다. 또한 패스워드는 네트워크 전송 중 스니핑되거나, 이 장의 사례 연구 'MGM리조트에 혼란을 초래하는 소셜 엔지니어링'에서처럼 사회공학 공격을 통해 탈취될 수도 있다.

보안 토큰, 스마트카드, 생체 인증과 같은 새로운 인증 기술은 이러한 문제를 부분적으로 해결한다. **보안 토큰**(security token)은 단일 사용자의 신원을 증명하도록 설계된 소형 물리적 장치이다. 보통 열쇠고리에 달 수 있을 만큼 작으며, 자주 바뀌는 패스코드를 표시한다. **스마트카드**(smart card)는 신용카드 크기의 플라스틱 또는 금속 카드로, 접근 권한과 기타 정보를 담은 칩이 내장되어 있다(전자 결제 시스템에도 쓰인다). 카드 리더기가 스마트카드의 데이터를 해석하여 접근 허용 여부를 결정한다.

신원 및 접근 관리(IAM) 소프트웨어
사용자 및 시스템 권한을 추적하는 프로세스를 자동화하고 각 사용자에게 각 시스템에 액세스하기 위한 고유한 디지털 ID를 할당하는 소프트웨어

제로 트러스트
제작자가 알지 못하는 소프트웨어의 취약점으로, 공급업체가 문제를 인지하기 전에 해커가 악용할 수 있다.

인증
특정인이 본인임을 식별할 수 있는 능력

패스워드
인증된 사용자만이 알 수 있는 비밀 단어 또는 문자열로, 사용자가 컴퓨터 시스템이나 특정 파일 등의 자원에 접근할 수 있도록 사용자를 인증하는 데 사용된다.

보안 토큰
단일 사용자의 신원을 증명하도록 설계된 소형 물리적 장치

스마트카드
액세스 권한 및 기타 데이터로 포맷된 칩이 내장되어 있는 플라스틱 또는 금속 카드로, 카드 리더기와 함께 사용된다.

애플 아이폰에는 Face ID라는 얼굴 인식 시스템이 있어 사용자가 화면을 바라보기만 해도 휴대전화에 로그인하거나 다양한 기능에 접근할 수 있다.

생체 인증(biometric authentication)은 얼굴 구조, 지문, 망막 이미지, 음성 등 개인을 고유하게 식별하는 신체적 또는 행동적 특성의 측정을 기반으로 한다. 생체 인증 시스템은 사용자의 고유 특성을 저장된 프로파일과 비교하여 일치 여부를 판단하며, 두 프로파일이 일치하면 접근을 허용한다. 지문·얼굴 인식 기술은 다양한 분야에서 활용되고 있으며, 많은 모바일 기기에는 지문·얼굴 인식 기능이 기본으로 탑재되어 있다. 뱅가드(Vanguard), 피델리티(Fidelity)와 같은 금융 서비스 업체는 고객용 음성 인증 시스템을 도입했다. 또한 타이핑 속도나 마우스 이동 패턴 같은 행동 기반 생체 정보를 분석하여 사용자의 신원을 확인하는 데 AI가 점점 더 활용되고 있다.

생체 인증
얼굴 구조, 지문, 망막 이미지, 음성 등 각 개인을 고유하게 식별하는 신체적 또는 행동적 특성 측정을 기반으로 하는 인증

해커가 패스워드에 반복적으로 침투하는 사건은 더 안전한 인증 수단의 필요성을 드러낸다. **다중 인증**(multifactor authentication, MFA)은 여러 단계의 절차로 사용자를 검증하여 보안을 강화한다. 다중 인증의 인증 자격 증명에는 사용자가 아는 것(패스워드 또는 PIN), 사용자가 소지한 것(스마트폰 또는 보안 토큰), 사용자의 생체 특성(지문·홍채·음성 등)이 포함될 수 있다. **이중 인증**(two-factor authentication, 2FA)은 다중 인증의 하위 개념으로, 두 가지 자격 증명을 요구한다. 예를 들어 은행 카드의 경우 카드 자체가 물리적 토큰이며, 함께 사용되는 PIN이 데이터 자격 증명이다. 다중 인증에서 위험 요소를 평가하고 그에 맞춰 인증 요구 수준을 동적으로 조정하는 데 AI가 활용되고 있다.

다중 인증(MFA)
다단계 프로세스를 통해 사용자를 검증하여 보안을 강화한다.

이중 인증(2FA)
다중 인증의 하위 개념으로, 두 가지 식별 수단으로 사용자 신원을 검증한다. 일반적으로 그중 하나는 사용자가 소유한 물리적 항목이고 다른 하나는 데이터이다.

방화벽, 침입 탐지·방지 시스템, 안티멀웨어 소프트웨어

멀웨어와 침입자에 대한 보안대책 없이 인터넷에 접속하는 것은 매우 위험하다. 방화벽, 침입 탐지·방지 시스템, 안티멀웨어 소프트웨어는 필수적인 비즈니스 도구로 자리 잡고 있다.

방화벽

방화벽(firewall)은 인가받지 않은 사용자가 사설 네트워크에 접근하는 것을 막는다. 오늘날 방화벽은 하드웨어 장치, 소프트웨어 또는 서비스 형태로 제공될 수 있다. 방화벽은 통신 패킷을 필터링하여 보안정책에 따라 일부 패킷이 네트워크로 들어오거나 나가는 것을 차단한다. 방화벽의 작동 방식을 나타낸 그림 8.5를 살펴보라. 외부 방화벽은 대체로 조직의 내부 사설 네트워크와 신뢰할 수 없는 외부 네트워크(예: 인터넷) 사이에 배치되며, 내부 방화벽은 기업 네트워크의 일부를 나머지 네트워크로부터 분리하여 보호하는 데 이용될 수 있다.

방화벽
승인되지 않은 사용자가 개인 네트워크에 액세스하는 것을 방지하며, 하드웨어 장치, 소프트웨어 기반 또는 서비스로 제공될 수 있다.

그림 8.5 기업 방화벽

방화벽은 인가받지 않은 트래픽으로부터 기업의 사설망을 보호하기 위해 기업의 사설망과 공공 인터넷 또는 신뢰할 수 없는 다른 네트워크 사이에 위치한다.

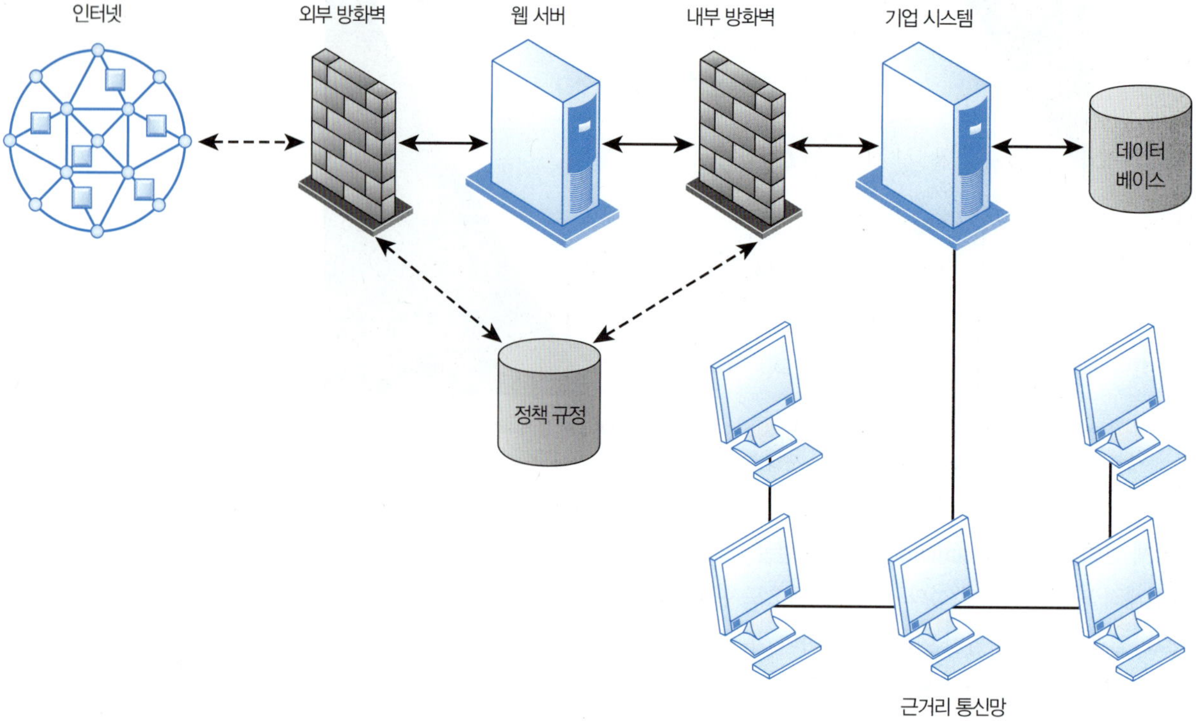

방화벽은 네트워크에 대한 접근을 허가하기 전에 사용자의 자격을 검사하는 문지기 역할을 수행한다. 방화벽은 들어오는 통신 트래픽의 이름, IP 주소, 응용 프로그램 및 기타 다른 특정 정보를 확인한다. 또한 방화벽은 이 정보를 네트워크 관리자가 시스템에 설정한 접근 규칙과 비교하여 검사한다. 방화벽은 인가되지 않은 통신이 네트워크에 들어오고 나가는 것을 방지한다.

규모가 큰 조직에서는 네트워크의 다른 부분과 분리된 특수한 전용 컴퓨터에 종종 방화벽을 설치하는데, 이 경우 유입되는 어떤 요청도 사설 네트워크 자원에 직접 접근할 수 없다. 정적 패킷 필터링, 정상 상태 검사, NAT, 애플리케이션 게이트웨이, 차세대 방화벽과 같은 다양한 방화벽 기술이 있는데, 방화벽 보안을 위해 이를 조합하여 사용하곤 한다.

패킷 필터링(packet filtering)은 신뢰할 수 있는 네트워크와 인터넷 사이를 이동하는 데이터 패킷의 헤더(header) 정보 중 일부 필드를 검사하는데, 이때 각각의 패킷을 개별적으로 검사한다. 이 필터링 기술은 많은 종류의 공격을 알아채지 못할 수 있다.

정상 상태 검사(stateful inspection)는 패킷이 송신자와 수신자 간에 진행되는 대화의 일부분인지 파악함으로써 보안 수준을 높일 수 있다. 정상 상태 검사는 복수의 패킷에 흩어져 있는 정보를 추적하기 위해 상태 테이블을 구성한다. 패킷은 각 패킷이 허가된 대화의 부분이거나 정당한 접속을 시도하려는 것인지에 따라 통과 허용 여부가 결정된다.

NAT(network address translation)는 정적 패킷 필터링과 정상 상태 검사를 사용할 때 또 하나의 보호벽을 제공할 수 있다. NAT는 방화벽 외부의 스니퍼 프로그램이 내부 시스템 침투를 목적으로 조직 내부 호스트 컴퓨터의 IP 주소를 확인하고 사용하는 것을 막기 위해 IP 주소를 숨긴다.

애플리케이션 게이트웨이(application gateway)는 패킷의 응용 계층 내용을 검사한다. 프록시 서버는 조직 외부에서 들어오는 데이터 패킷을 차단하고 검사한 뒤 방화벽 반대편으로 프록시를 전달한다. 회사 외부 사용자가 내부 사용자를 호출하려면 외부 사용자는 먼저 프록시 애플리케이션과 통신하고, 그 프록시 애플리케이션이 회사 내부 컴퓨터와 통신한다. 마찬가지로 조직 내부 사용자가 외부 컴퓨터와 연결하려면 프록시를 거쳐야 한다. **웹 애플리케이션 방화벽**(web application firewall, WAF)은 애플리케이션 게이트웨이에 추가할 수 있는 선택적 구성요소로, HTTP/HTTPS 요청을 검사하여 SQL 주입 공격, 서비스 거부 공격, 크로스사이트 스크립팅 같은 악성 공격을 차단하는 데 도움을 준다.

차세대 방화벽(next-generation firewall, NGFW)은 전통적 방화벽과 애플리케이션 게이트웨이의 장점을 결합한 것으로, 애플리케이션 중심 방식으로 방화벽 제어를 수행한다. 이는 사용된 포트·프로토콜·우회 도구와 관계없이 애플리케이션을 식별할 수 있으며, 기기나 IP 주소와 상관없이 사용자를 식별하고, 전송 계층 보안(TLS) 출력 트래픽을 복호화하며, 애플리케이션에 숨겨진 위협을 실시간으로 방어한다.

튼튼한 방화벽을 구축하기 위해 관리자는 허가하거나 거부해야 하는 사람, 응용 프로그램, 주소 등을 식별할 수 있는 상세한 내부 규칙을 가지고 있어야 한다. 방화벽은 완벽하지는 않지만 외부인에 의한 네트워크 침입을 방지할 수 있으며, 따라서 전체 보안 계획의 한 요소로 취급해야 한다. 현재 AI는 네트워크 트래픽을 분석하고 보다 안전한 규칙 조정을 제안하여 방화벽 규칙 최적화를 지원하는 데 활용되고 있다.

침입 탐지·방지 시스템

방화벽과 더불어 민간 보안업체는 현재 의심스러운 네트워크 트래픽과 파일 및 데이터베이스에 대한 접근 시도를 방지하는 침입 탐지 도구와 서비스를 제공하고 있다. **침입 탐지 시스템**(intrusion detection system, IDS)은 지속적으로 침입자를 탐지하고 차단하기 위해 기업 네트워크의 가장 취약한 지점이나 핫스폿에 배치된다. 이 시스템은 의심스럽거나 변칙적인 사건이 발견되면 경보를 울린다. 스캐닝 소프트웨어는 불량 패스워드처럼 알려진 공격 패턴을 탐지하고, 중요 파일이 삭제·변조되었는지 확인하며, 반달리즘이나 시스템 관리자 오류에 대해 경고한다. 침입 탐지 도구는 인가받지 않은 트래픽이 감지되면 네트워크의 특히 민감한 구역을 자동으로 차단하도록 설정할 수도 있다. 침입 탐지 시스템에는 AI가 점차 도입되어 네트워크 이상 징후를 더 신속히 탐지하고 대응한다.

침입 탐지 시스템(IDS)
인가되지 않은 사용자를 탐지하고 막기 위해 네트워크상의 취약한 지점을 감시하는 도구

침입 방지 시스템(intrusion prevention system, IPS)은 침입 탐지 시스템의 모든 기능에 더하여 의심스러운 활동을 즉시 차단·방지할 수 있다. 예를 들어 침입 방지 시스템은 세션을 종료하고 연결을 재설정하거나, 의심스러운 IP 주소로부터 오는 트래픽을 차단하거나, 방화벽·라우터의 보안 규칙을 재구성할 수 있다. 침입 방지 시스템 역시 AI를 이용하여 악성 IP 주소를 자동으로 차단하고, 감염된 기기를 격리하며, 경보를 전송한다.

침입 방지 시스템(IPS)
의심스러운 활동을 방지하고 차단하기 위한 조치를 취하는 추가 기능과 함께 IDS의 모든 기능을 갖추고 있다.

안티멀웨어 소프트웨어

개인과 기업의 방어 계획에는 모든 컴퓨터에 대한 안티멀웨어 보호가 포함되어야 한다. **안티멀웨어 소프트웨어**(anti-malware software)는 바이러스, 웜, 트로이 목마, 스파이웨어, 애드웨어 등을 탐지하고 제거한다. 그러나 대부분의 안티멀웨어는 개발 당시 이미 알려진 멀웨어에만 효과가 있다. 효과를 유지하려면 소프트웨어를 지속적으로 업데이트해야 하며, 그럼에도 일부 멀웨어는 탐지를 회피할 수 있다. 조직은 더 강력한 보호를 위해 추가적인 멀웨어 탐지 도구를 사용해야 한다. 안티멀웨어 개발사는 과거의 멀웨어 데이터를 학습하여 새로운 위협을 식별하고, 알려진 악성 서명을 찾아 감염을 방지하며, 코드 행동을 분석하여 제로데이 공격을 탐지하는 데 AI를 활용하고 있다.

안티멀웨어 소프트웨어
정보시스템의 컴퓨터 바이러스를 탐지하고 종종 제거하도록 설계된 소프트웨어

통합 위협관리시스템

통합 위협관리시스템
방화벽, 가상 사설망, 침입 탐지 시스템, 웹 콘텐츠 필터링, 안티스팸 소프트웨어 등과 같은 보안 도구를 결합한 종합적인 보안관리 도구

기업의 비용을 절감하고 관리 용이성을 높이기 위해 보안업체는 방화벽, 가상 사설망(VPN), 침입 탐지·방지 시스템, 웹 콘텐츠 필터링, 안티스팸 소프트웨어 등을 하나로 통합한 **통합 위협관리시스템**(unified threat management system, UTM system)을 제공한다. 통합 위협관리시스템은 네트워크 규모와 관계없이 적용할 수 있으며, 주요 공급업체는 포티넷(Fortinet), 소포스(Sophos), 체크포인트(Check Point) 등이다. 시스코시스템즈, 주니퍼네트웍스(Juniper Networks) 역시 자사 장비에 통합 위협관리시스템 기능을 포함한다.

무선 네트워크 보안

와이파이를 위해 처음 개발된 보안 표준 WEP(Wired Equivalent Privacy)는 암호화 키가 쉽게 해독되어 효과가 낮았다. WEP는 더 강력한 표준인 WPA2(Wi-Fi Protected Access 2)로 대체되었다.

WPA2는 WEP의 정적 키 대신 훨씬 길고 지속적으로 변하는 키를 사용하여 해독이 어렵다. 가장 최신 사양은 2018년에 도입된 WPA3이다. 하지만 WPA3도 일부 취약점으로 인해 공격자가 패스워드를 탈취할 가능성이 있다. 기업은 내부 데이터에 접근할 때 와이파이를 가상 사설망과 함께 사용하여 무선 보안을 더욱 강화할 수 있다.

암호화와 공개 키 인프라

암호화
인증 없이 읽거나 접근하는 것을 방지하기 위해 메시지를 코딩하고 변경하는 것

많은 기업은 디지털 정보를 저장·이동하거나 인터넷으로 전송할 때 암호화를 사용하여 보호한다. **암호화**(encryption)는 평문(plain text)이나 데이터를 송신자와 수신자 외에는 읽을 수 없는 암호문(cipher text)으로 변환하는 과정이다. 데이터는 평문을 암호문으로 바꾸는 비밀 수치 코드인 암호화 키(encryption key)를 사용하여 암호화되며, 수신자는 이를 복호화(decryption)해야 한다.

전송 계층 보안(TLS)
클라이언트와 서버 컴퓨터가 보안 웹 세션 동안 서로 통신할 때 암호화 및 암호 해독 활동을 관리할 수 있도록 하는 것으로, SSL 프로토콜의 후속 제품

HTTPS
HTTP 프로토콜의 보안 버전으로, 암호화 및 인증에 TLS를 사용한다.

웹 트래픽을 암호화하는 대표적 방법은 전송 계층 보안과 HTTPS이다. **전송 계층 보안**(Transport Layer Security, TLS)은 보안 웹 세션 동안 클라이언트와 서버가 암호화·복호화를 관리하게 해준다. HTTP의 보안 버전인 **HTTPS**(Hypertext Transfer Protocol Secure, 하이퍼텍스트 보안 전송 프로토콜)는 TLS를 이용하여 암호화·인증 기능을 제공하며, 서버가 HSTS(Http Strict Transport Security) 기능을 채택하여 브라우저가 HTTPS로만 접속하도록 강제할 수 있다. 2024년을 기준으로 85% 이상의 웹사이트가 기본 프로토콜로 HTTPS를 사용한다(W3techs.com, 2024).

보안 세션을 생성하는 기능은 인터넷 클라이언트 브라우저와 서버에 내장되어 있다. 클라이언트와 서버는 사용할 키와 보안 수준을 합의하며, 일단 세션이 설정되면 해당 세션의 모든 메시지가 암호화된다.

암호화 방식에는 대칭 키 암호화와 공개 키 암호화가 있다. 대칭 키 암호화에서는 송신자와 수신자가 하나의 암호화 키를 만들어 공유함으로써 보안 인터넷 세션을 구성한다. 키의 강도는 비트 길이로 측정되며, 일반적으로 56~256비트이다(보안 수준에 따라 선택한다). 키가 길수록 해독이 어려워지지만, 합법적 사용자가 정보를 처리할 때 필요한 연산량도 증가한다.

공개 키 암호화
공유(또는 공개) 키와 비공개 키를 사용하는 암호화 형태

대칭 키 방식의 문제는 키를 송신자와 수신자가 공유해야 하므로 제삼자가 키를 가로채면 쉽게 해독될 수 있다는 것이다. 이를 보완하기 위해 **공개 키 암호화**(public key encryption)가 사용되는데, 이 방식에서는 2개의 키, 즉 공개 키와 비공개 키를 쓴다. 두 키는 수학적으로 연관되어 있어 한 키로 암호화한 데이터는 상대 키로만 복호화할 수 있다. RSA는 가장 널리 사용되는 공개 키 암호화 알고리즘이며, 일반적인 RSA 공개 키 길이는 2,048비트(1,024~4,096비트 범위)이다. 메시지를 교환하려면 송신자와 수신자가 각각 개인 키와 공개 키 쌍을 만든다. 공개 키는 디렉터리에 등록하고 개인 키는 비밀로 유지한다. 송신자는 수신자의 공개 키로 메시지를 암호화하고, 수신자는 자신의 개인 키로 이를 복호화한다.

그림 8.6 공개 키 암호화

공개 키 암호화 시스템은 데이터를 전송할 때는 잠그고 수신할 때는 여는 공개 키와 비밀 키의 시리즈로 볼 수 있다. 송신자는 수신자의 공개 키를 디렉터리에서 찾고 메시지를 암호화할 때 이를 사용한다. 메시지는 인터넷이나 사설 네트워크를 통해 암호화된 형식으로 전송된다. 암호화된 메시지가 도착하면 수신자는 데이터를 해독하고 메시지를 읽기 위해 자신의 비밀 키를 사용한다.

전자인증서(digital certificate)는 온라인 거래를 보호하기 위해 사용자와 디지털 자산의 신원을 확인하는 데이터 파일이다. 전자인증서 시스템은 인증 기관(certificate authority, CA)이라 불리는 신뢰 있는 제삼자를 통해 사용자의 신원을 검증한다. 대표적인 인증 기관은 디지서트(DigiCert), 고대디(GoDaddy), 섹티고(Sectigo) 등이다.

전자인증서
온라인 거래를 보호하기 위해 사용자 및 디지털 자산의 신원을 확인하는 데 사용되는 데이터 파일

전자인증서의 작동 방식은 그림 8.7과 같다. 기관이나 개인이 인증서를 신청하면 인증 기관이 오프라인으로 신원을 확인한 뒤, 소유자 식별 정보와 공개 키 사본을 담은 암호화된 인증서를 발급한다. 수신자는 인증 기관의 공개 키로 인증서를 복호화하여 발급 사실을 확인하고, 인증서에 포함된 송신자의 공개 키와 신원 정보를 얻어 암호화된 회신을 보낼 수 있다. 이 시스템 덕분에 신용카드 사용자와 가맹점은 데이터를 교환하기 전에 서로의 인증서가 공인된 인증 기관에서 발급되었음을 검증할 수 있다. 인증 기관과 공개 키 암호화를 결합한 **공개 키 인프라**(public key infrastructure, PKI)는 전자상거래에서 널리 사용된다.

공개 키 인프라(PKI)
인증을 위해 공개 키 암호화, 인증 기관 및 디지털 인증서를 사용하는 시스템

5장에서 소개한 양자 컴퓨팅의 발전은 현재 사용되는 암호화 방식이 미래의 고성능 양자 컴퓨터에 의해 무력화될 수 있다는 우려를 낳고 있다. 이 시나리오는 10년 이상 후의 일일 가능성이 높지만, 연구자

그림 8.7 전자인증서

전자인증서는 사람 또는 전자적 자산의 고유성을 확립하도록 돕는다. 전자인증서는 안전하고 암호화된 온라인 통신 방법을 제공하여 온라인 거래를 보호한다.

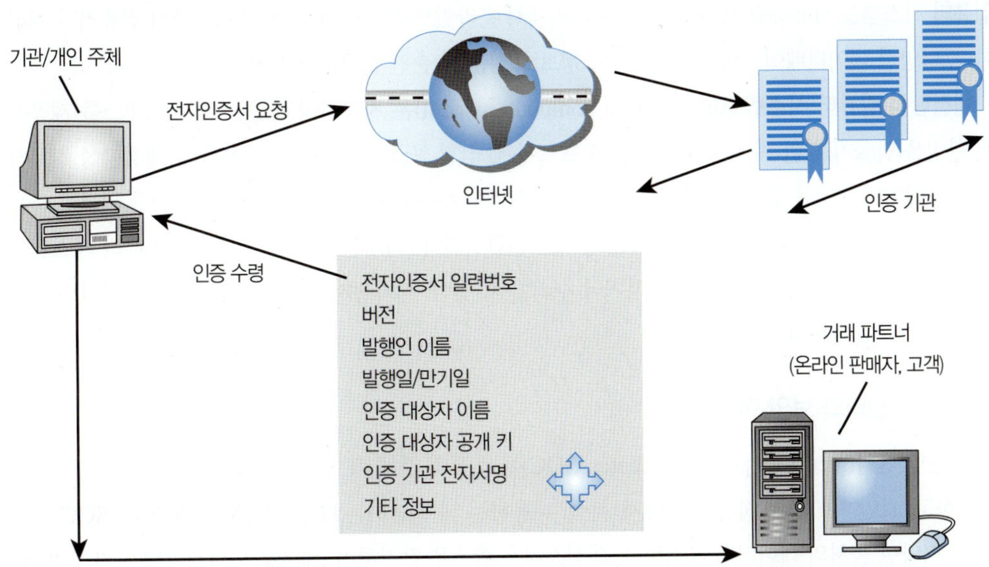

들은 지금부터 새로운 암호 기법을 개발해야 한다고 경고한다. AI의 급속한 발전도 상황을 복잡하게 만든다. 예를 들어 미국 NIST는 2022년 7월 양자 내성 암호(post-quantum cryptography)용 알고리즘을 발표했지만, 연구자들은 전통적 공격 기법에 AI를 결합하여 이를 깨뜨렸다고 보고했다. 전문가들은 현행 암호 기법이 통하지 않는 미래를 대비하여 지금부터 준비해야 한다고 강조한다(Schmieg et al., 2024; Hattar, 2023).

블록체인을 통한 트랜잭션 보호

6장에서 소개한 블록체인은 거래 확보와 복수의 당사자 간 신뢰 구축을 위한 대안적 접근 방식으로 주목받고 있다. 블록체인은 거래 기록이 들어 있는 디지털 '블록' 체인이다. 각 블록은 그 전후의 모든 블록에 연결되어 있고, 블록체인은 지속적으로 업데이트되고 계속 동기화되어 있다. 이것은 탐지되지 않고 그 레코드와 연결된 블록을 변경해야 하기 때문에 단일 레코드를 조작하기가 어렵다.

일단 기록되면 블록체인 거래는 변경할 수 없다. 블록체인의 기록은 암호화를 통해 확보되며, 모든 거래는 암호화된다. 블록체인 네트워크 참가자는 자신이 만든 거래에 할당되어 개인 디지털 서명의 역할을 하는 개인 키를 가지고 있다. 기록이 변경되면 서명은 무효가 되고, 블록체인 네트워크는 즉시 무언가가 잘못되었다는 것을 알게 된다. 블록체인은 중앙 위치에 포함되어 있지 않기 때문에 단일 장애 지점이 없고 단일 컴퓨터에서 변경할 수 없다. 그러나 연구자들은 블록체인이 기존의 중앙집중식 기록관리시스템이 취약한 일부 방식과 마찬가지로 취약하다고 지적한다. 블록체인 시스템은 높은 보안 요구사항을 가진 다른 시스템처럼 동일한 수준의 세심한 보안 및 통제 관리가 필요하다(Madnick, 2020).

암호화폐
블록체인 기술과 암호화를 사용하여 교환 매체(통화)를 생성하는 디지털 자산

암호화폐(cryptocurrency)는 블록체인 기술과 암호학을 사용하여 교환 수단(통화)을 생성하는 디지털 자산이다. 비트코인은 현재 사용 중인 암호화폐의 가장 유명한 예이지만, 최근 몇 년 동안 많은 대체 암호화폐가 등장했다. 암호화폐의 존재는 종종 랜섬웨어 증가의 요인으로 간주되며, 공격자는 당국이 추적하기 어려운 형태로 대가를 요구하고 수령할 수 있다.

시스템의 가용성 확보

기업이 점차 수익과 운영을 디지털 네트워크에 의존함에 따라 기업의 시스템과 응용 프로그램이 항상 사용 가능하도록 추가 조치를 취할 필요가 생겼다. 항공사나 금융 서비스 산업과 같이 온라인 거래 처리를 하는 중요한 응용 프로그램이 필요한 회사는 100%의 가용성을 확보하기 위해 이미 오랫동안 내결함성 컴퓨터 시스템을 사용해왔다. 온라인 거래 처리에서 온라인으로 입력되는 거래는 그 즉시 컴퓨터가 처리한다. 다양한 데이터베이스의 정정, 리포팅, 정보 요청은 매 순간 발생하고 있다.

내결함성 컴퓨터 시스템
시스템에 백업을 제공하고 시스템 오류를 방지하기 위해 계속 실행하는 중복 하드웨어, 소프트웨어, 전원 공급장치 등이 포함된 시스템

비가동시간
시스템이 작동하지 않는 기간

내결함성 컴퓨터 시스템(fault-tolerant computer system)은 지속적이고 중단 없는 서비스를 제공하는 환경을 만들기 위한 여분의 하드웨어, 소프트웨어, 전원 공급장치 등으로 구성된다. 내결함성 컴퓨터는 하드웨어의 고장을 감지하기 위해 특수한 소프트웨어 루틴이나 회로에 심어진 자가 진단 논리를 사용하며, 고장이 발생할 경우 자동으로 백업 장치로 전환시킨다. 이러한 컴퓨터의 부품은 컴퓨터 시스템에 장애나 비가동시간을 주지 않고 제거하거나 수리할 수 있다. **비가동시간**(downtime)은 시스템이 작동하지 않는 기간을 말한다.

보안 운영 센터와 보안 아웃소싱

보안 운영 센터(SOC)
보안 사고를 실시간으로 탐지, 분석, 대응하기 위해 조직의 전체 IT 인프라를 24시간 모니터링하는 데 전념하는 IT 보안 전문가 팀

보안 운영 센터(security operations center, SOC)는 조직의 전체 IT 인프라를 24시간 지속적으로 모니터링하고, 보안 사고를 실시간으로 탐지, 분석, 대응하는 데 전념하는 IT 보안 전문가 팀이다. SOC는 점점 더 다양한 출처의 데이터를 분석하고, 의심스러운 활동을 탐지하며, 새로운 위협을 예측하기 위해 AI

도구를 활용하여 반복적인 작업을 자동화하고 있다. AI 도구는 시스템의 취약점을 스캔하고, 위험 기반으로 우선순위를 지정하며, 위험을 완화하기 위한 패치나 기타 조치를 추천하는 데에도 사용되고 있다.

많은 기업, 특히 소기업은 안전한 고가용성 컴퓨팅 환경이나 자체 SOC를 스스로 구축하기에는 자원과 경험이 부족하다. 하지만 이들은 SOC 팀이 제공하는 많은 기능 혹은 전부를 **보안관리 서비스 업체**(managed security service provider, MSSP)에 아웃소싱할 수 있다. 보안관리 서비스 업체는 구독 기반 고객에게 보안관리 서비스를 제공하는 기업이다.

보안관리 서비스 업체(MSSP) 가입 고객을 위해 보안관리 서비스를 제공하는 기업

디지털 회복탄력성 확보

오늘날의 조직은 과거보다 훨씬 더 고도로 연결되어 있으며, IT 인프라의 중요한 부분이 외부업체에 의해 클라우드에서 원격으로 관리되고, 모바일 기기를 통해 접근 가능하다. 기업은 이러한 새로운 디지털 환경의 현실에 대응하기 위해 디지털 회복탄력성이라는 개념을 수용하고 있다.

디지털 회복탄력성(digital resiliency)은 IT 기능의 탄력성에 국한되지 않고, 전방위적인 디지털 환경에서 조직 전체와 비즈니스 프로세스의 탄력성 유지 및 향상에 중점을 둔다. 디지털 회복탄력성은 컴퓨팅, 저장, 네트워킹 기술 외에도 기업 정책과 목표, 비즈니스 프로세스, 조직 문화, 비즈니스 요건, 책임 체계, 위험 관리와 같은 관리적·조직적 이슈에도 주목한다. 이러한 요소는 조직이 네트워크 연결, 애플리케이션, 데이터베이스, 데이터 센터를 실제로 활용하고 관리하는 능력, 고객에게 24시간 서비스를 제공하는 능력, 변화하는 비즈니스 환경에 대응하는 능력에 영향을 미칠 수 있다. 회복탄력성이 명시적으로 설계·측정·테스트되지 않았다면 이 사슬의 단 하나의 약한 고리만으로도 중단 사태가 발생하거나 기업이 새로운 도전과 기회에 대응하지 못할 수 있다. 예를 들어 2024년 3월 맥도날드는 글로벌 기술 중단 사태를 겪어 전 세계 매장에서 심각한 혼란이 발생했다. 많은 매장이 주문과 결제를 처리할 수 없었다. 조사 결과, 해당 중단 사태는 제삼자 제공업체의 구성 변경(소프트웨어 시스템 유지·관리의 일종) 도중 발생한 것으로 밝혀졌다. 문제가 다음 날 해결되었음에도 불구하고 맥도날드는 매출 손실과 브랜드 이미지 훼손이라는 피해를 입었다.

디지털 회복탄력성 IT 기능의 탄력성뿐만 아니라 전방위적인 디지털 환경에서 조직과 비즈니스 프로세스의 탄력성을 유지하고 향상하는 문제를 다룬다.

조직 사례 '업타임인스티튜트의 시스템 장애 이해 및 예방'은 데이터 센터 운영에 중점을 둔 연구 및 자문 기관인 업타임인스티튜트가 기업이 디지털 인프라 장애를 방지할 수 있도록 어떻게 지원하는지를 보여준다.

사물인터넷, 클라우드 컴퓨팅, 모바일 플랫폼의 보안 과제를 해결하기 위한 방안

사물인터넷, 클라우드 컴퓨팅, 모바일 플랫폼은 강력한 이점을 제공하는 동시에 시스템 보안과 신뢰성 측면에서 새로운 도전 과제를 제기한다. 이러한 과제 중 일부와 이를 해결하기 위한 방안을 살펴보자.

사물인터넷 보안 과제

사물인터넷(IoT)은 인터넷에 연결된 장치 자체, 해당 장치의 플랫폼 및 운영체제 그리고 이들이 연결된 시스템과의 통신 등에서 다양한 보안 과제를 제기한다. IoT 장치와 플랫폼을 정보 공격과 물리적 변조로부터 보호하고, 통신을 암호화하며, 배터리를 소모시키는 공격과 같은 새로운 과제에 대응하려면 새로운 보안 도구가 필요할 것이다. 센서와 같은 많은 IoT 장치는 정교한 보안 방식을 지원하지 않을 수 있는 단순한 프로세서와 운영체제를 가지고 있다. IoT가 제기하는 고유한 보안 과제 중 일부를 표 8.6에 제시했다.

조직 사례 업타임인스티튜트의 시스템 장애 이해 및 예방

업타임인스티튜트(Uptime Institute)는 데이터 센터의 성능, 효율성, 신뢰성을 향상하는 데 중점을 둔 연구 및 자문 기관이다. 데이터 센터는 기업 디지털 인프라의 중심에 있으며, 소프트웨어 애플리케이션과 시스템이 위치한 네트워크 컴퓨터, 저장 시스템 그리고 시스템 간 통신을 가능하게 하는 통신 장비를 포함한다. 5장에서 설명했듯이 기업은 자체적으로 데이터 센터를 운영할 수도 있고, 민간 또는 공공 클라우드 서비스와 같은 제삼자에 의존할 수도 있으며, 하이브리드 방식을 사용할 수도 있다.

업타임인스티튜트는 매년 다음과 같은 근거를 바탕으로 데이터 센터의 디지털 회복탄력성을 분석한 보고서를 발행한다―공개적으로 보고된 시스템 중단 사례, 데이터 센터 운영자 및 공급업체를 대상으로 한 업타임인스티튜트의 설문조사 결과, 비밀유지계약(NDA)하에 업타임인스티튜트와 공유된 시설 단위의 상세 데이터를 포함하는 독점적 데이터베이스인 Uptime Abnormal Incident Database. 이 보고서는 데이터 센터 업계에 중요한 정보를 제공하며, 디지털 인프라의 중단 원인, 비용, 결과를 데이터 센터 운영자가 이해할 수 있도록 돕는 것을 목표로 한다. 중단의 근본 원인을 이해하는 것은 동일한 문제가 반복되는 것을 방지하고, 위험 완화를 위해 더 많은 주의와 투자가 필요한 영역을 식별하는 데 매우 중요하다.

업타임인스티튜트는 핵심 IT 시스템, 네트워크, 데이터 센터의 신뢰성이 수년에 걸쳐 크게 향상되었음에도 불구하고, 오늘날의 데이터 센터 운영자가 증대하는 수요, 디지털 인프라의 복잡성, 증가하는 사이버 위협으로 인해 새로운 도전에 직면하고 있다고 지적한다. 더불어 사회 전반의 IT 의존도 증가로 인해 이러한 장애의 영향력과 가시성도 커지고 있다.

2023년, 업타임인스티튜트가 '심각'하거나 '중대'하다고 분류한 공개 중단 사례의 수가 2022년 대비 12% 증가했다. 그 예로는, 파일럿 경보 시스템 내 저장 파일이 실수로 삭제되면서 3만 건 이상의 항공편이 혼란을 겪은 미국 연방항공청(FAA)의 구성 오류에 따른 중단 사례, 수백만 사용자가 파일에 접근하지 못하게 된 웨스턴디지털(Western Digital)의 클라우드 서비스 중단을 초래한 랜섬웨어 공격이 있다.

업타임인스티튜트에 따르면 제삼자 IT 서비스 제공업체에서 발생한 중단의 가장 일반적인 원인은 소프트웨어 또는 구성 오류(63%)이며, 그 뒤를 네트워크 또는 연결 문제(35%)가 잇는다. 악의적인 사이버 공격은 전체 중단의 약 20%를 차지한다.

업타임인스티튜트는 전체 중단 사례의 절대다수가 직접적이든 간접적이든 인적 오류와 관련이 있다고 지적한다. 인적 오류는 교육 부족, 직원의 절차 미준수, 절차 자체의 부적절함, 작업과 장비 운영의 복잡성, 인력 부족 등 여러 요인과 관련될 수 있다. 업타임인스티튜트에 따르면 운영자의 약 80%는 더 나은 관리 및 절차가 있었다면 자사의 최근 중단을 예방할 수 있었을 것이라고 답했다.

인적 오류가 이처럼 많은 데이터 센터 사고의 원인이 되는 만큼 조직은 인력 배치, 조직 운영 관행, 유지·보수 및 운영 활동, 관리, 계획 수립에서 보다 총체적인 접근 방식을 취해야 한다. 업타임인스티튜트의 M&O (Management and Operations) 평가 프로그램은 기업이 이러한 접근을 실현하도록 돕기 위한 것이다. 이 평가는 데이터 센터 내 팀의 운영 효율성을 측정하며, 인력 구성과 조직, 유지·보수, 교육, 계획, 조정 및 관리, 운영 조건에 초점을 둔다. 업타임인스티튜트는 기업이 인력 구성, 자원 배분, 조직 문화와 같은 요소에 대한 경영진의 영향력을 인식하는 것이 중요하다고 강조한다. 업타임인스티튜트는 데이터 센터의 인력 구성, 조직, 프로세스 및 절차, 계획, 관리를 평가하며, 비가동시간을 최소화하기 위한 업계 모범 사례에 대한 권고도 함께 제공한다. 평가를 통과한 데이터 센터는 업타임인스티튜트로부터 'M&O 승인 마크(M&O Stamp of Approval)'를 받게 되며, 현재까지 전 세계적으로 350개 이상의 데이터 센터가 이 인증을 획득했다.

출처: Uptimeinstitute.com, accessed September 9, 2024; Denise Dubie, "Network Connectivity Are Leading Cause of IT Service Outages," Networkworld.com, April 4, 2024; Uptime Institute, "Annual Outage Analysis 2024," March, 2024; and Wade Tyler Millward, "The 15 Biggest Cloud Outages of 2023," Crn.com, December 13, 2023.

문제

1. 데이터 센터에서 디지털 회복탄력성이 왜 중요한가?
2. 오늘날 시스템 중단이 과거보다 더 심각한 영향을 미치게 된 이유는 무엇인가?
3. 업타임인스티튜트의 Management and Operations(M&O) 평가 프로그램은 조직의 디지털 인프라를 어떻게 더 회복력 있게 만드는 데 기여하는가?

클라우드 컴퓨팅 보안 과제

공용 클라우드의 사용은 기업이 수년간 구축해온 전통적인 사이버 보안 모델을 방해한다. 많은 조직은 자체 데이터 센터의 보안을 관리하는 방법을 알고 있지만, 컴퓨팅 작업을 클라우드로 이전할 때 정확히 무엇을 해야 할지 확신하지 못하는 경우가 많다. 클라우드 인스턴스(클라우드에서 워크로드를 실행하는 가상 서버)를 구성하고 실행하며, 신원 및 접근 제어를 관리하고, 구성 변경에 맞춰 보안 제어를 업데이트하고, 워크로드와 데이터를 보호하기 위해 클라우드 보안을 관리하는 새로운 도구 세트와 기술이 필요

표 8.6 사물인터넷 보안 과제

보안 과제	시사점
많은 IoT 장치(예: 센서)는 기존의 인터넷 연결 장치보다 훨씬 더 넓은 범위에 배치되며, 이로 인해 악용될 수 있는 방대한 수의 상호 연결 링크가 생성된다.	IoT 장치가 야기하는 전례 없는 규모에 대응하기 위해 새로운 도구, 방법, 전략이 개발되어야 한다.
많은 IoT 설치 환경은 동일한 특성을 가진 동일한 장치로 구성된다.	보안 취약점의 잠재적 영향이 더욱 커질 수 있다.
많은 IoT 장치는 일반적인 장비보다 서비스 수명이 훨씬 더 길다.	IoT 장치가 제조업체보다 더 오래 사용될 수 있으며, 이로 인해 장기적인 지원이 없어 지속적인 취약점이 생길 수 있다.
많은 IoT 장치는 업그레이드가 불가능하거나 업그레이드 과정이 어렵다.	취약한 IoT 장치가 고쳐지지 않거나 고칠 수 없는 상황이 발생할 수 있으며, 이로 인해 영구적인 취약성이 남게 된다.
많은 IoT 장치는 장치의 작동 방식이나 생성되는 데이터에 대한 가시성을 제공하지 않으며, 보안 문제가 발생해도 사용자에게 경고하지 않는다.	사용자는 IoT 장치가 정상적으로 작동한다고 믿을 수 있으나, 실제로는 악의적인 방식으로 작동하고 있을 수 있다.
일부 IoT 장치는 너무 눈에 띄지 않아 사용자가 장치의 존재조차 인식하지 못할 수 있다.	보안 침해가 오랜 시간 동안 감지되지 않은 채 지속될 수 있다.

하다. 자체 데이터 센터와 공용 클라우드 서비스를 모두 사용하는 하이브리드 클라우드 모델을 운용하는 기업은 클라우드의 복잡성과 다양한 구성요소 및 프레임워크를 통합해야 할 필요성 때문에 특히 어려움을 겪는다.

또한 일부 IT 부서에서는 클라우드에서 발생하는 모든 일이 자신의 책임이 아니라고 오해하는 경우가 있다. 그러나 이는 사실이 아니다. 클라우드 서비스의 범주(IaaS, PaaS, SaaS)는 이러한 책임이 어떻게 분담되는지에 영향을 미친다. 예를 들어 IaaS의 경우, 클라우드 서비스 제공업체(CSP)는 일반적으로 기계, 스토리지 시스템, 네트워크 등 기본 IT 자원을 제공하고 보안을 책임진다. 클라우드 서비스 고객은 일반적으로 클라우드 컴퓨팅 환경에 배치된 운영체제, 애플리케이션, 기업 데이터를 책임진다. 이는 애플리케이션과 기업 데이터를 보호할 책임의 대부분이 고객에게 있다는 것을 의미한다. 따라서 클라우드 서비스 고객은 자신의 애플리케이션과 데이터가 자사의 보안 및 규정 준수 정책에 따라 안전하게 보호되고 있는지 확인하기 위해 CSP와의 클라우드 서비스 계약을 주의 깊게 검토해야 한다. 회사가 중요한 데이터를 보호하면서도 클라우드 서비스가 제공하는 속도와 민첩성을 완전히 활용하려면 사이버 보안 관행을 수정하는 것이 필수적이다. 기본적인 하이브리드 클라우드 보안 모범 사례에는 회사의 클라우드 환경에서 실시간으로 위협과 이상 현상을 파악하기 위한 지속적인 감사 수행, 최소 권한 접근을 포함한 제로 트러스트 원칙 채택(하이브리드 클라우드 보안의 맥락에서 이는 회사의 프라이빗 데이터 센터와 공용 클라우드 간 모든 상호작용을 가능한 한 제한하면서도 운영 목표를 달성할 수 있도록 해야 함), 통합된 보안 관리 수립, 보안 위험을 탐지하고 해결하는 데 도움이 되는 AI 및 자동화 수용이 포함된다.

또한 클라우드 컴퓨팅은 데이터 보안 및 보호와 관련된 규제 준수 문제를 제기한다. 공용 클라우드 애플리케이션은 여러 기업 고객에게 비즈니스 서비스와 데이터 관리를 제공하는 원격 데이터 센터에 존재한다. 비용을 절감하고 비용을 낮게 유지하기 위해 CSP는 작업을 가장 효율적으로 수행할 수 있는 전 세계의 데이터 센터로 분산시키곤 한다. 클라우드 사용자는 데이터가 어디에 저장되든 자사의 기업 요건을 충족하는 수준으로 보호되고 있는지 확인해야 한다. 사용자는 CSP가 특정 관할권의 개인정보 보호 규칙에 따라 해당 관할권 내에서 데이터를 저장하고 처리하도록 명시해야 한다. 또한 클라우드 고객은 CSP가 자사의 기업 데이터를 타사의 데이터와 어떻게 구분하는지 확인하고, 암호화 메커니즘이 견고하다는 증거를 요구해야 한다.

그리고 재해가 발생했을 때 CSP가 어떻게 대응할 것인지, 제공업체가 고객의 데이터를 완전히 복구할 수 있는지, 이 작업이 얼마나 오래 걸릴지 아는 것이 중요하다. 클라우드 사용자는 CSP가 외부 감사와 보안 인증을 수용할 것인지도 물어봐야 한다. 이러한 종류의 통제는 CSP와 계약을 체결하기 전에 서비스 수준 계약(SLA)에 명시될 수 있다. Cloud Security Alliance(CSA)는 클라우드 컴퓨팅 보안을 확보하기 위한 모범 사례를 명시한 업계 전반의 클라우드 보안 표준을 제정했다.

모바일 플랫폼 보안

데스크톱과 노트북처럼 모바일 장치도 악성코드, 도난, 우발적인 분실, 무단 접근, 해킹 시도로부터 보호되어야 한다. 기업 시스템과 데이터에 접근하는 모바일 장치는 특별한 보호가 필요하다. 기업은 자사의 보안 정책에 모바일 장치를 포함하고, 모바일 장치를 어떻게 지원하고 보호하며 사용할 것인지에 대한 추가 세부 사항을 포함해야 한다. 기업은 모든 사용 장치를 승인하고, 모든 모바일 장치, 사용자, 애플리케이션에 대한 정확한 자산 기록을 유지하며, 애플리케이션 업데이트를 제어하고, 분실되거나 도난당한 장치를 잠그거나 삭제하여 위협에 노출되지 않도록 하기 위해 모바일 장치 관리 도구가 필요하다. 데이터 유출 방지 기술은 중요한 데이터가 어디에 저장되어 있는지, 누가 접근하는지, 데이터가 어떻게 회사 외부로 나가는지, 어디로 향하는지를 식별할 수 있다. 기업은 승인된 모바일 플랫폼 및 소프트웨어 애플리케이션, 기업 시스템에 원격 접근하기 위해 필요한 소프트웨어 및 절차를 명시한 가이드라인을 수립해야 한다. 또한 조직의 모바일 보안 정책은 직원이 암호화 없이 개인 이메일로 기업 문서 및 파일을 전송하거나, 이를 전송 및 저장하기 위해 보안되지 않은 소비자 기반 애플리케이션을 사용하는 것을 금지해야 한다. 가능한 경우 모든 통신은 암호화되어야 한다. 모든 모바일 장치 사용자에게는 자신이 사용하는 스마트폰에 적용 가능한 가장 최신 보안 기능을 사용하도록 요구해야 한다. 코로나19 팬데믹 이후 더 많은 인력이 모바일 장치를 사용하여 원격 근무를 계속하게 되면서 모바일 보안의 중요성이 더욱 커졌다.

소프트웨어 품질 보장

효과적인 보안 및 통제의 구현 외에도 조직은 소프트웨어 매트릭스와 철저한 소프트웨어 테스트를 활용하여 시스템의 품질과 신뢰성을 향상할 수 있다. 소프트웨어 매트릭스는 정량적 측정을 통해 시스템을 객관적으로 평가하는 것이다. 매트릭스를 지속적으로 사용하면 정보시스템 부서와 최종 사용자가 시스템 성능을 공동으로 측정하고, 문제 발생 시 이를 식별할 수 있다. 소프트웨어 매트릭스의 예로는 특정 시간 단위에 처리할 수 있는 트랜잭션 수, 온라인 응답 시간, 시간당 출력되는 급여 명세서 수, 프로그램 코드 100줄당 알려진 버그 수 등이 있다. 매트릭스가 성공적으로 사용되기 위해서는 신중하게 설계되고, 공식적이고, 객관적이며, 일관되게 사용되어야 한다.

조기, 정기적, 철저한 테스트는 시스템 품질 향상에 크게 기여한다. 많은 사람은 테스트를 자신이 작성한 작업의 정확성을 입증하는 방법으로 간주한다. 그러나 실제로 규모가 큰 모든 소프트웨어에는 오류가 있으며, 이를 식별하기 위해 반드시 테스트가 필요하다.

우수한 테스트는 프로그램 작성 이전에 명세서나 설계 문서를 소수 전문가가 검토하는 '**워크스루**(walk-through)' 단계에서 시작된다. 개발자가 프로그램을 작성하기 시작하면 코딩 워크스루를 통해 프로그램 코드를 검토할 수 있다. 그러나 코드는 컴퓨터 실행을 통해 반드시 테스트해야 하며, 오류가 발견되면 소스 코드를 찾아내고 이를 제거하는 **디버깅**(debugging)이라는 과정을 거친다. 정보시스템을 운영하기 위해 요구되는 다양한 테스트 단계에 대해서는 12장에서 더 자세히 다룰 것이다.

8.9 이 장의 내용은 경력에 어떻게 도움이 되는가

이 장에서 학습한 내용은 악성코드, 위협 행위자, 소프트웨어 취약점, AI로 인해 새롭게 나타나는 보안 위협을 이해함으로써 정보시스템 관련 위협에 대한 인식을 높이고 경력 개발에 도움이 될 수 있다. 또한 이 장은 보안 및 통제의 비즈니스적 가치와 보안 및 통제를 위한 조직적 프레임워크의 구성요소를 이해하는 데에도 도움을 주며, 이는 비즈니스에서 어떤 역할을 수행하든지 매우 중요하다. 마지막으로 정보자원을 보호하기 위한 가장 중요한 도구와 기술에 대해서도 학습했는데, 이는 사이버 보안 문제가 오늘날 모든 기업이 직면한 가장 중대한 과제 중 하나라는 점을 고려할 때 매우 가치 있는 것이다.

실제 시나리오 랜섬웨어 조직에 반격을 가한 FBI 사이버 보안 전문가

2021년 6월부터 2023년 1월까지 악명 높은 랜섬웨어 조직인 하이브(Hive)는 전 세계 80개국 이상에서 병원, 학교, 금융 회사, 주요 인프라 등을 포함한 1,500명 이상의 피해자를 대상으로 공격을 감행했다. 하이브는 피해자의 시스템 내 데이터를 암호화하여 접근하지 못하게 만든 뒤 수백만 달러에 달하는 몸값을 요구하고 받아냈다. 미국 법무부는 마침내 이에 종지부를 찍었다.

FBI 특수요원과 사이버 보안 전문가로 구성된 FBI의 학제간 팀은 하이브의 컴퓨터 네트워크 침투에 성공하여 복호화 키를 확보했고, 이를 전 세계 피해자들에게 제공함으로써 1억 3,000만 달러의 몸값을 지불하지 않도록 막을 수 있었다. FBI는 하이브의 네트워크에 침투한 이후, 공격을 받고 있던 피해자들에게 300개 이상의 복호화 키를 제공했으며, 이전 피해자들에게는 추가로 1,000개 이상의 복호화 키를 배포했다. 또한 FBI는 독일 수사기관 및 네덜란드 국가 고등기술범죄수사단과 협력하여 하이브가 내부 구성원과 통신하는 데 사용하던 서버와 웹사이트를 장악함으로써 하이브의 공격 및 금전 갈취 능력을 방해했다. 앞으로 FBI는 학생들이 FBI 내 사이버 관련 경력을 고려할 수 있도록 권장하고 있으며, 컴퓨터 과학자, 사이버 보안 전문가, 디지털 포렌식 분석가 및 전문가, 데이터 분석가, IT 전문가를 적극적으로 모집하고 있다. 또한 FBI는 하이브 랜섬웨어 네트워크를 무너뜨린 팀과 유사한 학제간 팀을 모든 지역 사무소에 구성하기 위한 '모범 사이버팀(Model Cyber Squad)' 이니셔티브도 출범했다.

직무 설명 및 경력 경로: 사이버 보안/IT 보안 전문가

직무	직무 설명	IT 지식	경력 경로 및 평균 연봉
사이버 보안/IT 보안 전문가	• 소프트웨어 시스템과 네트워크 개발 중 보안 조치 식별 및 구현 • 하드웨어, 소프트웨어의 취약점과 위험 평가 및 식별 • IT 인프라를 보호하는 효과적 방법 결정 • 보안 전략 및 방어책 테스트 • 침입 및 사이버 공격 모니터링 • 사이버 범죄자가 사용하는 새로운 방법 분석 • 새로운 동향, 전략, 공격 방지 절차 파악 • 보안 프로토콜 및 모범 사례 교육 제공	• 컴퓨터과학, 공학, 정보과학, 정보시스템 관리, 기술 관리, 운영 연구 또는 관련 분야 학사 학위 • 침입 탐지, 악성코드 분석 및 대응, 신원 및 접근 관리 도구에 대한 이해 • 일부 프로그래밍 언어 지식(C, C++, C#, Perl, Java 등) • 해커처럼 생각하는 능력 • 스프레드시트, 데이터베이스, 워드프로세싱 소프트웨어 사용 능력	• 초급: 60,000~100,000달러 • 중급: 80,000~130,000달러 • 고급: 100,000~165,000달러 (연봉은 지역, 산업군, 기업 규모에 따라 달라질 수 있음)

추가 경력 개발 자료

MyLab MIS에서는 IT 관련 지식을 요구하는 적절한 직무를 찾고, 효과적인 이력서를 작성하며, 면접을 준비하고, 비즈니스 지식, 응용 소프트웨어 활용 능력, 인터넷 활용 능력, 분석 역량 등을 보여주는 디지털 포트폴리오를 만드는 데 도움이 되는 다양한 경력 개발 자료를 확인할 수 있다.

사례 연구 MGM리조트에 혼란을 초래하는 소셜 엔지니어링

2023년 9월 8일 금요일, MGM리조트(MGM Resorts)의 IT 서비스 데스크는 한 통의 전화를 받았다. 발신자는 자신이 MGM리조트의 직원이라고 주장했다. 그러나 서비스 데스크 직원은 그 전화의 발신자가 해커라는 사실을 인지하지 못했다.

해킹 사건이 발생하기 불과 일주일 전, MGM리조트와 다수의 기업이 사용하는 온라인 신원 관리 서비스인 Okta는 고객에게 이와 같은 유형의 사회공학 기반 '비스싱(vishing)' 공격 가능성을 경고한 바 있다. 이 공격은 공격자가 기업 웹사이트, 소셜 미디어, 다크웹 등에서 수집한 정보를 이용하여 직원인 척하며 IT 서비스 데스크에 연락하여 Okta 슈퍼 관리자 계정의 패스워드나 다중 인증(MFA) 요소를 재설정해 달라고 요청하는 방식이다. 이번 사건에서 해당 경고는 제대로 이행되지 않은 것으로 보인다.

MGM리조트의 사이버 보안 정책을 잘 아는 전직 직원이 밝히길, 당시 패스워드 재설정을 위해서는 직원이 자신의 이름, 직원 번호, 생년월일 등 기본적인 정보만 제공하면 되었다. 문제의 통화에서 정확히 어떤 대화가 오갔는지는 공개되지 않았지만, 해커는 IT 서비스 데스크 직원을 설득하는 데 성공한 것으로 보인다. 몇 분 후, 해커가 사칭한 실제 직원은 패스워드가 재설정되었다는 알림을 받았고, 즉시 IT 부서에 신고했으나 이미 늦은 상황이었다. 이후 발생한 사태는 처음에는 느리게 시작되었지만 점점 빠르게 악화되었다. 9월 9일 토요일, 해커는 MGM리조트의 기업 네트워크에 침투하여 하나의 시스템에서 다른 시스템으로 이동하며 데이터를 탈취하기 시작했다. MGM리조트의 IT 팀은 피해 계정을 차단하려 했지만, 슈퍼 관리자 권한과 고급 특권을 확보한 해커는 계속해서 한발 앞서 움직였다. 9월 10일 일요일, MGM리조트의 CEO는 피해를 최소화하기 위해 이메일 시스템을 포함한 시스템 전반의 셧다운을 지시했다. 9월 11일 월요일, MGM리조트는 3만 7,000개 이상의 객실과 카지노 운영을 수동으로 관리해야 했고, 이로 인해 고객은 명확한 피해를 체감했다. 고객 중 약 1/3은 모바일 앱을 통해 체크인을 하고 앱을 객실 키로 사용하는데 이 기능이 마비되었고, 엘리베이터를 수동으로 조작해야 했으며, 카지노 게임 기계가 작동을 멈추고, 이용자가 당첨금을 인출할 수 없었다.

9월 12일 화요일 오전 2시, 해커는 MGM리조트에 3,000만 달러의 몸값을 요구하는 이메일을 보냈다. MGM리조트는 해커의 메시지를 무시했다. 해커의 주장에 따르면 이 시점에 MGM리조트의 100개 이상 가상 서버에 랜섬웨어를 설치하여 암호화했다고 한다. 사건의 구체적인 경과가 정확히 일치하는지는 불확실하지만, MGM리조트가 몸값을 지불하지 않았다는 사실은 분명하다. 대신 MGM리조트는 서버를 백업에서 복원하고 운영체제 및 소프트웨어를 새로 설치하는 복구 절차를 택했다. 이 비용은 몸값보다 훨씬 컸지만 MGM리조트는 그렇게 하기로 결정했다.

고객 대응 시스템을 복원하는 데 1주일 이상 걸렸고, 백엔드 시스템의 완전한 복구에는 훨씬 더 긴 시간이 소요되었다. MGM리조트는 해킹으로 인해 호텔과 카지노 매출 약 1억 달러 손실, 그리고 사건 대응을 위한 외부 전문가 및 법률 자문 비용으로 알려지지 않은 일회성 지출을 겪었으며, 이 비용이 1,000만 달러 미만이라고 밝혔다. 이 공격은 2023년 3분기 실적에 중대한 타격을 입혔다.

하지만 초기 피해가 수습된 이후에도 그 여파가 지속될 것으로 보인다. MGM리조트는 침해 과정에서 고객 개인정보가 유출되었음을 공식적으로 인정했다. 유출된 정보에는 사회보장번호, 운전면허번호, 여권번호, 이름, 전화번호, 이메일, 주소, 성별, 생년월일 등이 포함된다. 이에 따라 MGM리조트가 고객의 개인정보 보호를 소홀히 했다고 주장하는 집단 소송이 다수 제기되었다.

이 공격의 배후는 누구인가? 이 질문은 의외로 대답하기 어렵다. 해킹 조직에 대한 표준화된 명칭 체계가 없기 때문이다. 보안 연구자들에 따르면 이 해커 조직은 Scattered Spider, Oktapus, Octo Tempest, Scattered Swine, Muddled Libra, UNC3944 등 다양한 이름으로 불린다. 또한 이들은 Star Fraud 갱단 소속으로, Com(또는 Comm)이라는 온라인 커뮤니티에서 파생된 것으로 추정된다. 주로 미국, 캐나다, 영국 출신의 10대 및 20대 청년으로 구성되어 있으며, 블랙캣/ALPHV라는 랜섬웨어 서비스 조직과 연계되어 있다. 이 조직은 체인지헬스케어 공격에도 연루된 바 있다.

일부 보안 전문가는 이번 해킹의 원인으로 허술한 신원 확인 절차를 지적한다. 공격자가 쉽게 피싱 가능한 정보만으로도 본인 인증을 통과할 수 있었기 때문이다. 그러나 이번 공격은 주로 사회공학적 측면에 초점이 맞춰져 있지만 배워야 할 다른 교훈도 있다. 권고 사항은 패스워드 없는 인증 시스템의 사용 또는 최소한 슈퍼 관리자에게 생체 인식이나 YubiKey(하드웨어 인증 장치)와 같은 보다 안전한 방법을 사용하는 것, 슈퍼 관리자 수를 제한하는 것, 기업의 민감한 자원에 접근하기 위해서는 신뢰된 장치만을 사용하는 것 등이다.

출처: Rachel Sudbeck, "What Everyone Got Wrong About the MGM Hack," Kolide.com, accessed September 9, 2024; Robert McMillan and Katherine Stone, "The Audacious MGM Hack That Brought Chaos to Las Vegas," *Wall Street Journal*, March 29, 2024; Matt Palmer, "Lessons from the MGM Cyber Attack," Securityboulevard.com, February 14, 2024; Connor Jones, "MGM Resorts Attackers Hit Personal Data Jackpot, But House Loses," Theregister.com, October 6, 2023; D. Howard Kass, "MGM, Caesars Hit with Class Action Lawsuits over Massive Breach of Personal Information," Msspalert.com, September 29, 2023; Joseph Menn, "MGM, Caesars Casino Hacks Point to an Alliance of Teens and Ransomware Gangs," Washingtonpost.com, September 22, 2023; Becky Bracken, "Okta Agent Involved in MGM Resorts Breach, Attacker Claim," Darkreading.com, September 15, 2023.

문제

1. MGM리조트는 이 공격을 막기 위해 어떤 조치를 취할 수 있었겠는가?
2. 해커가 요구한 몸값을 MGM리조트 경영진이 지불하지 않은 것이 올바른 결정이라고 생각하는가? 그 이유는 무엇인가?
3. 소셜 엔지니어링 공격을 예방하기 어려운 이유는 무엇인가?

요약

8.1 정보시스템의 취약성

정보시스템과 저장된 데이터는 파괴, 오용, 오류, 사기, 하드웨어 또는 소프트웨어의 고장에 취약하다. 인터넷은 개방형 시스템으로 설계되었기 때문에 기업 내부 시스템이 외부인의 행위에 더욱 취약해진다. 와이파이 네트워크는 침입자가 스니퍼 프로그램을 사용하여 주소를 확보함으로써 네트워크 자원에 접근할 수 있어 쉽게 침입당할 수 있다.

8.2 가장 널리 퍼져 있고 위험한 형태의 악성코드

바이러스, 웜, 트로이 목마, 랜섬웨어, 봇, 잠재적 유해 프로그램과 같은 악성코드는 시스템과 웹사이트를 무력화할 수 있다. 악성코드는 이메일, 드라이브 바이 다운로드, 멀버타이징, 소셜 네트워크 등 다양한 방법으로 배포되고 확산될 수 있다. 모바일 장치는 주요한 공격 대상이다.

8.3 위협 행위자가 초래하는 위험

위협 행위자는 시스템의 취약점을 악용하여 의도적으로 피해를 주고자 하는 개인 또는 집단이며, 사이버 범죄자, 국가, 테러 단체, 해커, 핵티비스트, 내부자를 포함한다. 이들은 스푸핑, 다양한 형태의 피싱, 파밍 등의 전술을 사용한다. 위협 행위자는 조직의 디지털 인프라에 이미 존재하는 정식 소프트웨어 도구를 탈취하는 공격을 점점 더 사용하고 있다. 또한 DoS/DDoS 공격을 감행하거나 기업 네트워크에 침투하여 심각한 시스템 중단을 초래할 수 있다. 대부분의 해킹 행위는 범죄로 간주되며, 시스템의 취약성으로 인해 신원도용이나 데이터 유출과 같은 다른 형태의 컴퓨터 범죄에도 노출될 수 있다. 사이버 테러리즘과 사이버 전쟁은 이제 전 세계적인 위협이 되었다. 기업의 직원(내부자) 역시 부주의한 실수뿐만 아니라 악의적인 행위로 인해 심각한 보안 문제를 일으킬 수 있다.

8.4 소프트웨어의 취약점으로 인해 발생하는 보안 문제

소프트웨어의 버그를 완전히 제거하는 것이 불가능할 수 있으며, 소프트웨어의 취약점은 위협 행위자에 의해 악용될 수 있기 때문에 문제를 야기한다.

8.5 인공지능으로 인해 발생하는 보안 문제

사이버 범죄자는 AI 기술을 활용하여 정교한 공격을 설계하기 시작했으며, AI 알고리즘 자체가 악의적인 목적을 위해 변조될 수 있다. 예를 들어 사이버 범죄자는 고유하고 매우 사실적인 피싱 이메일을 생성하는 데 생성형 AI를 사용하고 있다. AI를 이용하면 최소한의 기술 지식과 비용만으로도 정교한 딥페이크를 생성할 수 있다. 또한 사이버 범죄자는 다양한 방법으로 대규모 언어 모델을 변조하려 한다.

8.6 보안과 통제의 비즈니스 가치

탄탄한 보안 및 통제 수단이 부족할 경우, 컴퓨터 시스템에 의존하여 핵심 비즈니스 기능을 수행하는 기업은 매출 및 생산성 손실을 겪을 수 있다. 직원 기밀 기록, 영업 비밀, 사업 계획과 같은 정보 자산은 외부에 노출되거나 기업이 법적 책임에 노출될 경우 그 가치를 상당 부분 상실하게 된다. HIPAA, 사베인스-옥슬리법, 그램-리치-블라일리법 등의 법률은 기업이 엄격한 전자 기록 관리를 시행하고 보안, 개인정보 보호 및 통제에 대한 엄격한 기준을 준수할 것을 요구한다. 전자적 증거와 디지털 포렌식이 요구되는 법적 소송으로 인해 기업은 보안 및 전자 기록관리에 더 많은 관심을 기울여야 한다.

8.7 보안과 통제를 위한 조직적 프레임워크

기업은 정보시스템에 대해 일반 통제와 응용 통제를 모두 포함하는 적절한 통제 체계를 수립해야 한다. 위험도 평가는 정보 자산을 평가하고, 통제 지점을 식별하며, 통제의 취약점을 파악하고, 가장 비용 효율적인 통제 수단을 결정한다. 또한 기업은 일관된 보안정책과 재난 또는 중단 발생 시 비즈니스 연속성 계획을 수립해야 한다. 보안정책에는 이용목적 제한방침 및 신원 관리 정책이 포함된다. 포괄적이고 체계적인 정보시스템 감사는 조직이 정보시스템에 대한 보안 및 통제의 효과성을 평가할 수 있도록 돕는다.

8.8 정보 자원을 보호하기 위한 기술

기업의 정보 자원을 보호하기 위한 기술에는 사용자 신원 및 접근을 관리하는 도구, 시스템과 데이터에 대한 무단 접근을 방지하는 도구, 시스템 가용성을 보장하는 도구, 소프트웨어 품질을 보장하는 도구가 포함된다. 이러한 기술 중 다수는 현재 AI를 통합하고 있다. 패스워드, 보안 토큰, 스마트카드, 생체 인증은 시스템 사용자를 인증하는 데 사용된다. 방화벽은 사설 네트워크가 인터넷이나 다른 외부 네트워크에 연결되어 있을 때 무단 사용자가 접근하는 것을 방지한다. 침입 탐지·방지 시스템은 사설 네트워크를 모니터링하여 의심스러운 네트워크 트래픽 및 기업 시스템에 대한 접근 시도를 탐지한다. 안티멀웨어 소프트웨어는 컴퓨터 시스템에 바이러스나 웜이 감염되었는지를 검사하며, 종종 악성 소프트웨어를 제거한다. 암호화는 메시지를 인코딩하고 난독화하는 것으로, 보호되지 않은 네트워크상에서 디지털 전송을 보호하기 위해 널리 사용되는 기술이다. 공개 키 암호화와 결합된 전자인증서는 사용자 신원을 인증하여 디지털 거래를 추가적으로 보호한다. 블록체인 기술은 중앙 기관 없이도 네트워크상에서 위조가 불가능한 거래를 생성하고 검증할 수 있도록 기업을 지원한다. 시스템의 가용성을 보장하기 위해 기업은 내결함성 컴퓨터 시스템을 사용할 수 있으며, 보안관리 서비스 업체와 보안 운영 센터를 활용하고, 디지털 회복탄력성 개념을 수용할 수 있다. 또한 기업은 사물인터넷, 클라우드 컴퓨팅, 모바일 플랫폼이 제기하는 새로운 도전 과제에도 대응해야 한다. 소프트웨어 매트릭스의 활용과 엄격한 소프트웨어 테스트는 소프트웨어의 품질과 신뢰성을 향상하는 데 도움이 된다.

주요 용어

공개 키 암호화
공개 키 인프라(PKI)
내결함성 컴퓨터 시스템
다중 인증(MFA)
데이터 유출
드라이브 바이 다운로드
디지털 포렌식
디지털 회복탄력성
딥페이크
랜섬웨어
멀버타이징
멀웨어
바이러스
방화벽
버그
보안
보안관리 서비스 업체(MSSP)
보안 운영 센터(SOC)
보안정책
보안 토큰
봇
봇넷
분산 서비스 거부(DDoS) 공격
비가동시간
비즈니스 연속성 계획 수립
사이버전쟁
사이버 테러리즘
사이버 파괴 행위
사회공학
생체 인증
서비스 거부(DoS) 공격
소프트웨어 공급사슬 공격
스니퍼
스마트카드
스푸핑
신원도용
신원 및 접근 관리(IAM) 소프트웨어
안티멀웨어 소프트웨어
암호화
암호화폐
워 드라이빙
웜
위험도 평가
위협 행위자
응용 통제
이블 트윈
이용목적 제한방침(AUP)
이중 인증(2FA)
인증
일반 통제
잠재적 유해 프로그램(PUP)
재난 복구 계획
전송 계층 보안(TLS)
전자인증서
정보시스템 감사
제로데이 취약점
제로 트러스트
침입 방지 시스템(IPS)
침입 탐지 시스템(IDS)
크리덴셜 스터핑
키 로거
통제
통합 위협관리시스템
트로이 목마
파밍
패스워드
패치
피싱
해커
핵티비스트
APT 공격
HTTPS
LOTL 공격
SQL 주입 공격

복습문제

8.1 정보시스템의 취약성

- 보안과 통제를 정의하라.
- 최신 정보시스템에서 공통적인 위협요소를 들고 설명하라.

8.2 가장 널리 퍼져 있고 위험한 형태의 악성코드

- 멀웨어를 정의하고 바이러스, 웜, 트로이 목마, 랜섬웨어, 봇, 잠재적 유해 프로그램을 구분하라.
- 멀웨어가 어떻게 전파될 수 있는지 설명하라.

8.3 위협 행위자가 초래하는 위험

- 다양한 유형의 위협 행위자가 어떻게 보안 문제를 일으키고 시스템을 손상시키는지 설명하라.
- 스푸핑을 정의하고 피싱, 이블 트윈, 파밍이 스푸핑의 형태인 이유를 설명하라.
- LOTL 공격을 정의하고, DDoS 공격과 어떻게 다른지 설명하라.
- 데이터 유출과 신원도용이 오늘날 왜 큰 문제인지 설명하라.
- 내부자가 야기할 수 있는 보안 문제를 설명하라.
- 컴퓨터 범죄를 정의하고, 컴퓨터가 표적이 되는 범죄 두 가지와 컴퓨터가 범죄 도구가 되는 범죄 두 가지를 예로 들라.

8.4 소프트웨어의 취약점으로 인해 발생하는 보안 문제

- 소프트웨어 결함이 시스템의 신뢰성과 보안에 어떻게 영향을 주는지 설명하라.

- 소프트웨어 공급사슬 공격이 보안을 어떻게 위협하는지 설명하라.

8.5 인공지능으로 인해 발생하는 보안 문제

- 사이버 범죄자가 피싱 공격에 AI 도구를 어떻게 활용하는지 설명하라.
- 딥페이크를 정의하고 그것이 야기하는 보안 문제를 설명하라.
- 사이버 범죄자가 대규모 언어 모델을 어떻게 악용하려 하는지 설명하라.

8.6 보안과 통제의 비즈니스 가치

- 보안과 통제가 기업에 어떻게 가치를 제공하는지 설명하라.
- 보안과 통제, 최근 미국 정부 규제 요건, 디지털 포렌식 간의 관계를 설명하라.

8.7 보안과 통제를 위한 조직적 프레임워크

- 일반 통제를 정의하고 각 유형을 설명하라.
- 응용 통제를 정의하고 각 유형을 설명하라.
- 위험도 평가의 기능을 설명하고 정보시스템에 대해 어떻게 수행하는지 설명하라.
- 보안정책, 이용목적 제한방침, 신원 및 접근 관리 소프트웨어에 대해 설명하라.
- 정보시스템 감사가 보안과 통제를 어떻게 촉진하는지 설명하라.

8.8 정보 자원을 보호하기 위한 기술

- 세 가지 인증 방법을 열거하고 설명하라.
- 방화벽, 침입 탐지·방지 시스템, 안티멀웨어 소프트웨어가 보안을 강화하는 역할을 설명하라.
- 암호화가 정보를 어떻게 보호하는지 설명하라.
- 공개 키 인프라에서 암호화와 전자인증서의 역할을 설명하라.
- 재난 복구 계획과 비즈니스 연속성 계획을 구분하여 설명하라.
- 디지털 회복탄력성을 정의하고 조직에 주는 이점을 설명하라.
- 사물인터넷 기기가 제기하는 보안 과제를 식별하고 설명하라.
- 소프트웨어 품질과 신뢰성을 향상하기 위한 조치를 설명하라.
- 정보 자원을 보호하기 위해 AI가 어떻게 활용되고 있는지 설명하라.

토의문제

8.9 보안은 단순히 기술적 이슈가 아니라 기업의 문제이다. 이에 대해 토의하라.

8.10 비즈니스 연속성 계획을 수립하고 있다면 어디서부터 시작할 것인가? 그 계획은 사업의 어떤 측면을 다룰 것인가?

8.11 자사가 곧 전자상거래 웹사이트를 개설하여 제품을 판매하고 신용카드 결제를 받을 예정이다. 이 웹사이트에 대한 주요 보안 위협과 그 잠재적 영향에 대해 토의하라. 이러한 위협을 최소화하기 위해 무엇을 할 수 있는가?

AI 활용 프로젝트

8.12 정보시스템 보안 계획 수립

반려동물 유기농 사료와 간식, 유기농 소재로 만든 반려동물 장난감과 의류를 판매하는 소매점을 열고자 하는 두 친구가 자문을 구했다. 이들은 잠재적인 정보시스템 보안 문제에 대해 조언해달라고 요청했다. 또한 직원 수가 10명 미만인 소규모 소매 비즈니스에 적합한 정보시스템 보안 계획을 수립해달라고 요청했다. 마이크로소프트의 Copilot, 구글의 Gemini 또는 ChatGPT를 이용하여 조언을 제공하고 그러한 보안 계획을 수립하는 데 도움이 되는 일련의 프롬프트를 개발하라. 프롬프트와 채팅 세션의 출력 결과를 저장하고 강사에게 제출하라.

MIS 실습 과제

이 프로젝트는 보안 취약성을 분석하고, 위험도 분석을 위해 스프레드시트 소프트웨어를 사용하며, 보안 아웃소싱 서비스를 조사하기 위해 웹 도구를 사용해보는 실습 경험을 제공한다.

학생은 www.pearsonhighered.com/laudon에서 Hands-On MIS Application data file을 내려받아 사용하면 된다. 추가로 교재 관련 연습문제 풀이, 주요 콘셉트 비디오 자료 등이 필요하다면 https://t2-apac.pearson.com에서 MyLab MIS를 구매할 수 있다.

8.13 경영 의사결정 문제

스코플리(Scopely)는 Scrabble Go, Star Trek Fleet Command, Looney Tunes World of Mayhem 등 다양한 인기 게임을 제공하는 선도적인 온라인 게임 회사이다. 스코플리는 주로 모바일 플랫폼(애플 iOS와 안드로이드 버전)에 집중하지만, 일부 게임은 데스크톱/랩톱 컴퓨터에서도 플레이할 수 있다. 스코플리는 기업 웹사이트와 페이스북, 인스타그램, X, 틱톡, 링크드인의 소셜 미디어 채널을 보유하고 있다. 스코플리에 대한 보안 분석을 준비하라. 예상되는 위협의 유형은 무엇인가? 그 위협이 비즈니스에 미치는 영향은 어떠한가? 운영 피해를 방지하기 위해 어떤 조치를 취할 수 있는가?

8.14 스프레드시트 소프트웨어를 활용한 보안 이벤트 분석

소프트웨어 기술: 스프레드시트 정렬 및 데이터 필터링
비즈니스 기술: 보안 이벤트 모니터링 및 분석

컴퓨터 시스템에서 발생하는 이벤트는 일반적으로 로그 파일에 기록된다. 윈도우를 포함한 각 운영체제는 고유한 로그 파일을 사용하며, 애플리케이션과 하드웨어 장치도 로그를 생성한다. 보안팀은 보안 로그를 활용하여 기업 네트워크의 사용자를 추적하고, 의심스러운 활동을 식별하며, 취약점을 탐지할 수 있다. 보안 로그에는 로그인 시도나 파일 삭제 같은 보안 관련 이벤트가 나열된다. 시스템 관리자는 조직의 감사 정책을 참조하여 어떤 이벤트를 보안 로그에 기록할지 결정한다.

자사의 정보시스템 부서는 윈도우 보안 이벤트 로그에서 특별한 주의가 필요한 이벤트를 추려 목록을 작성했다. 해당 목록에 포함된 각 이벤트의 Security Event, Event ID, Potential Criticality 및 추가 정보는 MIS18_Project 8.14_Student File에서 확인할 수 있다.

'Event ID'는 각 보안 이벤트에 대해 윈도우가 부여하는 코드이다. 'Potential Criticality' 열은 공격 탐지 관점에서 이 이벤트를 Low, Medium, High 중 어느 수준으로 봐야 하는지 표시한다. Potential Criticality가 High이면 한 차례라도 발생했을 때 조사해야 한다. Medium 또는 Low인 이벤트는 예상 범위를 벗어나거나 측정 기간 기준선을 크게 초과하여 발생할 때만 조사한다. 각 조직은 의무적 조사를 수반하는 경보를 설정하기 전에 자체 환경에서 이 권장사항을 테스트해야 한다. 환경마다 상황이 상이하며, High로 분류된 이벤트 중에는 무해한 다른 요인으로 발생할 수 있는 경우도 있다.

- Potential Criticality를 High에서 Low 순으로 데이터를 정렬하라.
- Potential Criticality가 High인 모든 이벤트만 표시하도록 데이터를 필터링하라.
- Potential Criticality가 High인 이벤트 하나를 선택하고, 웹을 활용하여 그 이벤트의 중요성과 의미를 조사하라. 해당 보안 이벤트에 기업이 각별한 주의를 기울여야 하는 이유를 설명하라.

8.15 보안 아웃소싱 서비스 평가

소프트웨어 기술: 웹 브라우저 및 프레젠테이션 소프트웨어
비즈니스 기술: 비즈니스 아웃소싱 서비스 평가

이 프로젝트는 웹을 활용하여 보안 아웃소싱 서비스를 조사하고 평가하는 능력을 향상한다.

- 자사는 보안을 외주로 전환할지 아니면 사내에 유지할지 결정해야 한다. 의사결정을 돕기 위해 웹에서 정보를 검색하고 보안 아웃소싱 서비스를 찾아라.
- 자사에 필요한 컴퓨터 보안 아웃소싱에 대해 찬반 주장을 간략히 정리하라.
- 컴퓨터 보안 아웃소싱 서비스를 제공하는 두 회사를 선정하여 기업과 서비스를 비교하라. 경영진을 위해 발견사항을 요약한 파워포인트 또는 다른 형식의 프레젠테이션을 준비하라. 자사가 컴퓨터 보안을 아웃소싱할지 여부를 포함해야 한다. 아웃소싱이 타당하다고 판단되면 선택한 보안 아웃소싱 서비스와 선택 이유를 제시하라. 아웃소싱이 부적절하다고 판단되면 적절한 보안을 보장하기 위해 사용해야 할 보안 도구를 제시하라.

8.16 협업 및 팀워크 프로젝트: 보안 소프트웨어 도구 평가

2명 이상의 학생과 팀을 구성하고, 웹을 활용하여 안티멀웨어 소프트웨어, 방화벽, 침입 탐지·방지 소프트웨어 같은 경쟁업체의 보안 제품 두 가지를 조사·평가하라. 각 제품에 대해 기능, 적합한 비즈니스 유형, 구매·설치 비용을 설명하라. 어떤 제품이 가장 우수한가? 그 이유는 무엇인가? 구글 문서, 구글 드라이브, 구글 사이트를 이용하여 아이디어를 브레인스토밍하고 정리하여 발표 자료를 만들라.

참고문헌

Bose, Idranil, and Alvin Chung Man Leung. "Adoption of Identity Theft Countermeasures and Its Short- and Long-Term Impact on Firm Value." *MIS Quarterly* 43, No. 1 (March 2019).

Bowman, Robert. "5G Is Here—And with It, Greater Vulnerability to Cyberattack." Supplychainbrain.com (April 8, 2024).

Cichy, Patrick, Torsten Oliver Salge, and Rajiv Kohli. "Privacy Concerns and Data Sharing in the Internet of Things: Mixed Methods Evidence from Connected Cars." *MIS Quarterly* 45, No. 4 (December 2021).

Cybersecurity & Infrastructure Security Agency. "PRC State-Sponsored Actors Compromise and Maintain Persistent Access to U.S. Critical Infrastructure." Cisa.gov (February 7, 2024).

Cybersecurity Ventures (Steve Morgan). "2023 Official Cybercrime Report." Cybersecurityventures.com (October 25, 2023).

Danes, Lucia. "Messenger Virus: 2023 Update. A New Threat for Facebook Users." 2-spyware.com (June 8, 2023).

Federal Trade Commission. "As Nationwide Fraud Losses Top $10 Billion in 2023, FTC Steps Up Efforts to Protect the Public." Ftc.

gov (February 9, 2024).

Fusion Risk Management. "Case Studies: Alaska USA Federal Credit Union." Fusionrm.com (February 14, 2023).

Hattar, Marie. "How Quantum Computing Will Impact Cybersecurity." Securityweek.com (August 30, 2023).

IBM Security. "Cost of a Data Breach Report 2023." Ibm.com (2023).

Jackson, Fiona. "Prompt Hacking, Private GPTs, Zero-Day Exploits and Deepfakes: Report Reveals the Impact of AI on Cyber Security Landscape." Techrepublic.com (April 24, 2024).

Jodka, Sara. "Manipulating Reality: The Intersection of Deepfakes and the Law." Reuters.com (February 1, 2024).

Kaspersky. "The Mobile Malware Threat Landscape in 2023." Securelist.com (February 26, 2024).

Kupchik, Stiv. "You Had Me at Hi—Mirai-Based NoaBot Makes an Appearance." Akamai.com (January 10, 2024).

Lemos, Robert. "Cybercriminals Weigh Options for Using LLMs: Buy, Build, or Break?" Darkreading.com (April 1, 2024).

Madnick, Stuart. "Blockchain Isn't as Unbreakable as You Think." *MIT Sloan Management Review* 61, No. 2 (Winter 2020).

Malwarebytes. "2024 State of Malware." Threatdown.com (2024).

Panko, Raymond R., and Julie L. Panko. *Business Data Networks and Security*. 11th ed. Hoboken, NJ: Pearson Education, Inc. (2019).

Pearlson, Keri, and Keman Huang. "Design for Cybersecurity from the Start." *MIT Sloan Management Review* 63, No. 2 (Winter 2022).

Pearlson, Dr. Keri, Sean Sposito, Masha Arbisman, and Josh A. Schwartz. "How Yahoo Built a Culture of Cybersecurity." *Harvard Business Review* (September 30, 2021).

Ponemon Institute/DTex Systems. "2023 Cost of Insider Risks Global Report." (2023).

Proofpoint. "2024 State of the Phish." Proofpoint.com (2024).

Rosenblat, Mariana Olaizola. "Reality Check: How to Protect Human Rights in the 3D Immersive Web." NYU Stern Center for Business and Human Rights (September 2023).

Rothrock, Ray A., James Kaplan, and Friso Van der Oord. "The Board's Role in Managing Cybersecurity Risks." *MIT Sloan Management Review* (Winter 2018).

Sanyal, Pallab, Nirup Menan, and Mikko Siponin. "An Empirical Examination of the Economics of Mobile Application Security." *MIS Quarterly* 54, No. 4 (December 2021).

Schmieg, Sophie, Stefan Kölbl, and Guillaume Endianoux. "Google's Threat Model for Post-Quantum Cryptography." Bughunters.google.com (March 11, 2024).

UNCTAD. "Cybercrime Legislation Worldwide." Unctad.org (accessed September 9, 2024).

Uptime Institute. "Digital Resiliency Assessment." Uptimeinstitute.com (accessed September 9, 2024).

Verizon. "2023 Mobile Security Index White Paper." Verizon.com (November 14, 2023).

Vial, Gregory. "Managing the Risks of Software Reuse." *MIT Sloan Management Review* 63, No. 4 (Summer 2022).

W3Techs. "Usage Statistics of Default Protocol HTTPS for Websites." W3techs.com (accessed August 30, 2024).

PART 3

디지털 시대의 핵심적 시스템 애플리케이션

© Eakrin Rasadonyindee/Shutterstock

Chapter 9 운영 수월성 및 고객 친밀성 달성: 전사적 애플리케이션

Chapter 10 전자상거래: 디지털 시장과 디지털 제품

Chapter 11 인공지능

Chapter 12 데이터 분석과 비즈니스 인텔리전스를 활용한 의사결정 강화

3부에서는 오늘날 기업이 운영 수월성과 의사결정 능력을 향상하기 위해 사용하고 있는 핵심적 정보시스템 애플리케이션을 살펴본다. 이러한 애플리케이션에는 전사적 자원관리시스템, 공급사슬관리시스템, 고객관계 관리시스템, 인공지능, 전자상거래 애플리케이션, 의사결정 향상을 위한 데이터 애널리틱스 및 비즈니스 인텔리전스 등이 있다. 3부는 다음과 같은 질문에 대한 답을 제공한다. 전사적 애플리케이션은 비즈니스 성과를 어떻게 향상할 수 있는가? 기업은 전사상거래를 통해 비즈니스 영역을 어떻게 확장할 수 있는가? 시스템은 기업의 의사결정을 어떻게 향상하고, 기업이 어떻게 AI의 혜택을 얻을 수 있도록 하는가?

CHAPTER 9

운영 수월성 및 고객 친밀성 달성: 전사적 애플리케이션

© Panuwat Phimpha/Shutterstock

학습목표

9.1 전사적 자원관리시스템을 이해할 수 있다.

9.2 공급사슬관리시스템을 이해할 수 있다.

9.3 글로벌 공급사슬관리의 도전 과제를 설명할 수 있다.

9.4 고객관계관리시스템을 이해할 수 있다.

9.5 전사적 애플리케이션의 도전 과제에 대해 논의할 수 있다.

9.6 전사적 애플리케이션이 AI를 어떻게 사용하고 있는지 설명할 수 있다.

9.7 이 장의 내용이 경력에 어떻게 도움이 되는지 이해할 수 있다.

이 장의 사례

- **도입 사례:** 전사적 애플리케이션으로 앞서 나가는 트루블루
- **조직 사례:** BYK의 공급사슬관리 혁신
- **사례 연구:** 세일즈포스와 AI를 활용하여 비즈니스 전략을 혁신하는 밀러놀

도입 사례 전사적 애플리케이션으로 앞서 나가는 트루블루

트루블루(TrueBlue, Inc.)는 워싱턴주 터코마에 본사를 둔 인력 파견, 채용, 인력 관리 회사로, 건설·에너지·제조·금융 서비스·제약·운송·항공 등 다양한 산업 분야에 서비스를 제공한다. 2023년 트루블루는 약 6만 7,000개의 고객사를 대상으로 약 46만 4,000명의 인력을 연결해주었다.

트루블루는 그동안 인수합병과 자생적 확장을 통해 성장해왔다. 한때 이 회사는 20개의 레거시 재무 및 인사 시스템에 의존하여 사업을 운영하고 있었는데, 이 시스템들은 서로 중복되거나 충돌하는 경우가 많았다. 따라서 직원은 다양한 시스템 간의 상충되는 정보를 직접 조정해야만 업무를 제대로 수행할 수 있었다. 급여 처리를 완료하려면 수많은 수작업 방식의 우회 처리가 필요했다. 모든 온프레미스 레거시 시스템을 유지·업그레이드하는 데에는 점점 더 많은 비용과 시간이 소요되었고, 이는 회사의 성장 가능성을 저해했다.

트루블루는 여러 시스템 간 복잡한 통합을 원하지 않았기 때문에, 오라클 클라우드 ERP와 오라클 클라우드 HCM을 기반으로 한 솔루션을 선택했다. 이를 통해 회사의 인사 및 재무 시스템이 원활히 통합되어 서로 '소통'할 수 있게 되었다. 오라클 클라우드 HCM은 인재 유치, 선별, 채용, 온보딩, 근무 시간 및 휴가 관리, 급여 및 복리후생, 성과 관리, 인재 개발 등 직원 라이프사이클 전 과정을 관리할 수 있는 솔루션이다. 오라클 클라우드 ERP는 기업 전반의 비즈니스 프로세스에 대한 데이터를 제공하여 예측 정확도를 높이고 보고 주기를 단축하며 의사결정을 단순화하고, 위험과 규제 준수를 보다 효과적으로 관리할 수 있도록 돕는다. 오라클 퓨전 클라우드 파이낸셜(Oracle Fusion Cloud Financial)은 글로벌 재무 플랫폼으로, 외상 매입금·매출금, 고정 자산, 경비, 보고 등의 재무 관리 프로세스를 연결하고 자동화하여 기업의 재무 상태 전체를 명확하게 파악할 수 있게 해준다. 이 플랫폼은 AI 머신러닝 및 분석 기능도 갖추고 있어 예외 처리 작업을 줄이고, 비즈니스 및 감사 리스크를 야기하는 문제를 빠르게 식별할 수 있도록 해준다.

오라클 클라우드는 ERP와 HCM을 하나의 클라우드 플랫폼에서 공통 데이터 모델로 통합하여 운영한다. 인사와 재무를 아우르는 단일 직원 기록을 유지함으로써 업무 프로세스를 간소화하고 중복을 제거하며 오류를 줄일 수 있다. 백오피스 프로세스에서도 일주일가량의 시간을 절약하는 등 업무가 더욱 빠르고 효율적으로 진행된다. 오라클 클라우드 도입으로 트루블루는 자체 데이터센터에서 벗어나 IT 인프라 비용을 절감할 수 있었으며, 클라우드 모델을 통해 향후 성장에 필요한 확장성도 확보할 수 있었다. 또한 클라우드 애플리케이션은 인력 분석 기능을 강화하여 현재 보유 중인 인력과 향후에 필요한 인력에 대한 통찰을 제공함으로써 비즈니스 확장의 새로운 방식을 열어주었다.

© IgorGolovniov/Shutterstock

오라클 클라우드를 구축한 후 직원은 지점 운영 개선 및 서비스 제공 속도 향상과 같은 전략적 이니셔티브에 집중할 수 있는 시간과 자유를 더 많이 얻을 수 있었다. 오늘날 트루블루는 자사의 목표를 달성할 수 있는 더 강력한 역량을 갖추게 되었다.

출처: Trueblue.com, accessed September 9, 2024; Oracle.com, accessed September 9, 2024; "TrueBlue Streamlines Operations with Oracle Fusion Cloud," Humanresources.report, accessed September 9, 2024.

호환되지 않는 레거시 시스템과 수작업 중심의 비즈니스 프로세스에 대한 트루블루의 경험은 ERP와 기타 전사적 애플리케이션이 비즈니스에서 얼마나 중요한 역할을 하는지를 보여준다. 트루블루는 기업을 운영하고 관리하는 데 필요한 시스템이 부족했기 때문에 사업을 확장하거나 심지어 기존 사업을 효율적으로 운영하는 것조차 할 수 없었다. 직원과 관리자는 필요한 정보를 모으기 위해 수작업으로 우회 작업을 해야 했다. 클라우드 컴퓨팅은 트루블루가 시스템 운영 비용을 절감하도록 도왔으며, 전사적 애플리케이션을 운영하고 AI를 포함한 최신 빅데이터 분석 플랫폼도 제공했다.

다음의 도입 사례 도표는 이 사례와 이 장에 제시된 중요 사항을 보여준다. 트루블루는 빠르게 성장하는 상황에서도 노후화되고 호환되지 않는 20개의 레거시 시스템으로 비즈니스를 수행하고 있었다. 이러한 시스템의 서로 다른 데이터를 일치시키고 수작업 방식으로 문제를 해결하느라 너무 많은 시간이 소모되었고, 이로 인해 업무의 효율성이 떨어지고 기업이 확장을 지속하는 데 필요한 데이터와 기능을 확보하지 못했다. 트루블루는 오라클 클라우드 ERP, 오라클 클라우드 HCM, 오라클 퓨전 ERP 애널리틱스(Oracle Fusion ERP Analytics)를 도입함으로써 데이터와 프로세스를 표준화하고 단일 중앙 데이터 소스를 통해 전사적으로 데이터를 관리할 수 있게 되었다. 이 플랫폼은 경영진의 의사결정을 지원할 수 있는 더 정교한 분석 도구와 AI 및 머신러닝 애플리케이션도 제공했다. 트루블루는 이러한 새로운 클라우드 컴퓨팅 플랫폼의 도입을 통해 업무 효율성과 의사결정 능력을 향상할 수 있었고, 이는 운영 비용 절감으로 이어졌다.

문제

1. 레거시 시스템은 트루블루의 비즈니스 성과에 어떤 영향을 미쳤는가?
2. 클라우드 ERP, HCM, 재무 애플리케이션이 트루블루에 적합한 솔루션이었던 이유는 무엇인가?
3. 클라우드 전사적 애플리케이션 구축은 트루블루의 운영 및 의사결정에 어떤 변화를 가져왔는가?

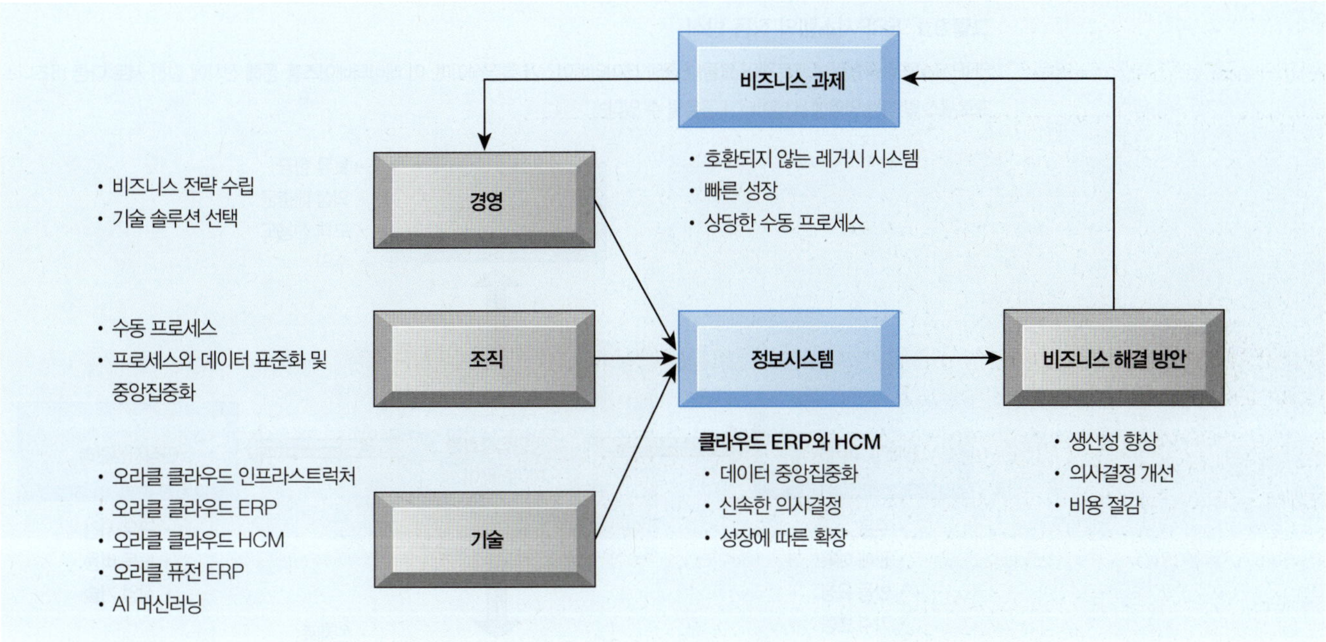

경력 개발 효과

트루블루가 업그레이드하고자 했던 시스템은 전사적으로 적용되었고 회사의 핵심 활동 중 일부를 담당했다. 트루블루의 새로운 클라우드 전사적 애플리케이션을 담당한 직원, 관리자, IT 전문가들은 회사 전체에 중요한 솔루션을 성공적으로 구현하고 이를 통해 얻은 전문 지식을 인정받았다. 새로운 시스템을 사용한 직원과 관리자는 더 생산적으로 업무를 수행할 수 있었고, 회사의 비즈니스 성과 향상으로 인해 경력에도 긍정적인 영향을 받았다.

9.1 전사적 자원관리시스템

전 세계적으로 기업은 내부적으로 그리고 다른 기업과 더 긴밀히 연결되고 있다. 회사를 운영한다면 고객이 대량 주문을 하거나 공급자에게서 배달이 지연될 때 즉각적으로 대응할 수 있기를 바랄 것이다. 또한 이러한 대응이 회사의 전 영역에 걸쳐 어떤 영향을 미치는지 알고 싶을 것이며, 어떠한 시점에서라도 비즈니스가 어떻게 진행되고 있는지 알고 싶을 것이다. 특히 대기업이라면 더욱 그러할 것이다. 전사적 시스템은 이러한 요구를 성취할 수 있는 통합성을 제공한다. 전사적 자원관리(enterprise resource planning, ERP)시스템이 어떻게 작동되는지 그리고 기업에 어떤 일들을 해줄 수 있는지 살펴보자.

전사적 자원관리시스템이란 무엇인가

수십 개 또는 수백 개의 데이터베이스 및 시스템에서 나오는 정보를 기반으로 회사를 운영해야 한다고 상상해보라. 이때 이러한 데이터베이스나 시스템이 서로 연동되지 못한다면 어떻게 되겠는가? 회사가 10개의 제품 라인을 가지고 있고, 각각이 별개의 설비를 통해 운영된다고 상상해보자. 그리고 각각의 라인이 생산, 창고 보관, 유통을 통제하는 별개의 양립할 수 없는 시스템을 가지고 있다고 상상해보자.

당신의 의사결정은 종종 수작업을 통한 진부한 방식으로 생산된 출력본 리포트를 바탕으로 이루어질 것이며, 회사 전반에 걸쳐 일어나고 있는 일들을 제대로 파악하기 어려울 것이다. 영업사원은 주문받을

그림 9.1 ERP시스템의 작동 방식

ERP시스템은 통합된 소프트웨어 모듈과 중앙 데이터베이스가 특징적이며, 이 데이터베이스를 통해 전사에 걸친 서로 다른 비즈니스 프로세스 및 기능 영역에서 데이터가 공유될 수 있다.

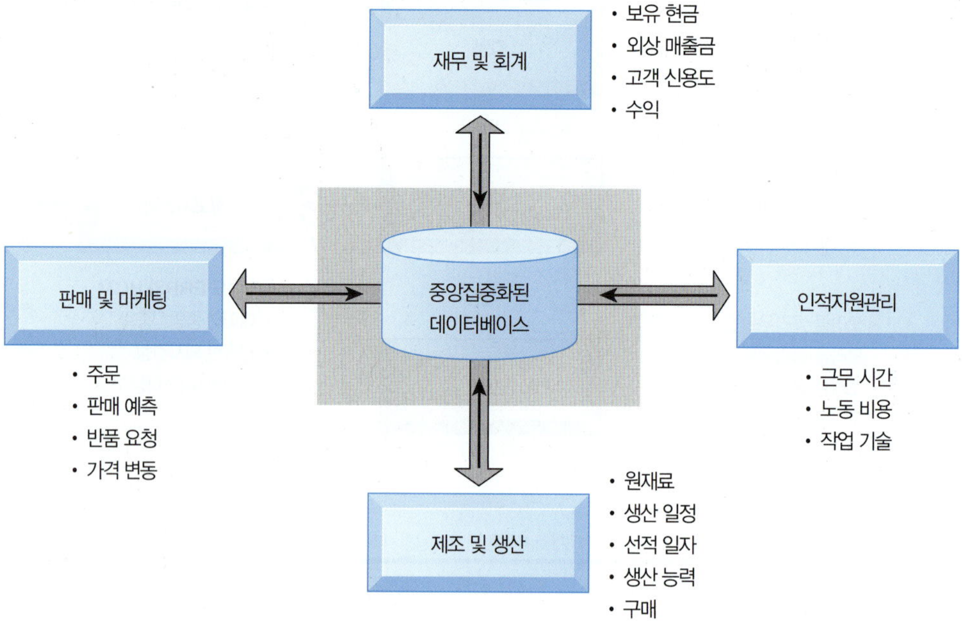

때 재고가 있는지 여부를 바로 고객에게 말하기 어려울 수도 있다. 또한 생산부서 직원은 새로운 생산 계획을 세울 때 필요한 판매 데이터를 쉽게 얻지 못할 수도 있다. 이제 기업이 정보를 통합할 수 있는 특별한 전사적 시스템이 왜 필요한지 이해할 수 있을 것이다.

2장에서 통합된 소프트웨어 모듈과 공유 중앙 데이터베이스에 기반을 둔 ERP시스템을 소개했다. 그림 9.1은 ERP시스템의 작동 방식을 보여준다. 여기서 데이터베이스는 기업 내 여러 부문이나 부서에서 나오는 데이터와 제조 및 생산, 재무 및 회계, 판매 및 마케팅, 인적자원 등과 관련된 다수의 핵심 비즈니스 프로세스에서 나오는 데이터를 모아서 조직의 거의 모든 내부 비즈니스 활동을 지원하는 애플리케이션에서 사용될 수 있게 해준다. 새로운 정보가 어떤 프로세스에서 입력되면 그 정보는 즉시 다른 프로세스에서도 사용이 가능하다.

예를 들어 어떤 영업사원이 타이어 골격을 주문했다면 전사적 시스템은 고객의 신용한도를 조회하고, 배송 계획을 짜고, 최적의 경로를 찾아내고, 재고 중에서 필요한 품목을 지정할 것이다. 만약 재고량이 주문량에 비해 부족하다면 이 시스템은 공급자에게 필요한 원자재와 부품을 주문하는 가운데 타이어 골격을 더 생산하기 위한 계획을 마련할 것이다. 그리고 판매와 생산에 관한 예측 정보가 즉시 업데이트될 것이다. 총계정원장과 기업의 현금보유율도 주문에서 발생하는 수익과 비용 정보를 통해 자동으로 업데이트될 것이다. 사용자는 이러한 시스템을 활용하여 특정 주문품이 어디에 있는지 언제라도 파악할 수 있고, 관리자는 비즈니스 진행 상황에 대한 정보를 언제라도 얻을 수 있을 것이다. 또한 이 시스템은 생산 비용과 수익성에 대한 경영분석을 위해 전사적 차원의 데이터를 생산해낼 수도 있을 것이다.

전사적 자원관리 소프트웨어

ERP 소프트웨어는 베스트프랙티스를 반영하여 미리 정의된 수많은 비즈니스 프로세스를 근간으로 만들어진 것이다. 전사적 소프트웨어가 지원하는 주요 비즈니스 프로세스는 표 9.1과 같다.

ERP 소프트웨어를 구현하고자 하는 기업은 우선 자신이 사용하고자 하는 시스템의 기능을 선택한 다

표 9.1 ERP시스템이 지원하는 비즈니스 프로세스

비즈니스 프로세스	내용
재무 및 회계 프로세스	총계정원장, 외상 매입금, 외상 매출금, 고정자산, 현금관리 및 예측, 제품 비용 회계, 비용 중심 회계, 자산 회계, 세무 회계, 외상관리, 재무 보고서 작성
인적자원관리 프로세스	직원 관리, 시간 계산, 급여, 직원 계획 및 개발, 복리후생 회계, 지원자 추적, 시간 관리, 보상, 노동력 계획, 성과 관리, 출장 경비 보고서 작성
제조 및 생산 프로세스	조달, 재고 관리, 구매, 선적, 생산 계획, 생산 일정, 자재 요구 계획, 품질 관리, 유통, 수송, 설비 및 장비 관리
판매 및 마케팅 프로세스	주문 프로세스, 시세, 계약, 제품 구성, 가격책정, 청구, 신용조회, 인센티브 및 커미션 관리, 판매 계획

음, 비즈니스 프로세스를 소프트웨어에 이미 반영되어 있는 비즈니스 프로세스와 대응시키는 작업을 수행해야 한다. 기업은 비즈니스를 수행하는 방식에 따라 시스템을 맞춤화해야 하는데, 이를 위해 아마 전사적 소프트웨어가 제공하는 구성 테이블을 사용하게 될 것이다. 예를 들어 기업이 생산 라인, 지리적 조직단위 또는 유통채널별로 수익을 파악하고자 한다면 이 테이블을 이용하면 될 것이다.

만약 ERP시스템이 조직의 비즈니스 수행 방식을 지원하지 않는다면 기업은 비즈니스 프로세스가 작동하도록 지원하기 위해 일부 소프트웨어를 다시 프로그래밍할 수도 있다. 그러나 전사적 소프트웨어는 매우 복잡하기 때문에 너무 대규모로 맞춤화를 시도하면 시스템의 주요 이점인 정보와 프로세스의 통합성이 손상됨으로써 시스템의 성능이 저하될 수도 있다. 만약 기업이 전사적 소프트웨어로부터 얻을 수 있는 이점을 극대화하고자 한다면 소프트웨어에서 제공하는 비즈니스 프로세스에 맞춰 기업의 일하는 방식을 변경해야 한다.

예를 들어 오피스디포(Office Depot)는 내부 시스템에서 오라클 ERP 클라우드(Oracle ERP Cloud)로 전환할 때 커스터마이징을 피했다. 이 소매업체는 오라클의 공급사슬관리 클라우드(Supply Chain Management Cloud), 클라우드 기반 인적자본관리(Human Capital Management) 시스템 및 전사적 성과관리(Enterprise Performance Management) 시스템에 내장된 베스트프랙티스를 활용하기로 결정했다. 오라클 ERP 애플리케이션을 커스터마이징하지 않음으로써 오피스디포는 정보시스템을 단순화하고 유지·관리 비용을 절감할 수 있었다.

테이스티베이킹컴퍼니(Tasty Baking Company)는 또 다른 사례이다. 테이스티베이킹은 새로운 ERP 시스템을 도입하기 위해 자사의 기존 비즈니스 프로세스를 식별한 후, 이를 SAP ERP 소프트웨어에 내장된 비즈니스 프로세스로 변환했다. ERP시스템에서 최대의 효과를 얻기 위해 시스템의 5% 미만만 커스터마이징하기로 계획했고, SAP 소프트웨어 자체에 대한 변경도 매우 적게 했다. 대신 SAP 소프트웨어에 이미 내장된 도구와 기능을 최대한 활용했다.

주요 ERP 소프트웨어 공급업체로는 SAP, 오라클, 마이크로소프트, 세일즈포스, 블루욘더(Blue Yonder)가 있다. 또한 중소기업을 위해 설계된 ERP 소프트웨어 패키지 버전과 클라우드에서 실행되는 온디맨드 소프트웨어 서비스도 있다(9.4절 참조).

전사적 자원관리시스템의 비즈니스 가치

ERP시스템은 조직의 효율성을 증대하고 경영자가 더 바람직한 의사결정을 내릴 수 있도록 기업 전반의 정보를 제공함으로써 가치를 창출할 수 있다. 여러 지역에 걸쳐 다수의 운영단위가 있는 대기업은 세계 어느 곳에서든 같은 방식으로 비즈니스를 수행하기 위해 업무 수행과 데이터에 대한 표준을 강화할 수 있는 ERP시스템을 사용해왔다.

예를 들어 코카콜라는 SAP ERP시스템을 구현함으로써 200여 개국에 걸쳐 중요한 비즈니스 프로세스가 표준화되어 서로 연동되도록 만들었다. 전사적 비즈니스 프로세스가 제대로 표준화되어 있지 않았다면 전 세계를 대상으로 원재료를 낮은 가격으로 구매할 수 있는 구매력 확보와 시장 변화에 대한 신속한 대응이 어려웠을 것이다.

ERP시스템은 정보나 제품에 대한 고객 요구에 대해 기업이 더 빠르게 대응할 수 있도록 도와준다. 이 시스템은 주문, 제조, 배송 데이터를 통합적으로 제공하기 때문에 제조과정에서 고객이 주문한 것만 생산하는 것, 주문에 소요되는 부품이나 원재료를 필요한 양만큼만 정확히 조달하는 것, 생산 계획을 수립하는 것, 부품이나 최종재의 재고를 최소화하는 것 등에 관한 정보를 더 잘 파악할 수 있다.

예를 들어 전 세계 70개국에서 운영되는 대형 글로벌 바이오 제약회사인 애브비(AbbVie)는 100개 이상의 전 세계 지사에서 핵심적인 업무를 처리하기 위해 50개 이상의 레거시 시스템을 사용하고 있었다. 애브비는 전 세계 모든 계열사 및 제조 시설의 비즈니스 프로세스를 표준화하고, 이를 단일 글로벌 SAP ERP시스템으로 지원하기로 결정했다. 새로운 ERP시스템은 신규 고객 생성 시간, 공급업체 지불, 지불 조건, 주문 이행 등의 핵심 지표를 제공한다. 이 시스템에는 각 국가의 실적을 확인하고, 문제의 근본 원인을 찾아 쉽게 시정 조치를 취할 수 있도록 돕는 대시보드도 마련되어 있다. 또한 시스템 보고의 정확도도 더욱 향상되었다.

ERP시스템은 경영 의사결정 능력을 향상할 수 있는 매우 가치 있는 정보를 제공한다. 기업의 본사에서는 판매, 재고, 생산에 관한 최신 데이터를 볼 수 있고, 이 정보를 활용하여 더욱 정확한 판매 예측과 생산 예측을 할 수 있다. ERP시스템은 조직의 시스템에 의해 포착된 데이터를 활용하여 전반적인 조직 성과를 평가할 수 있는 분석 도구를 포함하고 있다. ERP시스템의 데이터는 조직 전체에서 통용될 수 있는 공통의 표준화된 정의 및 포맷을 가지고 있다. 성과 수치는 기업 전체에서 같은 의미로 이해된다. 상위 관리자는 ERP시스템을 통해 언제라도 어떤 특정 조직단위의 업무 수행 성과를 파악할 수 있고, 어떤 제품이 가장 수익성이 높은지 또는 가장 수익성이 낮은지 파악할 수 있으며, 기업 전체의 비용도 산출해낼 수 있다.

AI와 전사적 자원관리시스템

ERP시스템 공급업체는 점점 더 AI를 자사 제품에 통합하고 있다. 이제 많은 ERP시스템에는 자연어 처리 기능이 포함되어 있어 사용자의 질의를 이해하고 대화형 응답을 제공할 수 있다. 기업은 ERP시스템에 AI를 통합함으로써 회계, 재무, 인사, 제조, 제품 개발 등 다양한 기능 전반에 걸쳐 조직 성과를 향상

표 9.2 ERP시스템에서의 AI 적용 예

기능	설명
디지털 비서	AI 기반 대화형 챗봇을 사용하여 고객 및 직원의 문의에 대응하고, 지원을 제공하고, 세부 정보를 수집하고, 사람의 개입 없이 문제를 해결한다.
예측 분석	장비 고장을 예측하고, 예방 유지·보수 일정과 절차를 추천한다.
이상 감지	ERP 재무 보고서를 분석하여 데이터 입력의 이상 징후나 비정상적인 거래를 식별한다.
제품 개발 및 혁신 개선	신제품 아이디어를 제안하고, 제품 기능 및 구성을 최적화한다.
재무 예측	잠재적인 경제, 정책 또는 시장 변화에 기반하여 그럴듯한 재무 시나리오를 생성한다.
업무 흐름 최적화	AI는 계획 수립, 재고 및 창고 관리, 거래 처리, 운송, 모니터링, 검사 등 현대 공급사슬의 거의 모든 기능을 지원할 수 있다.

할 수 있다. AI 기반 ERP시스템은 구조화된 데이터이든 비구조화된 데이터이든 매우 방대한 양의 데이터에서 패턴을 식별할 수 있다. 그런 다음 예측 기반 통찰력을 제공하여 조직이 업무 흐름을 최적화하고 비용 절감 기회를 찾는 데 도움을 준다. 표 9.2는 ERP시스템에서 사용되고 있는 AI의 예를 보여준다.

9.2 공급사슬관리시스템

소수의 제품을 생산하거나 소수의 서비스를 제공하는 소기업을 경영하고 있다면 몇몇 공급자와 관계를 맺을 기회가 생길 것이다. 이때 공급자에게 주문이나 배송을 전화나 팩스로 요청할 수도 있다. 그러나 더 복잡한 제품과 서비스를 생산하는 기업을 관리하는 경우라면 수많은 공급자와 거래하고 있을 것이며, 그 공급자들 또한 저마다의 공급자와 거래하고 있을 것이다. 그런데 제품과 서비스를 생산하기 위해 다수의 공급자와 협업해야 하는 상황에 갑자기 처했다고 해보자. 이와 같은 공급사슬의 복잡성 및 규모와 관련된 문제의 경우 2장에서 소개한 공급사슬관리시스템이 해결 방안이 될 것이다.

공급사슬

기업의 **공급사슬**(supply chain)은 원재료를 획득하고, 이 원재료를 중간재나 최종재로 변환하며, 최종재를 고객에게 유통시키기 위한 조직 및 비즈니스 프로세스의 네트워크이다. 공급사슬은 제품 및 서비스가 근원지로부터 소비에 이르는 단계까지 공급될 수 있도록 공급업체, 제조 공장, 유통센터, 소매할인점, 고객을 연결한다. 공급사슬상에서 물질, 정보, 지불은 양방향으로 흐른다.

공급사슬
원재료를 획득하고, 원재료를 중간재나 최종재로 변환하며, 최종재를 고객에게 유통시키는 조직 및 비즈니스 프로세스의 네트워크

제품은 원재료에서부터 시작하여 공급사슬을 따라 이동하면서 중간재(요소 또는 부품이라고도 함)를 거쳐 최종재가 된다. 최종재는 유통센터로 배송되고, 그곳에서 소매점과 고객에게 다시 배송된다. 반품 처리는 구매자에서 판매자 방향으로, 즉 역방향으로 진행된다.

나이키 운동화의 공급사슬을 예로 살펴보자. 나이키는 전 세계 곳곳에서 운동화, 양말, 운동복, 부속물 등을 설계, 생산, 판매한다. 나이키의 주요 공급자는 중국, 타이, 인도, 브라질, 기타 여러 나라에 공장이 있는 계약 제조업자이다. 이 회사들은 나이키의 완제품을 만들어낸다.

나이키의 계약 공급자는 본질적으로 운동화 제조업자가 아니다. 이들은 운동화 관련 부품[끈, 아일릿(운동화끈 구멍에 들어가는 금속성 원형 틀), 어퍼(신발 바닥을 제외한 윗부분), 신발 밑창]을 다른 공급자들로부터 확보한 다음 조립하여 운동화를 제작한다. 이러한 공급자는 나름대로의 공급자를 두고 있다. 예를 들어 아일릿을 공급하는 업체는 합성고무 공급자, 주물작업을 위해 고무를 녹이는 데 사용되는 화학약품 공급자, 고무를 부어 넣는 주조틀 공급자를 두고 있다. 끈을 공급하는 공급자는 실, 염료, 끈 끝에 끼우는 플라스틱 필터 등을 제공하는 공급자와 연결되어 있다.

그림 9.2는 나이키 운동화의 공급사슬을 단순화된 형태로 나타낸 것이다. 이 그림은 공급자, 나이키, 나이키의 유통업자, 소매업자, 고객 간에 정보와 물질이 어떻게 흐르는지를 보여준다. 나이키의 주요 공급자는 나이키의 계약 제조업자이다. 신발 밑창, 아일릿, 어퍼, 끈을 제공하는 공급자는 2차(2단계) 공급자이며, 이들에 대한 공급자는 3차(3단계) 공급자이다.

공급사슬의 **상류**(upstream) 영역에는 자신에 대한 공급업체와 그 공급업체에 대한 또 다른 공급업체가 포함되며, 이 업체들 간의 관계를 관리하기 위한 프로세스가 있다. **하류**(downstream) 영역은 최종 고객에게 제품을 유통시키고 전달하는 조직과 프로세스로 구성된다. 또한 운동화 계약 공급자와 같은 제조업체는 고객을 위해 그리고 원재료 및 재고를 관리하기 위해 그들 나름대로의 **내부 공급사슬 프로세스**(internal supply chain process)를 관리한다. 이 프로세스는 공급자로부터 제공받은 원재료, 부품, 서비스를 가지고 완제품이나 중간재(요소 또는 부품)를 생산하는 프로세스를 의미한다.

그림 9.2 나이키의 공급사슬

나이키 공급사슬의 주요 참여 주체를 보여준다. 제품 구매, 제조, 이동상의 활동을 협력적으로 연계하는 상류 및 하류에서의 정보 흐름을 나타낸 것으로, 상류 영역은 운동화 및 신발 밑창에 대한 공급자에만 초점을 맞춰 단순하게 표현했다.

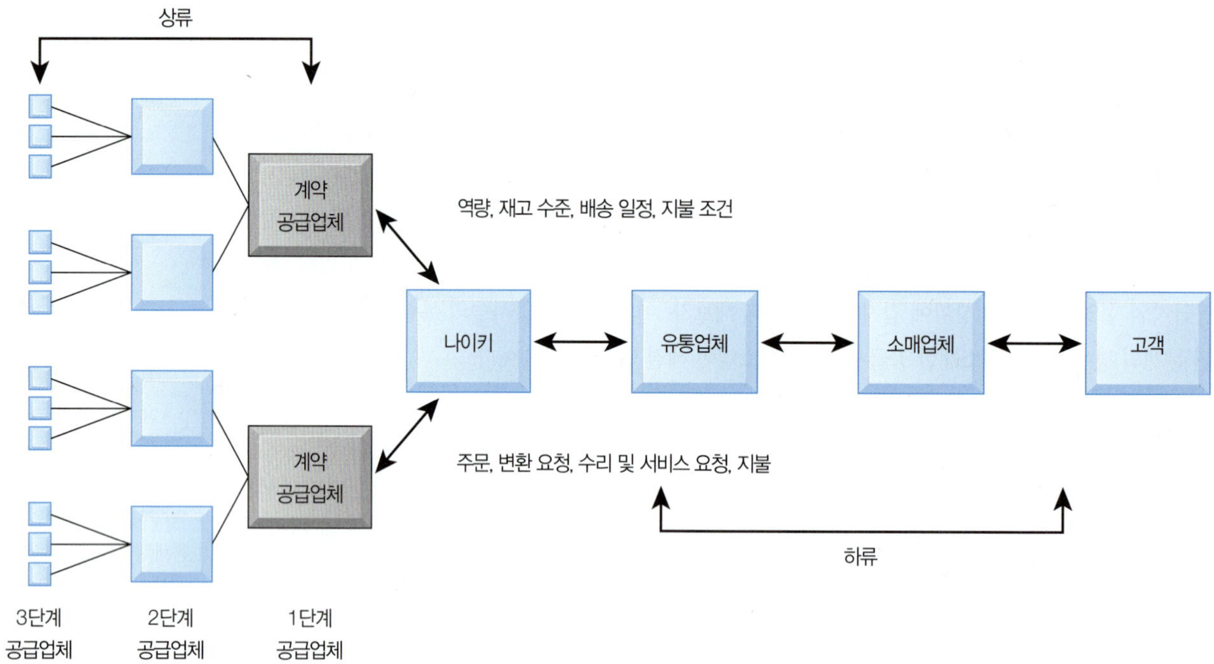

그림 9.2에 묘사된 공급사슬은 운동화에 대한 2개의 계약 제조업체와 신발 밑창에 대한 상류 공급사슬만을 보여줄 뿐이다. 나이키는 운동화, 양말, 운동복 등의 완제품을 만들어내는 계약 제조업체도 있으며, 이 계약 제조업체들 각자도 상당수의 공급업체를 두고 있다. 나이키 공급사슬의 상류 영역은 실제로 수천 개의 주체로 구성된다. 또한 나이키는 수많은 유통업체, 신발을 파는 수많은 소매업자와 거래하고 있기 때문에 공급사슬의 하류 영역 또한 거대하고 복잡하다.

정보시스템과 공급사슬관리

부품 부족, 공장의 낮은 가동률, 과대한 완제품 재고, 끝없이 치솟는 수송비와 같은 공급사슬의 비효율성은 부정확하거나 시의적절하지 못한 정보에서 비롯된다. 예를 들어 제조업체는 납품업체로부터 다음 배송물을 언제 받게 될지 정확히 모르기 때문에 너무 많은 부품이 재고로 남을 수도 있다. 또한 납품업체는 정확한 수요 정보가 없기 때문에 원재료를 너무 적게 주문할 수도 있다. 공급사슬의 이러한 비효율성으로 인해 회사 운영경비의 25%가량이 낭비될 수도 있다.

제조업체가 고객이 원하는 제품 수량, 제품 수요, 제품 생산 가능 시점에 대한 완벽한 정보를 보유하고 있다면 매우 효율적인 적시생산전략을 구현할 수 있을 것이다. **적시생산전략**(just-in-time strategy)은 필요한 시점에 정확히 부품이 도착하고, 완제품이 생산되는 즉시 배송하여 재고를 최소화하는 것을 목표로 한다.

적시생산전략
재고를 최소화하기 위해 부품이 필요한 순간에 정확히 도착하고, 완성품은 제조되는 즉시 배송되는 것을 목표로 하는 전략

그러나 공급사슬에는 불확실성이 존재하는데, 이는 불확실한 제품 수요, 공급업체의 선적 지연, 불량 부품이나 불량 원재료 또는 생산 프로세스 중단 등을 예측할 수 없기 때문이다. 제조업체는 고객을 만족시키기 위해 이러한 불확실성과 예측할 수 없는 사건에 대비해야 하는데, 이를 위해 실제 필요할 것으로 예측되는 양보다 더 많은 재료와 제품을 보유하는 경우가 자주 발생한다. **안전 재고량**(safety stock)은 공급사슬의 유연성 부족에 대해 완충 역할을 한다. 초과 재고를 유지하는 데 따른 비용이 발생하기는 하지

만, 낮은 재고율로 인해 주문이 취소되는 경우에 발생하는 사업상의 손실이 더 클 수 있기 때문에 안전 재고량을 유지할 필요가 있다.

공급사슬관리에서 반복적으로 발생하는 문제점 중 하나가 **채찍 효과**(bullwhip effect)이다. 이는 제품에 대한 수요 정보가 공급사슬을 구성하고 있는 업체를 상류 방향으로 거쳐 나갈 때마다 점점 더 왜곡되는 현상을 의미한다. 어떤 아이템에 대한 약간의 수요 변동으로 인해 공급사슬상의 다른 구성원들[유통업체, 제조업체, 공급업체, 2차 공급업체(공급업체의 공급업체), 3차 공급업체(2차 공급업체의 공급업체)]은 각자의 입장에서 '만약에 대비하기'에 충분할 정도의 재고를 축적한다. 이러한 대응 추세는 주문 계획의 작은 변화가 확대되고 재고, 생산, 창고, 운송과 관련된 과도한 비용이 발생되는 가운데 공급사슬을 통해 확산된다. 채찍 효과를 나타낸 그림 9.3에서는 고객의 수요에 대한 작은 변화가 공급사슬을 통해 역으로 파급되면서 확대되는 모습을 볼 수 있다.

채찍 효과
공급사슬상에서 제품이 하나의 주체에서 다른 주체로 전달될 때 그 제품에 대한 수요 정보가 왜곡되는 것

일부 전문가들은 채찍 효과가 코로나19 팬데믹 동안과 그 이후에 발생한 공급사슬 혼란의 한 원인이라고 보고 있다. 2022년 중반에 월마트, 타깃, 갭과 같은 일부 대형 소매업체들은 필요한 재고량을 과대 추정하여 도매업체에 지나치게 많이 주문을 했다. 도매업체 또한 공급업체에 과잉 주문을 함으로써 실제 소비자 수요와 보유 재고 사이에 큰 불일치가 발생하게 되었다(McCormick, 2022).

채찍 효과는 공급사슬상의 모든 구성원이 정확한 최신 정보를 얻을 수 있을 때 수요 및 공급에 대한 불확실성의 감소를 통해 통제된다. 만약 공급사슬의 모든 구성원이 재고 수준, 일정, 예측, 배송에 관한 정보를 공유할 수 있다면 조달, 생산, 유통 계획을 더 정확하게 조정해나갈 수 있을 것이다. 공급사슬관리

그림 9.3 채찍 효과

제품 수요에 대한 부정확한 정보로 인해 제품 수요의 작은 변동이 공급사슬의 앞부분으로 전달될수록 더욱 과장될 수 있다. 소매 판매의 작은 변동이 유통업체, 제조업체, 공급업체의 과도한 재고를 야기할 수 있다.

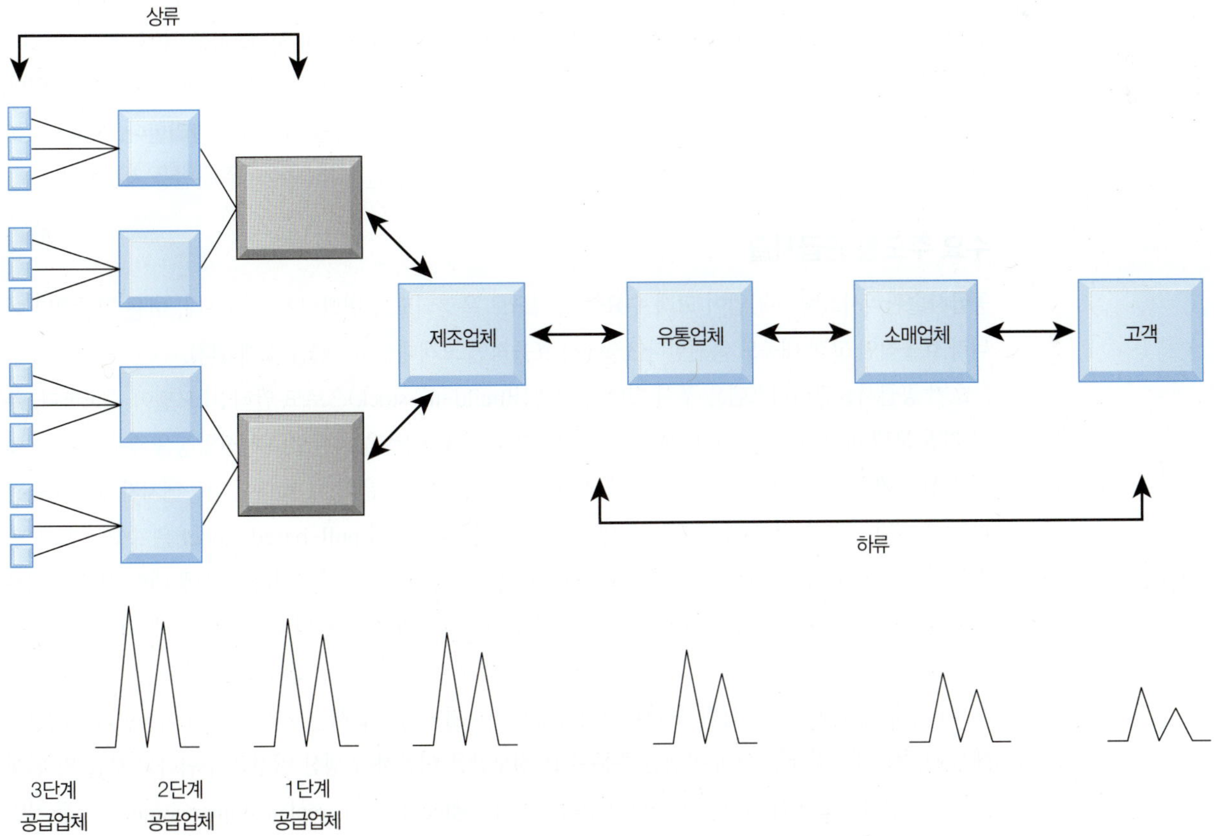

시스템은 공급사슬상의 구성원이 조달 및 일정 계획 수립에 관한 의사결정에 유용한 정보를 제공함으로써 더 나은 의사결정을 가능케 한다.

공급사슬관리 소프트웨어

공급사슬계획시스템
기업이 기존 공급사슬을 모델링하고, 제품에 대한 수요 예측을 생성하며, 최적의 소싱 및 제조 계획을 개발할 수 있는 시스템

공급사슬 소프트웨어는 공급사슬을 계획하는 데 도움을 주는 소프트웨어(공급사슬계획)와 공급사슬 단계를 수행하는 데 도움을 주는 소프트웨어(공급사슬실행)로 구분할 수 있다. **공급사슬계획시스템**(supply chain planning system)은 기업이 기존의 공급사슬을 모델링하고, 제품에 대한 수요를 예측하며, 제품에 대해 최적화된 조달 계획 및 생산 계획을 수립할 수 있도록 해준다. 이러한 시스템은 기업이 주어진 기간 안에 얼마나 많은 제품을 제조할 수 있는지를 결정하고, 원재료에 대한 재고 수준을 설정하고, 완성된 제품을 어디에 저장할지 결정하고, 제품 전달을 위해 사용할 운송 수단을 판단하는 등 더 나은 운영상의 의사결정을 할 수 있도록 도와준다(도입 사례 '전사적 애플리케이션으로 앞서 나가는 트루블루' 참조).

예를 들어 대형 고객사가 평소보다 많은 양을 주문하거나 간단한 통보로 주문을 변경한다면 이것은 공급사슬 전반에 영향을 미칠 수 있다. 공급업체는 추가적인 원재료나 서로 다른 방식으로 혼합된 원재료를 주문해야 할 수도 있다. 생산업체는 작업 일정을 변경해야 할 수도 있다. 운송업체는 배송 일정을 다시 작성해야 할 수도 있다. 공급사슬계획 소프트웨어는 생산 및 유통 계획에서 필요한 조정 작업을 수행한다. 변경사항에 대한 정보가 공급사슬 구성원 간에 공유됨으로써 이러한 작업이 조정될 수 있다. 가장 중요하고 복잡한 공급사슬계획 기능 중 하나는 **수요계획수립**(demand planning)인데, 이것은 기업이 고객의 모든 수요를 충족하는 데 필요한 제품의 양을 결정하는 기능이다. 공급사슬관리 솔루션을 제공하고 있는 업체로는 블루욘더소프트웨어, SAP, 오라클 등이 있다.

수요계획수립
기업이 모든 고객의 요구를 충족하기 위해 얼마나 많은 제품을 만들어야 하는지 결정하는 프로세스

공급사슬실행시스템
제품이 가장 효율적인 방식을 통해 올바른 장소로 전달되도록 보장하기 위해 유통센터 및 창고에서 제품의 흐름을 관리하는 시스템

공급사슬실행시스템(supply chain execution system)은 제품이 적정 장소에 가장 효율적인 방법을 통해 전달될 수 있도록 유통센터 및 창고를 거치는 제품의 흐름을 관리한다. 이 시스템은 제품의 물리적 상태, 원재료 관리, 창고 및 수송 운영, 모든 이해 당사자에 관한 재무 정보를 파악한다. 한 예로 하워스인코퍼레이티드(Haworth Incorporated)의 WMS(Warehouse Management System)를 들 수 있다. 하워스는 사무용 가구 설계 및 제조 분야의 세계적인 선두기업으로 4개 주에 걸쳐 유통센터를 운영하고 있다. WMS는 완제품이 하워스의 유통센터로부터 고객에게 전달되는 흐름을 파악하고 관리한다. WMS는 고객 주문에 대한 배송 계획을 수행할 때 공간, 장비, 재고, 인력 등을 고려하여 제품 운반을 지시한다.

수요 주도형 공급사슬

공급사슬관리시스템은 기업이 고객 수요를 중심으로 운영되도록 변화시키는 가운데, 비용 절감뿐만 아니라 효율적인 고객 대응도 촉진한다(3장에서 효율적인 고객대응시스템을 소개했다).

푸시 기반 모델
고객이 주문하는 것이 아닌 제품 수요에 대한 예측 또는 최선의 추측에 따라 구동되는 공급사슬 제품은 고객에게 '푸시'된다.

풀 기반 모델
실제 고객의 주문 또는 구매에 의해 주도되는 공급사슬로, 수요 주도 모델 또는 주문생산 모델이라고도 한다.

초기 공급사슬관리시스템은 푸시 기반[우선생산(build-to-stock)으로도 알려진] 모델이 주도했다. **푸시 기반 모델**(push-based model)에서는 최적의 제품 수요 예측을 기반으로 생산일정을 수립하며, 이렇게 생산된 제품을 고객에게 내보낸다. 웹 기반 도구를 통해 새로운 정보 흐름이 가능해지자 공급사슬관리는 풀 기반 모델을 더 손쉽게 따를 수 있게 되었다. **풀 기반 모델**(pull-based model)은 수요 주도 모델 또는 주문생산(build-to-order) 모델로도 알려져 있는데, 이는 고객 주문이나 구매에 대한 실제 행위로 인해 공급사슬의 운영이 촉발된다. 풀 기반 모델에서는 고객의 주문에 의해 시작된 거래 처리가 소매업체에서 유통업체와 제조업체를 거쳐 마침내 공급업체에 이르기까지 공급사슬의 상류 방향으로 이동한 후, 이 거래 처리를 통해 생산된 제품이 소매업체에 이르기까지 공급사슬 아래로 다시 이동한다. 그림 9.4에서 보듯이 제조업체는 실제 발생한 주문 수요 정보만을 이용하여 생산 일정을 수립하고 부품 및 원재료를 조달한다. 3장에서 설명한 월마트의 연속보충시스템(continuous replenishment system)은 풀 기반

그림 9.4 푸시 대 풀 기반 공급사슬 모델

푸시 기반 모델과 풀 기반 모델의 차이점은 "우리가 만든 것을 파는 게 아니라 우리가 팔 것을 만들자"라는 구호로 요약될 수 있다.

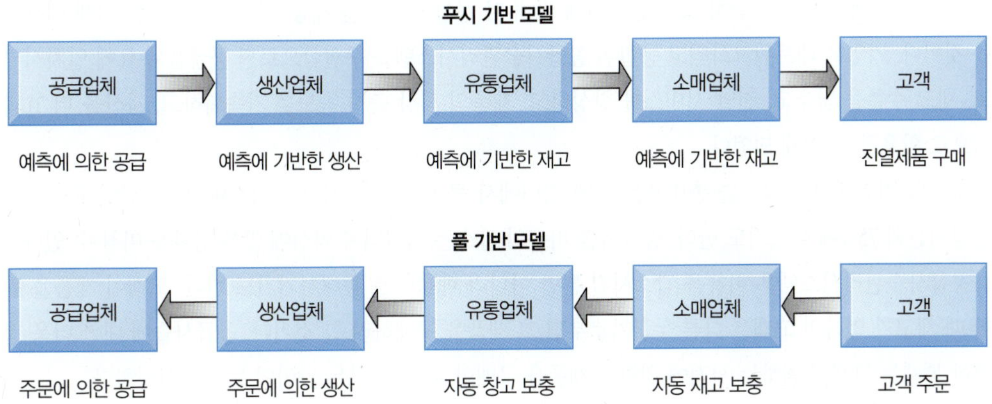

모델의 예이다.

인터넷 및 인터넷 기술로 인해 정보와 물질이 기업에서 기업으로 차례로 흐르는 순차적 공급사슬은 공급사슬 네트워크의 구성원 간에 다양한 방향으로 동시에 정보 흐름이 발생하는 동시적 공급사슬로 변화가 이루어졌다. 제조업체, 물류업체, 위탁 생산업체, 소매업체, 유통업체 등으로 구성되는 복잡한 공급 네트워크는 일정이나 주문상의 변화를 즉각적으로 조정할 수 있게 되었다. 그림 9.5는 디지털 물류민감시스템(digital logistics nervous system)처럼 작동하는 인터넷 기반 공급사슬을 보여준다. 이 시스템은 공급사슬 파트너 간의 다차원적 소통을 가능하게 하고 생산, 재고, 주문을 실시간으로 조정할 수 있도록 해준다.

그림 9.5 인터넷 주도 공급사슬

인터넷 주도 공급사슬은 디지털 물류민감시스템처럼 운영된다. 이러한 공급사슬은 공급사슬 파트너의 전체 네트워크가 재고, 주문, 생산 능력을 즉각적으로 조정할 수 있도록 기업 상호 간의 커뮤니케이션, 기업 네트워크, e-마켓플레이스를 제공한다.

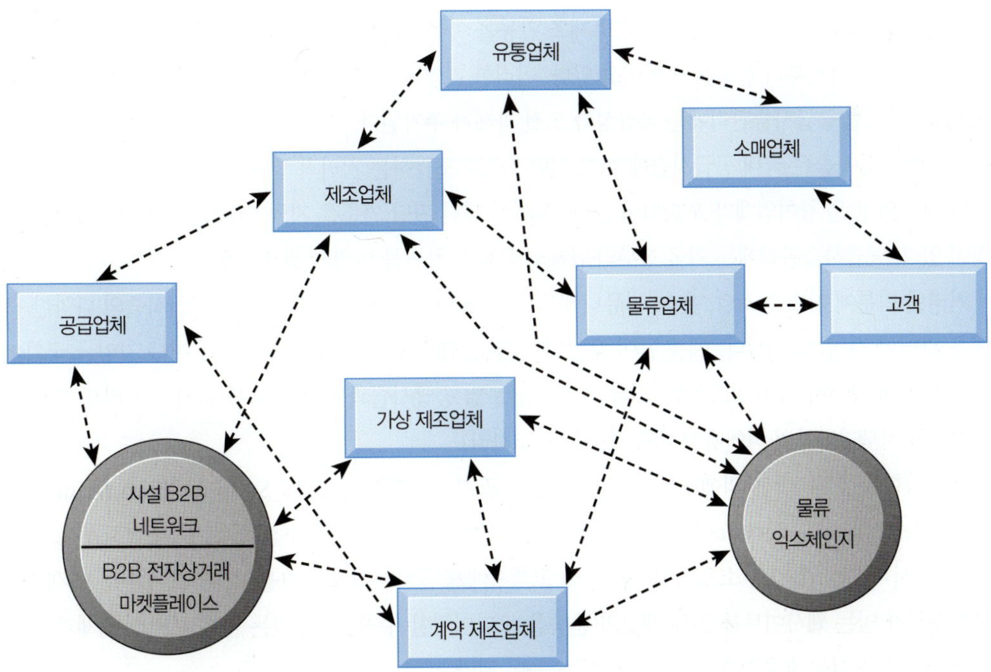

공급사슬관리시스템의 비즈니스 가치

기업이 어떻게 공급사슬관리시스템을 통해 내부 및 외부 공급사슬 프로세스를 최적화할 수 있으며, 관리자는 무엇을 생산하고, 저장하고, 이동할지에 관해 더 정확한 정보를 제공받을 수 있는지를 이제 이해했을 것이다. 기업은 네트워크화되고 통합된 공급사슬관리시스템을 구현함으로써 공급을 수요에 일치시키고, 재고 수준을 낮추고, 전달 서비스를 향상하고, 제품의 시장 출시 속도를 가속화하고, 자산을 더 효과적으로 활용할 수 있게 되었다.

다수의 기업에서 공급사슬 총비용은 운영 경비에서 큰 비중을 차지하고 있으며, 일부 산업에서는 총 운영예산의 75%에 이르기도 한다. 공급사슬 비용의 감소는 기업의 수익성에 많은 영향을 미칠 수 있다.

공급사슬관리시스템은 비용을 감소시킬 뿐만 아니라 매출액을 증대시키기도 한다. 고객이 제품을 원할 때 재고가 없다면 고객은 다른 누군가로부터 그 제품을 구매하려 할 것이다. 공급사슬에 대한 더욱 정확한 통제는 고객이 원하는 시점에 원하는 제품을 구매할 수 있게 하는 기업의 능력을 향상한다.

9.3 글로벌 공급사슬관리의 도전 과제

인터넷이 등장하기 전에는 구매, 자재 관리, 제조, 유통 등을 위한 여러 내부 공급사슬시스템 간에 정보 흐름이 원활하지 않아 공급사슬 조정에 어려움이 많았다. 또한 공급업체, 유통업체, 물류 제공업체 등의 외부 공급사슬 파트너와 정보를 공유하는 것도 쉽지 않았는데, 이는 그들의 시스템이 서로 호환되지 않는 기술 플랫폼과 표준을 기반으로 구축되어 있었기 때문이다.

오늘날에는 인터넷 기술이 접목된 ERP시스템과 SCM시스템이 이러한 통합을 어느 정도 가능하게 한다. 예를 들어 관리자는 온라인 웹 인터페이스를 통해 공급업체의 시스템에 접속하여 자사 제품에 대한 수요와 공급업체의 재고 및 생산 능력이 일치하는지를 확인할 수 있다. 비즈니스 파트너는 온라인 공급사슬관리 도구를 활용하여 수요 예측을 공동으로 수행할 수 있으며, 영업 담당자는 공급업체의 생산 일정과 물류 정보를 조회하여 고객 주문의 진행 상태를 모니터링할 수 있다.

글로벌 공급사슬 이슈

더욱더 많은 기업이 국제시장에 진출하고 제조 활동을 아웃소싱하며 해외에 물품을 판매하고 있을 뿐만 아니라 다른 국가로부터 물품을 사들이고 있다. 이러한 기업의 공급사슬은 여러 나라와 지역으로 확장되고 있다. 글로벌 공급사슬관리에는 복잡성과 도전 과제가 추가된다.

글로벌 공급사슬은 국내 공급사슬에 비해 일반적으로 포괄하는 지리적 영역과 시차 범위가 더 넓으며, 여러 나라의 많은 참여업체가 포함되어 있다. 성과에 대한 판단 기준은 지역별로 또는 나라별로 다른 경향이 있다. 공급사슬관리에는 외국 정부의 규제와 문화적 차이를 반영할 필요가 있다.

인터넷 덕분에 기업은 조달, 운송, 커뮤니케이션, 국제 재무 등을 포함한 글로벌 공급사슬의 다양한 측면을 관리할 수 있게 되었다. 예를 들어 오늘날 의류 산업은 중국 계약 제조업체와 여타 저임금 국가에 대한 외주에 상당히 의존하고 있다. 의류 기업은 글로벌 공급사슬과 생산 이슈를 관리하기 위해 웹을 사용하기 시작했다(3장의 리앤펑에 대한 내용을 참조하라).

글로벌화는 위탁 생산 외에도 창고 관리, 운송 관리, 운영 등을 UPS Supply Chain Solutions, Schneider Logistics Services와 같은 제삼자 물류 서비스 제공자에게 위탁하는 것을 촉진해왔다. 이러한 물류 서비스는 웹 기반 소프트웨어를 통해 고객사에게 글로벌 공급사슬을 더 잘 보여준다. 고객사는 보안장치가 있는 웹사이트를 통해 재고와 운송을 모니터링할 수 있는데, 이는 물류 서비스 업체가 글로벌 공급사슬을 더욱 효율적으로 운영하는 데 도움이 된다.

조직 사례 'BYK의 공급사슬관리 혁신'에서는 글로벌 특수 화학제품 공급업체인 BYK가 SCM시스템을 사용하여 글로벌 공급사슬의 도전 과제를 해결하는 방식을 설명한다.

조직 사례 BYK의 공급사슬관리 혁신

BYK는 특수 화학물질, 첨가제, 측정 장비를 공급하는 세계적인 선도기업이다. 첨가제는 소량의 사용으로 제품의 특성을 향상할 수 있는 화학물질로, 표면의 긁힘 방지나 광택, 재료의 기계적 강도나 흐름 특성, 난연성 등을 높이는 데 사용된다. 또한 첨가제는 제조 공정을 최적화하는 역할도 한다. BYK의 측정 및 테스트 장비는 외관과 물리적 특성을 효과적으로 평가할 수 있도록 설계되었다. BYK는 알타나그룹(ALTANA Group)의 4개 사업 부문 중 하나로, 독일 베젤에 본사를 두고 약 2,500명의 직원을 보유하고 있다. 미국(월링퍼드, 체스터, 컬럼비아, 어스시티, 곤잘레스, 루이빌, 피츠퍼드), 독일(베젤, 켐펜, 슈코파우, 무스부르크, 게레츠리트), 네덜란드(데벤터, 데네캄프, 나이베르달), 영국(위드네스), 중국(상하이) 등 전 세계에 생산 거점을 운영하면서 총 40개 시장에 서비스를 제공하고 있다. BYK의 고객은 코팅제 및 인쇄잉크 제조업체, 플라스틱·접착제·실란트·세정제·바닥 코팅제·윤활유 제조업체 등이며, 건축 화학, 석유·가스, 주조 산업에서도 BYK 첨가제를 사용한다.

BYK 제품은 접착력 향상제 및 결합제, 소포제 및 공기 방출 첨가제, 가공 첨가제, 유변학 첨가제, 표면 첨가제, 점도 저감제, 왁스 첨가제, 습윤 및 분산 첨가제 등 다양한 범주로 나뉘며, 각 범주에는 수백 가지의 제품이 포함될 수 있다. 이처럼 다양한 첨가제와 기계 제품을 보유한 BYK는 전 세계에 걸쳐 수많은 공급사슬을 운영하고 있다. 그러나 최근까지 BYK는 이러한 공급사슬을 효과적으로 관리하지 못했다. BYK는 분산되고 서로 단절된 레거시 공급사슬 수요계획시스템을 사용하고 있었는데, 이로 인해 예측 정확도가 떨어졌으며 회사의 성장을 관리하고 경쟁력을 유지하는 데 큰 어려움을 겪었다. 이에 따라 BYK는 데이터와 프로세스의 투명성을 높이고, 조직 전반에 걸쳐 판매, 운영, 수요 계획 프로세스를 조화롭게 통합하며, 예측 정확도를 향상할 수 있는 단일한 '진실의 원천'을 구축할 필요가 있었다. 그래서 BYK는 SAP Integrated Business Planning for Supply Chain을 도입하기로 결정했다.

SAP Integrated Business Planning for Supply Chain은 클라우드 기반 솔루션으로, 조직의 공급사슬 계획을 실시간으로 동기화해준다. 이 시스템은 판매 및 운영 계획, 수요 예측 및 관리, 공급 및 수요 대응, 수요 기반 보충, 재고 계획 및 최적화를 하나의 플랫폼에서 조정한다. 자동화되고 긴밀하게 통합된 공급사슬 계획 프로세스, '가상 시나리오(what-if)' 시뮬레이션, 고급 AI 머신러닝 알고리즘 및 계획 기능, SAP Supply Chain Control Tower 및 기타 솔루션과의 통합 기능을 갖추고 있다. 기업은 SAP IBP에 내장된 애널리틱스, 가상 시나리오 시뮬레이션, 경고, 머신러닝과 같은 기능을 통해 공급사슬에서의 장애를 빠르게 식별하고 대응할 수 있다.

SAP Supply Chain Control Tower는 공급업체, 제조업체, 비즈니스 파트너를 포함한 조직의 전체 공급사슬 네트워크 전체를 실시간으로 가시화하고 제어할 수 있는 클라우드 소프트웨어 솔루션이다. 이 시스템은 센서, 사물인터넷 장치, 외부 시스템 등 다양한 출처에서 실시간 데이터를 수집하고 통합하여, 조직 전체 공급사슬에서 현재 어떤 일이 일어나고 있는지를 실시간으로 파악할 수 있다. 이 시스템을 통해 기업은 보이지 않는 공급사슬의 요소를 관리하고, 예상치 못한 변화에 대비하며, 중대한 문제가 발생하기 전에 혼란과 리스크를 완화시킬 수 있다. 급변하는 글로벌 비즈니스 환경에서는 과거 데이터만으로는 현재와 미래의 수요를 정확히 예측하기 어렵다. 극심한 기후, 무역 전쟁, 팬데믹 등 다양한 혼란이 발생하는 가운데 공급사슬의 민첩성과 회복력을 유지하려면 전체적인 가시성과 최신 정보에 대한 즉각적인 접근이 필수적이다. SAP Supply Chain Control Tower는 시나리오 비교 및 가상 분석, 수요와 공급 변화에 대한 시뮬레이션, 예외 탐지 및 처리, 공급사슬 파트너와의 협업 기능 등을 제공한다. 이를 통해 조직은 보다 선제적으로 공급사슬을 관리할 수 있다.

BYK는 SAP 시스템의 구현과 전문 지식을 위해 SAP Services and Support와 SAP Preferred Success의 서비스를 활용했다. 여기에는 아키텍처 설계, 구현 가이드, 프로세스 리엔지니어링 지원이 포함되어 있다. 또한 SAP는 BYK가 SAP Integrated Business Planning과 Control Tower를 기술적으로 표준화되고 간소화된 방식으로 구축하는 데 도움을 주었다.

BYK는 이러한 공급사슬 솔루션을 도입함으로써 큰 성과를 얻었다. 운영, 수요 계획, 영업 활동에 대한 통합 및 간소화된 프로세스를 통해 공급사슬 내부 활동을 더 쉽게 조정할 수 있었고, 파트너와의 협업도 수월해졌다. 회사는 정확한 데이터의 단일 플랫폼을 사용함으로써 실시간으로 변경되는 수요를 반영한 보다 정밀한 예측이 가능해졌다. 계획 팀은 재무적 영향을 고려하여 의사결정을 할 수 있게 되었다. BYK는 향후 이 구현된 프로세스를 더욱 최적화해나갈 계획이다.

출처: Karin Fent, "How Chemicals Supplier BYK Harmonized Supply Chain Planning Processes," Sap.com, accessed September 9, 2024; Byk. com, accessed September 9, 2024.

문제

1. BYK에서의 공급사슬관리의 중요성을 평가하라.
2. BYK의 공급사슬관리와 관련된 문제를 파악하고 설명하라.
3. BYK가 구현한 SAP 솔루션이 BYK의 비즈니스 운영 방식을 어떻게 변화시켰는지 설명하라.

표 9.3 SCM시스템에서의 AI 적용 예

기능	설명
더 정확한 재고 관리	AI는 재고 수준을 더 정밀하고 효율적으로 관리할 수 있다. AI 기반 예측 시스템은 재고 정보를 활용하여 고객 수요를 예측하고 제품 재고를 이에 맞게 조정할 수 있다. 공급사슬 인프라, 차량, 드론 등에 설치된 카메라와 같은 컴퓨터 비전 시스템은 공급사슬 전반의 재고 수준을 실시간으로 계산하고 창고 저장 용량을 모니터링할 수 있다.
더 신속한 배송	물류 회사는 머신러닝을 활용하여 공급사슬을 따라 구성요소가 이동하는 배송 경로를 최적화하고 관리하는 모델을 학습시킨다. 이러한 모델은 주문량, 배송 약속, 계약 기한, 고객 중요도, 제품 가용성 등을 기준으로 배송 우선순위를 정할 수 있다. 또한 AI는 유통망 내 모든 이해관계자에게 보다 정확한 도착 예정 시간을 제공할 수 있다.
공급사슬 지속가능성 향상	AI는 공급사슬의 운영 효율성을 높여 지속가능성을 향상할 수 있다. 예를 들어 AI는 배송 차량의 연료 소비를 줄이거나 공급사슬의 여러 단계에서 자재 낭비를 줄이는 정보를 제공할 수 있다. 더 정밀한 수요 예측과 생산 계획을 통해 제조업체가 과잉 생산하지 않도록 도와줄 수 있다.
더 정밀한 수요 계획	AI는 판매 패턴, 마케팅 리드, 경제 전망, 더 광범위한 시장 동향과 같은 내부 신호를 기반으로 수요를 예측하는 데 핵심적인 기준으로 자리 잡았다. AI가 적용된 수요 계획 소프트웨어는 심각한 기상 현상, 경기 침체, 정치적 혼란과 같은 외부 현상의 잠재적 영향까지도 예측할 수 있다.
공급사슬 최적화를 위한 시뮬레이션	AI 기반 시뮬레이션은 복잡한 물류 네트워크의 운영을 시각적으로 분석하고 개선 방안을 제시한다. 이러한 시뮬레이션은 기존 컴퓨팅에서 수행된 것보다 더 정확하다. AI 적용은 엔지니어와 생산 관리자가 제품 재설계의 영향을 평가하는 것뿐만 아니라, 기획 담당자와 운영 관리자가 공급업체 변경, 배송 및 유통 경로 재조정, 저장 및 유통 허브 이전의 영향을 평가하는 데에도 도움을 줄 수 있다.

AI와 공급사슬관리

글로벌 공급사슬은 점점 더 복잡해지고 상호 연결되며 그 범위도 더 확장되어 관리하기가 훨씬 어려워지고 있다. 완제품 제조업체는 전 세계의 다양한 협력업체로부터 수백 개, 심지어 수천 개의 부품을 조달받아 조립 공장에 정해진 일정대로 도착시켜야 한다. 부품과 완제품은 소유권이 바뀔 때마다 추적해야 한다. AI는 이러한 현대 글로벌 공급사슬에서 생성되는 방대한 양의 빅데이터를 분석하는 데 매우 유용하며, 이를 통해 보다 정확한 수요 예측이 가능하고, 운영상의 인사이트를 도출하며, 여러 협력업체가 얽힌 거대한 물류 네트워크에서 저장 및 운송 프로세스의 효율성을 개선할 수 있다. AI는 글로벌 공급사슬의 기획, 관리, 운영을 개선하는 데 매우 뛰어난 성과를 보여준다. 이에 대한 몇 가지 예는 표 9.3과 같다.

9.4 고객관계관리시스템

'고객은 항상 옳다'거나 '고객이 항상 우선'이라는 표현을 들어보았을 것이다. 오늘날 이러한 표현은 더욱 현실로 다가온다. 기업은 혁신적인 신제품이나 새로운 서비스를 기반으로 한 경쟁우위가 종종 단기간에 그치는 경우를 보면서, 경쟁력 유지를 위한 유일한 힘이 고객과의 관계에서 나온다는 것을 깨닫고 있다. 오늘날 일부 사람들은 기업의 경쟁 기반이 누가 가장 좋은 제품과 서비스를 파는지에서 누가 자신만의 고객을 '가지고 있는지'로 바뀌었다고 말하며, 또 어떤 이들은 고객과의 관계가 기업의 가장 가치 있는 자산이라고 강조한다.

고객관계관리

장기적으로 지속될 수 있는 강력한 고객관계를 구축하고 육성하려면 어떤 종류의 정보가 필요하겠는가?

기업은 고객이 누구인지, 고객을 어떻게 접촉할 수 있는지, 고객에게 서비스를 제공하고 제품을 판매하는 데 비용이 많이 드는지, 고객은 어떤 종류의 제품과 서비스에 관심이 있는지, 고객이 자사에 얼마나 돈을 쓸 수 있는지 등을 정확히 알고 싶을 것이다. 할 수만 있다면 마치 소도시에서 가게를 운영할 때처럼 고객 각각에 대해 잘 안다고 자신하고 싶을 것이다. 그리고 자신이 좋아하는 고객이 특별한 감정을 느낄 수 있도록 만들고 싶을 것이다.

어떤 작은 기업의 소유주와 관리자가 고객과 직접 대면을 통해 고객을 정말 알고 지내는 것은 가능할 수 있다. 그러나 대도시, 지역, 국가 또는 글로벌 기반으로 운영되는 대기업의 경우 개인적 대면을 통한 방식으로 '고객을 아는 것'은 불가능하다. 대기업은 수많은 고객을 보유하고 있으며, 그 고객들과 (웹, 전화, 이메일, 블로그, 직접 대면을 통해) 상호작용하는 방식이 매우 다양하다. 이와 같은 다양한 방식을 통해 생성되거나 전달되는 다양한 고객 정보를 통합하는 것 그리고 많은 고객과의 관계를 다루는 것은 점점 어려워지고 있다.

대기업의 영업, 서비스, 마케팅 프로세스가 철저히 구분되는 경향이 있으며, 상당량의 중요한 고객 정보가 관련 부서 간에 공유되지 못하고 있다. 어떤 특정 고객에 대한 정보는 고객 계정을 기준으로 저장 및 정리되어 있을 수도 있다. 그 고객에 관한 다른 정보는 그 고객이 구매한 제품을 기준으로 정리되어 있을 수도 있다. 이러한 경우 회사 전반에 걸쳐 그 고객에 대한 통합된 정보를 제공하는 것은 불가능하다.

이러한 포인트가 바로 고객관계관리(customer relationship management, CRM)시스템이 도와줄 수 있는 부분이다. 2장에서 소개한 CRM시스템은 조직 전반에서 발생하는 고객 데이터를 포착하여 연계시키며, 이를 바탕으로 데이터를 통합하고 분석한 다음 그 결과를 기업 전반에 걸친 다양한 시스템과 고객 접점에 제공한다. **고객 접점**(touch point 또는 contact point)은 전화, 이메일, 고객 서비스 데스크, 일반 우편, 페이스북, 트위터, 웹사이트, 무선 장비 또는 소매점과 같은 고객과의 상호작용 방식을 의미한다.

고객 접점
전화, 이메일, 고객 서비스 데스크, 일반 우편, 소셜 네트워크, 웹사이트, 모바일 장치, 소매점 등 고객과의 상호작용 방법

그림 9.6은 CRM시스템이 수집하는 다양한 유형의 고객 데이터를 보여준다. 여기에는 전화·웹·소매

그림 9.6 CRM시스템

CRM시스템은 여러 측면에서 고객을 분석한다. 이 시스템은 고객 서비스, 판매, 마케팅 등을 포함하여 고객관계에 관한 모 든 측면을 다루기 위해 통합된 애플리케이션을 사용한다.

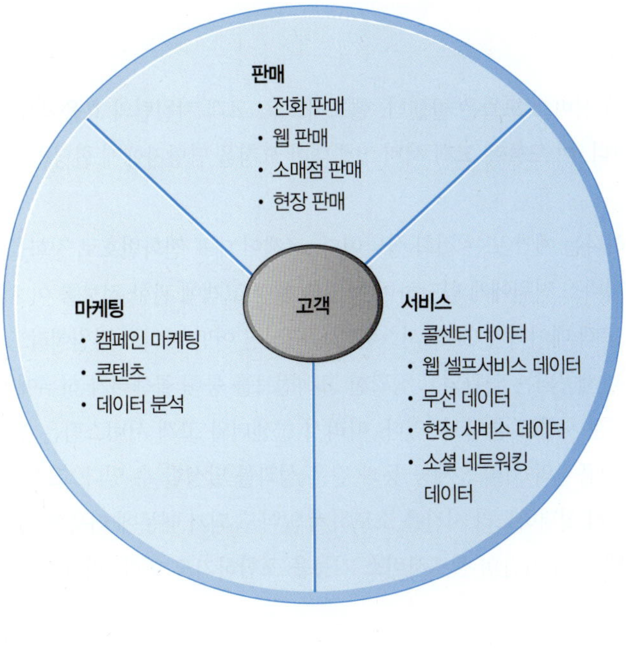

점·방문 영업 등과 같은 판매 데이터, 콜센터·웹·셀프서비스·모바일·현장 서비스·소셜 네트워크 데이터 등과 같은 서비스 데이터, 캠페인·콘텐츠 마케팅·데이터 분석 등에서 생성되는 마케팅 데이터가 포함된다.

바람직한 CRM시스템은 다음 질문의 답을 얻을 수 있는 데이터와 분석 도구를 제공한다. 특정 고객이 기업에 대해 제공할 수 있는 평생의 가치는 무엇인가? 가장 충성도 높은 고객은 누구인가? 가장 높은 수익성을 가져다주는 고객은 누구인가? 수익성 높은 고객이 구매하고자 하는 것은 무엇인가? 기업은 이러한 질문에 대한 답을 활용하여 새로운 고객을 확보하고, 기존 고객에게 더 나은 서비스를 제공하며, 고객 선호도에 따라 제품이나 서비스를 더욱 정확하게 맞춤화하고, 수익성 높은 고객을 유지하기 위해 지속적으로 가치를 제공한다.

고객관계관리시스템 소프트웨어 패키지

상업용 CRM 소프트웨어 패키지는 특정 고객에 대한 웹사이트 개인화와 같이 특정 기능을 제한적으로 수행하는 틈새 도구부터, 고객과의 수많은 상호작용을 포착하고, 이러한 상호작용을 복잡한 리포팅 도구로 분석하며, SCM 및 ERP시스템과 같은 여타의 주요한 전사적 애플리케이션과 연동시키는 대규모 전사 애플리케이션에 이르기까지 다양하다. 주요 CRM시스템 소프트웨어 공급업체는 오라클, SAP, 세일즈포스, 마이크로소프트 다이내믹스 CRM 등이다. CRM시스템은 일반적으로 판매, 고객 서비스, 마케팅을 위한 도구를 포함하고 있다. 여기서는 이러한 기능 중 일부를 간략히 설명한다.

영업자동화

영업자동화(SFA) 모듈
영업사원이 가장 수익성이 높은 고객에게 영업 노력을 집중함으로써 생산성을 높이는 데 도움이 되는 CRM시스템 모듈

CRM시스템에서 **영업자동화 모듈**[sales force automation(SFA) module]은 영업사원이 가장 수익성이 높은 고객에게 영업 노력을 집중함으로써 생산성을 증대할 수 있도록 도와준다. SFA 모듈은 판매 전망 및 접촉 정보, 제품 정보, 제품 구성 기능, 거래가격 산출 기능 등을 제공한다. 이 소프트웨어는 고객의 과거 구매 이력에 관한 정보를 결합하여 제공함으로써 영업사원이 고객에게 맞춤화된 추천을 할 수 있도록 도와준다. SFA 모듈은 영업, 마케팅, 배송 부서가 기존 고객과 잠재고객에 대한 정보를 손쉽게 공유할 수 있게 한다. SFA를 사용하여 영업사원은 새로운 고객을 획득하고 기존 고객을 유지하는 비용뿐만 아니라 거래에 수반되는 비용을 효율적으로 감소시킬 수 있다. 또한 SFA 모듈은 판매 예측, 지역 관리, 팀 판매를 위한 기능을 제공한다.

고객 서비스

CRM시스템의 고객 서비스 모듈은 콜센터, 헬프데스크, 고객 지원팀의 효율성을 더욱 높일 수 있는 정보와 도구를 제공한다. 이 모듈은 고객 서비스에 대한 요청을 담당자에게 할당하고 관리할 수 있는 기능을 한다.

이러한 기능 중 하나는 예약 또는 전화 상담이다. 고객이 대표 전화번호로 전화를 걸면 CRM시스템은 이 요청을 적절한 서비스 직원에게 할당하며 직원은 해당 고객에 관한 정보를 이 시스템에 한 번만 입력하면 된다. 이렇게 고객 데이터가 CRM시스템에 입력되면 어떤 서비스 직원이라도 이 고객을 응대할 수 있다. 이 시스템에서 제공되는 일관되고 정확한 고객정보를 통해 콜센터가 하루에 더 많은 통화를 할 수 있고 통화당 소요되는 시간도 줄일 수 있다. 따라서 콜센터와 고객 서비스팀은 생산성 향상, 거래 처리 시간 감소, 저비용 고품질의 서비스 제공 등과 같은 성과를 달성할 수 있다. 고객은 고객 서비스 직원에게 자신의 문제를 다시 설명하느라 시간을 소모하지 않아도 되기 때문에 더욱 만족스러워진다.

또한 CRM시스템은 웹 기반의 셀프서비스 기능을 포함하기도 한다. 회사의 웹사이트는 자체적으로

제공하는 지원 외에 추가적인 지원이 가능하도록 고객 서비스 직원과의 전화 통화를 안내할 뿐만 아니라 문의 고객에게 맞춤화된 지원정보도 제공한다.

마케팅

CRM시스템은 고객 및 잠재고객의 데이터를 수집하고, 제품 및 서비스 정보를 제공하며, 타깃 마케팅을 위한 리드를 선별하고, 직판 우편물이나 이메일의 발송 일정과 진행 상황을 추적하는 기능을 통해 기업의 마케팅 캠페인을 지원한다.

그림 9.7은 CRM시스템이 판촉 캠페인의 결과를 분석한 예시이다. 분석 결과에 따르면 가장 효과적인 채널은 웹이고 그다음이 이메일과 소셜 미디어인 반면, 다이렉트 메일은 가장 효과가 낮은 채널로 나타났다. 마케팅 모듈에는 마케팅 및 고객 데이터를 분석하고, 수익성 있는 고객과 그렇지 않은 고객을 식별하며, 특정 고객의 니즈와 관심을 만족시키기 위한 제품과 서비스를 설계하고, 교차판매 기회를 식별하는 도구도 포함되어 있다. **교차판매**(cross-selling)란 고객에게 보완적인 제품을 함께 판매하는 마케팅 전략을 의미한다(예를 들어 금융 서비스 분야에서는 수표 계좌를 보유한 고객에게는 현금 계좌나 주택 개보수 대출을 제안할 수 있다). 또한 CRM 도구는 캠페인의 계획 단계부터 각 캠페인의 성공률을 판단하는 것까지 마케팅 캠페인의 전 과정을 관리하고 실행하는 데 도움을 준다.

교차판매
고객에게 보완적인 제품을 마케팅하는 전략

그림 9.8은 주요 CRM시스템에서 제공하는 판매, 마케팅, 서비스 프로세스의 가장 중요한 기능을 보여준다. ERP시스템과 마찬가지로, CRM시스템도 비즈니스 프로세스 주도형으로서, 각 분야(판매, 마케팅, 고객 서비스)에서 베스트프랙티스로 여겨지는 수많은 비즈니스 프로세스를 포함하고 있다.

기업이 CRM시스템에서 최대의 효과를 얻으려면 CRM시스템에 내장된 베스트프랙티스 비즈니스 프로세스에 맞춰 자사 비즈니스 프로세스를 재설계하고 모델링할 필요가 있다. 그림 9.9는 CRM 소프트웨어를 활용하여 고객 서비스를 통해 고객 충성도를 높이기 위한 베스트프랙티스가 어떻게 모델링될 수 있는지를 보여준다. 고객에게 직접 서비스를 제공하는 과정은 기업에 장기적이고 수익성 있는 고객을 식별하고 이들에게 우대 혜택을 제공함으로써 고객 유지율을 높일 수 있는 기회를 제공한다. CRM 소프트웨

그림 9.7 CRM시스템이 마케팅을 지원하는 방식

CRM시스템은 사용자가 웹, 이메일, 소셜 미디어, 다이렉트 메일 등 다양한 채널에서 마케팅 캠페인을 관리하고 평가할 수 있는 단일 창구를 제공한다.

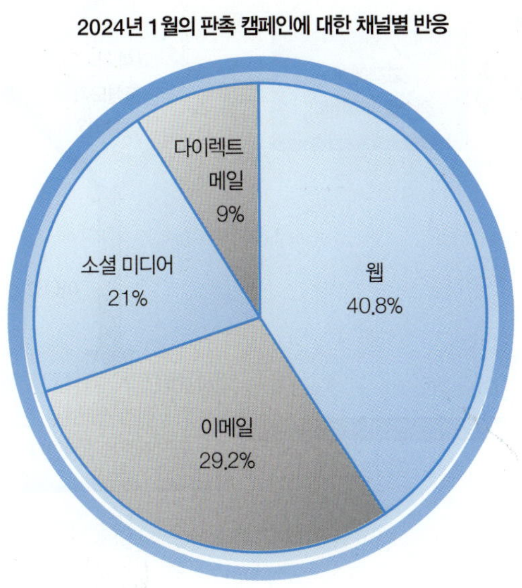

그림 9.8 CRM시스템 기능

주요 CRM시스템은 다수의 상이한 원천에서 제공되는 고객정보를 통합하여 영업, 서비스, 마케팅과 관련된 비즈니스 프로세스를 지원한다.

그림 9.9 고객 충성도 관리 프로세스 맵

이 프로세스 맵은 고객 서비스를 통해 고객 충성도를 높이는 베스트프랙티스가 CRM 소프트웨어에 의해 어떻게 모형화되는지 보여준다. CRM 소프트웨어는 회사가 우대 고객을 식별하는 데 도움을 준다.

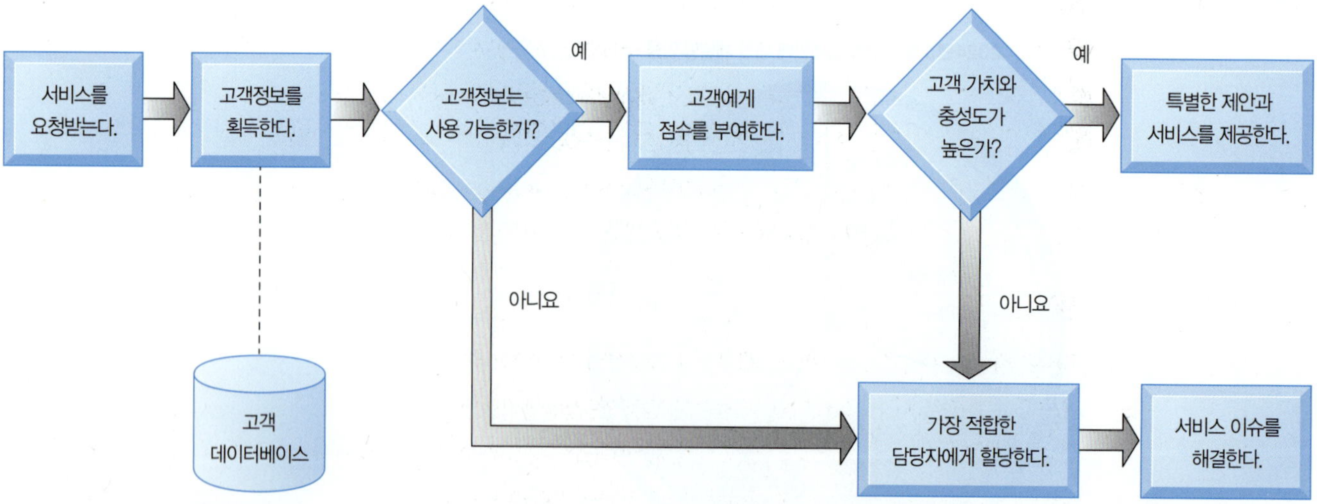

어를 통해 고객 각각의 가치와 충성도에 따라 점수를 부여하고, 이 정보를 바탕으로 콜센터가 고객 문의를 가장 적합한 상담사에게 자동으로 배정할 수 있다. 상담사는 고객의 가치 및 충성도 점수, 거래 이력 등을 포함한 상세한 프로필을 실시간으로 확인할 수 있다. 이러한 정보를 활용하여 상담사는 고객에게 맞춤형 혜택이나 추가 서비스를 제안함으로써 고객이 지속적으로 자사 제품이나 서비스를 이용하도록 유도할 수 있다.

운영적 CRM과 분석적 CRM

바로 앞에서 설명한 모든 애플리케이션은 CRM의 운영적 또는 분석적 측면을 지원한다. **운영적 CRM**(operational CRM)은 영업 자동화, 콜센터 및 고객 서비스 지원, 마케팅 자동화를 위한 도구와 같은 고객 접점 애플리케이션을 포함한다. 또한 **분석적 CRM**(analytical CRM)은 비즈니스 성과 향상에 필요한 정보를 제공하기 위한 목적으로 운영적 CRM 애플리케이션에 의해 생성되는 고객 데이터를 분석하는 애플리케이션을 포함한다.

운영적 CRM
영업 인력 자동화, 콜센터 및 고객 서비스 지원, 마케팅 자동화를 위한 도구와 같은 고객 접점 애플리케이션

분석적 CRM
운영 중인 CRM 애플리케이션에서 생성된 고객 데이터를 분석하여 비즈니스 성과 개선을 위한 정보를 제공하는 애플리케이션

그림 9.10은 분석적 CRM 애플리케이션의 작동 방식을 보여준다. 분석적 CRM 애플리케이션은 운영적 CRM시스템과 고객 접점에서 제공하는 데이터가 통합된 데이터웨어하우스에 기반을 두며, 온라인분석처리(OLAP), 데이터마이닝, 여타의 데이터 분석 기법(6장 참조)을 활용한다. 조직이 수집한 고객 데이터는 다이렉트 마케팅 캠페인을 위해 다른 기업에서 구매한 고객 리스트 또는 인구통계학적 데이터 등 기타 원천에서 얻은 데이터와 결합될 수도 있다. 이러한 데이터는 수익성이 있는 고객과 수익성이 없는 고객을 가려내고, 타깃 마케팅 및 고객 프로필을 위한 세그먼트를 생성하며, 구매 패턴을 파악하는 데 사용된다.

분석적 CRM의 또 다른 중요한 결과물은 기업에 대한 고객의 평생가치이다. **고객평생가치**(customer lifetime value, CLTV)는 특정 고객에 의해 발생한 수입, 그 고객의 요청과 그 고객에 대한 서비스로

고객평생가치(CLTV)
특정 고객이 창출한 수익, 해당 고객을 확보하고 서비스하는 데 발생한 비용, 고객과 회사 간의 관계의 예상 수명 간의 관계를 기반으로 한다.

그림 9.10 분석적 CRM

분석적 CRM은 기업의 고객 접점 및 기타 원천에서 수집한 고객 데이터를 분석하기 위해 고객 데이터웨어하우스와 여러 가지 도구를 이용한다.

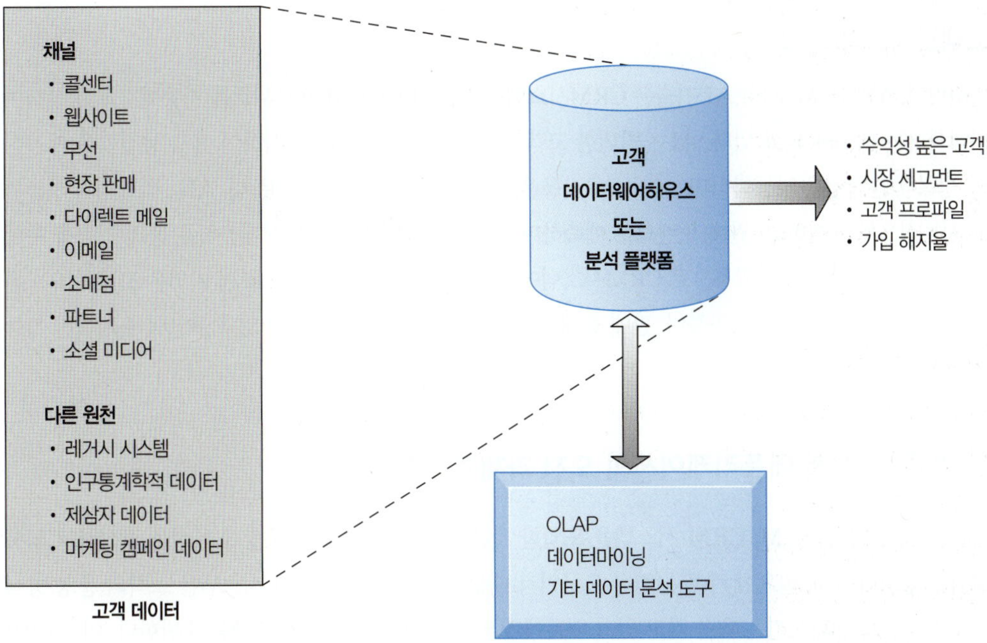

표 9.4 CRM시스템에서의 AI 활용 예

기능	설명
디지털 어시스턴트 에이전트	AI 기반 대화형 봇을 활용하여 고객 문의에 응답하고, 고객 지원을 제공하고, 질문에 답변하고, 세부 정보를 수집하고, 인간의 개입 없이 문제를 해결할 수 있다.
현장 서비스 경로 최적화	예측 AI와 머신러닝을 개별 성과 패턴 데이터와 함께 활용하여 현장 서비스 일정 관리를 최적화함으로써 자원의 효율적인 사용을 극대화하고, 서비스 팀이 하루에 더 많은 작업을 완료할 수 있도록 지원한다.
리드 전환 및 영업 기회 성사 확률	예측 점수와 성사 확률을 기반으로 영업 담당자가 가장 유망한 리드와 영업 기회를 빠르게 식별할 수 있도록 지원한다. 또한 지연되거나 추가 관리가 필요한 영업 건도 식별할 수 있다.
가격 최적화	AI가 추천하는 가격과 할인율을 활용하여 수익 극대화와 거래 성사 가능성 사이에서 최적의 균형을 달성할 수 있도록 지원한다.
예측 점수 생성	머신러닝을 활용하여 어떤 리드나 고객 행동이 실제 구매로 이어질 가능성이 높은지를 예측한다.

인해 발생한 비용, 고객과 회사 간의 관계가 지속될 것으로 예상되는 기간과 같은 요인을 기반으로 산출된다.

고객관계관리시스템의 비즈니스 가치

CRM시스템을 효율적으로 운영하는 기업은 고객만족 증대, 다이렉트 마케팅 비용 감소, 더 효과적인 마케팅, 고객 획득 및 유지 비용 감소를 포함하여 다양한 이점을 실현할 수 있다. CRM시스템에서 제공하는 정보를 활용하여 수익성 높은 고객과 고객 집단을 식별함으로써 집중화된 마케팅과 교차판매를 할 수 있고, 이를 통해 기업은 판매수익을 증대할 수 있다.

가입 해지율
기업에서 제품 또는 서비스를 사용하거나 구매하는 것을 중단하는 고객의 수를 측정하는 기준으로, 기업 고객 기반의 성장이나 감소의 지표로 사용된다.

고객의 가입 해지는 판매, 서비스, 마케팅이 고객 니즈에 더 잘 대응할수록 감소된다. **가입 해지율**(churn rate)은 제품 또는 서비스 이용이나 구매를 중단한 고객 수를 측정하는 것이다. 가입 해지율은 고객 수의 증가 또는 감소를 나타내는 중요한 지표이다.

고객관계관리와 AI

머신러닝, 생성형 AI, 기타 AI 기술은 CRM시스템에 통합되어 CRM 프로세스를 자동화하고 향상하며 최적화하는 데 사용되고 있다. AI는 방대한 고객 데이터를 실시간으로 분석하여 예측 통찰력을 제공하고, 반복적인 작업을 자동화하며, 고객 상호작용을 더욱 개인화할 수 있게 해준다. AI는 리드의 우선순위를 지능적으로 지정하고, 판매 트렌드를 예측하며, 챗봇을 통해 고객 지원을 제공하는 등의 기능을 수행할 수 있다. 이러한 AI의 활용으로 CRM시스템이 보다 선제적으로 작동함으로써 기업은 고객의 요구를 미리 예측하고, 운영을 간소화하며, 판매 증대와 고객 만족 향상에 기여할 수 있다. 표 9.4에 이러한 기능의 예를 제시했다.

9.5 전사적 애플리케이션의 도전 과제에 대한 논의

많은 기업이 ERP, SCM, CRM 시스템을 도입한 것은, 이러한 시스템이 운영 효율성을 달성하고 의사결정을 향상하는 데 필요한 매우 강력한 도구이기 때문이다. 그러나 이러한 시스템은 조직의 운영 방식을 근본적으로 변화시키는 힘을 갖고 있기 때문에 도입 과정에서 많은 도전 과제를 수반한다. 이제 ERP,

SCM, CRM 시스템이 가져오는 가치뿐만 아니라 이 시스템들로부터 가치를 얻을 수 있는 방식에 대해서도 간단히 살펴보자.

전사적 애플리케이션의 도전 과제

주문부터 전달까지 걸리는 시간과 재고 비용의 급격한 감소는 물론이고 더 효율적인 고객 대응, 더 높은 제품 및 고객 수익성에 대한 기대효과 때문에 ERP, SCM, CRM 시스템은 매우 매력적으로 여겨지고 있다. 그러나 이러한 가치를 얻기 위해 기업은 비즈니스가 이러한 시스템을 효과적으로 활용할 수 있도록 바뀌어야 하는 방법을 분명하게 알아야 한다.

전사적 애플리케이션은 구매 및 구현 비용이 매우 높은 복잡한 소프트웨어이다. 파노라마컨설팅그룹(Panorama Consulting Group)이 ERP 사용업체 131개를 대상으로 2024년에 실시한 설문조사에 따르면 ERP 프로젝트 중 27.5%가 예산을 초과했으며, 5.3%는 심각한 예산 초과를 경험했다. 또한 거의 3분의 1에 해당하는 프로젝트가 예정된 일정보다 늦게 완료되었다. 프로젝트가 예산을 초과하게 된 가장 일반적인 원인은 조직 내 문제였으며, 프로젝트 범위의 변경과 추가적인 커스터마이징 작업 또한 구현 지연과 비용 증가의 원인이 되었다(Panorama Consulting Group, 2024).

전사적 애플리케이션은 깊이 뿌리내린 기술의 변화뿐만 아니라 비즈니스 운영 방식의 근본적인 변화를 요구한다. 기업이 이러한 소프트웨어를 가지고 업무를 수행하려면 비즈니스 프로세스를 광범위하게 변화시켜야 한다. 직원은 새로운 업무 기능과 책임을 받아들여야 한다. 직원은 새로운 프로세스를 어떻게 수행하는지 배워야 하며, 시스템에 입력한 정보가 기업의 다른 부분에 어떻게 영향을 미칠 수 있는지 이해해야 한다. 이러한 이해는 새로운 조직 학습을 필요로 하며, 엔터프라이즈 애플리케이션 도입 비용에도 반영되어야 한다.

SCM시스템은 여러 조직이 정보와 비즈니스 프로세스를 공유할 것을 요구한다. 이 시스템에 참여하는 조직은 SCM시스템을 공급사슬 전체에 최상의 서비스를 제공하는 것으로 만들기 위해 자신의 일부 프로세스와 이 프로세스들이 정보를 사용하는 방식을 변경해야 할 수도 있다.

일부 기업은 전사적 애플리케이션을 처음 도입할 때 조직 변화의 필요성을 충분히 이해하지 못해 막대한 운영상 문제와 손실을 겪는다. 예를 들어 전 세계에 적기에 숙성 아보카도를 포장 및 유통하는 미션프로듀스(Mission Produce)는 국제적인 성장과 운영 가시성 및 재무 보고 역량 향상을 지원하기 위해 2021년 11월에 ERP시스템으로 전환했다. 이 회사는 새로운 ERP시스템 도입을 위해 수많은 시간 동안 계획하고 준비했음에도 불구하고 시스템 구현에 상당한 어려움을 겪었다. 그 결과 이 회사는 보유한 아보카도의 양이나 숙성도를 정확히 파악할 수 없게 되었고, 많은 아보카도는 판매 부적합 상태가 되었다. 미션프로듀스는 납품 약속을 지키기 위해 다른 공급업체로부터 과일을 구매해야 했으며, 이로 인해 큰 추가 비용이 발생했다. 이러한 혼란의 규모와 심각성은 회사가 예상했던 것보다 훨씬 컸는데, 경영진은 ERP 문제로 인해 해당 분기의 총이익이 2,220만 달러나 감소했다고 밝혔다.

호주 울워스(Woolworth) 역시 오래된 자체 개발 ERP시스템에서 SAP로 전환하는 과정에서 데이터 관련 문제를 겪었다. 매장별로 맞춤화된 주간 손익 보고서를 거의 18개월 동안 생성하지 못했으며, 이후 데이터 수집 절차를 변경해야 했지만 자사 프로세스를 제대로 이해하지 못했고 비즈니스 프로세스를 문서화하는 데에도 실패했다(Fruhlinger et al., 2022).

전사적 애플리케이션은 전환 비용을 초래하기도 한다. 일단 기업이 전사적 애플리케이션을 SAP나 오라클과 같은 벤더 중 하나에서만 도입했다면 벤더를 변경하는 데 매우 많은 비용이 들며, 설치한 제품을 업그레이드하고 유지·보수할 때 벤더에 의존하게 된다.

전사적 애플리케이션은 전사적 데이터 정의를 기반으로 구축된다. 따라서 데이터가 비즈니스에서 어떻게 사용되는지 그리고 데이터가 CRM, SCM, ERP 시스템에서 어떻게 구성되는지 정확히 이해할 필요가 있다. CRM시스템은 일반적으로 데이터 정제 작업이 필요하다(6장 참조).

전사적 소프트웨어 벤더는 중소업체에는 소프트웨어를 단순화한 버전과 신속하게 구현할 수 있는 방법을 제공하고, 그보다 좀 더 큰 회사에는 베스트프랙티스 가이드라인을 제공함으로써 이러한 문제를 해결해나가고 있다. 또한 기업은 다재다능한 하나의 시스템에 얽매이지 않기 위해 기본적인 전사적 소프트웨어에서 다루지 않는 기능에 대해서는 클라우드 애플리케이션을 활용함으로써 더욱 큰 유연성을 얻고 있다(아래의 컴포저블 ERP에 대한 내용을 참조하라).

전사적 애플리케이션을 사용하는 기업은 맞춤화 작업을 최소화하면 시간과 돈을 절약할 수 있다. 예를 들어 펜실베이니아주에 있는 20억 달러 가치의 케나메털(Kennametal)은 금속 절단기 회사로, 6,400여 가지 이상의 맞춤화 작업을 통한 ERP시스템 유지·보수에 13년 동안 1,000만 달러를 소요했다. 이 회사는 이러한 비효율을 해결하기 위해 기존 ERP시스템을 폐기하고, SAP 엔터프라이즈 소프트웨어의 맞춤화되지 않은 기본 버전으로 교체했으며, 소프트웨어에 맞추어 비즈니스 프로세스를 변경했다.

엔터프라이즈 애플리케이션 트렌드

오늘날 전사적 애플리케이션 벤더는 더 많은 가치를 제공하기 위해 더 유연하고, 사용자 친화적이고, 웹 사용이 가능하고, 모바일에 적합하고, 다른 시스템과의 통합이 가능한 방향으로 발전하고 있다. 독립적인 ERP, SCM, CRM 시스템은 뒷전으로 밀려나고 있다. 주요 엔터프라이즈 애플리케이션 벤더는 ERP, SCM, CRM 시스템이 서로 밀접하게 작동하고 고객 및 공급업체의 시스템과 연결되도록 만들고 있다.

ERP, SCM, CRM 시스템은 방대한 양의 데이터를 보유하고 있어 클라우드 인프라, 고급 소프트웨어 통합, 내장된 AI의 강력한 후보가 된다. 더 많은 분석 기능, 머신러닝, 생성형 AI를 ERP, SCM, CRM 시스템에 통합하여 이 시스템들의 효율성을 높이고, 복잡한 데이터 분석, 예측 모델링, 실시간 의사결정을 처리할 수 있는 능력을 확대하는 데 중점을 두고 있다. 또한 이러한 도구의 클라우드 기반 버전은 점점 더 선호되는 플랫폼이 되고 있다. 파노라마컨설팅의 2024년 ERP 보고서에 따르면 조사 대상 ERP시스템의 21.4%가 현재 클라우드에서 운영되고 있다. 액센추어(Accenture) 컨설턴트들은 조사한 클라우드 컴퓨팅의 선도 기업 중 21%가 클라우드 기반 SCM시스템을 보유하고 있음을 발견했다. CRM시스템의 87%는 클라우드 기반이다. 클라우드 기반의 전사적 애플리케이션은 더 높은 확장성과 유연성을 제공하며, 설치 비용이 더 낮고, 다른 비즈니스 관리 소프트웨어와의 통합이 더 쉽다.

컴포저블 ERP

오늘날 많은 기업은 다양한 기술 벤더로부터 최고의 구성요소를 사용하는 보다 유연한 하이브리드 전사 솔루션을 찾고 있다. 예를 들어 한 회사는 ERP를 위해 SAP S/4HANA를 사용할 수 있지만, 인사 관리를 위해서는 SAP SuccessFactors를, 송장·지불·계정·계약 관리를 위해서는 SAP Ariba와 세일즈포스 같은 타사 CRM 도구를 복합적으로 사용할 수 있다. 이러한 솔루션은 더 나은 솔루션이 있고 기업의 요구에 맞춰 쉽게 통합될 수 있다면 SAP 솔루션에만 전적으로 의존하지 않는다. 이러한 적응형 기술 전략은 컴포저블 ERP라고 불린다. **컴포저블 ERP**(composable ERP)는 서로 다른 시스템과 구성요소를 이것들이 함께 작동할 수 있는 하나의 플랫폼으로 통합한다. 사용자는 자신이 원하는 모듈을 선택하여 하나씩 설치할 수 있으며, 모든 것을 한 번에 도입할 필요는 없다. 이러한 방식으로 ERP를 '조합'하면 조직은 다양한 기술과 플랫폼을 유연하게 활용하여 자사의 비즈니스에 가장 적합하게 만들 수 있다. 컴포저

컴포저블 ERP
서로 다른 시스템과 구성요소를 하나의 플랫폼으로 함께 작동할 수 있는 방식으로 통합한다.

표 9.5 주요 전사적 애플리케이션 벤더가 제공하는 AI 기능

벤더	기능	AI
SAP	ERP, CRM, SCM, HCM	SAP의 비즈니스 프로세스와 솔루션에는 머신러닝과 생성형 AI가 통합되어 있다. 예를 들어 SAP Business AI는 SAP의 재무 애플리케이션에 내장되어 자본을 효과적으로 관리하고, 보고의 정확성을 향상하며, 이상 탐지 및 예방 기능을 통해 사기 위험을 완화하고 손실을 줄이는 데 기여한다. Joule 생성형 AI 어시스턴트는 SAP 비즈니스 시스템 전반에서 업무 보조 역할을 하며, 자연어로 질문에 응답한다.
오라클	생성형 AI, AI 서비스, AI 인프라를 포함한 다양한 AI 솔루션들을 제공한다.	생성형 AI를 포함한 AI 서비스는 미리 구축된 머신러닝 모델을 가지고 있어 개발자가 애플리케이션과 비즈니스 운영에 AI를 더 쉽게 적용할 수 있다. 이러한 모델은 맞춤형 학습이 가능하다. Oracle Cloud Infrastructure(OCI) Generative AI는 이러한 다재다능한 언어 모델을 원활하게 통합할 수 있는 완전 관리형 서비스로, 글쓰기 지원·요약·분석·채팅 등 다양한 용도에 활용된다. Oracle Fusion Cloud CX는 생성형 AI를 활용한 답변 생성 지원, 현장 서비스 일정 관리 지원, 기회 품질 평가, 판매자 참여 추천 등을 포함하고 있다.
마이크로소프트	주로 중소기업용 CRM, ERP	마이크로소프트 다이내믹스 365 AI 제품군은 모든 비즈니스 기능에서 Dynamics 365 Copilot AI 어시스턴트를 포함하고 있다. 이러한 제품군에 포함된 주요 솔루션은 Microsoft Dynamics Customer Insights, Microsoft Dynamics Sales Insights, Microsoft Dynamics 365 Customer Service Insights 등이다.
세일즈포스	CRM	Einstein AI 도구 제품군에는 모든 영업, 서비스, 마케팅, 상거래, IT 상호작용에 걸쳐 AI 기반 콘텐츠를 제공하는 Einstein GPT Generative AI for CRM이 포함되어 있다.

블 ERP는 비교적 새로운 접근 방식이지만, 모든 규모의 기업들 사이에서 점점 더 주목받고 있다. SCM 및 CRM 시스템을 위한 컴포저블 도구도 출시되고 있다.

9.6 전사적 애플리케이션이 AI를 활용하는 방법

전사적 애플리케이션 공급업체는 이러한 시스템이 생성하는 방대한 양의 데이터, 특히 사물인터넷으로부터 수집된 데이터를 통해 관리자가 보다 의미 있는 정보를 얻을 수 있도록 비즈니스 인텔리전스와 AI 도구를 추가해왔다. AI 기반 도구는 기존 소프트웨어보다 훨씬 더 빠르고 복잡한 데이터 분석이 가능하며, 새로운 콘텐츠를 생성하는 기능도 갖추고 있다. 이 장의 앞부분에서 이미 ERP, SCM, CRM을 위한 주요 AI 애플리케이션을 다루었다. 주요 전사적 애플리케이션 공급업체가 제공하는 AI 소프트웨어 도구의 예를 표 9.5에 제시했다.

9.7 이 장의 내용은 경력에 어떻게 도움이 되는가

이 장의 정보는 ERP, SCM, CRM 시스템과 같은 전사적 애플리케이션이 어떻게 비즈니스를 더 효율적이고 효과적으로 만드는지 보여줌으로써 경력을 발전시키는 데 도움이 될 수 있다. 이 장에서는 접할 가능성이 있는 다양한 유형의 시스템 그리고 이러한 시스템이 어떻게 운영과 의사결정을 개선하는지 설명한다. 또한 AI 기술이 이러한 시스템을 어떻게 더 강력하게 만드는지도 다룬다. 또한 전사적 애플리케이션을 사용할 때나 구축할 때 직면할 가능성이 있는 전형적인 도전과 문제를 식별하고, 이를 해결하는 방법을 배울 수 있을 것이다.

실제 시나리오 스컬캔디의 고객관계 관리자를 지원하는 SAP Business ByDesign

스컬캔디(Skullcandy)는 오디오 및 게이밍 헤드폰, 이어버드, 스피커, 기타 액세서리를 제조하는 선도적인 기업이다. 이 브랜드는 스키어, 서퍼, 스케이터, 기타 익스트림 스포츠 애호가들 사이에서 전 세계적으로 큰 인기를 끌고 있다. 스컬캔디는 빠르게 성장하여 기존의 유통 모델로는 감당할 수 없을 정도가 되었다. 이 회사의 비즈니스 프로세스는 주로 수작업으로 이루어졌으며, 개별 스프레드시트가 비즈니스 거래를 기록하는 시스템 역할을 하고 있었다. 스컬캔디는 연간 100만 개의 제품을 출하하는 기업으로 성장하기 위해 수작업 비즈니스 프로세스를 지원할 수 있는 새로운 정보시스템이 필요했다.

스컬캔디는 SAP Business ByDesign을 도입했는데, 이 시스템은 재무자원 관리, 프로젝트 관리, 공급사슬 관리, 공급업체 관계 관리, 인적자원 관리, 고객관계 관리, 규정준수 관리와 같은 기업의 종단 간 비즈니스 프로세스를 지원하는 클라우드 기반 전사 시스템이다. 이 애플리케이션들은 통합되어 있으며, 회사의 모든 거래를 추적하는 데 중추적인 역할을 한다. 스컬캔디는 SAP 클라우드 컴퓨팅 센터에서 Business ByDesign 소프트웨어를 운영하고 있다.

이 새로운 시스템의 기능은 스컬캔디가 타깃, 베스트바이, 월마트와 같은 대형 고객을 확보하고, 서비스를 제공하며, 해외로 확장하고, 고객 기반을 크게 늘리는 데 도움을 주었다. 현재 스컬캔디는 300명의 직원을 보유하고 있으며, 2023년 매출은 2억 6,630만 달러에 달한다. 고객 확보 및 서비스를 포함한 스컬캔디 거래의 약 80%는 판매 시점부터 배송까지 완전 자동화되어 있다.

직무 설명 및 경력 경로: 고객관계 관리자

직무	직무 설명	IT 지식	경력 경로 및 평균 연봉
고객관계 관리자	주요 업무는 다음과 같다. • 강력한 고객관계를 구축하기 위한 전략 개발 및 실행 • 고객의 니즈, 선호도, 피드백 이해 • 고객 문의 및 문제 해결에 대한 주요 연락 창구 역할 수행 • 영업, 마케팅, 지원 팀과의 협업 • 고객 계정 활동을 모니터링하고 개인화된 커뮤니케이션 제공 • CRM시스템을 활용하여 고객 상호작용 관리 및 성과지표 추적	• 마이크로소프트 365 도구에 대한 지식: 엑셀, 워드, 파워포인트, 팀즈 • 세일즈포스 CRM 소프트웨어 사용 경험	• 입문 수준: 많은 CRM 담당자가 영업, 고객 서비스 또는 은행 업무에서 시작 • 초반 경력: 고객관계 관리자 또는 계정 관리자와 같은 직책으로 승진 • 중간 경력: 고객관계 관리자로서 책임과 전략적 역할 증가 • 후반 경력: 마케팅 디렉터, 시니어 프로젝트 매니저, 또는 기타 임원급 직책으로 승진 가능. 미국 고객관계 관리자의 평균 연봉은 150,887달러, 연봉 범위는 129,855~169,052달러(연봉은 지역, 산업군, 기업 규모에 따라 달라질 수 있음)

추가 경력 개발 자료

MyLab MIS에서는 IT 관련 지식을 요구하는 적절한 직무를 찾고, 효과적인 이력서를 작성하며, 면접을 준비하고, 비즈니스 지식, 응용 소프트웨어 활용 능력, 인터넷 활용 능력, 분석 역량 등을 보여주는 디지털 포트폴리오를 만드는 데 도움이 되는 다양한 경력 개발 자료를 확인할 수 있다.

사례 연구 세일즈포스와 AI를 활용하여 비즈니스 전략을 혁신하는 밀러놀

밀러놀[MillerKnoll, 구 허먼밀러(Herman Miller, Inc.)]은 미시간주에 본사를 둔 회사로, 혁신적인 사무용 가구, 장비, 가정용 가구를 생산한다. 이 회사는 북미, 아시아·태평양, 유럽, 중동, 라틴아메리카 등 40개국 이상에 자회사, 지역 사무소, 독립 딜러, 소매업체, 라이선스 파트너를 보유하고 있다. 제품과 서비스는 소매점, 전자상거래 웹사이트, 카탈로그, 독립 사업자로 구성된 글로벌 딜러 네트워크를 통해 판매된다. 밀러놀은 2023년에 38억 달러의 매출을 기록했고, 전 세계적으로 약 1만 1,600명을 고용하고 있다.

코로나19 팬데믹으로 전 세계 사람들이 재택근무를 하게 되자 디자인과 기능성, 편안함을 겸비한 밀러놀의 가구에 대한 수요가 급증했다. 이로 인해 전자상거래 매출이 급증했고, 밀러놀은 자사의 비즈니스 전략과 온라인 스토어를 혁신하기로 결정했다. 새 전략은 고객에게 더욱 편리하고 개인화된 경험을 제공하는 '매끄러운 옴니채널' 서비스를 구축하는 것이었다. 밀러놀은 고객의 디자인 영감이 시작되는 순간부터 소통하고, 사용하기 쉬운 최첨단 디지털 쇼핑몰을 운영하며, 구매 중과 후에도 탁월한 고객 서비스를 제공하고자 했다.

밀러놀은 고객을 더 잘 응대하고 모든 고객관계를 효과적으로 관리하기 위해 세일즈포스를 도입했다. 세일즈포스는 CRM 및 애플리케이션 개발을 위한 클라우드 기반 도구를 제공한다. 이 플랫폼은 밀로놀이 핵심 고객 세그먼트를 식별하고, 그들과의 관계를 강화하며, 각 고객의 요구에 맞춘 차별화된 경험을 설계할 수 있도록 지원한다. 세일즈포스의 CRM 도구는 고객이 다양한 채널을 통해 회사와 상호작용하더라도 밀러놀 입장에서는 각 고객에 대해 일관되고 통합된 관점을 가질 수 있도록 해준다.

밀러놀은 Salesforce Marketing Cloud를 활용하여 복잡한 고객 여정(브랜드와의 모든 접점에서 발생하는 고객 경험)과 정교한 이메일 캠페인을 설계한다. Salesforce Marketing Cloud는 마케터가 고객과의 마케팅 관계 및 캠페인을 생성하고 관리할 수 있도록 도와주는 CRM 플랫폼이다. 이 클라우드는 고객 여정 관리, 이메일, 모바일, 소셜 미디어, 웹 개인화, 광고, 콘텐츠 제작 및 관리, 데이터 분석을 위한 통합 솔루션을 포함하고 있어, 상상할 수 있는 거의 모든 형태의 고객 상호작용과 참여를 포괄한다. 이 소프트웨어는 예측 분석 기능도 포함하고 있어, 예컨대 특정 메시지에 어떤 채널이 적절한지를 결정하는 데에도 도움을 줄 수 있다. 또한 Journey Builder라는 구성요소는 고객의 행동, 요구, 인구통계적 특성, 선호하는 커뮤니케이션 채널에 따라 마케팅 캠페인을 맞춤화할 수 있도록 지원한다.

밀러놀의 각 브랜드는 서로 다른 고객층을 보유하고 있으며, 이러한 고객층은 대부분 겹치지 않는다. Marketing Cloud는 밀러놀이 각 브랜드와 그 고객을 차별화된 방식으로 대하고, 다양한 채널을 통해 고객 선호도를 이해하며, 해당 데이터를 기반으로 고객 상호작용을 개인화할 수 있도록 도와준다. 이전에는 밀러놀의 상품 진열 작업이 수동으로 이루어져서, 제품을 적절한 위치에 배치하거나 자주 변경해야 하는 일들을 처리하는 데 너무 많은 시간이 소요되었다.

Marketing Cloud는 세일즈포스의 Sales Cloud 및 Service Cloud와 연결되어 있어 고객이 영업, 마케팅, 서비스 부서로부터 각각 따로 연락을 받지 않도록 하고 통합된 경험을 제공한다. Service Cloud는 고객 서비스 및 지원을 위한 플랫폼이다. 이 플랫폼을 사용하는 기업은 서비스 프로세스를 자동화하고, 업무 흐름을 간소화하며, 1,100명의 고객 서비스 상담사가 필요한 정보를 얻을 수 있도록 주요 문서, 주제, 전문가를 찾을 수 있다. Service Cloud의 경우 다양한 소셜 플랫폼에서 고객의 목소리를 '청취'하고 응답할 수 있으며, 고객 요청을 적절한 상담사에게 자동으로 배정한다. Service for Apps를 사용하면 모바일 앱에 고객 지원 소프트웨어를 삽입할 수 있는데, 이 앱에는 실시간 영상 상담, 화면 공유, 화면 내 안내 기능 등이 포함되어 있다. 이처럼 Service Cloud는 이메일, 웹, 소셜 미디어, 전화 등 고객이 선호하는 방식으로 보다 개인화되고 편리한 서비스를 제공할 수 있게 해준다. Service Cloud는 코로나19 팬데믹 기간 동안 급증한 고객 서비스 요청을 처리하는 데 많은 도움을 주었다.

Sales Cloud는 판매 담당자가 고객 정보를 중앙에서 관리하고, 회사와의 상호작용을 기록하며, 일상적인 업무를 자동화함으로써 더 빠르게 판매 활동을 할 수 있도록 도와주는 클라우드 기반 애플리케이션이다. 이를 통해 판매자는 행정 업무에 소요되는 시간을 줄이고, 거래 성사에 더 많은 시간을 할애할 수 있다. 영업 관리자 입장에서는 Sales Cloud를 통해 팀의 활동을 실시간으로 확인할 수 있어 보다 정확한 매출 예측이 가능하다. Sales Cloud는 사용이 간편하며, 판매 담당자의 업무 방식에 맞게 맞춤 설정할 수 있다. 밀러놀은 Sales Cloud를 활용하여 브랜드 전반의 영업 리드와 기회를 관리하고, 팀 성과를 모니터링하며, 판매 인사이트를 추적하고, 하나의 대시보드를 통해 업무를 자동화한다.

밀러놀은 Salesforce Commerce Cloud를 통해 웹사이트를 재구축했으며, 그 결과 사이트 속도가 향상되었고, 고객에게 더 풍부한 쇼핑 경험을 제공할 수 있게 되었다. 이제 고객은 맞춤형 제품 추천, 간소화된 결제 절차, 판매 상담사와의 실시간 영상 채팅을 위한 도구를 통해 더 쉽고 편리하게 제품을 탐색하고 구매할 수 있다.

밀러놀은 강력한 CRM 플랫폼과 통합된 고객 데이터를 바탕으로, 글로벌 성장 과정에서도 중요한 고객 정보를 유지하고 활용할 수 있었다. 영업, 마케팅, 서비스 팀이 모두 고객 중심으로 통합됨에 따라 밀러놀은 고객의 개인화된 서비스에 대한 기대를 충족하며 확장을 지속할 수 있었다. 밀러놀의 최고디지털책임자(CDO)인 벤 그룸(Ben Groom)에 따르면 세일즈포스는 밀러놀이 모든 브랜드에 걸쳐 더 잘 통합될 수 있도록 도왔으며, 밀러놀의 온라인 쇼핑 경험을 자사의 제품 품질과 동일한 수준으로 유지되게 했다.

밀러놀은 AI와 데이터 기반 접근 방식을 활용하여 지속가능성 노력을 강화하고 고객과의 관계를 더욱 심화하고 있다. 지속가능성 홍보는 제품의 매력을 한층 높여준다. 예를 들어 밀러놀은 AI를 활용하여 탄소 배출, 에너지 사용, 폐기물, 수자원 데이터를 추적하고 관리한다. 또한 밀러놀은 세일즈포스의 Net Zero Cloud도 도입했다. 이 플랫폼은 Salesforce Einstein AI 기반의 지속가능성 관리 플랫폼으로, 조직이 환경 영향을 관리하고 탄소 배출 '넷 제로' 목표 달성 진행 상황을 모니터링할 수 있도록 설계되었다. Net Zero Cloud를 사용하는 기업은 탄소 배출량에 대한 단일 데이터 소스를 확보할 수 있다. 이를 통해 밀러놀은 개별 자산을 분석하고, 위치와 시간에 따른 영향을 파악할 수 있다. 또한 Net Zero Cloud는 클릭 몇 번만으로도 유용한 보고서와 경영진용 시각화를 제공하여 배출량 추적 및 관리를 쉽게 할 수 있다.

Net Zero Cloud는 구매 지출 데이터를 총 이산화탄소 배출량 수치로 변환할 수 있다. 과거에 밀러놀은 다양한 출처의 탄소 배출 데이터를 스프레드시트를 이용하여 수동으로 추적해야 했지만, Net Zero Cloud는 이를 실시간으로 자동화하여 비효율적이고 시간이 많이 소요되던 작업을 제거해준다. 또한 이 도구는 가치사슬 내 공급업체의 배출량까지 측정할 수 있으며 기업 전체 배출량에 큰 영향을 미치는 공급업체를 식별할 수도 있다.

Net Zero Cloud의 새로운 Salesforce Einstein AI 기능은 기업이 빠르게 변화하는 규제 환경 속에서 환경, 사회, 지배 구조(ESG) 보고를 더 쉽게 할 수 있도록 지원한다. EU의 기업 지속가능성 보고 지침(Corporate Sustainability Reporting Directive, CSRD)은 이미 시행 중이다. 이 지침은 EU에서 활동하는 기업, 특히 EU에 자회사를 두고 일정 기준을 충족하는 미국 기업을 대상으로 비즈니스 행동에 변화를 유도하기 위해 도입되었다. CSRD는 환경, 사회, 지배 구조와 관련된 기업의 영향에 대한 책임을 명확히 하고, 완전히 지속가능하고 포용적인 경제·금융 시스템으로의 전환을 가속화하는 것을 목표로 한다. 이 지침은 매우 복잡하며, 사회적·환경적·지배구조적 이슈와 관련된 리스크, 기회, 중대한 영향 요소를 식별할 것을 요구한다. 약 5만 개 기업(많은 미국 대기업 포함)이 보고 대상에 해당된다. Net Zero Cloud의 새로운 기능인 CSRD Report Builder는 CSRD 요구사항에 맞춰 보고서를 자동 생성하며, 기업이 자사 비즈니스에 가장 중요한 ESG 주제를 식별하는 데 도움을 준다.

밀러놀은 AI와 데이터를 적극적으로 활용함으로써 지속가능성에 초점을 두는 가운데 제품과 프로세스에 대해 더욱 정보에 기반한 결정을 내릴 수 있게 되었다. 밀러놀은 각 제품과 고객 경험을 탁월하게 설계하는 동시에 지구 자원을 책임감 있게 관리하는 모범적인 기업이 되기를 희망한다.

출처: Millerknoll.com, accessed September 9, 2024; Salesforce.com, "That Chair That You Bought? See How MillerKnoll Computes Its Carbon Impact," Salesforce.com, accessed September 9, 2024; "MillerKnoll, a Company Built on Iconic Designs, Now Operates as One B2C Enterprise," Capgemeni.com, accessed September 9, 2024; "How MillerKnoll Transformed Its B2B eCommerce Capabilities with Connected Commerce," Tradecentric.com, accessed September 9, 2024.

문제

1. 밀러놀의 비즈니스 전략은 무엇이며, 이 전략에서 CRM의 역할은 무엇인가?
2. 세일즈포스를 도입하면서 밀러놀의 비즈니스 운영 방식은 어떻게 바뀌었는가?
3. 밀러놀의 비즈니스 모델에서 AI의 역할은 무엇인가?
4. 밀러놀에서 이루어진 두 가지 비즈니스 결정 예를 제시하라.

요약

9.1 전사적 자원관리시스템

ERP시스템은 통합된 소프트웨어 모듈과 공통의 중앙 데이터베이스를 기반으로 한다. 이 데이터베이스는 조직의 거의 모든 내부 비즈니스 프로세스를 지원할 수 있는 다양한 애플리케이션에서 데이터를 수집하고 다시 공급한다. 한 프로세스에서 새로운 정보를 입력하면 그 정보는 즉시 다른 비즈니스 프로세스에서도 사용할 수 있다. ERP시스템은 전체 회사에 걸쳐 통일된 데이터 표준과 비즈니스 프로세스를 강요함으로써 조직의 중앙집중화를 지원하며, 단일하고 통합된 기술 플랫폼을 제공한다. ERP시스템은 운영 효율성을 높이고, 경영자가 더 나은 의사결정을 내릴 수 있도록 회사 전반의 데이터를 제공함으로써 가치를 창출한다. 최근에는 ERP 소프트웨어에 AI를 통합하는 사례가 점점 늘어나고 있다.

9.2 공급사슬관리시스템

SCM시스템은 공급업체와 함께 계획, 생산, 물류를 조정한다. SCM시스템은 공급사슬 구성업체 간의 정보 흐름을 자동화하여 이들이 언제, 얼마만큼 구매하고 생산하며 배송할지를 보다 잘 결정할 수 있도록 돕는다. SCM시스템에서 제공되는 더 정확한 정보는 불확실성과 채찍 효과의 영향을 줄여준다. SCM 소프트웨어는 공급사슬계획 소프트웨어와 공급사슬실행 소프트웨어로 구성된다. SCM시스템은 비용 절감뿐 아니라 고객 수요에 기반한 효율적 고객 대응을 가능하게 하여 기업의 운영이 고객의 수요에 더 잘 맞춰지도록 지원한다.

9.3 글로벌 공급사슬관리의 도전 과제

글로벌 공급사슬은 일반적으로 국내 공급사슬보다 지리적 거리와 시차가 더 크며, 여러 국가의 참여자가 포함된다. 지역이나 국가에 따라 성과 기준이 다를 수 있으며, SCM에 외국 정부의 규제나 문화적 차이를 반영해야 할 수도 있다. 인터넷 기술은 여러 국가에 위치한 조직이 공급사슬 정보를 공유할 수 있도록 함으로써 글로벌 SCM을 용이하게 해준다. 공급사슬 구성원 간의 커뮤니케이션이 개선되면 효율적인 고객 대응과 수요 중심 모델로의 전환도 촉진된다. 또한 AI는 공급사슬 문제를 관리하는 데 도움을 주기 위해 많은 SCM시스템에 통합되고 있다.

9.4 고객관계관리시스템

CRM시스템은 영업, 고객 서비스, 마케팅 등 고객과 접하는 프로세스를 통합하고 자동화하여 기업 전체 차원의 고객 관점을 제공한다. 기업은 이러한 고객 정보를 바탕으로 고객과 상호작용할 때 더 나은 서비스를 제공하거나, 새로운 제품 및 서비스를 판매할 수 있다. 또한 이 시스템은 수익성이 높은 고객과 수익성이 낮은 고객을 식별하거나, 가입해지율을 줄일 수 있는 기회도 제공한다. 운영적 CRM은 영업자동화 도구, 콜센터 및 고객 서비스 지원, 마케팅 자동화 등 고객 접점에서 사용하는 애플리케이션을 포함한다. 분석적 CRM은 운영적 CRM에서 생성된 고객 데이터를 분석하여 비즈니스 성과 향상을 위한 정보를 제공한다. 최근에는 많은 CRM시스템에 AI가 통합되어, CRM 프로세스를 자동화하고 향상하며 최적화하는 데 사용되고 있다.

9.5 전사적 애플리케이션의 도전 과제에 대한 논의

전사적 애플리케이션은 구현하기가 어렵다. 이러한 시스템은 광범위한 조직 변화, 대규모 소프트웨어 투자 그리고 조직 성과를 어떻게 향상할지를 신중히 평가하는 작업을 필요로 한다. 조직 내 프로세스에 결함이 있거나, 성과 개선을 측정하는 방법을 제대로 이해하지 못한 상태에서 시스템을 도입하면 전사적 애플리케이션은 가치를 제공할 수 없다. 직원은 새로운 절차와 역할에 대비하여 교육을 받아야 하며, 데이터 관리에 대한 주의도 필수적이다. 오늘날의 전사적 애플리케이션은 더 유연해졌고, 웹 기반으로 작동하며, 다른 시스템과 통합할 수 있는 기능도 갖추고 있다. 이러한 애플리케이션은 클라우드 인프라나 모바일 플랫폼에서도 실행될 수 있다. 또한 비즈니스 인텔리전스(BI) 기능을 통합함으로써, 생성되는 대규모 데이터를 분석할 수 있도록 진화하고 있다. 컴포저블 ERP는 또 다른 주요 트렌드로 떠오르고 있다.

9.6 전사적 애플리케이션이 AI를 활용하는 방법

전사적 애플리케이션 공급업체는 시스템이 생성하는 방대한 데이터를 바탕으로 관리자가 더 의미 있는 정보를 얻을 수 있도록 비즈니스 인텔리전스 및 AI 도구를 추가하고 있다. ERP, SCM, CRM 시스템은 분석 기능, 머신러닝, 생성형 AI를 더욱 통합하여 효율성을 높이고, 복잡한 데이터 분석, 예측 모델링, 실시간 의사결정까지 처리할 수 있는 능력을 확장하는 데 초점을 맞추고 있다. AI 기반 도구는 기존 소프트웨어보다 훨씬 더 빠르고, 복잡한 데이터 분석을 수행할 수 있으며, 새로운 콘텐츠 생성 기능도 갖추고 있다.

주요 용어

가입 해지율
고객 접점
고객평생가치(CLTV)
공급사슬
공급사슬계획시스템
공급사슬실행시스템
교차판매
분석적 CRM
수요계획수립
영업자동화(SFA) 모듈
운영적 CRM
적시생산전략
채찍 효과
컴포저블 ERP
푸시 기반 모델
풀 기반 모델

복습문제

9.1 전사적 자원관리시스템

- ERP시스템이 무엇이고 어떻게 작동하는지 설명하라.
- ERP시스템이 비즈니스에 어떻게 가치를 제공하는지 설명하라.
- ERP시스템에서 AI 애플리케이션이 어떻게 사용되는지 논의하라.

9.2 공급사슬관리시스템

- 공급사슬의 정의와 각 구성요소를 설명하라.
- SCM시스템이 채찍 효과를 줄이는 데 어떻게 도움이 되며, 기업에 어떻게 가치를 제공하는지 설명하라.
- 공급사슬계획시스템과 공급사슬실행시스템을 정의하고 비교하라.
- 푸시 기반 공급사슬관리 모델과 풀 기반 공급사슬관리 모델의 차이점을 구분하고, 현대적인 SCM시스템이 풀 기반 모델을 어떻게 지원하는지 설명하라.

9.3 글로벌 공급사슬관리의 도전 과제

- 글로벌 공급사슬의 도전 과제를 설명하라.
- 인터넷 기술이 기업의 글로벌 SCM을 어떻게 지원할 수 있는지 설명하라.
- AI 애플리케이션이 글로벌 공급사슬 계획, 관리, 운영을 어떻게 향상할 수 있는지 논의하라.

9.4 고객관계관리시스템

- CRM을 정의하고, 오늘날 고객관계가 왜 중요한지 설명하라.
- 영업, 마케팅, 고객 서비스를 위한 CRM시스템의 도구와 기능을 설명하라.
- 운영적 CRM과 분석적 CRM을 설명하라.
- AI 애플리케이션이 CRM 프로세스를 자동화, 개선, 최적화하는 데 어떻게 활용되고 있는지 논의하라.

9.5 전사적 애플리케이션의 도전 과제에 대한 논의

- 전사적 애플리케이션이 제기하는 과제를 나열하고 설명하라.
- 이러한 과제를 어떻게 해결할 수 있는지 설명하라.
- 전사적 애플리케이션이 클라우드 컴퓨팅을 어떻게 활용하고 있는지 설명하라.
- 컴포저블 ERP를 정의하고, 기업이 왜 사용하려 하는지 설명하라.

9.6 전사적 애플리케이션이 AI를 활용하는 방법

- 전사적 애플리케이션에서 AI를 사용하는 것의 장점을 설명하라.
- 주요 전사적 애플리케이션의 공급업체들이 제공하는 AI 기능들의 예를 제시하라.

토의문제

9.7 공급사슬관리는 제품의 물리적 이동보다는 정보를 관리하는 것이라 할 수 있다. 이 말의 의미에 대해 토의하라.

9.8 만약 기업이 전사적 애플리케이션을 구축하고자 한다면 철저한 사전 준비가 필요하다. 이 말의 의미에 대해 토의하라.

9.9 기업은 ERP, SCM, CRM 시스템 중 어떤 전사적 애플리케이션을 가장 먼저 구축하는 것이 바람직한가? 그 이유를 설명하라.

AI 활용 프로젝트

9.10 고객 경험 개선

반려동물 유기농 사료와 간식, 유기농 소재로 만든 반려동물 장난감과 의류를 판매하는 소매점을 열고자 하는 두 친구가 자문을 구했다. 이들은 다양한 고객 접점과 각 접점에서 최고의 고객 경험을 제공하는 방법에 대해 조언해달라고 요청했다. 마이크로소프트의 Copilot, 구글의 Gemini 또는 ChatGPT를 이용하여 이러한 조언을 제공하는 데 도움이 되는 일련의 프롬프트를 작성하라. 프롬프트와 챗봇 대화를 저장하고 강사에게 제출하라.

MIS 실습 과제

이 프로젝트는 비즈니스 프로세스 문제를 분석하고, 데이터를 활용하여 공급업체를 선택하며, 온라인 조사 도구를 사용하여 SCM 비즈니스 서비스 및 전사적 애플리케이션 공급업체를 평가하는 실습 경험을 제공한다.

학생은 www.pearsonhighered.com/laudon에서 Hands-On MIS Application data file을 내려받아 사용하면 된다. 추가로 교재 관련 연습문제 풀이, 주요 콘셉트 비디오 자료 등이 필요하다면 https://t2-apac.pearson.com에서 MyLab MIS를 구매할 수 있다.

9.11 경영 의사결정 문제

오피스디포는 미국 시장과 해외 시장을 대상으로 매우 다양한 사무용품과 서비스를 판매하는 회사이다. 이 회사는 JIT 보충 방식과 정교한 재고관리시스템을 통해 다른 소매업체보다 더욱 저렴한 가격으로 다양한 사무용품을 제공하려고 한다. 또한 수요예측시스템에서 나오는 정보와 판매 시점 관리 데이터를 활용하여 1,600여 개에 이르는 소매 점포의 재고를 보충하고 있다. 오피스디포가 비용과 손해를 최소화하는 데 이러한 시스템이 어떻게 도움이 될 수 있는지 설명하라. 그리고 오피스디포에 특별히 도움이 될 수 있는 다른 SCM 애플리케이션에는 어떤 것들이 있는지 파악하고 설명하라.

9.12 공급업체 선정을 위한 데이터 분석

소프트웨어 기술: 스프레드시트 날짜 함수, 데이터 필터링, AVERAGE 함수

비즈니스 기술: 공급업체 성과 및 가격 분석

이 프로젝트에서는 공급업체 선정을 위한 경영 의사결정을 개선하도록 데이터를 분석하게 될 것이다. 회사에 가장 적합한 공급업체를 선택하기 위해 스프레드시트 소프트웨어를 이용하여 여러 기준에 따라 공급업체에 대한 거래 데이터를 필터링한다.

당신의 회사는 항공기 부품을 제조하며, 고객에게 더 낮은 가격과 더 나은 서비스를 제공하려는 많은 경쟁업체와 경쟁하고 있다. 회사는 더

나은 SCM이 회사에 도움이 될 수 있는지를 판단하려고 한다. 이 장의 MIS18 Project 9.12_Student File에는 회사가 지난 5개월 동안 공급업체로부터 주문한 모든 항목의 목록이 포함되어 있다. 스프레드시트 파일에는 공급업체 이름, 공급업체 식별 번호, 구매 주문 번호, 품목 식별 번호, 품목 설명(공급업체로부터 주문한 각 품목), 품목당 비용, 주문 수량, 각 주문의 총비용, 공급업체의 외상 결제 조건, 주문일, 실제 도착일과 같은 필드가 포함되어 있다.

이 스프레드시트 파일의 데이터를 활용하여 공급업체 선정 의사결정을 어떻게 개선할 수 있을지에 대한 보고서를 작성하라. 각 주문에 소요된 배송일(주문부터 실제 도착까지 걸린 일수)을 계산하라. 우수 공급업체를 식별하기 위한 평가 기준은 제품을 가장 신속하게 배송하는 공급업체, 가장 유리한 외상 결제 조건을 제공하는 공급업체, 예를 들어 개스킷과 같은 특정 부품을 생산하는 모든 공급업체와 해당 제품의 가격, 전체 공급업체의 평균 배송일 등이다. 이러한 보고서가 회사의 SCM에 어떻게 도움을 줄 수 있는지 설명하라.

9.13 공급사슬관리 서비스 평가

소프트웨어 기술: 온라인 조사 도구 및 프레젠테이션 소프트웨어
비즈니스 기술: SCM 서비스 평가

일부 운송 회사는 상품을 한곳에서 다른 곳으로 운송하는 것 외에도 SCM 서비스를 제공하고 고객의 정보 관리를 지원한다. 이 프로젝트에서는 온라인 조사 도구를 활용하여 UPS와 슈나이더인터내셔널(Schneider International)의 비즈니스 서비스를 조사하고 평가한다. 이 기업들의 서비스가 SCM을 위해 어떻게 활용될 수 있는지를 살펴보고 다음 질문에 대한 발표 자료를 준비하라.

- 각 회사는 고객에게 어떤 공급사슬 프로세스를 제공할 수 있는가?
- 고객은 SCM에 도움을 주기 위해 각 회사의 웹사이트를 어떻게 활용할 수 있는가?
- 두 회사가 제공하는 SCM 서비스를 비교해보라. 자사의 SCM을 돕기 위해 이 두 회사 중 어디를 선택하겠는가? 그 이유는 무엇인가?

9.14 협업 및 팀워크 프로젝트: 전사적 애플리케이션 공급업체 분석

2명 이상의 학생과 팀을 구성하고, 온라인 조사 도구를 사용하여 2개의 전사적 애플리케이션 소프트웨어 공급업체의 제품을 조사하고 평가하라. 예를 들어 SAP와 오라클의 ERP시스템, 블루욘더와 SAP의 SCM시스템, 오라클과 세일즈포스의 CRM시스템을 비교하라. 선택한 소프트웨어 제품을 지원하는 비즈니스 기능, 기술 플랫폼, 비용, 사용 용이성 등의 기준에 따라 비교하라. 어느 공급업체를 선택하겠는가? 그 이유는 무엇인가? 중소기업(직원 수 50~300명)과 대기업의 경우 같은 공급업체를 선택하겠는가? 구글 문서, 구글 드라이브, 구글 사이트를 이용하여 브레인스토밍하고 내용을 정리하여 발표 자료를 만들라.

참고문헌

Accenture. "The State of Supply Chain and the Cloud." Accenture.com (accessed September 9, 2024).

Bozarth, Cecil, and Robert B. Handfield. *Introduction to Operations and Supply Chain Management*. 5th ed. Hoboken, NJ: Pearson Education, Inc. (2021).

Brans, Pat. "What AI Already Does Well in Supply Chain Management." CIO.com (September 7, 2023).

Bumann, Bill. "Why ERP Projects Go Over Budget (and How to Prevent It)." Panorama Consulting Group (April 25, 2024).

Cao, Chengxin, Gautam Ray, Mani Subramani, and Alok Gupta. "Enterprise Systems and the Likelihood of Horizontal, Vertical, and Conglomerate Mergers and Acquisitions." *MIS Quarterly* 46, No. 2 (June 2022).

Chen, Liwei, J. Po-An Hsieh, Arun Rai, and Sean Xin Xu. "How Does Employee Infusion Use of CRM Systems Drive Customer Satisfaction? Mechanism Differences between Face-to-Face and Virtual Channels." *MIS Quarterly* 45, No. 2 (June 2021).

Cohen, Maxime C., and Christopher S. Tang. "The Role of AI in Developing Resilient Supply Chains." *Georgetown Journal of International Affairs* (February 5, 2024).

Fruhlinger, Josh, Peter Sayer, and Thomas Wailgum. "12 Famous ERP Disasters, Dustups and Disappointments." Cio.com (November 7, 2022).

Gaur, Vishal, and Abhinay Gaiha. "Building a Transparent Supply Chain." *Harvard Business Review* (May–June 2020).

IBM. "AbbVie Builds a Global Pharmaceuticals Company on New Foundations with SAP and IBM." IBM.com (accessed September 9, 2024).

Isik, Tuncay. "The Role of AI, Analytics in Advancing Supply Chains." *Supply Chain Brain* (February 17, 2022).

Kramer, Bill. "ERP and SCM: What to Expect in 2024 – Part 1." *Forbes* (January 29, 2024).

Lee, Hau L., V. Padmanabhan, and Seugin Whang. "The Bullwhip Effect in Supply Chains." *MIT Sloan Management Review* 38, No. 3 (Spring 1997).

McCormick, Emily. "Inflation Will Probably Fall, but It Won't Be the Fed's Doing." Finance.yahoo.com (June 28, 2022).

Panorama Consulting Group. "The 2024 ERP Report." (2024).

Pedersen, Carsten, and Thomas Ritter. "Firing the Right Customers Is Good Business." *MIT Sloan Management Review* (January 10, 2024).

Ramasubbu, Narayan, and Chris F. Kemerer. "Controlling Technical Debt Remediation in Outsourced Enterprise Systems Maintenance: An Empirical Analysis." *Journal of Management Information Systems* 38, No. 1 (2021).

Rohm, Ted. "How IoT Will Dramatically Impact Enterprise Resource Planning (ERP) Systems." *Technology Research Centers* (August 14, 2019).

Shih, Willy. "Global Supply Chains in a Post-Pandemic World." *Harvard Business Review* (September–October 2020).

Sykes, Tracy Ann. "Enterprise System Implementation and Employee Job Outcomes: Understanding the Role of Formal and Informal Support Structures Using the Job Strain Model." *MIS Quarterly* 44, No. 4 (December 2020).

Tan, Barney, Shan L. Pan, Wenbo Chen, and Lihua Huang. "Organizational Sensemaking in ERP Implementation: The Influence of Sensemaking Structure." *MIS Quarterly* 44, No. 4 (December 2020).

Tozanli, Ozden, and Maria Jesus Saenz. "Unlocking the Potential of Digital Twins in Supply Chains." *MIT Sloan Management Review* (August 18, 2022).

Tsidelko, Joseph. "Benefits of AI in the Supply Chain." Oracle. com (accessed September 9, 2024).

Wailgum, Thomas. "What Is ERP? Enterprise Resource Planning Systems Explained." Cio.com (September 26, 2022).

CHAPTER 10

전자상거래: 디지털 시장과 디지털 제품

© Graphic and Photo Stocker/Shutterstock

학습목표

10.1 전자상거래의 진화와 새로운 지평에 대해 논의할 수 있다.

10.2 전자상거래의 고유한 특성을 이해할 수 있다.

10.3 디지털 시장과 디지털 제품에 대해 설명할 수 있다.

10.4 전자상거래와 전자상거래의 유형을 설명할 수 있다.

10.5 전자상거래 수익 모델에 대해 설명할 수 있다.

10.6 전자상거래가 마케팅을 어떻게 변화시켰는지 설명할 수 있다.

10.7 소셜 네트워크, 소셜 마케팅, 소셜 커머스에 대해 설명할 수 있다.

10.8 전자상거래가 B2B 거래에 어떤 영향을 미쳤는지 이해할 수 있다.

10.9 모바일 전자상거래와 모바일 전자상거래 애플리케이션에 대해 설명할 수 있다.

10.10 전자상거래 프레즌스를 구축하는 방법에 대해 논의할 수 있다.

10.11 이 장의 내용이 경력에 어떻게 도움이 되는지 이해할 수 있다.

이 장의 사례

- **도입 사례:** B2C와 B2B 전자상거래를 결합한 추이
- **조직 사례:** 스프라우트소셜을 활용한 소셜 리스닝
- **사례 연구:** AI로 보험업계의 파괴적 혁신을 주도하는 레모네이드

도입 사례 B2C와 B2B 전자상거래를 결합한 추이

기업은 항상 수익을 확장할 방법을 찾고 있다. 추이(Chewy)는 반려동물 사료와 용품을 온라인으로 판매하는 소매업체로 잘 알려져 있다. 추이는 처음 사업을 시작했을 때 주로 B2C 전자상거래에 주력했다. 그러나 반려동물 용품 시장은 경쟁이 매우 치열하다. 추이는 이 시장의 다양한 참여자들, 즉 다른 온라인 소매업체, 온·오프라인을 병행하는 소매업체, 소비자에게 직접 판매하는 공급업체, 반려동물 가게와 같은 전통적인 오프라인 소매업체, 심지어 수의사들과도 경쟁을 해야 한다. 추이는 이러한 경쟁 상황이 앞으로도 계속 심화될 것으로 예상하고 비즈니스 모델을 다각화하기로 결정했다.

2011년, 추이의 창립자들은 아마존이라는 강력한 경쟁자와 마주하게 되었다. 이들은 자사를 아마존과 차별화하기 위해 보다 개인화된 경험을 제공하고자 했다. 콜센터, 실시간 채팅 상담원, 고객 이메일에 대한 신속한 응답 등에 많은 자원을 투자했다. 이러한 철학은 지금까지도 유지되고 있으며, 회사 제품에 익숙한 상담원이 제공하는 연중무휴 24시간 고객 서비스, 첫 구매 시 손글씨로 작성된 감사 카드, 반려동물이 세상을 떠났을 때 위로 카드와 꽃을 보내는 서비스 등으로 나타나고 있다. 추이는 빠르게 성장했고, 2017년에 오프라인 소매업체인 펫스마트(PetSmart)에 33억 5,000만 달러에 인수되었다. 이는 당시 온라인 소매업체에 지급된 금액 중 가장 큰 규모였다. 인수 조건 중 하나는 추이가 독립적으로 운영된다는 것이었다. 추이의 수익은 지속적으로 증가했고, 2019년에는 독립적인 상장기업으로 분사되었다. 그리고 2020년에 추이와 펫스마트는 공식적으로 완전히 별개의 회사가 되었다.

추이는 2018년에 비즈니스 모델 다각화를 시작했다. 2017년에는 전년도에 비해 매출이 2배 이상 증가했음에도 약 3억 4,000만 달러의 손실을 기록했다. 추이의 첫 번째 조치는 추이헬스(Chewy Health)라는 새로운 반려동물 건강관리 사업을 시작하는 것이었다. 이 사업에는 다양한 서비스가 포함되는데, 추이의 기존 전자상거래 플랫폼을 활용한 온라인 반려동물 약국도 마찬가지이다. 2020년에는 고객이 수의사와 연결되게 해주는 독자적인 원격 진료 플랫폼인 Connect with a Vet을 출시했다. 2021년에는 트루패니언(Trupanion)과 파트너십을 맺고, 추이 고객에게만 제공되는 반려동물 건강보험 및 웰니스 플랜을 선보였다.

2021년, 추이는 B2B 영역에서 또 하나의 중요한 진척을 이루었다.

© Il.studio/Shutterstock

Practice Hub라는 수의사 전용 통합 전자상거래 솔루션을 출시한 것이다. 이 솔루션은 수의사의 기존 병원 관리 시스템에 통합될 수 있도록 설계되었다. 추이는 Practice Hub를 추이헬스의 가장 혁신적인 프로젝트 중 하나로 평가하고 있다. 수의사는 독자적인 이 앱을 통해 사전 승인된 처방전을 한곳에서 쉽게 생성하고 관리할 수 있다. 고객이 추이를 통해 해당 처방약을 주문하면 수의사는 판매자로서 수익을 얻을 수 있다. 또한 추이는 이러한 자사 플랫폼을 통해 추이를 처음 이용하는 고객을 포함하여 고객과의 접점을 확대할 수 있다는 이점을 누리고 있다. 추이는 재고 관리, 주문 처리, 배송, 고객 서비스를 모두 기존 인프라를 통해 지원하고 있다. 추이는 Practice Hub 개발 과정에서 수의사 팀과 긴밀하게 협력했으며, 수의사들은 기능 테스트와 개선을 위한 피드백을 제공했다.

반려동물 건강관리로의 사업 확대는 추이의 전략에서 중요한의 핵심 요소이다. 2024년에는 추이헬스 포트폴리오 확장의 일환으로 Chewy Vet Care를 발표했다. 이는 반려동물 보유율이 높고 추이 고객의 밀도가 높은 일부 지역에 동물병원을 직접 개설하는 계획이다. 추이는 Chewy Vet Care를 통해, 수년간 구축해온 자사의 B2C 전자상거래 제품과 서비스, B2B 수의사 솔루션, 독자적인 건강관리 기술 인프라를 통합하여 자체적인 수직 통합 반려동물 건강관리 생태계 내에서 구축하려는 전략을 추진하고 있다.

출처: Ahmed Abdelazim, "Chewy: A Recurring Revenue Powerhouse Fueled by Pet Love," Seekingalpha.com, April 26, 2024; Fortune Editors, "Why the CEO of a $12 Billion Pet Services Company Still Responds to Customer Emails Himself," Fortune.com, April 17, 2024; Chewy, "Letter to Shareholders: Q4 and Fiscal Year 2023," March 20, 2024; Pymnts, "Chewy Health President: New Veterinary Clinics Complete Petcare Ecosystem," Pymnts.com, January 16, 2024; Brendan Meyer, "How Collaborating with Veterinarians Led to Chewy's Latest Innovative Product," Builtinboston. com, October 26, 2021; "Chewy Launches Innovative Marketplace Service for Veterinarians to Grow Clinic Revenues, Streamline Shopping Experience," Businesswire.com, September 15, 2021; Mary Hansbury, "The Cofounder of Chewy Explains How He Created a $10.2 Billion Empire Selling Pet Food to Millennials Who Treat Their Animals Like Their Firstborn Child," Businessinsider.com, November 30, 2019.

추이의 매출은 수년에 걸쳐 꾸준히 증가해왔다. 2023 회계연도에 추이는 111억 달러 이상의 매출을 기록했는데, 이는 전년도 대비 10% 이상 증가한 수치이며, 순이익은 약 4,000만 달러에 달했다. 현재 추이의 시가 총액은 약 70억 달러 수준이다. 많은 분석가는 추이가 저평가되어 있다고 보며, 그 근거 중 하나로 추이헬스를 지목한다. 이 사업 부문은 추이의 성장을 가속화하고 이익률을 높일 수 있는 새로운 기회를 제공하기 때문이다. 추이헬스는 이미 연간 30억 달러 이상의 매출을 창출하고 있으며, 분석가들은 Chewy Vet Care 클리닉이 고객의 높은 브랜드 충성도 덕분에 큰 성공을 거둘 것으로 예상하고 있다. 또한 이 클리닉은 상향판매 및 교차판매 기회도 크게 창출할 수 있을 것으로 기대된다.

추이는 다양한 인터넷 기반 전자상거래 비즈니스 모델을 활용하는 기업의 대표적인 사례이다. 추이가 처음 사업을 시작했을 때는 B2C 전자상거래, 즉 온라인 소매에 초점을 맞추고 있었다. 이후 회사가 성장하면서 서비스 제공으로 영역을 확장했고, 최근에는 B2B 서비스도 구축했다. 또한 추이는 개인

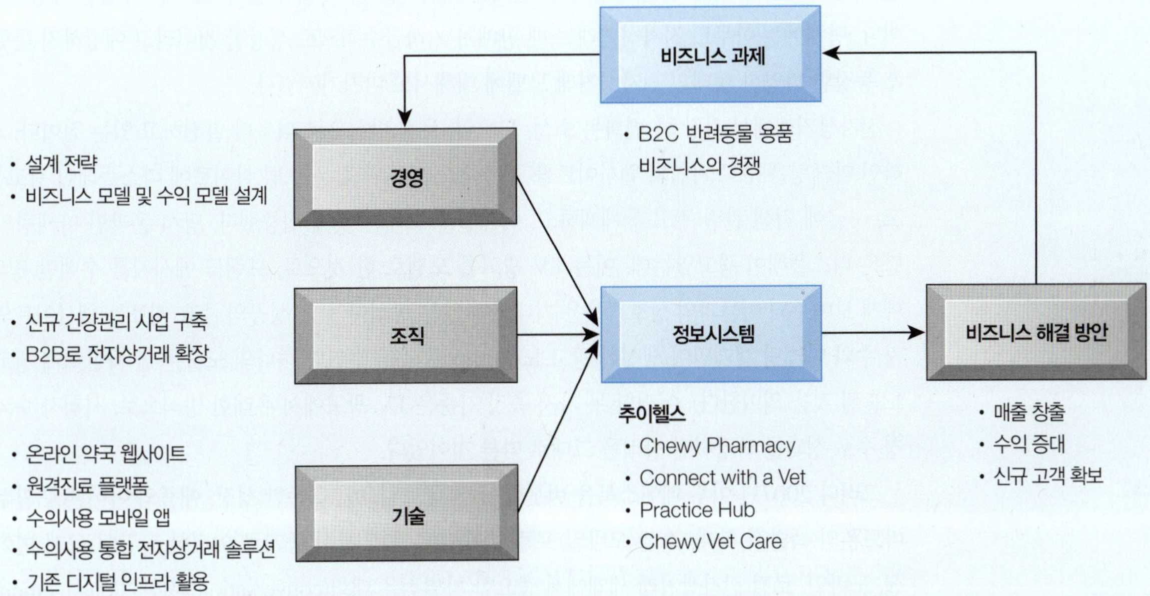

화 및 맞춤화 기술과 같은 독특한 전자상거래 기술을 적극적으로 활용하고 있는데, 이는 추이의 주요 사업 전략이자 경쟁우위 요소이다.

위의 도표는 이 사례와 이 장에서 제기된 핵심 사항을 보여준다. 추이가 직면한 도전 과제는 주요 시장에서 점점 심화되는 경쟁에 어떻게 대응할 것인가이다. 추이가 선택한 대응 전략 중 하나는 기존의 디지털 인프라를 활용하여 비즈니스 모델을 다각화하고, 반려동물 건강관리 서비스 및 B2B 전자상거래와 같은 새로운 영역으로 사업을 확장하는 것이다.

문제

1. 추이가 서비스 분야와 B2B 전자상거래 분야로 확장하는 과정에서 해결해야 했던 경영, 조직, 기술 과제는 무엇인가?
2. 추이가 이러한 결정을 내렸을 때 발생할 수 있는 잠재적인 장단점은 무엇인가?
3. 추이의 반려동물 건강관리 서비스 제공은 전략 및 사업 모델과 어떻게 부합하는가?

경력 개발 효과

추이의 비즈니스 모델 다각화는 모든 직원에게 혜택을 주고 추이의 수익 증가에 기여했다. 추이의 기존 B2C 전자상거래 플랫폼과 앱을 B2B 전자상거래 플랫폼으로 확장하는 데 직접 참여한 직원들은 새로운 전자상거래 영역에서 역량을 넓히는 기회를 얻을 수 있었다. 또한 직원들은 Chewy Vet Care를 통한 B2B 사업 확장에 참여함으로써 추이의 반려동물 건강관리 생태계를 확장하는 데 필요한 전문성과 역량을 더욱 발전시킬 수 있었다.

10.1 전자상거래의 진화와 새로운 지평

전자상거래(e-commerce)는 인터넷과 웹을 이용한 거래를 의미하며, 보다 공식적으로는 조직과 개인 간에 디지털 방식으로 수행되는 상거래 활동으로 정의할 수 있다. 상거래란 조직이나 개인이 제품 또는 서비스를 대가로 가치(예: 금전)를 주고받는 것을 의미한다.

전자상거래
비즈니스 거래를 위해 인터넷, 웹, 모바일 앱 및 모바일 장치에서 실행되는 브라우저를 사용하며, 보다 공식적으로는 조직과 개인 간에 디지털 방식으로 활성화된 상업 거래로 정의할 수 있다.

전자상거래의 진화

전자상거래가 정확히 언제 시작되었는지 특정하기는 어렵지만, 많은 사람은 그것의 진정한 시작을 1995년으로 보고 있다. 그해에 최초의 인터넷 포털 중 하나였던 넷스케이프(Netscape.com)가 주요 기업의 광고를 처음으로 수용하면서, 웹이 광고 및 판매를 위한 새로운 매체가 될 수 있다는 개념을 대중화했기 때문이다. 당시에는 아무도 전자상거래 소매 판매가 기하급수적으로 성장할 것이라고 예상하지 못했는데, 이후 등장할 다양한 형태의 전자상거래 모델에 대해서도 마찬가지였다.

전자상거래에서 가장 큰 변화는 소셜, 모바일, 로컬 방식으로 더욱더 발전하고 있는 점이다. 과거에 온라인 마케팅은 주로 기업의 웹사이트를 구축하고, 야후와 같은 포털 사이트에 디스플레이 광고를 게재하고, 구글에 검색 관련 광고를 게재하고, 이메일을 보내는 것에 집중했다. 당시 온라인 마케팅의 주된 수단은 디스플레이 광고였는데, 이는 TV 광고를 모델로 한 것으로, 브랜드 메시지를 수백만 명의 사용자에게 보여주되 이들과의 상호작용은 기대하지 않는 방식이었다. 성공의 주요 지표는 웹사이트의 순 방문자 수와 마케팅 캠페인이 생성한 광고 노출(impression) 수였다(하나의 노출은 한 사람에게 광고가 한 번 노출된 것을 의미한다). 이러한 두 가지 측정 기준은 TV 광고에서 유래한 방식으로, 시청자 수와 광고 시청 수로 성과를 측정하던 방식을 그대로 따른 것이었다.

그러나 2007년 이후 페이스북을 비롯한 소셜 네트워크의 급속한 성장, 애플의 아이폰을 필두로 한 스마트폰의 폭발적 확대, 소셜/모바일/로컬 마케팅에 대한 관심 증가로 이러한 상황이 크게 변화했다. 소셜, 모바일, 로컬 전자상거래 세계에서 중요한 차별점은 대화(conversation)와 참여(engagement)라는 개념이다. 과거에는 기업이 브랜드 메시지를 철저히 통제하고, 소비자에게 일련의 메시지를 순차적으로 전달하여 결국 구매로 유도하는 방식을 사용했다. 그러나 소셜 마케팅에서는 이러한 통제가 거의 불가능하다. 대신 기업은 온라인에서 고객, 잠재고객, 심지어 비판자와의 대화에 참여해야 한다. 오늘날 브랜드는 웹과 소셜 미디어상에서 지속적으로 언급되고 있는데(이것이 바로 '대화'의 부분), 기업은 브랜드를 마케팅하고 구축하고, 유지하기 위해 이러한 대화를 찾고, 식별하며, 직접 참여해야 한다. 소셜 마케팅은 단순한 광고 채널이 아니라 소비자와 소통하는 활동으로, 여기에는 경청, 토론, 상호작용, 공감, 참여 등 소셜 전반의 활동이 포함되며, 결국 기업이 이러한 사회적 과정에 참여하고 그 과정을 형성해나가는 것이 핵심이다. 소비자의 구매 결정은 소셜 네트워크에서 이루어지는 대화, 선택, 취향, 의견의 영향을 점점 더 받고 있다.

이러한 변화 속에서 온라인 마케팅의 초점은 순 방문자 수에서 고객과의 대화 참여로 옮겨갔다. 이러한 맥락에서 소셜 마케팅은 단순한 광고 채널이 아니라 소비자와의 소통을 위한 기술 기반의 도구 집합체라고 할 수 있다. 대표적인 소셜 네트워크 플랫폼으로는 페이스북, 인스타그램, 핀터레스트, 틱톡, X(구 트위터) 그리고 메타가 X와 경쟁하기 위해 2023년에 출시한 스레드(Threads)가 있다.

소셜, 모바일, 로컬 전자상거래는 서로 연결되어 있다. 모바일 기기의 성능이 향상됨에 따라 사용자들은 이를 통해 소셜 네트워크에 더 쉽게 접근할 수 있게 되었다. 또한 모바일 기기의 보급이 확대되면서 소비자는 주변의 로컬 상점을 찾을 수 있고, 상점은 근처에 있는 고객에게 특별 할인 소식을 알릴 수 있게 되었다. 현재 모바일 광고 및 마케팅은 전체 온라인 광고 지출의 약 3분의 2를 차지하고 있다(eMarketer, 2024e).

오늘날의 전자상거래

오늘날 데스크톱 컴퓨터, 스마트폰, 태블릿을 이용하여 상품 및 서비스를 구매하는 것은 일상적인 일이 되었다. 2024년에는 미국에서 2억 4,000만 명 이상(미국 인구의 약 85%)이 온라인으로 쇼핑을 하고 약 2억 2,000만 명이 온라인으로 물건을 구매할 것이며, 전 세계적으로 약 29억 명이 온라인으로 구매할 것이다. 비록 대부분의 구매는 여전히 전통적인 채널을 통해 이루어지고 있지만, 전자상거래는 빠르게 성장 중이며 많은 기업의 비즈니스 방식을 혁신적으로 변화시키고 있다. 전자상거래는 소매 상품, 여행 및 기타 서비스, 온라인 콘텐츠 등 크게 세 가지 주요 부문으로 구성된다. 2024년 기준 미국의 전자상거래

그림 10.1 소매 전자상거래의 성장

소매 전자상거래 수익은 2008~2009년 경기 침체 이전까지 빠르게 성장했지만, 이 시기를 기점으로 성장 속도가 눈에 띄게 둔화되었다. 그 후 다시 성장세를 회복했으며, 2020년과 2021년에는 코로나19 팬데믹의 영향으로 급격히 증가했다. 이후에는 보다 '정상적인' 성장률로 다시 낮아졌다. 2023~2027년은 연간 약 8~9%의 성장률이 예상된다.

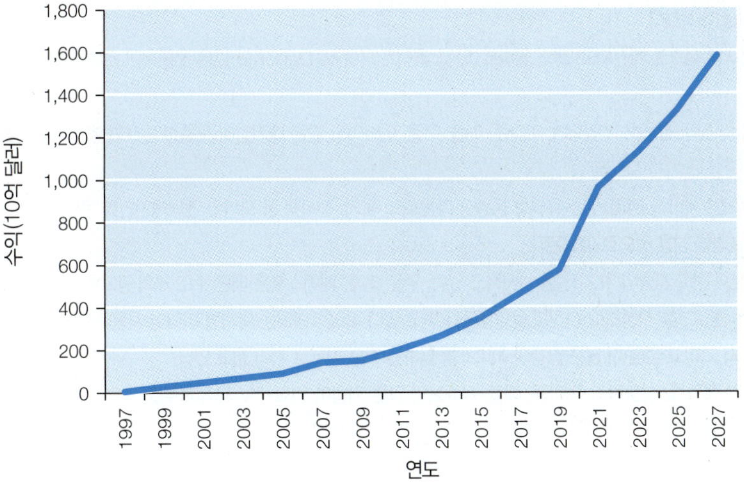

출처: eMarketer, "Retail Ecommerce Sales, US," (2024)의 데이터; 저자의 추정치.

소매 판매액은 상품 및 서비스 1조 2,000억 달러, 여행 약 3,250억 달러로, 합쳐서 약 1조 5,250억 달러에 이를 것으로 예상된다(eMarketer, 2024a, 2024b, 2024c, 2023d).

2024년 미국에서는 온라인 소매 상품 판매가 전체 소매 판매액 7조 4,500억 달러의 약 16%를 차지할 것으로 보이며, 2024~2028년에는 연평균 약 9% 성장할 것으로 예상된다(반면 오프라인 매장의 소매 판매는 약 2% 성장). 전자상거래는 여전히 물리적 매장에서 발생하는 훨씬 더 큰 소매 시장에 비해 상대적으로 작은 비중을 차지하지만, 데스크톱 및 가정용 컴퓨터에서 모바일 기기로, 고립된 활동에서 사회적 상호작용 중심의 상거래로, 전국 단위에서 지역 상점 및 소비자를 겨냥한 로컬 상거래로 범위를 넓혀 가고 있다. 소매 전자상거래의 약 45%가 모바일 기기를 통한 판매이며, 이 중 스마트폰이 약 90%를 차지한다.

그림 10.1에서 전자상거래의 1997~2027년 성장 추세를 확인할 수 있다. 전자상거래는 1998년부터 2008~2009년 경기 침체까지 두 자릿수 성장률을 기록했고, 그 후 연 12~15% 성장률을 보이다가 코로나19 팬데믹 시기에 급격한 성장을 기록했다. 이후 성장률이 연 8~9% 수준의 정상적인 속도로 안정되었다. 이에 비해 오프라인 매장의 소매 판매는 같은 기간 동안 연간 2~4% 증가하는 데 그쳤다.

표 10.1에 전자상거래의 최근 동향과 발전 양상을 요약했다.

AI와 전자상거래: 새로운 지평

2022년 11월, ChatGPT의 등장으로 AI, 특히 생성형 AI가 대중의 주목을 받고, 전자상거래에 관여하는 기업의 우선순위 목록 상단에 이름을 올렸다. ChatGPT가 출시되기 전부터 대형 전자상거래 기업은 이미 AI를 공급사슬 최적화, 재고 관리, 예측 분석, 가격 최적화, 동적 가격 책정 등에 적극적으로 활용해왔다. 또한 AI를 추천 엔진을 통한 맞춤형 상품 추천, 고객 서비스 챗봇, 비주얼 검색을 비롯해 향상된 검색 및 탐색 기능 등 고객과 직접 상호작용하는 응용 분야에서도 활용하고 있었다.

이제 보다 손쉽게 사용할 수 있는 생성형 AI 도구의 등장으로 전자상거래 기업에서의 AI 활용은 다음 단계로 도약하고 있다. 훨씬 더 폭넓은 기업들이 다양한 목적을 위해 AI를 사용할 수 있게 된 것이다. 생

표 10.1 전자상거래의 동향

비즈니스 혁신
• 전자상거래는 여전히 가장 빠르게 성장하는 상거래 형태이다. 모바일, 소셜, 로컬 전자상거래는 전자상거래의 주요 채널로 자리 잡았다.
• 전자상거래의 상품 및 서비스 제공 범위는 계속 확장되고 있으며, 특히 서비스 경제 분야에서 두드러진다. 우버, 리프트(Lyft), 에어비앤비와 같은 온디맨드 서비스, 식사 배달 서비스, 반려동물 케어 서비스 등은 온라인 서비스 제공을 더욱 확대시켰다.
• 전자상거래 비즈니스 모델은 더 높은 수익성을 달성하기 위해 지속적으로 개선되고 있다. 월마트, 타깃, 홈디포(Home Depot)와 같은 전통적인 소매 기업은 오프라인 소매 자산을 강화하기 위해 옴니채널 비즈니스 모델을 개발했다.
• 소규모 기업과 창업가들은 클라우드 기반 컴퓨팅 자원을 점점 더 많이 활용하고 있으며, 아마존, 애플, 구글, 이베이와 같은 대기업이 구축한 인프라뿐만 아니라 쇼피파이, 빅커머스, 엣시와 같은 플랫폼도 활용하고 있다.
• 모바일 전자상거래는 미국에서 급격히 성장하고 있으며, 위치 기반 서비스, 영화·TV·유튜브 동영상 다운로드, 음악, 전자책 등 모바일 엔터테인먼트 콘텐츠 소비가 증가하고 있다. 2024년에는 모바일 소매 전자상거래 매출이 5,400억 달러를 넘을 것으로 예상된다.
• 전통적인 광고 산업은 큰 변화를 겪고 있으며, 온라인 광고가 전체 광고 지출의 약 78%를 차지하고 있다. 구글, 야후, 페이스북은 매년 수조 개의 광고를 노출시키고 있다.
• 미국 인구의 3분의 2 이상이 온라인 소셜 네트워크에 가입하여 블로그를 작성하고 사진과 음악을 공유하고 있다. 2024년에는 디지털 미디어 사용 시간의 약 17.5%를 소셜 네트워크가 차지할 것으로 추정된다. 소셜 네트워크는 뉴스, 음악 그리고 점점 더 많은 상품과 서비스를 접하는 주요 경로로 자리 잡고 있다.
• 온라인 엔터테인먼트 비즈니스 모델의 성장은 주요 저작권자의 협력 및 넷플릭스, 아마존, 애플, 유튜브와 같은 기업이 영화·TV 제작에 뛰어든 덕분에 가능해졌다. 케이블 TV는 쇠퇴하고 있으며, 많은 시청자가 케이블 구독을 줄이거나 해지하고 인터넷 기반 스트리밍 서비스로 옮겨 가고 있다.
• 미디어 산업은 점점 더 탈중앙화되고 있으며, 사용자(보통 '크리에이터'라고 함)가 온라인에서 직접 콘텐츠를 제작·배포하는 것이 보편화되고 있다. 이로 인해 종종 '크리에이터 이코노미'라고 불리는 경제 현상이 생겨나고 있다.
• 페이스북, 인스타그램, 틱톡, 링크드인, X(구 트위터) 등과 같은 소셜 네트워크는 이제 온라인 마케팅, 광고 그리고 점점 더 많은 판매 활동의 핵심 플랫폼이 되었다.
기술 기반
• 무선 인터넷 연결(와이파이, 와이맥스, 4G, 5G 스마트폰)이 계속해서 확장되고 있다.
• 모바일 플랫폼은 스마트폰, 태블릿 컴퓨터, 애플워치 같은 웨어러블 기기, 모바일 앱을 기반으로 현실화되어 온라인 거래, 마케팅, 광고, 미디어 시청을 위한 대체 플랫폼을 만들어냈다. 아마존의 알렉사(Alexa), '스마트 TV'와 같은 가정 내 인터넷 연결 장치는 또 하나의 추가적인 플랫폼을 제공한다.
• 인터넷 광대역 기반은 가격 하락으로 인해 점점 강화되고 있다.
• 스마트폰 앱, 클라우드 컴퓨팅, SaaS, PaaS와 같은 인터넷 기반 컴퓨팅 모델은 전자상거래 존재 기반을 구축하고 유지하는 데 드는 비용을 줄여준다.
• AI 기술은 다양한 전자상거래 관련 응용 분야에서 점점 더 많이 사용되고 있으며, 그 예로는 빅데이터 분석, 맞춤화와 개인화, 고객 서비스, 챗봇 및 음성 비서, 광고와 마케팅 등이 있다.

성형 AI는 기업이 상품 설명, 상품 추천, 소셜 미디어 게시물 및 기타 다양한 콘텐츠를 자동으로 생성할 수 있도록 도와준다. 또한 생성형 AI의 이미지 생성 능력은 제품 이미지나 고객 선호에 들어맞는 맞춤형 제품 디자인을 생성하는 데 활용될 수 있다. 생성형 AI는 증강현실(AR) 기술과 결합되어 고객이 개별 사진 위에 이미지를 겹쳐 가상으로 제품을 '착용'해보거나 실제 환경에서 제품을 시각화하여 고객에서 더욱 몰입감 있는 쇼핑 경험을 제공할 수 있다. 생성형 AI 기반 챗봇은 가상 쇼핑 도우미로서 작동하여 보다 개인화된 쇼핑 경험을 제공할 수도 있다. 마케팅 측면에서는 온라인 마케터들이 AI를 데이터 분석과 콘텐츠 제작에 활용하고 있다.

다음은 현재 전자상거래에 AI를 활용하고 있는 기업의 실제 사례이다.

- 월마트는 최근 더욱 관련성 높은 검색 결과와 제품 추천을 제공하는 생성형 AI 검색 도구를 출시했다. 또한 데이터 분석 및 콘텐츠 제작에 AI를 활용하고 있다.
- 이베이의 Shop the Look은 생성형 AI를 이용하여 쇼핑 내역을 기반으로 엄선된 의류 상품을 사용자에게 제공한다.
- 타깃은 생성형 AI를 이용하여 제품 설명과 태그를 생성하고 검색엔진 성능을 최적화한다.
- 엣시(Etsy)는 생성형 AI를 이용하여 정책을 위반하는 상품을 검색 결과에서 삭제한다.

- 베스트바이(BestBuy)는 생성형 AI를 이용하여 고객 지원 경험을 재설계하고 있으며, 고객이 제품 문제를 해결하고 배송을 구성하며 베스트바이 구독을 관리할 수 있도록 지원하는 셀프서비스 지원을 위한 생성형 AI 기반 가상 비서를 출시했다.
- 클라나(Klarna)는 정규직 고객 지원 서비스 담당자 700명의 업무량에 해당하는 업무를 수행하는 것으로 알려진 AI 비서를 사용하고 있다.

10.2 전자상거래의 고유한 특성

전자상거래는 왜 그렇게 빠르게 성장했을까? 그 답은 전자상거래의 기반이 되는 기술의 고유한 특성에서 찾을 수 있다. 이러한 기술은 기업과 소비자에게 상품과 서비스를 마케팅하고 판매하는 데 수많은 새로운 가능성을 열어주었다. 이제 그 고유한 특성을 하나씩 살펴보자.

유비쿼티

전통적인 상거래에서 시장이란 소매점과 같이 물리적 장소로서 사람들이 비즈니스를 수행하기 위해 방문하는 곳을 의미한다. 전자상거래의 기반이 되는 인터넷과 웹 기술은 전자상거래가 유비쿼터스(ubiquitous) 특성을 가지도록 만드는데, 이 특성은 언제 어디서든지 상거래가 수행될 수 있음을 의미한다. 이러한 유비쿼터스 특성으로 인해 집이나 직장, 심지어 자동차에서도 모바일 커머스가 가능하다. 그 결과 시장은 전통적인 경계를 넘어 확장되었고, 시간적·지리적 제약에서 벗어나 **마켓스페이스**(marketspace)라고 불리는 새로운 개념으로 진화하게 되었다.

소비자 관점에서 유비쿼티는 **거래 비용**(transaction cost), 즉 시장에 참여하는 비용을 줄여준다. 거래를 위해 더 이상 시장을 돌아다니는 데 드는 시간이나 돈을 소모할 필요가 없으며, 구매 과정도 훨씬 적은 정신적 노력으로 수행이 가능하다.

마켓스페이스
전통적인 시장의 경계 밖으로 확장되고, 시간과 지리적인 장벽이 없는 시장

거래 비용
시장 참여 비용

세계적 도달성

전자상거래 기술은 전통적 상거래와 달리 문화와 국경을 넘어 더욱 편리하고 더욱 적은 비용으로 상거래가 이루어질 수 있게 해준다. 그 결과 전자상거래 판매자에게 잠재적인 시장 규모가 전 세계 온라인 인구 규모(2024년 기준 약 48억 명으로 추정)와 거의 동일해졌다.

반면에 많은 전통적 상거래는 특정 지역 및 국가 수준에 국한되어 이루어진다. 이 상거래에는 지역 상인이나 지역 매장을 가진 전국 규모의 상인이 관련된다. 예를 들어 TV 방송국과 라디오 방송국, 신문은 나름대로 한계가 있기는 하지만, 일반적으로 강력한 전국적 네트워크를 가진 기관이다. 이들의 네트워크는 전국 시청자의 관심을 받을 수 있지만 국경을 넘어 전 세계 시청자의 관심을 받기는 쉽지 않다.

세계적 표준

전자상거래 기술 중 이목을 끄는 특징 중 하나는 인터넷 기술 표준으로, 전자상거래 수행에 필요한 기술 표준이 세계적이라는 것이다. 이러한 표준은 전 세계 모든 국가에서 사용되며, 어떤 컴퓨터라도 기술 플랫폼과 상관없이 다른 컴퓨터에 연결될 수 있게 해준다. 반면 대부분의 전통적 상거래 기술은 이웃한 국가 간에도 서로 다르다. 예를 들어 전 세계적으로 휴대전화 기술 표준이 서로 다르듯이 TV와 라디오 표준 역시 서로 다르다.

세계적인 인터넷 및 전자상거래 기술 표준은 상인이 단순히 제품을 시장에 출시하기 위해 치러야 하는 비용인 **시장 진입 비용**(market entry cost)을 크게 낮춰준다. 또한 이 보편적 표준은 고객이 적합한 제품을 찾는 데 소요되는 노력인 **탐색 비용**(search cost)을 크게 줄여준다.

시장 진입 비용
판매자가 제품을 시장에 출시하기 위해 치러야 하는 비용

탐색 비용
적합한 제품을 찾고 해당 제품을 구매하기에 가장 좋은 장소를 결정하는 데 소요되는 시간과 비용

풍부성

풍부성
메시지의 복잡성과 내용

풍부성(richness)은 메시지의 복잡성과 내용을 의미한다. 전통적 시장, 전국적 영업 조직, 소매점은 제품을 판매할 때 청각적·시각적인 단서를 이용하여 개인적인 면대면 서비스를 제공할 수 있기 때문에 높은 풍부성을 가지고 있다. 이러한 전통적 시장의 풍부성은 비즈니스 주체들에게 강력한 판매 또는 교역 환경을 제공한다. 웹이 등장하기 이전에는 풍부성과 도달성 간에 상쇄관계가 존재했다. 즉, 많은 고객에게 메시지를 전달하려고 할수록 그 메시지의 풍부성이 떨어졌다. 그러나 전자상거래 기술 덕분에 텍스트, 오디오, 동영상 요소가 결합된 풍부성이 높은 메시지를 많은 사람에게 손쉽게 전달할 수 있다.

상호작용성

상호작용성
판매자와 소비자 간의 양방향 통신과 개인 간의 P2P 통신을 허용한다.

21세기의 여느 상업적 기술과 달리(전화 제외) 전자상거래 기술은 **상호작용성**(interactivity)을 가능하게 하는데, 이는 상인과 소비자 간에 쌍방향 커뮤니케이션을 가능하게 한다는 의미이다. 예를 들어 전통적인 TV는 시청자에게 아무런 질문도 할 수 없고, 대화를 할 수도 없으며, 고객 정보를 입력해달라고 요청할 수도 없다. 반면에 전자상거래의 상호작용성은 온라인 판매자가 소비자와 직접 대면하는 경험에 가까운 방식으로 소통할 수 있게 해준다. 게다가 이는 전 세계적인 규모로도 가능하다.

정보 밀도

정보 밀도
모든 시장 참가자가 이용할 수 있는 정보의 총량과 품질

인터넷과 웹은 **정보 밀도**(information density), 즉 시장 참여자(소비자와 판매자)가 이용할 수 있는 정보의 양과 질을 크게 증가시킨다. 전자상거래 기술은 정보를 수집, 저장, 처리, 전달하는 비용을 줄이는 동시에 정보의 최신성, 정확성, 적시성은 크게 증대시킨다. 이로 인해 소비자는 더 나은 구매 결정을 내릴 수 있고, 판매자는 더 효과적으로 시장을 분석하고 전략을 수립할 수 있다.

가격 투명성
소비자가 시장에서 다양한 가격을 쉽게 확인할 수 있는 정도

비용 투명성
판매자가 제품에 대해 실제로 지불한 비용을 파악할 수 있는 소비자의 능력

전자상거래 시장에서 정보 밀도는 가격과 비용을 더 투명하게 만든다. **가격 투명성**(price transparency)은 소비자가 시장에서 다양한 가격 정보를 쉽게 확인할 수 있는 정도를 의미한다. **비용 투명성**(cost transparency)은 판매자가 제품에 대해 실제로 지불한 비용을 파악할 수 있는 소비자의 능력을 의미한다.

가격 차별화
동일한 제품 또는 거의 동일한 제품을 다양한 목표 집단에 서로 다른 가격으로 판매하는 것

판매자에게도 여러 가지 이점이 있다. 온라인 판매자는 과거보다 소비자에 대해 훨씬 더 많은 정보를 파악할 수 있다. 이러한 정보는 판매자가 시장을 세분화하여 다양한 가격을 기꺼이 지불할 수 있는 소비자 집단으로 나눌 수 있게 해준다. 이를 통해 **가격 차별화**(price discrimination)가 가능해진다. 즉, 동일하거나 거의 동일한 상품을 다양한 집단에 서로 다른 가격으로 판매할 수 있다. 예를 들어 어떤 소비자가 값비싸고 이국적인 여행에 큰 관심을 보인다는 사실을 파악한 온라인 판매자는 이 소비자에게 프리미엄 가격의 고급 여행 상품을 제안할 수 있다. 이와 동시에 가격에 민감한 소비자에게는 같은 여행 상품을 더 낮은 가격에 제공할 수도 있다. 또한 정보 밀도는 판매자가 자사의 상품을 가격, 브랜드, 품질 등의 측면에서 더욱 세분화하고 차별화하는 데에도 도움을 준다.

개인화/맞춤화

개인화
개인의 클릭스트림 행동, 이름, 관심사, 과거 구매에 따라 메시지를 조정하여 특정 개인에게 마케팅 메시지를 보내는 것

맞춤화
사용자의 선호도나 이전 행동을 기반으로 제품 또는 서비스를 변경하는 것

전자상거래 기술은 **개인화**(personalization)를 가능하게 한다. 판매자는 사용자의 클릭스트림 행위, 이름, 관심사, 과거 구매 이력 등을 바탕으로 특정 개인에게 맞춤형 마케팅 메시지를 보낼 수 있다. 또한 이 기술은 사용자의 선호도나 이전 행동에 따라 제품 또는 서비스를 바꾸는 **맞춤화**(customization)도 가능하게 한다. 전자상거래 기술의 상호작용성 덕분에 소비자에 대한 다양한 정보가 구매 순간에 시장 내에서 실시간으로 수집될 수 있다. 또한 정보 밀도의 증가로 인해 소비자의 과거 구매 내역과 행동에 관한 방대한 정보가 저장 및 활용될 수 있어 개인화와 맞춤화 수준이 더욱 향상될 수 있다.

그 결과 전통적인 상거래 기술로는 상상할 수 없었던 수준의 개인화와 맞춤화가 실현될 수 있다. 예를 들어 전통적인 TV는 채널을 선택함으로써 시청 내용을 어느 정도 조정할 수는 있지만 해당 채널의 콘텐츠 자체를 바꾸는 것은 불가능하다. 반면 《월스트리트저널》 온라인과 같은 온라인 뉴스 매체는 사용자가 우선적으로 보고 싶은 뉴스 유형을 선택할 수 있고, 특정 사건이 발생하면 알림을 받을 수 있는 기능도 제공한다.

소셜 기술: 사용자 콘텐츠 생성, 크리에이터, 소셜 네트워크

이전 기술과 달리 인터넷과 전자상거래 기술은 사용자가 콘텐츠를 직접 만들고 친구들(또는 더 넓은 전 세계 커뮤니티)과 공유할 수 있게 해줌으로써 훨씬 더 사회적인 방식으로 진화해왔다. 이러한 커뮤니케이션 방식을 통해 사용자는 새로운 소셜 네트워크를 형성하거나 기존의 관계를 더욱 강화할 수 있게 되었다.

인쇄기를 포함한 과거의 대중매체는 콘텐츠가 전문가(전문 작가, 편집자, 감독, 프로듀서)에 의해 한 곳에서 생성되는 배포(일대다) 모델을 사용해왔으며, 대규모 청중은 표준화된 제품을 소모했다. 반면에 전자상거래 기술은 사용자에게 콘텐츠를 직접 제작하고 대규모로 유통할 수 있는 권한을 부여한다. 또한 사용자가 원하는 콘텐츠를 직접 선택하고 구성할 수 있도록 해준다. 즉, 전자상거래는 다대다(many-to-many) 형태의 대중 커뮤니케이션 모델을 가능하게 하며, 이에 따라 최근 온라인 환경에서 사용자 생성 콘텐츠(user-generated content, UGC)(영상, 팟캐스트, 뉴스레터 등)의 비중이 점점 더 커지고 있다. 이러한 콘텐츠를 제작하고 유통하는 사람들은 일반적으로 크리에이터(creator)라고 불리며, 이들을 중심으로 형성된 생태계를 크리에이터 이코노미(creator economy)라고 한다.

표 10.2에 전자상거래 기술의 고유한 특성과 비즈니스에서의 의미를 요약했다.

표 10.2 전자상거래 기술의 고유한 여덟 가지 특징

전자상거래 기술 차원	비즈니스에서의 중요성
유비쿼티: 전자상거래의 기반이 되는 인터넷/웹 기술은 모바일 기기를 통해 직장이나 가정 등 어디에서나 이용이 가능하다.	시장 공간은 전통적 경계를 넘어 확장되고, 시간적·지리적 제약을 받지 않는다. 마켓스페이스를 통해 언제 어디서든 쇼핑을 할 수 있다. 고객 편리성이 향상되고 쇼핑 비용이 감소된다.
세계적 도달성: 전자상거래 기술은 국경을 넘어 전 세계에 적용된다.	상거래는 문화와 국경을 넘어 연속적으로 조정 없이 이루어질 수 있다. 마켓스페이스에는 전 세계의 수많은 소비자와 기업이 참여한다.
세계적 표준: 전자상거래의 기반이 되는 기술 표준은 보편적이며 전 세계적으로 공유된다.	모든 사람이 사용할 수 있는, 공통적이고 저렴하며 세계적인 기술 기반이 있다.
풍부성: 텍스트, 오디오, 동영상이 포함된 메시지를 많은 사람에게 동시에 전송할 수 있다.	동영상, 오디오, 텍스트 마케팅 메시지가 하나의 마케팅 메시지와 소비자 경험으로 통합된다.
상호작용성: 양방향 커뮤니케이션을 가능하게 해준다.	소비자는 개인적인 경험을 역동적으로 조정할 수 있고, 제품을 시장에 출시하는 과정에서 소비자를 참가자로 만드는 대화에 참여한다.
정보 밀도: 정보 비용을 절감하고 모든 시장 참여자가 이용할 수 있는 정보의 양과 질을 향상한다.	정보에 대한 처리·저장·통신 비용이 급격하게 떨어지는 반면 최신성, 정확성, 적시성이 크게 향상된다. 정보가 점점 풍부해지고, 저렴해지며, 더욱 정확해진다.
개인화/맞춤화: 개인화 및 맞춤화를 가능하게 한다.	마케팅 메시지는 개인화될 수 있으며, 제품 및 서비스가 개인의 특성에 따라 맞춤화될 수 있다.
소셜 기술: 사용자 제작 콘텐츠(UGC)와 소셜 네트워크를 지원한다.	사용자 콘텐츠 제작 및 배포가 가능하고 소셜 네트워크 개발을 지원한다.

10.3 디지털 시장과 디지털 제품

기업의 위치 선정, 타이밍, 수익 모델은 어느 정도 정보의 비용과 유통 방식에 기반을 두고 있다. 인터넷은 전 세계 수백만 명의 사람들이 방대한 양의 정보를 직접, 즉시, 무료로 교환할 수 있는 디지털 시장을 만들어냈다. 그 결과 인터넷은 기업의 비즈니스 수행 방식을 변화시키고 전 세계적인 도달성을 증대시켰다.

정보 비대칭성
거래의 한 당사자가 상대방보다 거래에 필수적인 정보를 더 많이 가지고 있을 때 존재하며, 참가자의 상대적 교섭력에 영향을 미친다.

인터넷은 정보 비대칭성을 감소시킨다. **정보 비대칭성**(information asymmetry)이란 거래에서 한쪽이 다른 쪽보다 중요한 정보를 더 많이 가지고 있는 상태를 말하며, 이는 각 당사자의 협상력을 결정하는 데 영향을 미친다. 디지털 시장에서는 소비자와 공급자가 제품 가격을 쉽게 확인할 수 있기 때문에 전통적인 시장보다 더 투명하다고 할 수 있다.

예를 들어 기업이 자동차를 온라인으로 광고하고 판매하기 전에는 자동차 딜러와 고객 사이에 상당한 정보 비대칭성이 존재했다. 제조업체의 가격을 알고 있는 쪽은 딜러뿐이었고, 소비자가 최적의 가격을 비교하기가 어려웠다. 딜러의 이윤이 바로 이 정보 비대칭성에 달려 있었다. 그러나 오늘날 소비자는 다양한 웹사이트를 통해 경쟁 가격 정보를 얻을 수 있고, 미국 내 자동차 구매자의 90% 이상이 인터넷을 활용하여 사전 조사를 하고 있다. 이처럼 웹은 자동차 구매와 관련된 정보 비대칭성을 줄이는 데 기여해왔다. 또한 인터넷은 B2B 거래를 원하는 기업이 더 나은 가격과 조건을 찾도록 도와줌으로써 정보 비대칭성을 떨어뜨렸다.

디지털 시장

메뉴 비용
가격 변동으로 인해 발생하는 일체의 비용

동적 가격 결정
제품 또는 서비스의 가격이 고객의 수요 특성이나 판매자의 공급 상황에 따라 달라진다.

디지털 시장은 감소된 탐색 및 거래 비용, 낮은 **메뉴 비용**(menu cost, 판매자가 가격을 바꾸는 데 수반되는 비용), 가격 차별화, 시장 상황을 기반으로 가격을 동적으로 변경할 수 있는 능력 덕분에 유연하고 효율적이다. **동적 가격 결정**(dynamic pricing)은 제품 또는 서비스의 가격이 고객의 수요 특성이나 판매자의 공급 상황에 따라 달라지는 것을 의미한다. 예를 들어 아마존, 월마트 등의 온라인 소매업체는 하루 중 시간대에 따라, 제품의 수요에 따라, 사용자의 방문 횟수에 따라 수많은 제품의 가격을 변경하여 판매한다. 온라인 기업은 빅데이터 분석을 사용하여, 가격을 깎으려고 하는(즉, 더 낮은 가격 제안을 받아들일) 소비자인지, 아니면 그냥 제안된 가격을 받아들이고 더 낮은 가격을 검색하지 않을 소비자인지와 같은 행위 타기팅 매개변수를 기반으로 개인 수준에서 가격을 조정할 수 있다. 우편번호에 따라 가격이 다르게 설정될 수도 있다. 우버와 같은 차량 호출 서비스는 수요에 따라 요금을 조정하는 서지 프라이싱(surge pricing)을 사용하여 폭풍우나 대규모 행사 중 수요가 급증할 때 요금을 올릴 수 있다.

이러한 디지털 시장은 제품이나 서비스의 특성에 따라 전환 비용을 낮추거나 높일 수 있으며, 배송 시간 때문에 고객이 만족을 느낄 수 있는 시점을 지연시키기도 한다. 예를 들어 전통적인 시장과 달리 웹에서 구매한 의류는 즉시 사용할 수 없다(물론 디지털 제품은 즉시 소비가 가능하다).

디지털 시장은 유통업체나 소매점과 같은 중개상을 거치지 않고 소비자에게 직접 판매할 수 있는 많은 기회를 제공한다. 유통 과정에서의 중간 단계를 제거하면 구매 거래 비용을 크게 낮출 수 있다. 전통적인 유통채널의 모든 단계를 거칠 경우, 제품 가격이 제조 원가보다 최대 135%나 더 높게 책정되어야 할 수도 있다.

탈중개화
가치사슬상의 중개 단계에 해당하는 조직이나 비즈니스 프로세스를 제거하는 것

그림 10.2는 유통 과정에서 유통업체, 소매업체와 같은 다양한 단계를 제거했을 때 얼마나 큰 비용 절감이 가능한지를 보여준다. 기업은 소비자에게 직접 판매하거나 유통 단계를 줄임으로써 더 낮은 가격으로도 더 많은 이윤을 확보할 수 있다. 이렇게 가치사슬상의 중개 단계에 해당하는 조직이나 비즈니스 프로세스를 제거하는 것을 **탈중개화**(disintermediation)라고 한다. 한편 전자상거래는 아마존, 이베이와 같은 새로운 유형의 중개업체를 추가하기도 한다.

그림 10.2 소비자에 대한 탈중개화의 이점

전형적인 유통채널은 여러 중개 단계를 거치는데, 이들 각각은 스웨터처럼 제품의 최종 가격을 증가시킨다. 중개 단계를 제거하면 소비자가 지불해야 할 최종 가격이 낮아진다.

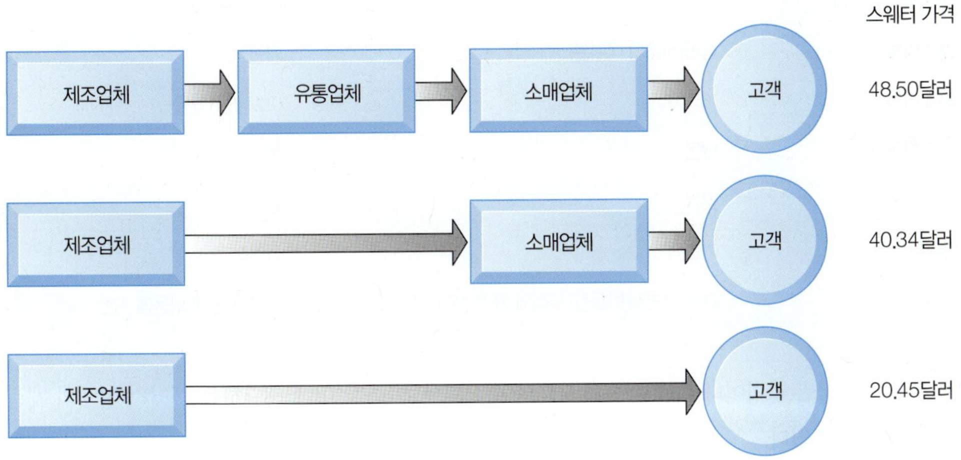

표 10.3 디지털 시장과 전통적 시장 비교

	디지털 시장	전통적 시장
정보 불균형	낮은 불균형	높은 불균형
조사 비용	낮음	높음
거래 비용	낮음(때로는 거의 없음)	높음(시간, 이동)
지연 수용	높음(또는 디지털 제품은 낮음)	더 낮음, 바로 구매
메뉴 비용	낮음	높음
동적 가격 결정	낮은 비용, 즉시	높은 비용, 지연
가격 차별화	낮은 비용, 즉시	높은 비용, 지연
시장 세분화	낮은 비용, 적절한 정확성	높은 비용, 낮은 정확성
전환 비용	더 높음/더 낮음(제품 특성에 따라)	높음
네트워크 효과	강함	더 약함
탈중개화	더욱 가능함/높은 가능성	덜 가능함/낮은 가능성

탈중개화는 서비스 시장에도 영향을 미치고 있다. 항공사나 호텔이 자사 예약 사이트를 운영하면서 여행사라는 중개자를 제거하고 판매를 진행하면 티켓 한 장당 더 많은 수익을 얻을 수 있다. 그러나 소매 산업에서와 마찬가지로 전자상거래는 익스피디아(Expedia), 오비츠(Orbitz), 호텔스닷컴(Hotels.com)과 같은 새로운 중개업체를 탄생시키기도 했다. 표 10.3에 디지털 시장과 전통적 시장의 차이를 요약했다.

디지털 제품

인터넷 기반의 디지털 시장은 **디지털 제품**(digital goods, 디지털 네트워크를 통해 전달될 수 있는 제품)의 판매를 크게 확대시켰다. 음악, 동영상, 영화, 소프트웨어, 신문, 잡지, 책 등은 모두 순수한 디지털 형태로 표현되고, 저장되고, 전달되고, 판매될 수 있다. 디지털 제품은 지적재산에 해당하며, 이는 저작권, 특허, 상표, 영업비밀 관련 법규에 의해 부정 사용으로부터 보호받는다(4장 참조). 오늘날 이러한 제품은

디지털 제품
디지털 네트워크를 통해 전달될 수 있는 제품

표 10.4 디지털 제품과 전통적 제품 비교

	디지털 제품	전통적 제품
단위당 추가 비용	없음	0보다 큼, 높음
생산 비용	높음(비용의 대부분)	가변적
복제 비용	거의 0	0보다 큼, 높음
유통 전달 비용	낮음	높음
재고 비용	낮음	높음
마케팅 비용	가변적	가변적
가격 결정	더욱 가변적(번들링, 무작위 가격 결정 게임)	고정적, 단위 비용에 기반

대부분 디지털 스트리밍이나 다운로드 방식으로 제공되며, 따라서 이에 해당하는 물리적 형태의 제품은 판매가 줄어들고 있다.

일반적으로 디지털 제품은 하나를 더 생산하는 데 드는 추가 비용이 거의 0에 가깝다(파일을 복사하는 데 거의 비용이 들지 않는다). 반면에 최초 제품을 생산하는 데 드는 비용이 상대적으로 높다. 사실 이 비용은 거의 제품의 총비용이나 마찬가지인데, 그 이유는 재고 비용이나 유통 비용이 거의 들지 않기 때문이다. 인터넷을 통한 배송 비용도 낮고, 마케팅 비용은 종종 그대로 유지되며, 가격 결정이 매우 유연하게 이루어질 수 있다. 디지털 시장에서는 메뉴 비용이 낮기 때문에 판매자는 원하는 만큼 자주 가격을 변경할 수 있다.

인터넷이 디지털 제품을 다루는 시장에 미치는 영향은 그야말로 혁명적이며, 우리는 매일 주변에서 그 영향의 결과를 보고 있다. 서점, 출판사, 음반사, 영화사와 같이 물리적 제품에 의존해온 기업은 매출 감소의 가능성에 직면하며, 심지어 파산 위협도 겪고 있다. 기존 신문과 잡지의 독자는 줄어들고 있지만 온라인 독자층과 구독자는 증가하고 있다.

표 10.4는 디지털 제품과 전통적인 물리적 제품이 어떻게 다른지를 보여준다.

10.4 전자상거래의 유형과 비즈니스 모델

전자상거래는 비즈니스 모델과 IT의 매력적인 결합체이다. 우선 전자상거래의 유형에 대한 기본적인 개념을 다루고, 이어서 전자상거래 비즈니스 모델에 대해 알아보자.

전자상거래의 유형

전자상거래 거래는 여러 가지 방식으로 분류할 수 있다. 그중 한 가지 방법은 거래 참여자의 속성을 기준으로 분류하는 것이다. 세 가지 주요한 전자상거래 유형으로는 B2C, B2B, C2C 전자상거래가 있다. 도입 사례에서 소개된 추이와 같은 많은 기업은 B2C와 B2B 전자상거래를 모두 수행하고 있다는 점에 주목할 필요가 있다.

B2C 전자상거래
개별 소비자에게 직접 제품 및 서비스를 판매하는 전자상거래 유형

B2B 전자상거래
기업 간 제품 및 서비스 판매를 포함하는 전자상거래 유형

- **B2C 전자상거래**(business-to-consumer e-commerce)는 개별 소비자에게 제품 및 서비스를 판매하는 것을 말한다. 아마존, 월마트, 애플 뮤직 등이 B2C 전자상거래에 해당한다.
- **B2B 전자상거래**(business-to-business e-commerce)는 기업 간의 제품 및 서비스 거래를 말한다. 예를 들어 기업이 사용·유지·수리(MRO) 제품을 사고파는 데 중점을 둔 그레인저(Grainger)는 B2B 전자상거래의 대표적인 예이다.

- **C2C 전자상거래**(consumer-to-consumer e-commerce)는 소비자가 다른 소비자에게 직접 제품을 판매하는 것을 말한다. 예를 들어 이베이는 사용자가 자신의 물품을 경매 방식이나 정가 판매 방식으로 다른 소비자에게 판매할 수 있는 플랫폼을 제공한다. 이때 이베이는 사용자 간 거래(P2P 커머스)를 위한 디지털 플랫폼을 제공하는 중개자 역할을 한다. 크레이그리스트(Craigslist)도 소비자들끼리 물품을 직접 사고파는 데 널리 사용되는 플랫폼이다.

C2C 전자상거래
소비자가 다른 소비자에게 직접 제품을 판매하는 전자상거래 유형

전자상거래 거래를 분류하는 또 다른 방법은 거래에 참여하는 이들이 사용하는 플랫폼을 기준으로 하는 것이다. 예를 들어 모바일 플랫폼이나 소셜 네트워크 등이 이에 해당한다. 2007년 스마트폰이 등장하기 전까지 전자상거래는 유선 네트워크로 인터넷에 연결된 데스크톱 컴퓨터를 통해 이루어졌다. 그 이후로는 스마트폰과 태블릿 컴퓨터가 대중적인 대안으로 자리 잡았으며, 오늘날에는 전체 소매 전자상거래 매출의 거의 45%를 차지하고 있다. 모바일 전자상거래는 10.9절에서, 소셜 커머스는 10.7절에서 더 자세히 설명하겠다.

전자상거래 비즈니스 모델

앞서 설명한 정보 경제의 변화는 온라인 소매업체와 같은 완전히 새로운 비즈니스 모델이 등장할 수 있는 여건을 만들어냈으며, 일부 경우에는 기존의 비즈니스 모델을 와해시키기도 했다. 비즈니스 모델이 서로 겹치는 경우도 있다는 점에 주목할 필요가 있다. 예를 들어 거래 중개자는 서비스 제공자로도 분류될 수 있고, 일부 시장 생성자 또한 마찬가지이다. 게다가 많은 기업은 둘 이상의 비즈니스 모델을 동시에 사용한다. 모든 기업은 어떤 방식으로든 인터넷(모바일 기기의 앱 포함)을 이용하여 기존 제품과 서비스에 가치를 더하거나 새로운 제품과 서비스를 위한 기반을 마련하고 있다.

온라인 소매업체

온라인 소매업체(online retailer)는 온라인에서 제품을 판매하는 업체로, '이테일러(e-tailer)'라고도 불린다. 온라인 소매업체는 2023년 약 4,450억 달러(전체 소매 전자상거래 매출의 약 40%)의 소매 매출을 올린 아마존과 같은 거대 기업부터 웹사이트를 가진 아주 작은 지역 상점에 이르기까지 다양한 규모가 있다. 온라인 소매 비즈니스 모델에는 네 가지 주요 유형이 있다. 물리적 매장이 없는 웨이페어(Wayfair)와 같은 가상 판매자, 물리적 매장과 온라인 서비스를 모두 제공하는 월마트, 타깃과 같은 옴니채널 판매자[브릭 앤드 클릭(brick-and-click)이라고도 함], 랜즈엔드(Lands' End), 엘엘빈(L.L. Bean)과 같은 카탈로그 판매자, 나이키처럼 제조업체가 소비자에게 직접 판매하는 제조사 직접 판매(manufacturer-direct, D2C 또는 DTC라고도 함)가 그것이다. 전반적으로 온라인 소매(온라인을 통한 물리적 제품 판매)는 2024년에 1조 2,000억 달러 이상의 매출을 창출할 것이다. 온라인 소매업체의 가치 제안은 편리하고 비용이 적게 드는 24시간 쇼핑, 다양한 상품 구성, 소비자 선택권을 제공하는 데 있다.

온라인 소매업체
온라인에서 제품을 판매하는 업체로, 이테일러라고도 한다.

거래 중개자

거래 중개자(transaction broker)는 과거에 대면, 전화 또는 우편으로 처리되던 거래를 온라인으로 처리할 수 있게 해준다. 이 모델이 가장 흔히 사용되는 산업은 금융 서비스와 여행 서비스이다. 온라인 거래 중개자의 주요 가치 제안은 시간과 비용의 절감 그리고 한 장소에서 다양한 금융 상품이나 여행 상품을 제공하는 것이다. 온라인 주식 중개 서비스나 여행 예약 서비스는 전통적인 서비스보다 훨씬 낮은 수수료를 부과한다. 이트레이드(E*Trade)와 익스피디아(Expedia)는 거래 중개자 모델을 기반으로 한 온라인 금융 및 여행 서비스 기업의 대표적인 예이다.

거래 중개자
과거에 대면, 전화 또는 우편으로 수행된 거래에 대해 온라인 처리를 제공한다.

시장 생성자

시장 생성자
구매자와 판매자가 만나 제품을 전시하고, 검색하고, 가격을 정하고, 거래할 수 있는 디지털 환경을 제공한다.

시장 생성자(market creator)는 구매자와 판매자가 만나고, 제품을 전시하고, 검색하고, 가격을 정하고, 거래할 수 있는 디지털 환경을 제공한다. 온라인 시장 생성자의 가치 제안은 판매자가 자신의 제품을 쉽게 전시하고, 구매자가 직접 판매자에게 구매할 수 있는 플랫폼을 제공하는 데 있다. 이베이, 이비드(eBid)와 같은 온라인 경매 시장은 시장 생성자 비즈니스 모델의 좋은 예이다. 또 다른 예로는 아마존 머천트(Merchant) 플랫폼(이베이와 유사한 프로그램)으로, 이를 통해 판매자는 아마존 마켓플레이스에 매장을 설치하고 소비자에게 고정 가격으로 제품을 판매할 수 있다. 우버, 에어비앤비와 같은 온디맨드 서비스를 제공하는 기업도 시장 생성자 개념에 기반을 두고 디지털 플랫폼을 통해 수요와 공급이 만나는 환경을 제공하는데, 예를 들어 여분의 차량이나 방을 보유한 사람과 이를 필요로 하는 개인을 연결해준다. 킥스타터(Kickstarter)와 같은 크라우드펀딩(crowdfunding) 플랫폼도 개인 투자자와 창업자를 자금 조달 시장에서 연결해주는 시장 생성자의 한 형태로 볼 수 있다.

콘텐츠 제공자

콘텐츠 제공자
디지털 동영상, 음악, 팟캐스트 형식의 오디오 파일, 사진, 텍스트, 예술작품 등의 정보 콘텐츠를 인터넷을 통해 컴퓨터와 모바일 기기로 배포한다.

전자상거래는 점점 더 글로벌 콘텐츠 채널로 자리 잡아가고 있다. 여기서 '콘텐츠'는 지적재산의 모든 형태를 포괄하는 넓은 의미로 정의될 수 있다. 지적재산이란 창작자가 소유권을 주장하는 정신적 산물을 의미한다. **콘텐츠 제공자**(content provider)는 디지털 동영상, 음악, 팟캐스트 형식의 오디오 파일, 사진, 텍스트, 예술작품 등의 정보 콘텐츠를 인터넷을 통해 컴퓨터와 모바일 기기로 배포한다. 온라인 콘텐츠 제공자의 가치 제안은 소비자가 다양한 콘텐츠를 편리하게 온라인에서 찾고 구매할 수 있으며, 이를 여러 기기에서 재생하거나 감상할 수 있다는 것이다.

콘텐츠 제공자가 반드시 콘텐츠의 창작자일 필요는 없다(디즈니처럼 창작자인 경우도 있다). 많은 콘텐츠 제공자는 다른 창작자가 만든 콘텐츠를 유통하는 플랫폼 역할만 수행한다. 예를 들어 애플 뮤직은 음악을 배포하지만 새로운 음악을 제작하거나 의뢰하지는 않는다. 반면 넷플릭스(Netflix)는 자체 제작한 오리지널 콘텐츠와 외부 제작 콘텐츠를 배포한다.

다운로드
웹 서버에서 사용자의 기기로 파일을 전송하여 해당 파일이 사용자의 기기에 저장되고 언제든지 접근할 수 있는 방식

스트리밍
오디오나 동영상 파일을 사용자의 기기에 지속적으로 전송하여 로컬 저장 없이 실시간으로 감상할 수 있는 방식

콘텐츠 제공자는 보통 다운로드 또는 스트리밍 방식으로 콘텐츠를 온라인에서 제공한다. **다운로드**(download)는 웹 서버에서 사용자의 기기로 파일을 전송하여 해당 파일이 사용자의 기기에 저장되고 언제든지 접근할 수 있는 방식이다. 반면 **스트리밍**(streaming)은 오디오나 동영상 파일을 사용자의 기기에 지속적으로 전송하여 로컬 저장 없이 실시간으로 감상할 수 있는 방식이다.

서비스 제공자

서비스 제공자
온라인을 통해 서비스를 제공한다.

핀테크
IT를 창의적으로 활용하여 기존 금융 회사와 경쟁하는 스타트업 금융 기술 기업 및 서비스

이테일러는 온라인으로 제품을 판매하는 반면, **서비스 제공자**(service provider)는 온라인을 통해 서비스를 제공한다. 주요 서비스 산업군은 금융, 보험, 부동산, 여행, 전문 서비스(법률·회계), 기업 서비스, 의료 서비스, 교육 서비스 등이다. 금융 서비스 산업은 수백만 명의 고객을 보유한 대형 기업들이 지배하고 있지만, **핀테크**(fintech) 기업으로 불리는 금융 기술 스타트업은 IT를 창의적으로 활용하여 P2P 개인 간) 송금, 대출, 크라우드펀딩, 재무 상담, 계좌 통합 등의 영역에서 기존 금융 회사들과 경쟁하고 있다. 최근 설문조사에 따르면 현재 미국 소비자의 약 90%가 디지털 결제 서비스, 디지털 저축 도구, 온라인 투자 도구 등과 같은 핀테크 솔루션을 이용하고 있다(Plaid & The Harris Poll, 2023). 대표적인 핀테크 기업에는 P2P 결제 서비스 제공자 벤모(Venmo)와 젤(Zelle)이 있다(10.9절의 '모바일 결제 앱 시스템' 참조). 핀테크 기업은 종종 기술력과 고객 기반을 확보하고자 하는 기존 대형 금융 서비스 기업에 인수되기도 한다. 인슈어테크(insurtech)는 보험 산업에 특화된 핀테크 분야를 말하며, 사례 연구 'AI로 보험업계의 파괴적 혁신을 주도하는 레모네이드'에서는 AI 기술을 활용하여 보험 산업에 혁신을 시도하는 한 인

슈어테크 기업인 레모네이드(Lemonade)를 소개한다.

온디맨드 서비스는 시장 생성자 비즈니스 모델의 한 예로 여겨질 뿐만 아니라, 클라우드 기반으로 소프트웨어, 저장 공간, 데이터 백업 서비스를 제공하는 기업은 서비스 제공자 비즈니스 모델의 한 유형으로도 볼 수 있다. 구글은 G 스위트, 구글 사이트, 지메일, 온라인 데이터 저장소와 같은 온라인 소프트웨어 서비스의 개발을 주도하고 있으며, 세일즈포스는 고객 관리용 클라우드 기반 소프트웨어를 제공하는 주요 업체이다(5장과 9장 참조).

커뮤니티 제공자(소셜 네트워크)

커뮤니티 제공자(community provider)는 유사한 관심사를 가진 사람들이 거래(제품 구매 및 판매)를 하거나 관심사, 사진, 동영상을 공유하고, 생각이 비슷한 사람들과 소통하며, 관심 분야와 관련된 정보를 주고받을 수 있는 디지털 온라인 환경을 제공한다. 일부 커뮤니티는 회원이 아바타라는 온라인 인격을 통해 자신의 판타지를 실현하도록 돕기도 한다. 페이스북, 인스타그램, 링크드인, 핀터레스트, 틱톡, X(구 트위터), 스레드 및 수백 개의 소규모 또는 틈새형 소셜 네트워크는 커뮤니티 제공자의 예이다(온라인 소셜 네트워크에 대한 추가 정보는 10.7절을 참조하라).

커뮤니티 제공자
유사한 관심사를 가진 사람들이 거래(제품 구매 및 판매)를 하거나 관심사, 사진, 동영상을 공유할 수 있는 디지털 온라인 환경을 제공한다.

포털

포털(portal)은 콘텐츠와 서비스를 통합적으로 제공하고, 웹에 접속할 수 있는 초기 진입점이 되는 웹사이트이다. 많은 사용자가 포털 사이트를 웹브라우저의 시작 페이지로 설정하여 사용하고 있다. 구글, 야후, MSN, AOL과 같은 포털은 검색 도구, 뉴스, 이메일, 인스턴트 메시징, 지도, 캘린더, 쇼핑, 음악 다운로드, 동영상 스트리밍 등 다양한 서비스를 한곳에서 제공한다. 오늘날의 포털에서는 사용자가 웹 검색을 시작하고 머무르며, 뉴스나 엔터테인먼트를 즐기고, 다른 사람들과 교류하며, 광고에 노출된다. 페이스북은 조금 다른 형태의 포털로서 소셜 네트워킹 기반이다. 수백만 명의 사용자가 페이스북을 시작 페이지로 설정해두었으며, 미국 성인의 약 70%가 페이스북을 사용하고 그중 많은 사람이 하루에도 여러 번 접속한다(Schaeffer, 2024). 포털은 대규모 사용자를 유치함으로써 수익을 창출한다. 전통적인 신문 광고와 유사한 방식으로 배너 광고 위치를 광고주에게 판매하고, 다른 사이트로의 이동을 유도하여 추천 수수료(referral fee)를 받으며, 프리미엄 서비스에 대해 요금을 부과한다. 포털이나 검색엔진 사이트는

포털
다양한 소스의 통합된 개인화 비즈니스 콘텐츠를 제공하기 위한 웹 인터페이스로, 통합된 웹사이트로의 초기 진입점 역할을 하는 웹사이트를 의미한다.

표 10.5 전자상거래 비즈니스 모델

유형	설명	예
온라인 소매업체(이테일러)	소비자 또는 개별 기업에게 직접 물리적 제품을 판매한다.	Amazon, Wayfai
거래 중개자	온라인 판매 거래를 처리함으로써 사용자의 비용과 시간을 절약해주고 그 대가로 수수료를 받는다.	E*Trade, Expedia
시장 생성자	구매자와 판매자가 만나고, 제품을 전시하고, 제품을 검색하고, 제품의 가격을 설정할 수 있는 디지털 환경을 제공하며, 거래 수수료를 통해 수익을 창출한다.	eBay, eBid, Etsy
콘텐츠 제공자	웹을 통해 뉴스, 음악, 사진, 동영상 등의 디지털 콘텐츠를 제공하여 수익을 창출한다. 고객에게 콘텐츠 이용료를 받거나 광고 게재 공간을 판매하여 수익을 창출할 수 있다.	WSJ.com, Shutterfly, Apple Music, Scopely
커뮤니티 제공자/소셜 네트워크	관심사가 비슷한 사람들이 소통하고 유용한 정보를 찾을 수 있는 온라인 만남 공간을 제공한다.	Facebook, Instagram, TikTok
포털	특정 콘텐츠 및 기타 서비스를 제공하고, 웹으로 들어가는 초기 진입점이기도 하다.	Yahoo, MSN, AOL
서비스 제공자	금융 서비스, 커리어 서비스, 온디맨드 서비스, 온라인 데이터 저장 및 백업 등과 같은 온라인 서비스를 제공한다.	Uber, RocketMortgage, Dropbox

수백 개에 달하지만 구글, 야후, MSN, AOL과 같은 주요 포털은 브랜드 인지도가 높아서 전체 인터넷 포털 트래픽의 95% 이상을 차지하고 있다.

표 10.5에서 지금까지 설명한 전자상거래 주요 비즈니스 모델을 요약하고 예를 제시했다.

10.5 전자상거래 수익 모델

수익 모델
기업이 수입을 올리고 이윤을 창출하며 강력한 투자 수익률(ROI)을 얻는 전자상거래 수익 모델

기업의 **수익 모델**(revenue model)이란 기업이 수입을 올리고 이윤을 창출하며 강력한 투자 수익률(ROI)을 얻는 방법을 말한다. 그동안 개발된 전자상거래 수익 모델이 상당히 많지만, 대부분의 기업은 광고, 판매, 구독료, 무료/유료, 거래 수수료, 제휴 등 여섯 가지 수익 모델 중 하나 또는 그 조합에 의존하고 있다.

광고 수익 모델

광고 수익 모델
온라인 광고를 통한 수익 창출을 기반으로 하는 전자상거래 수익 모델

광고 수익 모델(advertising revenue model)은 온라인 광고를 통해 수익을 창출하는 방식이다. 콘텐츠, 서비스, 제품 등을 제공하는 온라인 기업은 동시에 광고를 위한 공간을 제공하고 광고주로부터 광고료를 받는다. 광고 모델은 전자상거래에서 가장 널리 사용되는 수익 모델로, 광고 수익 없었다면 웹 사용자가 콘텐츠에 접근하기 위해 요금을 지불했을 것이기 때문에 웹 환경이 지금과 매우 달랐을 것이다. 현재 온라인에서 이용할 수 있는 뉴스, 영상, 의견 등의 콘텐츠 대부분이 무료로 제공되고 있는데, 이는 광고주가 웹에서 광고를 노출할 수 있는 권리를 갖는 대신 지불한 비용을 웹사이트 소유자가 콘텐츠 제작 및 유통에 사용할 수 있기 때문이다.

2024년에는 기업이 온라인 광고로 지출하는 금액이 3,000억 달러 이상에 달할 것으로 예상되는데, 이는 2023년에 비해 13% 증가한 수치이다. 이 중 약 2,000억 달러는 모바일 광고에 해당되는데, 이는 전체 디지털 광고의 약 65%를 차지할 것으로 보인다. 2024년에는 온라인 광고가 미국 전체 광고 지출의 약 78%를 차지할 것으로 예상된다(eMarketer, 2024e). 고유 방문자 수가 많거나 사용자의 주의를 끌어 오랫동안 머무르게 할 수 있는 웹사이트는 더 높은 광고 단가를 책정할 수 있다. 점점 더 많은 기업이 기본적으로 판매 수익 모델을 사용하면서도 자사 플랫폼을 광고주에게 개방하여 '리테일 미디어 네트워크(retail media network)'라는 새로운 형태의 광고 채널을 만들고 있다. 아마존, 월마트 등 많은 기업은 이러한 방식으로 광고 수익을 창출하고 있다. 리테일 미디어 네트워크는 가장 빠르게 성장하는 온라인 광고 채널 중 하나로, 2024년에는 미국 전체 디지털 광고 지출의 약 20%를 차지할 것으로 전망된다.

판매 수익 모델

판매 수익 모델
고객에게 제품, 콘텐츠, 서비스 등을 판매하여 수익을 창출하는 것을 기반으로 하는 전자상거래 수익 모델

판매 수익 모델(sales revenue model)은 고객에게 제품, 콘텐츠, 서비스 등을 판매함으로써 수익을 창출하는 방식이다. 타깃, 웨이페어와 같은 기업은 주로 실물 제품의 판매에 집중한다. 콘텐츠 제공업체는 동영상(애플 TV), 도서(아마존 킨들), 영화(애플 TV) 등의 콘텐츠 다운로드에 요금을 부과함으로써 수익을 얻는다.

구독 수익 모델

구독 수익 모델
회사의 콘텐츠나 서비스의 일부 또는 전체에 대한 접근에 구독료를 부과하여 수익을 창출하는 전자상거래 수익 모델

구독 수익 모델(subscription revenue model)은 기업의 콘텐츠나 서비스의 일부 또는 전체에 대한 접근에 구독료를 부과하여 수익을 창출하는 방식으로, 콘텐츠 제공업체가 이를 자주 활용한다. 예를 들어 《컨슈머리포트(Consumer Reports)》의 온라인 버전은 연간 구독료가 39달러이며, 구독자에게만 상세한 평점, 리뷰, 추천과 같은 프리미엄 콘텐츠를 제공한다. 2024년 전 세계적으로 약 2억 7,000만 명의 구독자를 보유한 넷플릭스는 구독 수익 모델의 가장 성공적인 사례 중 하나이다. 구독 모델이 성공하려면 해당

콘텐츠가 차별화되어 있고, 부가가치가 높으며, 다른 곳에서 쉽게 구할 수 없거나 복제하기 어렵다는 인식이 있어야 한다. 또한 매치(Match, 데이트 서비스), 앤세스트리(Ancestry, 계보 조사), 마이크로소프트 엑스박스 라이브(Microsoft Xbox Live) 등도 구독 기반으로 콘텐츠나 서비스를 제공하는 대표적인 기업이다. 일부 기업은 구독 기반의 판매 수익 모델도 함께 활용한다. 예를 들어 펫플레이트(Pet Plate)는 프리미엄 반려견 사료를 구독 형식으로 판매한다. 소비자가 반려견에 대한 정보를 제공하면 펫플레이트는 맞춤형 식단을 구성하여 매달 사료를 소비자에게 배송하고 그 대가로 월 구독료를 받는다.

무료/프리미엄 수익 모델

무료/프리미엄 수익 모델(free/freemium revenue model)은 기업이 기본적인 서비스나 콘텐츠를 무료로 제공하고, 고급 기능이나 특별한 기능에 대해서는 요금을 부과하여 수익을 창출하는 방식이다. 예를 들어 음악 스트리밍 서비스인 판도라는 재생 시간에 제한이 있고 광고가 포함된 서비스는 무료로 제공하는 한편, 재생 시간에 제한이 없고 광고도 없는 프리미엄 서비스는 유료로 제공한다. 이 모델의 핵심 아이디어는 무료 서비스를 통해 많은 사용자를 끌어모은 후 이 중 일부를 유료 구독 고객으로 전환하는 것이다. 그러나 이 모델의 주요한 문제점 중 하나는 무료 사용자를 유료 고객으로 전환하기가 쉽지 않다는 것이다.

무료/프리미엄 수익 모델
기업이 기본적인 서비스나 콘텐츠를 무료로 제공하고, 고급 기능이나 특별한 기능에 대해서는 요금을 부과하여 수익을 창출하는 전자상거래 수익 모델

거래 수수료 수익 모델

거래 수수료 수익 모델(transaction fee revenue model)은 거래를 가능하게 하거나 실행해주는 대가로 수수료를 받아 수익을 창출하는 방식이다. 예를 들어 이베이는 온라인 경매 시장을 제공하고, 판매자가 물품을 성공적으로 판매했을 때 소정의 거래 수수료를 받는다. 일반적으로 온라인 금융 서비스(은행업 및 결제 시스템)도 거래 수수료 모델에 기반을 두고 운영된다.

거래 수수료 수익 모델
거래 활성화 또는 실행 수수료로 수익을 창출하는 전자상거래 수익 모델

제휴 수익 모델

제휴 수익 모델(affiliate revenue model)은 기업이 고객을 제휴사로 유도하고, 제휴사는 해당 고객이 구매했을 경우 이 고객을 유도한 회사에 소개 수수료 또는 매출의 일부를 지불하는 방식이다. 이러한 소개 수수료는 리드 생성 수수료(lead generation fee)라고도 불린다. 예를 들어 마이포인츠(MyPoints)는 특별 할인 판매 기회를 통해 회원을 제휴사와 연결해주고 수익을 창출한다. 마이포인츠의 회원은 제휴사 쇼핑몰에 접속하여 제품을 구매하면 마이포인츠로부터 포인트를 적립받고, 마이포인츠는 판매업체로터 소개 수수료를 받는다. 사용자 리뷰를 제공하는 옐프(Yelp)는 소비자를 실제 구매가 이루어지는 웹사이트로 유도함으로써 상당한 수익을 창출하고 있다. 아마존은 자사 제품에 대한 링크를 웹사이트에 삽입한 제휴사를 통해 트래픽을 유도하고, 이를 기반으로 수익을 나누는 제휴 프로그램을 운영한다. 브랜드를 홍보하고 수수료를 받는 SNS 인플루언서도 제휴 수익 모델을 활용하는 사례로 볼 수 있다.

제휴 수익 모델
기업이 고객을 제휴사로 유도하고 제휴사는 소개 수수료 또는 판매 수익의 일정 비율을 지불하는 전자상거래 수익 모델

10.6 전자상거래로 인한 마케팅의 변화

인터넷과 전자상거래는 전체 산업을 변화시키고 새로운 비즈니스 모델을 가능하게 만들었지만, 마케팅과 마케팅 커뮤니케이션보다 더 큰 영향을 받은 산업도 없을 것이다.

인터넷은 마케팅 담당자에게 검색엔진 마케팅, 데이터마이닝, 추천 시스템, 타깃 이메일과 같은 수단을 통해 수백만 명의 잠재고객을 기존 매체보다 훨씬 저렴한 비용으로 식별하고 소통할 수 있는 방법을 제공한다. 인터넷이 등장하기 전에는 메시지를 대규모 청중에게 전달하는 데 비용이 많이 들었기 때문

표 10.6 온라인 마케팅 및 광고 형태

마케팅 형태	설명
검색엔진	쇼핑 및 구매 시점에 고객이 원하는 것을 정확하게 타기팅하는 텍스트 광고이다. 판매 지향적이다.
디스플레이 광고	상호작용 특성을 가진 배너 광고(팝업, 리브-비하인드). 개인의 웹 활동을 기반으로 한 행위 타기팅이 점차 확대되고 있다. 브랜드 구축 및 판매. 소셜 미디어 및 블로그 디스플레이 광고를 포함한다.
동영상	가장 빠르게 성장하는 형태로, 흡입력과 오락성이 강하며, 행위 타기팅, 상호작용적 광고이다. 브랜딩 및 판매 지향적이다.
항목 분류 광고	구직, 부동산, 서비스 광고로 상호작용적, 리치 미디어이고, 사용자 검색에 개인화되었다. 판매 및 브랜딩 지향적이다.
리치 미디어	애니메이션, 게임, 퍼즐. 상호작용적, 목표 지향적, 오락적이다. 브랜딩 지향적이다.
리드 생성	온라인에서 영업 및 마케팅 리드를 수집한 후, 다양한 캠페인 유형을 위해 온라인 마케터에게 이를 판매하는 마케팅 회사이다. 판매 또는 브랜딩 지향적이다.
스폰서십	제품 홍보를 위해 기업이 후원하는 온라인 기사, 게임, 퍼즐, 콘테스트로 판매 지향적이다.
이메일	상호작용성과 풍부한 미디어 잠재력을 지닌 효과적, 타깃화된 마케팅 도구로 판매 지향적이다.

에, 마케팅 담당자는 음악, 할리우드 영화, 책, 자동차 등 무엇이 되었든 간에 그와 관련하여 인기 있는 히트 상품으로 최대한 많은 소비자의 관심을 끄는 데 집중해야 했다. 그러나 인터넷은 수요가 적은 제품이라도 저렴한 비용으로 잠재고객을 찾을 수 있도록 해주었는데, 이를 **롱테일 마케팅**(long tail marketing)이라고 한다. 예를 들어 인터넷 덕분에 소수의 팬을 가진 인디 음악도 수익을 얻을 수 있게 되었다. 어떤 제품이라도 어느 정도의 수요는 있게 마련이다. 이제는 이러한 롱테일 판매를 통해 수익성 있는 비즈니스를 창출할 수 있게 되었다.

롱테일 마케팅
벨 곡선의 긴 꼬리 끝에 해당하는 매우 작은 시장 세그먼트에 도달하는 데 드는 비용이 높지 않기 때문에 수요가 적은 제품에 대해 기업이 잠재고객을 저렴하게 찾을 수 있다.

또한 인터넷을 통해 종종 즉각적이고 자발적인 새로운 방식으로 고객의 정보를 수집하고, 제공 제품을 맞춤화하며, 고객 가치를 증대시킬 수 있게 되었다.

전자상거래에서 사용되는 주요 마케팅 및 광고 형태를 표 10.6에 정리했다.

행위 기반 타기팅

많은 전자상거래 마케팅 업체는 배너 광고, 리치 미디어 광고, 동영상 광고의 효과를 높이기 위해 행위 기반 타기팅 기법을 사용한다. **행위 기반 타기팅**(behavioral targeting, 관심사 기반 광고라고도 함)은 개별 사용자의 클릭스트림(클릭 행동 기록)을 추적하여 관심사와 의도를 파악하고, 이와 관련된 맞춤 광고를 노출시키는 기법이다. 마케팅 담당자와 대부분의 연구자들은 고객에 대한 정밀한 이해가 보다 효율적인 마케팅(구매 가능성이 높은 사용자에게만 광고 비용을 지불)을 가능하게 하며, 이것이 매출과 수익 증대로 이어진다고 믿는다.

행위 기반 타기팅
개인의 관심사와 의도를 파악하고 관심사에 맞는 광고를 노출하기 위해 개인의 클릭스트림(클릭 행동 기록)을 추적하는 것으로, 관심사 기반 광고라고도 한다.

행위 기반 타기팅은 두 가지 수준에서 이루어진다. 첫째는 개별 웹사이트나 앱 내에서 이루어지는 자사(first-party) 추적이고, 둘째는 수천 개의 웹사이트를 가로지르며 이루어지는 제삼자(third-party) 추적이다. 모든 웹사이트는 방문자가 브라우저에서 활동한 내역에 대한 데이터를 수집하여 데이터베이스에 저장한다. 이러한 웹사이트는 참조 사이트(사용자가 이 웹사이트를 방문하기 바로 직전에 방문한 사이트), 사이트 내에서 방문한 특정 페이지, 각 페이지에 머문 시간, 구매 여부, 사용하는 운영체제와 브라우저의 종류, 심지어 일부 위치 데이터까지 기록한다. 기업은 이 데이터를 분석하여 기존 및 잠재고객에 대한 정밀한 프로필을 작성한다. 또한 인기 있는 대다수의 웹사이트는 홈페이지에 제삼자 데이터 수집

그림 10.3 웹사이트 방문자 추적

온라인 쇼핑몰에서 쇼핑객이 이동하는 모든 경로를 추적하고, 그 이후 다른 사이트로 이동할 때도 계속 추적할 수 있는 도구가 있다. 예를 들어 여성 의류를 판매하는 웹사이트에서 고객 행동을 면밀히 분석하면 각 단계에서 어떤 정보를 얻을 수 있는지, 매출을 증가시키기 위해 어떤 조치를 취할 수 있는지를 알 수 있다.

클릭 1

구매자가 홈페이지를 클릭한다. 상점은 이 구매자가 오후 2시 30분에 야후 포털을 통해 들어왔다는 사실(이것은 고객 서비스 센터의 업무에 도움이 됨)과 홈페이지에 얼마 동안이나 머물러 있었는지(이것은 이 사이트의 내비게이션상 문제점을 나타낼 수도 있음)를 알려줄 수 있다.

클릭 2

클릭 3

클릭 4

클릭 5

구매자는 블라우스를 클릭하고, 이어서 여성용 하얀색 블라우스를 선택하기 위해 클릭한다. 그런 다음 같은 블라우스에 대해 분홍색을 보기 위해 클릭한다. 이 구매자는 사이즈가 10인 분홍색 블라우스를 선택하기 위해 클릭하고, 그것을 쇼핑카트에 담기 위해 클릭한다. 이러한 정보는 이 상점이 어떤 사이즈와 색상이 가장 인기 있는지 파악하는 데 도움이 된다. 만약 방문자가 다른 사이트로 이동하면 동일한 업체 또는 다른 업체가 제공하는 분홍색 블라우스 광고가 나타날 것이다.

클릭 6

쇼핑카트 페이지에서 구매자는 이 블라우스를 구매하지 않고 웹사이트를 나가기 위해 브라우저 닫기를 클릭한다. 이러한 행동은 구매자가 마음을 바꾸었거나, 이 웹사이트의 결제와 지불 프로세스상에서 어떤 곤란한 문제를 겪었음을 나타내는 것일 수도 있다. 이는 이 웹사이트가 잘 설계되지 못했음을 알려주는 신호일 수 있다.

업체가 설치한 추적 프로그램을 포함하고 있다. 이 프로그램은 사용자의 클릭스트림을 웹 전반에 걸쳐 추적함으로써 반복적으로 타기팅 광고를 제공할 수 있게 한다. 즉, 사용자가 여러 사이트를 이동할 때에도 동일한 광고를 반복적으로 노출시킬 수 있게 해준다. 대표적인 온라인 광고 네트워크로는 구글 마케팅 플랫폼(Google Marketing Platform)이 있다. 그림 10.3에서는 사용자가 방문한 사이트 내에서 그리고 웹 전반에서 어떻게 추적이 이루어지는지를 단계별로 설명했다.

이러한 정보를 통해 기업은 자사 웹사이트의 성과 분석, 개별 사용자에게 맞춤형 콘텐츠나 광고를 보여주는 개인화된 웹페이지 제공, 사용자 경험 개선, 소비자에 대한 더 나은 이해를 통한 부가가치 창출과 같은 일들을 할 수 있다.

그림 10.4는 기업이 사용자로부터 수집한 데이터를 바탕으로 어떻게 개인화된 콘텐츠를 보여줄 수 있는지에 대한 예시이다. 기업은 개인화 기술을 통해 웹페이지를 각 사용자에 맞게 맞춤화함으로써 개별 영업사원을 고용하는 것과 유사한 효과를 훨씬 낮은 비용으로 얻을 수 있다. 예를 들어 제너럴모터스(General Motors)는 50세 이상 사용자에게는 안전성과 실용성을 강조하는 쉐보레 광고를 보여주는 한편, 20대 젊은 층에게는 스포티함이나 성능을 강조한 광고를 노출시킬 수 있다.

대기업이 수백만 명의 소비자에게 도달하고자 할 때 수백 개 또는 수천 개의 웹사이트와 개별적으로 협력하는 것은 비현실적이다. 광고 네트워크는 이 문제를 해결하기 위해 수천 개의 인기 웹사이트(수백만 명이 방문하는 사이트들)를 하나의 네트워크로 구축하고, 이 네트워크 전반에 걸쳐 사용자 행위를 추적하여 각 사용자에 대한 프로파일을 생성한 뒤, 이를 실시간 입찰 환경에서 광고주에게 판매한다. 인기 웹사이트는 수십 개의 웹 추적 쿠키, 버그, 비콘을 다운로드하며, 사용자의 온라인 행동을 사용자 모르게 원격 서버에 보고한다. 예를 들어 미국 동북부에 거주하며 학사 학위가 있는 18~34세 미혼 소비자 중 유럽 자동차에 관심이 있는 사람을 찾고 있다면, 광고 네트워크는 이러한 조건에 부합하는 수천 명의 사용자가 웹사이트를 옮겨 다니는 동안 이들에게 유럽 자동차 광고를 노출시킬 수 있다. 추정치에 따르면 행동 타기팅 광고는 무작위 배너나 동영상 광고보다 소비자 반응을 유도할 가능성이 10배 정도 높다.

그림 10.4 웹사이트 개인화

기업은 사용자 각각의 특별한 관심사와 관련된 제품 및 서비스에 대한 콘텐츠 또는 광고를 보여주면서 고객의 경험을 증진하고 부가가치를 창출할 수 있는 개인화된 고유의 웹페이지를 제공할 수 있다.

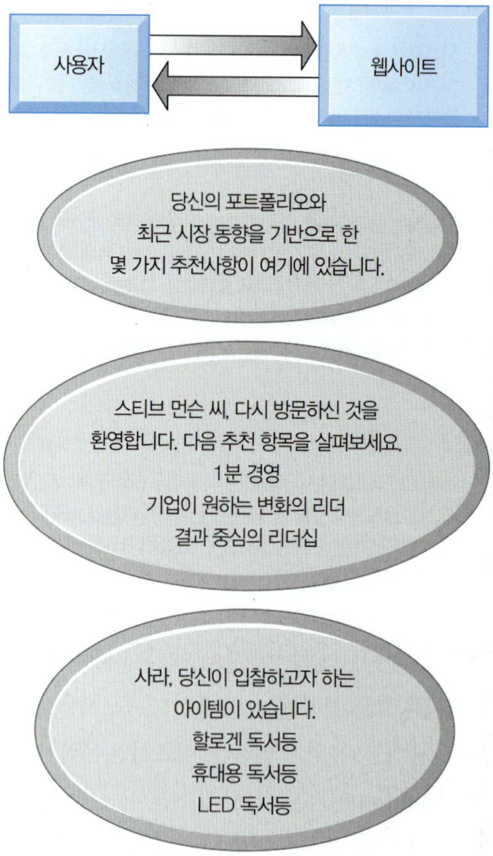

그림 10.5는 광고 네트워크의 작동 방식을 보여준다. 예를 들어 소비자가 구글 마케팅 플랫폼과 같은 광고 네트워크에 속한 웹사이트에서 웹페이지를 요청하면 해당 웹사이트의 서버는 광고 네트워크의 광고 서버에 연결된다. 광고 서버는 쿠키를 읽고, 데이터베이스에서 프로파일을 확인한 뒤, 그에 맞는 디스플레이 광고를 선택하여 보여준다. 이 모든 과정은 밀리초 단위로 처리된다. 이후 광고 네트워크는 추적 파일을 통해 소비자가 사이트를 옮겨 다닐 때마다 계속 따라다닌다.

이러한 광고 네트워크에서는 프로그래매틱 광고(programmatic ad) 구매로 바로 이어질 수 있다. 광고 네트워크는 실시간 입찰 플랫폼을 통해 마케팅 담당자가 자동화된 환경에서 웹 퍼블리셔로부터 제공되는 정밀 타기팅 광고 슬롯에 입찰할 수 있게 해준다. 이 플랫폼에서는 광고가 얼마나 많은 대상자에게 노출될지 예측 가능하고, 광고 구매자는 이 노출의 가치를 추산하여 입찰할 수 있다.

2023년 기준, 온라인 디스플레이 광고 및 온라인 동영상 광고 지출의 약 90%가 프로그래매틱 광고 네트워크를 통해 타기팅된 광고에 사용되었고, 나머지는 방문 페이지의 문맥, 방문자의 추정 인구통계 또는 시기적 요인에 따라 무작위로 배치되는 블래스트 앤드 스캐터 광고(blast-and-scatter advertising)에 의존했다.

네이티브 광고
사설 콘텐츠와 유사해 보이지만 일반적으로 눈에 띄지 않게 '스폰서' 태그가 붙은 광고로, 종종 소셜 네트워크 피드나 온라인 잡지에 게재된다.

또 다른 다음 단계는 **네이티브 광고**(native advertising)이다. 네이티브 광고는 편집 콘텐츠와 유사한 형태를 띠며, 일반적으로 '스폰서' 태그가 붙어 있다. 이러한 광고는 소셜 미디어 피드나 온라인 잡지와 같은 기존 콘텐츠 안에 삽입되는 방식으로 제공된다.

미국 성인 중 80% 이상은 온라인 개인정보 보호에 대해 우려하고 있다. 개인정보를 공격적으로 활용

그림 10.5 광고 네트워크의 작동 방식

광고 네트워크는 인터넷 전반에 걸친 소비자에 대한 추적 기능으로 인해 프라이버시 옹호자들 사이에서 논쟁거리가 되고 있다.

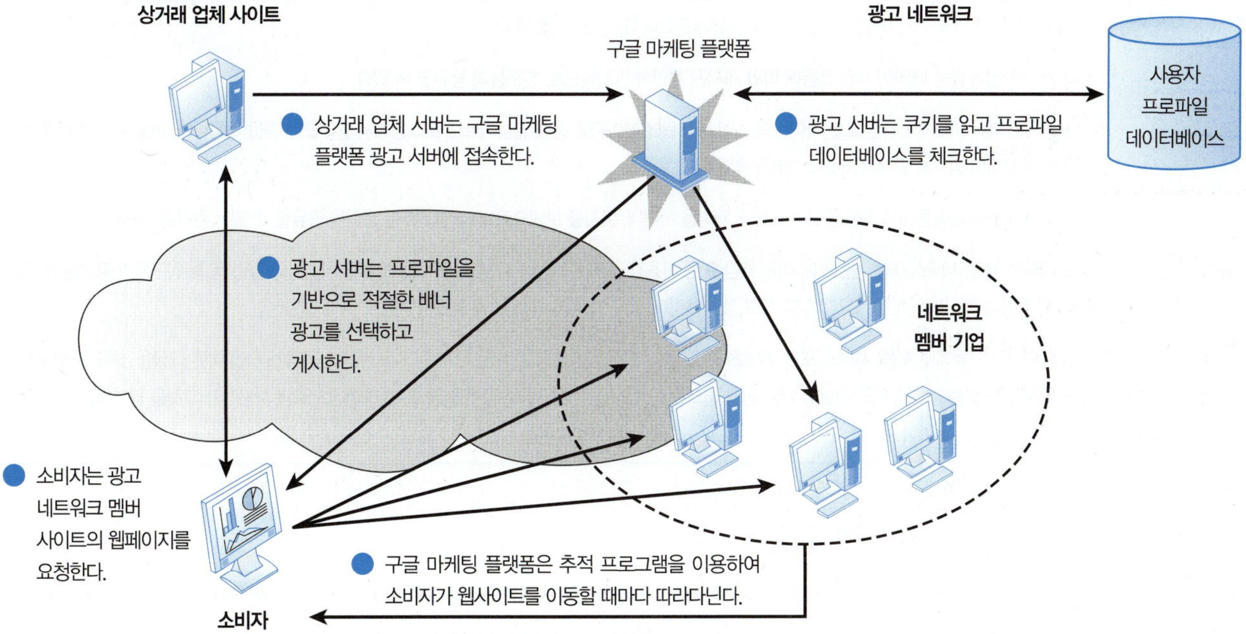

하는 것에 대한 반발이 커지면서 대중과 정치권의 저항도 점차 커지고 있다. 이에 따라 최근 몇 년 사이에 애플, 구글과 같은 기업은 특정 유형의 행위 기반 타기팅을 제한하는 정책을 도입하기 시작했다. 동시에 전체 소비자의 50% 이상은 브랜드와 상호작용할 때마다 개인화된 경험을 기대하고 있는데, 이는 온라인 마케터에게 상당한 도전 과제이다(McClain et al., 2023; Schulz, 2022).

인터넷상에서의 개인정보와 관련된 도전 과제와 이에 대한 기술적 대응[예: 애플의 App Tracking Transparency(앱 추적 투명성) 이니셔티브, 구글의 Privacy Sandbox, 제삼자 쿠키의 단계적 폐지]은 4장을 참조하라.

10.7 소셜 네트워크, 소셜 마케팅, 소셜 커머스

인터넷과 전자상거래가 기업에 미친 가장 중요한 영향 중 하나는 온라인 소셜 네트워크의 발전이며, 이는 현재 마케팅과 전자상거래 목적으로 활용되고 있다.

소셜 네트워크

오프라인 세계에서의 소셜 네트워크는 사람들이 자발적으로 오랫동안 소통하며 형성한 관계망을 의미한다. 이와 유사하게 **온라인 소셜 네트워크**(online social network)는 웹사이트나 앱을 통해 사용자들이 서로 소통하고, 개인적 관계 또는 집단 관계를 맺으며, 관심사·가치관·아이디어를 공유할 수 있게 해준다. 표 10.7에는 소셜 네트워크의 주요 기능이 정리되어 있다.

> **온라인 소셜 네트워크**
> 사용자가 웹사이트나 앱을 통해 서로 소통하고, 개인적 관계 또는 집단 관계를 형성하고, 관심사·가치관·아이디어를 공유할 수 있다.

2024년 기준으로 미국 내 월간 활성 사용자 수가 1억 7,500만 명을 넘는 페이스북은 소셜 네트워크 중에 가장 많은 주목을 받고 있다. 그 외의 주요 소셜 네트워크로는 인스타그램(1억 4,000만 명 이상), 틱톡(약 1억 1,200만 명), 스냅챗(약 9,300만 명), 핀터레스트(약 8,500만 명), 링크드인(약 8,000만 명), X(구 트위터, 약 5,400만 명) 등이 있다. 전문가들에 따르면 미국에서 온라인 활동 시간의 약 15.5%가 소셜 네트워크에서 소비되며, 소셜 네트워크 이용은 가장 흔한 온라인 활동 중 하나로 자리 잡고 있다.

표 10.7 소셜 네트워크의 기능

기능	설명
뉴스피드	사용자가 자신의 페이지에서 볼 수 있는 친구들이나 광고에 대한 알림 정보이다.
타임라인	과거의 사진과 활동 내역이 시간 흐름에 따라 게시된 개인적인 기록으로, 친구들과 공유될 수 있다.
소셜 사인온(sign-on)	사용자가 페이스북이나 다른 소셜 사이트의 소셜 네트워크 페이지를 통해 웹사이트로 로그인해서 들어오는 것을 허용한다. 이를 통해 가치 있는 소셜 프로파일 정보를 받아서 자신의 마케팅 활동에 활용한다.
협력적 쇼핑	소비자가 다른 사람들에게 제품을 보여주거나, 채팅을 하거나, 문자를 보냄으로써 자신의 쇼핑 경험을 공유할 수 있는 환경을 제공한다.
네트워크 알림	소비자가 제품, 서비스 또는 콘텐츠에 대한 호감(또는 비호감)을 표현하거나 자신의 위치 정보(예: 음식점이나 클럽 등)를 친구들과 공유할 수 있는 환경이다. 페이스북의 '좋아요' 버튼이 대표적인 예이며, X(구 트위터)의 트윗 및 팔로워 기능도 이에 해당한다.
소셜 검색(추천)	소비자가 친구들에게 제품, 서비스 또는 콘텐츠 구매에 대해 조언을 요청할 수 있게 해준다. 구글은 사용자가 직접 어떤 대상을 찾을 수 있도록 도와주지만, 소셜 검색은 어떤 대상에 대한 친구들 또는 그 친구들의 친구들의 평가를 알 수 있게 해줌으로써 사용자가 그것을 평가하는 데 도움이 된다. 예를 들어 아마존의 소셜 추천 시스템은 페이스북 소셜 프로파일을 이용하여 제품을 추천해줄 수 있다.

소셜 마케팅 및 광고

마케팅과 광고 분야에서 가장 빠르게 성장하는 플랫폼 중 하나가 소셜 네트워크이다. 기업은 2024년에 페이스북, 인스타그램, 핀터레스트, 틱톡, 링크드인, X(구 트위터)와 같은 소셜 네트워크에서 마케팅 및 광고를 위해 약 870억 달러를 지출할 것으로 예상된다. 이는 수백만 명의 소비자들이 하루에도 몇 시간씩 소셜 네트워크 사이트와 앱을 사용하는 현실을 반영한 결과이다.

군중의 지혜

수천, 아니 수백만 명의 사람들이 상호작용할 수 있는 웹사이트와 앱을 만드는 것은 기업에게 새로운 마케팅 및 광고 방식은 물론, 누가 자사 제품을 좋아하고 누가 싫어하는지 파악할 수 있는 기회를 제공한다. 일부 전문가들은 **군중의 지혜**(wisdom of crowd)라는 이론을 제시하며, 다수의 일반인이 소수의 전문가 집단보다 더 나은 결정을 내릴 수 있다고 주장한다.

군중의 지혜
특정 상황에서 한 사람이나 심지어 소규모 전문가 위원회보다 다수의 사람들이 더 나은 결정을 내릴 수 있다는 믿음

마케팅 측면에서 이 개념은, 기업이 제품 또는 서비스를 개발하거나 개선할 때 수천 명의 고객들과 먼저 소통함으로써 고객과의 관계를 형성하고, 제품 또는 서비스가 실제로 어떻게 사용되고 어떤 평가를 받는지를 더 잘 이해할 수 있음을 시사한다. 소셜 미디어의 가장 중요한 이점 중 하나는 소비자가 자사의 브랜드와 경쟁업에 대해 어떤 이야기를 하고 있는지 실시간으로 파악할 수 있는 '**소셜 리스닝**(social listening)' 기능이다. 최근 조사에 따르면 60% 이상의 기업이 소셜 리스닝 시스템을 도입하고 있으며, 고객의 의견을 적극적으로 청취하는 기업은 고객의 신뢰를 얻고, 기업이 고객의 생각을 중요하게 여긴다는 메시지를 전달할 수 있다(Hutchinson, 2022). 조직 사례 '스프라우트소셜을 활용한 소셜 리스닝'에서는 기업이 어떻게 브랜드 인지도와 고객 충성도를 높이는지를 살펴본다.

소셜 리스닝
소비자가 온라인에서 브랜드와 경쟁업체에 대해 이야기하는 내용을 파악할 수 있는 능력

기업은 단순히 조언을 구하는 수준을 넘어서 크라우드소싱을 통해 실제 비즈니스 문제 해결에 도움을 받을 수 있다. **크라우드소싱**(crowdsourcing)은 온라인상에서 대규모 대중을 활용하여 조언을 얻거나 시장 반응, 새로운 아이디어, 비즈니스 문제의 잠재적 해결책 등을 수집하는 방식이다. 예를 들어 BMW는 2021년에 'Crowd Innovation' 플랫폼을 출범하고, 이를 통해 자사 직원은 물론 외부 혁신 커뮤니티의 군중의 지혜를 활용하고 있다. 가장 유명한 크라우드펀딩 플랫폼 중 하나로 킥스타터가 있는데, 이를 통해 방문자는 영화, 음악, 예술, 도서, 혁신적 신제품 제작 등 다양한 창의적 프로젝트에 자금을 지원할 수 있다. 그 밖에도 캐터필러가 고객과 협력하여 더 나은 건설 장비를 설계한 사례, 레고(Lego)가 새로운 장난

크라우드소싱
조언, 시장 반응, 새로운 아이디어, 비즈니스 문제의 해결책을 얻기 위해 대규모 온라인 청중을 활용하는 것으로, 군중의 지혜 이론과 관련이 있다.

감과 게임을 개발하기 위해 운영 중인 'Lego Idea' 플랫폼, 유니레버가 인도네시아 현지인 커뮤니티를 활용하여 팜유 생산 과정 전반을 추적하는 디지털 크라우드소싱 플랫폼을 운영하는 사례 등이 있다(자세한 내용은 6장의 사례 연구 '블록체인을 통한 지속가능성 추구'를 참조하라).

조직 사례 스프라우트소셜을 활용한 소셜 리스닝

소셜 네트워크는 기업이 소비자와 소통하고, 제품 메시지를 확산하고, 트렌드와 인플루언서를 발견하고, 브랜드 인지도를 구축하고, 고객의 요청과 추천에 대응하고, 점점 더 자사 제품을 소비자에게 직접 판매할 수 있는 다양한 기회를 제공한다. 소셜 네트워크가 비즈니스와 문화적 환경 속에 깊이 자리 잡아감에 따라, 소셜 마케팅에 대한 수요 증가에 대응하는 기업의 생태계가 형성되고 있다. 소셜 미디어 모니터링과 소셜 리스닝은 기업과 마케터가 소비자의 제품에 대한 선호, 불만, 원하는 추가 제품이나 제품 개선사항, 브랜드에 대한 평가(긍정적 또는 부정적 감정 등)를 더 잘 이해할 수 있도록 도와준다. 스프라우트소셜(Sprout Social)은 이와 같이 급성장하고 있는 분야의 시장 선도 기업이다.

2010년에 설립된 스프라우트소셜은 미국 일리노이주 시카고에 본사를 두고 있으며, 단순한 스타트업으로 시작하여 현재는 전 세계 100여 개국에 3만 4,000개 이상의 고객사를 보유하고 약 1,400명의 직원을 둔 상장기업으로 성장했다. 2023년 매출은 3억 3,800만 달러(약 4,650억 원)에 달한다. 스프라우트의 빠른 성장은 설립 이후 소셜 미디어 플랫폼의 확장과 맥을 같이한다. 새롭게 떠오르는 소셜 미디어 채널을 활용하고자 하는 마케터는 어떤 기법이 효과적인지 파악할 수 있는 적절한 도구가 부족한 경우가 많았다. 스프라우트는 이러한 문제를 해결하고자 하며 페이스북, 인스타그램, 틱톡, X(구 트위터), 스레드, 핀터레스트, 링크드인 등 모든 주요 소셜 네트워크와의 연동 기능을 갖춘 도구를 제공한다.

스프라우트는 고객에게 클라우드 기반 애플리케이션을 통해 다양한 요금제로 여러 서비스를 제공한다. 이 중 하나가 바로 소셜 리스닝 도구이다. 이는 마케터가 소셜 미디어상에서 자사 브랜드 및 업계에 대한 언급을 모니터링하고, 핵심적인 인사이트를 도출하며, 트렌드를 파악하고, 경쟁에서 앞서나갈 수 있도록 도와준다. 소셜 리스닝 서비스는 다양한 목적으로 활용될 수 있다. 예를 들어 기업은 자사 브랜드에 대한 대화를 추적함으로써 고객의 태도, 경험, 전반적인 브랜드 건강 상태에 대한 가시성을 확보할 수 있다. 이 서비스는 마케팅 캠페인에 대한 반응을 분석하고 보고서를 생성하는 기능도 제공한다. 또한 기업은 특정 주제에 대한 고객의 감정과 의견을 조사하거나 고객 행동을 추적하여 업계 트렌드를 파악하고, 소비자 조사를 통해 타깃 고객층의 인구통계적 특성을 식별할 수 있다. 이와 더불어 자사와 경쟁사를 목소리 점유율(share of voice) 및 소비자 태도 측면에서 비교하는 것도 가능하다.

소셜 리스닝 도구는 키워드, 해시태그, 멘션, 문구, 이모지 등이 포함될 수 있는 소셜 리스닝 쿼리를 기반으로 작동한다. 스프라우트는 사용자가 복합적인 다중 쿼리를 빠르고 쉽게 생성할 수 있도록 Listening Query Builder를 제공한다. 최근에는 AI 기능이 추가되어, 사용자가 입력한 키워드를 기반으로 관련 키워드를 자동으로 제안하는 Queries by AI Assist 도구도 활용할 수 있다. 또한 스프라우트는 가장 일반적인 용도에 맞춰 미리 만들어진 다양한 Topic Templates을 제공하여 사용자가 쿼리 생성 작업을 보다 쉽게 시작할 수 있도록 도와준다. 이 소셜 리스닝 도구는 초당 최대 5만 개의 게시물을 처리할 수 있으며, 하루 평균 6억 건의 메시지를 다룰 수 있는 성능을 갖추고 있다.

콜로라도주 덴버에 본사를 둔 고얼리(Goally)는 스프라우트소셜의 소셜 리스닝 도구를 만족스럽게 활용하고 있는 기업 중 하나이다. 고얼리는 신경다양성(neurodiverse)을 지닌 아동이 부모나 보호자와 협력하여 기본적인 일상 과제를 수행하는 방법을 배울 수 있도록 돕는 앱을 제공한다. 소셜 네트워크가 사람들이 진솔한 질문을 던지고 답변을 얻을 수 있는 독특하고 접근성 높은 공간이라고 고얼리는 믿는다. 고얼리는 2022년부터 스프라우트의 소셜 리스닝 도구를 사용하기 시작했으며, 지금까지 얻은 인사이트는 자사의 기술이 실제로 부모에게 도움이 된다는 것을 확인하는 데 기여했을 뿐만 아니라, 자사가 지원하고자 하는 가족의 필요를 더 잘 이해하는 데에도 큰 도움을 주고 있다. 예를 들어 틱톡에 대한 소셜 리스닝을 통해 고얼리는 신경다양성 아동을 키우는 부모들이 공통적으로 자녀가 독립적인 존재가 되기를 바란다는 점을 알게 되었다. 또한 스프라우트는 고얼리가 관련 있는 인플루언서를 식별하고 핵심 타깃 고객과 더 효과적으로 연결되도록 하여 브랜드 인지도 향상에도 기여했다. 고얼리는 틱톡에서 팔로워 트렌드를 추적하기 위해서도 스프라우트를 사용하고 있으며, 이를 통해 틱톡이 자신에게 유의미한 채널이며 지속적으로 활동해야 할 플랫폼임을 확인하고 있다.

출처: Sproutsocial.com, accessed September 30, 2024; Ronnie Gomez, "How to Create Better Social Listening Queries," Sproutsocial.com, April 16, 2024; Sprout Social, Inc., "Annual Report on Form 10-K," Sec.gov, February 23, 2024; Carly Hill, "Social Media Listening Examples that Will Help You Unearth Better Insights," Sproutsocial.com, October 18, 2023; Ronnie Gomez, "5 Stories that Showcase Social Data's Rising Influence on Business," Sproutsocial.com, August 15, 2023; "How Sprout Social Helps Goally Engage with and Learn from Parents of Neurodiverse Children," Sproutsocial.com.

문제

1. 소셜 미디어 기술을 활용하여 고객과 소통할 때의 경영, 조직, 기술 문제는 무엇인가?
2. 광고, 브랜드 구축, 시장 조사, 고객 서비스에 소셜 미디어를 활용하는 것의 장단점은 무엇인가?
3. 마케팅 및 고객 서비스를 위해 소셜 네트워크 플랫폼을 활용하는 데 가장 적합한 기업은 어떤 유형인가?

소셜 커머스

소셜 커머스
다른 쇼핑객과 관심 있는 제품에 대한 지식을 공유하고, 소셜 네트워크를 통해 직접 구매할 수 있는 전자상거래 유형

소셜 그래프
온라인상의 중요한 사회적 관계를 대응해놓은 것으로, 오프라인상에서 언급되는 '소셜 네트워크'와 같은 개념이다.

소셜 커머스(social e-commerce)는 소셜 네트워크를 통해 쇼핑객이 관심 있는 제품에 대한 정보를 공유하고, 해당 소셜 네트워크를 통해 직접 구매할 수 있는 것을 의미한다. 소셜 커머스는 디지털 **소셜 그래프**(social graph)라는 개념에 기반을 두고 있는데, 이는 온라인상의 중요한 사회적 관계를 대응해놓은 것이라 할 수 있다. 소셜 그래프는 오프라인 관계망을 묘사하는 데 쓰이는 '소셜 네트워크'와 같은 개념이다. 자신의 소셜 그래프를 직접 그려보면 쉽게 이해할 수 있다. 우선 자신을 중심으로 가장 가까운 10명을 선으로 연결하라. 그리고 그들끼리 서로 알고 있다면 그들도 선을 그어 연결하라. 좀 더 도전하고 싶다면 이 10명에게 각각 가장 가까운 10명을 알려달라고 요청하고 그들도 추가하여 선을 연결하라. 이렇게 하면 나만의 소셜 네트워크의 기초적인 지도가 완성될 것이다. 만약 전 세계 사람들이 이러한 작업을 수행하고 그 결과를 거대한 데이터베이스에 올린다면 결국 페이스북이나 이와 유사한 사이트를 이용하는 상황이 될 것이다.

소천지 이론(small world theory)에 따르면 우리는 전 세계의 그 어떤 사람과도 6단계만 거치면 연결될 수 있다고 한다. 예를 들어 당신의 주소록에 100명의 이름이 있고, 이 명단을 친구들에게 보내고, 친구들이 각자 50명의 새로운 사람을 추가하는 방식으로 5단계만 반복하면 이 소셜 네트워크는 310억 명에 이르게 된다! 즉, 소셜 그래프는 수많은 개인의 소셜 그래프가 모여 이뤄진 거대한 네트워크이다.

이와 같은 사람들 간의 연결성을 이해하면 소셜 커머스의 중요성도 쉽게 이해할 수 있을 것이다. 우리가 구매하는 제품이나 서비스는 친구들의 결정에 영향을 미치고, 그들의 결정 또한 우리에게 영향을 미친다. 마케터는 이러한 연결성을 활용하여 브랜드를 구축하고 강화할 수 있다. 마케터가 타깃으로 삼아야 할 것은 단순히 TV를 보고 있는 1,000만 명의 개별 소비자가 아니라, TV 시청자들이 형성한 소셜 네트워크와 그들이 속한 개인 네트워크이다. 게다가 온라인 소셜 네트워크는 인터넷상에서 가장 큰 사용자층을 보유한 공간이기도 하다.

소셜 커머스는 최근 몇 년 사이에 급격히 성장하고 있으며, 매년 25% 이상의 성장률을 기록 중이다. 2024년에는 1억 1,000만 명 이상의 소비자가 소셜 네트워크를 통해 제품을 구매할 것으로 예상되며, 소셜 소매 전자상거래 수익이 820억 달러를 넘길 것으로 전망된다. 현재 대부분의 주요 소셜 네트워크는 소셜 커머스 기능을 탑재하고 있는데, 예를 들어 페이스북은 Facebook Shops와 Instagram Shops 기능을 제공하여, 판매자가 직접 카탈로그를 소셜 네트워크에 게시하고, 소비자가 해당 플랫폼에서 직접 구매하거나 판매자의 웹사이트로 이동하여 구매할 수 있다(eMarketer, 2024f, 2024g, 2023h, 2024i).

10.8 전자상거래가 B2B 거래에 미치는 영향

인터넷이 등장하기 전에는 기업 간(B2B) 거래를 단순히 기업 간 교역 또는 조달 프로세스라고 불렀다. 오늘날의 B2B 상거래라는 용어는 원자재나 중간재 등의 구매 활동과 제품 및 서비스의 유통 활동을 모두 포함한 기업 간 거래를 포괄적으로 지칭한다. B2B 상거래는 거대한 시장을 형성하고 있다. 2024년 미국 내 B2B 상거래 규모는 약 19조 달러로 추정되는데, 이 중에서 인터넷과 모바일 앱을 통해 이루어지는 부분을 B2B 전자상거래(B2B e-commerce)라고 부른다. B2B 전자상거래의 규모는 2024년에 약 8조 1,000억 달러에 이를 것으로 예상되며, 2028년까지 8조 9,000억 달러까지 성장할 전망이다(eMarketer, 2023j; 미국 인구조사국, 2023; 저자 추정치).

기업 간 교역은 복잡한 절차를 수반하며 상당한 수준의 인적 개입이 필요하기 때문에 많은 자원이 소요된다. 일부 기업의 추산에 따르면 지원 물품에 대한 구매 주문서를 처리하는 데 평균적으로 최소 100달러의 관리 간접비가 소요된다. 이러한 관리 활동에는 구매 승인, 제품 검색, 구매 협의, 배송 및 수령 등

과 같은 절차가 포함된다. 이러한 관리 활동에 대한 경제 전반의 지출은 매년 수조 달러에 달하며, 이는 자동화될 수 있는 잠재성이 크다. 기업 간 교역 및 조달 프로세스의 일부라도 자동화된다면 막대한 자원이 더 생산적인 용도로 전환될 수 있으며, 소비자 가격이 하락하고, 생산성이 향상되며, 국가의 경제적 부가가치가 증가할 수 있다. 이것이 바로 B2B 전자상거래가 약속하는 미래이다. B2B 전자상거래의 과제는 현재의 조달 방식과 시스템을 변화시키고, 새로운 인터넷 및 클라우드 기반 B2B 솔루션을 설계 및 구현하는 것이다.

전자문서교환

B2B 전자상거래는 약 50년에 걸쳐 발전해왔다. 1970년대 후반에 **전자문서교환**(electronic data interchange, EDI)이라는 새로운 형태의 컴퓨터 간 통신 기술이 등장하면서 두 조직 간에 송장, 구매 주문서, 선적 명세서와 같은 표준 비즈니스 문서를 디지털 방식으로 공유할 수 있게 되었다. 이러한 기술을 통해 한 기업의 정보시스템에서 다른 기업의 시스템으로 트랜잭션이 자동으로 전송될 수 있게 되어, 종이 문서를 출력하거나 수작업으로 데이터를 입력할 필요가 없어졌다. 미국의 주요 산업뿐만 아니라 전 세계 대부분의 산업은 EDI 표준을 보유하고 있는데, 이 표준은 각 산업에 맞는 디지털 거래의 구조와 정보 필드를 정의하고 있다.

전자문서교환(EDI)
두 조직 간에 표준 비즈니스 문서 및 거래(예: 주문, 선적 지시, 지불)를 디지털 방식으로 직접 교환하는 것

B2B 전자상거래에서 EDI는 계속해서 중요한 도구로 사용되고 있다. 많은 기업이 문서 자동화를 위해 계속해서 EDI를 활용하고 있으며, JIT(just-in-time) 방식의 재고 보충과 연속 생산 방식을 사용하는 기업은 EDI를 하나의 지속적 보충 시스템으로 활용하기도 한다. 예를 들어 그림 10.6은 공급업체와 구매업체 간에 선적 정보, 결제 정보, 생산 및 재고 요구사항이 교환되는 과정을 보여준다. 공급업체는 구매업체의 생산 및 배송 일정 중 일부 정보에 온라인으로 접근할 수 있으며, 구매 담당자의 개입 없이도 사전에 설정된 일정에 맞춰 자동으로 자재 및 제품을 발송할 수 있다.

많은 조직이 여전히 사설 네트워크를 통해 EDI를 사용하고 있지만, 이러한 네트워크는 점차적으로 웹 기반으로 전환되고 있다. 이는 인터넷 기술이 더 유연하고 비용이 낮은 플랫폼을 제공하기 때문이다. 기업은 디지털 기술을 더 넓은 활동 영역으로 적용하고 거래 파트너의 범위 또한 더 넓혀나갈 수 있게 되었다.

예를 들어 조달(procurement)은 단순히 자재를 구매하는 것뿐만 아니라 공급업체 탐색, 공급업체와의 협상, 결제, 배송 조율 등의 과정을 모두 포함한다. 이제 기업은 인터넷을 통해 최저가 공급업체를 탐색하고, 온라인 상품 카탈로그를 열람하고, 공급업체와 협상하고, 주문 및 결제하고, 운송을 조율할 수 있다. 기업은 더 이상 기존의 EDI 네트워크에 연결된 제한된 파트너에 국한되지 않고 이러한 일들을 수행할 수 있다.

그림 10.6 전자문서교환(EDI)

기업은 B2B 전자상거래와 연속 보충에 대한 업무를 자동화하기 위해 EDI를 이용한다. 공급자는 구매 기업에 배송과 관련된 데이터를 자동으로 보낼 수 있다. 구매 기업은 EDI를 이용하여 생산 및 재고에 관련된 요구사항과 지불 데이터를 공급자에게 제공한다.

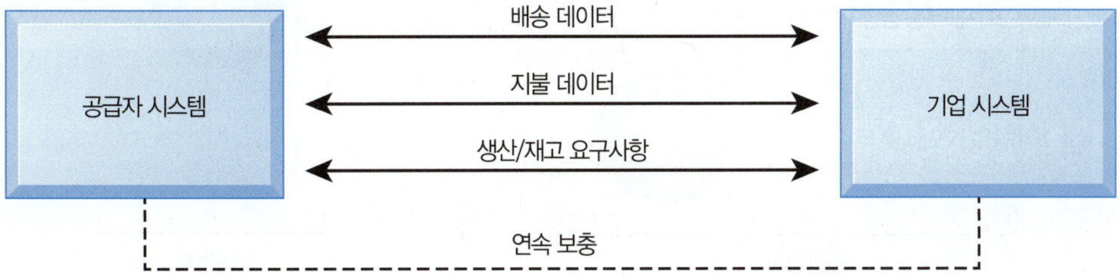

새로운 B2B 구매 및 판매 방식

인터넷과 웹 기술은 기업이 B2C 전자상거래에서 사용하는 기법과 동일한 방식으로 B2B 전자상거래를 위한 온라인 상점(스토어프런트)을 구축할 수 있게 해준다. 또한 기업은 인터넷 기술을 활용하여 엑스트라넷이나 디지털 마켓플레이스를 구축함으로써 다른 기업과 구매 및 판매 거래를 수행할 수 있다.

사설 B2B 네트워크
일반적으로 대기업이 공급업체 및 기타 주요 비즈니스 파트너와 연결하기 위해 사용하는 인터넷 지원 네트워크

사설 B2B 네트워크(private B2B network)는 일반적으로 대기업이 공급업체 및 주요 비즈니스 파트너와 연결하기 위해 사용하는 인터넷 기반 네트워크를 말한다. 그림 10.7은 이러한 사설 B2B 네트워크의 구조를 보여준다. 이 네트워크는 보통 구매자(대기업)가 소유하고 있으며, 구매 기업과 그 기업이 지정한 공급업체, 유통업체, 기타 파트너 기업은 이 네트워크를 통해 제품 설계 및 개발, 마케팅, 생산 일정, 재고 관리, 이메일 및 그래픽을 포함한 비정형 커뮤니케이션 등을 공유할 수 있다.

그 예로 VW Group Supply를 들 수 있다. 이것은 폭스바겐그룹과 그 공급업체들을 연결하는 시스템으로, 자동차 구성품 및 부품 요소를 포함하여 폭스바겐의 전 세계 구매 중 90%를 처리하고 있다.

B2B 전자상거래 마켓플레이스
다수의 구매자와 판매자가 거래할 수 있는 단일 디지털 시장을 제공한다.

한편 **B2B 전자상거래 마켓플레이스**(B2B e-commerce marketplace)는 다수의 구매자와 판매자가 거래할 수 있는 단일 디지털 시장을 제공한다. 이러한 마켓플레이스는 한 산업에 국한해서 소유되거나, 구매업체와 판매업체 사이에서 독립적인 중개업체로 운영된다. B2B 마켓플레이스는 거래 수수료 및 다양한 부가 서비스 제공을 통해 수익을 창출한다. B2B 마켓플레이스의 참여자는 온라인 협상, 경매, 가격 요청 방식(request for quote, RFQ) 등을 통해 가격을 책정하거나 고정 가격 체계를 사용할 수 있다. 그림 10.8은 이러한 B2B 전자상거래 마켓플레이스가 여러 공급업체와 구매업체를 연결하고, 온라인 상품 카탈로그, 소싱 도구, 자동 처리 및 주문 이행 기능을 제공하는 방식을 보여준다.

직접재
생산 프로세스에서 사용되는 재화

B2B 전자상거래 마켓플레이스에는 다양한 유형이 있으며, 이를 분류하는 방식도 여러 가지이다. 어떤 마켓플레이스는 직접재를 팔기도 하고, 또 어떤 마켓플레이스는 간접재를 팔기도 한다. **직접재**(direct

그림 10.7 사설 B2B 네트워크

사설 B2B 네트워크는 기업을 공급업체, 유통업체, 기타 주요 비즈니스 파트너와 연결하여 효율적인 공급사슬관리 및 기타 협업 상거래 활동을 가능하게 한다.

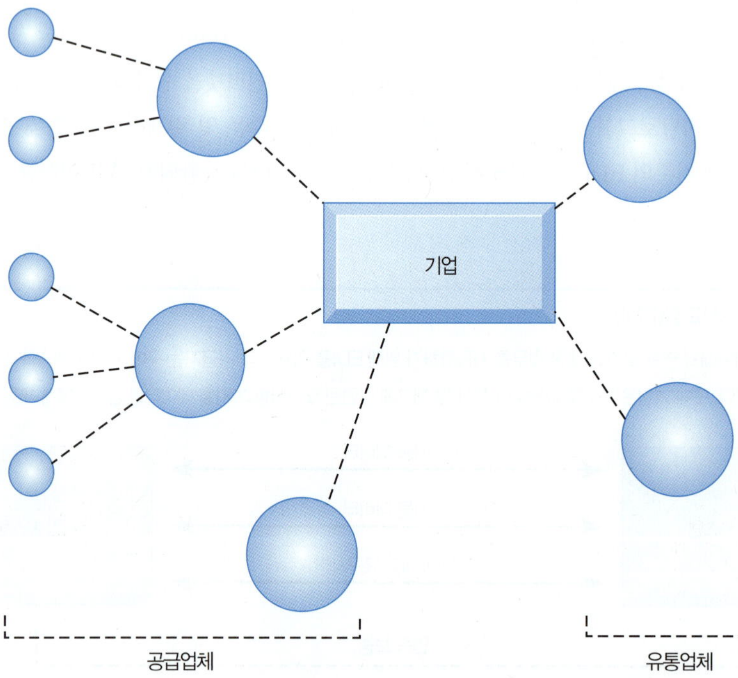

그림 10.8 B2B 전자상거래 마켓플레이스

B2B 전자상거래 마켓플레이스는 다수의 구매자가 다수의 판매자로부터 물품을 구매할 수 있는 온라인 마켓플레이스이다.

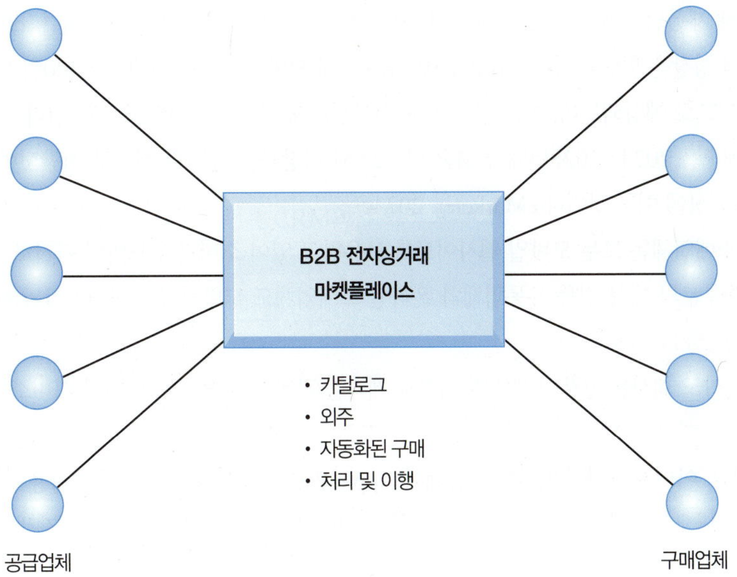

goods)는 자동차 몸체 생산에 사용되는 얇은 철판과 같이 생산 프로세스에서 사용되는 재화이다. **간접재**(indirect goods)는 유지 및 수리를 위한 사무용품 또는 제품과 같이 생산 프로세스에 직접 투입되지 않는 재화이다. 어떤 B2B 전자상거래 마켓플레이스는 지정된 공급자들과의 장기적인 관계에 기반한 계약 구매를 지원하지만, 또 어떤 마켓플레이스는 다수의 상이한 공급자들로부터 즉각적인 필요성에 따라 제품을 구매하는 단기적인 단발성 구매를 지원한다.

간접재
사무용품과 같이 생산 프로세스에 직접 투입되지 않는 재화

또한 B2B 전자상거래 마켓플레이스는 특정 산업 분야에 특화된 수직 시장(vertical market)을 대상으로 하거나, 여러 산업에서 공통적으로 사용되는 제품과 서비스를 다루는 수평 시장(horizontal market)을 대상으로 하기도 한다. 예를 들어 자동차, 통신, 기계 공구와 같은 특정 산업은 수직 시장이고, 사무기기나 운송 서비스처럼 다양한 산업에서 사용되는 제품과 서비스는 수평 시장이다.

서플라이온(SupplyOn)은 산업계 소유의 B2B 전자상거래 마켓플레이스의 예로, 장기 계약 구매 관계에 중점을 두며, 공통 네트워크와 컴퓨팅 플랫폼을 제공하여 공급사슬의 비효율성을 줄이는 것을 목표로 한다. 서플라이온은 보쉬(Bosch), 콘티넨탈(Continental), 셰플러(Schaeffler), ZF와 같은 자동차 부품업체에 의해 설립되었으며, 초기에는 자동차 산업에 집중했으나 현재는 항공우주, 철도, 공학 산업으로까지 사업을 확장했다. 현재 서플라이온은 전 세계 14만 개 이상의 기업이 사용하는 공급사슬 네트워크와 솔루션을 제공하고 있으며, 고객사에는 에어버스(Airbus), BMW 그룹(BMW Group), 보그워너(BorgWarner), 지멘스(Siemens), 탈레스(Thales)와 같은 유명 기업이 포함되어 있다.

익스체인지(exchange)는 독립적으로 소유된 제삼자 B2B 전자상거래 마켓플레이스로, 거래 중심적이며, 다수의 공급업체와 구매자를 연결하여 단발성 구매가 가능하다. 익스체인지는 보통 식품, 전자, 산업 장비처럼 단일 산업에 특화된 수직 시장을 대상으로 하며, 주로 직접재 거래에 중점을 둔다. 예를 들어 고투페이퍼(Go2Paper)는 75개국 이상의 종이 산업 바이어와 셀러를 연결하여 종이 및 포장재의 단발성 시장을 형성한다. 이러한 익스체인지는 전자상거래 초기에는 급속히 확산되었지만 많은 기업이 실패를 경험했다. 그러나 최근에는 다시 부활하는 경향을 보이고 있다.

익스체인지
독립적으로 소유된 제삼자 B2B 전자상거래 마켓플레이스로, 거래 중심적이며, 다수의 공급업체와 구매자를 연결하여 단발성 구매가 가능하다.

10.9 모바일 전자상거래 및 모바일 전자상거래 애플리케이션

모바일 전자상거래
스마트폰, 태블릿, 웨어러블 기기와 같은 모바일 기기를 통해 제품과 서비스를 판매하는 전자상거래 유형

모바일 전자상거래(mobile commerce, m-commerce)는 스마트폰, 태블릿, 웨어러블 기기와 같은 모바일 기기를 통해 제품과 서비스를 판매하는 것을 말한다. 그림 10.9에서 2019~2028년 소매 모바일 전자상거래 수익의 성장을 확인할 수 있다. 2025년에는 소매 모바일 전자상거래가 5,400억 달러 이상의 매출을 기록할 것으로 예상되는데, 이는 전체 소매 전자상거래 매출의 약 45%에 해당한다. 소매 모바일 전자상거래의 매출은 2024~2028년에 연평균 약 12%의 성장률을 유지할 것으로 전망되며, 2028년에는 8,750억 달러 이상에 이를 것이다(eMarketer, 2024c).

현재 주요 소매업체는 모두 모바일 웹사이트를 보유하고 있어 소비자가 모바일 기기로 쇼핑하고 주문할 수 있다. 대부분의 대형 전통 유통업체와 온라인 소매업체도 모바일 전자상거래를 위한 앱을 제공하고 있다.

은행과 신용카드 회사는 고객이 모바일 기기로 계좌를 관리할 수 있도록 다양한 서비스를 개발해왔다. JP모건체이스와 뱅크오브아메리카의 고객은 스마트폰을 통해 계좌 잔액 조회, 자금 이체, 청구서 납부 등을 할 수 있다. 아이폰과 애플워치용 애플페이(Apple Pay)와 안드로이드용 앱은 사용자가 휴대전화를 가져다 대는 것만으로도 신용카드 결제가 가능하다(이러한 앱 결제 시스템에 대한 자세한 내용은 다음 절에서 확인할 수 있다.)

모바일 전자상거래의 주요 성장 분야는 아마존과 같은 대형 소매업체의 대중 시장 유통, 음악·TV 프로그램·영화·전자책 등 디지털 콘텐츠 판매, 모바일 기기 내 앱을 통한 인앱 판매 등이다. 우버, 에어비앤비와 같은 온디맨드 기업의 위치 기반 서비스도 모바일 전자상거래의 사례라고 할 수 있다. 더욱 커진 모바일 화면과 간편해진 결제 절차 역시 모바일 전자상거래의 확산에 기여하고 있다.

모바일 광고 시장은 가장 빠르게 성장하는 온라인 광고 플랫폼으로, 2024년에는 약 2,000억 달러의 광고 수익이 예상된다. 광고는 게임, 동영상, 기타 모바일 앱 내에 삽입될 수 있다. 구글은 2024년에 모바일 검색과 연계된 광고를 통해 770억 달러의 모바일 광고 수익을 기록할 것으로 보이며, 메타의 페이스북/

그림 10.9 소매 모바일 전자상거래 매출

2028년까지 소매 모바일 전자상거래 매출은 약 8,750억 달러를 기록할 것으로 예상되며, 이는 전체 소매 전자상거래 매출의 50% 이상을 차지할 것이다.

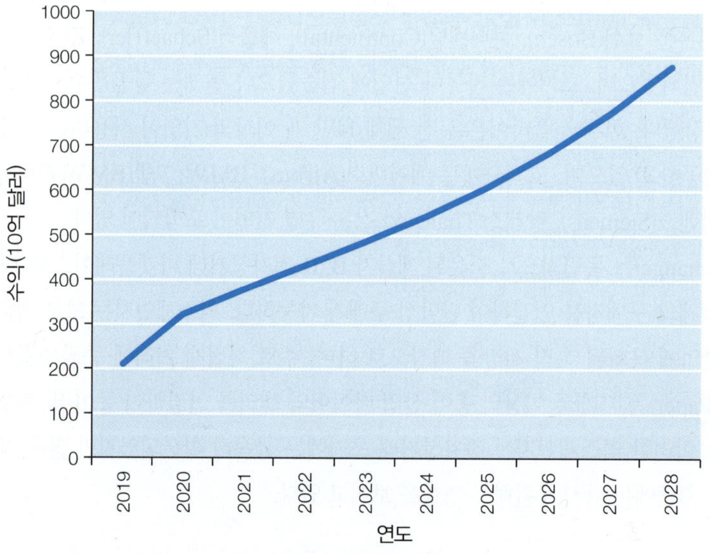

출처: Data from eMarketer chart "US Retail Mcommerce Sales," 2024.

인스타그램은 650억 달러의 모바일 광고 수익으로 2위를 차지할 것으로 전망된다(eMarketer, 2024k).

위치 기반 서비스와 애플리케이션

위치 기반 서비스(location-based service)는 사용자의 위치를 기반으로 서비스를 제공하는 것을 의미한다. 이러한 서비스를 가능하게 하는 주요 기술은 스마트폰에 내장된 GPS(global positioning system, 위성 위치 추적 시스템), 주변 와이파이 액세스 포인트를 활용한 위치 추적 기술, 무선통신사에서 사용하는 기지국 기반 위치 추적 기술이다. 가장 잘 알려진 위치 기반 서비스는 우버, 리프트, 에어비앤비와 같이 사용자의 실제 위치(에어비앤비의 경우 사용자의 여행 목적지)를 기반으로 해당 지역과 관련된 서비스를 제공하는 온디맨드 플랫폼이다.

위치 기반 서비스
사용자의 위치를 기반으로 사용자에게 서비스를 제공하는 것으로, GPS, 와이파이, 셀룰러 기술을 통해 가능하다.

위치 기반 서비스는 크게 지오소셜 서비스, 지오광고 서비스, 지오정보 서비스로 분류할 수 있다. **지오소셜 서비스**(geosocial service)는 사용자의 위치를 기반으로 한 소셜 네트워킹을 의미한다. 예를 들어 친구들이 어디에서 모이는지를 알려준다. 포스퀘어(Foursquare)는 대표적인 지오소셜 서비스로, 사용자가 레스토랑이나 장소에서 체크인을 하면 친구들에게 자동으로 알림이 전송되어 위치를 공유할 수 있다. 포스퀘어의 스웜(Swarm) 앱은 사용자가 친구들과 연결하고, 현재 위치를 공유하며, 특정 장소에 대한 리뷰나 팁을 제공할 수 있는 위치 기반 소셜 네트워크 서비스이다. 사용자는 특정 태그가 있는 장소에 체크인을 함으로써 포인트를 얻을 수 있고, 체크인 빈도 또는 체크인 시간에 따라 배지(일종의 미션 달성 기념품)를 획득할 수도 있다.

지오소셜 서비스
사용자의 위치를 기반으로 한 소셜 네트워킹

지오광고 서비스(geoadvertising service)는 사용자의 현재 위치를 기반으로 광고를 전달하는 서비스이다. 예를 들어 근처에 있는 이탈리안 레스토랑의 광고를 모바일로 받는 경우를 들 수 있다. 소매상은 사용자가 일정 거리 안에 들어왔을 때 광고 노출권을 구매하여 광고를 전송할 수 있다. 예를 들어 베스트바이는 매장 내 비콘(Beacon) 네트워크를 활용하여 매장 내 고객의 위치에 따라 맞춤형 광고 알림을 제공한다. 사용자는 푸시 알림을 받게 되며, 알림을 열면 전체 화면 광고로 전환된다. 숍킥(Shopkick)은 이러한 지오광고의 또 다른 예로, 사용자가 제휴 매장에 들어갈 때 이를 자동으로 인식하고 '킥스(Kicks)'라는 가상 화폐를 제공하는 앱이다. 사용자는 킥스를 일정량 모으면 기프트 카드로 교환할 수 있다.

지오광고 서비스
사용자의 현재 위치를 기반으로 광고를 전달하는 서비스

지오정보 서비스(geoinformation service)는 사용자의 위치를 기반으로 주변 장소나 사물에 대한 정보를 제공하는 서비스이다. 예를 들어 현재 보고 있는 주택의 가격 또는 박물관 앞을 지나가고 있을 때 특별 전시 정보를 알려주는 식이다. 웨이즈(Waze)는 대표적인 지오정보 서비스이다. 이 앱은 GPS 기반 내비게이션 앱으로, 사용자 차량의 위치, 속도, 이동 방향을 실시간으로 파악할 수 있다. 웨이즈의 특징은 사용자가 직접 교통 정보를 제공한다는 점이다. 예를 들어 사고, 과속 단속, 거리 행사, 시위, 특정 장소의 주소 등을 사용자가 직접 제보하면 이 정보가 다른 사용자에게 실시간으로 공유된다. 웨이즈는 이러한 정보를 사용하여 우회 경로를 제안하고, 예상 도착 시간을 알려주고, 경고를 제공하고, 주변의 주유소를 추천할 수도 있다. 우버 및 리프트 기사를 포함해 미국 내 1억 4,000만 명 이상의 사용자가 웨이즈를 활용하고 있다.

지오정보 서비스
사용자의 위치를 기반으로 주변 장소나 사물에 대한 정보를 제공하는 서비스

모바일 앱 결제 시스템

모바일 앱 결제 시스템(mobile app payment system)은 모바일 앱을 이용하여 신용카드나 기존의 은행 서비스를 대체한다. 모바일 결제 앱에는 크게 세 가지 유형이 있다. NFC(near-field communication) 기반 시스템은 NFC 기능이 탑재된 스마트폰이나 기타 모바일 기기가 가까운 거리에서 판매자의 POS 단말기와 통신하여 비접촉식 결제를 할 수 있게 해준다(이 기술은 RFID 및 NFC에 기반하며, 이에 대한 자세한 내용은 7장에서 설명했다). 대표적인 예로는 애플페이와 구글페이가 있다. QR 코드 결제 시스템

표 10.8 모바일 앱 결제 시스템의 유형

유형	설명	예
NFC	NFC 칩이 내장된 결제자의 모바일 기기와 판매자의 POS 단말기 간 통신 기술을 기반으로 하는 시스템이다. 두 기기가 서로 가까운 거리에 위치하고 활성화되면 NFC 칩이 암호화된 데이터를 교환하여 결제가 완료된다. 판매자가 NFC 리더기와 결제 소프트웨어를 갖추고 있다면 다양한 가맹점에서 사용될 수 있다.	애플페이, 구글페이, 삼성페이
QR 코드	QR 코드는 2차원 바코드로, 정보를 인코딩하여 스마트폰의 코드 스캔 및 생성 앱과 가맹점의 호환 장치를 통해 비접촉식 거래를 수행할 수 있게 해준다. 가맹점이 결제 금액을 입력한 후, 고객은 해당 거래를 위한 QR 코드를 생성하는 앱을 실행하여 코드를 화면에 띄운다. 가맹점이 이 QR 코드를 스캔하면 결제 금액이 고객의 모바일 지갑에서 차감된다. 또는 고객이 앱을 열고 가맹점이 제시한 QR 코드를 스캔하면 앱이 해당 가맹점을 식별한다. 그러면 고객이 결제 금액을 입력하여 결제를 완료할 수 있다.	스타벅스, 월마트, 타깃, 던킨도너츠
P2P 결제 시스템	P2P 결제 기술은 개인이 인터넷을 통해 자신의 은행 계좌에서 동일 플랫폼 내 다른 계좌로 자금을 이체할 수 있게 해준다. P2P 사용자는 신뢰할 수 있는 제삼자 업체와 함께 보안 계정을 설정하고, 송금 및 수신용 은행 계좌 또는 신용카드 계좌를 지정한다. 사용자는 이 제삼자 앱을 통해 다른 사람이나 가맹점의 계좌로 돈을 송금할 수 있다. 사용자는 일반적으로 이메일 주소나 휴대전화 번호를 통해 식별된다.	벤모, 젤

은 QR(quick response) 코드라는 2차원 바코드를 스캔하여 결제가 이루어지는 비접촉식 결제 방식이다. 월마트페이(Walmart Pay)는 이러한 QR 코드 결제 시스템의 대표적인 예이다. P2P 결제 시스템은 개인 간에 금전을 전송할 수 있는 모바일 결제 방식이다. 예를 들어 친구에게 돈을 보내거나 받을 때 사용될 수 있다. 대표적인 P2P 결제 앱으로는 벤모와 젤퀵페이(Zelle QuickPay)가 있다. 표 10.8은 이 세 가지 모바일 앱 결제 시스템의 특징을 비교하여 보여준다.

10.10 전자상거래 프레즌스 구축 방법

성공적인 전자상거래 프레즌스(presence)를 구축하려면 비즈니스, 기술, 사회적 이슈에 대한 명확한 이해와 체계적인 접근이 필요하다. 오늘날 전자상거래 기반은 단순한 웹사이트를 넘어서 페이스북, 인스타그램, 틱톡, 핀터레스트, X(구 트위터) 등의 소셜 네트워크, 고객이 서비스를 이용할 수 있는 모바일 앱까지 포함한다. 이러한 고객 접점을 모두 개발하고 조율하는 일은 쉽지 않다. 이 주제에 대한 완전한 설명은 이 책의 범위를 벗어나므로 관심 있는 독자는 관련 서적(Laudon & Traver, 2024)을 참고하기 바란다. 성공적인 전자상거래 프레즌스를 구축하는 데 가장 중요한 두 가지 경영 과제는 (1) 비즈니스 목표에 대한 명확한 이해, (2) 그 목표를 달성할 수 있는 적절한 기술을 선택하는 방법에 대한 이해이다.

전자상거래 프레즌스 맵 개발

전자상거래는 웹 기반의 데스크톱 중심 활동에서 모바일 및 태블릿 기반 활동으로 이동해왔다. 현재 미국의 인터넷 사용자 중 90% 이상이 모바일 기기를 사용하여 제품과 서비스를 쇼핑하고, 가격을 비교하고, 엔터테인먼트를 즐기며, 소셜 네트워크에 접속하고 있다. 잠재고객은 하루 중 시간대나 상황에 따라 다양한 기기를 사용하고 여러 방식으로 온라인 활동에 참여한다. 친구들과 연락하거나, 트윗을 하거나, 블로그를 읽는 등 자신이 하는 일에 따라 다른 대화에 참여한다. 각각은 고객을 만날 수 있는 접점이며, 이러한 다양한 가상 공간에서 어떻게 프레즌스를 구축할 것인지 고민해야 한다.

그림 10.10은 전자상거래 프레즌스를 구축할 때 고려해야 할 플랫폼과 관련 활동에 대한 로드맵을 보여준다. 이 그림에서는 전자상거래 프레즌스를 웹사이트/앱, 이메일, 소셜 미디어, 오프라인 미디어로 구분했는데, 각각의 유형에 따라 고려해야 할 플랫폼이 다르다. 예를 들어 웹사이트의 경우 데스크톱, 태블릿, 스마트폰이라는 세 가지 플랫폼이 있으며 각각 기능적 차이가 있다. 모바일 앱은 웹사이트와 함께 활용

그림 10.10 전자상거래 프레즌스 맵

전자상거래 프레즌스를 구축하기 위해 기업은 관련 플랫폼과 활동을 갖춘 네 가지 프레즌스를 고려해야 한다.

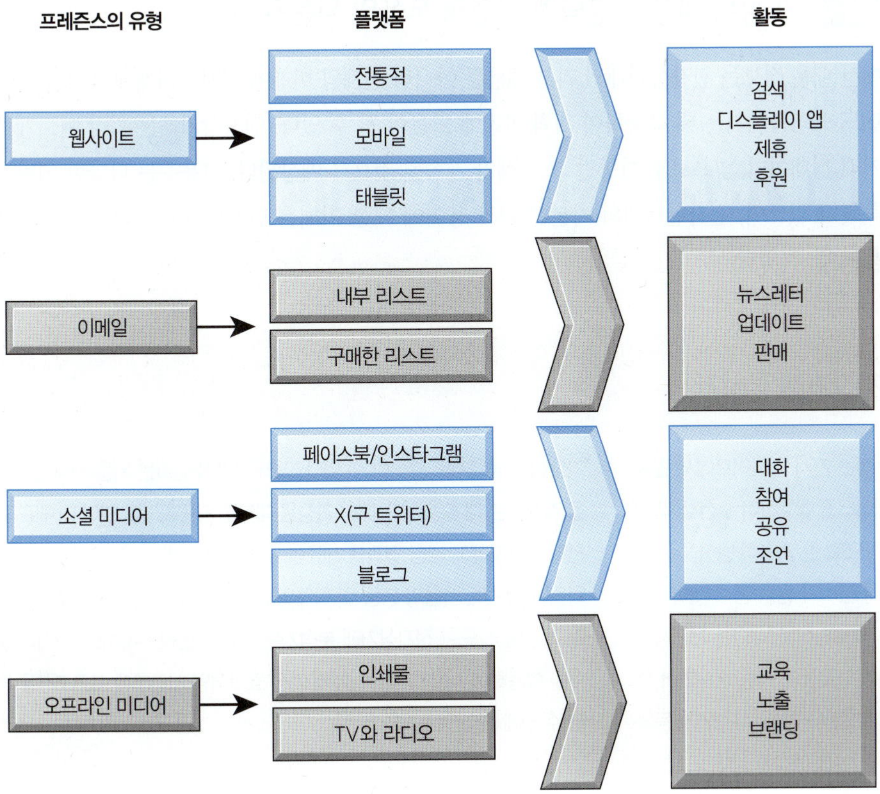

될 수도 있고, 독립적인 플랫폼으로 운영될 수도 있다. 또한 각 유형의 전자상거래 프레즌스에는 고려해야 할 관련 활동이 있다. 예를 들어 웹사이트를 운영할 경우 검색엔진 마케팅, 디스플레이 광고, 제휴 프로그램, 후원 등을 활용할 수 있다. 네 번째 유형인 오프라인 미디어도 포함되는데, 이는 많은 기업이 인쇄 광고를 통해 웹사이트로 유도하는 방식처럼 다중 플랫폼 또는 통합 마케팅 전략을 사용하기 때문이다.

타임라인 개발: 주요 이정표

1년 후 어떤 위치에 있고 싶은가? 전자상거래 프레즌스 구축을 시작할 때 전체적인 일정에 대한 개략적인 아이디어를 가지고 있으면 큰 도움이 된다. 프로젝트를 몇 개의 단계로 나누고, 각 단계를 특정 기간 내에 완료할 수 있도록 계획을 세워야 한다. 표 10.9는 10대 패션 상품을 전문으로 취급하는 스타트업이

표 10.9 전자상거래 프레즌스 구축 타임라인

단계	활동	미션 선언문
1단계: 계획 수립	전자상거래 프레즌스 구상, 인력 결정	웹 미션 선언문
2단계: 웹사이트 개발	콘텐츠 확보, 사이트 설계, 사이트 호스팅 준비	웹사이트 계획
3단계: 웹 구현	키워드와 메타태그 개발, 검색엔진 최적화, 후원 가능자 식별	기능하는 웹사이트
4단계: 소셜 미디어 계획	제품 및 서비스에 적합한 소셜 플랫폼 파악	소셜 미디어 계획
5단계: 소셜 미디어 구현	페이스북/인스타그램, X, 틱톡, 핀터레스트에서의 프레즌스 구축	기능하는 소셜 미디어 프레즌스
6단계: 모바일 계획	모바일 계획 수립, 웹사이트를 스마트폰으로 이전하는 방법 고려	모바일 미디어 계획

1년 동안 전자상거래 프레즌스를 구축하는 과정을 나타낸 타임라인의 예이다.

10.11 이 장의 내용은 경력에 어떻게 도움이 되는가

이 장에서 배운 정보는 전자상거래의 기본 개념뿐 아니라 현재와 미래에 전자상거래에 영향을 미치는 주요 트렌드에 익숙해지는 데 유용하여 경력 발전에 도움이 될 수 있다. 전자상거래는 가장 빠르게 성장하는 상거래 형태이며, 앞으로도 한동안 그 추세가 계속될 것으로 예상된다. 고용주는 다양한 역량을 가진 인재를 찾고 있으며, 전자상거래의 기본 개념과 용어에 대한 이해는 면접뿐만 아니라 실제 업무에서도 큰 도움이 될 수 있다.

실제 시나리오 이하모니의 전자상거래 분석가

온라인 데이팅 웹사이트 이하모니(eHarmony)는 자사 웹사이트에서 활동 중인 1,000만 명의 사용자로부터 수집된 빅데이터를 활용하여 수천 쌍의 성공적인 커플 관계에서 발견된 궁합 요소를 바탕으로 한 '과학적 방식을 통해' 커플을 매칭한다. 또한 이하모니는 전자상거래 분석가 팀을 통해 데이터를 분석하여 사용자 행동을 예측한다. 예를 들어 이하모니의 분석가는 사용자가 웹사이트에 접속하는 횟수, 업로드한 사진의 수, 프로필에 사용하는 언어 등을 분석함으로써 사용자가 내성적인지, 먼저 대화를 시작하는 유형인지 등을 파악할 수 있다. 또한 사용자가 하루 중 어느 시간대에 매칭된 상대와 소통할 가능성이 높은지도 분석할 수 있다. 이러한 분석 결과는 커플 매칭 알고리즘을 개선하는 데 활용된다. 매칭 과정은 대부분 자동화되어 있어 대체로 몇 분 안에 사용자에게 매칭 결과를 제공할 수 있다. 이 알고리즘은 국가별로 차별화되어 있으며, 사용자 행동 및 학계의 최신 관계 연구를 바탕으로 지속적으로 개선된다. 또한 전자상거래 분석가는 마케팅 전략 수립에도 빅데이터 분석을 활용하여 사용자 개개인에게 가장 효과적인 시간대에 프로모션을 발송할 수 있게 한다.

직무 설명 및 경력 경로: 전자상거래 분석가

직무	직무 설명	IT 지식	경력 경로 및 평균 연봉
전자상거래 분석가	기업이 온라인 판매 및 고객 경험을 최적화하여 온라인 프레즌스를 강화할 수 있도록 지원하는 역할을 한다. 주요 업무는 다음과 같다. • 웹사이트 트래픽, 사용자 행동, 온라인 판매와 관련된 데이터를 수집·분석·해석하여 트렌드 파악 • 매출, 전환율, 고객 획득 비용 등 핵심 성과지표(KPI)를 모니터링하여 온라인 전략과 마케팅 캠페인의 효과 평가 • 가격 전략과 제품 성과를 분석하여 수익성 극대화 • 데이터를 기반으로 판매 예측 및 예산 수립에 필요한 계획 수립 • 클릭률(CTR), 경로 분석 등 고객 행동 데이터를 분석하여 고객 경험 최적화 • 분석 결과를 보고서 형태로 작성하여 경영진에게 프레젠테이션 형태로 전달	• 경영정보시스템, 전자상거래, 정보과학, 데이터 분석, 마케팅 또는 경영학 관련 학사 학위 보유 • 마이크로소프트 365 도구(엑셀, 워드, 파워포인트, 팀즈)에 대한 지식 • SQL 및 태블로 또는 기타 데이터 시각화 도구에 대한 이해 • 소피파이, 빅커머스, 아마존 등 전자상거래 플랫폼에 대한 기본 지식 • 구글 애널리틱스 등 웹 분석 도구에 대한 이해 • 생성형 AI 및 생성형 AI 기반 도구에 대한 이해	• 초급: 70,000~90,000달러 (약 9,500만~1억 2,200만 원) • 중급: 90,000~125,000달러 (약 1억 2,200만~1억 7,000만 원) • 수석 분석가/제품 관리자: 125,000~150,000달러 (약 1억 7,000만~2억 400만 원) • 수석 제품 관리자/이커머스 디렉터: 200,000~300,000달러 (약 2억 7,000만~4억 1,000만 원) (연봉은 지역, 산업군, 기업 규모에 따라 달라질 수 있음)

추가 경력 개발 자료

MyLab MIS에서는 IT 관련 지식을 요구하는 적절한 직무를 찾고, 효과적인 이력서를 작성하며, 면접을 준비하고, 비즈니스 지식, 응용 소프트웨어 활용 능력, 인터넷 활용 능력, 분석 역량 등을 보여주는 디지털 포트폴리오를 만드는 데 도움이 되는 다양한 경력 개발 자료를 확인할 수 있다.

사례 연구 AI로 보험업계의 파괴적 혁신을 주도하는 레모네이드

보험은 세계에서 가장 큰 산업 중 하나이다. 전 세계적으로 재산, 상해, 생명보험료는 약 5조 달러에 이르며, 미국 내 《포천》 100대 기업 중 14개가 보험 회사이다. 대부분의 주요 보험 회사는 100년 이상 된 오랜 역사를 가지고 있다.

보험 상품은 매우 복잡할 수 있으며, 과거에는 소비자와 보험설계사 또는 중개인 간의 대면 상호작용을 중심으로 보험 비즈니스가 운영되었다. 또한 주요 보험 회사는 수십 년간 레거시 IT 시스템에 막대한 투자를 해왔고, 오랜 시간에 걸쳐 형성된 기업 문화를 가지고 있다. 이러한 환경에서 새로운 기술을 도입하고 비즈니스 방식을 바꾸는 과정은 일반적으로 매우 더딘데, 이는 보험업계가 파괴적 혁신자(disruptive player)가 되기에는 어려운 특성이 있음을 의미한다.

이런 가운데 등장한 기업이 바로 레모네이드(Lemonade)이다. 2015년에 설립된 레모네이드는 AI, 챗봇, 빅데이터 수집 및 분석, 정교한 모바일 앱 등 다양한 최첨단 기술을 활용하여 보험업계를 혁신하려는 시도를 하고 있다. 이 회사의 디지털 플랫폼은 마케팅부터 고객 서비스, 클레임 처리까지 전 과정을 아우르며, 각 단계마다 데이터를 수집하고 이를 활용한다. 레모네이드는 스스로를 AI 기반의 고객 중심 보험 회사라고 소개한다.

레모네이드는 처음에는 주택 소유자 및 임대인 보험 시장에 집중했지만 이후 반려동물 보험, 정기 생명보험, 자동차 보험으로 확장하면서 소비자의 모든 보험 니즈를 아우르는 원스톱 숍(one-stop shop)을 목표로 하고 있다. 2020년에 상장하여 2024년 5월 기준으로 시장 가치가 11억 4,000만 달러 이상에 달한다. 또한 레모네이드는 B Corp 인증을 받았는데, 이는 독립 비영리 기관인 비랩(B Lab)이 사회적·환경적 성과, 책임, 투명성의 엄격한 기준을 충족하는 기업에 부여하는 인증이다. 레모네이드의 보험 상품은 미국 내 여러 주에서 제공되고 있으며, 최근에는 프랑스, 독일, 네덜란드, 영국에서도 임차인 보험 서비스를 시작했다.

레모네이드의 일반적인 고객은 35세 이하이다. 고객 중 90% 이상은 레모네이드를 통해 처음으로 보험 가입을 경험한다. 전통적인 보험사와 비교했을 때 레모네이드는 보험 가입 절차에 대해 근본적으로 다른 접근 방식을 개척해왔다. 예를 들어 일반적인 주택 소유자 보험의 신청 절차는 이름, 주소, 생년월일 등 20~50개의 항목이 포함된 양식을 기반으로 하지만, 레모네이드는 이러한 양식을 완전히 없앴다. 대신 예비 고객은 모바일 앱을 통해 AI 마야(AI Maya)라는 챗봇과 상호작용한다. 마야는 자연어 인터페이스를 사용하며, 보통 13개 정도의 질문만으로 고객에게 개인화된 주택 보험 견적을 제공한다. 레모네이드는 AI를 활용하여 프로세스를 간소화할 수 있다. 마야가 질문하는 항목 수는 적지만 이 상호작용을 통해 약 1,700개의 데이터 포인트가 생성되고, 이 데이터는 모두 기록·집계·분석되어 보험 청구와의 상관관계를 도출하는 데 사용된다. 이 회사의 진정한 강점은 고객 가입 과정에서 수집하는 데이터의 깊이에 있다. 마야는 레모네이드가 제공하는 모든 종류의 보험에 대해 인터페이스 역할을 한다.

청구 프로세스는 또 다른 챗봇인 AI 짐(AI Jim)이 담당한다. 짐은 대부분의 사고 접수에서 고객의 손해 신고를 처음 접수하며, 일반적으로 전체 청구 프로세스를 스스로 수행할 수 있다. 짐은 전체 청구건 중 약 3분의 1을 자동으로 처리하며, 어떤 경우에는 단 3초 만에 보상에 대한 승인 및 지급을 처리하기도 한다. 나머지 청구건은 짐이 인간 보상 전문가들의 전문성, 자격, 업무량, 일정 등을 분석하여 적절하게 배정한다.

또한 레모네이드는 CX.AI라는 챗봇 플랫폼을 보유하고 있는데, 이는 자연어 처리(NLP)를 사용하여 고객의 도움 요청을 이해하고 사람의 개입 없이 즉시 해결한다. 2023년 말 기준, 전체 고객 문의 중 약 3분의 1이 CX.AI를 통해 처리되었다.

레모네이드의 디지털 인프라는 포렌식 그래프(Forensic Graph), 블렌더(Blender), 쿠퍼(Cooper)라는 세 가지 핵심 독점 애플리케이션으로 구동된다. 포렌식 그래프는 빅데이터, AI, 행동경제학을 사용하여 고객의 가입 절차 중 사기를 예측·탐지·차단한다. 블렌더는 처음부터 새로 구축된 보험 관리 시스템으로, 언더라이팅·청구·마케팅·재무·리스크 관리 등 레모네이드의 고객 경험 전반을 통합적으로 관리한다. 쿠퍼는 내부용 AI 봇으로, 수작업 업무(예: 종이 수표 처리)를 돕고, 소프트웨어의 새로운 버전이 나올 때마다 수만 건의 자동 테스트를 실행한다. 이는 레모네이드가 하루 평균 40회 이상의 코드 배포를 실행하기 때문에 매우 중요하다. 이처럼 코드를 자주 갱신함으로써 레모네이드는 고객 온라인 질문, 보험 계약 심사 가이드라인, 청구 처리 등 다양한 플랫폼 요소를 신속하게 수정할 수 있으며, 고객의 니즈 변화나 시장 상황에 기존 보험사보다 빠르게 대응할 수 있다.

그러나 레모네이드의 접근 방식에는 논란이 없지 않다. 2021년, 레모네이드의 트위터(현재 X) 계정에서 레모네이드의 AI 시스템이 고객이 제출한 영상을 분석하여 자동으로 클레임을 거부함으로써 수익을 증대시켰다는 내용의 트윗이 올라와 큰 논란을 불러일으켰다. 이에 대해 레모네이드는 해당 트윗을 신속히 삭제하고 사과문을 발표했다. 이 사과문에서는 AI가 청구를 거절할 때 인종, 성별, 외모, 피부색, 장애 등 물리적·개인적 특성을 기준으로 삼지 않는다고 밝혔다. 그러나 일부 청구를 판별하기 위해 안면 인식 기술을 사용했다는 사실을 인정했다. 이후 레모네이드는 사용자의 동의 없이 생체 정보를 수집하여 해당 주의 생체 정보 보호법을 위반했다는 내용으로 일리노이주와 뉴욕주에서 집단소송을 당했다. 2022년, 레모네이드는 이러한 소송 중 일부를 해결하기 위해 400만 달러를 지불하기로 합의했다.

또한 레모네이드가 데이터 분석과 AI에 과도하게 의존하고 있다는 점은 여러 가지 비즈니스 리스크를 야기하기도 한다. 자사의 규제 보고서에서 레모네이드는 일부 주에서는 고객 행동에 대한 외부 데이터를 활용하는 데 제약이 있다고 언급했다. 예를 들어 자동차 보험 최대 시장인 캘리포니아주에서는 현재 레모네이드가 보험 결정을 내릴 때 주행 거리 외의 차량 텔레매틱스 데이터를 활용하는 데 제한이 있다. 또한 레모네이드는 입법자와 보험 규제 당국이 AI 사용에 점점 더 많은 관심을 두고 있으며, 특히 EU에서는 곧 시행될 EU AI법(EU AI Act)이 레모네이드의 해당 지역 사업 방식에 실질적인 영향을 미칠 것이라고 언급했다.

레모네이드는 이러한 실수와 잠재적 문제에도 불구하고 그리고 아직까지 수익을 내지 못했음에도 불구하고 지속적으로 성장하고 있다. 2023 회계연도 기준 연간 매출이 2022년 대비 67% 증가했으며, 손실은 20% 감소했다. 2024년 3월 기준 고객 수는 약 210만 명으로 전년 대비 10% 이상 증가했고, 2024년에는 2023년 대비 20%의 매출 성장과 추가적인 손실 감소를 기대하고 있다. 또한 레모네이드는 다양한 매체로부터 최고 수준의 임대자 보험, 주택 소유자 보험, 반려동물 보험으로 인정받는 등 많은 찬사를 받았다.

출처: Pymnts, "Lemonade Sees AI Drive Efficiency as Insurance Goes Digital-First," Pymnts.com, May 1, 2024; Lemonade, Inc., "Lemonade Shareholder Letter Q1 2024," Lemonade.com, April 30, 2024; Lemonade, Inc., "Form 10-K for the Fiscal Year Ended December 31, 2023", Sec. gov, February 28, 2024; Pymnts, "Lemonade Says AI Improved Insurance Loss Ratio," Pymnts.com, February 28, 2024; Josh Liberatore, "Insurer Lemonade Reaches $4M Deal in Ill. Biometric Data Suit," Law360.com, May 18, 2022; Carlton Fields and Michael Yaeger, "AI Insurance Company Faces Class Action for Use of Biometric Data," Jdsupra.com, February 1, 2022; Jonathan Greig, "Lemonade Insurance Faces Backlash for Claiming AI System Could Automatically Deny Claims," Zdnet.com, May 27, 2021.

문제

1. 이 사례에서 설명한 '인슈어테크'가 기존 보험사와 다른 점은 무엇인가? 그 이유를 설명하라.
2. 레모네이드는 AI를 어떻게 활용하여 혁신을 이루었는가?
3. 레모네이드의 AI 활용과 관련하여 어떤 문제점이 제기되고 있는가?
4. 레모네이드와 같은 '인슈어테크' 서비스를 이용할지 결정할 때 어떤 요소를 고려해야 하는가?

요약

10.1 전자상거래의 진화와 새로운 지평

전자상거래는 인터넷, 웹, 모바일 기기에서 실행되는 앱과 브라우저를 활용하여 비즈니스를 수행하는 것으로, 보다 공식적으로는 조직과 개인 간에 디지털 방식으로 가능해진 상업 거래를 포함한다. 전자상거래는 1995년에 시작되어 엄청난 성장을 이루어왔다. 오늘날에는 데스크톱 컴퓨터, 스마트폰, 태블릿을 이용한 제품 및 서비스 구매가 일상적인 일이 되었다. 전자상거래의 가장 큰 변화 중 하나는 전자상거래가 더욱 소셜화, 모바일화, 로컬화되었다는 것이다. 전자상거래는 데스크톱과 가정용 컴퓨터에서 모바일 기기로 확장되었고, 고립된 활동에서 더 사회적인 상거래 형태로 바뀌었으며, 전국 단위의 거래에서 소비자의 위치를 인식할 수 있는 모바일 기기를 통한 지역 상인 및 소비자 중심의 거래로 변화하고 있다. AI는 전자상거래의 최신 개척지이며, 가까운 미래에 전자상거래 방식에 상당한 영향을 미칠 것으로 예상된다.

10.2 전자상거래의 고유한 특성

전자상거래 기술의 고유한 특성은 유비쿼터, 세계적인 도달성, 세계적인 표준, 풍부성, 상호작용성, 정보 밀도, 개인화 및 맞춤화, 사용자 콘텐츠 생성 및 소셜 네트워크를 가능하게 하는 소셜 기술 등이다.

10.3 디지털 시장과 디지털 제품

디지털 시장은 정보 비대칭성, 탐색 비용, 거래 비용, 메뉴 비용이 감소하고 시장 상황에 따라 가격을 동적으로 조정할 수 있다는 점에서 기존 시장보다 투명성이 높다. 음악, 동영상, 소프트웨어, 도서와 같은 디지털 제품은 디지털 네트워크를 통해 제공될 수 있다. 디지털 제품이 일단 제작되면 디지털 방식으로 제공하는 데 드는 비용이 극히 낮다.

10.4 전자상거래의 유형과 비즈니스 모델

전자상거래의 주요 유형은 B2C, B2B, C2C 전자상거래이다. 많은 기업은 두 가지 이상의 유형에 해당한다. 전자상거래를 분류하는 또 다른 방법은 모바일 플랫폼(모바일 전자상거래)이나 소셜 네트워크(소셜 커머스)와 같이 거래 참여자가 사용하는 플랫폼을 기준으로 하는 것이다. 전자상거래 비즈니스 모델에는 온라인 소매업체, 거래 중개자, 시장 생성자, 콘텐츠 제공자, 서비스 제공자, 커뮤니티 제공자(소셜 네트워크), 포털 등이 포함된다. 경우에 따라 비즈니스 모델 간에 중복되는 부분이 있기도 하다. 또한 많은 기업은 두 가지 이상의 비즈니스 모델을 사용한다.

10.5 전자상거래 수익 모델

기업의 수익 모델은 기업이 수익, 이윤, 투자 수익을 어떻게 창출하는지를 설명한다. 다양한 전자상거래 수익 모델이 개발되었지만 대부분의 기업은 광고, 판매, 구독, 무료/프리미엄, 거래 수수료, 제휴 중 하나 또는 몇 가지의 조합을 사용한다.

10.6 전자상거래로 인한 마케팅의 변화

인터넷은 마케팅 담당자에게 기존 미디어 비용보다 훨씬 저렴한 비용으로 수백만 명의 잠재고객을 파악하고 소통할 수 있는 새로운 방법을 제공한다. 주요 온라인 마케팅 및 광고 형식으로는 검색엔진, 디스플레이 광고, 동영상, 리치 미디어, 분류 광고, 리드 생성, 스폰서십, 이메일 등이 있다. 행동 기반 타기팅 기법은 디스플레이 및 동영상 광고의 효과를 높인다. 광고 네트워크와 프로그래매틱 광고 구매는 웹 전반에서 행위 기반 타기팅의 도달 범위를 확장한다. 그러나 온라인 개인정보 보호에 대한 우려는 행위 기반 타기팅에 대한 반발을 불러일으켰고, 애플과 구글 같은 주요 기업은 특정 유형의 타기팅을 금지하는 정책을 시행하기 시작했다.

10.7 소셜 네트워크, 소셜 마케팅, 소셜 커머스

인터넷과 전자상거래가 비즈니스에 끼친 가장 중요한 영향 중 하나는 온라인 소셜 네트워크의 발전이다. 이러한 소셜 네트워크는 마케팅과 전자상거래에 활용되고 있다. 온라인 소셜 네트워크는 웹사이트나 앱을 통해 사용자들이 서로 소통하고, 개인적 또는 집단 관계를 형성하며, 공통의 관심사, 가치관, 아이디어를 공유할 수 있게 해준다. 이러한 네트워크는 가장 빠르게 성장하고 있는 마케팅 및 광고 플랫폼 중 하나이다. 소셜 미디어의 주요 장점 중 하나는 소셜 리스닝 기능이다. 이는 소비자가 브랜드나 경쟁사에 대해 어떤 이야기를 하고 있는지 실시간으로 파악할 수 있게 함으로써 마케팅 전략 수립에 중요한 통찰을 제공한다. 또한 최근 몇 년 사이에 빠르게 성장한 소셜 커머스는 연간 25% 이상의 성장률을 보이고 있다. 현재 모든 주요 소셜 네트워크 플랫폼은 소셜 커머스 기능을 포함하고 있다.

10.8 전자상거래가 B2B 거래에 미치는 영향

B2B 전자상거래는 기업이 인터넷과 기타 디지털 도구를 활용하여 공급업체를 찾고, 입찰을 요청하며, 주문을 하고, 배송 추적까지 할 수 있도록 하여 업무 효율성을 크게 높인다. 사설 B2B 네트워크는 한 기업이 자신의 공급업체 및 다른 전략적 비즈니스 파트너와 연결되게 하여 매우 효율적이고 민첩한 공급사슬을 구축할 수 있게 해준다. 또한 B2B 전자상거래 마켓플레이스는 여러 구매자와 판매자가 모이는 단일 디지털 시장을 제공하여 기업 간 거래를 보다 투명하고 효율적으로 수행할 수 있게 해준다.

10.9 모바일 전자상거래 및 모바일 전자상거래 애플리케이션

모바일 전자상거래는 스마트폰, 태블릿, 웨어러블 기기와 같은 모바일 기기를 통해 제품과 서비스를 판매하는 것을 의미한다. 모바일 전자상거래는 특히 위치 기반 서비스 및 앱에 적합하다. 모바일 기기는 모바일 요금 결제, 뱅킹, 주식 거래, 교통 정보 업데이트, 음악, 게임, 동영상 클립과 같은 디지털 콘텐츠 다운로드에 사용된다. 모바일 결제 시스템에는 NFC, QR 코드, P2P 결제 기술이 포함된다. 스마트폰의 GPS 기능은 지오광고, 지오소셜, 지오정보 서비스를 가능하게 한다.

10.10 전자상거래 프레즌스 구축 방법

전자상거래 프레즌스를 구축하려면 달성하고자 하는 사업 목표를 명확히 이해하고, 목표 달성에 적합한 플랫폼, 활동 및 타임라인을 선택해야 한다. 전자상거래 프레즌스에는 기업 웹사이트뿐만 아니라 페이스북, 인스타그램, 틱톡, 핀터레스트, X(구 트위터) 및 기타 소셜 네트워크 플랫폼도 포함된다.

주요 용어

가격 차별화
가격 투명성
간접재
개인화
거래 비용
거래 수수료 수익 모델
거래 중개자
광고 수익 모델
구독 수익 모델
군중의 지혜
네이티브 광고
다운로드
동적 가격결정
디지털 제품
롱테일 마케팅
마켓스페이스
맞춤화
메뉴 비용
모바일 전자상거래
무료/프리미엄 수익 모델
비용 투명성
사설 B2B 네트워크
상호작용성
서비스 제공자
소셜 그래프
소셜 리스닝
소셜 커머스
수익 모델
스트리밍
시장 생성자
시장 진입 비용
온라인 소매업체
온라인 소셜 네트워크
위치 기반 서비스
익스체인지
전자문서교환(EDI)
전자상거래
정보 밀도
정보 비대칭성
제휴 수익 모델
지오광고 서비스
지오소셜 서비스

지오정보 서비스
직접재
커뮤니티 제공자
콘텐츠 제공자
크라우드소싱
탈중개화
탐색 비용
판매 수익 모델
포털
풍부성
핀테크
행위 기반 타기팅
B2B 전자상거래
B2B 전자상거래 마켓플레이스
B2C 전자상거래
C2C 전자상거래

복습문제

10.1 전자상거래의 진화와 새로운 지평

- 전자상거래를 정의하고 전자상거래의 발전 과정을 설명하라.
- 소셜, 모바일, 로컬 전자상거래가 어떻게 연관되는지 설명하라.
- 오늘날 전자상거래를 형성하는 네 가지 비즈니스 트렌드와 세 가지 기술 트렌드를 제시하고 설명하라.
- 기업이 전자상거래에서 AI를 어떻게 활용하고 있는지 논의하라.

10.2 전자상거래의 고유한 특성

- 전자상거래의 고유한 특성을 나열하고 설명하라.

10.3 디지털 시장과 디지털 제품

- 정보 비대칭성을 정의하고, 인터넷이 정보 비대칭성을 어떻게 감소시켰는지 설명하라.
- 디지털 시장을 정의하고, 그 특징과 디지털 시장이 제공하는 이점을 설명하라.
- 디지털 제품을 정의하고, 인터넷이 디지털 제품 시장을 어떻게 변화시키는지 설명하라.

10.4 전자상거래의 유형과 비즈니스 모델

- 전자상거래의 주요 유형을 설명하라.
- 주요 전자상거래 비즈니스 모델을 설명하라.

10.5 전자상거래 수익 모델

- 주요 전자상거래 수익 모델을 설명하고 각각의 예를 제시하라.

10.6 전자상거래로 인한 마케팅의 변화

- 전자상거래에 사용되는 주요 마케팅 및 광고 형태를 설명하라.
- 행위 기반 타기팅을 정의하고, 개별 웹사이트 및 광고 네트워크에서 어떻게 작동하는지 설명하라.

10.7 소셜 네트워크, 소셜 마케팅, 소셜 커머스

- 소셜 네트워크의 주요 특징을 설명하라.
- 군중의 지혜 개념을 설명하고 소셜 마케팅에 미치는 영향을 논의하라.
- 소셜 그래프 개념이 소셜 커머스에 미치는 영향을 설명하라.

10.8 전자상거래가 B2B 거래에 미치는 영향

- 전자문서교환(EDI)을 설명하고 전자상거래에 어떻게 사용되는지 논의하라.
- 사설 B2B 네트워크를 설명하고 B2B 전자상거래 마켓플레이스와의 차이점을 논의하라.

10.9 모바일 전자상거래 및 모바일 전자상거래 애플리케이션

- 위치 기반 서비스의 주요 유형과 애플리케이션을 설명하라.
- 모바일 앱 결제 시스템의 세 가지 유형을 설명하라.

10.10 전자상거래 프레즌스 구축 방법

- 전자상거래 프레즌스의 네 가지 유형 및 이와 관련된 플랫폼과 활동을 설명하라.

토의문제

10.11 인터넷은 소비자와 공급자의 관계를 어떻게 변화시키고 있는가?

10.12 마케팅 담당자는 행위 기반 타기팅을 소비자에게 적합한 광고를 노출시키는 방법으로 사용하는 것을 옹호한다. 이에 동의하는가, 동의하지 않는가? 그 이유는 무엇인가?

10.13 AI는 전자상거래를 어떻게 변화시키고 있는가?

AI 활용 프로젝트

10.14 전자상거래 프레즌스 구축

반려동물 유기농 사료와 간식, 유기농 소재로 만든 반려동물 장난감과 의류를 판매하는 소매점을 열고자 하는 두 친구가 자문을 구했다. 이들은 페이스북과 인스타그램에서 전자상거래 프레즌스를 구축하는 데 도움을 요청했다.

마이크로소프트의 Copilot, 구글의 Gemini 또는 ChatGPT를 이용하여 페이스북 페이지, 페이스북 배너 이미지, 인스타그램 아바타의 프로토타입을 생성할 수 있도록 돕는 일련의 프롬프트를 개발하라. 작성한 프롬프트, AI와의 대화 결과물을 저장하고 강사에게 제출하라.

MIS 실습 과제

이 프로젝트는 기업을 위한 전자상거래 전략을 개발하고, 스프레드시트 소프트웨어를 사용하여 전자상거래 기업의 수익성을 분석하며, 온라인 조사 도구를 활용하여 전자상거래 호스팅 서비스를 평가하는 실습 경험을 제공한다.

10.15 경영 의사결정 문제

TJ맥스(T.J. Maxx)는 전 세계적으로 약 1,300개의 매장을 운영하는 오프프라이스(off-price) 의류 소매업체로, 온라인 판매를 위한 전자상거래 사이트 구현에 어려움을 겪고 있다. 이 회사는 백화점 및 제조업체로부터 초과 재고와 지난 시즌 상품을 소량 구매하는데, 이는 노드스트롬(Nordstrom)이나 월마트와 같은 전통적인 소매업체보다 훨씬 적은 수량이다. TJ맥스에는 매주 새로운 브랜드 및 디자이너 패션 제품이 입고된다. 매장마다 재고가 매우 다르기 때문에 TJ맥스 매장을 방문하면 무엇을 찾을 수 있을지 예측이 불가능하다. 소비자는 이번에 가면 좋은 제품을 발견할지도 모른다는 기대감으로 매장을 찾는다. 이것이 TJ맥스만의 특별한 매력이다. 전자상거래를 도입하면 매장 매출을 갉아먹을 수 있지만, 반대로 온라인 판매를 무시하면 경쟁사에 시장 점유율을 빼앗길 위험도 있다. TJ맥스의 문제를 정의하고 해결책을 제시하라. 어떤 경영, 조직, 기술 요소를 고려해야 하는가?

10.16 스프레드시트를 사용한 전자상거래 비즈니스 분석

소프트웨어 기술: 스프레드시트 다운로드, 서식 지정, 수식 사용, 온라인 조사 도구, 프레젠테이션 도구

비즈니스 기술: 재무제표 분석

미국에서 상장된 전자상거래 기업(예: 웨이페어, 카바나, 엣시) 중 하나를 선택하라. 선택한 회사의 웹사이트를 방문하여 회사에 대한 설명과 목적, 구조를 소개하는 웹페이지를 검토하라. 또한 인터넷을 사용하여 해당 회사에 대해 언급한 기사를 찾아보라. 그런 다음 미국 증권거래위원회(SEC)의 웹사이트 Sec.gov를 방문하여 그 회사의 10-K(연례 보고서) 양식을 열람하라. 그리고 10-K 양식에서 자신이 검토해야 할 재무제표 부분이 포함된 섹션만 선택하여 스프레드시트에 다운로드하고, 지난 3년간 기업의 대차대조표와 손익계산서를 간략하게 정리한 스프레드시트를 만들라.

- 그 회사는 성공한 기업인가, 실패한 기업인가, 아니면 경계선상에 있는 기업인가? 어떤 정보가 이러한 판단의 근거가 되었는가? 왜 그렇게 생각하는가? 이 질문에 답할 때는 최근 3년간 수익, 매출원가, 총마진, 영업 비용, 순이익률 추이에 특히 주의하라.
- 스프레드시트나 차트를 포함한 최소 5장의 프레젠테이션 슬라이드를 준비하여 발표하라.

10.17 전자상거래 호스팅 서비스 평가

소프트웨어 기술: 온라인 조사 도구

비즈니스 기술: 전자상거래 호스팅 서비스 평가

이 프로젝트는 소규모 스타트업의 전자상거래 사이트 호스팅을 위한 상용 서비스를 평가하는 온라인 조사 기술을 개발하는 데 도움이 될 것이다.

- 포르투갈산 타월, 린넨, 도자기, 식기류를 판매하는 웹사이트를 구축하기 위해 소규모 비즈니스 웹사이트 온라인 스토어 호스팅 서비스를 검토하고 있다. 웹사이트는 신용카드 결제를 안전하게 처리할 수 있어야 하며, 배송비와 세금 계산도 가능해야 한다. 초기에는 제품 사진과 설명을 포함한 40개의 제품을 게시할 예정이다. 윅스(Wix), 고대디(GoDaddy), 스퀘어스페이스(Squarespace)를 방문하여 소규모 비즈니스에 제공하는 다양한 전자상거래 호스팅 서비스, 기능, 비용을 비교하라. 또한 전자상거래 사이트 구축을 위한 도구로 어떤 것들이 있는지도 살펴보라. 실제로 온라인 스토어를 개설한다면 셋 중 어떤 서비스를 사용할지 결정하라. 자신의 선택을 명시하고, 각 서비스의 강점과 약점을 설명하는 간략한 보고서를 작성하라.

10.18 협업 및 팀워크 프로젝트: 경쟁력 분석 수행

2명 이상의 학생과 팀을 구성하라. 동일한 산업 분야에서 경쟁하면서 자사 웹사이트를 전자상거래에 활용하는 두 기업을 선택하고, 이 두 기업의 웹사이트를 방문하라. 예를 들어 판도라와 스포티파이, 펫스마트와 추이, 이트레이드와 찰스슈와브(Charles Schwab) 웹사이트를 비교해볼 수

있을 것이다. 각 기업의 웹사이트를 기능, 사용자 친화성, 기업의 사업 전략 지원 능력 측면에서 평가하라. 어떤 웹사이트가 더 나은 성과를 보이는가? 그 이유는 무엇인가? 웹사이트 개선을 위한 몇 가지 제안을 제시하라. 구글 문서, 구글 드라이브, 구글 사이트를 이용하여 브레인스토밍하고 내용을 정리하여 발표 자료를 만들라.

참고문헌

Adomavicius, Gediminas, Jesse C. Bockstedt, Shawn P. Curley, and Jingjing Zhang. "Effects of Personalized Recommendations versus Aggregate Ratings on Post-Consumption Preference Responses." *MIS Quarterly* 46, No. 1 (March 2022).

Almquist, Eric, Jamie Cleghorn, and Lori Sherer. "The B2B Elements of Value." *Harvard Business Review* (March–April 2018).

Bapna, Ravi, Jui Ramaprasad, and Akmed Umyarov. "Monetizing Freemium Communities: Does Paying for Premium Increase Social Engagement?" *MIS Quarterly* 42, No. 3 (September 2018).

Choi, Angela Aerry, Ki-Eun Rhee, Chamna Yoon, and Wonseok Oh. "The Cost of Free: The Effects of 'Wait-for-Free' Pricing Schemes on the Monetization of Serialized Digital Content." *MIS Quarterly* 47, No. 3 (September 2023).

Dennis, Alan R., Lingyao (Ivy), Xuan Feng, Eric Webb, and Christine J. Hsieh. "Digital Nudging: Numeric and Semantic Priming in E-Commerce." *Journal of Management Information Systems* 37, No. 1 (2020).

eMarketer. "Digital Shoppers & Buyers, US." (February 2024a).

eMarketer. "Digital Buyers, Worldwide." (January 2024b).

eMarketer. "Retail & Ecommerce Sales, US." (February 2024c).

eMarketer. "Digital Travel Sales, US." (July 2023d).

eMarketer. "Digital Ad Spending, US." (March 2024e).

eMarketer. "Social Network Users, US." (May 2024f).

eMarketer. "Time Spent with Social Networks, US." (February 2024g).

eMarketer. "Social Commerce Sales, US." (September 2023h).

eMarketer. "Social Network Ad Spending, US." (March 2024i).

eMarketer. "B2B Sales, US." (August 2023j).

eMarketer. "Digital Ad Revenues, by Company." (March 2024k).

Fay, Brad, Ed Keller, Rick Larkin, and Koen Pauwels. "Deriving Value from Conversations about Your Brand." *MIT Sloan Management Review* (Winter 2019).

Gomber, Peter, Robert J. Kauffman, Chris Parker, and Bruce W. Weber. "On the FinTech Revolution: Interpreting the Forces of Innovation, Disruption, and Transformation in Financial Services." *Journal of Management Information Systems* 35, No. 1 (2018).

Hutchinson, Andrew. "The State of Social Listening in 2022—Report." (May 17, 2022).

Keränen, Joona, Harri Terho, and Antti Saurama. "Three Ways to Sell Value in B2B Markets." *MIT Sloan Management Review* 63, No. 1 (Fall 2021).

Koh, Byungwan, Il-Horn Hann, and Srinivasan Raghunathan. "Digitization of Music: Consumer Adoption Amidst Piracy, Unbundling, and Rebundling." *MIS Quarterly* 43, No. 1 (March 2019).

Laudon, Kenneth C., and Carol Guercio Traver. *E-commerce 2023: Business Technology Society*. 17th ed. Hoboken, NJ: Pearson Education, Inc. (2024).

Li, Huifang, Yulin Fang, Kai H. Lim, and Youwei Wang. "Platform-Based Function Repertoire, Reputation, and Sales Performance of E-Marketplace Sellers." *MIS Quarterly* 43, No. 1 (March 2019).

McClain, Colleen, Michelle Faveiro, Monica Anderson, and Eugenie Park. "How Americans View Data Privacy." Pewresearch.org (October 8, 2023).

Plaid, and the Harris Poll. "The Fintech Effect." (November 16, 2023).

Rangan, V. Kasturi, Daniel Corsten, Matt Higgins, and Leonard A. Schlesinger. "How Direct-to-Consumer Brands Can Continue to Grow." *Harvard Business Review* (November–December 2021).

Rhue, Lauren, and Arun Sundararajan. "Playing to the Crowd: Digital Visibility and the Social Dynamics of Purchase Disclosure." *MIS Quarterly* 43, No. 4 (December 2019).

Schaeffer, Katherine. "5 Facts About How Americans Use Facebook, Two Decades After Its Launch." *Pew Research Center.* Pewresearch.org (February 2, 2024).

Truong, May, Alok Gupta, Wolfgang Ketter, and Eric van Heck. "The Effect of Posted Prices on Auction Prices: An Empirical Investigation of a Multichannel B2B Market." *MIS Quarterly* 47, No. 4 (December 2023).

U.S. Bureau of the Census. "E-Stats 2021: Measuring the Electronic Economy." Census.gov (May 25, 2023).

Zike, Cao, and Rodrigo Bello. "Explicit Sponsorship Disclosure on User Engagement in Social Media Influencer Marketing." *MIS Quarterly* 48, No. 1 (March 2024).

CHAPTER 11

인공지능

© TON_PHOTO/Shutterstock

학습목표

11.1 AI에 대해 이해할 수 있다.
11.2 머신러닝에 대해 설명할 수 있다.
11.3 신경망과 딥러닝에 대해 설명할 수 있다.
11.4 생성형 AI에 대해 논의할 수 있다.
11.5 지능형 에이전트에 대해 논의할 수 있다.
11.6 자연어 처리에 대해 이해할 수 있다.
11.7 컴퓨터 비전 시스템에 대해 이해할 수 있다.
11.8 로보틱스에 대해 설명할 수 있다.
11.9 유전자 알고리즘에 대해 설명할 수 있다.
11.10 전문가 시스템에 대해 설명할 수 있다.
11.11 퍼지 논리 시스템에 대해 설명할 수 있다.
11.12 AI의 도전 과제에 대해 이해할 수 있다.
11.13 이 장의 내용이 경력에 어떻게 도움이 되는지 이해할 수 있다.

이 장의 사례

- **도입 사례:** 레딧의 접근성을 향상하는 컴퓨터 비전 AI
- **경영 사례:** 애플의 AI 전략, 모든 사람의 손에 AI를!
- **사례 연구:** AI가 우리 일자리를 위협하는가?

도입 사례 레딧의 접근성을 향상하는 컴퓨터 비전 AI

레딧(Reddit)은 사용자가 뉴스 기사, 사진 및 기타 콘텐츠를 공유하는 온라인 '커뮤니티의 커뮤니티'이다. 이 콘텐츠는 레딧 회원이 투표를 통해 사회적으로 선별하고 홍보한다. 레딧은 자동차, 크로케, 비욘세가 좋아하는 노래 등 거의 모든 주제를 다루는 '서브레딧(Sub Reddit)'이라는 다양한 커뮤니티로 잘 알려져 있다. 레딧은 수많은 방문자를 보유하고 있으며, 사용자 참여도도 매우 높다. 레딧은 거의 모든 분야의 정보가 존재하는 엄청난 정보원이며, 커뮤니티처럼 개인적인 느낌을 준다.

누구나 참여할 수 있는 서브레딧이 존재하지만, 실제로 레딧을 사용할 수 있는 사람은 제한적이다. 대부분의 콘텐츠가 텍스트, 사진, 이미지 또는 동영상 형태로 제공되어, 시각적 제약이 있거나 저대역폭 인터넷을 사용하는 사람들은 접근하기 어렵다. 이는 접근성을 제한하고, 레딧 사용자 수 역시 제한하는 요인이 된다. 접근성을 넓히고 더 많은 사용자를 플랫폼으로 유도하기 위해 레딧은 콘텐츠를 더 쉽게 탐색하고 사용할 수 있도록 해결 방안을 모색했다.

레딧 플랫폼에는 수백만 개의 이미지가 이미 존재하며, 매일 수십만 개의 이미지가 새로 업로드되고 있다. 레딧은 웹페이지상의 이미지 외관이나 기능을 설명하는 대체 텍스트(alt text)를 고품질로 빠르게 생성할 수 있는 AI 솔루션을 찾고자 했다. 대체 텍스트는 시각 장애인, 학습 능력이 다른 사용자 또는 온라인에서 이미지를 보기 어려운 사용자가 사용하는 스크린 리더 프로그램에 의해 읽힌다. 또한 대체 텍스트는 검색엔진에도 색인화된다.

레딧은 동물 사진, 풍경, 인물, 그림 등 다양한 이미지 유형에 대해 캡션 품질을 테스트하며 여러 AI 기반 캡션 생성 제품을 조사했다. 레딧은 스크린 리더를 사용하는 사용자가 이미지를 더 잘 이해할 수 있도록 매우 자세한 캡션을 원했다. 또한 이미지 내의 객체와 행동을 감지하고 이를 글로 설명할 수 있는 솔루션을 원했다.

레딧은 최종적으로 마이크로소프트 애저 AI 비전(Microsoft Azure AI Vision)을 솔루션으로 선택했다. 레딧은 애저 AI 비전이 생성한 캡션의 정확성과 세부 묘사에 깊은 인상을 받았다. 캡션 정확도가 높을수록 사용자 경험이 개선된다. 레딧은 애저 AI 비전이 생성한 캡션이 매우 다양한 어휘를 사용하고, 단순한 객체 감지를 넘는 세부 정보를 담고 있다고 평가했다. 또한 애저 AI 비전은 사용이 용이하고 이미지 처리 속도가 빠르며, 문서화와 같은 기술 지원도 뛰어났다. AI에 대한 마이크로소프트의 책임 있는 헌신과 캡션의 정확성, 준수를 위한 조치 역시 레딧의 신뢰를 얻었다.

© Gguy/Shutterstock

애저 AI 비전은 클라우드 기반의 통합 제품으로, 이미지 처리와 정보 반환을 위한 고급 AI 알고리즘을 개발자에게 제공한다. 이 기술은 이미지 분석, 텍스트 읽기, 얼굴 감지 등을 수행하며, 사전 구축된 이미지 태깅, 광학 문자 인식(OCR)에 의한 텍스트 추출, 얼굴 인식 기능을 포함하고 있다. 이미지 파일을 업로드하거나 이미지 URL을 지정하면 애저 AI 비전은 입력과 사용자의 선택에 따라 다양한 방식으로 시각 콘텐츠를 분석한다. 소프트웨어 개발자는 머신러닝 경험 없이도 비전 기능을 프로젝트에 통합할 수 있다.

레딧은 이미지에 대체 텍스트로 캡션을 추가한 이후 웹 트래픽이 크게 증가했다. 이미지에 대체 텍스트를 추가하면 검색엔진이 이미지를 더 잘 이해하고 검색 가능성이 높아져 레딧 플랫폼으로 유입되는 트래픽이 증가한다. 레딧은 앞으로도 플랫폼에 새로 업로드되는 이미지에 대해 마이크로소프트와 협력하여 캡션을 생성할 계획이다. 접근성은 비즈니스에도 긍정적인 효과를 가져왔다.

출처: "Reddit Improves Accessibility and SEO Through Azure Cognitive Service for Vision Image and Caption Generation," Customers. microsoft.com, accessed September 17, 2024; "Azure. AI Vision," Azure. microsoft.com, accessed September 17, 2024; Reddit.com, accessed September 17, 2024; Emma Roth, "Google Cut a Deal with Reddit for AI Training Data," Theverge.com, February 22, 2024.

레딧이 시각 장애인이나 고대역폭 인터넷을 사용할 수 없는 사용자를 위해 이미지 처리 기술을 활용하여 대체 텍스트 캡션을 생성한 사례는, AI 기술이 비즈니스와 대중에게 어떻게 도움이 되는지를 보여주는 사례 중 하나이다. 또한 기업이 현실적이고 신뢰할 수 있는 AI 애플리케이션을 만들고, 이를 통해 비즈니스와 고객 모두에게 가치를 제공할 수 있는 방법을 보여준다.

이는 레딧이라는 인기 있는 플랫폼이 더 많은 사람에게 콘텐츠 접근을 제공하는 동시에 비즈니스 확장 기회를 만든 사례이다. 레딧은 마이크로소프트 애저 AI 비전을 사용하여 이미지와 콘텐츠에 대해 상세하고 의미 있는 대체 텍스트 캡션을 생성했고, 이는 검색엔진에도 더 매력적이고 이해 가능한 콘텐츠로 작용했다.

문제

1. 레딧은 왜 접근성에 대해 우려하는가?
2. 이미지에 대한 캡션을 생성하기 위해 마이크로소프트 애저 AI 비전을 사용하는 것의 사업적·사회적 이점은 무엇인가?

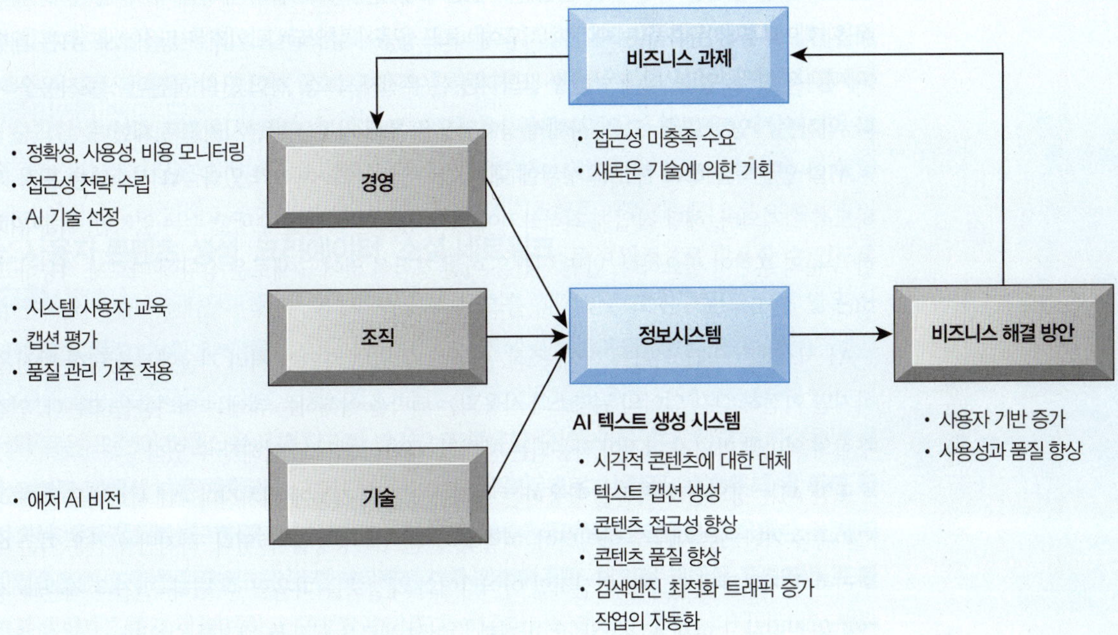

경력 개발 효과

레딧의 IT 직원들은 대체 텍스트 생성을 위한 AI 이미지 처리 기술 전문성을 개발할 수 있는 기회를 가졌다. 이러한 전문성은 레딧 내에서의 경력을 발전시키는 데 도움이 되는 동시에 다른 조직에서 더 높은 보수를 받는 일자리를 얻는 데에도 자격을 부여한다. IT 외 분야 직원들 또한 조직을 위해 중요한 솔루션 개발에 기여함으로써 혜택을 얻었다. 이 솔루션을 통해 레딧의 사용자 기반이 확대되고 지식, 서비스, 커뮤니티의 가치가 소외계층에게도 제공되었다. 이는 AI가 기업뿐만 아니라 사회 전체에도 이익을 주는 좋은 사례이다.

11.1 인공지능

인공지능(AI) 시스템은 음성 인식, 시각적 인지, 패턴 인식, 예측, 에세이 작성, 과거 경험에 의한 학습 등 일반적으로 인간의 지능을 필요로 하는 작업을 수행하는 능력에서 큰 발전을 이루었다. 기업이 비용 절감, 새로운 제품 및 서비스의 혁신, 가치 창출을 위한 새로운 해결책을 찾고 있기 때문에 현재 AI 시스템에 대한 수요가 매우 높다. 또한 AI는 사회 전체에 혜택을 주는 방식으로 사회적 복지 증진에도 기여하고 있다(도입 사례 참조). AI는 비즈니스와 일상생활의 수많은 영역에 영향을 미치고 있기 때문에 이 책의 모든 장에서 AI 관련 내용을 다루며, 이 장 전체를 AI 주제에 할애했다.

AI와 인간의 지능

오늘날 AI는 기계가 인간의 정신적 능력 일부를 모방하거나 심지어 향상할 수 있도록 해주며, 종종 인간보다 훨씬 빠른 속도로 정보를 처리할 수 있다. 그러나 AI는 인간이 수행하는 모든 것을 복제할 수는 없다. AI 시스템은 인간이 가진 적응력, 창의성 수준, 직관, 감성 지능이 여전히 부족하다. 인간의 지능은 AI보다 훨씬 더 복잡하다.

AI와 인간은 학습 방식도 다르다. 현재 AI 시스템은 알고리즘과 대량의 데이터를 통한 훈련에 의존하여 환경으로부터 학습하고 시간이 지남에 따라 성능이 향상된다. 이러한 방식으로 AI는 패턴을 식별하고 예측을 할 수 있다. 이에 반해 인간의 지능은 유전자, 환경, 경험 간의 복잡한 상호작용을 기반으로 한다. 인간은 다양한 경험, 교육, 사회적 상호작용을 통해 지능을 발달시키고 정제한다.

AI와 인간의 지능은 새로운 상황에 대한 적응 능력에도 차이가 있다. AI 시스템은 특정 작업을 수행하도록 설계되며, 해당 작업에 최적화되어 있다. 새로운 작업을 수행할 수는 있지만, 이를 위해서는 상당한 수준의 훈련이 필요하다. 반면 인간은 이전 경험이 없어도 새로운 상황에 빠르게 적응하고 학습할 수 있다.

AI 시스템은 인간 언어를 해석, 조작, 이해할 수 있는 자연어 처리 기술에서 상당한 발전을 이루었다. 하지만 여전히 인간 언어의 뉘앙스와 사용되는 맥락을 이해하는 데에는 어려움을 겪는다. 인간은 단어나 구절의 의미뿐 아니라 그것이 사용되는 사회적·문화적 맥락도 이해할 수 있다.

또한 AI는 창의성과 직관을 활용하는 능력이 인간의 지능에 뒤처진다. AI 시스템은 훈련 데이터와 알고리즘을 기반으로 새로운 아이디어, 해결책, 콘텐츠를 생성할 수 있다. 하지만 인간은 기존 데이터나 알고리즘에 기반하지 않고도 혁신적인 아이디어와 해결책을 떠올릴 수 있다. 인간은 직관과 경험을 통해 연결을 형성하고 현재 AI 시스템의 한계를 넘어선 새로운 문제를 해결할 수 있다.

AI는 감성지능이라 불리는 측면에서도 인간과 다르다. AI 시스템은 인간의 감정을 인식하고 반응할 수는 있지만, 스스로 감정을 가지지는 않는다. 인간은 의사결정과 사회적 상호작용에 영향을 미치는 복잡한 감정의 범위를 드러낸다.

AI의 진화

AI의 급속한 진화를 이끄는 주요 동력은 빅데이터 데이터베이스의 개발과 사물인터넷(IoT)의 발전이다. 또한 AI 기술은 컴퓨터 처리 비용의 급격한 하락, 프로세서 성능의 향상, AI 애플리케이션을 처리할 수 있는 클라우드 컴퓨팅 서비스의 경제성과 이용 가능성으로부터 혜택을 받았다. 뿐만 아니라 AI의 성장은 수많은 AI 소프트웨어 엔지니어와 대학의 AI 연구 센터들이 알고리즘을 정교화한 결과이며, 기업과 정부의 막대한 투자도 여기에 큰 몫을 하고 있다.

주요 AI 기술의 유형

AI 시스템은 그 기능에 따라 여러 범주로 분류될 수 있다. 예를 들어 머신러닝, 신경망과 딥러닝, 유전자 알고리즘, 자연어 처리, 컴퓨터 비전 시스템, 로보틱스, 지능형 에이전트, 전문가 시스템, 퍼지 논리 등이 있다. AI는 의료, 금융, 교육, 운송, 엔터테인먼트, 제조, 유통 등 다양한 영역에서 폭넓게 응용되고 있다. AI는 빠르게 발전하고 있으며, 우리가 살아가고 일하는 방식을 혁신할 수 있는 잠재력을 지니고 있다.

표 11.1은 주요 AI 분야와 그 응용 사례를 보여준다. 각 분야에 대해 자세히 살펴보자.

11.2 머신러닝

초기의 AI 시스템은 규칙 기반 방식으로, 사전에 정의된 'if-then' 규칙 집합을 사용하여 의사결정을 내리거나 문제의 답을 찾았다. 이러한 규칙 기반 전문가 시스템은 학습할 수 있는 유연성이 없었고, 유지·보수와 업데이트에 많은 비용이 들었으며, 인간의 입력에 의존했고, 인간 지식의 매우 좁은 영역만 다룰 수 있었다. 오늘날 대부분의 AI 개발은 어떤 형태로든 머신러닝을 포함하고 있다.

표 11.1 AI의 주요 분야

분야	설명	예
머신러닝	명시적인 프로그래밍 없이 매우 큰 데이터세트에서 패턴을 식별할 수 있는 소프트웨어로, 상당한 인간의 학습이 수반된다.	우버는 머신러닝을 실시간 수요 예측, 경로 최적화, 사기 탐지에 사용한다.
신경망과 딥러닝	인간의 뉴런을 느슨하게 모방한 알고리즘으로, 데이터 입력에 기반하여 객체를 기존 범주로 분류하도록 학습할 수 있다. 딥러닝은 여러 층의 신경망을 사용하여 데이터의 기본 패턴을 식별하며, 일부의 경우 인간의 학습 없이 패턴을 인식할 수 있다(비지도학습 포함).	생성형 AI 도구인 ChatGPT, 구글 Gemini, 마이크로소프트 Copilot은 딥러닝 신경망 기반의 대규모 언어 모델을 활용한다. 핀프로펫(Finprophet)은 전 세계 24개 주요 금융시장에서 주식, 선물, 통화, 채권 등 인기 투자 상품에 대한 예측을 제공한다.
유전자 알고리즘	자연선택과 돌연변이에 기반한 알고리즘으로, 최적화 및 탐색 문제에 대한 고품질 해법을 생성하는 데 사용된다.	보잉은 날개 설계 최적화를 위해 유전자 알고리즘을 사용하여 다양한 날개 모양, 크기, 구성을 탐색하고, 이를 통해 항력 효율 개선, 중량 감소, 연료 효율 향상을 이룬다.
자연어 처리	컴퓨터가 인간의 자연어를 이해하고 분석할 수 있도록 하는 알고리즘으로, 소셜 미디어, 감성 분석, 고객 서비스 응답 등에 자주 사용된다.	지메일은 각 이메일의 내용을 식별하고 평가하여 정확하게 분류할 수 있도록 자연어 처리를 사용한다.
컴퓨터 비전 시스템	실제 이미지를 인식하고 정보를 추출할 수 있는 시스템이다.	아우디는 컴퓨터 비전 시스템을 활용하여 판금 부품의 미세한 균열을 몇 초 만에 자동으로 정확히 탐지하고, 이를 통해 비용 및 작업을 최소화한다.
로보틱스	인간의 움직임을 대체할 수 있는 기계와 그 제어 및 정보 처리를 위한 컴퓨터 시스템을 활용하는 것이다.	아마존의 산업용 로봇은 컴퓨터 비전 기술과 머신러닝을 사용하여 인간과 함께 안전하게 작업할 수 있으며, 신체 친화적인 방식으로 물품을 직원에게 전달한다.
지능형 에이전트	특정 작업이나 서비스를 수행하기 위해 내장되거나 학습된 지식을 사용하는 소프트웨어 에이전트이다.	시리, 알렉사, 구글 어시스턴트는 대화형 AI 에이전트의 예로, 자연어 처리 및 머신러닝을 사용하여 인간의 질문을 이해하고 응답한다.
전문가 시스템	전문가의 지식을 규칙 집합으로 표현하여 컴퓨터가 의사결정을 지원할 수 있도록 하는 시스템으로, 구축과 업데이트가 어렵다.	순수 규칙 기반 전문가 시스템은 현재 머신러닝 등 보다 진보된 기술과 결합된 형태로 대체되고 있다.
퍼지 논리	0 또는 1이 아닌 근사적 또는 주관적인 값을 사용하는 규칙으로 부정확성을 표현함으로써 인간의 추론과 인지를 모방하는 AI의 한 형태이다.	퍼지 논리는 복잡한 의사결정 과정에 사용되며, 자동차 속도 제어, 세탁기의 속도 및 온도 제어 같은 제어 시스템에 자주 활용된다.

머신러닝이란 무엇인가

머신러닝(machine learning, ML)은 방대한 양의 데이터로부터 컴퓨터가 학습할 수 있도록 돕는 수학적 모델을 사용하며, 명시적인 지시 없이 통계적 추론을 수행하게 한다. 이를 통해 컴퓨터 시스템이 경험을 바탕으로 어느 정도 스스로 학습하고 성능을 개선해나갈 수 있다. 머신러닝 시스템은 대규모 데이터세트를 기반으로 훈련되며, 이를 통해 패턴과 관계를 식별할 수 있다. 머신러닝 알고리즘이 훈련받는 데이터가 많을수록 성능이 향상된다. 머신러닝은 특히 방대한 양의 데이터에서 패턴을 찾고 결과를 예측하는 데 유용하다.

머신러닝(ML)
방대한 양의 데이터를 기반으로 컴퓨터가 수학적 모델을 사용하여 학습하고, 명시적인 지시 없이 통계적 추론을 수행하게 함으로써 컴퓨터 시스템이 경험을 바탕으로 스스로 학습하고 개선해나갈 수 있다.

머신러닝 애플리케이션은 다양한 조직에서 널리 활용되고 있으며, 조직의 규모와 상관없이 많은 이점을 제공한다. 머신러닝은 일반적으로 사람이 감당하기 어려운 빅데이터를 매우 빠르게 분석할 수 있으며, 많은 경우 사람보다 더 정확하게 분석한다. 표 11.2에 머신러닝 애플리케이션의 예를 제시했다.

지도학습과 비지도학습

오늘날 대부분의 머신러닝 애플리케이션은 **지도학습**(supervised learning)에 기반한다. 이 방식에서는 시스템이 사람이 사전에 분류한, 원하는 입력과 출력의 구체적인 예시를 제공받아 '훈련'된다. 예를 들어 알고리즘이 고양이 이미지에 대해 훈련되어 새로운 고양이 이미지를 정확히 식별하는 것이 목표일 수 있

지도학습
사람이 사전에 분류한, 원하는 입력과 출력의 구체적인 예시를 제공받아 훈련되는 머신러닝 알고리즘

표 11.2 머신러닝 애플리케이션의 예

애플리케이션	설명	예
자연어 처리	인간 언어를 이해하고 이에 반응한다.	사람들은 스티치 픽스(Stitch Fix) 챗봇과 대화하면서 개개인의 스타일 선호에 맞춘 맞춤형 패션 조언을 받을 수 있다.
이미지 인식	디지털 이미지에서 사물, 장소, 사람, 글자, 행동을 식별할 수 있는 소프트웨어이다.	핀터레스트는 사용자가 새로운 관심사를 시각적으로 공유하고 탐색할 수 있는 전자상거래 기반 시각적 발견 플랫폼이다. 이 플랫폼은 이미지 검색을 위해 이미지 인식 소프트웨어를 사용한다. 사용자는 사진 속 특정 항목을 선택하여 유사한 항목을 찾을 수 있다. 예를 들어 침대 위의 장식용 쿠션을 선택하면 유사한 쿠션 이미지가 반환된다.
예측 분석	과거 데이터를 바탕으로 미래 사건이나 트렌드를 예측한다.	세계 최대의 전자상거래 플랫폼인 알리바바는 고객이 구매할 가능성이 있는 상품을 예측하기 위해 AI를 사용한다.
추천 시스템	사용자의 과거 행동을 기반으로 제품이나 서비스를 추천한다.	아마존, 넷플릭스, 스포티파이, 판도라, 애플 뮤직 등 여러 기업이 고객의 선호와 선택에 기반하여 제품과 서비스를 맞춤형으로 추천하기 위해 이를 사용한다.

다. 시간이 지나면서 프로그래머의 조정 및 점점 더 큰 컴퓨팅 시스템과 데이터세트를 활용하여 시스템의 성능이 향상되며, 그런 의미에서 시스템은 학습하게 된다. 지도학습은 자율주행차 개발에 사용되는 기술 중 하나인데, 자율주행차는 주변의 사람, 다른 차량, 건물, 도로의 선 등을 인식할 수 있어야 하기 때문이다.

비지도학습
사전에 분류되거나 라벨이 지정되지 않은 정보로 훈련되며, 명시적인 인간의 지시 없이 해당 정보에서 패턴을 찾아내는 머신러닝 알고리즘

비지도학습(unsupervised learning)에서는 알고리즘이 알려진 결과 없이 대규모 데이터세트로 훈련된다. 알고리즘은 스스로 패턴과 관계를 식별한 후 발견한 패턴을 보고한다. 예를 들어 비지도학습 알고리즘에 고양이와 다른 동물들의 이미지가 포함된 입력 데이터세트를 제공한다고 하자. 이 알고리즘은 해당 데이터세트에 대해 사전 훈련된 적이 없기 때문에 데이터세트의 특성에 대한 정보를 갖고 있지 않다. 비지도학습 알고리즘의 과제는 고양이 이미지의 특징을 스스로 식별하는 것이다. 이 알고리즘은 이미지 데이터세트를 이미지 간 유사성에 따라 군집화(clustering)함으로써 이 작업을 수행하게 된다. 비지도학습 응용의 예는 표 11.3과 같다.

표 11.3 비지도학습 애플리케이션의 예

애플리케이션	설명	예
고객 세분화	AI 세분화 도구는 기존 및 잠재고객을 공통된 특성에 따라 묶고, 상세한 고객 프로파일을 작성할 수 있는 정보를 제공한다. 이를 통해 적절한 타깃 고객과 가치 높은 고객을 식별할 수 있다.	아마존은 고객의 행동 및 선호도에 따라 고객을 세분화하고 개인 맞춤형 제품 추천을 제공하기 위해 비지도학습을 사용한다.
의료 영상	의료 기기에서 영상 탐지, 분류, 분할 기능을 제공한다. 방사선학 및 병리학에서 패턴을 빠르고 정확하게 탐지하는 데 사용된다.	알텍스소프트(AltexSoft) 기술 컨설팅사는 흉부 엑스레이 분석용 프로토타입 도구를 개발한다. 이 도구는 머신러닝을 사용하여 폐의 경계를 식별하고 폐 질환을 분류한다.
이상 감지	비지도학습은 대량의 데이터를 분석하여 데이터세트 내에서 비정상적인 데이터 포인트를 찾아낸다. 이러한 이상값은 기계 고장, 제품 결함 또는 신용카드 사기 거래와 같은 이상 상황을 식별하는 데 사용될 수 있다.	JP모건체이스는 고객이 신용카드를 사용하는 일반적인 패턴을 추적하기 위해 이상 감지를 사용한다. 고객이 비정상적으로 큰 금액을 결제하거나 새로운 위치에서 구매할 경우, 알고리즘이 이를 이상값으로 인식하고 담당 팀원에게 알린다.
뉴스 집계	웹상에서 실시간으로 진화하는 다양한 출처의 뉴스 정보를 수집하고 분석하여 스토리라인으로 구성한다.	구글 뉴스는 동일한 주제(예: 월드컵 축구)에 대한 다양한 온라인 뉴스 매체의 기사를 클러스터링하기 위해 비지도학습을 사용한다.

11.3 신경망과 딥러닝

딥러닝을 포함한 신경망은 인간 두뇌의 작동 방식을 유사하게 모방하여 학습을 모델링함으로써 AI의 능력을 확장한다. 신경망은 패턴 인식에 뛰어나며, 자율주행차, 음성 및 이미지 인식, 질병 진단과 환자 예후 예측을 돕는 의료 분야 등 가장 진보된 AI 응용 분야의 핵심 기술로 활용되고 있다.

신경망

신경망(neural network)은 머신러닝 알고리즘과 계산 모델을 활용하여 인간의 생물학적 두뇌의 작동 방식을 유사하게 모방하여 작동한다. 신경망은 사람이 분석하기에는 너무 복잡하고 방대한 데이터를 기반으로 패턴과 관계를 찾아낸다. 신경망은 뉴런이라고 불리는 상호 연결된 단위로 구성된다. 각 뉴런은 다른 뉴런으로부터 데이터를 받아들이거나 다른 뉴런에 데이터를 전달할 수 있다. 이러한 인공 뉴런은 인간의 뇌에 있는 생물학적이고 물리적인 뉴런이 아니라, 입력과 출력 기능을 수행하는 소프트웨어 프로그램이자 수학적 모델이다. 뉴런 간 연결 강도(가중치)는 학습 규칙이라는 알고리즘을 통해 제어할 수 있다. 학습 규칙은 뉴런 사이의 연결 강도를 체계적으로 조정하여 암세포 사진 식별, 신용카드 사기 거래 탐지, 의심스러운 전화 통화 패턴 분석과 같은 최종 목표 출력을 만들어내도록 한다.

신경망
데이터 입력값을 기반으로 사물을 알려진 범주로 분류하도록 훈련할 수 있는 알고리즘으로, 인간의 생물학적 두뇌의 정보 처리 방식을 유사하게 모방한 구조이다. 신경망은 사람이 분석하기에는 너무 복잡하고 방대한 데이터 속에서 패턴과 관계를 찾아낼 수 있다.

신경망은 패턴 탐지 프로그램으로, 대량의 데이터를 분석하고 수많은 뉴런으로 구성된 네트워크 내에서 최적의 경로를 찾아내며 학습한다. 그중 일부 경로는 자동차, 동물, 얼굴, 목소리 등 대상을 식별하는 데 다른 경로보다 더 성공적이다. 데이터 안에는 수백만 개의 경로가 존재할 수 있으며, 학습 규칙 알고리즘은 가장 성공적인 경로를 식별하고 해당 경로 내 뉴런 간 연결을 강화한다. 이 과정은 수천 번 또는 수백만 번 반복되며, 결국 가장 성공적인 경로만이 남게 된다. 학습 규칙은 데이터 내 최적 경로를 식별하는 데 사용된다. 수백만 개의 경로가 분석된 후에는 일정 수준 이상의 패턴 인식 성능이 도달하면 학습이 종료된다. 예를 들어 암세포를 사람만큼 혹은 그 이상으로 정확히 식별하는 수준이 되면 학습이 완료된다.

그림 11.1은 입력층(input layer), 은닉층(hidden layer), 출력층(output layer)으로 구성된 신경망의 한 형태를 보여준다. 사람은 기계에 학습시키고자 하는 결과 집합을 입력함으로써 신경망을 훈련시킨다. 예를 들어 신용카드 사기 거래에서 패턴을 식별할 수 있는 시스템을 구축하는 것이 목표라면 실제 사기 거래 사례를 학습 데이터로 활용한다. 이 데이터는 일반적으로 100만 건에 달하는 사기 거래 예시로 구성

그림 11.1 신경망 작동 방식

신경망은 은닉층의 논리를 만들기 위해 데이터의 패턴에서 '학습'한 규칙을 사용하며, 은닉층은 입력값을 모델에 기반하여 분류한다. 이 예에서는 신용카드의 정상 구매와 부정 구매를 구분하는 데 신경망이 사용된다.

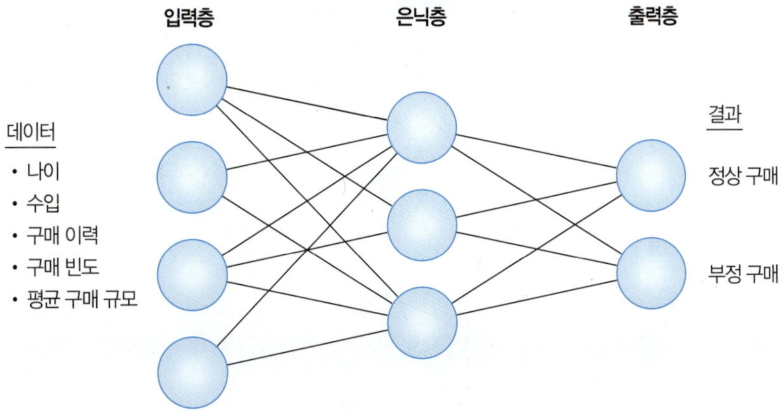

되어 있다. 이 데이터는 훈련 데이터세트와 테스트 데이터세트로 나뉘며, 훈련 데이터세트는 시스템 훈련에 사용된다. 수백만 번의 테스트 실행 후 프로그램은 데이터 내 최적 경로를 식별할 수 있게 된다. 그런 다음 테스트 데이터세트를 활용하여 시스템의 정확도를 검증한다. 테스트 데이터는 이전에 분석되지 않은 새로운 데이터이며, 시스템이 성공적으로 동작하면 이후 새로운 데이터세트에도 적용할 수 있다. 그림 11.1의 신경망은 신용카드 사기 거래 가능성을 식별하는 법을 학습한 것이다.

신경망 응용은 의학, 과학, 비즈니스 분야에서 패턴 분류, 확률 예측, 제어 및 최적화 문제를 해결하는 데 사용된다. 의학에서는 관상동맥 질환 스크리닝, 간질 및 알츠하이머병 진단, 병리 이미지(특정 암 포함)에서의 패턴 인식에 신경망이 활용된다. 금융 업계는 방대한 데이터에서 패턴을 찾아내어 주식 성과 예측, 회사채 신용 등급, 기업 파산 가능성 분석 등에 신경망을 활용한다. 비자인터내셔널(Visa International)은 모든 비자 거래를 모니터링하여 카드 사용자의 구매 패턴에서 갑작스러운 변화를 감지하고 이를 통해 신용카드 사기를 탐지하는 데 신경망을 사용한다.

딥러닝 신경망

딥러닝 신경망
여러 층의 신경망을 사용하여 데이터 속에 숨어 있는 패턴을 드러내고, 일부 제한된 경우에는 인간의 훈련 없이도 패턴을 식별한다.

딥러닝 신경망(deep learning neural network)은 여러 층의 신경망을 사용하여 데이터 속에 숨어 있는 패턴을 드러내고, 일부 제한된 경우에는 인간의 훈련 없이도 패턴을 식별할 수 있다. 딥러닝 신경망은 입력 데이터를 목표 출력으로 변환하기 위해 많은 계층의 변환 과정을 거치는 복잡한 구조를 가지고 있다. 이러한 추가 계층 덕분에 딥러닝 신경망은 더 복잡한 패턴을 학습할 수 있으며, 특히 어떤 것을 찾아야 하는지 구체적인 지시 없이 데이터를 분석하여 스스로 패턴을 찾아내는 비지도학습에 자주 사용된다.

예를 들어 훈련 없이 고양이나 다른 사물을 식별할 수 있는 비지도 머신러닝 시스템은 딥러닝 신경망을 사용할 수 있다. 그림 11.2는 이 시스템을 보여준다. 이 시스템은 3개의 신경망층(1계층, 2계층, 3계층)으로 구성되며, 각 층에는 2개의 패턴 감지 수준(레벨 1과 레벨 2)이 있다. 각 레벨은 사진의 저수준 특징을 식별하도록 설계되었으며, 1계층은 사진에서 선을, 2계층은 원을 식별했다. 1계층의 결과는 흐릿한

그림 11.2 딥러닝 신경망

딥러닝 신경망은 여러 층의 신경망으로 구성되며, 계층적으로 작동하여 패턴을 감지한다. 이 그림은 1계층의 확대된 모습으로, 다른 층도 동일한 구조이다.

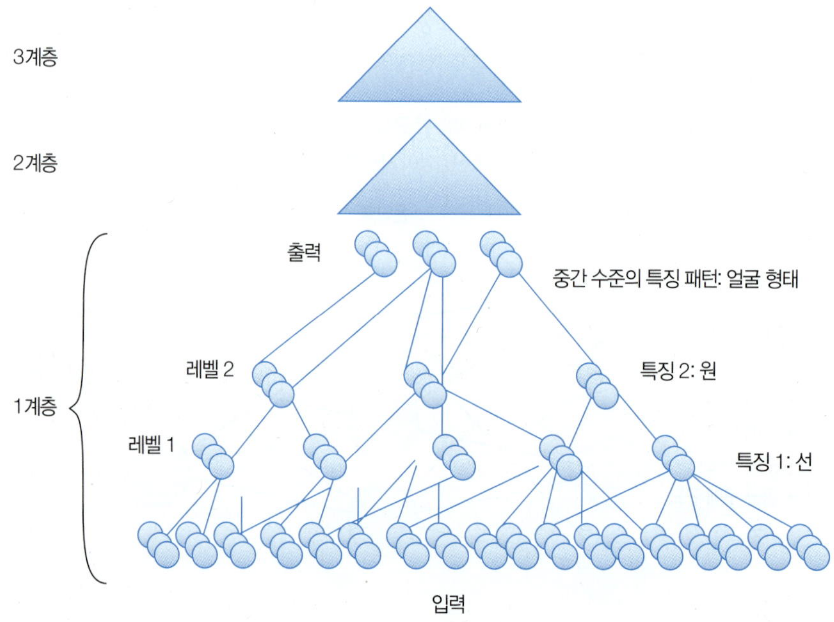

표 11.4 신경망 및 딥러닝 애플리케이션

기능	입력	프로세스	출력/애플리케이션
컴퓨터 비전	수백만 디지털 이미지, 동영상, 센서 데이터	이미지 및 객체의 패턴 인식	사진 태그 지정, 얼굴 인식, 자율주행차
음성 인식	디지털 음성 파일, 사람의 목소리	사운드트랙 및 음성의 패턴과 의미 인식	디지털 비서, 챗봇, 고객 지원 센터
기계 제어 및 진단	사물인터넷: 수천 개의 센서	작동 상태 및 고장 패턴 식별	예방 정비, 품질 관리
언어 번역	다양한 언어의 수백만 문장	여러 언어 간의 패턴 식별	문장을 다른 언어로 번역
거래 분석	수백만 대출 신청서, 주식 거래, 전화 통화 기록	금융 및 기타 거래의 패턴 식별	사기 방지, 서비스 도용 탐지, 주식 시장 예측
맞춤형 온라인 광고	수백만 건의 브라우저 기록	소비자 군집 및 선호도 식별	프로그래매틱 광고(자동화 광고 집행)

가장자리나 얼룩처럼 보일 수 있다. 2계층과 3계층은 1계층에서 생성된 이미지를 점점 더 정교하게 다듬어 최종적으로는 시스템이 고양이, 개, 사람을 구별할 수 있다.

딥러닝 알고리즘은 많은 생성형 AI 모델을 구동하고 있다. 딥러닝 모델은 입력 데이터의 패턴, 구조, 특징을 학습하고, 생성형 AI 모델은 이를 바탕으로 새로운 콘텐츠를 생성한다. 딥러닝은 컴퓨터 비전, 자연어 처리, 자율주행차, 얼굴 인식, 추천 시스템, 의료(의료 영상 분석, 신약 개발, 임상시험 최적화) 등 다양한 분야에 사용되고 있다.

신경망 및 딥러닝 애플리케이션의 예

표 11.4에 신경망 및 딥러닝의 응용 사례를 제시했다.

11.4 생성형 AI

생성형 AI(generative AI, GenAI)는 콘텐츠를 생성하도록 훈련된 머신러닝 모델이다. 생성형 AI 도구는 기존 데이터 내의 패턴과 구조를 식별하여 질문에 대한 텍스트 응답, 기사, 에세이, 소설, 시, 이미지, 새로운 소프트웨어 프로그램, 음악 작품, 시험 문제의 답안 등 새롭고 독창적인 콘텐츠를 생성할 수 있다.

생성형 AI
콘텐츠를 생성하도록 훈련된 머신러닝 모델

전통적인 머신러닝은 패턴 인식이나 예측과 같은 좁은 범위의 작업에만 제한되는 반면, 생성형 AI는 훨씬 다양한 작업을 수행할 수 있으며 인간 창의성의 일부 특징을 모방하기도 한다. 어떤 이들은 생성형 AI가 콘텐츠 생성 방식과 우리의 업무, 일상생활의 여러 측면을 변화시킬 게임체인저라고 평가한다.

생성형 AI는 텍스트, 이미지, 영상, 디자인, 음악 악보 등 AI 시스템이 처리할 수 있는 다양한 형식의 입력(프롬프트)으로 시작한다. 그런 다음 다양한 AI 알고리즘이 해당 프롬프트에 대한 새로운 콘텐츠를 생성하여 응답한다.

기반 모델, 대규모 언어 모델, 트랜스포머

기반 모델(foundation model)은 생성형 AI 작동의 근간이 되는 모델이다. 기반 모델은 인간 두뇌의 작동 방식을 유사하게 모방하여 학습하도록 설계된 강력한 신경망을 사용하며, 기존 데이터 집합 내에서 패턴을 찾아 학습한다. 기반 모델은 텍스트와 오디오 같은 다양한 형식의 방대한 비정형·비라벨링 데이터를 학습하며, 다양한 작업을 수행할 수 있다.

기반 모델
생성형 AI 작동의 근간이 되는 모델로, 방대한 비정형·비라벨링 데이터에 대해 학습된 강력한 신경망을 사용하며, 데이터 집합 내에서 패턴을 찾아 학습한다.

기반 모델은 학습한 방대한 데이터를 통해 패턴과 관계를 파악함으로써 이러한 역량을 개발하는데, 예를 들어 문장에서 다음에 올 단어를 예측하는 것이 가능하다. 기반 모델은 이러한 범용성을 바탕으로 기업이 다양한 작업과 콘텐츠 형식에 동일한 모델을 사용할 수 있도록 한다.

대규모 언어 모델

대규모 언어 모델(LLM)
다양한 주제를 포괄하는 방대한 양의 비정형 데이터를 기반으로 학습된 기반 모델로, 자연어 및 기타 유형의 콘텐츠를 이해하고 생성할 수 있는 능력을 갖추고 있다.

대규모 언어 모델(large language model, LLM)은 다양한 주제를 포괄하는 방대한 양의 비정형 데이터를 기반으로 학습된 기반 모델로, 자연어 및 기타 유형의 콘텐츠를 이해하고 생성할 수 있는 능력을 갖추고 있어 언어 관련 작업을 수행할 수 있다. LLM은 문맥을 기반으로 추론하고, 일관되고 문맥에 맞는 응답을 생성하며, 언어를 번역하거나 텍스트를 요약하고, 질문에 답변하거나 창의적인 글쓰기 또는 소프트웨어 코딩을 지원할 수도 있다. LLM은 '지능형' 챗봇과 가상 비서, 콘텐츠 생성, 연구 지원, 언어 번역 등 다양한 분야의 애플리케이션을 혁신하고 있으며, 앞으로 계속 발전함에 따라 우리가 기술과 상호작용하고 정보를 활용하는 방식을 변화시킬 것이다.

트랜스포머

트랜스포머
기반 모델의 핵심 구성요소로, 입력 시퀀스를 출력 시퀀스로 변환하는 신경망 아키텍처의 일종이다. 이 아키텍처는 문맥을 학습하고 시퀀스 내 구성요소 간의 관계를 추적함으로써 작동한다.

트랜스포머(transformer)는 기반 모델의 핵심 구성요소이다. 예를 들어 ChatGPT에서 GPT는 'generative pre-trained transformer(생성형 사전학습 트랜스포머)'를 의미한다. 트랜스포머는 입력 시퀀스를 출력 시퀀스로 변환하는 신경망 아키텍처의 일종이다. 트랜스포머는 문맥을 학습하고 시퀀스 구성요소 간의 관계를 추적함으로써 이 작업을 수행한다. 예를 들어 "What is the color of snow?"라는 입력 시퀀스에 대해 트랜스포머 모델은 'color', 'snow', 'white'라는 단어 간의 관련성과 관계를 식별하는 내부 수학적 표현을 사용한다. 이 지식을 바탕으로 "Snow is white."라는 출력을 생성한다.

트랜스포머 덕분에 모든 데이터를 사전에 라벨링하지 않고도 점점 더 큰 기반 모델을 학습할 수 있게 되었다. 새로운 모델은 수십억 페이지에 달하는 텍스트로 학습되어 더 깊이 있는 응답을 생성할 수 있다. 트랜스포머에는 '어텐션(attention)'이라는 기능이 포함되어 있어 단어 사이의 연결을 개별 문장을 넘어서 페이지, 장, 책 전체에 걸쳐 추적할 수 있다. 이 기능은 단어에만 국한되지 않는다. 트랜스포머는 소프트웨어 코드를 분석하거나 희곡을 작성하는 등의 작업에서도 연결을 추적할 수 있다. 트랜스포머를 사용하면 복잡한 데이터세트를 결합하는 작업에 AI를 사용할 수 있다. 예를 들어 DALL-E와 같은 모델은 트랜스포머를 통해 텍스트 설명으로부터 이미지를 생성할 수 있는데, 이는 자연어 처리와 컴퓨터 비전 기능을 결합한 것이다. 트랜스포머를 활용하면 서로 다른 정보 유형을 통합하고 인간의 이해와 창의성을 보다 정밀하게 모방하는 AI 애플리케이션을 만들 수 있다.

멀티모달 AI(multimodal AI)라고 불리는 기술 혁신은 텍스트, 그래픽, 동영상 등 다양한 미디어 유형에 걸쳐 콘텐츠를 생성할 수 있게 해준다. DALL-E와 같은 AI 도구는 이 기능을 활용하여 텍스트 설명으로부터 이미지를 자동으로 생성하거나 이미지에서 텍스트 캡션을 생성할 수 있다.

생성형 AI의 광범위한 지식과 다재다능함은 놀라울 정도로 '지능적'으로 보일 수 있다. 그러나 항상 정확한 것은 아니다. 머신러닝 시스템은 '환각(hallucination)'에 취약한데, 이는 시스템이 오해를 불러일으키거나, 말이 되지 않거나, 사실과 다른 답변을 생성할 수 있음을 의미한다. 생성형 AI 챗봇은 도덕성을 갖고 있지 않으며, 사람들이 불쾌하게 여길 수 있는 주제에 대해서도 에세이나 노래를 작성할 수 있다. 이 기술은 말하고 있는 내용을 실제로 이해하는 것이 아니라, 인간의 언어를 기반으로 새로운 패턴을 생성하는 것이다. 단어를 이어 붙이는 것과 아이디어를 조합하는 것은 다르다.

생성형 AI 도구의 예

현재 사용되고 있는 주요 생성형 AI 도구는 표 11.5와 같다.

표 11.5 생성형 AI 도구

생성형 AI	설명
ChatGPT	2022년 11월에 일반 대중에게 처음 공개된 ChatGPT는 오픈AI가 개발한 생성형 AI 챗봇이다. ChatGPT는 다양한 언어로 복잡한 질문에 응답할 수 있으며, 사실상 모든 주제에 대해 에세이 길이의 포괄적인 답변을 제시할 수 있다. ChatGPT는 생성형 AI가 다양한 작업을 수행하고 사용자와 자연어로 소통할 수 있다는 가능성을 대중에게 각인시킨 역사적인 사례로 평가된다. ChatGPT는 인간과 유사한 텍스트 답변을 생성하고, 긴 글을 요약하고, 기사·에세이·소설·시를 작성하고, 소프트웨어를 작성 및 디버깅하고, 음악을 작곡하고, 시험 문제에 성공적으로 응답할 수 있다. ChatGPT는 생성형 AI의 한계점을 일부 공유하고 있으며, 구글 Gemini나 마이크로소프트 Copilot만큼 최신 정보는 반영하지 못하는 것으로 평가된다. 2024년 9월, 오픈AI는 수학 및 과학 문제를 인간처럼 추론할 수 있다고 밝힌 새로운 LLM인 OpenAI o1을 공개했다.
마이크로소프트 Copilot	마이크로소프트 Copilot(구 마이크로소프트 Bing Chat)은 생성형 AI를 활용하여 질문에 답하고 작업을 수행할 수 있는 AI 챗봇이다. 사용자는 Copilot과 실시간으로 대화를 주고받을 수 있으며, 단순 텍스트 결과에 국한되지 않은 AI 기반 응답을 받을 수 있다. Copilot은 빙(Bing)이 인덱싱한 실시간 데이터를 활용하여 인터넷에서 정보를 검색하고 요약할 수 있어 매우 최신의 정보를 반영한다. Copilot은 새로운 콘텐츠 아이디어 제안, 도입부 작성, 제목 제안, 문단 재작성 등 다양한 콘텐츠 제작을 지원하며, 창의적·균형적이고 정밀한 대화 스타일에 맞게 조정할 수 있다. Copilot은 오픈AI의 이미지 생성기 DALL-E 3와 통합되어, 사용자가 입력한 프롬프트를 바탕으로 이미지를 생성하고 콘텐츠에 맞춤형 시각 자료를 제작할 수 있다. Copilot은 출처를 인용함으로써 응답의 정보 출처를 확인할 수 있도록 한다. 2024년 9월, 마이크로소프트는 Copilot Voice를 추가하여 사용자가 자연어 음성으로 Copilot과 상호작용할 수 있도록 했다.
구글 Gemini	구글 Gemini는 LLM 계열로, 막대한 양의 데이터를 학습하여 인간 언어를 이해하고 생성할 수 있도록 훈련된 모델이다. 텍스트를 생성하고, 언어를 번역하고, 다양한 창의적 콘텐츠를 작성하고, 최신 정보에 기반한 질문에 답변할 수 있다. Gemini는 멀티모달 AI로, 텍스트·이미지·동영상·오디오·소프트웨어 코드 등 다양한 정보 유형을 원활하게 이해하고 조합할 수 있다. Gemini는 모바일 기기와 기업용 데이터센터 모두에 적합하도록 세 가지 버전으로 제공된다. Gemini 챗봇은 기존의 구글 Bard를 대체했으며, 사용자가 Gemini LLM 기능과 상호작용하는 주요 수단이 되었다.
DALL-E	오픈AI가 개발한 생성형 AI 도구인 DALL-E는 자연어 처리, 머신러닝, 컴퓨터 비전 기술을 활용하여 텍스트 설명을 기반으로 이미지를 생성한다. 사용자는 간단한 문구나 상세한 설명으로 구성된 텍스트 프롬프트를 제공하며, DALL-E는 이를 해석하여 프롬프트에 부합하는 이미지를 생성한다. DALL-E는 최종 이미지의 적절성을 판단할 수도 있다. DALL-E는 2021년에 첫 버전이 공개되었고, 2022년에는 더 강력한 버전인 DALL-E 2가 출시되었다. DALL-E 2는 사용자 프롬프트를 기반으로 다양한 스타일의 이미지를 생성할 수 있다. 2024년 9월 기준 최신 버전은 DALL-E 3이며, 이전 버전보다 조명, 질감, 배경 디테일이 더욱 정교한 이미지를 생성할 수 있다. DALL-E는 이미지, 텍스트, 오디오 등 여러 매체 간의 연결을 인식할 수 있는 멀티모달 AI 애플리케이션의 대표 사례이다. DALL-E는 그래픽 디자인, 광고, 게임 등 창의 산업에서 아이디어 발상 과정을 가속화하고 수작업을 줄이는 데 유용하다.

11.5 지능형 에이전트

지능형 에이전트(intelligent agent)는 사람의 직접적인 개입 없이 백그라운드에서 작동하는 소프트웨어 프로그램으로, 개별 사용자, 비즈니스 프로세스 또는 소프트웨어 애플리케이션을 위해 특정 작업을 수행한다. 이러한 에이전트는 내장된 지식이나 학습된 지식을 이용하여 사용자 대신 작업을 수행하거나 결정을 내린다(예: 스팸 이메일 삭제, 약속 일정 잡기, 런던행 최저 항공권 검색). 오늘날 운영체제, 애플리케이션 소프트웨어, 이메일 시스템, 모바일 컴퓨팅 소프트웨어, 네트워크 도구 등 다양한 영역에서 다양한 수준의 '지능'을 가진 지능형 에이전트 응용 프로그램이 사용되고 있다. 지능형 에이전트에는 스마트 온도조절기 및 기타 제어 시스템, 자율주행차, 가상 비서, 챗봇, 스팸 필터 등이 포함된다. 지능형 에이전트 봇은 인터넷에서 정보를 검색하고 구매 추천을 제공할 수도 있다.

지능형 에이전트
사람의 직접적인 개입 없이 백그라운드에서 작동하는 소프트웨어 프로그램으로, 개별 사용자, 비즈니스 프로세스 또는 소프트웨어 애플리케이션을 위해 특정 작업을 수행한다.

챗봇

챗봇(chatbot)은 텍스트 또는 음성 방식으로 1명 이상 인간 사용자와의 대화를 모방하도록 설계된 소프트웨어 에이전트이다. 챗봇은 사용자가 입력하거나 말한 내용을 이해하려 하고, 질문에 답하거나 작업을

챗봇
텍스트 또는 음성 방식을 통해 1명 이상 인간 사용자와의 대화를 모방하도록 설계된 소프트웨어 에이전트

수행함으로써 응답한다. 사용자는 챗봇을 통해 날씨 확인, 개인 금융 관리, 온라인 쇼핑, 고객 서비스 관련 질문 해결 등 다양한 작업을 자동화된 대화 방식으로 수행할 수 있다. 챗봇은 고객 지원 분야에서 널리 사용되며, 고객 서비스 담당자가 일반적으로 처리하는 많은 질문을 연중무휴로 응대할 수 있어 인건비 절감과 대기 시간 단축에 기여한다. 이는 고객 참여도와 만족도를 높이는 데 도움이 된다. 또한 챗봇은 개인화, 정보 수집, 웹사이트 내 사용자 탐색 지원 등 다양한 기능을 수행한다.

예를 들어 피자헛의 챗봇은 고객이 페이스북 메신저와 X(구 트위터)를 통해 음식을 주문할 수 있도록 도와준다. 이 챗봇은 자연어 처리를 사용하여 고객의 주문을 이해하고 주문 상태에 대한 실시간 업데이트를 제공한다. 또한 고객이 주문을 추적하거나 변경할 수 있는 기능도 제공한다.

챗봇은 규칙 기반 챗봇과 AI 기반 챗봇으로 나눌 수 있다. 규칙 기반 챗봇은 사전에 정의된 규칙과 스크립트로 작성된 응답에 따라 사용자와 상호작용한다. 사용자의 입력에서 특정 키워드나 문구를 감지하면 챗봇은 자신의 데이터베이스에서 적절한 응답을 찾아낸다. 예를 들어 사용자가 "내 신용카드 잔액을 확인해줘"라고 요청하면 규칙 기반 챗봇은 '계좌 잔액', '신용카드'라는 단어를 인식하여 미리 정해진 응답을 제공한다. 이러한 챗봇은 유연성이 부족하고 복잡한 상황이나 다양한 문제 유형을 처리하기 어렵다. 최신 챗봇은 훨씬 더 강력하고 정교하며, 더 진보된 AI 기술을 기반으로 한다.

AI 기반 챗봇은 머신러닝, 자연어 처리와 같은 AI 기술을 활용하여 더 대화에 가까운 사용자 경험을 제공한다. 이러한 챗봇은 대규모 데이터세트로 학습되어 더 복잡한 사용자 상호작용과 다양한 시나리오를 처리할 수 있다. AI 기반 챗봇은 다양한 상황을 분석할 수 있으며, 문맥을 기억하여 더 자연스럽고 정확한 대화를 이끌어낸다. AI 기반 챗봇에 대한 프롬프트의 예는 "오늘 주문하면 내 택배는 언제 도착하나요?"이다.

많은 챗봇이 이제 생성형 AI 기술을 사용하고 있다. 예를 들어 통합 온라인 여행 플랫폼인 익스피디아는 자사의 모바일 앱에 ChatGPT를 통합하여 사용자가 여행을 더 쉽게 계획할 수 있도록 했다. 이 앱의 새로운 대화형 여행 계획 기능은 사용자가 생성형 AI 챗봇과 대화하면서 추천을 받고, 활동을 탐색하고, 여행 관련 도움을 받을 수 있도록 한다. 응답은 빠르고 상세하며 연중무휴로 제공된다. 이러한 챗봇은 어느 정도 문제 해결 능력을 갖추고 있으며, 새로운 콘텐츠를 생성할 수 있다. 생성형 에이전트는 문맥을 이해하고 분석을 수행한 후 자연어로 된 상세한 응답을 제공한다.

가상 비서

가상 비서
사용자의 명령이나 질문과 같은 입력을 바탕으로 다양한 작업이나 서비스를 수행하는 소프트웨어 에이전트

가상 비서(virtual assistant)는 사용자의 명령이나 질문과 같은 입력을 바탕으로 다양한 작업이나 서비스를 수행하는 소프트웨어 에이전트이다. 이러한 기술은 사용자와의 상호작용을 위해 온라인 채팅 기능을 포함하는 경우가 많다. 상호작용은 텍스트, 그래픽 인터페이스 또는 음성으로 이루어질 수 있다. 일부 가상 비서는 사람의 음성을 해석하고 합성된 음성으로 응답할 수도 있다.

많은 경우에 가상 비서는 사용자의 질문에 응답하고, 홈 오토메이션 장치와 미디어 재생을 제어하며, 이메일, 할 일 목록, 캘린더 등 기본적인 작업을 음성 명령만으로 수행할 수 있다. 아마존 알렉사(Alexa), 애플의 시리(Siri), 구글 어시스턴트(Assistant), 삼성의 빅스비(Bixby)는 널리 사용되는 가상 비서의 예이다.

가상 비서와 챗봇은 모두 대화형 AI 인터페이스를 사용하지만, 기능과 적용 방식에 차이가 있다. 가상 비서는 챗봇보다 더 복잡한 상호작용에 적합하고, 더 다양한 시나리오에 대응할 수 있도록 최적화되어 있다. 가상 비서는 더 발전된 기술을 사용하는 경우가 많으며, 더 폭넓은 명령을 이해하고 실행할 수 있다. 특정 작업을 수행하고 사용자와 비교적 짧은 대화를 나누는 데 초점을 두고 설계되어 있다. 반면 챗봇의 경우 특정 작업보다는 더 긴 대화를 이어가는 데 중점을 둔다.

표 11.6 봇의 유형

봇의 유형	설명
쇼핑 봇(shopping bot)	쇼핑 및 결제 과정에서 소비자를 돕는 가상 비서로, 웹에서 제품을 검색하고 가격 비교도 가능하다.
웹 크롤러(web crawler)	인터넷상의 웹페이지를 스캔하고 색인화하는 검색엔진용 봇으로, 웹 콘텐츠의 구조와 관련성을 파악하기 위해 데이터를 추출한다.
스크레이퍼(scraper)	웹 스크래핑 크롤러로, 인터넷에서 특정 콘텐츠를 스캔하고 다운로드한다. 전자상거래 기업은 다양한 소매 플랫폼의 실시간 상품 가격을 모니터링하기 위해 이를 사용하고, 마케터는 자연어 처리 기능이 있는 스크레이퍼를 활용하여 소셜 미디어 피드에서 감성 분석을 수행한다.
모니터링 봇(monitoring bot)	시스템을 지속적으로 스캔하여 버그 및 악성 소프트웨어를 탐지한다. 사용자 상호작용 데이터와 웹 트래픽을 수집 및 분석하여 비정상적인 웹 활동에 대해 경고한다.
악성 소프트웨어(malware)	시스템을 무력화하거나 데이터를 탈취하거나 기타 유해한 활동을 수행할 수 있는 악성 봇이다.

가상 비서도 생성형 AI 기능을 점점 더 많이 갖추고 있다. 애플은 제품 라인을 업데이트하여 생성형 AI를 통합하고 시리를 더욱 대화형으로, 다재다능하며 문맥을 이해할 수 있도록 개선하고 있다(경영 사례 '애플의 AI 전략, 모든 사람의 손에 AI를!' 참조). 시리의 기반 기술은 이제 새로운 생성형 AI 시스템을 포함하여 한 번에 하나의 질문에만 응답하는 것이 아니라 대화를 이어갈 수 있도록 할 예정이다. 주요 초점은 시리가 타이머 설정, 캘린더 일정 생성, 장보기 목록 추가 등 기존에 수행하던 작업을 더 잘 수행하도록 만드는 것이다. 또한 시리는 문자 메시지를 요약하는 기능도 갖추게 될 것이다.

봇

봇(bot)은 네트워크를 통해 반복적으로 사전 정의된 작업을 수행하는 소프트웨어 애플리케이션이다. 봇은 사람의 개입 없이도 독립적으로 실행될 수 있다. 예를 들어 봇은 웹사이트와 상호작용하거나, 사이트 방문자와 대화하거나, 콘텐츠를 탐색할 수 있다. 대부분의 봇은 유용하지만 일부는 악의적인 목적으로 사용되기도 한다(자세한 내용은 8장 참조). 표 11.6에 다양한 유형의 봇을 제시했다.

봇
네트워크를 통해 반복적으로 사전 정의된 작업을 수행하는 소프트웨어 애플리케이션으로 쇼핑 봇, 웹 크롤러, 스크레이퍼, 모니터링 봇, 악성 소프트웨어 등이 포함된다.

11.6 자연어 처리

인간의 언어는 항상 명확하지 않다. 종종 모호하며, 단어의 의미가 속어, 지역 방언, 사회적 맥락과 같은 복잡한 변수에 따라 달라질 수 있다. **자연어 처리**(natural language processing, NLP)는 인간이 본능적으로 사용하는 언어(즉, 컴퓨터가 이해할 수 있도록 특별히 형식화된 언어가 아닌 언어)를 컴퓨터가 분석할 수 있도록 한다. NLP는 텍스트와 음성에 적용되며, 모든 인간 언어에 사용할 수 있다.

자연어 처리(NLP)
컴퓨터가 컴퓨터용으로 형식화된 언어가 아닌 자연어를 이해하고 분석할 수 있도록 하는 AI 기법

NLP 알고리즘은 일반적으로 머신러닝, 특히 딥러닝에 기반을 두며, 수많은 예제를 통해 화자의 의도를 식별하는 방법을 학습할 수 있다. 예를 들어 노르웨이의 아케르스후스대학병원은 NLP와 IBM 왓슨 익스플로러(IBM Watson Explorer)를 활용하여 자연어처럼 표현된 비정형 텍스트 데이터로 구성된 수천 건의 의료 기록을 분석했다. 알고리즘은 의료 기록에 있는 텍스트를 읽고 그 의미를 분류할 수 있었다. 병원 직원은 이 정보를 활용하여 자신의 치료 결정이 정확했는지를 검토했다. NLP는 구글과 같은 주요 검색엔진, 음성 비서, 언어 번역 애플리케이션, 스팸 필터링 시스템 그리고 6장에서 논의한 텍스트마이닝 감성 분석에서도 활용된다.

자연어 처리 애플리케이션의 예

이전의 NLP 접근 방식은 더욱 규칙 기반이었다. 단순한 알고리즘은 텍스트에서 어떤 단어와 구문을 찾아야 하는지에 대한 지시를 받았으며, 이러한 구문이 나타나면 미리 지정된 응답을 제공하도록 되어 있

표 11.7 자연처 처리 애플리케이션의 예

애플리케이션	예
대화형 에이전트	NLP는 시리나 알렉사 같은 AI 챗봇과 가상 비서의 핵심 기술이다. 사용자가 이러한 비서에게 질문을 하면 NLP는 사용자 요청을 이해하고 자연스러운 언어로 응답할 수 있게 해준다. H&M, 도미노피자, 뱅크오브아메리카와 같은 기업은 고객 서비스에 대화형 AI 도구를 활용하여, 자주 묻는 질문에 더 빠르게 답변하고 고객 서비스 담당자의 부담을 줄인다.
감성 분석	감성 분석은 온라인 대화나 직접적인 피드백을 통해 브랜드, 제품, 서비스에 대한 고객의 감정을 분석할 수 있게 해준다. 소셜 미디어 콘텐츠나 대화를 분석하는 데 자주 사용된다.
텍스트 분류	NLP를 활용하면 텍스트 분류기가 텍스트를 자동으로 분석하고 그 내용에 따라 사전에 정의된 태그나 범주를 할당할 수 있다. 예를 들어 이메일 텍스트 데이터로 알고리즘을 충분히 학습시키면 일반 이메일, 스팸 이메일, 악성 이메일을 성공적으로 식별하고 분류할 수 있다.
텍스트 또는 음성 자동 번역	구글 번역(Google Translate), 딥엘(DeepL), 트랜슬레이트 미(Translate Me)와 같은 도구는 텍스트, 오디오, 문서를 다른 언어로 번역할 수 있다. 넷플릭스는 구글 번역을 활용하여 현지 시청자에게 맞게 콘텐츠와 자막을 제공한다.
텍스트 요약	NLP 도구는 텍스트 콘텐츠를 자동으로 읽고 요약을 생성할 수 있다. 텍스트 요약은 사용자가 모든 내용을 읽지 않고도 정보를 파악할 수 있게 하여 생산성을 향상한다. 요약 결과는 뉴스 제목일 수도 있고 하나 또는 여러 개의 문단이 될 수도 있다. 애플 뉴스 같은 뉴스 수집 웹사이트와 앱은 텍스트 요약에 NLP를 사용한다.
자연어 콘텐츠 생성	NLP는 컴퓨터가 인간의 의사소통을 대체할 만큼 자연스럽고 현실감 있는 텍스트나 음성을 생성할 수 있게 해준다. 생성된 언어는 보고서 초안, 컴퓨터 코드, 편지, 메모, 트윗 등을 작성하는 데 사용될 수 있다. 이는 다양한 데이터를 기반으로 학습된 고급 언어 모델을 필요로 하며, 오픈AI의 GPT와 같은 모델은 일관성 있고 맥락에 맞는 문장이나 단락을 생성할 수 있다.

었다. 이러한 단순한 규칙 기반 시스템은 점차 더 유연하고 직관적이며 수많은 예제를 통해 화자의 의도를 식별할 수 있는 딥러닝 알고리즘 기반 시스템으로 대체되었다. 표 11.7은 널리 사용되는 NLP 애플리케이션의 예를 보여준다.

NLP는 큰 진전을 이루었으며 매일 계속 발전하고 있지만 아직 완벽하지는 않다. 인간의 언어는 종종 모호하며 지역 방언, 속어, 사회적 맥락 등 다양한 변수의 영향을 받는다. 이는 단어가 사용되는 맥락과 대화의 흐름을 더 깊이 이해해야 함을 의미한다. 문장의 의미는 화자가 어떤 단어나 음절에 강세를 두느냐에 따라 달라질 수 있다. NLP 알고리즘은 음성 인식 과정에서 사람의 목소리에 나타나는 미묘하지만 중요한 어조 변화를 놓칠 수 있다. 또한 언어는 지속적으로 변화하고 사람들이 언어를 사용하는 방식도 계속 바뀌기 때문에 이러한 변화를 따라잡는 것도 매우 어렵다.

11.7 컴퓨터 비전 시스템

컴퓨터 비전 시스템
머신러닝과 딥러닝 신경망을 활용하여 인간의 시각 체계를 모방하고 실제 이미지에서 정보를 추출하는 시스템

컴퓨터 비전 시스템(computer vision system)은 머신러닝과 딥러닝 신경망을 활용하여 인간의 시각 체계를 유사하게 모방하고 실제 이미지에서 정보를 인식하고 추출한다. 이러한 시스템은 이미지와 동영상에서 객체와 사람을 이해하고 식별할 수 있으며, 카메라 같은 감지 장치와 컴퓨터 같은 해석 장치로 입력을 받아 시각 데이터를 처리하고 의미를 추출한다. 컴퓨터 비전 애플리케이션은 방대한 양의 시각 데이터나 이미지에 대해 학습된 알고리즘을 기반으로 작동한다. 이들은 시각 데이터에서 패턴을 인식하고 그 패턴을 이용하여 다른 이미지의 내용을 판별한다.

컴퓨터 비전 시스템의 예

컴퓨터 비전 시스템은 자율주행차와 드론 같은 자율차량, 병 제품 검사 같은 산업용 머신 비전 시스템, 군사 분야, 로봇 도구 등 다양한 분야에 걸쳐 활용된다. 이러한 컴퓨터 비전 시스템의 예시를 표 11.8에 정리했다.

표 11.8 컴퓨터 비전 시스템의 예

컴퓨터 비전 시스템	예
얼굴 인식	얼굴 인식은 컴퓨터 비전을 사용하여 이미지나 영상에서 얼굴을 분석하고, 알려진 얼굴 데이터베이스와 비교하여 사람을 식별한다. 얼굴 인식 기능이 탑재된 버카다(Verkada) 보안 카메라는 기업이 인가된 인원과 잠재적 보안 위협을 식별할 수 있게 해준다.
자율주행차	자율주행차가 주변을 탐색할 수 있도록 지원한다. 테슬라는 자율주행 기술에 컴퓨터 비전을 활용하며, 카메라로 물체를 감지하고 도로를 주행한다.
제조 결함 감지	생산 라인에서 제품의 결함을 검사한다. 지멘스는 자동 품질 관리를 위해 컴퓨터 비전을 활용하며, 시스템이 생산 라인에서 제품의 결함을 자동으로 검사한다.
의료 영상 분석	X선이나 MRI 같은 의료 영상을 분석하여 질병 진단을 지원한다. 스탠퍼드ML그룹(Stanford ML Group)의 CheXNet은 흉부 엑스레이 영상을 통해 방사선 전문의보다 더 높은 정확도로 폐렴을 탐지할 수 있다.
스포츠 퍼포먼스 분석	선수의 다양한 자세와 동작을 식별하여 정밀한 위치 및 동작 추적 모델을 생성한다. SportVU 2.0은 카메라와 컴퓨터 비전 기술을 활용하여 축구나 농구 경기에서 공과 선수의 움직임을 정밀하게 추적한다. 축구팀은 퍼포먼스 향상뿐 아니라 부상 방지를 위해 컴퓨터 비전 기술을 사용할 수 있다.
정밀 농업	컴퓨터 비전 기술이 탑재된 드론은 병해충이 발생한 특정 지역을 식별할 수 있어 표적 살충제 살포가 가능하다. 필요한 만큼만 약제를 사용하므로 환경 영향을 최소화하고 비용을 절감할 수 있다. 아크메애그리테크(Acme Agritech)는 드론과 데이터 분석 서비스를 제공하며, 특수 살포 메커니즘이 장착된 드론은 문제 지역을 식별하고 해당 지점에 정확하게 비료, 살충제 또는 제초제를 살포한다.

11.8 로보틱스

로보틱스(robotics)는 인간을 대신할 수 있는 이동 가능한 기계의 설계, 제작, 작동, 사용 및 이러한 기계를 제어하고 감각 피드백을 처리하며 정보를 처리하는 컴퓨터 시스템을 다루는 분야이다. 로봇은 인간을 완전히 대체할 수는 없지만, 특정한 일련의 동작을 자동으로 수행하도록 프로그래밍되어 있다. 로봇은 위험한 환경(예: 폭탄 탐지 및 해체), 제조 공정, 군사 작전(예: 드론), 의료 절차(예: 수술용 로봇) 등에서 자주 사용된다.

로보틱스
인간을 대신할 수 있는 이동 가능한 기계의 설계, 제작, 작동, 사용 및 이러한 기계를 제어하고 감각 피드백을 처리하며 정보를 처리하는 컴퓨터 시스템을 다루는 분야

로보틱스 애플리케이션

로봇 기능을 확장하기 위한 AI의 활용에 대해 활발한 연구가 이루어지고 있다. 상용화된 애플리케이션으로는 로봇이 주변 환경을 감지하고 이에 반응할 수 있도록 AI를 활용하는 것이 있다. 이는 로봇이 수행할 수 있는 기능의 범위를 크게 넓혀준다. 이제 많은 근로자는 로봇 및 기타 형태의 AI가 인간을 완전히 대체하고 일자리를 빼앗을까 봐 우려하고 있다. 이 내용은 사례 연구 'AI가 우리의 일자리를 위협하는가?'에서 자세히 다루었다.

로보틱스 기술이 가장 널리 활용되는 분야는 제조업과 물류 분야이다. 예를 들어 자동차 조립 라인에서는 무거운 부품을 들어 올리거나, 용접하거나, 접착제를 바르거나, 도색하는 작업에 로봇이 사용된다. 그러나 최종 조립, 특히 소형 부품을 설치하거나 배선을 특정 위치에 유도하여 연결하는 작업은 여전히 사람이 주로 수행한다. 아마존, 페덱스, 월마트는 로봇을 활용하여 소포 배송 속도를 높이고 있다. 아마존은 75만 대 이상의 로봇을 배송 업무에 이용하고 있다. 아마존은 미국과 유럽 전역에 아마존 로보틱스 풀필먼트 센터를 전략적으로 구축하고 있다. 이러한 센터에는 직원도 있지만, 실질적으로는 다양한 종류의 로봇이 운영하는 창고에 가깝다. 로봇은 무거운 짐을 들어 옮기거나, 플라스틱 상자가 담긴 수레를 창고의 한쪽에서 다른 쪽으로 끌고 가거나, 재고 포드를 피킹 스테이션으로 운반하는 작업 등을 맡는다. 인간 작업자는 피킹을 하거나 로봇이 처리하기에 너무 복잡한 작업을 수행한다.

로봇의 유형

로봇의 유형은 다양하며 분류 방식도 여러 가지이다. 비즈니스 환경에서 접할 수 있는 가장 일반적인 로봇의 유형을 살펴보자.

산업용 로봇

산업용 로봇
제조 공정의 일부를 자동화하도록 설계된 중장비 기계

산업용 로봇(industrial robot)은 제조 공정의 일부를 자동화하도록 설계된 중장비 기계이다. 주로 공장에서 용접, 도장, 제품 조립, 피킹, 분류, 포장 등 반복적이거나 위험한 작업을 수행하는 데 사용된다. 산업용 로봇은 일반적으로 크고, 강력하며, 매우 정밀하다. 이러한 로봇은 차량이나 항공기 부품을 조립할 때처럼 매우 무거운 하중을 처리하거나, 전자제품 조립 또는 소형 제품 포장처럼 매우 정밀하고 빠른 작업을 수행하도록 제작된다. 예를 들어 중국에서 운영 중인 대만의 전자제품 제조업체 폭스콘은 스마트폰, 태블릿, 게임 콘솔 등의 제품을 조립하기 위해 30만 대 이상의 로봇을 사용하고 있다.

협동 로봇

협동 로봇
공유된 작업 공간에서 인간과 함께 작동하거나 직접 상호작용하도록 설계된 로봇

협동 로봇(collaborative robot, cobot)은 공유된 작업 공간에서 인간과 함께 또는 직접 상호작용하며 작업하도록 설계된 로봇이다. 다른 유형의 로봇은 대부분 독립적으로 작업하거나 엄격히 분리된 공간에서 작업하는 반면, 협동 로봇은 작업자와 공간을 안전하게 공유하며 보다 많은 작업을 수행할 수 있도록 돕는다. 협동 로봇은 일상 업무에서 수작업, 위험하거나 힘든 작업을 제거하는 데 자주 사용된다. 경우에 따라 협동 로봇은 사람의 움직임에 반응하고 학습하면서 작동할 수 있으며, 센서가 장착된 협동 로봇은 사람의 존재를 감지할 수 있다.

서비스 로봇

서비스 로봇
서비스 관련 업무를 수행하도록 설계된 로봇

서비스 로봇(service robot)은 서비스 관련 업무를 수행하도록 설계되어, 인간 직원이 보다 고객 중심적 또는 환자 중심적인 업무에 집중할 수 있도록 지원한다. 서비스 로봇은 가정, 병원, 사무실 등 다양한 환경에서 활용된다. 대표적인 서비스 로봇의 예로는 로봇 청소기, 로봇 잔디깎이, 배송 로봇 등이 있다.

휴머노이드 로봇

휴머노이드 로봇
사람처럼 생기고 사람처럼 행동하는 로봇

휴머노이드 로봇(humanoid robot)은 사람처럼 생기고 사람처럼 행동하는 로봇이다. 일반적으로 진짜 사람의 표정, 상호작용, 움직임을 모방하도록 설계되며, 다양한 카메라와 센서, 최근에는 AI 및 머신러닝 기술을 갖추고 있다. 휴머노이드는 발전소에서 점검, 유지·보수, 재난 대응 등의 반복적이고 위험한 작업을 대신 수행하며, 우주 탐사에서는 우주비행사의 일상적인 업무를 대신하도록 준비되고 있다.

예를 들어 포드는 애질리티로보틱스(Agility Robotics)의 디지트(Digit) 휴머노이드 로봇을 공장 환경에서 사용하고 있다. 머리가 없는 이 휴머노이드는 2개의 다리와 2개의 팔, 몸통을 가지고 있으며, 최대 40파운드의 박스를 들어서 쌓을 수 있다. 다양한 장애물(계단, 울퉁불퉁한 지면 등)을 탐지하고 이동할 수 있는 센서를 갖추고 있다. 이 로봇은 창고에서 물품을 저장하고 이동하는 것 외에도 고객에게 상품을 배송하는 역할까지 수행함으로써 배송 과정을 자동화할 수 있다.

의료용 로봇

의료용 로봇
보건 과학 분야에서 활용되는 로봇 장치

의료용 로봇(medical robot)은 의료 분야에서 사용되는 로봇 장치로, 수술용 로봇, 진단 및 약물 전달 장치, 보조 및 재활 장치, 인체 부위를 모방한 장치(예: 보철물)가 포함된다. 수술용 로봇은 더 정밀한 제어가 가능해져서 다양한 수술에 사용되고 있다. 복강경 수술과 같은 최소 침습 수술이 가능해짐으로써 회

복 기간과 통증을 줄일 수 있다. 일부 로봇은 복잡한 수술에서 외과의를 보조하기도 한다. 예를 들어 다빈치(Da Vinci) 수술 시스템의 경우 외과의가 콘솔을 통해 로봇 팔을 조작하여 수술을 수행할 수 있다. 이 시스템은 외과의의 손 움직임을 실시간으로 해석하여 로봇 팔에 전달하며, 수술 중 정확한 조작이 가능하다. 보다 일상적인 의료 업무에도 로봇이 활용되고 있다. 예를 들어 병원 전용으로 제작된 TUG 자율이동 로봇은 병상 시트, 약품, 식사를 배달하고 병원을 청결하게 유지하는 데 도움을 준다.

드론

드론[drone, 무인 항공기(unmanned aerial vehicle, UAV)]은 조종사 없이 원격 또는 자율적으로 조작 가능한 항공기이다. 오늘날 드론은 다양한 용도로 활용되며, 군사 분야에서는 정찰 및 무기 플랫폼으로 사용된다. 또한 교통 및 기상 관측, 농업, 산불 진압, 항공 사진 촬영, 택배 배송 등에서도 널리 사용되고 있다. 예를 들어 아마존의 프라임에어(Prime Air) 드론은 아마존 파머시(Amazon Pharmacy)에서 주문한 의약품을 포함한 상품을 고객에게 배송한다. 미국 해양대기청(NOAA)은 드론을 활용하여 접근이 어려운 지역을 관찰하고 데이터를 수집함으로써 보다 안전하고 효율적인 관측을 수행하고 있다.

드론
조종사 없이 원격 또는 자율적으로 조종할 수 있는 항공기의 일종으로, 무인 항공기(UAV)라고도 한다.

자율주행차

자율주행차(autonomous car)는 운전자 없이도 운행 가능한 자동차로, 셀프드라이빙 카, 무인 자동차, 로보택시, 로보카 등으로도 불린다. 자율주행차는 환경 인식, 주요 시스템 모니터링, 주행 제어(출발지에서 목적지까지 이동 포함) 등 운전의 모든 요소를 수행할 수 있도록 설계되어 있다. 현재 자율주행 기술은 완전한 자동화 수준에 도달하지는 못했다. 웨이모(Waymo)는 일반 대중을 대상으로 제한된 지역(피닉스, 로스앤젤레스, 샌프란시스코, 텍사스 오스틴)에서 자율주행 택시 서비스를 제공한 최초의 회사이다. 웨이모 원(Waymo One) 차량은 완전 자율주행으로 운행된다.

자율주행차
운전자 없이도 운행 가능한 자동차로, 셀프드라이빙 카, 무인 자동차, 로보택시, 로보카 등으로도 불린다.

11.9 유전자 알고리즘

유전자 알고리즘(genetic algorithm)은 또 다른 형태의 머신러닝이다. 유전자 알고리즘은 특정 문제에 대한 최적 해를 찾는 데 유용하며, 해당 문제에 대한 수많은 대안 해를 탐색하여 최적 해를 찾아낸다. 이 알고리즘은 유전, 돌연변이, 선택, 교차(재조합) 등 진화 생물학에서 영감을 받은 아이디어를 바탕으로 문제를 해결한다.

유전자 알고리즘
진화 생물학에서 영감을 받은 아이디어를 바탕으로 특정 문제의 최적 해를 찾는 데 사용되는 머신러닝

유전자 알고리즘은 이진 숫자 문자열로 구성된 무작위 집합을 탐색하여, 해당 문제의 최적 해를 나타내는 문자열을 식별하는 방식으로 작동한다. 다양한 해가 변화하거나 결합되는 과정에서 성능이 낮은 해가 폐기되고 성능이 우수한 해가 생존하여 더 나은 해를 얻을 수 있다.

그림 11.3은 유전자 알고리즘의 구성요소를 보여준다. 각 문자열은 문제에 포함된 하나의 변수에 해당한다. 적합도 테스트를 적용하여, 개체군 내 문자열을 가능한 해로서의 바람직한 정도에 따라 순위를 매긴다. 초기 개체군의 적합도를 평가한 후, 알고리즘은 적합도 테스트를 통과한 문자열과 교배 과정을 통해 생성된 자식 문자열로 구성된 차세대 개체군을 생성하고 다시 적합도를 평가한다. 이 과정은 해결책이 도출될 때까지 반복된다.

유전자 알고리즘의 예

유전자 알고리즘은 동적이고 복잡하며 수백 개 또는 수천 개의 변수나 수식을 포함하는 문제를 해결하는 데 사용된다. 이 알고리즘이 적용되는 문제는 가능한 해결책의 범위를 유전적으로 표현할 수 있어야 하

그림 11.3 유전자 알고리즘의 구성요소

이 예는 각각 다른 해결책을 의미하는 '염색체'의 초기 모집단을 보여준다. 유전자 알고리즘은 초기 해결책을 보다 높은 적합도의 더 나은 해결책으로 진화시키며, 궁극적으로 최상의 해결책으로 수렴되도록 반복 과정을 거친다.

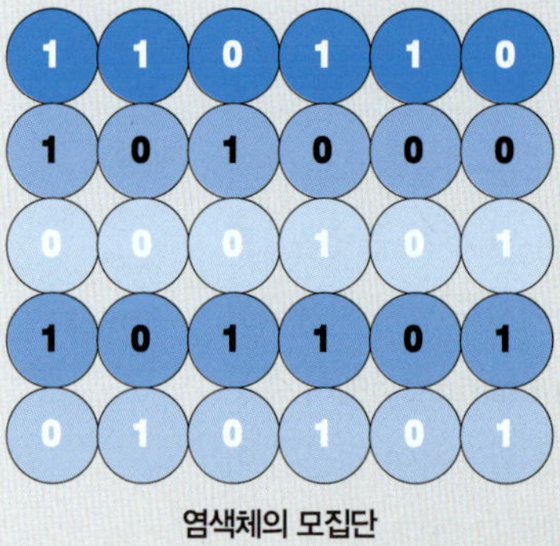

	길이	너비	무게	적합도
1	길	넓음	가벼움	55
2	짧음	좁음	무거움	49
3	길	좁음	무거움	36
4	짧음	중간	가벼움	61
5	길	중간	매우 가벼움	74

염색체 해독 염색체 평가

표 11.9 유전자 알고리즘 애플리케이션의 예

조직	유전자 알고리즘 애플리케이션
토요타	생산 일정, 물류 경로, 재고 관리를 최적화하기 위해 유전자 알고리즘을 사용하여 글로벌 공급사슬 효율성을 높이고 비용을 절감했다.
포드	교통 상황, 화물 크기, 배송 마감 시간 등의 요소를 고려하여 배송 차량의 최적 경로를 결정하기 위해 유전자 알고리즘을 사용했다. 이 최적화는 물류 운영을 간소화하고, 배송 시간을 단축하며, 전반적인 효율성을 향상했다.
오토데스크	컴퓨터 지원 설계(CAD) 및 엔지니어링 소프트웨어에 유전자 알고리즘을 통합하여 사용자가 기계 부품의 최적 형상을 찾거나 효율적인 3D 구조를 생성할 수 있도록 했다.
엔비디아	그래픽처리장치(GPU)의 설계 매개변수를 탐색하고 미세 조정하기 위해 유전자 알고리즘을 사용하여 AI 및 게임 애플리케이션에서 성능과 에너지 효율성을 향상했다.

고, 적합성을 평가할 수 있는 기준이 마련되어야 한다. 유전자 알고리즘은 많은 해결책 대안을 빠르게 평가하여 최적의 해결책을 찾을 수 있기 때문에 해결 과정을 가속화한다. 유전자 알고리즘은 고려해야 할 변수가 매우 많은 최적화 문제에 널리 사용되고 있다. 기업과 기타 조직이 유전자 알고리즘을 활용하여 문제를 해결한 사례를 표 11.9에 제시했다.

11.10 전문가 시스템

전문가 시스템
조직 내 개별 전문가의 전문 지식을 포착하고 해당 지식을 일련의 규칙으로 표현한 뒤, 이를 if-then 규칙 형태의 컴퓨터 코드로 변환한다.

전문가 시스템은 1970년대에 개발되었으며, 기업과 기타 조직에서 AI를 대규모로 처음 적용한 사례였다. **전문가 시스템**(expert system)은 조직 내 개별 전문가의 지식을 포착하고 해당 지식을 일련의 규칙으로 표현한다. 이 규칙은 if-then 규칙 형태의 컴퓨터 코드로 변환된다. 이러한 프로그램은 종종 사용자가 의사결정 과정을 따라가도록 돕는 앱을 개발하는 데 사용된다. 전문가 시스템은 전문가가 제공한 명시적인 도메인 지식과 규칙에 의존하는 반면, 머신러닝 모델은 데이터를 통해 직접 패턴과 관계를 학습한다. 머신러닝 모델은 완전히 데이터 기반이며, 전문가 시스템은 사람 전문가가 제공한 규칙, 사실, 도메인 특화 지식을 기반으로 한다. 전문가 시스템은 사람의 전문성이 중요하고 규칙이 잘 정의되어 있는 작업에 자주 사용되며, 머신러닝은 대량의 데이터를 통해 인사이트와 예측을 제공할 수 있는 작업에 적합하다.

전문가 시스템은 의사결정 개선, 오류 감소, 비용 절감, 교육 시간 단축, 품질 및 서비스 향상과 같은 이점을 제공해왔다. 이 시스템은 신용대출 여부 결정, 장비 문제 진단, 의학적 진단, 법률 연구, 토목 공학, 건물 유지·보수, 건축 설계 작성, 교육 기술(개인화 학습 및 반응형 시험 등) 분야에 적용되었다.

전문가 시스템의 작동 방식

그림 11.4는 한 사람이 신용 한도를 부여받을 수 있는지 여부와 가능한 금액을 일련의 관련 질문에 대한 답변을 바탕으로 결정하는 전문가 시스템을 보여준다. 규칙들은 서로 연결되어 있으며, 가능한 결과의 수는 사전에 알려져 있고 제한적이며, 동일한 결과에 도달하는 여러 경로가 존재하고, 시스템은 동시에 여러 규칙을 고려할 수 있다.

전문가 시스템은 인간의 지식을 규칙의 집합으로 모델링하는데, 이 집합은 **지식 베이스**(knowledge base)라고 불린다. 전문가 시스템은 의사결정 문제의 복잡성에 따라 소수의 규칙부터 수천 개에 이르는 규칙을 가질 수 있다. 이러한 규칙을 탐색하고 결론을 도출하는 데 사용되는 전략을 추론 엔진이라고 한다. **추론 엔진**(inference engine)은 규칙을 탐색하며, 사용자가 수집하고 입력한 사실에 의해 활성화되는 규칙을 실행함으로써 작동한다.

지식 베이스
전문가 시스템에서 사용되는 인간 지식의 모델

추론 엔진
전문가 시스템에서 규칙 베이스를 탐색하기 위해 사용되는 전략

그림 11.4 전문가 시스템의 규칙

전문가 시스템은 많은 규칙을 포함하고 있다. 이 규칙들은 서로 연결되어 있으며, 결과의 수는 미리 알려져 있고 제한적이다. 같은 결과에 이르는 다양한 경로가 있으며, 동시에 여러 개의 규칙을 적용할 수 있다. 이 예는 간단한 신용대출 전문가 시스템의 규칙이다.

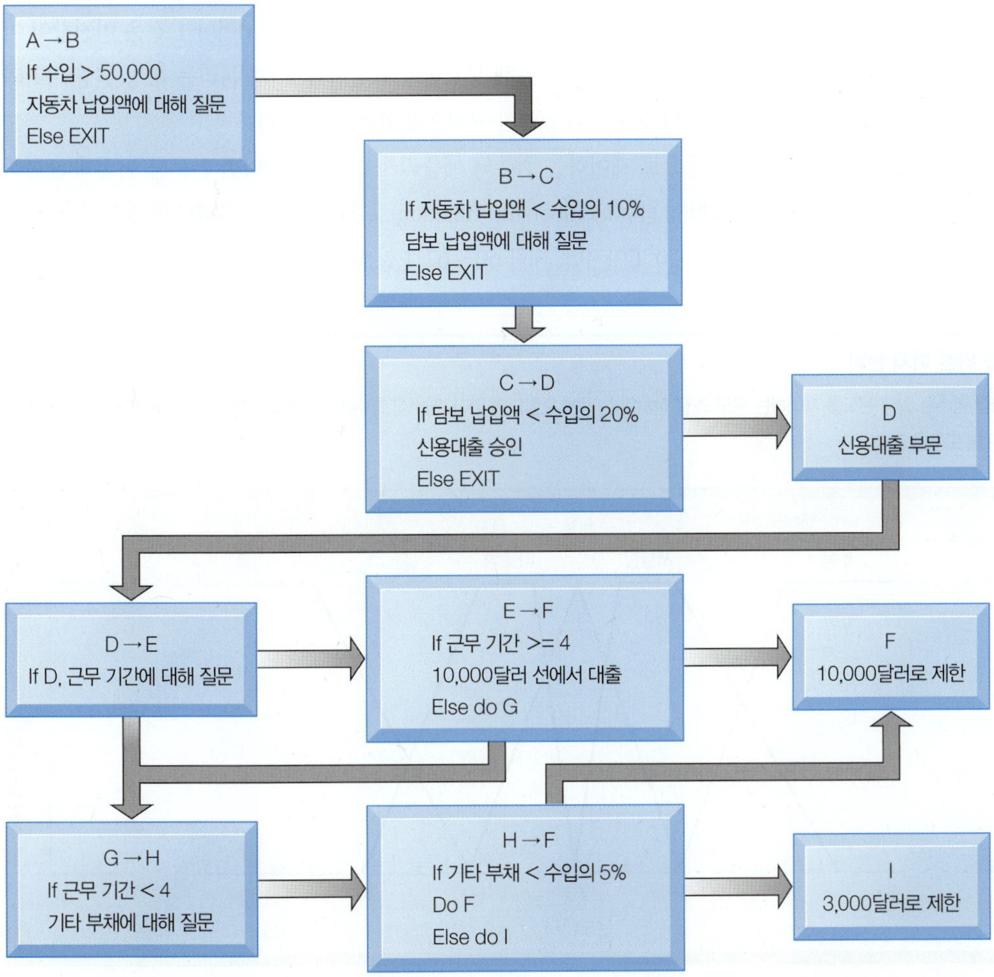

전문가 시스템에는 여러 한계가 존재한다. 전문가조차 자신이 어떻게 의사결정을 내리는지 설명하지 못하는 경우가 많다. 즉, 사람은 말로 표현할 수 있는 것보다 더 많은 것을 알고 있다. 예를 들어 사람은 자동차를 운전할 수 있지만 이를 어떻게 수행하는지 설명하기는 어렵다. 규칙의 수가 수천 개에 이르면 지식 베이스는 혼란스러워질 수 있다. 의료 진단과 같이 빠르게 변화하는 환경에서는 규칙이 자주 변경되므로 지속적인 업데이트가 필요하다. 전문가 시스템은 일반적으로 관리자나 직원이 직면하는 비정형 문제를 다루는 데 적합하지 않으며, 실시간 데이터를 활용하여 의사결정을 내릴 수 없다. 전문가 시스템은 인터넷과 사물인터넷에서 생성되는 대규모 데이터세트에 적합하게 확장되지 않으며, 구축 비용도 높다. 이러한 이유로 전문가 시스템 개발은 머신러닝과 같은 더 발전된 데이터 기반 AI 기술로 대체되었다. 오늘날 규칙을 통해 지식을 표현하는 시스템은 단순히 전문가의 지식만을 포착하는 것이 아니라, 비즈니스 프로세스를 구동하는 다양한 규칙 집합을 포함하며, 규칙 기반 시스템이라고 불린다. 예를 들어 SAP나 오라클과 같은 비즈니스 애플리케이션 벤더는 워크플로 내 일부 비즈니스 규칙을 표현하기 위해 규칙 기반 접근 방식을 사용한다.

11.11 퍼지 논리 시스템

대부분의 사람들은 전통적인 IF-THEN 규칙이나 정확한 수치로 사고하지 않는다. 사람들은 대체로 사물을 모호하게 분류하고, 의미에 여러 가지 뉘앙스를 담은 규칙을 사용하여 의사결정을 한다. 예를 들어 사람은 '강하거나 지적일' 수 있으며, 기업은 규모가 '크거나 중간이거나 작을' 수 있다. 온도는 '덥거나, 춥거나, 서늘하거나, 따뜻하다'고 표현된다. 이러한 범주는 하나의 값이 아니라 값의 범위를 나타낸다.

퍼지 논리
0이나 1 같은 이진값이 아닌 대략적이거나 주관적인 값을 사용하는 규칙의 형태로 모호함을 표현함으로써 인간의 추론과 인지를 모방하는 AI의 한 형태

퍼지 논리(fuzzy logic)는 인간의 추론과 인지를 모방하는 AI의 한 형태로, 0이나 1 같은 이진값이 아닌 대략적이고 주관적인 값을 사용하는 규칙을 통해 모호함을 표현한다. 퍼지 논리는 특정 현상이나 과정을 언어적으로 기술하고, 그 설명을 소수의 유연한 규칙으로 표현할 수 있다.

퍼지 논리가 실내 온도를 자동으로 제어하는 컴퓨터 애플리케이션에서 다양한 온도를 어떻게 표현하는지 살펴보자. 이때의 용어[멤버십 함수(membership function)로 알려짐]는 불분명하게 정의된다. 그림 11.5를 보면 '서늘함'은 대략 45~70°F이지만, 대략 60~67°F일 때 가장 명확히 서늘하다고 할 수 있다.

그림 11.5 온도 제어를 위한 퍼지 논리

온도라는 입력에 대한 멤버십 함수는 실내 온도를 제어하는 온도 조절 장치의 논리에 포함되어 있다. 멤버십 함수는 따뜻함과 같은 언어적 표현을 컴퓨터가 처리할 수 있는 수치로 변환하는 데 도움을 준다.

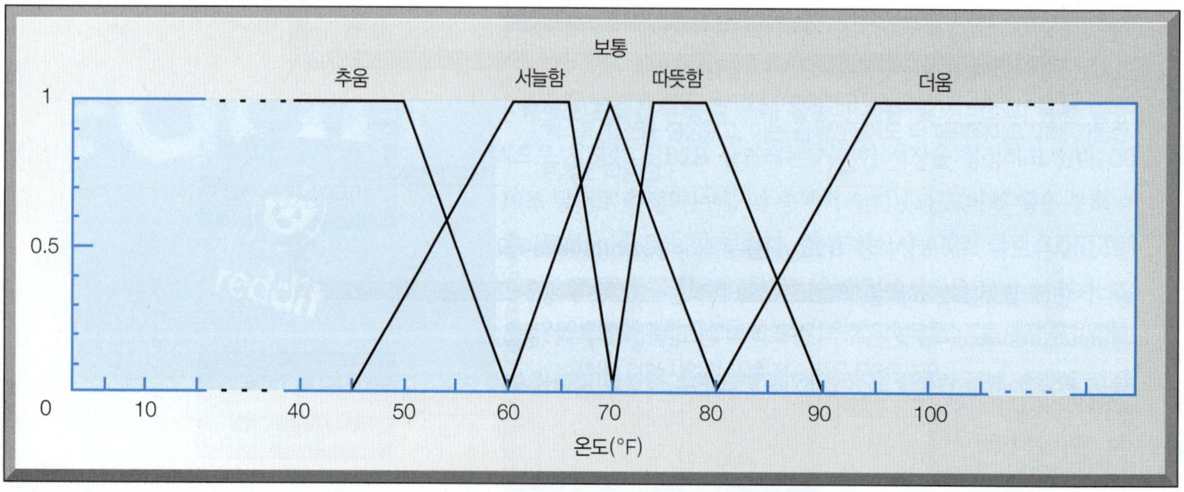

표 11.10 퍼지 논리 애플리케이션의 예

애플리케이션	설명
자동차	엔진 부하, 도로 상태, 운전 스타일 등의 요소를 기반으로 기어를 선택하는 데 퍼지 논리가 사용된다.
복사기	습도, 이미지 밀도, 온도 등의 요소에 따라 드럼 전압을 조정하는 데 퍼지 논리가 사용된다.
환경 제어 시스템	에어컨 및 히터에서 퍼지 논리가 현재 온도, 목표 온도와 같은 요소에 따라 출력량을 결정한다.
항공우주	위성과 우주선의 고도 제어를 환경 요소에 따라 관리하는 데 퍼지 논리가 사용된다.
센다이 지하철 시스템 속도 제어	퍼지 논리 제어가 지하철 차량이 매우 부드럽게 가속할 수 있게 한다.

서늘함은 '추움'이나 '보통'과도 겹친다. 이러한 논리를 이용하여 실내 환경을 제어하기 위해 프로그래머는 습도나 외부 바람, 외부 온도 같은 다른 요인에 대해서도 유사하게 모호한 정의를 개발해야 한다. 예를 들어 다음과 같은 규칙을 만들 수 있다. "만약 온도가 서늘하거나 춥고, 습도가 낮고, 외부 바람이 강하며, 외부 온도가 낮다면 실내의 온도와 습도를 높여라." 컴퓨터는 모든 규칙을 이용하여 멤버십 함수의 값을 가중 평균 방식으로 조합하여 온도와 습도를 조절한다.

퍼지 논리는 입력값의 점진적인 변화가 출력값의 부드러운 변화를 유도하게 하므로 불연속적인 반응 대신 연속적인 제어가 가능하다. 이로 인해 퍼지 논리는 전자제품과 공학 응용 분야에서 유용하게 사용된다. 예를 들어 퍼지 논리는 세탁기와 건조기에 널리 활용된다. 퍼지 논리가 적용된 세탁기는 온도 변화를 지속적으로 감지하는 센서를 내장하고 있으며, 시스템은 이를 기반으로 제어 방식과 작동 과정을 조정한다. 표 11.10에 퍼지 논리의 응용 사례를 제시했다.

11.12 인공지능의 도전 과제

앞에서 살펴본 바와 같이 AI는 많은 이점을 제공한다. 하지만 AI는 통제하기에 매우 도전적인 기술이기도 하다. 이 절에서는 환각, 투명성 부족, 인공지능 편향, 사이버 보안 문제, 일자리 상실과 불평등, 환경적 영향, 잘못된 정보 및 허위 정보, 프라이버시 침해, 저작권 및 지식재산권 문제 등의 도전 과제를 살펴본다.

환각

환각(hallucination)은 LLM이 사실인 것처럼 제시하지만 실제로는 부정확하거나 오해의 소지가 있는 결과를 생성하는 현상이다. 환각은 훈련 데이터의 부족, 모델이 전제한 잘못된 가정, 모델 학습에 사용된 데이터의 편향 등 다양한 요인으로 인해 발생할 수 있다. 의료 진단이나 금융 거래처럼 중요한 의사결정에 사용되는 AI 시스템에서 환각이 발생하면 특히 문제가 될 수 있다.

환각
LLM이 사실인 것처럼 제시하지만 실제로는 부정확하거나 오해의 소지가 있는 결과를 생성하는 현상

일반적인 환각의 유형에는 잘못된 예측, 위양성(false positive), 위음성(false negative)이 포함된다. 예를 들어 어떤 AI 모델이 실제로 비가 올 가능성이 없는데도 폭우가 올 것이라고 예측하는 경우가 있다. 또는 AI 모델이 위협이나 문제로 인식할 필요가 없는 것을 위협으로 잘못 식별할 수 있다. 사기 감지에 사용되는 AI 모델이 실제로는 정상적인 금융 거래를 사기로 잘못 판단하는 경우를 예로 들 수 있다. 반대로 AI 모델이 실제로 위협이 되는 것을 위협으로 인식하지 못할 수도 있다. 암을 감지하는 AI 모델이 암세포를 제대로 식별하지 못하는 경우가 그 예이다.

분석에 따르면 2023년을 기준으로 생성형 AI 챗봇은 최대 27%의 빈도로 환각을 일으켰으며, 응답의 46%에 오류가 포함되어 있었다. 이처럼 환각이 자주 발생하는 것은 LLM의 신뢰성과 정확성에 의문을

제기하게 만들며, 현실 세계의 문제 해결에 LLM 모델을 활용하려는 조직에 큰 걸림돌이 된다.

투명성 부족

AI에서의 투명성이란 AI 모델의 작동 방식을 살펴보고, 그 모델이 어떻게 결정을 내리는지를 이해할 수 있는 능력을 의미한다. AI 투명성에는 모델이 학습한 데이터, 모델을 이해하기 위해 사용되는 도구와 방법, 오류와 편향의 유형 및 빈도 분류, 이러한 문제를 개발자와 사용자에게 전달하는 방식이 포함된다. AI 모델이 점점 더 크고 복잡해짐에 따라 투명성 문제는 더욱더 중요한 이슈가 되고 있다. 강력한 모델일수록 그 내부 작동 방식이 불투명하며 이해하기 어렵거나 사실상 불가능해진다.

AI 투명성은 AI 시스템의 출력 결과에 대한 추론 과정을 명확히 설명하는 것을 의미한다. 투명성이 없으면 AI 시스템은 의도치 않게 해로운 편향을 지속시키거나, 이해할 수 없는 결정을 내리거나, 원치 않거나 위험한 결과를 초래할 수 있다. AI 시스템이 어떻게 결정을 내리고 데이터를 처리하는지를 비롯해, 모든 이해관계자가 그 시스템의 작동 방식을 명확히 이해하는 것은 신뢰를 구축하는 데 중요하다. 또한 투명성에는 모델의 한계, 데이터 처리 방식, 잠재적 편향, 사용 맥락 등에 대해 개방적인 태도를 갖는 것도 포함된다. 더 나은 투명성은 4장에서 설명한 EU AI법과 같은 새로운 AI 규제의 필수 요건이며, 이 장의 후반부에서 설명할 책임 있는 AI의 원칙 중 하나이기도 하다.

인공지능 편향

인공지능 편향
원래의 학습 데이터나 AI 알고리즘에 인간의 편향이 반영되어 왜곡된 출력이나 잠재적으로 해로운 결과를 초래하는 현상

인공지능 편향(AI bias)은 원래의 학습 데이터나 AI 알고리즘에 인간의 편향이 반영되어 편향된 결과를 초래하고, 왜곡된 출력이나 잠재적으로 해로운 결과를 초래하는 현상을 말한다. 인공지능 편향은 조직의 성공에 영향을 줄 수 있으며, 개인이 경제와 사회에 참여하는 능력을 저해할 수 있다. 편향은 AI의 정확도를 떨어뜨리고, 그로 인해 해결책으로서의 잠재력도 낮아진다. 편향된 결과는 여성, 유색인종, 장애인, 기타 소외된 집단에 대한 불공정한 대우로 이어질 수 있다. 예를 들어 컴퓨터 지원 진단 시스템은 흑인 환자보다 백인 환자에 대해 낮은 정확도를 보인 것으로 나타났다. 형사 사법 시스템에서 사용되는 예측형 치안 도구는 범죄 발생 가능성이 높은 지역을 식별한다고 주장하지만, 종종 과거 체포 데이터를 기반으로 하여 인종 프로파일링과 소수 집단에 대한 과도한 단속이라는 기존의 패턴을 강화한다.

인공지능 편향의 원인은 다양하다. 여기에는 학습 데이터 편향, 알고리즘 편향, 인지 편향 등이 포함된다. AI 시스템은 학습 데이터를 기반으로 결정을 내리는 법을 배우며, 이 학습 데이터에 편향이 포함될 수 있다. 예를 들어 백인에 대한 데이터가 과도하게 포함된 얼굴 인식 알고리즘의 학습 데이터는 유색인종에 대한 얼굴 인식에서 오류를 일으킬 수 있다. 아마존은 채용 알고리즘이 'executed(실행했다)', 'captured(획득했다)'와 같은 단어를 선호하는 것으로 나타나자 해당 알고리즘 사용을 중단했다. 이러한 단어는 남성 이력서에 더 자주 등장했기 때문이다. 잘못된 학습 데이터를 사용하면 알고리즘이 오류나 불공정한 결과를 만들거나, 원래 데이터에 포함된 편향을 증폭시킬 수 있다. 알고리즘 편향은 프로그래밍 오류, 즉 개발자가 자신의 의식적 또는 무의식적 편향에 따라 알고리즘의 판단 기준에 불공정한 가중치를 두는 경우에도 발생할 수 있다. 사람은 자신의 경험과 선호에 큰 영향을 받으며, 데이터 선택이나 데이터에 가중치를 부여하는 방식 등을 통해 이러한 편향이 AI 시스템에 반영될 수 있다. 예를 들어 인지 편향으로 인해 AI 개발자가 전 세계 다양한 인구 집단에서 수집된 데이터가 아닌 미국인 데이터를 더 선호할 수도 있다.

사이버 보안 문제

AI는 조직이 사이버 보안을 향상하는 데 도움을 주고 있다. 예를 들어 AI 시스템은 대량의 데이터를 신

속하게 분석하고 피싱 시도나 악성코드와 같은 공격을 나타내는 패턴을 식별할 수 있기 때문에 자동화된 위협 탐지 시스템을 더 효과적으로 만들 수 있다. 또한 AI는 사고 대응 속도를 높여 사이버 공격을 더 빠르게 식별하고 완화할 수 있도록 해준다.

하지만 동시에 AI는 해커와 사이버 범죄자가 사이버 보안 방어 시스템을 무력화하고 피해를 입히는 것을 더 쉽게 만들고 있다. 사이버 범죄자는 이미 AI 기술을 활용하여 더욱 정교한 공격을 수행하고 있으며, AI 알고리즘 자체도 악의적인 목적을 위해 변조될 수 있다. 생성형 AI 도구의 등장으로 인해 직원을 속이고 기존 보안 수단을 우회하기 위한, 더욱 개인화되고 실제와 유사한 스피어 피싱 메시지가 생성될 수 있다. 생성형 AI 도구는 특정 대상을 대상으로 한 스피어 피싱 또는 기타 공격에 사용할 정보를 수집하는 데 활용될 수 있다.

AI로 생성된 딥페이크(한 사람의 외모나 목소리를 다른 사람의 것으로 매우 정교하게 대체하도록 디지털로 조작된 이미지, 영상, 오디오 등)는 사람의 실제 얼굴이나 음성과 거의 구별되지 않을 정도로 정밀하게 복제함으로써 얼굴 인식이나 음성 인식 시스템을 무력화할 수 있다. 대부분의 LLM은 악의적인 프롬프트를 이용하여 부적절한 콘텐츠를 생성하거나, 민감한 정보를 노출하거나, 유해한 코드를 실행하도록 유도하는 프롬프트 인젝션 공격에 취약한 것으로 알려져 있다. 사이버 범죄자는 WormGPT와 같은 악의적인 형태의 생성형 AI를 스스로 개발하여 온라인에서 유료로 배포하기도 한다. 현재 AI 모델에는 내장된 보안 기능이 거의 없는 상태이다. AI 사이버 보안 문제에 대한 더 자세한 내용은 8장에서 확인할 수 있다.

일자리 상실과 불평등

AI로 인한 일자리 상실은 이 기술이 더 널리 채택됨에 따라 주요한 우려사항으로 떠오르고 있다. 이는 제조업이나 식음료 서비스업과 같은 저숙련 반복 업무뿐만 아니라 사무직에도 영향을 미친다. 회계, 법률, 의료 등 사무직 분야의 업무 중 다수는 AI가 대신할 수 있으며, 이러한 업무에 고급 기술이 요구되는 경우도 많다. AI가 일자리에 미치는 영향은 사례 연구 'AI가 우리 일자리를 위협하는가?'에서 자세히 다루었다. 최근 연구에 따르면 AI는 여성, 흑인, 히스패닉 근로자들 사이에서 불균형적인 일자리 상실을 초래할 가능성이 높은 것으로 나타났다. AI는 2025년까지 9,700만 개의 새로운 일자리를 창출할 것으로 예상되지만, 많은 근로자가 이러한 일자리에 필요한 기술이나 전문성을 갖추지 못할 수 있으며, 기업이 직원에게 더 많은 교육과 훈련을 제공하지 않는다면 도태될 수 있다.

AI는 소득과 부의 불평등에도 영향을 미칠 수 있다. AI를 잘 활용하는 근로자는 생산성과 임금이 증가할 수 있지만, 그렇지 못한 근로자는 뒤처질 가능성이 있다. 젊은 근로자는 기술 변화에 보다 쉽게 적응할 수 있기 때문에 AI의 혜택을 더 많이 누릴 수 있을 것으로 보인다. 소득에 미치는 영향은 AI가 일자리를 대체하기보다는 보완하는 정도와 그러한 일자리가 노동 시장 내에서 어떻게 분포되는지에 달려 있다. AI가 고소득 일자리를 보완하는 방식으로 작용한다면 해당 직종의 소득은 불균형적으로 더 많이 증가할 수 있다. 또한 AI를 도입한 기업의 생산성 증가로 인한 자본 수익률이 증가할 경우 고소득층에게 더 많은 이익이 돌아갈 가능성이 있다. 이 두 가지 현상은 불평등을 심화시킬 수 있다. 대부분의 시나리오에서 AI는 전반적인 불평등을 악화시킬 가능성이 높다. 정부와 기업은 AI 기술이 기존의 불평등을 증폭시키지 않도록 사전에 적극적인 조치를 취해야 한다. 각국이 포괄적인 사회 안전망을 구축하고 취약한 노동자를 위한 재교육 프로그램을 제공하는 것이 매우 중요하다.

환경적 영향

AI는 환경에 미치는 영향 측면에서 긍정적인 면과 부정적인 면을 모두 가지고 있다. 긍정적인 측면의 경우, AI 시스템이 풍력, 태양광과 같은 재생 가능 에너지의 활용을 극대화하는 데 사용되면서 더 환경친화적인 농업 방식이 가능해졌고, 일상생활에서의 탄소 배출량도 줄어들고 있다. 또한 AI는 물류 최적화와 공급사슬 내 폐기물 감소, 환경 규제의 모니터링 및 집행, 머신러닝 알고리즘을 통한 데이터 센터의 온도 설정, 작업 부하 분산, 서버 활용도 최적화 등에도 활용되고 있다. AI는 작업을 완료하는 데 필요한 시간과 자원을 줄이고 프로세스를 최적화함으로써 효율성과 생산성을 크게 향상한다. AI 시스템이 데이터를 분석하고 결과를 예측하며 개선 방안을 제안함으로써 기업은 운영을 간소화하고 병목 현상을 제거할 수 있다. 그 결과 생산 주기가 단축되고 운영 비용이 절감되며 결과물의 품질도 향상된다. AI 시스템에는 날씨 예측, 탄소 배출 모니터링, 오염 식별 도구 등이 포함된다.

하지만 부정적인 측면도 존재한다. AI 시스템은 기존 시스템보다 훨씬 더 많은 에너지와 냉각수를 소비하며, 이로 인해 발생하는 탄소 배출량은 AI가 제공하는 많은 이점을 상쇄시킨다. 예를 들어 구글 검색은 시간당 평균 1억 5,000만 건의 검색 쿼리를 처리하는데, AI를 활용한 검색은 기존 검색보다 5~10배 더 많은 전력을 소모할 수 있다. AI로 인해 데이터 센터의 전력 소비가 증가했으며, 매킨지 글로벌 컨설팅 회사는 데이터 센터의 전력 사용량이 2030년까지 2배 이상 증가할 것으로 예측하고 있다.

데이터 센터는 서버가 과열되지 않도록 냉각하기 위해 막대한 양의 물을 사용한다. 데이터 센터의 물 사용은 이미 물 부족 지역에 영향을 미치고 있으며, AI의 도입은 데이터 센터의 물 소비를 더욱 증가시키고 있다. 전 세계적으로 AI의 수요가 증가함에 따라 2030년까지 데이터 센터는 하루 4억 5,000만 갤런에 달하는 물을 소비할 것으로 예측된다.

또한 AI 기술을 지원하는 최신 컴퓨팅 도구에 대한 수요 증가로 인해 2030년까지 전 세계에 7,400만 메트릭톤에 달하는 전자폐기물이 쌓일 것으로 예상되며, 이 중 상당 부분이 매립지로 향할 것이다. AI에 필요한 고성능 CPU, GPU, 메모리 칩에 대한 수요 증가는 전 세계 전자폐기물 문제를 더욱 악화시킬 것이다.

잘못된 정보와 허위 정보

AI는 전 세계 사람들의 삶을 향상할 수 있는 큰 잠재력을 가지고 있지만, 그 영향이 모두 긍정적인 것은 아니다. 가장 해로운 분야 중 하나는 AI가 이전에는 상상할 수 없던 속도와 규모로 잘못된 정보나 허위 정보를 퍼뜨릴 수 있는 능력일 것이다. **잘못된 정보**(misinformation)는 그것이 사실이라고 믿는 사람들이 퍼뜨리는 거짓 정보이며, **허위 정보**(disinformation)는 의도적으로 조작된 정보이다. AI는 음성 인식 전사(음성을 문자로 바꾸는 것)와 자동 콘텐츠 생성 도구처럼 미디어와 저널리즘을 위한 다양한 지원 도구를 제공하고 있다. 그러나 동시에 AI 기술은 가짜 영상이나 딥페이크, 합성 오디오 콘텐츠와 같은 합성 미디어의 생성도 용이하게 만든다. 구글과 여러 팩트체크 기관의 연구자들에 따르면 AI로 생성된 가짜 이미지는 너무 빠르게 확산되어 이제는 포토샵 같은 기존 편집 도구로 조작된 이미지만큼 흔하다. 생성형 AI 도구는 대부분 무료로 사용할 수 있으며 거의 규제되지 않기 때문에 잘못된 정보를 더욱 악화시키고 있다. 이제는 거의 누구나 거짓 정보나 가짜 콘텐츠를 대량으로 생성할 수 있게 되었다. 여기에는 실제 사람의 목소리를 흉내 내거나, 실제와 구분하기 어려운 사진과 영상을 만드는 것도 포함된다.

잘못된 정보
그것이 사실이라고 믿는 사람들이 퍼뜨리는 거짓 정보

허위 정보
의도적으로 조작된 정보

AI가 생성한 잘못된 정보는 정치 생활에도 어두운 그림자를 드리우고 있다. 2016년 미국 대선 당시의 거짓 뉴스 논란과 그 이후의 상황에서도 이러한 문제가 드러났다. 전 세계 정부와 정치 세력은 AI를 이용하여 여론을 조작하고, 비판적인 온라인 콘텐츠를 검열하며, 허위 정보가 담긴 텍스트, 이미지, 동영상을 만들어내고 있다. 이러한 거짓 콘텐츠는 그럴듯해 보일 수 있지만 정확성이 결여된 경우가 많다. 예를 들어 베네수엘라의 국영 매체는 존재하지 않는 뉴스 앵커의 AI 생성 영상을 사용하여 친정부 선전을 퍼뜨렸다. 미국에서는 정치 지도자의 AI 조작 영상과 이미지가 소셜 미디어에 유포되었다. AI 시스템은 인터넷에 떠도는 음모론이나 기타 잘못된 정보도 재활용할 수 있다. 가짜 뉴스 사이트 수가 정통 뉴스 사이트 수를 넘어섰으며, 소셜 미디어는 거짓 뉴스로 넘쳐나고 있다. 일부 연구에 따르면 AI가 생성한 잘못된 정보가 사람이 만든 거짓 정보보다 더 설득력이 있을 수 있다고 한다.

프라이버시 침해

4장에서 언급했듯이 AI 시스템은 여러 가지 프라이버시 문제를 야기한다. AI 모델은 대개 방대한 데이터세트를 기반으로 학습되며, 이 데이터세트에는 사람들의 동의 없이 수집된 개인정보나 민감한 정보가 의도치 않게 포함될 수 있다. 이러한 데이터가 AI 시스템에 공급되면 다른 사용자로부터 안전하게 보호되지 못할 수 있다. 또한 사용자가 질의(쿼리)의 형태로 입력한 개인정보도 위험에 노출될 수 있다. 이 정보가 모델의 향후 학습 데이터세트에 포함되어 다른 사용자의 질의 결과로 출력될 수도 있기 때문이다. AI 공급자의 데이터 저장 정책이 투명하지 않아 사용자의 데이터가 어디에서, 어떻게, 얼마나 오래 저장되는지 확인하기 어렵고, 데이터가 프라이버시를 보호하지 않는 방식으로 활용되기도 한다.

AI 얼굴 인식 기술을 사용하는 감시 시스템은 점점 더 정확해지고 있다. 이러한 기술은 보안, 공항, 국경 통과, 법 집행 등의 분야에서 유용하게 사용되기도 하지만, 대부분 얼굴 소유자의 동의나 인지 없이 수집된 얼굴 데이터를 사용한다. 이러한 무단 얼굴 데이터 활용은 심각한 프라이버시 침해 문제를 일으킨다. 예를 들어 클리어뷰(Clearview) AI는 인터넷과 소셜 미디어에서 수집한 500억 장 이상의 이미지를 활용하여 안면 데이터베이스를 구축했으며, 이를 법 집행 기관과 정부 기관을 위해 사용하고 있다. 이 회사의 알고리즘은 얼굴 소유자의 동의 없이 얼굴을 해당 이미지 데이터베이스와 매칭하려고 시도한다. 클리어뷰의 이러한 관행은 유럽연합 국가들로부터 프라이버시법 위반으로 벌금과 금지 조치를 받았으며, 미국과 기타 국가에서도 조사를 받고 있다. 2022년, 클리어뷰는 미국시민자유연맹(ACLU)과의 합의를 통해 미국 시장 내에서 얼굴 인식 서비스를 정부 기관에만 제공하기로 했다. 2020년, 《뉴욕타임스》는 클리어뷰 AI가 사용자의 동의 없이 수십억 개의 소셜 미디어 사진을 수집했다고 보도했다. 이후 클리어뷰는 영국과 유럽 일부 국가 시장에서 철수했다. 클리어뷰와 얼굴 인식 데이터베이스에 대한 더 자세한 내용은 6장의 기술 사례 '얼굴 데이터베이스: 누가 우리 얼굴을 사용하고 있는가?'를 참고하라.

저작권 및 지식재산권 관련 과제

앞서 4장에서 논의한 바와 같이 생성형 AI의 발전은 지식재산권 보호를 위한 현재의 저작권 체계에 도전 과제를 제기하고 있다. 주요 쟁점 중 하나는 AI가 생성한 창작물이 저작권 보호를 받기 위해 요구되는 인간의 개입 수준을 어떻게 정의할 것인가이다. 사람과 기계가 창작 과정에 모두 관여했을 때 소유권과 책임을 판단하기가 어려울 수 있다. 전통적인 저작권법은 일반적으로 인간 창작자에게 저작권을 부여한다. 하지만 AI는 인간의 직접적인 개입 없이도 자율적으로 창작물을 생성할 수 있기 때문에 누가 창작자이며 누가 저작권 소유자인지 논란이 생긴다. 또한 AI 모델은 웹 전반에서 학습 데이터를 수집하며, 많은 AI 공급업체는 타인에게 저작권이 있는 예술 작품이나 텍스트 콘텐츠, 기타 지식재산을 동의 없이 사용하는 경우가 많다. 이러한 무단 저작권 및 지식재산 사용 문제는 AI 모델이 지속적으로 학습, 재학습, 미세 조정되는 과정에서 더욱 심각해진다. 오늘날의 AI 모델은 그 구조가 매우 복잡하여 어떤 데이터가 사용되었는지, 그 출처가 어디인지, 누가 법적으로 해당 데이터에 접근할 수 있는지를 파악하기 어려운 경우가 많다.

AI가 계속 발전함에 따라 정책 입안자, 법률 전문가, 콘텐츠 제작자가 협력하여 AI 생성물에 대한 명확한 가이드라인이나 기준을 마련하는 것이 매우 중요하다. 이러한 가이드라인은 인간 개입의 요구 수준을 명확히 하고, 소유권을 정의하며, 혁신과 저작권 보호 간의 균형을 도모하는 해결책을 제시할 수 있다.

경영 사례 애플의 AI 전략, 모든 사람의 손에 AI를!

2024년 9월 9일, 애플은 새로운 아이폰16을 공개하며 애플 인텔리전스라는 AI 기능 모음을 발표했다. 이 기능은 2024년 가을부터 새로운 운영체제 및 아이폰에 적용될 예정이다. 애플은 iOS 18, iPadOS 18, macOS Sequoia 등 최신 운영체제 전반에 걸쳐 AI 도구를 통합하고 있다. 애플 인텔리전스에는 텍스트 메시지를 주고받을 수 있는 맥락 인식형 시리의 새 버전과 이미지를 즉석에서 생성할 수 있는 기능, 이모지(Emoji) 자동 생성 기능이 포함된다. 애플은 오픈AI와의 새로운 파트너십도 발표하여 ChatGPT를 자사의 앱에 통합하기로 했다. 애플의 AI 전략은 가장 진보된 AI 기능을 갖추는 데 초점을 두기보다는 사람들이 일상적으로 사용하는 애플 제품과 앱에 AI를 통합하는 데 중점을 두고 있다. 애플 인텔리전스는 애플의 오랜 강점 중 하나인 프라이버시에 초점을 맞추며, 가능한 한 클라우드가 아닌 기기 내에서 데이터를 처리하는 방식도 강조하고 있다.

애플의 AI 전략에서 가장 획기적인 부분 중 하나는 바로 기기 내 처리 방식에 대한 강조이다. 이는 대규모 서버 자원이 필요한 기존의 클라우드 기반 AI 모델과는 대조적인 접근이다. 애플은 기기 내 처리에 집중함으로써 아이폰이나 맥북이 AI 모델을 실행하는 중심이 되도록 만들고, 외부 서버와 대량 에너지 소비의 필요성을 줄인다. 물론 기기에서 작동하는 소형 AI 모델은 클라우드 기반 시스템만큼 강력하지는 않지만 일상적인 작업에는 충분한 성능을 제공하며 에너지 소비도 적다.

애플은 2024년 가을부터 애플 인텔리전스 기능을 점진적으로 적용하기 시작했으며, 더 야심찬 기능은 2025년에 공개될 예정이다. 애플 인텔리전스 기능은 현재 모든 아이폰 모델에 제공되지는 않고, 메모리와 처리 능력이 충분한 기기에서만 사용할 수 있다. 예를 들어 애플의 고성능 A17 칩이 탑재된 아이폰15 Pro, 아이폰15 Max, 아이폰16 그리고 초당 11조 회 연산이 가능한 전용 신경망 하드웨어가 탑재된 M1 칩 기반 아이패드 및 맥에서 지원된다.

애플의 접근 방식에서 핵심적인 차별점은 기기 내 처리 방식과 프라이버시에 대한 강조이다. 데이터를 로컬 기기에서 처리한다는 점은 경쟁사의 클라우드 기반 AI 처리 방식과 구별되며, 사용자 데이터 프라이버시와 보안에 대한 우려를 줄이는 데 기여한다. 사용자는 개인정보가 자신의 통제하에 있다는 점에서 신뢰를 가질 수 있다. 이 전략은 애플이 오랫동안 강조해온 사용자 프라이버시 및 데이터 보호 원칙과도 일치한다.

애플 인텔리전스는 애플 앱 전반에 자연스럽게 통합되어 있다. 예를 들어 이메일이나 문자 메시지의 텍스트를 자동 생성할 수 있으며, 사용자의 소통 스타일을 반영한 맞춤형 콘텐츠를 생성해준다. 또한 이미지 생성 기능을 통해 창의적인 프로젝트를 쉽게 보완할 수 있으며, 다양한 출처의 정보를 통합하여 활용할 수 있다. 서드파티 개발자도 이 통합 기능을 활용하여 자사 앱을 애플 생태계에 맞게 확장할 수 있다.

시리는 음성 및 텍스트 인터페이스의 주요 창구 역할을 한다. 시리는 맥락 인식 기능을 갖추고 있어 더 복잡한 요청이나 작업을 수행할 수 있다. 예를 들어 사용자가 문자 메시지에 포함된 팟캐스트를 재생해달라고 요청하면 애플 인텔리전스는 추가 입력 없이 정확한 파일을 찾아 재생할 수 있다. 시리에는 오픈AI 기술도 통합되어 있다. 시리는 기본 지능형 비서로서의 역할을 유지하면서도 필요시 오픈AI의 기능을 활용하여 보다 정교하고 상세한 응답을 제공할 수 있다.

애플 인텔리전스 도입은 애플이 사용자, 특히 사용 편의성과 프라이버시를 중요시하는 고객층의 니즈를 얼마나 잘 이해하고 있는지를 보여준다. 애플은 자사의 AI를 '모든 사람을 위한 AI'로 브랜딩하며, 일상생활에서 신뢰할 수 있고, 복잡하지 않으며, 직관적인 솔루션을 원하는 폭넓은 사용자층에게 접근하고 있다.

그렇다면 애플은 자사의 AI 전략으로부터 얼마나 이익을 얻을 수 있을까? 그리고 이 전략은 사회 전반에 어떤 영향을 미칠까? 이에 대한 의견은 분분하다. 일부 전문가들은 AI 기능을 탑재한 애플 제품에 대한 수요가 급증할 것이며, AI가 애플 브랜드에 새로운 활력을 불어넣을 것이라고 예상한다. AI는 개인의 필수 도구로 널리 확산될 것이며, 애플 제품은 AI를 대중화하고 일상화하는 역할을 할 것이다. 애플은 사용자 친화적인 기기를 통해 유용한 AI 도구를 매끄럽게 제공함으로써 일상의 문제를 해결할 수 있게 해줄 것이다. 그러나 일부 전문가들은 보다 신중한 입장을 보인다. 어떤 평론가는 아이폰을 '생성형 AI의 트로이 목마'라고 부르며, 비록 편리한 기능이 많지만 여전히 오류에 취약하고 실질적 가치는 불확실한 기술을 보편화하고 있다고 지적했다. 《워싱턴 포스트(The Washington Post)》가 애플 CEO 팀 쿡(Tim Cook)에게 애플 인텔리전스가 잘못된 정보를 진실처럼 제시하는 '환각'을 일으키지 않을 것이라는 확신이 있느냐고 묻자 그는 "100퍼센트 확신할 수는 없다"고 답했다.

출처: Tripp Mickle, "Apple Unveils iPhones with Built-in Artificial Intelligence," *New York Times*, September 9, 2024; Sandy Carter, "Apple's Bold Entry into the AI Arena: The Launch of Apple Intelligence," Forbes. com, June 14, 2024; Philip Michaels, "Artificial Intelligence Could Spark Interest in the iPhone But Upgrades Will Come Later," Tomsguide.com, June 16, 2024; and Matteo Wong and Charlie Warzel, "The iPhone Is Now an AI Trojan Horse," *The Atlantic*, June 10, 2024.

문제

1. 애플의 비즈니스 전략에서 AI의 역할은 무엇인가?
2. 애플 인텔리전스의 가장 중요한 기능을 설명하라.
3. 모든 사람이 애플 인텔리전스가 탑재된 애플 기기를 사용해야 하는가? 자신의 생각을 설명하라.

표 11.11 책임 있는 AI의 실천 원칙

실천 원칙	설명
공정성	AI 시스템은 모든 개인과 집단을 공정하게 편향 없이 대해야 한다.
책임성	AI 시스템을 개발하고 배포하는 개발자와 조직은 자신의 결정과 행동에 대해 책임을 져야 한다.
투명성	AI 시스템은 투명성을 갖추어야 하며, 내부 작동 방식이 이해 가능해야 하고, AI가 어떤 방식으로 작동하는지 설명할 수 있어야 한다.
프라이버시 및 보안	AI 시스템의 정확성과 신뢰성은 손상되지 않은 데이터를 기반으로 하므로 프라이버시와 데이터 보안은 특별한 주의가 필요하다. AI 시스템은 데이터 수집, 저장, 사용에 대한 투명성을 요구하는 프라이버시 법규를 준수해야 하며, 개인정보 사용에 대한 적절한 통제를 포함해야 한다.
안전성	AI 시스템 개발자와 사용자는 의도치 않은 결과나 잠재적 피해를 방지하기 위해 최선을 다해야 한다. AI 시스템은 설계된 대로 작동해야 하며, 예기치 않은 상황에도 안전하게 대응하고 악의적인 조작에 저항할 수 있어야 한다.

웹 스크래핑

웹 스크래핑(web scraping)은 AI 개발자와 공급업체가 인터넷상의 공개된 정보 출처(예: 위키, 디지털 도서관, 제삼자 웹사이트)에서 콘텐츠를 '스크래핑(추출)'하기 위해 자주 사용하는 기술이다. AI 도구는 이 기술을 활용하여 LLM을 위한 방대한 학습 데이터를 빠르고 저렴하게 수집한다. 이렇게 스크래핑된 정보 중 일부는 저작권이 있는 자료이거나, 의도치 않게 그리고 허가 없이 AI 학습 데이터세트와 응용 프로그램에 포함된 개인 데이터일 수 있다. 그럼에도 불구하고 이러한 정보는 계속 사용되고 있다.

> **웹 스크래핑**
> LLM의 학습 데이터를 확보하기 위해 AI 개발자와 공급업체가 인터넷상의 공개된 정보 출처에서 콘텐츠를 스크래핑하는 데 사용하는 기술

시간이 지나면서 이러한 문제에 대한 해결책이 나타나거나 더 나은 대응 방식이 생겨날 수도 있다. 반대로 문제가 더욱 심각해질 가능성도 있다. AI가 일상적으로 보편화될수록 통제하기 더 어려워질까? 경영 사례 '애플의 AI 전략, 모든 사람의 손에 AI를'에서는 아이폰과 기타 제품에 AI 프로세서를 탑재하려는 애플의 비즈니스 전략을 살펴본다.

책임 있는 AI

AI 시스템은 이를 개발하고 배포하는 사람들의 다양한 결정에 따라 만들어진다. **책임 있는 AI**(responsible AI)는 AI가 윤리적이고 합법적인 방식으로 설계, 배포, 사용되도록 보장하기 위한 일련의 실천 지침이다. 이러한 실천은 보다 유익하고 공정한 결과로 이어진다. 책임 있는 AI와 관련된 다섯 가지 핵심 원칙은 표 11.11과 같다.

> **책임 있는 AI**
> AI가 윤리적이고 합법적인 방식으로 설계, 배포, 사용되도록 보장하기 위한 일련의 실천 지침

11.13 이 장의 내용은 경력에 어떻게 도움이 되는가

이 장에서 배운 정보는 AI 기술에 대한 이해를 심화하고, 그것이 기업과 개인에 어떤 영향을 미치는지를 이해함으로써 경력 개발에 도움이 될 수 있다. 이 장에서 학습한 AI의 개념과 용어는 AI에 대한 이해와 AI 도구에 대한 친숙함이 필수 요건이 될 미래의 비즈니스 환경에 대비하는 데 도움이 될 것이다.

실제 시나리오 ParentLab의 프롬프트 엔지니어

ParentLab은 부모가 자녀와 양육에 대해 깊이 성찰할 수 있도록 대화형 인터페이스를 통해 가이드를 제공하는 AI 앱이다. 예를 들어 이 앱은 부모에게 이렇게 질문할 수 있다. "조니가 숙제를 끝내는 데 어려움이 있다고 말씀하신 게 기억나요. 혹시 변화나 개선이 있었나요?" 이러한 맞춤형 프롬프트는 부모가 자신의 양육 방식에 대해 더욱 진지하게 성찰하도록 유도한다. ParentLab의 AI 프롬프트 엔지니어는 베네 폴리(Bene Foley)이다. 그녀는 16년간 교사로 근무했고, 이후 4년간 부동산 업계에서 일하며 사람을 이해하는 능력을 길렀다. 폴리는 AI가 실제 사람처럼 말할 수 있도록 노력하고 있다. 그녀의 역할은 앱의 AI 음성의 말투를 설계하고, 다양한 상황에 적절하게 반응하도록 학습시키는 것이다. 이를 위해서는 광범위하고 반복적인 테스트가 필요하다.

직무 설명 및 경력 경로: AI 프롬프트 엔지니어

직무	직무 설명	IT 지식	경력 경로 및 평균 연봉
AI 프롬프트 엔지니어	AI가 생성하는 프롬프트를 개발하고 정재하며 최적화하는 데 특화된 직무이다. 주요 업무는 다음과 같다. • AI 프롬프트 설계 및 작성 • 프롬프트가 정확하고 원하는 출력을 생성하도록 보장 • AI 성능 분석 • 조직 전반의 다양한 부서와 협업하여 프롬프트 작성 프로세스와 AI 시스템 성능 개선	• 머신러닝과 NLP에 대한 지식을 포함한 컴퓨터 과학 관련 배경 또는 검색엔진 최적화(SEO) 및 디지털 마케팅 경험 • 파이썬을 포함한 AI 프로그래밍 언어에 대한 지식 • 텐서플로, 파이토치와 같은 딥러닝 프레임워크에 대한 이해 • ChatGPT, Copilot, Gemini 등 다양한 AI 도구 활용 경험 • 명확한 프롬프트 작성을 위한 정밀한 언어 구사 능력	프롬프트 엔지니어는 AI 분야에서 유망한 기회를 제공하는 새로운 경력 경로이다. • 초급: 60,000~80,000달러 • 중급: 80,000~120,000달러 • 고급: 120,000달러 이상 (연봉은 지역, 산업군, 기업 규모에 따라 달라질 수 있음)

추가 경력 개발 자료

MyLab MIS에서는 IT 관련 지식을 요구하는 적절한 직무를 찾고, 효과적인 이력서를 작성하며, 면접을 준비하고, 비즈니스 지식, 응용 소프트웨어 활용 능력, 인터넷 활용 능력, 분석 역량 등을 보여주는 디지털 포트폴리오를 만드는 데 도움이 되는 다양한 경력 개발 자료를 확인할 수 있다.

사례 연구 AI가 우리 일자리를 위협하는가?

올리비아 립킨(Olivia Lipkin)은 샌프란시스코의 한 기술 스타트업에서 근무하던 25세 카피라이터였다. 그녀는 2022년 11월 말 ChatGPT가 처음 공개되었을 때 크게 신경 쓰지 않았다. 그러나 몇 달 사이 립킨의 업무 할당량이 점점 줄어들었고, 2023년 4월에 별다른 설명 없이 해고되었다. 이후 그녀는 관리자들이 ChatGPT를 사용하는 것이 작가를 고용하는 것보다 더 저렴하다고 언급한 글을 보고 해고 이유를 짐작할 수 있었다. 립킨은 AI 때문에 일자리를 잃은 것이다.

올리비아만 그런 것이 아니다. AI로 인한 실직은 요즘 중요한 화두이자 많은 사람의 걱정거리이다. AI 이야기가 나올 때 많은 사람이 가장 먼저 떠올리는 생각은 'AI가 내 일을 빼앗는 것은 아닐까?'이다. 립킨처럼 AI 때문에 일자리를 잃은 사람은 얼마나 될까? 더 중요한 것은 앞으로 얼마나 많은 일자리가 AI로 인해 사라질 것인가이다.

AI는 비즈니스와 일상생활의 여러 영역에 깊이 침투했고, 과거에는 사람이 수행하던 많은 작업이 이제는 부분적 또는 완전히 자동화되었다. 예를 들어 화이트캐슬(White Castle), 맥도날드, 타코벨(Taco Bell) 같은 패스트푸드 체인점은 드라이브스루 주문에 음성 기반 AI를 사용하고 있다. 이 기술은 주문을 더 빠르게 처리하도록 해줄 뿐만 아니라 해당 매장의 다른 직무도 일부 없애버렸다. 이러한 기업은 앞으로 음식 주문과 조리 과정까지 완전 자동화를 도입하려고 하며, 이는 결국 인간 노동자의 필요를 없애버릴 수 있다. AI로 인해 제거될 수 있는 직업군에는 고객 서비스 직원, 접수 담당자, 영업사원, 회계사 및 경리, 보험업자, 창고 작업자 등이 포함된다.

AI의 위협을 받는 직업은 단순 반복 업무에만 국한되지 않는다. 작가, 변호사, 과학자, 엔지니어 등 고급 전문직도 포함된다. 과거에는 AI가 대체할 수 있는 직업이 주로 단순 반복 업무에 국한된다고 보았지만 이제는 그렇지 않다. ChatGPT와 같은 생성형 AI 도구는 고급 알고리즘을 바탕으로 기존에 자동화될 수 없다고 여겨졌던 고숙련 직업도 보완하거나 대체할 수 있다.

투자은행 골드만삭스(Goldman Sachs)의 보고서에 따르면 AI는 미국과 유럽의 업무 중 약 4분의 1을 대체할 수 있으며, 전체적으로 3억 개에 해당하는 정규직 일자리를 대체할 수 있다. 미국과 유럽의 일자리 중 약 3분의 2는 어느 정도 AI 자동화에 노출되어 있으며, 전체 일자리 중 약 25%는 완전히 AI로 수행될 수 있다고 한다. 펜실베이니아대학교와 오픈AI의 연구에 따르면 연소득 8만 달러 이하의 고학력 화이트칼라 직종이 자동화로 인해 가장 영향을 받을 가능성이 높다고 한다. 특히 행정직(46%)과 법률 분야 업무(44%)는 자동화 노출도가 높다. 반면 건설(6%), 유지·보수와 같은 육체노동 분야는 영향을 덜 받을 가능성이 크다. 그러나 골드만삭스는 AI가 새로운 일자리 창출과 생산성 향상의 원천이 될 수 있으며, 전 세계 총생산을 연간 7% 증가시킬 수 있다고도 분석했다. 일부 일자리는 사라질 수 있지만, 많은 일자리는 AI의 지원을 받아 오히려 개선될 수 있다.

2024년 1월 국제통화기금(IMF)의 보고서 '생성형 AI와 미래의 일자리(Gen-AI: Artificial Intelligence and the Future of Work)'는 AI의 능력을 활용하는 근로자는 생산성과 임금이 상승할 가능성이 높은 반면, 그렇지 못한 사람은 뒤처질 수 있다고 분석했다. 세계경제포럼은 생성형 AI가 2025년까지 전 세계적으로 8,500만 개의 일자리를 없앨 수 있지만, 동시에 빅데이터, 머신러닝, 정보보안, 디지털 마케팅 등 다양한 분야에서 9,700만 개의 새로운 일자리를 창출할 것이라고 전망했다.

그렇다면 실제로 AI 노출도가 일자리 상실로 얼마나 이어지고 있을까? 퓨리서치센터에 따르면 명확한 결론은 없다. AI가 업무를 대체하거나 보완할 수도 있기 때문에 어느 직업이 얼마나 사라질지 예측하는 것은 어렵다. 이에 따라 퓨리서치는 AI로 인해 일자리가 사라질지 혹은 생길지에 대한 논의보다는 각 직업이 AI에 얼마나 노출되어 있는지를 중심으로 분석했다. 예를 들어 고객 서비스 담당자의 경우, AI 챗봇이 생산성을 높일 수도 있고, 해당 직무 자체를 대체할 수도 있다. 또한 인터넷 시대에 웹 개발자와 같은 새로운 직업이 생겨났듯이 AI의 발전은 고숙련 노동자에게 새로운 일자리를 제공할 수도 있다. AI가 생산성을 높이고 전체 경제를 성장시킨다면 일자리가 더 많이 생겨날 수 있다. 고임금 화이트칼라 직업이 AI에 상당히 노출된다고 해도 그 일자리 자체가 완전히 사라질 것이라고 단정할 수는 없다.

퓨리서치에 따르면 미국 노동자 중 약 5분의 1은 AI 노출도가 높은 직업에 종사하고 있으며, 이들 중에는 여성, 아시아계, 대졸자, 고소득자가 많은 비중을 차지한다. 하지만 노출도가 높은 산업에 종사하는 사람일수록 AI가 자신에게 도움이 될 것이라고 기대하는 경향도 있다. 예를 들어 IT 분야 종사자의 32%는 AI가 자신에게 도움이 될 것이라고 응답한 반면, 11%만이 해가 될 것이라고 답했다.

퓨리서치는 기계적 또는 물리적 작업을 수행하는 AI 기계나 로봇의 역할을 분석 대상에 포함하지 않았다. 그러나 최근 연구는 산업용 로봇이 고용과 임금을 모두 감소시키는 경향이 있다고 보고 있다. 특히 고졸 이하 학력자, 저임금 노동자, 젊은 남성 근로자가 산업용 로봇의 영향을 많이 받는다. 2000년 이후 전 세계적으로 170만 개의 제조업 일자리가 산업용 로봇으로 인해 사라졌으며, 향후 10년 안에 2,000만 개 이상의 일자리가 로봇으로 대체될 것으로 예상된다.

AI가 우리 일자리를 위협할까 봐 걱정된다면 무엇을 할 수 있을까? 전문가들은 몇 가지 조언을 제시한다. 세계경제포럼은 앞으로 고용주가 가장 중요하게 여길 역량으로 비판적 사고와 문제 해결 능력을 꼽았다. 구직 웹사이트 글래스도어(Glassdoor)의 수석 이코노미스트 대니얼 자오(Daniel Zhao)는 기술을 보완할 수 있는 능력을 키우고, 기계가 대체하기 어려운 소프트 스킬을 연마하라고 조언한다. 브루킹스연구소(Brookings Institution)의 수석 연구원 마크 뮤로(Mark Muro)는 근로자가 창의성과 대면 소통이 필요한 업무를 찾아야 한다고 제안하며, 개인 맞춤형 작업이나 팀워크, 창작 중심의 일자리는 오래 유지될 가능성이 높다고 말한다. 컨설팅 회사 머서(Mercer)의 글로벌 전환 리더 라빈 예수타산(Ravin Jesuthasan)은 판단력, 창의력, 공감 능력이 요구되는 업무는 항상 필요하다고 강조한다. 즉, 인간다운 능력을 요구하는 일은 사라지지 않을 것이다.

글로벌 IT 인재 파견 및 전문 서비스 기업 익스페리스(Experis)의 수석 부사장 크리스틴 키퍼(Christine Kiefer)는 개인이 AI를 활용하여 업무의 일부를 '아웃소싱'해보는 실험을 권장한다. 그런 다음 결과를 검토하고 다음과 같은 질문을 던져보라고 한다. AI가 어떤 업무를 잘 수행했는가? 여전히 인간의 개입이 필요한 부분은 무엇인가? AI가 더 빠르거나 효율적으로 처리한 작업은 무엇인가? 인간이 더 적합한 작업은 무엇인가? 새로운 기술과 작업 방식에 계속해서 적응하고 학습할 수 있는 능력을 갖추면 AI 시대에도 경쟁력을 유지할 수 있을 것이다.

출처: "Jobs Lost to Automation Statistics in 2024," Teamstage. io, accessed September 17, 2024; "Gen-AI: Artificial Intelligence and the Future of Work," International Monetary Fund (IMF), Imf.org, January 2024; Mark C. Perna, "The Steps You Can Take Today to Protect Your Job from AI," Forbes.com, September 19, 2023; Rakesh Kochhar, "Which U.S. Workers Are More Exposed to AI on Their Jobs?" Pew Research Center, Pewresearch.org, July 26, 2023; McKinsey Global Institute, "Generative AI and the Future of Work in America," Mckinsey.com, July 2023; Darina L., "Rise of Robots - Jobs Lost to Automation Statistics in 2023," Leftronic. com, March 7, 2023.

문제

1. AI를 이용한 업무 자동화는 어떤 윤리적 딜레마를 야기하는가? 이해관계자는 누구인가? 선택 가능한 대안과 각각의 결과를 제시하라.
2. 공장 소유자가 AI 도입을 생각 중이라면 어떤 경영, 조직, 기술 요인을 고려해야 하는가?
3. 일자리 상실에서 AI 기술은 어떤 역할을 해왔는가? 그 이유를 설명하라.

요약

11.1 인공지능

AI 시스템은 일반적으로 인간의 지능이 필요한 작업을 수행할 수 있다. 예를 들면 음성 인식, 시각적 지각, 패턴 인식, 예측 수행, 에세이 작성, 과거 경험을 통한 학습 등이다. 그러나 AI 시스템은 인간이 가진 광범위한 지식, 적응력, 창의성, 직관, 감성 지능 수준에는 미치지 못한다. 인간의 지능은 AI보다 훨씬 복잡하다. AI의 주요 분류에는 머신러닝, 신경망, 지능형 에이전트, 자연어 처리, 컴퓨터 비전 시스템, 로보틱스, 유전자 알고리즘, 전문가 시스템, 퍼지 논리가 있다.

11.2 머신러닝

머신러닝은 명시적인 프로그래밍 없이도 매우 방대한 양의 데이터에서 패턴을 식별할 수 있는 소프트웨어를 사용한다. 수학적 모델을 통해 컴퓨터가 데이터로부터 학습하고 통계적 추론을 수행할 수 있도록 하며, 이를 통해 시스템은 경험에 기반하여 스스로 계속해서 학습하고 개선할 수 있다. 머신러닝 시스템은 대규모 데이터세트로 학습되며, 이를 통해 패턴과 관계를 식별할 수 있다. 머신러닝의 유형에는 지도학습과 비지도학습이 있다.

11.3 신경망과 딥러닝

신경망은 인간의 사고 과정을 모방하려는 하드웨어와 소프트웨어로 구성된다. 신경망은 일부 학습을 통해 스스로 학습하고 인간이 식별하기 어려운 패턴을 인식할 수 있는 능력으로 주목받는다. 딥러닝 신경망은 다층의 신경망 구조를 사용하여 데이터의 근본적인 패턴을 찾아내며, 제한된 경우에는 인간의 훈련 없이도 패턴을 식별할 수 있다.

11.4 생성형 AI

생성형 AI는 콘텐츠 생성을 위해 훈련된 머신러닝 모델이다. 생성형 AI 도구는 기존 데이터 내의 패턴과 구조를 식별하여 새로운 텍스트 응답, 기사, 에세이, 소설, 시, 이미지, 소프트웨어 프로그램, 음악, 시험 문제에 대한 답변 등을 생성할 수 있다.

11.5 지능형 에이전트

지능형 에이전트는 내장되거나 학습된 지식 베이스를 기반으로 특정 사용자, 비즈니스 프로세스, 소프트웨어 애플리케이션을 위해 작업을 수행하는 소프트웨어 프로그램이다. 이는 방대한 데이터를 탐색하여 유용한 정보를 찾고 경우에 따라 이를 바탕으로 행동할 수 있다. 챗봇은 인간 사용자와 텍스트나 음성으로 대화하는 소프트웨어 에이전트이며, 최신 챗봇은 NLP와 머신러닝을 활용한다. 가상 비서는 NLP, 머신러닝, 생성형 AI를 결합하여 사용자 작업을 수행한다.

11.6 자연어 처리

자연어 처리(NLP)는 컴퓨터가 인간의 언어를 이해하고 처리할 수 있도록 하는 기술이다. NLP는 감성 분석, 텍스트 요약, 텍스트 분류, 외국어 번역, 대화형 에이전트 등에서 활용된다.

11.7 컴퓨터 비전 시스템

컴퓨터 비전 시스템은 컴퓨터가 인간의 시각 체계를 모방하여 현실 세계의 이미지를 보고 정보를 추출하게 한다. 이 시스템은 자율주행차, 의료 영상 진단, 정밀 농업, 제조 현장의 결함 탐지 등에 사용된다.

11.8 로보틱스

로보틱스에는 사람의 일부 행동을 대체할 수 있는 이동 가능한 기계의 설계, 제작, 작동, 활용이 포함된다. 산업용 로봇, 서비스 로봇, 휴머노이드 로봇, 협동 로봇, 의료용 로봇, 자율주행차, 드론 등 다양한 형태가 있다.

11.9 유전자 알고리즘

유전자 알고리즘은 적합도, 교차, 돌연변이와 같은 유전학에서 영감을 받은 과정을 사용하여 특정 문제에 대한 해결책을 찾는다. 많은 대안이나 변수 중에서 최적 해를 도출하는 최적화 문제에 유용하다.

11.10 전문가 시스템

전문가 시스템은 조직 내 전문가들의 지식을 수집하여 규칙의 형태로 표현하고, 이를 if-then 규칙 형태의 컴퓨터 코드로 변환한 것이다. 전문가 시스템은 전문가가 제공한 명시적인 도메인 지식과 규칙에 의존하는 반면, 머신러닝 모델은 데이터로부터 직접 패턴과 관계를 학습한다.

11.11 퍼지 논리 시스템

퍼지 논리는 인간의 추론과 인지를 모방하는 AI의 한 형태로, 0과 1만 사용하는 대신 대략적이거나 주관적인 값을 사용하는 규칙을 통해 불확실성을 표현한다. 입력값의 점진적 변화에 따라 출력값도 부드럽게 변화하도록 하며, 가전제품과 제어 기능이 있는 공학 분야에서 유용하게 활용된다.

11.12 인공지능의 도전 과제

AI를 사용하는 데에는 여러 가지 도전 과제가 존재한다. 여기에는 환각, 인공지능 편향, 투명성 부족, 잘못된 정보와 허위 정보, 일자리 상실, 프라이버시 침해, 불명확한 지적재산권, 사이버 보안 문제, 환경적 피해 등이 포함된다. 책임 있는 AI의 원칙은 AI가 윤리적이고 합법적인 방식으로 설계, 배포, 사용되도록 보장한다.

주요 용어

가상 비서
기반 모델
대규모 언어 모델(LLM)
드론
딥러닝 신경망
로보틱스
머신러닝
봇
비지도학습
산업용 로봇
생성형 AI
서비스 로봇
신경망
웹 스크래핑
유전자 알고리즘
의료용 로봇
인공지능 편향
자연어 처리(NLP)
자율주행차
잘못된 정보
전문가 시스템
지능형 에이전트
지도학습
지식 베이스
책임 있는 AI
챗봇
추론 엔진
컴퓨터 비전 시스템
트랜스포머
퍼지 논리
허위 정보
협동 로봇
환각
휴머노이드 로봇

복습문제

11.1 인공지능

- AI를 정의하라.
- AI와 인간의 지능을 비교하라.

11.2 머신러닝

- 머신러닝이 무엇이며 어떻게 작동하는지 설명하라.
- 지도학습과 비지도학습을 비교하라.
- 머신러닝 애플리케이션의 세 가지 예를 제시하라.

11.3 신경망과 딥러닝

- 신경망이 무엇이며 어떻게 작동하는지 설명하라.
- 딥러닝을 정의하고, 왜 강력한지 설명하라.
- 신경망과 딥러닝 애플리케이션의 세 가지 예를 제시하라.

11.4 생성형 AI

- 생성형 AI를 정의하라.
- 생성형 AI에서 트랜스포머와 LLM의 역할을 설명하라.
- ChatGPT, 마이크로소프트 Copilot, 구글 Gemini, DALL-E와 같은 생성형 AI 도구의 기능을 나열하고 설명하라.

11.5 지능형 에이전트

- 지능형 에이전트가 무엇인지 설명하라.
- 가상 비서와 챗봇의 기능을 비교하라.
- 봇이 무엇인지 설명하고, 봇의 세 가지 유형을 제시하라.

11.6 자연어 처리

- NLP를 정의하라.
- NLP 애플리케이션의 세 가지 예를 제시하라.

11.7 컴퓨터 비전 시스템

- 컴퓨터 비전 시스템이 무엇인지 설명하라.
- 컴퓨터 비전 애플리케이션의 세 가지 예를 제시하라.

11.8 로보틱스

- 로보틱스를 정의하라.
- 다양한 유형의 로봇을 나열하고 설명하라.

11.9 유전자 알고리즘

- 유전자 알고리즘이 무엇이며 어떻게 작동하는지 설명하라.
- 유전자 알고리즘을 사용하는 애플리케이션의 세 가지 예를 제시하라.

11.10 전문가 시스템

- 전문가 시스템이 무엇이며 어떻게 작동하는지 설명하라.
- 전문가 시스템의 한계를 설명하라.

11.11 퍼지 논리 시스템

- 퍼지 논리가 무엇이며 어떻게 작동하는지 설명하라.
- 퍼지 논리 애플리케이션의 세 가지 예를 제시하라.

11.12 인공지능의 도전 과제

- AI 기술이 제기하는 도전 과제를 나열하고 설명하라.
- 책임 있는 AI를 정의하고, AI의 도전 과제를 완화하는 데 어떻게 도움이 되는지 설명하라.

토의문제

11.13 오늘날 AI는 얼마나 지능적인가?

11.14 AI와 빅데이터는 어떤 관계가 있는가?

11.15 AI 기술과 AI 시스템은 어떻게 규제되어야 하는가?

AI 활용 프로젝트

11.16 보도 자료 작성

반려동물 유기농 사료와 간식, 유기농 소재로 만든 반려동물 장난감과 의류를 판매하는 소매점을 열고자 하는 두 친구가 자문을 구했다. 이들은 매장 개점을 알리는 보도 자료 작성을 의뢰했다. 이 프로젝트에서 사용할 매장 이름은 100% 유기농 펫숍이다. 보도 자료에는 매장이 2024년 11월 1일에 개점하며, 월요일부터 토요일까지 오전 9시 30분~오후 5시 30분 동안 운영되고, 공휴일은 휴무임을 명시해야 한다. 매장 주소(100 Silver Maple Lane, Ithaca, New York)와 전화번호(607-111-1111)도 포함한다. 보도 자료의 날짜는 2024년 11월 1일이다. 마이크로소프트의 Copilot, 구글의 Gemini 또는 ChatGPT를 이용하여 이 작업을 위한 프롬프트를 개발하라. 작성한 프롬프트와 AI 챗 세션의 결과물을 저장하고 강사에게 제출하라.

MIS 실습 과제

이 프로젝트는 AI 관련 비즈니스 문제를 분석하고, 생성형 AI 소프트웨어를 활용하며, 웹에서 제품을 조사하기 위해 쇼핑 봇을 사용하는 경험, 스포츠에서 AI와 분석의 역할을 분석하는 실습 기회를 제공한다.

11.17 경영 의사결정 문제

2023년 11월, 온라인 매체 퓨처리즘은《스포츠 일러스트레이티드(Sports Illustrated)》가 생성형 AI로 작성된 기사를 게시하고 있다고 보도했다. 퓨처리즘에 따르면 익명의 출처가 콘텐츠 생성에 관여했으며,《스포츠 일러스트레이티드》는 가짜 저자명을 사용한 많은 기사를 게시했고, 그중 일부는 생성형 AI로 작성되었다. 문제의 기사에 사용된 인물 사진은 AI로 생성된 초상 이미지를 판매하는 웹사이트에 등록되어 있었다.《스포츠 일러스트레이티드》의 발행사인 아레나그룹(Arena Group)은 해당 기사가 제삼자인 애드본커머스(AdVon Commerce)로부터 라이선스를 받은 콘텐츠라고 해명했다. 또한 파트너사를 지속적으로 모니터링하고 있으며, 애드본 측에서는 모든 기사가 사람에 의해 작성·편집되었다고 보장했다고 주장했다. 아레나그룹은 일부 기사에서 작가가 필명이나 가명을 사용했으며, 해당 행위를 인정하지 않는다고 밝혔다. 이후 문제의 기사가《스포츠 일러스트레이티드》 웹사이트에서 삭제되었다. 이 문제를 정의하고, 여기에 영향을 미친 경영, 조직, 기술 요인을 식별하라. 그리고 이 문제를 어떻게 예방할 수 있는지 설명하라.

11.18 생성형 AI 소프트웨어 활용

소프트웨어 기술: 생성형 AI 및 전통적 검색 소프트웨어

비즈니스 기술: 웹 검색 개선

구글 Gemini, 마이크로소프트 Copilot과 같은 생성형 AI 도구를 사용하여 주제를 검색하는 방법 그리고 이것이 구글, 마이크로소프트 빙과 같은 기존 검색 도구와 어떻게 다른지를 배우고자 한다. 평행사변형, 오더오브디애로(Order of the Arrow), 꽃매미 또는 자신이 선택한 주제 중 하나를 선택하라. 선택한 주제를 마이크로소프트 빙으로 검색한 다음 마이크로소프트 Copilot으로 검색하거나, 구글 Gemini를 사용한 후 구글 검색으로 검색하라. 두 검색 방식에서 나타나는 결과물을 비교하라. 결과가 어떻게 다른가? 출력된 정보의 차이점, 어느 것이 더 포괄적인지, 어느 것이 더 상세한지, 어느 것이 사용하기 쉬웠는지를 몇 개의 문단으로 작성하라. 검색 결과를 출력하여 제출하라.

11.19 쇼핑 봇 활용

소프트웨어 기술: 웹 브라우저 및 쇼핑 봇 소프트웨어

비즈니스 기술: 제품 평가 및 선택

이 프로젝트는 쇼핑 봇을 이용하여 온라인에서 제품을 검색하고 제품 정보를 찾으며 최적의 가격과 판매처를 탐색하는 경험을 제공한다. 예를 들어 Canon PowerShot V10 또는 Olympus Tough TG-7과 같은 디지털 카메라를 선택한다. PriceGrabber, BizRate.com, Google Shopping 사이트를 방문하여 가격 비교를 수행한다. 사용 편의성, 제품 및 판매자에 대한 정보의 풍부성, 정보 검색 속도, 가격의 다양성 등을 기준으로 사이트를 평가하라. 어떤 사이트를 사용할 것인지, 어떤 카메라를 선택할 것인지 그 이유를 설명하라. 이러한 사이트가 의사결정에 얼마나 도움이 되었는지 평가한다.

11.20 협업 및 팀워크: AI 활용 조사

2인 이상의 학생과 팀을 구성하고 의료 산업, 금융 산업, 법률 산업 또는

팀이 선택한 산업 중 하나를 정하라. 웹을 통해 해당 산업에서 다양한 기업이 AI를 어떻게 활용하고 있는지 조사하라. 구글 문서, 구글 드라이브, 구글 사이트를 이용하여 아이디어를 정리하고 조사 내용을 체계화하여 발표 자료를 만들라.

참고문헌

Ahmed, Biddwan. "AI Agents: Types, Benefits, and Examples." Yellow.ai (June 5, 2024).

Amazon Web Services, Inc. "What Is Natural Language Processing (NLP)?" Aws.com (accessed September 17, 2024).

Azure Machine Learning. "What Is Responsible AI?" Microsoft.com (accessed September 17, 1024).

Becher, Brooke. "Types of Robots and How They're Used." Builtin.com (February 21, 2024).

Burtsev, Mikhail, Martin Reeves, and Adam Job. "The Working Limitations of Large Language Models." *MIT Sloan Management Review* (November 20, 2023).

Cappelli, Peter, Prasanna (Sonny) Tambe, and Valery Yakubovic. "Will Large Language Models Really Change the Way Work Is Done?" *MIT Sloan Management Review* (March 14, 2024).

Cazzaniga, Mauro et al. "Gen-AI: Artificial Intelligence and the Future of Work." *International Monetary Fund (IMF)*, Imf.org (January 2024).

Davenport, Thomas H., and Randy Bean. "Five Key Trends in AI and Data Science for 2024." *Sloan MIT Management Review* (January 9, 2024).

Frick, Walter. "AI Is Making Economists Rethink the Story of Automation." *Harvard Business Review* (May 27, 2024).

Friis, Simon, and James Riley. "Eliminating Algorithmic Bias Is Just the Beginning of Equitable AI." *Harvard Business Review* (September 29, 2023).

Georgieva, Kristalina. "AI Will Transform the Global Economy: Let's Make Sure It Benefits Humanity." *International Monetary Fund (IMF)*, Imf.org (January 14, 2024).

Goldman Sachs. "AI Is About to Drive a 160% Increase in Data Center Power Demand." Goldmansachs.com (accessed September 17, 2024).

Heiding, Fredrick, Bruce Schneier, and Arun Vishwanath. "AI Will Increase the Quantity-and Quality-of Phishing Scams." *Harvard Business Review* (May 30, 2024).

Holland, John H. "Genetic Algorithms." *Scientific American* (July 1992). IBM. "What Are Large Language Models (LLMs)?" Ibm.com (accessed September 17, 2024).

Kanade, Vijay. "What Are Genetic Algorithms? Working Applications and Examples." Spiceworks.com (accessed September 17, 2024).

Kochhar, Rakesh. "Which U.S. Workers Are More Exposed to AI on Their Jobs?" *Pew Research Center*, Pewresearch.org (July 26, 2023). 23/01/25 8:27 PM M11_LAUD4245_18_SE_C11.indd 392 Chapter 11 Artificial Intelligence 393 Mackreal, Kim. "Sweeping Regulation of AI Advances in European Union Deal." *Wall Street Journal* (December 8, 2023).

McAfee, Andrew, Daniel Rock, Erik Brynjolfsson, Paul Leonardi, and Iavor Bojinov. "What's Your GenAI Strategy?" *Harvard Business Review* (November 1, 2023).

McKinsey & Company. "What Is Generative AI?" Mckinsey. com (January 2023).

McKinsey & Company. "The Economic Potential of Generative AI." Mckinsey.com (June 2023).

McKinsey & Company. "An Executive's Guide to AI." Mckinsey.com (accessed September 17, 2024). McKinsey Global Institute. "Generative AI and the Future of Work in America." Mckinsey.com (July 2023).

OECD. "Artificial Intelligence and Employment." Oecd.org (December 2021).

Olavsrud, Thor. "10 Famous AI Disasters." Cio.com (April 17, 2024).

O'Neil, Cathy, Jake Appel, and Sam Tyner-Monroe. "Auditing Algorithmic Risk." *MIT Sloan Management Review* (June 11, 2024).

Shim, Christina. "How Companies Can Mitigate AI's Growing Environmental Footprint." *Harvard Business Review* (July 4, 2024).

Smith, Jason. "Intersection of AI and Copyright." Medium.com (April 29, 2024). Sullivan, Morgan. "Examining Privacy Risks in AI Systems." Transcend.io (December 1, 2023).

Thomas, Mike. "12 Risks and Dangers of Artificial Intelligence (AI)." Builtin.com (May 1, 2024).

Tucci, Linda. "A Guide to AI in the Enterprise." Techtarget. com (June 28, 2023).

ZeroHedge. "JP Morgan: Global Data Centers Will Consume Huge Amounts of Fresh Water." Oilprice.com (May 23, 2024).

CHAPTER 12

데이터 분석과 비즈니스 인텔리전스를 활용한 의사결정 강화

© Owlie Productions/Shutterstock

학습목표

12.1 비즈니스 의사결정의 다양한 유형을 설명할 수 있다.

12.2 의사결정 과정에 대해 설명할 수 있다.

12.3 관리자의 다양한 역할을 설명할 수 있다.

12.4 의사결정 개선의 가치를 이해할 수 있다.

12.5 정보시스템이 항상 더 나은 의사결정으로 이끌지 못하는 이유를 이해할 수 있다.

12.6 데이터 분석과 비즈니스 인텔리전스, AI가 의사결정을 지원하는 방식을 설명할 수 있다.

12.7 비즈니스 인텔리전스 시스템의 기능을 설명할 수 있다.

12.8 비즈니스 인텔리전스의 다양한 사용자 유형을 설명할 수 있다.

12.9 이 장의 내용이 경력에 어떻게 도움이 되는지 이해할 수 있다.

이 장의 사례

- **도입 사례:** Power BI를 이용하여 데이터 기반 의사결정을 강화하는 풀턴카운티학교
- **기술 사례:** 예측적 분석과 AI를 사용하여 농업을 재편하는 랜드오레이크스
- **사례 연구:** 빅데이터 분석과 AI: 자연재해에 맞서는 새로운 방법

도입 사례 Power BI를 이용하여 데이터 기반 의사결정을 강화하는 풀턴카운티학교

1871년에 설립된 풀턴카운티학교(Fulton County Schools, FCS)는 조지아주에서 가장 오래된 학군 중 하나이다. 애틀랜타 광역권에 위치한 FCS는 약 1만 1,000명의 정규직 및 파트타임 직원과 약 7,000명의 교사 및 기타 자격증 소지자가 근무하고 있는 조지아주에서 현재 네 번째로 큰 교육 시스템이다. 2023~2024학년도에는 초등학교 59개, 중학교 19개, 고등학교 18개, 7개의 스타트업 인가 조직, 1개의 정규 가상 학교에서 약 9만 명의 학생이 수업을 받았다.

FCS는 20년 넘게 매년 균형성과표(BSC) 방법론을 사용하여 성과를 모니터링하고 이해관계자(학교 지도자, 교육자, 일반 대중)에게 정보를 제공해 왔다. 이 장의 뒷부분에서 자세히 살펴볼 균형성과표 접근법은 원래 기업이 재무, 비즈니스 프로세스, 고객, 학습과 성장이라는 네 가지 차원을 기반으로 기업 성과를 평가하는 방식으로 고안되었다. FCS는 사업 목표보다는 교육 목표에 더 잘 부합하도록 프레임워크를 수정했다.

FCS는 원래 70개 이상의 다양한 정보시스템에서 수집된 데이터를 기반으로 마이크로소프트 엑셀을 사용하여 만든 시각화와 함께 성과표를 PDF 형식으로 제공했다. 데이터를 수집하고 분석하여 성과표 보고서를 만드는 것은 많은 업무 시간이 소요되는 노동 집약적인 과정이었다. FCS는 수년간 노력했지만 이러한 방식은 데이터 기반 의사결정에 방해가 되었다. 데이터가 항상 신뢰할 수 있거나 유효한 것도 아니었고, 각 학교와 관리자는 자체적인 데이터 분석 프레임워크를 가지고 있었다. FCS는 자원 배분 결정에 정보를 제공하고, 교육적 과제를 해결하며, 운영 효율성을 최적화하는 데 사용할 수 있는 전체적이고 거의 실시간에 가까운 관점을 확보할 수 있도록 접근 방식의 현대화를 원했다. 또한 학생 성과를 더욱 효과적으로 보여주고 싶었다.

FCS는 마이크로소프트와 오랜 협력 관계를 맺고 있었으며, 마이크로소프트 Power BI 비즈니스 인텔리전스 소프트웨어를 해결책으로 선택했다. FCS는 분산된 여러 데이터세트를 데이터웨어하우스로 통합하여 전환을 시작했다. 동시에 교육구는 학생, 교사 및 운영 데이터를 분석하는 데 사용할 통일된 표준을 구현했다.

출처: Fulton County Schools, "Balanced Scorecard Overview," Fultonschools.org, accessed September 17, 2024; "Fulton County Schools Transforms Data-driven Decision-Making by Using More than 400 Power BI Visualizations to Improve Student Outcomes," Customers.microsoft.com, May 23, 2024; Emily Bell and Heather Trotter Clark, "Review: Microsoft Power BI Makes Data Actionable in K-12," Edtechmagazine.com, March 15, 2024.

© Ascannio/Shutterstock

다음 단계는 해당 데이터의 시각화를 개발하는 것 그리고 디지털 대시보드 형태로 제공되는 대화형 균형성과표를 개발하는 것이었다. 이 균형성과표는 네 가지 주제 영역(학습과 성장, 재무, 비즈니스 프로세스, 이해관계자 입력)으로 구성되어 있으며, 18개의 하위 범주와 400개 이상의 다양한 시각화를 온라인에서 누구나 볼 수 있다. Power BI를 통해 교육구는 다양한 시스템의 데이터를, 예컨대 학교의 학생 정보시스템뿐만 아니라 교육 기반 처방 진단 플랫폼의 데이터도 하나의 시각화로 표시할 수 있다. 시각화의 예시로는 실시간 학생 등록 및 인구통계, 학생당 및 프로그램별 자금 내역, 교육구의 모든 건물에 대한 시설 작업 지시 현황 등이 있다. 제공되는 세부 정보의 수준 차이에도 불구하고 사용자들은 대시보드에 접근하기 쉽고 탐색하기도 쉽다고 보고한다.

새로운 시스템은 풀턴카운티 교육위원회가 더욱 신속하고 자신 있게 결정을 내릴 수 있도록 도와주는 역동적이고 신뢰할 수 있는 데이터를 제공한다. 또한 새로운 디지털 성과표는 지역 사회 참여의 새로운 기회를 창출했다. 대화형 데이터와 시각화 자료를 공개적으로 제공하기로 한 결정은 교육위원회와 교육구에 대한 신뢰를 구축했다. 학부모와 교사는 정보에 기반한 질문을 하고 학생의 학업 성취도를 개선할 방법을 모색하기 위해 이 데이터를 적극적으로 활용하고 있다. 이제 교장과 교사는 교실과 학교 차원에서 개선해야 할 과제와 영역을 파악하고 선제적인 조치를 취할 수 있는 시의적절한 데이터 분석 정보를 활용한다. 또한 새로운 시스템은 데이터 수집, 저장, 분석을 자동화하여 FCS가 업무 시간을 절약할 수 있도록 지원한다.

FCS의 마이크로소프트 Power BI 도입 경험은 정보시스템이 의사결정을 획기적으로 개선할 수 있는 방법을 잘 보여주는 사례이다. 과거에는 학군에서 균형성과표 형식으로 학교 지도자와 일반 대중에게 정보를 제공하기 위해 수작업으로 데이터를 수집하고 보고서를 작성했다. FCS는 이해관계자가 구체적·목표 지향적·실시간 정보를 통해 더욱 정보에 기반한 의사결정을 내릴 수 있도록 접근 방식을 현대화하기로 결정했다.

다음 도표는 이 사례와 이 장에서 제기하는 중요한 요점을 강조한다. FCS는 자원 배분 결정, 교육 과제 해결, 운영 효율성 최적화에 활용할 수 있는 데이터를 종합적이고 시의적절하게 파악할 수 있는 균형성과표를 생성하는 데 사용하던 접근 방식의 현대화를 원했다.

마이크로소프트 Power BI 비즈니스 인텔리전스 소프트웨어는 풀턴카운티 교육위원회가 더욱 신속하고 자신 있게 의사결정을 내릴 수 있도록 지원하며, 지역사회 참여를 위한 새로운 기회를 창출하고, 교육위원회와 교육구의 신뢰를 구축하며, 교실과 학교 차원에서 개선해야 할 과제와 영역을 파악하고 선제적인 조치를 취할 수 있는 시의적절한 데이터 분석 정보를 교장과 교사에게 제공한다. 또한 이 새로운 시스템을 통해 FCS는 많은 업무 시간을 절약할 수 있게 되었다.

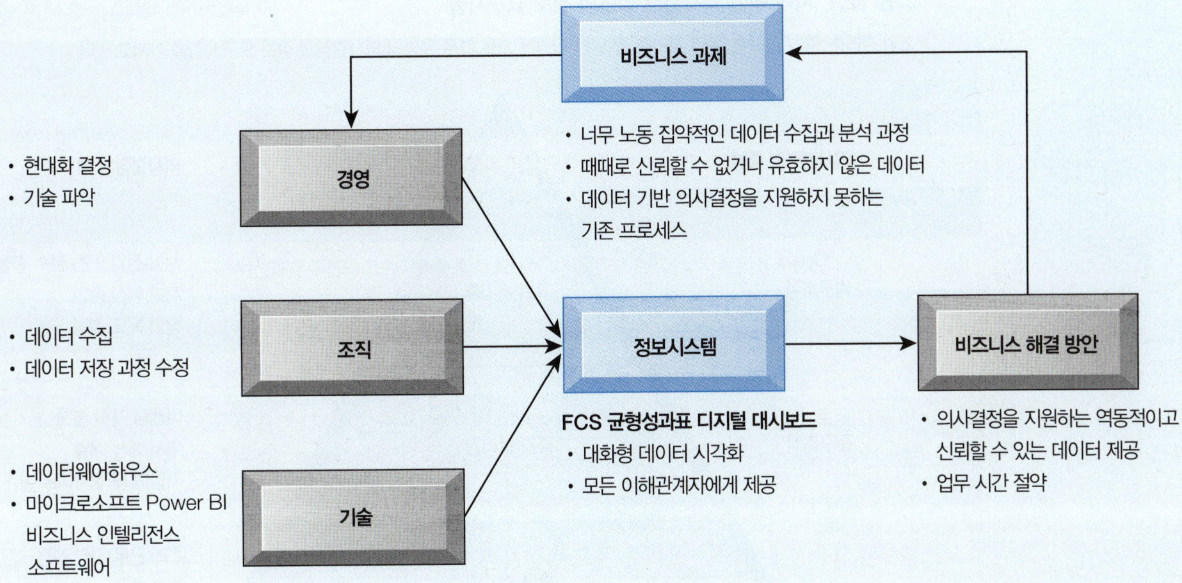

문제

1. 비즈니스 인텔리전스는 의사결정과 FCS가 이해관계자에게 정보를 제공하는 방식을 어떻게 변화시키고 있는가?
2. FCS 교육자가 비즈니스 인텔리전스를 활용하여 개선할 수 있는 의사결정 유형의 예를 제시하라.

경력 개발 효과

풀턴카운티학교의 IT 직원은 적합한 해결책을 성공적으로 파악하고 구현함으로써 이득을 보았다. 또한 IT 직원은 Power BI 비즈니스 인텔리전스 소프트웨어 사용법을 익히면 시간을 절약하고 현재 또는 미래의 업무에 활용할 수 있는 기술을 습득할 수 있다. 최종 사용자(교육자와 교육위원회)는 더 나은 의사결정을 내리는 데 도움이 되는 신뢰할 수 있고 시의적절한 데이터를 확보할 수 있다.

12.1 비즈니스 의사결정

과거에는 기업에서의 의사결정은 경영진에게만 국한되어 있었다. 오늘날에는 정보시스템이 기업의 하위 계층에도 정보를 제공함에 따라 하위 직급 직원도 이러한 의사결정의 일부를 담당하게 되었다.

비즈니스 의사결정의 유형

1장과 2장에서 고위 관리층, 중간 관리층, 운영 관리층 등 조직의 다양한 계층에 대해 설명했다. 각 계층은 의사결정을 지원하기 위해 서로 다른 정보를 요구하고, 서로 다른 유형의 의사결정에 책임을 진다. 의사결정은 구조적 의사결정, 준구조적 의사결정, 비구조적 의사결정으로 분류할 수 있다. 각 계층의 관리층이 일반적으로 직면하는 의사결정의 유형을 나타낸 그림 12.1을 살펴보자.

비구조적 의사결정(unstructured decision)은 새롭고 중요하며 일상적이지 않은 의사결정이며, 의사결정 과정에 사용할 수 있는 이해하기 쉽거나 합의된 절차가 없다. 의사결정권자는 문제 해결을 위한 판단, 평가 및 통찰력을 제공해야 한다.

비구조적 의사결정
새롭고 중요하며 일상적이지 않고 의사결정에 대해 합의된 절차가 없는 경우, 의사결정자는 문제 해결을 위한 판단, 평가 및 통찰력을 제공해야 한다.

그림 12.1 사내 핵심 의사결정 집단의 정보 요구사항

고위 관리층, 중간 관리층, 운영 관리층 및 일반 직원은 서로 다른 유형의 의사결정과 정보 요구사항을 가지고 있다.

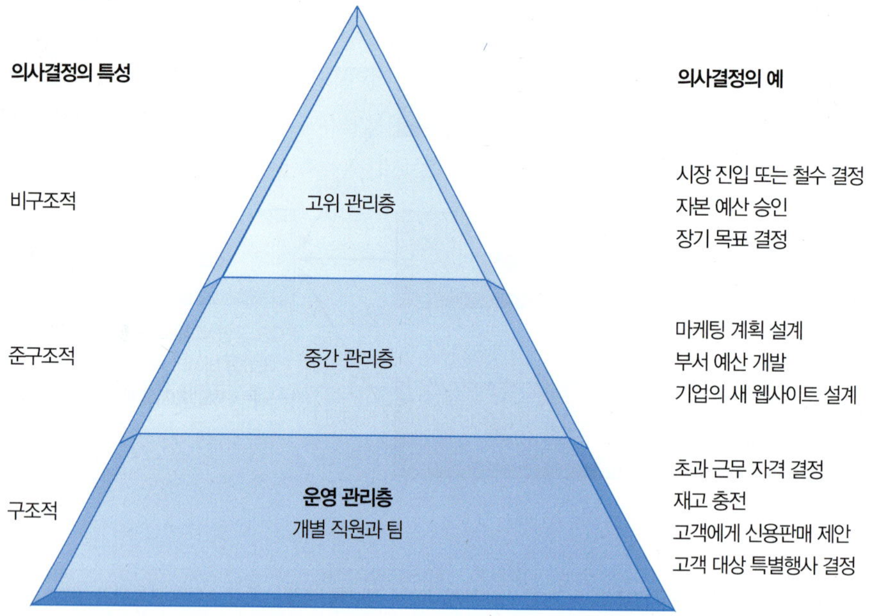

구조적 의사결정
반복적이고 일상적인 결정으로, 이를 처리하는 방법에 대한 명확한 절차가 있다.

준구조적 의사결정
문제의 일부분만 허용된 절차에 의해 명확한 답이 제공되는 결정

반면 **구조적 의사결정**(structured decision)은 반복적이고 일상적이며, 의사결정을 처리하는 명확한 절차가 있으므로 매번 새로운 것처럼 처리할 필요가 없다. **준구조적 의사결정**(semistructured decision)은 두 가지 유형의 요소를 모두 가지고 있는데, 문제의 일부만 승인된 절차에 따른 확실한 해답을 가지고 있다. 일반적으로 구조적 의사결정은 조직의 하위 계층에서 더 자주 일어나며, 비구조적 문제는 상위 계층에서 더 흔하다.

고위 관리층은 회사의 5년 또는 10년 뒤 장기 목표 수립이나 신규 시장 진출 결정 등 많은 비구조적 의사결정 상황에 직면한다. "신규 시장에 진출해야 할까?"라는 질문에 답하려면 기업 실적에 대한 높은 수준의 요약 자료뿐만 아니라 뉴스, 정부 보고서, 업계 견해 등이 필요하다. 하지만 이러한 질문에 답하기 위해서는 고위 관리층이 자신의 최선의 판단을 이용하고 다른 관리진의 의견도 수렴해야 한다.

중간 관리층은 더욱 구조화된 의사결정 시나리오에 직면하지만, 이들의 의사결정에는 비구조적 요소가 포함될 수 있다. 일반적인 중간 관리층의 의사결정은 "미니애폴리스에 있는 한 유통 센터에서 보고된 주문 이행 보고서는 왜 지난 6개월 동안 감소 추세를 보이고 있을까?"와 같다. 이 중간 관리층은 회사의 전사적 시스템이나 유통관리시스템에서 미니애폴리스 유통 센터의 주문 활동 및 운영 효율성에 대한 보고서를 구할 수 있다. 이것은 의사결정의 구조화된 부분이다.

하지만 이 중간 관리층은 해답을 찾기 전에 직원과 면담을 하고 지역 경제 상황이나 판매 동향에 대한 외부 자료에서 비구조적인 정보를 좀 더 수집해야 한다.

운영 관리층과 일반 직급의 직원은 좀 더 구조적인 의사결정을 내리는 경향이 있다. 예를 들어 제조 공장의 감독관은 시급제 근로자가 초과 근무 수당을 받을 자격이 있는지 여부를 결정해야 할 수 있다. 근로자가 어떤 날에 8시간 이상 근무한 경우, 감독관은 8시간을 초과하는 근무 시간에 대해 일상적으로 초과 근무 수당을 지급한다.

영업 담당자는 신용 정보가 포함된 회사의 고객 데이터베이스를 참조하여 고객에게 신용 한도를 확대할지 여부를 결정해야 할 수 있다. 고객이 회사에서 미리 정한 신용 제공 기준을 충족하는 경우, 영업 담당자는 해당 고객이 구매할 수 있도록 신용 한도를 승인한다. 두 경우 모두, 이러한 의사결정은 매우 구

조적이며 일부 대기업에서는 매일 수백, 심지어 수천 번씩 일상적으로 내리는 의사결정이다. 이러한 문제는 회사의 급여시스템과 외상매출시스템에 이미 프로그램되어 있는 절차에 따라 해답을 구하게 된다.

12.2 의사결정 과정

의사결정은 여러 단계로 이루어지는 과정이다. 사이먼(Simon, 1960)은 의사결정의 네 가지 단계를 탐색, 설계, 선정, 구현으로 설명했다. 이 맥락에서 **탐색**(intelligence)은 조직에서 발생하는 문제를 발견하고 파악하며 이해하는 과정이다. 즉, 문제가 왜 존재하고, 어디에서 발생하며, 회사에 어떤 영향을 미치는지 파악하는 것이다. **설계**(design)는 문제에 대한 다양한 해결책을 파악하고 탐구하는 과정이다. **선정**(choice)은 여러 해결책 중에서 하나를 선택하는 과정이다. **구현**(implementation)은 선정된 대안을 작동시키고 해결책이 얼마나 잘 작동하는지 지속적으로 감독하는 것을 포함한다. 그림 12.2는 이러한 과정을 보여준다.

선정한 해결책이 제대로 작동하지 않는다면 어떻게 될까? 그림 12.2에서 보듯이, 필요하다면 의사결정 과정의 이전 단계로 돌아가서 반복할 수 있다. 예를 들어 판매가 감소하면 영업 관리팀은 영업 활동을 촉진하기 위해 매출액이 증가한 영업 인력에게 더 높은 커미션을 지급하기로 결정할 수 있다. 이 방법으로도 매출이 증가하지 않는다면 관리자는 제품 설계가 불량인지, 고객 지원이 부족한지, 아니면 다른 해결책이 필요한 또 다른 문제의 원인이 있는지를 조사해야 한다.

탐색
사이먼의 의사결정 4단계 중 첫 번째 단계로, 조직에서 발생하는 문제를 발견하고 파악하며 이해하는 것을 포함한다.

설계
사이먼의 의사결정 4단계 중 두 번째 단계로, 문제에 대한 가능한 대안적 해결책을 파악하고 탐구하는 것을 포함한다.

선정
사이먼의 의사결정 4단계 중 세 번째 단계로, 다양한 솔루션 대안 중에서 선택하는 것으로 구성된다.

구현
새로운 정보시스템과 같이 혁신에 대한 채택, 관리, 정례화를 둘러싼 모든 조직 행위

그림 12.2 의사결정 단계

의사결정 과정은 네 단계로 나눌 수 있다.

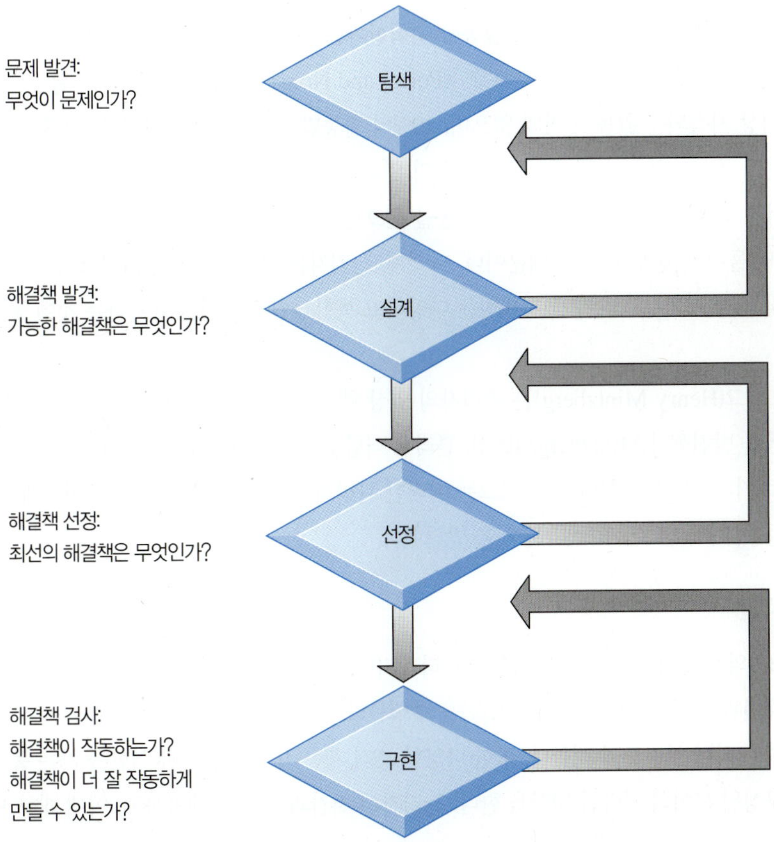

12.3 관리자의 역할

의사결정을 지원하는 시스템은 관리자와 직원이 더 나은 의사결정을 하고, 기업이 평균보다 높은 투자 수익을 얻게 함으로써 궁극적으로 높은 수익성을 가져온다. 그러나 정보시스템이 조직에서 발생하는 모든 종류의 의사결정을 향상할 수는 없다. 이유를 알아보기 위해 조직에서의 관리자의 역할과 의사결정을 살펴보자.

관리적 역할

관리자는 조직에서 핵심적인 역할을 담당한다. 이들의 책임은 의사결정부터 보고서 작성, 회의 참석, 생일파티 준비까지 다양하다. 관리자 행동에 대한 전통적 모델과 현대적 모델을 살펴보면 관리자의 기능과 역할을 더 잘 이해할 수 있다.

전통적 관리 모델
계획, 조직, 지휘, 조정, 통제의 공식적인 기능에 초점을 맞춘, 경영에 대한 전통적인 설명

헨리 페욜(Henry Fayol) 등 초기 연구자들이 개발한 **전통적 관리 모델**(classical model of management)은 관리자의 다섯 가지 기능을 계획, 조직, 지휘, 조정, 통제로 설명한다. 경영관리 활동에 대한 이러한 설명은 오랫동안 지배적인 경영관리 사상이었고, 오늘날에도 여전히 널리 사용되고 있다.

행위적 관리 모델
관리자의 실제 행동은 전통적 관리 모델에서 가정한 것보다 덜 체계적이고, 더 비공식적이고, 덜 사려 깊고, 더 반응적이고, 덜 조직적이라고 주장하는 관리 모델

전통적 관리 모델은 공식적인 관리 기능을 설명하지만, 관리자가 계획을 세우고, 결정을 내리며, 다른 사람의 업무를 통제할 때 정확히 무엇을 하는지는 다루지 않는다. 따라서 관리자의 일상적 행동을 연구해온 현대 행동과학자들의 연구를 살펴봐야 한다. **행위적 관리 모델**(behavioral model of management)은 관리자의 실제 행동이 전통적 모델에서 제시하는 것보다 덜 체계적이고, 더 비공식적이고, 덜 사려 깊고, 더 반응적이고, 덜 조직화되어 있다고 설명한다.

관찰자들은 관리자의 행동이 실제로 전통적 관리 모델의 설명과 상당히 다른 다섯 가지 속성이 있다는 것을 발견했다. 첫째, 관리자는 엄청난 속도로 상당히 많은 업무를 수행한다. 관리자는 자신의 업무 처리 속도를 유지하면서 매일 600개 이상의 활동을 수행한다는 연구 결과도 있다. CEO의 경우 책임지고 있는 모든 일을 하기에는 항상 시간이 부족하다(Porter and Nohria, 2018). 둘째, 관리 활동은 단편화되어 있다. 9분 이상 지속되는 활동이 거의 없으며, 10%의 활동만이 1시간을 초과한다. 셋째, 관리자는 현재의 구체적인 특정 문제와 관련된 정보를 선호한다(인쇄된 정보는 일반적으로 너무 오래된 것이다). 넷째, 관리자는 서면 형태보다 구두 형태의 의사소통을 선호한다. 이것은 구두 매체가 더 큰 유연성을 제공하고, 노력이 덜 들며, 반응도 빠르기 때문이다. 다섯째, 관리자는 비공식적인 정보시스템 역할을 담당하면서 개인 의제와 장단기 목표 수행을 지원하는 다양하고 복합적인 연락망을 유지하는 것에 높은 우선순위를 둔다.

관리적 역할
조직에서 관리자가 수행해야 하는 기대 활동

헨리 민츠버그(Henry Mintzberg)는 관리자의 일상 행동을 분석하여 이를 열 가지 관리적 역할로 분류할 수 있음을 발견했다(Mintzberg, 1971). **관리적 역할**(managerial role)은 관리자가 조직에서 수행해야 할 것으로 기대되는 활동이다. 민츠버그는 이러한 관리적 역할이 대인관계 역할, 정보제공 역할, 의사결정 역할 등 세 가지 범주로 나뉜다는 것을 발견했다.

대인관계 역할

대인관계 역할
민츠버그가 식별한 관리 역할 범주로, 관리자는 조직의 대표자 및 리더 역할을 한다.

관리자는 조직의 대표자로서 회사를 외부에 나타내거나, 사원에게 상을 수여하는 것처럼 상징적 의무를 수행할 때 **대인관계 역할**(interpersonal role)을 수행한다. 관리자는 부하직원에게 동기를 부여하고 상담과 지원을 하는 리더 역할도 수행한다. 또한 다양한 조직 계층 사이의 연락관 역할을 하는 동시에 경영진 내에서 각 구성원 사이의 연락관 역할을 한다. 관리자는 시간과 호의를 제공하고, 이에 대한 보상을 기대한다.

표 12.1 관리적 역할과 이를 지원하는 정보시스템

역할	활동	지원시스템
대인관계 역할	대인관계	
대표자		텔레프레전스 시스템
리더		텔레프레전스, 소셜 네트워크
연락관		스마트폰, 소셜 네트워크
정보제공 역할	정보처리	
신경센터		경영정보시스템, 중역지원시스템
배포자		문자, 이메일, 소셜 네트워크
대변인		웹세미나, 텔레프레전스
의사결정 역할	의사결정	
기업가		없음
혼란관리자		없음
자원분배자		비즈니스 인텔리전스, 의사결정지원시스템
협상자		없음

출처: 저자들과 Mintzberg, Henry, "Managerial Work: Analysis from Observation," Management Science 18(October 1971)

정보제공 역할

정보제공 역할(informational role)에서 관리자는 가장 구체적이고 최신의 정보를 받아서, 그 정보를 알아야 하는 사람들에게 재분배하는 조직의 신경 센터 역할을 수행한다. 그러므로 관리자는 자기 조직의 정보 배포자이자 대변인이다.

정보제공 역할
민츠버그가 식별한 관리 역할 범주로, 관리자는 조직의 신경 센터 역할을 하며 중요한 정보를 수신하고 전파한다.

의사결정 역할

관리자는 의사결정을 내린다. **의사결정 역할**(decisional role)에서 관리자는 새로운 활동을 시작하는 기업가 역할을 맡고, 조직에서 발생하는 혼란을 관리하며, 필요한 직원에게 조직의 자원을 분배하고, 갈등을 협상하고 갈등 집단 간의 중재를 담당한다.

의사결정 역할
민츠버그가 식별한 관리 역할 범주로, 관리자는 새로운 활동을 시작하고, 혼란을 관리하며, 자원을 분배하고, 갈등을 협상한다.

관리적 역할을 지원하는 정보시스템

표 12.1은 다양한 정보시스템이 관리자의 다양한 역할 수행에 어떻게 도움을 줄 수 있는지를 보여준다. 정보시스템이 전부는 아니지만, 상당히 많은 관리자의 영역을 지원할 수 있다는 점에 유의하라.

12.4 의사결정 개선의 가치

정보시스템의 주요 기여 중 하나는 개인과 집단의 의사결정을 개선하는 것이다. 기업에서 더 나은 의사결정을 한다는 것은 무엇을 의미할까? 의사결정 개선의 금전적 가치는 무엇일까? 표 12.2는 연매출 2억 8,000만 달러, 직원 140명의 한 중소기업에서 의사결정의 개선을 통해 얻은 금전적 가치를 측정한 것이다. 이 기업은 새로운 시스템 투자를 통해 의사결정의 질을 향상할 수 있는 여러 가지 주요 의사결정 분야를 확인했다. 표 12.2는 특정 사업 분야에서 의사결정 개선을 통해 얻을 수 있는 연간 가치(비용 절감

표 12.2 의사결정 개선의 비즈니스 가치

의사결정의 예	의사결정권자	연간 의사결정 횟수	하나의 의사결정을 개선했을 때의 추정 가치	연간 가치
가장 가치 있는 고객에게 지원 할당	회계 관리자	12	100,000달러	1,200,000달러
콜센터의 일일 문의 수요 예측	콜센터 관리자	4	150,000달러	600,000달러
일별 부품 재고 수준 결정	재고 관리자	365	5,000달러	1,825,000달러
주요 공급업체의 경쟁 입찰 파악	고위 관리층	1	2,000,000달러	2,000,000달러
주문 완수를 위한 생산일정 계획	제조 관리자	150	10,000달러	1,500,000달러
직무 완수를 위한 인력 할당	작업장 관리자	100	4,000달러	400,000달러

이나 매출 증가 형태)에 대한 추정값을 보여준다.

표 12.2에서 보듯이 기업은 모든 계층에서 의사결정을 내리며, 어떤 의사결정은 매우 일반적이고 반복적이며 여러 번 발생한다. 비록 하나의 의사결정을 개선하는 가치가 작더라도, 개선된 작은 의사결정이 하나씩 모이다 보면 결국 수십만 개의 의사결정을 개선하게 되어 그 가치가 엄청나게 커질 수 있다.

12.5 정보시스템이 항상 더 나은 의사결정을 이끌지 못하는 이유

이제 정보시스템이 관리자의 모든 역할을 지원하지는 못한다는 것을 알게 되었다. 정보시스템이 의사결정을 향상할 수 있는 관리적 역할에서 IT에 대한 투자가 반드시 긍정적인 결과를 가져오는 것도 아니다. 잘못된 의사결정은 기업에 매년 평균 최소 3%의 손실을 초래하는 것으로 추산된다. 잘못된 의사결정에 의한 비용은 재무적 성과를 넘어 평판과 규제 비용에 영향을 줄 수 있다(Purdy and Williams, 2023). 여기에는 정보의 품질, 관리자의 여과, 조직 문화라는 세 가지 주요 원인이 있다(3장 참조).

정보의 품질

양질의 의사결정을 위해서는 양질의 정보가 필요하다. 의사결정의 질에 영향을 미칠 수 있는 정보의 품질 요소는 표 12.3과 같다.

정보시스템의 출력 결과가 이러한 품질 기준에 부합하지 못하면 의사결정은 어려움을 겪게 된다. 6장

표 12.3 정보의 품질 요소

품질 요소	설명
정확성	데이터가 사실을 나타내는가?
무결성	데이터의 구조, 개체와 속성 사이의 관계 등이 일관되는가?
일관성	데이터의 요소가 일관되게 정의되었는가?
완결성	필요한 데이터가 모두 있는가?
타당성	데이터의 값이 규정된 범위 안에 있는가?
적시성	필요할 때 데이터를 이용할 수 있는가?
접근성	데이터가 접근하기 쉽고, 이해하기 쉬우며, 사용하기 편한가?

에서는 기업 데이터베이스와 파일의 정확성과 완결성이 떨어지는 경우가 있으며, 이는 의사결정의 질을 악화시키는 결과를 낳을 수 있다는 것을 설명했다.

관리자의 여과

시의적절하고 정확한 정보가 있음에도 관리자는 잘못된 의사결정을 내리기도 한다. (모든 인간이 그렇듯이) 관리자는 자기 주위의 세계에 맞도록 일련의 여과를 통해 정보를 흡수한다. 경영 의사결정은 종종 **확증 편향**(confirmation bias)의 영향을 받는데, 이는 특히 상충되는 정보가 있을 때 자신의 기존 신념과 일치하는 증거를 더 신뢰하는 경향을 의미한다. 인지과학자, 행동경제학자, 신경경제학자들은 여타 인간과 마찬가지로 관리자도 위험평가에 서툴고 위험을 싫어하며, 존재하지도 않는 패턴을 인식하고, 직관과 감정, 경험적 데이터가 아니라 문제의 틀에 기반하여 의사결정을 내리는 것을 발견했다(Kahneman, 2011; Tversky and Kahneman, 1986).

확증 편향
특히 상충되는 정보에 직면했을 때 자신의 기존 신념에 맞는 증거에 더 많은 신뢰를 주는 경향이 있다.

조직의 타성과 정치

조직은 단호한 행동을 하기에는 능력과 역량이 제한된 관료제도이다. 변화된 환경에서 기업이 살아남기 위해 새로운 비즈니스 모델을 채택해야 하는 경우, 조직 내의 강력한 세력이 중대한 변화를 요구하는 의사결정에 저항하기도 한다. 기업이 내리는 의사결정은 종종 문제 해결의 최선의 방법이라기보다는 기업 내부의 다양한 이해 집단 간의 이익 균형을 위한 타협인 경우도 있다.

기업 구조 조정에 대한 연구에 따르면 기업은 주가 하락, 행동주의 주주 또는 외부 인수합병 등의 위협을 받기 전까지는 실적 악화를 무시하는 경향이 있으며, 중간 및 고위 관리층의 잘못된 사업 판단을 비난하기보다는 경제 상황, 해외 경쟁, 가격 인상 등 자신이 통제할 수 없는 외부 요인을 나쁜 실적의 원인으로 체계적으로 비난한다는 사실을 발견했다. 반면에 기업의 외부 사업 환경이 긍정적이어서 기업 실적이 개선될 때에는 일반적으로 성과의 개선을 긍정적인 환경보다는 관리자 자신의 공적으로 평가한다.

자동화된 고속 의사결정

오늘날 조직에서 행해지는 많은 결정은 관리자나 사람이 직접 내리는 것이 아니다. 예를 들어 고빈도 주식 거래를 하는 기업은 나노초 단위로 거래를 실행한다. 인간은 너무 느리기 때문에 의사결정 과정에서 배제된다.

자동화된 고속 의사결정 환경에서는 탐색, 설계, 선정, 구현이라는 의사결정 과정이 소프트웨어 알고리즘에 표현된다. 소프트웨어를 설계한 사람들이 이미 문제를 규명하고, 해결책을 찾기 위한 방법을 설계하며, 수용 가능한 해결책의 범위를 정의하고, 해결책을 구현했다. 이러한 상황에서 조직은 관리자가 감독하거나 통제할 수 있는 속도보다 빠르게 결정을 내리며, 피해를 방지하기 위해 이러한 시스템이 적절히 작동을 보장할 수 있도록 세심한 주의가 필요하다.

의사결정에 AI를 사용하면 발생할 수 있는 위험

AI는 실시간 데이터를 기반으로 향상된 예측을 제공하고 '부조종사'이자 의견 조율자 역할을 함으로써 관리자가 더 빠르고 더 나은 의사결정을 내리는 데 도움을 줄 수 있지만, 경영 의사결정에 AI를 활용하는 데에는 여러 가지 과제가 있다. 의사결정에 AI를 사용할 때 발생할 수 있는 위험에는 뿌리 깊은 편견의 가능성, 의사결정의 기반이 되는 데이터에 대한 우려, 정확성, 의사결정 과정의 투명성 부족, 잠재적인 윤리적 문제 등이 포함된다. 조직은 자신이 사용하는 AI 시스템의 잠재적인 약점과 한계를 이해해야 한다. 이러한 과제에 대해서는 11장에서 자세히 설명했다.

12.6 데이터 분석, 비즈니스 인텔리전스, 인공지능의 의사결정 지원 방식

2장에서 경영 의사결정을 지원하는 다양한 유형의 정보시스템을 소개했다. 이러한 모든 정보시스템의 기반으로는 의사결정을 지원하는 데 필요한 데이터와 분석 도구를 제공하는 데이터 분석과 비즈니스 인텔리전스 인프라가 있다. AI 기능 또한 비즈니스 인텔리전스 도구에 점점 더 통합되고 있다.

데이터 분석, 비즈니스 인텔리전스, AI

데이터 분석
데이터 수집, 저장, 검사, 정제, 모델링 및 쿼리가 포함된다.

데이터 분석과 비즈니스 인텔리전스라는 용어는 종종 동의어로 사용되고 많은 유사점이 있지만, 동일한 개념은 아니다. **데이터 분석**(data analytics)에는 데이터 수집, 저장, 검사, 정제, 모델링 및 쿼리가 포함된다. 데이터베이스, 데이터웨어하우스, 데이터마트, 데이터레이크, 하둡, 6장에서 설명한 데이터 분석 플랫폼을 생각해보자.

비즈니스 인텔리전스(BI)란 처리하지 않은 데이터를 실행 가능한 비즈니스 통찰력으로 변환하는 방법과 시스템, 도구(또는 인프라)의 집합을 지칭하기 위해 하드웨어와 소프트웨어 공급자와 IT 컨설턴트가 사용하는 용어이다. 데이터 분석은 BI 시스템의 근간을 제공한다. BI 시스템은 기업이 과거와 현재 데이터를 이용하여 정보에 기반한 의사결정을 내릴 수 있도록 지원하는 것을 목표로 한다. BI 시스템은 경영진과 기술 지식이 없는 직원이 주로 사용하며, 더 큰 그림과 전략적 질문에 초점을 맞추는 경향이 있다. 반면 데이터 분석은 고급 통계 및 계산 방법을 사용하여 데이터를 탐색하고 의미 있는 통찰력을 추출하는 기술직 직원이 사용하는 경향이 있다.

비즈니스 분석(business analytics, BA)은 공급업체에서 정의한 용어이며, 데이터 분석과 BI의 조합 또는 하위 집합으로 볼 수 있다. BA는 비즈니스 데이터를 분석하고 이해하기 위한 도구와 기술에 중점을 둔다. 6장에서 이미 설명한 온라인분석처리(OLAP), 통계기법, 수리적 모델, 데이터마이닝을 생각해보자. 12.7절에서 자세히 설명하는 예측적 분석도 BA의 한 형태로 볼 수 있다.

BI와 BA는 본질적으로 기업에서 생성되는 모든 정보 흐름을 하나의 일관된 전사적 데이터세트로 통합한 다음, 관리자가 더 나은 의사결정과 계획을 수립할 수 있도록 이러한 모든 데이터를 이해할 수 있는 모델링, 통계 분석 도구, 데이터마이닝 도구를 사용하는 것이다.

앞에서 언급했듯이 AI는 데이터 분석 및 BI 도구에 점점 더 통합되고 있다. AI는 데이터 분석 및 BI를 더욱 효율적·효과적으로 만들고 더 많은 사용자에게 접근성을 제공하고 있다. AI는 데이터 준비와 정제 및 분석과 같은 BA 및 BI와 관련된 많은 수작업을 자동화할 수 있다. 자연어 처리는 사용자가 자연어 쿼리를 사용하여 데이터를 탐색할 수 있도록 지원하여 사용자에게 도움을 줄 수 있다. 머신러닝은 미래의 추세를 보다 정확하게 예측하는 데 사용할 수 있는 더욱 강력한 예측 모델을 만드는 데 활용될 수 있다. 또한 AI는 더욱 개인화되고 상호작용하는 BI 대시보드를 만드는 데에도 사용될 수 있다. BI와 BA는 기술 공급업체 및 컨설팅 회사에서 만든 용어라는 것을 기억하는 것이 중요하다. 예를 들어 데이터 분석을 위한 모든 과정을 지원하는 SaaS(서비스형 소프트웨어) 제품군인 마이크로소프트 Fabric은 마이크로소프트 Power BI, Azure Synapse Analytics, Azure Data Factory와 같은 마이크로소프트의 다양한 BI 도구의 구성요소를 하나로 통합하는 올인원 통합 플랫폼을 제공한다. Fabric은 OneLake라는 데이터레이크를 기반으로 구축되었으며, 데이터 이동, 데이터 저장, 데이터 엔지니어링, 데이터 통합, 데이터 과학, 실시간 분석, BI뿐만 아니라 데이터 보안, 거버넌스 및 규정 준수를 위한 도구를 제공한다. Fabric은 모든 계층에 Azure OpenAI Service를 통합하여 개발자가 생성형 AI의 성능을 활용하고 비즈니스 사용자가 데이터에서 통찰력을 찾을 수 있도록 지원한다. BI 및 BA 제품의 주요 공급업체로는 오라클, SAP, IBM, SAS 등이 있다.

비즈니스 인텔리전스와 비즈니스 분석 환경

그림 12.3은 주요 공급자가 제안하고 장기간 개발해온 하드웨어, 소프트웨어, 관리 기능을 중심으로 BI와 BA 환경에 대한 개요를 나타낸 것이다.

BI 및 BA 환경에는 여섯 가지 요소가 있다.

- **비즈니스 환경에 대한 데이터**: 기업은 콜센터, 웹사이트, 모바일 기기, 소셜 미디어 데이터, 매장, 공급업체 그리고 빅데이터를 포함한 정부 및 경제 데이터 등 다양한 원천에서 발생하는 정형 데이터와 비정형 데이터를 모두 처리해야 한다. 이러한 데이터는 통합되고 조직화되어 의사결정권자가 이를 분석하고 사용할 수 있어야 한다.
- **BI 인프라**: BI의 기본은 비즈니스 운영에 필요한 모든 관련 데이터를 수집하는 강력한 데이터베이스 시스템이다. 데이터는 거래 처리 데이터베이스에 저장되거나 전사적인 데이터웨어하우스 또는 일련의 상호 연관된 데이터마트 또는 분석 플랫폼에 통합될 수 있다. 대부분의 분석 플랫폼은 이제 AI 기능도 갖추고 있다.
- **BI 및 BA 도구 세트**: 모델, 데이터마이닝, OLAP, 보고서와 검색 도구, 빅데이터 분석과 같은 소프트웨어 도구 세트는 데이터를 분석하고 보고서를 작성하고, 관리자가 제기한 질문에 응답하며, 핵심성과지표를 사용하여 사업 진행 상황을 추적하는 데 사용된다. 많은 BI 및 BA 도구 세트는 이제 AI 기능도 제공한다.
- **관리직 사용자 및 방법론**: BI 하드웨어와 소프트웨어의 활용 효과는 사용자에 따라 달라진다. 관리자는 전략적 사업 목표를 설정하고 사업 진행을 측정하는 방법을 구체적으로 명시하는 다양한 관리적 방법론에 따라서 데이터를 분석하도록 지시한다. 관리적 방법론에는 경쟁사에 특히 주목하면서 전반적인 비즈니스 환경의 변화에 초점을 두고 핵심 성과지표와 업계 전략 분석에 집중하는 비즈니스 성과 관리와 균형성과표 접근 방식이 있다. 고위 관리층의 강력한 감독이 없다면 BI와 BA는 잘못

그림 12.3 의사결정을 지원하기 위한 BI와 BA

BI와 BA는 강력한 데이터베이스 기반, 일련의 분석 도구, 지능적인 질문을 하고 데이터를 분석하는 관리팀이 필요하다.

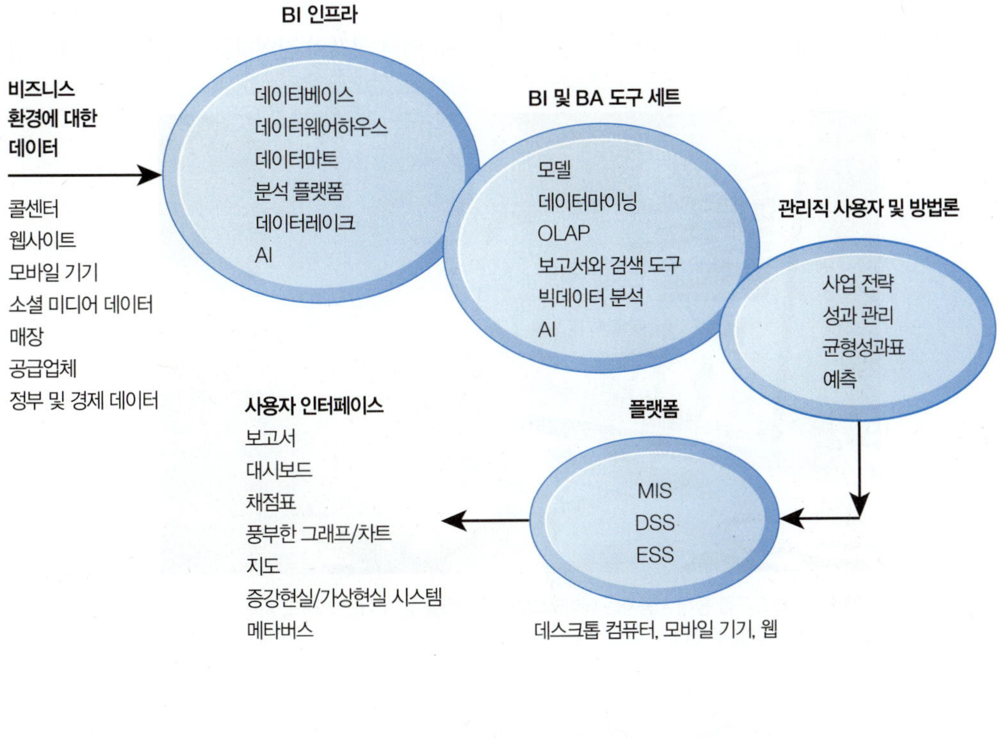

된 문제에 초점을 맞추어 실제 문제를 외면하게 하는 방대한 양의 정보, 보고서, 온라인 화면을 생성할 수 있다.

- **전달 플랫폼(MIS, DSS, ESS)**: BI와 BA의 결과는 자신의 업무를 수행하기 위해 알아야 하는 것이 무엇인지에 따라 관리자와 직원에게 다양한 방법으로 전달된다. 2장에서 소개한 MIS, DSS, ESS는 운영 관리층, 중간 관리층, 고위 관리층 등 기업 내 여러 계층의 관리자에게 정보와 지식을 전달한다. 과거에 이러한 정보시스템은 데이터를 쉽게 공유할 수 없었으며, 서로 독립적인 시스템으로 운영되었다. 오늘날에는 BI와 BA 도구가 이러한 정보를 통합하여 관리자의 데스크톱 컴퓨터와 모바일 플랫폼에 전달한다.
- **사용자 인터페이스**: 관리자는 행과 열을 이용한 표 형식의 무미건조한 보고서보다 데이터를 시각화한 보고서를 통해 더 빨리 학습한다. 오늘날의 BI와 BA 소프트웨어 제품군은 **데이터 시각화**(data visualization)를 위해 다양한 그래프, 차트, 대시보드나 지도, 점점 더 강화되는 증강현실 및 가상현실 기능 등과 같은 다양한 도구를 사용할 수 있으며, 데이터를 그래픽 형태로 표현하여 사용자가 방대한 데이터의 패턴과 관계를 파악할 수 있도록 지원한다.

데이터 시각화
대용량 데이터를 그래픽 형태로 표현함으로써 데이터의 패턴 및 관계를 파악하는 것을 돕는 기술

태블로

태블로 소프트웨어는 업계를 선도하는 BI 및 데이터 시각화 도구이다. 현재 세일즈포스가 소유한 태블로는 비즈니스 의사결정을 내리는 데 도움이 되도록 사용자가 데이터를 시각화하고 분석하여 다양한 차트, 그래프, 지도, 대시보드, 스토리를 만들 수 있도록 지원한다. 기술 지식이 없는 사용자도 스프레드시트, 기업 데이터베이스 및 웹 데이터 등 광범위한 데이터에서 비즈니스 통찰력을 제공하는 맞춤형 대화형 대시보드를 빠르고 쉽게 만들고 공유할 수 있다. 태블로는 관계형 데이터베이스, OLAP 큐브, 클라우드 데이터베이스 및 스프레드시트를 검색하여 그래프 유형의 데이터 시각화를 생성하고, 다양한 데이터세트를 결합 및 혼합할 수 있다.

글로벌 레스토랑 및 식품 서비스 공급업체인 시스코(Sysco)는 태블로를 사용하여 고객이 영업 담당자의 도움 없이 직접 재고를 관리할 수 있도록 지원한다. 영업 회계를 위해 여러 추적 시스템을 거쳐 접수된 고객 주문의 경우, 태블로는 주문 활동을 더욱 명확하고 상세하게 시각화하여 영업 및 영업 리더십 팀에 더욱 풍부한 통찰력을 제공한다. 영업용 대시보드에는 고객과 내부 담당자의 주문이 모두 표시된다. 시스코의 전자상거래 플랫폼이 어디에서 사용되고 있는지, 어떤 고객이 참여하고 있는지, 어디에 영업

데이터 시각화 도구를 통해 사용자는 데이터로부터 통찰력을 얻기 위한 그래프, 차트, 대시보드, 지도 등을 쉽게 만들 수 있다.

담당자의 도움이 필요한지를 계정별 또는 지역별로 확인할 수 있기 때문에 대시보드는 시스코의 셀프서비스 모델을 홍보하는 데 도움이 된다(Tableau, 2024).

비즈니스 인텔리전스와 데이터 시각화를 위한 가상 현실, 증강 현실 및 메타버스 도구

가상현실(virtual reality, VR) 기술은 3차원 데이터 시각화에 강력한 기능을 제공한다. 현실과 매우 유사하여 사용자가 마치 실제 상황에 참여하는 것처럼 느낄 정도로 컴퓨터로 만든 시뮬레이션을 생성하기 위해 VR 시스템은 상호작용 그래픽 소프트웨어와 하드웨어를 사용한다. 많은 VR 시스템에서는 애플리케이션에 따라 사용자는 특수 의류, 헤드기어, 장비를 착용한다. 의류에는 사용자의 움직임을 기록하고 해당 정보를 즉시 컴퓨터로 전송하는 센서가 내장되어 있다.

가상현실(VR)
인터랙티브 그래픽 소프트웨어와 하드웨어를 사용하여 3차원 데이터 시각화를 위한 강력한 기능을 제공하는 기술로, 실제 활동을 에뮬레이션하는 감각을 제공하는 컴퓨터 생성 시뮬레이션을 생성한다.

VR 애플리케이션은 현재 엔터테인먼트, 소매, 제조 분야에서 활용되고 있으며, 몰입형 경험을 통해 고객이 제품을 시각화하거나 공장 근로자에게 복잡한 장비 사용법을 교육할 수 있다. 폭스바겐그룹(Volkswagen Group)은 VR 시스템을 활용하여 차량 설계와 개발 속도를 높이고, 개발 초기 단계에서 잠재적으로 비용이 많이 드는 설계 문제를 파악했다. 폭스바겐은 비용이 많이 드는 물리적 프로토타입을 없애고 대신에 VR HTC Vive 헤드셋을 사용하여 디지털 방식으로 구성된 차량의 내부 및 외부 구성요소에 대한 몰입형 360도 뷰로 교체할 수 있었다. 버튼, 조명, 콘솔과 같은 내부 및 외부 부품을 포함한 자동차의 가상 구성요소는 설계 과정에서 몇 줄의 소프트웨어 코드만으로 쉽게 교체할 수 있다.

증강현실(augmented reality, AR)은 디지털 데이터와 이미지를 물리적인 실제 환경에 중첩하여 시각화를 향상하는 관련 기술이다. 이 디지털 기술은 현실에 대한 인식을 향상하는 추가 정보를 제공하여 사용자의 주변 현실 세계를 더욱 상호작용적이고 의미 있게 만든다. TV로 중계되는 미식축구 경기에 표시되는 노란색 퍼스트다운 마크는 AR 기술의 예이며, 컴퓨터 단층촬영(CT) 및 자기공명영상(MRI) 스캔이나 초음파 영상에서 얻은 데이터를 수술실의 환자에게 중첩하여 보여주는 영상 유도 수술과 같은 의료 시술도 AR 기술의 예이다.

증강현실(AR)
디지털 데이터와 이미지를 물리적인 실제 환경에 중첩하여 시각화를 향상하는 기술

AR이 주목받는 다른 산업으로는 군사 훈련, 엔지니어링 설계, 로봇 공학, 소비자 디자인 등이 있다. 이케아, 아마존, 세포라와 같은 주요 소매 브랜드는 AR 모바일 앱이나 웨어러블 안경을 사용하여 쇼핑객이 실시간으로 구매 결정을 내릴 수 있도록 전자상거래 쇼핑 경험을 제공하고 있다. 예를 들어 이케아의 Place 모바일 앱은 거실 사진을 촬영하여 공간을 측정한 후 공간에 맞는 가구를 추천한다. 사용자는 이를 통해 자신의 공간에 가구를 가상으로 '배치'할 수 있다.

오늘날 많은 관심을 받고 있는 VR 및 AR 애플리케이션은 앞서 2장, 4장, 7장에서 설명한 메타버스를 위한 것이다. 메타버스는 그래픽이 풍부하고 어느 정도 현실성이 있는 가상의 3D 공간으로, 사람들이 일하고, 쇼핑하고, 사교하고, 즐길 수 있는, 즉 기본적으로 사람들이 현실에서 함께하고 싶은 일들을 디지털 아바타를 사용하여 함께하는 것이다. 메타버스 지지자들은 종종 '현존감'이라는 개념을 결정적인 요소로 강조한다. 자신이 실제로 그곳에 있는 것처럼 느끼고, 다른 사람들도 실제로 함께 있는 것처럼 느끼는 것이다. VR 안경과 AR 소프트웨어 그리고 점점 더 중요해지는 AI를 포함하여 메타버스를 뒷받침하는 인프라는 사용자가 가상 세계, 디지털 작업 공간 및 기타 장소에서 주변 환경과 어떻게 상호작용하는지를 보여주는 데이터에 의존한다.

지금까지 대중의 관심은 소셜 네트워킹, 엔터테인먼트, 마케팅과 관련된 소비자 부문의 메타버스 기술 활용에 대부분 집중되었다. 그러나 메타버스 기술은 기업 및 산업 분야에도 활용되고 있다. 기업 메타버스는 업무, 학습, 의사소통, 협업 활동을 가상화하는 것을 포함한다. 산업 메타버스는 데이터와 AI를 활용하여 사람, 생산 자산, 프로세스와 운영, 산업 환경 간의 상호작용을 최적화하는 방법에 중점을 둔다. 메타버스의 목표는 현실 세계를 완전 몰입형 실시간 대화형으로 표현한 시뮬레이션에 기계와 공장 및

기타 고도로 복잡한 시스템을 반영함으로써 과거 활동과 미래 활동에 대한 분석을 혁신하는 것이다. 자동차, 에너지, 항공우주, 방위 산업은 현재 산업 메타버스 투자 및 활동을 선도하고 있다(IEEE Digital Reality, 2024; ITBriefcase, 2024; World Economic Forum, 2024).

12.7 비즈니스 인텔리전스 시스템의 기능

BI와 BA는 의사결정권자에게 정확하고 거의 실시간에 가까운 정보를 제공하며, 분석 도구는 신속하게 정보를 이해하고 필요한 조치를 취할 수 있도록 의사결정권자를 지원한다.

비즈니스 인텔리전스 시스템의 분석 기능

BI 시스템은 이러한 목표를 달성하기 위해 다음과 같은 여섯 가지 주요 분석 기능을 제공한다.

- **일반 보고서**: 특정 산업 분야의 필요에 따라 미리 정의해둔 보고서이다(표 12.4 참조).
- **매개변수를 사용하는 보고서**: 사용자는 피벗 테이블처럼 여러 매개변수 값을 입력하여 데이터를 필터링하고 매개변수의 영향을 분리한다. 예를 들면 지역별·시간별 제품 판매량의 변동을 이해하기 위해 특정 지역과 하루 중 시간대를 입력할 수 있다. 스타벅스와 같은 전국적인 기업의 경우, 동부 지역의 고객은 아침에 커피를 가장 많이 구매하지만 북서부 지역의 고객은 하루 중 특정 시간대에 관계없이 커피를 구매한다는 것을 발견할 수 있다. 이러한 발견에 따라 지역별로 서로 다른 마케팅과 캠페인 광고를 시행할 수 있다(12.8절의 피벗 테이블에 대한 설명을 참조하라).
- **대시보드/채점표**: 사용자가 정의한 성과 데이터를 표시하는 시각적 도구이다.
- **임시 쿼리/검색/보고서 작성**: 사용자가 쿼리와 검색을 이용하여 자신만의 보고서를 작성할 수 있도록 지원한다.
- **드릴다운**: 개략적인 요약으로부터 자세한 하위 단계로의 상세한 분석을 지원한다.
- **예측, 시나리오, 모델, 추천**: 선형 예측 및 가정(what-if) 시나리오 분석을 수행하며, 표준 통계 도구를 사용하여 데이터를 분석하고 취해야 할 조치를 추천한다.

예측적 분석과 처방적 분석

예측적 분석
미래 추세와 행동 유형을 예측하기 위해 통계 분석, 데이터마이닝 기법, 과거 데이터 및 미래 상황에 대한 가정을 사용한다.

비즈니스 분석의 중요한 기능은 고객이 제품 구매 제안에 응답할 확률과 같은 미래의 사건과 행동을 모델링하는 능력이다. **예측적 분석**(predictive analytics)은 통계 분석, 데이터마이닝 기법, 과거 데이터와

표 12.4 BI가 제공하는 일반 보고서

비즈니스 기능 분야	일반 보고서
판매	판매 예측, 판매팀 성과, 교차판매, 판매주기
서비스/콜 센터	고객만족, 서비스 비용, 해결률, 이탈률
마케팅	캠페인 효과성, 충성도와 이탈 가능성, 시장바구니 분석
구매와 지원	직간접 지출, 무계약 거래, 공급자 성과
공급사슬	수주 잔고, 주문 처리 상태, 주문주기, 자재소요명세서 분석
재무	총계정원장, 외상매출금과 외상매입금, 현금 흐름, 수익성
인적자원	종업원 생산성, 보상, 인력 인구통계, 유지

미래 상황에 대한 가정을 사용하여 미래 추세와 행동 유형을 예측한다. 미래 행동을 예측하기 위해 측정해야 하는 변수를 파악한다. 예를 들면 보험 회사는 자동차 보험을 판매할 때 운전 안전성을 예측하기 위한 변수로 연령, 성별, 운전 경력과 같은 변수를 사용할 수 있다. 이러한 예측변수는 수용 가능한 신뢰 수준에서 미래 확률을 예측하기 위한 예측적 모델과 결합된다.

넷플릭스는 사용자의 과거 시청 습관을 기반으로 TV 프로그램과 영화에 대한 선호도를 예측하기 위해 추천 엔진에서 예측적 분석 모델을 사용한다. 로열더치셸(Royal Dutch Shell, PLC)은 마이크로소프트 애저 클라우드 플랫폼과 C3 IoT PaaS(Platform-as-a-Service) 애플리케이션 개발 플랫폼을 사용하여 압축기, 밸브 및 기타 장비의 유지·보수가 필요한 위치와 시기를 모니터링하고 예측한다.

예측적 분석은 영업, 마케팅, 재무, 사기 탐지, 의료 분야를 위한 수많은 BI 애플리케이션에 통합되고 있다. 가장 잘 알려진 사례는 금융 서비스 산업에 광범위하게 사용되고 있는 신용평가 분야이다. 신규 신용카드를 신청하면 신용카드 대금을 제때 납부할 가능성을 판단하기 위해 신용평가 모델이 과거의 신용이력, 대출 신청, 구매 데이터를 분석한다. 건강보험 회사들도 어떤 환자가 고비용을 발생시킬 가능성이 가장 높은지를 파악하기 위해 수년간 데이터를 분석했다.

많은 기업이 마케팅 캠페인 및 기타 고객 육성 노력에 대한 반응을 예측하기 위해 예측적 분석을 활용한다. 반응 가능성이 높을 것으로 예상되는 고객을 파악함으로써 기업은 반응이 더 높을 것으로 예상되는 고객에게 자원을 집중하여 마케팅 및 판매 비용을 절감할 수 있다. 예를 들어 페덱스는 고객이 가격 변동 및 신규 서비스에 어떻게 반응할지, 어떤 고객이 경쟁사로 이탈할 위험이 가장 높은지, 새로운 매장이나 드롭박스 매장을 통해 얼마나 많은 매출을 창출할지 예측하는 모델을 개발하기 위해 예측적 분석을 활용했다. 페덱스 예측적 분석 시스템의 정확도는 65~90%에 이른다.

처방적 분석은 예측적 분석을 한 단계 더 발전시킨 것이다. **처방적 분석**(prescriptive analytics)은 미래 결과를 예측할 뿐만 아니라 원하는 결과를 달성하거나 바람직하지 않은 결과를 방지하기 위한 조치 또는 결정을 권고한다는 점에서 예측적 분석과 다르다. 기업은 고객 세분화, 이탈 예측, 사기 탐지, 위험 평가, 수요 예측, 처방적 유지·관리, 개인 맞춤형 추천 등에 처방적 분석을 활용하고 있다. 오늘날의 처방적 분석 도구는 예측적 모델링에 사용되는 다양한 통계 기법 외에도 AI 기계어 알고리즘을 점점 더 많이 활용하고 있다.

처방적 분석
미래 결과를 예측할 뿐만 아니라 원하는 결과를 달성하거나 바람직하지 않은 결과를 방지하기 위한 조치 또는 결정을 권고하는 분석 형태

기술 사례 '예측적 분석과 AI를 사용하여 농업을 재편하는 랜드오레이크스'에서는 21세기 농업 관행을 재편하기 위한 예측적 분석과 처방적 분석, AI의 사용을 중점적으로 살펴본다.

빅데이터 분석

예측적 분석과 처방적 분석 도구는 이제 소셜 미디어 데이터, 고객 거래 데이터, 센서 및 기계 출력 데이터를 포함하여 민간 및 공공 부문의 빅데이터를 활용할 수 있다. 전자상거래 분야에서 많은 온라인 소매업체는 구매를 촉진하고 재고로 비축할 상품에 대한 결정을 안내하는 데 도움이 되는 개인화된 온라인 상품 추천 기능을 갖추고 있다. 과거에는 이러한 제품 추천의 대부분이 소득 5만 달러 미만이나 18~25세 고객과 같은 유사 고객 집단의 행동을 기반으로 했다. 이제 일부 소매업체는 이러한 추천을 더욱 개인화하기 위해 엄청난 양의 온라인 및 매장 고객 데이터와 소셜 미디어 데이터를 분석하기 시작했다. 이러한 노력은 고객의 소비를 증가시키고 고객 유지율을 높여준다. 표 12.5는 빅데이터 분석을 활용하는 기업의 사례이다.

공공 부문에서의 빅데이터 분석 활용은 디지털 기술과 공공 기록 데이터 저장소를 집중적으로 활용하여 도시 운영 및 주민 서비스 제공에 대한 더 나은 의사결정을 내리는 스마트 시티로의 전환을 가속화하고 있다. 지자체는 센서를 통해 수집된 데이터와 모바일 기기의 위치 데이터를 더 많이 추가하고 있다.

기술 사례 예측적 분석과 AI를 사용하여 농업을 재편하는 랜드오레이크스

미국 미네소타주에 위치한 유명 농업 협동조합인 랜드오레이크스(Land O'Lakes)는 100년 넘게 운영되었다. 농업 관련 기업이 혁신의 선두에 서는 경우는 흔치 않다. 하지만 랜드오레이크스는 데이터 분석과 AI의 힘을 활용하여 21세기 농업 운영 방식을 혁신함으로써 고정관념을 깨고자 한다. 랜드오레이크스는 초지역 맞춤형 통찰력을 제공함으로써 농부와 기타 농업 생산자가 생산성을 높이고 더 나은 결정을 내리는 데 도움이 될 것이라고 믿는다.

랜드오레이크스는 여러 사업 부문을 운영하고 있다. 가장 잘 알려진 사업 부문은 버터, 치즈 그리고 랜드오레이크스 브랜드로 판매되는 기타 유제품 사업이다. 랜드오레이크스는 퓨리나 애니멀뉴트리션(Purina Animal Nutrition)이라는 상표로 가축 사료도 판매한다. 윈필드 유나이티드(WinField United) 사업부는 종자, 식물 영양 및 보호와 관련된 도매 유통 사업을 운영한다. 또한 랜드오레이크스는 최근 지속가능성에 중점을 둔 새로운 사업인 트루테라(Truterra)를 출시했다. 이러한 다양한 사업으로 2023년 연매출 약 170억 달러를 기록하여 《포천》 500대 기업에서 245위를 차지했다.

2018년, 랜드오레이크스의 역사상 첫 번째 최고기술책임자(CTO)로 테디 베켈레(Teddy Bekele)가 임명되었다. 이는 기술이 농업에서 차지하는 중요성을 인정한 것으로, 베켈레는 랜드오레이크스의 4개 사업부 각각에서 디지털 전환 노력을 주도했다. 베켈레에 따르면 농업 산업의 기술은 산업의 단순한 조력자에서 산업의 동력으로 전환되고 있으며, 이러한 전환의 중심에는 데이터가 있다. 농업 사업의 성공은 무엇을 언제 심고, 어떻게 비료를 주고, 먹이를 주고, 수확하고, 어떻게 마케팅하고 판매할지 등 40가지 주요 결정에 달려 있다. 농부는 데이터와 기술을 통해 이러한 문제의 답을 찾을 수 있다.

예를 들어 랜드오레이크스 윈필드 유나이티드 사업부는 현재 AI 기능을 활용한 예측적 분석 및 처방적 분석을 구축하고 있다. 이 사업부는 윈필드가 사업하고 있는 모든 지역에 산재되어 있는 115개의 연구 도표(해답 도표)를 보유하고 있다. 윈필드는 판매하는 종자의 특정 토양 유형, 지형, 기후에서의 성과에 대한 모든 데이터를 수집한다. 윈필드 혁신 센터에는 더운 날의 사우스다코타 또는 추운 날의 인디애나와 같이 특정 지역의 조건을 모방할 수 있는 풍동과 풍속실이 설치되어 있어 다양한 조건에서의 작물 생장과 관련된 데이터를 수집할 수 있다.

윈필드는 이 데이터를 활용하여 농부가 자신의 농장에 가장 적합한 결정을 내릴 수 있도록 지원한다. AI를 활용하여 농부의 농장 위치와 가장 잘 맞는 종자 그리고 농부가 최상의 결과를 얻기 위해 따라야 할 모범 사례를 파악한다. 현재 이러한 권장사항은 400쪽 분량의 작물 보호 안내서에 담겨 지역 농학자(작물 과학자)에게 제공되며, 농학자는 이를 활용하여 권장사항을 개발한다. 랜드오레이크스는 현재 이 안내서를 디지털화하고 작물에 대한 통찰력과 질문에 대한 대답을 제공할 수 있는 가상 에이전트의 역할을 수행하는 생성형 AI 챗봇을 개발하기 위해 마이크로소프트와 협력하고 있다. 예를 들어 농부는 밭에서 자라는 정체를 알 수 없는 잡초 사진을 공유하면 잡초 식별 정보와 해결 방법에 대한 권장사항을 받을 수 있다.

랜드오레이크스 트루테라 사업부 또한 기술 중심이다. 트루테라는 농부가 토양 기반 탄소 자산을 생성하고 판매할 수 있도록 데이터 중심 프로그램을 개발했으며, 식물에서 자연적으로 생성되는 온실가스를 포집하고 저장하는 등 탄소를 격리하는 농부에게 현금을 지급한다. 이 탄소 자산은 지속가능성 목표를 가진 기업 고객이 구매한다. 트루테라는 설립 후 3년 동안 110만 톤 이상의 탄소 격리를 위해 농부들에게 2,100만 달러 이상을 지급했다.

이 프로그램은 트루테라의 지역 농학자 네트워크를 통해 제공되며, 이들은 농부와 직접 협력하여 농장에 대한 최선의 결정을 내릴 수 있도록 지원한다. 트루테라는 농부와 협력하여 센서와 드론을 사용하여 농장 단위의 지역 데이터를 수집하고, 이 데이터를 활용하여 농장 관리 디지털 플랫폼을 구축한다. 이 플랫폼을 통해 농부와 농학자는 투자 수익을 극대화하는 동시에 토지를 보호하는 관행을 파악하기 위해 다양한 토지 관리 관행(예: 피복 작물 추가, 경작 면적 감소)을 조합하여 가상 시나리오와 '플러그 앤드 플레이'를 실행한다. 지리공간 데이터 분석은 농업 운영이 수질, 토양 건강, 온실가스 등 환경적 지속가능성에 미치는 영향을 이해하는 데 매우 중요하다. 트루테라는 Databricks, Apache Sedona, R을 사용하여 공간 데이터를 대규모로 분석하고, 이를 통해 개발된 공간적 통찰력을 기반으로 농장의 수익성, 지속가능성, 관리 성과를 최적화하는 관행을 교육하고 홍보한다.

이러한 발전에도 불구하고 여전히 수많은 과제가 있다. 랜드오레이크스는 수년간 예측 분석을 사용해왔고 AI 도구를 점점 더 많이 도입하고 있지만, 아직 특정 농장 수준에서 정확히 어떤 일이 일어날지 모델링할 수는 없다. 그러기 위해서는 엄청난 양의 데이터가 필요하다. 최신 농기계에는 일반적으로 센서와 정교한 소프트웨어가 장착되어 있지만 많은 농부는 아직도 구형 장비를 사용하고 있다. 농촌 지역의 안정적인 인터넷 서비스 또한 여전히 어려운 과제이다. 이러한 변화에도 불구하고 베켈레는 농업이 직감과 본능에 기반한 의사결정에서 데이터와 기술을 활용한 의사결정으로 전환하는 혁명의 기로에 서 있다고 생각한다.

출처: John Kell, "Why Land O'Lakes Now Has a CTO after 97 Years Without One," Fortune.com, June 26, 2024; Neil C. Hughes, "2796: Cultivating Tomorrow's Farms: Land O'Lakes Tech-Driven Agriculture Revolution," The Tech Talks Daily Podcast, Youtube.com, February 7, 2024; Alicia Wallace, "As the CEO of Land O'Lakes, She's Changing the Rules of American Farming," Cnn.com, November 21, 2023; MITSloan Management Review "Big Data in Agriculture: Land O'Lakes Teddy Bekele," Me, Myself, and AI Podcast, Episode 503 Sloanreview.mit.edu, August 30, 2022; Teddy Bekele, "How Data Will Drive Profitable Sustainable Farming in 2022," Landolakes.com, April 18, 2022.

문제

1. 랜드오레이크스는 농부가 더 나은 결정을 내릴 수 있도록 어떻게 돕는가?
2. 농부가 데이터와 기술을 사용할 때 직면하는 어려움은 무엇인가?

표 12.5 빅데이터 분석 응용 분야

기업	빅데이터 분석
이하모니(EHarmony)	수천 건의 성공적인 관계에서 발견된 호환성 특징을 기반으로 커플을 매칭하기 위해 1,000만 사용자의 개인 데이터와 행동 데이터를 분석한다. 하루에 1,500만 건 이상의 매칭을 처리한다.
롤스로이스(Rolls Royce)	유지·보수를 최적화하고 엔진 수명을 연장하는 동시에 항공기 엔진에서 발생하는 탄소 배출량을 줄이기 위해 빅데이터를 활용한다. 각 엔진의 비행 방식, 비행 조건, 조종사의 사용 방식을 모니터링한다. 각 엔진에 맞는 맞춤형 유지·보수 체계를 구축한다.
허츠(Hertz)	수요가 급증하거나 감소하는 시간대에 맞춰 각 지점의 인력 수준을 조정하기 위해 웹 설문조사, 이메일, 문자 메시지, 웹사이트 트래픽 유형 및 8,500개 렌터카 지점에서 수집된 데이터를 활용한다.
리바이스트라우스 (Levi Strauss & Co.)	개별 소비자의 선호도에 맞춘 공급사슬을 구축하기 위해 수백만 개의 소비자 수요 신호를 분석하는 데 SAS 분석을 사용한다. 이 시스템을 통해 각 제품의 스타일, 색상, 사이즈에 대한 수요를 예측할 수 있다.

예측적 모델링 프로그램은 이제 유틸리티 관리, 교통 운영, 보건진료 제공, 공공 안전에 대한 공공 정책 결정에 정보를 제공한다. 예를 들어 바르셀로나시 공원에 설치된 관개 시스템은 토양 수분을 모니터링하고 물이 필요할 때 스프링클러를 작동한다. 시는 지역 공원에 센서를 설치한 후 매년 수도 요금을 25% 절감할 것으로 예상한다.

운영적 인텔리전스와 분석

사물인터넷은 웹 활동, 스마트폰, 센서, 게이지, 모니터링 장치 등에서 엄청난 양의 데이터 스트림을 생성한다. **운영적 인텔리전스**(operational intelligence)는 BI와 BA의 한 형태로, 실시간으로 생성되는 빅데이터 스트림에서 조직 내부 및 외부 활동에 대한 통찰력을 제공하는 데 사용될 수 있다. 기업은 특정 사건에 대한 트리거 알림을 설정하거나 실시간 대시보드에 알림을 제공하여 관리자의 의사결정에 도움을 줄 수 있다.

운영적 인텔리전스
실시간으로 생성되는 빅데이터 스트림을 통해 조직 내부 및 외부 활동에 대한 통찰력을 제공하는 BI와 BA의 한 형태

운영적 인텔리전스의 한 가지 예는 북미 최대 규모의 트럭 운송, 물류 및 복합 운송 서비스 제공업체 중 하나인 슈나이더내셔널(Schneider National)이 소유한 트럭, 트레일러, 복합 운송 컨테이너에 설치된 센서에서 생성된 데이터를 활용하는 것이다. 센서는 차량의 위치, 운전 습관, 연료량, 트레일러 또는 컨테이너의 적재 여부 등을 모니터링한다. 슈나이더는 연료 탱크 센서의 데이터를 활용하여 탱크에 남아 있는 연료량, 트럭의 목적지, 경로상의 연료 가격을 기반으로 운전자가 연료를 보충하기 위해 정차해야 할 최적의 위치를 파악한다.

위치 분석과 지리정보시스템

위치 데이터를 기반으로 하는 의사결정도 있다. 모바일 기기의 위치 데이터, 센서나 스캐닝 장비의 출력, 지도 데이터 등을 비롯한 데이터의 위치(지리적) 구성요소에서 비즈니스 통찰력을 얻는 능력을 의미하는 **위치 분석**(location analytics)은 BI 분석에 포함되어 있다. 예를 들면 근처 식당이나 상점에 대한 모바일 광고는 누구를 대상으로 해야 하는지를 결정하거나, 상점을 방문한 고객에 대한 모바일 광고의 효과를 마케팅 담당자가 계량화하는 데 위치 분석이 도움이 될 수 있다. 위치 분석은 유틸리티 회사가 정전과 관련된 비용을 고객의 위치를 고려하여 측정할 수 있게 하여 마케팅, 시스템 기능 개선, 고객 서비스 노력 등의 우선순위를 결정하는 데 도움을 줄 수 있다. 1장에서 소개한 UPS의 소화물 추적 및 배달경로 시스템과 같이 스타벅스도 신규 매장의 위치를 정할 때 위치 분석을 사용하고 있다. 기존 매장의 매출에 악영향을 미치지 않고 더 많은 신규 매장을 낼 수 있는 최적의 위치를 선정하기 위해 스타벅스 시스템은 방대

위치 분석
모바일 기기의 위치 데이터, 센서 또는 스캐닝 장치의 출력, 지도의 데이터 등을 비롯한 데이터의 위치(지리적) 구성요소에서 통찰력을 얻을 수 있는 기능

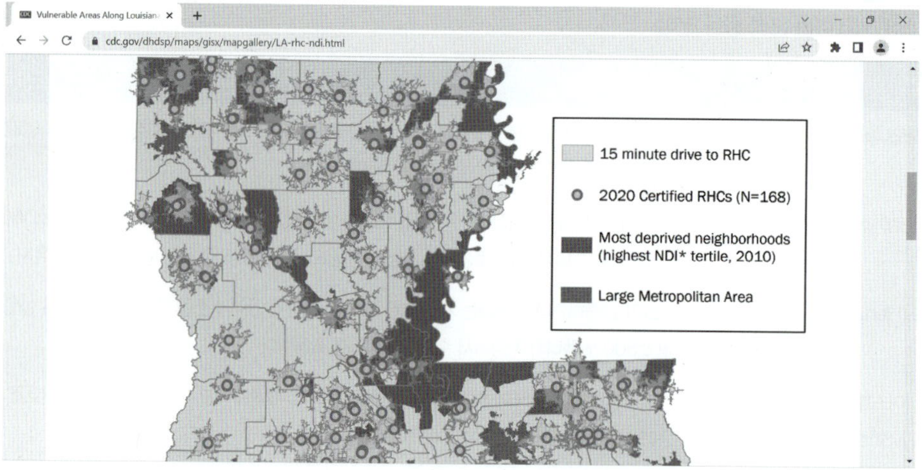

이 지도는 루이지애나주 미시시피 델타 지역에서 농촌보건진료소(RHC)에 지리적으로 접근하기 어려운 취약 지역의 위치를 보여준다. RHC는 농촌 지역 주민에게 1차 진료 접근 지점을 제공한다. 많은 농촌 지역에서 인근 RHC를 이용할 수 있지만, 미시시피 델타 지역에는 여전히 인근 진료소가 없는 농촌 지역이 있다.

출처: Anna L. Hamilton, Well-Ahead Louisiana. Accessed from the Centers for Disease Control and Prevention's Chronic Disease GIS Exchange https://www.cdc.gov/dhdsp/maps/gisx/mapgallery/LA-rhc-ndi.html

한 위치 기반 데이터와 인구통계 데이터를 분석한다. 이 시스템은 지역 상업 지역, 소매 클러스터, 인구통계 자료, 교통 및 운송점, 고객의 중요한 공급원이 될 수 있는 신설 사무실 위치 등을 지도 위에 나타낼 수 있다.

지리정보시스템(GIS)
디지털화된 맵을 사용하여 데이터를 분석하고 표시하여 계획 및 의사결정을 향상하는 소프트웨어를 장착한 시스템

스타벅스와 유틸리티 회사 애플리케이션은 지리정보시스템의 예이다. **지리정보시스템**(geographic information system, GIS)은 지도 작성을 통해 도움을 받을 수 있는 문제를 의사결정권자가 시각화할 수 있도록 지원하는 도구를 제공한다. 일부 GIS는 데이터를 변경하면 자동으로 비즈니스 시나리오를 수정하는 기능을 갖추고 있다. GIS는 주정부 또는 지방정부가 자연재해나 기타 비상사태에 대응할 수 있는 시간을 계산하는 데 도움을 주기도 하고, 은행이 새로운 지점을 개설하거나 새로운 ATM 기기를 설치하는 최적의 위치를 선정하는 데 도움을 주기도 하며, 범죄 발생률이 가장 높은 지역을 경찰이 정확히 찾아내는 데에도 사용될 수 있다.

12.8 비즈니스 인텔리전스 사용자의 유형

이 책과 이 장의 앞부분에서 고위 관리층부터 중간 관리층, 분석가, 운영 직원까지 기업 내 다양한 정보 계층에 대해 설명했는데, 이것은 BI 시스템에도 적용된다. 그림 12.4는 비즈니스 인텔리전스를 가장 많이 사용하는 사용자와 그들의 사용 목적을 보여준다. BI 사용자의 대부분(80% 이상)은 '일반' 사용자이다. 고위 관리층은 대시보드나 채점표와 같은 시각적 인터페이스를 이용하여 기업 활동을 감시하기 위해 BI를 사용하는 경향이 있다. 중간 관리층과 분석가는 쿼리를 입력하고 단면 자르기(slicing and dicing)를 통해 데이터를 다양한 차원에서 분석하는 등 데이터와 소프트웨어에 더 깊이 관여할 가능성이 높다. 운영 직원은 고객 및 공급업체와 함께 미리 설정해둔 보고서를 주로 참고한다. 나머지 20%의 BI 사용자는 '일반' 사용자가 사용하는 다양한 보고서, 모델 및 예측을 실제로 생성하는 '고급' 사용자이다.

운영 관리층과 중간 관리층을 위한 의사결정 지원

운영 관리층과 중간 관리층의 주된 임무는 공장의 기계 고장 시간, 식품가맹점의 일자별·시간별 매출액, 회사 웹사이트의 일간 방문자 수 등 사업 핵심 항목의 성과를 모니터링하는 것이다. 이러한 관리층이 내

그림 12.4 비즈니스 인텔리전스의 사용자

일반 사용자는 BI 산출물의 소비자인 반면에 고급 사용자는 보고서, 새로운 분석, 모델, 예측 등의 생산자이다.

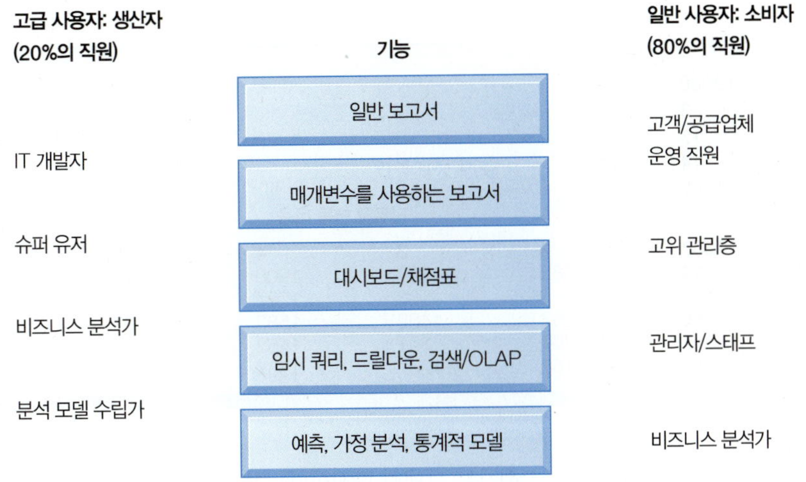

표 12.6 MIS 응용 프로그램의 예

기업	MIS 응용 프로그램
베일리스앤드하딩 (Baylis & Harding)	고급 화장품 및 선물 세트를 전문으로 하는 도매 유통업체로, 포카스(Phocas)의 BI 도구를 도입하여 재무, 고객 및 판매 데이터에 대한 가시성을 향상했다. 관리자와 임원은 이 도구를 사용하여 회사의 넷스위트(NetSuite) ERP시스템 데이터를 기반으로 표준 및 임시 MIS 보고서를 작성한다. 보고서를 통해 관리자는 사전에 조치를 취하는 데 필요한 비즈니스 데이터에 즉시 액세스할 수 있다.
블랙앤드비치(Black & Veatch)	글로벌 엔지니어링, 조달, 컨설팅 회사로, MIS를 사용하여 미국 전역의 다양한 프로젝트 건설 비용을 추적한다.
치포틀멕시칸그릴 (Chipotle Mexican Grill)	전 세계 3,200개 이상의 레스토랑을 운영하는 레스토랑 체인은 운영 효율성을 추적하기 위해 BI 시스템을 구축했다. 이 회사는 보고를 표준화하여 벤치마킹을 위한 통일된 KPI를 개발할 수 있었다.

리는 의사결정은 상당히 구조적이다. 일반적으로 중간 관리층은 이러한 유형의 의사결정을 지원하기 위해 2장에서 소개한 경영정보시스템(MIS)을 사용한다. 점점 더 많은 중간 관리층이 이러한 보고서를 온라인으로 받고, 사건이 발생한 이유를 파악하기 위해 대화식으로 데이터를 쿼리할 수 있다. 이 계층의 관리층은 특정 지역의 매출액이 기대 수준 이하로 하락하거나 직원이 치과 치료 지원금을 개별 한도를 초과하여 청구하는 등 예외적인 상황만을 강조하여 나타내는 예외 보고서에 주로 의존한다. 표 12.6은 BI를 위한 MIS 응용 프로그램을 예시한 것이다.

준구조적 의사결정을 위한 지원

일부 관리자는 스스로 보고서를 만들고, 데이터 패턴을 발견하기 위해 복잡한 분석이나 모델을 사용하며, 비즈니스 시나리오의 새로운 대안을 모델링하고, 특정 가정을 검정하기 원하는 '고급 사용자'이다.

의사결정지원시스템(DSS)은 가정(what-if) 분석이나 다른 분석을 하기 위해 수리적 또는 분석적 모델을 사용하므로 MIS에 비하여 모델에 대한 의존도가 높다. 이미 알려져 있거나 가정된 조건에서 분석을 실시하는 가정 분석의 경우, 사용자가 어떤 값을 변경해가면서 실제로 그 값이 변경되었을 때 예상되는 결과를 검토할 수 있다. 제품 가격을 5% 인상한다면 어떻게 될까? 또는 광고 예산을 100만 달러 증액한다면 어떻게 될까?

민감도 분석(sensitivity analysis)은 몇 가지 변수의 값을 여러 차례 변경해보면서 결괏값의 범위를 예

민감도 분석
하나 이상 요인의 변화가 결과에 미치는 영향을 확인하기 위해 가정 질문을 반복적으로 묻는 모델링 형식

그림 12.5 민감도 분석

이 표는 비치타월의 판매 가격과 단위당 원가 변화가 제품의 손익분기점에 미치는 영향에 대한 민감도 분석 결과를 보여준다. 이 표는 "판매 가격과 각 단위 생산 비용이 증가하거나 감소하면 손익분기점은 어떻게 되는가?"라는 질문에 대한 답을 제시한다.

총고정비용	19000					
단위당 변동 비용	3					
평균 판매 가격	17					
공헌 이익	14					
손익분기점	1357					
				단위당 변동 비용		
판매량	1357	2	3	4	5	6
가격	14	1583	1727	1900	2111	2375
	15	1462	1583	1727	1900	2111
	16	1357	1462	1583	1727	1900
	17	1267	1357	1462	1583	1727
	18	1188	1267	1357	1462	1583

측하기 위해 가정 질문을 반복적으로 실행하는 모델링 방식이다. 그림 12.5는 특정 제품의 판매가격과 단위당 비용 변경이 제품의 손익분기점에 미치는 영향을 조사하는 민감도 분석 예시를 보여준다. 역방향 민감도 분석은 의사결정권자가 목표를 달성하는 데 도움이 된다. 내년에 제품 100만 개를 판매하려면 제품 가격을 얼마나 낮춰야 할까?

6장에서는 BI의 핵심 기술 중 하나로 다차원 데이터 분석과 OLAP를 설명했다. 스프레드시트에는 다차원 분석을 위한 유사한 기능인 **피벗 테이블**(pivot table)이 있다. 피벗 테이블은 2개 이상의 차원 데이터를 표 형식으로 재구성하고 요약할 수 있는 도구이며, 준구조적 의사결정에 유용한 데이터 패턴을 파악하고 이해하는 데 사용할 수 있다.

피벗 테이블
2개 이상의 데이터 차원을 표 형식으로 재구성하고 요약할 수 있는 스프레드시트 도구로, 준구조적 의사결정에 유용한 데이터의 패턴을 파악하고 이해하는 데 사용할 수 있다.

그림 12.6은 온라인 경영 교육 제품을 판매하는 어떤 회사의 주문 거래를 분석하기 위한 마이크로소프트 엑셀의 피벗 테이블이다. 이 테이블은 각 고객 주문에 대한 두 가지 차원, 즉 판매 지역과 고객 접촉 방법(웹 광고 또는 이메일) 간의 관련성을 보여준다. 이 테이블은 "지역뿐만 아니라 고객 접촉 방법에 따라

그림 12.6 고객의 지역적 분포와 광고 방법을 분석한 피벗 테이블

피벗 테이블을 이용하여 판매 지역과 고객 접촉 방법의 관점에서 온라인 경영 교육 회사의 고객이 어디서 유입되는지 분석할 수 있다.

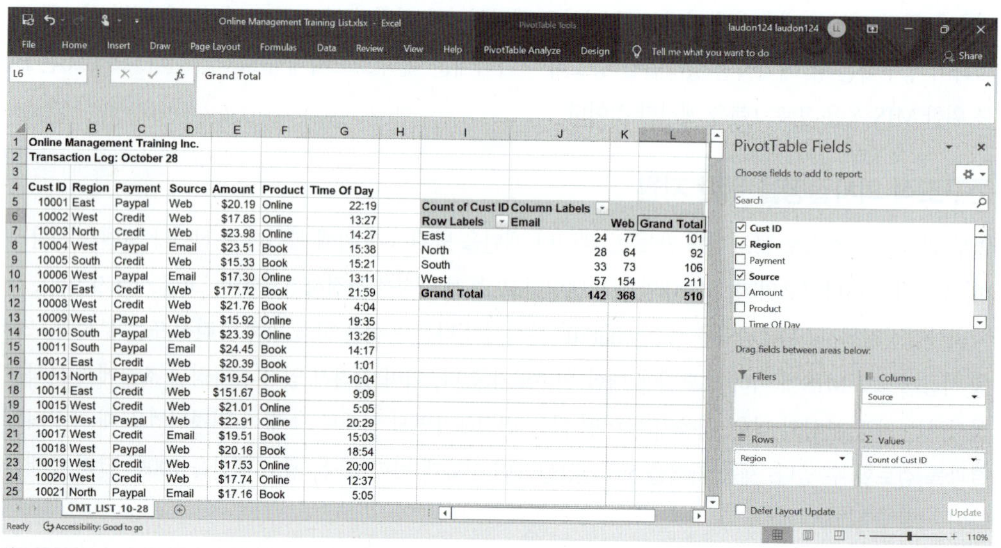

마이크로소프트의 허락하에 사용

고객 주문에 차이가 있는가?"라는 질문에 대한 답을 제시한다. 피벗 테이블은 대부분의 고객이 서부 지역에서 주문을 했고, 모든 지역에서 웹 광고가 보다 효과적이라는 것을 드러낸다.

과거에는 이러한 모델링의 상당 부분이 스프레드시트와 소규모 독립형 데이터베이스를 사용하여 수행되었다. 오늘날 이러한 기능은 대규모 데이터베이스의 데이터를 분석할 수 있는 BI 시스템에 통합되어 있다. BI 분석 도구도 앞에서 언급했던 고급 모델링 도구를 포함하고 있다. 이러한 기능은 구직, 진로 상담, 채용 서비스를 제공하는 몬스터닷컴(Monster.com)이 더욱 타기팅된 다채널 광고 접근 방식을 개발하는 데 도움이 되었다. 몬스터의 매출 대부분은 구인 공고 게시와 이력서 데이터베이스 검색에 비용을 지불하는 고용주로부터 발생한다. 그전에 몬스터는 많은 기업에 자사 서비스에 대한 일반적인 메시지를 발송했지만, 이제는 훨씬 더 개인화된 이메일, 다이렉트 메일, 우편, 소셜 참여, 우선순위가 정해진 텔레마케팅을 활용하여 새로운 고용주와 지원자를 찾고 있다. SAS 통계 모델링 소프트웨어는 특정 분기에 구인 공고 및 기타 서비스를 구매할 가능성이 가장 높은 기존 및 잠재고객을 파악한다. 마케팅 데이터베이스는 이메일 캠페인이 언제 실행되었는지, 어떤 이메일 수신자가 이메일 메시지에 응답했는지, 누가 클릭했는지에 대한 데이터를 유지한다. 몬스터는 이러한 데이터를 분석하여 과거 응답 행동 및 '기회 점수'와 같은 기준에 따라 메일링 목록을 생성할 수 있다.

고위 관리층을 위한 의사결정 지원: 균형성과표와 비즈니스 성과 관리 방법론

2장에서 소개한 중역지원시스템(executive support system, ESS)의 목표는 전반적인 수익성과 기업의 성공에 영향을 미치는 중요한 성과 정보에 최고경영진이 집중할 수 있도록 돕는 것이다. ESS 개발과 관련하여 두 가지 주제가 있다. 첫째로 특정 기업의 경영자가 필요로 하는 '정말로 중요한 성과 정보'가 무엇인지를 이해할 수 있는 방법론이 우선 있어야 하고, 둘째로 이러한 정보를 시기에 알맞게 필요한 사람들에게 전달할 수 있는 시스템을 개발해야 한다.

조직의 임원에게 정말 필요한 정보를 이해하기 위한 방법론 중에서 선도적인 방법론은 **균형성과표 기법**(balanced scorecard method)이다(Tawse and Tabesh, 2023; Kaplan and Norton, 1992). 균형성과표 기법은 재무, 비즈니스 프로세스, 고객, 학습과 성장이라는 측정 가능한 기업 성과의 네 가지 차원의 결과에 초점을 맞춰 조직의 전략 계획을 운영하기 위한 프레임워크이다. 균형성과표 프레임워크를 보여주는 그림 12.7을 살펴보자. 이 그림에서 기업의 전략 계획은 재무, 비즈니스 프로세스, 고객, 학습과 성장이라는 기업 성과의 네 가지 차원에 대한 측정 가능한 결과에 초점을 맞춰 운영된다.

> **균형성과표 기법**
> 조직의 경영진에게 필요한 정보를 이해하기 위한 선도적인 방법론으로, 측정 가능한 재무, 비즈니스 프로세스, 고객, 기업 성과의 학습 및 성장 결과에 중점을 두어 기업의 전략 계획을 운영하기 위한 프레임워크를 제공한다.

각 차원의 성과는 **핵심 성과지표**(key performance indicator, KPI)를 사용하여 측정되는데, KPI는 각 차원에서 기업이 얼마나 성과를 내고 있는지를 이해할 수 있도록 고위 관리층이 제안한 지표이다. 그림 12.7에 표시된 각 차원을 살펴보면 해당 차원과 관련된 다양한 KPI 목록을 확인할 수 있다. 예를 들어 온라인 소매업체가 고객 성과 목표를 얼마나 잘 달성하고 있는지를 보여주는 핵심 지표 중 하나는 소비자에게 상품을 배송하는 데 걸리는 평균 시간이다. 회사가 은행이라면 비즈니스 프로세스 성과의 핵심 성과지표 중 하나는 신규 고객 계좌 개설과 같은 기본적인 업무를 수행하는 데 필요한 시간이다.

> **핵심 성과지표(KPI)**
> 기업이 성과를 얼마나 잘 달성하고 있는지를 사전에 설정된 관점에서 파악할 수 있도록 고위 관리층이 제안한 측정기준

균형성과표 프레임워크는 관리자가 재무 성과 외에 다른 차원에도 집중한다는 점에서 '균형'을 이루고 있다. 이러한 관점에서 재무성과는 과거 활동의 결과로서 과거의 역사이며, 관리자는 비즈니스 프로세스 효율성, 고객 만족, 직원 훈련 등 현재에 영향을 미칠 수 있는 활동에 집중해야 한다. 컨설턴트와 고위 관리층이 균형성과표를 만들면 다음 단계로 각 핵심 성과지표에 대한 정보가 임원진과 다른 관리자에게 자동적으로 흐를 수 있도록 만들어야 한다.

애플은 균형성과표를 사용하여 사업의 한 부분만을 최적화하는 것이 아니라 전체적인 전략을 개발하는 데 적용할 수 있는 프레임워크를 관리자에게 제공했다. 애플은 고객 만족도, 핵심 역량, 직원의 헌신

그림 12.7 균형성과표 프레임워크

균형성과표 프레임워크에서는 조직의 전략적 목표가 재무, 비즈니스 프로세스, 고객, 학습과 성장 등 네 가지 차원에서 운영된다. 각 차원은 다양한 KPI를 이용하여 측정된다.

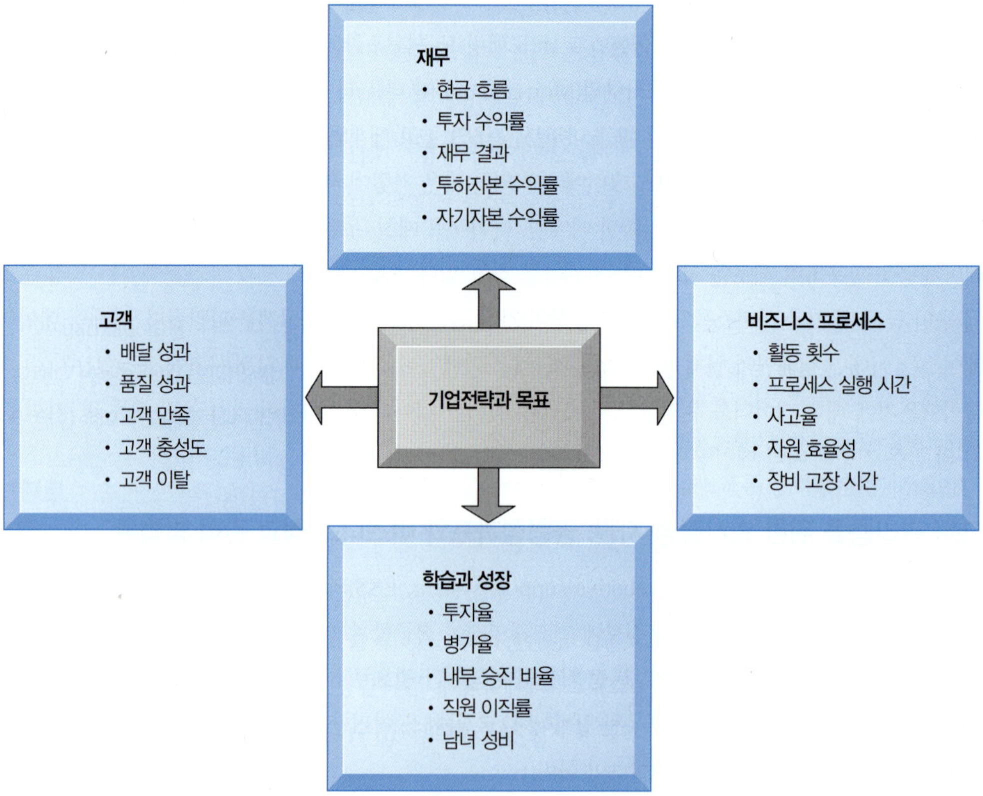

과 협력, 시장 점유율, 주주 가치라는 다섯 가지 성과지표를 사용했다(Tudorache, 2021). 도입 사례에서 언급했듯이 균형성과표 방식은 교육 기관에서도 사용할 수 있도록 조정되었다.

비즈니스 성과 관리(BPM)
기업의 전략(예: 차별화, 저비용 생산, 시장 점유율 확대, 사업 영역)을 체계적으로 운영 목표로 전환하려는 관리 방법론

밀접하게 관련된 또 다른 관리 방법론은 **비즈니스 성과 관리**(business performance management, BPM)이다. BPM은 기업의 전략(예: 차별화, 저비용 생산, 시장 점유율 확대, 사업 영역)을 체계적으로 운영 목표로 전환한다. 일단 전략과 목표가 정해지면 목표 달성 정도를 측정할 수 있는 KPI를 개발한다. 그러면 기업 성과는 전사적 데이터베이스 시스템에서 추출한 정보를 통해 측정된다. BPM은 균형성과표와 같은 개념을 사용하지만 전략적 성향을 더 많이 가지고 있다.

ESS를 위한 데이터는 기업의 기존 전사적 애플리케이션(ERP, SCM, CRM)을 통해 제공된다. ESS는 뉴스 서비스, 금융시장 데이터베이스, 경제 정보, 고위 관리층이 원하는 기타 외부 데이터에 대한 접근을 일반적으로 제공한다. ESS는 관리자가 데이터에 대한 보다 자세한 관점을 제공하기 위해서 드릴다운(drill-down) 기능도 중요하게 제공한다.

잘 설계된 ESS는 고위 관리층이 조직 성과를 감시하고, 경쟁사의 활동을 추적하며, 변화하는 시장 상황을 파악하고, 문제와 기회를 파악하는 데 도움을 준다. 회사 조직도의 아랫부분에 있는 직원 역시 자신이 책임을 맡고 있는 분야의 비즈니스 성과를 감시하고 측정하기 위해 이러한 시스템을 사용할 수 있다. 이러한 BI 시스템이 정말 유용하기 위해서는 정보가 실행 가능해야 한다. 즉 의사결정을 할 때 즉시 사용할 수 있고 사용하기 쉬워야 한다. 사용자가 받은 보고서에서 중요 지표를 찾는 데 어려움이 있다면 직원의 생산성과 비즈니스 성과는 어려움을 겪게 될 것이다.

12.9 이 장의 내용은 경력에 어떻게 도움이 되는가

이 장의 내용은 비즈니스에서 내려야 하는 다양한 유형의 의사결정, 의사결정 과정의 작동 방식, 의사결정 개선의 가치, 정보시스템이 항상 더 나은 의사결정으로 이어지는 것은 아니라는 점을 이해함으로써 경력에 도움이 될 수 있다. 또한 BI 시스템의 기본 기술을 소개하고, 기업이 이러한 시스템을 사용하여 의사결정을 지원하는 방식을 이해하는 데 도움을 준다.

실제 시나리오 KPMG의 새로운 서비스와 심층적인 통찰력을 제공하는 데이터 분석가

KPMG는 회계 감사, 세무 및 자문 서비스 분야의 글로벌 선두 기업이다. KPMG는 정부, 산업, 비영리 단체 등 수많은 고객을 보유하고 있으며, 이들은 KPMG가 관리하고 분석해야 할 수많은 출처에서 막대한 양의 데이터를 생성한다. KPMG의 방대한 데이터 환경은 엄청난 규모와 복잡성을 지녔으며, 글로벌 접근성과 비용 효율성에 대한 요구가 더해져 기존의 데이터 관리 도구를 뛰어넘는 해결책이 필요했다. KPMG는 이러한 과제를 해결하기 위해 데이터 이동부터 데이터 과학, 분석, BI까지 다양한 서비스를 제공하는 기업용 AI 기반 분석 솔루션인 마이크로소프트 Fabric을 선택했다. KPMG의 데이터 분석가들은 마이크로소프트 Fabric에 내장된 마이크로소프트 Power BI 도구를 사용하여 분석, 대시보드, 보고서를 위한 데이터 시각화를 제작하고 있다. 또한 Power BI의 Copilot을 사용하여 데이터에 대한 서술을 작성하고 사전 구축된 프롬프트에 대한 간단한 질문과 답변을 생성하고 있다. AI는 시각화 개발을 가속화하여 팀원이 다른 전략적 우선순위에 집중할 수 있도록 지원한다. 향상된 데이터 분석 기능을 통해 KPMG는 새로운 서비스를 제공하고 운영 효율성, 시장 기회 및 전략 계획에 대한 심층적인 통찰력을 제공할 수 있게 되었다. KPMG의 고객은 자신의 고유한 비즈니스 요구사항을 해결하는 데이터 기반 맞춤형 지침의 이점을 누릴 수 있다.

직무 설명 및 경력 경로: 데이터 분석가

직무	직무 설명	IT 지식	경력 경로 및 평균 연봉
데이터 분석가	질문에 답하거나 문제를 해결하기 위해 데이터세트를 수집, 정리, 모델링하고 해석하며, 다양한 산업 분야에 종사하고 있다. 주요 업무는 다음과 같다. • 다양한 데이터베이스, 외부 웹사이트 및 BI 플랫폼에 저장된 데이터를 기반으로 데이터 분석을 수행하여 이해관계자 집단 및 의사결정권자를 위한 보고서 작성 • 인터뷰, 문서 분석, 요구사항 워크숍, 현장 방문, 활용 사례, 데이터 분석 및 워크플로 분석을 활용하여 데이터 및 보고 요구사항 도출 • 보고서 설계, 유지·보수 및 배포, 보고서와 균형성과표의 통합을 직원과 협력 • 최종 사용자 사양 및 품질 보증 절차를 충족하도록 데이터베이스와 보고서 분석, 테스트, 수정 • 사용성을 개선하고, 사용자 도입률을 높이며, 지원을 간소화하기 위해 BI 보고 도구, 대시보드와 모바일 BI의 기능 강화 지원	• 데이터 과학, MIS 또는 통계학 학사 학위 • 마이크로소프트 엑셀, 액세스, SQL, R 또는 파이썬, SAS BI, 마이크로소프트 Power BI, 태블로 등의 BI 도구 사용에 대한 지식	• 초급/신입: 50,000~70,000달러 • 중급: 75,000~100,000달러 • 고급: 115,000~175,000달러 (연봉은 지역, 산업군, 기업 규모에 따라 달라질 수 있음)

추가 경력 개발 자료

MyLab MIS에서는 IT 관련 지식을 요구하는 적절한 직무를 찾고, 효과적인 이력서를 작성하며, 면접을 준비하고, 비즈니스 지식, 응용 소프트웨어 활용 능력, 인터넷 활용 능력, 분석 역량 등을 보여주는 디지털 포트폴리오를 만드는 데 도움이 되는 다양한 경력 개발 자료를 확인할 수 있다.

사례 연구 빅데이터 분석과 AI: 자연재해에 맞서는 새로운 방법

오늘날 세계 어딘가에서는 거의 매일 자연재해가 발생하는 것 같다. 산불, 허리케인, 지진, 폭우와 홍수, 산사태, 토네이도와 데레초 폭풍, 화산, 폭염과 가뭄, 혹한과 눈보라 등 끝이 없다. 자연재해의 빈도와 심각성은 크게 증가하고 있으며, 인명 피해는 말할 것도 없고 매년 수십억 달러의 손실을 초래하고 있다. 2024년 상반기에 발생한 사례만도 캘리포니아와 텍사스의 산불, 대서양에서 가장 먼저 발생한 허리케인 베릴, 대만의 지진, 중동의 전례 없는 홍수, 아이슬란드의 화산 폭발, 미국에서 발생한 치명적인 토네이도와 데레초 폭풍 등이다.

각국 정부는 자연재해를 예측하고 대비하며 대응하는 방법으로 특히 빅데이터 분석, 실시간 데이터 분석, AI와 같은 기술에 점점 더 주목하고 있다. 빅데이터의 원천으로는 위성 이미지, 사물인터넷 센서, 기상 상황과 지진 및 화산 활동, 수위 및 기타 환경 조건에 대한 데이터를 수집하는 장치, 재난 발생 시 지역 상황에 대한 추가적인 통찰력을 제공할 수 있는 소셜 미디어 및 크라우드 소싱 데이터가 포함된다. 빅데이터의 실시간 분석은 데이터가 생성되는 즉시 수집, 처리, 해석하는 과정을 포함한다. AI와 결합된 실시간 분석은 사람보다 더 빠르게 패턴과 이상을 식별할 수 있으며, 자연재해의 위치, 규모, 영향에 대한 예측의 정확도를 높일 수 있다.

현재 활용되는 기술로는 GIS를 활용하여 공간 데이터를 분석하고 시각화하며, 취약 지역을 파악하고 대피를 최적화하는 데 도움이 되는 지리공간 분석이 있다. 예측적 분석 및 모델링은 영향을 예측하고 자원 배분을 계획하는 데 도움이 된다. 감정 분석, 키워드 추출과 같은 소셜 미디어 분석은 피해를 입은 지역사회의 영향과 요구사항에 대한 실시간 정보를 제공한다. 최신 기술에는 AI와 머신러닝이 포함되는데, 이는 대량의 실시간 데이터를 처리하고 인간이 간과할 수 있는 복잡한 패턴을 식별하여 더 빠른 의사결정을 가능하게 한다.

실시간 빅데이터 분석과 AI를 활용하면 더 나은 조기 경보 시스템과 비상 대응 시스템을 개발할 수 있다. 실시간 데이터를 비상 대응 시스템과 통합함으로써 응급 구조대원은 전개되는 상황에 대한 중요한 통찰력을 얻을 수 있다. 비상 관리 기관은 비상 상황의 추세, 패턴, 중심지를 파악할 수 있으며, 이 정보를 통해 자원과 응급 서비스를 더 효과적으로 배분할 수 있다.

이러한 기술의 수많은 사례가 현재 시행되고 있다. 예를 들어 2021년 1월에 출시된 NASA의 화재 정보 자원 관리 시스템(FIRMS)은 NASA와 미국 농무부 산림청 지리공간 기술 및 애플리케이션 센터(GTAC) 간의 협약을 통해 개발되었다. FIRMS는 다양한 위성을 통해 화재 및 열 이상 현상을 관측하고 3시간 이내에 거의 실시간 데이터로 배포한다. 데이터는 시스템의 대화형 글로벌 및 미국/캐나다 화재 지도에 표시된다. 이 지도는 최소한의 지연으로 사용자가 산불의 위치, 범위, 영향에 대한 데이터를 시각화하고 액세스할 수 있는 사용자 친화적인 인터페이스이다.

캘리포니아는 극심한 산불의 온상이다. 주정부는 산불 위협 및 정보 통합 센터를 설립했다. 이 센터는 실시간 국립해양대기청(NOAA) 위성 데이터, 군용 항공기의 기상 정보, 레이더, 해당 지역의 100년간 화재 이력을 보여주는 컴퓨터 생성 지도, 현재 연료 적재량 및 가연성, 항공기 및 드론 감시 데이터를 통합하여 산불 발생 또는 확산에 유리한 상황을 실시간으로 파악한다. 산불 행동 분석가는 AI 기반 모델을 통해 데이터를 분석하여 산불 발생 가능성을 예측한다. 해당 정보는 종합되어 현장에 있는 소방대장의 노트북과 휴대용 컴퓨터에 신속하게 전달될 수 있다.

NOAA는 허리케인 대응을 위해서도 실시간 빅데이터 분석과 AI를 활용하고 있다. 2023년, NOAA는 허리케인 분석 및 예보 시스템(HAFS)이라는 새로운 허리케인 모델을 출시했다. 폭풍의 강도를 예측하는 HAFS의 기능은 NOAA의 기존 허리케인 모델만큼 효과적이지만, 급격한 강화를 예측하는 기능은 더 뛰어나다. 예를 들어 HAFS를 활용한 파일럿 프로그램은 허리케인 이안이 쿠바 해안을 벗어나 플로리다 남서부로 이동하면서 이차적으로 빠르게 강화될 것이라고 정확하게 예측한 최초의 모델이었다. HAFS는 허리케인 경로 예측에도 10~15% 더 뛰어나다. 또한 NOAA는 머신러닝 알고리즘을 사용하여 과거 데이터를 분석하여 허리케인의 경로와 강도를 예측한다.

미국 지질조사국(USGS)은 ShakeAlert라는 머신러닝 기반 지진 조기 경보 시스템을 구축하고 있다. ShakeAlert는 심각한 지진을 모니터링하고 강한 진동이 임박했음을 경고하는 경보를 발령한다. ShakeAlert 시스템은 캘리포니아, 오리건, 워싱턴을 포괄하도록 개발되고 있다. 미국 국방부의 xView2는 펜타곤의 국방혁신부(Defense Innovation Unit)와 카네기멜론 대학교 소프트웨어 공학 연구소가 마이크로소프트와 UC 버클리 등 연구 파트너들과 협력하여 후원하고 개발한 오픈소스 프로젝트이다. xView2는 위성 이미지와 함께 머신러닝 알고리즘을 사용하여 지진 및 기타 자연재해로 인한 건물 및 구조물 손상을 식별하고 다른 방법보다 훨씬 빠르게 심각도를 분류한다. xView2는 과거에는 캘리포니아주 방위군과 호주의 산불 대응에 사용되었으며, 최근에는 네팔 홍수 피해와 튀르키예 지진 피해에도 사용되었다. 이 알고리즘은 객체 인식과 유사한 '의미 분할'이라는 기술을 사용하는데, 이 기술은 이미지의 각 개별 픽셀과 인접 픽셀 간의 관계를 평가하여 결론을 도출한다. xView2는 몇 분 안에 피해 지역의 공유 지도를 생성할 수 있으며, 이를 통해 조직은 대응을 조정하고 우선순위를 정하여 시간을 절약하고 생명을 구할 수 있다.

이러한 모든 발전에도 불구하고 여전히 여러 과제가 남아 있다. 주요 과제 중 하나는 여러 데이터 원천을 단일 플랫폼으로 통합하는 것이다. 시스템은 다양한 원천에서 데이터를 수집, 분석, 시각화할 수 있어야 하며, 이를 통해 다양한 기술 간의 상호 운용성과 호환성을 보장해야 한다. 데이터는 풍부하지만, 데이터의 품질과 정확성을 보장하는 것도 매우 중요하다. 부정확하거나 불완전한 데이터는 잘못된 의사결정으로 이어질 수 있다. 데이터 무결성을 검증하고 확인하는 메커니즘을 구현하는 것이 필수적이다. 또한 방대한 양의 데이터가 수집됨에 따라 프라이버시와 보안 문제도 매우 중요하다. 민감한 데이터를 보호하고 데이터 보호 규정을 준수하기 위해서는 강력한 프로토콜을 구현해야 한다. 그리고 현장 조직이 AI 해결책을 실제 사용하고 신뢰하도록 하는 것도 어려울 수 있다. 응급 구조대원은 일반적으로 매우 전통적이다. 목표는 오랜 시간 검증된 자신의 직관과 경험을 대체하는 것이 아니라, 그것을 증강하고 향상하는 것이다.

출처: Shakealert.org, accessed September 17, 2024; IEEE Public Safety Technology, "Hurricane Tracking Technology: Advancements and Opportunities," Publicsafety.ieee.org, accessed September 17, 2024; Joseph M. Smith, "Data Tool in Focus: Fire Information for Resource Management System," Earthdata.nasa.gov, June 24, 2024; "The Role of Data Science in the Management and Prediction of Natural Disasters," Moldstud.com, February 6, 2024; Julie Cart, "Drones, Satellites, and AI: How California Fights Its Unpredictable Wildfires with Analytics," Calmatters.org, July 12, 2023; Tate Ryan-Mosley, "How AI Can Actually Be Helpful in Disaster Response," MIT Technology Review, Technologyreview.com, February 20, 2023.

문제

1. 빅데이터의 실시간 분석은 자연재해 대응에 어떻게 도움이 되는가?
2. AI를 사용하면 빅데이터의 실시간 분석이 어떻게 향상되는가?
3. 이러한 목적으로 빅데이터 분석과 AI를 사용하는 데에는 어떤 어려움이 있는가?

요약

12.1 비즈니스 의사결정

조직의 상이한 수준(전략, 관리, 운영)은 각기 다른 의사결정 요구사항을 가지고 있다. 의사결정은 구조적, 준구조적, 비구조적으로 나눌 수 있는데, 구조적 의사결정은 조직의 운영 계층에 집중되고, 비구조적 의사결정은 전략 계층에 집중되어 있다. 의사결정은 개별적으로나 집단으로 수행될 수 있으며 운영 관리층, 중간 관리층, 고위 관리층뿐만 아니라 일반 직원도 포함된다.

12.2 의사결정 과정

의사결정의 4단계는 탐색, 설계, 선정, 구현이다.

12.3 관리자의 역할

관리자 활동에 대한 초기의 전통적 관리 모델은 계획, 조직, 지휘, 조정, 통제 기능을 강조한다. 관리자의 실제 행동을 조사한 최근 연구는 관리자의 실제 활동이 매우 단편적이고 다양하고 지속 시간이 짧으며, 관리자들이 거창하고 전면적인 정책 결정에 소극적이라는 것을 발견했다.

IT는 관리자가 다양한 역할을 수행할 수 있는 도구를 제공하여 이전보다 훨씬 정확하고 빠르게 모니터링, 계획 및 예측하고 변화하는 비즈니스 환경에 더욱 신속하게 대응할 수 있도록 한다. 정보시스템은 정보를 확산하고, 조직 계층 간을 연결하며, 자원을 분배하는 관리자의 역할을 지원하여 관리자에게 가장 큰 도움을 주었다.

12.4 의사결정 개선의 가치

정보시스템의 주요 기여 중 하나는 개인과 집단의 의사결정을 개선하는 것이었다. 의사결정은 기업의 모든 계층에서 내려진다. 이러한 의사결정 중 일부는 일반적이고, 일상적이며, 수없이 반복된다. 비록 하나의 의사결정을 개선하는 가치는 작을 수 있지만, 수십만 개의 '작은' 의사결정을 개선하면 기업에 연간 큰 가치를 가져다줄 수 있다.

12.5 정보시스템이 항상 더 나은 의사결정을 이끌지 못하는 이유

정보시스템은 비구조적 의사결정을 지원하는 데 그다지 효과적이지 않다. 정보시스템이 유용한 경우에도 정보의 질, 관리자의 여과, 조직 문화는 의사결정을 저해할 수 있다. 자동화된 고속 의사결정은 의사결정 과정에서 인간을 배제하며, 피해를 방지하기 위해 이러한 시스템이 적절히 작동하도록 보장하려면 세심한 주의를 기울여야 한다. AI는 실시간 데이터를 기반으로 향상된 예측을 제공하고 '부조종사'이자 의견 조율자 역할을 하여 관리자가 더 빠르고 더 나은 의사결정을 내리는 데 도움을 줄 수 있지만, AI를 경영 의사결정에 활용하는 데에는 여러 가지 위험도 따른다.

12.6 데이터 분석, 비즈니스 인텔리전스, 인공지능의 의사결정 지원 방식

비즈니스 인텔리전스(BI)는 하드웨어 및 소프트웨어 공급업체와 IT 컨설턴트가 처리되지 않은 데이터를 실행 가능한 비즈니스 통찰력으로 변환하는 방법, 시스템 및 도구(또는 인프라)의 집합을 지칭하는 용어이다. 데이터 분석은 BI의 기반을 형성한다. 비즈니스 분석(BA)도 공급업체에서 정의한 용어이며, 데이터 분석과 BI의 조합 또는 하위 집합으로 볼 수 있다. BA는 비즈니스 데이터를 분석하고 이해하기 위한 도구와 기술에 중점을 둔다. BI 환경은 비즈니스 환경에 대한 데이터, BI 인프라, BI 및 BA 도구 세트, 관리직 사용자 및 방법론, BI 제공 플랫폼(MIS, DSS, ESS), 사용자 인터페이스로 구성된다.

12.7 비즈니스 인텔리전스 시스템의 기능

BI와 BA는 의사결정권자에게 정확하고 거의 실시간에 가까운 정보를 제공할 것을 약속하며, 분석 도구는 의사결정권자가 정보를 신속하게 이해하고 조치를 취할 수 있도록 지원한다. 이러한 목표를 달성하기 위해 BI 시스템은 미리 정의해둔 일반 보고서, 매개변수를 사용하는 보고서, 대시보드와 채점표, 임시 쿼리와 검색, 데이터의 상세 보기로 드릴다운하는 기능, 시나리오를 모델링하고 예측을 생성하며 조치 권장사항을 제공하는 여섯 가지 주요 분석 기능을 제공한다. 예측적 분석, 처방적 분석, 빅데이터 분석, 운영적 인텔리전스, 위치 분석도 BI의 중요한 기능이다.

12.8 비즈니스 인텔리전스 사용자의 유형

운영 관리층과 중간 관리층은 일반적으로 회사의 성과를 모니터링하는 책임을 맡는다. 이들이 정하는 대부분의 의사결정은 상당히 구조화되어 있다. 일상적인 일반 보고서를 생성하는 MIS는 이러한 유형의 의사결정을 지원하는 데 일반적으로 사용된다. 준구조적 의사결정을 위해 중간 관리층과 분석가는 일반적으로 스프레드시트와 피벗 테이블 등의 분석 및 모델링 도구가 포함된 DSS를 사용한다. 비구조적 의사결정을 내리는 고위 경영층은 일반적으로 회사의 전반적인 수익성, 성공 및 전략에 영향을 미치는 주요 성과 정보를 표시할 수 있는 대시보드와 시각적 인터페이스를 제공하는 ESS를 사용한다. 균형성과표와 비즈니스 성과 관리는 ESS를 설계하는 데 사용되는 방법론이다.

주요 용어

가상현실(VR)
관리적 역할
구조적 의사결정
구현
균형성과표 기법
대인관계 역할
데이터 분석
데이터 시각화
민감도 분석
비구조적 의사결정
비즈니스 성과 관리(BPM)
선정
설계
예측적 분석
운영적 인텔리전스
위치 분석
의사결정 역할
전통적 관리 모델
정보제공 역할
준구조적 의사결정
증강현실(AR)
지리정보시스템(GIS)
처방적 분석
탐색
피벗 테이블
핵심 성과지표(KPI)
행위적 관리 모델
확증 편향

복습문제

12.1 비즈니스 의사결정

- 다양한 유형의 비즈니스 의사결정을 나열하고 설명하라.
- 조직 내 다양한 의사결정 수준과 의사결정 참여자 집단을 설명하고, 의사결정 요구사항이 어떻게 다른지 설명하라.

12.2 의사결정 과정

- 의사결정 단계를 나열하고 설명하라.

12.3 관리자의 역할

- 전통적 관리 모델과 행위적 관리 모델을 설명하고 관리 행동을 비교하라.
- 정보시스템이 지원할 수 있는 구체적인 관리적 역할을 파악하라.

12.4 의사결정 개선의 가치

- 의사결정 개선의 가치를 어떻게 결정할 수 있는지 설명하라.

12.5 정보시스템이 항상 더 나은 의사결정을 이끌지 못하는 이유

- 정보시스템이 항상 더 나은 의사결정을 가져오지 못하는 이유를 설명하라.
- AI를 의사결정에 사용함으로써 발생할 수 있는 위험을 설명하라.

12.6 데이터 분석, 비즈니스 인텔리전스, 인공지능의 의사결정 지원 방식

- BI 시스템에서 데이터 분석이 수행하는 역할을 설명하라.
- BI와 BA를 정의하고 설명하라.
- AI가 데이터 분석 및 BI 도구에 어떻게 사용되는지 설명하라.
- BI 환경의 요소를 나열하고 설명하라.

12.7 비즈니스 인텔리전스 시스템의 기능

- BI 시스템이 제공하는 분석 기능을 나열하고 설명하라.
- 예측적 분석과 처방적 분석을 정의하고 그 차이점을 설명하라.
- 기업이 빅데이터 분석을 어떻게 활용하는지 설명하고 두 가지 사례를 제시하라.
- 위치 분석과 GIS의 목적을 설명하라.

12.8 비즈니스 인텔리전스 사용자의 유형

- 조직 내 의사결정 참여자 집단을 나열하고 각 참여자가 내리는 의사결정 유형을 설명하라.
- MIS, DSS, ESS가 이러한 각 집단에 의사결정 지원을 제공하는 방식을 설명하라.
- 균형성과표 방식과 비즈니스 성과 관리를 정의하고 설명하라.

토의문제

12.9 정보시스템 관리자 또는 사용자로서 DSS 또는 ESS의 설계 및 사용에 참여하려면 무엇을 알아야 하는가? 그 이유는 무엇인가?

12.10 기업이 DSS와 ESS를 더 광범위하게 활용한다면 관리자와 직원은 더 나은 결정을 내릴 수 있는가? 그 이유는 무엇인가?

12.11 BI와 BA는 기업의 비즈니스 전략을 개선하는 데 얼마나 도움이 되는가?

AI 활용 프로젝트

12.12 비즈니스 의사결정 식별

반려동물 유기농 사료와 간식, 유기농 소재로 만든 반려동물 장난감과 의류를 판매하는 소매점을 열고자 하는 두 친구가 자문을 구했다. 이들은 매장 운영을 위해 어떤 종류의 의사결정을 내려야 하는지 알고 싶어 한다. 또한 이러한 의사결정 중 어떤 것이 구조적(명확한 절차가 있는 일상적)이고 어떤 것이 비구조적인지(복잡하고 명확한 절차가 없는지) 알고 싶어 한다. 마이크로소프트의 Copilot, 구글의 Gemini 또는 ChatGPT를 이용하여 이러한 문제에 대해 조언할 수 있는 프롬프트를 개발하라. 프롬프트 사본과 채팅 세션 결과를 저장하고 강사에게 제출하라.

MIS 실습 과제

이 프로젝트는 DSS 기회를 파악하고, 피벗 테이블을 사용하여 데이터를 분석하며, 태블로를 사용하여 데이터 시각화를 만드는 실무 경험을 제공한다.

학생은 www.pearsonhighered.com/laudon에서 Hands-On MIS Application data file을 내려받아 사용하면 된다. 추가로 교재 관련 연습문제 풀이, 주요 콘셉트 비디오 자료 등이 필요하다면 https://t2-apac.pearson.com에서 MyLab MIS를 구매할 수 있다.

12.13 경영 의사결정 문제

삼성전자는 매 분기 약 8,000만 대의 신형 휴대전화를 판매한다. 삼성전자는 동작 중인 수백만 대의 기기에서 시스템으로 유입되는 방대한 양의 복잡한 고객 데이터에 접근할 수 있는 마케팅 및 분석 팀을 보유하고 있다. 팀은 표준 BI 및 대시보드 도구를 사용하고 있었다. 하지만 이러한 BI 도구로는 삼성전자 데이터의 양과 복잡성을 따라잡을 수 없었다. 인구통계, 지역, 모바일 기기 프로파일, 통신사 충성도, 삼성전자 제품과의 과거 상호작용, 신제품 출시의 대상이 될 고객 등 고객 전반에 걸친 사용자 선호도를 이해하기 위해 수백 가지 변수가 포함된 이 데이터를 분석하는 데 너무 오랜 시간이 걸렸다. 어떤 고객이 새 기기로 업그레이드할 가능성이 있는가? 업그레이드 결정에 영향을 미치는 요인은 무엇인가? 하나의 질문에 답하는 데 몇 주가 걸릴 수도 있다. 팀이 데이터에서 가능한 한 모든 요소를 확실하게 확인할 방법은 없었다. 삼성전자의 문제를 파악하고 해결책을 제시하라. 해결책을 통해 해결해야 할 경영, 조직, 기술 문제를 파악하라.

12.14 데이터 분석: 피벗 테이블 사용

소프트웨어 기술: 피벗 테이블

비즈니스 기술: 판매 데이터 분석

이 프로젝트는 엑셀의 피벗 테이블 기능을 사용하여 데이터베이스 또는 데이터 목록을 분석하는 방법을 배우는 기회를 제공한다. MIS18_Project 12.14 학생용 파일을 사용하라. 이 파일에는 온라인 관리 교육(OMT)의 하루치 매출 거래 내역이 포함되어 있다. 엑셀의 피벗 테이블 기능을 사용하여 다음 질문에 답하라.

- 평균 구매량이 높은 지역은 어디인가? 그 답은 관리자에게 마케팅 및 영업 자원을 어디에 집중해야 할지 또는 지역별로 다른 메시지를 전달해야 할지 알려줄 수 있다.
- 가장 일반적인 결제 수단은 무엇인가? 그 답은 가장 선호되는 결제 수단을 강조하는 광고에 사용될 수 있다.
- 하루 중 구매가 가장 잦은 시간대가 있는가? 사람들은 직장에서(대략 낮 시간) 더 많은 제품을 구매하는가, 아니면 집에서(대략 저녁 시간) 더 많이 구매하는가?
- 지역, 구매한 제품 유형, 평균 판매가격 간의 관계는 어떠한가?

12.15 태블로를 활용한 데이터 시각화

소프트웨어 기술: 태블로 소프트웨어

비즈니스 기술: 데이터 시각화

지방정부의 고용 및 급여에 대한 데이터 기반 통찰력을 개발하는 컨설턴트로 채용되었다고 가정하라. MIS18_Project 12.15 학생용 파일을 이용하여 미국 내 주별 및 지역별 지방정부 고용 및 급여 데이터를 확인하라. 이 파일에는 미국 전체에 대한 집계 데이터도 포함되어 있다. 태블로를 사용하여 막대 차트, 원형 차트, 산점도, 히트맵, 트리맵 등 최소 5개의 시각화를 만들고, 이를 조합하여 데이터에 대한 통찰력을 개발하는 데 도움이 되는 대시보드를 만들라. 예를 들어 지방정부 총 고용 규모 기준으로 상위 25개 주는 어디인가? 하위 25개 주는 어디인가? 해당 주가 위치한 지역 및 지역 구분과 상관관계가 있는가? 미국 전역에서 총 급여 비용이 가장 높은 10개 기능은 무엇인가? 각 지역의 해당 기능 지표는 전국 평균과 어떻게 비교되는가? 더 높은가, 더 낮은가? 잠재적인 이유는 무엇인가?

12.16 협업 및 팀워크 프로젝트: 스포츠의 데이터 기반 분석

2명 이상의 학생과 팀을 구성하고 미식축구, 야구, 농구, 축구 등 스포츠 종목을 하나 선택하라. 온라인 조사 도구를 사용하여 스포츠에서 데이터 분석을 통해 팀 성과를 향상하거나 티켓 판매를 늘리는 방법을 조사하라. 구글 문서, 구글 드라이브, 구글 사이트를 이용하여 조사 내용을 정리하고 발표 자료를 만들라.

참고문헌

Davenport, Thomas H., and Jeanne G. Harris. *Competing on Analytics: The New Science of Winning: Updated, with a New Introduction*. Boston: Harvard Business Review Press (2017).

Day, George S., and Paul J. H. Schoemaker. "How Vigilant Companies Gain an Edge in Turbulent Times." *MIT Sloan Management Review* 61, No. 2 (Winter 2020).

Dietvorst, Berkeley J. "When People Don't Trust Algorithms." *MIT Sloan Management Review* (July 5, 2017).

Haglu, Andrei, and Julian Wright. "When Data Creates Competitive Advantage." *Harvard Business Review* (January–February 2020).

Harris, Michael, and Bill Tayler. "Don't Let Metrics Undermine Your Business." *Harvard Business Review* (September–October 2019).

Hernandez, Morela, Roshni Raveendhran, Elizabeth Weingarten, and Michaela Barnett." How Algorithms Can Diversify the Startup Pool." *MIT Sloan Management Review* 61, No. 1 (Fall 2019).

Hu, Yuheng, Anbang Xu, Yili Hong, David Gal, Vibha Sinha, and Rama Akkiraju. "Generating Business Intelligence Through Social Media Analytics: Measuring Brand Personality with Consumer-, Employee-, and Firm- Generated Content." *Journal of Management Information Systems* 36, No. 3 (2019).

IEEE Digital Reality. "Virtual Reality Business Intelligence." Digitalreality.ieee.org (accessed September 17, 2024).

ITBriefcase. "Augmented Reality Analytics: Transforming Data Visualizaton." Itbriefcase.net (February 15, 2024).

Kahneman, Daniel. *Thinking, Fast and Slow*. New York: Farrar, Straus and Giroux (2011).

Kaplan, Robert S., and David P. Norton. "The Balanced Scorecard: Measures That Drive Performance." *Harvard Business Review* (January–February 1992).

Luca, Michael, Jon Kleinberg, and Sendhil Mullainathan. "Algorithms Need Managers, Too." *Harvard Business Review* (January–February 2016).

Mintzberg, Henry. "Managerial Work: Analysis from Observation." *Management Science* 18 (October 1971).

Panorama Consulting Group. "Business Intelligence Technology Trends That Are Changing Decision-Making." Panorama-consulting.com (February 19, 2024).

Porter, Michael E., and Nitin Nohria. "How CEOs Manage Time." *Harvard Business Review* (July–August 2018).

Purdy, Mark, and A. Mark Williams. "How AI Can Help Leaders Make Better Decisions Under Pressure." *Harvard Business Review* (October 26, 2023).

Sharda, Ramesh, Dursan Delen, and Efraim Turban. *Business Intelligence, Analytics, Data Science and AI: A Managerial Perspective*. 5th ed. Pearson (2024).

Simon, H. A. *The New Science of Management Decision*. New York: Harper & Row (1960).

Tableau. "Sysco Labs Leverages Customer Behavior Insights to Help Field Reps Transition Customers to Self-Service." Tableau.com (accessed September 17, 2024).

Tawse, Alex, and Pooya Tabesh. "Thirty Years with the Balanced Scorecard: What We Have Learned." *Business Horizons* 66, No. 1 (January–February 2023).

Tudorache, Adela. "How Apple Uses the Balanced Scorecard System." *Performance Magazine* (September 10, 2021).

Tversky, Amos, and Daniel Kahneman. "Rational Choice and the Framing of Decisions." *Journal of Business* Vol. 59, No. 4 (1986).

World Economic Forum. "Navigating the Industrial Metaverse: A Blueprint for the Future." Weforum.org (March 12, 2024).

PART **4**

시스템 개발과 관리

© TippaPatt/Shutterstock

Chapter 13 정보시스템 개발

Chapter 14 정보시스템을 위한 비즈니스 사례 구축과 프로젝트 관리

Chapter 15 글로벌 정보시스템 관리

3부에서는 앞서 학습한 지식을 활용하여 비즈니스 문제에 대한 정보시스템 해결책을 분석하고 설계하는 방법을 설명한다. 4부는 다음과 같은 질문의 답을 제공한다. 진정한 비즈니스 혜택을 제공하는 정보시스템 문제에 대한 해결책을 어떻게 개발할 수 있는가? 기업이 새로운 시스템 해결책으로 인한 변화에 어떻게 적응할 수 있는가? 시스템 해결책을 개발하기 위해 어떤 방법을 사용할 수 있는가?

CHAPTER 13

정보시스템 개발

© Blackboard/Shutterstock

학습목표

13.1 새로운 정보시스템이 조직 변화 촉진에 어떻게 기여하는지 설명할 수 있다.

13.2 IT를 활용하여 비즈니스 프로세스를 관리하고 재설계하는 방법을 이해할 수 있다.

13.3 시스템 개발 과정의 핵심 활동을 설명할 수 있다.

13.4 정보시스템 구축 및 획득 방법을 설명할 수 있다.

13.5 신속한 시스템 개발을 가능하게 하는 방법을 설명할 수 있다.

13.6 소프트웨어 개발의 민주화가 점점 확대되는 현상을 설명할 수 있다.

13.7 소프트웨어 개발에 미치는 AI의 영향을 이해할 수 있다.

13.8 모바일 애플리케이션 구축 접근 방식을 설명할 수 있다.

13.9 이 장의 내용이 경력에 어떻게 도움이 되는지 이해할 수 있다.

이 장의 사례

- **도입 사례:** 새로운 가상 판매 시스템으로 빛나는 시그넷주얼러스
- **경영 사례:** 시민 개발자와 협력하는 셰브론
- **사례 연구:** 셀로니스를 활용한 프로세스 마이닝

도입 사례 새로운 가상 판매 시스템으로 빛나는 시그넷주얼러스

약혼반지나 다이아몬드 주얼리 구매는 전통적으로 고객이 실제 매장에서 상담을 받으며 진행하는 고접점의 대면 과정이었다. 판매원이 진열장에서 관심 있는 제품을 꺼내 고객에게 보여주고, 고객은 직접 착용해보며 검토한다. 특정 반지를 구매하기로 결정하면 고객은 반지 크기 조정 또는 맞춤 제작으로 인해 1~2주일 이상 기다려야 했다. 반지가 준비되면 고객은 결제를 완료하고 매장에서 수령하거나 자택으로 배송받는다.

2018년, 세계 최대 다이아몬드 소매업체인 시그넷주얼러스(Signet Jewellers)는 'Path to Brilliance'라는 전환 계획을 시작했다. 이 계획의 핵심은 전자상거래 및 옴니채널 역량을 강화하는 것이었는데, 당시 온라인 매출은 전체 매출의 약 8%에 불과했다. 시그넷은 우선 자사의 다양한 비즈니스 프로세스를 정리하고 개선 가능성을 검토했다. 그러던 중 코로나19 팬데믹이 발생하여 케이주얼러스(Kay Jewelers), 제일스(Zales), 재레드(Jared) 등 산하 브랜드의 오프라인 매장을 폐쇄하고 보석 구매 과정을 디지털로 전환해야 했다.

이를 위해 시그넷은 IT를 활용하여 고객이 집에서 약혼반지나 고급 주얼리를 검색하고 구매할 수 있도록 새로운 시스템을 구축했다. 시그넷은 고객이 문자, 음성, 화상 등을 통해 판매 컨설턴트와 소통할 수 있는 가상 상담 서비스를 도입했다. 예비 구매자는 제일스와 같은 시그넷 브랜드 웹사이트에서 1시간 분량의 가상 상담을 예약할 수 있다.

시그넷은 고객이 다이아몬드의 컷이나 흠집을 확인할 수 있도록 실물 대비 40배 확대된 이미지를 제공하는 디지털 사진 도구도 도입했다. 또한 시각 검색 및 협업 브라우징 기능도 추가했다. 고객은 마음에 드는 목걸이나 반지 사진을 업로드하여 유사 제품을 검색할 수 있다. 협업 브라우징 기술은 판매 및 서비스 담당자가 고객의 브라우저에 실시간으로 접속하여 웹페이지를 함께 탐색할 수 있도록 하며, 이를 통해 온라인 고객 지원 및 판매 상담이 가능하다. 고객은 제품 선택 후 온라인에서 구매를 완료하고, 제품이 자택으로 배송된다. 시그넷은 가상 상담을 지원하기 위해 예약 애플리케이션도 개편했다.

오프라인 매장에서 제품을 보여주던 2,000명 이상의 판매 컨설턴트가 동일한 경험을 가상 환경에서 구현하는 데에는 도전이 따랐다. 그러나 시그넷은 이미 전자상거래로 전환을 시작한 상태였고, 팬데믹 기간 동안의 가상 판매는 디지털 판매 채널을 강화했다. 팬데믹 상황에도 불구하고 시그넷의 2020년 연말 매출은 9년 만에 최고를 기록했고, 이후 모든 채널에서의 매출이 지속적으로 증가했다. 시그넷의 비즈니스 전략은 TV 중심의 마케팅과 오프라인 매장 확대에서 옴니채널 마케팅과 전자상거래 중심으로 전환되었다.

© Aleona/Shutterstock

시그넷은 AI 실험도 진행 중이다. 최근 AI와 머신러닝을 활용한 수요 예측 및 재고 보충 프로젝트를 시작했다. 고급 보석은 고가이므로 매장당 각 제품을 하나만 보유하는 경우가 많은데, 고도화된 알고리즘을 통해 품절로 인한 판매 손실을 줄일 수 있게 된다. 시그넷은 향후 AI 및 데이터 기반 콘텐츠를 활용하여 더욱 개인화된 쇼핑 경험을 제공할 계획이다.

매장이 재개장한 이후에도 가상 쇼케이스 및 비대면 판매 방식이 인기를 끌자 시그넷은 700명 이상의 디지털 전문 컨설턴트를 추가로 채용하여 가상 상담을 지속적으로 운영하고 있다. 오프라인 매장에서 근무하는 주얼리 컨설턴트 역시 고객과의 가상 상담을 병행하고 있으며, 현재 시그넷 전체 매출의 3분의 2 이상이 오프라인과 온라인이 결합된 방식으로 이뤄지고 있다.

출처: Signetjewelers.com, accessed September 22, 2024; Accenture, "Making a Jewelry Retailer Shine," Accenture.com, accessed September 22, 2024; Signet Jewelers, "August 2023 Investor Presentation," Signetjewelers.com, August 2023; Pam Danziger, "Virginia Drosos Inspires Brilliance at Signet," Therobinreport.com, May 19, 2023; "How Tech Is Transforming the Jewelry Shopping Experience: A Q&A with Signet Jewelers' CIO, Howard Melnick," Signetjewlers.com, May 3, 2023; Kenneth Hein, "How Diamond Retailer Signet Jewellers Got Its E-commerce Channels to Sparkle," Thedrum.com, March 21, 2021.

시그넷주얼러스의 사례는 기업이 새로운 비즈니스 프로세스와 시스템을 통해 어떻게 혜택을 얻을 수 있는지를 잘 보여준다. 시그넷은 IT를 활용하여 가상 판매 프로세스를 구축함으로써 코로나19 팬데믹 기간 동안 원격으로도 판매를 지속할 수 있었고, 대면 쇼핑이 재개된 이후에도 가상 판매를 계속 유지할 수 있었다. 시그넷은 현재 모바일, 디지털, 가상, 대면 방식이 매끄럽게 통합된 옴니채널 소매업체로 운영되고 있다.

다음 도표는 이 사례와 이 장에서 강조하는 주요 사항을 보여준다. 고급 주얼리 판매의 전통적인 프로세스는 사람 중심으로 구성되어 있어 매장 내 주얼리 판매 직원과 고객 간의 상당한 대면 상호작용이 필요했다. 시그넷은 전자상거래의 성공을 위해서나 코로나19 팬데믹 중에도 영업을 지속하기 위해 판매 프로세스를 보다 디지털화할 필요가 있음을 인식했다. 이에 시그넷은 판매 프로세스를 재설계하고 새로운 시스템을 구현하여 가상 환경에서도 대면 상담의 장점은 그대로 유지하면서 더 많은 혜택을 제공할 수 있도록 해결책을 강구했다. 이러한 해결책의 선택과 구현 과정은 새로운 정보시스템을 설계하고 구축하는 데 필요한 몇 가지 단계도 보여준다. 효과적인 가상 판매 채널을 만들기 위해서는 기존 시스템이 가진 문제를 분석하고, 정보 요구사항을 평가하며, 적절한 기술을 선택하고, 비즈니스 프로세스와 업무를 재설계해야 했다. 경영진은 시스템 구축 노력을 감독하고 비용과 편익을 평가해야 했다. 새로운 시스템 설계에는 이러한 정보 요구사항이 반영되었고, 이는 계획된 조직 변화의 과정이기도 했다.

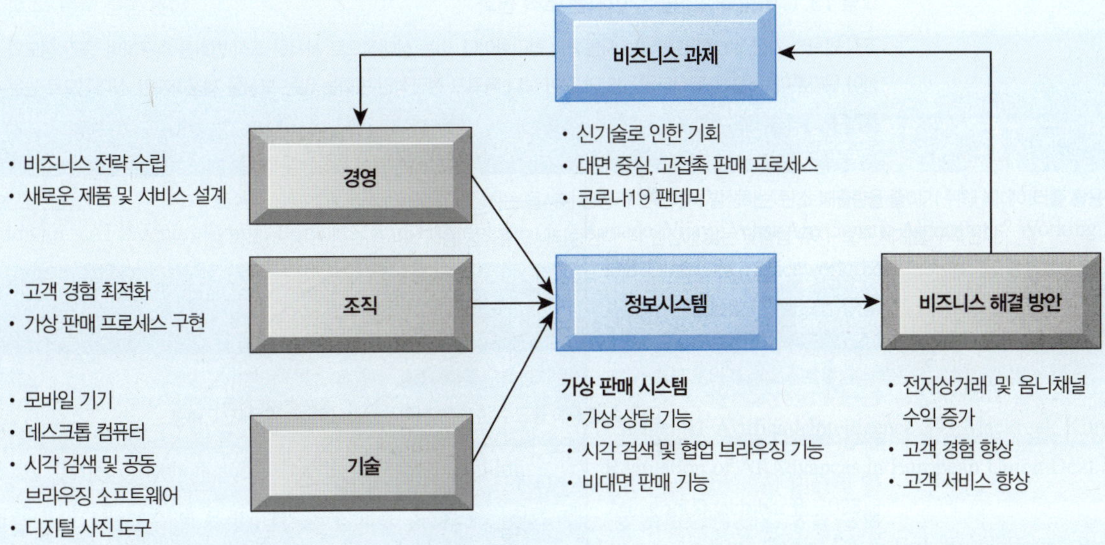

문제

1. 시그넷의 전통적인 비즈니스 전략과 비즈니스 모델을 설명하라. 전자상거래와 가상 판매 프로세스를 도입한 이후 전략과 모델이 어떻게 변화했는가?

2. 다이아몬드 반지를 매장에서 구매하는 프로세스와 시그넷의 가상 판매 프로세스를 비교하라. 각 프로세스의 단계를 도식화하거나 나열하라.

경력 개발 효과

시그넷주얼러스의 판매 프로세스 재설계와 가상 판매 시스템은 대부분의 오프라인 소매업체가 문을 닫았던 장기적인 위기 상황에서 회사의 성장과 생존에 핵심적인 역할을 했다. 이 시스템은 옴니채널 비즈니스 모델을 위한 기술적 기반도 마련했다. 시스템을 설계하고 구축하는 데 기여한 IT 전문가, 관리자, 영업사원은 사내에서 보상을 받았고, 이 과정에서 습득한 기술을 이력서에 추가할 수 있어 향후 이직에도 도움이 된다. 영업사원은 추가적인 판매 채널을 확보함으로써 회사 수익을 높이고 그 혜택을 함께 누릴 수 있다.

13.1 조직 변화를 촉진하는 정보시스템

새로운 정보시스템을 구축하는 것은 일종의 계획된 조직 변화이다. 새로운 정보시스템의 도입은 단순히 하드웨어와 소프트웨어의 도입만을 의미하는 것이 아니다. 이는 업무, 기술, 경영, 조직의 변화도 수반한다. 새로운 정보시스템을 설계한다는 것은 곧 조직을 재설계하는 것이다. 시스템 구축자는 정보시스템이 특정 비즈니스 프로세스와 조직 전체에 어떤 영향을 미칠지 이해해야 한다.

시스템 개발과 조직 변화

IT는 점진적인 변화에서부터 근본적인 변화에 이르기까지 다양한 수준의 조직 변화를 촉진할 수 있다. 그림 13.1에서 보듯이 IT에 의해 가능해진 네 가지 구조적 조직 변화는 (1) 자동화, (2) 절차 합리화, (3) 비즈니스 프로세스 재설계, (4) 패러다임 전환이다. 각각은 서로 다른 위험과 보상을 수반한다.

그림 13.1 위험과 보상을 수반하는 조직 변화

조직 변화의 가장 일반적인 형태는 자동화와 합리화이다. 이는 상대적으로 서서히 조직 변화를 추구하며, 중간 정도의 보상과 작은 위험이 뒤따른다. 재설계, 패러다임 전환과 같이 보다 빠르고 전면적인 변화는 많은 보상을 제공하지만, 상대적으로 높은 실패 위험이 존재한다.

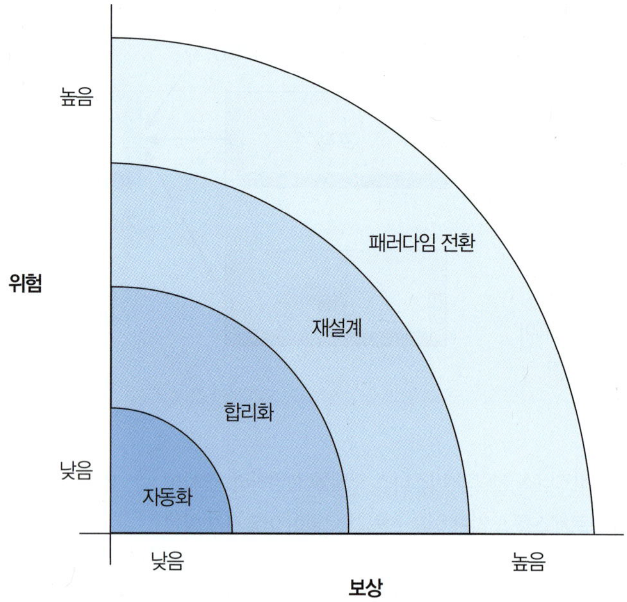

자동화
직원이 업무를 보다 효율적·효과적으로 수행하도록 IT를 사용하여 지원하는 것

IT에 의한 조직 변화의 가장 일반적인 형태는 **자동화**(automation)로, 이는 직원이 업무를 보다 효율적·효과적으로 수행할 수 있도록 IT를 사용하는 것이다. 급여 계산과 급여 장부 작성, 고객 예금 기록에 대한 은행 창구 직원의 즉시 접근 제공, 항공권 판매 직원을 위한 전국적 예약망 구축 등이 초기 자동화의 예이다.

절차 합리화
표준 운영 절차를 간소화하는 것

초기 자동화 이후 곧바로 뒤따르는 조직 변화의 더 깊은 형태는 절차 합리화이다. 자동화는 생산상의 새로운 병목 현상을 드러내고 기존의 절차 및 구조의 배열이 지나치게 복잡하다는 것을 명백히 보여준다. **절차 합리화**(rationalization of procedure)는 표준 운영 절차를 간소화하는 것을 말한다. 예를 들어 시그넷주얼러스의 새로운 가상 판매 시스템이 효과적인 이유는 디지털 기술을 활용하기 때문일 뿐만 아니라, 이 기능을 위한 비즈니스 프로세스를 간소화했기 때문이다. 수작업 단계가 줄어들었다.

전사적 품질 관리(TQM)
품질 달성을 그 자체로 하나의 목표로 삼고, 조직 내 모든 사람과 기능이 함께 책임지는 개념

식스 시그마
100만 번의 기회 중 3.4건의 결함이라는 품질 측정 기준으로, 품질 향상과 비용 절감을 위한 일련의 방법론과 기법을 지칭한다.

절차 합리화는 전사적 품질 관리 및 식스 시그마와 같은 제품, 서비스, 운영에 대한 지속적인 품질 개선을 위한 프로그램에서 흔히 발견된다. **전사적 품질 관리**(total quality management, TQM)는 품질 달성을 그 자체로 하나의 목표로 삼고, 조직 내 모든 사람과 기능이 함께 책임지는 것이다. TQM은 에드워즈 데밍(W. Edwards Deming), 조지프 주란(Joseph Juran)과 같은 미국 품질 전문가들의 개념에서 비롯되었지만, 일본 조직에 의해 대중화되었다. **식스 시그마**(six sigma)는 품질을 나타내는 구체적인 척도로, 100만 번의 기회 중 3.4건의 결함이 발생하는 수준을 뜻한다. 대부분의 기업은 이 정도 수준의 품질을 달성하지 못하지만, 식스 시그마를 품질 개선 프로그램의 목표로 삼는다.

비즈니스 프로세스 재설계(BPR)
비즈니스 프로세스를 분석하고, 단순화하며, 재설계하는 조직 변화의 한 유형

보다 강력한 형태의 조직 변화는 **비즈니스 프로세스 재설계**(business process redesign, BPR)이다. 이는 비즈니스 프로세스를 분석하고, 단순화하며, 재설계하는 것이다. BPR은 업무 흐름을 재구성하여 낭비를 줄이며, 반복적이고 문서 중심적인 작업을 제거하기 위해 여러 단계를 통합한다(새로운 설계로 인해 일자리가 없어지기도 한다). BPR은 절차 합리화보다 훨씬 더 야심 찬 접근이며, 프로세스를 어떻게 구성할 것인지에 대한 새로운 비전을 요구한다.

절차 합리화와 BPR은 비즈니스의 특정 부문에 국한된다. 새로운 정보시스템은 조직이 비즈니스를 수행하는 방식이나 비즈니스의 본질 자체를 변화시킴으로써 궁극적으로 전체 조직의 설계에 영향을 미칠 수 있다. 예를 들어 장거리 화물 운송 회사인 슈나이더내셔널(Schneider National)은 새로운 정보시스템을 활용하여 비즈니스 모델을 변화시켰다. 슈나이더는 타 기업의 물류 관리를 대행하는 새로운 비즈니스를 창출했다. 이러한 보다 급진적인 형태의 조직 변화는 **패러다임 전환**(paradigm shift)이라고 불린다. 패러다임 전환은 비즈니스의 본질과 조직의 본질을 재고하는 것이다.

패러다임 전환
비즈니스의 본질과 조직의 본질 자체를 포함하는 급진적인 형태의 조직 변화

패러다임 전환과 BPR은 조직 전반에 걸친 변화가 매우 어렵기 때문에 종종 실패한다(14장 참조). 그럼에도 불구하고 많은 조직은 왜 이러한 급진적 변화를 고려할까? 그만큼 보상이 크기 때문이다. 그림 13.1에서 보듯이 패러다임 전환을 시도하고 재설계 전략을 추진한 기업은 투자 수익률(또는 생산성)에서 눈에 띄는 성과를 거두기도 한다. 이 책 전체에 걸쳐 그러한 성공 사례와 실패 사례를 함께 소개한다.

13.2 IT를 활용한 비즈니스 프로세스 관리 및 재설계 방법

앞의 사례에서 소개한 시그넷주얼러스와 마찬가지로 오늘날 많은 기업이 IT를 활용하여 비즈니스 프로세스를 개선하려고 한다. 이러한 시스템 중 일부는 점진적인 프로세스 변화를 수반하지만, 보다 근본적인 BPR이 필요한 경우도 있다. 이러한 변화를 다루기 위해 조직은 **비즈니스 프로세스 관리**(business process management, BPM)에 의존하게 되었다. BPM은 기존 프로세스를 분석하고, 새로운 프로세스를 설계하며, 해당 프로세스를 최적화하기 위한 다양한 도구와 방법론을 제공한다. 프로세스 개선은 지속적인 변화를 요구하므로 BPM은 결코 완료되는 일이 아니다. BPM을 실천하는 기업은 다음과 같은 단계를 거친다.

비즈니스 프로세스 관리(BPM)
기존 프로세스를 분석하고, 새로운 프로세스를 설계하며, 해당 프로세스를 최적화하기 위한 도구와 방법론

1. **변화가 필요한 프로세스 식별**: 기업이 내릴 수 있는 가장 중요한 전략적 결정 중 하나는 기술을 어떻게 사용할 것인지가 아니라 어떤 비즈니스 프로세스를 개선할 것인지 파악하는 것이다. 잘못된 비즈니스 모델이나 프로세스를 강화하는 데 시스템이 사용되면 기업은 해서는 안 되는 일을 더 효율적으로 수행하게 되어 경쟁사에 뒤처질 수 있다. 또한 전체적인 기업 성과나 수익에 큰 영향을 미치지 않는 프로세스를 개선하는 데 시간과 비용을 낭비할 수도 있다. 관리자는 어떤 비즈니스 프로세스가 가장 중요한지 그리고 이러한 프로세스를 개선함으로써 비즈니스 성과가 어떻게 향상될지 판단해야 한다.
2. **기존 프로세스 분석**: 기존 비즈니스 프로세스를 입력, 출력, 자원, 활동의 순서 등으로 모델링하고 문서화해야 한다. 프로세스 설계팀은 중복된 단계, 문서 중심 작업, 병목 현상, 기타 비효율적인 요소를 식별한다.
3. **새로운 프로세스 설계**: 기존 프로세스가 시간과 비용 측면에서 측정되고 시각화되면 프로세스 설계팀은 프로세스를 개선하기 위한 새로운 프로세스를 설계하게 된다. 새로운 간소화된 'to-be' 프로세스가 문서화되고 모델링되어 기존 프로세스와 비교된다.
4. **새로운 프로세스 구현**: 새로운 프로세스가 충분히 모델링되고 분석되면 이를 새로운 절차와 작업 규칙으로 전환해야 한다. 재설계된 프로세스를 지원하기 위해 새로운 정보시스템을 구축하거나 기존 시스템을 개선해야 할 수도 있다. 새로운 프로세스와 이를 지원하는 시스템이 조직 내에 적용된다. 조직이 이 프로세스를 실제로 사용하기 시작하면 문제점이 발견되고 해결된다. 프로세스를 사용하는 직원이 개선점을 제안할 수도 있다.
5. **지속적 측정**: 프로세스가 한 번 구현되고 최적화되면 지속적으로 측정해야 한다. 시간이 지나면서 직원이 이전 방식으로 되돌아갈 수 있고, 비즈니스의 다른 변화로 인해 프로세스가 비효율적으로 변할 수 있기 때문이다.

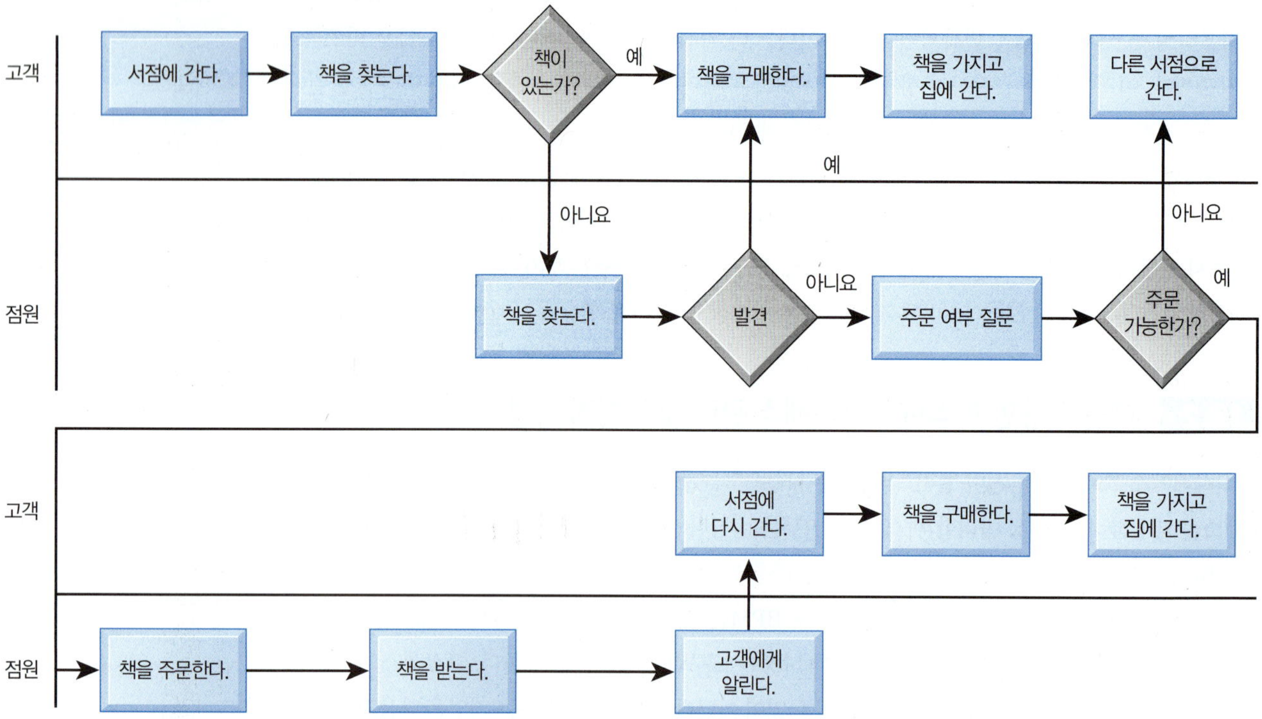

그림 13.2 서점에서 책을 구매하는 as-is 비즈니스 프로세스

실제 서점에서 책을 구매하기 위해 판매자와 고객은 많은 단계를 수행해야 한다.

그림 13.2는 오프라인 서점에서 책을 구매하는 현재(as-is) 프로세스를 보여준다. 고객은 오프라인 서점에 가서 원하는 책을 찾는다. 책을 발견하면 고객은 책을 계산대로 가져가 신용카드, 현금 또는 수표로 결제한다. 만약 원하는 책을 찾지 못하면 고객은 서점 직원에게 책이 있는지 확인하거나 재고 기록을 조회해달라고 요청해야 한다. 직원이 책을 찾으면 고객은 책을 구입하여 서점을 떠난다. 만약 책이 매장에 없다면 직원은 서점의 물류 창고나 해당 책의 유통업체 또는 출판사에 주문 가능한지 알아본다. 주문한 책이 도착하면 서점 직원이 고객에게 연락하여 책이 도착했다는 사실을 알린다. 고객은 다시 서점에 가서 책을 수령하고 결제해야 한다. 만약 이 서점에서 책을 주문할 수 없다면 고객은 다른 서점을 찾아야 한다. 이 과정은 여러 단계를 거치며, 고객이 서점에 여러 번 방문해야 할 수도 있어 복잡하다.

이에 반해 그림 13.3은 인터넷을 활용하여 책 구매 프로세스를 어떻게 재설계할 수 있는지를 보여준다. 고객은 자신의 컴퓨터를 이용하여 인터넷으로 온라인 서점에 접속한다. 고객은 온라인 서점의 카탈로그에서 원하는 책을 검색한다. 책이 있으면 고객은 신용카드와 배송지 정보를 입력하여 온라인으로 책을 주문하고, 책이 고객의 집으로 배송된다. 만약 온라인 서점에 책이 없다면 고객은 다른 온라인 서점에서 다시 검색한다. 이 프로세스는 오프라인 서점에서 책을 구매하는 것보다 단계가 훨씬 적고, 고객의 노력도 적게 들며, 고객 서비스를 위한 판매 인력도 덜 필요하다. 따라서 이 새로운 프로세스는 훨씬 더 효율적이고 고객의 시간을 절약해준다.

새로운 프로세스 설계는 시간과 비용을 얼마나 절감하거나 고객 서비스 및 가치를 얼마나 향상하는지를 통해 타당성을 입증해야 한다. 경영진은 우선 기존 프로세스의 시간과 비용을 측정하여 기준선을 마련한다. 예를 들어 오프라인 서점에서 책을 구매하는 데 걸리는 시간은 고객이 원하는 책을 바로 찾을 경우 약 15분, 재고는 있지만 직원이 찾아야 하는 경우 약 30분이 걸릴 수 있다. 만약 책을 외부에서 주문해야 한다면 이 과정에 1~2주가 소요되고, 고객은 서점에 다시 방문해야 할 수도 있다. 고객이 서점에서 멀

그림 13.3 재설계된 온라인 책 구매 프로세스

인터넷 기술을 이용하여 책을 구매하는 프로세스를 재설계하여 책 구매에 소요되는 단계와 소비되는 자원이 줄어들었다.

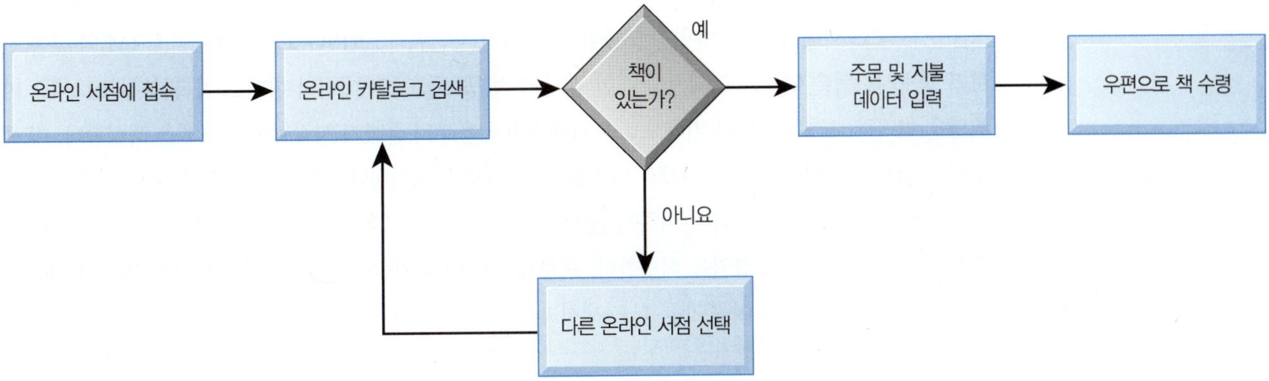

리 떨어진 곳에 살고 있다면 서점까지의 이동 시간도 고려해야 한다. 또한 서점은 물리적 매장을 유지하고 책을 재고로 보유하기 위한 비용, 현장 판매 인건비, 외부에서 책을 조달할 경우 발생하는 운송 비용 등을 부담해야 한다.

반면 온라인으로 책을 구매하는 새로운 프로세스는 몇 분밖에 걸리지 않을 수 있다. 책을 배송받기까지 며칠에서 1주일 정도 기다리고 배송비를 부담해야 할 수도 있지만, 고객은 서점까지 이동하거나 책을 수령하기 위해 다시 방문할 필요가 없기 때문에 시간과 비용을 절약할 수 있다. 온라인 서점 입장에서도 물리적 매장이나 지역 재고를 위한 비용이 들지 않아 비용을 절감할 수 있다.

많은 비즈니스 프로세스 개선이 점진적이고 지속적인 성격을 띠지만, 때로는 보다 급진적인 변화가 필요한 경우도 있다. 오프라인 서점이 책 구매 프로세스를 온라인에서 수행할 수 있도록 재설계하는 사례는 이러한 급진적이고 광범위한 변화의 예에 해당한다. 이러한 BPR은 적절히 구현되면 생산성과 효율성 면에서 획기적인 향상을 가져오며, 경우에 따라 비즈니스 운영 방식 자체를 변화시킬 수도 있다. 때로는 비즈니스의 본질 자체를 변화시키는 '패러다임 전환'으로 이어지기도 한다.

이는 실제로 아마존이 온라인 소매 모델과 킨들 전자책 리더기를 통해 기존 오프라인 서점을 위협하면서 출판, 구매, 판매에 대한 사고방식을 근본적으로 재구성함으로써 일어난 일이다. 아마존과 그 밖의 온라인 서점은 책이라는 상품을 다루는 방식을 근본적으로 변화시킴으로써 상당한 효율성과 비용 절감, 전혀 새로운 비즈니스 방식을 이끌어냈다.

하지만 BPM은 도전 과제를 안고 있다. 경영진은 성공적인 비즈니스 프로세스 변화의 가장 큰 장애물로 조직 문화를 꼽는다. 직원은 익숙지 않은 루틴을 싫어하고, 변화에 저항하려는 경향이 있다. 특히 조직의 변화 범위가 크고 야심 찬 프로젝트일수록 이러한 저항이 더욱 강하게 나타난다. 변화 관리는 단순하지도 직관적이지도 않으며, 광범위한 프로세스 개선을 추진하려는 기업은 효과적인 변화 관리 전략이 필요하다(자세한 내용은 14장을 참조하라).

비즈니스 프로세스 관리와 프로세스 마이닝 도구

BPM의 다양한 측면을 지원하는 여러 소프트웨어 도구가 있다. IBM Workflow Automation, Oracle Business Process Management, TIBCO BPM Enterprise 등이 그 예이다. 이러한 도구는 기업이 개선이 필요한 프로세스를 식별하고 문서화하며, 향상된 프로세스의 모델을 만들고, 프로세스를 수행하기 위한 비즈니스 규칙을 캡처하고 적용하며, 기존 시스템을 통합하여 새로운 또는 재설계된 프로세스를 지원할 수 있도록 돕는다. 또한 BPM 소프트웨어 도구는 프로세스 성능이 실제로 개선되었는지 검증하고, 프로세스 변화가 주요 비즈니스 성과지표에 미친 영향을 측정할 수 있도록 분석 기능도 제공한다.

프로세스 마이닝
기업의 이벤트 로그 데이터를 분석하여 프로세스상의 문제를 식별하고 이를 간소화할 방법을 도출하는 것

프로세스 마이닝은 비즈니스 프로세스로부터 더 큰 가치를 추출할 수 있는 방법이다. **프로세스 마이닝**(process mining)은 기업의 이벤트 로그 데이터를 분석하여 특정 프로세스에 존재하는 문제를 식별하고, 그것을 간소화할 수 있는 방법을 도출한다. 전사적 자원관리(ERP)나 고객관계관리(CRM)와 같은 전사적 정보시스템은 업무 프로세스에 대한 감사 추적 정보를 로그 데이터 형태로 기록한다. 프로세스 마이닝은 이러한 로그 데이터를 기반으로 프로세스의 처음부터 끝까지 시각화하는 모델을 생성한다. 이 프로세스 맵은 프로세스의 세부 사항과 다양한 변형 경로를 드러낸다. 때로는 프로세스 마이닝 결과가 기업이 정의한 공식 프로세스와 일치하지 않는 경우도 있다. 프로세스 마이닝은 이러한 변형을 탐지하고, 개선이 필요한 우선순위 영역을 식별한다. 프로세스 마이닝 기술을 선도하는 기업인 셀로니스(Celonis)에 관한 사례 연구에서는 이 주제를 더 자세히 다룬다.

13.3 시스템 개발 프로세스의 핵심 활동

새로운 정보시스템은 조직 문제 해결의 결과물이다. 새로운 정보시스템은 조직이 직면하고 있다고 인식하는 어떤 유형의 문제나 문제 집합에 대한 해결책으로 구축된다. 문제란 조직이 기대한 만큼 성과를 내지 못하고 있다는 것을 관리자와 직원이 인식하거나, 조직이 더 성공적으로 활동할 수 있도록 새로운 기회를 활용하여야 한다고 판단하는 상황일 수 있다.

시스템 개발
조직의 문제나 기회를 해결하기 위한 정보시스템 해결책을 개발하는 활동

조직의 문제나 기회를 해결하기 위한 정보시스템 해결책을 개발하는 활동을 **시스템 개발**(system development)이라고 한다. 시스템 개발은 구조화된 문제 해결 활동으로, 구별되는 일련의 활동으로 구성된다. 이 활동에는 시스템 분석, 시스템 설계, 프로그래밍, 테스트, 전환, 운영 및 유지·보수가 포함된다.

그림 13.4는 시스템 개발 프로세스를 보여준다. 여기에 묘사된 시스템 개발 활동은 일반적으로 순차적으로 진행된다. 하지만 시스템 구축 방식(13.4절 참조)에 따라 일부 활동은 반복되거나 동시에 수행될 수 있다.

시스템 분석
조직이 정보시스템으로 해결하고자 하는 문제를 분석하는 것

시스템 분석

시스템 분석(system analysis)은 기업이 정보시스템을 통해 해결하고자 하는 문제를 분석하는 것이다. 이

그림 13.4 시스템 개발 프로세스

시스템 구축은 여섯 가지 핵심 활동으로 나눌 수 있다.

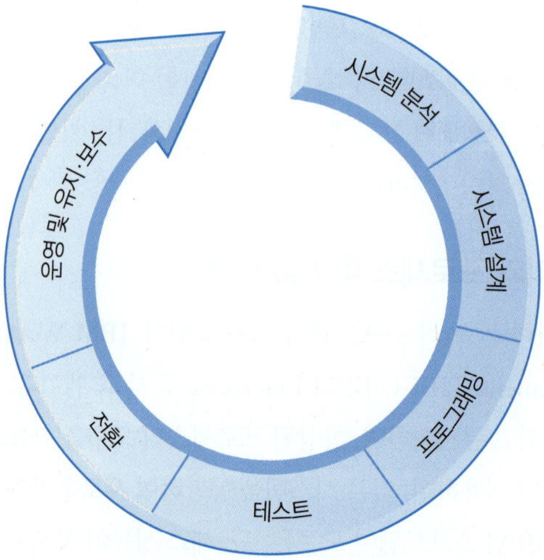

활동에는 문제 정의, 원인 파악, 해결 방안 명시, 시스템 해결책이 충족해야 할 정보 요구사항 식별이 포함된다.

시스템 분석가는 기존 조직과 시스템의 로드맵을 작성하며, 주요 데이터 소유자와 사용자, 현재 사용 중인 하드웨어와 소프트웨어를 파악한다. 이후 기존 시스템의 문제를 자세히 조사한다. 시스템 분석가는 문서, 작업 보고서, 절차를 검토하고, 시스템 운영을 관찰하며, 주요 사용자들과 인터뷰함으로써 문제 영역과 해결을 통해 달성할 수 있는 목표를 식별한다. 해결책은 종종 새로운 정보시스템의 구축 또는 기존 시스템의 개선일 수 있다. 시스템 분석에는 타당성 조사도 포함되는데, 이 조사에서는 제안된 해결책이 재무적·기술적·조직적 관점에서 실행 가능한지를 판단한다. **타당성 조사**(feasibility study)는 제안된 시스템이 좋은 투자가 될 것으로 예상되는지, 시스템에 필요한 기술이 확보되어 있고 정보시스템 전문가들이 이를 다룰 수 있는지, 시스템을 도입함으로써 발생하는 변화를 조직이 감당할 수 있는지를 평가한다.

> **타당성 조사**
> 시스템 분석과정의 일부로, 조직의 자원과 제약 조건을 고려했을 때 제안된 해결책의 실현 가능성을 평가하는 작업

일반적으로 시스템 분석 과정에서는 조직이 추구할 수 있는 몇 가지 대안 해결책을 식별하고 각각의 타당성을 평가한다. 시스템 제안 보고서에는 각 대안의 비용과 편익, 장단점이 포함된다. 최종적으로 어떤 비용, 편익, 기술적 특성, 조직적 영향을 포함하는 대안이 가장 바람직한지에 대해 경영진이 결정을 내린다.

정보 요구사항 정의

시스템 분석가에게 가장 어려운 과업 중 하나는 선택된 해결책을 통해 충족되어야 할 구체적인 정보 요구사항을 정의하는 것이다. 가장 기본적인 수준에서 새로운 시스템의 **정보 요구사항**(information requirement)에는 누가, 어떤 정보를, 언제, 어디서, 어떻게 필요로 하는지 식별하는 것이 포함된다. 요구사항 분석은 새로운 또는 수정된 시스템의 목표를 신중히 정의하고, 새 시스템이 수행해야 할 기능에 대한 상세한 설명을 개발한다. 잘못된 요구사항 분석은 시스템 실패와 높은 시스템 개발 비용의 주요 원인 중 하나이다(14장에서 자세히 다룰 것이다). 잘못된 요구사항을 기반으로 설계된 시스템은 성능이 부실하여 폐기되거나 대대적인 수정이 필요할 수 있다. 13.4절에서는 이러한 문제를 최소화하는 데 도움이 되는 요구사항 도출의 다양한 접근법을 설명한다.

> **정보 요구사항**
> 새로운 시스템이 충족해야 할 정보 요구를 상세히 기술한 것으로, 누가, 어떤 정보를, 언제, 어디서, 어떻게 필요로 하는지 식별하는 것이 포함된다.

일부 문제는 정보시스템 해결책이 아니라 경영의 조정, 추가 교육 또는 기존 조직 절차의 정제 등을 요구하는 경우도 있다. 그러나 문제가 정보와 관련된 것이라면 문제를 진단하고 적절한 해결책을 도출하기 위해 여전히 시스템 분석이 필요할 수 있다.

시스템 설계

시스템 분석이 정보 요구사항을 충족하기 위해 시스템이 무엇을 해야 하는지를 설명한다면, **시스템 설계**(system design)는 이러한 목표를 어떻게 달성할지를 구체화하는 것이다. 정보시스템 설계는 해당 시스템을 위한 전반적인 계획 또는 모델이다. 빌딩이나 주택의 청사진처럼 시스템의 형태와 구조를 정의하는 모든 명세로 구성된다.

> **시스템 설계**
> 시스템 분석에서 식별된 정보 요구사항을 시스템이 어떻게 충족할지를 구체화한 것

시스템 설계자는 시스템 분석에서 식별된 기능을 수행할 수 있도록 시스템 명세를 지정한다. 이러한 명세는 시스템 해결책의 관리적·조직적·기술적 요소를 모두 포함해야 한다. 표 13.1은 시스템 설계 과정에서 생성될 명세 유형을 보여준다.

주택이나 빌딩처럼 정보시스템도 다양한 설계가 가능하다. 각 설계는 기술적·조직적 구성요소의 고유한 조합을 나타낸다. 한 설계가 다른 설계보다 우수한 이유는 특정한 기술적·조직적·재정적·시간적 제약 조건 내에서 사용자의 요구를 얼마나 쉽게 효율적으로 충족하느냐에 달려 있다.

표 13.1 시스템 설계 명세서

출력

매체
내용물
시점

입력

원천
흐름
데이터 입력

사용자 인터페이스

단순성
효율성
논리
피드백
오류

데이터베이스 설계

논리적 데이터 모델
저장 공간과 속도 요구사항
레코드 명세서

처리

계산
프로그램 모듈
요구 보고서
출력 시점

수작업 절차

활동 내용
수행 주체
일시
방법
장소

통제

입력 통제(문자, 한계, 타당성)
처리 통제(일관성, 레코드 수)
출력 통제(총계, 출력 샘플)
절차 통제(비밀번호, 특수 형식)

보안

접근 통제
비상 계획
감사 추적

문서화

운영 문서화
시스템 문서
사용자 문서

전환

데이터 전환 규칙
검사 방법
전환 전략

훈련

훈련 기법
훈련 모듈

조직 변화

업무 재설계
직무 설계
프로세스 설계
조직 구조 설계
리포팅 관계

최종사용자의 역할

사용자의 정보 요구사항은 전체 시스템 구축 작업을 주도한다. 시스템이 기술 담당자의 편향이 아니라 사용자의 비즈니스 우선순위와 정보 필요를 반영하게 하려면 사용자는 설계 과정에 대해 충분한 통제권을 가져야 한다. 설계 작업에 참여하면 사용자는 시스템에 대한 이해와 수용도를 높일 수 있다. 14장에서 설명하듯이 설계 과정에 사용자가 충분히 참여하지 않는 것은 시스템 실패의 주요 원인 중 하나이다. 다만 일부 시스템은 다른 시스템보다 사용자 참여가 더 많이 요구되며, 13.4절에서는 다양한 시스템 개발 방법이 사용자 참여 문제를 어떻게 다루는지를 살펴보겠다.

시스템 개발 프로세스의 완료

시스템 개발 프로세스의 나머지 단계는 시스템 분석과 설계 단계에서 수립한 해결책 사양을 완전하게 운영 가능한 정보시스템으로 전환하는 것이다. 이 마무리 단계는 프로그래밍, 테스트, 전환, 운영, 유지·보수로 구성된다.

프로그래밍

프로그래밍
설계 단계에서 준비한 시스템 사양을 소프트웨어 프로그램 코드로 변환하는 과정

프로그래밍(programming) 단계에서는 설계 단계에서 준비한 시스템 사양을 소프트웨어 프로그램 코드로 변환한다. 오늘날 많은 조직은 새로운 시스템을 위해 자체적으로 프로그래밍을 하지 않는다. 대신에 상용 소프트웨어 공급업체의 소프트웨어 패키지, 소프트웨어 서비스 제공업체의 서비스, 고객을 위해 맞춤형 응용 소프트웨어를 개발하는 외부 아웃소싱 업체 등 외부로부터 새로운 시스템의 요건을 충족하는 소프트웨어를 구매한다(13.4절 참조).

테스트

시스템이 올바른 결과를 생성하는지 확인하기 위해 철저하고 포괄적인 **테스트**(testing)가 수행되어야 한다. 테스트는 "알려진 조건에서 이 시스템이 원하는 결과를 만들어낼 수 있는가?"라는 질문에 대한 답을 제공한다. 일부 기업은 이 작업을 위해 클라우드 컴퓨팅 서비스를 사용하기 시작했다.

테스트
알려진 조건에서 시스템이 원하는 결과를 생성하는지 판단하는 과정

이 질문에 답하는 데 필요한 시간은 시스템 프로젝트 계획에서 전통적으로 과소평가되었다(14장 참조). 테스트는 시간이 많이 걸리는 작업이다. 테스트 데이터를 신중하게 준비하고 결과를 검토한 다음 시스템을 수정해야 한다. 경우에 따라 시스템의 일부를 다시 설계해야 할 수도 있다. 이 단계를 소홀히 할 경우 발생할 수 있는 위험은 매우 크다. 정보시스템 테스트는 단위 테스트, 시스템 테스트, 인수 테스트로 구분할 수 있다.

단위 테스트(unit testing) 또는 프로그램 테스트는 시스템 내 각 프로그램을 개별적으로 테스트하는 것이다. 이러한 테스트의 목적은 프로그램에 오류가 없음을 보장하는 것이라고 일반적으로 여겨지지만, 실제로 이 목표를 완전히 달성하는 것은 불가능하다. 따라서 테스트는 프로그램이 실패할 수 있는 모든 경우를 찾아내는 데 초점을 맞춰 오류를 발견하고 이를 수정하는 수단으로 간주해야 한다.

단위 테스트
시스템 내 각 프로그램을 개별적으로 테스트하는 과정으로, 프로그램 테스트라고도 한다.

시스템 테스트(system testing)는 정보시스템 전체의 기능을 테스트하는 것이다. 개별 모듈이 계획대로 함께 작동하는지 확인하고, 시스템이 실제로 작동하는 방식과 설계된 방식 간의 차이가 있는지 점검한다. 테스트 항목에는 처리 시간, 파일 저장 용량, 최대 부하 처리 능력, 복구 및 재시작 기능, 수작업 절차 등이 포함된다.

시스템 테스트
개별 모듈이 계획대로 함께 작동하는지 확인하기 위해 정보시스템 전체의 기능을 테스트하는 것

인수 테스트(acceptance testing)는 시스템이 실제 운영 환경에서 사용될 준비가 되었는지 최종적으로 인증하는 단계이다. 시스템 테스트 결과는 사용자에 의해 평가되고 경영진이 검토한다. 새 시스템이 기준을 충족한다고 모든 관계자가 판단하면 해당 시스템은 정식으로 설치 승인된다. 시스템 개발팀은 사용자와 협력하여 체계적인 **테스트 계획**(test plan)을 수립한다. 테스트 계획에는 앞서 설명한 일련의 테스트를 위한 모든 준비사항이 포함된다. 그림 13.5는 테스트 계획의 예시를 보여준다. 일반적으로 테스트되는 조건은 기록 변경이며, 관련 문서는 데이터베이스(예: PC 데이터베이스)에 저장된 일련의 테스트

인수 테스트
시스템이 실제 운영 환경에서 사용할 준비가 되었는지 최종적으로 인증하는 것

테스트 계획
개발팀이 사용자와 협력하여 준비하는 테스트 계획으로, 시스템에 수행될 일련의 테스트에 대한 모든 준비 사항이 포함된다.

그림 13.5 레코드 변경 검사를 위한 테스트 계획(샘플)

검사 테스트에 대한 계획을 세울 때는 반드시 다양한 테스트 조건, 각 테스트 조건에 대한 요구사항, 예상되는 결과를 포함해야 한다. 테스트 계획은 최종사용자와 정보시스템 전문가의 의견을 반영해야 한다.

절차	주소와 유지·보수 '레코드 변경 시리즈'		테스트 시리즈 2		
	담당자:		날짜:	버전:	
테스트 번호	테스트 조건	특별 요구사항	예상 결과	출력지	다음 화면
2.0	레코드 변경				
2.1	기존 레코드 변경	키 필드	허용하지 않음		
2.2	존재하지 않는 레코드 변경	다른 필드	'유효하지 않은 키' 메시지		
2.3	삭제된 레코드 변경	삭제된 레코드는 이용할 수 있어야 한다.	'삭제' 메시지		
2.4	두 번째 레코드 생성	위의 2.1 변경	맞으면 OK	트랜잭션 파일	V45
2.5	레코드 삽입		맞으면 OK	트랜잭션 파일	V45
2.6	변경 중에 취소	2.5 취소	변경 없음	트랜잭션 파일	V45

계획 화면으로 구성되고, 이러한 애플리케이션에 적합하다.

전환

전환
기존 시스템에서 새로운 시스템으로 전환하는 과정

병행 전략
새로운 시스템이 제대로 작동하는지 모든 사용자가 확신할 때까지 기존 시스템과 새로운 시스템을 함께 운영하는 안전하고 보수적인 전환 방식

직접 전환 전략
정해진 날에 새로운 시스템이 기존 시스템을 완전히 대체하는 위험한 전환 방식

시험 운영 전략
새로운 시스템을 조직 내 제한된 영역에 먼저 도입하여 기능이 완전하다고 입증된 후 전체 조직의 시스템을 전환하는 방식

단계적 접근 전략
기능 단위 또는 조직 단위로 새로운 시스템을 단계적으로 도입하는 전환 방식

전환(conversion)은 기존 시스템에서 새로운 시스템으로 전환하는 과정이다. 전환을 위한 네 가지 주요 전략은 병행 전략, 직접 전환 전략, 시험 운영 전략, 단계적 접근 전략이다.

병행 전략(parallel strategy)에서는 새로운 시스템이 제대로 작동하는지 모든 사용자가 확신할 때까지 기존 시스템과 새로운 시스템을 일정 기간 동안 함께 운영한다. 이 방법은 오류나 처리 중단이 발생할 경우 기존 시스템을 백업으로 사용할 수 있기 때문에 가장 안전한 전환 방식이다. 그러나 비용이 많이 들고 추가적인 인력이나 자원이 필요할 수 있다.

직접 전환 전략(direct cutover strategy)은 정해진 날에 기존 시스템을 완전히 종료하고 새로운 시스템으로 교체하는 방식이다. 이 전략은 매우 위험한데, 새로운 시스템에 심각한 문제가 발생할 경우 두 시스템을 병행 운영하는 것보다 더 많은 비용이 들 수도 있다. 백업 시스템이 없기 때문에 시스템 장애, 업무 혼란, 수정 비용이 매우 클 수 있다.

시험 운영 전략(pilot study strategy)은 새로운 시스템을 조직 내의 제한된 영역(예: 특정 부서나 운영 단위)에 먼저 도입하는 방식이다. 이 시험 버전이 완전히 구축되고 안정적으로 작동하면 이를 전체 조직에 동시에 또는 단계적으로 설치한다. **단계적 접근 전략**(phased approach strategy)은 기능 단위 또는 조직 단위로 시스템을 단계적으로 도입하는 방식이다. 예를 들어 기능 단위로 도입할 경우 새로운 급여 시스템을 주급으로 받는 시간제 직원에게 먼저 적용하고 6개월 후에 월급제 정규직 직원에게 적용할 수 있다. 조직 단위로 도입할 경우에는 본사에 먼저 시스템을 도입하고 4개월 후에 지방 운영 부서에 적용할 수 있다.

문서화
정보시스템이 기술적 관점과 최종사용자 관점에서 어떻게 작동하는지를 설명하는 문서

새로운 시스템으로 전환하는 과정에서는 최종사용자가 새로운 시스템을 사용할 수 있도록 교육을 받아야 한다. 시스템이 기술적 관점과 사용자 관점에서 어떻게 작동하는지를 설명하는 상세한 **문서화**(documentation)는 전환 시기에 마무리되며, 교육 및 일상적인 운영에 사용된다. 적절한 교육과 문서가 부족하면 시스템 실패로 이어질 수 있기 때문에 이 단계는 시스템 개발 과정에서 매우 중요하다.

운영 및 유지·보수

운영
새로운 시스템이 설치되고 전환이 완료된 후의 단계로, 시스템이 원래 목표를 얼마나 잘 달성했는지, 수정이 필요한지 사용자와 기술 전문가가 검토한다.

새로운 시스템이 설치되고 전환이 완료되면 해당 시스템은 **운영**(production)에 들어간 것으로 간주된다. 이 단계에서 시스템이 원래의 목표를 얼마나 잘 달성했는지 판단하고, 수정 또는 변경이 필요한지 결정하기 위해 사용자와 기술 전문가가 시스템을 검토하게 된다. 경우에 따라 이러한 검토는 공식적인

표 13.2 시스템 개발

핵심 활동	설명
시스템 분석	문제 식별, 해결책 명시, 정보 요구사항 설정
시스템 설계	설계 명세 작성
프로그래밍	설계 명세를 프로그램 코드로 변환
테스트	단위 테스트 수행, 시스템 테스트 수행, 인수 테스트 수행
전환	전환 계획 수립, 문서 작성 준비, 사용자 및 기술 인력 교육
운영 및 유지·보수	시스템 운영, 시스템 평가, 시스템 수정

구축 이후 감사(post-implementation audit)의 일환으로 수행되기도 한다. 시스템이 조정 과정을 거친 이후에는 **유지·보수**(maintenance)가 필요하다. 유지·보수는 운영 중인 시스템의 오류를 수정하거나 새로운 요구사항을 충족하거나 처리 효율성을 향상하기 위해 하드웨어, 소프트웨어, 문서 또는 절차에 변경을 가하는 것을 포함한다. 정기적인 유지·보수는 많은 기업의 IT 예산 중 상당 부분을 차지하지만, 최신 시스템 구축 기법과 기술을 사용하면 그 비용을 크게 줄일 수 있다. 표 13.2는 시스템 개발 활동을 요약한 것이다.

구축 이후 감사
운영에 투입된 시스템이 원래 목표를 얼마나 잘 달성했는지 평가하기 위한 공식적인 검토 절차

유지·보수
오류 수정, 새로운 요구사항 충족 또는 처리 효율성 향상을 위해 운영 중인 시스템의 하드웨어, 소프트웨어, 문서 또는 절차에 변경을 가하는 것

13.4 정보시스템 구축 및 획득 방법

시스템은 그 규모와 기술적 복잡성, 해결하고자 하는 조직의 문제 유형에 따라 다양하다. 이러한 차이를 다루기 위해 여러 가지 시스템 구축 방법이 개발되었다. 이 절에서는 전통적인 시스템 개발 생명주기, 프로토타이핑, 응용 소프트웨어 패키지 및 클라우드 소프트웨어 서비스, 외주 등 다양한 대안적 방법을 알아본다. 시스템 구축자는 시스템의 다양한 측면에 따라 여러 방법론을 병행해서 사용할 수 있다.

전통적인 시스템 개발 생명주기

시스템 개발 생명주기(system development life cycle, SDLC)는 정보시스템을 구축하기 위한 전통적인 방법이다. 이 방법론은 단계적인 접근 방식을 사용하여 시스템을 구축하며, 시스템 개발 과정을 일련의 순차적인 공식 단계, 즉 시스템 분석, 시스템 설계, 프로그래밍, 테스트, 전환, 운영 및 유지·보수로 나눈다(그림 13.6 참조). 시스템 개발 전문가들은 시스템 구축 단계를 어떻게 구분할 것인지에 대해 다소 이견을 보이지만, 이러한 단계는 앞서 설명한 시스템 개발 단계와 대체로 일치한다. SDLC라는 약어는 정보시스템의 소프트웨어 구성요소 개발과 테스트에 초점을 맞춘 소프트웨어 개발 생명주기를 가리키는 데

시스템 개발 생명주기(SDLC)
정보시스템을 구축하기 위한 전통적인 방법으로, 시스템 개발 과정을 일련의 순차적인 공식 단계, 즉 시스템 분석, 시스템 설계, 프로그래밍, 테스트, 전환, 운영 및 유지·보수로 나눈다.

그림 13.6 전통적인 시스템 개발 생명주기

SDLC는 시스템 개발을 공식적인 여러 단계로 나누며, 각 단계가 완료되어야 다음 단계로 넘어갈 수 있다.

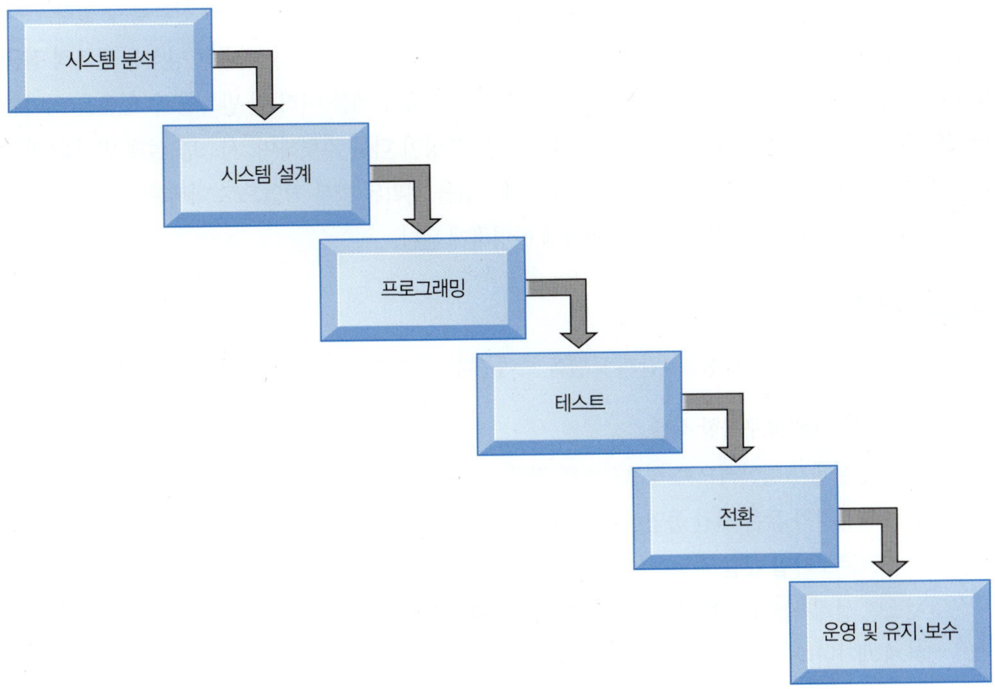

에도 사용된다. 그러나 시스템 개발 생명주기는 하드웨어, 소프트웨어, 사람, 완전한 정보시스템에 필요한 프로세스를 포괄하는 더 넓은 개념이다.

SDLC 접근 방식은 최종사용자와 정보시스템 전문가 간의 공식적인 업무 분담을 유지한다. 시스템 분석가나 프로그래머 같은 기술 전문가는 시스템 분석, 설계, 구현 작업의 대부분을 담당하며, 최종사용자는 정보 요구사항을 제공하고 기술 직원의 작업을 검토하는 것으로 역할이 제한된다. 또한 SDLC 접근 방식은 공식 명세서와 문서 작성을 강조하기 때문에 시스템 프로젝트가 진행되는 동안 많은 문서가 생성된다.

SDLC 접근 방식은 엄격하고 공식적인 요구사항 분석, 사전 정의된 명세, 시스템 구축 과정에 대한 강력한 통제가 필요한 대규모의 복잡한 시스템을 구축할 때 여전히 사용된다. 예를 들어 스웨덴의 도로와 교량의 50% 이상을 관리·유지하는 토목 엔지니어링 회사 스베비아(Svevia)는 대규모 프로젝트에 여전히 SDLC 방식을 사용하고 있다(Lindstrom, 2023). 그러나 이 접근 방식은 비용이 많이 들고 시간이 오래 걸리며 융통성이 부족할 수 있다. 시스템 구축자는 생명주기의 여러 단계를 오가며 작업할 수 있지만, SDLC는 기본적으로 하나의 단계가 완료되어야 다음 단계로 넘어가는 '폭포수' 방식이다. 활동을 반복할 수는 있으나, 요구사항이나 명세를 수정해야 할 경우 새 문서를 대량으로 작성하고 여러 단계를 되돌아가야 한다. 이러한 특성은 개발 초기 단계에 명세를 고정하도록 유도한다. 또한 SDLC 방식은 구조화되지 않고 개별화된 경향이 있는 소규모 시스템에는 적합하지 않다.

프로토타이핑

프로토타이핑
사용자가 정보 요구사항을 더 잘 파악할 수 있도록 실험적인 시스템을 신속하고 저렴하게 구축하여 시연하고 평가하는 과정

프로토타이핑(prototyping)은 실험적인 시스템을 신속하고 저렴하게 구축하여 최종사용자가 평가할 수 있도록 하는 작업을 말한다. 사용자는 프로토타입과 상호작용함으로써 자신이 필요로 하는 정보 요구사항을 더 명확히 파악할 수 있다. 사용자의 승인을 받은 프로토타입은 최종 시스템을 구축하는 데 템플릿으로 활용될 수 있다.

프로토타입
시연 및 평가 목적으로 만든 정보시스템의 초기 작동 버전

프로토타입(prototype)은 정보시스템의 작동 가능한 버전 또는 그 일부이지만, 어디까지나 초기 모델일 뿐이다. 일단 동작 가능한 상태가 되면 이 프로토타입은 사용자의 요구사항에 정확히 부합할 때까지 지속적으로 다듬어진다. 설계가 최종 확정되면 프로토타입은 정식 운영 시스템으로 전환될 수 있다.

반복적 접근
사용자의 요구사항을 점점 더 정확하게 반영하는 시스템을 만들기 위해 여러 단계를 반복 수행하는 과정

이처럼 초기 설계를 만들고 시험해보고 개선한 후 다시 시험하는 과정을 반복하는 방식을 **반복적 접근**(iterative approach)이라고 한다. 이는 시스템 구축 과정의 각 단계를 여러 번 반복할 수 있음을 의미한다. 프로토타이핑은 기존의 SDLC 방식보다 반복적인 특성이 더욱 뚜렷하며, 시스템 설계 변경을 적극적으로 촉진한다. 프로토타이핑은 계획되지 않은 재작업을 계획된 반복 작업으로 대체한다고 흔히 말하며, 각 반복이 사용자의 요구사항을 더 정확하게 반영하게 된다.

프로토타이핑 단계

그림 13.7은 프로토타이핑 과정의 4단계 모델을 보여준다. 이 과정은 다음과 같은 단계로 구성된다.

1단계: 사용자의 기본 요구사항 식별

시스템 설계자(일반적으로 정보시스템 전문가)는 사용자의 기본적인 정보 요구사항을 파악하기 위해 사용자와 짧은 시간 동안 협업한다.

2단계: 초기 프로토타입 개발

시스템 설계자는 신속한 소프트웨어 생성 도구를 이용하여 작동 가능한 초기 프로토타입을 신속하게 제작한다.

그림 13.7 프로토타이핑 과정

프로토타입 개발 과정은 네 단계로 나눌 수 있다. 프로토타입은 빠르고 저렴하게 개발할 수 있기 때문에 시스템 개발자는 3단계와 4단계로 되돌아가 여러 차례 반복을 거쳐 최종 운영 프로토타입에 도달하기 전에 프로토타입을 개선하고 향상할 수 있다.

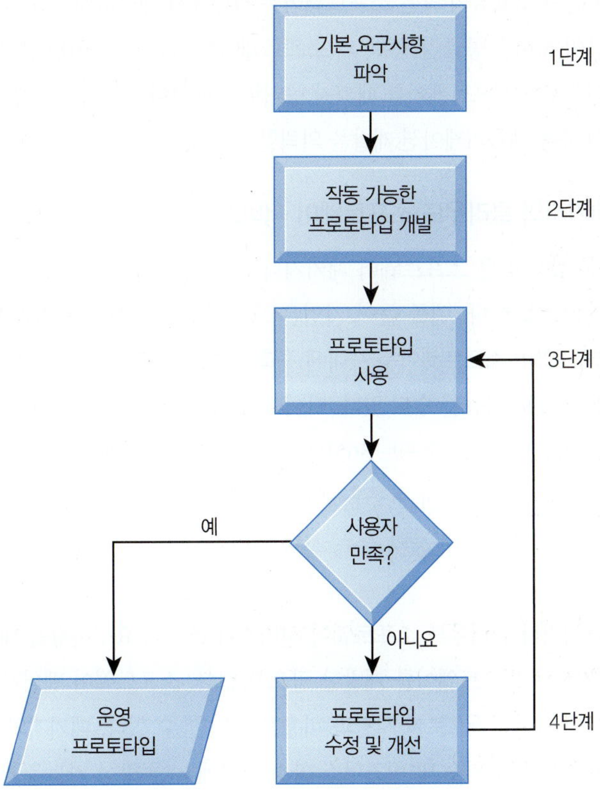

3단계: 프로토타입 사용

사용자는 시스템을 직접 사용해보면서 프로토타입이 자신의 요구를 얼마나 충족하는지 판단하고 개선에 대한 제안을 하도록 권장된다.

4단계: 프로토타입 수정 및 향상

시스템 구축자는 사용자가 요청한 모든 변경사항을 기록하고, 그에 따라 프로토타입을 다듬는다. 수정된 후에는 3단계로 되돌아간다. 3단계와 4단계는 사용자가 만족할 때까지 반복된다.

반복이 필요 없어지면 승인된 프로토타입이 운영 가능한 프로토타입으로 전환되어 해당 애플리케이션의 최종 사양을 제공하게 된다. 경우에 따라 이 프로토타입이 시스템의 실제 운영 버전으로 채택되기도 한다.

프로토타이핑의 장단점

프로토타이핑은 요구사항이나 설계 해결책에 대한 불확실성이 있을 때 가장 유용하며, 정보시스템의 **최종사용자 인터페이스**(end-user interface)(예: 온라인 화면 표시, 데이터 입력 화면, 명령어 등)를 설계할 때 자주 사용된다. 프로토타이핑은 SDLC 전반에 걸쳐 최종사용자의 활발한 참여를 유도하기 때문에 사용자의 요구사항을 충실히 반영한 시스템을 개발할 가능성이 높다.

최종사용자 인터페이스
최종사용자가 온라인 화면 표시, 데이터 입력 화면, 명령어 등과 상호작용하는 정보시스템의 부분

하지만 빠른 프로토타이핑은 시스템 개발의 필수 단계를 소홀히 할 수 있다. 완성된 프로토타입이 어느 정도 잘 작동하면 경영진은 완성도 높은 운영 시스템을 만들기 위한 재프로그래밍, 재설계, 전체 문서화, 철저한 테스트의 필요성을 느끼지 못할 수도 있다. 이처럼 서둘러 구축된 시스템 중 일부는 실제 운

영 환경에서 대량의 데이터를 처리하거나 많은 사용자를 수용하는 데 어려움을 겪을 수 있다.

응용 소프트웨어 패키지, 소프트웨어 서비스, 아웃소싱

5장에서 언급한 바와 같이 오늘날의 많은 소프트웨어는 사내에서 개발하지 않고 외부에서 구매한다. 기업은 온라인 소프트웨어 서비스 공급업체로부터 소프트웨어를 라이선스(임대) 방식으로 사용할 수 있다. 상용 소프트웨어 벤더로부터 소프트웨어를 패키지 형태로 구매하여 사내에서 운영할 수도 있고, 외부 아웃소싱 업체에 맞춤형 응용 애플리케이션 개발을 의뢰할 수도 있다.

응용 소프트웨어 패키지와 클라우드 소프트웨어 서비스

오늘날 많은 시스템은 상용 응용 소프트웨어 패키지나 클라우드 서비스형 소프트웨어(Software as a Service, SaaS)를 기반으로 한다. 예를 들어 기업은 오라클의 전사적 자원관리(ERP), 공급사슬관리(SCM), 인적자원관리(HCM) 소프트웨어를 사내에 구축할 수도 있고, 오라클 클라우드 플랫폼에서 실행되는 이 소프트웨어를 유료로 사용할 수도 있다. 마이크로소프트의 데스크톱 생산성 소프트웨어는 데스크톱 버전과 클라우드 버전(마이크로소프트 365)으로 제공된다. 급여, 매출채권, 일반 원장, 재고 관리와 같이 모든 기업에서 공통적으로 사용하는 응용 프로그램이 있다. 이처럼 시간이 지나도 크게 변하지 않는 표준화된 프로세스를 가진 범용 기능의 경우, 보다 일반화된 시스템이 많은 조직의 요구사항을 충족할 수 있다.

상용 소프트웨어 패키지나 클라우드 소프트웨어 서비스가 조직의 요구사항을 대부분 충족할 수 있다면 해당 조직은 자체적으로 소프트웨어를 개발할 필요가 없다. 소프트웨어 벤더가 미리 설계하고 시험한 소프트웨어 프로그램을 사용함으로써 시간과 비용을 절약할 수 있다. 패키지와 SaaS 벤더는 시스템의 지속적인 유지·보수와 지원, 기술 및 비즈니스 환경 변화에 따른 향상 기능을 제공한다. 패키지 또는 SaaS 솔루션이 선택될 경우 최종사용자는 시스템을 위한 비즈니스 정보 요구사항을 제공하며, 정보시스템 전문가는 기술적인 요구사항을 제공한다. 대규모 조직의 경우 SaaS 구독 수가 빠르게 증가할 수 있다. 예를 들어 작업복 브랜드 칼하트(Carhartt)의 최고정보책임자(CIO)에 따르면 이 회사는 현재 120개 이상의 SaaS 벤더에게 비용을 지불하고 있으며, 이는 5년 전의 약 60개, 10년 전의 약 20개에서 증가한 수치이다(Bousquette, 2024).

맞춤화
패키지 소프트웨어의 무결성을 훼손하지 않고 조직의 고유한 요구사항을 충족하기 위해 상용 소프트웨어 패키지를 수정하는 것

조직에 고유한 요구사항이 있고 패키지나 SaaS가 이를 충족하지 못할 때 이러한 도구는 맞춤화 기능을 제공한다. **맞춤화**(customization)란 상용 소프트웨어 패키지나 클라우드 기반 소프트웨어를 조직의 고유한 요구사항에 맞게 수정하되, 소프트웨어의 무결성을 해치지 않는 것을 의미한다. 다만 지나치게 많은 맞춤화가 필요한 경우 추가적인 프로그래밍과 수정 작업에 비용이 너무 많이 들고 시간이 오래 걸려 상용 소프트웨어 패키지나 서비스의 이점을 상쇄할 수 있다.

제안 요청서(RFP)
소프트웨어나 기타 서비스의 공급업체에 제출하는 질문 목록으로, 공급업체의 제품이 조직의 특정 요구사항을 얼마나 잘 충족할 수 있는지 판단하기 위해 사용한다.

소프트웨어 패키지나 클라우드 소프트웨어 서비스를 이용하여 시스템을 개발할 경우, 시스템 분석 과정에서는 해당 패키지 또는 서비스를 정식으로 평가하는 단계가 포함되며, 이때 최종사용자와 정보시스템 전문가가 모두 참여한다. 가장 중요한 평가 기준은 소프트웨어가 제공하는 기능, 유연성, 사용 편의성, 하드웨어 요구사항, 데이터베이스 요구사항, 설치 및 유지·보수의 용이성, 문서화 수준, 벤더의 품질, 비용 등이다. 외부 소프트웨어 선정은 일반적으로 **제안 요청서**(request for proposal, RFP)를 기반으로 진행되는데, 이는 소프트웨어 벤더에게 보내는 질문 목록으로 구성되며, 조직의 구체적인 요구사항을 벤더의 제품이 얼마나 잘 충족하는지 판단하는 데 사용된다. 외부 소프트웨어를 선택하는 경우 조직은 더 이상 시스템 설계 과정을 전적으로 통제할 수 없다. 사용자의 요구사항에 맞게 시스템 설계 사양을 직접 조정하는 대신 패키지나 소프트웨어 서비스의 기능에 사용자의 요구사항을 맞춰야 한다. 조직의 요구사항

이 해당 소프트웨어의 기능과 충돌하고 맞춤화가 불가능할 경우 조직은 해당 패키지나 소프트웨어 서비스에 적응해야 하며, 기존의 업무 절차를 변경해야 할 수도 있다.

아웃소싱

기업이 정보시스템 구축을 위해 내부 자원을 사용하고 싶지 않을 때는 이러한 서비스를 전문적으로 제공하는 외부 조직에 해당 업무를 아웃소싱할 수 있다. 5장에서 설명한 클라우드 컴퓨팅과 SaaS 제공업체는 아웃소싱의 한 형태이다. 구독 기업은 서비스가 제공하는 소프트웨어와 하드웨어를 자사 시스템을 위한 기술 플랫폼으로 활용한다. 또 다른 형태의 아웃소싱에서는 기업이 외부 공급업체에 자사 시스템용 소프트웨어를 설계하고 개발하도록 맡기되, 해당 시스템을 자사 서버에서 직접 운영한다. 공급업체는 국내에 있을 수도 있고 국외에 있을 수도 있다[**오프쇼어 아웃소싱**(offshore outsourcing)].

오프쇼어 아웃소싱
시스템 개발 작업이나 기존 시스템의 유지·관리를 타국의 외부 공급업체에 아웃소싱하는 것

국내 아웃소싱은 고객이 보유하지 않은 기술, 자원, 자산을 아웃소싱 기업이 보유하고 있다는 사실로 인해 주로 이루어진다. 대기업에 새로운 SCM 시스템을 설치하려면 SCM 소프트웨어에 특화된 인력을 30~50명가량 추가로 고용해야 할 수도 있다. 대부분의 인력이 신규 소프트웨어에 대한 광범위한 교육을 받아야 하고, 시스템 구축이 끝나면 퇴사하게 될 것이므로, 정규직으로 채용하는 것보다는 12개월 동안 이 업무를 아웃소싱하는 것이 더 합리적이고 비용도 덜 든다.

오프쇼어 아웃소싱의 경우 의사결정이 훨씬 더 비용 중심적이다. 페이스케일(Payscale)에 따르면 인도 소프트웨어 엔지니어의 평균 연봉은 약 66만 4,000루피(약 9,000달러)인 반면, 미국의 평균 연봉은 약 9만 달러에 달한다(Payscale, 2024). 인터넷과 저비용 통신 기술의 발달로 해외 지역 글로벌 팀과의 협업에 소요되는 비용과 어려움이 크게 줄었다. 이뿐만 아니라 많은 오프쇼어 아웃소싱 기업은 세계적 수준의 기술 자산과 역량을 보유하고 있다. 최근에는 미국 외 지역의 임금 상승으로 이러한 이점이 일부 감소했으며, 일부 일자리가 미국으로 회귀하고 있다. 일반적으로 기업은 IT 시스템의 개념 설계, 시스템 분석, 시스템 설계 업무는 오프쇼어 기업에 아웃소싱하지 않지만 프로그래밍, 테스트, 유지·보수, 일상적인 운영 업무는 종종 아웃소싱한다.

기업이 아웃소싱을 통해 가장 큰 이점을 얻으려면 아웃소싱이 자사의 특정 요구에 적합한지 신중히 판단하고 모든 위험을 철저히 평가하는 데 시간을 투자해야 한다. 응용 프로그램을 아웃소싱하는 기업은 해당 프로젝트를 철저히 이해해야 하며, 여기에는 요구사항, 구현 방식, 예상되는 이점, 비용 요소, 성과 측정 지표가 포함된다. 많은 기업이 IT 서비스 공급업체를 식별하고 평가하는 데 드는 비용, 새로운 공급업체로 전환하는 데 드는 비용, 아웃소싱 공급업체의 개발 방식에 맞춰 내부 소프트웨어 개발 방식을 개선하는 데 드는 비용, 계약상의 의무를 이행하고 있는지 감독하는 데 드는 비용을 과소평가한다. 기업은 요구사항 문서화, 제안 요청서 발송, 출장비 처리, 계약 협상, 프로젝트 관리 등을 위한 자원을 배정해야 한다. 전문가들에 따르면 해외 파트너에게 업무를 완전히 이전하고 해당 공급업체가 자사의 비즈니스를 충분히 이해하는 데에는 3개월에서 최대 1년까지 걸릴 수 있다. 오프쇼어 아웃소싱은 생산성을 저하시키는 문화적 차이에 대처하거나, 국내 직원을 해고 또는 재배치하는 등의 인사 문제를 처리하는 데 추가적인 비용이 발생한다. 이와 같은 숨은 비용은 아웃소싱으로 기대했던 이점을 일부 상쇄한다. 경쟁우위를 제공하는 응용 프로그램의 개발 또는 운영을 아웃소싱할 때는 특히 신중해야 한다.

그림 13.8은 오프쇼어 아웃소싱 프로젝트의 총비용에 대한 최선 및 최악의 시나리오를 보여준다. 이 그림은 숨은 비용이 프로젝트 총비용에 얼마나 큰 영향을 미치는지를 드러낸다. 최선의 경우는 추가 비용에 대한 가장 낮은 추정치를, 최악의 경우는 가장 높은 추정치를 반영한다. 그림에서 보듯이 숨은 비용으로 인해 오프쇼어 아웃소싱 프로젝트의 총비용이 추가로 15~57%까지 증가할 수 있다. 이러한 추가 비용이 있더라도 아웃소싱을 잘 관리한다면 오프쇼어 아웃소싱을 통해 이점을 얻을 수 있다.

그림 13.8 오프쇼어 아웃소싱의 총비용

만약 어떤 기업이 오프쇼어 아웃소싱 계약에 1,000만 달러를 지출한다면 이 기업은 최선의 시나리오를 생각해도 15.2%의 추가 비용을 지출해야 한다. 생산성의 심각한 저하와 매우 높은 전환 및 해고 비용을 고려한 최악의 시나리오에서는 오프쇼어 계약을 위한 1,000만 달러 이외에 추가로 57%의 비용을 더 지불해야 할 것으로 예상된다.

오프쇼어 아웃소싱의 총비용				
아웃소싱 계약 비용		$10,000,000		
숨겨진 비용	최선	추가 비용(달러)	최악	추가 비용(달러)
1. 업체 선정	.02%	20,000	2%	200,000
2. 전환 비용	2%	200,000	3%	300,000
3. 해고 및 유지	3%	300,000	5%	500,000
4. 생산성 저하/문화적 이슈	3%	300,000	27%	2,700,000
5. 개발 프로세스 개선	1%	100,000	10%	1,000,000
6. 계약 관리	6%	600,000	10%	1,000,000
총 추가 비용		1,520,000		5,700,000
	아웃소싱 계약(달러)	추가 비용(달러)	총비용(달러)	추가 비용
총 아웃소싱 비용(최선)	10,000,000	1,520,000	11,520,000	15.2%
총 아웃소싱 비용(최악)	10,000,000	5,700,000	15,700,000	57.0%

13.5 신속한 시스템 개발을 가능하게 하는 방법

기술과 비즈니스 환경이 너무 빠르게 변화하고 있기 때문에 기업은 모바일 애플리케이션을 포함한 더 짧고 비공식적인 시스템 개발 프로세스를 채택하고 있다. 소프트웨어 패키지와 온라인 소프트웨어 서비스를 활용하는 것뿐만 아니라 기업은 객체지향 설계, 신속 애플리케이션 개발, 공동 애플리케이션 개발, 애자일 개발, 데브옵스와 같은 빠른 주기의 기법에 점점 더 많이 의존하고 있다.

객체지향 설계

객체지향 설계(OOD)
객체를 시스템 분석 및 설계의 기본 단위로 사용하는 방법

객체
데이터와 그 데이터에 작용하는 프로세스를 결합한 소프트웨어 구성 단위

객체지향 설계(object-oriented design, OOD)는 객체를 시스템 분석과 설계의 기본 단위로 사용하는 방법이다. **객체**(object)에는 데이터와 그 데이터에 작용하는 구체적인 프로세스가 함께 포함된다. 객체에 캡슐화된 데이터는 해당 객체에 연결된 연산(또는 메서드)을 통해서만 접근하고 수정할 수 있다. 데이터를 프로시저에 전달하는 방식 대신 프로그램은 객체에 내장된 연산을 수행하라는 메시지를 보낸다. 시스템은 객체들의 집합과 이들 간의 관계로 모델링된다. 처리 로직이 개별 소프트웨어 프로그램이 아닌 객체 내에 존재하기 때문에, 시스템이 작동하려면 객체 간의 상호 협력이 필요하다.

OOD는 클래스와 상속이라는 개념을 바탕으로 한다. 특정 클래스(또는 유사한 객체의 일반 범주)에 속한 객체는 그 클래스의 특성을 공유한다. 객체 클래스는 더 일반적인 클래스의 구조와 동작을 상속받을 수 있으며, 여기에 각 객체에 고유한 변수와 동작을 추가할 수 있다. 새로운 객체 클래스를 생성할 때는 기존 클래스를 선택하고 그와 다른 점만 지정하면 되므로 매번 처음부터 설계할 필요가 없다.

그림 13.9는 클래스와 상속의 작동 방식을 보여준다. 이 그림은 직원과 그 급여 체계에 관련된 클래스 간의 관계를 나타낸다. 클래스 직원은 정규직, 시급직, 임시직 클래스의 공통 조상(상위 클래스)이다. 클래스 이름은 각 상자의 상단 구획에, 속성은 가운데 구획에, 연산 목록은 하단 구획에 위치한다. 모든 직원이 공유하는 특성(사번, 이름, 주소, 입사일, 직위, 임금 등)은 상위 클래스인 직원에 저장되고, 각 하위 클래스는 해당 유형의 직원에 특화된 속성을 저장한다. 예를 들어 시급직 클래스에는 시간당 급여와 잔업 시간당 급여가 포함된다. 하위 클래스에서 상위 클래스로 이어지는 실선은 일반화 경로를 나타내며,

그림 13.9 클래스와 상속

각 클래스가 상위 클래스의 공통된 속성을 어떻게 상속받는지 보여준다.

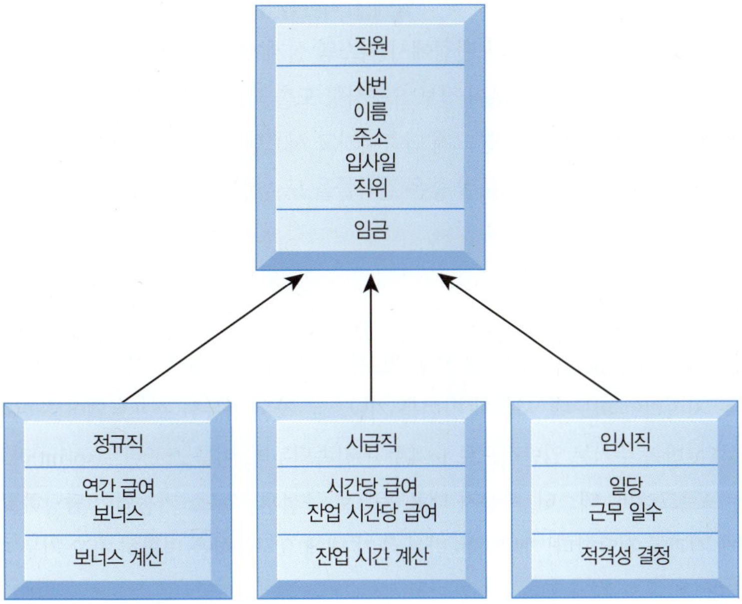

이는 정규직, 시급직, 임시직 하위 클래스가 직원 상위 클래스의 공통 특성을 일반화한다는 의미이다.

객체지향 개발은 전통적인 구조화 개발보다 반복적이고 점진적인 방식이다. 분석 단계에서는 시스템의 주요 속성과 수행해야 할 기능을 명시하면서 기능 요건을 문서화한다. 시스템과 사용자 간 상호작용을 분석하여 데이터와 프로세스를 포함하는 객체를 식별한다. 객체지향 설계 단계에서는 객체가 어떻게 행동하고 상호작용하는지를 기술한다. 유사한 객체를 클래스 단위로 묶고, 클래스를 상속 계층으로 구성하여 하위 클래스가 상위 클래스의 속성과 메서드를 상속받도록 한다.

정보시스템은 설계 내용을 프로그램 코드로 변환하고, 재사용 가능한 소프트웨어 객체 라이브러리에 이미 존재하는 클래스를 재사용하며, 객체지향 설계 단계에서 새로 생성된 클래스를 추가함으로써 구현된다. 구현 과정에는 객체지향 데이터베이스의 생성도 포함될 수 있다. 구현된 시스템은 철저하게 테스트 및 평가되어야 한다.

객체는 재사용이 가능하기 때문에 객체지향 개발은 소프트웨어 개발에 필요한 시간과 비용을 줄일 수 있는 잠재력이 있다. 조직은 기존에 만들어진 소프트웨어 객체를 다른 응용 프로그램의 구성요소로 재사용할 수 있다. 새로운 시스템은 기존 객체 일부를 재사용하고, 일부는 수정하며, 새 객체를 추가함으로써 구축될 수 있다. 객체지향 프레임워크도 제공되는데, 이는 조직이 완성된 응용 프로그램으로 추가 개발할 수 있도록 제공되는 재사용 가능한 반완성 애플리케이션이다.

신속 애플리케이션 개발

신속 애플리케이션 개발(rapid application development, RAD)은 매우 짧은 시간 내에 작동 가능한 시스템을 만들되, 프로젝트가 진행됨에 따라 유연하게 조정할 수 있는 개발 과정이다. RAD에는 그래픽 사용자 인터페이스를 구축하기 위한 시각적 프로그래밍 도구 등의 활용, 핵심 시스템 요소의 반복적 프로토타이핑, 프로그램 코드 생성의 자동화, 최종사용자와 정보시스템 전문가 간의 긴밀한 협업이 포함된다. 단순한 시스템은 미리 만들어진 구성요소를 조합하여 구축하기도 한다. 이 과정은 반드시 순차적으로 이루어질 필요는 없으며, 개발의 주요 단계가 동시에 진행될 수도 있다.

신속 애플리케이션 개발(RAD)
프로젝트가 진화함에 따라 적응할 수 있는 유연성을 갖고 매우 짧은 시간 안에 작동 가능한 시스템을 개발하는 과정으로, 시각적 프로그래밍과 그래픽 사용자 인터페이스 구축을 위한 도구, 반복적 프로토타이핑, 프로그램 코드 생성의 자동화, 최종사용자와 정보시스템 전문가 간의 긴밀한 협업이 포함된다.

공동 애플리케이션 개발

공동 애플리케이션 개발(JAD)
클라이언트, 사용자, IT 전문가, 이해관계자가 기술 응용 프로그램의 설계 및 개발에 참여하는 방법론

공동 애플리케이션 개발(joint application development, JAD)은 클라이언트, 소비자, IT 전문가, 이해관계자가 모두 기술 애플리케이션의 설계 및 개발에 참여하는 방법론이다. JAD는 최종사용자와 정보시스템 전문가가 한자리에 모여 서로 다른 관점에서 시스템 설계에 대해 자유롭게 논의하고, 모두가 동의할 수 있는 최적의 해결책을 도출함으로써 정보 요구사항 도출 과정을 빠르게 진행할 수 있다. 적절히 준비되고 조율된 JAD 세션은 설계 단계를 크게 단축시키고 시스템 구축 과정에서 사용자 참여를 높일 수 있다. JAD는 업무를 빠르게 완료하고 품질 좋은 결과물을 도출하는 데 중점을 두는 애자일 개발에서 자주 사용된다.

애자일 개발

애자일 개발
대규모 프로젝트를 짧은 기간 안에 완료되는 일련의 소규모 하위 프로젝트로 나누어 반복과 지속적인 피드백을 통해 작동 가능한 소프트웨어를 신속하게 제공하는 방식

애자일 개발(agile development)은 대규모 프로젝트를 짧은 기간 내 완료 가능한 소규모 하위 프로젝트로 나누어 반복, 지속적인 피드백, 사용자 참여를 기반으로 작동 가능한 소프트웨어를 신속하게 제공하는 데 중점을 둔다. 반복 주기는 일반적으로 1~4주간 지속되는데, 이를 스프린트(sprint)라고 한다. 각 미니 프로젝트는 프로그래머, 테스터, 사용자 대표 등으로 구성된 크로스 기능팀이 담당하고, 정기적으로 클라이언트에게 결과를 전달한다. 개발자는 반복 주기 내에 요구사항을 명확히 하고 기능 개선이나 추가 작업을 수행한다.

개발할 기능은 우선순위에 따라 각 스프린트에 배정되며, 가장 중요한 경로를 우선 개발함으로써 최소한의 기능을 갖춘 초기 버전의 프로그램을 빠르게 시연할 수 있다. 이후 새로운 기능이 개발되면 기존 코드에 통합되는 방식으로 진행되는데, 이를 지속적 통합이라고 한다. 테스트는 개발 전반에 걸쳐 조기에 자주 이루어진다. 애자일 방식은 사람 간 대면 소통을 중시하며, 빠르고 유연한 의사결정과 협업을 장려하고, 방대한 문서보다는 작동하는 소프트웨어 생산을 우선시한다. 전통적인 폭포수 방식과 달리 테스트는 별도의 단계가 아니라 각 스프린트 내에서 지속적으로 수행되고 권장된다. 이로 인해 전통적인 방식보다 개발 과정에서 테스트에 더 많은 시간이 소요되기도 한다.

지속적인 테스트는 필수적이지만, 테스트 스크립트를 개발하고 테스트 단계를 실행하며 결과를 평가하는 작업이 대부분 수동으로 이루어졌기 때문에 매우 많은 시간이 걸릴 수 있다. 현재는 이러한 요구를 충족하기 위해 자동화 테스트 도구가 제공되고 있다. 자동화 테스트 도구는 소프트웨어를 검사하고, 결과를 보고하며, 이전 테스트 실행과 결과를 비교한다. 예를 들어 자동화 테스트는 보안 소프트웨어 회사인 맥아피(McAfee)가 프로젝트에 애자일 방법론을 사용하는 데 도움을 주었다. 수동 프로세스는 진행 중인 모든 지속적인 테스트를 따라잡을 수 없었다. 이 회사는 자동화 테스트와 비즈니스 프로세스 자동화를 위한 선도적인 자동화 테스트 솔루션인 WorkSoft Certify를 도입하여 2,500시간의 수작업을 절감했는데, 이는 20만 달러에 해당하는 비용 절감이었다(Bonneau, 2024).

데브옵스

데브옵스
소프트웨어 개발자와 IT 운영팀 간의 긴밀한 협업을 강조하며, 빠르고 민첩한 개발 관행을 촉진할 수 있는 문화와 환경을 조성하기 위한 조직 전략

데브옵스(DevOps)는 신속하고 민첩한 개발 실천을 더욱 촉진하는 문화와 환경을 조성하기 위한 조직 전략으로, 애자일 개발 원칙을 기반으로 한다. 'DevOps'는 'development(개발)'와 'operations(운영)'의 합성어로, 애플리케이션을 개발하는 소프트웨어 개발자와 이를 운영하고 유지·보수하는 IT 운영 직원 간의 긴밀한 협업을 강조한다. 전통적으로 대기업에서는 애플리케이션 개발팀이 비즈니스 요구사항을 수집하고, 애플리케이션을 설계하며, 소프트웨어를 작성하고 테스트하는 역할을 맡았다. 반면 운영팀은 해당 소프트웨어가 운영 환경에 배포된 후 이를 실행하고 유지·보수하는 책임을 졌다. 그러나 개발팀이 운영상의 문제를 인지하지 못하여 소프트웨어가 예상대로 작동하지 않는 경우가 발생하면 이를 수정하

기 위해 추가 시간과 재작업이 필요해지는 문제가 발생했다.

데브옵스는 이러한 관계를 변화시키고자 시스템 개발 부서와 운영 부서 간의 더욱 빈번하고 원활한 커뮤니케이션과 협업을 장려하며, 애플리케이션 개발 생애주기 전반에 걸쳐 빠르고 안정적인 워크플로를 구현하고자 한다. 이러한 조직 변화와 함께 애자일 기법, 표준화된 절차, 더 강력한 자동화된 소프트웨어 생성 및 테스트 도구를 활용함으로써 애플리케이션을 더 빠르게 자주 구축, 테스트, 배포할 수 있다. 예를 들어 데브옵스는 넷플릭스의 개발자들이 하루에도 수백 건의 소프트웨어 변경 작업을 수행할 수 있도록 지원하고 있다.

13.6 점점 확대되는 소프트웨어 개발의 민주화

정보시스템 구축 방식에 영향을 미치는 가장 중요한 경향 중 하나는 소프트웨어 개발의 민주화가 점점 확산되고 있다는 것이다. 오픈소스 소프트웨어, 로코드 개발, 노코드 개발의 활용 확대와 함께 시민 개발자의 등장은 소프트웨어 및 그 기반이 되는 시스템의 개발 속도를 가속화했을 뿐만 아니라 개발 과정에 참여하는 주체의 범위도 넓혔다.

오픈소스 소프트웨어

5장에서 소개했듯이 오픈소스 소프트웨어는 소스 코드와 함께 배포되는 소프트웨어이다. 소스 코드는 프로그래머가 프로그램의 작동 방식을 제어하기 위해 수정하거나 조작하는 소프트웨어의 일부이다. 소스 코드에 접근할 수 있는 프로그래머는 프로그램을 변경하거나 기능을 추가할 수 있다. 오픈소스 소프트웨어는 주요 소프트웨어 개발 방식으로서 주류로 자리 잡았으며, 공개된 소프트웨어를 무료 또는 저렴한 비용으로 활용하여 새로운 애플리케이션을 개발하는 방식이다. 오픈소스 소프트웨어 사용자는 기존 소프트웨어 코드를 재활용함으로써 시간과 비용을 절약할 수 있다.

오픈소스 코드는 보통 공개 저장소에 보관되어 누구나 자유롭게 접근할 수 있도록 공유된다. 누구나 저장소에 접속하여 해당 코드를 독립적으로 사용하거나, 소프트웨어의 설계 및 기능을 개선할 수 있다. 오픈소스 소프트웨어에는 개발자가 소프트웨어를 어떻게 사용, 수정, 배포할 수 있는지를 정의하는 배포 라이선스가 포함되어 있다. 소스 코드를 수정한 경우 오픈소스 소프트웨어 사용자는 어떤 부분이 어떻게 변경되었는지 명시해야 한다. 이렇게 수정된 소프트웨어는 라이선스 조건에 따라 반드시 무료로 제공해야 할 수도 있고, 그렇지 않을 수도 있다.

오픈소스 소프트웨어의 예로는 리눅스 운영체제, 아파치 HTTP 서버, 모질라 파이어폭스 웹브라우저, 리브레오피스(LibreOffice) 생산성 제품군, VLC 미디어 플레이어(VLC Media Player), 워드프레스(WordPress) 콘텐츠 관리 시스템, 파이썬 프로그래밍 언어 등이 있다. 오픈소스는 오늘날 애플리케이션 소스 코드의 80% 이상을 차지하며, 전체 기업의 78%가 어떤 형태로든 오픈소스를 사용하고 있다(Lindner, 2023). 우리가 매일 사용하는 모바일 기기, 자동차, 항공기, AI 시스템 등 대부분의 기술이 오픈소스 소프트웨어를 기반으로 작동하고 있다.

오픈소스 소프트웨어 개발의 예

오늘날 오픈소스 소프트웨어는 구글, 페이스북, 마이크로소프트와 같은 기술 대기업의 시스템과 애플리케이션을 뒷받침하고 있다. 마이크로소프트의 윈도우나 마이크로소프트 365와 같은 제품은 독점 소프트웨어이지만, 마이크로소프트는 세계에서 가장 큰 오픈소스 기여자 중 하나이다. 안드로이드 모바일 운영체제는 리눅스와 기타 오픈소스 소프트웨어를 수정하여 만든 것으로, 주로 터치스크린 기반 모바일 기기를 위해 설계되었다. 애플의 아이폰과 아이패드를 위한 iOS는 독점 운영체제이지만 일부 구성요소는 오픈소스로 되어 있다. 하둡, 스파크, 카산드라(Cassandra), 카프카(Kafka), 몽고DB(MongoDB)와 같은 빅데이터 소프트웨어 도구도 모두 오픈소스 소프트웨어의 예이다.

아마존웹서비스(AWS)는 클라우드 컴퓨팅 기술의 선도업체이자 주요 오픈소스 소프트웨어 기여자이다. AWS 직원들은 깃허브에 1,200개가 넘는 프로젝트를 등록하여 개발을 공유하고 있다. 깃허브는 개발자들이 코드를 생성, 저장, 관리, 공유할 수 있는 온라인 플랫폼이다. AWS에서 가장 인기 있는 도구와 서비스 중 다수가 오픈소스를 기반으로 하며, 이 중 AWS 클라우드 개발 키트(Cloud Development Kit, CDK)는 사용자가 익숙한 프로그래밍 언어와 사전 설정된 컴포넌트를 활용하여 맞춤형 클라우드 애플리케이션을 구축할 수 있도록 지원한다.

월마트는 오픈소스 소프트웨어를 활용하여 애플리케이션과 시스템을 개발하는 대기업의 대표적인 예이다. 월마트는 자사 애플리케이션에 오픈소스 소프트웨어를 사용하며, 자체적으로 개발한 일부 오픈소스 소프트웨어를 외부에 공개하기도 했다. 월마트의 연구개발 부서인 월마트 랩스(Walmart Labs)는 오픈소스 소프트웨어를 사용하여 월마트닷컴의 애플리케이션 플랫폼인 일렉트로드(Electrode)를 개발했다.

오픈소스 소프트웨어는 AI 애플리케이션에도 활용된다. 예를 들어 구글 브레인팀은 클라우드 기반 AI 서비스를 강화하기 위해 텐서플로를 개발했다. 텐서플로는 최첨단 머신러닝 애플리케이션을 구축할 수 있도록 도구, 라이브러리, 커뮤니티 리소스를 갖춘 종단 간 플랫폼이다. 이는 이미지 및 음성 인식과 같은 다양한 작업을 위한 머신러닝 모델 개발에 활용되며, 수많은 기업과 연구 기관이 이를 채택하고 있다.

오픈소스 소프트웨어 개발은 소규모 조직에도 유용하다. 예를 들어 제한된 자원을 가진 한 소규모 전자상거래 회사가 웹사이트 성능을 개선하고자 했다. 이 회사는 맞춤형 기능이 있는 오픈소스 전자상거래 플랫폼을 도입하여 코드를 수정했으며, 이를 통해 업무 흐름을 간소화하고, 사이트 탐색 기능을 개선하며, 고객 참여도를 높이는 데 성공했다.

오픈소스 소프트웨어 개발의 장단점

오픈소스 소프트웨어 개발의 장점과 단점은 표 13.3과 같다.

표 13.3 오픈소스 소프트웨어 개발의 장단점

장점
• 오픈소스 소프트웨어는 무료이거나 상용 소프트웨어보다 저렴하게 이용할 수 있다. • 오픈소스는 유연성이 커서 개발자가 애플리케이션의 고유한 요구사항에 더 잘 맞도록 자유롭게 수정할 수 있다. 상용 소프트웨어보다 맞춤화가 더 쉬운 경우도 많다. • 프로그래머가 기존 코드를 활용하여 소프트웨어를 개선하고 혁신을 이룰 수 있다. • 오픈소스는 내장된 커뮤니티가 있어 지속적으로 소스 코드를 점검하고 수정하며 개선한다.
단점
• 오픈소스 소프트웨어는 문서화가 부족하거나 사용자 친화적인 인터페이스가 부족하여 설정 및 사용이 어려울 수 있다. • 오픈소스는 호환성 문제를 유발할 수 있다. 오픈소스 소프트웨어로 상용 하드웨어를 프로그래밍하려면 운영체제와 장치 간의 통신을 가능하게 하는 특수한 소프트웨어 드라이버가 필요하며, 이는 일반적으로 하드웨어 제조업체에서만 제공된다. • 오픈소스 소프트웨어는 법적 책임 문제를 초래할 수 있다. 오픈소스는 일반적으로 보증, 법적 책임, 권리 침해에 대한 면책 조항이 없어 이를 사용하는 소비자가 법적 의무 준수를 스스로 지켜야 한다. • 오픈소스 소프트웨어를 도입하면 사용자 및 IT 인력 교육, 데이터 이관, 하드웨어 설치 등의 예기치 않은 비용이 발생할 수 있다.

오픈소스 소프트웨어 보안

오픈소스 소프트웨어는 많은 이점이 있지만, 완전히 새로운 수준의 소프트웨어 리스크를 동반하기도 한다. 오픈소스 소프트웨어라고 해서 버그가 전혀 없는 것은 아니다(상용 소프트웨어도 마찬가지). 보안 버그와 코드 결함이 여전히 존재할 수 있으며, 이는 상당한 위험이 될 수 있다. 오픈소스 소프트웨어를 사용 중이거나 이를 계획하는 조직은 오픈소스 코드에 어떤 내용이 포함되어 있는지 명확히 이해하고 있어야 효과적으로 관리하고 보안할 수 있다. 긍정적인 측면은 오픈소스 소프트웨어의 소스 코드가 누구에게나 공개되어 있어 누구든 검토할 수 있다는 것이다. 많은 사람은 이러한 광범위한 오픈소스의 사용과 검토가 소프트웨어의 버그를 더 빨리 파악하는 데 기여한다고 여긴다.

로코드 및 노코드 개발

로코드 개발(low-code development)은 최소한의 수작업 코딩으로 작동 가능한 애플리케이션을 더 빠르게 개발할 수 있게 해주는 소프트웨어 개발 방식이다. 이 방식은 그래픽 사용자 인터페이스에서 시각적으로 모델링을 통해 애플리케이션을 구성하고 설정하며, 전적으로 작동하는 애플리케이션을 만들거나 약간의 추가 코딩만 필요할 수 있다. 로코드 개발 플랫폼은 수작업 코딩을 줄여서 정식 프로그래밍 기술이 없는 사람도 비즈니스 애플리케이션을 더 빠르게 개발할 수 있도록 도와준다. 마이크로소프트 파워 플랫폼은 프로세스를 신속히 자동화하고 앱을 개발할 수 있게 해주는 대표적인 로코드 플랫폼이다. 이 플랫폼은 드래그 앤드 드롭 기능과 생성형 AI 기능을 포함하고 있으며, 전문 개발 도구와도 연동된다.

로코드 개발
최소한의 수작업 코딩으로 애플리케이션을 더 빠르게 개발할 수 있게 해주는 소프트웨어 개발 방식

노코드 개발(no-code development)은 프로그래밍 코드를 전혀 작성하지 않고도 소프트웨어를 개발할 수 있게 해주는 도구를 사용하는 방식이다. 이 방식은 IT 배경이 없는 비즈니스 사용자도 쉽게 사용할 수 있도록 설계되었으며, 사용자가 애플리케이션을 만드는 데 필요하다고 소프트웨어 공급업체가 판단한 기능이 이미 도구에 모두 포함되어 있어 추가적인 코딩이 필요 없다. 다만 많은 노코드 도구는 단순한 비즈니스 문제 해결을 위해 설계되어 기능에 제한이 있다. 예를 들어 굿깁스(Goodgigs)는 사회적 가치를 중시하는 일자리를 찾을 수 있는 구직 플랫폼으로, 이 플랫폼의 웹 애플리케이션은 버블(Bubble)이라는 노코드 웹 및 모바일 앱 빌더를 이용하여 개발되었다. 버블은 수준 높은 코딩 지식 없이도 완전한 기능을 갖춘 애플리케이션을 처음부터 구축할 수 있게 해준다.

노코드 개발
프로그래밍 코드를 작성하지 않고도 소프트웨어를 만들 수 있게 해주는 도구를 활용하는 개발 방식

시민 개발

IT에 의존하는 조직에서 '애플리케이션 개발 적체(backlog)'는 심각한 문제였다. 기업이 일상 운영과 의사결정에서 소프트웨어에 점점 더 많이 의존함으로써 새로운 소프트웨어 애플리케이션에 대한 수요가 늘어났지만, 이를 충족할 기술 인력의 공급이 부족했다. 이러한 적체 문제의 일부는 최종사용자가 직접 애플리케이션을 개발함으로써 완화될 수 있다. 로코드/노코드 도구와 생성형 AI 도구의 활용 가능성이 확대되면서 IT 부서의 승인이나 최소한의 도움만으로 새로운 애플리케이션을 스스로 만들거나 기존 애플리케이션을 수정하는 비즈니스 사용자인 **시민 개발자**(citizen developer)가 등장하게 되었다.

시민 개발자
IT 부서의 승인이나 최소한의 도움만으로 새로운 애플리케이션을 스스로 만들거나 기존 애플리케이션을 수정하는 비즈니스 사용자

과거에도 질의, 보고서 작성, 웹사이트 개발, 그래픽 작업, PC 소프트웨어 도구 등과 같은 사용자 친화적 소프트웨어를 활용한 일부 최종 사용자 개발이 있었지만, 대부분이 IT 부서의 관리 밖에서 이루어졌으며, 사용자 개발에 적합한 애플리케이션의 범위도 매우 제한적이었다. 이러한 현상을 '섀도우 IT(shadow IT)'라고 부르는데, 이는 IT 부서의 감독 없이 사용자가 애플리케이션을 자체적으로 개발하고 운영하는 것을 의미한다. 예를 들어 개인 클라우드 저장소에 업무 파일을 공유하거나, IT 부서의 승인 없이 비공식 집단 채팅 채널을 만드는 것, 조직과 공유되지 않는 고객 연락처의 개인 데이터베이스를 관리하는 것이 여기에 해당한다. 섀도우 IT를 모니터링하고 제어할 수 있는 공식적 메커니즘이 부족했기

경영 사례 시민 개발자와 협력하는 셰브론

최종사용자 개발에 대한 가장 큰 장애물 중 하나는 IT 부서의 저항이었다. 하지만 시민 개발자와 협력하면 조직 전반에 걸쳐 효과적이고 관리 가능한 해결책을 만들 수 있다는 인식이 확산되면서 이러한 저항이 점차 줄어들고 있다. 시민 개발은 새로운 비즈니스 프로세스, 애플리케이션, 기타 IT 해결책을 구축할 수 있는 사람들의 범위를 넓힌다.

예를 들어 미국 최대의 석유 및 천연가스 생산업체 중 하나인 셰브론(Chevron Corporation)은 기술 수준과 관계없이 누구나 자신이 가장 잘 이해하는 문제에 대한 해결책을 책임감 있게 개발할 수 있도록 환경을 조성하는 데 주력해왔다. 아프리카에서 셰브론 직원 일부의 주택이 갑작스러운 홍수로 피해를 입었을 때, 한 시민 개발자가 신속하게 피해 보고 및 복구 진행 상황을 추적할 수 있는 애플리케이션을 만들었다. 셰브론은 시민 개발자에게 안전하고 신뢰할 수 있으며 효율적인 데이터 설계 및 접근을 보장하는 기초 기술을 제공하며, IT 부서에는 무엇이 개발되고 사용되는지를 모니터링할 수 있도록 데이터와 성능 지표를 제공한다. 개발 과정을 관리하고 보안과 프라이버시를 보장하는 기술적 통제도 마련되어 있다. 이제 셰브론에는 '섀도우 IT'가 존재하지 않는다. 셰브론은 시민 개발자를 적극 지지하고, 조직 내 다른 구성원들도 이를 장려하는 것이 중요하다고 믿고 있다.

셰브론은 시민 개발자가 로코드 애플리케이션을 개발할 수 있도록 도와주는 도구를 제공하는 마이크로소프트의 파워 플랫폼을 일찍부터 도입했다. 셰브론은 아직 해결되지 않은 애플리케이션 개발 기회를 발굴한 뒤 시민 개발자에게 4개월간의 교육과 실습 코칭을 제공한다.

보다 복잡한 머신러닝 및 생성형 AI 애플리케이션 개발이 가능한 시민 개발자를 모집한 기업도 있다. 암스테르담에 본사를 두고 40개국에서 사업을 운영 중인 ING 은행은 더 많은 머신러닝 모델을 실제 운영에 도입하고 싶었지만, 충분한 데이터 과학 전문 인력이 부족했다. 이에 시민 개발자를 활용하는 방안을 채택했다. ING는 일부 데이터 과학 배경을 가진 시민 개발자에게 더 많은 교육과 실습 기회를 제공하고 있으며, 고객이 앱 메시지를 클릭하거나 이메일 캠페인에 응답할 확률을 예측하는 등의 머신러닝 애플리케이션을 발굴하고 있다.

AT&T는 직원이 머신러닝 모델로 데이터를 분석할 수 있도록 독려하고 있다. 이 회사의 목표는 모델 구축, 배포, 성능 모니터링 및 지속적 개선, 거버넌스 등 머신러닝 파이프라인의 모든 측면을 지원하는 것이다. AT&T의 시민 개발자는 2만 6,000개가 넘는 모델 구성 기능 중에서 선택할 수 있다. AT&T 최고데이터책임자(CDO) 조직은 전사 각 부서에서 3,000명의 '시민 데이터 과학자'를 발굴하여 마케팅 캠페인, 네트워크 설계 및 관리, 현장 서비스 기사의 효율적 동선 계산 등 다양한 분야에서 AI 애플리케이션을 활용하고 있다.

전 세계 70개국 이상에서 10만 3,000명 이상의 직원을 보유한 글로벌 에너지 및 석유화학 기업 셸(Shell)은 시민 개발 트렌드의 최전선에 있다. 셸의 'DIY' 프로그램은 COE(Center of Expertise)와 조직 전반에 배치된 수백 명의 DIY 코치로 구성된 연합형 거버넌스 모델을 통해 4,000명 이상의 시민 개발자를 지원하고 있다. (연합형 데이터 거버넌스란 중앙의 일정한 기준과 감독하에 데이터 거버넌스의 책임과 의사결정을 여러 비즈니스 부문에 분산시키는 방식이다.) 시민 개발은 팀원과 함께 기존 비즈니스 프로세스를 분석하고, 새로운 프로세스를 설계하며, 디지털 도구로 워크플로를 간소화하고, 진행 상황을 평가하는 4단계 절차를 따른다.

셸의 한 성공적 시민 개발 프로젝트는 텍사스의 셸디어파크정유소(Shell Deer Park Refinery)에서 수작업 기반 펌프 수리 프로세스를 자동화하고 데이터 시각화를 구현하는 데 초점을 맞추었다. 이전에는 수작업 종이 기록에 의존하던 펌프 수리 방식이 정비 이력과 성능 분석을 어렵고 비효율적으로 만들었으나, 엔지니어들이 로코드 도구를 사용하여 수리 워크플로를 자동화하는 앱을 개발했고, 이를 통해 연간 수리 시간을 50% 줄이는 것이 목표였다. 개선된 프로세스는 중앙 데이터베이스에 정확한 정보를 제공하여 유지·보수 관리를 간소화했다. 단일 데이터 출처를 통해 엔지니어는 펌프 효율을 향상하고 계획되지 않은 가동 중단의 위험과 비용도 줄일 수 있었다.

셸의 고객도 다른 기업과 마찬가지로 온실가스 배출 감소를 중요한 과제로 삼고 있다. 또 다른 DIY 프로젝트인 '제품 탄소 발자국(Product Carbon Footprint) 계산기' 앱은 고객의 탄소 발자국을 정밀하게 측정하고 탄소 배출량 감소를 위한 후속 조치를 제안한다. 고객이 차량 구성, 평균 주행 거리, 차량 관리 솔루션 사용 여부 등의 정보를 입력하면 앱은 해당 차량군에 맞는 맞춤형 탄소 발자국 계산 결과를 제공하고, 고객이 탄소 배출량을 줄이는 데 도움이 되는 셸 제품을 제안한다.

셸의 DIY 프로그램은 상당한 비즈니스 가치를 창출하고 조직 문화 개선에도 기여했다. 셸은 사용 지침에 대한 거버넌스 규칙, 지역 커뮤니티 육성, 경영진의 지속적 지원이 성공의 핵심이라고 본다. 셸은 시민 개발자 수를 2배로 늘리고, 이들이 개발할 수 있는 애플리케이션의 범위를 확대하며, DIY를 IT 예산의 핵심 우선 과제로 삼을 계획이다.

출처: "Citizen Developer," Mendix.com, accessed September 22, 2024; Team Kissflow, "Citizen Development Statistics and Trends to Watch in 2024 and Beyond," Kissflow.com, March 11, 2024; Bob Violino, "Empowering Citizen Developers for Real Business Impact," Cio.com, July 19, 2023; Thomas H. Davenport, "MISQE Insight: On the Inevitability of Citizen Development," *MIS Quarterly Executive*, Volume 22, Issue 4 (December 2023); Kevin Shuler, "Unleashing Citizen Development: EyeOpening Use Cases," Quandarycg.com, May 16, 2023.

문제

1. 섀도우 IT와 시민 개발의 차이점은 무엇인가?
2. 이 사례에 언급된 기업들이 시민 개발 프로젝트에서 성공을 거둘 수 있었던 이유는 무엇인가?
3. 시민 개발은 소규모 조직과 대규모 조직에서 어떻게 다르게 나타날 수 있는가?
4. 시민 개발은 어떤 경영 문제를 해결하는 데 도움이 될 수 있는가?

표 13.4 시민 개발의 이점

이점	설명
비용 절감	자원, 도구, 기술 노하우를 공유하는 시민 개발자는 IT의 개입과 지출을 줄이는 데 도움을 준다.
더 빠른 개발	IT팀이 아닌 구성원이 대부분 독립적으로 솔루션을 구축하고 배포할 수 있기 때문에 시민 개발은 애플리케이션 적체 문제를 완화하는 데 기여한다.
유연성 증가	시민 개발자는 자신이 만든 애플리케이션을 업데이트하고 새로운 기능을 추가할 수 있다.
혁신	시민 개발자가 일부 업무를 분담함으로써 전문 개발자는 새로운 솔루션을 혁신하거나 기존 프로세스를 최적화하는 데 집중할 수 있다.

때문에 최고정보책임자(CIO)는 애플리케이션 개발을 IT 부서 외부로 옮기는 데 매우 조심스러웠다.

그러나 오늘날의 시민 개발자는 과거와 다르다. 이들은 IT 부서 밖에서 활동하지만, IT 부서가 승인한 소프트웨어를 사용하고 IT와 더 밀접하게 협력한다. 이들은 로코드와 노코드 애플리케이션 개발 도구를 활용하여 자신과 동료 직원이 사용할 수 있는 새로운 비즈니스 애플리케이션을 만든다. 조직이나 부서의 비즈니스 프로세스를 잘 아는 직원은 일상 업무를 지원하는 해결책을 만들 수 있는 비즈니스 지식은 물론이고 조직 전체의 목표에 대한 이해도 갖추고 있다. 일부 IT 부서는 시민 개발자를 위한 적절한 도구를 지정할 뿐 아니라 가이드라인, 교육, 코드 및 데이터 공유 등의 지원도 제공하고 있다. 시민 개발 프로젝트는 부서 차원을 넘어 조직 전체에 영향을 미칠 수 있는데, 경영 사례 '시민 개발자와 협력하는 셰브론'에서 이를 확인할 수 있다.

표 13.4에는 시민 개발의 몇 가지 이점을 제시했다.

13.7 인공지능이 소프트웨어 개발에 미치는 영향

AI는 소프트웨어 개발에 큰 영향을 미쳤으며, 개발자가 반복적인 작업을 자동화하고, 워크플로를 간소화하며, 소프트웨어 개발 프로세스의 정확성과 효율성을 개선할 수 있게 해주었다. AI 기반 도구와 프레임워크는 개발자가 코드를 더 빠르고 정확하게 작성하고, 버그를 더 신속하게 찾아 수정하며, 소프트웨어 성능을 최적화할 수 있도록 돕는다. 또한 AI는 소프트웨어 테스트를 보다 효과적으로 수행하고, 보안을 강화하며, 소프트웨어 설계와 아키텍처에 대해 보다 정보에 기반한 결정을 내릴 수 있도록 지원한다.

표 13.5는 AI가 개발자가 소프트웨어를 생성, 최적화, 유지하는 데 어떻게 도움을 주는지를 보여준다.

AI 소프트웨어 개발의 과제

소프트웨어 개발에 AI를 도입하는 데에는 여러 가지 과제가 따른다. 가장 큰 과제 중 하나는 AI에 대한 소프트웨어 개발자의 전문성이 부족하다는 것이며, 이는 현재 공급이 부족한 상황이다. 또 다른 과제는 AI 모델을 학습시키기 위해 대규모의 고품질 데이터가 필요하다는 것이다. AI 모델은 적절한 데이터가 없으면 제대로 작동하지 않는다. AI 모델을 학습시키는 과정은 막대한 컴퓨팅 파워와 학습 데이터를 요구하는 매우 자원 집약적인 작업이며, 많은 조직은 이를 감당하기 어렵다.

이러한 자원이 부족한 조직은 사전 학습된 AI 모델을 활용할 수 있다. 이러한 모델은 방대한 양의 데이터를 기반으로 사전에 학습된 것으로, 특정 업무나 산업에 맞게 커스터마이징할 수 있다. 예를 들어 AI 반도체 및 솔루션 공급업체인 엔비디아는 공개 및 독점 데이터세트를 활용하여 연구진과 엔지니어가 만든 600개 이상의 사전 학습 AI 모델을 제공한다. 이러한 모델은 컴퓨터 비전, 음성 언어 이해, 분자 생성

표 13.5 AI가 소프트웨어 개발을 지원하는 방식

기능	설명
코드 자동 생성	AI 도구는 소프트웨어 개발자가 기존 코드에서 학습한 패턴을 분석하여 코드를 보다 효율적으로 작성할 수 있도록 지원한다. 반복적이고 지루한 작업을 빠르게 처리하는 데 특히 유용하다.
테스트 자동화	AI는 소프트웨어 테스트 과정의 정확성과 효과성을 높여준다. AI는 테스트 사례를 생성하고, 테스트를 실행하며, 소프트웨어의 동작을 평가할 수 있다. 이를 통해 테스트 과정이 더 빠르고 쉬우며 시간 소모가 줄어든다. AI 기반 자동화 테스트는 사람의 개입 없이 버그를 식별하고 보고서를 생성할 수 있다. AI는 다양한 시나리오를 시뮬레이션함으로써 테스트 커버리지를 향상하고 사람이 놓칠 수 있는 예외 상황을 찾아낸다.
소프트웨어 버그 자동 감지	AI 알고리즘은 코드를 분석하고 이상 징후를 탐지하여 버그를 식별할 수 있다. 이러한 알고리즘은 과거 버그 데이터를 학습하여 잠재적 문제를 예측할 수 있으며, 버그가 발견되면 수정 방안을 제시하거나 자동으로 코드를 수정할 수 있다.
자연어 처리	AI 자연어 처리 도구는 사용자가 자연어로 표현한 정보 요구사항을 이해하고 이를 코드 명세로 변환할 수 있다. 고급 소프트웨어 에이전트는 자연어 처리를 활용하여 개발 과정에서 사용자와 협력하고, 실시간 진행 상황을 전달하고, 피드백을 반영하며, 함께 설계 결정을 내릴 수 있다.
IT 보안 향상	AI는 소프트웨어 코드를 분석하여 잠재적인 보안 위협과 취약점을 식별할 수 있으며, 보안 코딩 기법을 제안하거나 보안 테스트의 여러 과정을 자동화할 수 있다.
소프트웨어 성능 최적화	AI 모델은 과거 데이터를 분석하여 소프트웨어 성능, 사용자 행동, 자원 사용률을 예측하고, 이를 기반으로 개발자가 소프트웨어를 최적화할 수 있도록 지원한다.
문서 자동화	AI 도구는 코드 주석, 함수 이름, 사용 패턴에서 관련 정보를 추출하여 신속하게 소프트웨어 문서를 생성할 수 있다. 생성된 문서는 항상 최신 코드 변경사항과 일치하도록 정확하게 유지된다.

등 다양한 도메인별 업무를 위한 AI 애플리케이션 구축에 활용될 수 있으며, 특정 과업에 맞게 사용자 정의가 가능하다. 예를 들어 바이오테크 스타트업인 에보자인(Evozyne)은 사전 학습된 엔비디아 AI 모델을 활용하여 의료 및 청정 에너지에 유용한 2개의 단백질을 개발했다. 엔비디아에 따르면, 사전 학습 모델을 활용하면 AI 애플리케이션 개발 시간을 최대 1년 단축할 수 있고 수십만 달러의 비용 절감 효과를 기대할 수 있다.

서비스형 AI(AIaaS)
클라우드 기반 머신러닝 플랫폼으로, AI 모델 개발을 위한 확장 가능한 인프라와 사전 구축된 도구 및 프레임워크를 제공한다.

또 하나의 대안은 AI를 서비스 형태로 제공하는 **서비스형 AI**(AI as a Service, AIaaS)를 활용하는 것이다. 이는 클라우드 기반 머신러닝 플랫폼으로, AI 모델 개발을 위한 확장 가능한 인프라와 사전 구축된 도구 및 프레임워크를 제공한다. AIaaS는 AI 도구와 기술을 보다 쉽게 접근 가능하고 확장 가능하며 비용 효율적으로 만들어준다. 일반적인 AI 클라우드 서비스의 혜택은 확장성, 구독 기반 또는 사용량 기반 과금, AI 최적화 하드웨어, 사전 구축된 AI 모델 및 도구, 데이터 관리 및 저장 기능 등이다. 예를 들어 일본 코카콜라는 구글의 Vertex AI 플랫폼을 활용하여 자사의 70만 개 자판기 제품 유통을 최적화했다. 이 회사는 자판기의 위치, 각 기계에 적절한 제품 구성, 가격 전략, 예상 판매량을 예측하는 예측 모델을 개발했다.

13.8 모바일 애플리케이션 구축 접근 방식

오늘날 직원과 고객은 자신이 선택한 모바일 기기를 사용하여 언제 어디서나 정보를 얻거나 거래를 수행할 수 있기를 기대하며, 심지어 요구하고 있다. 이러한 요구를 충족하기 위해 기업은 모바일 웹사이트, 모바일 웹 앱, 네이티브 앱, 하이브리드 앱뿐만 아니라 기존의 정보시스템도 개발해야 한다.

모바일 웹사이트
작은 모바일 화면에서 콘텐츠 접근과 검색이 쉽도록 일반 웹사이트의 콘텐츠와 내비게이션을 축소한 버전

모바일 앱을 개발하기로 결정하면 조직은 이러한 앱을 구현하기 위해 어떤 기술을 사용할지(네이티브 앱을 개발할지 또는 모바일 웹 앱을 개발할지), 모바일 웹사이트에 대해 어떻게 할 것인지 등 몇 가지 중요한 선택을 해야 한다. **모바일 웹사이트**(mobile website)는 일반 웹사이트의 축소된 버전으로, 콘텐츠

와 탐색이 축소되어 작은 모바일 화면에서 쉽게 접근하고 검색할 수 있다(컴퓨터에서 아마존 웹사이트에 접속한 다음 스마트폰에서 접속하여 일반 웹사이트와의 차이를 확인해보라).

네이티브 앱(native app)은 특정 모바일 운영체제와 장치에서 작동하도록 설계된 독립형 애플리케이션이다. 네이티브 앱은 데이터를 다운로드하거나 업로드하기 위해 인터넷에 연결할 수 있으며, 인터넷에 연결되어 있지 않은 경우에도 이러한 데이터를 기반으로 작동할 수 있다. 예를 들어 킨들 소프트웨어와 같은 전자책 읽기 앱은 인터넷에서 책을 다운로드한 후 인터넷 연결 없이 책을 읽을 수 있다. 네이티브 모바일 앱은 빠른 성능과 높은 신뢰성을 제공한다. 또한 모바일 기기의 카메라나 터치 기능과 같은 특정 기능을 활용할 수 있다. 그러나 네이티브 앱은 개발 비용이 많이 드는데, 이는 안드로이드, 애플의 iOS와 같은 여러 모바일 운영체제와 하드웨어에 맞게 앱을 여러 버전으로 프로그래밍해야 하기 때문이다.

네이티브 앱
특정 모바일 운영체제와 장치에서 작동하도록 설계된 독립형 애플리케이션

모바일 웹 앱(mobile web app)은 모바일 기기를 위한 특정 기능을 갖춘 인터넷 기반 애플리케이션으로, 모바일 기기의 웹 브라우저를 통해 접근하도록 설계되어 있다. 웹 앱은 주로 서버에 위치하고 인터넷을 통해 접근하며, 기기에 설치할 필요가 없다. 이 애플리케이션은 웹 서핑이 가능한 대부분의 기기에서 브랜드에 관계없이 동일하게 사용할 수 있다.

모바일 웹 앱
모바일 기기의 웹브라우저를 통해 접근하도록 설계되고 모바일 기기에 특화된 기능을 갖춘 인터넷 기반 애플리케이션

하이브리드 앱(hybrid app)은 네이티브 앱과 모바일 웹 앱의 많은 특징을 결합한 형태이다. HTML, CSS, 자바스크립트와 같은 웹 기술로 개발되지만 네이티브 앱처럼 모바일 기기에서 실행되며, 모바일 웹 앱으로는 접근할 수 없는 많은 기기 기능에도 접근할 수 있다.

하이브리드 앱
네이티브 앱과 모바일 웹 앱의 여러 기능을 갖춘 모바일 애플리케이션

멀티스크린 환경을 위한 설계

모바일 플랫폼용 애플리케이션 개발은 화면이 훨씬 큰 데스크톱 컴퓨터용 개발과는 매우 다르다. 모바일 기기의 크기가 작기 때문에 키보드 입력이나 타이핑보다 손가락과 멀티터치 제스처를 사용하는 것이 훨씬 쉽다. 모바일 앱은 수행할 특정 작업에 맞게 최적화되어야 하며, 너무 많은 작업을 처리하려고 해서는 안 되고, 사용성을 고려하여 설계해야 한다. 모바일 상호작용의 사용자 경험은 데스크톱이나 노트북 컴퓨터를 사용할 때와 근본적으로 다르다. 대역폭, 화면 공간, 메모리, 처리 성능, 데이터 입력, 사용자 제스처 등 자원의 절약이 최우선 과제이다.

데스크톱용으로 제작된 전체 웹사이트를 스마트폰 화면 크기로 축소하면 사용자가 사이트를 탐색하기 어렵다. 사용자는 관련 콘텐츠를 찾기 위해 지속적으로 화면을 확대하거나 축소하고 스크롤해야 한다. 따라서 기업은 모바일 인터페이스에 맞춰 웹사이트를 별도로 설계하고, 스마트폰·태블릿·데스크톱 브라우저의 요구를 충족하기 위해 여러 개의 모바일 사이트를 만들어야 한다. 이는 최소 3개의 사이트를 별도로 운영해야 한다는 의미이며, 각 사이트에 대해 콘텐츠, 유지·보수, 비용이 발생한다. 사용자의 브라우저가 로그온 시 서버에 기기 정보를 전달함으로써 웹사이트는 어떤 기기를 사용 중인지 인식할 수 있다. 이에 따라 서버는 해당 기기에 적합한 화면을 제공한다.

여러 개의 웹사이트를 운영해야 하는 문제에 대한 한 가지 해결책은 **반응형 웹 디자인**(responsive web design, RWD)의 활용이다. RWD는 방문자의 화면 해상도에 따라 웹사이트 레이아웃이 자동으로 조정되게 한다. 즉 데스크톱, 노트북, 태블릿, 스마트폰 등 어떤 기기에서든 레이아웃이 최적화된다. RWD 도구에는 HTML5와 CSS3가 포함된다. RWD는 기능이 비교적 단순한 사이트에 효과적으로 적용된다. 그러나 RWD는 비용이 많이 들 수 있으며, 반응형 웹사이트도 여전히 기존 데스크톱 웹사이트의 크기와 복잡성을 가지기 때문에 모바일 기기에서의 로딩이나 성능이 느릴 수 있다. 이러한 문제를 해결하기 위해 **적응형 웹 디자인**(adaptive web design, AWD)이라는 기술이 개발되었다. AWD는 웹사이트를 호스팅하는 서버가 요청을 보낸 기기의 속성을 감지하고, 해당 기기에 최적화된 버전의 사이트를 불러온다. AWD는 더 빠른 로딩 시간, 일반적으로 더 나은 사용자 경험을 제공한다.

반응형 웹 디자인(RWD)
노트북, 태블릿, 스마트폰 등 다양한 크기의 기기로 전환할 때 웹사이트가 자동으로 화면 해상도와 이미지 크기를 조정할 수 있는 기능으로, 새로운 기기마다 별도의 설계와 개발이 필요 없다.

적응형 웹 디자인(AWD)
웹사이트를 호스팅하는 서버가 요청을 보낸 기기의 속성을 감지하여 해당 기기에 최적화된 사이트 버전을 로딩하게 하는 기술로, 더 빠른 로딩 시간, 일반적으로 더 나은 사용자 경험을 제공한다.

13.9 이 장의 내용은 경력에 어떻게 도움이 되는가

이 장에서 학습한 정보는 비즈니스 프로세스에 대한 이해를 심화시키고, 정보시스템 해결책을 구축하고 획득하기 위한 다양한 도구와 접근 방식에 대한 지식을 넓혀줌으로써 경력 향상에 도움이 될 수 있다.

실제 시나리오 카터스의 비즈니스 프로세스를 재설계하는 데 도움을 주는 프로세스 분석가

카터스(Carter's)는 아기 및 유아용 의류를 전문으로 하는 미국 최대의 브랜드 마케터이다. 카터스의 상품은 온라인, 미국과 캐나다의 980개 직영 매장, 약 2만 개의 백화점 및 전문 매장에서 판매되고 있다. 이 모든 유통 채널에서 발생하는 수많은 거래를 카터스의 재무 시스템이 매일 처리하고 있다. 그러나 기존의 수작업 중심 시스템은 회사의 성장 속도를 따라가지 못했으며, 이로 인해 병목 현상이 발생하고 오류 가능성도 증가했다. 카터스 경영진은 재무 부서의 역할을 단순 거래 처리 중심에서 벗어나 재무 데이터를 분석하고 의사결정을 지원하는 방향으로 전환하고자 했다. 이를 실현하기 위해서는 재무 프로세스를 간소화하고 단순화할 필요가 있었다. 카터스는 기존의 노후화된 시스템을 대체하고, 재무 프로세스를 위한 중앙 집중형 ERP시스템을 도입했다. ERP시스템의 구현은 기존의 비효율적인 프로세스를, 업계와 비즈니스 분야에 적합한 베스트프랙티스를 반영하는 현대적 프로세스로 전환할 기회를 제공했다. 프로세스 생명주기의 어느 지점에서든 사용자는 하나의 화면에서 특정 거래와 관련된 모든 정보를 확인할 수 있다.

직무 설명 및 경력 경로: 프로세스 분석가

직무	직무 설명	IT 지식	경력 경로 및 평균 연봉
프로세스 분석가	• 기존 비즈니스 프로세스의 개선이 필요한 영역 식별 • 이해관계자와 협력하여 새로운 프로세스의 성공적인 도입 지원 • 효율성, 생산성, 고객 만족도를 향상하기 위해 최적화된 프로세스와 절차 개발 및 구현 • 도입된 프로세스 변경의 효과를 지속적으로 모니터링, 평가, 개선 • 업계 동향, 신기술, 프로세스 개선 방법론에 대한 지속적 학습	• 경영학, IT 또는 관련 분야의 학사 학위 • 프로젝트 관리 및 비즈니스 분석 관련 1년 이상의 실무 경험 • 셀로니스, BPMN(Business Process Modeling Notation), 기타 프로세스 마이닝 도구에 대한 지식이 있으면 우대	• 초급: 비즈니스 프로세스 분석가 • 중급: 선임 비즈니스 분석가 • 고급: 관리자 • 비즈니스 프로세스 분석가의 연봉은 미국 내 평균 61,000~82,000달러, 상위 소득자는 연간 최대 119,000달러 (연봉은 지역, 산업군, 기업 규모에 따라 달라질 수 있음)

추가 경력 개발 자료

MyLab MIS에서는 IT 관련 지식을 요구하는 적절한 직무를 찾고, 효과적인 이력서를 작성하며, 면접을 준비하고, 비즈니스 지식, 응용 소프트웨어 활용 능력, 인터넷 활용 능력, 분석 역량 등을 보여주는 디지털 포트폴리오를 만드는 데 도움이 되는 다양한 경력 개발 자료를 확인할 수 있다.

사례 연구 셀로니스를 활용한 프로세스 마이닝

셀로니스(Celonis)는 비즈니스 프로세스를 시각화하고 개선하기 위한 '프로세스 마이닝' 소프트웨어를 개발하는 미국·독일 IT 기업이다. 본사는 독일 뮌헨과 미국 뉴욕시에 있으며, 전 세계 20개 사무소에 3,000명 이상의 직원을 두고 있다. 1,400개 이상의 기업이 셀로니스를 사용하여 비즈니스 프로세스 전반에 걸쳐 지속적으로 개선 기회를 찾고, 프로세스 성과를 향상하기 위한 구체적인 조치를 실행하고 있다. 이러한 최적화는 비용을 절감하고, 고객 경험을 획기적으로 개선하며, 탄소 배출을 줄이는 데 기여한다.

비즈니스 프로세스는 정적인 것이 아니며, 항상 정의된 경로를 따르지도 않는다. 지속적인 프로세스 개선과 비즈니스 프로세스 관리 없이는 이러한 편차가 표준처럼 되어 조직 성과를 떨어뜨릴 수 있다. 또한 역동적인 시장은 변화를 강제한다. 고객 기대, 신규 제품 라인, 인수합병, 지리적 변화 등 다양한 사건이 프로세스 수행 능력에 영향을 미칠 수 있다.

과거에는 기업이 비효율을 파악하기 위해 고가의 컨설턴트와 정량 분석가를 투입했는데, 이는 시간과 비용이 많이 들었다. 반면 셀로니스 소프트웨어를 활용하면 4~8주 만에 훨씬 낮은 비용으로 비효율을 쉽게 식별할 수 있다. 프로세스 마이닝은 실시간 가시성을 제공함으로써 조직은 비즈니스 프로세스의 비효율을 찾아내고 수정할 수 있다.

셀로니스는 세일즈포스닷컴, SAP와 같은 시스템별 솔루션뿐만 아니라 매입채무, 매출채권, 조달, 주문 관리, 재고 관리, 영업 기회 관리 등 핵심 기업 기능에 대한 솔루션도 제공한다. 이 소프트웨어는 온프레미스와 온라인 SaaS 버전으로 제공된다.

셀로니스의 프로세스 마이닝 소프트웨어는 기존 시스템 위에서 작동한다. 다양한 시스템 전반에서 워크플로가 어떻게 흘러가는지 파악하도록 도와주며, 생산 병목, 물류 루프, 구매상의 비효율 등 성과를 저해하고 운영 비용을 증가시키는 요소를 식별한다. 셀로니스 도구는 성과가 저하된 영역에서 실시간으로 비효율을 파악하게 해준다.

예를 들어 셀로니스는 Deutsche Telekom Services Europe(DTSE)의 조달-지급(Procure-to-Pay, P2P) 프로세스에서 이행 격차와 중복 지급, 현금 할인 손실 등을 식별하여 6,600만 유로(약 7,000만 달러)를 절감해주었다. DTSE의 P2P 프로세스는 연간 200만 개 이상의 주문 항목과 약 900만 개의 송장을 처리하는데, 이 과정에서 발생한 문제는 막대한 손실로 이어졌다.

현재 셀로니스의 프로세스 마이닝은 단일 프로세스를 넘어 여러 프로세스를 동시에 분석할 수 있다. 셀로니스 실행 그래프 기술은 여러 프로세스의 상호작용을 손쉽게 평가하고 최적화할 수 있게 해준다. 이 기술은 그래프 데이터 구조를 활용하여 시스템 및 공급업체 전반의 프로세스 간 상호작용을 보여준다. 멀티이벤트 로그 기능은 여러 프로세스를 넘나드는 비효율을 포착한다.

셀로니스는 이제 프로세스 마이닝을 넘어 실행 관리 시스템(execution management system, EMS) 영역으로 확장되었다. EMS는 비즈니스 프로세스를 관리하고 개선하도록 도와준다. 프로세스 마이닝이 비효율, 사일로, 미활용 가치를 식별한다면, 실행 관리는 해당 정보를 바탕으로 조치를 취하고 개선을 이끈다. 실행 관리는 프로세스 마이닝과 동일한 플랫폼 내에서 작동하며, 문제 해결에 필요한 조치까지 제시하고 이를 수행할 수 있게 해준다. 사용자는 직관적인 질의 응답 기반 인터페이스를 통해 제안된 개선사항을 수용하고 직접 변경할 수 있다.

셀로니스 도구는 전자부품 글로벌 리더인 애브넷(Avnet)이 조달 및 매입채무 부문에서 조기 공급자 납품 문제를 파악하고 조정함으로써 630만 달러 이상의 운전자본을 확보하고 비용을 절감하도록 도왔다. 셀로니스 소프트웨어는 제품이 시장에서 철수되면 구매자가 주문을 취소할 수 있도록 실시간 알림을 보낸다. 애브넷은 조달, 영업, 재무 등 여러 부서에 셀로니스를 통합하여 연간 1,050만~1,575만 달러의 운전자본 영향, 생산성 향상, 매출 증대 효과를 보고 있다.

식음료 대기업 크래프트하인즈(Kraft Heinz)는 매출채권 분석 및 현금 할인 관리 개선을 위해 셀로니스 EMS를 도입했다. 고객 결제 행태에 대한 가시성이 높아지면서 많은 할인 조건을 재협상하고, 신규 할인 제공 방식을 최적화하여 상당한 손실을 회복할 수 있었다. 연체율은 30% 감소했다.

셀로니스는 AI로부터 비즈니스 가치를 이끌어내려면 효과적인 프로세스 최적화가 선행되어야 한다고 본다. 셀로니스는 수년간 자사 도구에 AI를 접목해왔다. 방대한 데이터 분석, 최적화된 프로세스와의 차이 분석, 패턴 발견 등 프로세스 마이닝 기능은 AI에 매우 적합하다. 셀로니스는 조직의 업무 흐름을 이해하는 데 필요한 프로세스 인텔리전스를 AI에 공급함으로써 AI가 실제로 작동할 수 있도록 한다.

셀로니스는 사용자가 맞춤형 머신러닝 모델을 구축하고 보다 지능적인 프로세스 기반 의사결정을 할 수 있도록 지원하는 머신러닝 워크벤치를 제공한다. 셀로니스의 LLM은 직관적인 자연어 프롬프트를 통해 비기술 사용자도 비즈니스 통찰을 얻을 수 있도록 하는 대화형 챗 도구를 구동한다. 이 LLM은 프로세스 질의 언어 생성과 통합되어 있다. 프로세스 질의 언어는 셀로니스 EMS 내에서 사용자가 보는 모든 것을 생성하고 실행하는 질의 언어이다. 셀로니스는 온라인 AI 비서 개발업체 롤리오(Rollio)와 협력하여 이 생성형 AI 도구를 공동 개발했다.

2023년 11월, 셀로니스는 셀로니스 Process Copilot이라는 생성형 AI 혁신 기능을 출시했다. 이 도구는 고객이 프로세스상의 가치 기회를 식별할 수 있도록 지원하는 디지털 조력자 역할을 한다. Process Copilot이 여러 프로세스를 지하철 노선도 형태로 시각화하여 사용자에게 보여주고 이에 대한 질문을 할 수 있게 함으로써 사용자는 프로세스를 이해하고 성과 향상 및 후속 조치(예: 이메일 발송, 특정 프로세스 변형을 팀에 알림)를 실행할 수 있다.

Process Copilot은 자연어 처리 인터페이스를 통해 사용자의 질의가 완벽하지 않아도 그 의미를 유추할 수 있다. 초기 사용 시 Copilot은 핵심 성과

지표 및 식별된 기회를 바탕으로 주요 통찰을 제시한다. 추천사항에는 키워드, 후속 질문, 기회, 통찰 등이 포함될 수 있다. BMW는 AI 기반 프로세스 모니터링을 위해 셀로니스와 협업 중이며, Copilot의 자연어 질의 기능을 통해 더 많은 사용자가 프로세스 마이닝에 접근할 수 있을 것이다.

셀로니스는 고객사가 보유한 LLM이 셀로니스 데이터를 보다 쉽게 활용할 수 있도록 지원하고 있다. 또한 셀로니스 플랫폼에 저장된 프로세스 데이터를 기반으로 타사 파트너나 고객이 애플리케이션을 구축하거나 다양한 데이터 유형을 처리할 수 있도록 돕는다. 고객마다 동일한 프로세스를 표현하는 방식이 다르기 때문에 이는 LLM에 도전이 될 수 있다.

셀로니스는 기업 내 객체와 이벤트를 모두 캡처함으로써 기업 전반의 최신 프로세스 데이터를 반영한 '디지털 트윈'을 구축할 수 있게 해준다. 고객과 파트너는 이 인텔리전스를 활용하여 애플리케이션을 강화하거나 자동화를 조율하거나, LLM과 같은 AI 솔루션에 활용할 수 있다. 프로세스 인텔리전스는 더 '지능적인' LLM을 만들어 AI가 더 잘, 더 빠르게, 더 정확하게 작동하도록 한다.

출처: Celonis.com, accessed September 22, 2024; IBM, "Process Mining and Execution Management: An X-ray Diagnosis and Treatment for Business Performance," Ibm.com, accessed September 22, 2024; Tom Smith, "BMW and Celonis Co-Create Process Mining and AI Innovations for the Auto Industry," Accelerationeconomy.com, April 11, 2024; Ron Miller, "Celonis Adds an AI Copilot to Ask Questions about a Process Map," Techcrunch.com, November 14, 2023.

문제

1. 기업에 경쟁우위를 제공하려면 셀로니스를 어떻게 활용해야 하는가?
2. 어떤 유형의 기업이 셀로니스 도구를 사용함으로써 이익을 얻을 수 있는가? 이 결정을 내릴 때 고려해야 할 경영, 조직, 기술 요인은 무엇인가?
3. 셀로니스의 프로세스 마이닝 도구를 AI와 함께 사용하면 어떤 이점을 얻을 수 있는가?

요약

13.1 조직 변화를 촉진하는 정보시스템

새로운 정보시스템을 구축하는 것은 계획된 조직 변화의 한 형태이다. 기술을 활용한 네 가지 유형의 변화는 (1) 자동화, (2) 절차 합리화, (3) 비즈니스 프로세스 재설계, (4) 패러다임 전환이다. 각각의 변화는 서로 다른 위험과 보상을 수반한다.

13.2 IT를 활용한 비즈니스 프로세스 관리 및 재설계 방법

많은 조직은 업무 흐름과 비즈니스 프로세스를 재설계하여 획기적인 생산성 향상을 이루기 위해 비즈니스 프로세스 관리(BPM)를 활용하고 있다. BPM을 실행하는 기업은 5단계(변화가 필요한 프로세스 식별, 기존 프로세스 분석, 새로운 프로세스 설계, 새로운 프로세스 구현, 지속적 측정) 절차를 따른다. 비즈니스 프로세스 변화의 성공을 가로막는 가장 큰 장벽은 조직 문화이다. BPM의 다양한 측면을 지원하는 여러 소프트웨어 도구가 있으며, 여기에는 프로세스 마이닝도 포함된다. 프로세스 마이닝은 기업의 이벤트 로그 데이터를 분석하여 특정 프로세스의 문제를 식별하고 이를 개선할 수 있는 방법을 도출한다.

13.3 시스템 개발 프로세스의 핵심 활동

시스템 개발의 핵심 활동은 시스템 분석, 시스템 설계, 프로그래밍, 테스트, 전환, 운영 및 유지·보수이다. 시스템 분석은 기존 시스템의 문제를 조사·분석하고 해결책에 필요한 요구사항을 식별하는 것이다. 시스템 설계는 기술적·조직적 구성요소가 어떻게 결합되어 해결책을 제공하는지를 명세한다. 이후 단계는 이 명세를 완전한 정보시스템으로 구현한다.

13.4 정보시스템 구축 및 획득 방법

전통적인 시스템 구축 방법은 시스템 개발 생명주기(SDLC)이며, 정보시스템을 일련의 공식적 단계에 따라 개발하게 된다. 각 단계는 순차적으로 진행되고 명확한 산출물이 존재하며, 다음 단계로 넘어가기 전에 공식적인 승인이 필요하다. SDLC 방식은 각 개발 단계에 대한 명확한 명세와 엄격한 관리 통제가 필요한 대규모 프로젝트에 유용하지만, 매우 경직되고 비용이 많이 든다.

프로토타이핑은 실험적인 시스템을 빠르고 저렴하게 구축하여 최종사용자가 상호작용하고 평가할 수 있도록 하는 것이다. 프로토타이핑은 시스템 개발 과정에서 사용자의 참여를 장려하며, 설계 명세가 정확히 포착될 때까지 반복적인 설계를 가능하게 한다. 그러나 프로토타입을 빠르게 생성하면 충분한 테스트나 문서화가 이루어지지 않거나, 실제 운영 환경에서 기술적으로 부적절한 시스템이 만들어질 수 있다.

소프트웨어 패키지나 온라인 SaaS를 사용하면 시스템 구축에 필요한 설계, 프로그래밍, 테스트, 설치, 유지·관리 작업의 양을 줄일 수 있다. 애플리케이션 소프트웨어 패키지나 SaaS는 자체 정보시스템 인력이나 개발 예산이 부족한 기업에 유용하다. 하지만 조직의 고유한 요구사항을 충족하기 위해서는 광범위한 수정이 필요할 수 있고, 이는 개발 비용을 크게 증가시킬 수 있다.

아웃소싱은 조직의 내부 정보시스템 인력 대신 외부 공급업체를 통해 시스템을 구축하거나 운영하는 것이다. 아웃소싱을 통해 애플리케이션 개발 비용을 절감하거나 내부 정보시스템 인력이 부족한 기업이 애플리케이션을 개발할 수 있다. 그러나 기업은 정보시스템에 대한 통제권을 상실하거나 외부 업체에 과도하게 의존하게 될 위험이 있다. 특히 해외로 아웃소싱하면 추가 비용이 발생할 수 있다.

13.5 신속한 시스템 개발을 가능하게 하는 방법

객체지향 설계는 객체를 시스템 분석 및 설계의 기본 단위로 사용한다. 객체는 데이터를 해당 데이터에 작용하는 특정 프로세스와 결합한 것이다. 특정 클래스, 즉 유사한 객체의 일반 범주에 속하는 객체는 해당 클래스의 특성을 가진다. 객체의 클래스는 더 일반적인 클래스의 구조와 동작을 모두 상속받고, 각 객체 고유의 변수와 동작을 추가할 수 있다. 객체는 재사용이 가능하므로 객체지향 개발은 소프트웨어 개발 시간과 비용을 줄일 수 있는 잠재력을 지닌다.

신속 애플리케이션 개발(RAD)은 객체지향 소프트웨어, 시각적 프로그래밍, 프로토타이핑 및 시스템을 매우 빠르게 생성하기 위한 도구를 활용한다. 공동 애플리케이션 개발(JAD)은 고객, 소비자, IT 전문가, 이해관계자가 기술 애플리케이션을 설계하고 개발하는 데 모두 참여하도록 보장하는 방법론이다. 애자일 개발은 큰 프로젝트를 반복과 지속적인 피드백을 활용하여 짧은 기간에 완료되는 일련의 작은 하위 프로젝트로 나눈다. 데브옵스는 애플리케이션을 개발하는 소프트웨어 개발자와 이를 운영 및 유지·관리하는 IT 운영 인력 간의 긴밀한 협업을 강조한다.

13.6 점점 확대되는 소프트웨어 개발의 민주화

오픈소스 소프트웨어는 주요한 소프트웨어 개발 도구로, 공개된 소프트웨어를 무료(또는 저비용)로 사용할 수 있게 하여, 새로운 애플리케이션을 개발할 때 이를 구성요소로 활용할 수 있다. 로코드 개발은 시각적 모델링을 통해 그래픽 사용자 인터페이스에서 애플리케이션을 조립하고 구성함으로써 최소한의 수작업 코딩으로 더 빠르게 애플리케이션을 개발할 수 있는 소프트웨어 개발 방식이다. 노코드 개발 도구는 IT 배경이 없는 비즈니스 사용자도 더 쉽게 사용할 수 있다. 애플리케이션을 만들기 위해 사용자가 필요로 할 수 있는 모든 기능이 소프트웨어 도구에 이미 내장되어 있어 별도의 코딩이 필요하지 않다. 시민 개발자는 IT 부서의 승인이나 최소한의 도움을 받아 스스로 새로운 애플리케이션을 만들거나 기존 애플리케이션을 수정하는 비즈니스 사용자이다.

13.7 인공지능이 소프트웨어 개발에 미치는 영향

AI는 개발자가 반복적인 작업을 자동화하고, 워크플로를 간소화하며, 소프트웨어 개발 프로세스의 정확성과 효율성을 향상할 수 있게 해준다. AI 기반 도구와 프레임워크는 개발자가 코드를 더 빠르고 정확하게 작성하고, 버그를 더 신속하게 찾아 수정하며, 소프트웨어 성능을 최적화할 수 있도록 지원한다.

그러나 AI 소프트웨어를 개발하는 데에는 여러 가지 도전 과제가 따른다. 예를 들어 AI에 대한 소프트웨어 개발자의 전문성이 부족하고, AI 모델을 학습시키기 위해 매우 대용량의 고품질 데이터가 필요하다. 이러한 자원을 충분히 갖추지 못한 조직은 사전 학습된 AI 모델이나 확장 가능한 인프라와 사전 구축된 도구 및 프레임워크를 제공하는 클라우드 기반 머신러닝 플랫폼(AIaaS)을 활용할 수 있다.

13.8 모바일 애플리케이션 구축 접근 방식

모바일 애플리케이션 개발에서는 단순성, 사용 용이성, 작은 화면에 맞춰 작업을 최적화해야 할 필요성에 주의를 기울여야 한다. 반응형 웹 디자인은 화면 크기와 모바일 기기에 따라 웹사이트 레이아웃이 자동으로 조정되게 한다.

주요 용어

객체
객체지향 설계(OOD)
공동 애플리케이션 개발(JAD)
구축 이후 감사
네이티브 앱
노코드 개발
단계적 접근 전략
단위 테스트
데브옵스
로코드 개발
맞춤화
모바일 웹사이트
모바일 웹 앱
문서화
반복적 접근
반응형 웹 디자인(RWD)
병행 전략
비즈니스 프로세스 관리(BPM)
비즈니스 프로세스 재설계(BPR)
서비스형 AI(AIaaS)
시민 개발자
시스템 개발
시스템 개발 생명주기(SDLC)
시스템 분석
시스템 설계
시스템 테스트
시험 운영 전략
식스 시그마
신속 애플리케이션 개발(RAD)
애자일 개발
오프쇼어 아웃소싱
운영
유지·보수
인수 테스트
자동화
적응형 웹 디자인(AWD)
전사적 품질 관리(TQM)
전환
절차 합리화

정보 요구사항
제안 요청서(RFP)
직접 전환 전략
최종사용자 인터페이스
타당성 조사
테스트
테스트 계획
패러다임 전환
프로그래밍
프로세스 마이닝
프로토타이핑
프로토타입
하이브리드 앱

복습문제

13.1 조직 변화를 촉진하는 정보시스템

- IT를 통해 촉진할 수 있는 네 가지 조직 변화의 유형을 각각 설명하라.

13.2 IT를 활용한 비즈니스 프로세스 관리 및 재설계 방법

- 비즈니스 프로세스 관리를 정의하고, 이를 수행하기 위한 단계를 설명하라.
- 프로세스 마이닝을 정의하고, 기업이 이를 통해 비즈니스 프로세스로부터 어떻게 더 많은 가치를 추출할 수 있는지 설명하라.

13.3 시스템 개발 프로세스의 핵심 활동

- 시스템 분석과 시스템 설계를 구분하고 각 활동을 설명하라.
- 정보 요구사항을 정의하고, 이를 정확하게 도출하기 어려운 이유를 설명하라.
- 시스템 개발에서 테스트 단계가 중요한 이유를 설명하고, 정보시스템의 세 가지 테스트 단계를 나열하고 설명하라.
- 시스템 개발에서 프로그래밍, 전환, 운영 및 유지·보수의 역할을 설명하라.

13.4 정보시스템 구축 및 획득 방법

- 전통적인 시스템 개발 생명주기를 정의하고, 이를 이용한 시스템 구축의 장단점을 설명하라.
- 정보시스템 프로토타이핑을 정의하고 그 이점과 한계를 설명하라. 그리고 프로토타이핑 과정의 단계를 나열하라.
- 소프트웨어 패키지 및 클라우드 소프트웨어 서비스를 기반으로 한 정보시스템 개발의 장단점을 설명하라.
- 정보시스템 구축을 위한 아웃소싱의 장단점을 설명하라.

13.5 신속한 시스템 개발을 가능하게 하는 방법

- 객체지향 설계를 정의하고, 이것이 어떻게 더 빠른 시스템 개발을 가능하게 하는지 설명하라.
- 신속 애플리케이션 개발(RAD)과 공동 애플리케이션 개발(JAD)을 정의하고, 이것이 어떻게 신속한 시스템 개발을 가능하게 하는지 설명하라.
- 애자일 개발을 정의하고, 이것이 어떻게 신속한 시스템 개발을 가능하게 하는지 설명하라.
- 데브옵스를 정의하고, 이것이 어떻게 신속한 시스템 개발을 가능하게 하는지 설명하라.

13.6 점점 확대되는 소프트웨어 개발의 민주화

- 오픈소스 소프트웨어를 정의하고, 오픈소스 소프트웨어 개발의 장단점을 설명하라.
- 로코드 및 노코드 소프트웨어 개발을 정의하고, 이것이 소프트웨어 생성 과정을 어떻게 가속화했는지 설명하라.
- 시민 개발자를 정의하고, 오늘날의 시민 개발이 과거의 최종사용자 개발과 어떻게 다른지 설명하라.

13.7 인공지능이 소프트웨어 개발에 미치는 영향

- AI의 활용이 소프트웨어 개발에 어떤 영향을 미쳤는지 설명하라.
- AI 소프트웨어 개발의 도전 과제를 설명하라.

13.8 모바일 애플리케이션 구축 접근 방식

- 모바일 애플리케이션 개발과 반응형 웹 디자인의 특징을 설명하라.
- 모바일 웹사이트, 네이티브 앱, 모바일 웹 앱, 하이브리드 앱을 정의하고 비교하라.

토의문제

13.9 시스템 개발 방식을 선택하는 것이 중요한 비즈니스 의사결정인 이유는 무엇인가? 이 선택 과정에는 누가 참여해야 하는가?

13.10 시스템 개발 비용을 줄이는 가장 좋은 방법은 애플리케이션 소프트웨어 패키지, SaaS 또는 로코드나 노코드 같은 사용자 친화적인 도구를 사용하는 것이라는 데 동의하는가? 그 이유는 무엇인가?

13.11 새로운 정보시스템을 개발하려 할 때 비즈니스 프로세스가 어떻게 작동하는지 이해하는 것이 왜 중요한가?

AI 활용 프로젝트

13.12 비즈니스 프로세스와 프로세스 효율성 식별

반려동물 유기농 사료와 간식, 유기농 소재로 만든 반려동물 장난감과 의류를 판매하는 소매점을 열고자 하는 두 친구가 자문을 구했다. 당신은 이들에게 온라인 주문 기능이 있는 POS 시스템을 도입하라고 조언했다. 이들은 이전에 일했던 소매점에서는 POS 시스템을 사용한 적이 없기 때문에, 이 시스템이 비즈니스 프로세스를 어떻게 변화시키며 이러한 변화가 어떻게 비즈니스에 가치를 창출할 수 있을지 알고 싶어 한다.

마이크로소프트의 Copilot, 구글의 Gemini 또는 ChatGPT를 이용하여 이러한 정보를 제공하는 데 도움이 될 수 있는 프롬프트를 개발하라. 프롬프트와 대화 결과물을 저장하고 강사에게 제출하라.

MIS 실습 과제

이 프로젝트는 비즈니스 프로세스를 분석하고, 데이터베이스를 사용하여 비즈니스 전략을 명확히 하며, 웹사이트 정보 요구사항을 분석하는 실습 경험을 제공한다.

학생은 www.pearsonhighered.com/laudon에서 Hands-On MIS Application data file을 내려받아 사용하면 된다. 추가로 교재 관련 연습문제 풀이, 주요 콘셉트 비디오 자료 등이 필요하다면 https://t2-apac.pearson.com에서 MyLab MIS를 구매할 수 있다.

13.13 경영 의사결정 문제

화장품 회사의 경영진은 생산 계획에 불만을 가지고 있다. 생산 계획은 과거 주문량을 기반으로 각 제품에 대한 수요를 예측하여 수립하고 있다. 고객이 예상치 못한 주문을 하거나 기존 주문의 변경을 요청했을 때 생산 계획을 조정할 수 있는 방법이 없다. 회사는 고객에게 주문을 충족할 수 없다고 말해야 하거나, 재고 부족을 방지하기 위해 추가 재고를 유지함으로써 추가 비용이 발생할 수 있다.

월말에 주문이 합산되고 회사의 생산 계획 시스템에 수동으로 입력된다. 전월의 생산 및 재고 시스템 데이터를 회사의 주문 관리 시스템에 수동으로 입력한다. 영업 부서와 생산 부서의 분석가들은 각자의 시스템 데이터를 분석하여 다음 달의 판매 목표와 생산 목표를 결정한다. 이 추정치는 일반적으로 다르다. 이후 분석가들은 고위 경영진의 시장 점유율, 매출, 수익 목표를 고려하여 생산 및 판매 목표를 수정하기 위한 고위 계획 회의에 참석한다. 회의 결과로 최종 생산 마스터 일정이 확정된다.

전체 생산 계획 프로세스에서는 17일의 영업일이 소요된다. 이 중 9일은 데이터 입력 및 검증에 사용되고, 나머지는 생산 및 판매 목표를 개발하고 조정하며 생산 마스터 일정을 확정하는 데 사용된다.

- 기존 생산 계획 프로세스의 다이어그램을 그려라.
- 이 프로세스가 회사에 어떤 문제를 초래하는지 분석하라.
- ERP시스템은 이러한 문제를 어떻게 해결할 수 있는가? 어떤 방식으로 비용을 줄일 수 있는가? ERP 소프트웨어를 도입했을 때 생산 계획 프로세스가 어떻게 변화할지 다이어그램으로 그려라.

13.14 데이터베이스를 사용하여 비즈니스 전략 명확히 하기

소프트웨어 기술: 데이터베이스 질의 및 보고, 다중 테이블 데이터베이스 질의

비즈니스 기술: 예약 시스템, 고객 분석

이 프로젝트에서는 데이터베이스 소프트웨어를 사용하여 호텔 예약 거래를 분석하고, 그 정보를 바탕으로 호텔의 비즈니스 전략과 마케팅 활동을 조정한다.

MIS18_Project 13.14 학생 파일에는 플로리다주 사니벨 소재 페어윈즈인(Fair Winds Inn)의 호텔 예약 거래 데이터베이스가 포함되어 있다. 이 호텔에는 골목을 바라보는 객실 10개, 바다를 부분적으로 볼 수 있는 객실 10개, 바다를 정면으로 바라보는 객실 10개가 있다. 객실 요금은 객실 유형에 따라 결정된다.

소유주는 현재 수동 예약 및 회계 시스템을 사용하고 있으며, 이는 호텔의 일일 운영과 수익에 대한 즉각적인 데이터를 경영진에게 제공하지 못한다. 이들은 각 고객에게 배정된 객실 및 객실 유형, 고객 이름, 숙박 시작일과 종료일, 객실 유형별 평균 방문객 수, 객실 유형별 평균 숙박 기간을 알고자 한다. 이를 위해 데이터베이스에서 질의와 보고서를 생성하라. 그리고 새 데이터베이스 시스템이 기존 수동 예약 시스템의 문제를 어떻게 해결하는지, 데이터베이스가 페어윈즈인의 비즈니스 전략을 개선하는 데 어떻게 기여하는지에 대해 간략한 보고서로 작성하라.

13.15 웹사이트 설계 및 정보 요구사항 분석

소프트웨어 기술: 웹브라우저 소프트웨어

비즈니스 기술: 정보 요구사항 분석, 웹사이트 설계

선택한 웹사이트를 방문하여 철저히 탐색하라. 해당 웹사이트가 제공하는 다양한 기능과 정보 요구사항을 분석하여 보고서를 작성하라. 보고서에는 다음 질문에 대한 답변이 포함되어야 한다.

- 웹사이트는 어떤 기능을 수행하는가?
- 어떤 데이터를 사용하는가?
- 입력, 출력, 프로세스는 무엇인가?

- 그 외 설계 사양에는 어떤 것이 있는가?
- 웹사이트는 내부 시스템 또는 다른 조직의 시스템과 연결되어 있는가?
- 웹사이트는 회사에 어떤 가치를 제공하는가?

13.16 협업 및 팀워크 프로젝트: 웹사이트 설계 사양 준비

2명 이상의 학생과 팀을 구성하고, 이 책에 설명된 웹 기반 시스템 중 하나를 선택하여 이 시스템의 웹사이트를 검토하라. 웹사이트와 이 책에서 배운 내용을 바탕으로 해당 시스템의 설계 사양 중 일부를 설명하는 보고서를 작성하라. 구글 문서, 구글 드라이브, 구글 사이트를 이용하여 아이디어를 구상하고 정리하여 발표 자료를 만들라.

참고문헌

Benaroch, Micheal, Yossi Lichtenstein, and Lior Fink. "Contract Design Choices and the Balance of Ex Ante and Ex Post Transaction Costs in Software Development Outsourcing." *MIS Quarterly* 40, No. 1 (March 2016).

Bonneau, Lauren. "McAfee Saves 2,500 Hours of Manual Effort with Test and Business Process Automation on Its Journey to SAP S/4HANA," Worksoft.com (accessed September 22, 2024).

Bousquette, Isabelle. "Companies Are Juggling More Software Vendors than Ever. It Isn't Easy." *Wall Street Journal* (March 4, 2024).

Chang, Young Bong, Vijay Gurbaxani, and Kiron Ravindran. "Information Technology Outsourcing: Asset Transfer and the Role of Contract." *MIS Quarterly* 41, No. 3 (September 2017).

Davenport, Thomas H. "On the Inevitability of Citizen Development." *MIS Quarterly Executive* 22, No. 4 (December 2023).

Davenport, Thomas H., Ian Barkin, and Kerem Tomak. "We Are All Programmers Now." *Harvard Business Review* (September–October 2023).

Elshan, Edona, Philipp Ebel, Matthias Söllner, and Jan Marco Leimeister. "Leveraging Low Code Development of Smart Personal Assistants: An Integrated Design Approach with the SPADE Method." *Journal of Management Information Systems* 40, No. 1 (2023).

Faik, Isam, Avijit Sengupta, and Yimeng Deng. "Inclusion by Design: Requirements Elicitation with Digitally Marginalized Communities." *MIS Quarterly* 48, No. 1 (March 2024).

Gnanasambandam, Chandra, Martin Harrysson, Rahul Mangla, and Shivam Srivastava. "An Executive's Guide to Software Development." Mckinsey.com (February 2017).

Hammer, Michael, and James Champy. *Reengineering the Corporation*. New York: HarperCollins (1993).

Kendall, Kenneth E., and Julie E. Kendall. *Systems Analysis and Design*. 11th ed. Hoboken NJ: Pearson (2023).

Lee, Jae-Nam, YoungKi Park, Detmar W. Straub, and Yunmo Koo." Holistic Archetypes of IT Outsourcing Strategy: A Contingency Fit and Configurational Approach." *MIS Quarterly* 43, No. 4 (December 2019).

Lifshitz-Assaf, Hila, and Frank Nagle. "The Digital Economy Runs on Open Source: Here's How to Protect It." *Harvard Business Review* (September 2, 2021).

Lindberg, Aron, Aaron Schecter, Nicholas Berente, Phil Hennel, and Kalle Lyytinen. "The Entrainment of Task Allocation and Release Cycles in Open Source Software Development." *MIS Quarterly* 48, No. 1 (March 2024).

Lindner, Jannik. "Open Source Software Statistics [Fresh Research]." Gitnux.org (December 25, 2023).

Lindstrom, Karin. "How Svevia Connects Roads, Risk, and Refuse through the Cloud." Cio.com (August 16, 2023).

Linthicum, David. "The Risks of Low-Code and No-Code Development in Cloud Architecture." Infoworld.com (September 19, 2023).

Low/Code. "Blog." (accessed September 22, 2024).

McKinsey & Company. "Agile with a Capital 'A': A Guide to the Principles and Pitfalls of Agile Development." Mckinsey.com (February 2018).

NVDIA. "Pretrained AI Models." Developer.nvidia.com (accessed September 22, 2024).

Payscale. "Average Software Developer Salary in India." Payscale.com (accessed September 22, 2024).

Schreiber, Roland Robert. "Organizational Influences on Open-Source Software Projects." *IGI Global* 14 (February 16, 2023).

Savania, Nitesh. "AI in Software Development: Roles, Benefits, Impacts, & Future." Brainerhub.com (accessed September 22, 2024).

Su, Ning, Natalia Levina, and Jeanne W. Ross. "The Long-Tail Strategy for IT Outsourcing." *MIT Sloan Management Review* (Winter 2016).

Susarla, Anjana, and Tridas Mukhopadhyay. "Can Outsourcing of Information Technology Foster Innovations in Client Organizations? An Empirical Analysis." *MIS Quarterly* 43, No. 3 (September 2019).

TensorFlow. "An End-to-End Platform for Machine Learning," Tensorflow.org (accessed September 22, 2024).

Timonera, Kaye. "34 Top Open-Source Software Companies Shaping 2024." Datamation.com (March 21, 2024).

Tozzi, Chris. "The Importance and Limitations of Open-Source AI Models." Techtarget.com (February 7, 2024).

Valacich, Joseph A., Joey George, and Jeffrey A. Hoffer. *Modern Systems Analysis and Design*. 10th ed. Hoboken, NJ: Pearson (2023).

Venkatesh,Viswanath, James Y. L. Thong, Kai Spohrer, Frank K. Y. Chan, Ankur Arora, Hartmut Hoehle, and Srinivasan Venkatraman. "Equality Does Not Make You Happy: Effects of Differentiated Leader-Member Exchange and Team-Member Exchange on Developer Satisfaction in Agile Development Teams." *MIS Quarterly* 47, No. 3 (September 2023).

Vergadia, Priyanka, "AI in Software Development: What You Need to Know." Cloud.google.com (May 26, 2023). Vial, Gregory. "Manage the Risks of Software Reuse." *MIT Sloan Management Review* (May 23, 2022).

Violino, Bob. "Empowering Citizen Developers for Real Business Impact." Cio.com (July 19, 2023).

Zhang, Cheng, Peijian Song, and Kai Lim. "Standardize or Let a Thousand Flowers Bloom? Interface Design Coordination Between Software Platforms and Hosted Apps." *MIS Quarterly* 47, No. 3 (September 2023).

CHAPTER 14

정보시스템을 위한 비즈니스 사례 구축과 프로젝트 관리

학습목표

14.1 비즈니스 사례를 구축하는 방법을 설명할 수 있다.

14.2 IT 투자 평가 방법을 설명할 수 있다.

14.3 프로젝트 관리 방법론과 변수를 설명할 수 있다.

14.4 효과적인 프로젝트 관리의 중요성을 이해할 수 있다.

14.5 프로젝트 위험 요인에 대해 논의할 수 있다.

14.6 프로젝트 위험을 관리하는 방법을 이해할 수 있다.

14.7 이 장의 내용이 경력에 어떻게 도움이 되는지 이해할 수 있다.

이 장의 사례

- **도입 사례:** 더 나은 프로젝트 관리 도구를 위해 라이크를 도입한 빅커머스
- **경영 사례:** 변화 관리와 구현 문제를 극복한 해피피트인터내셔널
- **사례 연구:** 미래의 격변에 대응하기 위해 디지털 전환에 투자하는 사우스웨스트항공

도입 사례 더 나은 프로젝트 관리 도구를 위해 라이크를 도입한 빅커머스

빅커머스(BigCommerce)는 텍사스주 오스틴을 거점으로 미국 전역, 영국, 우크라이나, 호주에 지사를 둔 글로벌 전자상거래 기술 기업이다. 빅커머스는 대기업과 중소기업을 위한 클라우드 기반 SaaS 전자상거래 플랫폼을 제공한다. 빅커머스 플랫폼을 통해 소매업체는 자신의 고유한 비즈니스 및 제품에 맞춰 B2C, B2B 및 옴니채널 전자상거래 솔루션을 유연하게 구축할 수 있다. 빅커머스는 온라인 스토어 디자인, 카탈로그 관리, 호스팅, 결제, 주문 관리, 보고서 작성, 제삼자 결제, 배송 및 주문 처리, POS, 마케팅은 물론 회계 등 백오피스 서비스를 포함한 포괄적인 플랫폼을 구독형(고객의 요구에 맞는 요금제) 방식으로 제공한다.

빅커머스는 고객을 지원하기 위해 다양한 개발 및 전문 서비스를 제공한다. 예를 들어 솔루션 아키텍처 설계 서비스, 데이터 이관 서비스, 구현 프로젝트 관리, 엔터프라이즈 출시 프로젝트 관리 등 다양한 '출시 서비스'를 제공한다.

과거에 빅커머스는 스프레드시트, 이메일, 구글 드라이브, 구글 문서와 같은 기타 협업 도구를 사용하여 개발 및 전문 서비스 프로젝트를 관리했지만, 경영진은 이러한 도구만으로는 성장을 목표로 하는 대기업과의 협업에 충분하지 않다고 판단했다. 빅커머스는 이러한 노력을 확장하기 위해 전 세계적으로 100개가 넘는 프로젝트 포트폴리오 전체를 한 번에 관리할 수 있는 프로젝트 관리 도구를 원했다. 또한 포트폴리오 전반에 걸쳐 지표와 데이터를 측정하고 프로젝트 관리자가 일정에 맞는 프로젝트와 그렇지 않은 프로젝트를 파악할 수 있기를 원했다. 그리고 프로젝트 관리자가 고객과의 상호작용을 관리하는 데 도움이 되는 솔루션을 원했다.

이러한 과제를 해결하기 위해 빅커머스는 프로세스를 표준화하고, 보고 기능을 개선하고, 고객에게 프로젝트 진행 상황을 더욱 명확하게 보여주는 데 도움이 되며, 이 모든 것이 단일 플랫폼에 통합되어 있는 프로젝트 관리 도구를 찾고 있었다. 빅커머스는 라이크(Wrike)를 선택하기 전에 스마트시트, 마이크로소프트 프로젝트, 아사나(Asana), 클리언트(Klient), 지라(Jira) 등을 포함하여 여러 가능성을 검토했다.

웹 기반 도구와 iOS, 안드로이드 앱에서 제공되는 통합 SaaS 프로젝트 관리 도구인 라이크는 영어, 프랑스어, 독일어, 이탈리아어, 스페인어, 포르투갈어, 러시아어, 일본어, 중국어, 한국어 등 10개 언어로 제공된다. 라이크는 빅커머스가 찾던 모든 기능을 제공한다. 라이크는 단일 도구로 여러 팀 간의 프로젝트를 조율하고 프로젝트 진행과 프로젝트 자원, 프로젝트 비용에 대한 가시성을 확보할 수 있도록 지원한다. 또한 작업 할당, 자신이 맡은 업무와 책임에 대한 이해, 병목 현상 파악을 용이하게 하여 프로젝트 팀원의 책임 추적성을 향상하는 데에도 도움이 된다. 라이크는 안전하고 슬랙, 세일즈포스와 같은 기존 인프라 및 애플리케이션에 쉽게 설치하고 통합할 수 있다. 라이크는 애자일 프로젝트 관리뿐만 아니라 전통적인 폭포수형 프로젝트 관리와 같은 다양한 프로젝트 관리 방식도 수용할 수 있다.

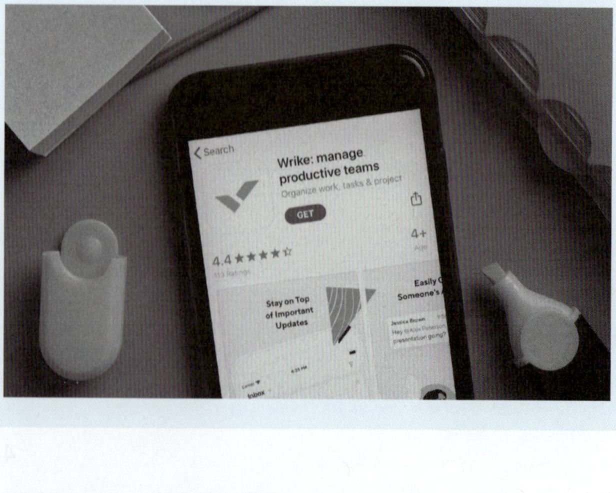

© Postmodern Studio/Shutterstock

빅커머스에 따르면 라이크를 사용한 것이 관리자들에게 매우 큰 도움이 되었다고 한다. 모든 프로젝트를 한곳에서 관리함으로써 프로젝트 관리자들은 훨씬 더 효율적으로 업무를 처리할 수 있게 되었을 뿐만 아니라 고객과의 소통도 더욱 효과적으로 할 수 있게 되었다. 라이크의 보고와 분석 기능 덕분에 빅커머스는 더욱 정보에 기반한 비즈니스 의사결정을 내리고 비용 및 자원에 대한 요구사항을 더욱 정확하게 예측할 수 있다. 이제 프로젝트에 소요되는 시간과 청구되는 비용을 더욱 정확하게 파악할 수 있다. 라이크는 빅커머스 경영진에게 프로젝트 진행 상황을 파악하고 필요에 따라 적극적으로 조치를 취하여 프로젝트를 정상 궤도에 올려놓을 수 있는 가시성을 제공했다. 예를 들어 빅커머스는 각 프로젝트에서 가장 많은 시간이 소요되는 부분을 파악하기 위해 프로젝트 단계별로 팀 효율성을 분석하는 라이크의 기능을 실험하고 있다. 라이크를 사용함으로써 빅커머스는 '가치 실현 시간(빅커머스 고객이 제품 또는 서비스에서 가치를 얻는 데 걸리는 시간을 측정하는 지표)'과 고객 만족도를 개선할 수 있었다. 이 두 가지는 빅커머스의 핵심 성과지표(KPI)이다.

출처: Bigcommerce.com, accessed September 24, 2024; Wrike. com, accessed September 24, 2024; "BigCommerce Streamlines Systems to Scale Services," Wrike.com, accessed September 24, 2024; Richard Blatcher, "Enterprise Project Management: Comparing 5 Options," Wrike. com, February 14, 2024.

정보시스템이 직면하는 주요 과제 중 하나는 진정한 비즈니스 이점을 제공하는 것이다. 많은 정보시스템 프로젝트가 실패하는 이유는 조직이 새로운 기술 도입과 관련된 조직 변화를 효과적으로 관리하지 못하거나 비즈니스 가치를 잘못 평가했기 때문이다. 고객을 대신하여 빅커머스가 구현한 것과 같은 정보시스템을 구축하거나 개선하는 프로젝트를 효과적으로 만들기 위해서는 특별한 관리 및 조직 기법이 필요하다.

빅커머스 경영진은 기존 프로젝트 관리 도구를 통합 클라우드 SaaS 기반 도구인 라이크로 교체하기로 결정하면서 이 사실을 깨달았다. 라이크 구현에는 새로운 소프트웨어 도입과 함께 프로젝트 관리 비즈니스 프로세스의 변경이 포함되었다. 강력한 프로젝트 관리와 조직 변화에 대한 관심이 성공에 필수적이라는 것을 경영진이 명확히 이해했기 때문에 빅커머스는 이 프로젝

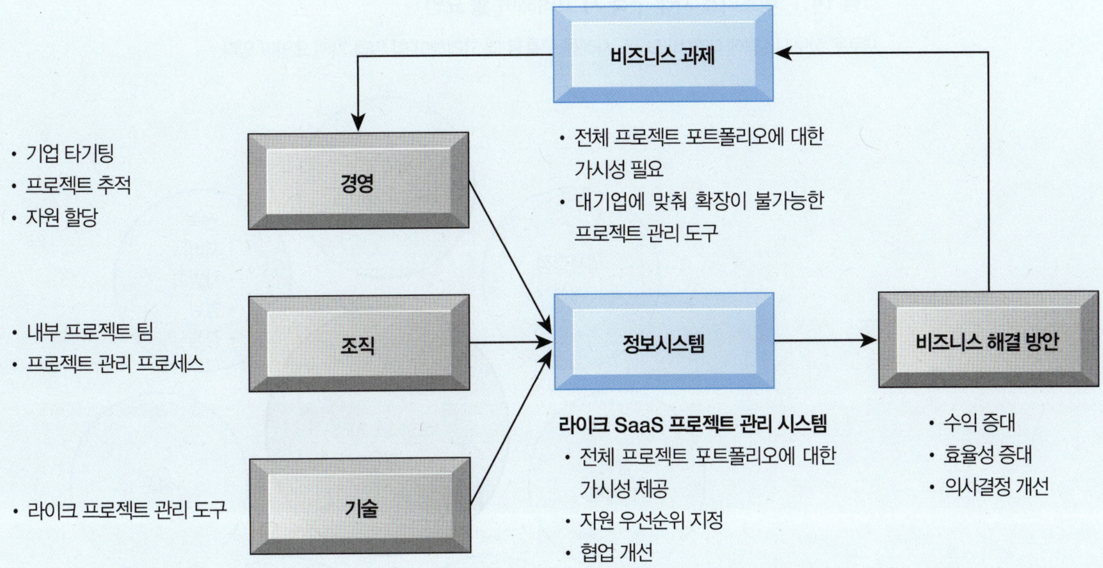

트를 성공적으로 수행할 수 있었다.

위의 도표는 이 사례와 이 장에서 제기하는 중요한 요점을 보여준다. 빅커머스의 비즈니스 프로세스와 프로젝트 관리를 위한 프로젝트 관리 도구는 정확한 자원 할당과 경영진이 회사 전체의 모든 프로젝트를 개괄적으로 파악하는 데 어려움을 겪었다. 이러한 과제를 해결하기 위해 경영진은 새로운 최첨단 클라우드 기반 프로젝트 관리 시스템을 도입하기로 결정했다. 빅커머스는 라이크를 도입한 후 자원 효율성, 협업, 프로젝트 포트폴리오 관리 능력이 향상되었다.

문제

1. 빅커머스가 프로젝트 관리에서 직면했던 어려움은 무엇인가?
2. 빅커머스가 다른 프로젝트 관리 도구 대신 라이크를 선택한 이유는 무엇인가?
3. 라이크는 빅커머스가 프로젝트 관리 문제를 해결하는 데 어떻게 도움이 되었는가?

경력 개발 효과

빅커머스의 경영진은 기존 프로젝트 관리 시스템이 빅커머스의 사업 목표 달성에 불충분하다는 것을 인지하고 라이크를 선택하여 회사의 전문 서비스 프로젝트를 보다 효율적으로 관리하고 고객 가치를 높일 수 있었다. 라이크 프로젝트 관리 도구를 사용하는 프로젝트 관리자는 최첨단 프로젝트 관리 시스템 사용에 능숙해지고 고객에게 더 나은 서비스를 제공할 수 있어 빅커머스에서 근무하는 동안은 물론이고 미래의 잠재적 고용주에게도 더 유용한 인재가 될 수 있다.

14.1 비즈니스 사례 구축 방법

기업은 일반적으로 문제 해결과 성과 개선을 위해 새로운 정보시스템 개발이나 기존 시스템 개선을 포함한 다양한 대안을 제시받는다. **프로젝트**(project)는 특정 사업 목표를 달성하기 위해 계획된 일련의 관련 활동이다. 정보시스템 프로젝트에는 새로운 정보시스템 개발, 기존 시스템 개선, IT 인프라 개선 또는 교체가 포함된다. 지원할 수 있는 자원보다 훨씬 많은 시스템 프로젝트가 제안된다. 자신의 비즈니스에 가장 큰 이점을 제공할 시스템 프로젝트 투자를 선택해야 한다. 그리고 선택한 해결책이 다른 해결책에 비해 회사에 가장 큰 가치를 제공한다는 것을 보여줄 수 있는 비즈니스 사례를 만들어야 한다.

프로젝트
특정 사업 목표를 달성하기 위해 계획된 일련의 관련 활동

그림 14.1 비즈니스 사례 구축 시 고려해야 할 요인

새로운 정보시스템에 대한 비즈니스 사례를 구축할 때 고려해야 할 일곱 가지 요인이 있다.

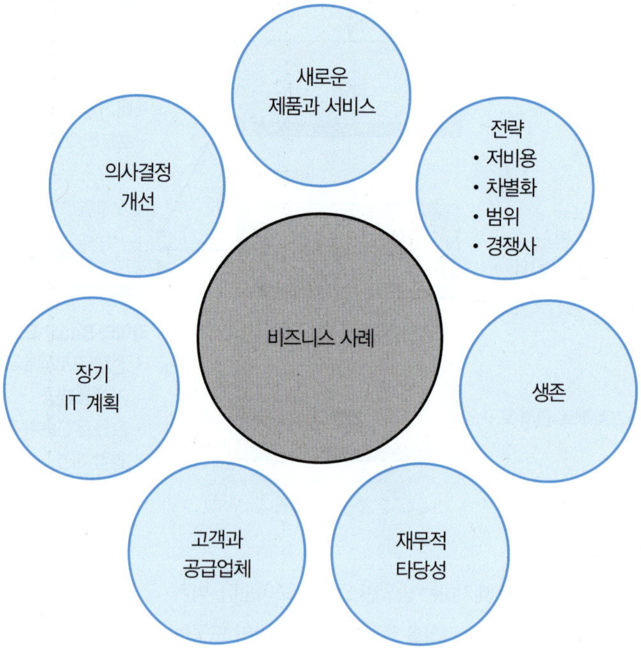

비즈니스 사례
비용, 이점, 비즈니스 가치를 설명하여 투자 승인을 구하는 경영진에게 제안한다.

비즈니스 사례(business case)는 경영진에게 투자 승인을 구하는 제안서이다. IT 투자에 대한 비즈니스 사례는 제안된 시스템 해결책에 투자하여 해결할 수 있는 조직이 직면한 문제를 설명한다. 해당 투자와 관련된 모든 비용, 이익, 위험에 대한 분석과 제안된 행동 방침의 정당성을 제공한다. 비즈니스 사례는 투자를 진행하는 근거를 설명하고, 투자가 기업의 전략적 목표와 사업 목적을 어떻게 뒷받침하는지, 기업의 전반적인 정보시스템 계획과 어떻게 부합하는지를 보여준다. 또한 투자를 진행할지 여부와 어떤 형태로 진행할지에 대한 정보에 기반한 결정을 내리는 데 필요한 정보를 제공한다. 비즈니스 사례는 이러한 투자가 비즈니스에 어떻게 가치를 제공할지 설명하고, 결과에 부정적인 영향을 미칠 수 있는 위험을 파악한다. 그리고 선호하는 대안을 선택하는 데 필요한 결정 요인과 함께 대안적 해결책을 제시한다. 좋은 비즈니스 사례는 제안된 해결책이 조직 문화, 시스템, 프로세스와 직무에 어떤 변화를 요구할 수 있는지도 설명한다(Gartner, 2024).

그림 14.1은 특정 신규 시스템의 비즈니스 사례를 만드는 데 사용되는 일곱 가지 주요 요인을 요약한 것이다. (1장에서 정보시스템의 비즈니스 동인에 대한 내용을 참조하라.) 이러한 요인은 (1) 장기적 전략[생산 비용 절감, 제품과 서비스 차별화, 기업 범위 확대(예: 글로벌 확장), 경쟁사 대비 대등하거나 능가하는 역량], (2) 의사결정 개선, (3) 고객과 공급업체 관계, (4) (시장과 ESG 목표가 요구하는) 생존, (5) 새로운 제품과 서비스, (6) 재무적 타당성, (7) 기업의 장기 IT 계획과의 적합성이다. 단일 문제에 초점을 맞춘 소규모 시스템은 '의사결정 개선', '고객관계', '비용 절감'과 같은 몇 가지 요소에만 집중하는 반면, 대규모 시스템 프로젝트는 비즈니스 사례를 만드는 데 이러한 모든 요소를 포함할 수 있다.

정보시스템 계획

정보시스템 계획
시스템 개발 방향(계획의 목적), 근거, 현황, 경영 전략, 구현 계획, 예산 등을 나타내는 로드맵

최고의 비즈니스 가치를 창출할 정보시스템 프로젝트를 파악하기 위해 조직은 최상위 계획에 통합된 전략시스템과 함께 전반적인 사업 계획을 지원하는 전사적 정보시스템 계획이 필요하다. **정보시스템 계획**(information system plan)은 (계획의 목적인) 시스템 개발 방향, 개발의 근거, 현행 시스템의 상황, 고려

표 14.1 정보시스템 계획

1. 계획의 목적	
현행 사업 조직 및 미래 조직	주요 비즈니스 프로세스
2. 전략적 사업 계획의 근거	
현재 상황	사업 계획의 주요 목표
현행 사업 조직	회사의 전략 계획
변화하는 환경	
3. 현행 시스템	
비즈니스 기능과 프로세스를 지원하는 주요 시스템	
현재 인프라 역량(하드웨어, 소프트웨어, 데이터베이스, 통신과 인터넷, 클라우드 서비스, 보안)	
비즈니스 요구사항 충족의 어려움	
예상되는 미래 수요	
4. 신규 개발	
신규 시스템 프로젝트(프로젝트 기술서, 사업 근거, 전략에서 애플리케이션의 역할)	
요구되는 새로운 인프라 기능(하드웨어, 소프트웨어, 데이터베이스, 통신과 인터넷, 클라우드 서비스, 보안, AI)	
5. 경영 전략	
인수 계획	주요 훈련 계획
조직 재편	인적자원 전략
경영 통제	
6. 계획 구현	
예상되는 구현상의 어려움	진도 보고서와 이정표
7. 예산 요건	
자원	자금 조달
잠재적 절감액	인수 주기

하고자 하는 새로운 시스템, 경영 전략, 구현 계획, 예산 등을 나타내는 로드맵 역할을 한다(표 14.1 참조). 이 계획은 일반적으로 최고정보책임자(CIO)의 감독하에 개발되며, 매년 CEO와 이사회의 승인을 받는다. 전사적 정보시스템 계획이 종합적으로 마련되어 있지 않으면 특정 개별 시스템을 개발하기 위한 제안의 가치를 평가하는 것이 어렵거나 아예 불가능하다. 회사 내 여러 시스템의 전체적인 맥락을 이해하지 않고는 특정 신규 시스템을 위한 비즈니스 사례를 만들 수 없다.

이 계획에는 조직 목표에 대한 설명과 IT가 해당 목표 달성을 어떻게 지원할지 명시되어 있다. 특정 시스템 프로젝트를 통해 일반적인 목표를 어떻게 달성할 수 있는지 설명한다. 이 계획은 나중에 명시된 기간 내에 실제로 얼마나 많은 목표가 달성되었는지를 기준으로 계획의 진행 상황을 평가하는 데 사용할 수 있는 구체적인 목표 날짜와 이정표를 제시한다. 이 계획은 주요 경영 의사결정, 기술과 필요한 조직 변화를 명시한다.

계획을 효과적으로 세우려면 기업은 자신의 정보시스템 애플리케이션, IT 인프라 구성요소, 장단기 정보 요구사항을 목록화하고 문서화해야 한다. 의사결정을 개선하기 위한 프로젝트라면 관리자는 회사에 가장 큰 부가가치를 제공할 수 있는 의사결정의 개선사항을 확인하도록 노력해야 한다(12장 참조). 그런 다음 의사결정의 결과로 보다 시의적절하고 정확한 정보의 가치를 정량화하기 위해 일련의 지표를 개발해야 한다.

계획에서는 경영진 및 직원 교육 요건을 포함한 조직 변화, 비즈니스 프로세스 변화, 권한과 구조 또는 관리 관행의 변화 등을 설명해야 한다. 새로운 정보시스템 프로젝트에 대한 비즈니스 사례를 만들면 제안된 시스템이 해당 계획에 어떻게 부합하는지 보여줄 수 있다.

14.2 정보기술 투자 평가 방법

제안된 IT 투자를 평가하는 데 사용할 수 있는 방법에는 포트폴리오 분석, 평점 모델, 자본 예산 모델, 소프트웨어 도구 등이 있다.

포트폴리오 분석

포트폴리오 분석
인프라, 아웃소싱 계약, 라이선스를 포함한 조직의 모든 정보시스템 프로젝트와 자산을 목록화한다.

전사적 정보시스템 계획을 수립하여 전략 분석이 사내 시스템 개발의 전반적인 방향을 결정했다면 시스템 프로젝트의 대안을 평가하는 데 **포트폴리오 분석**(portfolio analysis)을 사용할 수 있다. 포트폴리오 분석은 인프라, 아웃소싱 계약, 라이선스를 포함한 조직의 모든 정보시스템 프로젝트와 자산을 목록화한다. 이러한 정보시스템 투자 포트폴리오는 재무 포트폴리오와 유사하게 기업의 위험과 이익에 대한 프로파일을 갖는 것으로 설명할 수 있다. 각 정보시스템 프로젝트는 고유한 위험과 이익을 수반한다(14.3절에서 시스템 프로젝트의 위험을 증가시키는 요인을 다룬다). 기업은 시스템 투자에 따른 위험과 수익의 균형을 맞춰 IT 자산 포트폴리오의 수익률을 개선하려고 노력한다(Singh, 2023).

그림 14.2를 살펴보면 기업이 포트폴리오 분석 매트릭스를 사용하여 프로젝트를 수행해야 하는지 여부를 평가하는 방법을 알 수 있다. 첫째, 고이익 저위험 시스템에 집중해야 한다. 이러한 시스템은 빠른 이익의 회수와 저위험을 보장한다. 둘째, 고이익 고위험 시스템을 검토해야 한다. 저이익 고위험 시스템은 확실히 피해야 한다. 저이익 저위험 시스템의 경우 다시 구축하거나 더 높은 이익을 내는 더 나은 시스템으로 교체할 가능성을 재검토해야 한다. 포트폴리오 분석을 사용하면 경영진은 회사의 투자 위험과 보상의 최적 조합을 결정하고, 위험성이 크지만 보상이 큰 프로젝트와 안전성은 낮지만 보상도 작은 프로젝트 간의 균형을 맞출 수 있다.

평점 모델

평점 모델
많은 기준을 고려해야 할 때 대체 시스템 솔루션 중에서 결정하는 방법으로, 시스템의 다양한 기능에 가중치를 할당한 다음 가중치 합계를 계산한다.

대안적 시스템 해결책을 평가하는 또 다른 방법은 평점 모델이다. **평점 모델**(scoring model)은 많은 기준을 고려해야 하는 프로젝트를 선택해야 하는 경우에 유용하다. 시스템의 다양한 기능에 가중치를 부여한 후 가중치 합계를 계산한다. 표 14.2는 기업이 두 가지 대안적인 ERP시스템 중 하나를 선택하는 데 도움이 되는 평점 모델의 예를 보여준다. 첫 번째 열은 의사결정권자가 시스템을 평가하는 데 사용할 기준을 나열한 것이다. 이러한 기준은 일반적으로 의사결정 집단 간의 장시간 토의를 통해 결정된다. 종종 평점 모델의 가장 중요한 결과는 점수 자체가 아니라 시스템을 평가할 기준에 대해 합의했다는 것이다(Betadam, 2020).

그림 14.2 시스템 포트폴리오

기업은 잠재적 이익과 예상 위험의 관점에서 프로젝트의 포트폴리오를 검토해야 한다. 어떤 프로젝트는 철저히 피해야 하고 어떤 프로젝트는 신속히 개발되어야 한다. 이상적인 조합은 없다. 다양한 산업 분야의 기업들은 서로 다른 프로파일을 가지고 있다.

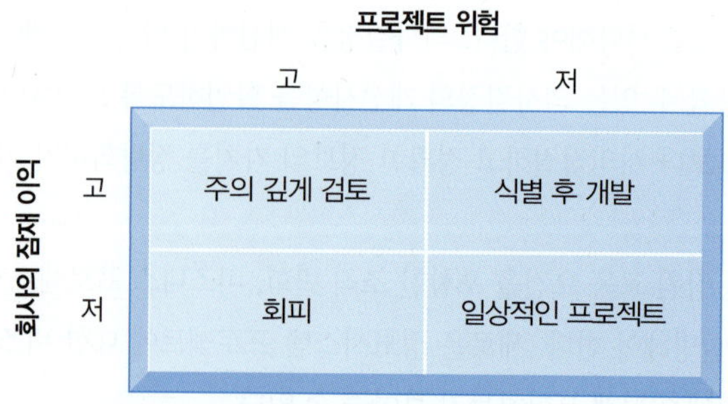

표 14.2 ERP시스템을 위한 평점 모델의 예

기준	가중치	ERP시스템 A %	ERP시스템 A 평점	ERP시스템 B %	ERP시스템 B 평점
1.0 주문 처리					
1.1 온라인 주문 입력	4	67	268	73	292
1.2 온라인 가격 결정	4	81	324	87	348
1.3 재고 확인	4	72	288	81	324
1.4 고객 신용 확인	3	66	198	59	177
1.5 송장 작성	4	73	292	82	328
주문 처리 총점			1,370		1,469
2.0 재고 관리					
2.1 생산 예측	3	72	216	76	228
2.2 생산 계획	4	79	316	81	324
2.3 재고 통제	4	68	272	80	320
2.4 보고서 작성	3	71	213	69	207
재고 관리 총점			1,017		1,079
3.0 창고 관리					
3.1 입고	2	71	142	75	150
3.2 선별 및 포장	3	77	231	82	246
3.3 출고	4	92	368	89	356
창고 관리 총점			741		752
전체 총점			3,128		3,300

표 14.2에서 보듯이 이 기업은 주문 처리, 재고 관리, 창고 관리 기능에 가장 큰 중요성을 두고 있다. 표 14.2의 두 번째 열은 의사결정권자가 의사결정 기준에 부여한 가중치를 나타낸다. 3열과 5열은 각 기능에 대해 제안된 ERP시스템이 제공할 수 있는 각 기능의 충족률을 나타낸다. 각 대안의 점수는 각 기능의 요구사항 충족률에 해당 기능에 부여된 가중치를 곱하여 계산할 수 있다. ERP시스템 B가 보다 높은 총점을 받았다.

해결책의 비용과 이익 결정

앞서 언급했듯이 시스템 솔루션의 비즈니스 사례에는 각 해결책이 회사에 대한 좋은 투자인지 여부에 대한 평가가 포함된다.

비록 시스템 프로젝트가 기업의 전략적 목표를 지원하고 사용자의 정보 요구사항을 충족하더라도 시스템 프로젝트는 기업에 좋은 투자여야 한다. 재무적 관점에서 시스템의 가치는 본질적으로 자본의 투자 수익률 문제를 중심으로 한다. 특정 정보시스템 투자가 그 비용을 정당화할 만큼 충분한 수익을 창출하는가?

정보시스템의 비용과 이익

정보시스템의 일반적인 비용과 이익은 표 14.3과 같다. **유형 이익**(tangible benefit)은 정량화할 수 있는 데다 금전적 가치를 부여할 수 있다. 효율적인 고객 서비스나 의사결정 개선 등의 **무형 이익**(intangible benefit)은 즉시 정량화할 수는 없지만 장기적으로 정량화 가능한 이익을 가져올 수 있다. 인력을 대체하

유형 이익
수량화하고 금전적 가치를 부여할 수 있는 이점

무형 이익
보다 효율적인 고객 서비스, 강화된 의사결정 등 즉시 정량화할 수 없지만 장기적으로는 정량화 가능한 이익으로 이어질 수 있는 이점

표 14.3 정보시스템의 비용과 이익

비용	
하드웨어	서비스
통신	인력
소프트웨어	
유형 이익(비용 절감)	
생산성 향상	외부 공급업체 비용 절감
운영비 절감	사무직원과 전문 인력 인건비 절감
인력 감축	비용 증가율 감소
컴퓨터 비용 절감	시설비 절감
무형 이익	
자산 활용도 개선	법적 요구사항 충족
자원 통제 개선	직원 호감도 향상
조직 계획 개선	직무 만족도 증대
조직 유연성 증대	의사결정 개선
시의적절한 정보 제공	운영 개선
고객 경험 개선	고객 만족도 향상
조직 학습 증대	기업 이미지 개선

고 공간을 절약하는 거래처리시스템과 사무시스템은 경영정보시스템, 의사결정지원시스템, 협업시스템보다 측정 가능한 유형 이익을 항상 더 많이 제공한다(2장 참조).

5장에서 하드웨어와 소프트웨어의 구입과 설치를 위한 최초 비용을 초과하는 IT 비용의 구성요소를 확인하고 측정하기 위해 설계된 총소유비용(total cost of ownership, TCO)의 개념을 소개했다. 그러나 일반적으로 TCO 분석은 이익, 복잡성 비용과 같은 비용 범주, 나중에 다루게 될 소프트하고 전략적인 요소를 다루지 않기 때문에 IT 투자 평가에 필요한 정보의 일부를 제공할 뿐이다.

자본 예산 모델을 활용한 정보시스템 프로젝트 평가

특정 프로젝트의 이익을 결정하려면 프로젝트의 비용과 이익을 모두 계산해야 한다. 당연히 비용이 이익을 초과하는 경우라면 해당 프로젝트를 피해야 한다. 하지만 이익이 비용을 초과하는 경우에도 프로젝트가 투자자본에 대한 적정 수익률을 나타내는지를 결정하기 위해 추가적인 재무분석이 필요하다. **자본 예산 모델**(capital budgeting model)은 장기 정보시스템 프로젝트의 투자 가치를 평가하는 한 가지 방법이다.

자본 예산 모델
장기 정보시스템 프로젝트에 대한 투자 가치를 측정하는 방법

자본 예산 모델은 기업 내·외부로 움직이는 현금 흐름의 측정에 의존하며, 자본 프로젝트는 이러한 현금 흐름을 창출한다. 정보시스템 프로젝트에 대한 투자 비용은 하드웨어, 소프트웨어, 인력 등의 비용 지출로 인한 즉각적인 현금 유출이다. 이후 몇 년 동안 추가적인 현금의 유출이 발생할 수 있지만, 이는 투자의 결과로 생기는 현금 유입으로 균형을 이루게 된다. 현금 유입은 (신제품, 품질 향상, 시장 점유율의 증가와 같은 이유로) 더 많은 제품의 판매 증가나 생산과 운영 비용 감소의 형태로 이루어진다. 현금 유출과 현금 유입의 차이는 투자의 재무적 가치를 계산하는 데 사용된다. 일단 현금 흐름이 확인되면 여러 프로젝트를 비교하고 투자를 결정하는 데 여러 가지 대안적 방법을 이용할 수 있다.

IT 프로젝트를 평가하는 주요 자본 예산 모델으로는 회수기간법, 회계적 투자 수익률법(return on investment, ROI), 순현재가치법(NPV), 내부수익률법(internal rate of return, IRR)이 있다. 그림 14.3

그림 14.3 정보시스템 투자를 위한 자본 예산

이 스프레드시트는 모바일 판매 시스템에 대한 단순화된 자본 예산 분석을 보여준다.

	A	B	C	D	E	F	G	H
1	**Estimated Costs & Benefits - Mobile Online Ordering System**							
2	**Year**		**0**	**1**	**2**	**3**	**4**	**5**
3			**2024**	**2025**	**2026**	**2027**	**2028**	**2029**
4	**Costs**							
5	**Hardware**							
6	50 iPads @$500		$25,000					
7	Cloud IaaS		$4,000	$2,000	$2,000	$2,000	$2,000	$2,000
8	**Networking**		$1,500	$1,500	$1,500	$1,500	$1,500	$1,500
9	**Software**							
10	Mobile ordering app		$35,000					
11	Integration with ERP		$25,000					
12	**Human Resources**							
13	Business Staff		$10,000					
14	IT Staff + Consultants		$45,000	$2,000	$2,000	$2,000	$2,000	$2,000
15	**Training**		$7,000	$1,000	$1,000	$1,000	$1,000	$1,000
16	**Maintenance and Support**			$5,000	$5,000	$5,000	$5,000	$5,000
17		**Annual Costs**	$1,52,500	$11,500	$11,500	$11,500	$11,500	$11,500
18		**Total Costs**	$2,10,000					
19	**Benefits**							
20	Reduced labor costs			$52,000	$52,000	$52,000	$52,000	$52,000
21	Reduced errors and returns			$70,000	$70,000	$70,000	$70,000	$70,000
22		**Annual Net Cash Flow**	-$1,52,500	$1,10,500	$1,10,500	$1,10,500	$1,10,500	$1,10,500
23		**Total Benefits**	$4,00,000					
24								
25		**Net Present Value**	$2,68,407					
26		**ROI**	4.1%					
27		**Internal Rate of Return**	17.0%					

은 모바일 판매 시스템에 대한 자본 예산 분석의 일부이다.

재무 모델의 한계

정보시스템의 재무적·기술적 측면에 대한 전통적인 시각은 투자의 실제 비용과 이익에 영향을 미칠 수 있는 정보시스템의 사회적·조직적 차원을 간과하는 경향이 있다. 많은 기업의 정보시스템에 대한 투자 결정은 최종사용자를 교육하는 비용이나 새로운 시스템을 배우는 사용자의 학습 곡선이 생산성에 미치는 영향, 관리자가 새로운 시스템과 관련된 변화를 감독하는 데 필요한 시간과 같이 새로운 시스템으로 인해 발생하는 조직적 혼란이 초래하는 비용을 충분히 고려하지 못하고 있다. 새로운 시스템을 이용한 시의적절한 의사결정이나 직원의 학습 및 전문성 향상 등과 같은 무형 이익도 전통적인 재무 분석에서는 간과될 수 있다.

기술 투자 의사결정에 도움이 되는 소프트웨어

오늘날 IT 임원은 새로운 정보시스템 개발과 같은 기술 투자를 비즈니스 가치로 전환하는 일관된 방식을 조직에 제공함으로써 비즈니스 성과를 개선하는 것을 목표로 하는 프레임워크인 **기술 비즈니스 관리**(technology business management, TBM)를 점점 더 적극적으로 도입하고 있다. TBM을 자동화하고 조직의 IT 프로젝트와 관련된 비용의 분석, 계획, 통제를 도와주는 **IT 재무 관리 도구**[IT financial management(ITFM) tool]에 대한 지출도 빠르게 증가하고 있다. ITFM 도구는 조직이 포괄적인 IT 예산을 수립 및 유지하며, 지출을 추적하며, IT 투자에 대한 비용 이익 분석을 수행할 수 있게 해준다. IBM Apptio는 기술 비용, 계획, 청구, 벤치마킹을 관리하는 기능과 함께 기술 지출 결정을 내리기 위한 '진실의 단일 원천'을 제공하는 선도적인 ITFM 도구이다.

기술 비즈니스 관리(TBM)
기술 투자를 비즈니스 가치로 전환하는 일관된 방법을 조직에 제공하여 비즈니스 성과를 개선하려는 프레임워크

IT 재무 관리(ITFM) 도구
TBM을 자동화하고 조직이 IT 프로젝트와 관련된 비용을 분석, 계획, 통제하는 데 도움이 되는 도구

14.3 프로젝트 관리 방법론과 변수

프로젝트 관리
정해진 예산과 일정의 제약 내에서 특정 목표를 달성하기 위해 지식, 기술, 도구, 기법을 적용하는 것

프로젝트 관리(project management)란 정해진 예산과 일정의 제약 내에서 특정 목표를 달성하기 위해 지식, 기술, 도구, 기법을 적용하는 것을 의미한다. 프로젝트 관리 활동에는 작업 계획, 위험 평가, 작업 완료에 필요한 자원 추산, 작업 구성, 인적·물적 자원 확보, 과업 할당, 활동 지시, 프로젝트 실행 통제, 진척도 보고, 결과 분석 등이 포함된다.

프로젝트 관리 방법론

폭포수형 프로젝트 관리
프로젝트 관리를 위한 전통적인 형식으로, 보통은 직접적인 단계로 진행되는 다소 경직되고 선형적인 접근 방식을 사용한다.

애자일 프로젝트 관리
더 많은 적응성과 유연성을 허용하는 프로젝트 관리 접근 방식으로, 프로젝트 팀이 짧은 기간 내에 정해진 양의 작업을 완료하기 위해 '스프린트'를 사용한다.

시스템 개발과 마찬가지로 다양한 프로젝트 관리 방법론이 있다. 가장 일반적인 두 가지 방법은 폭포수형 방법론과 애자일 접근 방식이다. **폭포수형 프로젝트 관리**(waterfall project management) 방식은 전통적인 프로젝트 관리 방식이다. 이는 시스템 개발 생명주기(SDLC) 개발 방식과 마찬가지로 요구사항 결정부터 구현, 배포까지 단계적으로 진행되는 다소 경직되고 선형적인 접근 방식을 사용한다. 최근에는 애자일 프로젝트 관리가 점점 더 인기를 얻고 있다. **애자일 프로젝트 관리**(agile project management)는 적응성과 유연성을 높여주며, 애자일 소프트웨어 개발과 마찬가지로 프로젝트 팀이 짧고 정해진 기간 내에 정해진 양의 작업을 완료하기 위해 노력하는 방식인 '스프린트' 방식을 사용한다. 애자일 방식도 일반적으로 문서화를 포함하지만, 매우 자세한 문서화가 종종 이루어지는 폭포수형 방법만큼 강조하지는 않는다(Wells, 2023).

프로젝트 관리 변수

다른 비즈니스 분야와 마찬가지로 정보시스템 프로젝트 관리에서는 범위, 일정, 비용, 품질, 위험이라는 다섯 가지 주요 변수와 이러한 변수 간의 상충 관계(trade-off)를 고려해야 한다.

범위
프로젝트에 포함되는 과업을 정의한다.

범위(scope)는 프로젝트에 무엇이 포함되고, 무엇이 포함되지 않는지를 규정한다. 예를 들어 새로운 주문처리시스템을 위한 프로젝트의 범위는 주문 입력을 받아서 이를 생산 및 회계로 전송하기 위한 새로운 모듈은 포함하지만 관련된 외상매출금, 제조, 배송, 재고통제시스템과 관련된 변경사항은 포함하지 않을 수 있다. 프로젝트 관리는 프로젝트를 성공적으로 완수하는 데 필요한 모든 작업을 정의하고, 프로젝트의 범위가 처음의 의도를 넘어서 확대되지 않도록 해야 한다.

일정(time)은 프로젝트를 완수하는 데 필요한 시간이다. 프로젝트 관리는 일반적으로 프로젝트의 주요 구성요소를 완료하는 데 필요한 시간을 설정한다. 각각의 구성요소는 활동과 과업으로 세분화된다. 프로젝트 관리는 각 과업을 완료하는 데 필요한 시간을 결정하고, 작업을 완성하기 위한 일정 계획을 수립한다.

비용(cost)은 프로젝트를 완료하기 위한 시간에 프로젝트를 완료하는 데 요구되는 인적자원의 비용을 곱한 값을 기준으로 한다. 정보시스템 프로젝트 비용에는 하드웨어, 소프트웨어, 작업 공간의 비용 등도 포함된다. 프로젝트 관리는 프로젝트를 위한 예산을 수립하고, 진행 중인 프로젝트 비용을 감시한다.

품질(quality)은 경영자가 정한 목표를 프로젝트의 최종 결과가 얼마나 잘 충족하는지를 나타내는 지표이다. 정보시스템 프로젝트의 품질은 일반적으로 조직 성과와 의사결정의 개선으로 귀결된다. 품질의 경우 새로운 시스템에 의해 만들어진 정보의 정확성과 시의적절성, 사용 편리성도 고려한다.

위험(risk)은 프로젝트의 성공을 위협할 수 있는 잠재적인 문제를 의미한다. 이러한 잠재적 문제는 일정과 비용을 증가시키거나, 프로젝트 결과물의 품질을 낮추거나, 프로젝트가 완전히 완결되는 것을 방해하여 프로젝트의 목표 달성을 저해할 수 있다. 정보시스템에서 가장 중요한 위험 요인은 14.4절에서 설명한다.

기술 부채
정보시스템 개발에서 흔히 발생하는 시간, 비용, 품질 간의 균형을 통해 얻은 결과로, 코드 부채라고도 한다.

기술 부채(technical debt, 코드 부채라고도 함)는 정보시스템 개발 과정에서 흔히 발생하는 일정, 비용, 품질 간의 상충 관계에서 발생한다. 프로젝트 팀은 납품 기한을 맞추기 위해 지름길을 택하거나 임시

방편을 만들어 품질을 희생할 수 있다. 때로 이러한 선택은 일정이 최우선이라는 합리적인 판단에 기반한 신중한 선택일 수 있다. 어떤 경우에는 이러한 단기적인 조치가 무모하거나 부주의할 수 있으며, 정보시스템의 성능, 확장성, 복원력 또는 기타 기능 측면에서 장기적인 영향을 미칠 수 있다. 시간이 지남에 따라 조직은 누적된 기술 부채 문제를 해결하는 데 더 많은 시간과 비용을 투자해야 하며, 성장에 집중할 수 있는 역량이 줄어들 수 있다. 경영 컨설팅 회사인 프로티비티(Protiviti)에 따르면 조사 대상 기업의 약 70%에서 기술 부채는 혁신의 주요 장애물이었다. 기술 부채를 정량화하는 지표를 개발한 매킨지가 밝히길, 기술 부채를 관리하고 줄이기 위해 노력하는 측면에서 상위 80%에 속하는 기업은 하위 20%에 속하는 기업보다 매출 성장률이 20% 더 높다(Pratt, 2023; McKinsey Digital, 2022).

14.4 효과적인 프로젝트 관리의 중요성

제대로 관리되지 않은 정보시스템 프로젝트는 실패율이 매우 높다. 거의 모든 조직에서 정보시스템 프로젝트는 예상보다 훨씬 더 많은 일정과 비용이 소요되거나, 완성된 시스템이 제대로 작동하지 않는 경우가 있다. 기업은 새로운 정보시스템의 사업적 가치를 잘못 평가했거나 새로운 기술에 필요한 조직 변화를 관리하지 못할 수 있다. 정보시스템이 기대에 부응하지 못하거나 개발 비용이 너무 많이 드는 경우, 기업은 정보시스템 투자의 효과를 제대로 누리지 못할 수 있으며, 정보시스템이 문제를 해결하지 못할 수도 있다. 새로운 시스템 개발은 조심스럽게 관리 및 조율해야 하며, 프로젝트를 수행하는 방식은 결과에 가장 큰 영향을 미치는 중요한 요소가 될 수 있다. 그래서 정보시스템 프로젝트를 관리하는 방법과 프로젝트가 성공하거나 실패하는 이유에 대한 지식을 갖추는 것이 필수적이다.

통제되지 않는 프로젝트와 시스템 실패

프로젝트는 얼마나 부실하게 관리되고 있을까? 평균적으로 민간 부문의 프로젝트는 시스템 계획에 약속된 완전한 시스템을 구축하는 데 필요한 예산과 일정이 절반 정도 낮게 책정된다. 많은 프로젝트가 (향후 버전에서 제공하기로 약속하고) 기능이 누락된 상태에서 인도되기도 한다. 매킨지와 옥스퍼드대학교의 공동 연구에 따르면 대규모 소프트웨어 프로젝트는 평균적으로 예산을 66%, 일정을 33% 초과하여 진행되었다. 매킨지의 또 다른 연구에 따르면 평균적인 디지털 전환 프로젝트가 예상보다 적은 수익을 낼 확률은 45%나 되고, 프로젝트 기대치를 초과할 확률은 19분의 1에 불과하다. 그리고 포레스터컨설팅(Forrester Consulting)이 디지털 전환 계획에 최소 5억 달러를 투자한 기업을 대상으로 실시한 연구에서는 이들 기업의 50% 이상이 정보시스템 프로젝트에 투자한 금액의 절반 미만만이 유형적인 비즈니스 가치로 전환되었다고 생각하는 것으로 나타났다. 전반적으로 20%의 기업만이 자기 조직의 프로젝트가 바람직한 비즈니스 성과를 달성하는 데 성공적이라고 믿었다(Bughin, Deakin, and O/Beirne, 2019; Forrester Consulting, 2024).

그림 14.4를 살펴보면 적절한 관리가 없는 시스템 개발 프로젝트는 다음과 같은 문제점을 겪을 가능성이 크다.

그림 14.4 부실한 프로젝트 관리의 결과

적절히 관리하지 않으면 시스템 개발 프로젝트는 일정이 지체되고 할당된 예산을 대부분 초과할 가능성이 높다. 그 결과 개발된 정보시스템이 조직에 별다른 이익을 주지 못할 수도 있다.

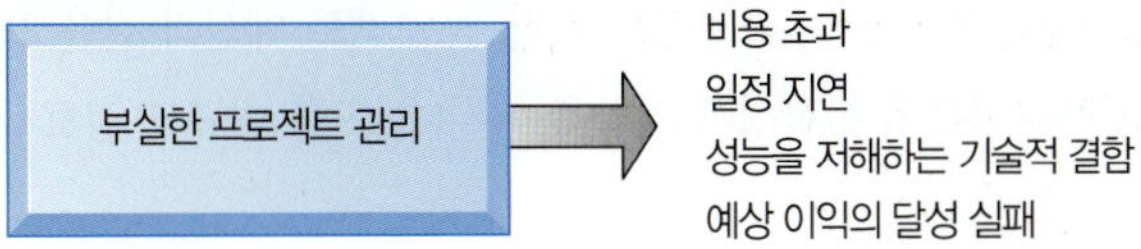

- 예산을 크게 초과하는 비용
- 예상치 못한 일정 지연
- 기대 이하의 기술적 성과
- 예상 이익의 달성 실패

실패한 정보시스템 프로젝트에 의해 만들어진 시스템은 의도한 대로 사용되지 않거나 전혀 사용되지 않는 경우가 많다. 이러한 시스템을 작동하기 위해 사용자는 수작업을 병행하곤 한다.

시스템의 실제 설계가 필수적인 비즈니스 요구 조건을 포착하거나 조직 성과를 개선하는 데 실패할 수도 있다. 도움이 될 만큼 정보가 빨리 제공되지 않을 수도 있고, 사용 불가능한 형식의 정보일 수도 있으며, 잘못된 데이터일 수도 있다.

기술적 지식이 없는 일반 시스템 사용자에게는 시스템과 상호작용하는 방법이 지나치게 복잡하고 실망스러울 수도 있다. 시스템의 사용자 인터페이스가 부실하게 설계되었을 수도 있다. **사용자 인터페이스**(user interface)는 최종사용자가 시스템과 상호작용하는 부분이다. 예를 들어 온라인 입력 양식이나 자료 입력 화면이 너무 부실하게 구성되어 있어 아무도 자료를 제출하거나 정보를 요청하고 싶어 하지 않을 수 있다. 시스템의 결과 자료가 너무 이해하기 어려운 형식으로 표시될 수도 있다.

사용자 인터페이스
최종사용자가 시스템과 상호작용을 하는 정보시스템의 일부분으로, 사용자가 이러한 시스템으로 작업하는 데 필요한 하드웨어 유형 및 일련의 화면 명령어와 응답

만약 웹페이지가 복잡하고 제대로 정리되지 않거나, 사용자가 정보를 쉽게 찾을 수 없거나, 사용자의 컴퓨터에서 웹페이지 접속 및 검색 결과의 출력이 너무 느리다면 방문객은 웹사이트 검색을 포기할 것이다.

또한 시스템 데이터의 정확성과 일관성이 매우 떨어질 수도 있다. 특정 분야의 데이터는 오류가 있거나 애매모호할 수도 있고, 비즈니스 목적에 맞게 제대로 구성되지 않았을 수도 있다. 데이터가 불완전하기 때문에 특정한 비즈니스 기능에 요구되는 정보에 접근하기 어려울 수도 있다.

14.5 프로젝트의 위험 요인

정보시스템의 위험 및 위험 평가에 대한 주제는 8장에서 이미 소개했다. 이 절에서는 정보시스템 프로젝트 개발과 관련된 구체적인 위험을 이해하고, 이러한 위험을 효과적으로 관리하기 위해 무엇을 할 수 있는지 살펴보자.

프로젝트 위험의 차원

각각의 시스템은 규모와 범위, 복잡성 수준, 조직적·기술적 구성요소 등이 상당히 다르다. 어떤 시스템 개발 프로젝트는 다른 프로젝트보다 훨씬 큰 위험을 안고 있기 때문에 앞에서 설명한 문제가 발생하거나 지연될 가능성이 높다. 프로젝트의 위험 수준은 프로젝트의 규모, 프로젝트의 구조, 정보시스템 담당자와 프로젝트팀의 기술 전문성 수준의 영향을 받는다.

- 프로젝트의 규모: 프로젝트 관련 지출, 프로젝트 구현 직원의 수, 프로젝트 구현 시간, 프로젝트의 영향을 받는 조직 단위의 수 등으로 표현되는 프로젝트의 규모가 클수록 프로젝트의 위험도 커진다. 초대규모 프로젝트는 복잡하고 통제하기 어렵기 때문에 일반 프로젝트에 비해 실패율이 훨씬 높다. 예를 들어 가트너에 따르면 전체 ERP 프로젝트의 55~75%가 목표를 달성하지 못했다. 얼마나 많은 부서와 팀이 시스템을 사용하는지, 비즈니스 프로세스에 얼마나 영향을 미치는지 등과 같은 시스템의 조직적 복잡성은 프로그램 코드 줄 수, 프로젝트 기간, 프로젝트 예산과 같은 프로젝트의 기술적 특성만큼 대규모 시스템 프로젝트의 복잡성에 영향을 미친다. 또한 대규모 정보시스템의 개발에 소요되

는 일정과 비용을 추정할 수 있는 신뢰할 만한 방법은 거의 없다(Wu and Misra, 2023).

- **프로젝트의 구조**: 어떤 프로젝트는 다른 프로젝트보다 훨씬 구조적이다. 이러한 프로젝트는 요구사항이 명확하고 간단하기 때문에 산출물과 처리 과정을 명확히 정의할 수 있다. 사용자는 자신이 무엇을 원하는지, 시스템이 무엇을 해야 하는지를 정확히 알고 있다. 사용자가 마음을 바꿀 가능성 역시 매우 희박하다. 이러한 구조적 프로젝트는 요구사항이 비교적 정의되지 않고 유동적이며 지속적으로 변경되는 프로젝트, 사용자의 생각이 변경되면서 결과물을 쉽게 결정할 수 없는 프로젝트, 무엇을 원하는지에 대해 합의하지 못하는 사용자들이 있는 프로젝트에 비해 위험이 훨씬 낮다.
- **기술 경험**: 프로젝트팀과 정보시스템 담당자가 필요한 기술 관련 전문 지식이 부족하다면 프로젝트의 위험이 커진다. 또한 프로젝트팀이 프로젝트에서 제안된 하드웨어, 시스템 소프트웨어, 애플리케이션 소프트웨어, DBMS에 친숙하지 않다면 프로젝트는 기술적인 문제를 일으키거나 새로운 기술을 습득해야 하기 때문에 프로젝트가 지체될 가능성이 매우 높다.

기술적 어려움은 정보시스템 프로젝트의 위험 요인 중 하나이지만, 기타 요인은 정보 요구사항의 복잡성, 프로젝트의 범위, 새로운 정보시스템의 영향을 받는 부서의 수 등을 다루는 조직적 요인이다.

변화 관리와 구현 개념

정보시스템 도입이나 변경은 강력한 행위적·조직적 영향력을 미친다. 조직의 자원을 관리하기 위해 정보를 정의하고 정보에 접근하며 정보를 사용하는 방식을 변화시키면 그 변화는 종종 권한과 권력의 새로운 배분을 초래한다. 이러한 조직 내부의 변화는 저항과 반대를 불러일으키며, 그렇지 않았다면 좋았을 시스템의 몰락으로 이어질 수 있다.

시스템 구축을 둘러싼 조직 변화 과정이 적절하게 다루어지지 않았기 때문에 매우 높은 비율의 정보시스템 프로젝트가 실패하고 만다. 성공적인 시스템 구축을 위해서는 조심스러운 **변화 관리**(change management), 즉 새로운 시스템 도입과 같은 혁신과 관련된 조직 변화를 관리해야 한다.

변화 관리
새로운 정보시스템 도입과 같은 혁신 활동과 관련된 조직 변화의 영향을 관리하는 것

구현 개념

효과적인 변화 관리는 구현 프로세스에서 시작된다. **구현**(implementation)은 새로운 정보시스템과 같은 혁신의 도입, 관리, 일상화를 위한 모든 조직 활동을 의미한다. 구현 과정에서 시스템 분석가는 **변화 대리인**(change agent)이자 전체 변화 과정의 촉매제 역할을 하며, 새로운 시스템으로 인해 발생하는 변화를 모든 관련 당사자가 받아들이게 할 책임이 있다. 분석가는 기술적 해결책을 개발할 뿐만 아니라 다양한 조직 집단의 구성, 상호작용, 업무 활동, 권력 관계를 재정의한다. 또한 변화 대리인은 사용자와 소통하고, 경쟁하는 이해관계 집단 사이에서 중재하며, 그러한 변화에 대한 조직적 조정이 완료되도록 보장한다.

구현
새로운 정보시스템과 같이 혁신의 도입, 관리, 일상화를 둘러싼 모든 조직 활동

변화 대리인
새로운 시스템이나 혁신에 조직이 성공적으로 적응할 수 있도록 변화 과정에서 촉매제 역할을 하는 사람으로, 구현 프로세스의 맥락에서 이 역할은 시스템 분석가가 수행하는 경우가 많다.

최종사용자의 역할

일반적으로 높은 수준의 사용자 참여와 경영진 지원은 시스템 구현에 도움이 된다. 정보시스템의 설계와 운영에서 사용자 참여는 여러 가지 긍정적인 결과를 가져온다. 첫째, 만약 사용자가 설계에 깊이 참여하게 되면 사용자의 우선순위와 비즈니스 요구에 맞게 시스템을 만들 기회가 많아지고 결과를 통제할 수 있는 기회 역시 증가한다. 둘째, 사용자가 시스템의 변화 과정에 적극적으로 참여했기 때문에 완성된 시스템에 긍정적으로 반응할 가능성이 더 높다. 사용자의 지식과 전문 기술을 통합하면 더 나은 해결책을 내놓을 수 있다.

사용자와 정보시스템 전문가 간의 관계는 전통적으로 정보시스템 구현 노력에서 문제가 되었다. 사용

표 14.4 사용자-설계자 의사소통 격차

사용자의 관심	설계자의 관심
시스템이 업무에 필요한 정보를 제공할 수 있는가?	이 시스템이 서버에 무엇을 요구하는가?
모바일 기기와 데스크톱 컴퓨터에서 데이터에 접근할 수 있는가?	이로 인해 우리 집단에 어떤 종류의 프로그래밍 요구가 발생하는가?
시스템에 데이터를 입력하려면 어떤 새로운 절차가 필요한가?	데이터는 어디에 저장되는가? 가장 효율적인 데이터 저장 방법은 무엇인가?
시스템 운영은 우리의 일상을 어떻게 변화시키는가?	데이터 보안을 위해 어떤 기술을 사용해야 하는가?

사용자-설계자 의사소통 격차
사용자와 정보시스템 전문가 간의 의사소통 및 문제 해결에 방해가 되는 배경, 관심사, 우선순위의 차이

자와 정보시스템 전문가는 서로 다른 배경과 관심사, 우선순위를 갖는 경향이 있는데, 이것을 **사용자-설계자 의사소통 격차**(user-designer communication gap)라고 한다. 이러한 차이점은 조직 충성도와 문제 해결 방식, 사용 어휘의 차이를 가져온다. 예를 들어 정보시스템 전문가는 종종 문제 해결을 위해 고도로 기술적이거나 기계 지향적인 성향을 보인다. 이들은 사용 편의성이나 조직 효과성을 희생해서라도 하드웨어와 소프트웨어의 효율성을 최적화하는 우아하고 정교한 기술적 해결책을 찾는다. 반면 사용자는 비즈니스 문제 해결에 유용하거나 조직 업무를 촉진하는 시스템을 선호한다. 때때로 두 집단이 지향하는 바가 너무 달라 서로 다른 언어로 말하는 것처럼 보일 때가 있다.

표 14.4는 새로운 정보시스템 개발과 관련하여 최종사용자와 기술 전문가(정보시스템 설계자)가 일반적으로 우려하는 사항을 보여준다. 최종사용자와 설계자 간의 의사소통 문제는 사용자의 요구사항이 정보시스템에 제대로 반영되지 않고 사용자가 구현 과정에서 배제되는 주된 이유이다.

사용자와 기술 전문가 사이에 현저한 차이가 있거나 이들 집단이 각기 다른 목적을 추구한다면 시스템 개발 프로젝트는 실패할 위험이 매우 높다. 이러한 상황에서는 사용자가 프로젝트에서 멀어지는 경우가 많다. 기술 전문가가 하는 말을 이해할 수 없기 때문에 사용자는 전적으로 정보시스템 전문가에게 전체 프로젝트를 맡기는 것이 최선이라고 결론 내린다.

경영진의 지원과 헌신

만약 다양한 계층의 경영진이 지원하고 헌신한다면 정보시스템 프로젝트가 사용자와 IT 서비스 직원에게 긍정적으로 인식될 가능성이 더 높다. 양쪽 집단 모두 개발 과정에서 자신의 참여가 높은 수준의 관심과 우선순위를 받을 것이라고 믿는다. 시스템의 구현을 위해 투자한 시간과 노력이 인정과 보상을 받을 것이다. 경영진의 지원은 시스템 프로젝트가 성공에 필요한 충분한 자금과 자원을 확보하도록 보장한다. 더 나아가 효과적으로 시행하기 위해서는 새로운 시스템과 관련된 업무 습관과 절차의 모든 변화와 조직 재편이 경영진의 지원에 의존해야 한다. 만약 경영진이 새로운 시스템을 우선적으로 생각한다면 직원도 그 시스템을 그렇게 취급할 가능성이 더 높다. 프로젝트에 적극적으로 참여하는 임원급 후원자를 확보하는 것은 프로젝트 성공의 주요 요인이다(Anderson, 2022).

비즈니스 프로세스 관리, 전사적 애플리케이션, 인수합병을 위한 변화 관리 과제

혁신과 구현의 어려움을 고려할 때, 광범위한 조직 변화를 요구하고 상호 연관된 여러 비즈니스 프로세스에 깊이 뿌리박힌 기존 기술과 레거시 시스템을 교체해야 할 수 있는 전사적 애플리케이션 및 비즈니스 프로세스 관리 프로젝트의 실패율이 매우 높은 것은 놀라운 일이 아니다. 앞서 언급했듯이 여러 연구에 따르면 대규모 프로젝트의 상당수가 약속된 이점을 달성하지 못하는 것으로 나타났다. 마찬가지로 많은 전사적 애플리케이션이 수년간의 작업 후에도 완전히 구현되지 못하거나 사용자의 목표를 달성하지 못하는 경우가 많다.

변화에 대한 직원의 우려를 해소하지 못한 부실한 구현과 변경 관리 관행으로 많은 전사적 애플리케이션과 야심찬 비즈니스 프로세스 관리 프로젝트가 실패했다. 조직 내에 퍼져 있는 두려움과 불안에 대처하고, 핵심 관리자의 저항을 극복하며, 직무·경력 경로·채용 관행을 변화시키는 것은 기업이 비즈니스 프로세스의 획기적인 변화를 가시화하고 설계하면서 직면하게 되는 어려움보다 비즈니스 프로세스 관리에 더욱 위협적이다. 모든 전사적 애플리케이션은 광범위한 비즈니스 프로세스 변경은 물론이고 상이한 기능 조직 간의 긴밀한 조정을 필요로 한다(9장 참조). 경영 사례 '변화 관리와 구현 문제를 극복한 해피피트인터내셔널'에서는 이 문제를 중점적으로 다룬다.

경영 사례 변화 관리와 구현 문제를 극복한 해피피트인터내셔널

해피피트인터내셔널(Happy Feet International)은 고급 비닐 판자 및 타일 바닥재 제품 유통업체이다. 조지아주 링골드에 본사를 둔 해피피트는 2012년에 단일 제품의 한정된 수량과 하나의 창고를 갖춘 소규모 가족 소유 기업으로 시작했다. 2024년 현재 해피피트는 300명이 넘는 직원, 23개의 고유한 제품 라인, 2,900만 평방피트(약 740만 제곱미터)에 달하는 바닥재를 재고로 보유하고 있다. 또한 테네시, 조지아, 애리조나, 캘리포니아, 콜로라도, 텍사스, 워싱턴에서 13개의 창고를 운영하고, 하위 48개 주에 걸쳐 1,000개 이상의 딜러와 유통업체에 서비스를 제공하고 있다.

현 최고정보책임자(CIO)인 닉 슈워츠(Nick Schwartz)가 2019년 해피피트에 처음 합류했을 당시, 바닥재 산업은 전반적으로 기술적 관점에서 크게 발전하지 않았다. 예를 들어 해피피트의 많은 영업사원은 이메일보다 전화로 업무를 처리하는 것을 더 선호했다. 시간이 많이 소요되는 수작업 업무 처리로 해피피트는 고객에게 화물을 정시에 배송하는 데 어려움을 겪었고, 예상보다 많은 운송 비용을 지출하고 있었다. 또한 해피피트는 오래된 사내 ERP시스템으로 사업을 관리하려고 했다. 시스템 오류로 인해 해피피트는 특정 시점에 보유한 재고를 정확하게 추적하는 것이 거의 불가능했다. 재고 문제는 글로벌 공급사슬 중단 기간에 발생하여 더욱 혼란을 가중시켰다. 이러한 문제를 해결하기 위해 해피피트는 몇 가지 새로운 정보시스템을 도입해야 했다.

첫 번째 단계는 클라우드 기반 운송 관리 시스템인 큐빅스(Kuebix) TMS 플랫폼을 도입하는 것이었다. 큐빅스 시스템을 통해 해피피트는 다양한 운송업체와 배송 지점의 요금을 쉽게 비교하여 최적의 가격을 찾을 수 있게 되었으며, 이를 통해 일상적인 배송 결정 과정을 개선하여 100만 달러 이상의 비용을 절감했다. 두 번째 단계는 오라클 넷스위트의 새로운 ERP시스템이었다. 이 시스템을 구현하는 것은 좀 더 까다로웠다.

슈워츠에 따르면 변화 관리는 해피피트가 새로운 ERP시스템을 구축하는 데 직면한 가장 큰 어려움 중 하나였다. 해피피트가 직면했던 주요 과제 중 하나는 기존 시스템과 프로세스 중 어떤 부분을 새 시스템으로 이전해야 할지 결정하는 것이었다. 적절한 프로세스가 문서화되어 있지 않은 경우도 있다는 것은 결정을 더욱 복잡하게 만들었다. 또한 직원들, 특히 오랫동안 회사에 근무한 직원들이 새로운 시스템에 적응해야 한다는 사실을 받아들이도록 하는 데에는 직원과의 협력 그리고 시간이 필요했다. 직원은 특정 방식으로 일하는 데 익숙했고, 오랫동안 그렇게 해왔으며, 다른 방식으로 일하는 것을 꺼렸다. 슈워츠에 따르면 해피피트는 변화 및 변화 관리 개념에 대해 전사적으로 직원들과 소통하며 이러한 어려움을 해결했다. 또한 직원이 새로운 시스템 사용법을 익히도록 돕기 위해 수많은 교육 과정을 제공했으며, 직원의 경험을 최대한 간소화하기 위해 노력했다.

큐빅스 TMS 플랫폼은 이제 넷스위트의 ERP시스템과 통합되어 해피피트의 운영을 간소화하고 주문 데이터 입력의 수작업을 없앨 수 있게 되었다. 이전에는 5단계와 최대 1시간이 걸리던 작업이 이제는 단 몇 분 만에 완료된다. 간소화된 프로세스는 교육 시간과 비용을 절감시켰다. 또한 큐빅스를 넷스위트의 ERP시스템에 통합함으로써 배송 현황을 더욱 명확하게 파악할 수 있게 되어 고객 서비스도 향상되었다. 큐빅스를 도입하기 전에는 직원이 매일 수많은 고객으로부터 배송 상태 관련 전화를 처리하고 운송업체로부터 직접 정보를 받아야 했다. 현재 큐빅스 시스템은 사전 알림을 통해 놓친 픽업, 도착 지연과 같은 문제를 파악하고, 배송 보장이 충족되지 않을 경우 해피피트가 이를 파악하여 서비스 장애에 대한 책임을 운송업체에 묻도록 지원한다.

넷스위트의 ERP시스템은 해피피트의 재고 문제도 많이 해결했다. 이제 매달 관리하던 방식에서 연 2회만 재고를 관리하게 되어 상당한 비용 절감 효과를 얻을 수 있다. 전반적으로 해피피트는 더 빠르고, 더 간결하며, 더 확장 가능하게 되었다.

출처: Happyfeetinternational.com, accessed September 24, 2024; Jen Miller, "How CIOs can Prepare for the Stumbling Blocks of ERP Migration," Ciodive.com, February 28, 2024; Linda Rosencrance. "6 BI Challenges IT Teams Must Address," Cio.com, December 21, 2022; Netsuite, "Happy Feet CIO Nick Schwartz on NetSuite Advanced Customer Support (ACS)," Youtube.com, October 11, 2022; Kuebix, "Happy Feet Realizes Savings & Productivity Improvements with 큐빅스 TMS and Netsuite ERP," Kuebix.com, 2022.

문제

1. 해피피트는 어떤 경영적·조직적·기술적 어려움에 직면했는가?
2. 해피피트는 이러한 어려움을 어떻게 해결했는가?
3. 해피피트가 새로운 시스템을 구현할 때 가장 큰 문제 중 하나가 변화 관리였던 이유는 무엇인가?

인수합병과 관련된 프로젝트도 유사한 실패율을 보인다. 인수합병은 대상 기업의 IT 인프라뿐만 아니라 조직적 특성의 영향을 많이 받는다. 두 회사의 정보시스템을 통합하려면 상당한 조직 변화와 복잡한 시스템 관리 프로젝트가 필요하다. 만약 통합이 제대로 관리되지 않으면 한 기업의 시스템에 다른 기업의 시스템이 결합되어 기존 시스템이 서로 뒤엉켜 뒤죽박죽인 시스템이 될 수 있다. 성공적인 시스템 통합 없이는 합병으로 기대하는 이점을 실현할 수 없으며, 더 나쁜 경우에는 합병된 기업이 비즈니스 프로세스를 효과적으로 실행할 수 없다.

14.6 프로젝트의 위험 요인 관리

다양한 프로젝트 관리, 요구사항 수집, 계획 방법론이 특정 유형의 구현 문제에 대해 개발되었다. 구현 기간 동안 사용자가 적절한 역할을 하도록 보장하고 조직 변화 과정을 관리하기 위한 전략도 고안되었다. 구현 과정의 모든 측면을 쉽게 제어하거나 계획할 수 있는 것은 아니다. 하지만 구현과 관련된 잠재적인 문제를 예측하고 적절한 수정 전략을 적용한다면 시스템의 성공 가능성을 높일 수 있다.

프로젝트 위험 관리의 첫 번째 단계는 프로젝트가 직면한 위험의 성격과 수준을 파악하는 것이다. 그러면 구현자는 각 프로젝트의 위험 수준에 맞춰 도구와 위험 관리 방식을 활용하여 프로젝트를 관리할 수 있다. 모든 위험을 미리 파악할 수는 없지만, 숙련된 프로젝트 관리를 통해 대부분의 위험은 미리 파악할 수 있다. 빈번한 의사소통과 협업 문화는 프로젝트팀이 예상치 못한 문제가 발생했을 때 적응하는 데 도움이 된다.

기술적 복잡성 관리

까다롭고 복잡한 기술이 포함된 프로젝트의 성공은 기술적 복잡성을 얼마나 잘 관리하느냐에 달려 있다. 프로젝트 리더는 기술적 경험과 관리적 경험을 모두 갖춰야 한다. 프로젝트 리더는 문제를 예측하고 기술 중심의 팀 내에서 원활한 업무 관계를 구축할 수 있어야 한다. 팀은 뛰어난 기술과 프로젝트 관리 경력을 지닌 관리자의 리더십하에 있어야 하며, 팀원은 풍부한 경험을 갖춰야 한다. 또한 팀 회의가 자주 이루어져야 한다. 조직 내부에서 확보할 수 없는 필수적인 기술적 기량이나 전문 지식은 조직 외부에서 확보해야 한다.

공식적 계획과 통제 도구

간트 차트
프로젝트 작업의 타이밍, 기간, 자원 요구 사항을 시각적으로 나타내는 차트로, 각 작업이 완료하는 데 필요한 시간에 비례하는 길이의 가로 막대로 표시된다.

PERT 차트
프로젝트 과업 및 과업들 사이의 상호 관련성을 그래픽으로 표현한 것으로, 프로젝트를 구성하는 특정 활동 및 특정 활동을 시작하기 전에 반드시 완료해야 하는 활동을 보여주는 차트

대규모 프로젝트는 프로젝트 계획을 문서화하고 감시하기 위해 공식적인 계획 도구와 통제 도구를 적절히 사용하여 도움을 받을 수 있다. 이러한 유형의 도구 중 일반적으로 사용되는 두 가지 도구는 간트 차트와 PERT 차트이다. 그림 14.5는 간트 차트를 보여준다. **간트 차트**(Gantt chart)는 프로젝트 활동과 각 활동의 시작일 및 완료일을 나열한 것이다. 개발 프로젝트에서 필요한 인적자원뿐만 아니라 다른 과업의 시기와 기간을 시각적으로 표현하고, 각 과업을 완료하는 데 필요한 시간에 비례하도록 가로 막대의 길이로 각 과업을 나타낸다.

간트 차트는 프로젝트 활동의 시작과 종료 시점을 보여주지만 과업 의존성, 즉 어떤 과업이 계획보다 지연된다면 다른 과업은 어떤 영향을 받는지, 과업이 어떤 순서로 진행되어야 하는지는 나타내지 못한다. 바로 이 부분에는 PERT 차트가 유용하다. PERT는 'Program Evaluation and Review Technique(프로그램 평가와 검토 기법)'의 약자이다. **PERT 차트**(PERT chart)는 프로젝트 과업 및 과업들 사이의 상호 관련성을 그래픽으로 표현한 것으로, 프로젝트를 구성하는 특정 활동 및 특정 활동을 시작하기 전에 반드시 완료해야 하는 활동을 나열한다. 그림 14.6은 간단한 웹사이트 제작에 사용되

그림 14.5 간트 차트

과업, 일일 필요 인력, 각 분야의 책임자와 더불어 각 과업의 시작과 완료일을 보여주는 간트 차트이다. 자원 요약은 유능한 관리자가 프로젝트를 성공적으로 관리하도록 월별, 참여자별 총 인력 일수를 제공한다. 여기서 설명된 프로젝트는 인적자원을 위한 데이터 관리 프로젝트이다.

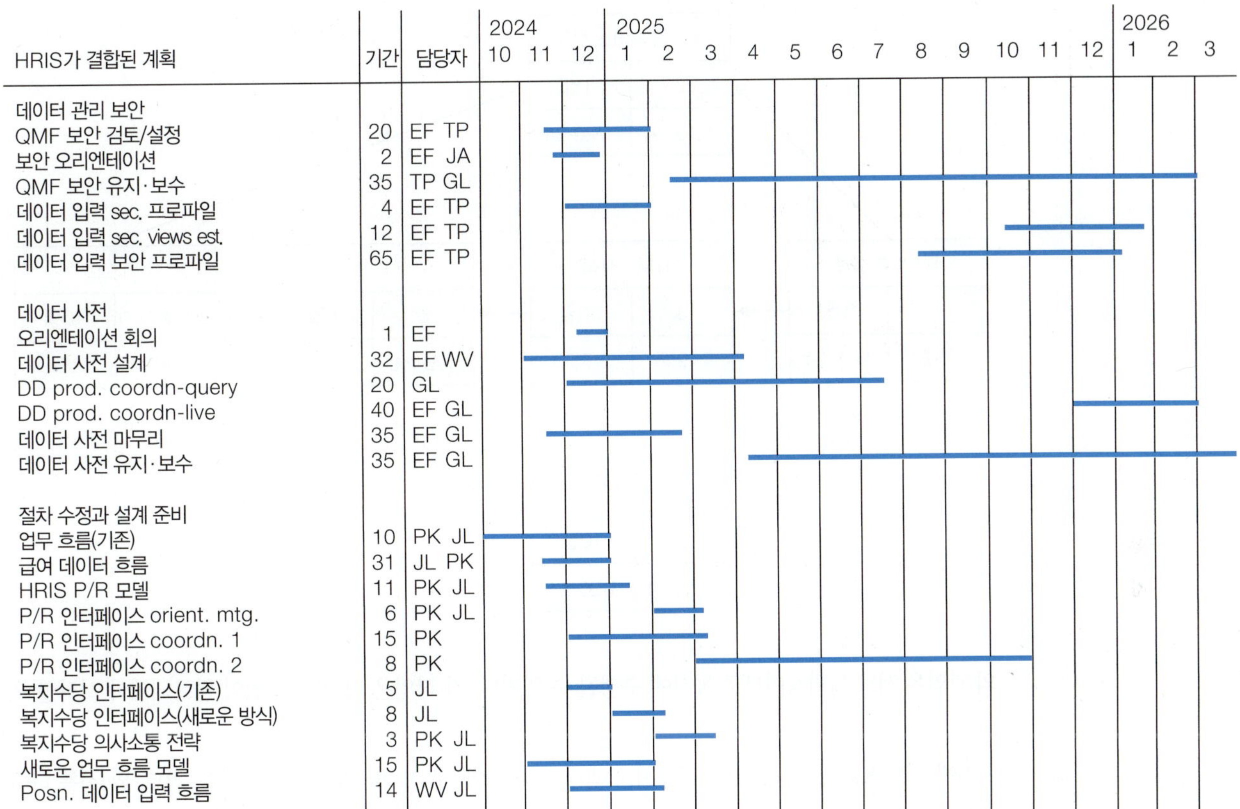

자원 요약		담당자	2024 10	11	12	2025 1	2	3	4	5	6	7	8	9	10	11	12	2026 1	2	3
에두아르도 페르난데스	5.0	EF	2	21	24	24	23	22	22	27	34	34	29	26	28	19	14			
우디 빈튼	5.0	WV	5	17	20	19	12	10	14	10	2							4	3	
찰스 피어스	5.0	CP		5	11	20	13	9	10	7	6	8	4	4	4	4	4			
테드 로어스	5.0	TL		12	17	17	19	17	14	12	15	16	2	1	1	1	1			
토니 카스티요	5.0	TC	1	11	10	11	11	12	19	19	21	21	21	17	17	12	9			
패트리샤 크놉	5.0	PK	7	23	30	34	27	25	15	24	25	16	11	13	17	10	3	3	2	
존 라가리	5.0	JL	1	9	16	21	19	21	21	20	17	15	14	12	14	8	5			
데이비드 홀로웨이	5.0	DH	4	4	5	5	5	2	7	5	4	16	2							
디에고 오티즈	5.0	DO	6	14	17	16	13	11	9	4										
제이슨 아체베	5.0	JA	5	6			7	6	2	1				5	5	1				
메이라 미탈	5.0	MM	15	7	2	1	1													
돈 스티븐스	5.0	DS	4	4	5	4	5	1												
임시직	5.0	CASL		3	4	3			4	7	9	5	3	2						
케이시 맨디즈	5.0	KM		1	5	16	20	19	22	19	20	18	20	11	2					
안나 보던	5.0	AB					9	10	16	15	11	12	19	10	7	1				
게일 로링	5.0	GL		3	6	5	9	10	17	18	17	10	13	10	10	7	17			
미배정	0.0	X										9			236	225	230	14	13	
공동 부담	5.0	CO		6	4				2	3	4	4	2	4	16			216	178	
임시직	5.0	CASL								3	3	3								
총일수			49	147	176	196	194	174	193	195	190	181	140	125	358	288	284	237	196	12

는 단순화된 PERT 차트를 보여준다. PERT 차트는 프로젝트 과업을 나타내는 번호가 매겨진 노드(그림 14.6과 같이 원 또는 직사각형)로 구성된 네트워크 그림으로 프로젝트를 나타낸다. 각 노드에는 번호가 매겨져 있으며 과업의 이름, 기간, 시작일, 완료일이 표시된다. 선 위의 화살표 방향은 작업 순서를 나타내며, 다른 활동을 시작하기 전에 어떤 활동을 완료해야 하는지를 알려준다. 그림 14.6에서 노드 2, 3, 4

그림 14.6 PERT 차트

간단한 웹사이트 제작을 위한 단순화된 PERT 차트이다. 프로젝트 과업의 순서, 특정 과업의 이전 과업과 이후 과업의 관련성을 보여준다.

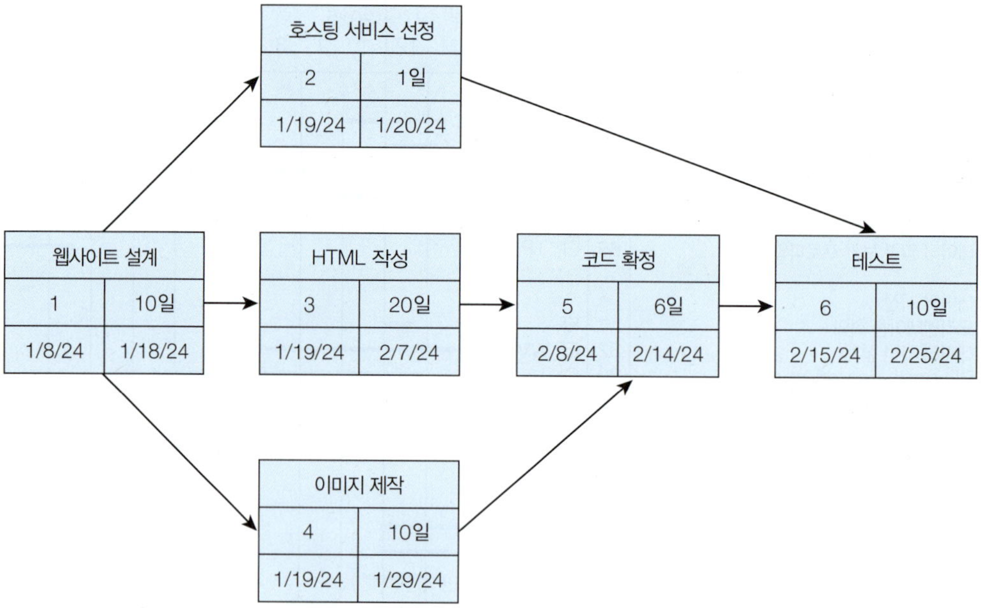

의 과업은 서로 독립적이므로 동시에 수행될 수 있지만, 각 작업은 첫 번째 과업이 완료되어야 시작할 수 있다.

간반 보드
특정 작업을 나타내기 위해 스티커 메모 또는 이에 상응하는 디지털 등의 '카드'를 사용하고 프로젝트 프로세스의 각 단계를 열로 나타내는 시각적 도구(디지털 또는 물리적)

간반 보드(Kanban board)는 프로젝트 과정의 각 단계(예: 할 일/밀린 일, 진행 중, 검토, 완료)를 나타내는 세로열에 (스티커 메모 또는 이에 상응하는 디지털 버전) '카드'를 사용하여 특정 과업을 표시하는 (디지털 또는 물리적) 시각적 도구이다. 간반 보드는 애자일 프로젝트 관리의 일부로 자주 사용된다. 그림 14.7은 디지털 간반 보드의 모습을 보여준다.

그림 14.7 간반 보드

애자일 프로젝트 관리에 사용되는 디지털 간반 보드의 예이다. 다양한 프로젝트 단계를 나타내는 세로열(이 경우 밀린 일, 진행 중, 검토, 완료)에 과업을 카드로 표시한다.

© NicoElNino/Shutterstock

이러한 프로젝트 관리 기법은 관리자가 병목 현상을 파악하고 문제가 프로젝트 완료 시간에 미치는 영향을 파악하는 데 도움이 될 수 있다. 또한 시스템 개발자가 정의되고 측정 가능한 비즈니스 성과를 통해 프로젝트를 더 작고 더 관리하기 쉬운 조각으로 분할하는 데 도움을 줄 수 있다. 표준 통제 기술은 예산과 목표 날짜에 대한 프로젝트 진행 상황을 성공적으로 차트로 작성할 수 있으므로 계획에서 벗어난 부분을 발견할 수 있다.

사용자 참여 확대와 사용자 저항 극복

상대적으로 구조화 수준이 낮고 명확하지 않은 요구사항이 많은 프로젝트는 반드시 모든 단계에서 사용자를 완전히 참여시켜야 한다. 사용자는 여러 가능한 설계 선택사항 중 하나를 지원하고 자신이 선택한 하나의 설계에 전념해야 한다. **외부 통합 도구**(external integration tool)는 구현팀의 작업을 모든 조직 수준의 사용자에게 연결하는 방법으로 구성된다. 예를 들어 사용자는 프로젝트팀의 적극적인 구성원이 될 수 있고, 리더십 역할을 수행할 수 있으며, 설치와 교육을 담당할 수도 있다. 구현팀은 사용자의 질문에 신속하게 답변하고, 사용자 피드백을 수용하며, 기꺼이 도움을 주려는 의지를 보여줌으로써 사용자에 대한 대응력을 보여줄 수 있다.

외부 통합 도구
구현팀의 작업을 모든 조직 수준의 사용자 작업과 연결하는 도구

구현 활동 참여만으로는 조직 변화에 대한 사용자 저항 문제를 극복하기에 충분하지 않을 수 있다. 사용자마다 시스템의 영향이 다를 수 있다. 어떤 사용자는 새로운 시스템이 자신에게 유익하다고 생각하는 변화를 가져오기 때문에 환영하는 반면, 다른 사용자는 그러한 변화가 자신의 이익에 해롭다고 생각하여 저항할 수 있다.

만약 시스템 사용이 자발적이라면 사용자는 이를 회피하려 할 수 있다. 만약 사용이 의무적이라면 저항은 오류율 증가, 중단, 이직, 심지어 방해행위 등의 형태로 나타날 것이다. 따라서 구현 전략은 사용자의 참여와 관여를 장려해야 할 뿐만 아니라 시스템 구축 반대 문제도 해결해야 한다. **시스템 구축 반대**(counterimplementation)는 조직의 정보시스템 구현이나 혁신을 방해하기 위한 의도적인 전략이다.

시스템 구축 반대
조직의 정보시스템이나 혁신 구현을 고의적으로 방해하기 위한 전략

사용자 저항을 극복하기 위한 전략에는 (설계를 개선하거나 사용자의 헌신을 이끌어내기 위한) 사용자 참여, 사용자 교육과 훈련, 경영 지침과 정책, 협력하는 사용자에게 더 나은 인센티브 제공 등이 있다. 최종 사용자 인터페이스를 개선하여 새 시스템을 좀 더 사용자 친화적으로 만들 수 있다. 새로운 시스템을 도입하기 전에 조직적 문제가 해결되면 사용자는 좀 더 협력적일 것이다(Jalo and Pirkkalainen, 2024).

조직을 위한 설계

새로운 정보시스템의 목적은 조직 성과를 향상하는 것이기 때문에 정보시스템 프로젝트에서는 모바일과 웹 애플리케이션을 포함하는 새로운 시스템이 설치될 때 조직이 겪게 되는 변화를 분명하게 언급해야 한다. 업무 절차의 변경과 함께 직무 기능, 조직 구조, 권력 관계, 업무 환경의 변환을 조심스럽게 계획해야 한다.

사용자가 시스템과 상호작용하는 영역은 인간공학 문제에 대한 민감성을 갖고 특별한 주의가 필요하다. 작업 환경에서 사람과 기계 간의 상호작용을 의미하는 **인간공학**(ergonomic)은 직무 설계, 건강 문제, 정보시스템의 최종사용자 인터페이스를 고려한다. 정보시스템을 계획하고 구현할 때 다루어져야 하는 조직적 요인은 표 14.5와 같다.

표 14.5 시스템 계획과 구현의 조직적 요소

직원 참여와 관여
직무 설계
표준과 성과 감시
인간공학(장비, 사용자 인터페이스, 작업 환경 포함)
직원 고충 처리 절차
건강과 안전
정부 규제 준수

인간공학
작업 설계, 건강 문제, 정보시스템의 최종 사용자 인터페이스 등 작업 환경에서 사람과 기계의 상호작용

조직 영향 분석
제안된 시스템이 조직의 구조, 태도, 의사결정, 운영에 영향을 미치는 방식에 대한 연구

시스템 분석과 설계 활동에 조직 영향 분석을 포함해야 하지만 이 분야는 전통적으로 간과되었다. **조직 영향 분석**(organizational impact analysis)은 제안된 시스템이 조직의 구조, 태도, 의사결정, 운영에 어떻게 영향을 미칠지를 설명한다. 정보시스템을 조직과 성공적으로 통합하려면 개발 노력 시 조직 영향 평가를 철저하고 완전하게 문서화하는 것에 더 많은 관심을 기울여야 한다.

사회기술적 설계

사회기술적 설계
기술적 효율성과 인적·조직적 요구에 대한 민감성을 결합한 정보시스템을 생산하는 것을 목표로 하는 설계

정보시스템 프로젝트에서 인적·조직적 문제를 해결하는 한 가지 방법은, 기술적 효율성과 인적·조직적 요구에 대한 민감성이 결합되도록 정보시스템을 구축하는 것을 목표로 하는 **사회기술적 설계**(socio-technical design)를 통합하여 직무 만족도를 높이는 것이다. 설계자들은 기술적·사회적 설계 해결책을 각각 별도로 제시한다. 사회적 설계 계획은 다양한 작업 집단 구조, 과업 할당, 개별 직무의 설계를 탐구하며, 제안된 기술적 해결책을 사회적 해결책과 비교한다. 최종 설계를 위해서는 사회적 목표와 기술적 목표를 가장 잘 충족하는 해결책을 선택한다.

프로젝트 관리 소프트웨어 도구

프로젝트 관리의 여러 측면을 자동화한 상용 소프트웨어 도구는 프로젝트 관리 프로세스를 용이하게 한다. 프로젝트 관리 소프트웨어는 일반적으로 과업을 정의하고 순서를 지정하며, 과업에 자원을 할당하고, 과업의 시작일과 종료일을 설정하고, 프로젝트의 진행을 개인과 팀 수준에서 추적하고, 과업과 자원에 대한 변경을 용이하게 하는 기능을 제공한다. 많은 도구는 간트 차트와 PERT 차트의 생성을 자동화하고 의사소통과 협업, 소셜 도구를 제공한다.

이러한 도구 중 일부는 대규모 프로젝트와 분산된 작업 집단, 전사적 기능을 관리하기 위한 복잡하고 정교한 프로그램이다. 이러한 고급 도구는 매우 많은 과업과 활동, 복잡한 관계를 관리할 수 있다. 오늘날 가장 널리 사용되는 프로젝트 관리 도구는 마이크로소프트 Project이지만, 소규모 프로젝트와 중소기업을 위한 저렴한 도구도 있다. 많은 프로젝트 관리 애플리케이션이 클라우드 기반으로 전환되어 프로젝트 팀원이 어디에서나 프로젝트 관리 도구와 데이터에 접속할 수 있다. 이 장의 도입 사례에서는 클라우드 기반 프로젝트 관리 도구인 라이크의 몇 가지 기능을 설명했다.

프로젝트 포트폴리오 관리(PPM) 소프트웨어
조직이 프로젝트 포트폴리오와 프로젝트 간의 종속성을 관리하는 데 도움이 된다.

프로젝트 관리 소프트웨어는 조직이 개별 프로젝트 및 개별 프로젝트에 할당된 자원과 비용을 추적할 수 있도록 도움을 주는 반면, **프로젝트 포트폴리오 관리 소프트웨어**[project portfolio management (PPM) software]는 조직이 프로젝트 포트폴리오와 프로젝트 사이의 의존성을 관리하는 데 도움이 된다. PPM 소프트웨어는 경영자가 조직의 전략 목표를 달성하기 위한 최적의 프로젝트 조합과 프로젝트 순서를 결정할 수 있도록 예산과 자원 수용력 수준에 맞춰 제안서와 프로젝트를 비교할 수 있도록 도와준다.

AI와 프로젝트 관리 소프트웨어 도구

프로젝트 관리 소프트웨어 도구는 효율성과 프로젝트 워크플로를 향상하기 위해 점점 더 AI 기능을 통합하고 있다. AI 도구는 데이터 입력, 일정 관리, 회의 요약 작성, 알림 전송, 프로젝트 상태 업데이트와 같은 일상적인 프로젝트 관리 작업을 자동화하는 데 도움이 될 수 있다. AI 도구는 프로젝트 데이터를 분석하여 잠재적인 프로젝트 위험을 파악하고, 이러한 위험을 완화하거나 완전히 방지하는 방법을 제시할 수도 있다. AI 기능은 더 나은 소통, 작업 위임, 문서 공유를 지원하는 도구를 제공하여 프로젝트팀의 협업을 강화하는 데에도 활용되고 있다. 예를 들어 클릭업(ClickUp)에는 콘텐츠를 제작하고, 프로젝트 업데이트와 같은 업무를 관리 및 자동화하며, 업무 관련 질문에 대한 답변을 과업, 문서 및 팀원으로부터 받을 수 있는 AI 가상 비서인 클릭업 브레인(ClickUp Brain)이 포함되어 있다.

14.7 이 장의 내용은 경력에 어떻게 도움이 되는가

이 장의 내용은 정보시스템 투자를 뒷받침하는 비즈니스 사례 구축에 사용되는 다양한 방법을 익히고, 정보시스템 개발에서 효과적인 프로젝트 관리의 중요성을 이해하는 데 도움을 줌으로써 경력에 유용할 수 있다. 이 장에서는 다양한 프로젝트 관리 방법론, 정보시스템 프로젝트 개발의 주요 위험 요인, 이러한 위험을 관리하는 데 사용할 수 있는 방법과 도구도 소개했다.

실제 시나리오 인튜이트의 새로운 클라우드 플랫폼 출시를 지원하는 프로젝트 관리자

인튜이트(Intuit)는 TurboTax, QuickBooks와 같은 소비자 및 비즈니스 전문가를 위한 재무 관리 소프트웨어 및 도구를 제공하는 선도적인 기업이다. 이러한 도구를 판매하고 고객 서비스를 제공하면 많은 양의 귀중한 데이터가 생성된다. 최근까지 데이터는 조직 전체에서 활용할 수 없는 격리된 사일로에서 유지·관리되었다. 인튜이트는 운영과 인튜이트 고객 경험을 개선하기 위해 데이터를 더욱 효과적으로 활용하도록 Intuit Analytics Cloud(IAC) 프로젝트를 시작했다. IAC는 사업부가 원하는 방식으로 사용할 수 있도록 회사 전체에 서비스를 제공하는 전사적 플랫폼이었다. IAC 프로젝트는 회사의 모든 전사적 데이터, 제품 데이터, 타사 데이터를 단일 플랫폼으로 통합했기 때문에 회사 전체의 협력이 필요했다. IAC 프로젝트 리더들은 인튜이트의 데이터 엔지니어링 그룹에서 여러 기능 팀을 프로젝트 운영 부서로 이전했다. 프로젝트팀은 마감일과 프로젝트 예산에 매우 민감했다. 핵심 단계 중 하나는 프로젝트를 처리하기 쉬운 단위로 나누는 것이었다. IAC 프로젝트는 수년에 걸친 노력이었다. 전체 시스템을 한 번에 한 단계로 구현하는 '빅뱅' 방식의 구현 방식은 운영상으로나 정치적으로 실행 가능하지 않았다. 프로젝트팀은 일련의 작은 프로젝트 결과물을 만들면서 프로젝트를 더욱 쉽게 관리할 수 있게 되었다. 소규모 프로젝트 '한 입'의 성공은 프로젝트 리더가 사업부 리더의 프로젝트 참여를 설득하기 위해 애쓸 필요가 없다는 것을 의미했다. 대규모 프로젝트를 '한 입 크기'로 나누어 체계화함으로써 프로젝트 진행 과정에서 입증 가능한 결과를 도출할 수 있었고, 경영진은 프로젝트 지출 승인을 해당 결과에 더욱 쉽게 연계할 수 있었다. IAC 프로젝트는 성공적이었고 인튜이트의 사업부는 새로운 전사적 분석 클라우드를 적극적으로 활용하고 싶어 했다.

직무 설명 및 경력 경로: IT 프로젝트 관리자

직무	직무 설명	IT 지식	경력 경로 및 평균 연봉
IT 프로젝트 관리자	주요 업무는 다음과 같다. • 프로젝트 계획 수립 • 프로젝트 단계 및 일정 조정 • 잠재적인 장애물과 개선 영역을 파악하기 위한 각 프로젝트 단계 분석 • 프로젝트에 관여된 모든 이해관계자와의 소통, 연락 담당자 역할 수행 • 프로젝트 관리 도구를 사용하여 예산, 일정, 프로젝트 예상 결과 문서화 및 관리 • 프로젝트 진행 상황 추적, 필요시 계획 조정	• 마이크로소프트 365 도구에 대한 지식: 엑셀, 워드, 파워포인트, 팀즈 • 마이크로소프트 프로젝트, 라이크, 아사나, 클리언트, 지라 등 프로젝트 관리 도구 사용 경험 • PMI, 컴티아(CompTIA), IBM, 마이크로소프트 등 다양한 기관에서 제공하는 자격증	• 신입(프로젝트 코디네이터/보조 프로젝트 관리자/하급 프로젝트 관리자): 60,000~75,000달러 • 초급(IT 프로젝트 관리자): 125,000달러 • 중급(상급): 150,000달러 • 고급(이사 또는 임원급 직책): 200,000~225,000달러 (연봉은 지역, 산업군, 기업 규모에 따라 달라질 수 있음)

추가 경력 개발 자료

MyLab MIS에서는 IT 관련 지식을 요구하는 적절한 직무를 찾고, 효과적인 이력서를 작성하며, 면접을 준비하고, 비즈니스 지식, 응용 소프트웨어 활용 능력, 인터넷 활용 능력, 분석 역량 등을 보여주는 디지털 포트폴리오를 만드는 데 도움이 되는 다양한 경력 개발 자료를 확인할 수 있다.

사례 연구 미래의 격변에 대응하기 위해 디지털 전환에 투자하는 사우스웨스트항공

사우스웨스트항공(Southwest Airlines)은 미국의 주요 여객 항공사 중 하나이다. 현재 미국 내 120개 이상의 목적지와 멕시코 및 카리브해 여러 국가에 취항하고 있다. 사우스웨스트항공은 역사적으로 고객 서비스에 대해 높은 평가를 받는 항공사 브랜드 중 하나였다. 2022년까지 사우스웨스트항공은 J.D.파워(J.D. Power)의 항공사 고객 만족도 평가에서 10년 넘게 1~2위를 차지했다.

그러나 2022년 12월 21일부터 12월 30일까지 사우스웨스트항공은 항공 역사상 최대 규모의 운항 차질을 겪었고, 연중 가장 바쁜 시기에 약 1만 7,000편의 항공편이 취소되었다. 붕괴의 중심에는 구식 소프트웨어 시스템 및 정보시스템 투자와 관련된 경영진의 잘못된 결정이 있었다. 지난 몇 년간 사우스웨스트항공의 기술 계획과 지출은 대부분 수익 관리 시스템 업그레이드와 외부를 향한 고객 경험 개선에 집중되었으며, 사우스웨스트항공은 이러한 경험을 2022년 발표한 20억 달러 규모 5개년 기술 투자 계획의 핵심으로 삼았다. 내부 운영 시스템과 프로세스 현대화는 사우스웨스트항공 경영진의 우선순위가 아니었으며, 시스템 개선과 신기술이 가져올 수 있는 이점보다 기존 해결책에 대한 친숙함을 더 중시한 것으로 알려졌다.

악천후가 이번 사태의 직접적인 원인이었지만 근본적인 원인은 아니었다. 다른 항공사도 같은 악천후를 겪었지만 훨씬 더 빠르게 회복되어 승무원 재배치, 승객 경로 재변경, 항공편 재예약 등을 신속하게 진행했다. 하지만 다른 항공사와 달리 사우스웨스트항공은 20년 된 승무원 스케줄링 소프트웨어 시스템인 스카이솔버(SkySolver)에 의존하고 있었다. 스카이솔버의 미흡함은 사우스웨스트항공 내부에서 비밀이 아니었다. 이 시스템의 단점은 이전에도 소규모의 운항 중단 사고가 발생했던 원인으로 작용했으며, 사우스웨스트항공 조종사들은 최소 2015년부터 사우스웨스트항공에 구식 시스템을 업데이트하도록 요청해온 것으로 알려졌다. 그러나 명확한 경고 신호에도 불구하고 사우스웨스트항공은 스카이솔버 문제 해결을 위해 단편적인 패치와 업데이트 외에는 별다른 조치를 취하지 않았다. 2022년 12월 20일, 겨울 폭풍 엘리엇이 미국 대부분 지역에 강풍과 폭설, 기록적인 한파를 동반하며 상륙했다. 스카이솔버가 과부하 상태에 빠져 승무원과 항공편을 연결하는 작업을 감당하지 못하면서 날씨로 인한 항공편 지연 및 취소는 눈덩이처럼 더욱 커졌다. 승무원들은 회사에 전화로 연락해야 했고, 승무원 스케줄 담당자들은 승무원 비행 시간에 대한 연방 규정을 준수하면서 승무원을 사용 가능한 항공기와 수작업으로 연결하려고 노력했다. 비행 승무원들은 종종 몇 시간씩 스케줄 담당자와 함께 대기해야 했다. 수천 명의 휴가 여행객이 전국의 공항에서 발이 묶였다.

업데이트가 필요한 구식 또는 결함이 있는 소프트웨어에 의존하는 문제를 기술 부채라고 한다. 사우스웨스트항공의 CEO인 밥 조던(Bob Jordan)은 회사가 이 문제에 주의를 기울이지 않았다는 점을 인정했다. 분석가들은 훨씬 더 가혹했다. 항공 업계에는 오래된 기존 애플리케이션, 독점 솔루션, 누적된 기술 부채가 만연하지만, 분석 회사 가트너에 따르면 사우스웨스트항공은 이러한 기술 부채의 '상환(해결 조치를 취함)'에 대한 연체 측면에서 다른 주요 미국 항공사와 비교했을 때 두드러졌다. 컨설팅 회사인 웨스트먼로(West Monroe)의 데이터 전문가이자 혁신 펠로우인 더그 레이니(Doug Laney)는 사우스웨스트항공이 지난 10년간 연례 보고서에서 핵심 역량으로 데이터와 분석을 언급한 적이 거의 없으며, 고급 분석을 도입하지 못한 기업은 경쟁에서 불리한 위치에 있다고 지적했다. 다른 많은 항공사와 마찬가지로 사우스웨스트항공도 최근 몇 년 동안 대시보드 기능을 구현했지만, 일부 운영상의 문제는 도구 부족이 아닌 데이터 누락과 관련이 있었다. 조던 역시 이를 인정하며, 항공사가 일부 분야에서는 우수한 시스템을 갖추고 있지만 데이터 공유를 위해서는 여전히 더 나은 통합이 필요하다고 지적했다. 예를 들어 사우스웨스트항공이 운항 중단 복구를 자동화하고 취소 항공편을 선별하기 위해 개발한 최적화 시스템은 승무원 스케줄링 시스템에 대한 '더 나은 가시성'을 필요로 했다. 이 사태로 사우스웨스트항공은 막대한 홍보 문제를 야기했을 뿐만 아니라 약 8억 2,500만 달러의 비용을 치렀고, 미국 교통부로부터 1억 4,000만 달러의 벌금을 부과받았다.

사우스웨스트항공은 다행히도 문제 해결을 위한 즉각적인 조치를 취했다. 2023년 1월, 사우스웨스트항공은 프로세스 및 IT 역량 강화를 위한 기존 계획을 가속화하고 운영 예산 중 13억 달러를 IT 업그레이드 및 운영 복원력 향상에 배정했다고 발표했다. 회사는 승무원 참여 기술을 향상하고, 승무원 복구 시스템을 업데이트하고, 향후 운영 중단 위험을 줄이기 위한 임시방편으로 추가 인력을 확충하겠다고 약속했다. 현대화 추진의 일환으로 2023년 3월 아마존웹서비스를 선호하는 클라우드 제공업체로 선정했다. 회사 대변인에 따르면 클라우드 이전은 사우스웨스트항공의 현대화 노력의 핵심이며 장기 복원력 계획의 일부이다.

승무원 재배치 소프트웨어를 업그레이드하기 위해 사우스웨스트항공의 CIO 로렌 우즈(Lauren Woods)는 프로젝트팀을 구성하여 CAIRO(Crew and Aircraft Integrated Recovery and Optimizer)라는 도구를 개발했다. 사우스웨스트항공은 CAIRO를 통해 승무원에게 미칠 수 있는 잠재적 영향을 최소화하면서 승무원과 항공기의 일정을 동시에 자동화하고 우선순위를 지정하고, 재설정하며, 취소가 필요한 항공편을 파악할 수 있다. 우즈는 팀이 작업을 가속화할 수 있도록 성공적으로 도왔다고 사우스웨스트 경영진을 칭찬하면서 현대화가 필요한 부분, 개선이 필요한 부분, 가장 큰 투자가 필요한 부분에 대한 의견을 열린 마음으로 경청하는 경영진의 전폭적인 지원을 받았다고 언급했다.

2024년 1월, 사우스웨스트항공은 기술 및 클라우드 이전에 17억 달러를 추가로 투자한다고 발표했다. 사우스웨스트항공은 이미 '기술 자산'의 약 50%를 클라우드로 이전했으며, 더 많은 부분을 클라우드로 이전하는 것이 목표라고 밝혔다. 조던에 따르면 이러한 변화는 비용 절감 노력만큼이나 복원력 강화 노력과 코드 기반 현대화의 일환이었다. 사우스웨스트항공은 이러한 노력이 기술 부채를 갚는 데 큰 도움이 되고, 앞으로 극심한 기상 현상에 훨씬 더 성공적으로 대처할 수 있기를 바란다.

출처: Sarah White, "How Southwest's CIO Modernized the Airline Through Turbulence," Cio.com, April 19, 2024; Matt Ashare, "Southwest Airlines to Spend $1.7B on Tech, Cloud Migration This Year," Ciodive. com, January 29, 2024; Matt Ashare, "Southwest Airlines Targets More than IT in December Meltdown Analysis," Ciodive.com, April 4, 2023; Matt Ashare, "3 Technology Lessons from Southwest's IT Failure," Ciodive. com, February 2, 2023; Andrew Paul, "You Can Blame SouthWest Airlines' Holiday Catastrophe on Outdated Software," Popsci.com, January 3, 2023; Belle Lin, "Southwest Meltdown Shows Airlines Need Tighter Software Integration," *Wall Street Journal*, January 3, 2023; Zeynep Tufekci, "The Shameful Open Secret Behind Southwest's Failure," *New York Times*, December 31, 2022; Southwest Airlines Co., "Southwest Airlines Outlines Two Billion Dollar Plan to Transform the Customer Experience, Bringing More Simplicity and Speed from the Ground Up," Prnewswire.com, May 11, 2022.

문제

1. 사우스웨스트항공은 겨울 폭풍 엘리엇으로 인한 운항 중단에서 회복되는 데 왜 어려움을 겪었는가?
2. 사우스웨스트항공은 2023년과 2024년에 기술 부채 문제를 해결하기 위해 어떤 조치를 취했는가?

요약

14.1 비즈니스 사례 구축 방법

프로젝트는 특정 사업 목표를 달성하기 위해 계획된 일련의 관련 활동이다. 기업의 정보시스템 프로젝트에는 새로운 정보시스템 개발, 기존 시스템 개선 또는 IT 인프라 개선이나 교체가 포함된다.

IT 투자에 대한 비즈니스 사례는 제안된 시스템 해결책에 투자하여 해결할 수 있는 조직이 직면한 문제를 설명한다. 비즈니스 사례는 정보시스템 프로젝트의 비용과 이익을 계산하여 해당 프로젝트가 적절한 투자인지 분석한다. 유형 이익은 정량화할 수 있지만, 무형 이익은 즉시 정량화할 수는 없지만 미래에 정량화 가능한 이익을 제공할 수 있다. 비용을 초과하는 편익은 자본 예산 방법으로 분석하여 회사의 투자 자본에 대한 적정 수익을 나타내는지 확인해야 한다. 조직에서는 IT가 회사의 전반적인 사업 계획과 전략을 어떻게 지원하는지 설명하는 정보시스템 계획을 개발해야 한다.

14.2 정보기술 투자 평가 방법

제안된 IT 투자를 평가하는 데 사용할 수 있는 다양한 방법으로 포트폴리오 분석, 평점 모델, 자본 예산 모델, 소프트웨어 도구 등이 있다. 잠재적인 IT 투자를 효과적으로 평가하려면 제안된 시스템의 비용과 유형 이익 및 무형 이익을 이해하는 것도 중요하다.

14.3 프로젝트 관리 방법론과 변수

프로젝트 관리란 정해진 예산과 일정의 제약 내에서 특정 목표를 달성하기 위해 지식, 기술, 도구, 기법을 적용하는 것을 말한다. 프로젝트 관리 활동에는 작업 계획, 위험 평가, 작업 완료에 필요한 자원 추산 및 확보, 작업 구성, 활동 지시, 결과 분석이 포함된다. 가장 일반적인 두 가지 프로젝트 관리 방법론은 폭포수형 프로젝트 관리와 애자일 프로젝트 관리이다. 프로젝트 관리는 범위, 일정, 비용, 품질, 위험이라는 다섯 가지 주요 변수를 다루어야 한다. 기술 부채는 정보시스템을 개발하는 과정에서 종종 발생하는 일정, 비용, 품질 간의 상충 관계에서 발생한다.

14.4 효과적인 프로젝트 관리의 중요성

제대로 관리되지 않은 정보시스템 프로젝트는 실패율이 매우 높다. 정보시스템이 기대에 부응하지 못하거나 개발 비용이 너무 많이 드는 경우, 기업은 정보시스템 투자의 효과를 제대로 누리지 못할 수 있으며, 시스템이 문제를 해결하지 못할 수도 있다. 새로운 시스템 개발은 신중하게 관리하고 조율해야 하며, 프로젝트 실행 방식은 결과에 가장 큰 영향을 미치는 중요한 요소일 가능성이 높다. 그래서 정보시스템 프로젝트를 관리하는 방법과 프로젝트가 성공하거나 실패하는 이유에 대한 지식이 필수적이다.

14.5 프로젝트의 위험 요인

정보시스템 개발 프로젝트의 위험 수준은 (1) 프로젝트의 규모, (2) 프로젝트의 구조, (3) 기술 경험에 따라 결정된다. 정보시스템 프로젝트는 시스템 개발 프로세스에 대한 사용자 참여가 부족하거나 부적절하고, 경영진의 지원이 부족하며, 구현 프로세스 관리가 미흡할 때 실패할 가능성이 더 높다. 비즈니스 프로세스 관리, 전사적 애플리케이션, 인수합병과 관련된 프로젝트는 광범위한 조직 변화를 요구하기 때문에 실패율이 매우 높다.

14.6 프로젝트의 위험 요인 관리

구현은 새로운 정보시스템 도입을 둘러싼 조직 변화의 전체 프로세스를 의미한다. 사용자 지원 및 참여, 경영진의 지원, 구현 프로세스의 통제는 필수적이며, 각 신규 시스템 프로젝트의 위험 수준을 처리하는 메커니즘 또한 필수적이다. 프로젝트 위험 요소는 프로젝트 관리에 대한 비상 대응적 접근 방식을 통해 어느 정도 통제할 수 있다. 각 프로젝트의 위험 수준에 따라 외부 통합 도구, 내부 통합 도구, 공식 계획 도구, 공식 통제 도구의 적절한 조합이 결정된다. 프로젝트 관리 소프트웨어는 조직이 개별 프로젝트를 추적하는 데 도움이 되고, 프로젝트 포트폴리오 관리 소프트웨어는 프로젝트 포트폴리오와 프로젝트 사이의 의존성을 관리하는 데 도움이 된다.

주요 용어

간반 보드
간트 차트
구현
기술 부채
기술 비즈니스 관리(TBM)
무형 이익
범위
변화 관리
변화 대리인
비즈니스 사례
사용자-설계자 의사소통 격차
사용자 인터페이스
사회기술적 설계
시스템 구축 반대
애자일 프로젝트 관리
외부 통합 도구
유형 이익
인간공학
자본 예산 모델
정보시스템 계획
조직 영향 분석
평점 모델
포트폴리오 분석
폭포수형 프로젝트 관리
프로젝트
프로젝트 관리
프로젝트 포트폴리오 관리(PPM) 소프트웨어
IT 재무 관리 도구
PERT 차트

복습문제

14.1 비즈니스 사례 구축 방법

- 정보시스템 프로젝트의 유형을 설명하라.
- 제안된 투자에 대한 비즈니스 사례의 구성요소를 정의하고 설명하라.
- 정보시스템 계획의 주요 구성요소를 나열하고 설명하라.

14.2 정보기술 투자 평가 방법

- 유형 이익과 무형 이익의 차이점을 설명하라.
- IT 투자의 여섯 가지 유형 이익과 여섯 가지 무형 이익을 나열하라.
- 포트폴리오 분석, 평점 모델, 자본 예산 모델을 사용하여 시스템의 가치를 평가하는 방법을 설명하라.
- 재무 모델을 사용하여 IT 투자를 평가하는 것의 한계점을 설명하라.
- 기술 투자 결정에 도움이 되는 소프트웨어를 설명하라.

14.3 프로젝트 관리 방법론과 변수

- 프로젝트 관리를 정의하라.
- 프로젝트 관리 활동과 프로젝트 관리에서 다루는 변수를 나열하고 설명하라.
- 기술 부채를 정의하고 발생 원인을 설명하라.

14.4 효과적인 프로젝트 관리의 중요성

- 정보시스템을 개발할 때 프로젝트 관리가 부족하여 발생할 수 있는 몇 가지 문제를 설명하라.

14.5 프로젝트의 위험 요인

- 정보시스템 프로젝트의 주요 위험 요인을 파악하고 설명하라.
- 새로운 정보시스템 구축자가 구현 및 변경 관리를 다루어야 하는 이유를 설명하라.

14.6 프로젝트의 위험 요인 관리

- 정보시스템 프로젝트의 성공적인 구현을 위해 경영진과 최종사용자의 지원을 확보하는 것이 왜 중요한지 설명하라.
- 프로젝트 위험을 통제하는 전략을 파악하고 설명하라.
- 프로젝트 계획 및 구현 시 고려해야 할 조직적 고려사항을 파악하라.
- 프로젝트 관리 소프트웨어 도구가 성공적인 프로젝트 관리에 어떻게 기여하는지 설명하라.

토의문제

14.7 프로젝트 관리는 새로운 정보시스템의 성공에 얼마나 영향을 미치는가?

14.8 대부분의 시스템이 실패하는 이유는 시스템 구축자가 조직 행동 문제를 무시하기 때문이라고 한다. 그 이유는 무엇인가?

14.9 정보시스템 프로젝트 관리에서 최종사용자의 역할은 무엇인가?

AI 활용 프로젝트

14.10 변화 관리 문제 파악

반려동물 유기농 사료와 간식, 유기농 소재로 만든 반려동물 장난감과 의류를 판매하는 소매점을 열고자 하는 두 친구가 자문을 구했다. 이들은 POS 시스템 구축과 관련된 문제에 대비해달라고 요청했다. 특히 직원의 시스템 사용에 대한 저항을 우려하고 있다.

마이크로소프트의 Copilot, 구글의 Gemini 또는 ChatGPT를 이용하여 변화 관리 문제를 파악하고 설명하는 프롬프트를 개발하라. 프롬프트 사본과 채팅 세션 결과를 저장하고 강사에게 제출하라.

MIS 실습 과제

이 프로젝트는 정보시스템 프로젝트 평가, 스프레드시트 소프트웨어를 사용한 신규 정보시스템 투자 자본 예산 분석, 웹 도구를 사용한 신규 주택 자금 조달 분석 등의 실무 경험을 제공한다. 이 장의 특정 MIS 실습 과제에 필요한 파일은 MyLab MIS에서 구할 수 있다.

학생은 www.pearsonhighered.com/laudon에서 Hands-On MIS Application data file을 내려받아 사용하면 된다. 추가로 교재 관련 연습문제 풀이, 주요 콘셉트 비디오 자료 등이 필요하다면 https://t2-apac.pearson.com에서 MyLab MIS를 구매할 수 있다.

14.11 경영 의사결정 문제

캐터필러(Caterpillar)는 세계 최고의 토목 기계 제조업체이자 농업 장비 공급업체이다. 캐터필러는 딜러의 사업 운영을 지원하기 위해 라이선스를 제공하는 Dealer Business System(DBS)에 대한 지원을 종료하고자 한다. 이 시스템의 소프트웨어는 구식이 되어가고 있으며, 고위 경영진은 현재 버전의 소프트웨어에 대한 지원을 액센추어(Accenture) 컨설턴트로 양도하고 핵심 사업에 집중하고자 한다. 캐터필러가 딜러에게 DBS 사용을 요구하지 않았지만, 이 시스템은 사실상 캐터필러와 거래하는 데 표준이 되었다. 북미 지역 50여 개 캐터필러 딜러 중 대다수가 DBS를 사용하고 있으며, 전 세계 200여 개 캐터필러 딜러 중 절반 정도가 DBS를 사용하고 있다. 캐터필러가 액센추어에 제품을 넘기기 전에 고려해야 할 요소와 문제는 무엇일까? 캐터필러는 어떤 질문을 해야 하는가? 캐터필러 딜러는 어떤 질문을 해야 하는가?

14.12 데이터 분석: 스프레드시트를 활용한 자본 예산 관리

소프트웨어 기술: 스프레드시트 수식 및 함수

비즈니스 기술: 자본 예산 관리

이 프로젝트에서는 스프레드시트 소프트웨어를 통해 투자 수익률(ROI) 수익성 모델을 사용하여 새로운 컴퓨터 지원 설계(CAD) 시스템에 대한 투자수익률을 분석할 수 있는 기회를 제공한다.

설치비, 교육비, 지원비뿐만 아니라 하드웨어, 소프트웨어, 통신 기술의 구매가 필요한 CAD 시스템에 투자하고자 한다. MIS18_Project 14.12 학생용 파일에는 새 시스템의 각 비용 구성요소와 5년간의 연간 유지·관리 비용을 보여주는 표가 제공된다. 새로운 시스템이 설계 및 설계 사양 생성에 필요한 인력을 줄여 회사의 연간 현금 흐름을 증가시킬 것이라고 생각한다.

- 이 표에 제공된 데이터를 사용하여 5년 동안의 투자 비용과 이익을 계산하고 투자 수익률을 분석하는 워크시트를 만들라. 투자 수익률은 전체 비용 대비 투자의 수익을 측정하는 데 도움이 된다. 투자 수익률이 높을수록 프로젝트의 수익성이 높아진다. 투자 수익률을 계산하려면 투자의 순이익(총이익에서 총비용을 뺀 값)을 총 투자 비용으로 나눈다. 0년 차와 2021~2025년의 일회성 및 반복적인 편익과 비용을 고려해야 한다. 이 연습에서는 감가상각을 고려할 필요가 없다. 이 투자는 가치가 있는가? 그 이유는 무엇인가?

14.13 주택 구매 및 자금 조달을 위한 온라인 조사 도구 활용

소프트웨어 기술: 온라인 조사 도구

비즈니스 기술: 재무 계획

이 프로젝트는 주택을 검색하고 해당 주택에 대한 주택담보대출을 계산하는 온라인 조사 도구를 활용하여 기량을 개발한다.

콜로라도주 포트콜린스에서 집을 구매하고자 한다. 이상적으로는 침실 3개 이상, 욕실 1개 이상의 단독주택이어야 하며, 가격은 35만~45만 달러이고 30년 고정금리 주택담보대출을 받을 수 있어야 한다. 주택 가격의 20%는 계약금으로 지불할 능력이 있다. 집을 구매하기 전에 예산에 맞는 주택을 찾고, 주택담보대출을 알아보고, 월 상환액을 정하고 싶다. Realtor.com 사이트나 앱을 사용하여 다음 작업을 수행하라.

- 콜로라도주 포트콜린스에서 원하는 조건에 맞는 주택을 찾으라.
- 주택 가격의 80%에 해당하는 주택담보대출을 찾으라. 최소 세 곳의 잠재적 대출기관의 금리를 비교하라.
- 주택담보대출 상품을 선택한 후 부동산 매매 수수료와 대출의 월 상환액을 계산하라.

위 과정을 모두 마친 후 전체 과정을 평가하라. 예를 들어 사이트나 앱의 사용 용의성, 주택과 주택담보대출 정보를 찾는 능력, 찾은 정보의 정확성, 주택과 주택담보대출 선택의 폭 등을 평가하라.

14.14 협업 및 팀워크 프로젝트: 구현 문제 파악

2명 이상의 학생과 팀을 구성하고, 본문의 사례 연구에서 언급된 시스템을 선택하라. 시스템 구현 과정에서 발생할 수 있는 문제에 대해 설명하고, 이러한 문제를 해결하거나 방지하기 위해 수행할 단계를 분석하라.

구글 문서, 구글 드라이브, 구글 사이트를 이용하여 정리하고 발표 자료를 만들라.

참고문헌

Abbas, Roba, Jeremy Pitt, and Katina Michael. "Socio-Technical Design for Public Interest Technology." *IEEE Transactions on Technology and Society* 2, No. 2, 55–61 (2021).

Alexander, Moira. "Agile Project Management: Principles, Benefits, Tools, Tips, and When to Make the Switch." Cio. com (August 28, 2023).

Anderson, Erika. "Change Is Hard. Here's How to Make It Less Painful." *Harvard Business Review* (April 7, 2022).

Andriole, Steve. "3 Main Reasons Why Big Technology Projects Fail—& Why Many Companies Should Just Never Do Them." Forbes.com (March 24, 2021).

Berente, Nicholas, Kalle Lyytinen, Youngjin Yoo, and Chris Maurer. "Institutional Logics and Pluralistic Responses to Enterprise System Implementation: A Qualitative Meta-Analysis." *MIS Quarterly* 43, No. 3 (September 2019).

Betadam, Sarah. "Developing a Scoring Model for Optimal Selection of IT Programs to Reduce Wasted Investments." Proquest.com (January 10, 2020).

Bughin, Jacques, Jonathan Deakin, and Barbara O'Beirne. "Digital Transformation: Improving the Odds for Success." Mckinsey.com (October 2019).

Forrester Consulting. "Reimagine Growth with a Platform-Centric Digital Strategy." Forrester.com (February 2024).

Gartner. "How to Build a Business Case for Digital Investment in R&D." Gartner.com (2024).

Jalo, Henri, and Henri Pirkkalainen. "Effect of User Resistance on the Organizational Adoption of Extended Reality Technologies: A Mixed Methods Study." *International Journal of Information Management* 75, Issue C (April 2024).

Jenkin, Tracy A., Yolande E. Chan, and Rajiv Sabherwal. "Mutual Understanding in Information Systems Development: Changes Within and Across Projects." *MIS Quarterly* 43, No. 2 (June 2019).

Keen, Peter W. "Information Systems and Organizational Change." *Communications of the ACM* 24, No.1 (January 1981).

Keil, Mark, and J. S. Lee. "Judgment and Decision Making in Managing IT Project Risks: A Construal-Level Theory Perspective." *PMI Sponsored Research* (March 2019).

Laudon, Kenneth C. "CIOs Beware: Very Large Scale Systems." Center for Research on Information Systems, New York University Stern School of Business, working paper (1989).

Maruping, Likoebe M., ViswanathVenkatesh, James Y. L. Thong, and Xiaojun Zhang. "A Risk Mitigation Framework for Information Technology Projects: A Cultural Contingency Perspective." *Journal of Management Information Systems* 36, No. 1 (2019).

McKinsey Digital. "Demystifying Digital Dark Matter: A New Standard to Tame Technical Debt." Mckinsey.com (June 23, 2022).

Moeini, Mohammad, and Suzanne Rivard. "Responding—or Not—to Information Technology Project Risks: An Integrative Model." *MIS Quarterly* 43, No. 2 (June 2019).

Moskowitz, Marc. "Can New Planning Software Help Future-Proof Your Organization?" Eisneramper.com (April 1, 2024).

Pang, Min-Seok, and Gwanhoo Lee. "The Impact of IT Decision-Making Authority on IT Project Performance in the U.S. Federal Government." *MIS Quarterly* 46, No. 3 (September 2022).

Panorama Consulting Group. "The Role of a Stakeholder Analysis in Change Management." Panorama-consulting. com (February 6, 2024).

Project Management Institute. *A Guide to the Project Management Body of Knowledge: PMBok Guide.* 7th ed. Newtown Square, PA: Project Management Institute (2021).

Pratt, Mary. "5 Tips for Tackling Technical Debt." Cio.com (April 11, 2023).

Ramasubbu, Narayan, and Indranil R. Bardhan. "Reconfiguring for Agility: Examining the Performance Implications for Project Team Autonomy Through an Organizational Policy Experiment." *MIS Quarterly* 45, No. 4 (December 2021).

Singh, Yashvendra. "The Portfolio Approach to Digital Transformation: 4 Keys to Success." Cio.com (August 30, 2023).

Sony, Michael, and Subhash Naik. "Industry 4.0 Integration with Socio-Technical Systems Theory: A Systematic Review and Proposed Theoretical Model." *Technology in Society* 61, Issue C (May 2020).

Tapani Rinta-Kahila, Esko Penttinen, and Kalle Lyytinen. "Getting Trapped in Technical Debt: Sociotechnical Analysis of a Legacy System's Replacement." *MIS Quarterly* 47, No.2 (June 2023).

Wells, Rachel. "Agile vs. Waterfall Project Management—Which Should You Choose?" Forbes.com (December 5, 2023).

Wu, Te, and Ram B. Misra. "Why Big Projects Fail—and How to Give Yours a Better Chance of Success." *Harvard Business Review* (November 3, 2023).

CHAPTER 15

글로벌 정보시스템 관리

© Metamorworks/Shutterstock

학습목표

15.1 글로벌 정보시스템 개발에 영향을 미치는 요인을 설명할 수 있다.

15.2 효과적인 글로벌 정보시스템 아키텍처를 개발하는 방법을 설명할 수 있다.

15.3 글로벌 비즈니스와 정보시스템을 위한 전략과 조직 구조를 설명할 수 있다.

15.4 글로벌 정보시스템 개발의 관리 과제를 설명할 수 있다.

15.5 글로벌 정보시스템 개발 과제의 관리적 해결책을 논의할 수 있다.

15.6 글로벌 정보시스템 개발의 기술적 문제와 대안을 논의할 수 있다.

15.7 이 장의 내용이 경력에 어떻게 도움이 되는지 이해할 수 있다.

이 장의 사례

- **도입 사례:** 오라클 클라우드 애플리케이션 도입으로 전 세계 시스템을 통합한 호멜푸드
- **조직 사례:** 디지털 민족주의의 부상
- **사례 연구:** 전 세계 호텔의 서비스 향상을 위해 정보시스템을 중앙집중화한 윈덤

도입 사례 오라클 클라우드 애플리케이션 도입으로 전 세계 시스템을 통합한 호멜푸드

1891년 조지 A. 호멜(George A. Hormel)이 설립한 호멜푸드(Hormel Foods Corporation)는 130년이 넘는 사업 역사를 통해 스팸(SPAM), 스키피피넛버터(Skippy Peanut Butter), 딘티무어(Dinty Moore), 플랜터스 피너츠(Planters Peanuts), 애플게이트(Applegate)와 같은 대표적인 브랜드를 통해 연 매출 120억 달러 이상을 달성하는 글로벌 식품 공급업체로 성장했다.

호멜푸드는 초기의 해외 사업 대부분은 수출 기반으로 운영했다. 하지만 지난 수십 년 동안 자회사, 합작 투자, 전 세계 라이선스 계약을 통해 입지를 구축하는 데 중점을 둔 다국적 전략으로 전환했다. 현재 호멜푸드는 유럽, 아시아, 남미, 호주 등 전 세계에 걸쳐 여러 시설을 운영하거나 파트너십을 맺고 있으며, 80개국 이상에서 40개 이상의 주요 브랜드를 판매하고 있다. 한국, 일본, 중국, 필리핀 등지에서 사업을 운영하면서 아시아는 중요한 성장 지역으로 자리 잡았다.

호멜푸드가 글로벌 성장을 촉진한 한 가지 방법은 다른 회사를 인수하는 것이었다. 여러모로 유익했지만 이 전략은 서로 잘 맞지 않는 여러 정보시스템을 임시변통으로 주워 모은 형태가 되어 호멜푸드는 회사 실적을 명확하게 파악하지 못하고 궁극적으로 글로벌 규모에서 경쟁할 수 있는 능력에 영향을 미쳤다. 게다가 시스템 유지·관리가 어려웠고, 어떤 경우에는 시스템 작동 방식을 이해하는 한 사람에게만 의존해야 했다. 회사는 IT 시스템을 대대적으로 업그레이드해야 한다는 것을 깨달았다. 단순한 점진적인 개선이 목표는 아니었다. 부사장 겸 최고재무책임자(CFO)인 짐 시핸(Jim Sheehan)에 따르면 호멜푸드는 경쟁사를 뛰어넘기 위한 세대 교체를 모색하고 있었다.

이를 위해 호멜푸드는 2019년 핵심 비즈니스 시스템을 현대화하고 데이터 품질을 개선하기 위한 다년간의 전략적 노력에 착수했다. 호멜푸드는 클라우드 기반 전사적 시스템 분야의 주요 공급업체인 오라클과 협력하여 호멜푸드의 인적자원, 기업 성과 관리, 공급사슬관리를 지원하는 오라클 클라우드 애플리케이션 제품군을 구축했다. 호멜푸드는 2020년 1월 오라클 퓨전 클라우드 HCM, 2020년 6월 퓨전 클라우드 EPM, 퓨전 클라우드 ERP를 도입했으며, 이후 오라클 SCM 클라우드를 단계적으로 도입했다. 오라클

© T. Schneider/Shutterstock

애플리케이션 제품군에는 호멜푸드가 애플리케이션과 데이터를 빠르게 연결할 수 있는 도구도 포함되어 있었다. 또한 호멜푸드는 데이터에 대한 더 나은 통찰력을 얻기 위해 오라클 애널리틱스를 선택했다.

호멜푸드의 노력이 결실을 맺기 시작했다. 오늘날 호멜푸드는 동일한 관점에서 모든 브랜드에 대한 가시성을 제공하는 단일 플랫폼을 보유하고 있다. 시핸이 지적했듯이 다양한 브랜드가 현금 흐름, 손익계산서, 대차대조표 항목 등 재무 결과를 보고할 때 모두 동일한 방식으로 표시된다. 호멜푸드는 오라클 애널리틱스를 활용하여 여러 브랜드의 성장 기회를 더욱 정확하게 파악할 수 있게 되었다. 부사장 겸 회계 담당자인 자나 헤인즈(Jana Haynes)에 따르면 중앙집중식 플랫폼을 통해 호멜푸드는 이전에는 눈에 띄지 않았던 사항을 파악할 수 있다.

오라클은 호멜푸드가 글로벌 조달 데이터에 대해 유사한 포괄적인 관점을 확보할 수 있도록 지원했다. 중국과 브라질을 제외한 모든 조달이 오라클 클라우드에서 이루어짐에 따라 호멜푸드는 공급업체를 분석하기가 더욱 쉬워졌다. 예를 들어 일부 브랜드가 동일한 품목에 대해 다른 브랜드보다 더 높은 가격을 지불한다는 사실을 발견했다. 또한 호멜푸드는 자사 브랜드가 의존하는 품목의 유일한 공급처인 공급업체를 파악하기가 더욱 쉬워짐으로써, 대체 공급원을 모색하여 공급업체가 수요를 충족하지 못할 경우를 대비할 수 있다. 시핸이 언급했듯이 이러한 유형의 분석을 수행할 수 있는 능력 덕분에 호멜푸드는 경쟁우위를 얻고 더 현명한 결정을 내릴 수 있다.

출처: Hormelfoods.com, accessed September 29, 2024; Hormel Foods Corporation Annual Report on Form 10-K for the fiscal year ended October 29, 2023, filed with the Securities and Exchange Commission, December 6, 2023; Alba Munoz Saiz and Ethan Watters, "Unleashing Innovation in Global Markets," Hormelfoods.com, September 6, 2023; Mark Jackly, "3 ERP Implementation Case Studies," Oracle.com, January 2023; Oracle, "Hormel Unifies Finance and HR with Oracle Cloud Applications," Oracle.com, September 3, 2021.

호멜푸드는 통합 글로벌 정보시스템을 구축하기 위해 노력하면서, 진정한 글로벌 조직이 세계적으로 운영되기 위해 고려해야 할 몇 가지 문제점을 파악했다. 많은 대규모 다국적 기업과 마찬가지로 호멜푸드는 여러 국가에 수많은 운영 단위를 두고 있다. 이러한 단위에는 자체 시스템, 비즈니스 프로세스, 보고 기준을 갖추고 있었다. 그 결과 호멜푸드는 여러 국가 및 지역이 관련된 글로벌 운영을 효과적으로 조율하거나 재무 보고 관리를 제대로 수행할 수 없었다. 경영진은 자사의 실적을 명확하게 파악하지 못했다.

다음 도표는 이 사례와 이 장에서 제기하는 중요한 요점을 강조한다. 글로벌 경영 및 비즈니스 과제를 해결하기 위해 호멜푸드는 오라클 클라우드를 도입하여 글로벌 차원의 비즈니스 프로세스를 간소화했다. 이 회사는 전 세계에 하나의 플랫폼을 기반으로 하는 오라클 클라우드 애플리케이션 통합 제품군을 구축했다. 호멜푸드의 새로운 글로벌 시스템은 운영 및 재무 성과에 대한 전사적 정보를 제공하여 글로벌 관점에서 회사를 더욱 쉽게 관리하고 조정할 수 있도록 지원한다.

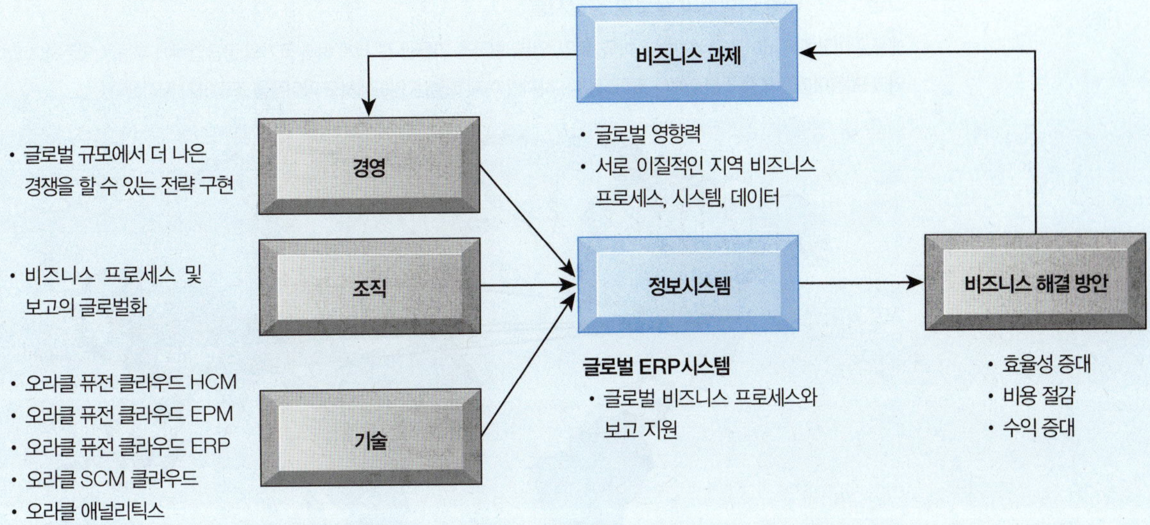

문제

1. 호멜푸드는 기존 시스템을 처리하는 데 어떤 어려움을 겪었는가?
2. 호멜푸드는 운영 및 경영 의사결정을 개선하기 위해 IT를 어떻게 사용했는가?
3. 호멜푸드의 새로운 오라클 클라우드 애플리케이션은 더욱 글로벌한 조직이 되는 데 어떻게 도움이 되었는가?

경력 개발 효과

호멜푸드의 IT 직원은 전사적 정보 통합을 위한 클라우드 컴퓨팅 도구 및 애플리케이션에 대한 전문 지식을 개발할 기회를 얻었으며, 이를 통해 경력을 발전시키고 다른 글로벌 기업에서 더 높은 연봉을 받는 직책에 적합한 자격을 갖추게 되었다. IT 부서 외 직원도 전체 조직을 위한 중요한 솔루션 개발에 기여하고 호멜푸드의 글로벌 비즈니스 성과를 극적으로 개선한 데 따른 혜택을 누렸다.

15.1 글로벌 정보시스템 개발에 영향을 미치는 요인

앞의 장들에서는 첨단 통신망과 정보시스템의 발전이 주도하는 글로벌 경제 생태계의 출현을 설명했다. 이러한 발전은 여러 국가의 무역 정책 변화와 함께 국경 간 무역과 일부 생산 단계가 아웃소싱되어 다른 국가에서 이루어지는 글로벌 가치사슬의 발전을 촉진하는 데 도움이 되었다. 국제무역의 성장은 전 세계 국내 경제를 근본적으로 변화시켰다. 많은 지역 기업이 국경을 초월하는 네트워크화된 기업으로 대체되었다. 오늘날 세계 무역은 전 세계 경제 활동의 거의 60%를 차지한다(World Trade Organization, 2023a).

적절한 예로 애플 아이폰의 시장 진출 경로를 나타낸 그림 15.1을 살펴보자. 아이폰은 미국의 애플 엔지니어들이 설계했지만, 200개가 넘는 첨단 부품은 전 세계 공급업체로부터 조달된다. 예를 들어 대만, 한국, 일본, 독일, 미국의 여러 기업이 케이스, 카메라, 프로세서, 가속기, 자이로스코프, 전자 나침반, 전원 관리 칩, 터치스크린 컨트롤러, 고화질 디스플레이 화면 등의 부품을 공급한다. 대만 홍하이그룹(Hon Hai Group)의 중국 자회사인 폭스콘은 아이폰의 제조 및 조립을 담당하고 있으며, 그 생산은 여전히 중국 본토에서 주로 이루어진다. 애플은 완성된 아이폰을 전 세계에 판매한다. 아이폰의 시장 진출 경로는 비즈니스의 세계화를 보여주는 한 가지 예일 뿐이다.

그림 15.1 애플 아이폰의 글로벌 공급사슬

애플은 미국에서 아이폰을 설계하고 미국, 독일, 일본, 한국을 비롯한 전 세계 여러 국가의 공급업체에 부품을 의존하고 있다. 과거에는 거의 모든 아이폰이 중국 본토에서 조립되었다. 하지만 이제 애플은 인도에서도 아이폰을 조립하기 시작했다.

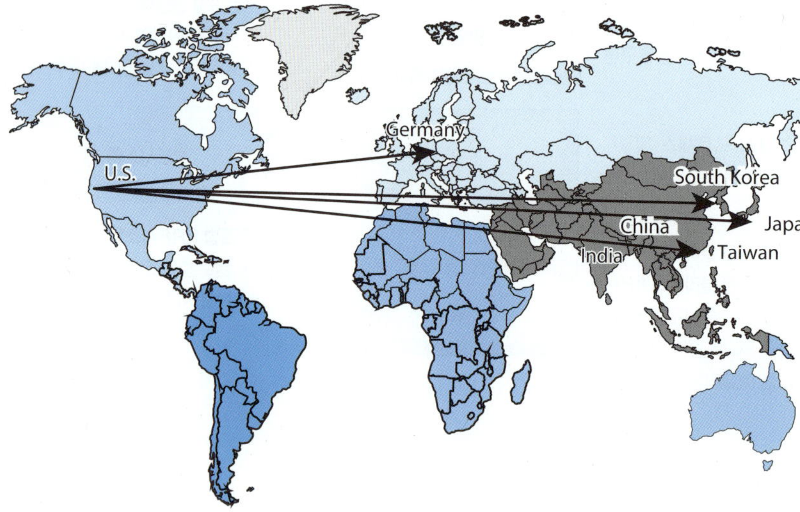

글로벌 비즈니스 동인

글로벌 정보시스템의 개발을 이끄는 비즈니스 동인(비즈니스가 대응해야 하고 비즈니스 방향에 영향을 미치는 환경의 힘)은 표 15.1과 같다. 글로벌 비즈니스 동인은 일반적인 문화적 요인과 구체적인 비즈니스 요인으로 구분할 수 있다. 일반적인 문화적 요인은 정보, 통신, 교통 기술이며, 이러한 요인이 함께 어우러져 (전화, TV, 라디오 또는 컴퓨터 네트워크를 통한) 의사소통이 동네 사람들과의 의사소통보다 어렵지 않은 **지구촌**(global village)을 형성했다. 지리적으로 분산된 지역 간 상품과 서비스의 이동 비용이 크게 감소했다.

글로벌 문화
서로 다른 문화와 사람 간의 공통된 기대, 공유된 유물, 사회적 규범

글로벌 커뮤니케이션의 발전은 또 다른 의미에서 지구촌을 만들어냈다. 인터넷과 텔레비전, 영화 등 전 세계적으로 공유되는 미디어를 통해 창출된 **글로벌 문화**(global culture)는 서로 다른 문화와 사람들이 이제는 공통된 기대, 공유된 유물, 사회적 규범을 발전시킬 수 있게 했다.

고려해야 할 또 다른 요인은 글로벌 지식 기반의 성장이다. 제2차 세계대전 종전 당시 지식, 교육, 과학, 산업 기술은 북미, 서유럽, 일본에 고도로 집중되어 있었다. 하지만 이제는 중국, 남아시아, 동유럽, 중미 등 세계 여러 지역은 강력한 교육, 산업, 과학 중심지를 발전시켜 훨씬 더 민주적이고 광범위하게 분산된 지식 기반을 형성했다.

이러한 일반적 문화 요인 외에도 대부분의 산업에 영향을 미치는 구체적인 비즈니스 요인이 있다. 강력한 통신 기술의 발전과 글로벌 문화의 출현은 **글로벌 시장**(global market), 즉 유사한 제품을 소비하는

표 15.1 글로벌 비즈니스 동인

일반적인 문화적 요인	구체적인 비즈니스 요인
글로벌 정보, 통신, 교통 기술	글로벌 시장
글로벌 문화 발전	글로벌 생산과 운영
글로벌 지식 기반	글로벌 조정
	글로벌 인력
	글로벌 규모의 경제

데 관심이 있는 세계 여러 지역의 소비자를 위한 토대를 제공했다. 코카콜라, (미국에서 디자인되어 한국에서 제조한) 미국산 운동화, 스타벅스 커피는 이제 전 세계에서 판매되고 있다.

이러한 수요에 부응하여 글로벌 생산과 운영이 멀리 떨어진 생산 시설과 수천 마일 떨어진 중앙 본사 간의 정확한 온라인 조정을 통해 생겨났다. 예를 들어 덴마크 코펜하겐에 본사를 둔 주요 글로벌 해운 회사인 머스크(Maersk)는 AI 기반 예상 도착 시간 시스템이 포함된 중앙집중식 대시보드인 물류 허브(Logistics Hubs)와 실시간 정보를 통해 선박 위치를 추적하는 대화형 운송 경로 지도가 포함된 제품 운송을 추적할 수 있는 다양한 도구를 고객에게 제공한다. 머스크 앱은 유사한 정보를 고객의 손바닥 안에 제공한다.

글로벌 시장과 글로벌 생산 및 운영에 대한 압력은 글로벌 조정을 위한 새로운 역량을 촉진했다. 도입 사례에서 논의했듯이 생산, 회계, 마케팅 및 판매, 인사, 시스템 개발(모든 주요 비즈니스 기능)은 전 세계적인 규모로 조정할 수 있다. 이러한 새로운 수준의 글로벌 조정은 비교 우위에 따라 사업 활동을 배치할 수 있도록 한다. 디자인은 마케팅, 생산, 재무와 마찬가지로 최적의 장소에서 수행되어야 한다.

마지막으로 글로벌 시장, 생산, 관리는 강력하고 지속가능한 규모의 경제를 위한 조건을 조성한다. 전 세계 수요에 따른 생산은 최적의 성과를 낼 수 있는 곳에 집중될 수 있다. 고정 자원을 대규모 생산라인에 배분할 수 있으며, 대규모 공장의 생산 라인은 더욱 효율적이고 정확하게 계획될 수 있다. 생산은 비용이 더 낮은 지역으로 이전될 수 있다. 결과적으로 글로벌 조직을 구축할 수 있는 기업에 강력한 전략적 이점을 제공한다. 이러한 일반적이고 구체적인 비즈니스 동인은 세계 무역과 상거래를 크게 확대했다. 그러나 코로나19 팬데믹은 단일 국가 또는 공급업체에 공급이 집중되는 글로벌 공급사슬 의존의 위험성을 보여주었다.

모든 산업이 이러한 추세의 영향을 동일하게 받는 것은 아니다. 처음에는 제조업이 서비스업보다 훨씬 더 큰 영향을 받았지만 이제는 상황이 바뀌었다. 서비스를 점점 더 디지털 방식으로 제공할 수 있게 됨에 따라 일반 비즈니스, 금융, 엔터테인먼트, 콘텐츠 및 기타 여러 서비스 산업에서 서비스의 지역성이 깨지고 있다. 디지털 방식으로 제공되는 서비스의 전 세계 수출은 지난 10년간 연평균 8% 이상 증가하여 실물 상품의 세계 무역 증가율을 크게 앞지르고 있다(World Trade Organization, 2023b). 자사 산업의 세계화를 이해하고 적절하게 대응할 수 있는 기업은 상당한 이익을 거둘 수 있는 위치에 있다.

글로벌 비즈니스 과제

사업 성공을 위한 세계화의 가능성이 상당하며, 제2차 세계대전 이후 세계 경제와 생태계의 발전이 놀라울 정도로 성공적이었지만, 여전히 세계 경제를 저해하고 국제 비즈니스를 방해하는 근본적인 세력이 많이 존재한다.

문화적 수준에서 (종교, 국적, 윤리, 지역주의, 지정학적 위치 등) 모든 형태의 편협하고 개인적인 특성을 바탕으로 판단하고 행동하는 **특수주의**(particularism)는 공유된 세계 문화라는 개념 자체를 거부하고, 외국 상품과 서비스가 국내 시장에 침투하는 것을 막는다. 언어는 여전히 큰 장벽이다. 기업의 상위 직급에서는 영어를 표준 비즈니스 언어로 사용하는 경우가 많지만, 일반적으로 중하위 직급에서는 그렇지 않다.

특수주의
편협하고 개인적인 특성을 바탕으로 이와 관련된 모든 형태(종교, 국적, 윤리, 지역주의, 지정학적 위치)를 고려하여 판단을 내리고 행동하는 것

문화 간 차이는 사회적 기대의 차이를 낳는다. 예를 들어 일부 국가의 소비자는 국내 유명 브랜드 제품이 국내에서 생산될 것으로 기대하지만, 제품 중 상당수가 실제로는 외국에서 생산된다는 사실을 알고 실망한다.

다양한 문화는 다양한 정치 및 법률 시스템을 만들어낸다. 예를 들어 국가마다 정보의 이동, 자국민의 정보 프라이버시, 시스템 소프트웨어 및 하드웨어의 원산지, 무선·위성 통신을 규제하는 법률이 다르다.

표 15.2 글로벌 비즈니스 과제

글로벌 요소	구체적인 요소
문화적 특수주의: 민족주의, 종교, 언어적 차이	표준: 서로 상의한 전자 데이터 교환(EDI), 이메일, 통신 표준
사회적 기대: 브랜드에 대한 기대, 근무 시간	신뢰성: 신뢰성이 일정하지 않은 통신망
정치적 및 법적: 국경 간 데이터 및 프라이버시법, 상업 규제	속도: 다양한 데이터 전송 속도
코로나19 팬데믹과 같은 '충격'으로 인한 탈세계화 및 지역화 추세	인력: 숙련된 컨설턴트의 부족

심지어 영업 시간과 거래 조건조차도 크게 다를 수 있다. 이러한 차이점은 글로벌 비즈니스를 복잡하게 만들며, 글로벌 정보시스템을 구축할 때 반드시 고려해야 한다.

국경 간 데이터 흐름
국가 간의 경계를 넘어 정보가 어떤 형태로든지 이동하는 것

예를 들어 유럽 국가는 국경 간 데이터 흐름과 프라이버시에 관한 법률이 미국과 다르다. **국경 간 데이터 흐름**(transborder data flow)은 국경을 넘어서는 모든 형태의 정보 이동으로 정의된다. 2018년에 발효된 일반 데이터 보호 규정(GDPR)은 해당 데이터를 수집하는 기업이 유럽연합 내에 있는지 여부에 관계없이 유럽연합 시민이 생성한 모든 데이터에 적용되고, 실제 유럽연합 시민인지 여부에 관계없이 유럽연합 내에 데이터가 저장된 모든 사람에게 적용된다(4장의 일반 데이터 보호 규정 참조).

문화적·사회적·정치적·법적 차이는 조직의 비즈니스 프로세스와 IT 적용에 지대한 영향을 미친다. 이러한 차이로 인해 기술 표준, 전화망의 신뢰성 차이, 숙련된 컨설턴트 부족 등 여러 가지 장벽이 발생한다. 새로운 정보시스템을 성공적으로 구현하려면 소프트웨어를 현지 언어 인터페이스로 구축해야 할 수도 있다.

지난 15년 동안 세계화와 글로벌 비즈니스의 진전에 2008~2009년 세계 금융 위기, 다양한 환경 재해, 지정학적 위기와 갈등, 코로나19 팬데믹 등 여러 차례 '충격'이 있었다. 이러한 충격은 기업이 중요한 공급사슬과 기술을 위해 다른 국가에 얼마나 의존하게 되었는지, 복잡하고 통합된 공급사슬 전반에 걸쳐 혼란이 어떤 파장을 일으킬 수 있는지, 상호 연결성과 상호 의존성이 기업을 어떻게 위험에 빠뜨릴 수 있는지에 대한 우려를 불러일으켰다. 이러한 충격에 직면하여 '탈세계화' 또는 '지역화'라는 추세가 나타났다. 일부 기업은 이에 대응하여 '니어쇼링(nearshoring, 제조 및 생산 운영을 주요 시장 근처로 이전)' 또는 '프렌드쇼어링/앨라이쇼어링(friend-shoring/ally-shoring, 정치적·경제적 동맹국으로 간주되는 국가에 운영 및 공급사슬을 집중)'으로 전환했다.

비즈니스를 위한 국제 시스템을 설계하고 구축할 때 이러한 저해 요소를 반드시 고려해야 한다. 국경을 넘나드는 시스템을 구축하려는 기업은 일반적으로 여러 국가 간에 상품과 정보가 자유롭게 흐르는 데 드는 시간, 비용, 물류적 어려움을 과소평가한다.

글로벌 정보시스템 개발에 따른 과제를 표 15.2에 요약했다.

15.2 글로벌 정보시스템 아키텍처의 개발

글로벌 정보시스템 아키텍처
세계 무역 및 기타 활동을 조정하기 위해 조직에 필요한 기본적인 정보시스템

이 절에서는 기업의 글로벌 전략을 지원하는 데 적합한 정보시스템 아키텍처를 개발하기 위해 따라야 할 프로세스를 살펴보자. **글로벌 정보시스템 아키텍처**(international information system architecture)는 조직이 세계 무역 및 기타 활동을 조정하는 데 필요한 기본적인 정보시스템으로 구성된다. 앞서 설명한 바와 같이 경쟁우위를 확보할 수 있는 기회와 향후 응용 분야에 대한 관심을 고려할 때, 대부분의 다국적 기업이 글로벌 시스템 아키텍처를 합리적으로 개발했다고 생각할 수 있다. 그러나 실상은 완전히 다르다. 많은 기업이 구식 정보처리 개념에 따라 임시변통으로 주워 모은 형태의 글로벌 시스템을 물려받

그림 15.2 글로벌 정보시스템 아키텍처

글로벌 정보시스템 아키텍처를 개발하기 위한 주요 차원에는 글로벌 환경, 기업 글로벌 전략, 조직 구조, 관리와 비즈니스 프로세스, 기술 플랫폼의 고려가 포함된다.

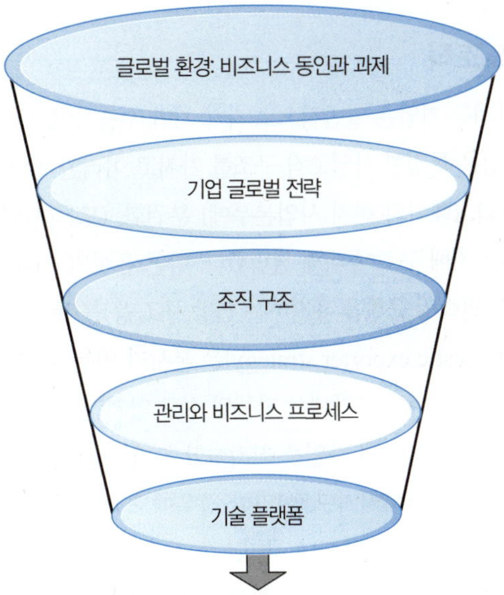

았는데, 독립적인 해외 사업부서에서 본사로 보고하고, 어떤 기존 시스템에서 다른 시스템으로 데이터를 수작업으로 입력하며, 온라인 제어와 통신이 거의 이루어지지 않는 경우도 있었다. 이러한 상황에 처한 기업은 진정한 글로벌 시스템이 합리적으로 설계되어 있는 다른 기업의 강력한 경쟁 도전을 받는다. 최근 글로벌 시스템을 위한 기술 플랫폼을 구축했지만 글로벌 전략이 부족한 기업도 있다. 적절한 글로벌 정보시스템 아키텍처를 구축하는 데에는 상당한 어려움이 있다.

그림 15.2는 효과적인 글로벌 정보시스템 아키텍처를 개발할 때 고려해야 할 주요 측면을 보여준다.

프로세스의 첫 번째 단계는 기업이 운영되는 글로벌 환경을 이해하는 것이다(15.1절 참조). 이는 기업의 산업을 글로벌 경쟁으로 밀어붙이는 전반적인 시장 동력, 즉 비즈니스 동인을 이해하는 것을 의미한다. 또한 경영상의 어려움을 야기할 수 있는 요인, 즉 글로벌 사업의 발전을 저해할 수 있는 요인을 신중하게 검토해야 한다.

글로벌 환경을 검토한 후에는 해당 환경에서 경쟁하기 위한 최선의 전략을 고려해야 한다. 기업은 어떻게 대응해야 할까? 글로벌 시장을 무시하고 국내 경쟁에만 집중할 수도 있고, 국내에서 해외 판매를 시작하거나 전 세계적으로 생산 및 유통을 조직할 수도 있으며, 이 밖에 중간적인 선택 사항도 많다. 15.3절에서는 조직이 채택할 수 있는 다양한 전략을 자세히 살펴볼 것이다.

전략을 수립한 후에는 전략을 추진할 수 있도록 조직을 어떻게 구성할지 고려해야 한다. 글로벌 환경에서 어떻게 분업을 달성해야 하는가? 생산, 관리, 회계, 마케팅, 인사 부서는 어디에 배치해야 하는가? 시스템 기능은 누가 담당해야 하는가? 채택 가능한 다양한 조직 구조는 15.3절에서 자세히 다룬다.

다음으로 전략 실행 시의 관리 문제를 고려해야 한다. 여기서 핵심은 비즈니스 프로세스의 설계이다. 사용자의 요구사항을 어떻게 파악하고 관리해야 하는가? 국제적인 요구사항과 일치시키기 위해 현지 단위의 변화를 어떻게 유도해야 하는가? 글로벌 규모로 어떻게 리엔지니어링을 수행하고 시스템 개발을 어떻게 조율해야 하는가? 다양한 관리 문제는 15.4절에서 자세히 논의한다.

마지막으로 고려해야 할 사항은 기술 플랫폼이다(15.5절 참조). 기술 변화는 글로벌 시장으로 나아가는 주요 원동력이지만, 올바른 기술을 선택하기 전에 기업 전략과 구조가 필요하다.

15.3 글로벌 비즈니스와 정보시스템을 위한 전략 및 조직 구조

글로벌 진출을 모색하는 기업은 전략 선택, 사업조직 구성, 시스템 관리 영역 구성이라는 조직적 문제에 직면한다. 이 세 가지 문제는 서로 밀접하게 연관되어 있다.

글로벌 전략 및 비즈니스 조직

글로벌 규모로 사업을 운영하려는 기업은 일반적으로 자국 기반 수출기업, 다국적, 프랜차이저, 초국가적 전략 중 하나를 선택한다. 기업은 특정한 사업조직 구조를 가지고 이러한 전략을 추구한다(표 15.3 참조). 단순화를 위해 (본국에) 집중화, (해외의 현지 사업본부에) 분권화, (모든 사업본부의 중요도가 같은) 조정화의 세 가지 조직 구조 또는 지배 구조에 대해 설명했다. 다른 유형의 지배 구조(예: 특정 부서의 지배, 동등한 연합, 전략사업부서 간 권력의 균형을 유지하는 연방 구조 등)를 특정 기업에서 관찰할 수도 있다.

자국 기반 수출기업 전략
본국에 사업 활동을 집중화하는 것이 특징인 글로벌 기업 비즈니스 전략

자국 기반 수출기업 전략(domestic exporter strategy)은 본사가 있는 본국에 사업 활동을 고도로 집중화하는 것이 특징이다. 일부 사업은 다른 국가에서 진행될 수도 있지만 생산, 재무/회계, 판매/마케팅, 인적자원, 전략경영 등은 본사가 있는 국가의 자원을 최적화할 수 있도록 설정된다. 해외 판매는 일반적으로 유통 계약이나 자회사를 통해 이루어지지만, 이러한 경우에도 해외 마케팅은 마케팅 주제와 전략을 위해 국내의 본사에 의존한다. 해외에서 제품이나 서비스를 판매하는 거의 모든 기업은 처음에는 이러한 방식으로 시작하지만, 성장하면서 다른 전략으로 전환하는 경우가 많다. 오리건주 포틀랜드에 본사와 생산 시설을 두고 있는 멀티툴 및 나이프 제조업체인 레더맨툴그룹(Leatherman Tool Group)은 자국 기반 수출기업 전략을 활용하는 대표적인 기업이다. 레더맨툴그룹의 모든 제품은 미국에서 설계 및 제작되고 공인 유통업체를 통해 전 세계 약 90개국에서 판매된다.

다국적 전략
재무 관리에 집중하고 중앙 본거지를 통제하는 동시에 생산, 판매, 마케팅 운영을 다른 국가의 단위로 분산시키는 글로벌 기업 비즈니스 전략

다국적 전략(multinational strategy)은 생산, 판매 및 마케팅 운영 등은 국외 사업부서에 분권화하면서 재무 관리와 해외 사업부서에 대한 통제는 집중화한다. 다른 국가에서 사용할 수 있는 제품과 서비스는 현지 시장 상황에 맞게 조정되며, 여러 국가에 분산된 생산과 마케팅 설비의 광범위한 연합체 형태의 조직이 있다. 도입 사례에서 소개한 호멜푸드와 같은 많은 기업이 이 전략을 사용하고 있다. 호멜푸드의 본사와 직원의 90%는 미국에 있다. 그러나 현지의 필요와 선호도에 따라 적응하고 개선할 수 있는 자율성을 가진 지역 팀이 전 세계에 있고, 글로벌 기업의 광범위한 지식과 자원을 활용할 수 있다.

프랜차이저 전략
다양한 전략을 사용하는 것이 특징인 글로벌 기업 비즈니스 전략. 국내에서 제품 개발, 설계, 자금 조달, 초기 생산이 이루어지지만 제품의 특성 때문에 일반적으로 추가 생산, 마케팅, 인적자원은 해외 인력에 크게 의존해야 한다.

프랜차이저 전략(franchiser strategy)은 흥미로운 전략 조합을 사용한다. 제품 개발, 설계, 자금 조달, 초기 생산은 본사가 있는 본국에서 이루어지지만 제품의 특성 때문에 일반적으로 추가 생산, 마케팅, 인적자원은 해외의 가맹점 인력에 크게 의존해야 한다. 맥도날드, 스타벅스와 같은 식품 프랜차이저 업체가 이러한 부류이다. 맥도날드는 신제품 개발, 전략경영, 자금 조달을 위해 미국에 크게 의존하고 있다. 그럼에도 불구하고 제품은 현지에서 생산되어야 하므로(부패하기 쉽기 때문에) 생산의 광범위한 조정 및

표 15.3 글로벌 사업 전략과 구조

사업 기능	자국 기반 수출기업	다국적	프랜차이저	초국가적
생산	집중화	분권화	조정화	조정화
재무/회계	집중화	집중화	집중화	조정화
판매/마케팅	혼합	분권화	조정화	조정화
인적자원	집중화	집중화	조정화	조정화
전략경영	집중화	집중화	집중화	조정화

분산, 현지 마케팅, 현지 인력 채용이 필요하다.

초국가적 기업은 전 세계적으로 관리되는 기업으로, 보통은 단일 국가 본부를 두지 않고 여러 지역 본부 또는 세계 본부를 두고 있다. **초국가적 전략**(transnational strategy)에서는 거의 모든 부가가치 활동을 글로벌 관점에서 국경을 초월하여 관리하며, 어디에서든 수요와 공급의 원천을 최적화하고 지역적 경쟁우위를 활용한다. 초국가적 기업은 본국이 아닌 전 세계를 경영의 기준으로 삼는다. 이러한 기업의 지배 구조는 강력한 중앙집권적 의사결정 구조를 가지고 있지만, 글로벌 사업부 전반에 걸쳐 권력과 재정력이 상당히 분산되어 있는 연방 구조에 비유되었다. 초국가적 지위를 완전히 달성한 기업은 거의 없다. 유니레버는 초국가적 전략을 채택한 기업의 대표적인 사례이다. 유니레버는 400개 이상의 다양한 브랜드로 광범위한 소비재를 제조 및 판매한다. 영국에 세계 본사를 두고 전 세계 190개국 이상에서 사업을 운영하고 있다. 네슬레(Nestle S.A.)와 일라이릴리(Eli Lilly)도 초국가적 전략을 추구하는 기업이다.

초국가적 전략
거의 모든 부가가치 활동을 글로벌 관점에서 국경을 초월하여 관리하는 글로벌 기업 비즈니스 전략으로, 본국이 아닌 전 세계를 경영의 기준으로 삼는다.

IT와 글로벌 통신 기술의 발전은 기업이 글로벌 전략을 수립하는 데 더 많은 유연성을 제공하고 있다. 특정 제품의 수입에 장벽을 설정하고, 이를 통해 판매 국가에서의 제조를 장려하는 정부 무역 정책, 현지 시장 및 현지 규정 준수의 필요성은 기업의 현지화를 촉진한다. 동시에 규모의 경제 달성, 지역 간 프로세스 및 운영의 단순화와 통합에 대한 요구, 일관된 고객 경험 제공 능력은 기업을 글로벌 표준화로 이끌고 있다. 따라서 중앙집권화와 글로벌 조정의 힘뿐만 아니라 분권화와 분산의 힘도 존재한다. 가장 성공적인 전략은 글로벌 효율성과 현지 요구사항의 균형을 맞추는 것으로, 현지 시장과 부서에서 역량을 선택적으로 배치할 수 있는 중앙 핵심 시스템과 현지 계층을 갖춰야 한다(Bossert et al., 2023).

전략에 맞는 글로벌 시스템 구성

IT와 글로벌 통신 기술의 발전은 다국적 기업이 글로벌 전략을 수립하는 데 더 많은 유연성을 제공하고 있다. 시스템 구성, 관리, 개발은 선택된 글로벌 전략을 따르는 경향이 있다. 그림 15.3은 일반적인 시스템 구성을 보여준다. **시스템 구성**(system configuration)이란 정보시스템 구축 및 운영에 관련된 모든 활동, 즉 전략적 사업 계획의 수립 및 조정, 시스템 개발, 지속적인 운영 및 유지·보수를 의미한다. 단순화를 위해 네 가지 유형의 시스템 구성을 고려해보자. **중앙집중형 시스템**(centralized system)은 시스템 개발 및 운영이 전적으로 국내 본사에서 이루어지는 시스템이다. **복제형 시스템**(duplicated system)은 개발이 본국에서 이루어지지만 운영은 해외에 있는 독립적 사업부서에 이관되는 시스템이다. **분산형 시스템**(decentralized system)은 각 해외 사업부가 자체적으로 고유한 솔루션과 시스템을 설계하고, **네트워크형 시스템**(networked system)은 시스템 개발 및 운영이 모든 부서에서 통합되고 조정된 방식으로 이루어지는 시스템이다.

그림 15.3 글로벌 전략과 시스템 구성

대문자 X는 가장 지배적인 유형이고 소문자 x는 최근에 새로 나타나는 유형이다. 예를 들면 자국 기반 수출기업은 대개 중앙집중형 시스템에 의존하지만 현지 마케팅 지역에서는 분산형 시스템도 개발되고 있다.

시스템 구성	전략			
	자국 기반 수출기업	다국적	프렌차이저	초국가적
중앙집중형 시스템	X			
복제형 시스템			X	
분산형 시스템	x	X	x	
네트워크형 시스템		x		X

그림 15.3에서 보듯이 자국 기반 수출기업은 본국에 있는 특정 시스템 개발 직원이 전 세계 애플리케이션을 개발하는 고도로 중앙집중화된 시스템을 사용하는 경향이 있다. 다국적 기업은 직접적이고 현저하게 대조되는 방식을 제안한다. 해외 사업부는 현지 요구에 따라 자체 시스템 솔루션을 개발하며, 본사와 공통된 애플리케이션은 (재무 보고 및 일부 통신 애플리케이션을 제외하고는) 거의 또는 전혀 없다. 프랜차이저는 가장 간단한 시스템 구성을 가지고 있다. 자신이 판매하는 제품과 마찬가지로 프랜차이저는 일반적으로 본사에서 단일 시스템을 개발하여 전 세계에 복제한다. 각 사업부서는 위치에 관계없이 동일한 애플리케이션을 사용한다. 가장 야심적인 시스템 개발 형태는 초국가적 기업에서 찾아볼 수 있다. 네트워크형 시스템은 시스템 개발 및 운영을 위한 견고하고 단일화된 글로벌 환경이 있는 시스템이다. 이는 일반적으로 강력한 통신 기간망, 애플리케이션 개발을 공유하는 문화, 문화적 장벽을 초월하는 공유 관리 문화를 전제로 한다. 네트워크형 시스템 구조는 금융 서비스에서 가장 두드러지게 나타나는데, (화폐, 금융 상품과 같은) 상품의 동질성이 문화적 장벽을 극복하는 것으로 보인다.

비즈니스의 재조직화

기업이 글로벌 규모로 사업을 운영하려면 자신을 어떻게 조직해야 할까? 글로벌 기업과 정보시스템 지원 체계를 구축하려면 기업은 다음 원칙을 따라야 한다.

1. 비교우위를 기반으로 부가가치 활동을 조직한다. 예를 들어 최소 비용, 최대 효과, 신뢰성을 통해 가장 효과적으로 수행할 수 있는 곳에 마케팅/영업 기능을 배치해야 한다. (공급사슬 복원력 확보를 위한 안전장치를 포함한) 생산, 재무, 인사, 정보시스템도 마찬가지이다.
2. 지역별, 국가별, 국제적 등 기업 활동의 각 단계에 따라 시스템을 개발하고 운영한다. 현지의 요구를 충족하기 위해서는 어느 정도 규모의 **현지 국가별 시스템 부서**(host country system unit)가 있어야 한다. **지역별 시스템 부서**(regional system unit)는 주요 지역(유럽, 아시아, 북미, 남미, 남반구 등) 내에서 이루어지는 국가 간 통신 및 시스템 개발을 담당해야 한다. 또한 **초국가적 시스템 부서**(transnational system unit)를 설립하여 주요 지역 간 연계를 구축하고 국제 통신과 시스템의 개발 및 운영을 조정해야 한다.
3. 글로벌 정보시스템 개발을 책임지는 단일 사무실, 즉 글로벌 최고정보책임자(CIO) 직책을 설립한다.

많은 성공적인 기업이 이러한 원칙을 기반으로 조직 시스템과 구조를 구축해왔다. 이러한 기업의 성공은 기업 활동을 적절히 조직화하는 것뿐만 아니라 핵심 요소, 즉 국제 시스템의 위험과 이점을 이해하고 이를 극복하기 위한 전략을 수립할 수 있는 경영진에 달려 있다. 다음 절에서는 이러한 관리 주제를 살펴보자.

15.4 글로벌 정보시스템 개발의 관리 과제

표 15.4는 글로벌 정보시스템 개발과 관련된 주요 관리 과제를 보여준다. 이러한 문제 중 다수는 국내 정보시스템 개발 시 관리자가 겪는 어려움과 동일하다는 점에서 흥미롭지만, 글로벌 환경에서는 엄청나게 복잡한 문제이다.

표 15.4 글로벌 정보시스템 개발의 관리 과제

사용자의 공통 요구사항에 대한 합의
비즈니스 프로세스의 변경
응용 프로그램 개발의 조정
소프트웨어 배포의 조정
현지 사용자에게 글로벌 시스템을 사용하도록 권장

전형적인 시나리오: 글로벌 규모로 조직화되지 못한 조직

일반적인 시나리오를 살펴보자. 미국에 본사를 두고 유럽에서 사업을 운영하는 전통적인 다국적 소비재 기업이 아시아 시장으로 확장하면서, 초국가적 전략을 수립하고 이 전략을 지원하는 정보시스템을 구축하고자 한다. 대부분의 다국적 기업과 마찬가지로 미국에 본사와 전략경영을 유지하면서 생산과 마케팅은 지역 및 국가 센터로 분산해왔다. 역사적으로 각 해외 자회사는 자체 시스템을 개발할 수 있었다. 중앙에서 조정되는 유일한 시스템은 재무 관리 및 보고 시스템이다. 미국의 중앙 시스템 그룹은 국내 기능과 생산에만 집중한다.

그 결과로 하드웨어, 소프트웨어, 통신 시스템이 뒤죽박죽이 되었다. 각 생산 시설은 서로 다른 자재소요계획(MRP)시스템(또는 동일한 ERP시스템이라도 서로 다른 버전의 ERP시스템)과 마케팅, 판매 및 인적자원 시스템을 사용한다. 현지 상황으로 인해 여러 사이트 간의 통신이 때때로 어려울 수 있다.

초국가적 전략을 추진하면서 고도로 조율된 글로벌 정보시스템 환경을 지원하기 위한 정보시스템 아키텍처를 개발하고자 하는 이 회사의 고위 관리층에게 어떤 조언을 하겠는가? 표 15.4를 검토하여 이 기업이 직면한 문제를 고려해보자. 해외 자회사는 사용자의 공통 요구사항에 대한 합의 노력에 저항할 수 있다. 자회사는 자신의 요구사항 외에는 다른 것에 대해 생각해본 적이 없을 수 있다. 최근 사업이 확장되어 현지 수요에 집중하도록 지시받은 미국 시스템 그룹은 초국가적 전략을 권고하는 누군가의 지침을 쉽게 받아들이지 않을 수 있다. 전 세계 현지 관리자에게 다른 나라의 부서와 일치되도록 업무 절차를 변경해야 한다는 점을 납득시키는 것은 어려울 수 있으며, 특히 이러한 변경이 현지 성과에 부정적인 영향을 미칠 수 있는 경우는 더욱 그렇다. 이 회사에서는 일반적으로 현지 관리자가 자신의 소속 부서나 공장의 현지 목표 달성에 따라 보상을 받는다. 또한 전 세계적인 프로젝트 개발을 조정하는 것이 어려울 수 있으며, 따라서 현지 사용자에게 개발된 시스템에 대해 주인의식을 갖도록 장려하기도 어려울 것이다.

15.5 글로벌 정보시스템 개발 과제의 관리적 해결책

이 절에서는 먼저 글로벌 정보시스템을 개발하는 데 따른 과제에 대한 해결책을 고안하는 방법을 고려하고, 이 해결책을 실제로 구현하는 것과 관련된 문제점을 살펴보자.

글로벌 정보시스템 개발 과제의 관리적 해결책 고안

글로벌 정보시스템 전략을 수립할 때 먼저 고려해야 할 사항은 모든 시스템을 초국가적으로 조율해야 하는 것은 아니라는 점이다. 일부 핵심 시스템만 비용 및 실현 가능성 측면에서 진정으로 공유할 가치가 있다. **핵심 시스템**(core system)은 조직에 절대적으로 중요한 기능을 지원한다. 나머지 시스템은 핵심 요소를 공유하기 때문에 부분적으로 조정되어야 하지만, 국가 간 경계를 넘어 완전히 공통적일 필요는 없다. 이러한 시스템의 경우 현지 상황에 맞도록 상당한 변형이 가능하고 바람직하다. 시스템의 마지막 부분은 주변적 시스템으로 현지의 요구사항에만 맞추면 된다.

핵심 시스템
조직에 절대적으로 중요한 기능을 지원하는 시스템

핵심 비즈니스 프로세스 정의

핵심 시스템은 어떻게 식별할 수 있을까? 첫 번째 단계는 중요한 핵심 비즈니스 프로세스의 간략한 목록을 정의하는 것이다. 비즈니스 프로세스는 2장, 3장, 13장에서 정의하고 설명했으니 다시 검토하기 바란다. 간단히 말해, 고객에게 정확한 주문을 배송하거나 혁신적인 제품을 시장에 출시하는 것과 같이 특정 비즈니스 결과를 창출하기 위해 논리적으로 연관된 작업들의 집합이 비즈니스 프로세스이다. 각 비즈니스 프로세스는 일반적으로 업무와 정보, 지식을 전달하고 조정하는 여러 기능 영역을 포함한다. 핵심 비즈니스 프로세스는 초국가적 시스템의 후보이다.

이러한 핵심 비즈니스 프로세스를 파악하는 방법은 비즈니스 프로세스 분석을 수행하는 것이다. 고객 주문은 어떻게 접수되는가? 접수된 주문은 어떻게 처리되는가? 누가 주문을 처리하며, 고객에게 어떻게 배송되는가? 공급업체는 어떻게 되는가? 공급이 자동화되도록 ERP시스템을 활용할 수 있는가? 자신의 회사에 중요한 열 가지 비즈니스 프로세스를 간략하게 정리하여 우선순위를 정할 수 있어야 한다. 조직

표 15.5 핵심, 지역, 현지 비즈니스 프로세스의 예

비즈니스 프로세스의 유형	예
핵심 비즈니스 프로세스	글로벌 공급사슬관리 글로벌 브랜드 이미지 유지 글로벌 품질 기준 확립
지역 비즈니스 프로세스	지역 물류 센터 운영 지역 마케팅 캠페인 운영 지역 판매 구역 성과 평가 지역별 고객 서비스 제공
현지 비즈니스 프로세스	고객 주문 접수 다양한 언어와 현지 취향에 맞는 식품 라벨 맞춤 제작 현지 직원 교육 현지 사무실 직원 채용

의 지역 및 현지 비즈니스 프로세스를 명시할 수 있다면 핵심 비즈니스 프로세스와 진행 방식을 더욱 명확하게 이해할 수 있다. 표 15.5에 몇 가지 예를 제시했다.

다음으로, 이러한 프로세스의 우수 센터를 확인할 수 있는가? 고객의 주문 처리는 미국이 제일 우수하고, 제조 공정 관리는 독일이 제일 우수하며, 인적자원은 아시아가 제일 우수한가? 특정 부서 또는 사업 단위가 하나 이상의 비즈니스 기능 수행에서 두드러진 영역을 회사의 사업 부문에서 파악할 수 있어야 한다.

기업의 비즈니스 프로세스를 이해하면 순서대로 정리할 수 있다. 그러면 어떤 프로세스를 핵심 애플리케이션으로 삼아 전 세계적으로 중앙에서 조정, 설계, 구현해야 할지, 어떤 프로세스를 지역 프로세스 또는 현지 프로세스로 해야 할지 결정할 수 있다. 동시에 중요한 비즈니스 프로세스를 확인하여 앞으로 노력해야 할 미래의 비전을 설정한다.

중앙에서 조정해야 하는 핵심 시스템 식별

중요한 핵심 비즈니스 프로세스를 파악하면 초국가적 시스템의 기회를 파악할 수 있다. 전략의 두 번째 단계는 어떤 시스템이 초국가적이어야 하는지 정의하는 것이다. 초국가적 시스템을 정의하고 구현하는 재정적 비용과 정치적 비용은 매우 높다. 따라서 경험을 지침으로 삼아 미니멀리즘 측면에서 실수를 최소화하도록 핵심 프로세스의 목록을 최소한으로 유지한다. 시스템을 절대적으로 중요한 작은 부분으로 세분화하여 초국가적 전략에 대한 반대를 분열시킬 수 있다. 또한 몇 가지 기술적 플랫폼에 대한 요구사항을 제외하고는 주변 시스템 개발을 그대로 진행하도록 허용하여 초국가적 시스템이 암시하는 중앙집중식 세계적 조정에 반대하는 사람들을 달랠 수 있다.

접근 방식 선택: 점진적, 원대한 설계, 진화적

세 번째 단계는 접근 방식을 선택하는 것이다. 단편적인 접근 방식은 피해야 한다. 이는 가시성이 부족하고, 초국가적 개발로 인해 손실을 입을 수 있는 모든 사람의 반대와 초국가적 시스템의 가치를 고위 관리층에게 확신시킬 수 있는 힘이 부족하기 때문에 틀림없이 실패하고 만다. 마찬가지로 모든 것을 한 번에 수행하려고 하는 원대한 설계 방식도 피해야 한다. 자원을 집중할 수 없기 때문에 이 방식은 실패하기 쉽다. 아무것도 제대로 수행되지 않으며, 변화 노력에 엄청난 자원이 필요하기 때문에 조직 변화에 대한 반대가 불필요하게 강화된다. 대안적 접근 방식은 향후 5년 안에 조직이 갖추어야 할 초국가적 역량에 대한 정확하고 명확한 비전을 바탕으로 기존 애플리케이션에서 점진적으로 초국가적 애플리케이션으로 진화시키는 것이다. 이것은 '살라미 전략(salami strategy)'으로 불리며, 한 번에 한 조각씩 점진적으로 초국가적 시스템을 구축한다.

명확한 이점 명시

회사에는 어떤 이점이 있을까? 피해야 할 최악의 경우는 글로벌 시스템의 구축 자체를 위해 글로벌 정보시스템을 개발하는 것이다. 처음부터 본사의 고위 관리자들과 해외 사업부의 관리자들이 개별 사업부와 마찬가지로 회사에 가져올 이점을 명확하게 이해하는 것이 중요하다. 각 시스템이 제공하는 고유한 이점은 예산에 따라 차이가 있지만, 글로벌 정보시스템의 전반적인 기여는 네 가지 영역에 걸쳐 있다.

첫째, 진정으로 통합 및 분산되어 있는 초국가적 시스템을 갖춘 글로벌 정보시스템은 탁월한 관리 및 조정 능력에 기여한다. 여기에는 위기 상황일 때 한 지역에서 다른 지역으로 즉시 공급업체를 전환할 수 있는 능력, 자연재해와 인재에 대응하여 생산을 이전할 수 있는 능력, 한 지역의 초과 생산 능력을 활용하여 다른 지역의 수요를 충족할 수 있는 능력이 포함된다.

글로벌 정보시스템의 두 번째 주요 기여는 생산, 운영, 공급, 유통의 획기적 개선이다. 글로벌 공급업체와 글로벌 유통 네트워크를 갖춘 글로벌 가치사슬을 통해 고위 관리층은 부가가치 활동을 가장 경제적이고 안정적으로 수행되는 (현재는 공급사슬 회복력 강화에 더욱 중점을 두고) 지역에 배치할 수 있다.

셋째, 글로벌 정보시스템은 글로벌 고객과 글로벌 마케팅을 의미한다. 전 세계의 고정비는 훨씬 더 큰 고객 기반을 통해 상각될 수 있다. 이는 생산 시설에서 새로운 규모의 경제가 실현된 것이다.

넷째, 글로벌 정보시스템을 통해 기업은 훨씬 더 큰 자본 기반에 걸쳐 기업 자금의 사용을 최적화할 수 있다. 예를 들어 자본이 부족한 지역의 생산을 확장하기 위해 여유가 있는 지역의 자본을 효율적으로 이동할 수 있다. 회사 내에서 현금이 보다 효과적으로 관리되고 사용될 수 있다.

관리적 해결책 구현

글로벌 정보시스템 아키텍처를 개발할 때 관리자가 직면하는 문제(표 15.4 참조)에 대한 해결책을 구현하는 방법을 알아보자.

사용자의 공통 요구사항에 대한 합의

핵심 비즈니스 프로세스와 핵심 지원 시스템의 간략한 목록을 작성하면 회사의 여러 부서에 걸쳐 합리적인 비교 프로세스가 시작된다. 또한 비즈니스를 논의하기 위한 공통 언어를 개발하면서 지역적으로 유지되어야 하는 고유한 특성과 함께 공통적인 요소에 대한 이해를 자연스럽게 가져올 수 있다.

비즈니스 프로세스의 변경

변화 대리인으로서의 성공은 사용자를 변화 설계 과정에 참여시킬 수 있는 정통성, 권한, 능력에 달려 있다. **정통성**(legitimacy)은 역량, 비전 또는 기타 자질을 근거로 권한이 구성원에게 받아들여지는 정도로 정의된다. 점진적이지만 비전을 가지고 정의한 실행 가능한 변화 전략을 선택하는 것은 이러한 변화가 실행 가능하며 바람직하다는 것을 다른 사람들에게 확신시키는 데 도움이 되어야 한다. 사람들을 변화에 참여시키고, 변화가 회사와 현지 사업부서에 최대 이익이 된다는 것을 확신시키는 것이 핵심 전술이다.

정통성
역량, 비전 또는 기타 자질을 근거로 수용될 수 있는 권한의 정도

응용 프로그램 개발의 조정

이 문제에서는 변화 전략의 선택이 매우 중요하다. 글로벌 수준에서 변화를 위한 원대한 설계 전략을 시도하는 것은 너무 복잡하다. 더 큰 비전을 향해 조금씩 점진적 조치를 취하면서 변화를 조율하는 것이 훨

씬 더 쉽다. 2년 단위의 행동 계획보다는 5년 단위의 행동 계획을 생각해보고, 조정 비용을 줄이기 위해 초국가적 시스템의 기능을 최소한으로 축소해야 한다.

소프트웨어 배포의 조정

모든 사업부서가 동시에 새로운 소프트웨어로 업데이트되도록 절차를 제정하여 모든 소프트웨어가 호환되도록 해야 한다.

현지 사용자에게 글로벌 시스템을 사용하도록 권장

포섭
변화의 방향과 본질을 통제하면서 해결책을 설계하고 구현하는 과정에 반대 세력을 끌어들이는 것

국지적인 이해관계에 따라 프로젝트가 개발되지 않도록 통제하면서 사용자를 설계 과정에 참여시키는 것이 이 문제의 핵심이다. 초국가적 기업에서 현지 사업부서의 저항을 다루는 전반적인 전술은 포섭이다. **포섭**(co-optation)은 변화의 방향과 본질을 통제하면서 해결책을 설계하고 구현하는 과정에 반대 세력을 끌어들이는 것으로 정의된다. 포섭을 위해 가능한 한 원초적인 권력의 행사는 피해야 한다. 그러나 현지 사업부서가 초국가적 시스템의 짧은 목록에 최소한 동의해야 하고, 어떤 종류의 초국가적 시스템 기능은 정말 필요하다는 생각을 굳히려면 원초적인 권력이 필요할 수도 있다.

어떻게 포섭을 진행해야 할까? 여러 가지 대안이 가능하다. 첫 번째 전략은 처음에는 자국 내에서, 나중에는 전 세계에서 사용할 하나의 초국가적 응용 프로그램을 개발할 수 있는 기회를 각국의 사업부서에 허용하는 것이다. 이렇게 하면 주요 각국의 시스템 그룹에 초국가적 시스템 개발 과정에서의 각 역할이 주어지고, 각 현지의 사업부서는 초국가적 노력하에 주인의식을 갖게 된다. 단점은, 고품질 시스템 개발 능력이 널리 분산되어 있다고 가정한다는 것이다. 예를 들어 독일 팀이 프랑스와 이탈리아에서도 시스템을 성공적으로 구현할 수 있어야 하지만 현실이 항상 그런 것은 아니다.

두 번째 전략은 초국가적 우수 센터 또는 단일 우수 센터를 신설하는 것이다. 특정 비즈니스 프로세스에 중점을 둔 센터를 전 세계에 여러 개 둘 수 있다. 이러한 센터는 지역 국가 단위에서 많이 참여하고, 다국적 팀을 기반으로 하며, 전 세계 경영진에게 보고해야 한다. 우수 센터는 비즈니스 프로세스를 초기에 파악하고 구성하며, 정보 요구사항을 정의하고, 비즈니스와 시스템 분석을 실시하고, 모든 시스템 설계와 테스트를 담당하게 된다. 그러나 구현과 파일럿 테스트는 전 세계의 현지 부서에서 수행된다. 다양한 지역 그룹을 초국가적 우수 센터에서 채용하면 모든 주요 그룹이 설계에 참여하고 영향력을 행사한다는 메시지를 전달하는 데 도움이 된다.

적절한 조직 구조와 적절한 관리 방식을 선택하더라도 기술적인 문제에 부딪힐 가능성은 여전히 존재한다. 기술 플랫폼, 네트워크, 하드웨어, 소프트웨어의 선택은 초국가적 정보시스템 아키텍처를 구축하는 마지막 요소이다.

15.6 글로벌 정보시스템 개발의 기술적 문제와 대안

기업이 글로벌 비즈니스 모델과 시스템 전략을 정의하고 나면 글로벌 비즈니스 프로세스를 지원하는 주요 시스템 애플리케이션에 맞는 하드웨어, 소프트웨어, 네트워크 표준을 선택해야 한다. 하드웨어, 소프트웨어, 네트워크를 국제적으로 설정하는 데에는 특별한 기술적 문제가 제기된다.

주요 과제 중의 하나는 운영 단위마다, 국가마다 차이가 많을 경우 글로벌 컴퓨팅 플랫폼을 표준화할 수 있는 방법을 찾는 것이다. 또 다른 주요 과제는 국제적인 업무 팀의 생산성을 진정으로 향상하는 사용자 친화적인 특정 소프트웨어 애플리케이션을 찾는 것이다. 전 세계적으로 인터넷이 보편화되면서 네트워킹 문제가 크게 줄었다. 하지만 모든 사업부가 동일한 애플리케이션을 사용하는 것이 아니고 인터넷

서비스 품질도 다양하기 때문에, 인터넷이 있다고 해서 글로벌 조직 전체에 정보가 원활하게 흐를 것이라고 보장하기 어렵다. 예를 들어 독일 사업부는 문서 공유와 의사소통을 위해 공개 소프트웨어 협업 도구를 사용할 수 있는데, 이는 마이크로소프트 솔루션을 사용하는 미국 본사 팀과 호환되지 않을 수도 있다. 이러한 과제를 극복하려면 글로벌 기반의 시스템 통합과 연결성이 필요하다.

컴퓨팅 플랫폼과 시스템 통합

핵심 시스템의 개념을 기반으로 초국가적 정보시스템 아키텍처를 개발하는 것은 전 세계의 다양한 사업부서에서 서로 다른 개발자에 의해 개발되어 서로 다른 하드웨어에서 작동하고 있는 기존의 애플리케이션 제품군과 새로운 핵심 시스템이 어떻게 조화를 이룰 것인가 하는 문제를 제기한다. 국경을 넘나드는 디지털 비즈니스 프로세스를 지원하는, 분산되어 있으면서도 통합된 글로벌 시스템을 개발하는 것이 목표이다. 간단히 말해 이것은 대규모 시스템의 국내 개발 노력이 직면하는 문제와 동일하다. 그러나 국제적인 환경에서는 문제가 더욱 커진다.

윈도우, 리눅스, 유닉스 또는 다양한 하드웨어로 실행되는 독점 운영체제 기반 시스템을 여러 국가의 여러 운영 단위에서 통합하는 문제를 상상해보라. 더욱이 모든 사이트가 동일한 하드웨어와 운영체제를 사용한다고 해서 통합이 보장되는 것도 아니다. 회사 내의 중앙 기관이 각 현장에서 준수해야 할 기타 기술 표준과 함께 데이터 표준을 수립해야 한다. 예를 들면 시스템 간의 인터페이스, 통신 속도와 아키텍처, 네트워크 소프트웨어가 수용 가능해야 할 뿐만 아니라 회계연도의 시작일, 종료일과 같은 기술적인 회계 용어도 표준화되어야 한다(글로벌 비즈니스 구축의 문화적 과제에 대한 설명을 참조하라).

가장 중요한 소프트웨어 애플리케이션은 무엇인가? 많은 국제 시스템은 기본적인 거래 및 관리 보고 시스템에 중점을 둔다. 점점 더 많은 기업이 글로벌 비즈니스 프로세스를 표준화하고 조율된 공급사슬과 인력을 구축하기 위해 SCM 및 ERP 시스템에 의존하고 있다. 그러나 이러한 교차 기능 시스템이 다른 국가의 언어, 문화 유산, 비즈니스 프로세스 차이와 항상 호환되는 것은 아니다. 기술적으로 정교하지 않은 국가의 기업은 전사적 애플리케이션의 기술적 복잡성을 관리하는 데 어려움을 겪을 수 있다.

전자문서교환(EDI)시스템과 SCM시스템은 제조 및 유통 기업이 전 세계 공급업체와 연결하는 데 널리 사용된다. 협업 및 기업용 소셜 네트워킹 시스템, 이메일, 화상회의는 광고 회사, 의학 및 엔지니어링 분야의 연구 기반 회사, 그래픽 및 출판 회사 등 지식 및 데이터 기반 회사에 특히 중요한 전 세계 도구이다.

연결성

진정으로 통합된 글로벌 정보시스템은 연결성을 갖춰야 한다. 연결성은 글로벌 기업의 모든 시스템과 인력을 음성뿐만 아니라 데이터와 영상 전송도 가능하도록 전화망처럼 하나의 통합 네트워크로 연결할 수 있는 능력이다. 인터넷은 분산되어 있는 글로벌 기업의 사업부서들 사이에 연결성을 제공하는 매우 강력한 기반을 마련했다. 그러나 여전히 많은 문제가 남아 있다. 공용 인터넷은 일정 수준의 서비스를 보장하지 못한다. 공용 인터넷의 보안을 신뢰하는 글로벌 기업은 거의 없으며, 일반적으로 민감한 데이터 통신에는 전용망을, 보안이 덜 필요한 통신에는 인터넷 기반 가상 사설망(VPN)을 사용한다. 모든 국가가 안정적인 회선을 확보하고, 여러 통신사와 지역 통신 당국 사이를 조정하며, 제공하는 통신 서비스 수준에 대한 표준 계약을 체결하는 기본적인 인터넷 서비스조차 어떤 국가에서는 지원되지 않는다. 국제 네트워크가 제기하는 주요 과제는 표 15.6과 같다.

전용망이 서비스 수준을 보장하고 인터넷보다 더 나은 보안을 제공하지만, 낮은 보안과 서비스 수준이 문제되지 않는다면 인터넷은 글로벌 기업 네트워크의 주요 기반이 된다. 기업은 내부 통신을 위한 글로벌 인트라넷이나 공급사슬의 비즈니스 파트너와 더욱 신속하게 정보를 교환하기 위한 엑스트라넷을 구

표 15.6 국제 네트워크의 과제

서비스 품질
보안
비용과 관세
네트워크 관리
설치 지연
국제 서비스의 열악한 품질
규제적인 제약
네트워크 용량

그림 15.4 전 세계 지역별 인터넷 사용자 보급률

중동 및 아프리카와 같은 개발도상국의 인터넷 사용자 비율은 북미와 유럽보다 훨씬 낮다.

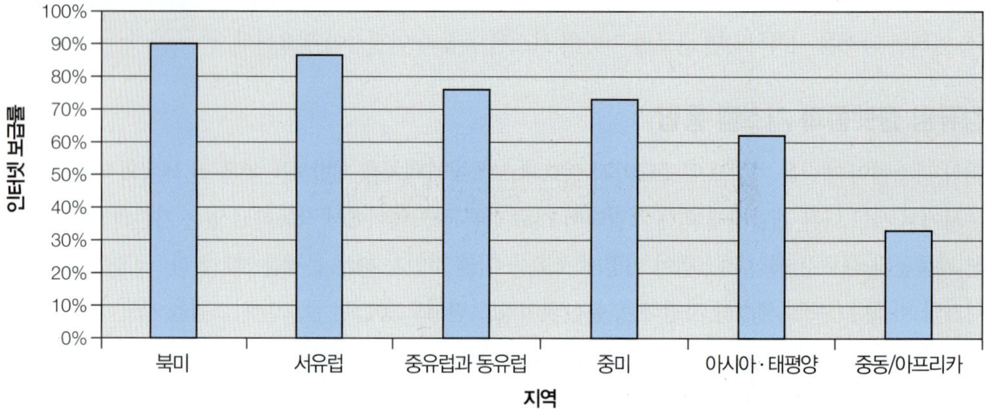

출처: Based on data from eMarketer, August 2023.

축할 수 있다. 인터넷 서비스 제공업체가 공용 인터넷을 통해 전용망의 많은 기능을 제공하는 VPN을 사용하여 글로벌 네트워크를 구축하기 위해 공용 인터넷을 이용할 수 있다(7장 참조). 그러나 VPN은 특히 인터넷 트래픽이 매우 혼잡한 시간대에는 전용망과 같은 수준의 신속하고도 예측 가능한 응답을 제공하지 못할 수 있으며, 많은 원격 사용자를 지원하지 못할 수도 있다.

그림 15.4는 전 세계 여러 지역의 인터넷 사용자 비율을 보여준다. 그림에서 보듯이 많은 개발도상국, 특히 중동, 아프리카, 아시아·태평양 일부 지역에서 인터넷에 접속하는 인구 비율이 제한적이다. 이러한 지역의 인터넷 인프라는 대역폭 용량이 부족하고 전력망 문제로 인해 불안정한 경우가 많다. 개발도상국에서는 저렴한 모바일 기기와 데이터 요금제가 점점 널리 보급되고 있지만, 구매력 때문에 현지 통화로 계산하면 인터넷 서비스에 대한 접근이 아직도 매우 비싸다.

반면 아시아, 아프리카, 중동 지역의 인터넷 인구 증가율은 북미와 유럽보다 더 빨랐다. 미래에는 인터넷 연결이 전 세계 개발도상국에서 훨씬 더 널리 보급되고 안정적으로 제공될 것이며, 이러한 지역의 경제를 세계 경제와 통합하는 데 중요한 역할을 할 것이다. 전 세계 인구의 상당수가 모바일 기기를 사용하여 인터넷에 접속하기 때문에 모바일 플랫폼, 작은 화면, 낮은 대역폭에 맞춰 앱을 개발해야 한다.

다른 문제도 있다. 중국, 이란, 튀르키예, 사우디아라비아 등 여러 국가의 정부는 인터넷 트래픽을 모니터링하고, 공격적이라고 판단되는 웹사이트의 접속을 차단한다. 더욱이 전 세계의 민족국가들은 인터넷 사용에 대한 권위를 주장하고 다양한 형태의 디지털 주권을 주장했다(조직 사례 '디지털 민족주의의 부상' 참조).

소프트웨어 현지화

핵심 시스템 개발은 애플리케이션 소프트웨어에 고유한 과제를 안겨준다. 기존 시스템은 새 시스템과 어떻게 연동되어야 하는가? 기존 시스템이 현지에 국한되어 있다면 완전히 새로운 인터페이스를 구축하고 테스트해야 한다. 이러한 인터페이스를 개발하는 것은 비용이 많이 들고 쉬운 일도 아니다. 새로운 소프트웨어를 개발해야 하는 경우, 자신의 고유한 비즈니스 프로세스와 데이터 정의에 익숙해져 있는 여러 국가의 여러 사업부에서 실제로 사용할 수 있는 소프트웨어를 개발해야 한다는 또 다른 과제가 있다.

새로운 시스템과 기존 시스템을 통합하는 것 외에도 사용자 인터페이스 설계 및 시스템 기능과 관련된 문제가 있다. 예를 들어 전 세계 인력의 생산성을 향상하는 데 정말 유용하려면 소프트웨어 인터페이스가 쉽게 이해되고 빠르게 숙달되어야 한다. 국제 시스템에 지식 근로자만 참여하는 경우 영어가 국제 표

조직 사례 디지털 민족주의의 부상

인터넷은 전 세계 어디에서나 자유롭고 개방적인 정보 교환을 촉진하기 위해 설계된 네트워크들의 네트워크로 시작되었다. 인터넷은 주권 정부의 통제를 벗어난 공공 영역을 구현하며 세계화의 주요 원동력이 되었다. 많은 기업은 지리적 경계를 넘어 정보시스템을 표준화함으로써 경쟁우위를 확보해 왔다. 하지만 오늘날 이러한 상황이 변하고 있다. 전 세계적으로 민족국가들은 인터넷 사용에 대한 권위를 주장하고 다양한 형태의 디지털 주권을 주장했다. 인터넷은 이제 방화벽, 폐쇄, 데이터 현지화 법률의 적용을 받게 되었으며, 이로 인해 통합된 글로벌 인프라로서의 성격이 근본적으로 변화하고 있다. 따라서 글로벌 기업들도 접근 방식을 바꾸고 있으며, 많은 경우 글로벌 차원보다는 지역적인 관점에서 접근하고 있다.

권위주의 정부는 오랫동안 인터넷 통제를 시도해왔는데, 중국은 그 선두주자 중 하나이다. (중국 내에서는 '황금 방패'로 알려진) 중국의 만리방화벽(Great Firewall)은 사람들이 온라인에서 읽고 할 수 있는 것을 제한하며, 중국의 '디지털 주권'을 증진하는 모델이 되었다. 이는 다른 권위주의 정권에게 인터넷을 효과적으로 통제할 수 있음을 보여주었다. 많은 국가가 중국의 사례를 따랐다. 이란은 외부 세계와의 접촉을 통제하고 반체제 콘텐츠를 억제하기 위해 '국가 정보망(National Information Network)'을 구축했다. 2022년 이란은 간헐적으로 인터넷 서비스를 제한하고, 자국 내에서 접속 가능한 유일한 국제 소셜 미디어 플랫폼인 왓츠앱과 인스타그램을 차단했다. 러시아에서는 푸틴 대통령이 2019년 자급자족형 루넷(Runet, 역자 주: 러시아 인터넷)을 구축하기 위해 '주권 인터넷법'에 서명했다. 이 법은 러시아 정부가 러시아 사용자의 글로벌 네트워크를 차단할 수 있도록 허용한다. 2022년 러시아의 우크라이나 침공은 러시아 내에서의 글로벌 인터넷 접속에 대한 대대적인 단속을 동반했다. 《뉴욕타임스》에 따르면 최근 몇 년 동안 전 세계 정부 중 최소 4분의 1이 자국 내 인터넷을 일시적으로 차단했다.

최근 몇 년 동안 디지털 민족주의는 데이터 현지화(데이터 보호주의) 법의 형태를 취하기도 했다. 일부 국가에서는 자국민에 대한 데이터(또는 의료, 금융 데이터와 같은 특정 유형의 데이터)를 자국 내 서버에 저장하고 처리하도록 요구한다. 어떤 국가에서는 데이터가 국경을 벗어나는 것은 허용하지만 복사본을 국내에 보관해야 한다고 주장한다. 이러한 규정을 준수하려면 기업은 사업을 운영하는 국가별로 별도의 인프라와 지원팀을 구축해야 한다.

이러한 법률은 프라이버시, 국가 안보, 지역 경제 증진 등 합법적인 용도를 띠고 있다. 현재 모든 국가의 최소 75%가 어떤 형태로든 데이터 현지화 요건을 시행하고 있으며, 이는 권위주의 국가에 국한되지 않는다. 호주, 캐나다, 뉴질랜드, 한국, 스위스도 국경 간 데이터 흐름을 제한하고 있다.

유럽연합의 일반 데이터 보호 규정(GDPR)은 현지화에 대해 구체적으로 다루지는 않지만, 기업이 국경을 넘어 데이터를 이동하는 것을 엄격히 제한하고 있다. 예를 들어 2023년 페이스북과 인스타그램의 모회사인 메타는 유럽연합 사용자의 개인정보를 미국 서버로 전송하여 GDPR을 위반한 혐의로 13억 달러의 벌금을 부과받았다. 마이크로소프트, 구글, 아마존웹서비스와 같은 클라우드 제공업체는 유럽 사용자의 모든 개인 데이터를 유럽연합 내에서만 저장하고 처리하기 위한 조치를 취해야 했다.

이러한 법률 중 다수는 표면적으로는 서구 다국적 기업을 겨냥하고 있지만, 자원이 부족한 소규모 기업보다 대기업이 일반적으로 그 요건을 더 잘 충족할 수 있다. 디지털 민족주의의 최전선에 있는 개발도상국 역시 어려움을 겪을 수 있다. 예를 들어 인도와 필리핀에는 통합된 글로벌 정보 네트워크에 의존하는 수많은 아웃소싱 기업이 있다. 해당 네트워크에 장애물을 설치하려는 국가의 노력은 다시 자국을 괴롭힐 수 있다.

가장 큰 위험은 디지털 민족주의가 인터넷을 분열시켜 영토를 쪼개버리는 것이다. 스플린터넷(Splinternet)이라고도 불리는 이 시나리오는 이미 인터넷 기반 콘텐츠와 서비스에 영향을 미치고 있다. 중국 국민은 위키피디아, 페이스북, 대부분의 구글 서비스를 이용할 수 없다. 유럽연합의 GDPR이 처음 발효되었을 때 많은 미국 미디어 회사는 일시적으로라도 유럽 소비자에게 콘텐츠 제공을 중단할 준비가 되어 있었다.

디지털 민족주의는 인터넷의 근본적인 기술 인프라를 재편할 수도 있다. 지난 10년 동안 여러 국가는 문화적 민감성을 이유로 .xxx 최상위 도메인 이름(일반적으로 포르노에 사용됨)을 금지하거나 제한하는 것을 고려해왔으며, 이로 인해 인터넷 명명 체계가 결국 붕괴될 수 있다는 전망이 높아졌다. 주요 인터넷 표준 위원회인 인터넷 엔지니어링 태스크포스(IETF)에서는 정부 기관을 위한 백도어를 유지하려는 대표들과 더욱 강력한 암호화를 요구하는 대표들이 충돌했다.

디지털 민족주의를 억제하기 위해 무엇을 할 수 있을까? 전문가들은 인터넷 사용자들 사이에 포용성과 공정한 경쟁 의식을 회복하고, 애초에 네트워크를 효과적으로 만들었던 보편성과 포용성이라는 원래 원칙을 다시금 상기시킬 방법을 모색할 것을 권고한다. 또 다른 권고안은 인터넷 운영을 위한 '지역(zone)' 기반 접근 방식을 개발하여, 서로 연결되어 있는 회원국들의 블록에서는 자유무역, 프라이버시, 표현의 자유와 같은 원칙을 준수하기로 약속하는 방식이다. 이러한 접근 방식으로는 단일한 글로벌 네트워크를 구축할 수 없지만, '의지의 연합'이 인터넷 분열이 심화되는 상황에 대응하고 네트워크를 비교적 개방적이고 자유롭게 유지하는 가장 좋은 방법이 될 수 있다.

출처: Dev Kundaliya, "Microsoft, Google and UK Make Moves on Sovereign Data Storage," Computing.co.uk, January 15, 2024, and "AWS Announces 'European Sovereign Cloud' for Government and Regulated Industries," Computing.co.uk, October 26, 2023; Andrew Sullivan, "Misguided Policies the World Over Are Slowly Killing the Open Internet," Internetsociety.org, March 1, 2023; Adam Satariano and Valerie Hopkins, Satyajit Parekh, et al., "Localization of Data Privacy Regulations are Creating Competitive Opportunities," Mckinsey.com, June 30, 2022; "Russia, Blocked from the Global Internet, Plunges into Digital Isolation," *New York Times*, March 7, 2022; Lily Hay Newman, "How the Iranian Government Shut Off the Internet," Wired.com, November 17, 2019; Akash Kapur, "The Rising Threat of Digital Nationalism," *Wall Street Journal*, November 1, 2019.

문제

1. 디지털 민족주의란 무엇인가? 두 가지 예를 제시하라.
2. 디지털 민족주의는 글로벌 사업 운영에 어떤 문제를 야기하는가?

준으로 간주될 수 있다. 하지만 국제 시스템이 관리층이나 사무직 집단에 더욱 깊게 전파되면서 공용 언어를 가정할 수 없으며, 다양한 언어와 관습을 수용할 수 있도록 사용자 인터페이스를 구축해야 한다. 소프트웨어를 다른 언어로 변환하여 작동하는 전체 과정을 **소프트웨어 현지화**(software localization)라고 한다. AI 도구가 이러한 목적으로 점점 더 많이 사용되고 있어 기업은 시간과 비용을 절약할 수 있다(Sharma, 2023).

소프트웨어 현지화
소프트웨어가 현지 언어로 작동하도록 소프트웨어를 변환하는 과정

15.7 이 장의 내용은 경력에 어떻게 도움이 되는가

이 장의 내용은 글로벌 정보시스템 개발에 따른 기회와 과제를 이해하는 데 도움이 되어 경력에 유용할 것이다.

실제 시나리오 글로벌 운영의 조정 방법을 배우는 피아트

크라이슬러그룹(Chrysler Group)과 합병하여 다국적 자동차 대기업 스텔란티스(Stellantis)의 자회사가 된 피아트그룹 오토모빌스(Fiat Group Automobiles S.p.A.)는 세계 유수의 자동차 제조업체 중 하나이다. 알파로메오, 피아트, 크라이슬러, 지프, 마세라티 등 피아트그룹의 각 브랜드와 운영 부서는 자체적인 레거시 시스템, 비즈니스 프로세스 및 보고 기준을 가지고 있었다. 그 결과 피아트그룹은 여러 국가 및 지역에 걸쳐 글로벌 운영을 효과적으로 조율하거나 브랜드를 관리할 수 없었다. 경영진은 피아트의 전사적 성과를 제대로 파악할 수 없었다. 해결책은 경영진 보고 및 분석을 위한 전사적 데이터를 제공할 수 있는 새로운 정보시스템을 개발하는 것이었다. 피아트는 기업 성과 관리를 위해 오라클 하이페리온(Oracle Hyperion) 기반의 새로운 보고 플랫폼을 구축했다. 새로운 시스템은 국가, 법인, 사업 기능 전반에 걸쳐 사전 집계된 데이터를 사용자에게 제공한다. 예를 들어 지역 보고서는 데이터를 브랜드별·지리적 위치별로 분류하여 경영진에게 가격 책정, 이익과 손실, 딜러 인센티브에 대한 보다 정확한 정보를 제공한다. 회계 담당자는 보고서를 사용하여 차량, 렌터카, 정부 판매 채널뿐만 아니라 딜러 간의 판매 활동을 분석한다. 피아트의 글로벌 공급사슬 분석가들은 이 시스템을 사용하여 피아트 브랜드가 적절한 제품을 적절한 시기에 적절한 장소에 재고로 보유하고 있는지 확인한다. 피아트의 재무 관리자는 이 시스템을 사용하여 브랜드별 이익 마진을 추적하고, 대차대조표를 작성하며, 피아트 조직 전체의 현금 흐름을 모니터링한다.

직무 설명 및 경력 경로: 글로벌 공급사슬 분석가

직무	직무 설명	IT 지식	경력 경로 및 평균 연봉
글로벌 공급사슬 분석가	회사가 적절한 시기에 적절한 장소에서 적절한 제품을 보유하도록 하는 데 중요한 역할을 한다. 주요 업무는 다음과 같다. • 항상 적정 재고 수준을 유지하기 위해 모든 제품 라인의 재고 주문 계획 및 실행 관리 • 구매 주문 관리 및 글로벌 공급업체로부터 자재, 완제품 구매와 관련된 모든 전술적 책임 수행 • 공급사슬 프로세스와 비즈니스 요구사항에 대한 이해 증진을 위한 내부 팀 및 내부·외부 공급업체와의 강력한 관계 구축 • 데이터 분석 및 다양한 프로세스 관리 요구사항에 대한 개선사항 제안 • 재고 수준을 최적화하고 고객 수요를 충족하기 위해 현재 및 미래 생산 계획에 대해 핵심 공급 파트너와 협상 • 재고 부족이나 고객 만족에 부정적인 영향을 미치는 생산 능력 조건을 포함한 공급사슬 중단 식별	• 마이크로소프트 365 • SQL 데이터베이스 사용 경험 • 태블로 등 비즈니스 인텔리전스 제품 사용 경험 • SAP ERP시스템 사용 경험자 우대	• 초급: 75,000달러 • 중급: 70,000~87,000달러 • 고급: 105,000달러 (연봉은 지역, 산업군, 기업 규모에 따라 달라질 수 있음)

추가 경력 개발 자료

MyLab MIS에서는 IT 관련 지식을 요구하는 적절한 직무를 찾고, 효과적인 이력서를 작성하며, 면접을 준비하고, 비즈니스 지식, 응용 소프트웨어 활용 능력, 인터넷 활용 능력, 분석 역량 등을 보여주는 디지털 포트폴리오를 만드는 데 도움이 되는 다양한 경력 개발 자료를 확인할 수 있다.

사례 연구 전 세계 호텔의 서비스 향상을 위해 정보시스템을 중앙집중화한 윈덤

많은 사람은 자신이 묵고 있는 유명 브랜드 호텔이 실제로는 프랜차이즈 가맹점, 즉 프랜차이즈 계약에 따라 호텔을 운영하는 독립 소유주가 소유하고 있다는 사실을 알지 못한다. 윈덤호텔&리조트(Wyndham Hotel & Resorts)는 프랜차이즈 사업 전략을 사용하는 가장 유명한 글로벌 호텔 기업 중 하나이다. 윈덤은 수년에 걸쳐 하워드존슨(Howard Johnson), 라마다(Ramada), 데이즈인(Days Inn), 슈퍼8(Super 8), 트래블로지(Travelodge), 마이크로텔(Microtel), 라퀸타(La Quinta) 및 동명의 브랜드 윈덤을 포함하여 전 세계적으로 가장 상징적인 호텔 브랜드의 권리를 인수했다. 오늘날 윈덤은 그룹의 24개의 글로벌 브랜드 중 하나로 95개국 이상에서 9,100개의 호텔을 운영하는 6,000개의 프랜차이즈 가맹점을 보유한 세계 최대의 호텔 프랜차이즈 기업이 되었다.

프랜차이즈 계약의 일환으로 윈덤은 자사 네트워크에 속한 호텔에 운영 및 기술 지원을 제공한다. 인수를 통해 성장해온 다른 많은 글로벌 기업과 마찬가지로 윈덤은 수년간 회사의 최고정보책임자(CIO)인 스콧 스트리클런드(Scott Strickland)가 '개밥'과 같은 시스템이라고 표현한 5개의 예약 시스템, 여러 웹 플랫폼, 12개의 자산 관리 시스템을 보유하고 있었다. 윈덤은 이것이 글로벌 규모의 사업을 운영하는 최적의 방법이 아니라는 것을 깨달았다. 그래서 약 5년 전 플랫폼 표준화에 투자하기 시작했고, 현재 투자액은 2억 7,500만 달러를 넘어섰다.

윈덤은 세일즈포스 기술에 대한 투자로 시작하여 현재는 프랜차이즈 가맹점 참여 플랫폼인 윈덤 커뮤니티(Wyndham Community)로 발전했다. 스트리클런드에 따르면 윈덤 커뮤니티는 프랜차이즈 가맹점에 대한 모든 현황을 제공한다. 윈덤의 최고마케팅책임자(CMO)인 리사 체키오(Lisa Checchio)는 현장 운영팀, 매출 관리자, IT 지원팀 등 모든 사용자가 동일한 인터페이스를 사용하고 가맹점의 현황을 확인할 수 있도록 시스템이 구축되었다고 밝혔다. 이 인터페이스는 윈덤의 현장 운영 직원과 가맹점의 피드백을 바탕으로 18개월에 걸쳐 구축되었다. 이 플랫폼은 2023년 9월에 출시되었으며 첫날 1만 2,000건의 로그인을 기록했다. 이후 일일 로그인 수가 평균 1만 8,000회로 증가하고 대시보드 조회수도 10만 건으로 증가했다. 프랜차이즈 소유주는 언제 어디서나 어떤 기기에서든 포트폴리오 전반의 주요 비즈니스 지표에 대한 실시간 통찰력에 접근할 수 있다. 이 플랫폼은 운영 지원팀과 직접 연결되는 동시에 프랜차이즈 소유주에게 뉴스와 업데이트를 제공하는 주요 창구 역할을 한다. 스트리클런드는 이 기술의 도입률이 궁극적으로 90% 수준에 이를 것으로 예상한다. 프랜차이즈 가맹점은 이 시스템을 사용하여 윈덤에 대금을 지불하고, 문제를 해결하며, 회사의 현장 운영과 협력할 수 있다.

윈덤은 12개의 자산 관리 시스템을 2개의 클라우드 기반 시스템으로 축소하는 과정에 있다. 사브르(Sabre)의 SynXis Property Hub(구글 클라우드 기반)는 일반적으로 북미 지역의 소규모 호텔 중 복잡하지 않은 요구사항을 충족하는 데 사용되고 있으며, 오라클 호스피탈리티(Oracle Hospitality)의 OPERA Cloud Property Management System(아마존웹서비스 기반)은 북미 이외 지역의 모든 프랜차이즈 가맹점과 북미 내 레스토랑 및 회의 시설과 같은 편의 시설을 갖춘 대형 호텔에 사용된다. 시스템이 클라우드 기반이라는 사실은 호텔이 현장의 하드웨어를 관리하고 유지할 필요가 없다는 것을 의미한다.

윈덤은 OPERA Cloud Property Management System을 도입한 최초의 호텔 체인 중 하나였다. 이 시스템을 통해 호텔은 예약, 체크인, 청구, 보고를 관리할 수 있다. 윈덤은 2020년에 이 시스템을 전 세계적으로 시범 운영하기 시작했으며, 2021년 중반에는 약 800개의 풀서비스 호텔에 도입하기 시작했다. 2023년 9월, 윈덤은 2024년 말까지 라마다, 라퀸타, 윈게이트(Wingate) 등 중급 호텔 중 상위권에 속하는 2,000개 이상의 호텔로 시스템을 확장할 계획이라고 발표했다. 스트리클런드는 며칠 만에 호텔을 OPERA Cloud로 이전할 수 있으며 비용 절감, 효율성 향상, 더 나은 고객 경험 제공 등 즉각적인 이점을 누리고 있다고 밝혔다. 스트리클런드에 따르면 OPERA Cloud를 통해 윈덤은 객실 상향 판매, 통합 수익 관리, 모바일 호텔 시설 관리 등 새로운 혁신을 전 세계적으로 제공할 수 있다. OPERA Cloud는 200개국 이상에서 재무 보고 요건을 충족하도록 설계되었으며, 20개 언어로 운영되어 사용자가 사정에 맞게 시스템을 설정할 수 있다.

OPERA Cloud에는 OPERA Reporting and Analytics와 같은 다양한 추가 도구가 포함되어 있어 호텔이 부서, 호텔, 체인 수준에서 성과를 향상하는 데 필요한 통찰력을 확보할 수 있다. OPERA Sales and Event Management는 객실 및 이벤트 상품에 대한 상세한 실시간 정보를 제공하여 호텔의 매출 극대화를 지원한다. 윈덤 프랜차이즈 가맹점은 OPERA Cloud 내 Oracle Hospitality Integration Platform을 사용하여 윈덤의 고급 수익 관리 시스템인 RevIQ와 통합할 수 있다. 호텔 매출 관리 소프트웨어 제공업체인 IDeaS와 협력하여 개발된 RevIQ는 윈덤 프랜차이즈 가맹점의 요구에 맞춰 특별히 제작되었다.

윈덤은 최근 카나리테크놀로지스(Canary Technologies)가 지원하는 새로운 고객 참여 플랫폼을 선보였다. 이 플랫폼은 AI 기반 호텔 메시징 등의 다양한 모바일 기능을 제공한다. 투숙객은 모바일 기능을 이용하여 스마트 모바일 체크인, 빠른 체크인과 늦은 체크아웃 또는 객실 업그레이드를 추가로 제공하는 동적 상향 판매, 스마트 모바일 체크아웃 등 숙박 기간 동안 필요한 모든 사항을 호텔에 직접 문자를 보내 처리할 수 있다.

플랫폼 중앙집중화가 윈덤과 가맹점에 여러 이점을 제공한 것은 분명하지만, 모든 회사 데이터를 클라우드 기반 시스템에 보관하는 것은 사이버 보안 및 개인정보 보호 문제를 야기한다. 이러한 우려를 해소하기 위해 윈덤은 샌프란시스코에 본사를 둔 옥타(Okta)와 협력하여 플랫폼에 보안 시스템을 구축해왔다. 윈덤은 먼저 내부 직원을 위해 Okta Workforce Identity Cloud를 구축한 후 10만 명이 넘는 프랜차이즈 직원에게까지 확장했다. 이러한 성공을 바탕으로 윈덤은 1억 명이 넘는 로열티 회원을 대상으로 Customer Identity Cloud를 배포하고 있다. 자산 관리 시스템은 서비스를 제공하는 지역에 구축되어야 하는 경우가 많기 때문에 옥타는 윈덤이 데이터 프라이버시 요건을 충족하도록 지원하고 있다.

AI는 윈덤의 차세대 성장 동력이다. AI 기반 호텔 메시징 외에도 윈덤은 현재 콜센터 상담원을 위한 실시간 코칭(예: 상담원의 말이 너무 빠르다는 것을 알려주는 것 등)에 AI를 활용하고 있다. 윈덤은 1억 명이 넘는 로열티 회원의 데이터를 분석하기 위해서도 AI를 활용하고 있다. 예를 들어 윈덤은 로열티 회원의 가장 큰 관심사가 와이파이라는 사실을 알게 되었다. 이를 통해 윈덤은 와이파이가 고객에게 중요하며 가맹점주가 상당한 투자를 할 가치가 있음을 데이터를 통해 입증할 수 있었다. 투자자들은 윈덤이 올바른 방향으로 나아가고 있다고 믿는다. 코로나19 팬데믹으로 주가가 폭락했지만 이후 반등했으며, 최근 재무 실적을 보면 매출과 이익이 증가하고 있는데, 이는 주로 해외 성장에 힘입은 것이다.

출처: Okta, "Wyndham Hotels & Resorts Gives 100M Users an Unforgettable Digital Experience with Okta," Okta.com, September 8, 2023; Rob Schneider: "How Wyndham's Technology Improvements Can Upgrade Its Franchisees' ROI," Hotelinvestmenttoday.com, September 15, 2023; Adam Perkowsky, "HB on the Scene: Wyndham Launches New Owner and Guest Engagement Platforms," Hotelbusiness.com, September 14, 2023; "Ep 24: The Power of AI at Wyndham Hotels & Resorts with EVP & CIO Scott Strickland," Enterprisesoftware.blog, June 14, 2023; Greg Travarez, "Next-Level Hospitality: Oracle Cloud Revolutionizing Wyndham Portfolio, Cloud-computing.tmcnet.com, May 16, 2023; Oracle, "Oracle Teams with Wyndham to Bring OPERA Cloud to 2,000 Additional Hotels," Oracle.com, May 11, 2023; Sean O'Neill, "Wyndham Signs on for Next-Gen Technology from Oracle Hospitality," Skift.com, May 18, 2021.

문제

1. 윈덤호텔&리조트가 직면했던 비즈니스 과제를 파악하라. 이러한 과제를 해결하기 위해 기술을 어떻게 활용했는가?
2. OPERA Cloud 플랫폼은 윈덤과 그 프랜차이즈에 어떤 이점을 제공하는가?
3. 윈덤은 AI를 어떻게 활용하고 있는가?

요약

15.1 글로벌 정보시스템 개발에 영향을 미치는 요인

첨단 통신망과 정보시스템의 발전, 여러 국가의 무역 정책 변화는 국경 간 무역과 글로벌 가치사슬의 발전을 촉진해왔다. 글로벌 문화, 글로벌 지식 기반의 발전과 같은 일반적인 문화적 요인과 글로벌 시장 발전, 글로벌 생산 및 운영, 글로벌 조정, 글로벌 규모의 경제와 같은 구체적인 비즈니스 요인이 글로벌 비즈니스의 원동력으로 작용한다. 문화적·사회적·정치적·법적 차이를 포함하여 코로나19 팬데믹과 같은 충격으로 세계화와 지역화가 진행되고 있으며, 전 세계적으로 기술 표준이 서로 다른 것 등 여러 가지 기술적 과제를 비롯해 세계화에 대한 지속적인 과제가 있다.

15.2 글로벌 정보시스템 아키텍처의 개발

효과적인 글로벌 정보시스템을 개발하는 과정의 첫 번째 단계는 기업이 운영되는 글로벌 환경을 이해하는 것이다. 두 번째 단계는 해당 환경에서 경쟁하기 위한 최선의 전략을 고려하는 것이다. 세 번째 단계는 선택한 전략을 추진할 수 있도록 조직을 어떻게 구성할지 고려하는 것이다. 다음으로 전략 실행에서의 관리 문제를 고려해야 하며, 마지막으로 고려해야 할 사항은 기술 플랫폼이다.

15.3 글로벌 비즈니스와 정보시스템을 위한 전략 및 조직 구조

글로벌 사업을 개발하는 데에는 네 가지 기본 전략, 즉 자국 기반 수출기업 전략, 다국적 전략, 프랜차이저 전략, 초국가적 전략이 있다. 전략의 선택은 사업 유형과 제품의 특성에 따라 달라진다.

기업 전략과 정보시스템 설계 사이에는 연관성이 있다. 초국가적 기업은 네트워크형 시스템 구성을 수립하고 개발 및 운영의 상당한 분산화를 허용해야 한다. 프랜차이저는 거의 항상 여러 국가에 걸쳐 시스템을 복제하고 중앙집중식 재무 통제를 사용한다. 다국적 기업은 일반적으로 해외 사업부 간의 분산된 독립성을 기반으로 하며, 네트워크 구축을 위한 움직임을 보이고 있다. 자국 기반 수출기업은 일반적으로 국내 본사에 집중되어 있으며, 일부 분산 운영도 허용된다.

15.4 글로벌 정보시스템 개발의 관리 과제

글로벌 정보시스템은 문화적·정치적·언어적 다양성으로 인해 조직 문화와 비즈니스 프로세스의 차이가 심화되고, 통합이 어려운 지역 정보시스템의 확산을 촉진하기 때문에 어려움을 겪는다. 일반적으로 글로벌 시스템은 의식적인 계획 없이 발전했다.

15.5 글로벌 정보시스템 개발 과제의 관리적 해결책

모든 시스템을 초국가적 기반으로 조율해야 하는 것은 아니다. 관리자는 핵심 비즈니스 프로세스의 일부를 정의하고 이러한 프로세스를 지원하는 시스템 구축에 집중해야 한다. 전술적으로 관리자는 이러한 시스템의 개발과 운영에 참여하기 위해 널리 분산된 외국 사업부를 협력시켜야 하며, 전반적인 통제를 유지하는 데 주의를 기울여야 한다.

15.6 글로벌 정보시스템 개발의 기술적 문제와 대안

글로벌 시스템을 구현하려면 비즈니스 설계와 기술 플랫폼을 모두 고려하는 구현 전략이 필요하다. 주요 하드웨어 및 통신 문제는 시스템 통합과 연결성이다. 통합을 위한 선택지는 독점 아키텍처 또는 개방형 시스템 기술이다. 글로벌 네트워크는 구축 및 운영이 매우 어렵다. 기업은 자체 글로벌 네트워크를 구축하거나 인터넷 기반 글로벌 네트워크(인트라넷, 엑스트라넷, 가상 사설망)를 구축할 수 있다. 주요 소프트웨어 문제는 기존 시스템에 대한 인터페이스를 구축하고 다양한 문화, 언어, 조직 프레임워크에서 작동할 수 있는 애플리케이션을 선택하는 것이다.

주요 용어

국경 간 데이터 흐름
글로벌 문화
글로벌 정보시스템 아키텍처
다국적 전략
소프트웨어 현지화
자국 기반 수출기업 전략
정통성
초국가적 전략
특수주의
포섭
프랜차이저 전략
핵심 시스템

복습문제

15.1 글로벌 정보시스템 개발에 영향을 미치는 요인

- 글로벌 비즈니스 성장을 이끄는 일반적인 문화적 요인과 네 가지 구체적인 비즈니스 요인을 설명하라. 또한 이러한 요인 간의 상호 연관성을 설명하라.
- 글로벌 정보시스템 개발에 대한 주요 과제를 나열하고 설명하라.

15.2 글로벌 정보시스템 아키텍처의 개발

- 일부 기업이 국제 시스템 개발을 계획하지 않은 이유를 설명하라.
- 글로벌 정보시스템 아키텍처 개발을 위한 주요 다섯 단계를 나열하고 설명하라.

15.3 글로벌 비즈니스와 정보시스템을 위한 전략 및 조직 구조

- 글로벌 비즈니스 및 조직 구조의 네 가지 주요 전략을 설명하라.
- 다양한 글로벌 전략을 지원하는 데 사용할 수 있는 네 가지 시스템 구성을 설명하라.

15.4 글로벌 정보시스템 개발의 관리 과제

- 글로벌 시스템 개발에서의 주요 관리 과제를 나열하고 설명하라.

15.5 글로벌 정보시스템 개발 과제의 관리적 해결책

- 글로벌 사업을 위한 기업 조직 구성 시 따라야 할 세 가지 원칙을 설명하라.
- 글로벌 정보시스템 개발 및 구현을 위한 관리 전략의 세 단계를 설명하라.
- 포섭을 정의하고, 이를 글로벌 정보시스템 구축에 어떻게 활용할 수 있는지 설명하라.

15.6 글로벌 정보시스템 개발의 기술적 문제와 대안

- 글로벌 정보시스템 개발과 관련된 주요 기술적 문제를 설명하라.
- 기업의 글로벌 정보시스템 개발에 도움이 되는 몇 가지 기술을 제시하라.

토의문제

15.7 여러 국가에서 운영되는 기업의 관리자라면 애플리케이션을 글로벌 애플리케이션으로 개발해야 할지, 로컬 애플리케이션으로 개발해야 할지 결정하기 위해 어떤 기준을 사용하겠는가?

15.8 인터넷을 글로벌 정보시스템에 활용할 수 있는 방법을 토의하라.

AI 활용 프로젝트

15.9 글로벌 공급사슬 문제의 영향 이해

반려동물 유기농 사료와 간식, 유기농 소재로 만든 반려동물 장난감과 의류를 판매하는 소매점을 열고자 하는 두 친구가 자문을 구했다. 이들은 주로 미국에서 생산된 제품을 판매한다는 점을 감안할 때 글로벌 공급사슬 문제가 발생할 가능성에 대해 우려할 필요가 있는지, 만일 그렇다면 문제를 완화하기 위해 어떤 조치를 취할 수 있는지 조언해달라고 요청했다.

마이크로소프트의 Copilot, 구글의 Gemini 또는 ChatGPT를 이용하여 이러한 문제에 조언할 수 있는 프롬프트를 개발하라. 프롬프트 사본과 채팅 세션 결과를 저장하고 강사에게 제출하라.

MIS 실습 과제

이 프로젝트는 국제시장 조사를 수행하고, 사업을 확장하기 위한 국제 시스템 문제를 분석하며, 국제 기업의 채용 공고 데이터베이스와 웹페이지를 구축하는 실무 경험을 제공한다.

15.10 경영 의사결정 문제

UPS는 중국 본토에서 다국적 기업과 현지 기업 모두에게 소포 배송 및 물류 서비스를 확장했다. 중국의 UPS 배송기사는 휴대용 DIAD(배송 정보 수집 장치)와 같은 UPS 시스템 및 도구를 사용하여 소포 배송 데이터를 수집해야 한다. UPS는 웹을 통해 중국 및 다국적 고객에게 월드십(WorldShip) 및 기타 운송 관리 서비스를 제공하고자 한다. UPS가 중국에서 성공적으로 운영하기 위해 고려해야 할 글로벌 정보시스템 문제는 무엇인가?

15.11 국제 컨설팅 회사를 위한 채용 데이터베이스 및 웹페이지

소프트웨어 기술: 데이터베이스 및 웹페이지 디자인

비즈니스 기술: 인적자원 내부 채용 공고

해외에 여러 지사를 둔 기업은 직원에게 해당 지역의 채용 정보를 알릴 방법이 필요하다. 이 프로젝트에서는 데이터베이스 소프트웨어를 사용하여 내부 채용 공고를 게시하는 데이터베이스와 이 정보를 표시하는 웹페이지를 설계한다.

KTP컨설팅은 전 세계 여러 지역에서 사업을 운영하고 있다. KTP는 중기업과 대기업을 위한 전사적 시스템을 설계, 개발, 구현하는 것을 전문으로 한다. KTP는 직원에게 미국, 유럽, 아시아 전역의 다양한 지역에서 여행하고, 거주하며, 일할 수 있는 기회를 제공한다. 회사의 인사부는 구인 요청을 직원이 확인할 수 있는 간단한 데이터베이스를 가지고 있다. 재배치에 관심이 있는 직원은 KTP의 채용 공고 목록을 인사부에 문의할 수 있다. KTP는 구인정보를 회사의 홈페이지에도 게시하고 있다.

어떤 종류의 데이터가 KTP 구인 데이터베이스에 포함되어야 하는가? 이 데이터베이스에 포함되지 않아야 하는 정보는 무엇인가? 이 질문에 대한 답을 바탕으로 KTP 채용 데이터베이스를 구축하라. 최소 20개의 레코드로 데이터베이스를 채우고, 이 데이터베이스의 구인 정보를 통합한 간단한 웹페이지도 만들라. KTP 데이터베이스와 웹페이지 사본을 제출하라.

15.12 국제 마케팅 및 가격 조사 수행

소프트웨어 기술: 온라인 조사 도구

비즈니스 기술: 국제 가격 책정 및 마케팅

이 프로젝트에서는 온라인 조사 도구를 사용하여 해외 유통업체 및 세관 규정에 대해 알아보고 외화로 가격을 계산한다.

해외 시장 진출을 결정한 미국 가구 제조업체의 마케팅 담당자로서, 영국의 사무용 가구 소매업체와 접촉하여 약 195달러로 책정된 어떤 의자를 제공하여 시장을 테스트하고 싶다. 웹을 사용하여 영국의 사무용 가구 소매업체를 찾은 후, 현재 시장에서 의자에 대해 얼마를 얻을 수 있는지 알아보라. 한 통화의 가치를 다른 통화로 환산하여 보여주는 국제 환율 계산기 웹사이트를 이용하라. 선택한 회사에 연락하는 데 필요한 정보와 의자 가격을 현지 통화로 확인하라. 그런 다음 미국에서 수출하여 영국에서 수입할 제품에 대한 세관 및 법적 제한사항을 확인하라. 또한 세관 업무를 대행할 수 있는 회사를 검색하고 운송 비용에 대한 정보를 수집하라.

15.13 협업 및 팀워크 프로젝트: 글로벌 비즈니스 전략을 위한 기술 파악

2명 이상의 학생과 팀을 구성하고, IT 분야를 파악하여 이 기술이 글로벌 비즈니스 전략 지원에 어떻게 유용할 수 있는지 살펴보라. 예를 들어 이메일, 스마트폰, VPN, 전사적 시스템, 협업 소프트웨어 또는 웹을 선택할 수 있다. 기술에 대해 논의하려면 비즈니스 시나리오를 정해야 한다. 자동차 부품 프랜차이즈나 익스프레스(Express)와 같은 의류 프랜차이즈를 예시 사업으로 선택할 수 있다. 어떤 애플리케이션을 글로벌하게 만들고, 어떤 핵심 비즈니스 프로세스를 선택하며, 해당 기술은 어떻게 도움이 될까? 구글 문서, 구글 드라이브, 구글 사이트를 이용하여 브레인스토밍을 하고 정리하여 발표 자료를 만들라.

참고문헌

Bossert et al. "Managing the Forces of Fragmentation: How IT Can Balance Local Needs and Global Efficiency in a Multipolar World." Mckinsey.com (June 2, 2023).

Burtch, Gordon, Anindya Ghose, and Sunil Watta. "Cultural Differences and Geography as Determinants of Online Prosocial Lending." *MIS Quarterly* 38, No. 3 (September 2014).

Chakravorti, Bhaskar, Ajay Bhalla, and Ravi Shankar Chaturved. "The 4 Dimensions of Digital Trust, Charted Across 42 Countries." *Harvard Business Review* (February 19, 2018).

Goyal, Avinash, Toby Gibbs, and Suzanne Heywood. "Getting Ruthless with Your Processes." Mckinsey.com (2012).

King, William R., and Sethi, Vikram. "Patterns in the Organization of Transnational Information Systems." *Information & Management* 38, No. 4 (February 2001).

Kirsch, Laurie J. "Deploying Common Systems Globally: The Dynamic of Control." *Information Systems Research* 15, No. 4 (December 2004).

OECD. "Key Issues in Digital Trade." Oecd.org (October 2023).

Palvia, Prashant et al. "Sorry, the World Is Not Flat: A Global View of Organizational Information Systems Issues." *IEEE Transactions on Engineering* 70, No. 2 (2023).

Seong, Jeongmin et al. "Geopolitics and the Geometry of Global Trade." Mckinsey.com (2024).

Sharma, Akash. "Artificial Intelligence and Localization: How AI Is Changing the Landscape." Datasciencecentral.com (June 26, 2023).

Shih, Willy. "Is It Time to Rethink Globalized Supply Chains?" *MIT Sloan Management Review* (March 19, 2020).

Soh, Franck, and Varun Gover. "Foreignness Liability of Mobile App Startups: Examining Performance in the Context of Consumer and Investor Cultural Distances." *Journal of Management Information Systems* 40, No. 4 (2023).

Su, Ning. "Cultural Sensemaking in Offshore Information Technology Service Suppliers: A Cultural Frame Perspective." *MIS Quarterly* 39, No. 4 (December 2015).

Wankhede, Calvin. "Where Is the iPhone Made? The Journey from Components to Final Assembly." Androidauthority. com (December 11, 2023).

World Trade Organization. "World Trade Report 2023." Wto. org (2023a).

World Trade Organization. "Global Trade Outlook and Statistics." Wto.org (April 2023b).

용어 사전

가격 차별화 동일한 제품 또는 거의 동일한 제품을 다양한 목표 집단에 서로 다른 가격으로 판매하는 것

가격 투명성 소비자가 시장에서 다양한 가격을 쉽게 확인할 수 있는 정도

가상기업 네트워크를 활용하여 사람, 자산, 아이디어를 연결하는 조직으로, 이러한 구조는 전통적인 조직의 경계나 물리적 위치에 얽매이지 않고, 다른 기업과 유연하게 제휴하여 제품과 서비스를 공동으로 개발하고 유통할 수 있게 해준다.

가상 비서 사용자의 명령이나 질문과 같은 입력을 바탕으로 다양한 작업이나 서비스를 수행하는 소프트웨어 에이전트

가상 사설망(VPN) 인터넷과 같은 공용 네트워크 내에 구성된 안전하고 암호화된 개인 네트워크

가상 세계 사용자가 아바타라고 불리는 그래픽 형태의 자아를 만들어 활동하는 온라인 3차원 환경

가상현실(VR) 인터랙티브 그래픽 소프트웨어와 하드웨어를 사용하여 3차원 데이터 시각화를 위한 강력한 기능을 제공하는 기술로, 실제 활동을 에뮬레이션하는 감각을 제공하는 컴퓨터 생성 시뮬레이션을 생성한다.

가상화 물리적 구성이나 지리적 위치에 의해 제한되지 않는 방식으로 액세스할 수 있도록 일련의 컴퓨팅 자원을 제공하는 방법

가입 해지율 기업에서 제품 또는 서비스를 사용하거나 구매하는 것을 중단하는 고객의 수를 측정하는 기준으로, 기업 고객 기반의 성장이나 감소의 지표로 사용된다.

가치사슬 모델 기업을 일련의 기본 활동으로 구성된 사슬로 보고, 이러한 활동이 기업의 제품이나 서비스에 부가가치를 더하는 방식으로 작동한다는 모델로, 정보시스템을 어디에 적용하면 경쟁우위를 가장 잘 달성할 수 있는지를 파악하는 데 도움을 준다.

가치 웹 시장을 위한 제품이나 서비스를 공동으로 생산하기 위해 IT를 사용하여 각자의 가치사슬을 조정하는 독립적인 기업의 집합

간반 보드 특정 작업을 나타내기 위해 스티커 메모 또는 이에 상응하는 디지털 등의 '카드'를 사용하고 프로젝트 프로세스의 각 단계를 열로 나타내는 시각적 도구(디지털 또는 물리적)

간접재 사무용품과 같이 생산 프로세스에 직접 투입되지 않는 재화

간트 차트 프로젝트 작업의 타이밍, 기간, 자원 요구사항을 시각적으로 나타내는 차트로, 각 작업이 완료하는 데 필요한 시간에 비례하는 길이의 가로 막대로 표시된다.

감정 분석 이메일이나 문자 메시지, 블로그, 소셜 미디어 대화, 설문조사 양식에서 댓글을 마이닝하여 특정 주제에 대한 호의적 의견과 비호의적 의견을 탐지한다.

개인 영역 네트워크(PAN) 서로 가까이 위치한 디지털 장치 간의 통신에 사용되는 컴퓨터 네트워크

개인화 개인의 클릭스트림 행동, 이름, 관심사, 과거 구매에 따라 메시지를 조정하여 특정 개인에게 마케팅 메시지를 보내는 것

개체 정보가 보관되는 사람, 장소, 사물 또는 사건

개체관계성도 데이터베이스의 다양한 개체 간 관계를 설명하는 데이터베이스 문서화 방법론

객체 데이터와 그 데이터에 작용하는 프로세스를 결합한 소프트웨어 구성 단위

객체지향 설계(OOD) 객체를 시스템 분석 및 설계의 기본 단위로 사용하는 방법

거래 비용 시장에서 거래에 참여하는 데 드는 비용. 예를 들어 기업이 스스로 생산할 수 없는 것을 시장에서 구입할 때 발생하는 비용, 소비자가 시간과 자원을 소비하는 경우 등이 있다.

거래 비용 이론 기업과 개인이 거래 비용을 절감하려고 한다는 경제학 이론. 전통적으로는 수직적 통합을 통해 거래 비용을 절감하며 기업이 더 커졌지만, 오늘날에는 IT를 활용하여 직원을 줄이면서도 거래 비용을 절감할 수 있게 되었다.

거래 수수료 수익 모델 거래 활성화 또는 실행 수수료로 수익을 창출하는 전자상거래 수익 모델

거래 중개자 과거에 대면, 전화 또는 우편으로 수행된 거래에 대해 온라인 처리를 제공한다.

거래처리시스템(TPS) 기업 운영에 필요한 일상적인 거래를 수행하고 기록하는 정보시스템

검색엔진 인터넷상의 특정 웹사이트 또는 정보를 찾기 위한 도구

검색엔진 마케팅 광고주가 검색엔진 결과에 비용을 지불한 스폰서 링크를 제공하기 위해 검색엔진을 사용한다.

검색엔진 최적화(SEO) 웹사이트가 주요 검색엔진에서 더 높은 순위에 오르도록 돕는 일련의 기법을 사용하여 웹사이트에 대한 웹 트래픽의 품질과 양을 향상하는 프로세스

경영정보시스템(MIS) 비즈니스와 경영에서의 정보시스템 활용을 다루는 학문 분야로, 중간 관리층을 지원하는 특정 유형의 정보시스템을 의미하기도 한다.

경쟁세력 모델 가장 널리 사용되는 경쟁우위 이해 모델로, 기업의 전략적 위치는 기존의 전통적인 경쟁자와의 경쟁뿐만 아니라 네 가지 외부 요인(새로운 시장 진입자, 대체 제품 및 서비스, 고객, 공급자)에 의해서도 결정된다고 본다.

고객 경험 관리 고객과 기업 간의 전체 비즈니스 관계에 걸쳐 발생하는 모든 상호작용을 관리하는 것

고객관계관리(CRM)시스템 기업이 영업, 마케팅, 서비스 등 고객과 관련된 모든 비즈니스 프로세스를 조정할 수 있도록 하여 수익, 고객 만족도, 고객 유지율을 최적화하도록 지원하는 정보시스템

고객 접점 전화, 이메일, 고객 서비스 데스크, 일반 우편, 소셜 네트워크, 웹사이트, 모바일 장치, 소매점 등 고객과의 상호작용 방법

고객평생가치(CLTV) 특정 고객이 창출한 수익, 해당 고객을 확보하고 서비스하는 데 발생한 비용, 고객과 회사 간의 관계의 예상 수명 간의 관계를 기반으로 한다.

고위 관리층 조직의 계층 구조에서 가장 높은 위치를 차지하고 장기적인 결정을 내리는 책임을 맡은 사람

공개 키 암호화 공유(또는 공개) 키와 비공개 키를 사용하는 암호화 형태

공개 키 인프라(PKI) 인증을 위해 공개 키 암호화, 인증 기관 및 디지털 인증서를 사용하는 시스템

공급사슬 원재료를 획득하고, 원재료를 중간재나 최종재로 변환하며, 최종재를 고객에게 유통시키는 조직 및 비즈니스 프로세스의 네트워크

공급사슬계획시스템 기업이 기존 공급사슬을 모델링하고, 제품에 대한 수요 예측을 생성하며, 최적의 소싱 및 제조 계획을 개발할 수 있는 시스템

공급사슬관리(SCM)시스템 제품과 서비스의 기획, 조달, 생산, 배송을 최적화하기 위해 기업과 공급업체 간의 정보 흐름을 자동화하는 정보시스템

공급사슬실행시스템 제품이 가장 효율적인 방식을 통해 올바른 장소로 전달되도록 보장하기 위해 유통센터 및 창고에서 제품의 흐름을 관리하는 시스템

공동 애플리케이션 개발(JAD) 클라이언트, 사용자, IT 전문가, 이해관계자 가 기술 응용 프로그램의 설계 및 개발에 참여하는 방법론

공리주의 원칙 가치를 유용성의 순위에 두고 다양한 행동 과정의 결과를 이해할 수 있다고 가정하는 윤리적 원리

공정정보관행(FIP) 개인에 관한 정보 수집 및 사용을 통제하는 원칙으로 1973년에 발표되었으며 미국 및 유럽 프라이버시 법률 대부분의 기본이 된다.

관계형 데이터베이스 데이터를 열과 행이 있는 2차원 테이블로 구성하는 논리적 데이터베이스 모델의 한 유형으로, 두 테이블이 공통 데이터 요소를 공유하는 한 한 테이블에 저장된 데이터를 다른 테이블의 데이터와 연결할 수 있다.

관계형 데이터베이스관리시스템(RDBMS) 관계형 데이터베이스와 함께 작동하도록 설계된 DBMS 시스템

관리적 역할 조직에서 관리자가 수행해야 하는 기대 활동

광고 수익 모델 온라인 광고를 통한 수익 창출을 기반으로 하는 전자상거래 수익 모델

광대역 미국의 연방통신위원회는 다운로드 시 최소 100Mbps, 업로드 시 4Mbps의 인터넷 서비스를 제공하는 것으로 정의한다.

광역 통신망(WAN) 지역, 주, 대륙 또는 지구 전체 등 지리적으로 먼 거리에 걸쳐 있는 통신 네트워크로, 인터넷은 가장 보편적이고 강력한 WAN이다.

교차판매 고객에게 보완적인 제품을 마케팅하는 전략

구독 수익 모델 회사의 콘텐츠나 서비스의 일부 또는 전체에 대한 접근에 구독료를 부과하여 수익을 창출하는 전자상거래 수익 모델

구조적 의사결정 반복적이고 일상적인 결정으로, 이를 처리하는 방법에 대한 명확한 절차가 있다.

구조화된 지식 구조화된 문서와 보고서 형태로 표현된 지식

구축 이후 감사 운영에 투입된 시스템이 원래 목표를 얼마나 잘 달성했는지 평가하기 위한 공식적인 검토 절차

구현 새로운 정보시스템과 같이 혁신의 도입, 관리, 일상화를 둘러싼 모든 조직 활동

국경 간 데이터 흐름 국가 간의 경계를 넘어 정보가 어떤 형태로든지 이동하는 것

군중의 지혜 특정 상황에서 한 사람이나 심지어 소규모 전문가 위원회보다 다수의 사람들이 더 나은 결정을 내릴 수 있다는 믿음

균형성과표 기법 조직의 경영진에게 필요한 정보를 이해하기 위한 선도적인 방법론으로, 측정 가능한 재무, 비즈니스 프로세스, 고객, 기업 성과의 학습 및 성장 결과에 중점을 두어 기업의 전략 계획을 운영하기 위한 프레임워크를 제공한다.

그린 컴퓨팅 환경에 대한 영향을 최소화하기 위해 컴퓨터 및 기타 IT 장비를 설계, 제조, 사용, 폐기하는 방법과 기술로, 그린 IT라고도 한다.

근거리 무선통신(NFC) 전자기 무선장을 사용하여 2개의 호환 장치가 서로 몇 센티미터 이내에 있을 때 데이터를 교환할 수 있도록 하는 단거리 무선 연결 표준

근거리 통신망(LAN) 제한된 지역(LAN, 반 마일 또는 500m 반경) 내에서 컴퓨터와 디지털 장치를 연결하고 인터넷과 같은 장거리 광역 네트워크에 연결하도록 설계된다.

글로벌 문화 서로 다른 문화와 사람 간의 공통된 기대, 공유된 유물, 사회적 규범

글로벌 정보시스템 아키텍처 세계 무역 및 기타 활동을 조정하기 위해 조직에 필요한 기본적인 정보시스템

글로벌화 국경을 넘어 상품, 서비스, 자본, 사람, 아이디어의 흐름

기반 모델 생성형 AI 작동의 근간이 되는 모델로, 방대한 비정형·비라벨링 데이터에 대해 학습된 강력한 신경망을 사용하며, 데이터 집합 내에서 패턴을 찾아 학습한다.

기술 부채 정보시스템 개발에서 흔히 발생하는 시간, 비용, 품질 간의 균형을 통해 얻은 결과로, 코드 부채라고도 한다.

기술 비즈니스 관리(TBM) 기술 투자를 비즈니스 가치로 전환하는 일관된 방법을 조직에 제공하여 비즈니스 성과를 개선하려는 프레임워크

내결함성 컴퓨터 시스템 시스템에 백업을 제공하고 시스템 오류를 방지하기 위해 계속 실행하는 중복 하드웨어, 소프트웨어, 전원 공급 장치 등이 포함된 시스템

네이티브 광고 사설 콘텐츠와 유사해 보이지만 일반적으로 눈에 띄지 않게 '스폰서' 태그가 붙은 광고로, 종종 소셜 네트워크 피드나 온라인 잡지에 게재된다.

네이티브 앱 특정 모바일 운영체제와 장치에서 작동하도록 설계된 독립형 애플리케이션

네트워크 2대 이상의 컴퓨터를 데이터나 프린터 등으로 자원을 공유할 수 있도록 연결시키는 것

네트워크 경제 특정 시장 상황을 가리키며, 이 시장에서는 경제적 가치가 사용자 수에 크게 의존한다. 즉, 제품이나 서비스를 사용하는 사람이 많아질수록 그 가치가 증가한다. 이 경우, 새로운 참여자를 하나 추가하는 데 드는 한계비용은 거의 0에 가깝지만, 그로 인해 창출되는 한계이익은 훨씬 더 클 수 있다.

네트워크 운영 시스템(NOS) 네트워크에서 통신을 라우팅 및 관리하고 네트워크 리소스를 조정하는 소프트웨어

네트워크 운영 시스템(NOS) 소프트웨어 여러 장치와 컴퓨터를 네트워크로 연결하고 네트워크의 리소스를 공유할 수 있게 해주는 소프트웨어

네트워킹 및 통신 기술 다양한 컴퓨터 하드웨어 요소를 연결하고 하나의 물리적 장소에서 다른 장소로 데이터를 이용하는 물리적 장비 및 소프트웨어

노코드 개발 프로그래밍 코드를 작성하지 않고도 소프트웨어를 만들 수 있게 해주는 도구를 활용하는 개발방식

다계층 클라이언트/서버 아키텍처 요청되는 서비스 종류에 따라 전체 네트워크 작업이 여러 수준의 서버에 걸쳐 균형을 이루는 클라이언트/서버 네트워크로, N-계층 클라이언트/서버 아키텍처라고도 한다.

다국적 전략 재무 관리에 집중하고 중앙 본거지를 통제하는 동시에 생산, 판매, 마케팅 운영을 다른 국가의 단위로 분산시키는 글로벌 기업 비즈니스 전략

다운로드 웹 서버에서 사용자의 기기로 파일을 전송하여 해당 파일이 사용자의 기기에 저장되고 언제든지 접근할 수 있는 방식

다중 인증(MFA) 다단계 프로세스를 통해 사용자를 검증하여 보안을 강화한다.

다크웹 익명성을 유지하기 위해 검색엔진에서 의도적으로 숨겨진 딥웹의 일부

단계적 접근 전략 기능 단위 또는 조직 단위로 새로운 시스템을 단계적으로 도입하는 전환방식

단위 테스트 시스템 내 각 프로그램을 개별적으로 테스트하는 과정으로, 프로그램 테스트라고도 한다.

대규모 언어 모델(LLM) 다양한 주제를 포괄하는 방대한 양의 비정형 데이터를 기반으로 학습된 기반 모델로, 자연어 및 기타 유형의 콘텐츠를 이해하고 생성할 수 있는 능력을 갖추고 있다.

대량 맞춤화 대규모로 개별 고객 맞춤형 제품이나 서비스를 제공할 수 있는 능력

대리인 이론 회사를 자기 이익을 추구하는 개인 간의 계약 관계 집합으로 보는 경제학 이론. 이러한 개인은 감독과 관리가 필요하다.

대역폭 고정된 시간 내에 통신매체를 통해 전송될 수 있는 데이터의 양을 측정한 것. 일반적으로 초당 비트(Bps), 초당 킬로비트(Kbps), 초당 메가비트(Mbps), 초당 기가비트(Gbps)로 나타낸다. 고급 통신매체의 경우 초당 테라비트(Tbps)로 나타낸다.

대인관계 역할 민츠버그가 식별한 관리 역할 범주로, 관리자는 조직의 대표자 및 리더 역할을 한다.

데브옵스 소프트웨어 개발자와 IT 운영팀 간의 긴밀한 협업을 강조하며, 빠르고 민첩한 개발 관행을 촉진할 수 있는 문화와 환경을 조성하기 위한 조직 전략

데이터 조직이나 물리적 환경에서 발생하는 사건을 나타내는 일련의 가공되지 않은 사실로, 사람들이 이해하고 사용할 수 있는 형태로 구조화되고 정렬되기 전의 상태

데이터 거버넌스 데이터를 조직의 자원으로 관리할 수 있는 정책과 절차

데이터 관리 기술 물리적 저장매체상에서 조직의 데이터를 관리하는 소프트웨어

데이터 근로자 회사의 모든 수준에서 행정 업무를 지원하는 사무원이나 장부 담당자 등

데이터레이크 아직 분석되지 않은 비구조적 또는 구조적 원시 데이터를 저장하는 저장소

데이터마이닝 대규모 데이터 풀을 분석하여 의사결정을 도와주고 향후 행동을 예측하는 데 사용할 수 있는 패턴과 관계를 찾는 것

데이터마트 지정된 기능이나 사용자 모집단에 대한 조직 데이터의 일부만 포함된, 데이터웨어하우스의 하위 집합

데이터베이스 관련 파일의 집합

데이터베이스관리시스템(DBMS) 데이터베이스를 생성 및 유지하고, 개별 비즈니스 애플리케이션이 애플리케이션에서 별도의 파일이나 데이터 정의를 생성하지 않고도 필요한 데이터를 추출하는 데 사용되는 소프트웨어

데이터베이스 서버 클라이언트/서버 환경에서 DBMS를 실행하여 SQL 문을 처리하고 데이터베이스 관리 작업을 수행하는 컴퓨터

데이터 분석 데이터 수집, 저장, 검사, 정제, 모델링 및 쿼리가 포함된다.

데이터 분석 플랫폼 대용량 데이터세트 분석에 최적화된 전문 플랫폼

데이터 불일치 속성이 여러 시스템에 저장되어 있는 경우로, 동일한 속성에 대해 서로 다른 값이 존재한다.

데이터 사전 데이터 요소의 정의와 그 특성을 저장하는 데이터베이스 도구

데이터 센터 컴퓨터 시스템과 통신, 스토리지, 보안 시스템, 백업 전원 공급장치 등 관련 구성 요소를 수용하는 시설

데이터 시각화 대용량 데이터를 그래픽 형태로 표현함으로써 데이터의 패턴 및 관계를 파악하는 것을 돕는 기술

데이터웨어하우스 리포팅 및 질의 도구와 연계된 데이터베이스로, 리포트 생성 및 데이터 분석을 위해 다양한 운영 시스템에서 추출된 현재 및 과거 데이터를 저장하고 통합한 데이터베이스

데이터 유출 조직의 데이터에 대한 통제권이 외부인에게 상실되는 것

데이터 정의 데이터베이스의 콘텐츠 구조를 규정하는 것

데이터 정제 데이터베이스나 파일에서 부정확하거나 불완전하거나 형식이 잘못되었거나 중복된 데이터를 감지하고 수정하는 프로세스로, 데이터 세정이라고도 한다.

데이터 조작어 데이터베이스의 데이터를 추가, 변경, 삭제, 검색하는 데 사용되는 특수 프로그래밍 언어

데이터 중복 조직이나 물리적 환경에서 발생하는 일을 나타내는 일련의 가공되지 않은 사실로, 사람들이 이해하고 사용할 수 있는 형태로 구조화되고 정렬되기 전의 상태에 해당한다.

데이터 품질 감사 정보시스템에서 데이터의 정확성과 완전성을 결정하기 위한 구조화된 조사 및 파일 샘플

도메인 네임 숫자 IP 주소를 자연어 이름으로 표현한 것

도메인 네임 시스템(DNS) 도메인 네임을 숫자 IP 주소로 변환할 수 있는 데이터베이스를 유지·관리하는 서버의 계층적 시스템

도시권 통신망(MAN) 대도시 지역, 즉 보통 하나의 도시와 주요 교외지역에 이르는 네트워크로, 지리적 범위는 WAN과 LAN 사이에 해당한다.

동적 가격 결정 제품 또는 서비스의 가격이 고객의 수요 특성이나 판매자의 공급 상황에 따라 달라진다.

드라이브 바이 다운로드 사용자가 알게 모르게 다운로드하는 악성 코드

드론 조종사 없이 원격 또는 자율적으로 조종할 수 있는 항공기의 일종으로, 무인 항공기(UAV)라고도 한다.

디지털 가입자 회선(DSL) 기존 전화선을 통해 대용량 음성, 데이터, 동영상 전송을 제공하는 기술 그룹

디지털 격차 다양한 인종, 민족, 소득 수준 집단과 농촌 지역에서 컴퓨터와 인터넷, 기타 많은 정보 자원에 대한 접근이 크게 다르다.

디지털 기업 거의 모든 주요 비즈니스 프로세스와 고객, 공급자, 직원과의 관계가 디지털 방식으로 운영되고 기업의 주요 자산이 디지털 방식으로 관리되는 기업

디지털 밀레니엄 저작권법(DMCA) 저작권이 있는 자료의 기술 기반 보호를 우회하는 장치를 제작, 배포 또는 사용하는 것을 불법으로 규정한다.

디지털 전환 디지털 기술의 이점을 포착하기 위한 대규모 변화 노력으로, 비즈니스 운영방식과 고객에게 가치를 제공하는 방식에 근본적인 변화를 주도한다.

디지털 제품 디지털 네트워크를 통해 전달될 수 있는 제품

디지털 포렌식 전자적으로 저장된 정보(ESI)의 과학적 수집, 조사, 인증, 보존, 분석

디지털 회복탄력성 IT 기능의 탄력성뿐만 아니라 전방위적인 디지털 환경에서 조직과 비즈니스 프로세스의 탄력성을 유지하고 향상하는 문제를 다룬다.

딥러닝 신경망 여러 층의 신경망을 사용하여 데이터 속에 숨어 있는 패턴을 드러내고, 일부 제한된 경우에는 인간의 훈련 없이도 패턴을 식별한다.

딥페이크 AI를 사용하여 매우 사실적이지만 디지털로 조작되거나 가짜인 이미지 또는 오디오를 만드는 기술

라우터 한 네트워크에서 다른 네트워크로 데이터 패킷을 보내는 통신장비

랜섬웨어 사용자의 컴퓨터를 제어하고 파일에 대한 접근을 차단하여 사용자로부터 돈을 갈취하려는 악성코드

레거시 시스템 일반적으로 교체 또는 재설계에 드는 높은 비용을 피하기 위해 계속 사용되는 오래된 시스템

레코드 관련된 필드의 집합

로보틱스 인간을 대신할 수 있는 이동 가능한 기계의 설계, 제작, 작동, 사용 및 이러한 기계를 제어하고 감각 피드백을 처리하며 정보를 처리하는 컴퓨터 시스템을 다루는 분야

로코드 개발 최소한의 수작업 코딩으로 애플리케이션을 더 빠르게 개발할 수 있게 해주는 소프트웨어 개발방식

롱테일 마케팅 벨 곡선의 긴 꼬리 끝에 해당하는 매우 작은 시장 세그먼트에 도달하는 데 드는 비용이 높지 않기 때문에 수요가 적은 제품에 대해 기업이 잠재고객을 저렴하게 찾을 수 있다.

루틴 예상 가능한 상황에 대응하기 위해 개발된 명확한 규칙, 절차, 관행, 표준 운영 절차라고도 불린다.

리눅스 리눅스의 파생물인 오픈 소스 운영체제로, 확장 가능하고 안정적이며 다양한 하드웨어 플랫폼에서 실행될 수 있고, 무료 또는 매우 저렴한 비용으로 사용할 수 있다.

마이크로소프트 윈도우 서버 윈도우 기반 IT 인프라에서 기업 서버를 위한 선도적인 운영체제

마이크로소프트 윈도우 운영체제 윈도우 데스크톱 컴퓨터 및 태블릿을 위한 마이크로소프트 운영체제

마켓스페이스 전통적인 시장의 경계 밖으로 확장되고, 시간과 지리적인 장벽이 없는 시장

맞춤화 사용자의 선호도나 이전 행동을 기반으로 제품 또는 서비스를 변경하는 것

머신러닝(ML) 컴퓨터가 대량의 데이터를 학습하고 명시적인 지시 없이도 통계적 추론을 할 수 있도록 도와주는 수학적 모델을 사용하여 컴퓨터 시스템이 경험을 바탕으로 다양한 정도에 따라 스스로 학습하고 개선할 수 있도록 한다.

멀버타이징 온라인 광고 체인에 악성코드를 내장시켜 유포하는 방법

멀웨어 바이러스, 웜, 트로이 목마, 랜섬웨어, 봇 및 잠재적 유해 프로그램과 같은 악성 소프트웨어 프로그램

멀티터치 마우스나 키보드를 사용하지 않고 하나 이상의 손가락 제스처를 사용하여 화면의 목록이나 개체를 조작할 수 있는 인터페이스

메뉴 비용 가격 변동으로 인해 발생하는 일체의 비용

메인프레임 대용량의 데이터를 매우 빠르게 처리할 수 있는 고성능 대용량 컴퓨터

메타버스 사용자에게 가상현실 및 증강현실 경험에 대한 액세스를 제공하는 온라인 3D 또는 가상 통합 환경을 특징으로 하는 웹의 향후 반복이 예상된다.

면책조항 정부 규제의 목표를 충족하지만 정부 규제나 집행이 적용되지 않는 사적인 자율정책 및 집행 메커니즘

모뎀 컴퓨터의 디지털 신호를 기존의 전화선으로 전송하기 위해 아날로그 형태로 변환하거나 아날로그 신호를 컴퓨터로 받아들이기 위해 디지털 신호로 변환하는 장비

모바일 기기 관리 여러 모바일 서비스 제공업체 및 조직에서 사용되는 여러 모바일 운영체제에 장착되어 모바일 장치를 모니터링, 관리, 보호하는 소프트웨어

모바일 웹사이트 작은 모바일 화면에서 콘텐츠 접근과 검색이 쉽도

록 일반 웹사이트의 콘텐츠와 내비게이션을 축소한 버전

모바일 웹 앱 모바일 기기의 웹브라우저를 통해 접근하도록 설계되고 모바일 기기에 특화된 기능을 갖춘 인터넷 기반 애플리케이션

모바일 전자상거래 스마트폰, 태블릿, 웨어러블 기기와 같은 모바일 기기를 통해 제품과 서비스를 판매하는 전자상거래 유형

무료/프리미엄 수익 모델 기업이 기본적인 서비스나 콘텐츠를 무료로 제공하고, 고급 기능이나 특별한 기능에 대해서는 요금을 부과하여 수익을 창출하는 전자상거래 수익 모델

무선 센서 네트워크(WSN) 넓은 공간에 걸쳐 많은 지점을 측정할 수 있도록 물리적 환경에 내장된 처리, 저장, 무선 주파수 센서 및 안테나가 내장된 상호 연결된 무선 장치의 네트워크

무선인식(RFID) 품목 및 해당 위치에 대한 데이터가 포함된 마이크로칩이 내장된 작은 태그를 사용하는 기술로, 태그는 단거리 무선 신호를 특수 RFID 판독기로 전송한 다음 처리를 위해 데이터를 컴퓨터로 전달한다.

무형 이익 보다 효율적인 고객 서비스, 강화된 의사 결정 등 즉시 정량화할 수 없지만 장기적으로는 정량화 가능한 이익으로 이어질 수 있는 이점

문서화 정보시스템이 기술적 관점과 최종사용자 관점에서 어떻게 작동하는지를 설명하는 문서

문화 조직 대부분의 구성원이 받아들인 기본 가정으로, 가치 및 업무 수행 방식의 집합

미끄러운 경사길 법칙 어떤 행동을 반복적으로 취할 수 없다면 아예 취하지 않는 것이 옳다는 윤리적 원칙

민감도 분석 하나 이상 요인의 변화가 결과에 미치는 영향을 확인하기 위해 가정 질문을 반복적으로 묻는 모델링 형식

바이러스 일반적으로 사용자 지식이나 허가 없이 실행될 다른 소프트웨어 프로그램이나 데이터 파일에 자신을 연결하는 악성 소프트웨어 프로그램

바이트 문자, 숫자 또는 기타 기호일 수 있는 단일 문자를 나타내는 데 사용되는 비트의 집합

반복성 긴장장애(RSI) 충격이 큰 하중을 가하는 반복적인 동작이나 충격이 적은 하중을 가하는 수천 번의 반복을 통해 근육에 힘이 가해졌을 때 발생하는 부상

반복적 접근 사용자의 요구사항을 점점 더 정확하게 반영하는 시스템을 만들기 위해 여러 단계를 반복 수행하는 과정

반응형 웹 디자인(RWD) 노트북, 태블릿, 스마트폰 등 다양한 크기의 기기로 전환할 때 웹사이트가 자동으로 화면 해상도와 이미지 크기를 조정할 수 있는 기능으로, 새로운 기기마다 별도의 설계와 개발이 필요 없다.

방화벽 승인되지 않은 사용자가 개인 네트워크에 액세스하는 것을 방지하며, 하드웨어 장치, 소프트웨어 기반 또는 서비스로 제공될 수 있다.

버그 소프트웨어 프로그램 코드의 결함

범위 프로젝트에 포함되는 과업을 정의한다.

법적 의무 개인이 다른 행위자, 시스템 또는 조직에 의해 가해진 손해를 복구할 수 있도록 허용하는 법률

베스트프랙티스 특정 조직이나 산업에서 일관되고 효과적으로 비즈니스 목표를 달성하기 위해 개발된 가장 성공적인 해결책 또는 문제 해결 방식

벤치마킹 비즈니스 프로세스의 효율성과 효과성을 엄격한 기준과 비교한 뒤, 조직의 성과를 그 기준에 따라 측정하는 것

변화 관리 새로운 정보시스템 도입과 같은 혁신 활동과 관련된 조직 변화의 영향을 관리하는 것

변화 대리인 새로운 시스템이나 혁신에 조직이 성공적으로 적응할 수 있도록 변화 과정에서 촉매제 역할을 하는 개인으로, 구현 프로세스의 맥락에서 이 역할은 시스템 분석가가 수행하는 경우가 많다.

병행 전략 새로운 시스템이 제대로 작동하는지 모든 사용자가 확신할 때까지 기존 시스템과 새로운 시스템을 함께 운영하는 안전하고 보수적인 전환방식

보안 정보시스템에서 인증되지 못한 접근, 교체, 절도, 물리적 침해를 방지하는 데 사용되는 정책, 절차, 기술적 기준

보안관리 서비스 업체(MSSP) 가입 고객을 위해 보안관리 서비스를 제공하는 기업

보안 운영 센터(SOC) 보안 사고를 실시간으로 탐지, 분석, 대응하기 위해 조직의 전체 IT 인프라를 24시간 모니터링하는 데 전념하는 IT 보안 전문가 팀

보안정책 정보 위험 순위, 수용 가능한 보안 목표 식별, 이러한 목표 달성을 위한 메커니즘 식별 등의 설명으로 구성된다.

보안 토큰 단일 사용자의 신원을 증명하도록 설계된 소형 물리적 장치

보완적 자산 주요 투자에서 가치를 도출하는 데 필요한 부수적인 자산

본원적 활동 기업의 제품이나 서비스를 생산하고 유통하는 데 가장 직접적으로 관련된 활동

봇 네트워크를 통해 미리 정의된 반복적인 작업을 수행하는 소프트웨어 애플리케이션으로, 쇼핑 봇·웹 크롤러·스크레이퍼·모니터링 봇·악성코드가 포함된다.

봇넷 봇 멀웨어에 감염된 컴퓨터의 모음으로, 소유자 모르게 분산 서비스 거부 공격, 피싱 캠페인 또는 스팸을 실행하는 등 악의적인 목적으로 사용될 수 있다.

분류법 사전에 정의된 체계에 따라 사물이나 개념을 분류하는 방법

분산 데이터베이스 여러 물리적 위치에 저장된 데이터베이스

분산 서비스 거부(DDoS) 공격 여러 공격 지점으로부터 네트워크를 침수시키고 압도하기 위해 수많은 컴퓨터를 사용하는 공격

분석적 CRM 운영 중인 CRM 애플리케이션에서 생성된 고객 데이터를 분석하여 비즈니스 성과 개선을 위한 정보를 제공하는 애플리케이션

블로그 개인과 기업이 콘텐츠를 온라인에 게시하기 위해 사용하는, 비공식적이지만 구조화된 웹사이트를 가리키는 용어

블록체인 컴퓨터 네트워크 간에 공유되는 분산 원장으로, 거래에 대한 영구적이고 변조 방지 기록을 저장하는 분산 데이터베이스 시스템

블루투스 10m 지역 이내에서 722Kbps의 속도로 전송할 수 있는 단거리 무선망의 표준

비가동시간 시스템이 작동하지 않는 기간

비관계형 데이터베이스관리시스템 보다 유연한 데이터 모델을 사용하고 여러 분산 컴퓨터에서 대규모 데이터세트를 관리하도록 설계된 데이터베이스로, NoSQL이라고도 한다.

비구조적 의사결정 새롭고 중요하며 일상적이지 않고 의사결정에 대해 합의된 절차가 없는 경우, 의사 결정자는 문제 해결을 위한 판단, 평가 및 통찰력을 제공해야 한다.

비용 투명성 판매자가 제품에 대해 실제로 지불한 비용을 파악할 수 있는 소비자의 능력

비즈니스 기능 제조 및 생산, 판매 및 마케팅, 재무 및 회계, 인사 등 비즈니스 조직에서 수행되는 전문 업무

비즈니스 모델 기업이 가치를 창출하기 위해 제품이나 서비스를 생산, 전달, 판매하는 방법을 설명한다.

비즈니스 사례 비용, 이점, 비즈니스 가치를 설명하여 투자 승인을 구하는 경영진에게 제안한다.

비즈니스 생태계 공급업체, 유통업체, 아웃소싱 기업, 운송 서비스 업체, 기술 제조업체 등으로 구성된 네트워크로, 느슨하게 연결되어 있으나 상호 의존적이다.

비즈니스 성과 관리(BPM) 기업의 전략(예: 차별화, 저비용 생산, 시장점유율 확대, 사업 영역)을 체계적으로 운영 목표로 전환하려는 관리 방법론

비즈니스 연속성 계획 수립 재해 발생 후 회사가 비즈니스 운영을 복원할 수 있는 방법에 중점을 둔다.

비즈니스 인텔리전스(BI) 사용자가 보다 정보에 기반한, 그리고 더 나은 비즈니스 의사결정을 내릴 수 있도록 돕는 애플리케이션과 기술

비즈니스 프로세스 조직이 제품이나 서비스를 생산하기 위해 업무활동, 정보, 지식을 구성하고 구조화하는 고유한 방식

비즈니스 프로세스 관리(BPM) 기존 프로세스를 분석하고, 새로운 프로세스를 설계하며, 해당 프로세스를 최적화하기 위한 도구와 방법론

비즈니스 프로세스 재설계(BPR) 비즈니스 프로세스를 분석하고, 단순화하며, 재설계하는 조직 변화의 한 유형

비지도학습 사전에 분류되거나 라벨이 지정되지 않은 정보로 훈련되며, 명시적인 인간의 지시 없이 해당 정보에서 패턴을 찾아내는 머신러닝 알고리즘

비트 컴퓨터가 처리할 수 있는 가장 작은 데이터 단위를 나타내는 이진수로, 그 값이 0 또는 1이다.

빅데이터 데이터세트는 일반적으로 3V(극단적인 데이터 볼륨, 다양한 데이터 및 데이터 처리 속도)를 특징으로 하며, 일반적인 DBMS의 캡처, 저장, 분석 능력을 뛰어넘는다.

사물인터넷(IoT) 인터넷을 통해 다른 장치 및 시스템과 연결하고 데이터를 교환할 수 있도록 하는 센서, 소프트웨어 및 기타 기술이 내장된 물리적 개체(사물)의 네트워크

사설 B2B 네트워크 일반적으로 대기업이 공급업체 및 기타 주요 비즈니스 파트너와 연결하기 위해 사용하는 인터넷 지원 네트워크

사용자-설계자 의사소통 격차 사용자와 정보시스템 전문가 간의 의사소통 및 문제 해결에 방해가 되는 배경, 관심사, 우선순위의 차이

사용자 인터페이스 최종사용자가 시스템과 상호작용을 하는 정보시스템의 일부분으로, 사용자가 이러한 시스템으로 작업하는 데 필요한 하드웨어 유형 및 일련의 화면 명령어와 응답

사이버 전쟁 컴퓨터, 정보시스템 또는 네트워크를 손상시키거나 중단시켜 다른 국가를 무력화하고 패배시키기 위한 국가 주도의 정치적 목적이 있는 활동

사이버 테러리즘 사이버 전쟁과 성격이 비슷하지만 국가가 아닌 테러 단체에 의해 실행된다.

사이버 파괴 행위 웹사이트나 기업의 정보시스템에 대한 의도적인 혼란, 손상, 파괴

사전동의 합리적인 결정을 내리는 데 필요한 모든 사실을 알고 제공된 동의

사회공학 인간의 호기심, 탐욕, 속임수, 두려움 또는 안일함을 악용하여 위협 행위자가 컴퓨터 시스템에 액세스하거나 멀웨어를 다운로드할 수 있도록 사용자를 유도한다.

사회기술적 관점 시스템이 기술적 요소와 사회적 요소로 구성되어 있다고 본다.

사회기술적 설계 기술적 효율성과 인적 · 조직적 요구에 대한 민감성을 결합한 정보시스템을 생산하는 것을 목표로 하는 설계

산업용 로봇 제조 공정의 일부를 자동화하도록 설계된 중장비 기계

산업용 클라우드 플랫폼 의료, 금융, 제조 등 특정 산업의 특정 요구사항을 충족하기 위해 전문적인 클라우드 서비스를 제공하는 클라우드 컴퓨팅 모델로, 수직형 클라우드 플랫폼이라고도 한다.

상표 시장에서 제품을 구별하는 데 사용되는 표시, 기호, 이미지

상호작용성 판매자와 소비자 간의 양방향 통신과 개인 간의 P2P 통신을 허용한다.

생산 및 서비스 근로자 조직의 제품이나 서비스를 실제 생산하는 사람

생성형 AI 콘텐츠를 생성하도록 훈련된 머신러닝 모델

생체 인증 얼굴 구조, 지문, 망막 이미지, 음성 등 각 개인을 고유하게 식별하는 신체적 또는 행동적 특성 측정을 기반으로 하는 인증

서버 파일 저장, 소프트웨어 응용 프로그램, 인쇄 및 인터넷 액세스와 같이 클라이언트/서버 네트워크의 클라이언트에 필요한 일반적인 기능을 수행하는 전용 컴퓨터

서비스 거부(DoS) 공격 네트워크를 붕괴시키기 위해 수천 건의 허위 통신 또는 서비스 요청을 네트워크 서버 또는 웹 서버에 쏟아붓는 것

서비스 로봇 서비스 관련 업무를 수행하도록 설계된 로봇

서비스 수준 계약(SLA) 서비스 제공자의 구체적인 책임과 고객이 기대하는 서비스 수준에 대해 구체적으로 정의한 고객과 서비스 제공자 간의 공식 계약

서비스 제공자 온라인을 통해 서비스를 제공한다.

서비스형 AI(AIaaS) 클라우드 기반 머신러닝 플랫폼으로, AI 모델 개발을 위한 확장 가능한 인프라와 사전 구축된 도구 및 프레임워크를 제공한다.

서비스형 소프트웨어(SaaS) 공급업체가 공급업체의 클라우드 인프라에서 호스팅하고 웹브라우저를 통해 소프트웨어에 액세스하는 사용자에게 구독료 기반으로 서비스 형태로 제공되는 소프트웨어로, 데이터와 소프트웨어는 공급업체의 원격 서버에서 유지 · 관리된다.

서비스형 인프라스트럭처(IaaS) 클라우드 서비스 제공업체로부터 프로비저닝된 컴퓨팅 인프라를 유지 · 관리하고 운영하며, 사용자는 실제로 사용한 컴퓨팅 및 스토리지 리소스의 양에 대해서만 비용을 지불한다.

서비스형 플랫폼(PaaS) 고객이 일반적으로 애플리케이션 개발과 관련된 인프라를 구축 및 유지 · 관리할 필요 없이 애플리케이션을 개발, 실행, 관리할 수 있도록 하는 인프라 및 프로그래밍 도구를 제공하는 플랫폼

선정 사이먼의 의사결정 4단계 중 세 번째 단계로, 다양한 솔루션 대안 중에서 선택하는 것으로 구성된다.

설계 사이먼의 의사결정 4단계 중 두 번째 단계로, 문제에 대한 가능한 대안적 해결책을 파악하고 탐구하는 것을 포함한다.

소셜 그래프 온라인상의 중요한 사회적 관계를 대응해놓은 것으로, 오프라인상에서 언급되는 '소셜 네트워크'와 같은 개념이다.

소셜 네트워크 사용자가 소셜 또는 비즈니스 연락처에 연결하고 확장할 수 있는 온라인 커뮤니티

소셜 리스닝 소비자가 온라인에서 브랜드와 경쟁업체에 대해 이야기하는 내용을 파악할 수 있는 능력

소셜 비즈니스 페이스북, X(구 트위터)와 같은 소셜 네트워크 플랫폼뿐만 아니라 내부 기업용 소셜 도구를 활용하여 직원, 고객, 공급업체와 소통하는 것

소셜 커머스 다른 쇼핑객과 관심 있는 제품에 대한 지식을 공유하고, 소셜 네트워크를 통해 직접 구매할 수 있는 전자상거래 유형

소프트웨어 공급사슬 공격 위협 행위자가 개발 및 생산 단계에서 소프트웨어 공급사슬에 침투하여 고객이 소프트웨어를 획득하고 배포하기 전에 소프트웨어를 손상시키는 것이다.

소프트웨어 아웃소싱 맞춤형 소프트웨어 개발 또는 유지 · 관리를 외부 회사에 위탁하는 것

소프트웨어 정의 네트워킹(SDN) 네트워크 장치와 별도의 중앙 제어 프로그램을 사용하여 네트워크의 데이터 흐름을 관리하는 네트워킹 접근 방식

소프트웨어 정의 스토리지(SDS) 데이터 스토리지 관리용 소프트웨어를 물리적 스토리지 하드웨어에서 분리하는 스토리지 아키텍처

소프트웨어 패키지 특정 기능을 위해 소프트웨어 프로그램을 작성할 필요가 없도록 미리 작성되고 코딩되어 상업적으로 이용 가능한 프로그램 세트

소프트웨어 현지화 소프트웨어가 현지 언어로 작동하도록 소프트웨어를 변환하는 과정

속성 특정 개체를 기술하는 정보

손목터널증후군(CTS) 일종의 반복성 긴장장애로, 손목 관절 구조에서 중추신경에 압력이 가해질 때 고통이 발생하는 증상

수신거부 고객이 자신의 정보가 수집되지 않도록 특별히 요청할 때까지 그 고객이 자신의 정보 수집을 허락한 것으로 인정하는 모델

수신승인 개인이 특별히 정보 수집 및 사용을 허락하는 행위를 취하지 않으면 조직이 그 개인의 정보를 수집하는 것을 방지하는 모델

수요계획수립 기업이 모든 고객의 요구를 충족하기 위해 얼마나 많은 제품을 만들어야 하는지 결정하는 프로세스

수익 모델 기업이 수입을 올리고 이윤을 창출하며 강력한 투자 수익률(ROI)을 얻는 전자상거래 수익 모델

스니퍼 네트워크를 통해 이동하는 정보를 모니터링하는 도청 프로그램

스마트카드 액세스 권한 및 기타 데이터로 포맷된 칩이 내장되어 있는 플라스틱 또는 금속 카드로, 카드 리더기와 함께 사용된다.

스마트폰 휴대전화의 기능과 와이파이 지원 노트북 컴퓨터의 기능을 결합하여 음성, 메시징, 일정 관리, 이메일 및 인터넷 기능을 제공하는 모바일 장치

스위치 허브보다 지능이 높고 데이터를 필터링하여 지정된 대상으로 전달할 수 있는 네트워크 구성요소를 연결하는 데 사용되는 장치

스트리밍 오디오나 동영상 파일을 사용자의 기기에 지속적으로 전송하여 로컬 저장 없이 실시간으로 감상할 수 있는 방식

스팸 원치 않는 상업성 이메일

스푸핑 자신의 정체를 숨겨서 남을 속이거나 속이는 행위

시멘틱 검색 자연어 처리를 사용하여 검색어에 사용된 단어, 구절, 문장의 문맥과 의미를 이해한다.

시민 개발자 IT 부서의 승인이나 최소한의 도움만으로 새로운 애플리케이션을 스스로 만들거나 기존 애플리케이션을 수정하는 비즈니스 사용자

시스템 개발 조직의 문제나 기회를 해결하기 위한 정보시스템 해결책을 개발하는 활동

시스템 개발 생명주기(SDLC) 정보시스템을 구축하기 위한 전통적인 방법으로, 시스템 분석, 시스템 설계, 프로그래밍, 테스트, 전환, 운영 및 유지·보수라는 일련의 순차적인 공식 단계로 시스템 개발을 나누는 단계적 접근 방식을 사용한다.

시스템 구축 반대 조직의 정보시스템이나 혁신 구현을 고의적으로 방해하기 위한 전략

시스템 분석 조직이 정보시스템으로 해결하고자 하는 문제를 분석하는 것

시스템 분석가 비즈니스 문제와 요구사항을 정보 요구사항과 시스템으로 전환하며, 정보시스템 부서와 조직 내 다른 부서 간의 연결자 역할을 수행하는 전문가

시스템 설계 시스템 분석에서 식별된 정보 요구사항을 시스템이 어떻게 충족할지를 구체화한 것

시스템 테스트 개별 모듈이 계획대로 함께 작동하는지 확인하기 위해 정보시스템 전체의 기능을 테스트하는 것

시장 생성자 구매자와 판매자가 만나 제품을 전시하고, 검색하고, 가격을 정하고, 거래할 수 있는 디지털 환경을 제공한다.

시장 진입 비용 판매자가 제품을 시장에 출시하기 위해 치러야 하는 비용

시험 운영 전략 새로운 시스템을 조직 내 제한된 영역에 먼저 도입하여 기능이 완전하다고 입증된 후 전체 조직의 시스템을 전환하는 방식

식스 시그마 100만 번의 기회 중 3.4건의 결함이라는 품질 측정 기준으로, 품질 향상과 비용 절감을 위한 일련의 방법론과 기법을 지칭한다.

신경망 데이터 입력값을 기반으로 사물을 알려진 범주로 분류하도록 훈련할 수 있는 알고리즘으로, 인간의 생물학적 두뇌의 정보 처리 방식을 유사하게 모방한 구조이다. 신경망은 사람이 분석하기에는 너무 복잡하고 방대한 데이터 속에서 패턴과 관계를 찾아낼 수 있다.

신속 애플리케이션 개발(RAD) 프로젝트가 진화함에 따라 적응할 수 있는 유연성을 갖고 매우 짧은 시간 안에 작동 가능한 시스템을 개발하는 과정으로, 시각적 프로그래밍과 그래픽 사용자 인터페이스 구축을 위한 도구, 반복적 프로토타이핑, 프로그램 코드 생성의 자동화, 최종사용자와 정보시스템 전문가 간의 긴밀한 협업이 포함된다.

신원도용 타인을 사칭하여 피해자의 이름으로 상품 및 서비스를 얻거나 허위 자격 증명을 얻기 위해 주민등록증, 운전면허증, 신용카드 번호 등 개인정보의 주요 정보를 도용하는 행위

신원 및 접근 관리(IAM) 소프트웨어 사용자 및 시스템 권한을 추적하는 프로세스를 자동화하고 각 사용자에게 각 시스템에 액세스하기 위한 고유한 디지털 ID를 할당하는 소프트웨어

안드로이드 구글이 주도하는 오픈 핸드셋 얼라이언스에서 개발한 스마트폰으로, 현재 전 세계적으로 가장 인기 있는 스마트폰 운영체제

안티멀웨어 소프트웨어 정보시스템의 컴퓨터 바이러스를 탐지하고 종종 제거하도록 설계된 소프트웨어

암묵지 조직 구성원의 전문성과 경험 중 공식적으로 문서화되지 않은 지식

암호화 인증 없이 읽거나 접근하는 것을 방지하기 위해 메시지를 코딩하고 변경하는 것

암호화폐 블록체인 기술과 암호화를 사용하여 교환 매체(통화)를 생성하는 디지털 자산

애자일 개발 대규모 프로젝트를 짧은 기간 안에 완료되는 일련의 소규모 하위 프로젝트로 나누어 반복과 지속적인 피드백을 통해 작동 가능한 소프트웨어를 신속하게 제공하는 방식

애자일 프로젝트 관리 더 많은 적응성과 유연성을 허용하는 프로젝트 관리 접근 방식으로, 프로젝트 팀이 짧은 기간 내에 정해진 양의 작업을 완료하기 위해 '스프린트'를 사용한다.

애플리케이션 서버 브라우저 기반 클라이언트와 회사의 백엔드 비즈니스 애플리케이션 또는 데이터베이스 간의 모든 애플리케이션 작업을 처리하는 소프트웨어, 애플리케이션 서버라는 용어는 애플리케이션 서버 소프트웨어가 상주하는 컴퓨터를 지칭하는 용어로도 사용된다.

앱 인터넷을 통해 액세스할 수 있는 소프트웨어 프로그램

양자 컴퓨팅 데이터를 표현하고 데이터에 대한 작업을 수행하기 위해 양자 역학의 원리를 사용한다.

에지 인공지능(에지 AI) 스마트폰, 센서 또는 사물인터넷 장치와 같은 로컬 에지 장치에 직접 AI 알고리즘과 AI 모델을 배포하여 중앙 클라우드 인프라에 지속적으로 의존하지 않고 데이터가 실제로 수집되는 곳과 가까운 곳에서 연산을 수행할 수 있도록 하는 것

에지 컴퓨팅 데이터 소스에서 가까운 네트워크 말단의 서버들에서 일부 데이터 처리를 수행하여 클라우드 컴퓨팅 시스템을 최적화하는 방법

엑스트라넷 인증된 외부인이 접속할 수 있는 사설 인트라넷

영업비밀 공개 도메인의 정보를 기반으로 하지 않는 경우 비즈니스 목적으로 사용되는 지적 저작물

영업자동화(SFA) 모듈 영업사원이 가장 수익성이 높은 고객에게 영업 노력을 집중함으로써 생산성을 높이는 데 도움이 되는 CRM시스템 모듈

예측 검색 사용자 쿼리가 입력될 때 무엇을 찾고 있는지 예측하는 검색 알고리즘의 일부

예측적 분석 미래 추세와 행동 유형을 예측하기 위해 통계 분석, 데이터마이닝 기법, 과거 데이터 및 미래 상황에 대한 가정을 사용한다.

오프쇼어 아웃소싱 시스템 개발 작업이나 기존 시스템의 유지 · 관리를 타국의 외부 공급업체에 아웃소싱하는 것

오픈소스 소프트웨어 무료로 프로그램 코드에 접근할 수 있는 소프트웨어로, 사용자가 프로그램을 향상하거나 오류를 수정하기 위해 프로그램 코드를 수정할 수 있다.

온디맨드 컴퓨팅 원격 공급자로부터 컴퓨팅 서비스를 구매하고 실제로 사용한 컴퓨팅 자원에 대해서만 비용을 지불하는 서비스

온라인분석처리(OLAP) 대용량 데이터를 다각적으로 조작하고 분석하는 기능을 제공하여 다차원 데이터 분석을 지원한다.

온라인 소매업체 온라인에서 제품을 판매하는 업체로, 이테일러라고도 한다.

온라인 소셜 네트워크 사용자가 웹사이트나 앱을 통해 서로 소통하고, 개인적 관계 또는 집단 관계를 형성하고, 관심사 · 가치관 · 아이디어를 공유할 수 있다.

와이맥스 데이터 전송 속도가 75Mbps에 이르고, 31마일 범위의 지역에서 무선 네트워킹을 가능하게 하는 IEEE Standard 802.16을 일컫는 일반 용어

와이파이 무선 LAN 및 무선 인터넷 접속 표준에 대한 802.11 표준 세트

외래키 사용자가 다른 데이터베이스 테이블에서 관련된 정보를 찾는 데 사용하는 필드

외부 통합 도구 구현팀의 작업을 모든 조직 수준의 사용자 작업과 연결하는 도구

운영 새로운 시스템이 설치되고 전환이 완료된 후의 단계로, 시스템이 원래 목표를 얼마나 잘 달성했는지, 수정이 필요한지 사용자와 기술 전문가가 검토한다.

운영 관리층 조직의 일상적인 활동을 모니터링하는 책임을 맡은 사람

운영적 CRM 영업 인력 자동화, 콜센터 및 고객 서비스 지원, 마케팅 자동화를 위한 도구와 같은 고객 접점 애플리케이션

운영적 인텔리전스 실시간으로 생성되는 빅데이터 스트림을 통해 조직 내부 및 외부 활동에 대한 통찰력을 제공하는 BI와 BA의 한 형태

운영체제 컴퓨터의 활동을 관리하고 제어하는 시스템 소프트웨어

워 드라이빙 도청자가 차량을 이용하여 건물 주변을 지나거나 근처에 주차한 뒤 무선 네트워크 트래픽을 가로채려는 행위

월드와이드웹 인터넷에서 정보를 페이지 형식으로 저장, 검색, 형식화, 표시하기 위해 보편적으로 인정되는 표준을 사용하는 인터넷 서비스로, 일반적으로 '웹'이라고 한다.

웜 네트워크를 통해 독립적으로 한 컴퓨터에서 다른 컴퓨터로 복사되며, 데이터와 프로그램을 파괴할 수 있을 뿐만 아니라 컴퓨터 네트워크의 작동을 방해하거나 중단할 수도 있는 소프트웨어 프로그램

웹3 대기업이 지배하기보다는 사용자가 통제하는 블록체인의 아이디어를 기반으로 한, 보다 분산화된 인터넷

웹마이닝 웹으로부터 유용한 패턴과 정보를 발견하고 분석하는 것

웹브라우저 웹페이지를 표시하고 웹 및 기타 인터넷 리소스에 액세스하기 위한 그래픽 사용자 인터페이스를 갖춘 소프트웨어 도구

웹 비콘 웹사이트를 방문하거나 이메일을 보내는 사용자의 행동을 모니터링하기 위해 이메일 메시지와 웹페이지에 보이지 않게 삽입된 작은 이미지로, 웹 버그 또는 추적 파일이라고도 한다.

웹사이트 홈페이지에 연결된 웹페이지 모음

웹 서버 저장된 웹페이지를 찾아서 관리하고 서비스 요청에 대한 응답으로 클라이언트에 전달하는 역할을 담당하는 소프트웨어로, 웹 서버라는 용어는 웹 서버 소프트웨어가 상주하는 컴퓨터를 지칭하는 데에도 사용되는 경우가 있다.

웹서비스 범용 웹 통신 표준 및 언어를 사용하여 서로 정보를 교환하는, 느슨하게 결합된 소프트웨어 구성요소 집합으로, 다양한 조직의 시스템을 연결하거나 같은 조직 내에서 서로 다른 시스템을 연결하는 데 사용된다.

웹 스크래핑 LLM의 학습 데이터를 확보하기 위해 AI 개발자와 공급업체가 인터넷상의 공개된 정보 출처에서 콘텐츠를 스크래핑하는 데 사용하는 기술

웹페이지 HTML을 사용하여 포맷된 온라인 '페이지'로, 문서를 서로 연결하고 사운드, 동영상 또는 애니메이션 파일과 같은 다른 객체에 페이지를 연결하는 임베디드 링크(하이퍼링크)를 포함할 수 있다.

웹 호스팅 서비스 유료 고객을 위한 웹사이트를 유지·관리하는 서비스 제공업체

위치 기반 서비스 사용자의 위치를 기반으로 사용자에게 서비스를 제공하는 것으로, GPS, 와이파이, 셀룰러 기술을 통해 가능하다.

위치 분석 모바일 기기의 위치 데이터, 센서 또는 스캐닝 장치의 출력, 지도의 데이터 등을 비롯한 데이터의 위치(지리적) 구성요소에서 통찰력을 얻을 수 있는 기능

위키 웹페이지 개발이나 프로그래밍 기술에 대한 지식 없이도 사용자가 콘텐츠를 쉽게 추가, 삭제, 수정할 수 있는 협업형 웹사이트

위험 기피 원칙 손해를 최소화하거나 최소의 비용을 발생시키는 행위를 취해야 한다는 원칙

위험도 평가 특정 활동이나 프로세스가 제대로 통제되지 않을 경우 회사에 미치는 위험 수준을 결정하며, 문제 발생 확률과 문제 발생 시 발생할 수 있는 잠재적 피해를 평가하고, 통제의 비용/편익을 결정하는 데 사용된다.

위협 행위자 시스템의 취약점을 악의적으로 이용하여 의도적으로 피해를 주려는 개인 또는 집단

유닉스 리눅스로 대체된 서버, 모바일 장치 및 임베디드 시스템을 위한 이전 운영체제

유럽연합 AI법 AI 사용을 규제하는 세계 최초의 광범위한 법률

유전자 알고리즘 진화 생물학에서 영감을 받은 아이디어를 바탕으로 특정 문제의 최적 해를 찾는 데 사용되는 머신러닝

유지·보수 오류 수정, 새로운 요구사항 충족 또는 처리 효율성 향상을 위해 운영 중인 시스템의 하드웨어, 소프트웨어, 문서 또는 절차에 변경을 가하는 것

유형 이익 수량화하고 금전적 가치를 부여할 수 있는 이점

윤리 개인이 자신의 행동에 대한 선택을 자유롭게 할 수 있는 도덕적 존재로서 이러한 선택을 하는 데 사용하는 옳고 그름의 원칙

윤리적 '공짜는 없다' 법칙 달리 명시하지 않는 한 거의 모든 유형 및 무형 개체가 다른 사람의 소유이고, 제작자가 이 작업에 대한 보상을 원한다는 가정

음성 기반 검색 자연어 처리 및 음성 인식 기술을 사용하여 음성 쿼리를 처리하고 검색 결과를 제공한다.

응용 통제 인증된 데이터만 해당 애플리케이션에서 완전하고 정확하게 처리되도록 보장하는 각 애플리케이션 고유의 특정 제어

의료용 로봇 보건 과학 분야에서 활용되는 로봇 장치

의사결정 역할 민츠버그가 식별한 관리 역할 범주로, 관리자는 새로운 활동을 시작하고, 혼란을 관리하며, 자원을 분배하고, 갈등을 협상한다.

의사결정지원시스템(DSS) 데이터와 정교한 분석 모델 또는 데이터 분석 도구를 결합하여 의사결정을 지원하는 정보시스템

이메일 컴퓨터 간의 메시지 교환

이미지 기반 검색 텍스트 기반 쿼리 대신 이미지를 사용하여 정보를 검색한다.

이블 트윈 참가자가 로그인하여 비밀번호나 신용카드 번호를 공개하도록 유도하기 위해 합법적인 것처럼 가장하는 무선 네트워크

이용목적 제한방침(AUP) 회사의 정보 자원 및 컴퓨팅 장비의 사용이 허용되는 것과 허용되지 않는 것을 정의하고 규정을 준수하지 않을 경우의 결과를 명시한다.

이중 인증(2FA) 다중 인증의 하위 개념으로, 두 가지 식별 수단으로 사용자 신원을 검증한다. 일반적으로 그중 하나는 사용자가 소유한 물리적 항목이고 다른 하나는 데이터이다.

익스체인지 독립적으로 소유된 제삼자 B2B 전자상거래 마켓플레이스로, 거래 중심적이며, 다수의 공급업체와 구매자를 연결하여 단발성 구매가 가능하다.

인간-AI 협업 사람과 AI 시스템이 각자의 상호보완적인 강점을 결합하여 공동의 목표를 달성하기 위한 상호작용을 의미한다.

인간공학 작업 설계, 건강 문제, 정보시스템의 최종 사용자 인터페이스 등 작업 환경에서 사람과 기계의 상호작용

인공지능(AI) 일반적으로 인간 지능이 필요한 작업을 수행할 수 있는 컴퓨터 시스템을 개발하려는 노력

인공지능 편향 원래의 학습 데이터나 AI 알고리즘에 인간의 편향이 반영되어 왜곡된 출력이나 잠재적으로 해로운 결과를 초래하는 현상

인메모리 컴퓨팅 대용량 데이터를 2차 저장장치가 아닌 컴퓨터 내부 메모리(RAM)에 저장하여 매우 빠르게 분석, 처리할 수 있는 기술

인수 테스트 시스템이 실제 운영 환경에서 사용할 준비가 되었는지 최종적으로 인증하는 것

인스턴트 메시징 참여자가 자신만의 사적인 채팅 채널을 생성할 수 있는 채팅 서비스로, 사용자의 개인 채팅 목록에 있는 누군가가 온라인 상태가 될 때마다 그와 채팅을 할 수 있도록 알려준다.

인증 특정인이 본인임을 식별할 수 있는 능력

인터넷 수많은 서로 다른 네트워크를 연결하기 위해 범용 표준을 사용하는 글로벌 네트워크의 네트워크

인터넷2 차세대 인터넷 기술 개발에 중점을 둔 고급 네트워킹 컨소시엄

인터넷 서비스 제공자(ISP) 가입자에게 임시 연결을 판매하는, 영구적인 인터넷 연결을 갖춘 상업 조직

인터넷 음성 프로토콜(VoIP) IP를 사용하여 음성 정보 전달을 관리하는 기술

인트라넷 인터넷 기술과 표준을 기반으로 한 내부 네트워크

일반 데이터 보호 규정(GDPR) 개인식별정보 보호를 위한 프레임워크 업데이트. 유럽연합 전역의 데이터 개인정보 보호법을 통합하여 비즈니스의 투명성을 높이고 데이터 주체의 개인정보 보호 권리를 확대하는 데 중점을 둔다.

일반 통제 조직의 IT 인프라 전반에 걸쳐 컴퓨터 프로그램의 설계, 보안, 사용 및 데이터 파일의 보안을 관리하는 포괄적인 통제 환경

입력 정보시스템에서 처리하기 위한 원시 데이터로, 조직의 내부 또는 외부 환경에서 나온다.

자국 기반 수출기업 전략 본국에 사업 활동을 집중화하는 것이 특징인 글로벌 기업 비즈니스 전략

자동화 직원이 업무를 보다 효율적 · 효과적으로 수행하도록 IT를 사용하여 지원하는 것

자바 운영체제와 프로세서에 독립적인 객체 지향 프로그래밍 언어로, 웹을 위한 대표적인 대화형 프로그래밍 환경으로 자리 잡았다.

자바스크립트 웹페이지를 더욱 동적이고 대화형으로 만들기 위한 핵심 기술

자본 예산 모델 장기 정보시스템 프로젝트에 대한 투자 가치를 측정하는 방법

자연어 처리(NLP) 컴퓨터가 컴퓨터용으로 형식화된 언어가 아닌 자연어를 이해하고 분석할 수 있도록 하는 AI 기법

자율주행차 운전자 없이도 운행 가능한 자동차로, 셀프드라이빙 카, 무인 자동차, 로보택시, 로보카 등으로도 불린다.

잘못된 정보 그것이 사실이라고 믿는 사람들이 퍼뜨리는 거짓 정보

잠재적 유해 프로그램(PUP) 애드웨어, 브라우저 기생 프로그램, 스파이웨어와 같은 소프트웨어, 사용자의 컴퓨터에 스스로 설치되는 허위 보안 소프트웨어, 도구 모음, PC 진단 도구와 같은 기타 애플리케이션은 악성 소프트웨어의 한 형태로 간주될 수 있다.

재난 복구 계획 중단된 컴퓨팅 및 통신 서비스를 복구하기 위한 계획을 수립하는 일이 포함된다.

저작권 여러 요인에 따라 특정 기간 동안 다른 사람이 복사하지 못하도록 특정 유형의 지적 재산 작성자를 보호한다.

적법 절차 법률이 알려지고 이해되며, 법률이 올바르게 적용되도록 하기 위해 상급 기관에 상소할 수 있는 능력이 있는 프로세스

적시생산전략 재고를 최소화하기 위해 부품이 필요한 순간에 정확히 도착하고, 완성품은 제조되는 즉시 배송되는 것을 목표로 하는 전략

적응형 웹 디자인(AWD) 웹사이트를 호스팅하는 서버가 요청을 보낸 기기의 속성을 감지하여 해당 기기에 최적화된 사이트 버전을 로딩하게 하는 기술로, 더 빠른 로딩 시간, 일반적으로 더 나은 사용자 경험을 제공한다.

전문가 시스템 조직 내 개별 전문가의 전문 지식을 포착하고 해당 지식을 일련의 규칙으로 표현한 뒤, 이를 if-then 규칙 형태의 컴퓨터 코드로 변환한다.

전사적 시스템 제조 및 생산, 재무 및 회계, 판매 및 마케팅, 인적자원관리 등 핵심 비즈니스 프로세스를 조정할 수 있도록 해주는 통합된 전사적 정보시스템이라고도 불린다.

전사적 애플리케이션 기업 내 다양한 기능, 계층, 사업 부서 전반에 걸쳐 활동, 의사결정, 지식을 조정할 수 있는 시스템. 전사적 시스템, 공급사슬관리시스템, 고객관계관리시스템, 지식관리시스템이 여기에 포함된다.

전사적 지식관리시스템 디지털 콘텐츠와 지식을 수집, 저장, 배포, 활용할 수 있도록 설계된 범용 전사적 시스템

전사적 콘텐츠 관리(ECM) 시스템 조직이 구조화된 정보, 반구조화된 정보, 비구조화된 정보를 수집하고 관리할 수 있도록 도와주는 정보시스템으로, 문서, 보고서, 프레젠테이션, 모범 사례 등을 위한 통합 저장소를 제공한다.

전사적 품질 관리(TQM) 품질 달성을 그 자체로 하나의 목표로 삼고, 조직 내 모든 사람과 기능이 함께 책임지는 개념

전송 계층 보안(TLS) 클라이언트와 서버 컴퓨터가 보안 웹 세션 동안 서로 통신할 때 암호화 및 암호 해독 활동을 관리할 수 있도록 하는 것으로, SSL 프로토콜의 후속 제품

전자문서교환(EDI) 두 조직 간에 표준 비즈니스 문서 및 거래(예: 주문, 선적 지시, 지불)를 디지털 방식으로 직접 교환하는 것

전자상거래 비즈니스 거래를 위해 인터넷, 웹, 모바일 앱 및 모바일 장치에서 실행되는 브라우저를 사용하며, 보다 공식적으로는 조직과

개인 간에 디지털 방식으로 활성화된 상업 거래로 정의할 수 있다.

전자인증서 온라인 거래를 보호하기 위해 사용자 및 디지털 자산의 신원을 확인하는 데 사용되는 데이터 파일

전자폐기물 모든 종류의 최종 폐기된 전자장비

전통적 관리 모델 계획, 조직, 지휘, 조정, 통제의 공식적인 기능에 초점을 맞춘, 경영에 대한 전통적인 설명

전환 기존 시스템에서 새로운 시스템으로 전환하는 과정

전환 비용 기존 공급자나 시스템에서 경쟁 공급자나 시스템으로 전환할 때 발생하는 시간 손실과 자원 소모 등의 비용

절차 합리화 표준 운영 절차를 간소화하는 것

정규화 관계형 데이터베이스를 설계할 때 복잡한 데이터 그룹을 간소화하여 중복된 데이터 요소와 다루기 불편한 다대다 관계를 최소화하는 프로세스

정보 인간에게 의미 있고 유용한 형태로 가공된 데이터

정보 권리 개인 및 조직이 자신과 관련된 정보와 관련하여 갖는 권리

정보기술(IT) 조직이 비즈니스 목표를 달성하기 위해 필요로 하는 모든 하드웨어 및 소프트웨어 기술

정보 밀도 모든 시장 참가자가 이용할 수 있는 정보의 총량과 품질

정보 비대칭성 거래의 한 당사자가 상대방보다 거래에 필수적인 정보를 더 많이 가지고 있을 때 존재하며, 참가자의 상대적 교섭력에 영향을 미친다.

정보 요구사항 새로운 시스템이 충족해야 할 정보 요구를 상세히 기술한 것으로, 누가, 어떤 정보를, 언제, 어디서, 어떻게 필요로 하는지 식별하는 것이 포함된다.

정보시스템(IS) 조직의 의사결정, 조정, 제어, 분석, 시각화를 지원하기 위해 정보를 수집, 처리, 저장, 배포하기 위해 함께 작동하는 상호 연관된 구성요소

정보시스템 감사 회사의 전반적인 보안 환경과 개별 정보시스템을 관리하는 통제를 검사한다.

정보시스템 계획 시스템 개발 방향(계획의 목적), 근거, 현황, 경영 전략, 구현 계획, 예산 등을 나타내는 로드맵

정보시스템 관리자 정보시스템 부서 내 다양한 전문 인력 팀을 이끄는 관리자

정보시스템 부서 조직 내 IT 서비스를 담당하는 공식적인 조직 단위

정보시스템 활용 능력 컴퓨터에 관한 기술적 지식뿐만 아니라 정보시스템을 사용하는 조직 및 개인에 대한 행위적 지식까지 아우르는 정보시스템에 대한 폭넓은 이해력

정보제공 역할 민츠버그가 식별한 관리 역할 범주로, 관리자는 조직의 신경 센터 역할을 하며 중요한 정보를 수신하고 전파한다.

정통성 역량, 비전 또는 기타 자질을 근거로 수용될 수 있는 권한의 정도

제로데이 취약점 제작자가 알지 못하는 소프트웨어의 취약점으로, 공급업체가 문제를 인지하기 전에 해커가 악용할 수 있다.

제로 트러스트 제작자가 알지 못하는 소프트웨어의 취약점으로, 공급업체가 문제를 인지하기 전에 해커가 악용할 수 있다.

제안 요청서(RFP) 소프트웨어나 기타 서비스의 공급업체에 제출하는 질문 목록으로, 공급업체의 제품이 조직의 특정 요구사항을 얼마나 잘 충족할 수 있는지 판단하기 위해 사용한다.

제품 차별화 경쟁사가 쉽게 모방할 수 없는 새롭고 독창적인 제품과 서비스를 개발하여 브랜드 충성도를 창출하는 경쟁 전략

제휴 수익 모델 기업이 고객을 제휴사로 유도하고 제휴사는 소개 수수료 또는 판매 수익의 일정 비율을 지불하는 전자상거래 수익 모델

조직 환경으로부터 자원을 가져와 이를 처리하여 산출물을 만들어 내는 안정적이고 공식적인 사회 구조

조직 간 시스템 조직 경계를 넘어 정보 흐름을 자동화하고, 기업을 고객, 유통업체, 공급업체와 연결하는 정보시스템

조직 영향 분석 제안된 시스템이 조직의 구조, 태도, 의사결정, 운영에 영향을 미치는 방식에 대한 연구

주키 데이터베이스 테이블의 행에 있는 모든 정보에 대한 고유 식별자

준구조적 의사결정 문제의 일부분만 허용된 절차에 의해 명확한 답이 제공되는 결정

중간 관리층 조직 계층의 중간에 위치하며 고위 경영진의 계획과 목표를 수행하는 책임을 맡은 사람

중역지원시스템(ESS) 판단, 평가, 통찰이 요구되는 비정형적 의사결정을 내릴 수 있도록 고위 경영진을 지원하기 위해 설계된 정보시스템

증강현실(AR) 디지털 데이터와 이미지를 물리적인 실제 환경에 중첩하여 시각화를 향상하는 기술

지능형 기법 데이터마이닝, AI 도구 등과 같은 기술로, 개인 및 집단의 지식을 포착하고, 방대한 데이터 속에서 패턴과 행동을 발견하며, 인간이 단독으로 해결하기 어려운 크고 복잡한 문제에 대한 해결책을 제시함으로써 의사결정을 지원한다.

지능형 에이전트 사람의 직접적인 개입 없이 백그라운드에서 작동하는 소프트웨어 프로그램으로, 개별 사용자, 비즈니스 프로세스 또는 소프트웨어 애플리케이션을 위해 특정 작업을 수행한다.

지도학습 사람이 사전에 분류한, 원하는 입력과 출력의 구체적인 예시를 제공받아 훈련되는 머신러닝 알고리즘

지리정보시스템(GIS) 디지털화된 맵을 사용하여 데이터를 분석하고 표시하여 계획 및 의사결정을 향상하는 소프트웨어를 장착한 시스템

지식관리 조직 내에서 지식을 생성, 수집, 저장, 유지, 전파하기 위해 개발된 일련의 프로세스

지식관리시스템(KMS) 기업의 전문성과 지식을 생성, 수집, 저장, 전파하는 것을 지원하는 정보시스템

지식 근로자 제품이나 서비스를 설계하고 조직을 위한 지식을 창출하는 엔지니어, 과학자, 건축가 등

지식 베이스 전문가 시스템에서 사용되는 인간 지식의 모델

지식작업시스템(KWS) 지식근로자가 새로운 지식을 발견하고 창출하며 이를 조직 내에 통합하는 데 도움을 주는 정보시스템

지오광고 서비스 사용자의 현재 위치를 기반으로 광고를 전달하는 서비스

지오소셜 서비스 사용자의 위치를 기반으로 한 소셜 네트워킹

지오정보 서비스 사용자의 위치를 기반으로 주변 장소나 사물에 대한 정보를 제공하는 서비스

지원 활동 기업의 본원적 활동이 원활히 수행되도록 지원하는 활동으로 조직의 인프라, 인적자원관리, 기술 개발, 조달 활동과 관련된다.

지적재산 개인 또는 기업이 창작한 정신의 제품으로 저작권, 특허, 상표, 영업비밀 관련 법률에 의해 보호될 수 있다.

직접재 생산 프로세스에서 사용되는 재화

직접 전환 전략 정해진 날에 새로운 시스템이 기존 시스템을 완전히 대체하는 위험한 전환방식

참조무결성 데이터베이스의 연관된 테이블 간의 데이터가 일치되도록 관계성을 유지시키는 규칙

채찍 효과 공급사슬상에서 제품이 하나의 주체에서 다른 주체로 전달될 때 그 제품에 대한 수요 정보가 왜곡되는 것

책임 의사결정에 대한 잠재적 비용, 책무, 의무의 수락

책임 있는 AI AI가 윤리적이고 합법적인 방식으로 설계, 배포, 사용되도록 보장하기 위한 일련의 실천 지침

책임추적성 시스템 및 사회제도의 특징으로, 내려진 결정과 취해진 조치에 대한 책임을 평가하는 메커니즘

챗봇 텍스트 또는 음성 방식을 통해 1명 이상 인간 사용자와의 대화를 모방하도록 설계된 소프트웨어 에이전트

처리 원시 입력물을 인간에게 더 의미 있는 형태가 되도록 변환, 조작, 분석하는 것

처방적 분석 미래 결과를 예측할 뿐만 아니라 원하는 결과를 달성하거나 바람직하지 않은 결과를 방지하기 위한 조치 또는 결정을 권고하는 분석 형태

초국가적 전략 거의 모든 부가가치 활동을 글로벌 관점에서 국경을 초월하여 관리하는 글로벌 기업 비즈니스 전략으로, 본국이 아닌 전 세계를 경영의 기준으로 삼는다.

총소유비용(TCO) 하드웨어 및 소프트웨어를 구입하고 설치하는 초기 비용은 물론 하드웨어 및 소프트웨어 업그레이드, 유지 · 관리, 기술 지원, 교육을 위한 지속적인 관리 비용, 기술 실행 및 수용을 위한 유틸리티 및 부동산 비용 등 기술 자원을 소유하는 데 드는 실제 총비용을 지정한다.

최고데이터관리자(CDO) 기업이 보유한 데이터를 통해 얻을 수 있는 가치를 극대화하기 위해 정보의 전사적 거버넌스와 활용을 총괄하는 책임자

최고보안관리자(CSO) 정보시스템 보안을 총괄하며, 기업의 정보보안 정책을 실행하는 책임자

최고인공지능관리자(CAIO) 기업의 AI 기술 전략 수립, 도입, 실행, 모니터링 전반을 총괄하는 책임자

최고정보관리자(CIO) 기업 내 IT 및 정보시스템 전반을 총괄하는 최고 관리자

최고지식관리자(CKO) 기업의 지식관리 프로그램을 총괄하는 책임자

최고프라이버시관리자(CPO) 기업이 개인정보 보호 관련 법규를 준수하도록 관리·감독하는 책임자

최종사용자 정보시스템 부서 외부의 각 부서를 대표하며, 이들을 위해 애플리케이션이 개발되는 사용자

최종사용자 인터페이스 최종사용자가 온라인 화면 표시, 데이터 입력 화면, 명령어 등과 상호작용하는 정보시스템의 부분

추론 엔진 전문가 시스템에서 규칙 베이스를 탐색하기 위해 사용되는 전략

출력 처리된 정보를 사용하는 사람 또는 사용할 활동에 처리된 정보를 유통시키는 것

침입 방지 시스템(IPS) 의심스러운 활동을 방지하고 차단하기 위한 조치를 취하는 추가 기능과 함께 IDS의 모든 기능을 갖추고 있다.

침입 탐지 시스템(IDS) 인가되지 않은 사용자를 탐지하고 막기 위해 네트워크상의 취약한 지점을 감시하는 도구

칸트의 정언 명령 어떤 행동이 모든 사람에게 옳지 않다면 그것은 누구에게도 옳지 않다는 윤리적 원칙

캠퍼스 통신망(CAN) 회사 시설이나 대학 캠퍼스에서 사용할 수 있는, 최대 약 1,000m의 제한된 지리적 영역에 걸쳐 있는 컴퓨터 네트워크

커뮤니티 제공자 유사한 관심사를 가진 사람들이 거래(제품 구매 및 판매)를 하거나 관심사, 사진, 동영상을 공유할 수 있는 디지털 온라인 환경을 제공한다.

컴포저블 ERP 서로 다른 시스템과 구성요소를 하나의 플랫폼으로 함께 작동할 수 있는 방식으로 통합한다.

컴퓨터 범죄 컴퓨터나 컴퓨터 시스템을 상대로 한 불법적 행위

컴퓨터 비전 시스템 머신러닝과 딥러닝 신경망을 활용하여 인간의 시각 체계를 모방하고 실제 이미지에서 정보를 추출하는 시스템

컴퓨터 소프트웨어 정보시스템에서 컴퓨터 하드웨어 요소의 작업을 통제하고 조정하는, 구체적이고 미리 프로그래밍된 명령어

컴퓨터 오남용 컴퓨터와 관련하여 불법적이지는 않지만 비윤리적인 것으로 간주되는 행위

컴퓨터 하드웨어 정보시스템에서 데이터를 입력, 처리, 출력하는 데 사용되는 물리적 장비

컴퓨터화면증후군(CVS) 디스플레이 화면 사용과 관련된 눈의 피로 상태로, 증상은 두통, 침침한 시야, 안구 건조증과 따끔거림 등이다.

컴퓨터 활용 능력 IT에 대한 지식과 컴퓨터 기반 기술의 작동 방식을 이해하는 것

케이블 인터넷 연결 디지털 동축 케이블 회선을 사용하여 가정과 기업에 고속 인터넷 액세스를 제공하는 것

콘텐츠 제공자 디지털 동영상, 음악, 팟캐스트 형식의 오디오 파일, 사진, 텍스트, 예술작품 등의 정보 콘텐츠를 인터넷을 통해 컴퓨터와 모바일 기기로 배포한다.

쿠키 사용자가 웹사이트를 방문할 때 사용자의 컴퓨터나 모바일 장치에 배치되는 작은 텍스트 파일로, 사용자를 식별하고 웹사이트 방문을 추적하는 데 사용된다.

쿼리 데이터베이스에 데이터를 요청하는 명령

크라우드소싱 조언, 시장 반응, 새로운 아이디어, 비즈니스 문제의 해결책을 얻기 위해 대규모 온라인 청중을 활용하는 것으로, 군중의 지혜 이론과 관련이 있다.

크롬 OS 구글의 크롬북 노트북 및 태블릿 컴퓨터와 같은 연결된 컴퓨터를 사용하는 클라우드 컴퓨팅을 위한 구글의 경량 운영체제

크리덴셜 스터핑 공격자가 데이터 유출로 얻은 사용자 이름과 비밀번호 조합을 이용하여 봇넷과 자동화된 도구를 통해 실행하는 무차별 대입 공격

클라우드 데이터베이스 호스팅된 클라우드 서비스 제공업체가 제공하는 데이터베이스

클라우드 컴퓨팅 컴퓨터 처리, 저장, 소프트웨어, 여타의 서비스를 네트워크, 주로 인터넷을 통해 공유할 수 있는 가상 자원을 통해 제공하는 컴퓨팅 모델

클라이언트 클라이언트/서버 네트워크의 서비스나 리소스에 대한 액세스를 요청할 수 있는 다양한 유형의 장치

클라이언트/서버 컴퓨팅 클라이언트가 네트워크상의 클라이언트가 필요로 하는 공통 기능을 수행하는 하나 이상의 서버와 네트워크에 연결되어 있는 컴퓨팅 모델

키 로거 개인정보 또는 비밀번호를 훔치거나 인터넷 공격을 시작하기 위해 컴퓨터의 모든 키 입력을 기록하는 스파이웨어의 한 형태

키 필드 인스턴스를 조회, 갱신, 정렬하기 위해 인스턴스를 고유하게 식별하는 레코드상의 필드

타당성 조사 시스템 분석과정의 일부로, 조직의 자원과 제약 조건을 고려했을 때 제안된 해결책의 실현 가능성을 평가하는 작업

탈중개화 가치사슬상의 중개 단계에 해당하는 조직이나 비즈니스 프로세스를 제거하는 것

탐색 사이먼의 의사결정 4단계 중 첫 번째 단계로, 조직에서 발생하는 문제를 발견하고 파악하며 이해하는 것을 포함한다.

탐색 비용 적합한 제품을 찾고 해당 제품을 구매하기에 가장 좋은 장소를 결정하는 데 소요되는 시간과 비용

테스트 알려진 조건에서 시스템이 원하는 결과를 생성하는지 판단하는 과정

테스트 계획 개발팀이 사용자와 협력하여 준비하는 테스트 계획으로, 시스템에 수행될 일련의 테스트에 대한 모든 준비 사항이 포함된다.

텍스트마이닝 대용량의 비구조적인 데이터로부터 패턴과 관계를 찾는 것

텔레프레전스 사람이 실제로 있는 장소와는 다른 장소에 있는 것처럼 보이게 해주는 기술

통제 조직의 자산 보호, 자산 기록의 정확성과 신뢰성, 관리 표준의 운영상 준수를 보장하기 위한 모든 방법, 정책, 절차

통합 위협관리시스템 방화벽, 가상 사설망, 침입 탐지 시스템, 웹 콘텐츠 필터링, 안티스팸 소프트웨어 등과 같은 보안 도구를 결합한 종합적인 보안관리 도구

통합 커뮤니케이션(UC) 음성 통신, 데이터 통신, 인스턴트 메시징, 이메일, 원격 회의를 위한 다양한 채널을 사용자가 서로 다른 통신 모드 간에 원활하게 전환할 수 있는 단일 환경으로 통합한다.

트랜스포머 기반 모델의 핵심 구성요소로, 입력 시퀀스를 출력 시퀀스로 변환하는 신경망 아키텍처의 일종이다. 이 아키텍처는 문맥을 학습하고 시퀀스 내 구성요소 간의 관계를 추적함으로써 작동한다.

트로이 목마 합법적인 것처럼 보이지만 손상을 일으킬 수 있는 숨겨진 기능이 포함된 소프트웨어 프로그램

특수주의 편협하고 개인적인 특성을 바탕으로 이와 관련된 모든 형태(종교, 국적, 윤리, 지역주의, 지정학적 위치)를 고려하여 판단을 내리고 행동하는 것

특허 발명품의 소유자에게 일정 기간(일반적으로 20년) 동안 발명품의 아이디어를 독점할 수 있는 권리를 부여하는 제도로, 새로운 기계나 방법을 개발한 발명가가 자신의 노동에 대한 보상을 받는 동시에 발명품을 널리 사용할 수 있도록 하기 위해 고안되었다.

팀 특정한 목표를 달성하기 위해 구성원이 협업하는 공식적인 집단

파괴적 기술 기존 제품, 서비스, 비즈니스 모델을 대체하거나 그 시장 점유율을 크게 감소시키는 기술

파밍 사용자가 올바른 웹페이지 주소를 입력하더라도 사용자를 가짜 웹페이지로 리디렉션하는 피싱 기술

파일 같은 유형의 레코드의 집합

판매 수익 모델 고객에게 제품, 콘텐츠, 서비스 등을 판매하여 수익을 창출하는 것을 기반으로 하는 전자상거래 수익 모델

패러다임 전환 비즈니스의 본질과 조직의 본질 자체를 포함하는 급진적인 형태의 조직 변화

패스워드 인증된 사용자만이 알 수 있는 비밀 단어 또는 문자열로, 사용자가 컴퓨터 시스템이나 특정 파일 등의 자원에 접근할 수 있도록 사용자를 인증하는 데 사용된다.

패치 소프트웨어의 올바른 작동을 방해하지 않고 소프트웨어 결함을 복구하는 소프트웨어

패킷 교환 디지털 메시지를 패킷이라는 작고 고정된 데이터 묶음으로 나누고, 경로가 사용 가능해지면 이를 다른 통신 경로를 따라 전송한 다음, 패킷이 목적지에 도착하면 패킷을 다시 조합하는 방법

퍼블릭 클라우드 클라우드 서비스 공급자가 클라우드 인프라를 소유 및 유지 · 관리하고 조직과 일반 대중이 사용할 수 있도록 하는 클라우드 컴퓨팅 모델

퍼지 논리 0이나 1 같은 이진값이 아닌 대략적이거나 주관적인 값을 사용하는 규칙의 형태로 모호함을 표현함으로써 인간의 추론과 인지를 모방하는 AI의 한 형태

평점 모델 많은 기준을 고려해야 할 때 대체 시스템 솔루션 중에서 결정하는 방법으로, 시스템의 다양한 기능에 가중치를 할당한 다음 가중치 합계를 계산한다.

포섭 변화의 방향과 본질을 통제하면서 해결책을 설계하고 구현하는 과정에 반대 세력을 끌어들이는 것

포털 다양한 출처에서 통합된 개인 맞춤형 비즈니스 콘텐츠를 제공하는 웹 인터페이스로, 콘텐츠와 서비스를 통합하여 제공하는 웹의 초기 진입점 역할을 하는 웹사이트를 의미하기도 한다.

포트폴리오 분석 인프라, 아웃소싱 계약, 라이선스를 포함한 조직의 모든 정보시스템 프로젝트와 자산을 목록화한다.

폭포수형 프로젝트 관리 프로젝트 관리를 위한 전통적인 형식으로, 보통은 직접적인 단계로 진행되는 다소 경직되고 선형적인 접근 방식을 사용한다.

푸시 기반 모델 고객이 주문하는 것이 아닌 제품 수요에 대한 예측 또는 최선의 추측에 따라 구동되는 공급사슬 제품은 고객에게 '푸시' 된다.

풀 기반 모델 실제 고객의 주문 또는 구매에 의해 주도되는 공급사슬로, 수요 주도 모델 또는 주문생산 모델이라고도 한다.

풍부성 메시지의 복잡성과 내용

프라이버시 국가를 포함한 다른 개인이나 조직의 감시나 간섭 없이 개인이 홀로 남겨져야 한다는 주장 정보권의 구성요소

프라이빗 클라우드 단일 조직의 이익을 위해서만 클라우드 인프라를 운영하는 클라우드 컴퓨팅 모델

프랜차이저 전략 다양한 전략을 사용하는 것이 특징인 글로벌 기업 비즈니스 전략. 국내에서 제품 개발, 설계, 자금 조달, 초기 생산이 이루어지지만 제품의 특성 때문에 일반적으로 추가 생산, 마케팅, 인적 자원은 해외 인력에 크게 의존해야 한다.

프로그래머 컴퓨터 소프트웨어 명령어를 작성하는 고도의 기술 전문 인력

프로그래밍 설계 단계에서 준비한 시스템 사양을 소프트웨어 프로그램 코드로 변환하는 과정

프로그램-데이터 의존성 파일에 저장된 데이터와 해당 파일을 업데이트하고 유지 · 관리하는 데 필요한 특정 프로그램을 결합하여 프로그램을 변경하면 데이터를 변경해야 하는 것을 의미한다.

프로세스 마이닝 기업의 이벤트 로그 데이터를 분석하여 프로세스상의 문제를 식별하고 이를 간소화할 방법을 도출하는 것

프로젝트 특정 사업 목표를 달성하기 위해 계획된 일련의 관련 활동

프로젝트 관리 정해진 예산과 일정의 제약 내에서 특정 목표를 달성하기 위해 지식, 기술, 도구, 기법을 적용하는 것

프로젝트 포트폴리오 관리(PPM) 소프트웨어 조직이 프로젝트 포트폴리오와 프로젝트 간의 종속성을 관리하는 데 도움이 된다.

프로토콜 네트워크 구성요소 간의 전송을 관리하는 규칙 및 절차의 집합

프로토타이핑 사용자가 정보 요구사항을 더 잘 파악할 수 있도록 실험적인 시스템을 신속하고 저렴하게 구축하여 시연하고 평가하는 과정

프로토타입 시연 및 평가 목적으로 만든 정보시스템의 초기 작동 버전

프로파일링 컴퓨터를 사용하여 여러 원천의 데이터를 결합하고, 개인의 구체적인 정보가 담긴 디지털 문서를 생성하는 것

플랫폼 비즈니스 생태계에서 핵심 기업이 제공하는 정보시스템, 기술, 서비스로, 다양한 산업에 속한 수천 개의 기업이 이를 활용하여 자사의 역량을 강화한다.

피드백 입력물의 평가나 수정을 돕기 위해 조직의 적절한 구성원에게 전달되는 산출물

피벗 테이블 2개 이상의 데이터 차원을 표 형식으로 재구성하고 요약할 수 있는 스프레드시트 도구로, 준구조적 의사결정에 유용한 데이터의 패턴을 파악하고 이해하는 데 사용할 수 있다.

피싱 가짜 웹사이트를 설정하거나 합법적인 기업의 메시지처럼 보이는 이메일 메시지를 보내 사용자에게 기밀 개인 데이터를 요청하는 스푸핑 형태

핀테크 IT를 창의적으로 활용하여 기존 금융 회사와 경쟁하는 스타트업 금융 기술 기업 및 서비스

필드 사람의 이름이나 나이 등 하나의 단어, 단어의 집합, 숫자 등으로 구성된 집합

하둡 다수의 저렴한 컴퓨터에서 매우 많은 양의 데이터를 분산병렬 처리할 수 있는 오픈 소스 소프트웨어 프레임워크

하이브리드 앱 네이티브 앱과 모바일 웹 앱의 여러 기능을 갖춘 모바일 애플리케이션

하이브리드 클라우드 기업이 가장 중요한 핵심 활동을 위해 자체 IT 인프라를 사용하고 덜 중요한 시스템이나 추가 처리 용량을 위해 공용 클라우드 컴퓨팅을 사용하는 컴퓨팅 모델

하이퍼텍스트 전송 프로토콜(HTTP) 웹상에서 페이지를 전송하는 데 사용되는 통신 표준으로, 메시지가 어떻게 형식화되고 전송되는지 정의한다.

학습관리시스템(LMS) 직원 학습의 다양한 유형을 관리, 제공, 추적, 평가할 수 있는 도구

핫스폿 공용 와이파이 인터넷 액세스를 제공하는 하나 이상의 액세스 포인트가 있는 위치

해커 무단 액세스를 얻기 위해 컴퓨터 시스템이 사용하는 보안 보호의 약점을 식별하는 기술을 사용한다.

핵심 성과지표(KPI) 기업이 성과를 얼마나 잘 달성하고 있는지를 사전에 설정된 관점에서 파악할 수 있도록 고위 관리층이 제안한 측정 기준

핵심 시스템 조직에 절대적으로 중요한 기능을 지원하는 시스템

핵심 역량 한 기업이 업계에서 선도적인 수준으로 뛰어난 성과를 내는 활동

핵티비스트 일반적으로 이념에 따라 특정 대상을 공격하려는 동기를 가진 해커

행위 기반 타기팅 개인의 관심사와 의도를 파악하고 관심사에 맞는 광고를 노출하기 위해 개인의 클릭 스트림(클릭 행동 기록)을 추적하는 것으로, 관심사 기반 광고라고도 한다.

행위적 관리 모델 관리자의 실제 행동은 전통적 관리 모델에서 가정한 것보다 덜 체계적이고, 더 비공식적이고, 덜 사려 깊고, 더 반응적이고, 덜 조직적이라고 주장하는 관리 모델

허브 네트워크 구성요소를 연결하고 연결된 다른 모든 장치에 데이터 패킷을 보내는 간단한 장치

허위 정보 의도적으로 조작된 정보

협동 로봇 공유된 작업 공간에서 인간과 함께 작동하거나 직접 상호작용하도록 설계된 로봇

협업 공유된 명확한 목표를 달성하기 위해 다른 사람들과 함께 일하는 것

형식지 문서화된 지식

확장성 더 많은 사용자에게 서비스를 제공하기 위해 중단되는 일 없이 확장할 수 있는 컴퓨터, 제품, 시스템의 역량

확증 편향 특히 상충되는 정보에 직면했을 때 자신의 기존 신념에 맞는 증거에 더 많은 신뢰를 주는 경향이 있다.

환각 LLM이 사실인 것처럼 제시하지만 실제로는 부정확하거나 오해의 소지가 있는 결과를 생성하는 현상

황금률 다른 사람의 입장에서 자신을 결정의 대상으로 생각하는 것과 관련된 윤리적 원칙

효율적 고객대응시스템 소비자 행동을 유통 및 생산, 공급사슬로 직접 연결하는 정보시스템

휴머노이드 로봇 사람처럼 생기고 사람처럼 행동하는 로봇

3G 네트워크 144Kbps~2Mbps의 전송 속도를 제공하는 셀룰러 네트워크

4G 네트워크 다운로드 시 최대 100Mbps, 업로드 시 최대 50Mbps의 전송 속도를 제공하는 셀룰러 네트워크

5G 더 많은 장치(예: 센서, 스마트 기기)를 한 번에 연결할 수 있는 기능을 통해 기가비트 범위의 대량 데이터 전송을 지원하는 무선통신 기술

APT 공격 침입자가 시스템에 침투하여 장기간 탐지되지 않은 채 데이터를 유출하거나 더 심각한 공격을 가할 적절한 시점을 기다리는 것으로, 전략적 표적 설정과 지속성, 고급 전술, 기술, 절차로 정의된다.

B2B 전자상거래 기업 간 제품 및 서비스 판매를 포함하는 전자상거래 유형

B2B 전자상거래 마켓플레이스 다수의 구매자와 판매자가 거래할 수 있는 단일 디지털 시장을 제공한다.

B2C 전자상거래 개별 소비자에게 직접 제품 및 서비스를 판매하는 전자상거래 유형

BI 대시보드 회사를 관리하기 위한 주요 성과 지표를 그래프와 차트 형태로 하나의 화면에 표시하는 도구

BYOD 'bring your own device'의 약자로, 직원이 직장에서 자신의 개인 컴퓨팅 기기를 사용하는 것을 말한다.

C2C 전자상거래 소비자가 다른 소비자에게 직접 제품을 판매하는 전자상거래 유형

HTML 텍스트, 그래픽, 동영상, 오디오가 웹페이지에 배치되는 방식을 지정하고 다른 웹페이지 및 개체에 대한 동적 링크를 생성하기 위한 페이지 설명 언어

HTML5 추가 소프트웨어 없이 이미지, 오디오, 동영상 및 기타 요소를 문서에 직접 포함할 수 있게 해주는 HTML의 최신 버전

HTTPS HTTP 프로토콜의 보안 버전으로, 암호화 및 인증에 TLS를 사용한다.

iOS 아이폰, 아이패드, 애플워치용 애플 운영체제

IP 주소 인터넷상의 고유한 컴퓨터 위치를 나타내는 숫자 주소

IPv6 128비트 IP 주소를 사용하는 IP 주소 지정 시스템으로, 인터넷 프로토콜 버전 6을 말한다.

IT 거버넌스 조직 내 IT의 사용에 대한 전략과 정책으로, IT가 조직의 전략과 목표를 효과적으로 지원할 수 있도록 하기 위한 의사결정 권한과 책임 구조를 명시하는 체계

IT 소비화 소비자 시장에서 시작되어 비즈니스 조직으로 확산되는 새로운 IT

IT 인프라 조직에 공유 IT 자원 포트폴리오를 제공하는 컴퓨터 하드웨어, 소프트웨어, 데이터, 저장기술, 네트워크

IT 재무 관리(ITFM) 도구 TBM을 자동화하고 조직이 IT 프로젝트와 관련된 비용을 분석, 계획, 통제하는 데 도움이 되는 도구

LOTL 공격 조직의 디지털 인프라에 이미 포함되어 있는 네트워크 관리 도구와 같은 합법적인 소프트웨어 도구를 탈취하여 공격을 수행한다.

NORA 다양한 원천의 정보를 분석하여 관계를 연관시켜 사람과 개체 사이의 모호한 숨겨진 연관성을 찾아낼 수 있는 데이터 분석 기술

P2P 네트워크의 모든 프로세서를 동일하게 처리하는 네트워크 아키텍처로, 네트워크의 다양한 컴퓨터는 직접 액세스를 통해 데이터를 교환하고 주변 장치를 공유할 수 있으며, 소규모 네트워크에서 주로 사용된다.

PERT 차트 프로젝트 과업 및 과업들 사이의 상호 관련성을 그래픽으로 표현한 것으로, 프로젝트를 구성하는 특정 활동 및 특정 활동을 시작하기 전에 반드시 완료해야 하는 활동을 보여주는 차트

RSS 애그리게이터 소프트웨어를 사용하여 웹사이트에서 콘텐츠를 가져와서 가입자 컴퓨터에 자동으로 공급하는 기술

SQL 관계형 DBMS를 위한 표준 데이터 조작 언어

SQL 주입 공격 기업의 시스템과 네트워크에 악성 프로그램 코드를 주입하기 위해 잘못 코딩된 SQL 웹 애플리케이션의 취약점을 이용하는 공격

T1 회선 1.54Mbps의 전송 속도를 보장하는 디지털 통신을 위한 국제 전화 표준

T3 회선 45Mbps의 전송 속도를 보장하는 디지털 통신을 위한 국제 전화 표준

TCP/IP 서로 다른 네트워크 간 연결을 달성하기 위한 지배적인 모델. 디지털 메시지를 패킷으로 분할하고 적절한 주소로 라우팅한 후 다시 일관된 메시지로 재조립하는, 전 세계적으로 합의된 표준 방식을 제공한다.

URL 인터넷상의 특정 자원의 주소

XML HTML보다 더 강력하고 유연한 마크업 언어로, 웹서비스의 기반 기술을 제공한다.

찾아보기

가격 차별화 336
가격 투명성 336
가상기업 93
가상 비서 378
가상 사설망 237
가상 세계 55
가상현실 413
가상화 161
가입 해지율 318
가치사슬 모델 89
가치 웹 91
간반 보드 484
간접재 355
간트 차트 482
감정 분석 208
개인 영역 네트워크 246
개인화 336
개체 189
개체관계성도 198
객체 448
객체지향 설계 448
거래 비용 80, 335
거래 수수료 수익 모델 345
거래 중개자 341
거래처리시스템 40
검색엔진 239
검색엔진 마케팅 241
검색엔진 최적화 241
경영정보시스템 15, 41
경쟁세력 모델 84
고객 경험 관리 87
고객관계관리시스템 46, 312, 314
고객 접점 313
고객평생가치 317
고위 관리층 16
공개 키 암호화 282
공개 키 인프라 283
공급사슬 305
공급사슬계획시스템 308
공급사슬관리시스템 46, 305
공급사슬실행시스템 308
공동 애플리케이션 개발 450
공리주의 원칙 116
공정정보관행 119
관계형 데이터베이스 192
관계형 데이터베이스관리시스템 192
관리적 역할 406
광고 수익 모델 344
광대역 224
광역 통신망 230
교차판매 315
구독 수익 모델 344
구조적 의사결정 404
구조화된 지식 57
구축 이후 감사 443
구현 405, 479
국경 간 데이터 흐름 498
군중의 지혜 350
균형성과표 기법 421
그린 컴퓨팅 160
근거리 무선통신 250
근거리 통신망 229
글로벌 문화 496
글로벌 정보시스템 495
글로벌 정보시스템 아키텍처 498
글로벌화 7
기반 모델 375
기술 부채 476
기술 비즈니스 관리 475
기술적 접근 24
내결함성 컴퓨터 시스템 284
네이티브 광고 348
네이티브 앱 457
네트워크 18
네트워크 경제 93
네트워크 운영 시스템 224
네트워크 운영체제 소프트웨어 156
네트워킹 및 통신 기술 18
노코드 개발 453
다계층 클라이언트/서버 아키텍처 153
다국적 전략 500
다운로드 342
다중 인증 279
다크웹 239
단계적 접근 전략 442
단위 테스트 441
대규모 언어 모델 376
대량 맞춤화 86
대리인이론 81
대역폭 231
대인관계 역할 406
데브옵스 450
데이터 13
데이터 거버넌스 210
데이터 관리 기술 18
데이터 근로자 16
데이터레이크 203
데이터마이닝 207
데이터마트 203
데이터베이스 188
데이터베이스관리시스템 191
데이터베이스 서버 209
데이터 분석 410
데이터 분석 플랫폼 205
데이터 불일치 190
데이터 사전 195
데이터 센터 160
데이터 시각화 412

데이터웨어하우스 203
데이터 유출 266
데이터 정의 195
데이터 정제 211
데이터 조작어 195
데이터 중복 190
데이터 품질 감사 211
도메인 네임 232
도메인 네임 시스템 232
도시권 통신망 230
동적 가격 결정 338
드라이브 바이 다운로드 262
드론 383
디지털 가입자 회선 234
디지털 격차 135
디지털 기업 9
디지털 밀레니엄 저작권법 127
디지털 전환 9
디지털 제품 339
디지털 포렌식 273
디지털 회복탄력성 285
딥러닝 신경망 374
딥페이크 271
라우터 224
랜섬웨어 263
레거시 시스템 156
레코드 188
로보틱스 381
로코드 개발 453
롱테일 마케팅 346
루틴 76
리눅스 155
마이크로소프트 윈도우 서버 155
마이크로소프트 윈도우 운영체제 155
마켓스페이스 335
맞춤화 336, 446
머신러닝 21, 371
멀버타이징 263
멀웨어 262
멀티터치 155
메뉴 비용 338
메인프레임 151
면책조항 120
모뎀 229
모바일 기기 관리 174
모바일 앱 결제 시스템 357
모바일 웹사이트 456
모바일 웹 앱 457
모바일 전자상거래 356
모바일 플랫폼 288
무료/프리미엄 수익 모델 345
무선 센서 네트워크 250
무선인식 248
무형 이익 473
문서화 442
문화 17
미끄러운 경사길 법칙 116
민감도 분석 419
바이러스 263
바이트 188
반복성 긴장장애 136
반복적 접근 444
반응형 웹 디자인 457
방화벽 279
버그 269
범위 476
법적 의무 115
베스트프랙티스 90
벤치마킹 90
변화 관리 479
변화 대리인 479
병행 전략 442
보안 260
보안관리 서비스 업체 285
보안 운영 센터 284
보안정책 275
보안 토큰 278
보완적 자산 22
본원적 활동 89
봇 263, 379
봇넷 263
분류법 58
분산 데이터베이스 200
분산 서비스 거부 공격 266
분석적 CRM 317
블로그 242
블록체인 200
블루투스 246
비가동시간 284
비관계형 데이터베이스관리시스템 199
비구조적 의사결정 403
비용 투명성 336
비즈니스 기능 16
비즈니스 모델 11
비즈니스 분석 410
비즈니스 사례 470
비즈니스 생태계 94
비즈니스 성과관리 422
비즈니스 연속성 계획 수립 277
비즈니스 인텔리전스 41, 411
비즈니스 인텔리전스 시스템 414
비즈니스 프로세스 9
비즈니스 프로세스 관리 435
비즈니스 프로세스 재설계 434
비지도학습 372
비트 188
빅데이터 20
빅데이터 분석 415

사물인터넷 20, 88, 285
사설 B2B 네트워크 354
사용자-설계자 의사소통 격차 480
사용자 인터페이스 412, 478
사이버 전쟁 267
사이버 테러리즘 267
사이버 파괴 행위 265
사전동의 123
사회공학 265
사회기술적 관점 25
사회기술적 설계 486
산업용 로봇 382
산업 클라우드 플랫폼 165
상표 126
상호작용성 336
생산 및 서비스 근로자 16
생성형 AI 21, 375
생체 인증 279
서버 151
서비스 거부 공격 266
서비스 로봇 382
서비스 수준 계약 171
서비스 제공자 342
서비스형 AI 456
서비스형 소프트웨어 164
서비스형 인프라스트럭처 163
서비스형 플랫폼 164
선정 405
설계 405
소셜 그래프 352
소셜 네트워크 243, 349
소셜 리스닝 350
소셜 마케팅 349
소셜 비즈니스 48
소셜 커머스 349, 352
소프트웨어 공급망 공격 270
소프트웨어 아웃소싱 171
소프트웨어 정의 네트워킹 225
소프트웨어 정의 스토리지 161
소프트웨어 패키지 170
소프트웨어 현지화 510
속성 189
손목터널증후군 137
수신거부 123
수신승인 123
수요계획수립 308
수익 모델 344
스니퍼 261
스마트카드 278
스마트폰 244
스위치 224
스트리밍 342
스팸 133
스푸핑 265
시너지 91
시멘틱 검색 241
시민 개발 453
시민 개발자 453
시스템 개발 438
시스템 개발 생명주기 443
시스템 구축 반대 485
시스템 분석 438
시스템 분석가 61
시스템 설계 439
시스템 테스트 441
시장 생성자 342
시장 진입 비용 335
시험 운영 전략 442
식스 시그마 434
신경망 373
신속 애플리케이션 개발 449
신원도용 267
신원 및 접근 관리 소프트웨어 278
안드로이드 155
안티멀웨어 소프트웨어 281
암묵지 57
암호화 282
암호화폐 284
애자일 개발 450
애자일 프로젝트 관리 476
애플리케이션 게이트웨이 280
애플리케이션 서버 153
앱 157
양자 컴퓨팅 159
에지 인공지능 173
에지 컴퓨팅 166
엑스트라넷 18, 47
연결성 507
영업비밀 126
예측 검색 242
예측적 분석 414
오프쇼어 아웃소싱 447
오픈소스 소프트웨어 167, 451
온디맨드 컴퓨팅 165
온라인분석처리 206
온라인 소매업체 341
온라인 소셜 네트워크 349
와이맥스 248
와이파이 247
외래키 193
외부 통합 도구 485
운영 442
운영 관리층 16
운영적 CRM 317
운영적 인텔리전스 417
운영체제 155
워 드라이빙 261
월드와이드웹 18
웜 263
웹3 243
웹마이닝 208
웹브라우저 168
웹 비콘 122
웹사이트 238
웹 서버 153
웹서비스 168
웹 스크래핑 393
웹 애플리케이션 방화벽 281
웹페이지 238
웹 호스팅 서비스 156
위치 기반 서비스 357
위치 분석 417
위키 59
위험 기피 원칙 116
위험도 평가 274
위협 행위자 260
유닉스 155
유럽연합 AI법 132
유전자 알고리즘 383
유지·보수 443
유형 이익 473
윤리 110

윤리적 '공짜는 없다' 법칙 117
음성 기반 검색 242
응용 통제 274
의료용 로봇 382
의사결정 역할 407
의사결정지원시스템 42
이메일 236
이미지 기반 검색 242
이블 트윈 265
이용목적 제한방침 275
이중 인증 279
익스체인지 355
인간-AI 협업 53
인간공학 485
인공지능 21, 369
인공지능 편향 388
인메모리 컴퓨팅 204
인수 테스트 441
인스턴트 메시징 236
인증 278
인터넷 18
인터넷2 243
인터넷 서비스 제공자 234
인터넷 음성 프로토콜 236
인트라넷 18, 47
일반 데이터 보호 규정 120
일반 통제 274
입력 13
자국 기반 수출기업 전략 500
자동화 434
자바 168
자바스크립트 168
자본 예산 모델 474
자연어 처리 379
자율주행차 383
잘못된 정보 390
잠재적 유해 프로그램 263
재난 복구 계획 276
저작권 125
적법 절차 115
적시생산전략 306
적응형 웹 디자인 457
전문가 시스템 384, 385
전사적 시스템 45
전사적 애플리케이션 45, 318
전사적 자원관리 소프트웨어 302
전사적 자원관리시스템 301, 303
전사적 지식관리시스템 57
전사적 콘텐츠 관리 시스템 58
전사적 품질 관리 434
전송 계층 보안 282
전자문서교환 353
전자상거래 331, 352
전자상거래 프레즌스 358, 359
전자인증서 283
전자폐기물 160
전통적 관리 모델 406
전환 442
전환비용 87
절차 합리화 434
정규화 197
정보 13
정보 권리 118
정보기술 13
정보 밀도 336
정보 비대칭성 338
정보시스템 408, 433
정보시스템 감사 277
정보시스템 계획 470
정보시스템 관리자 61
정보시스템 부서 61
정보시스템 활용 능력 15
정보 요구사항 439
정보제공 역할 407
정상 상태 검사 280
정언 명령 116
정통성 505
제로데이 취약점 269
제로 트러스트 278
제안 요청서 446
제품 차별화 85
제휴 수익 모델 345
조직 74
조직 간 시스템 46
조직 영향 분석 486
주키 192
준구조적 의사결정 404
중간 관리층 16
중역지원시스템 44
증강현실 413
지능형 기법 58
지능형 에이전트 377
지도학습 371
지리정보시스템 418
지식관리 57
지식관리시스템 47
지식 근로자 16
지식 베이스 385
지식작업시스템 58
지오광고 서비스 357
지오소셜 서비스 357
지오정보 서비스 357
지원 활동 89
지적재산 125
직접재 354
직접 전환 전략 442
차세대 방화벽 281
참조무결성 198
채찍 효과 307
책임 115
책임 있는 AI 393
책임추적성 115
챗봇 377
처리 13
처방적 분석 415
초국가적 시스템 504
초국가적 전략 501
총소유비용 175
최고데이터관리자 62
최고보안관리자 61
최고인공지능관리자 62
최고정보관리자 61
최고지식관리자 62
최고프라이버시관리자 62
최종사용자 62, 440
최종사용자 인터페이스 445
추론 엔진 385
출력 14
침입 방지 시스템 281
침입 탐지 시스템 281
캠퍼스 통신망 230
커뮤니티 제공자 343

컴포저블 ERP 320
컴퓨터 범죄 132, 268
컴퓨터 비전 시스템 380
컴퓨터 소프트웨어 18
컴퓨터 오남용 133
컴퓨터 하드웨어 18
컴퓨터화면증후군 137
컴퓨터 활용 능력 15
케이블 인터넷 연결 234
콘텐츠 제공자 342
쿠키 121
쿼리 196
크라우드소싱 350
크롬 OS 155
크리덴셜 스터핑 267
클라우드 데이터베이스 199
클라우드 컴퓨팅 20, 162, 285
클라이언트 151
클라이언트/서버 컴퓨팅 151
키 로거 263
키 필드 192
타당성 조사 439
탈중개화 338
탐색 405
탐색 비용 335
태블로 412
테스트 441
테스트 계획 441
텍스트마이닝 208
텔레프레전스 51
통제 260
통합 위협관리시스템 282
통합 커뮤니케이션 237
트랜스포머 376
트로이 목마 263
특수주의 497
특허 126
팀 47
파괴적 기술 78
파밍 265
파일 188
판매 수익 모델 344
패러다임 전환 435
패스워드 278
패치 270
패킷 교환 227
패킷 필터링 280
퍼블릭 클라우드 165
퍼지 논리 386
평점 모델 472
포섭 506
포털 44, 343
포트폴리오 분석 472
폭포수형 프로젝트 관리 476
푸시 기반 모델 308
풀 기반 모델 308
풍부성 336
프라이버시 118
프라이빗 클라우드 165
프랜차이저 전략 500
프로그래머 61
프로그래밍 440
프로그램-데이터 의존성 190
프로세스 마이닝 438
프로젝트 469
프로젝트 관리 476
프로젝트 포트폴리오 관리 486
프로토콜 227
프로토타이핑 444
프로토타입 444
프로파일링 113
플랫폼 94
피드백 14
피벗 테이블 420
피싱 265
핀테크 342
필드 188
하둡 204
하이브리드 앱 457
하이브리드 클라우드 166
하이퍼텍스트 전송 프로토콜 238
학습관리시스템 60
핫스폿 248
해커 265
핵심 성과지표 421
핵심 시스템 503
핵심 역량 92
핵티비스트 265
행위 기반 타기팅 346
행위적 관리 모델 406
행위적 접근 24
허브 224
허위 정보 390
협동 로봇 382
협업 47
형식지 57
확장성 173
확증 편향 409
환각 387
황금률 116
효율적 고객대응시스템 85
휴머노이드 로봇 382
3G 네트워크 244
4G 네트워크 244
5G 246
APT 공격 266
B2B 전자상거래 마켓플레이스 354
BI 대시보드 45
EU AI법 132
IP 주소 232
IT 거버넌스 62
IT 소비화 158
IT 인프라 18, 149
IT 재무 관리 도구 475
LOTL 공격 265
PERT 차트 482
SQL 주입 공격 270
T1 회선 234
T3 회선 234

acceptable use policy(AUP) 275
acceptance testing 441
accountability 115
adaptive web design(AWD) 457
advanced persistent threat attack 266
advertising revenue model 344
affiliate revenue model 345
agency theory 81
agile development 450
agile project management 476
AI 369
AI as a Service(AIaaS) 456

AI bias 388
analytical CRM 317
Android 155
anti-malware software 281
app 157
application control 274
application gateway 280
application server 153
artificial intelligence(AI) 21
attribute 189
augmented reality(AR) 413
authentication 278
automation 434
autonomous car 383
B2B e-commerce marketplace 354
balanced scorecard method 421
bandwidth 231
behavioral targeting 346
behavioural model of management (BPM) 406
benchmarking 90
best practice 90
BI dashboard 45
big data 20
biometric authentication 279
bit 188
blockchain 200
blog 242
Bluetooth 246
bot 263, 379
botnet 263
broadband 224
bug 269
bullwhip effect 307
business analytics(BA) 410
business case 470
business continuity planning 277
business ecosystem 94
business function 16
business intelligence(BI) 41
business model 11
business performance management 422
business processes 9
business process management (BPM) 435
business process redesign(BPR) 434
business-to-business(B2B) e-commerce 340
business-to-consumer(B2C) e-commerce 340
BYOD(bring your own device) 158
byte 188
cable internet connection 234
campus area network(CAN) 230
capital budgeting model 474
carpal tunnel syndrome(CTS) 137
change agent 479
change management 479
chatbot 377
chief AI officer(CAIO) 62
chief data officer(CDO) 62
chief information officer(CIO) 61
chief knowledge officer(CKO) 62
chief privacy officer(CPO) 62
chief security officer(CSO) 61
choice 405
Chrome OS 155
churn rate 318
citizen developer 453
classical model of management 406
clienct/server computing 151
client 151
cloud computing 20, 162
cloud database 199
collaboration 47
collaborative robot(cobot) 382
community provider 343
competitive force model 84
complementary asset 22
composable ERP 320
computer abuse 133
computer crime 132
computer hardware 18
computer literacy 15
computer software 18
computer vision syndrome(CVS) 137
computer vision system 380
confirmation bias 409
consumerization of IT 158
consumer-to-consumer(C2C) 341
contact point 313
content provider 342
control 260
conversion 442
cookies 121
co-optation 506
copyright 125
core competency 92
core system 503
cost transparency 336
counterimplementation 485
credential stuffing attack 267
cross-selling 315
crowdsourcing 350
cryptocurrency 284
culture 17
customer experience management 86
customer lifetime value(CLTV) 317
customer relationship management(CRM) system 46
customization 336, 446
cyberterrorism 267
cybervandalism 265
cyberwarfare 267
dark web 239
data 13
data analytic 410
data analytics platform 205
database 188
database management system (DBMS) 191
database server 209
data breach 266
data center 160
data cleansing 211
data definition 195
data dictionary 195
data governance 210
data inconsistency 190
data lake 203
data management technology 18
data manipulation language 195
data mart 203
data mining 207
data quality audit 211

data redundancy 190
data visualization 412
data warehouse 203
data worker 16
DDoS attack 266
decisional role 407
decision-support system(DSS) 42
deepfake 271
deep learning neural network 374
demand planning 308
design 405
DevOps 450
digital certificate 283
digital divide 135
digital firm 9
digital forensic 273
Digital Millennium Copyright Act (DMCA) 127
digital resiliency 285
digital subscriber line(DSL) 234
digital transformation 9
direct cutover strategy 442
direct goods 354
disaster recovery planning 276
disinformation 390
disintermediation 338
disruptive technology 78
distributed database 200
documentation 442
domain name 232
Domain Name System(DNS) 232
domestic exporter strategy 500
DoS attack 266
download 342
downtime 284
drive-by download 263
drone 383
due process 115
dynamic pricing 338
e-commerce 331
edge artificial intelligence 173
edge computing 166
efficient customer response system 85
electronic data interchange(EDI) 353
email 236
encryption 282
end user 62
end-user interface 445
enterprise application 45
enterprise content management(ECM) system 58
enterprise system 45
enterprise-wide knowledge management system 57
entity 189
entity relationship diagram 198
ergonomic 485
ethical no-free-lunch rule 117
ethics 110
evil twin 265
e-waste(electronic waste) 160
exchange 355
executive support system(ESS) 44
expert system 384
explicit knowledge 57
external integration tool 485
extranet 18, 47
Fair Information Practices(FIP) 119
fault-tolerant computer system 284
feasibility study 439
feedback 14
field 188
file 188
fintech 342
firewall 279
foreign key 193
foundation model 375
franchiser strategy 500
free/freemium revenue model 345
fuzzy logic 386
general control 274
general data protection regulation (GDPR) 120
generative AI(GenAI) 21, 375
genetic algorithm 383
geoadvertising service 357
geographic information system(GIS) 418
geoinformation service 357
geosocial service 357
global culture 496
globalization 7
green computing 160
hacker 265
hacktivist 265
Hadoop 204
hallucination 387
hotspot 248
HTTPS 282
hub 224
human-AI collaboration 53
humanoid robot 382
hybrid app 457
hybrid cloud 166
hypertext markup language(HTML) 168
Hypertext Transfer Protocol(HTTP) 238
identity theft 267
Immanuel Kant's categorical imperative 116
implementation 405, 479
indirect goods 355
industrial robot 382
industry cloud platform 165
inference engine 385
information 13
information asymmetry 338
information density 336
information requirement 439
information right 118
information system audit 277
information system department 61
information system literacy 15
information system manager 61
information system plan 470
information technology infrastructure 18
information technology(IT) 13
informational role 407
informed consent 123
infrastructure as a service(IaaS) 163
in-memory computing 204
input 13
instant messaging 236
intangible benefit 473
intellectual property 125

intelligence 405
intelligent agent 377
intelligent technique 58
interactivity 336
international information system architecture 498
internet 18
Internet2 243
Internet of Things(IoT) 20, 88
Internet Protocol address 232
Internet service providers(ISP) 234
interorganizational system 46
interpersonal role 406
intranet 18, 47
intrusion detection system(IDS) 281
intrusion prevention system(IPS) 281
iOS 155
IPv6(Internet Protocol version 6) 232
iterative approach 444
IT financial management(ITFM) tool 475
IT governance 62
Java 168
JavaScript 168
joint application development(JAD) 450
just-in-time strategy 306
Kanban board 484
key field 192
keylogger 263
key performance indicator(KPI) 421
knowledge base 385
knowledge management 57
knowledge management system (KMS) 47
knowledge worker 16
knowledge work system(KWS) 58
large language model(LLM) 376
learning management system 60
legacy system 156
legitimacy 505
liability 115
Linux 155
living off the land attack 265
local area network(LAN) 229
location analytic 417
location-based service 357
long tail marketing 346
low-code development 453
machine learning(ML) 21, 371
mainframe 151
maintenance 443
malvertising 263
malware 262
managed security service provider (MSSP) 285
management information system (MIS) 15, 41
managerial role 406
market creator 342
market entry cost 335
marketspace 335
mass customization 86
m-commerce 356
medical robot 382
menu cost 338
metaverse 243
metropolitan area network(MAN) 230
Microsoft Windows operating system 155
Microsoft Windows Server 155
middle management 16
misinformation 390
mobile app payment system 357
mobile commerce 356
mobile device management(MDM) 174
mobile web app 457
mobile website 456
modem 229
multifactor authentication(MFA) 279
multinational strategy 500
multitiered client/server architecture 153
multitouch 155
native advertising 348
native app 457
NAT(network address translation) 280
natural language processing(NLP) 379
near field communication(NFC) 250
network 18
network economic 93
networking and telecommunication technology 18
network operating system(NOS) 224
Network operating system software(NOS software) 156
neural network 373
next-generation firewall(NGFW) 281
no-code development 453
non-relational database management system 199
NORA(Nonobvious Relationship Awareness) 114
normalization 197
object 448
object-oriented design(OOD) 448
offshore outsourcing 447
on-demand computing 165
online analytical processing(OLAP) 206
online retailer 341
online social network 349
open-source software 167
operating system(OS) 155
operational CRM 317
operational intelligence 417
operational management 16
opt-in 123
opt-out 123
organization 74
organizational impact analysis 486
output 14
packet filtering 280
packet switching 227
paradigm shift 435
parallel strategy 442
particularism 497
password 278
patch 270
patent 126
personal area network(PAN) 246
personalization 336
PERT chart 482
pharming 265
phased approach strategy 442
phishing 265
pilot study strategy 442
pivot table 420
platform 94

platform as a service(PaaS) 164
portal 44, 343
portfolio analysis 472
post-implementation audit 443
potentially unwanted program(PUP) 263
predictive analytics 414
predictive search 242
prescriptive analytics 415
presence 358
price discrimination 336
price transparency 336
primary activity 89
primary key 192
privacy 118
private B2B network 354
private cloud 165
processing 13
process mining 438
product differentiation 85
production 442
production and service worker 16
profiling 113
program-data dependence 190
programmer 61
programming 440
project 469
project management 476
protocol 227
prototype 444
prototyping 444
public cloud 165
public key encryption 282
public key infrastructure(PKI) 283
pull-based model 308
push-based model 308
quantum computing 159
query 196
radio frequency identification(RFID) 248
ransomware 263
rapid application development(RAD) 449
rationalization of procedure 434
RDBMS 192
record 188
referential integrity 197
relational database 192
repetitive stress injury(RSI) 136
request for proposal(RFP) 446
responsibility 115
responsible AI 393
responsive web design(RWD) 457
revenue model 344
richness 336
Rich Site Summary 242
risk assessment 274
risk aversion principle 116
robotics 381
router 224
routine 76
RSS(Really Simple Syndication) 242
safe harbor 120
sales revenue model 344
scalability 173
scope 476
scoring model 472
search cost 335
Search engine 239
search engine marketing 241
search engine optimization(SEO) 241
security 260
security operations center(SOC) 284
security policy 275
security token 278
semantic search 241
semistructured decision 404
senior management 16
sensitivity analysis 419
sentiment analysis 208
server 151
service level agreement(SLA) 171
service provider 342
service robot 382
six sigma 434
slippery slope rule 116
smart card 278
smartphone 244
sniffer 261
social business 48
social e-commerce 352
social engineering 265
social graph 352
social listening 350
social network 243
sociotechnical design 486
sociotechnical view 25
software as a service(SaaS) 164
software-defined networking(SDN) 225
software-defined storage(SDS) 161
software localization 510
software outsourcing 171
software package 170
software supply chain attack 270
spam 133
spoofing 265
SQL(structured query language) 196
SQL injection attack 270
stateful inspection 280
streaming 342
structured decision 404
structured knowledge 57
subscription revenue model 344
supervised learning 371
supply chain 305
supply chain execution system 308
supply chain management(SCM) system 46
supply chain planning system 308
support activity 89
switch 224
switching cost 87
system analysis 438
system analyst 61
system design 439
system development 438
system development life cycle (SDLC) 443
system testing 441
T1 line 234
T3 line 234
tacit knowledge 57
tangible benefit 473
taxonomy 58
TCP/IP(Transmission Control Protocol/ Internet Protocol) 227

team 47
technical approach 24
technical debt 476
technology business management (TBM) 475
telepresence 51
test plan 441
testing 441
text mining 208
threat actor 260
total cost of ownership(TCO) 175
total quality management(TQM) 434
touch point 313
trademark 126
trade secret 126
transaction broker 341
transaction cost 80, 335
transaction fee revenue model 345
transaction processing systems(TPS) 40
transborder data flow 498
transformer 376
transnational strategy 501
Transport Layer Security(TLS) 282
Trojan horse 263
two-factor authentication(2FA) 279
unified communication(UC) 237
unified threat management system(UTM system) 282
unit testing 441
UNIX 155
unstructured decision 403
unsupervised learning 372
user-designer communication gap 480
user interface 478
utilitarian principle 116
value chain model 89
value web 91
virtual assistant 378
virtual company 93
virtual private network(VPN) 237
virtual reality(VR) 413
virtual world 55
virtualization 161
virus 263
visual search 242
Voice over IP(VoIP) 236
voice search 242
war driving 261
waterfall project management 476
Web3 243
web application firewall(WAF) 281
web beacon 122
web browser 168
web hosting service 156
Web mining 208
web page 238
web scraping 393
web server 153
web service 168
website 238
wide area network(WAN) 230
Wi-Fi 247
wiki 59
WiMax 248
wireless sensor network(WSN) 250
wisdom of crowd 350
World Wide Web(WWW) 18
worm 263
XML(extensible markup language) 169
zero-day vulnerability 269
zero trust 278
3G network 244
4G network 244